**Rechtsanwaltskanzlei
Gerald Munz**
Herdweg 20
70174 Stuttgart
Tel.: 07 11 / 305 888-3
Fax: 07 11 / 305 888-4

Bode/Winkler Fahrerlaubnis

ANWALTSPRAXIS
DeutscherAnwaltVerlag

Fahrerlaubnis

Eignung • Entzug
Wiedererteilung

Von
VRiLG a.D. Dr. Hans Jürgen Bode
und
Prof. Dr. Werner Winkler

5. Auflage 2006

DeutscherAnwaltVerlag

Zitiervorschlag:
Bode/Winkler, Fahrerlaubnis, § 1 Rn 1

Copyright 2006 by Deutscher Anwaltverlag, Bonn
Satz: Reemers publishing services GmbH, Krefeld
Druck: Westermann Druck Zwickau GmbH

Bibliografische Information der Deutschen Bibliothek
Die Deutsche Bibliothek verzeichnet diese Publikation in der Deutschen Nationalbibliografie; detaillierte bibliografische Daten sind im Internet über http://dnb.ddb.de abrufbar.

ISBN 3-8240-0762-2

Vorwort

Nach wie vor haben Gesetz- und Verordnungsgeber offenkundige Mängel des nun seit 1999 geltenden Fahrerlaubnisrechts, vor allem hinsichtlich der Vorschriften über Anlässe zur Begutachtung – insbesondere bei Bedenken wegen des Umgangs mit Alkohol und Drogen –, nicht behoben. Inzwischen verkündete Änderungen dieser Vorschriften haben nur in Randbereichen Korrekturen gebracht.

Bemerkenswert ist allenfalls, dass durch das Gesetz zur Änderung des Straßenverkehrsgesetzes und anderer straßenverkehrsrechtlicher Vorschriften vom 14.08.2005 die Voraussetzungen für die bundesweite Einführung „Begleiteten Fahrens ab 17" im Rahmen eines Modellversuchs geschaffen worden sind.

Selbst die vollständige Umsetzung der Vorschriften der Zweiten Richtlinie des Rates der Europäischen Gemeinschaften über den Führerschein (91/439/EWG) vom 29.07.1991 ist immer noch nicht abgeschlossen.

Erst mit der Dritten Verordnung zur Änderung der Fahrerlaubnis-Verordnung und anderer straßenverkehrsrechtlicher Vorschriften vom 09.08.2004 ist den von der Kommission der Europäischen Gemeinschaften mit einer Klage vor dem Europäischen Gerichtshof gegen die Bundesrepublik Deutschland geltend gemachten Beanstandungen teilweise entsprochen und den in einem weiteren Vertragsverletzungsverfahren von der Kommission erhobenen Bedenken durch Einführung der neuen Fahrerlaubnisklasse S Rechnung getragen worden.

Entsprechend dem Urteil des EuGH vom 29.04.2004 (C-476/01 – *Kapper*), nach dem Art. 1 Abs. 2 in Verbindung mit Art. 7 Abs. 1 Buchst. b und Art. 9 der Richtlinie 91/439/EWG so auszulegen ist, dass ein Mitgliedstaat einem von einem anderen Mitgliedstaat ausgestellten Führerschein die Anerkennung nicht deshalb versagen darf, weil nach den ihm vorliegenden Informationen der Führerscheininhaber zum Zeitpunkt der Ausstellung des Führerscheins seinen ordentlichen Wohnsitz nicht im Hoheitsgebiet des ausstellenden Mitgliedstaates gehabt hat, sind § 28 Abs. 4 Nr. 2 FeV und § 4 Abs. 3 Nr. 2 IntKfzV unanwendbar, aber noch nicht aufgehoben.

Die Fahrerlaubnisbehörden sind überfordert bei der Aufgabe, die deutschen Rechtsvorschriften im Einklang mit den Vorschriften der Zweiten Richtlinie des Rates der Europäischen Gemeinschaften über den Führerschein und den im Grundgesetz bestimmten verfassungsrechtlichen Vorgaben anzuwenden.

Die Rechtsprechung zu diesen Rechtsvorschriften ist weiterhin uneinheitlich. Die bis August 2005 veröffentlichten einschlägigen Entscheidungen der Verwaltungsgerichte werden hier mitgeteilt und kritisch kommentiert.

Vorwort

Kontrovers ist u.a. nach wie vor die Rechtsprechung der Verwaltungsgerichte zur Anwendung der Anlage 4 der FeV. Der Umstand, dass in dieser Anlage nur Regelfälle fehlender Eignung beschrieben sind und im Einzelfall eine Begutachtung erforderlich ist, wird teilweise immer noch nicht erkannt.

Nach dem Beschluss des Bundesverfassungsgerichts vom 21.12.2004 zur Auslegung des § 24a Abs. 2 StVG sind die vom Gesetzgeber bei Einführung dieser Vorschrift zugrunde gelegten Annahmen zur Wirkungs- und Nachweisdauer von Betäubungsmitteln durch den technischen Fortschritt überholt. Folgerungen daraus für das Fahrerlaubnisrecht sind in der Rechtsprechung der Verwaltungsgerichte noch nicht gezogen worden und werden hier dargelegt.

Die Begutachtung der Kraftfahrereignung hat sich an den Begutachtungs-Leitlinien zur Kraftfahrereignung zu orientieren. Wertvolle Hilfen zur Anwendung dieser Leitlinien bietet der dazu 2005 in 2. Auflage erschienene Kommentar. Ebenfalls 2005 wurden Beurteilungskriterien für die Urteilsbildung in der medizinisch-psychologischen Fahreignungsdiagnostik veröffentlicht. Auf beide Werke wird hier jeweils besonders hingewiesen.

Weitergeführt und auf den neuesten Stand gebracht ist auch die Darstellung der medizinisch-psychologischen Untersuchung und Begutachtung, der verkehrspsychologischen Beratung, der sich nach wie vor ständig weiterentwickelnden Aktivitäten auf dem Gebiet der Nachschulung und Rehabilitation auffällig gewordener Kraftfahrer sowie der Ergebnisse weiterer Evaluationen dieser Bemühungen, Kraftfahrern nach Entziehung der Fahrerlaubnis wieder zu einer Fahrerlaubnis zu verhelfen.

Angesprochen werden sollen wiederum nicht nur Rechtsanwälte, Richter und Verwaltungsbeamte, sondern auch mit der Begutachtung der Eignung zum Führen von Kraftfahrzeugen betraute Sachverständige ohne juristische Vorbildung. Wir hoffen nach wie vor, auf diese Weise auch einen Beitrag zu leisten für die immer wieder mit Recht geforderte Verbesserung der Verständigung unter denjenigen, die sich auf die unterschiedlichste Weise um die Hebung der Verkehrssicherheit durch sachgerechte Beurteilung der Eignung zum Führen von Kraftfahrzeugen bemühen – ggf. auch durch Hilfen zur Herstellung etwa fehlender Eignung.

In einem Entscheidungsverzeichnis sind Entscheidungen des Bundesverfassungsgerichts, des Bundesverwaltungsgerichts sowie der Verwaltungsgerichtshöfe und Oberverwaltungsgerichte der Bundesländer mit den Fundstellen in Rechtsprechungssammlungen und Zeitschriften aufgeführt. Darin aufgenommene Entscheidungen werden in den im Text angebrachten Fußnoten überwiegend nur nach Gericht und Entscheidungsdatum zitiert, so dass die Veröffentlichungsfundstellen in dem Entscheidungsverzeichnis ermittelt werden können.

Vorwort

In einem Literaturverzeichnis sind vollständige Titel der Literatur zu finden, die in den im Text angebrachten Fußnoten nur in Kurzfassung zitiert werden.

Hildesheim, im September 2005   Hannover, im September 2005

Dr. Hans Jürgen Bode   Prof. Dr. Werner Winkler

Inhaltsübersicht

Vorwort 5
Abkürzungsverzeichnis 37
§ 1 Vorbemerkungen 41
§ 2 Kraftfahrerlaubnis 57
§ 3 Eignung zum Führen von Kraftfahrzeugen 95
§ 4 Befähigung zum Führen von Kraftfahrzeugen 221
§ 5 Nachweise zu den Voraussetzungen der Fahrerlaubnis 231
§ 6 Prüfung der Voraussetzungen der Fahrerlaubnis 241
§ 7 Begutachtung im Fahrerlaubnis-Verwaltungsverfahren 297
§ 8 Beweiswürdigung im Fahrerlaubnis-Verwaltungsverfahren 421
§ 9 Entscheidungen über die Fahrerlaubnis im Verwaltungsverfahren 443
§ 10 Rechte des Betroffenen im Fahrerlaubnis-Verwaltungsverfahren 455
§ 11 Verwaltungsmaßnahmen bei Führerscheininhabern 475
§ 12 Entziehung der Fahrerlaubnis durch Strafgerichte 523
§ 13 Vorrang des Straf- und Ordnungswidrigkeitenrechts 571
§ 14 Neuerteilung der Fahrerlaubnis nach Entziehung 579
§ 15 Korrektur von Eignungsmängeln 595
Anhang 629
Literaturverzeichnis 701
Entscheidungsverzeichnis 733

Inhaltsverzeichnis

Vorwort 5

Abkürzungsverzeichnis 37

§ 1 Vorbemerkungen 41
    I. Verkehrsfreiheit – Verkehrssicherheit 41
    II. Personale Voraussetzungen sicherer Verkehrsteilnahme 42
        1. Fußgänger 42
        2. Kraftfahrer 42
    III. Fahrerlaubnis 43
        1. Systembedingungen 43
            a) Soziokulturelles System 44
            b) Subsystem Straßenverkehr 45
            c) Mikrosystem Mensch-Maschine-Straße 45
        2. Anforderungen an den Kraftfahrer 46
        3. Personengebundene Störquellen 47
    IV. Rechtsvorschriften zur Fahrerlaubnis 48
        1. EG-Richtlinien 48
        2. Straßenverkehrsgesetz 50
        3. Fahrerlaubnisverordnung 51
        4. Allgemeine Verwaltungsvorschriften 54
        5. Verwaltungsrichtlinien 54
            a) Richtlinien des Bundesministeriums für Verkehr 54
            b) Richtlinien der Bundesländer 54
    V. Grundvoraussetzungen für die Verkehrsteilnahme 55
        1. Eigene Vorsorge 55
        2. Staatliche Vorsorge 55
            a) Erlaubnisfreier Verkehr 55
            b) Erlaubnisgebundener Verkehr 56

§ 2 Kraftfahrerlaubnis 57
    I. Ausnahmen 57
        1. Mofas 57
        2. Motorisierte Krankenfahrstühle 57

3. Langsam fahrende Kraftfahrzeuge 59
4. Mindestalter 59
   a) Sonderregelung für motorisierte Krankenfahrstühle 59
   b) Sonderregelung für Mofas 60
II. Fahrerlaubnisarten 60
1. Fahrerlaubnisklassen 60
   a) Einteilung 60
   b) Erstreckung von Fahrerlaubnisklassen auf andere Klassen 62
   c) Definition land- oder forstwirtschaftlicher Zwecke 63
   d) Fortgeltung nach früherem Recht erworbener Fahrerlaubnisse . . 63
   e) Umstellung nach früherem Recht erworbener Fahrerlaubnisse . . 63
2. Fahrerlaubnisse zur Fahrgastbeförderung 64
3. Dienstfahrerlaubnisse 65
4. Ausländische Fahrerlaubnisse 65
   a) Registrierungspflicht 65
   b) Anerkennung unter Verstoß gegen das Wohnsitzerfordernis
      erteilter EU- oder EWR-Fahrerlaubnis 66
   c) Anerkennung nach Sperrfristablauf erteilter EU- oder
      EWR-Fahrerlaubnis 67
   d) Weitergeltende Nichtanerkennung von EU- oder
      EWR-Fahrerlaubnis 68
   e) Aberkennung des Rechts zum Gebrauchmachen der
      EU- oder EWR-Fahrerlaubnis 70
III. Besondere Fahrerlaubnisformen 71
1. Fahrerlaubnis auf Probe 71
   a) Verkürzung der Probezeit durch zweite Ausbildungsphase 72
   b) Vorzeitige Beendigung der Probezeit 75
   c) Hemmung des Ablaufs der Probezeit 75
   d) Verlängerung der Probezeit 75
2. Fahrerlaubnis für begleitetes Fahren ab 17 76
   a) Modellversuch in Niedersachsen 76
   b) Modellversuche in anderen Bundesländern 78
   c) Bundeseinheitlicher Modellversuch 78
3. Stufen-Fahrerlaubnis 82
   a) Motorräder (Klasse A) 82
      aa) Unter 25-Jährige 83
      bb) 25-Jährige und ältere 83
   b) Leichtkrafträder (Klasse A1) 83
   c) Land- oder forstwirtschaftliche Zugmaschinen (Klasse T) 84

	4. Befristete Fahrerlaubnis	84
	a) Klassen A, A1, B, BE, M, S, L und T	84
	b) Klassen C1 und C1E	84
	c) Klassen C und CE	85
	d) Klassen D, D1, DE und D1E	85
	e) Fahrerlaubnis zur Fahrgastbeförderung	85
	f) Fristberechnung	85
	g) Verlängerung befristeter Fahrerlaubnis	85
	5. Eingeschränkte Fahrerlaubnis	86
	a) Beschränkung	86
	b) Auflagen	86
IV.	Voraussetzungen für die Erteilung der Fahrerlaubnis	87
	1. Inlandswohnsitz	87
	a) Begriff „ordentlicher Wohnsitz"	87
	b) Sonderregelungen für Studenten und Schüler	88
	2. Mindestalter	89
	a) Grundsatz	89
	b) Allgemeine Ausnahmen	89
	c) Ausnahmen bei Berufsausbildung	90
	3. Eignung	91
	4. Fahrausbildung	92
	5. Befähigung	92
	6. Versorgung Unfallverletzter	92
	7. Fehlen anderweitiger Fahrerlaubnis	92
	8. Zusätzliche Voraussetzungen für die Fahrerlaubnis zur Fahrgastbeförderung	93

§ 3 Eignung zum Führen von Kraftfahrzeugen 95
  I. Präzisierung des unbestimmten Rechtsbegriffs 95
    1. Rechtsvorschriften 96
      a) Straßenverkehrsgesetz 96
        aa) Körperliche und geistige Eignung 96
        bb) Charakterliche Eignung 96
      b) Fahrerlaubnisverordnung 97
        aa) Sehvermögen 97
          (1) Allgemeine Fahrerlaubnis 98
          (2) Fahrerlaubnis für Lkw und Bus sowie zur Personenbeförderung 98

	bb) Körperliche und geistige Eignung	98
	cc) Charakterliche Eignung	99
	c) Strafgesetzbuch	99
	aa) Trunkenheit im Verkehr	100
	bb) Gefährdung des Straßenverkehrs	100
	cc) Unerlaubtes Entfernen vom Unfallort	100
	dd) Vollrausch	101
2.	Begutachtungs-Leitlinien zur Kraftfahrereignung	101
	a) Inhalt und Aufgabe	101
	b) Rechtliche Folgerungen	102
	c) Kommentar	103
3.	Beurteilungskriterien	104
4.	Rechtsprechung	108
	a) Verwaltungsrecht	108
	aa) Beurteilungsmerkmale	108
	(1) Charakterliche Eignung	108
	(2) Verkehrszuwiderhandlungen unter Alkoholeinfluss	109
	bb) Auffallens- oder Rückfallwahrscheinlichkeit	109
	b) Strafrecht	109
II.	Bedingte Eignung	110
1.	Rechtsvorschriften	111
	a) Straßenverkehrsgesetz	111
	aa) Bedingte körperliche oder geistige Eignung	111
	bb) Bedingte charakterliche Eignung	111
	b) Fahrerlaubnisverordnung	112
	aa) Bedingte körperliche oder geistige Eignung	112
	bb) Bedingte charakterliche Eignung	112
	c) Strafgesetzbuch	114
2.	Rechtsprechung	114
	a) Strafrecht	114
	b) Verwaltungsrecht	115
III.	Elemente der Eignung	116
1.	Körperliche Eignungsqualitäten	116
2.	Psychophysische Eignungsqualitäten	116
	a) Prozentränge	118
	b) Kompensationsmöglichkeiten	119
3.	Intellektuelle Eignungsqualitäten	119
4.	Persönlichkeitsfaktoren	120

Inhaltsverzeichnis

- 5. Persönliche Zuverlässigkeit. 121
- 6. Mindestalter. 123
- IV. Erkrankungen und Mängel nach FeV 125
  - 1. Mangelndes Sehvermögen 127
  - 2. Schwerhörigkeit und Gehörlosigkeit 128
  - 3. Bewegungsbehinderungen 129
  - 4. Herz- und Gefäßkrankheiten 130
  - 5. Zuckerkrankheit 130
  - 6. Krankheiten des Nervensystems 131
  - 7. Psychische (geistige) Störungen 132
  - 8. Intellektuelle Leistungseinschränkungen. 132
  - 9. Alkohol 133
    - a) Vorbemerkungen. 133
      - aa) Tatmerkmale als Symptome der Ungeeignetheit 134
      - bb) Tätermerkmale als Symptome der Ungeeignetheit. 135
      - cc) Ursachen und Ausmaß der Ungeeignetheit. 135
      - dd) Prognose der Ungeeignetheit. 136
    - b) FeV und Begutachtungs-Leitlinien 139
      - aa) Abhängigkeit 139
        - (1) Voraussetzungen 139
        - (2) Wiederherstellung der Eignung. 140
      - bb) Missbrauch 142
        - (1) Voraussetzungen 142
        - (2) Wiederherstellung der Eignung. 143
  - 10. Betäubungsmittel, andere psychoaktiv wirkende Stoffe und Arzneimittel 145
    - a) Vorbemerkungen. 145
      - aa) Gegenwärtige Situation. 145
      - bb) Prognose der Ungeeignetheit 146
    - b) FeV und Begutachtungs-Leitlinien 147
      - aa) Abhängigkeit 148
      - bb) Missbräuchliche Einnahme von psychoaktiv wirkenden Stoffen 150
        - (1) Einnahme-Zeitpunkt 150
        - (2) Missbrauch 151
        - (3) Regelmäßigkeit 151
        - (4) Zusätzliche Umstände 152
      - cc) Missbräuchliche Einnahme von Betäubungsmitteln 152
      - dd) Einnahme von Betäubungsmitteln außer Cannabis. 153

			(1)	Redaktionsversehen	153

         (1) Redaktionsversehen ... 153
         (2) Regel-Annahme ... 156
         (3) Ausnahme von der Regel-Annahme ... 159
         (4) Erforderlichkeit medizinisch-psychologischen Gutachtens ... 161
     ee) Regelmäßige Einnahme von Cannabis ... 165
         (1) Regelmäßigkeit ... 166
         (2) Zusätzliche Umstände ... 168
     ff) Gelegentliche Einnahme von Cannabis ... 173
         (1) Mischkonsum ... 176
         (2) Fehlendes Trennungsvermögen ... 177
         (2a) THC-Konzentration ... 178
         (2b) Wirkungsdauer ... 179
         (3) Fehlen charakterlicher Eignung ... 181
         (4) Verhaltensänderung ... 182
     gg) Einmalige Einnahme von Cannabis ... 183
     hh) Wiederherstellung der Eignung ... 184
         (1) Abhängigkeit ... 184
         (2) Eignungsmängel ohne Abhängigkeit ... 185
    ii) Methadon-Substitution ... 191
  11. Dauerbehandlung mit Arzneimitteln ... 193
  12. Nierenerkrankungen ... 194
  13. Verschiedenes ... 194
V. Verhaltensauffälligkeiten ... 195
  1. Straftaten ... 195
  2. Verstöße gegen verkehrsrechtliche Vorschriften ... 197
    a) Eignungsdefizite ... 197
      aa) Tatmerkmale als Symptome der Ungeeignetheit ... 198
      bb) Tätermerkmale als Symptome der Ungeeignetheit ... 198
      cc) Ursachen wiederholter oder eignungsrelevanter Verkehrsverstöße ... 199
      dd) Prognose der Ungeeignetheit ... 199
    b) Wiederherstellung der Eignung ... 201
  3. Auffälligkeiten bei der Fahrerlaubnisprüfung ... 202
VI. Veränderungen von Befähigungs- und Eignungsvoraussetzungen ... 203
  1. Akute Veränderungen ... 204
    a) Stress ... 204
    b) Belastungen ... 205

	c) Ermüdung	205
	d) Krankheiten	205
	e) Rauschmittel	206

    2. Lebensgeschichtlich bedingte Veränderungen 207
        a) Jugend 207
        b) Alter 208
        c) Lebenskrisen 211

VII. Prognose künftiger Gefährlichkeit 212
    1. Gefährlichkeitsbegriff 213
        a) Strafrecht 214
        b) Verwaltungsrecht 215
    2. Prognosezeitraum 215
        a) Strafrecht 215
        b) Verwaltungsrecht 216
    3. Interaktionistische Betrachtungsweise 217
        a) Person 217
        b) Situation 218
        c) Abwägung 218
            aa) Bedeutung von Krankheitszuständen 218
            bb) Bedeutung des Zeitablaufs 220

§ 4 Befähigung zum Führen von Kraftfahrzeugen 221

  I. Ausbildung 221
  II. Prüfung 222
    1. Ausnahmen 223
        a) Nur theoretische Prüfung 223
        b) Nur praktische Prüfung 223
    2. Prüfer und Prüfstellen 223
        a) Prüfer 224
        b) Akkreditierung von Prüfstellen 224
    3. Theoretische Prüfung 227
    4. Praktische Prüfung 228
    5. Gemeinsame Vorschriften für die theoretische und die praktische Prüfung 229
        a) Wiederholung nicht bestandener Prüfung 229
        b) Zeitliche Begrenzung der Gültigkeit bestandener Prüfung 230
        c) Vom Prüfer festgestellte Eignungszweifel 230
        d) Nachweis bestandener Prüfung 230

Inhaltsverzeichnis

§ 5 Nachweise zu den Voraussetzungen der Fahrerlaubnis 231
   I. Ersterteilung einer Fahrerlaubnis 231
      1. Inlandswohnsitz 231
      2. Mindestalter 232
      3. Eignung 232
         a) Sehvermögen 232
            aa) Allgemeine Fahrerlaubnis 232
               (1) Sehtestbescheinigung 232
               (2) Zeugnis oder Gutachten eines Augenarztes 233
            bb) Fahrerlaubnis für Lkw und Bus 234
            cc) Fahrerlaubnis zur Personenbeförderung 234
         b) Körperliche und geistige Eignung 234
            aa) Allgemeine Fahrerlaubnis 234
            bb) Fahrerlaubnis für Lkw 235
            cc) Fahrerlaubnis für Busse 235
            dd) Fahrerlaubnis zur Personenbeförderung 237
      4. Fahrausbildung 237
      5. Befähigung 237
      6. Versorgung Unfallverletzter 238
         a) Nachweis 238
         b) Amtliche Anerkennung von Unterweisungs- und Ausbildungsstellen 238
   II. Verlängerung einer Fahrerlaubnis 239

§ 6 Prüfung der Voraussetzungen der Fahrerlaubnis 241
   I. Regelmäßige behördliche Ermittlungen 241
      1. Fahrerlaubnisbewerber 241
         a) Nachweise 242
         b) Eignung und Besitz einer Fahrerlaubnis 242
            aa) Auskünfte aus Registern 242
            bb) Führungszeugnis 243
         c) Befähigung 244
      2. Fahrerlaubnisinhaber 244
      3. Fahrerlaubnis zur Personenbeförderung 244
   II. Intensivere behördliche Ermittlungen 244
      1. Akteneinsicht 244
      2. Gesundheitsfragebogen 245
      3. Mitteilungen des Befähigungsprüfers 245

	4. Informationen durch die Polizei 245
	5. Mitteilungen von Ärzten 246
	6. Mitteilungen von Privatpersonen 247
	7. Anonyme Hinweise 248
	8. Eigene Wahrnehmungen 248
III.	Inanspruchnahme externen Sachverstandes 248
	1. Rechtliche Voraussetzungen 249
	a) Straßenverkehrsgesetz 249
	b) Fahrerlaubnisverordnung 250
	c) Verwaltungsverfahrensgesetz 251
	2. Sachverständige 251
	a) Aufgabe des Sachverständigen 252
	aa) Schlussfolgern aus gegebenen Tatsachen 252
	bb) Feststellen von Tatsachen 252
	cc) Mitteilen von Erfahrungssätzen 252
	b) Anforderungen an die Person des Sachverständigen 253
	aa) Unparteilichkeit = Neutralität und Unabhängigkeit 253
	bb) Wissen = Sachkunde 254
	cc) Gewissen = Objektivität 254
	3. Verhältnis des Sachverständigen zum Entscheidungsträger 255
	4. Heranziehung des Sachverständigen 256
	a) Gutachtenbeibringung durch Betroffenen 256
	b) Gutachtenanforderung durch Fahrerlaubnisbehörde 257
	aa) Psychologen 257
	bb) Ergänzungsgutachter 257
	cc) Obergutachter 258
IV.	Amtliche Anerkennung sachverständiger Personen oder Stellen 258
	1. Ärzte 259
	a) Voraussetzungen 259
	aa) Facharzt mit verkehrsmedizinischer Qualifikation 259
	bb) Arzt für Arbeitsmedizin oder Betriebsmedizin 260
	cc) Arzt für Rechtsmedizin 260
	dd) Arzt in einer Begutachtungsstelle für Fahreignung 260
	ee) Amtsarzt 261
	b) Bestimmung der Art des Arztes 261
	c) Qualitätssicherung 262
	2. Begutachtungsstelle für Fahreignung 263
	a) Historische Entwicklung 264
	aa) Medizinisch-psychologische Untersuchungen 2000–2003 ... 265

       bb) Untersuchungsergebnisse 2003 267
       cc) Effektivität. 269
       dd) Akzeptanz 270
    b) Anerkennung nach Ermessen 270
    c) Anerkennungsvoraussetzungen 271
       aa) Finanzielle und organisatorische Leistungsfähigkeit
           des Trägers 271
       bb) Personelle und sachliche Ausstattung 271
       cc) Ausschluss sonstiger Tätigkeiten 271
       dd) Akkreditierung der Begutachtungsstelle für Fahreignung . . 271
       ee) Erfahrungsaustausch 272
       ff) Wirtschaftliche Unabhängigkeit der Gutachter 272
       gg) Zuverlässigkeit des Antragstellers 272
    d) Bedürfnisprüfung. 272
    e) Akkreditierung des Trägers 276
  3. Sachverständiger oder Prüfer für den Kraftfahrzeugverkehr 278
  4. Sonstige Gutachter 278
    a) Einzelgutachter. 278
    b) Obergutachter 278
V. Beweisverbote 280
  1. In Registern getilgte Eintragungen 280
    a) Eintragung über Verwaltungsentscheidungen im VZR 280
       aa) Getilgte Eintragungen. 281
       bb) Tilgungsreife Eintragungen 281
    b) Eintragung über gerichtliche Entscheidungen im VZR 281
    c) Eintragung über gerichtliche Entscheidungen im BZRG 282
  2. Datenschutz 283
    a) Verwertung von Daten der Fahrerlaubnisbehörde 283
       aa) Vernichtung alter Unterlagen 284
       bb) Vernichtung von Polizeiinformationen 284
    b) Verwertung fremder Daten. 284
    c) Verwertung von Sozialdaten 285
  3. Schutz des allgemeinen Persönlichkeitsrechts 286
    a) Beiziehung von Krankenunterlagen 288
    b) Anordnung der Gutachtenbeibringung. 290
    c) Psychologische Tests bei der Untersuchung 290
  4. Verwertungsverbot aus anderen Rechtsbereichen. 291
  5. Konsequenzen 292
    a) Einwilligung des Betroffenen 292

b) Absehen von Prüfungsverfahren 293
c) Einstellung begonnenen Prüfungsverfahrens 294
d) Fehlerhafte Gutachten 295

§ 7 Begutachtung im Fahrerlaubnis-Verwaltungsverfahren 297
I. Anlass zur Begutachtung. 297
  1. Begutachtungsanlässe nach dem StVG 299
     a) Verkehrszuwiderhandlungen des Inhabers einer Fahrerlaubnis auf Probe. 299
        aa) Während erster Probezeit. 299
        bb) Während zweiter Probezeit. 299
     b) Erteilung neuer Fahrerlaubnis nach dem Punktsystem 299
  2. Begutachtungsanlässe nach der FeV 300
     a) Bedenken gegen die Befähigung 300
     b) Bedenken gegen die körperliche oder geistige Eignung 300
     c) Bedenken wegen des Umgangs mit Alkohol 301
        aa) Alkoholabhängigkeit 301
        bb) Alkoholmissbrauch 301
            (1) Zusammenhang mit der Teilnahme am Straßenverkehr . . 302
            (2) Fehlender Zusammenhang mit der Teilnahme am Straßenverkehr 303
        cc) Wiederholte Verkehrszuwiderhandlungen unter Alkoholeinfluss. 305
        dd) Führen eines Fahrzeugs unter erheblichem Alkoholeinfluss . . 305
        ee) Nach Entziehung einer Fahrerlaubnis wegen Alkoholproblematik 308
        ff) Einhaltung von Abstinenz bei Alkoholabhängigkeit 308
        gg) Überwundener Alkoholmissbrauch. 309
     d) Bedenken wegen des Umgangs mit Betäubungs- und Arzneimitteln 309
        aa) Abhängigkeit 310
            (1) Teilweise fehlende gesetzliche Ermächtigung 310
            (2) Unverhältnismäßigkeit 311
        bb) Einnahme von Betäubungsmitteln 311
            (1) Nachweis der Einnahme von Betäubungsmitteln 311
            (2) Frühere Einnahme von Betäubungsmitteln. 312
            (3) Fehlende gesetzliche Ermächtigung 314

Inhaltsverzeichnis

(4) Gelegentliche Einnahme von Cannabis 315
(4a) Zusätzliche Umstände 315
(4b) Verfassungswidrigkeit des § 14 Abs. 1 S. 1 Nr. 2 FeV . 318
(4c) Wiederhergestellte Eignung 319
(5) Regel- oder gewohnheitsmäßige Einnahme von
 Cannabis 319
(6) Einmalige Einnahme von Cannabis 321
(7) Einnahme sonstiger Betäubungsmittel 322
cc) Missbräuchliche Einnahme von psychoaktiv wirkenden
 Arzneimitteln oder anderen psychoaktiv wirkenden Stoffen . 322
dd) Besitz von Betäubungsmitteln 324
ee) Verfassungskonforme Gestaltung des § 14 Abs. 1 FeV 329
ff) Nach Entziehung einer Fahrerlaubnis wegen Betäubungsmittelproblematik 331
gg) Überwundene Betäubungsmittelproblematik 332
e) Vorliegen besonderer Umstände 332
aa) Vorbereitung einer Entscheidung über die Befreiung von
 den Vorschriften über das Mindestalter 333
bb) Erhebliche Auffälligkeiten bei der Fahrerlaubnisprüfung . . . 333
cc) Straftaten 333
dd) Verstöße gegen verkehrsrechtliche Vorschriften 336
 (1) Wiederholte Verkehrszuwiderhandlungen 339
 (2) Kurzfristige Rückfälle 340
ee) Wiederholte Entziehung der Fahrerlaubnis 341
ff) Einmalige Entziehung der Fahrerlaubnis 341
3. Sonstige Begutachtungsanlässe 342
a) Verkehrswidrigkeiten im höheren Lebensalter 342
aa) Linksabbiegerin 342
bb) Zweifachtäter 343
cc) Langsamfahrer 343
dd) Schlangenlinienfahrerin 343
b) Bagatellverstöße 344
c) Unfallbeteiligung 345
aa) Unfallhergang 345
bb) Angaben des Fahrerlaubnisinhabers 345
cc) Unfallfolgen 346
dd) Unfallflucht 346
ee) Unfäller 347

	ff) Lebensalter	347
	(1) Junge Fahrer	347
	(2) Ältere Fahrer	348
II.	Umfang der Begutachtung	348
III.	Art der Begutachtung	350
	1. Ärztliches Gutachten	350
	a) Körperliche oder geistige Mängel im Allgemeinen	350
	aa) Ausnahmen	351
	bb) Unverhältnismäßigkeit	352
	b) Alkoholabhängigkeit	353
	aa) Ausnahmen	353
	bb) Unverhältnismäßigkeit	354
	c) Umgang mit Betäubungs- und Arzneimitteln	355
	aa) Ausnahmen	355
	bb) Unverhältnismäßigkeit	356
	d) Drogenscreening	357
	2. Medizinisch-psychologische Begutachtung	358
	a) Körperliche oder geistige Mängel im Allgemeinen	358
	b) Umgang mit Alkohol	359
	c) Umgang mit Betäubungs- und Arzneimitteln	359
	d) Vorliegen besonderer Umstände	360
	e) Verkehrsauffälligkeiten und Unfallbeteiligung	361
	3. Begutachtung durch Sachverständige oder Prüfer für den Kraftfahrzeugverkehr	362
	4. Begutachtung durch sonstige Sachverständige	364
IV.	Verfahren der Gutachtenbeiziehung	364
	1. Anordnung der Gutachtenbeibringung	364
	a) Festlegung der Fragestellung	365
	b) Mitteilung an den Betroffenen	366
	aa) Vorangehende Anhörung des Betroffenen	367
	bb) Vorangehende Beweisaufnahme	367
	cc) Mindestanforderungen an die Gutachtensanordnung	368
	c) Auswahl des Gutachters	370
	d) Rückmeldung des Betroffenen	371
	e) Mitteilung der Fahrerlaubnisbehörde an Gutachter	371
	f) Begutachtungsvertrag	372
	aa) Anspruch auf mangelfreies Gutachten	372
	bb) Anspruch auf Herausgabe von Aufzeichnungen des Gutachters	373

cc) Anspruch auf Aufklärung über lebensbedrohende
Gesundheitsgefahr. 375
g) Vorlage des Gutachtens 376
aa) Gutachten mit Kursempfehlung. 376
bb) Negatives Gutachten. 378
(1) Im Erteilungsverfahren 378
(2) Im Entziehungsverfahren 379
h) Verhältnis der Fahrerlaubnisbehörde zum Gutachter. 381
2. Mehrere Anordnungen der Gutachtenbeibringung 381
3. Einholung sonstiger Gutachten 382
a) Festlegung der Fragestellung. 382
b) Auswahl des Gutachters 382
c) Mitteilung an den Betroffenen 382
d) Mitteilung der Fahrerlaubnisbehörde an Ergänzungs- oder
Obergutachter 383
e) Begutachtungsvertrag 383
V. Untersuchung im Rahmen der Begutachtung. 383
1. Grundsätze. 383
a) Anlassbezug 383
b) Wissenschaftlichkeit 383
c) Aufklärung des Betroffenen 384
d) Dokumentation. 384
e) Untersuchungen zur Prognose künftigen Verhaltens. 384
2. Untersuchung in einer Begutachtungsstelle für Fahreignung 384
a) Vorbereitung des Betroffenen 385
aa) Vorbereitung durch Ärzte, Psychologen und Rechtsanwälte . 385
bb) Unzulässige „Vorbereitung". 386
cc) Vorbereitung durch die Begutachtungsstelle für Fahreignung 388
b) Stationen der Untersuchung 388
aa) Schriftliche Befragung 389
bb) Gruppenuntersuchung. 389
cc) Einzeluntersuchung 389
dd) Fahrprobe 390
ee) Standardisierte Fahrverhaltensbeobachtung. 390
ff) Verkehrsmedizinische Untersuchung 391
gg) Verkehrspsychologische Untersuchung 392
hh) Testverfahren 396
(1) Persönlichkeitsfragebogen. 397

	(2) Leistungsproben 398
	(3) Verfahren zur Testung besonderer Anforderungen 399
	c) Medizinisch-psychologische Fahreignungsdiagnostik 400
	aa) Aktenanalyse 400
	bb) Auswahl der diagnostischen Vorgehensweise 401
	cc) Auswahl der diagnostischen Instrumente............ 401
	dd) Prozessorientierte Steuerung des diagnostischen Vorgehens.. 401
	ee) Erhebung weiterer Vorgeschichtsdaten und Befunde...... 402
	ff) Hinzuziehung ergänzender Untersuchungen 402
	gg) Interpretation der Befunde 403
	hh) Beantwortung der verkehrsbehördlich gestellten Frage 403
VI.	Gestaltung des Gutachtens......................... 404
	1. Grundsätze 404
	2. Einzelheiten............................... 405
	a) Aufbau............................... 405
	aa) Bestandteile......................... 406
	bb) Darstellung der Befunde 406
	cc) Darstellung der abschließenden Urteilsbildung 407
	(1) Bedingte Eignung..................... 408
	(2) Möglichkeit der Wiederherstellung der Eignung...... 409
	b) Nachvollziehbarkeit........................ 410
	c) Nachprüfbarkeit 411
	d) Empfängerhorizont 411
	aa) Untersuchter 412
	bb) Rechtsanwalt......................... 412
	cc) Fahrerlaubnisbehörde..................... 412
VII.	Beschaffung weiterer Gutachten...................... 413
	1. Anordnung der Beibringung weiterer Gutachten............ 413
	a) Ärztliches Gutachten 413
	b) Medizinisch-psychologisches Gutachten 414
	c) Gutachten eines amtlich anerkannten Sachverständigen oder Prüfers für den Kraftfahrzeugverkehr................. 414
	2. Beauftragung weiterer Gutachter..................... 414
	a) Medizinisch-psychologisches Gutachten 414
	b) Ergänzungsgutachten 415
	c) Obergutachten 415
	aa) Untersuchung......................... 416
	bb) Beurteilungsgrundsätze..................... 416
	cc) Gutachtenfassung....................... 417

dd) Ergebnisse und Erkenntnisse 417
    (1) Eignungsurteile 418
    (2) Ursachen für positive Abweichungen vom Vorgutachten . 418
    (3) Positive Beobachtungen 419
    (4) Kritische Beobachtungen 420

§ 8 Beweiswürdigung im Fahrerlaubnis-Verwaltungsverfahren 421
I. Beweisverwertungsverbote 421
   1. Berücksichtigung durch Sachverständige 421
   2. Berücksichtigung durch die Fahrerlaubnisbehörde 422
II. Beweisbewertung 422
   1. Stellen der Prognose 423
     a) Rückfallwahrscheinlichkeit 424
       aa) Verfolgungsintensität 425
       bb) Dunkelziffer 425
       cc) Individuelle Veränderung situativer Lebensbedingungen ... 425
       dd) Individuelle Veränderungen personengebundener
           Bedingungen 425
       ee) Anreizsituationen 426
       ff) Gefährdung durch Dritte 426
       gg) Deliktstruktur 426
       hh) Täter 426
     b) Würdigung der Gesamtpersönlichkeit 427
     c) Wahrscheinlichkeitsmaßstab 428
       aa) Persönlichkeit 429
       bb) Situation 429
       cc) Abwägung 429
     d) Annahme bedingter Eignung 429
   2. Auswertung von Gutachten 431
     a) Umfassende Nachprüfung 431
     b) Literaturstudium 433
     c) Abweichen vom Gutachten 433
III. Beweislast 434
   1. Fahrerlaubnisbewerber 434
   2. Fahrerlaubnisinhaber 435
     a) Verlängerung der Fahrerlaubnis 435
     b) Entziehung der Fahrerlaubnis 435

Inhaltsverzeichnis

IV. Mitwirkungslast 436
   1. Gutachtenbeibringung 436
      a) Bloßes Schweigen 437
      b) Versäumung von Untersuchungsterminen 437
      c) Verspätete Mitwirkungsbereitschaft 437
      d) Kostengründe 438
         aa) Wirtschaftliche Verhältnisse des Betroffenen 438
         bb) Ratenzahlungen 438
         cc) Darlegungslast 438
   2. Preisgabe geschützter Daten 439
      a) Entbindung des Arztes von seiner Schweigepflicht 439
      b) Zustimmung zur Beiziehung von Krankenunterlagen 439
      c) Zustimmung zur Verwertung rechtswidrig gewonnener Daten . . . 440

§ 9 **Entscheidungen über die Fahrerlaubnis im Verwaltungsverfahren** 443
   I. Erteilung der Fahrerlaubnis 443
     1. Volle Fahrerlaubnis 444
     2. Eingeschränkte Fahrerlaubnis 444
       a) Beschränkungen 445
       b) Auflagen 445
  II. Versagung der Fahrerlaubnis 446
  III. Verlängerung der Fahrerlaubnis 446
  IV. Führerschein 447
     1. Allgemeiner Führerschein 447
       a) Scheckkartenformat 447
       b) Erweiterungen und Verlängerungen 447
       c) Schlüsselzahlen 447
     2. Führerschein zur Fahrgastbeförderung 448
     3. Dienstführerschein 448
  V. Entziehung der Fahrerlaubnis 448
     1. Ausnahme bei Rehabilitationsmaßnahmen 449
     2. Ausnahme bei bedingter Eignung 451
  VI. Einschränkung der Fahrerlaubnis 451
     1. Beschränkungen 452
     2. Auflagen 452
  VII. Fahrerlaubnisregister 453

Inhaltsverzeichnis

§ 10 Rechte des Betroffenen im Fahrerlaubnis-Verwaltungsverfahren 455
    I. Akteneinsicht durch Betroffenen 455
    II. Rechtsmittel gegen Anordnungen zur Gutachtenbeibringung 456
        1. Anfechtungsklage 456
        2. Feststellungsklage 461
        3. Unterlassungsklage 461
        4. Antrag auf Erlass einer einstweiligen Anordnung 462
    III. Aktenüberlassung an Parteigutachter 465
    IV. Vertretung und Beistand im behördlichen Verfahren 467
    V. Vertretung und Beistand im gerichtlichen Verfahren 468
    VI. Vertretung und Beistand bei der Beweiserhebung 468
    VII. Anfechtung abschließender Entscheidungen 470
        1. Versagung der Fahrerlaubnis oder ihrer Verlängerung 470
            a) Anfechtungsklage 470
            b) Antrag auf Erlass einer einstweiligen Anordnung 470
        2. Entziehung oder Einschränkung der Fahrerlaubnis 471
            a) Anfechtungsklage 472
            b) Antrag auf Wiederherstellung der aufschiebenden Wirkung
               des Widerspruchs 472

§ 11 Verwaltungsmaßnahmen bei Führerscheininhabern 475
    I. Grundlage: Verkehrszentralregister 476
        1. Eintragung 476
        2. Tilgung 477
            a) Tilgung nach Ablauf bestimmter Fristen 477
               aa) Zwei Jahre 477
               bb) Fünf Jahre 477
                  (1) Entscheidungen wegen Straftaten 477
                  (2) Behördliche Verbote oder Beschränkungen 477
                  (3) Teilnahme an einem Aufbauseminar und einer
                      verkehrspsychologischen Beratung 478
               cc) Zehn Jahre 478
            b) Abweichungen von den allgemeinen Tilgungsfristen 478
               aa) Maßnahmen der Fahrerlaubnisbehörde im Rahmen der
                  Fahrerlaubnis auf Probe und des Punktsystems 478
               bb) Vorzeitige Tilgung 479
            c) Tilgungsverbot 479
            d) Außerordentliche Tilgung 479

	e) Tilgungshemmung 479
	f) Beginn der Tilgungsfrist 480
	3. Eintragungsbestand 481
II.	Verkehrsunterricht 482
	1. Ersttäter 483
	2. Wiederholungstäter 483
III.	Maßnahmen bei Inhabern einer Fahrerlaubnis auf Probe 483
	1. Anlass 484

      a) Bewertung von Zuwiderhandlungen 484
      b) Bindung an Entscheidung im Straf- oder Bußgeldverfahren 485
      c) Mitteilung über Zuwiderhandlungen durch das KBA 486
    2. Art der Maßnahmen 486
      a) Teilnahme an Aufbauseminar 486
          aa) Gewöhnliches Aufbauseminar 487
          bb) Besonderes Aufbauseminar 488
          cc) Einzelseminar 490
          dd) Teilnahmebescheinigung 491
          ee) Qualitätssicherung 491
      b) Verwarnung unter Hinweis auf verkehrspsychologische Beratung . 492
          aa) Ziel und Inhalt der Beratung 493
          bb) Berater 493
              (1) Amtliche Anerkennung 494
              (2) Qualitätssicherung 495
              (3) Rücknahme und Widerruf der Anerkennung 495
              (4) Funktion der Sektion Verkehrspsychologie 496
          cc) Durchführung der Beratung 497
          dd) Inhalt und Dauer der Beratung 498
          ee) Teilnahmebescheinigung 498
          ff) Anzahl verkehrspsychologischer Beratungen 499
      c) Entziehung der Fahrerlaubnis 502
          aa) Erfolglosigkeit der Verwarnung 502
          bb) Nichtbefolgung von Anordnungen 502
          cc) Verfassungsrechtliche Bedenken 503
      d) Sofortige Vollstreckbarkeit 503
    3. Neuerteilung einer Fahrerlaubnis auf Probe nach Entziehung
       oder Verzicht 503
      a) Sperrfrist 504
      b) Nachholung des Aufbauseminars 504
    4. Maßnahmen nach Neuerteilung einer Fahrerlaubnis auf Probe 504

Inhaltsverzeichnis

IV. Maßnahmen nach Punktsystem	505
1. Anwendungsbereich	505
2. Voraussetzungen	506
a) Bepunktung der Verkehrsverstöße	506
aa) Tateinheit	506
bb) Tatmehrheit	506
cc) Punktelöschung bei Entziehung der Fahrerlaubnis	507
b) Bindung an Entscheidung im Straf- oder Bußgeldverfahren	507
c) Mitteilung über Verkehrsverstöße durch das KBA	508
d) Maßnahmen der Fahrerlaubnisbehörde	508
3. Art der Maßnahmen	508
a) Bei acht Punkten: Verwarnung und Hinweis auf Aufbauseminar	508
b) Bei 14 Punkten: Aufbauseminar und Hinweis auf verkehrspsychologische Beratung	508
aa) Teilnahme an einem Aufbauseminar	510
(1) Gewöhnliches Aufbauseminar	510
(2) Besonderes Aufbauseminar	510
(3) Einzelseminar	511
(4) Teilnahmebescheinigung	511
(5) Wiederholte Teilnahme	511
bb) Hinweis auf verkehrspsychologische Beratung	511
c) Bei 18 Punkten: Entziehung der Fahrerlaubnis	512
d) Sofortige Vollstreckbarkeit	514
4. Besondere Punkteberechnung	515
a) Atypische Punkteerreichung	515
aa) Punkteerreichung „auf einen Schlag"	516
bb) Maßnahmen während der Übergangszeit	516
b) Punkterabatt wegen Wohlverhaltens	517
aa) Freiwillige Teilnahme an einem Aufbauseminar	517
bb) Inanspruchnahme verkehrspsychologischer Beratung	518
cc) Grenzen des Punkterabatts	518
dd) Klage auf Punkteabzug	519
5. Beachtung von Tilgungsfristen	519
a) Straf- und Bußgeldverfahren	519
b) Verwaltungsverfahren	519
6. Neuerteilung einer Fahrerlaubnis nach Entziehung	521
a) Sperrfrist	521

b) Gutachten einer amtlich anerkannten Begutachtungsstelle
      für Fahreignung 521
   c) Nachholung des Aufbauseminars 521
   7. Maßnahmen nach Neuerteilung einer Fahrerlaubnis 522

§ 12 Entziehung der Fahrerlaubnis durch Strafgerichte 523
I. Voraussetzungen der Entziehung 523
   1. Fehlende Kraftfahreignung 524
      a) Völlige Ungeeignetheit 524
      b) Bedingte Eignung 525
   2. Anknüpfungstat................................ 526
   3. Aus der Tat erkennbarer Eignungsmangel 526
   4. Schutz der Sicherheit des Straßenverkehrs 527
   5. Regelvermutung und Ausnahmen 533
      a) Tat 533
      b) Person 534
   6. Gefährlichkeitsprognose 534
      a) Zeitablauf 535
         aa) Kurze Zeit............................. 536
         bb) Lange Zeit 536
      b) Nachschulung und Rehabilitation 538
      c) Sonstige Umstände 540
         aa) Vorleben 540
         bb) Einmaligkeit der Tat 540
         cc) Umstände der Tat........................ 541
         dd) Verhalten nach der Tat 541
         ee) Erschwernisse bei Berufsausübung............ 541
II. Sperre für die Wiedererteilung....................... 542
   1. Sperrfristdauer................................ 542
      a) Gesetzliche Regelung 542
         aa) Mindestfrist............................ 542
         bb) Höchstfrist 543
         cc) Fristberechnung......................... 543
      b) Rechtsprechung 543
         aa) Regelfälle 544
         bb) Ausnahmefälle 545
         cc) Nachschulung und Rehabilitation 545

Inhaltsverzeichnis

		c) Kritik	547
		aa) Gefährlichkeitsprognose	548
		bb) Wirkprognose	548
	2.	Sperrfrist-Teilausnahme	550
		a) Gesetzliche Regelung	550
		b) Rechtsprechung	550
		aa) Beispiele für Ausnahmen	550
		bb) Unterschiedliche Sperrfristdauer	551
		c) Weitergehende Möglichkeiten	551
III.	Vorzeitige Aufhebung der Sperre		553
	1.	Voraussetzungen	553
		a) Neue Prognose-Tatsachen	554
		b) Prognose-Aussagen	554
		aa) „Gut"-Prognose	554
		bb) „Fraglich"-Prognose	554
	2.	Nachschulung	555
		a) Rechtsprechung	556
		aa) Vorleben	557
		bb) Einmaligkeit der Tat	557
		cc) Umstände der Tat	557
		dd) Verhalten nach der Tat	558
		ee) Erschwernisse bei Berufsausübung	558
		b) Behördliche Unterstützung	558
		aa) Baden-Württemberg	558
		bb) Niedersachsen	560
		cc) Verfahrensintegration	561
IV.	Eignungsprüfung im Strafverfahren		562
	1.	Beweiserhebung	562
	2.	Begutachtung	563
	3.	Beweiswürdigung	565
		a) Stellen der Prognose	565
		b) Auswertung von Gutachten	565
		c) Beweislast	566
		d) Umkehr der Beweislast	567
V.	Reformvorschläge		568
	1.	Nachschulungshinweis in Straferkenntnis	569
	2.	Abschaffung strafgerichtlicher Sperrfristbestimmung	570

§ 13 Vorrang des Straf- und Ordnungswidrigkeitenrechts 571
I. Straf- und Ordnungswidrigkeitenverfahren 571
II. Entscheidungen 571
    1. Strafentscheidungen 571
        a) Feststellung des Sachverhalts 572
        b) Beurteilung der Schuldfrage. 573
        c) Beurteilung der Kraftfahreignung. 573
            aa) Schriftliche Entscheidungsgründe 573
            bb) Fehlerhafte Strafentscheidungen 575
            cc) Mutmaßungen 576
        d) Sperrfrist. 576
            aa) Eigenverantwortung der Verwaltungsbehörde 576
            bb) Achtungspflicht der Verwaltungsbehörde 577
    2. Bußgeldentscheidungen 577

§ 14 Neuerteilung der Fahrerlaubnis nach Entziehung 579
I. Ausnahmen von den Vorschriften für die Ersterteilung 579
    1. Verzicht auf Ausbildung 579
    2. Verzicht auf Befähigungsprüfung. 579
        a) Formelle Voraussetzung 579
            aa) Fehlen von Anhaltspunkten für Befähigungsmängel 580
            bb) Beachtung einer Zwei-Jahres-Frist 580
            cc) Ausnahmen bei Fristüberschreitung 580
        b) Materielle Voraussetzungen 581
II. Besitzstandswahrung. 581
III. Sperrfrist 582
IV. Eignungsprüfung durch Gutachter 582
    1. Ärztliches Gutachten 583
    2. Gutachten einer amtlich anerkannten Begutachtungsstelle für
       Fahreignung. 583
        a) Zwingende Anordnung 583
        b) Regelanordnung nach dem Punktsystem 584
        c) Anordnung nach Ermessen 584
    3. Teilnahme an einem Kurs zur Wiederherstellung der Eignung. . . . 584
V. Teilnahme an Aufbauseminar 584
VI. Vorbereitungen des Bewerbers. 585
    1. Befähigungsprüfung 585
    2. Begutachtung 585
    3. Teilnahme an einem Kurs zur Wiederherstellung der Eignung. . . . 586

Inhaltsverzeichnis

VII. Staatliche Fürsorge 586
    1. Beratung 587
    2. Vorermittlungen 587
    3. Verfahrensintegration 588
       a) Hessen 588
          aa) Teilnehmer 588
          bb) Information 589
          cc) Antrag auf Voruntersuchung 589
          dd) Voruntersuchung 589
          ee) Nachschulung 589
          ff) Begutachtung 589
       b) Niedersachsen 589
          aa) Teilnehmer 590
          bb) Information 590
          cc) Antrag auf Neuerteilung einer Fahrerlaubnis 590
          dd) Eingangsuntersuchung 590
          ee) Nachschulung 591
          ff) Begutachtung 591
       c) Hamburg 591
          aa) Teilnehmer 591
          bb) Information 592
          cc) Antrag auf Teilnahme 592
          dd) Voruntersuchung 592
          ee) Nachschulung 592
          ff) Begutachtung 592
       d) Übrige Bundesländer 593

§ 15 Korrektur von Eignungsmängeln 595
  I. Korrekturmöglichkeiten 595
    1. Alkoholauffällige Kraftfahrer 596
       a) Selbsterforschung und Verhaltensänderung 596
       b) Inanspruchnahme ärztlicher oder psychotherapeutischer Hilfe . . 597
       c) Teilnahme an einer Selbsthilfegruppe 599
       d) Teilnahme an einem Kurs zur Wiederherstellung der
          Kraftfahreignung 600
          aa) Kurse für erstmals alkoholauffällig gewordene Kraftfahrer . . 601
          bb) Kurse für wiederholt alkoholauffällig gewordene Kraftfahrer 602
       e) Teilnahme an integrierten Schulungs- und Beratungsmodellen . . 603

2. Wiederholt ohne Alkoholeinfluss verkehrsauffällige Kraftfahrer . . . 605
   a) Selbsterforschung und Verhaltensänderung 606
   b) Inanspruchnahme ärztlicher oder psychotherapeutischer Hilfe . . . 607
   c) Teilnahme an pädagogischen und rehabilitativen Kursen 608
      aa) Aufbauseminare in der Fahrschule 608
      bb) Verkehrspsychologische Kurse 610
3. Drogenauffällige Kraftfahrer 612
4. Fahranfänger 613
   a) Gewöhnliche Aufbauseminare 613
   b) Besondere Aufbauseminare 614
5. Senioren 615

II. Anzahl der Kurse zur Wiederherstellung der Kraftfahreignung 616
III. Rechtliche Einbindung von Korrekturmaßnahmen 617
   1. Aufbauseminar für Inhaber einer Fahrerlaubnis auf Probe 617
      a) Gewöhnliche Aufbauseminare 617
      b) Besondere Aufbauseminare 617
   2. Aufbauseminar nach dem Punktsystem 618
   3. Verkehrspsychologische Beratung 619
   4. Kurs zur Wiederherstellung der Eignung 620
      a) Amtliche Anerkennung 620
         aa) Konzept des Kurses 621
         bb) Geeignetheit des Kurses 621
         cc) Qualifikation der Kursleiter 621
         dd) Wirksamkeit des Kurses 621
      b) Akkreditierung des Kursveranstalters 623
      c) Gutachterliche Empfehlung 623
      d) Zustimmung der Fahrerlaubnisbehörde 623
      e) Teilnahmebescheinigung 623
      f) Zur Weiterentwicklung 624
   5. Berücksichtigung von Korrekturmaßnahmen
      in Straf- und Bußgeldverfahren 624
      a) Strafverfahren 624
         aa) Einstellung 624
         bb) Abkürzung der Sperrfrist 626
      b) Bußgeldverfahren 626

Inhaltsverzeichnis

Anhang 629
1. Begutachtungs-Leitlinien zur Kraftfahrereignung (Auszug) 629
2. Liste zu Testverfahren 642
3. Gesundheitsfragebogen 643
4. Liste von Fragestellungen bei Begutachtungsanordnung 645
5. LEITFADEN 2000 zur Begutachtung der Eignung zum Führen von
   Kraftfahrzeugen in amtlich anerkannten medizinisch-psychologischen
   Untersuchungsstellen (Auszug) 647
6. Träger von Begutachtungsstellen für Fahreignung 670
7. Amtlich anerkannte Begutachtungsstellen für Fahreignung 673
8. Akkreditierte Träger von Stellen, die Kurse zur Wiederherstellung der
   Kraftfahrereignung durchführen (§ 70 FeV) 693
9. Veranstalter evaluierter Verkehrstherapien 698

Literaturverzeichnis 701

Entscheidungsverzeichnis 733

Stichwortverzeichnis 757

Abkürzungsverzeichnis

a.A.	anderer Ansicht
Abl	Amtsblatt
Abs.	Absatz
AG	Amtsgericht
Anm.	Anmerkung
Art.	Artikel
Aufl.	Auflage
BAnz	Bundesanzeiger
BASt	Bundesanstalt für Straßenwesen
BayObLG	Bayerisches Oberstes Landesgericht
BayVGH	Bayerischer Verwaltungsgerichtshof
BDP	Berufsverband Deutscher Psychologinnen und Psychologen e.V.
BDSG	Bundesdatenschutzgesetz
BGBl	Bundesgesetzblatt
BGH	Bundesgerichtshof
BGHR	BGH-Rechtsprechung Strafsachen
BGHSt	Entscheidungen des Bundesgerichtshofs in Strafsachen
BR-Dr.	Bundesratsdrucksache
BT-Dr.	Bundestagsdrucksache
Buchholz	Sammel- und Nachschlagewerk der Rechtssprechung des BVerwG, herausgegeben von K. Buchholz
BVerfG	Bundesverfassungsgericht
BVerfGE	Entscheidungen des Bundesverfassungsgerichts
BVerwG	Bundesverwaltungsgericht
BVerwGE	Entscheidungen des Bundesverwaltungsgerichts
BZRG	Bundeszentralregistergesetz
DAR	Deutsches Autorecht
DGVM	Deutsche Gesellschaft für Verkehrsmedizin e.V.
DGVP	Deutsche Gesellschaft für Verkehrspsychologie e.V.
DÖV	Die Öffentliche Verwaltung
DVBl	Deutsches Verwaltungsblatt

Abkürzungsverzeichnis

EG	Europäische Gemeinschaft
EGGVG	Einführungsgesetz zum Gerichtsverfassungsgesetz
Eisenberg	Eisenberg, Jugendgerichtsgesetz, 6. Aufl. 1995
Endriss	Endriss, Verteidigung in Betäubungsmittelverfahren, 1998
f.	folgende Seite oder Randnummer
ff.	folgende Seiten oder Randnummern
FeV	Fahrerlaubnisverordnung
GA	Goldhammers Archiv für Strafrecht
GG	Grundgesetz für die Bundesrepublik Deutschland
i.d.F.	in der Fassung
IntKfzV	Verordnung über internationalen Kraftfahrzeugverkehr
JR	Juristische Rundschau
JZ	Juristenzeitung
KBA	Kraftfahrtbundesamt
L	Leitsatz
Lfg.	Lieferung
LG	Landgericht
LK	Leipziger Kommentar zum Strafgesetzbuch
MDR	Monatsschrift für Deutsches Recht
MittBlattAGVerkehr	Mitteilungsblatt der Arbeitsgemeinschaft Verkehrsrecht des DeutschenAnwaltVereins
m.w.N.	mit weiteren Nachweisen
NdsRpfl	Niedersächsische Rechtspflege
NJ	Neue Justiz
NJW	Neue Juristische Wochenschrift
NStZ	Neue Zeitschrift für Strafrecht
NStZ-RR	NStZ-Rechtsprechungs-Report Strafrecht
NuR	Natur und Recht
NVwZ	Neue Zeitschrift für Verwaltungsrecht
NZV	Neue Zeitschrift für Verkehrsrecht
OVG	Oberverwaltungsgericht

Abkürzungsverzeichnis

Rn	Randnummer
RDA	Recht der Datenverarbeitung – Zeitschrift für Praxis und Wissenschaft
SchlHA	Schleswig-Holsteinische Anzeigen – Justizministerialblatt für Schleswig-Holstein
SGB	Sozialgesetzbuch
sog.	so genannt
StGB	Strafgesetzbuch
StPO	Strafprozessordnung
StraFo	Strafverteidiger Forum
StV	Strafverteidiger
StVG	Straßenverkehrsgesetz
StVZO	Straßenverkehrs-Zulassungs-Ordnung
SVR	Straßenverkehrsrecht – Zeitschrift für die Praxis des Verkehrsjuristen
u.a.	unter anderem
u.ä.	und ähnliches
u.U.	unter Umständen
VD	Verkehrsdienst
VerkMitt	Verkehrsrechtliche Mitteilungen
VG	Verwaltungsgericht
VkBl	Verkehrsblatt
VRS	Verkehrsrechtssammlung
VWRspr	Verwaltungsrechtsprechung in Deutschland
VwGO	Verwaltungsgerichtsordnung
VwV	Verwaltungsvorschrift
VwVfG	Verwaltungsverfahrensgesetz
VZR	Verkehrszentralregister
ZAP	Zeitschrift für die Anwaltspraxis
z.B.	zum Beispiel
ZfGP	Zeitschrift für gerontologische Psychologie
zfs	Zeitschrift für Schadensrecht
ZPO	Zivilprozessordnung
ZRP	Zeitschrift für Rechtspolitik
ZVS	Zeitschrift für Verkehrssicherheit

§ 1 Vorbemerkungen

I. Verkehrsfreiheit – Verkehrssicherheit

In der Bundesrepublik Deutschland genießt der Staatsbürger allgemeine Verkehrsfreiheit, die aus dem Grundrecht auf freie Entfaltung der Persönlichkeit (Art. 2 Abs. 1 GG) hergeleitet wird, so z.B. vom **Bundesverfassungsgericht**[1] für das Reiten im Walde. *Ronellenfitsch*[2] behauptet sogar die Existenz eines umfassenden **Grundrechts auf Mobilität**. Verkehrsfreiheit gilt allerdings nicht schrankenlos. Sie kann – wie sich schon aus dem Wortlaut des Art. 2 Abs. 1 GG ergibt – vom Verkehrsteilnehmer nur insoweit in Anspruch genommen werden, als er nicht die Rechte anderer verletzt und nicht gegen die verfassungsmäßige Ordnung oder das Sittengesetz verstößt.

1

Dem Grundrecht auf freie Entfaltung der Persönlichkeit auch im Straßenverkehr steht gegenüber das Grundrecht auf Leben, körperliche Unversehrtheit und Freiheit der Person (Art. 2 Abs. 2 GG). Deshalb hat der Gesetzgeber auch die Pflicht, andere Verkehrsteilnehmer vor unzumutbaren Risiken des Straßenverkehrs zu schützen.[3] *Vock*[4] bemüht sich sogar darum, **Verkehrssicherheit als soziales Grundrecht** zu etablieren.

2

Die aus dieser rechtlichen Situation entspringende Spannung wird teilweise gelöst durch Vorschriften über die Zulassung von Personen zum Straßenverkehr, deren „Grundregel" in § 1 FeV ebenso trivial wie zugleich einleuchtend so beschrieben wird:

3

„Zum Verkehr auf öffentlichen Straßen ist jedermann zugelassen, soweit nicht für die Zulassung zu einzelnen Verkehrsarten eine Erlaubnis vorgeschrieben ist."

Wichtig für alle rechtlichen Erwägungen ist danach, dass die Teilnahme am Straßenverkehr aufgrund verfassungsrechtlicher Vorgaben in der Regel zulassungsfrei ist und nur ausnahmsweise von einer besonderen Erlaubnis abhängig gemacht werden darf. Der Umfang der Zulassungsfreiheit sowie ihrer Beschränkung wird für den einzelnen Verkehrsteilnehmer nach dem Ausmaß des von ihm ausgehenden Sicherheitsrisikos bestimmt. Entscheidend sind dabei:

4

---

1 BVerfG 06.06.1989.
2 DAR 1992, 321 und DAR 1994, 7.
3 Die Frage einer Verletzung solch gesetzgeberischer Pflicht würde z.B. gestellt werden müssen bei einer Regelung des Fahrerlaubnisrechts, die bei Verlust der „Befähigung", insbesondere des erforderlichen Verkehrswissens, keine Entziehung der Fahrerlaubnis vorsähe (BVerwG 18.03.1982).
4 NZV 1993, 59.

§ 1 Vorbemerkungen

II. Personale Voraussetzungen sicherer Verkehrsteilnahme

5 Wesentlicher Gesichtspunkt bei Formulierung der Anforderungen an die Zulassung einer Person zum Straßenverkehr ist die Art der Verkehrsteilnahme. Das wird deutlich an den Unterschieden zwischen Fußgänger und Kraftfahrer: Kraftfahren ist primär bestimmt durch die gegenüber der Fortbewegung als Fußgänger um das 10- bis 20-fache gesteigerte Fortbewegungsgeschwindigkeit und durch die Benutzung eines technischen Geräts.

1. Fußgänger

6 Die biologisch-anatomisch-physiologische Ausstattung des Menschen ist abgestellt auf eine „natürliche" Fortbewegungsgeschwindigkeit. Sie erlaubt u.a. sofortiges Anhalten, Ausweichen und Richtungswechseln. Die zur Verfügung stehenden Sinnesorgane sind auf die natürliche, primär nach vorne gerichtete Fortbewegung abgestimmt.

7 Kommt es zu einer Störung der Bewegungsabläufe und zu einem Zusammenprall mit einem anderen Fußgänger, ist die Verletzungsgefahr vergleichsweise gering. Deshalb könnte der Fußgänger innerhalb einer „Fußgängerwelt" auch dann daran teilnehmen, wenn seine vorgegebenen Fähigkeiten durch Ermüdung, Krankheit oder Alterungsprozesse reduziert sind.

8 Darüber hinaus erlaubt die natürliche Fortbewegungsgeschwindigkeit eine gute Kommunikation mit anderen Fußgängern. Sie erleichtert und fördert soziales und verantwortliches Handeln im Sinne der Reduzierung von möglichen Behinderungen, Belästigungen oder Störungen.

9 Insgesamt ist das Fußgängerverhalten in einer Fußgängerwelt mit geringen Risiken behaftet und kaum gefährlich.

2. Kraftfahrer

10 Die Fortbewegungsgeschwindigkeit des Kraftfahrers löst dagegen andere Handlungsbedingungen aus:

Der Kraftfahrer bedarf einer weit vorausschauenden und auch nach rückwärts gerichteten Orientierung, sein Verhalten ist abzustimmen auf die technischen Gesetzmäßigkeiten einer Änderung der Fortbewegungsgeschwindigkeit und der Bewegungsrichtung.

Darüber hinaus muss er mögliche Verhaltensweisen anderer Verkehrsteilnehmer antizipieren und in das Kalkül seiner Handlungsplanung einbeziehen. Die Kommunikation mit den anderen Verkehrsteilnehmern erfolgt vergleichsweise nur flüchtig und unpersönlich. Der Kraftfahrer ist häufig gefährlichen Verhaltensweisen Dritter ausgesetzt und benötigt eine hohe Frustrationstoleranz. Da Störungen des Bewegungsablaufes mit schwersten Folgen für andere Verkehrsteilnehmer und für ihn selbst verbunden sein können, bedarf er einer ständigen, sorgfältigen Abwägung von Leistungstendenzen und Sicherheitstendenzen. Dazu gehört auch die kontinuierliche Beachtung möglicher Änderungen der eigenen Leistungsfähigkeit, z.B. infolge Ermüdung, Krankheit oder Alterungsprozessen.

Die Verkehrsteilnahme als Führer eines Kraftfahrzeuges setzt schließlich Kenntnis und Anwendung der durch Gesetze und Verordnungen jeweils festgelegten und sich verändernden Verhaltensregeln in höherem Maße als die Verkehrsteilnahme als Fußgänger voraus.

III. Fahrerlaubnis

Die vorbezeichneten Unterschiede bei der Verkehrsteilnahme als Fußgänger oder Kraftfahrer erklären die bedeutendste Ausnahme vom Grundsatz der generellen Verkehrsfreiheit in § 2 Abs. 1 S. 1 StVG:

„Wer auf öffentlichen Straßen ein Kraftfahrzeug führt, bedarf der Erlaubnis (Fahrerlaubnis) der zuständigen Behörde (Fahrerlaubnisbehörde)."

Bei Ausgestaltung der Einzelregelungen über die Erteilung der Fahrerlaubnis muss der Gesetzgeber Rücksicht nehmen auf die Bedingungen, unter denen Kraftfahrzeuge geführt werden:

1. Systembedingungen

Die an motorisierte Verkehrsteilnehmer jeweils zu stellenden Anforderungen können nur durch eine Analyse des Fahrverhaltens ermittelt werden. Dieses ist charakterisiert durch die Einbettung der motorisierten Verkehrsteilnahme in das soziokulturelle System der Gesellschaft, in der motorisierter Straßenverkehr stattfindet, durch die Einbindung in das Subsystem „Straßenverkehr" mit seinen Eigenarten und durch das jeweilige Mensch-Maschine-Straße-System, in dem sich das aktuelle Fahrverhalten ereignet.

§ 1 Vorbemerkungen

a) Soziokulturelles System

16 Das soziokulturelle System, die Gesamtheit gesellschaftlicher Normen auf der Basis der jeweiligen Interessen- und Herrschaftsverhältnisse, stellt ebenso eine Lernbedingung für die Entwicklung von Fahrverhaltensweisen dar wie das Subsystem Straßenverkehr mit seinen Bestimmungen über Zulassung, Ausbildung, Prüfung und Kontrolle von Kraftfahrern. Die Verkehrssituationen, denen der Fahrer ausgesetzt ist, beeinflussen nicht nur den Grad seiner Beanspruchung, sie bilden zugleich Möglichkeiten des Lernens im Sinne der Erfahrungsbildung.

17 Systembedingungen sind definiert durch die Art der bereitgehaltenen Lernbedingungen, durch Eigenart und Umfang von Verhaltensnormen sowie durch die Art und Weise der Normenkontrolle. Was Normverhalten ist, was als Fehlverhalten gilt, hängt vom jeweiligen Selbstverständnis der betreffenden Gesellschaft, von den Verhaltenserwartungen ihrer Mitglieder und von ihren Wertsystemen ab. Die Gesellschaft erwartet vom Kraftfahrer, dass er seiner Rolle im System gesellschaftlicher Normen gerecht wird; sie verstärkt ein normenkonformes Verhalten, wobei es sich keineswegs immer um ein Verhalten handeln muss, das den geschriebenen Gesetzen entspricht, und sie stellt die Bedingungen her, die zu der Internalisierung des verkehrsbezogenen Wertsystems führen kann, z.B. in der Form von Schulung, Aufklärung, Zulassung und Bestrafung.

18 Der Kraftfahrer ist, wie jeder andere Verkehrsteilnehmer, umgeben und getragen von den Systembedingungen, in denen er sich zum Kraftfahrer entwickelt hat, in denen er sich bewegt, in denen er versagt und in denen er seine Leistungsfähigkeit verbessert oder verschlechtert.[5]

19 Die Bedeutung des soziokulturellen Systems für das Fahrverhalten ist besonders charakterisiert durch den Einfluss
- ökonomischer Faktoren,
- sozialer Normen und
- legislativer und judikativer Praktiken.

20 Wann kann man sich welches Kraftfahrzeug leisten, welches Maß an Risikobereitschaft erwartet die Gesellschaft vom Einzelnen, wie reagiert die Gesellschaft auf Gefährdungen? Das sind Fragen, deren Beantwortung durch die jeweils gültigen Normen und Werte der Gesellschaft erfolgt.

---

5 *Winkler, W.* (1977a).

Vorbemerkungen § 1

b) Subsystem Straßenverkehr

Innerhalb der kulturell-gesellschaftlichen Systembedingungen nimmt das Subsystem „Straßenverkehr" einen bedeutsamen Raum ein. In ihm artikulieren sich gesellschaftliche Wünsche nach Schnelligkeit und Wirtschaftlichkeit der Bewegung von Menschen und Material mit einem für alle zumutbaren Risiko. Eine besondere Bedeutung gewinnt dabei der Einfluss
- der zulässigen Höchstgeschwindigkeit,
- der Straßencharakteristik der Fahrbahn,
- der polizeilichen Verkehrsüberwachung,
- der gerichtlichen und verkehrsbehördlichen Reaktionen auf Fehlverhaltensweisen,
- der Regelungen von Fahrerlaubniserteilung und -entziehung,
- der Sicherheitskampagnen und
- der Versicherungssysteme.

Ob, in welchem Lebensalter und unter welchen Bedingungen eine Fahrerlaubnis erworben werden kann und ob sie auf Probe, auf Zeit oder auf Lebenszeit erteilt wird, ist eine ebenso bedeutsame Systembedingung des Fahrverhaltens wie die Frage, wie und aus welchen Gründen sie entzogen und unter welchen Bedingungen sie wieder erteilt wird.

c) Mikrosystem Mensch-Maschine-Straße

Das jeweilige Mensch-Maschine-Straße-System, in dem sich Fahrverhalten unmittelbar abspielt, erscheint im Zentrum des fahrerischen Handelns. Informationsaufnahme, Informationsverarbeitung, Situationsbeurteilung, Entscheidung und Reaktion unter Berücksichtigung der jeweiligen Bedingungen von Fahrbahn und Straße charakterisieren Belastung und Beanspruchung des Fahrers.

Doch ist dieser Prozess nicht allein unter ergonomischen Bedingungen zu sehen, sondern ebenso unter sozialpsychologischen: In welcher Weise prägt das Verhalten der anderen Verkehrsteilnehmer in der jeweiligen Verkehrssituation das Verhalten des Fahrers, wie ist seine Interaktion, wie setzt er sich mit den ungeschriebenen Regeln „wie man fährt" auseinander? Hierbei entstehen „Feldeffekte",[6] z.B. in Folge der Reizüberflutung, Frustration, Kommunikationsstörungen, die die Verhaltensstruktur des Fahrers deformieren und z.B. zu regressivem oder aggressivem Verhalten Anlass geben.

---

6 *Spörli, S.* (1972).

25 Die Analyse macht deutlich, dass Fahrverhalten wie Fehlverhalten das Resultat darstellt einer „Interferenz zwischen Dispositionen der Person und Eigenarten des spezifischen Umweltbereiches"[7] wie sie durch die Systembedingungen charakterisiert sind.

2. Anforderungen an den Kraftfahrer

26 Unter einer primär ergonomischen Betrachtungsweise lässt sich das Führen eines Kraftfahrzeuges interpretieren als ein Handeln auf drei Ebenen:[8]
- auf der Navigationsebene,
- auf der Führungsebene und
- auf der Stabilisierungsebene.

27 Das Kraftfahren beginnt nicht beim Starten des Fahrzeugs, sondern bei der Planung von Fahrstrecke und Fahrzeit. Das ist die Navigationsebene, auf der wichtige Entscheidungen über das spätere Fahr- und auch Fehlverhalten fallen: Richtige Planung kann ebenso eine Überforderung verhindern wie Fehlentscheidungen vor Antritt der Fahrt, z.B. keine Klärung der Rückfahrt von einem Alkoholtrinkanlass, die Handlungsstruktur deformieren.

28 Auf der Führungsebene fallen die Entscheidungen über die einzuhaltende Geschwindigkeit und Spur des Kraftfahrzeuges, während auf der Stabilisierungsebene die Problemlösungen zur Anpassung an die jeweiligen situativen Bedingungen stattfinden.

29 Navigation, Führung und Stabilisierung fordern vom Kraftfahrer ein hohes Maß an Qualifikationen, die teilweise durch positive Lernprozesse gefördert, leider aber auch teilweise durch negative Lernprozesse beeinträchtigt werden: Bei der Vielzahl geforderter Entscheidungen kommt es zwangsläufig infolge der begrenzten Kapazität, z.B. des visuellen Wahrnehmungsvermögens,[9] zu vielen Fehlentscheidungen. Nur selten sind diese mit negativen Konsequenzen verbunden – der Unfall ist ein „seltenes" Ereignis –, die polizeiliche Registrierung von Verkehrsdelikten unterliegt einer extrem hohen Dunkelziffer.[10] Der Kraftfahrer lernt am Erfolg richtigen Verhaltens, aber er lernt fast noch mehr am Erfolg regelwidriger Verhaltensweisen, wenn als **Erfolg** ein schnelleres Erreichen des Fahrzieles, ein unter kritischen Bedingungen gestarteter und dennoch gelungener Überholvorgang, ein straffreies „Noch-Passieren" einer auf rot umspringenden Signalanlage usw. gewertet wird.

---

7 *Spörli, S.* (1973).
8 *Johannsen, G.* (1978).
9 *Cohen, A.S.* (1986).
10 *Kunkel, E.* (1980); *Undeutsch, U.* (1981); *Stephan, E.* (1988).

Hier werden „Anforderungen" an den Kraftfahrer deutlich, die weniger seine psychophysische und intellektuelle Leistungsfähigkeit und Belastbarkeit betreffen, sondern Fähigkeiten, sich selbst zu beobachten, kritisch Ursachen des eigenen Verhaltens und Fehlverhaltens aufzudecken, ein Problembewusstsein zu entwickeln, Erfahrungen in Lernprozesse umzuwandeln, vorbeugende Vermeidungsstrategien zu erproben, Widerstand zu leisten in „Verführungssituationen", das Verhalten verantwortungsbewusst zu kontrollieren usw.

„Verantwortliches Handeln im Straßenverkehr"[11] stellt hohe Anforderungen an den Kraftfahrer, besonders wenn die Bedingungen des soziokulturellen Systems ihn eher animieren, Risikobereitschaft, Selbstdurchsetzung, Erfolgserlebnisse usw. anzustreben und gleichzeitig die Bedingungen des motorisierten Straßenverkehrs ein hohes Maß an Risiko in sich bergen.[12]

3. Personengebundene Störquellen

Wer den genannten Anforderungen wiederholt nicht gerecht wird, weist unter Umständen relativ überdauernde, personenbezogene Störquellen sicheren Fahrens auf.

Dazu zählen einerseits Beeinträchtigungen der körperlichen, psychophysischen und intellektuellen Leistungsfähigkeit, andererseits anpassungserschwerende oder -störende Persönlichkeitsfaktoren.

Defizite zeigen sich insbesondere
- in einem mangelhaften System der Ausführung psychophysischer Vorgänge, z.B. als Störungen in der Abstimmung von Wahrnehmungs- und Bewegungsprozessen,
- in einem schlechten Feed-back-System, z.B. in Form fehlender oder falscher Rückmeldungen über das eigene Fehlverhalten durch Außen- und Innenreize, und
- als schlechte Planung des Fahrverhaltens im Sinne einer vorausschauenden Verhaltenssteuerung, z.B. hinsichtlich der Technik, Fahrten bei Dämmerung und Dunkelheit zu vermeiden.

Störende Persönlichkeitsfaktoren werden insbesondere deutlich in Form von Fehleinstellungen und -haltungen, z.B. dissozialer oder antisozialer Art, oder als relativ überdauernde Persönlichkeitseigenarten, z.B. einer emotionalen Unausgeglichenheit und Aggressionsbereitschaft, oder als Störung der selbstkritischen Verhaltensbeobachtung.

---

11 *Schmidt, L.* (1988).
12 *Winkler, W.* (1989).

§ 1 Vorbemerkungen

36 Die Abwesenheit derartiger personengebundener Störquellen sicheren Fahrens ist gleichbedeutend mit einer „Eignung und Befähigung" zum Führen von Kraftfahrzeugen: Geeignet und befähigt zum Führen von Kraftfahrzeugen ist derjenige, dem es gelingt, den genannten Anforderungen an Kraftfahrer weitgehend gerecht zu werden, was nicht ausschließt, dass der betreffende „Geeignete" auch Fehler macht. Indessen besitzt er die Fähigkeit, die Ursachen seines Fehlverhaltens rasch zu erkennen und sie so zu beeinflussen, dass eine Wiederholung des Fehlverhaltens bei der Teilnahme am motorisierten Straßenverkehr ausgeschlossen ist.

IV. Rechtsvorschriften zur Fahrerlaubnis

37 Die Angleichung des Rechts der in den Europäischen Gemeinschaften zusammengeschlossenen Staaten setzt sich zunehmend auch auf dem Gebiet des Fahrerlaubnisrechts durch. Große Teile des in der Bundesrepublik Deutschland geltenden Fahrerlaubnisrechts beruhen auf Vorgaben der Europäischen Gemeinschaft.

1. EG-Richtlinien

38 Anders als Verordnungen der gemäß Art. 249 Abs. 1 EG-Vertrag ermächtigten Organe der Europäischen Gemeinschaften, die allgemein und unmittelbar in jedem Mitgliedsstaat gelten (Art. 249 Abs. 2 EG-Vertrag), sind Richtlinien der gemäß Art. 249 Abs. 1 EG-Vertrag ermächtigten Organe zwar für jeden Mitgliedsstaat hinsichtlich des zu erreichenden Ziels verbindlich, überlassen jedoch den innerstaatlichen Stellen die Wahl der Form und der Mittel (Art. 249 Abs. 3 EG-Vertrag).

39 Die **Erste Richtlinie des Rates der Europäischen Gemeinschaften zur Einführung eines EG-Führerscheins** (80/1263 EWG) vom 04.12.1980[13] ist durch Verordnungen vom 23.11.1982[14] und vom 13.12.1985[15] in deutsches Recht umgesetzt worden.

40 Die **Zweite Richtlinie des Rates der Europäischen Gemeinschaften über den Führerschein** (91/439/EWG) vom 29.07.1991[16] gilt auch im Verhältnis zu den Staaten des Abkommens über den Europäischen Wirtschaftsraum (EWR-Staaten).[17] Die Mitgliedstaaten sollten sie dadurch umsetzen, dass sie bis zum 01.07.1994 die erforderlichen Rechts- und Verwaltungsvorschriften erlassen, um dieser Richtlinie ab

---

13 AblEG Nr. L 375 S. 1.
14 BGBl I, 1533.
15 BGBl I, 2276.
16 AblEG Nr. L 237 S. 1.
17 Beschluss des Gemeinsamen EWR-Ausschusses Nr. 7/94 vom 21.03.1994, ABlEG Nr. L 160 S. 80.

01.07.1996 nachzukommen (Art. 12).[18] In der Bundesrepublik Deutschland erfolgte die Umsetzung jedoch erst mit Wirkung vom 01.01.1999 durch erhebliche Änderungen des Straßenverkehrsgesetzes (StVG) und Schaffung einer neuen eigenständigen Fahrerlaubnisverordnung (FeV).

Die Kommission der Europäischen Gemeinschaften hat mit einer Klage vor dem Europäischen Gerichtshof gegen die Bundesrepublik Deutschland (Rechtssache C 372/03) geltend gemacht, dass einige Bestimmungen der Richtlinie des Rates vom 29.07.1991 (91/439/EWG) über den Führerschein nicht vollständig in deutsches Recht übernommen worden seien. Mit der Dritten Verordnung zur Änderung der Fahrerlaubnis-Verordnung und anderer straßenverkehrsrechtlicher Vorschriften vom 09.08.2004[19] wurde den Klagegründen Rechnung getragen, soweit sie vom Bundesministerium für Verkehr, Bau- und Wohnungswesen als berechtigt angesehen worden sind. Dies betrifft im Wesentlichen Vorschriften über 41

- die Berechtigung zum Führen von Kraftfahrzeugen der Klasse DE mit einer Fahrerlaubnis der Klassen C1E und D (§ 6 Abs. 3 Nr. 6 Fahrerlaubnis-Verordnung (FeV),
- die Zulässigkeit von Überführungsfahrten von Fahrzeugen der Klassen D und DE durch Inhaber von Fahrerlaubnissen der Klassen C1, C1E, C oder CE (§ 6 Abs. 4 FeV),
- Registrierungspflichten von Inhabern bestimmter EU- oder EWR-Fahrerlaubnisse, die ihren ordentlichen Wohnsitz in die Bundesrepublik Deutschland verlegen (§ 29 FeV),
- die Erteilung einer deutschen Fahrerlaubnis, wenn die Eintragung von Beschränkungen in einem EU- oder EWR-Führerschein wegen dessen Beschaffenheit nicht möglich ist (§ 47 Abs. 2 S. 3 FeV).

Durch diese Verordnung ist zudem eine neue Fahrerlaubnisklasse (Klasse S) eingeführt worden. Damit wurde den Bedenken der Kommission Rechnung getragen, die in einem weiteren Vertragsverletzungsverfahren (P/2000/4211) geltend gemacht hat, dass in Deutschland die Voraussetzungen zum Führen von vierrädrigen Leichtkraftfahrzeugen mit einer durch die Bauart bestimmten Höchstgeschwindigkeit von bis zu 45 km/h (Art. 1 Abs. 3 Buchst. a der Richtlinie 2002/24/EG) als zu hoch anzusehen seien und daher gegen Art. 28 und 30 des EG-Vertrages verstießen. 42

Eine **Dritte Richtlinie über den Führerschein** ist in Vorbereitung: Die Kommission der Europäischen Gemeinschaften hat unter dem 21.10.2003 einen Vorschlag für eine Richtlinie EG des Europäischen Parlaments und des Rates über den Führerschein[20] 43

---

18 Siehe dazu *Jagow, F.-J.* (1992).
19 BGBl I, 2092; siehe dazu die Begründung des Bundesministeriums für Verkehr, Bau- und Wohnungswesen BR-Dr. 305/04, S. 16.
20 KOM (2003) 621 endgültig; im Internet zu finden unter http://europa.eu.int/index_de.htm.

§ 1 Vorbemerkungen

vorgelegt, die an die Stelle der aufzuhebenden Zweiten Richtlinie des Rates der Europäischen Gemeinschaften über den Führerschein (91/439/EWG) treten soll. Als die drei Hauptziele dieses Vorschlags nennt sie:
- **Verringerung der Betrugsmöglichkeiten:** Abschaffung des Führerscheinmusters auf Papier zugunsten einer Plastikkarte; Möglichkeit der Einführung eines Mikrochips auf dem Führerschein; Einführung der begrenzten Gültigkeitsdauer für neue Führerscheine, die ab dem Datum der Anwendung ausgestellt werden;
- **Gewährleistung der Freizügigkeit der Bürger** durch eben diese Maßnahme der Einführung einer begrenzten Gültigkeitsdauer und durch Harmonisierung der Zeitabstände der ärztlichen Untersuchung für Berufskraftfahrer;
- **Beitrag zur Sicherheit im Straßenverkehr:** Einführung eines Führerschein für Mopeds; Ausweitung des Grundsatzes des stufenweisen Zugangs zur Fahrerlaubnis für die leistungsstärksten Fahrzeugarten; Einführung von Mindestanforderungen an die Grundqualifikation und Weiterbildung der Fahrprüfer; Untermauerung des Grundsatzes der Einzigartigkeit des Führerscheins (ein Inhaber – ein Führerschein).

Das Europäische Parlament hat am 23.02.2005 in erster Lesung den Vorschlag der Kommission mit 86 Abänderungen gebilligt und die Kommission aufgefordert, es erneut zu befassen, falls sie beabsichtigt, diesen Vorschlag in der geänderten Fassung entscheidend zu ändern oder durch einen anderen Text zu ersetzen.[21]

Die vom Parlament beschlossene Fassung wird zunächst in der Kommission beraten, bevor sie erneut dem Ministerrat vorgelegt wird. Mit der Verkündung der Richtlinie ist kaum vor Ende 2005 zu rechnen. Sie soll am 20. Tag nach ihrer Veröffentlichung im Amtsblatt der Europäischen Union in Kraft treten (Art. 19 Abs. 1 des Richtlinienvorschlags). Die Mitgliedstaaten sollen die zur Umsetzung der Richtlinie in nationales Recht erforderlichen Rechts- und Verwaltungsvorschriften bis spätestens 2 Jahre nach Inkrafttreten der Richtlinie erlassen und veröffentlichen (Art. 17 Abs. 1 des Richtlinienvorschlags).

2. Straßenverkehrsgesetz

44 Das StVG regelt die Grundzüge und Eckdaten für die Erteilung und Entziehung der Fahrerlaubnis (§§ 2 bis 4) und enthält Ermächtigungsgrundlagen für Verordnungen (§ 6 Abs. 1 Nr. 1 StVG).

Die zum 01.01.1999 in Kraft getretenen Änderungen sind herbeigeführt worden durch das Gesetz zur Änderung des Straßenverkehrsgesetzes und anderer Gesetze vom

---

21 Im Internet zu finden unter http://europa.eu.int/index_de.htm.

24.04.1998.[22] Es kam zustande aufgrund eines Gesetzentwurfs der Bundesregierung,[23] der Stellungnahme des Bundesrates,[24] der Gegenäußerung der Bundesregierung[25] sowie der Beschlussempfehlung und des Berichts des Ausschusses für Verkehr des Bundestages.[26]

Die fahrerlaubnisrechtlichen Bestimmungen des StVG sind seither wiederholt geändert und ergänzt worden, zuletzt durch das Erste Gesetz zur Modernisierung der Justiz (1. Justizmodernisierungsgesetz) vom 24.08.2004.[27]

3. Fahrerlaubnisverordnung

Die FeV regelt aufgrund der in § 6 StVG erteilten Ermächtigung nähere Einzelheiten des Fahrerlaubnisrechts.   **45**

Sie wurde geschaffen durch die Verordnung über die Zulassung von Personen zum Straßenverkehr und zur Änderung straßenverkehrsrechtlicher Vorschriften vom 18.08.1998[28] aufgrund der Vorlage des Bundesministeriums für Verkehr an den Bundesrat[29] und mit Zustimmung des Bundesrats unter Übernahme der von seinen Ausschüssen empfohlenen Änderungen.[30]

Die FeV ist seither wiederholt geändert und ergänzt worden, zuletzt durch die Dritte Verordnung zur Änderung der Fahrerlaubnis-Verordnung und anderer straßenverkehrsrechtlicher Vorschriften vom 09.08.2004.[31]

Bei einer **gesetzlichen Ermächtigung** müssen Inhalt, Zweck und Ausmaß der erteilten Ermächtigung im Gesetze bestimmt werden (Art. 80 Abs. 1 S. 2 GG).   **46**

Hierzu hat die 2. Kammer des 2. Senats des **Bundesverfassungsgerichts** im Beschluss vom 04.05.1997[32] unter Zitierung zahlreicher vorangegangener Entscheidungen des

---

22 Art. 1, BGBl I, 747. Durch dieses Gesetz wurden außerdem geändert das Fahrlehrergesetz (Art. 2), das StGB (Art. 3), die StPO (Art. 4), das BZRG (Art. 5), das Kraftfahrsachverständigengesetz (Art. 6), das Personenbeförderungsgesetz (Art. 7) und das Gesetz über die Errichtung eines Kraftfahrt-Bundesamts (Art. 8).
23 BR-Dr. 821/96; Begründung abgedruckt in VkBl 1998, 770 ff.
24 BT-Dr. 13/6914, S. 100 ff.
25 BT-Dr. 13/6914, S. 116 ff.
26 BT-Dr. 13/7888.
27 BGBl I, 2198 und 2300 (Berichtigung).
28 Art. 1, BGBl I, 2214. Durch diese Verordnung wurden außerdem geändert die StVZO (Art. 2), die IntKfzV (Art. 3), die Fahrzeugregisterverordnung (Art. 4), die GebOSt (Art. 5), die Bußgeldkatalog-Verordnung (Art. 6) und zwei Verordnungen über Ausnahmen von straßenverkehrsrechtlichen Vorschriften (Art. 7).
29 BR-Dr. 443/98; Begründung abgedruckt in VkBl 1998, 1049 ff.
30 BR-Dr. 443/1/98.
31 BGBl I, 2092.
32 BVerfG 04.05.1997.

§ 1 Vorbemerkungen

Bundesverfassungsgerichts und rechtswissenschaftlicher Literatur[33] zusammenfassend ausgeführt:

„Das Bundesverfassungsgericht hat aus den speziellen grundrechtlichen Gesetzesvorbehalten einerseits und aus dem Rechtsstaatsprinzip sowie aus dem allgemeinen Vorbehalt des Gesetzes (Art. 20 Abs. 3 GG) andererseits die Verpflichtung des Gesetzgebers abgeleitet, nicht nur im Bereich der unmittelbaren Grundrechtsausübung, sondern in allen grundlegenden normativen Bereichen die wesentlichen Entscheidungen selbst zu treffen. Das schließt Ermächtigungen zu ergänzenden Regelungen durch Rechtsverordnung nicht aus, sofern die wesentlichen Entscheidungen in dem formellen Gesetz einschließlich der Ermächtigungsnormen enthalten sind. In dem Rahmen, für den dieser Vorbehalt des Gesetzes nicht gilt, sind auch Ermächtigungen zulässig, durch Rechtsverordnung den Inhalt des Gesetzes zu ändern oder zu ergänzen. Der Vorrang des formellen Gesetzes steht solchen gesetzesändernden und gesetzesergänzenden Rechtsverordnungen nicht entgegen, wenn die gesetzesverdrängende Wirkung auf einem ausdrücklich zugunsten der Rechtsverordnung reduzierten – subsidiären – Geltungsanspruch des Gesetzes beruht, die Rechtsverordnung also nur eine ihr aufgrund der gesetzlichen Ermächtigung gestattete Möglichkeit zur Gesetzesausführung nutzt und wenn dafür sachliche Gründe bestehen.

Bei der Übertragung von Rechtsetzungsbefugnissen auf die Exekutive hat der Gesetzgeber außerdem Art. 80 Abs. 2 GG zu beachten. Er muss im formellen Gesetz selbst die Entscheidung darüber treffen, welche Fragen durch die Rechtsverordnung geregelt werden sollen; er muss die Grenzen einer solchen Regelung festsetzen und angeben, welchem Ziel die Regelung dienen soll. Es muss sich aus dem Gesetz ermitteln lassen, welches vom Gesetzgeber gesetzte Programm durch die Rechtsverordnung erreicht werden soll, so dass der Bürger schon aus dieser Rechtsnorm ersehen kann, in welchen Fällen und mit welcher Tendenz von der Ermächtigung Gebrauch gemacht werden wird und welchen Inhalt die aufgrund der Ermächtigung erlassene Rechtsverordnung haben kann. Die Regelungen sind so bestimmt zu fassen, wie dies nach der Eigenart der zu ordnenden Lebenssachverhalte und mit Rücksicht auf den Normzweck möglich ist."

47 Zu Art. 80 Abs. 1 S. 2 GG hat das **Bundesverwaltungsgericht**[34] bei Feststellung der Nichtigkeit des § 2 der Zweiten BSE-Schutzverordnung ausgeführt:

„Die Ermächtigung muss so substanziiert und deutlich gefasst sein, dass schon aus ihr, nicht erst aus der ermächtigten Verordnung erkennbar und voraussehbar wird,

---

33 Im Folgenden werden die zitierten Fundstellen für Rechtsprechung und Literatur nicht wiedergegeben.
34 BVerwG 15.02.2001.

was vom Bürger verlangt werden kann (vgl. u.a. *Maunz*, in: *Maunz/Dürig*, GG, Art 80 Rdnr. 28). Das lässt jedenfalls in der Tendenz keinen Raum für eine eher weite Auslegung der Ermächtigungsnorm."

Diesen Vorgaben entsprechen einige Vorschriften der FeV nicht, so dass sie durch gesetzliche Ermächtigungen nicht gedeckt sind.[35] Darauf wird bei Erörterung der entsprechenden Vorschriften besonders hingewiesen. **48**

Die durch gesetzliche Ermächtigung nicht gedeckte Vorschrift des § 62 Abs. 2 S. 2 FeV ist bereits gestrichen worden.[36]

Erste Schritte zur Herstellung der Verfassungskonformität des Straßenverkehrsrechts sind für das Kraftfahrzeug-Zulassungsrecht unternommen mit dem Gesetz zur Änderung des Straßenverkehrsgesetzes und anderer straßenverkehrsrechtlicher Vorschriften vom 11.09.2002.[37] Anlass dafür bot, dass das **Oberverwaltungsgericht für das Land Nordrhein-Westfalen**[38] die Anlage VIII b zu § 29 StVZO (Anerkennung als Überwachungsorganisation für die Durchführung von Hauptuntersuchungen und Sicherheitsprüfungen) mangels einer ausreichenden Ermächtigungsgrundlage für verfassungswidrig und deshalb nichtig erklärt hat. Nunmehr ist in § 6 StVG eine neue verfassungskonforme Ermächtigungsgrundlage geschaffen worden. Überdies führt die Bundesregierung in der Begründung zu ihrem Gesetzentwurf aus:[39] **49**

„Vorsorglich sollen auch die Grundlagen für das übrige Zulassungsrecht in § 6 Straßenverkehrsgesetz (StVG) konkretisiert und sichergestellt werden, dass dem Bestimmtheitsgebot des Artikel 80 Grundgesetz ausreichend Rechnung getragen ist."

Diese Bemerkung betrifft allerdings nur das Kraftfahrzeug-Zulassungsrecht. Für das Personen-Zulassungsrecht fehlt noch ein Gesetzentwurf zur Herstellung der Verfassungskonformität. Solange aber nicht durch Gesetz und Verordnung sichergestellt ist, dass dem Bestimmtheitsgebot des Art. 80 GG ausreichend Rechnung getragen ist, können die Vorschriften über das Personen-Zulassungsrecht jeweils nur mit den durch die Verfassung vorgegebenen Einschränkungen angewendet werden.

---

35 Ausführlich dazu *Bode, H.J.* (2002e).
36 Siehe unter § 6 Rn 102 ff.
37 BGBl I, 3574 = VkBl 2002, S. 634.
38 OVG Münster 22.09.2000.
39 BR-Dr. 32/02 S. 96 = VkBl 2002, S. 66.

§ 1 Vorbemerkungen

4. Allgemeine Verwaltungsvorschriften

50 Nach der Rechtsprechung des Bundesverfassungsgerichts[40] können allgemeine Verwaltungsvorschriften für den Vollzug von Bundesgesetzen durch die Länder ausschließlich von der Bundesregierung als Kollegium und nicht durch ein Bundesministerium erlassen werden. Im Hinblick darauf ist die Ermächtigung des Bundesministeriums für Verkehr zum Erlass von allgemeinen Verwaltungsvorschriften in § 6 Abs. 1 vor Nr. 1 StVG durch das StVRÄndG vom 11.09.2002 gestrichen worden.

Allgemeine Verwaltungsvorschriften sind nicht selbst Rechtsnormen, sondern – wie das **Bundesverwaltungsgericht**[41] zur Allgemeinen Verwaltungsvorschrift zu § 15 b StVZO (Mehrfachtäter-Punktsystem) ausgesprochen hat – lediglich interne, normauslegende Anweisungen für Verwaltungsbehörden, die Anhaltspunkte und Entscheidungshilfe bieten können. Wenngleich sie keine unmittelbare rechtliche Bindung für Gerichte entfalten, sind sie doch von erheblicher praktischer Bedeutung.

5. Verwaltungsrichtlinien

51 Auch sie gelten nur für die Verwaltungsbehörden und geben ihnen allgemeine Weisungen, insbesondere für das von ihnen zu beobachtende Verfahren. Rechtliche Wirkung haben sie weder für Gerichte noch für der Verwaltung nicht angehörende Personen.

a) Richtlinien des Bundesministeriums für Verkehr

52 Für das Fahrerlaubnisrecht von besonderer Bedeutung ist z.B.
- die Richtlinie für die Prüfung der Bewerber um eine Erlaubnis zum Führen von Kraftfahrzeugen (Prüfungsrichtlinie)[42] sowie
- der Fragenkatalog für die theoretische Fahrerlaubnisprüfung.[43]

b) Richtlinien der Bundesländer

53 Viele Einzelheiten zur Anwendung des Fahrerlaubnisrechts durch die Fahrerlaubnisbehörden schreiben die Bundesländer in besonderen Richtlinien vor. So hat z.B. das Niedersächsische Ministerium für Wirtschaft, Technologie und Verkehr eine „Arbeits-

---

40 BVerfG 02.03.1999.
41 BVerwG 18.03.1982 – 7 C 69/81.
42 Siehe dazu § 4 Rn 5.
43 Siehe dazu § 4 Rn 22.

Vorbemerkungen § 1

anweisung zur FeV" in Form eines Handbuchs herausgegeben,[44] das jeweils geändert und aktualisiert wird.[45]

V. Grundvoraussetzungen für die Verkehrsteilnahme

Von zentraler Bedeutung für die Teilnahme am öffentlichen Straßenverkehr ist die dafür erforderliche persönliche Eignung. Die Diskussion um die Eignung zum Führen von Kraftfahrzeugen lässt häufig unbeachtet, dass Eignung nicht nur und speziell für das Führen von Kraftfahrzeugen erforderlich ist, sondern vielmehr generell für jede Art der Teilnahme am öffentlichen Straßenverkehr. Auseinandersetzungen um die Eignung zum Führen von Kraftfahrzeugen konzentrieren sich zumeist auch auf behördliches Handeln zur Prüfung solcher Eignung und lassen oft unberücksichtigt, dass in erster Linie der Verkehrsteilnehmer selbst seine Eignung zu sicherer Verkehrsteilnahme zu prüfen hat: 54

1. Eigene Vorsorge

Wer sich infolge körperlicher oder geistiger Mängel nicht sicher im Verkehr bewegen kann, darf am Verkehr nur teilnehmen, wenn in geeigneter Weise – für die Führung von Fahrzeugen nötigenfalls durch Einrichtungen an diesen – Vorsorge getroffen ist, dass er andere nicht gefährdet. Die Pflicht zur Vorsorge obliegt dem Verkehrsteilnehmer selbst oder einem für ihn Verantwortlichen, z.B. einem Erziehungsberechtigten, (§ 2 Abs. 1 FeV). 55

2. Staatliche Vorsorge

Nur im Ausnahmefall geht die hier beschriebene Vorsorgepflicht auf den Staat über, und zwar in unterschiedlicher Weise abhängig davon, ob für die Zulassung zum Verkehr eine Erlaubnis vorgeschrieben ist oder nicht: 56

a) Erlaubnisfreier Verkehr

Erweist sich jemand als ungeeignet oder nur noch bedingt geeignet zum Führen von Fahrzeugen oder Tieren, hat die Fahrerlaubnisbehörde ihm das Führen zu untersagen, zu beschränken oder die erforderlichen Auflagen anzuordnen (§ 3 Abs. 1 FeV). 57

---

44 Erlass vom 15.12.1998, 401.4-30001/20-1.
45 So durch Erlasse vom 26.04.1999 und 01.11.1999.

§ 1 Vorbemerkungen

58 Diese Vorschrift wird höchst selten zur Anwendung kommen. Auf sie und die im Wesentlichen gleichlautende Vorschrift des § 3 Abs. 1 S. 1 Halbsatz 1 StVZO a.F. gestützt wurden schon 1988 nur 380 Fahrverbote verhängt und nach ständigem Rückgang 1999 sogar nur noch 91 sowie 2000 139, 2001 116 und 2002 228.[46]

59 In Betracht kommen Maßnahmen nach § 3 FeV etwa für das Führen von Fahrrädern,[47] Fahrrädern mit und ohne Hilfsmotor[48] oder Mofas.

60 Allerdings hält das **Niedersächsische Oberverwaltungsgericht**[49] die sofortige Vollziehung der Untersagungsverfügung, mit der jegliche Benutzung eines Mofas im öffentlichen Straßenverkehr verboten wird, für nicht geboten, wenn der Mofafahrer lediglich wegen zwei Alkoholfahrten in den Nachtstunden aufgefallen ist: Sofern Anhaltspunkte fehlen, dass es sich um einen Gewohnheitstrinker handelt, bei dem zu befürchten ist, dass er auch künftig nach Arbeitsende in angetrunkenem Zustand mit seinem Mofa fährt, genügt es im Interesse der Straßenverkehrssicherheit, ihm lediglich mit Sofortvollziehungswirkung zu untersagen, sein Mofa in den Abendstunden und Nachtstunden zu benutzen, so dass die Benutzung des Mofas für Fahrten von und zur Arbeitsstelle – jedenfalls während des Rechtsmittelverfahrens – weiterhin möglich bleibt.

b) Erlaubnisgebundener Verkehr

61 Zu den inhaltlichen Voraussetzungen für die Erlaubnis zur Verkehrsteilnahme – die nur für die Verkehrsteilnahme mittels eines Kraftfahrzeugs erforderlich ist[50] – gehört die Eignung des Verkehrsteilnehmers,[51] die in besonderer Weise näher präzisiert ist,[52] unter Umständen auf die unterschiedlichste Art geprüft wird[53] und erhebliche Bedeutung für Erteilung und Entziehung solcher Erlaubnis sowie Einwirkung auf den Erlaubnisinhaber hat.[54]

---

46 Statistische Mitteilungen des Kraftfahrt-Bundesamts unter www.kba.de (Statistiken/Fahrerlaubnisse). Statistiken für die Jahre 2003 und 2004 stehen noch nicht zur Verfügung.
47 So z.B. OVG Bremen 09.01.1990; Schleswig-Holsteinisches VG Blutalkohol XXIV (1987), 158 = NJW 1987, 147 = zfs 1987, 95 [L]; VG Neustadt an der Weinstraße NZV 2005, 437 = zfs 2005, 367.
48 So z.B. OVG Bremen 08.07.1980.
49 OVG Lüneburg 18.08.1988.
50 Siehe unter § 1 Rn 13 und § 2.
51 Siehe unter § 2 Rn 74 f.
52 Siehe unter § 3.
53 Siehe unter §§ 5 bis 8.
54 Siehe unter §§ 9 bis 14.

§ 2 Kraftfahrerlaubnis

Die Vorschrift des § 2 Abs. 1 S. 1 StVG, nach der Kraftfahrzeuge auf öffentlichen 1
Straßen nur mit behördlicher Erlaubnis geführt werden dürfen, gilt einerseits nicht uneingeschränkt und stellt andererseits auch nur einen Grundsatz auf, der durch zahlreiche Einzelregelungen entfaltet wird.

I. Ausnahmen

Die strikte und absolute Durchführung des abstrakten Grundsatzes würde eine unsin- 2
nige Überreglementierung darstellen. Denn als Kraftfahrzeuge im Sinne des StVG gelten „Landfahrzeuge, die durch Maschinenkraft bewegt werden, ohne an Bahngleise gebunden zu sein" (§ 1 Abs. 2 StVG). Unter diesen sehr weiten Begriff fällt eine Fülle verschiedenartigster Fahrzeuge. Für die Führung einiger Kraftfahrzeuge erscheint eine besondere Erlaubnis entbehrlich. Deshalb ist das Bundesministerium für Verkehr ermächtigt, mit Zustimmung des Bundesrats Ausnahmen von der Fahrerlaubnispflicht zu bestimmen (§ 6 Abs. 1 Nr. 1 Buchst. a StVG). Solche Ausnahmen orientieren sich vor allem an Geschwindigkeit und Gefährlichkeit der Kraftfahrzeuge:

1. Mofas

Sie sind fahrerlaubnisfrei (§ 4 Abs. 1 S. 2 Nr. 1 FeV). Der Führer eines Mofas muss 3
jedoch in einer Prüfung nachgewiesen haben, dass er
- ausreichende Kenntnisse der für das Führen eines Kraftfahrzeugs maßgebenden gesetzlichen Vorschriften hat und
- mit den Gefahren des Straßenverkehrs und den zu ihrer Abwehr erforderlichen Verhaltensweisen vertraut ist,

falls er nicht eine höherwertige Kraftfahrerlaubnis besitzt (§ 5 Abs. 1 FeV).
Beim Führen eines Mofas ist eine über die bestandene Prüfung ausgefertigte Prüfbescheinigung oder die höherwertige Kraftfahrerlaubnis mitzuführen (§ 5 Abs. 4 FeV).

2. Motorisierte Krankenfahrstühle

Ohne Fahrerlaubnis können auch geführt werden motorisierte Krankenfahrstühle – 4
einsitzige, nach der Bauart zum Gebrauch durch körperlich behinderte Personen bestimmte Kraftfahrzeuge mit Elektroantrieb, einem Leergewicht von nicht mehr als

§ 2 Kraftfahrerlaubnis

300 kg einschließlich Batterien aber ohne Fahrer, mit einer zulässigen Gesamtmasse von nicht mehr als 500 kg, einer durch die Bauart bestimmten Höchstgeschwindigkeit von nicht mehr als 15 km/h, einer Breite über alles von maximal 110 cm und einer Heckmarkierungstafel nach der ECE-Regelung 69 oben an der Fahrzeugrückseite – (§ 4 Abs. 1 Satz 2 Nr. 2 FeV).

Nicht mehr erforderlich ist entgegen der ursprünglichen Regelung in § 5 Abs. 1 und 4 FeV das Mitführen einer wie bei Mofas durch Prüfung zu erwerbenden Prüfbescheinigung oder eine höherwertige Kraftfahrerlaubnis beim Führen eines motorisierten Krankenfahrstuhls mit einer durch die Bauart bestimmten Höchstgeschwindigkeit von mehr als 10 km/h. Diese durch die FeVÄndV vom 07.08.2002 herbeigeführten Änderungen (Beschränkung auf elektrobetriebene Krankenfahrstühle unter Wegfall der Prüfbescheinigung) beruht auf folgenden vom Bundesministerium für Verkehr, Bau- und Wohnungswesen in der Begründung zur FeVÄndV vom 07.08.2002[1] dargelegten Erwägungen:

Der Verordnungsgeber hält es für gerechtfertigt, nur in wenigen Ausnahmefällen auf den Erwerb einer Fahrerlaubnis zum Führen von Kraftfahrzeugen zu verzichten. Der Wegfall der Fahrerlaubnispflicht und die seit 1999 bestehende Möglichkeit, bei Krankenfahrstühlen mit einer Höchstgeschwindigkeit von mehr als 10 km/h lediglich eine Prüfbescheinigung in Anlehnung an die Mofa-Prüfbescheinigung zu fordern, hat sich nicht bewährt. Die bisherigen Regelungen haben dazu geführt, dass in der Praxis „Pkw-artige" Kraftfahrzeuge in Verkehr gebracht wurden. Das Fahrverhalten und die zum Führen erforderlichen Fertigkeiten und Kenntnisse dieser Kraftfahrzeuge rechtfertigen keinen Verzicht auf die Fahrerlaubnis. Auch im Interesse der Leichtigkeit des Verkehrs ist die Neufassung der bisherigen Regelungen geboten. Solche langsam fahrenden, von Pkw nicht zu unterscheidenden Fahrzeuge können zu erheblichen Beeinträchtigungen und Gefährdungen (z.B. beim Überholen; besondere Gefahr von Auffahrunfällen) des fließenden Verkehrs in Städten und Ballungsräumen, aber auch im ländlichen Bereich auf Bundes- und Landstraßen führen.

Fahrzeughersteller und Umrüster bieten heute auf die Behinderung genau abgestimmte Pkw an. In Behinderten-Fahrschulen kann eine „maßgeschneiderte" Fahrerlaubnis für den spezifischen Zweck, z.B. mit Auflagen oder Beschränkungen zur Fahrzeuganpassung, erworben werden. Außerdem kann die theoretische und praktische Fahrerlaubnisprüfung auf den Umfang begrenzt werden, auf den sich die Fahrerlaubnis bezieht. Das Fahrerlaubnisrecht bietet also bei Ausbildung, Prüfung und Umfang der Fahrerlaubnis ausreichend flexible Möglichkeiten.

---

1 BR-Dr. 497/02, S.60 = VkBl 2002, 889.

Kraftfahrerlaubnis § 2

Inhaber einer Prüfbescheinigung für Krankenfahrstühle nach den bis zum 01.09.2002 geltenden Regelungen bleiben durch eine entsprechende Übergangsregelung (§ 76 Abs. 1 Nr. 2 und 5 FeV) berechtigt, motorisierte Krankenfahrstühle nach den bisherigen Regelungen zu führen.

3. Langsam fahrende Kraftfahrzeuge

Sie können völlig fahrerlaubnisfrei geführt werden. Hierzu gehören (§ 4 Abs. 1 S. 2 Nr. 3 FeV)   5

a. von den Kraftfahrzeugen mit einer bauartbedingten Höchstgeschwindigkeit von nicht mehr als 6 km/h
- Zugmaschinen, die nach ihrer Bauart für die Verwendung für land- oder forstwirtschaftliche Zwecke bestimmt sind,
- selbstfahrende Arbeitsmaschinen,
- Stapler und andere Flurförderzeuge sowie

b. einachsige Zug- oder Arbeitsmaschinen, die von Fußgängern an Holmen geführt werden.

4. Mindestalter

Das Mindestalter für das Führen eines Kraftfahrzeugs, für das eine Fahrerlaubnis nicht   6
erforderlich ist, beträgt 15 Jahre (§ 10 Abs. 3 S. 1 FeV).

a) Sonderregelung für motorisierte Krankenfahrstühle

Ausgenommen von diesem Mindestalter ist das Führen eines motorisierten Kranken-   7
fahrstuhls mit einer durch die Bauart bestimmten Höchstgeschwindigkeit von nicht mehr als 10 km/h durch behinderte Menschen (§ 10 Abs. 3 S. 2 FeV).

Diese durch die Dritte Verordnung zur Änderung der Fahrerlaubnis-Verordnung und anderer straßenverkehrsrechtlicher Vorschriften vom 09.08.2004[2] eingeführte Vorschrift beruht auf folgenden vom Bundesministerium für Verkehr, Bau- und Wohnungswesen in der Begründung dazu[3] dargelegten Erwägungen:

„Bisher durften behinderte Kinder vor Vollendung des 15. Lebensjahres keine motorisierten Krankenfahrstühle führen. Sie waren auf Ausnahmegenehmigungen im Einzelfall angewiesen. Das generelle Verbot mit Ausnahmemöglichkeit wird aber weder der

---
2 BGBl I, 2092.
3 BR-Dr. 305/04, S. 18 f.

§ 2 Kraftfahrerlaubnis

Situation der behinderten Kinder gerecht, noch ist es aus Verkehrssicherheitsgründen erforderlich. Für motorisierte Krankenfahrstühle mit einer durch die Bauart bestimmten Höchstgeschwindigkeit von nicht mehr als 10 km/h genügt die allgemeine Regelung des § 2 Abs. 1 FeV, nach der Vorsorge zu treffen ist, wenn sich eine Person infolge körperlicher Mängel nicht sicher im Verkehr bewegen kann. Art und Umfang der Vorsorge hängt z.b. von der Art der Behinderung und dem Alter des Kindes ab. Daneben bleibt für die zuständigen Behörden die Möglichkeit bestehen, im Einzelfall Auflagen anzuordnen oder das Führen zu untersagen (§ 3 FeV)."

b) Sonderregelung für Mofas

8   Wird ein Kind unter sieben Jahren auf einem Mofa mitgenommen, muss der Fahrzeugführer mindestens 16 Jahre alt sein (§ 10 Abs. 4 FeV).

II. Fahrerlaubnisarten

Die Einzelausgestaltung der Fahrerlaubnispflicht ist außerordentlich differenziert.

1. Fahrerlaubnisklassen

9   **a) Einteilung**

Die Fahrerlaubnis wird nach § 6 FeV Abs. 1 in folgenden Klassen erteilt:

Klasse A: Krafträder (Zweiräder, auch mit Beiwagen) mit einem Hubraum von mehr als 50 cm³ oder mit einer durch die Bauart bestimmten Höchstgeschwindigkeit von mehr als 45 km/h.

Klasse A1: Krafträder der Klasse A mit einem Hubraum von nicht mehr als 125 cm³ und einer Nennleistung von nicht mehr als 11 kW (Leichtkrafträder).

Klasse B: Kraftfahrzeuge – ausgenommen Krafträder – mit einer zulässigen Gesamtmasse von nicht mehr als 3.500 kg und mit nicht mehr als acht Sitzplätzen außer dem Führersitz (auch mit Anhänger mit einer zulässigen Gesamtmasse von nicht mehr als 750 kg oder mit einer zulässigen Gesamtmasse bis zur Höhe der Leermasse des Zugfahrzeugs, sofern die zulässige Gesamtmasse der Kombination 3.500 kg nicht übersteigt.

Klasse C: Kraftfahrzeuge – ausgenommen Krafträder – mit einer zulässigen Gesamtmasse von mehr als 3.500 kg und mit nicht mehr als acht Sitz-

Kraftfahrerlaubnis **§ 2**

plätzen außer dem Führersitz (auch mit Anhänger mit einer zulässigen Gesamtmasse von nicht mehr als 750 kg).
Klasse C1: Kraftfahrzeuge – ausgenommen Krafträder – mit einer zulässigen Gesamtmasse von mehr als 3.500 kg, aber nicht mehr als 7.500 kg und mit nicht mehr als acht Sitzplätzen außer dem Führersitz (auch mit Anhänger mit einer zulässigen Gesamtmasse von nicht mehr als 750 kg).
Klasse D: Kraftfahrzeuge – ausgenommen Krafträder – zur Personenbeförderung mit mehr als acht Sitzplätzen außer dem Führersitz (auch mit Anhänger mit einer zulässigen Gesamtmasse von nicht mehr als 750 kg).
Klasse D1: Kraftfahrzeuge – ausgenommen Krafträder – zur Personenbeförderung mit mehr als acht und nicht mehr als 16 Sitzplätzen außer dem Führersitz (auch mit Anhänger mit einer zulässigen Gesamtmasse von nicht mehr als 750 kg).
Klasse E in Verbindung mit Klasse B, C, C1, D oder D1: Kraftfahrzeuge der Klassen B, C, C1, D oder D1 mit Anhängern mit einer zulässigen Gesamtmasse von mehr als 750 kg (ausgenommen die in Klasse B fallenden Fahrzeugkombinationen); bei den Klassen C1E und D1E dürfen die zulässige Gesamtmasse der Kombination 12.000 kg und die zulässige Gesamtmasse des Anhängers die Leermasse des Zugfahrzeugs nicht übersteigen; bei der Klasse D1E darf der Anhänger nicht zur Personenbeförderung verwendet werden.
Klasse M: Zweirädrige Kleinkrafträder (Krafträder mit einer durch die Bauart bestimmten Höchstgeschwindigkeit von nicht mehr als 45 km/h und einer elektrischen Antriebsmaschine oder einem Verbrennungsmotor mit einem Hubraum von nicht mehr als 50 cm^3) und Fahrräder mit Hilfsmotor (Krafträder mit einer durch die Bauart bestimmten Höchstgeschwindigkeit von nicht mehr als 45 km/h und einer elektrischen Antriebsmaschine oder einem Verbrennungsmotor mit einem Hubraum von nicht mehr als 50 cm^3, die zusätzlich hinsichtlich der Gebrauchsfähigkeit die Merkmale von Fahrrädern aufweisen).
Klasse S: Dreirädrige Kleinkrafträder und vierrädrige Leichtkraftfahrzeuge jeweils mit einer durch die Bauart bestimmten Höchstgeschwindigkeit von nicht mehr als 45 km/h und einem Hubraum von nicht mehr als 50 cm^3 im Falle von Fremdzündungsmotoren, einer maximalen Nutzleistung von nicht mehr als 4 kW im Falle anderer Verbrennungsmotoren oder einer maximalen Nenndauerleistung von nicht mehr als 4 kW im Falle von Elektromotoren; bei vierrädrigen Leichtkraftfahrzeugen darf darüber hinaus die Leermasse nicht mehr als 350 kg betragen, ohne Masse der Batterien im Falle von Elektrofahrzeugen.
Klasse T: Zugmaschinen mit einer durch die Bauart bestimmten Höchstgeschwindigkeit von nicht mehr als 60 km/h und selbstfahrende Arbeits-

§ 2 Kraftfahrerlaubnis

maschinen mit einer durch die Bauart bestimmten Höchstgeschwindigkeit von nicht mehr als 40 km/h, die jeweils nach ihrer Bauart zur Verwendung für land- oder forstwirtschaftliche Zwecke bestimmt sind und für solche Zwecke eingesetzt werden (jeweils auch mit Anhängern).

Klasse L: Zugmaschinen, die nach ihrer Bauart zur Verwendung für land- oder forstwirtschaftliche Zwecke bestimmt sind und für solche Zwecke eingesetzt werden, mit einer durch die Bauart bestimmten Höchstgeschwindigkeit von nicht mehr als 32 km/h und Kombinationen aus diesen Fahrzeugen und Anhängern, wenn sie mit einer Geschwindigkeit von nicht mehr als 25 km/h geführt werden und, sofern die durch die Bauart bestimmte Höchstgeschwindigkeit des ziehenden Fahrzeugs mehr als 25 km/h beträgt, sie für eine Höchstgeschwindigkeit von nicht mehr als 25 km/h in der durch § 58 der Straßenverkehrs-Zulassungs-Ordnung vorgeschriebenen Weise gekennzeichnet sind, sowie selbstfahrende Arbeitsmaschinen, Stapler und andere Flurförderzeuge jeweils mit einer durch die Bauart bestimmten Höchstgeschwindigkeit von nicht mehr als 25 km/h und Kombinationen aus diesen Fahrzeugen und Anhängern.

Die Erlaubnis kann auf einzelne Fahrzeugarten dieser Klassen beschränkt werden. Beim Abschleppen eines Kraftfahrzeugs genügt die Fahrerlaubnis für die Klasse des abschleppenden Fahrzeugs.

b) Erstreckung von Fahrerlaubnisklassen auf andere Klassen

10 Nach § 6 Abs. 3 FeV berechtigen
1. Fahrerlaubnisse der Klasse A zum Führen von Fahrzeugen der Klassen A1 und M,
2. Fahrerlaubnisse der Klasse A1 zum Führen von Fahrzeugen der Klasse M,
3. Fahrerlaubnisse der Klasse B zum Führen von Fahrzeugen der Klassen M, S und L,
4. Fahrerlaubnisse der Klasse C zum Führen von Fahrzeugen der Klasse C1,
5. Fahrerlaubnisse der Klasse CE zum Führen von Fahrzeugen der Klassen C1E, BE und T sowie D1E, sofern der Inhaber zum Führen von Fahrzeugen der Klasse D1 berechtigt ist und DE, sofern er zum Führen von Fahrzeugen der Klasse D berechtigt ist,
6. Fahrerlaubnisse der Klasse C1E zum Führen von Fahrzeugen der Klassen BE sowie D1E, sofern der Inhaber zum Führen von Fahrzeugen der Klasse D1 berechtigt ist,
7. Fahrerlaubnisse der Klasse D zum Führen von Fahrzeugen der Klassen D1,
8. Fahrerlaubnisse der Klasse D1E zum Führen von Fahrzeugen der Klassen BE sowie C1E, sofern der Inhaber zum Führen von Fahrzeugen der Klasse C1 berechtigt ist,

9. Fahrerlaubnisse der Klasse DE zum Führen von Fahrzeugen der Klassen D1E, BE sowie C1E, sofern der Inhaber zum Führen von Fahrzeugen der Klasse C1 berechtigt ist,
10. Fahrerlaubnisse der Klasse T zum Führen von Fahrzeugen der Klassen M, S und L.

Nach § 6 Abs. 4 FeV berechtigen Fahrerlaubnisse der Klassen C, C1, CE oder C1E im Inland auch zum Führen von Kraftomnibussen – gegebenenfalls mit Anhänger – mit einer entsprechenden zulässigen Gesamtmasse und ohne Fahrgäste, wenn die Fahrten lediglich zur Überprüfung des technischen Zustands des Fahrzeugs dienen.

c) Definition land- oder forstwirtschaftlicher Zwecke

Nach § 6 Abs. 5 FeV fallen unter land- oder forstwirtschaftliche Zwecke im Rahmen der Fahrerlaubnis der Klassen T und L: **11**
1. Betrieb von Landwirtschaft, Forstwirtschaft, Weinbau, Gartenbau, Obstbau, Gemüsebau, Baumschulen, Tierzucht, Tierhaltung, Fischzucht, Teichwirtschaft, Fischerei, Imkerei sowie den Zielen des Natur- und Umweltschutzes dienende Landschaftspflege,
2. Park-, Garten-, Böschungs- und Friedhofspflege einschließlich des Winterdienstes,
3. landwirtschaftliche Nebenerwerbstätigkeit und Nachbarschaftshilfe von Landwirten,
4. Betrieb von land- und forstwirtschaftlichen Lohnunternehmen und andere überbetriebliche Maschinenverwendung,
5. Betrieb von Unternehmen, die unmittelbar der Sicherung, Überwachung und Förderung der Landwirtschaft überwiegend dienen und
6. Betrieb von Werkstätten zur Reparatur, Wartung und Prüfung von Fahrzeugen sowie Probefahrten der Hersteller von Fahrzeugen, die jeweils im Rahmen der Nummern 1 bis 5 eingesetzt werden.

d) Fortgeltung nach früherem Recht erworbener Fahrerlaubnisse

Fahrerlaubnisse, die bis zum 31.12.1998 erteilt worden sind (Fahrerlaubnisse alten Rechts), bleiben im Umfang der bisherigen Berechtigung vorbehaltlich der in § 76 FeV enthaltenen Bestimmungen zum Übergangsrecht bestehen (§ 6 Abs. 6 FeV). **12**

e) Umstellung nach früherem Recht erworbener Fahrerlaubnisse

Fahrerlaubnisse, die bis zum 31.12.1998 erteilt worden sind, werden auf Antrag des Inhabers auf die neuen Fahrerlaubnisklassen umgestellt. Über sie wird ein neuer Führerschein ausgefertigt (§ 6 Abs. 7 S. 1 und 2 FeV). **13**

§ 2 Kraftfahrerlaubnis

14 Der **neue Umfang der Fahrerlaubnis** ergibt sich aus Anlage 3 der FeV; nach der Umstellung dürfen Kraftfahrzeuge nur noch in dem neuen Umfang geführt werden, sofern sie der Fahrerlaubnispflicht unterliegen; allerdings bleiben die Bestimmungen zum Übergangsrecht in § 76 FeV zu den §§ 4 bis 6 FeV unberührt (§ 6 Abs.7 S. 3 bis 5 FeV).

15 Eine **Verpflichtung zur Stellung eines Umstellungsantrages** besteht nicht.

Das kann sich künftig ändern. Das Europäische Parlament hat bei Billigung des Vorschlags der Kommission der Europäischen Gemeinschaften für eine Dritte Richtlinie über den Führerschein[4] eine von der Kommission nicht vorgesehene Regelung eingefügt (Abänderung 13): Danach werden innerhalb von 12 Jahren nach Inkrafttreten der Dritten Richtlinie alle Führerscheine, die weder dem Anhang I der Dritten Richtlinie noch dem Anhang I der Zweiten Richtlinie (91/439/EWG) entsprechen (also in Deutschland bis zum 31.12.1998 ausgestellte und nicht umgestellte Führerscheine), sowie innerhalb von 22 Jahren nach Inkrafttreten der Dritten Richtlinie alle Führerscheine, die dem Anhang I der Dritten Richtlinie nicht entsprechen (also in Deutschland nach dem 01.01.1999 ausgestellte Führerscheine), durch das Muster in Anhang I der Dritten Richtlinie ersetzt. Eine vor Anwendung der in Rechts- und Verwaltungsvorschriften der Mitgliedstaaten umgesetzten Regelungen der Dritten Richtlinie erteilte Fahrerlaubnis für eine bestimmte Klasse wird nicht aufgrund der Bestimmungen der Dritten Richtlinie entzogen oder in irgendeiner Weise eingeschränkt.

Der Arbeitskreis VII des 43. Deutschen Verkehrsgerichtstags 2005 in Goslar hat hierzu in seiner Empfehlung ausgesprochen: „Ein obligatorischer Umtausch alter Führerscheine innerhalb einer angemessenen Frist unter voller Besitzstandswahrung wird als geeignete Maßnahme anerkannt."

2. Fahrerlaubnisse zur Fahrgastbeförderung

16 Wer ein Taxi, einen Mietwagen, einen Krankenkraftwagen oder einen Personenkraftwagen im Linienverkehr (§§ 42, 43 des Personenbeförderungsgesetzes) oder bei gewerbsmäßigen Ausflugsfahrten oder Ferienziel-Reisen (§ 48 des Personenbeförderungsgesetzes) führt, bedarf einer zusätzlichen Erlaubnis der Fahrerlaubnisbehörde, wenn in diesen Fahrzeugen Fahrgäste befördert werden (§ 48 FeV).

---

[4] Siehe unter § 1 Rn 43.

3. Dienstfahrerlaubnisse

Die von den Dienststellen der Bundeswehr, des Bundesgrenzschutzes und der Polizei erteilten Fahrerlaubnisse berechtigen nur zum Führen von Dienstfahrzeugen (§ 26 FeV). Die Umbenennung des Bundesgrenzschutzes in Bundespolizei ist in § 26 FeV noch nicht berücksichtigt.

17

4. Ausländische Fahrerlaubnisse

Nach näherer Bestimmung durch Rechtsverordnung gemäß § 6 Abs. 1 Nr. 1 Buchstabe j StVG berechtigen auch ausländische Fahrerlaubnisse zum Führen von Kraftfahrzeugen im Inland (§ 2 Abs. 11 S. 1 StVG). Durch Rechtsverordnung ist näheres bestimmt in § 4 IntKfzV und §§ 28, 30 und 31 FeV.

18

Einige der deutschen Vorschriften über ausländische Fahrerlaubnisse sind allerdings nicht oder nur eingeschränkt anwendbar, soweit sie **EU- oder EWR-Fahrerlaubnisse** betreffen:

a) Registrierungspflicht

§ 2 Abs. 11 S. 2 StVG verpflichtet Inhaber einer in einem Mitgliedstaat der Europäischen Union oder einem anderen Vertragsstaat des Abkommens über den Europäischen Wirtschaftsraum erteilten Fahrerlaubnis, die ihren ordentlichen Wohnsitz in das Inland verlegt haben, ihre Fahrerlaubnis nach näherer Bestimmung durch Rechtsverordnung gemäß § 6 Abs. 1 Nr. 1 Buchst. j StVG bei der örtlich zuständigen Fahrerlaubnisbehörde registrieren zu lassen und ihr die Daten nach § 50 Abs. 1 und 2 Nr. 1 StVG mitzuteilen.

19

Näheres bestimmte § 29 FeV.

Diese Vorschrift ist aber durch die Dritte Verordnung zur Änderung der Fahrerlaubnis-Verordnung und anderer straßenverkehrsrechtlicher Vorschriften vom 09.08.2004[5] **aufgehoben** worden, um den mit einer Klage der Kommission der Europäischen Gemeinschaften vorgetragenen Klagegründen Rechnung zu tragen.[6] Dies hat das Bundesministerium für Verkehr, Bau- und Wohnungswesen so begründet:[7] „Die systematische Registrierung von Fahrerlaubnissen aus anderen EU- oder EWR-Staaten ist nicht mit dem in Art. 1 Abs. 2 der Richtlinie 91/439/EWG festgelegten Prinzip der gegenseitigen Anerkennung der von den Mitgliedstaaten ausgestellten Führerscheine ohne jegliche Formalität vereinbar."

---

5 BGBl I, 2092.
6 Siehe unter § 1 Rn 41.
7 BR-Dr. 305/04, S. 19.

§ 2 Kraftfahrerlaubnis

Mit dieser Begründung **müsste auch § 2 Abs. 11 S. 2 StVG aufgehoben werden**.

b) Anerkennung unter Verstoß gegen das Wohnsitzerfordernis erteilter EU- oder EWR-Fahrerlaubnis

20 Nach § 28 Abs. 4 Nr. 2 FeV und § 4 Abs. 3 Nr. 2 IntKfzV gilt die für Inhaber einer gültigen EU- oder EWR-Fahrerlaubnis, die ihren ordentlichen Wohnsitz in der Bundesrepublik Deutschland haben, an sich bestehende Berechtigung, im Umfang ihrer Berechtigung Kraftfahrzeuge im Inland zu führen, nicht für Inhaber einer EU- oder EWR-Fahrerlaubnis, die zum Zeitpunkt der Erteilung ihren ordentlichen Wohnsitz im Inland hatten, es sei denn, dass sie als Student oder Schüler im Sinne des § 7 Abs. 2 FeV die Fahrerlaubnis während eines mindestens sechsmonatigen Aufenthalts erworben haben.

Diese Vorschriften sind jedoch wegen des ihr entgegenstehenden vorrangigen Gemeinschaftsrechts – ohne Weiteres – **unanwendbar**, wie der **Verwaltungsgerichtshof Baden-Württemberg**[8] ausführlich dargelegt hat: Zwar bestimmt Art. 7 Abs. 1 Buchst. b der Zweiten Führerscheinrichtlinie 91/439/EWG, dass die Ausstellung eines Führerscheins vom Vorhandensein eines ordentlichen Wohnsitzes oder vom Nachweis der Eigenschaft als Student – während eines Mindestzeitraums von sechs Monaten – im Hoheitsgebiet des ausstellenden Mitgliedstaates abhängt. Nach dem Urteil des EuGH vom 29.04.2004 (C-476/01 – *Kapper*)[9] ist aber Art. 1 Abs. 2 in Verbindung mit Art. 7 Abs. 1 Buchst. b und Art. 9 der Richtlinie 91/439/EWG so auszulegen, dass ein Mitgliedstaat einem von einem anderen Mitgliedstaat ausgestellten Führerschein die Anerkennung nicht deshalb versagen darf, weil nach den ihm vorliegenden Informationen der Führerscheininhaber zum Zeitpunkt der Ausstellung des Führerscheins seinen ordentlichen Wohnsitz nicht im Hoheitsgebiet des ausstellenden Mitgliedstaates gehabt hat. Nach der Richtlinie 91/439/EWG ist die Prüfung, ob die Voraussetzungen für die Erteilung des Führerscheins hinsichtlich der in Art. 7 Abs. 1 und Art. 9 dieser Richtlinie vorgesehenen Wohnsitzvoraussetzung erfüllt sind, ausschließlich Sache des ausstellenden Mitgliedstaates. Der in Art. 1 Abs. 2 der Richtlinie 91/439/EWG verankerte Grundsatz der gegenseitigen Anerkennung der von einem anderen Mitgliedstaat ausgestellten Führerscheine verbietet dem Aufnahmemitgliedstaat, die Anerkennung dieses Führerscheins mit der Begründung zu verweigern, der Inhaber dieses Führerscheins habe zum Zeitpunkt der Ausstellung des Führerscheins

---

8 VGH Mannheim 21.06.2004; so auch VG Karlsruhe NJW 2005, 460 (Leitsatz), Gründe bei juris und www.fahrerlaubnisrecht.de/Urteile.

9 Blutalkohol 2004, 450 = DAR 2004, 333 mit Anm. *Geiger* = EuZW 2004, 337 = NJW 2004, 1725 = NZV 2004, 373 = VD 2004, 158 = zfs 2004, 287; siehe zu diesem Urteil und den sich daraus ergebenden Folgerungen für das deutsche Fahrerlaubnisrecht auch *Bräutigam* (2004); *Brenner* (2005); *Geiger* (2004, S. 690–691); *Grohmann* (2005); *Kalus* (2004); *Ludovisy* (2005); *Otte* und *Kühne* (2004); *Ternig* (2004); *Weibrecht* (2004a); *Brenner* (2005).

seinen ordentlichen Wohnsitz im Hoheitsgebiet dieses Mitgliedstaates und nicht im Gebiet des Ausstellungsstaates gehabt (EuGH-Urt. v. 29.04.2004, C-476/01 – *Kapper*, Rn 45–49).

Hinsichtlich der Regelung des Art. 1 Abs. 2 der Richtlinie 91/439/EWG sind die Voraussetzungen der **unmittelbaren Wirkung** erfüllt, so dass sich der Einzelne vor den nationalen Gerichten unmittelbar auf diese Bestimmung berufen kann (EuGH-Urt. v. 29.04.2004, C-476/01 – *Kapper*, Rn 45).

Die **Interessen des Aufnahmemitgliedstaates**, der zunächst den ausgestellten Führerschein anzuerkennen hat, sind **dadurch gewahrt, dass diesem die Möglichkeit der Einleitung eines Vertragsverletzungsverfahrens nach Art. 227 EGV gegen den ausstellenden Mitgliedstaat offen steht**, wenn dieser nicht die erforderlichen Maßnahmen gegen den nach Ansicht des Aufnahmemitgliedstaates zu Unrecht erteilten Führerschein ergreift (EuGH-Urt. v. 29.04.2004, C-476/01 – *Kapper*, Rn 48).

§ 28 Abs. 4 Nr. 2 FeV und § 4 Abs. 3 Nr. 2 IntKfzV müssten deshalb aufgehoben werden.

c) Anerkennung nach Sperrfristablauf erteilter EU- oder EWR-Fahrerlaubnis

Nach § 28 Abs. 4 Nr. 3 FeV und § 4 Abs. 3 Nr. 3 IntKfzV gilt die für Inhaber einer gültigen EU- oder EWR-Fahrerlaubnis, die ihren ordentlichen Wohnsitz in der Bundesrepublik Deutschland haben, an sich bestehende Berechtigung, im Umfang ihrer Berechtigung Kraftfahrzeuge im Inland zu führen, nicht für Inhaber einer EU- oder EWR-Fahrerlaubnis, denen die Fahrerlaubnis im Inland vorläufig oder rechtskräftig von einem Gericht oder sofort vollziehbar oder bestandskräftig von einer Verwaltungsbehörde entzogen worden ist, denen die Fahrerlaubnis bestandskräftig versagt worden ist oder denen die Fahrerlaubnis nur deshalb nicht entzogen worden ist, weil sie zwischenzeitlich auf die Fahrerlaubnis verzichtet haben.

Nach dem Urteil des EuGH vom 29.04.2004, C-476/01 – *Kapper* (Rn 78) ist aber Art. 1 Abs. 2 in Verbindung mit Art. 8 Abs. 4 der Richtlinie 91/439 so auszulegen, dass ein Mitgliedstaat die Anerkennung der Gültigkeit eines von einem anderen Mitgliedstaat ausgestellten Führerscheins **nicht** deshalb **ablehnen darf**, weil im Hoheitsgebiet des erstgenannten Mitgliedstaats auf den Inhaber des Führerscheins eine Maßnahme des Entzugs oder der Aufhebung einer von diesem Staat erteilten Fahrerlaubnis angewendet wurde, **wenn die** zusammen mit dieser Maßnahme angeordnete **Sperrfrist für die Neuerteilung der Fahrerlaubnis in diesem Mitgliedstaat abgelaufen war, bevor der Führerschein von dem anderen Mitgliedstaat ausgestellt worden ist.**

§ 2 Kraftfahrerlaubnis

§ 28 Abs. 4 Nr. 3 FeV und § 4 Abs. 3 Nr. 3 IntKfzV müssten entsprechend eingeschränkt und dahin geändert werden, dass die Vorschriften nicht anzuwenden sind, wenn die EU- oder EWR-Fahrerlaubnis nach Ablauf einer bei Entziehung der Fahrerlaubnis im Inland angeordneten Sperrfrist für die Neuerteilung der Fahrerlaubnis – die nur im Strafverfahren angeordnet werden kann (§ 69a StGB) – erteilt worden ist.

d) Weitergeltende Nichtanerkennung von EU- oder EWR-Fahrerlaubnis

22 Die **Nichtanerkennung** der EU- oder EWR-Fahrerlaubnis **in allen übrigen** in § 28 Abs. 4 Nr. 3 FeV und § 4 Abs. 3 Nr. 3 IntKfzV bezeichneten **Fällen gilt weiterhin**.

Das Recht, von einer EU- oder EWR-Fahrerlaubnis nach einer der in § 28 Abs. 4 Nr. 3 FeV und § 4 Abs. 3 Nr. 3 IntKfzV genannten Entscheidungen im Inland Gebrauch zu machen, wird allenfalls auf Antrag erteilt, wenn die Gründe für die Entziehung oder die Sperre nicht mehr bestehen; die Vorschriften für die Neuerteilung einer Fahrerlaubnis nach vorangegangener Entziehung oder nach vorangegangenem Verzicht gelten entsprechend (§ 28 Abs. 5 FeV und § 4 Abs. 4 IntKfzV).

EU-Recht steht dem nicht entgegen, wie der **Verwaltungsgerichtshof Baden-Württemberg**[10] ausführlich dargelegt hat:

Grundlage der Bestimmungen des § 28 Abs. 4 Nr. 3 und Abs. 5 FeV bzw. § 4 Abs. 3 Nr. 3 und Abs. 4 IntKfzV ist Art. 8 Abs. 4 S. 1 der Zweiten Richtlinie 91/439/EWG des Rates vom 29.07.1991 über den Führerschein. Danach kann es ein Mitgliedstaat ablehnen, die Gültigkeit eines Führerscheins anzuerkennen, der von einem anderen Mitgliedstaat einer Person ausgestellt wurde, auf die in seinem Hoheitsgebiet eine der in Absatz 2 genannten Maßnahmen – Einschränkung, Aussetzung, Entzug oder Aufhebung der Fahrerlaubnis – angewendet wurde. Auch im Gemeinschaftsrecht gilt der Grundsatz, dass für die Auslegung einer Rechtsnorm auch deren Wortlaut und ihr systematischer Zusammenhang mit anderen Bestimmungen zu berücksichtigen sind. Ferner muss eine Rechtsnorm so ausgelegt werden, dass für sie noch ein ausreichender Anwendungsbereich besteht. Wenn sich ein Mitgliedstaat dazu entschließt, die ihm im Gemeinschaftsrecht ausdrücklich eingeräumte Regelungsmöglichkeit zu nutzen, so ist dies bei der Auslegung des übrigen Gemeinschaftsrechts zu berücksichtigen und darf insbesondere nicht durch allgemeine gemeinschaftsrechtliche Überlegungen überspielt werden.

Zu Gunsten der Regelungsmöglichkeiten der Mitgliedstaaten hat der EuGH in seinem Urteil vom 29.04.2004 (C-476/01 – *Kapper*, Rn 73) festgestellt, dass die Anwendung des Art. 8 Abs. 2 und 4 der Richtlinie 91/439/EWG nicht auf die Fälle beschränkt ist,

---

10 VGH Mannheim 12.10.2004 unter III. 2) b).

Kraftfahrerlaubnis § 2

in denen die Behörden eines Mitgliedstaates vom Inhaber eines von einem anderen Mitgliedstaat ausgestellten Führerscheins mit einem Antrag auf Umtausch dieses Führerscheins befasst werden. In seinem Urteil vom 29.04.2004 (*Kapper*, Rn 73) hat der EuGH auch den Zweck des Art. 8 Abs. 2 und 4 der Richtlinie 91/439/EWG betont. Diese Bestimmung soll es den Mitgliedstaaten abweichend von der generellen Pflicht zur gegenseitigen Anerkennung der von anderen Mitgliedstaaten ausgestellten Führerscheine (vgl. Art. 1 Abs. 2 der Richtlinie 91/439/EWG) ermöglichen, in ihrem Hoheitsgebiet ihre nationalen Vorschriften über den Entzug, die Aussetzung und die Aufhebung der Fahrerlaubnis anzuwenden.

Die Bundesrepublik Deutschland hat von der Ermächtigung des Art. 8 Abs. 4 S. 1 der Richtlinie 91/439/EWG dahin Gebrauch gemacht, dass EU- oder EWR-Fahrerlaubnisse u.a. dann nicht anerkannt werden, wenn dem Inhaber die Fahrerlaubnis im Inland rechtskräftig von einem Gericht entzogen worden ist (§ 28 Abs. 4 Nr. 3 FeV bzw. § 4 Abs. 3 Nr. 3 IntKfzV). Ferner ist das Recht, von einer solchen Fahrerlaubnis nach einer der genannten Entscheidungen im Inland Gebrauch zu machen, von einer vorherigen innerstaatlichen Prüfung abhängig gemacht worden, ob die für die ursprüngliche Entziehung maßgeblichen Gründe nicht mehr bestehen. Im Hinblick auf diese innerstaatlichen Rechtsvorschriften ist darauf zu verweisen, dass die an die Mitgliedstaaten gerichtete Ermächtigung des Art. 8 Abs. 4 S. 1 der Richtlinie 91/439/EWG nicht darauf beschränkt ist, zu regeln, dass die innerstaatliche Anerkennung einer im EU-Ausland erworbenen Fahrerlaubnis nach einer im Inland erfolgten Entziehung für die Dauer der im Inland für die Wiedererteilung der Fahrerlaubnis ausgesprochenen Sperre ausgeschlossen ist.

Durch die Regelung des § 28 Abs. 5 S. 1 FeV bzw. § 4 Abs. 4 IntKfzV ist auch entsprechend der Rechtsprechung des EuGH (Urt. v. 29.04.2004, *Kapper*, Rn 74–77) sichergestellt, dass einer im EU- oder EWR-Ausland erteilten Fahrerlaubnis die Anerkennung nicht auf unbestimmte Zeit versagt wird. Entscheidend ist jedoch, dass nach dem innerstaatlichen Recht der Bundesrepublik Deutschland, das in Ausübung der in Art. 8 Abs. 4 der Richtlinie 91/439/EWG geregelten Ermächtigung erlassen worden ist, im Falle einer früheren Entziehung einer Fahrerlaubnis die nach Ablauf der innerstaatlichen Sperrfrist im EU- oder EWR-Ausland erworbene Fahrerlaubnis nicht automatisch im Inland gilt, sondern das Recht zur Nutzung dieser Fahrerlaubnis von einer innerstaatlichen Prüfung und einem bewilligenden Bescheid abhängt.

Dem genannten Urteil des EuGH vom 29.04.2004 (*Kapper*, Rn 74 a.E.) ist auch nicht zu entnehmen, dass das in § 28 Abs. 5 FeV verankerte Erfordernis einer innerstaatlichen Entscheidung nach Ansicht des Gerichtshofs mit Art. 8 Abs. 4 S. 1 der Richtlinie 91/439/EWG nicht in Einklang steht. Bereits in den Begründungserwägungen der Richtlinie 91/439/EWG kommt der Aspekt der Verbesserung der Verkehrssicherheit

§ 2 Kraftfahrerlaubnis

als Zweck der Richtlinie 91/439/EWG deutlich zum Ausdruck. Die Europäische Kommission betont im Zusammenhang mit der Anerkennung von im EU-Ausland erteilten Fahrerlaubnissen die Überlegung, dass im Interesse der Verkehrssicherheit und damit im Interesse sämtlicher Mitgliedstaaten durch geeignete Maßnahmen einem Missbrauch der gemeinschaftsrechtlichen Anerkennungsregeln vorgebeugt werden müsse („Führerscheintourismus"). Unionsbürger könnten sich – die Möglichkeiten des Gemeinschaftsrecht missbrauchend – der Anwendung des nationalen Rechts dadurch entziehen, dass sie sich in einem anderen Mitgliedstaat niederließen, um eine Fahrerlaubnis in diesem Mitgliedstaat zu erhalten, nachdem ihnen in einem anderen Mitgliedstaat zuvor wegen eines schweren Verstoßes die Fahrerlaubnis entzogen worden sei (vgl. z.B. Vorbringen der Kommission in der Rechtssache C-476/01 – *Kapper* –, EuGH, Urt. v. 29.04.2004, Rn 67; Begründung des Entwurfs der Kommission zur Neufassung einer Richtlinie EG des Europäischen Parlaments und des Rates über den Führerschein vom 21.10.2003, KOM (2003) 621).

e) Aberkennung des Rechts zum Gebrauchmachen der EU- oder EWR-Fahrerlaubnis

23 Die **Entziehung** der **ausnahmsweise** unter den eben unter b) und d) erwähnten besonderen Umständen **als gültig anzuerkennenden EU- oder EWR-Fahrerlaubnis** ist geboten, wenn der Inhaber solcher Fahrerlaubnis sich als ungeeignet oder nicht befähigt zum Führen von Kraftfahrzeugen erweist; bei einer ausländischen Fahrerlaubnis hat die Entziehung die Wirkung einer **Aberkennung des Rechts, von der Fahrerlaubnis im Inland Gebrauch zu machen** (§ 3 Abs. 1 S. 1 und 2 StVG).

Werden Tatsachen bekannt, die Bedenken gegen die Eignung oder Befähigung des Inhabers der EU- oder EWR-Fahrerlaubnis begründen, so kann die Fahrerlaubnisbehörde anordnen, dass der Inhaber der EU- oder EWR-Fahrerlaubnis ein Gutachten oder Zeugnis eines Facharztes oder Amtsarztes, ein Gutachten einer amtlich anerkannten Begutachtungsstelle für Fahreignung oder eines amtlich anerkannten Sachverständigen oder Prüfers für den Kraftfahrzeugverkehr innerhalb einer angemessenen Frist beibringt (§ 3 Abs. 1 S. 3, § 2 Abs. 8 StVG). Die Vorschriften der §§ 11 bis 14 FeV sind entsprechend anzuwenden (§ 46 Abs. 3 und Abs. 4 S. 3 FeV).

Tatsachen, die Bedenken gegen die Eignung oder Befähigung des Inhabers der EU- oder EWR-Fahrerlaubnis begründen, können sich insbesondere aus den Umständen ergeben, die zur früheren Entziehung der Fahrerlaubnis geführt haben. Ordnet die Fahrerlaubnisbehörde nach Maßgabe von §§ 11 bis 14 FeV eine Fahreignungsbegutachtung an und hat diese ein negatives Ergebnis oder bringt der Betroffene das geforderte Gutachten nicht fristgerecht bei, so ist die Fahrerlaubnis zu entziehen mit der

Wirkung einer Aberkennung des Rechts, von der Fahrerlaubnis im Inland Gebrauch zu machen.[11]

Der **Führerschein** ist nach der Entziehung der Fahrerlaubnisbehörde abzuliefern oder zur Eintragung der Entscheidung vorzulegen (§ 3 Abs. 2 S. 2 StVG, § 47 FeV). 24

Den Führerschein aus einem Mitgliedstaat der Europäischen Union oder einem anderen Vertragsstaat des Abkommens über den Europäischen Wirtschaftsraum sendet die entscheidende Behörde nach einer bestandskräftigen Entziehung unter Angabe der Gründe über das Kraftfahrt-Bundesamt an die Behörde zurück, die ihn ausgestellt hat (§ 47 Abs. 2 FeV).

Entgegen dieser eindeutigen Regelung beschränken sich einige Fahrerlaubnisbehörden allerdings darauf, in den vorzulegenden Führerschein die Aberkennung des Rechts, von der Fahrerlaubnis im Inland Gebrauch zu machen, einzutragen. Bedenken dagegen hat das **Verwaltungsgericht München**[12] nicht. Nach Auffassung des **Verwaltungsgerichts Neustadt**[13] unterliegt die Verfügung, die Fahrerlaubnis zur Eintragung des Verbots vorzulegen, keinen Bedenken; weil die in § 47 Abs. 2 S. 1 i.V.m. Abs. 1 S. 1 FeV vorgesehene Ablieferung der Fahrerlaubnis zur Rücksendung an die ausstellende Behörde als milderes Mittel auch die Anbringung eines Verbotsvermerks umfasse, die bei einer Verkehrskontrolle im Inland eindeutige Feststellungen ermöglicht. Das **Verwaltungsgericht Augsburg**[14] lässt offen, ob sich die Anbringung eines Verbotsvermerks als milderes Mittel gegenüber der Ablieferung der Fahrerlaubnis zur Rücksendung an die ausstellende Behörde darstellt.

III. Besondere Fahrerlaubnisformen

Von besonderer Bedeutung – insbesondere auch für die Beurteilung der Eignung zum Führen von Kraftfahrzeugen – sind zwei eigenartige Erscheinungsformen von Fahrerlaubnissen: 25

1. Fahrerlaubnis auf Probe

Bei erstmaligem Erwerb einer Fahrerlaubnis wird diese auf Probe mit einer **Probezeit von zwei Jahren** erteilt (§ 2a Abs. 1 S. 1 StVG), allerdings nur die Fahrerlaubnis für 26

---

11 VG Ansbach VRS 108, 390.
12 Beschluss vom 13.01.2005 – www.fahrerlaubnisrecht.de/Urteile.
13 Beschluss vom 11.03.2005 – juris.
14 Beschluss vom 22.10.2004 – DAR 2004, 723 mit Anmerkung *Ludovisy*.

§ 2 Kraftfahrerlaubnis

die Klassen A, B, C, D und E. Fahrerlaubnisse der Klassen M, S, L und T sind von den Vorschriften über die Fahrerlaubnis auf Probe ausgenommen; bei erstmaliger Erweiterung einer Fahrerlaubnis der Klassen M, S, L oder T auf eine der anderen Klassen ist die Fahrerlaubnis der Klasse, auf die erweitert wird, auf Probe zu erteilen (§ 32 FeV).

27 Bei erstmaliger Erteilung einer allgemeinen Fahrerlaubnis an den Inhaber einer **Dienstfahrerlaubnis** ist die Zeit seit deren Erwerb auf die Probezeit anzurechnen; hatte die Dienststelle vor Ablauf der Probezeit den Dienstführerschein nach § 26 Abs. 2 FeV eingezogen, beginnt mit der Erteilung einer allgemeinen Fahrerlaubnis eine neue Probezeit, jedoch nur im Umfang der Restdauer der vorherigen Probezeit (§ 33 Abs. 1 FeV).

28 Inhaber von **Fahrerlaubnissen aus EU- und EWR-Staaten**, die ihren Wohnsitz in die Bundesrepublik Deutschland verlegen, werden in das System der Fahrerlaubnis auf Probe einbezogen; die Zeit seit dem Erwerb der Fahrerlaubnis ist auf die Probezeit anzurechnen (§ 2a Abs. 1 S. 3 und 4 StVG).

Begründet der Inhaber einer Fahrerlaubnis aus einem Staat außerhalb des Europäischen Wirtschaftsraums seinen ordentlichen Wohnsitz im Inland und wird ihm die deutsche Fahrerlaubnis nach § 31 FeV erteilt, wird bei der Berechnung der Probezeit der Zeitraum nicht berücksichtigt, in welchem er im Inland zum Führen von Kraftfahrzeugen nicht berechtigt war (§ 33 Abs. 2 FeV).

29 Während der Probezeit sind von der Fahrerlaubnisbehörde besondere **Maßnahmen** zu ergreifen, wenn beim Inhaber der Fahrerlaubnis auf Probe gegen seine Eignung oder Befähigung zum Führen von Kraftfahrzeugen sprechende Umstände bekannt werden.[15]

a) Verkürzung der Probezeit durch zweite Ausbildungsphase

30 Dies ermöglicht die Verordnung über die freiwillige Fortbildung von Inhabern der Fahrerlaubnis auf Probe (Fahranfängerfortbildungsverordnung – FreiwFortbV) vom 16.05.2003.[16]

Nach § 1 dieser Verordnung können die zuständigen obersten Landesbehörden oder die von ihnen bestimmten oder nach Landesrecht zuständigen Stellen für Inhaber der Fahrerlaubnis auf Probe der Klasse B **Fortbildungsseminare** nach Maßgabe der folgenden Vorschriften einführen.

Nach § 2 dieser Verordnung können an Fortbildungsseminaren Inhaber einer Fahrerlaubnis der Klasse B, deren Probezeit nach § 2a StVG noch nicht abgelaufen ist, in

---

15 Siehe unter § 11 Rn 30 ff.
16 BGBl I 2003, 709.

dem Land, in dem sie ihre Wohnung haben, **teilnehmen**, wenn sie am Tag des Beginns des Seminars mindestens **sechs Monate Inhaber einer Fahrerlaubnis der Klasse B** sind.

§ 3 dieser Verordnung enthält Regelungen über Teilnehmerzahl, Inhalt und Umfang des Fortbildungsseminars:

Das Fortbildungsseminar ist in **Gruppen** mit mindestens sechs und höchstens zwölf Teilnehmern durchzuführen. Es besteht aus
1. einem Kurs mit drei Gruppensitzungen von je 90 Minuten Dauer,
2. einer Übungs- und Beobachtungsfahrt mit mindestens zwei und höchstens drei Teilnehmern mit einer Fahrzeit von 60 Minuten je Teilnehmer sowie
3. praktischen Sicherheitsübungen für Inhaber der Fahrerlaubnis auf Probe der Klasse B von 240 Minuten Dauer.

Das Seminar beginnt und endet mit einer Gruppensitzung und soll sich über einen Zeitraum von zwei bis acht Wochen erstrecken. An einem Tag darf nicht mehr als ein Seminarteil durchgeführt werden.

In den **Gruppensitzungen** sollen die Erfahrungen, Probleme und Schwierigkeiten von Fahranfängern bei der Teilnahme am Straßenverkehr erörtert und die Erfahrungen aus den praktischen Kursteilen aufgearbeitet werden, um das Risikobewusstsein der Teilnehmer zu fördern und die Fähigkeit zur Gefahrenerkennung und -vermeidung zu verbessern. Dazu sollen insbesondere
1. Berichte über Fahrerlebnisse,
2. typische sowie fahranfängerspezifische Gefahrensituationen, Unfallursachen und Unfallfolgen,
3. vorausschauendes Fahren und die Vorhersehbarkeit des Verhaltens anderer Verkehrsteilnehmer,
4. Auswirkungen von Emotionen und Umwelteinflüssen auf das Fahren,
5. Beeinflussung des Fahrverhaltens durch Alkohol und Drogen,
6. Beeinflussung des Fahrverhaltens durch Mitfahrer,
7. Erlebnisse sowie Ergebnisse der Übungs- und Beobachtungsfahrten sowie der praktischen Sicherheitsübungen,
8. der Umgang mit Verkehrsregeln,
9. Strategien zu dauerhaftem sicheren Fahren,
10. die Notwendigkeit von Sicherheitsreserven bei Geschwindigkeit und Abstand sowie
11. weitere Übungs- und Trainingsangebote
besprochen werden.

§ 2 Kraftfahrerlaubnis

In der **Übungs- und Beobachtungsfahrt** sollen die Teilnehmer durch den Vergleich verschiedener Fahrstile, durch Rückmeldung der Beobachtungen ihres Fahrverhaltens durch die mitfahrenden Teilnehmer und den Fahrlehrer sowie durch die Möglichkeit des Übens von Situationen, die sie für besonders schwierig halten, sicheres und verantwortungsvolles Fahrverhalten üben und die diesbezüglichen Kenntnisse vertiefen.

In den **praktischen Sicherheitsübungen** sollen. die Teilnehmer außerhalb des Straßenverkehrs
1. praktische Erfahrungen mit problematischen Fahrsituationen machen,
2. erleben, wie insbesondere geringfügige oder schwer erkennbare Veränderungen einzelner Fahrbedingungen erheblichen Einfluss auf die Beherrschung des Fahrzeugs haben,
3. ihre Selbsteinschätzung sowie ihre Einschätzung zu den Einflüssen verschiedener Fahrbahnzustände und Fahrzeugausstattungen sowie verschiedener Zusatzbelastungen, insbesondere laute Musik und Gespräche, auf das Fahrverhalten kritisch überprüfen,
4. Unterschiede im Fahrverhalten der Teilnehmer und deren Fahrzeuge erkennen und
5. die Bedeutung und Grenzen der korrekten Handhabung der Bedienelemente unter verschiedenen Bedingungen erfahren.

In § 4 dieser Verordnung ist bestimmt, dass die Gruppensitzungen, Übungs- und Beobachtungsfahrten nur von hierfür amtlich anerkannten Fahrlehrern (**Seminarleiter**) und die praktischen Sicherheitsübungen nur von hierfür amtlich anerkannten Personen (**Moderatoren**) durchgeführt werden dürfen, und es sind nähere Regelungen für deren amtliche Anerkennung und Tätigkeit getroffen.

§ 5 dieser Verordnung enthält Vorschriften über **Teilnahmebescheinigungen**:

Über die Teilnahme an den praktischen Sicherheitsübungen ist vom Moderator eine Bescheinigung auszustellen und dem Seminarleiter vorzulegen. Diese ist Voraussetzung für die vom Seminarleiter auszustellende Bescheinigung über die Teilnahme an einem Fortbildungsseminar.

Der Seminarleiter übermittelt der **Bundesanstalt für Straßenwesen** ein Doppel der Teilnahmebescheinigung, sofern der Teilnehmer schriftlich bestätigt hat, dass er
1. darin einwilligt, dass die Teilnahmebescheinigung an die Bundesanstalt für Straßenwesen übermittelt wird und die in der Teilnahmebescheinigung enthaltenen personenbezogenen Daten von der Bundesanstalt für Straßenwesen für Zwecke der Evaluation verwendet werden,
2. auf die Freiwilligkeit der Einwilligung nach Nummer 1 hingewiesen worden ist.

§ 6 dieser Verordnung enthält Vorschriften über die **Evaluation**, in denen u.a. darauf hingewiesen wird, dass die Einführung der freiwilligen Fortbildungsseminare der Erprobung als Instrument zur Verbesserung der Verkehrssicherheit dient und die Fortbildungsseminare von der Bundesanstalt für Straßenwesen wissenschaftlich begleitet und ausgewertet werden, um ihre Auswirkungen auf die Verkehrssicherheit zu überprüfen.

Nach § 7 dieser Verordnung **verkürzt** sich die Probezeit nach § 2a StVG **um ein Jahr** bei Vorlage der Teilnahmebescheinigung bei der zuständigen Fahrerlaubnisbehörde.

Diese Verordnung tritt nach Art. 3 „wegen der modellhaften Erprobung"[17] **mit Ablauf des 31.12.2009 außer Kraft.**

Informationen über das Fortbildungsseminar für Fahranfänger vermittelt der Deutsche Verkehrssicherheitsrat im Internet unter „www.zweitephase.de". Danach ist das Fortbildungsseminar für Fahranfänger bisher in 13 Bundesländern eingeführt worden, noch nicht in Mecklenburg-Vorpommern, Niedersachsen und Schleswig-Holstein.

b) Vorzeitige Beendigung der Probezeit

Sie tritt sowohl bei Entziehung der Fahrerlaubnis als auch bei einem Verzicht auf die Fahrerlaubnis ein und läuft mit der Neuerteilung der Fahrerlaubnis im Umfang der Restdauer weiter (§ 2a Abs. 1 S. 6 und 7 StVG).

c) Hemmung des Ablaufs der Probezeit

Die Beschlagnahme, Sicherstellung oder Verwahrung von Führerscheinen nach § 94 StPO, die vorläufige Entziehung der Fahrerlaubnis nach § 111a StPO und die sofort vollziehbare Entziehung der Fahrerlaubnis durch die Fahrerlaubnisbehörde hemmen den Ablauf der Probezeit (§ 2a Abs. 1 S. 5 StVG). Wird in dem Straf- oder Verwaltungsverfahren, in dem solche vorläufigen Maßnahmen getroffen worden sind, die Fahrerlaubnis endgültig entzogen, so wird bei Neuerteilung der Fahrerlaubnis für die Berechnung der Restdauer der Probezeit nur die Zeit bis zur Anordnung der vorläufigen Maßnahmen berücksichtigt.

d) Verlängerung der Probezeit

Die Probezeit verlängert sich um zwei Jahre, wenn die Fahrerlaubnisbehörde die Teilnahme an einem Aufbauseminar anordnet.[18]

---

17 So die Begründung im Verordnungsentwurf BR-Dr. 123/03 S. 10.
18 Siehe unter § 11 Rn 39.

§ 2 Kraftfahrerlaubnis

2. Fahrerlaubnis für begleitetes Fahren ab 17

35 Das Konzept für begleitetes Fahren greift ausländische Erfahrungen mit neuen Ansätzen zur Absenkung des Fahranfängerrisikos auf, die dazu geführt haben, ein „begleitetes Fahrenlernen in Deutschland zu empfehlen",[19] d.h. eine „längere Pflichtbegleitung in der ersten Phase des Fahrenlernens". Durch einen derart vorgezogenen Ausbildungsbeginn soll eine „ausgereifte Fahr- und Verkehrskompetenz" bereits zum Beginn des selbstständigen Fahrens zur Verfügung stehen statt des „derzeitigen praktischen Lernens im Anschluss an die Fahrausbildung".

36 Das Bundesministerium für Verkehr, Bau- und Wohnungswesen hat im Frühjahr 2002 bei der Bundesanstalt für Straßenwesen eine Projektgruppe „Begleitetes Fahren" eingerichtet. Diese Projektgruppe hat im August 2003 mit ihrem Abschlussbericht, in dem insgesamt 40 Regelungspunkte zum „Begleiteten Fahren ab 17" genannt und ausführlich begründet sind, einen Maßnahmenvorschlag zu einem Modell „Begleitetes Fahren ab 17" vorgelegt. Der Modellvorschlag[20] enthält Einzelregelungen über den Beginn der Fahrausbildung, die Zugangsvoraussetzungen für die Begleitphase, den Status des Fahranfängers in der Begleitphase, die Durchführungsmodalitäten der Begleitphase, die Zugangsvoraussetzungen zur Begleitertätigkeit, den Begleiterstatus, die Aufgaben des Begleiters und für die Organisation der Vorbereitungsveranstaltungen.

Die von *Mienert*[21] vorgeschlagene Einführung eines „deutlich sichtbaren Anfängerkennzeichens" zur „Verbesserung der allgemeinen Fahrkultur im Umgang mit Fahranfängern" hat die Projektgruppe nicht aufgegriffen.

a) Modellversuch in Niedersachsen

37 Das Land Niedersachsen hat als erstes Bundesland einen Modellversuch für begleitetes Fahren mit Kraftfahrzeugen der Klasse B bereits im April 2004 in rund 18 Regionen eingeführt und seit März 2005 auf das ganze Land ausgedehnt. Einzelheiten dazu stellt das Niedersächsische Ministerium für Arbeit, Wirtschaft und Verkehr im Internet unter „www.begleitetes-fahren.de" dar:

Zunächst ist ein Antrag auf eine **Ausnahmegenehmigung vom Mindestalter** bei der Fahrerlaubnisbehörde zu stellen.

Nach Erteilung der Ausnahmegenehmigung erfolgt die **Fahrschulausbildung**.

---

19 *Willmes-Lenz, G.* (2002).
20 *Willmes-Lenz, G.* (2004).
21 *Mienert, M.* (2003) S. 158.

Sie wird ergänzt durch eine **90-minütige Schulung** über die Ziele und Bedingungen des Modellversuchs durch besonders ausgebildete Moderatoren bei den Fahrschulen oder der Landesverkehrswacht rund einen Monat vor der praktischen Prüfung.

Die **Fahrerlaubnisprüfung** erfolgt nach den allgemeinen Vorschriften. Die praktische Prüfung ist erst ab dem ersten Monat vor Vollendung des 17. Lebensjahrs des Bewerbers möglich,

Nach bestandener Prüfung und Vollendung des 17. Lebensjahrs des Bewerbers erhält der Bewerber von der Fahrerlaubnisbehörde eine Prüfungsbescheinigung. Diese gilt als „Führerscheinersatz" und berechtigt zum Führen von Kraftfahrzeugen der Klassen B, M und L.

Auf der Prüfungsbescheinigung ist vermerkt, dass der Fahrerlaubnisinhaber Kraftfahrzeuge der Klasse B nur in **Begleitung eines Erziehungsberechtigten** als Beifahrer und nur innerhalb Deutschlands führen darf. Diese Auflagen gelten – auch wenn das 18. Lebensjahr vollendet ist – bis zum Empfang des Kartenführerscheins, längstens bis drei Monate nach Vollendung des 18. Lebensjahrs.

Nach Vollendung des 18. Lebensjahrs wird die Prüfungsbescheinigung in den „echten" Kartenführerschein umgetauscht.

In einer **Zwischenbilanz nach acht Monaten** berichtet *Hartmann*:[22]

Das Modell wurde von den jungen Leuten und von ihren Eltern „über Erwarten gut angenommen". Bis Ende 2004 haben ca. 5.000 junge Bewerberinnen und Bewerber an dem Versuch teilgenommen, 53 % sind junge Frauen, 47 % junge Männer. Überwiegend sind Gesamtschüler und Gymnasiasten vertreten, etwa 20 % besuchen eine Hauptschule. Die Eltern zeigen ein großes Engagement: „Väter, besonders jedoch Mütter, betätigen sich in dem Modellversuch als Beifahrer/innen und übernehmen Verantwortung beim Einstieg ihrer Kinder in die Auto-Mobilität".

Aus dem „Kreis der rund 2.000 Fahrnovizen, die mit einer Prüfungsbescheinigung als Führerscheinersatz in Begleitung eines Elternteils unterwegs sind, ist bisher kein Unfall bekannt geworden". Zwei junge Männer wurden auffällig, weil sie nicht mit einem Erziehungsberechtigten am Steuer angetroffen wurden.

---

22 *Hartmann, D.* (2005).

§ 2 Kraftfahrerlaubnis

39 Bis Juni 2005[23]
- sind über 12.000 Genehmigungen für den Modellversuch erteilt worden,
- haben rund 3.700 Fahranfänger ihre Führerscheinprüfung abgeschlossen und fahren begleitet,
- haben über 2.500 Jugendliche diese Begleitphase abgeschlossen und bereits den Kartenführerschein erhalten,
- sind von den Teilnehmern am Modellversuch lediglich fünf Unfälle mit Blechschäden verursacht worden.

Offenbar führt der Modellversuch zu einer ähnlichen Reduzierung der Unfallzahlen jugendlicher Fahranfänger, wie die „vorgezogene Lenkberechtigung für die Klasse B (L 17) in Österreich", die 1999 eingeführt wurde.[24]

b) Modellversuche in anderen Bundesländern

40 Ähnliche Modellversuche haben am 01.06.2005 in Bremen[25] und Hamburg[26] begonnen, später auch in anderen Bundesländern. Sämtliche in den Bundesländern eingeführte Modellversuche werden nunmehr an Vorschriften des Bundesrechts angepasst.

c) Bundeseinheitlicher Modellversuch

41 Durch das Gesetz zur Änderung des Straßenverkehrsgesetzes und anderer straßenverkehrsrechtlicher Vorschriften vom 14.08.2005[27] sind die Voraussetzungen für die bundesweite Einführung „Begleiteten Fahrens ab 17" im Rahmen eines Modellversuchs geschaffen worden.

Durch Art. 1 dieses Gesetzes ist in das **Straßenverkehrsgesetz** ein neuer § 6e eingefügt worden:

In § 6e Abs. 1 StVG wird das **Bundesministerium für Verkehr, Bau- und Wohnungswesen ermächtigt**, als neuen Maßnahmenansatz zur Senkung des Unfallrisikos von Fahranfängern in einer Verordnung einheitliche Vorgaben zum „Begleiteten Fahren ab 17" zu erlassen und darin zu regeln, dass die Erteilung einer Fahrerlaubnis der Klasse B (Pkw) sowie der Klasse BE (Pkw mit Anhänger) bereits ab Vollendung des 17. Lebensjahres möglich ist. Die Voraussetzungen, unter denen die Erteilung einer solchen Fahrerlaubnis möglich ist, werden aus Gründen der Wahrung der Rechts- und

---

23 Angaben des Niedersächsische Ministeriums für Arbeit, Wirtschaft und Verkehr im Internet unter „www.begleitetes-fahren.de"
24 *Kaltenegger, A.* und *Steinacker, R.* (2005).
25 Informationen dazu im Internet unter www.bauumwelt.bremen.de/kap5frame.html.
26 Informationen dazu im Internet unter www.begleitetes-fahren.hamburg.de.
27 BGBl I, 2412.

Wirtschaftseinheit im Bundesgebiet bundeseinheitlich vorgegeben (d.h. das „Wie" des begleiteten Fahrens wird bundeseinheitlich vorgegeben). Ob die Länder von der Möglichkeit der Erteilung einer Fahrerlaubnis ab Vollendung des 17. Lebensjahres Gebrauch machen, sollen sie dagegen selbst durch Rechtsverordnung der Landesregierungen entscheiden können.

Die Ermächtigung betrifft insbesondere Vorschriften über
1. das Herabsetzen des allgemein vorgeschriebenen Mindestalters zum Führen von Kraftfahrzeugen mit einer Fahrerlaubnis der Klassen B und BE,
2. die zur Erhaltung der Sicherheit und Ordnung auf den öffentlichen Straßen notwendigen Auflagen, insbesondere dass der Fahrerlaubnisinhaber während des Führens eines Kraftfahrzeuges von mindestens einer namentlich benannten Person begleitet sein muss,
3. die Aufgaben und Befugnisse der begleitenden Person nach Nummer 2, insbesondere über die Möglichkeit dem Fahrerlaubnisinhaber als Ansprechpartner beratend zur Verfügung zu stehen,
4. die Anforderungen an die begleitende Person nach Nummer 2, insbesondere über
   a. das Lebensalter,
   b. den Besitz einer Fahrerlaubnis sowie über deren Mitführen und Aushändigung an zur Überwachung zuständige Personen,
   c. ihre Belastung mit Eintragungen im Verkehrszentralregister sowie
   d. über Beschränkungen oder das Verbot des Genusses alkoholischer Getränke und berauschender Mittel,
5. die Ausstellung einer Prüfungsbescheinigung, die abweichend von § 2 Abs. 1 S. 3 StVG ausschließlich im Inland längstens bis drei Monate nach Erreichen des allgemein vorgeschriebenen Mindestalters zum Nachweis der Fahrberechtigung dient, sowie über deren Mitführen und Aushändigung an zur Überwachung des Straßenverkehrs berechtigte Personen,
6. die Kosten in entsprechender Anwendung des § 6a Abs. 2 StVG in Verbindung mit Abs. 4 StVG und
7. das Verfahren.

In § 6e Abs. 2 StVG werden die **Landesregierungen ermächtigt**, durch Rechtsverordnung zu bestimmen, dass von der Möglichkeit, eine Fahrerlaubnis der Klassen B und BE nach Maßgabe der nach Absatz 1 erlassenen Rechtsverordnung zu erteilen, Gebrauch gemacht werden kann. Die Landesregierungen können diese Ermächtigung durch Rechtsverordnung auf die zuständigen obersten Landesbehörden übertragen.

Nach § 6e Abs. 3 StVG ist eine auf der Grundlage der Rechtsverordnungen nach den Absätzen 1 und 2 erteilte **Fahrerlaubnis** der Klassen B und BE zu **widerrufen**, wenn der Fahrerlaubnisinhaber einer vollziehbaren Auflage nach Absatz 1 Nr. 2 über die Begleitung durch mindestens eine namentlich benannte Person während des Führens von Kraftfahrzeugen zuwiderhandelt. Ist die Fahrerlaubnis widerrufen, darf eine neue Fahrerlaubnis unbeschadet der übrigen Voraussetzungen nur erteilt werden, wenn der Antragsteller nachweist, dass er an einem Aufbauseminar nach § 2a Abs. 2 StVG[28] teilgenommen hat.

Im Übrigen gelten nach § 6e Abs. 4 StVG die allgemeinen Vorschriften über die Fahrerlaubnispflicht, die Erteilung, die Entziehung oder die Neuerteilung der Fahrerlaubnis, die Regelungen für die Fahrerlaubnis auf Probe, das Fahrerlaubnisregister und die Zulassung von Personen zum Straßenverkehr. Für die Prüfungsbescheinigung nach Absatz 1 Nr. 5 gelten im Übrigen die Vorschriften über den Führerschein entsprechend.

In der Begründung zum Gesetzentwurf[29] wird dazu erwähnt, dass mit Übergabe der Prüfungsbescheinigung die **Probezeit** nach § 2a Abs. 1 S. 1 StVG[30] beginnt und ab Vollendung des 18. Lebensjahres dem Fahranfänger ein **Führerschein im Kartenformat** ausgehändigt werden kann.

Eine **zeitliche Beschränkung** dieser Regelungen ist in § 65 Abs. 12 StVG vorgeschrieben. Danach sind § 6e Abs. 1 und 2 StVG und die auf Grund dieser Vorschriften erlassenen Rechtsverordnungen mit Ablauf des **31.12.2010** nicht mehr anzuwenden. Dies wird in der Begründung zum Gesetzentwurf[31] damit erklärt, dass es sich um einen **Modellversuch** handeln soll, und hinzugefügt: Über eine Verlängerung und gegebenenfalls dauerhafte Beibehaltung sollte nach **wissenschaftlicher Evaluation** des Modellversuches entschieden werden.

42 Durch Art. 2 dieses Gesetz ist zugleich die **Fahrerlaubnis-Verordnung** geändert worden durch Einfügung der neuen §§ 48a und 48b, die nähere Ausführungsbestimmungen enthalten:

Nach § 48a Abs. 1 FeV beträgt das **Mindestalter** für die Erteilung einer Fahrerlaubnis der Klassen B und BE im Rahmen der Erprobung der in § 6e StVG vorgesehenen Maßnahmeansätze abweichend von § 10 Abs. 1 S. 1 Nr. 3 FeV 17 Jahre und findet § 11 Abs. 3 S. 1 Nr. 2 FeV (Beibringung des Gutachtens einer Begutachtungsstelle für Fahreignung zur Vorbereitung einer Entscheidung über die Befreiung von den Vorschriften über das Mindestalter) keine Anwendung.

Nach § 48a Abs. 2 FeV ist die Fahrerlaubnis mit der **Auflage** zu versehen, dass von ihr nur dann Gebrauch gemacht werden darf, wenn der Fahrerlaubnisinhaber während des

---

28 Siehe unter § 11 Rn 39 ff.
29 BT-Dr. 15/5315, S. 9.
30 Siehe unter § 2 Rn 26.
31 BT-Dr. 15/5315, S. 10.

Führens des Kraftfahrzeuges von mindestens einer namentlich benannten Person, die den Anforderungen der Absätze 5 und 6 genügt, begleitet wird (begleitende Person); die Auflage entfällt, wenn der Fahrerlaubnisinhaber das Mindestalter nach § 10 Abs. 1 S. 1 Nr. 3 erreicht hat.

Nach § 48a Abs. 3 FeV ist über die Fahrerlaubnis eine **Prüfungsbescheinigung** nach dem Muster der neu eingeführten Anlage 8a der FeV auszustellen, die bis drei Monate nach Vollendung des 18. Lebensjahres im Inland zum Nachweis der Fahrberechtigung dient.

Nach § 48a Abs. 4 FeV soll die **begleitende Person** dem Fahrerlaubnisinhaber
1. vor Antritt einer Fahrt und
2. während des Führens des Fahrzeuges, soweit die Umstände der jeweiligen Fahrsituation es zulassen,

ausschließlich als **Ansprechpartner** zur Verfügung zu stehen, um ihm Sicherheit beim Führen des Kraftfahrzeuges zu vermitteln. Zur Erfüllung ihrer Aufgabe soll die begleitende Person Rat erteilen oder kurze Hinweise geben.

§ 48a Abs. 5 FeV regelt **Auswahlkriterien für die begleitende Person**. Diese
1. muss das 30. Lebensjahr vollendet haben,
2. muss mindestens seit fünf Jahren im Besitz einer gültigen Fahrerlaubnis der Klasse B sein, die während des Begleitens mitzuführen und zur Überwachung des Straßenverkehrs berechtigten Personen auf Verlangen auszuhändigen ist,
3. darf zum Zeitpunkt der Erteilung der Prüfungsbescheinigung nach Absatz 3 im Verkehrszentralregister mit nicht mehr als drei Punkten belastet sein.

§ 48a Abs. 6 FeV enthält eine **„Promilleregelung" für die begleitende Person** und bestimmt, dass diese den Inhaber einer Prüfungsbescheinigung nach Absatz 3 **nicht begleiten** darf, wenn sie
1. 0,25 mg/l oder mehr Alkohol in der Atemluft oder 0,5 Promille oder mehr Alkohol im Blut oder eine Alkoholmenge im Körper hat, die zu einer solchen Atem- oder Blutalkoholkonzentration führt,
2. unter der Wirkung eines in der Anlage zu § 24a StVG genannten berauschenden Mittels steht – es sei denn, dass die Substanz aus der bestimmungsgemäßen Einnahme eines für einen konkreten Krankheitsfall verschriebenen Arzneimittels herrührt –, wobei eine Wirkung in diesem Sinne vorliegt, wenn eine in der Anlage zu § 24a StVG genannte Substanz im Blut nachgewiesen wird.

§ 2 Kraftfahrerlaubnis

Nach § 48a Abs. 7 FeV händigt die Fahrerlaubnisbehörde dem Fahrerlaubnisinhaber mit Erreichen des Mindestalters nach § 10 Abs. 1 S. 1 Nr. 3 auf Antrag einen **Führerschein** nach Muster 1 der Anlage 8 der FeV aus.

§ 48b FeV enthält Regelungen über die Erhebung personenbezogener Daten für die **Evaluation** des Modellversuches. In der Begründung zum Gesetzentwurf[32] ist hierzu nur ausgeführt, dass die Evaluation von den Modellversuche des „Begleitenden Fahrens ab 17" durchführenden Ländern in Auftrag gegeben werden soll.

43 **Bedenken** gegen einen Teil dieser neuen Vorschriften sind bei den Beratungen des Ausschusses für Verkehr, Bau- und Wohnungswesen des Deutschen Bundestages geltend gemacht worden.[33] So erstrebte die Fraktion der FDP durch in diesem Ausschuss gestellte und abgelehnte Anträge Änderungen insbesondere zu Folgendem:
 a. Als **Begleitpersonen** sollten wie im niedersächsischen Modellversuch nur **Erziehungsberechtigte** tätig werden.
 b. Der Fahrfänger sollte wie im niedersächsischen Modellversuch an einer mindestens 90-minütigen **Vorbereitungsveranstaltung** teilnehmen.
 c. Die **Evaluation** sollte wie bei der Fahranfängerfortbildungsverordnung von der Bundesanstalt für Straßenwesen in Auftrag gegeben und vom Bund finanziert werden.
Die Fraktion der CDU/CSU stellte in diesem Ausschuss einen dem zu c) genannten Antrag ähnlichen eigenen Antrag, der ebenfalls abgelehnt wurde.

3. Stufen-Fahrerlaubnis

44 Nach näherer Bestimmung durch Rechtsverordnung gemäß § 6 Abs. 1 Nr. 1 Buchst. g StVG können als Voraussetzung für die Erteilung einer Fahrerlaubnis der Vorbesitz anderer Klassen oder Fahrpraxis in einer anderen Klasse festgelegt werden (§ 2 Abs. 2 S. 2 StVG). Das gilt für folgende Kraftfahrzeuge:

a) Motorräder (Klasse A)

45 Für diese Klasse wird eine Abstufung nach dem Alter des Fahrerlaubnisinhabers vorgenommen (§ 6 Abs. 2 S. 1 und 2 FeV):

---

32 BT-Dr. 15/5315, S. 11.
33 Mitgeteilt im Ausschussbericht BT-Dr. 15/5706.

Kraftfahrerlaubnis § 2

aa) Unter 25-Jährige

Inhaber der Fahrerlaubnisklasse A dürfen zwei Jahre nur leistungsbeschränkte Kraft- 46
räder führen.

Die Berechtigung zum Führen leistungsunbeschränkter Krafträder gilt nach diesem Zeitraum nunmehr unmittelbar. Der bisher erforderliche Verwaltungsakt der Erteilung der unbeschränkten Motorradfahrerlaubnis mit Ausstellung eines neuen Führerscheines entfällt.

Das Gültigkeitsdatum der unbeschränkten Klasse A kann zwar bei der Herstellung des Führerscheins für die beschränkte Klasse A noch nicht eingetragen werden, weil zu diesem Zeitpunkt noch nicht bekannt ist, wann die Klasse A beschränkt erteilt wird und es damit an einem Anknüpfungspunkt für die Berechnung der 2-Jahres-Frist fehlt. Nach Einsetzen des Aushändigungsdatums des Führerscheins in das dafür vorgesehene Feld, das zugleich das Erteilungsdatum der Fahrerlaubnis ist, stehen die Daten jedoch fest (Beispiel: Klasse A beschränkt wird am 01.02.1999 erteilt; in der Leistung unbeschränkte Krafträder dürfen dann automatisch ab 01.02.2001 geführt werden).

Für Auslandsaufenthalte, vor allem in nicht zum EWG-Raum gehörenden Drittstaaten, ist es allerdings ratsam, sich einen neuen Führerschein ausstellen und die Klasse A unbeschränkt eintragen zu lassen.

bb) 25-Jährige und ältere

Diese können sofort die Klasse A mit der Berechtigung zum Führen leistungsunbe- 47
schränkter Krafträder erwerben.

Der Direkteinstieg ab diesem Alter setzt allerdings eine Ausbildung und Prüfung auf einem Kraftrad von mindestens 44 kW voraus.

Über 25-Jährige haben damit ein Wahlrecht zwischen dem stufenweisen und dem direkten Zugang zu Klasse A unbeschränkt. Erwirbt jemand zunächst die leistungsbeschränkte Klasse A, will dann aber die zwei Jahre abkürzen, erhält er – das notwendige Alter von 25 Jahren vorausgesetzt – die Klasse A unbeschränkt, wenn er die Ausbildung und Prüfung für diese Klasse absolviert.

b) Leichtkrafträder (Klasse A1)

Soweit diese eine durch die Bauart bestimmte Höchstgeschwindigkeit von mehr als 48
80 km/h erreichen, dürfen sie von Inhabern einer Fahrerlaubnis der Klasse A1 erst nach Vollendung des 18. Lebensjahrs geführt werden (§ 6 Abs. 2 S. 3 FeV).

§ 2 Kraftfahrerlaubnis

c) Land- oder forstwirtschaftliche Zugmaschinen (Klasse T)

49 16- bis 18-Jährige dürfen nur land- oder forstwirtschaftliche Zugmaschinen mit einer durch die Bauart bestimmten Höchstgeschwindigkeit von nicht mehr als 40 km/h (auch mit Anhängern) führen (§ 6 Abs. 2 S. 3 FeV). Der Aufstieg in die unbeschränkte Klasse T erfolgt automatisch mit Erreichen des 18. Lebensjahres. Wer bei Erwerb der Klasse T bereits 18 Jahre alt ist, unterliegt keinen Einschränkungen.

4. Befristete Fahrerlaubnis

50 Einige Fahrerlaubnisse werden nur für eine bestimmte Geltungsdauer erteilt, weil für sie regelmäßige ärztliche Wiederholungsuntersuchungen vorgeschrieben sind.

Die Zweite EG-Führerscheinrichtlinie schreibt in ihrem Anhang III Mindestanforderungen hinsichtlich der körperlichen und geistigen Tauglichkeit für das Führen eines Kraftfahrzeugs und ärztliche Untersuchungen über das Vorliegen dieser Mindestanforderungen vor. Zu diesem Zweck werden die Fahrerlaubnisbewerber und -inhaber in zwei Gruppen unterteilt: Zur Gruppe 1 gehören Fahrer von Fahrzeugen der Klassen A und B mit Anhänger- und Unterklassen, zur Gruppe 2 Fahrer von Fahrzeugen der Klassen C und D und entsprechender Unter- und Anhängerklasse (Nr. 1.1 und 1.2 Anhang III). Fahrer der Gruppe 1 müssen im Zusammenhang mit der Erteilung der Fahrerlaubnis nur dann untersucht werden, wenn ein besonderer Anlass besteht (Nr. 3 Anhang III). Für Fahrer der Gruppe 2 sind neben einer ärztlichen Untersuchung bei der Erteilung der Fahrerlaubnis regelmäßige ärztliche Wiederholungsuntersuchungen vorgeschrieben (Nr. 4 Anhang III).

Im Einzelnen gilt:

a) Klassen A, A1, B, BE, M, S, L und T

51 Für sie wird die Fahrerlaubnis unbefristet erteilt (§ 23 Abs. 1 S. 1 FeV), weil insoweit ärztliche Wiederholungsuntersuchungen nicht vorgeschrieben sind.

b) Klassen C1 und C1E

52 Die Fahrerlaubnis für diese Klassen wird längstens bis zur Vollendung des 50. Lebensjahrs erteilt, nach Vollendung des 45. Lebensjahrs des Bewerbers für fünf Jahre (§ 23 Abs. 1 S. 2 Nr. 1 FeV).

Kraftfahrerlaubnis § 2

c) Klassen C und CE

Die Geltungsdauer der Fahrerlaubnis für diese Klassen beträgt unabhängig vom Lebensalter einheitlich fünf Jahre (§ 23 Abs. 1 S. 2 Nr. 2 FeV). 53

d) Klassen D, D1, DE und D1E

Die Fahrerlaubnis für diese Klassen (zur Personenbeförderung) gilt ebenfalls für fünf Jahre (§ 23 Abs. 1 S. 2 Nr. 3 FeV). 54

e) Fahrerlaubnis zur Fahrgastbeförderung

Auch diese Fahrerlaubnis gilt für fünf Jahre (§ 48 Abs. 5 S. 1 FeV). 55

f) Fristberechnung

Dass als Grundlage für die Bemessung der Geltungsdauer das Datum des Tages gewählt wird, an dem die Fahrerlaubnisbehörde den Auftrag zur Herstellung des Führerscheins erteilt (§ 23 Abs. 2 S. 2 FeV) und nicht das Datum des Tages, an dem die Fahrerlaubnis erteilt wird, beruht auf folgender Erwägung: Das Datum des Ablaufs der Geltungsdauer ist bei der jeweiligen Klasse anzugeben, d.h. in den Führerschein „einzudrucken" (Anlage 8 zur FeV unter I Nr. 2.2 Buchst. a Nr. 11). Das Datum der Erteilung der Fahrerlaubnis steht jedoch bei der Erteilung des Herstellungsauftrages noch nicht fest, weil es davon abhängt, wann der Bewerber seine Prüfung ablegt. Das Datum der Auftragserteilung wird deshalb gewählt, weil es das spätestmögliche Datum ist und die Dauer des Verwaltungsverfahrens bei der Fahrerlaubnisbehörde, anders als wenn z.B. der Zeitpunkt der Antragstellung gewählt würde, nicht zulasten des Bewerbers geht. 56

g) Verlängerung befristeter Fahrerlaubnis

Die Geltungsdauer der Fahrerlaubnis der Klassen C, C1, CE, C1E, D, D1, DE und D1E wird auf Antrag des Inhabers jeweils um die für diese Klassen angegebenen Zeiträume verlängert, wenn 57
1. der Inhaber seine Eignung nach Maßgabe der Anlage 5 der FeV und die Erfüllung der Anforderungen an das Sehvermögen nach Anlage 6 nachweist und
2. keine Tatsachen vorliegen, die die Annahme rechtfertigen, dass eine der sonstigen aus den §§ 7 bis 19 FeV ersichtlichen Voraussetzungen für die Erteilung der Fahrerlaubnis fehlt.

Die Verlängerung der Klassen D, D1, DE und D1E kann nur dann über die Vollendung des 50. Lebensjahres hinaus erfolgen, wenn der Antragsteller zusätzlich seine Eignung nach Maßgabe der Anlage 5 Nr. 2 der FeV (Erfüllung besonderer Anforderungen hinsichtlich Belastbarkeit, Orientierungs-, Konzentrations- und Aufmerksamkeitsleistung sowie Reaktionsfähigkeit) nachweist (§ 24 Abs. 1 FeV).

58 Die Fahrerlaubnis zur Fahrgastbeförderung wird auf Antrag des Inhabers jeweils bis zu fünf Jahren verlängert, wenn
1. er seine geistige und körperliche Eignung gemäß § 11 Abs. 9 FeV in Verbindung mit Anlage 5 der FeV nachweist,
2. er nachweist, dass er die Anforderungen an das Sehvermögen gemäß § 12 Abs. 6 FeV in Verbindung mit Anlage 6 Nr. 2 der FeV erfüllt und
3. keine Tatsachen die Annahme rechtfertigen, dass er nicht die Gewähr dafür bietet, dass er der besonderen Verantwortung bei der Beförderung von Fahrgästen gerecht wird.

Die Verlängerung der Fahrerlaubnis zur Fahrgastbeförderung kann über die Vollendung des 60. Lebensjahrs hinaus nur dann erfolgen, wenn der Antragsteller zusätzlich seine Eignung nach Maßgabe der Nr. 2 der Anlage 5 der FeV (Erfüllung besonderer Anforderungen hinsichtlich Belastbarkeit, Orientierungs-, Konzentrations- und Aufmerksamkeitsleistung sowie Reaktionsfähigkeit) nachweist (§ 48 Abs. 5, Abs. 7 S. 2 FeV).

5. Eingeschränkte Fahrerlaubnis

59 Bei bedingter Eignung zum Führen von Kraftfahrzeugen[34] kann eine Fahrerlaubnis mit Beschränkungen oder unter Auflagen erteilt werden (§ 2 Abs. 4 S. 2 StVG, § 23 Abs. 2 FeV) und eine uneingeschränkt erteilte Fahrerlaubnis nachträglich eingeschränkt oder mit Auflagen versehen werden (§ 46 Abs. 2 FeV).[35]

a) Beschränkung

60 kann sich insbesondere auf das Führen einer bestimmten Fahrzeugart oder eines bestimmten Kraftfahrzeugs mit besonderen Einrichtungen erstrecken (§ 23 Abs. 2 S. 2 FeV). Sie ist erforderlich bei Verwendung besonderer Fahrzeuge während der praktischen Fahrerlaubnisprüfung (§ 17 Abs. 6 FeV).

b) Auflagen

61 betreffen den Gebrauch der Fahrerlaubnis und beziehen sich auf die Person des Fahrerlaubnisinhabers.

---

34 Siehe dazu unter § 3 Rn 46 ff.
35 Siehe dazu unter § 9 Rn 8 ff., 36 ff.

IV. Voraussetzungen für die Erteilung der Fahrerlaubnis

Die grundlegenden Voraussetzungen für die Erteilung einer Fahrerlaubnis sind in § 2 Abs. 2 S. 1 StVG aufgeführt.

62

1. Inlandswohnsitz

Das Erfordernis eines ordentlichen Wohnsitzes des Bewerbers im Inland (§ 2 Abs. 2 S. 1 Nr. 1 StVG) beruht auf der bindenden Regelung in Art. 7 Abs. 1 Buchst. b der Zweiten EG-Führerscheinrichtlinie. Danach dürfen die Mitgliedsstaaten nur solchen Personen eine Fahrerlaubnis erteilen, die ihren ordentlichen Wohnsitz in ihrem Hoheitsgebiet haben. Grund für diese Regelung ist, dass der Fahrerlaubnisbewerber dort ausgebildet und geprüft und somit auf die Teilnahme am Straßenverkehr vorbereitet werden soll, wo er als Fahranfänger hauptsächlich fährt. Es ist damit auch ausgeschlossen, die Ausbildung und/oder Prüfung außerhalb des Wohnsitzstaates zu absolvieren und sich im letzteren auf dieser Grundlage die Fahrerlaubnis erteilen zu lassen, da dies dem Sinn der Regelung widerspräche. Außerdem soll das Wohnsitzerfordernis verhindern, dass eine Person in mehreren Mitgliedsstaaten eine Fahrerlaubnis erwirbt und im Falle der Entziehung des einen Rechts auf das andere zurückgreift.

63

Einzelheiten sind in § 7 FeV geregelt:

a) Begriff „ordentlicher Wohnsitz"

Die in Art. 9 der Zweiten EG-Führerscheinrichtlinie enthaltene, an einen Aufenthalt von mindestens 185 Tagen des Kalenderjahrs anknüpfende Definition dieses Begriffs wird in § 7 Abs. 1 FeV übernommen. Die Begriffsbestimmung dient allerdings nur der Abgrenzung von In- und Ausland. Welche Behörde innerhalb der Bundesrepublik Deutschland für die Erteilung einer Fahrerlaubnis örtlich zuständig ist, richtet sich gemäß § 73 Abs 2 FeV i.V.m. § 12 des Melderechtsrahmengesetzes nach dem Ort der Hauptwohnung.

64

Der Antrag auf Erteilung einer Fahrerlaubnis wird in manchen Fällen schon vor Ablauf von 185 Tagen gestellt werden. Um sowohl dem verkehrs- und ordnungspolitischen Interesse Rechnung zu tragen als auch dem Interesse des Betroffenen an einer möglichst raschen Erteilung der Fahrerlaubnis, soll wie folgt verfahren werden:

Grundsätzlich wird die Fahrerlaubnis erst erteilt, wenn der Bewerber 185 Tage im Inland gelebt hat. Dies wird in der Regel keine Schwierigkeiten bereiten, weil nicht zu erwarten ist, dass die Betreffenden unmittelbar nach Wohnsitzverlegung eine Fahrerlaubnis beantragen und das Verfahren zur Erteilung einer Fahrerlaubnis mit Ausbil-

65

§ 2 Kraftfahrerlaubnis

dung, Fahrerlaubnisprüfung und Eignungsüberprüfung in der Regel einen gewissen Zeitraum in Anspruch nimmt.

Im Wege einer Ausnahme nach § 74 Abs. 1 Nr. 1 FeV kann die Fahrerlaubnisbehörde die Fahrerlaubnis jedoch auch schon vorher erteilen, wenn der Antragsteller glaubhaft macht, dass er sich einen entsprechenden Zeitraum im Inland aufhalten wird, etwa weil er mit der gesamten Familie in die Bundesrepublik Deutschland gezogen ist oder für längere Zeit einen Arbeitsvertrag hat. Geht der Betreffende jedoch vor Ablauf von 185 Tagen in das Ausland zurück, kann dies ein Grund für die Rücknahme der Fahrerlaubnis sein. Die Fahrerlaubnisbehörde sollte in diesen Fällen deshalb überprüfen, ob der Betreffende tatsächlich 185 Tage in der Bundesrepublik Deutschland bleibt.

b) Sonderregelungen für Studenten und Schüler

66   Sie sind in § 7 Abs. 2 und 3 FeV enthalten und beruhen ebenfalls auf Art. 9 der Zweiten EG-Führerscheinrichtlinie, wonach der Besuch einer Universität oder Schule keine Verlegung des ordentlichen Wohnsitzes zur Folge hat.

Derjenige, der sich ausschließlich zum Zwecke des Besuchs einer Schule oder einer Universität in einem anderen Mitgliedsstaat aufhält, behält daher seinen ordentlichen Wohnsitz im Heimatstaat. Gleichwohl kann er in dem Mitgliedsstaat, in dem er eine Universität oder Schule besucht, eine Fahrerlaubnis erwerben, vorausgesetzt er hält sich dort mindestens sechs Monate auf (Art. 7 Abs. 1 Buchst. b der Zweiten EG-Führerscheinrichtlinie). Studenten und Schüler haben damit ein Wahlrecht. Sie können die Fahrerlaubnis sowohl in ihrem Heimatstaat als auch im Staat ihrer Ausbildung erwerben, sofern sie sich dort mindestens sechs Monate aufhalten.

67   Personen aus anderen EU- oder EWR-Staaten, die sich mindestens sechs Monate ausschließlich zum Zwecke des Besuchs einer Universität oder Schule in der Bundesrepublik Deutschland aufhalten, können hier also die Fahrerlaubnis erhalten.

Sie begründen aber einen ordentlichen Wohnsitz im Inland im Sinne von § 7 FeV erst dann, wenn ihr Besuch nicht mehr nur diesem Zwecke dient, etwa dann, wenn die gesamte Familie in die Bundesrepublik Deutschland zieht. Umgekehrt behalten Personen, die sich ausschließlich zu den genannten Zwecken in einem anderen Mitgliedsstaat aufhalten, ihren ordentlichen Wohnsitz im Inland und können hier eine Fahrerlaubnis erwerben.

Die Regelung gilt nur innerhalb der Europäischen Union bzw. des Europäischen Wirtschaftsraumes. Für Personen aus Drittstaaten, die hier eine Universität oder Schule besuchen, oder Personen aus der Bundesrepublik Deutschland, die dies in einem Drittstaat tun, beurteilt sich der Wohnsitz nach § 7 Abs. 1 FeV. Dies bedeutet, dass deutsche Studenten im Ausland gehalten sind, dort ihre Fahrerlaubnis zu erwerben, wenn sie sich dort länger als 185 Tage aufhalten. Eine Fahrerlaubnis, die ein Student aus einem Drittstaat erwirbt, während er sich hier aufhält, wird hier gemäß § 4 IntKfzV nicht anerkannt.

2. Mindestalter

Welches Mindestalter für die Erteilung einer Fahrerlaubnis im Sinne des § 2 Abs. 2 S. 1 Nr. 2 StVG erforderlich ist, bestimmt näher § 10 FeV. **68**

a) Grundsatz

Das Mindestalter für die Erteilung einer Fahrerlaubnis beträgt nach § 10 Abs. 1 FeV **69**
1. 25 Jahre für Klasse A bei direktem Zugang oder bei Erwerb vor Ablauf der zweijährigen Frist nach § 6 Abs. 2 S. 1 FeV,
2. 21 Jahre für die Klassen D, D1, DE und D1E,
3. 18 Jahre für die Klassen A bei stufenweisem Zugang, B, BE, C, C1, CE und C1E,
4. 16 Jahre für die Klassen A1, M, S, L und T.

Abweichend von vorstehender Nr. 3 beträgt das Mindestalter für die Erteilung einer Fahrerlaubnis der Klassen B und BE im Rahmen der Erprobung begleiteten Fahrens 17 Jahre (§ 48a Abs. 1 FeV).

b) Allgemeine Ausnahmen

Ausnahmen vom Mindestalter können nach der allgemein geltenden Vorschrift des § 74 **70** Abs. 1 FeV genehmigt werden. Bei Minderjährigen ist die Zustimmung des/der gesetzlichen Vertreter(s) erforderlich (§ 74 Abs. 2 FeV). Zur Vorbereitung der Entscheidung über die Befreiung von den Vorschriften über das Mindestalter kann die Beibringung eines medizinisch-psychologischen Gutachtens einer amtlich anerkannten Begutachtungsstelle für Fahreignung angeordnet werden (§ 11 Abs. 3 S. 1 Nr. 2 FeV).[36]

In Niedersachsen ist ergänzend vorgeschrieben:[37] **71**

Ausnahmen vom Mindestalter dürfen nur für die Erteilung der Fahrerlaubnisklassen
- B (durch die Bezirksregierungen) sowie
- L, M und T (durch die unteren Fahrerlaubnisbehörden)

zugelassen werden. Bei vorzeitiger Erteilung der Klasse T ist die Fahrerlaubnis auf das Mitführen **eines** Anhängers zu beschränken.

---

36 Siehe unter § 3 Rn 92 ff. und § 7 Rn 110.
37 Arbeitsanweisung (siehe unter § 1 Rn 53) zu § 10 FeV.

§ 2 Kraftfahrerlaubnis

Wird die Umschreibung einer ausländischen Fahrerlaubnis vor Erreichen des Mindestalters beantragt, kann eine Ausnahme auch für andere als die vorstehend aufgeführten Klassen erteilt werden.

Das vorgeschriebene Mindestalter darf durch die Erteilung der Ausnahme um höchstens 1 Jahr unterschritten werden.

72 Die Beibringung eines medizinisch-psychologischen Gutachtens einer amtlich anerkannten Begutachtungsstelle für Fahreignung ist **immer** zu fordern.

Im Übrigen wird wörtlich ausgeführt:

„Es ist ein strenger Maßstab anzulegen. Die Erteilung eine Ausnahme kommt nur in Betracht, wenn im Einzelfall außergewöhnliche Umstände vorliegen, die für die Antragstellerin oder den Antragsteller eine unzumutbare Härte bedeuten. Bei Prüfung der Zumutbarkeit ist insbesondere zu untersuchen, ob die Antragstellerin oder der Antragsteller das Ziel nicht (auch) auf andere Weise erreichen kann. Unzumutbare Härte liegt z.b. nicht vor bei

- weit entfernt liegenden Ausbildungsorten (Inanspruchnahme von Mitfahrgelegenheiten, Benutzung öffentlicher Verkehrsmittel bzw. von Fahrzeugen, für die keine Ausnahme erforderlich ist, oder Wohnsitzverlegung an den Ausbildungsort),
- Leistungssportlerinnen oder Leistungssportlern zum Erreichen von Wettkampf- oder Trainingsstätten,
- Betreuung hilfs- und pflegebedürftiger Angehöriger."

Wird die Umschreibung einer ausländischen Fahrerlaubnis vor Erreichen des Mindestalters beantragt, müssen außergewöhnliche Umstände nicht vorliegen, weil in diesen Fällen durch die Erteilung der Ausnahme keine unzumutbare Härte ausgeglichen, sondern eine kontinuierliche Fahrpraxis gewährleistet werden soll.

c) Ausnahmen bei Berufsausbildung

73 Sie sind in § 10 Abs. 2 FeV geregelt:

Nach S. 1 beträgt das Mindestalter bei Erteilung der Fahrerlaubnis während oder nach Abschluss einer in dem staatlich anerkannten Ausbildungsberuf Berufskraftfahrer/Berufskraftfahrerin oder einem staatlich anerkannten Ausbildungsberuf, in dem vergleichbare Fertigkeiten und Kenntnisse zum Führen von Kraftfahrzeugen auf öffentlichen Straßen vermittelt werden,

- 17 Jahre für die Klasse B und für den gemäß der Berufsausbildung stufenweisen Zugang zu den Klassen C1 und C1E sowie
- 20 Jahre für den entsprechenden Zugang zu den Klassen D, D1, DE und D1E.

Die erforderliche körperliche und geistige Eignung ist vor Erteilung der ersten Fahrerlaubnis, falls diese vor Vollendung des Mindestalters nach § 10 Abs. 1 FeV erworben wird, durch Vorlage eines medizinisch-psychologischen Gutachtens nachzuweisen. Eine Erteilung einer Fahrerlaubnis der Klassen D, D1, DE und D1E vor Erreichen des nach § 10 Abs. 1 FeV vorgeschriebenen Mindestalters setzt weiter voraus, dass der Bewerber seit mindestens zwei Jahren die Fahrerlaubnis der Klasse B besitzt.

Bis zum Erreichen des nach § 10 Abs. 1 FeV vorgeschriebenen Mindestalters ist die Fahrerlaubnis mit den Auflagen zu versehen, dass von ihr nur bei Fahrten im Inland und nur im Rahmen des Ausbildungsverhältnisses Gebrauch gemacht werden darf. Die Auflage, dass nur Fahrten im Inland zulässig sind, entfällt, wenn der Fahrerlaubnisinhaber das Mindestalter nach § 10 Abs. 1 FeV erreicht hat. Die Auflage, dass von der Fahrerlaubnis nur im Rahmen des Ausbildungsverhältnisses Gebrauch gemacht werden darf, entfällt entweder bei Erreichen des Mindestalters oder wenn der Fahrerlaubnisinhaber über eine abgeschlossene Ausbildung nach S. 1 verfügt.

3. Eignung

In § 2 Abs. 2 S. 1 Nr. 3 StVG wird für die Erteilung einer Fahrerlaubnis positiv gefordert, dass der Bewerber zum Führen von Kraftfahrzeugen geeignet ist.

§ 2 Abs. 1 S. 2 StVG in der bis zum 31.12.1998 geltenden Fassung verlangte lediglich, dass „nicht Tatsachen vorliegen, die die Annahme rechtfertigen, dass er (der Bewerber) zum Führen von Kraftfahrzeugen ungeeignet ist". Das Gesetz ging also von der Eignung des Bewerbers aus (Eignungsvermutung).

Nach der bis zum 31.12.1998 geltenden Regelung musste also nicht der Bewerber um eine Fahrerlaubnis seine Eignung beweisen. Vielmehr trug die Fahrerlaubnisbehörde grundsätzlich die Beweislast für die Nichteignung. In der Begründung der Bundesregierung zu der Neuregelung[38] ist ausdrücklich hervorgehoben, dass diese Änderung bei einer Beweislastentscheidung, d.h. bei nicht aufklärbaren Eignungszweifeln, zu anderen Ergebnissen führen dürfte. Dass es dazu höchst selten kommen dürfte, wie die Bundesregierung hierzu bemerkt, erscheint durchaus zweifelhaft. Gerade in problematischen Fällen wird die Unmöglichkeit, letzte Klarheit über die Kraftfahreignung zu gewinnen, sich anders als bisher zulasten des Fahrerlaubnisbewerbers auswirken.

Die Eignung zum Führen von Kraftfahrzeugen ist von so zentraler Bedeutung für das Fahrerlaubnisrecht und bereitet in Theorie und Praxis so erhebliche Schwierigkeiten, dass in besonderen Kapiteln Einzelheiten zu ihrer begrifflichen Erfassung (§ 3) und zu ihrer Prüfung (§§ 6 bis 8) dargestellt werden.

---

38 BR-Dr. 821/96, S. 67 = VkBl 1998, 788.

4. Fahrausbildung

76 Die Erteilung der Fahrerlaubnis setzt eine entsprechende Ausbildung voraus (§ 2 Abs. 2 S. 1 Nr. 4 StVG). Die Ausbildung erfolgt obligatorisch in einer Fahrschule und wird inhaltlich im Fahrlehrergesetz und den darauf beruhenden Rechtsvorschriften geregelt.

5. Befähigung

77 Nach früherem Verständnis umfasste der Begriff der „Eignung" zum Führen von Kraftfahrzeugen auch die „Befähigung"[39] Die begriffliche Trennung von Eignung (§ 2 Abs. 2 S. 1 Nr. 3 StVG) und Befähigung (§ 2 Abs. 2 S. 1 Nr. 5 StVG) begründet die Bundesregierung[40] damit, dass es sich dabei „sachlich um unterschiedliche Elemente mit eigenständiger Bedeutung handelt".

Auch die Befähigung zum Führen von Kraftfahrzeugen ist von zentraler Bedeutung für das Fahrerlaubnisrecht. Einzelheiten dazu werden in einem besonderen Kapitel (§ 4) dargestellt.

6. Versorgung Unfallverletzter

78 Einzelheiten zum Erfordernis der Beherrschung der Grundzüge der Versorgung Unfallverletzter im Straßenverkehr (§ 2 Abs. 2 S. 1 Nr. 6 StVG) werden im Zusammenhang mit den Nachweisen zu den Voraussetzungen der Fahrerlaubnis noch dargestellt.[41]

7. Fehlen anderweitiger Fahrerlaubnis

79 Dass der Bewerber noch keine Fahrerlaubnis der beantragten Klasse aus einem Mitgliedsstaat im Geltungsbereich der Zweiten EG-Führerscheinrichtlinie besitzen darf (§ 2 Abs. 2 S. 1 Nr. 7 StVG, § 8 FeV), beruht auf Art. 7 Abs. 5 der Zweiten EG-Führerscheinrichtlinie, in dem vorgeschrieben ist, dass jede Person nur Inhaber eines einzigen von einem Mitgliedsstaat ausgestellten Führerscheins sein kann.

---

39 Siehe dazu die 2. Auflage dieses Buchs, § 3 Rn 65.
40 BR-Dr. 821/96, S. 68 = VkBl 1998, 789.
41 Siehe unter § 5 Rn 29 ff.

8. Zusätzliche Voraussetzungen für die Fahrerlaubnis zur Fahrgastbeförderung

Sie sind in § 2 Abs. 3 StVG beschrieben und näher bestimmt in § 48 Abs. 4 und 6 FeV. **80**

§ 3 Eignung zum Führen von Kraftfahrzeugen

Der unbestimmte Rechtsbegriff der „Eignung zum Führen von Kraftfahrzeugen" beinhaltet die körperliche, geistige und charakterliche Eignung. Hierzu wird im „Psychologischen Gutachten Kraftfahreignung"[1] zusammenfassend ausgeführt:

„Die **körperliche Eignung** ist dann ausgeschlossen, wenn körperliche Mängel vorliegen, die weder technisch noch medikamentös oder psychologisch kompensierbar sind (z.b. Querschnittslähmung im Halswirbelbereich, schwere Fälle von Bluthochdruck).

Die **geistige Eignung** kann beeinträchtigt sein z.b. bei einer Herabsetzung der intellektuellen, psychisch-funktionalen und/oder psychophysischen Leistungsfähigkeit, die sich auf die Verkehrsteilnahme unmittelbar auswirkt oder bei der eine negative Auswirkung nahe liegend ist.

Der Begriff der **charakterlichen Eignung** ist sehr weit zu verstehen. Es fallen darunter nicht nur bestimmte überdauernde Persönlichkeitsmerkmale (z.b. zuverlässige Selbstbeobachtung, Selbstkontrolle und vorausschauende Verhaltensplanung oder emotionale Labilität, erhöhte situative Beeinflussbarkeit, Aggressivität), sondern auch verkehrsrelevante Einstellungen und Verhaltensweisen, die das Verhalten im Straßenverkehr in positiver bzw. negativer Weise bestimmen können.

Auch bei medikamentös gut eingestellten Erkrankungen kann charakterlichen Aspekten entscheidendes Gewicht zukommen, wenn zu beurteilen ist, ob bei dem Betroffenen mit einem hinreichend verantwortungsbewussten Umgang mit den Erfordernissen seiner Erkrankung (z.B. regelmäßiger Medikamenteneinnahme, Verzicht auf Teilnahme am motorisierten Straßenverkehr bei akuter Verschlechterung des Gesundheitszustandes) gerechnet werden kann oder nicht, d.h. ob eine Kompensation der körperlichen Mängel vorliegt."

I. Präzisierung des unbestimmten Rechtsbegriffs

Exakter beschreiben lässt sich kaum, was unter „Eignung zum Führen von Kraftfahrzeugen" zu verstehen ist. Das beruht darauf, dass sich die Vielfalt der Verwaltungsaufgaben nicht immer in klar umrissene Begriffe einfangen lässt – wie das **Bundesverfassungsgericht**[2] zur Begründung der rechtlichen Zulässigkeit von Generalklauseln und unbestimmten, der Ausfüllung bedürftigen Begriffen ausgeführt hat. Solche unbe-

---

1 *Kroj, G.* [Hrsg.] (1995), S. 20.
2 BVerfGE 26.09.1978.

stimmten Rechtsbegriffe – wie z.b. auch Sachkunde, Befähigung, Würdigkeit, Bedürfnis, öffentliches Interesse, öffentliche Sicherheit und Ordnung oder wichtiger Grund – sind nach der plastischen Charakterisierung von *Fürst*[3] nur in einem Kernbereich von Anwendungsfällen eindeutig; im „Begriffshof" tritt eine Verfestigung meist erst durch länger dauernde Übung ein.

Für die Verfestigung des unbestimmten Rechtsbegriffs „Eignung zum Führen von Kraftfahrzeugen" kann teilweise auf Rechtsvorschriften zurückgegriffen werden. Der Begriff gewinnt aber erst Gestalt durch allgemeine Auslegungsregeln, die die Rechtsprechung entwickelt hat.

1. Rechtsvorschriften

3   Eine Konkretisierung des Eignungsbegriffs lässt sich dem StVG, der FeV und dem StGB entnehmen.

a) Straßenverkehrsgesetz

4   Nach § 2 Abs. 4 S. 1 StVG ist geeignet zum Führen von Kraftfahrzeugen, „wer die notwendigen körperlichen und geistigen Anforderungen erfüllt und nicht erheblich oder nicht wiederholt gegen verkehrsrechtliche Vorschriften oder gegen Strafgesetze verstoßen hat."

In § 6 Abs. 1 Nr. 1 Buchst. c StVG wird das Bundesministerium für Verkehr ermächtigt, über die Anforderungen an die Eignung zum Führen von Kraftfahrzeugen Rechtsverordnungen und allgemeine Verwaltungsvorschriften mit Zustimmung des Bundesrats zu erlassen.

aa) Körperliche und geistige Eignung

5   Diese ist in § 2 Abs. 4 S. 1 StVG nur unvollkommen beschrieben. Denn es bleibt nach wie vor unbestimmt, welche Anforderungen denn nun „notwendig" sind.

bb) Charakterliche Eignung

6   Charakterliche Eignung ist im StVG gar nicht erwähnt.

---

3 *Fürst, W.* (1970).

Die Bundesregierung benutzt diesen Begriff aber in der Begründung zu ihrem Gesetzesentwurf bei den Erläuterungen zu den in § 2 Abs. 2 S. 1 Nr. 3 und 5 StVG aufgestellten Erfordernissen von Eignung und Befähigung.[4]

Zu Nr. 3: „Unter den Begriff der Eignung fällt auch die **persönliche Zuverlässigkeit** als Ausdruck eines gesteigerten Maßes an charakterlicher Eignung. Über persönliche Zuverlässigkeit müssen – entsprechend der heutigen Regelung – insbesondere Bewerber um eine Fahrerlaubnis der Klasse D verfügen."

Zu Nr. 5: „Bisher umfasste der Begriff ‚Eignung' zum Führen von Kraftfahrzeugen sowohl die Eignung in körperlicher und geistiger sowie charakterlicher Hinsicht als auch die Befähigung. Da es sich dabei jedoch sachlich um unterschiedliche Elemente mit eigenständiger Bedeutung handelt, sollen Eignung und Befähigung künftig begrifflich getrennt werden."

Da diese Begründungen im weiteren Gesetzgebungsverfahren unbeanstandet geblieben sind, geht der Gesetzgeber also davon aus, dass unter den Begriff der Eignung wie bisher ganz generell ein „normales" Maß an charakterlicher Eignung fällt.

Zur charakterlichen Eignung ist sicher zu rechnen die in § 2 Abs. 4 S. 1 StVG vorgeschriebene Anforderung, nach der geeignet zum Führen von Kraftfahrzeugen ist, wer nicht erheblich oder nicht wiederholt gegen verkehrsrechtliche Vorschriften oder gegen Strafgesetze verstoßen hat. Dabei bleibt allerdings unbestimmt, welcher Verstoß denn nun „erheblich" ist. Dass auch nicht bloß einmalige Wiederholung von Verstößen gegen verkehrsrechtliche Vorschriften oder gegen Strafgesetze zur Annahme des Fehlens der Kraftfahreignung berechtigt, ergibt sich aus §§ 2a und 4 StVG; danach sind bei wiederholten Verstößen im Rahmen der Fahrerlaubnis auf Probe und nach dem Punktsystem vor Entziehung der Fahrerlaubnis zunächst näher bestimmte besondere Maßnahmen zu ergreifen.[5] 7

b) **Fahrerlaubnisverordnung**

Sie enthält nähere Konkretisierungen des Begriffs der Kraftfahreignung: 8

aa) **Sehvermögen**

Allein diesbezüglich schreibt § 12 Abs. 1 FeV positiv vor, dass die in Anlage 6 der FeV genannten Anforderungen an das Sehvermögen zu erfüllen sind. 9

---

4 BR-Dr. 821/96, S. 67 f. = VkBl 1998, 788 f.
5 Siehe unter § 11 Rn 30 ff., 81 ff.

§ 3 Eignung zum Führen von Kraftfahrzeugen

Diese Anforderungen sind je nach Fahrerlaubnisart und Art der Feststellung unterschiedlich:

(1) Allgemeine Fahrerlaubnis

10 Bei den Klassen A, A1, B, BE, M, S, L und T sind die Anforderungen für die Sehtestbescheinigung[6] (Nr. 1.1 der Anlage 6 der FeV) höher als für die augenärztliche Untersuchung (Nr. 1.2 der Anlage 6 der FeV).

(2) Fahrerlaubnis für Lkw und Bus sowie zur Personenbeförderung

11 Bei den Lkw-Klassen C, C1, CE, CE1, den Bus-Klassen D, D1, DE, D1E und für die Personenbeförderung sind die Anforderungen noch strenger (Nr. 2 der Anlage 6 der FeV).

bb) Körperliche und geistige Eignung

12 Insoweit wiederholt § 11 Abs. 1 S. 1 FeV zunächst den gesetzlichen Grundsatz, dass Bewerber um eine Fahrerlaubnis die hierfür notwendigen körperlichen und geistigen Anforderungen erfüllen müssen. Welche Anforderungen nun mit Ausnahme des Sehvermögens positiv notwendig sind, bestimmt auch die FeV nicht. Vielmehr beschränkt sich § 11 Abs. 1 S. 2 FeV auf die negative Vorschrift: „Die Anforderungen sind insbesondere nicht erfüllt, wenn eine Erkrankung oder ein Mangel nach Anlage 4 oder 5 vorliegt, wodurch die Eignung oder die bedingte Eignung zum Führen von Kraftfahrzeugen ausgeschlossen wird."

13 Die Anlage 5 der FeV enthält Vorschriften über die Eignungsuntersuchungen für Lkw- und Omnibusfahrer sowie Fahrgastbeförderer.

14 Die Anlage 4 der FeV orientiert sich in ihrem Aufbau am Anhang III der Zweiten EG-Führerscheinrichtlinie und an den Begutachtungs-Leitlinien „Krankheit und Kraftverkehr" des Gemeinsamen Beirats für Verkehrsmedizin beim Bundesministerium für Verkehr und beim Bundesministerium für Gesundheit.[7] Sie trifft keine abschließende Regelung, weder hinsichtlich der Aufzählung der Krankheiten und Mängel noch inhaltlich in Bezug auf die Bewertung der Eignung bzw. Nichteignung.[8]

---

6 Siehe unter § 5 Rn 9 ff.
7 *Bundesministerium für Verkehr* [Hrsg.] (1996).
8 Siehe dazu näher unter § 3 Rn 96 f.

cc) Charakterliche Eignung

Insoweit wiederholt § 11 Abs. 1 S. 3 FeV lediglich den gesetzlichen Grundsatz, dass **15** Bewerber nicht erheblich oder nicht wiederholt gegen verkehrsrechtliche Vorschriften oder gegen Strafgesetze verstoßen haben dürfen, so dass dadurch die Eignung ausgeschlossen wird. Die Erheblichkeit solcher Verstöße wird ebenso wenig näher beschrieben wie Art und Weise der Wiederholung eignungsausschließender Verstöße.

c) Strafgesetzbuch

Nach § 69 Abs. 1 S. 1 StGB entzieht der Strafrichter die Fahrerlaubnis demjenigen, **16** der eine rechtswidrige Straftat bei oder im Zusammenhang mit dem Führen eines Kraftfahrzeugs oder unter Verletzung der Pflichten eines Kraftfahrzeugführers begeht, wenn sich aus der Tat ergibt, dass er zum Führen von Kraftfahrzeugen ungeeignet ist.

Eine Verurteilung wegen solcher Tat muss allerdings entweder erfolgt oder nur wegen **17** erwiesener oder nicht auszuschließender Schuldunfähigkeit unterblieben sein. Auch in letzterem Falle besteht ein Bedürfnis, die Allgemeinheit vor ungeeigneten Kraftfahrern zu sichern, deren Gefährlichkeit u.U. gerade dann besonders groß ist, wenn sie schon nicht mehr zurechnungsfähig sind.

Kraftfahrzeuge sind nach der auch hier geltenden Definition des § 1 Abs. 2 StVG alle **18** Landfahrzeuge, die durch Maschinenkraft bewegt werden, ohne an Bahngleise gebunden zu sein. Zu Kraftfahrzeugen in diesem Sinne gehören deshalb auch führerscheinfreie Kraftfahrzeuge,[9] nicht aber Eisenbahnlokomotiven,[10] so dass dem in alkoholbedingt fahruntüchtigem Zustand am Verkehr teilnehmenden Fahrerlaubnisinhaber im Strafverfahren die Fahrerlaubnis entzogen werden kann, wenn er mit dem Mofa fährt, nicht aber wenn er mit einer Lokomotive fährt.

Zusammenhang mit dem Führen eines Kraftfahrzeugs besteht nicht nur bei typischen **19** Verkehrsstraftaten und durch Verkehrsordnungswidrigkeiten hervorgerufenen fahrlässigen Körperverletzungen und Tötungen. Dieser Begriff wird von der Rechtsprechung weit ausgelegt und auch angewandt auf Taten, bei denen das Kraftfahrzeug lediglich zu deren Vorbereitung oder Durchführung oder anschließend für ihre Ausnutzung oder Verdeckung benutzt wird,[11] wie etwa bei Fahrten zur Beschaffung von Betäubungsmitteln[12] oder zum Zwecke sexuellen Missbrauchs eines Kindes.[13]

---

9 *Hentschel, P.* (2003) Rn 577 f.
10 BayObLG DAR 1993, 304 = NZV 1993, 239 = VRS 85, 328; a.A. LG München NZV 1993, 83 (mit ablehnender Anm. *Hentschel*) = zfs 1993, 102 (L).
11 BGHSt 22, 328 = NJW 1969, 1125.
12 BGH NStZ 1992, 586 = NZV 1993, 35; BGH VRS 81, 369 = zfs 1992, 139 (L); OLG Düsseldorf DAR 1992, 187 = NZV 1992, 331 = StV 1992, 219 = VRS 82, 341 = zfs 1992, 138.
13 BGH StV 1994, 314.

§ 3 Eignung zum Führen von Kraftfahrzeugen

20 Zusammenhang mit dem Führen eines Kraftfahrzeugs wird darüber hinaus sogar bejaht z.B.
- bei Verschaffung des Besitzes an einem Pkw durch Betrug,[14]
- bei Herbeiführung von Verkehrsunfällen in der Absicht, Versicherungen zu betrügen[15] oder
- bei Erstattung von Sachverständigengutachten über „gestellte Unfälle" zur Unterstützung des Versicherungsbetrugs.[16]

21 In der Regel[17] **ungeeignet** zum Führen von Kraftfahrzeugen sind nach der vom Gesetzgeber in § 69 Abs. 2 StGB getroffenen Bestimmung Fahrerlaubnisinhaber, die im Einzelnen bezeichnete Taten begangen haben:

aa) Trunkenheit im Verkehr

22 Damit sind alle in § 316 StGB bezeichneten Arten des Kraftfahrzeugführens in fahrunsicherem Zustand unter dem Einfluss von Alkohol oder anderen berauschenden Mitteln gemeint.

bb) Gefährdung des Straßenverkehrs

23 Sie ist nach § 315 c StGB gegeben, wenn jemand im Straßenverkehr
- ein Fahrzeug führt, obwohl er
- infolge des Genusses alkoholischer Getränke oder anderer berauschender Mittel oder
- infolge geistiger oder körperlicher Mängel nicht in der Lage ist, das Fahrzeug sicher zu führen oder
- grob verkehrswidrig und rücksichtslos eine der volkstümlich „sieben Todsünden" genannten besonders schweren Verkehrswidrigkeiten begeht und dadurch Leib oder Leben eines anderen oder fremde Sachen von bedeutendem Wert gefährdet.

cc) Unerlaubtes Entfernen vom Unfallort

24 Diese nach § 142 StGB strafbare Handlung gilt als Regelfall der Entziehung der Fahrerlaubnis allerdings nur dann, wenn der Täter weiß oder wissen kann, dass bei dem Unfall ein Mensch getötet oder nicht unerheblich verletzt worden oder an fremden Sachen bedeutender Schaden entstanden ist. Ein bedeutender Schaden in diesem

---

14 BGHSt 17, 218 = NJW 1962, 1211.
15 BGH StV 1992, 64 = VRS 82, 19 = zfs 1992, 30; OLG München NJW 1992, 2776.
16 OLG München NJW 1992, 2777.
17 Wegen möglicher Ausnahmen siehe unter § 12 Rn 32 ff.

Sinne wird gegenwärtig angenommen bei einer Schadenshöhe von mindestens 1.300 Euro[18] oder 1.500 Euro.[19]

dd) Vollrausch

Gemeint ist damit die nach § 323a StGB strafbare Berauschung, jedoch nur insoweit, als sie sich auf eine der vorgenannten drei Vergehen bezieht.

25

2. Begutachtungs-Leitlinien zur Kraftfahrereignung

Wesentliche Anhaltspunkte für die Präzisierung des Begriffs der Kraftfahreignung sind den Begutachtungs-Leitlinien zur Kraftfahrereignung[20] zu entnehmen. Diese Leitlinien sind entstanden durch **Zusammenführung** des **Gutachtens „Krankheit und Kraftverkehr"** des Gemeinsamen Beirats für Verkehrsmedizin beim Bundesminister für Verkehr und beim Bundesminister für Jugend, Familie und Gesundheit, das in 5. Auflage[21] schon den Titel Begutachtungs-Leitlinien trug, und dem **„Psychologischen Gutachten Kraftfahreignung",**[22] das von einer Kommission der Sektion Verkehrspsychologie im Berufsverband Deutscher Psychologen e.V. erstellt wurde.

26

a) Inhalt und Aufgabe

Dazu wird unter 2.4 u.a. mitgeteilt:

27

„Der Beirat hat es nicht als seine Aufgabe angesehen, den Versuch zu machen, **alle** vorkommenden Leistungseinschränkungen eines Menschen zu berücksichtigen und zu prüfen, ob die festgestellten Beeinträchtigungen ein stabiles oder bedingt stabiles Leistungsniveau gewährleisten oder u.U. zu einem plötzlichen Leistungszusammenbruch führen könnten. Es werden nur solche körperlich-geistigen (psychischen) Mängel in die Begutachtungs-Leitlinien einbezogen, deren Auswirkungen die Leistungsfähigkeit eines Kraftfahrers häufig längere Zeit beeinträchtigen oder aufheben. Für Schwächezustände durch akute, vorübergehende, sehr selten vorkommende oder nur kurzzeitig anhaltende Erkrankungen (grippale Infekte, akute infektiöse Magen-Darm-Störungen, aber auch Migräne, Heuschnupfen, Asthma etc.) ist es dem Verantwortungsbewusstsein jedes Verkehrsteilnehmers

---

18 LG Düsseldorf NZV 2003, 103; LG Braunschweig zfs 2005, 100; OLG Jena DAR 2005, 289; OLG Dresden DAR 2005, 459; LG Berlin DAR 2005, 467.
19 AG Saalfeld DAR 2005, 52 = VRS 107, 428.
20 *Bundesanstalt für Straßenwesen* [Hrsg.] (2000). Die für die Praxis wichtigen Kapitel über Alkohol (3.11), Betäubungsmittel und Arzneimittel (3.12), Straftaten (3.14) und Verstöße gegen verkehrsrechtliche Vorschriften (3.15) sind im Anhang unter Nr. 1 vollständig abgedruckt.
21 *Bundesministerium für Verkehr* [Hrsg.] (1996).
22 *G. Kroj* [Hrsg.] (1995).

§ 3 Eignung zum Führen von Kraftfahrzeugen

aufgegeben, durch kritische Selbstprüfung festzustellen, ob er unter den jeweils gegebenen Bedingungen noch am Straßenverkehr, insbesondere am motorisierten Straßenverkehr, teilnehmen kann oder nicht (siehe § 2 Abs. 1 der FeV).

Die Aufgabe der Begutachtungs-Leitlinien wird erfüllt mit der **Zusammenstellung eignungsausschließender und eignungseinschränkender körperlich-geistiger (psychischer) und charakterlicher Mängel** beim Fahrerlaubnisbewerber und Fahrerlaubnisinhaber. Es sind die ärztlichen und verkehrspsychologischen Erkenntnisse und Erfahrungen, die hier ihren Niederschlag finden und die in der Abstimmung mit der FeV die Praxis der Begutachtung des Einzelfalls erleichtern sollen. Da alle aufgeführten Beurteilungsleitsätze und -begründungen sehr eingehende Beratungen unter Einbeziehung aktueller Stellungnahmen aller relevanten medizinischen und psychologischen Fachgesellschaften sowie gutachterlicher Erfahrungen zur Grundlage haben, kann sich der Gutachter im Einzelfall auf diese Begutachtungs-Leitlinien beziehen und muss nicht jede gutachtliche Schlussfolgerung eingehend erläutern. Die Leitsätze der Begutachtungs-Leitlinien ersetzen noch nicht die Begründung des Gutachtens im Einzelfall. Es bleibt eine Aufgabe des Gutachters, den Mangel individuell zu interpretieren und so einen Bezug des Mangels zu den Begutachtungs-Leitlinien herzustellen. Wenn der Gutachter jedoch unter besonderen, von der Regel abweichenden Umständen des Einzelfalls ein Abweichen von den aufgeführten Beurteilungsleitsätzen für gerechtfertigt hält, muss er dieses Abweichen gesondert begründen."

b) Rechtliche Folgerungen

28 Auch Fahrerlaubnisbehörden und Verwaltungsgerichte haben sich an dem in den Begutachtungs-Leitlinien niedergelegten Sachverstand hinsichtlich geltender naturwissenschaftlicher Erkenntnisse zu orientieren.[23] So hat z.B. der **Bundesgerichtshof** in seinem letzten Grundsatzbeschluss zum Grenzwert alkoholbedingter absoluter Fahruntüchtigkeit eines Kraftfahrers vom 28.06.1990[24] (erneut) hinsichtlich medizinisch-naturwissenschaftlicher Erkenntnisse ausgeführt:

„Soweit diese in den maßgebenden Fachkreisen allgemein und zweifelsfrei als richtig anerkannt werden, sind sie für den Richter bindend (BGHSt 21, 157, 159; 24, 200, 203; 25, 246, 248; 30, 251, 252 f; 34, 133, 134; BGH NZV 1990, 157, 158)."

---

23 So z.B. für Verwaltungsgerichte VGH München 12.05.1997.
24 BGHSt 37, 89 = Blutalkohol 27 (1990), 370 = DAR 1990, 303 = NZV 1990, 357.

In den maßgebenden Fachkreisen allgemein und zweifelsfrei als richtig anerkannte naturwissenschaftliche Erkenntnisse können weder durch Gesetz oder Verordnung noch durch behördliche Anordnung außer Kraft gesetzt werden.

Unzulässig war deshalb, dass das Bundesministerium für Verkehr in einer Verlautbarung vom 15.12.1997[25] nach Anhörung der zuständigen obersten Landesbehörden anordnete, dass die 5. Auflage der Begutachtungs-Leitlinien nur mit einigen näher bezeichneten Maßgaben angewendet und der zweite Absatz in Kapitel 9.A sogar neu gefasst wird. Denn das Bundesministerium für Verkehr teilte dazu nicht mit, auf welche neuen Erkenntnisse es seine Maßgaben stützte. Inhaltlich handelte es sich bei der Anordnung darum, dass in den Begutachtungs-Leitlinien niedergelegte, in den maßgebenden Fachkreisen allgemein und zweifelsfrei als richtig anerkannte naturwissenschaftliche Erkenntnisse – aus welchen Gründen auch immer – einfach nicht angewandt werden sollten. Weder das Bundesministerium für Verkehr noch oberste Landesbehörden sind aber befugt, nach eigenem Gutdünken Eignungsstandards zu setzen. Vielmehr sind sie wie der Verordnungsgeber gebunden an die Vorgaben des Gesetzgebers in § 2 Abs. 4 S. 1 StVG, dass geeignet zum Führen von Kraftfahrzeugen ist, wer die notwendigen körperlichen und geistigen Anforderungen erfüllt und nicht erheblich oder nicht wiederholt gegen Strafgesetze verstoßen hat. Sollten die vom Bundesministerium für Verkehr für sachgerecht gehaltenen Eignungsstandards tatsächlich eingeführt werden, hätten sie vom Gesetzgeber beschlossen werden müssen – wobei selbst dieser das Willkürverbot zu beachten hätte und nicht als Eignungsmangel definieren dürfte, was auf der Grundlage medizinisch-wissenschaftlicher Erkenntnisse und gutachterlicher Erfahrung kein Eignungsmangel ist.

29

Denselben Bedenken begegnet, dass das Niedersächsische Ministerium für Wirtschaft, Technologie und Verkehr in einer „Arbeitsanweisung zur FeV"[26] Bestimmungen ausdrücklich abweichend von den Begutachtungs-Leitlinien trifft.[27]

c) Kommentar

Zur „weitergehenden fachlichen Absicherung" der von Medizinern und Psychologen gemeinsam erstellten neuen amtlichen Begutachtungs-Leitlinien zur Kraftfahreignung ist von *Schubert* et al.[28] ein Kommentar zu den Leitlinien veröffentlicht worden, der sich zur Aufgabe gemacht hat, „die im Leitlinientext enthaltenen fachwissenschaftlichen Auffassungen mit ihren wesentlichen Quellen darzustellen und näher zu erläutern". Zwölf Mediziner, vierzehn Psychologen und zwei Behördenvertreter kommentieren parallel zu den Ausführungen der Leitlinien die dort niedergelegten Grundsätze,

30

---

25 VkBl 1998, 30, ergänzt durch weitere Verlautbarung vom 27.01.1998 – VkBl 1998, S. 168.
26 Siehe unter § 1 Rn 53.
27 Siehe unter § 3 Rn 73.
28 *Schubert, W., Schneider, W.* et al. [Hrsg.] (2002).

ergänzen die Ausführungen und verweisen auf die neueren Entwicklungen der rechtlichen Grundsätze der Fahreignungsbegutachtung und der wissenschaftlichen Erkenntnisse der Medizin und Psychologie zur Fahreignungsbegutachtung. *Gehrmann*[29] nennt in seiner ausführlichen kritischen Würdigung den Kommentar ein „wissenschaftlich orientiertes Handbuch in Heftform DIN A 4" und betont, das Vorhaben, „eine nähere wissenschaftliche Orientierung durch eine allgemein verständliche, die Begutachtungs-Leitlinien zur Kraftfahreignung kommentierende Anleitung" zu gewinnen, sei „mit wissenschaftlicher Genauigkeit und großer Gründlichkeit gelöst".

Der Kommentar ergänzt die Leitlinien durch ausführlichere Diskussionen der Fahreignungsbegutachtungs- und -beurteilungsprobleme auf der Basis des gegenwärtigen Erkenntnisstandes und interpretiert die Grundsätze des medizinischen und psychologischen Vorgehens bei der Klärung der behördlichen Eignungsbedenken. Das in den Leitlinien nicht behandelte Thema der Qualitätssicherung ist im Kommentar ausführlich dargestellt.

In der 2. Auflage des Kommentars,[30] an der nunmehr 37 Autoren beteiligt waren, sind die kritischen Anmerkungen zu den Begutachtungs- Leitlinien aufgenommen und verarbeitet worden, insbesondere die Hinweise von *Gehrmann*[31] und von *Laub* und *Brenner-Hartmann*.[32]

3. Beurteilungskriterien

31 Um einheitliche Maßstäbe der Beurteilung der Fahreignung zu gewährleisten, sind Kriterien für die Definition von Eignungsvoraussetzungen, für die Beurteilungslogik und Nachvollziehbarkeit der gutachterlichen Entscheidung sowie für die Bewertung und Einordnung der jeweils erhobenen Befunde erforderlich.

Solche Maßstäbe sind seit 1961 vom Fachausschuss MPI der Vereinigung der Technischen Überwachungs-Vereine (VdTÜV) entwickelt und fortlaufend ergänzt worden. Die „Prüfgrundlagen zur Begutachtung der Eignung zum Führen von Kraftfahrzeugen in amtlich anerkannten medizinisch-psychologischen Untersuchungsstellen (MPU)" sind zuletzt als „**Leitfaden 2000**"[33] publiziert worden.

2003 haben die Deutsche Gesellschaft für Verkehrspsychologie e.V. (DGVP) und die Deutsche Gesellschaft für Verkehrsmedizin e.V. (DGVM) die Pflege und Fortentwick-

---

29 *Gehrmann, L.* (2002b).
30 *Schubert, W., Schneider, W. et al.* (2005).
31 *Gehrmann, L.* (2000).
32 *Laub, G. und Brenner-Hartmann, J.* (2001).
33 Siehe unter § 6 Rn 78.

lung dieser Arbeiten sowie die Herausgabe unter der Bezeichnung „**Beurteilungskriterien**" beschlossen. Ziel war es, „eine bundesweit einheitliche fachliche Verfahrensweise hinsichtlich der aus medizinischer, psychologischer und toxikologischer Sicht anzuwendenden Kriterien und Indikatoren bei der Begutachtung der Fahreignung zu fördern".[34]

2005 wurden die Beurteilungskriterien veröffentlicht.[35]

Nunmehr liegt „erstmals eine umfassende und in der Anwendung zunehmend benutzerfreundlich gestaltete Übersicht über alle Kriterien und Indikatoren in einem Band"[36] vor. Die Beurteilungskriterien sind nicht nur für die Begutachtung der Eignung zum Führen von Kraftfahrzeugen in amtlich anerkannten **medizinisch-psychologischen Untersuchungsstellen** „in Bezug auf die §§ 10, 13 und 14 der FeV, sondern auch für die Erstellung von **Facharztgutachten** entsprechend § 11 FeV – unter Berücksichtigung der Anlage 15 (zu § 11 Abs. 5) anwendbar". Ziel dieses Vorgehens ist es, einen „Beitrag zur Erhöhung der Einzelfallgerechtigkeit und der Rechtsgleichheit" zu leisten und die „Transparenz des Begutachtungsprozesses unter Berücksichtigung der Entlastungs- und Ressourcendiagnostik zu erhöhen".

Erstrebt wird u.a. die Überführung der Beurteilungskriterien in ein normatives Dokument, nämlich die Aufnahme in die Anforderungen an Träger von Begutachtungsstellen für Fahreignung der Bundesanstalt für Straßenwesen (BASt).[37]

Die Beurteilungskriterien enthalten Ausführungen zu folgenden Themen:

- Aufgaben der Diagnostik
- Beurteilungskriterien und Indikatoren
- Auswertung von Informationen und Befunden
- Unterschiedliche Qualitäten der Diagnostik
- Grundsätze der Gutachtenerstellung
- Hypothesen und Beurteilungskriterien bei Alkohol- und Verkehrsauffälligen
- Hypothesen und Beurteilungskriterien bei Drogenmissbrauch
- Chemisch-toxikologische Analysen
- Drogenschnelltest
- Literaturhinweise

32

Die Beurteilungskriterien dienen der Urteilsbildung in der medizinisch-psychologischen Fahreignungsdiagnostik. Sie enthalten Ausführungen zu den Rahmenbedingungen der Begutachtung, zu deren Grundlagen sowie den Grundsätzen. Beschrieben

33

---

34 *Schubert, W. und Mattern, R.* (2004).
35 *Schubert, W. und Mattern, R.* (2005).
36 *Schubert, W. und Mattern, R.* (2004).
37 Siehe unter § 6 Rn 108.

§ 3 Eignung zum Führen von Kraftfahrzeugen

werden u.a. die Hypothesen des Gutachters als Grundlagen der Untersuchung, die Auswahl der Untersuchungsmittel, die Untersuchungsplanung, die Auswertung der Befunde sowie ihre Interpretation. Ferner sind die Grundsätze der Gutachtengestaltung dargelegt, u.a. hinsichtlich der Nachvollziehbarkeit und Nachprüfbarkeit.

Den Hauptteil des Textes bilden einerseits die Hypothesen und Beurteilungskriterien bei Alkohol- und Verkehrsauffälligkeiten sowie bei Drogenmissbrauch, andererseits die Beschreibung der Indikatoren zu den Kriterien.

Die diagnostischen **Hypothesen** – z.B. über den Einfluss körperlicher und geistiger Faktoren auf das Verkehrsverhalten – bilden die Grundlagen, den Ausgangspunkt der Untersuchung.

Die **Beurteilungskriterien** dienen dazu, die Argumentationslast einer Entscheidung des Gutachters zu tragen.

Die **Indikatoren** stellen diagnostische Elemente dar, die eine Verbindung schaffen zwischen den ermittelten Sachverhalten in der Untersuchung und den Kriterien.

Z.B. sollen die Gutachter bei der Begutachtung von **verkehrsauffälligen Kraftfahrern ohne Alkohol- oder Drogenbeteiligung** von folgenden **vier Hypothesen** ausgehen:

- Der Klient verfügt mittlerweile über eine ausreichende Selbstkontrolle bei der Einhaltung von Verkehrsregeln (im Sinne ausreichender und realistischer Beobachtung und/oder Bewertung eigenen Verhaltens).
- Der Klient ist zur Einhaltung gesetzlicher Bestimmungen motiviert und in der Lage und/oder zeigt keine grundsätzlich antisoziale Einstellung.
- Der Klient weist keine eignungsausschließenden Beeinträchtigungen im medizinischen Bereich auf.
- Beim Klienten bestehen keine verkehrsrelevanten Beeinträchtigungen der geistigen und/oder psychisch-funktionalen Voraussetzungen.

16 Kriterien dienen dazu, die genannten Hypothesen zu verifizieren, z.B. zur Hypothese, der Klient ist zur Einhaltung gesetzlicher Bestimmungen motiviert und zeigt keine grundsätzlich antisozialen Einstellungen:

- Der Klient zeigt keine Störungen oder generelle Fehleinstellungen, die eine soziale Einordnung wahrscheinlich verhindern würde.
- Die Lebensverhältnisse des Klienten (berufliche, finanzielle oder soziale Bedingungen) haben sich so entscheidend positiv verändert, dass von ihnen jetzt eine stabilisierende Wirkung ausgeht.
- Die Veränderungen haben sich aus einem Problembewusstsein heraus (ggf. mit fachlicher Hilfe) vollzogen. Sie werden als zufriedenstellend erlebt und haben sich über einen ausreichend langen Zeitraum als stabil erwiesen.

Die **Indikatoren** zu den Kriterien sind diagnostisch bzw. prognostisch relevante Elemente – Befunde, Daten usw. –, die eine Verbindung bilden zwischen dem Sachverhalt, der in der Untersuchung ermittelt wurde und dem Kriterium. Der Gutachter unterscheidet Indikatoren, die prognostisch günstige Befunde spiegeln und Kontraindikatoren, die Befunde bezeichnen, die die Anforderungen des Kriteriums nicht erfüllen.

Für die Prüfung der Hypothese „die in der Untersuchung erhobenen Befunde sind zur Beantwortung der behördlichen Fragestellung im Sinne einer günstigen Verhaltensprognose verwertbar" werden **fünf Kriterien** genannt, denen **19 Indikatoren** und **20 Kontraindikatoren** zugeordnet sind.

Dies zeigt die geforderte umfassende Beachtung der Befunde und die Tendenz zu ihrer einheitlichen Operatonalisierung.

Die medizinischen Untersuchungsbefunde werden gemeinsam mit den psychologischen benutzt, um zu entscheiden, ob die Hypothesen der Untersuchung durch die jeweiligen Kriterien bestätigt werden. Zur Frage der Verwertbarkeit erhobener medizinischer Befunde im Sinne einer günstigen Verhaltensprognose, heißt es z.B. hinsichtlich **Alkoholauffälligkeiten**: „Die Angaben des Klienten zum Alkoholtrinkverhalten sind vereinbar mit den psychosomatischen Befunden".

Das beschriebene Verfahren zur Urteilsbildung in der medizinischen wie der psychologischen Fahreignungsdiagnostik macht zugleich deutlich, welche Hypothesen der Gutachter seinem Vorgehen zugrunde zu legen hat und welche Kriterien erfüllt sein müssen, um zu einem gesicherten Untersuchungsergebnis zu gelangen. Sein **Gutachten** ist somit sowohl von dem Untersuchten, ggf. von seinem Rechtsvertreter, von der das Gutachten anordnenden Instanz als auch von der Qualitätssicherung her **nachprüfbar**.

Von den derzeit eingesetzten standardisierten **Untersuchungsmethoden** werden die Verfahren beschrieben, die der chemisch-toxikologischen Analyse dienen. Wünschenswert wäre eine baldige Ergänzung, insbesondere hinsichtlich der verwendeten Persönlichkeitstests.[38] Ebenso ist eine Beschreibung der Hypothesen und Beurteilungskriterien bei der Untersuchung von Kraftfahrern nach Anlage 5 FeV[39] erforderlich.

---

38 Siehe unter § 7 Rn 295 ff.
39 Siehe unter § 7 Rn 302.

4. Rechtsprechung

34 Sowohl Verwaltungsgerichte als auch Strafgerichte haben allgemeine Regeln zur Auslegung des Begriffs der Kraftfahreignung entwickelt:

a) Verwaltungsrecht

35 Die insoweit maßgebenden Grundsätze hat der 7. Senat des **Bundesverwaltungsgerichts** im Anschluss an ein Urteil des 1. Senats[40] und unter Berufung auf zahlreiche seither ergangene eigene Entscheidungen zusammenfassend dargelegt.[41] Danach „beurteilt sich die Eignung zum Führen von Kraftfahrzeugen auf der Grundlage einer **umfassenden Würdigung der Gesamtpersönlichkeit des** Kraftfahrers, und zwar nach dem **Maßstab seiner Gefährlichkeit** für den öffentlichen Straßenverkehr. Dabei sind sämtliche im Einzelfall bedeutsamen Umstände heranzuziehen, die Aufschluss über die körperliche, geistige und charakterliche Eignung geben können."

aa) Beurteilungsmerkmale

36 Die Rechtsprechung hat besondere Schwierigkeiten mit der Beurteilung der Eignung unter dem Aspekt des von ihr so genannten „Charakters" und speziell der Alkoholauffälligkeit.

(1) Charakterliche Eignung

37 Insoweit kommt nach Ansicht des 7. Senats des Bundesverwaltungsgerichts eine Vielzahl von Tatsachen und persönlichen Merkmalen in Betracht, wie z.B.
- **Straftaten**, wobei Art, nähere Umstände und Anzahl der bereits begangenen verkehrsrechtlichen oder auch nichtverkehrsrechtlichen Straftaten zu würdigen sind,
- **Alter** sowie **persönliche** und **familiäre** Verhältnisse und etwaige
- **Alkohol-** oder **Drogenauffälligkeiten**.

38 Alkohol- und Drogenauffälligkeit muss allerdings nicht in jedem Fall auf charakterliche Mängel zurückgeführt werden. Sie kann auch auf krankhafter Sucht beruhen.[42] Der 7. Senat des Bundesverwaltungsgerichts spricht die Alkoholauffälligkeit allerdings nur als Spezialfall denkbarer Mängel charakterlicher Eignung an unter der weiter einengenden Bezeichnung

---

40 BVerwG 20.10.1955 – I C 156.53.
41 BVerwG 20.02.1987.
42 Siehe unter § 3 Rn 153 ff., 179 ff.

(2) Verkehrszuwiderhandlungen unter Alkoholeinfluss

Für deren Würdigung hält er für bedeutsam solche Umstände, die auf eine überdurchschnittliche Alkoholgewöhnung hindeuten, wie 39
- hohe Blutalkoholkonzentration,
- Alkoholfahrt bereits in den Tagesstunden oder
- Fehlen von Ausfallerscheinungen trotz starker Alkoholisierung.

bb) Auffallens- oder Rückfallwahrscheinlichkeit

Dieses Merkmal bestimmt im Wesentlichen den Maßstab der Gefährlichkeit des Kraftfahrers für den Straßenverkehr. Hierzu erklärt der 7. Senat des **Bundesverwaltungsgerichts**: „Angesichts des ordnungsrechtlichen Charakters der Vorschriften über die Erteilung und Entziehung der Fahrerlaubnis ist die Wahrscheinlichkeit, mit der ein Kraftfahrer erstmals oder erneut gegen straßenverkehrsrechtliche Vorschriften verstoßen wird, von wesentlichem Gewicht, soweit sich die individuelle Auffallens- oder Rückfallwahrscheinlichkeit aufgrund von Tatsachen hinreichend feststellen lässt. Mit Blick auf die Gefährlichkeit der unter Alkoholeinfluss begangenen Verkehrsdelikte gilt dies in besonderem Maße für das Rückfallrisiko bei einem wegen Trunkenheitsdelikten bereits vorbestraften Kraftfahrer." 40

b) Strafrecht

Der 3. Strafsenat des **Bundesgerichtshof** hat schon in einer seiner ersten Entscheidungen nach Einführung der Möglichkeit, die Fahrerlaubnis auch im Strafverfahren gemäß § 42m StGB (jetzt § 69 StGB) zu entziehen,[43] nämlich im Urteil vom 05.11.1953[44] – im Falle der Verurteilung wegen fahrlässiger Tötung in Tateinheit mit fahrlässiger Körperverletzung während Kraftfahrens mit einer Blutalkoholkonzentration von 1,8 ‰ – ähnliche Erwägungen angestellt. Auch er verlangt eine „**sorgfältige Abwägung der Gesamtumstände**". Dabei „ist – dem Wortlaut der Vorschrift entsprechend – von der zur Aburteilung stehenden **Tat** auszugehen, aus der sich der Eignungsmangel in erster Linie ergeben muss; sie enthält die maßgebenden Anhaltspunkte für den Eignungsmangel. Daneben müssen aber – jedenfalls im Regelfall – die **Gesamtpersönlichkeit des Täters**, seine bisherige einwandfreie **Fahrweise** oder **einschlägige Vorstrafen** und sonstige Umstände, die einen Schluss auf **mangelndes Verantwortungsbewusstsein im Verkehr** zulassen, zur Beurteilung herangezogen werden. 41

---

43 Siehe unter § 12.
44 BGHSt 5, 168 = NJW 1954, 159.

§ 3 Eignung zum Führen von Kraftfahrzeugen

42 Das schließt nicht aus, dass im Einzelfall die Tat so schwer wiegend ist und unmittelbar ein solches Maß mangelnden Verantwortungsbewusstseins beweist, dass es der Heranziehung weiterer Umstände nicht bedarf."

43 In gleichem Sinn hat kurz darauf der 1. Strafsenat des **Bundesgerichtshofs** im Urteil vom 25.02.1954[45] – im Falle der Verurteilung eines Kraftdroschkenfahrers wegen Notzucht im Auto – ausgesprochen, dass sich ein Straftäter dann als ungeeignet zum Führen von Kraftfahrzeugen erwiesen hat, „wenn von ihm nach sorgfältiger Prüfung des
- Tathergangs, seiner
- Persönlichkeit und
- Lebensführung

nicht erwartet werden kann, dass er gewillt und fähig ist, den Lockungen zu widerstehen und den besonderen Gefahren zu begegnen, die sich aus der Führung des Kraftwagens für ihn und die Allgemeinheit ergeben".

44 Daraus lässt sich im Umkehrschluss entnehmen, dass geeignet zum Führen von Kraftfahrzeugen nur ist, wer dabei keine Gefahr für die Allgemeinheit heraufbeschwört. Das hat schließlich der 3. Strafsenat des **Bundesgerichtshofs** im Urteil vom 14.12.1954[46] auch so ausgesprochen: „Die ‚Eignung' zum Führen von Kraftfahrzeugen hat nur jemand, der beim Fahren andere nicht gefährdet."

45 Feststellungen dazu weisen „ihrem Wesen nach nicht nur in die Vergangenheit, sondern auch in die Zukunft". Das spricht der Bundesgerichtshof in diesem Urteil für den Fall mangelnder Eignung zum Führen von Kraftfahrzeugen aus und fügt hinzu:

„Die urteilsmäßige Feststellung, der Angeklagte habe sich durch die ihm nachgewiesene Tat als ungeeignet zum Führen von Kraftfahrzeugen erwiesen, schließt demnach immer auch die Feststellung seiner fortbestehenden Ungeeignetheit und damit seiner künftigen Gefährlichkeit für die Rechtssicherheit ein."

II. Bedingte Eignung

46 Schon der Einteilung der Fahrerlaubnisse in bestimmte Klassen liegt zugrunde, dass für unterschiedliche Kraftfahrzeuge auch unterschiedliche Anforderungen an die Befähigung der Kraftfahrzeugführer gestellt werden. Das gilt ganz allgemein hinsichtlich der Eignung zum Führen von Kraftfahrzeugen.

---

45 NJW 1954, 1167.
46 BGHSt 7, 165 = NJW 1955, 557.

1. Rechtsvorschriften

Sie definieren den Begriff der bedingten Eignung nicht, sondern regeln nur die bei bedingter Eignung eintretenden Rechtsfolgen. 47

a) Straßenverkehrsgesetz

§ 2 Abs. 4 S. 2 StVG bestimmt: „Ist der Bewerber aufgrund körperlicher oder geistiger Mängel nur bedingt zum Führen von Kraftfahrzeugen geeignet, so erteilt die Fahrerlaubnisbehörde die Fahrerlaubnis mit Beschränkungen oder unter Auflagen, wenn dadurch das sichere Führen von Kraftfahrzeugen gewährleistet ist." 48

aa) Bedingte körperliche oder geistige Eignung

Nur darauf bezieht sich die gesetzliche Regelung. Das ist so auch vom Gesetzgeber gewollt. Die Bundesregierung hat in der Begründung zu ihrem Gesetzentwurf, in dem in § 2 Abs. 4 S. 2 StVG die Worte „aufgrund körperlicher oder geistiger Mängel" noch nicht enthalten waren, ausgeführt: „Fälle bedingter Eignung sind nur im Bereich der körperlichen und geistigen Eignung denkbar, etwa wenn es darum geht, bestimmte körperliche Mängel durch Anpassungen am Fahrzeug auszugleichen, nicht aber im Bereich der charakterlichen Eignung."[47] Der Bundesrat hat in seiner Stellungnahme dazu vorgeschlagen, im Interesse der Rechtsklarheit sollte die in der Begründung enthaltene Klarstellung in der Vorschrift selbst durch Einfügen der Worte „aufgrund körperlicher oder geistiger Mängel" erfolgen.[48] Diesem Vorschlag hat die Bundesregierung zugestimmt.[49] Der Bundestag hat ihn entsprechend der Beschlussempfehlung seines Ausschusses für Verkehr[50] in das Gesetz aufgenommen. 49

bb) Bedingte charakterliche Eignung

Tatsächlich sind aber Fälle bedingter Eignung auch im Bereich der charakterlichen Eignung denkbar. Eignung setzt nach der Definition in § 2 Abs. 4 S. 1 StVG neben körperlichen und geistigen Anforderungen voraus, dass der Kraftfahrer „nicht erheblich oder nicht wiederholt gegen verkehrsrechtliche Vorschriften oder gegen Strafgesetze verstoßen hat". Auch bei in solchen Rechtsverstößen zum Ausdruck kommenden charakterlichen Mängeln ist bedingte Eignung denkbar, der durch Einschränkungen der Fahrerlaubnis Rechnung getragen werden kann. Solchen Mängeln kann z.B. insbesondere bei alkoholauffälligen Kraftfahrern durch Auflagen zur „psychohygienischen 50

---

47 BR-Dr. 821/96, S. 67 = VkBl 1998, 788.
48 BT-Dr. 13/6914, S. 100.
49 BT-Dr. 13/6914, S. 116.
50 BT-Dr. 13/7888, S. 106.

§ 3 Eignung zum Führen von Kraftfahrzeugen

Führung" begegnet werden.[51] Durch verfassungskonforme Auslegung des § 2 Abs. 4 S. 2 StVG wird eine dem Maßgebot entsprechende Anerkennung auch bedingter charakterlicher Eignung erreicht werden können,[52] für die sich Ansatzpunkte bereits in der FeV finden lassen, wie gleich dargestellt wird.

b) Fahrerlaubnisverordnung

51 Sie bezeichnet Fälle bedingter Eignung dadurch, dass sie in ihrer Anlage 4 jeweils Beschränkungen oder Auflagen bei bedingter Eignung benennt.[53]

aa) Bedingte körperliche oder geistige Eignung

52 Für solche Fälle kommen nach der Anlage 4 der FeV in Betracht u.a. Beschränkungen auf bestimmte Fahrzeugarten, Umkreis- und Tageszeitbeschränkungen, ärztliche Betreuung, regelmäßige Kontrollen oder Nachuntersuchungen.

bb) Bedingte charakterliche Eignung

53 Die Möglichkeit bedingter charakterlicher Eignung ergibt sich aus der in Anlage 15 Nr. 1 Buchstabe f S. 6 der FeV aufgenommenen Vorschrift, nach der bei der Begutachtung alkohol- und drogenauffälliger Kraftfahrer das Gutachten empfehlen kann, eine günstige Prognose durch geeignete und angemessene Auflagen später zu überprüfen. Diese Vorschrift gilt nach Anlage 15 Nr. 1 Buchst. g S. 2 der FeV entsprechend für die Begutachtung von Kraftfahrern, die erheblich oder wiederholt gegen verkehrsrechtliche Vorschriften oder gegen Strafgesetze verstoßen haben.

54 Ein Erstbewerber um eine Fahrerlaubnis, dessen Eignung wegen Straftaten, die auf ein **erhebliches Aggressionspotenzial** hinweisen, infrage gestellt ist, kann als bedingt geeignet beurteilt werden, wenn die Ursachen der im jugendlichen Alter begangenen Delikte durch die zwischenzeitlich erkennbare Nachreifung der Persönlichkeit zwar nicht mehr als noch hochgradige Rückfallgefährdung angesehen werden müssen, aber ein positiv zu beurteilender Entwicklungsprozess weiterhin der Kontrolle bedarf.

55 Ebenso ist es sinnvoll, einen **wiederholt alkoholauffälligen** Bewerber um eine Fahrerlaubnis als bedingt geeignet zu beurteilen, der im Zusammenhang mit schwer wiegenden Problemen, ausgelöst durch Verlust der Arbeitsstelle, finanzielle Einbußen und damit verbundenen erheblichen Problemen die Kontrolle über sein Trink-Fahr-Verhalten zeitweilig verloren hat, zwischenzeitlich aber deutliche Stabilisierungstendenzen aufweist, u.a. ausgelöst durch den Erwerb einer neuen Arbeitsstelle und

---

51 Siehe unter § 7 Rn 333 f.; *Jagow, F.-J.* (1997).
52 So auch für Ausnahmefälle *Gehrmann, L.* in: *Berz, U.* und *Burmann, M.* [Hrsg.] (2002) Teil 18 C, Rn 8.
53 Siehe hierzu näher unter § 3 Rn 96 ff.

Eignung zum Führen von Kraftfahrzeugen § 3

Durchführung einer gemeinsam mit seiner Ehefrau begonnenen psychotherapeutischen Behandlung. Der weitere Verlauf der Stabilisierung der Persönlichkeit ist durch eine – oder ggf. auch mehrere – Nachuntersuchungen zu überprüfen.[54]

Wenn nach Alkoholmissbrauch die Wiederherstellung der Eignung durch Teilnahme an einem Rehabilitationskurs[55] möglich ist, sollte die Wiedererteilung der Fahrerlaubnis unter der Auflage einer Nachuntersuchung erfolgen. Die Kursteilnahme soll die bereits in der Begutachtung deutlich gewordene Einsicht in die Notwendigkeit einer Verhaltensänderung vertiefen und diese durch Vermittlung von Analysen und Beispielen systematisieren.

Welche Erfahrungen der Kursteilnehmer bei der praktischen Umsetzung seiner Verhaltensänderung im Umgang mit den Trink-Fahrproblemen nach Wiedererteilung der Fahrerlaubnis macht, kann in der Nachuntersuchung zur Sprache kommen, wobei ggf. fachliche Hilfen gegeben werden. Die Nachuntersuchung zeigt darüber hinaus, ob der betroffene Kraftfahrer durch eine selbstkritische Auseinandersetzung mit der eigenen Verkehrs- und Alkoholkonsum-Vorgeschichte – wie es die Begutachtungsleitlinien zur Kraftfahrereignung in Kapitel 3.11.1 fordern – zu einer systematischen und stabilen Verhaltensänderung gelangt ist.

Eine derartige Auflage dient einerseits der Überprüfung der Prognose, andererseits der Unterstützung des Prozesses der Wiederherstellung der Eignung im Sinne der Festigkeit gewandelter Einstellungen, wie *Jagow*[56] dies vorschlägt.

Regelmäßige Kontrollen sieht die Anlage 4 der FeV unter Nr. 9.5 auch für den Fall bedingter Eignung nach Entgiftung und Entwöhnung von **Betäubungsmitteln** sowie anderen **psychoaktiv wirkenden Stoffen** und **Arzneimitteln** vor. Durch diese Kontrollen soll ersichtlich festgestellt werden, ob der Fahrerlaubnisinhaber infolge mangelnder Charakterstärke wieder rückfällig geworden ist. 56

Die „charakterliche" Eignung ist wie die körperliche und geistige nicht als stabiles Merkmal eines Kraftfahrers zu sehen. Vielmehr handelt es sich um persönlichkeitsbedingte Eignungsqualitäten, die Veränderungen in positiver wie in negativer Hinsicht ausgesetzt sind. Wie körperliche so können auch charakterliche Eignungsdefizite durch therapeutische Maßnahmen positiv beeinflusst werden. Ebenso ist eine negative Veränderung möglich durch lebensgeschichtliche Ereignisse, die z.B. eine Labilisierung auslösen. Deshalb bedürfen derartige Mängel einer abgewogenen Beurteilung möglicher positiver Entwicklungen wie der Kontrolle evtl. negativer Veränderungen. 57

---

54 *Stephan, E. et al.* (2005) S. 149-150.
55 Siehe unter § 15 Rn 79 ff.
56 *Jagow, F.-J.* (1997).

§ 3 Eignung zum Führen von Kraftfahrzeugen

c) Strafgesetzbuch

58 Das StGB trägt bedingter Eignung zum Führen von Kraftfahrzeugen dadurch Rechnung, dass es für den Fall der Entziehung der Fahrerlaubnis in § 69a Abs. 2 die Möglichkeit vorsieht, von der dabei erforderlichen Festsetzung einer Sperrfrist für die Wiedererteilung einer Fahrerlaubnis bestimmte Arten von Kraftfahrzeugen auszunehmen.[57]

2. Rechtsprechung

59 Sowohl Verwaltungsgerichte als auch Strafgerichte haben sich insbesondere mit der Frage auseinandergesetzt, ob und unter welchen Umständen eine bedingte charakterliche Eignung angenommen werden kann.

a) Strafrecht

60 Nachdem Strafgerichten durch das (1.) Gesetz zur Sicherung des Straßenverkehrs vom 19.12.1952 mit dem damals eingeführten § 42m StGB die Kompetenz übertragen worden war, im Strafverfahren die Fahrerlaubnis zu entziehen, erkannten diese rasch, dass Eignung zum Führen von Kraftfahrzeugen in verschiedenen Situationen unterschiedlich sein kann.

So hielt etwa das AG Elze[58] einen Kraftfahrer, der nach Alkoholgenuss auf der Rückfahrt von einem Feuerwehrfest mit seinem Kraftrad in den Straßengraben geraten war, hinsichtlich des Kraftradfahrens für ungeeignet, aber hinsichtlich des als Landwirtssohn beruflich notwendigen Treckerfahrens für geeignet. Es stellte insoweit auf die unterschiedliche Situation der Verkehrsteilnahme ab: „Ein Trecker wird normalerweise wegen der Unhandlichkeit dieses Fahrzeugs nur tagsüber zu langsamen, Lasten bewegenden Fuhren benutzt, jedoch nicht zu abendlichen, mit Alkoholgenuss verbundenen Vergnügungsfahrten."

61 *Händel*[59] bezog sich auf diesen Fall und schilderte noch zwei weitere Beispiele: Der Sohn eines Metzgers, der als dessen einziger Gehilfe tätig ist, fährt den Lieferwagen des Geschäfts ordentlich und ohne Beanstandungen, während er in seiner Freizeit mit seinem Kraftrad ein ausgesprochener „Schrecken der Straße" ist, den auch eine lange Reihe von Bestrafungen nicht zu beeindrucken vermocht hat. Ein schwer kriegsbeschädigter Dachdeckermeister fährt tagsüber zwischen den Arbeitsstätten ohne

---

57 Siehe hierzu näher unter § 12 Rn 90 ff.
58 DAR 1953, 214.
59 NJW 1954, 139.

Anstände, neigt jedoch, wenn er nach Arbeitsschluss in den Abend- und Nachtstunden fährt, zu erheblichem Alkoholgenuss.

Dies würdigte *Händel* so: „In allen drei Fällen muss der Kraftfahrer unter gewissen Voraussetzungen als ‚ungeeignet' angesehen werden, während er unter – deutlich scheidbaren – anderen Verhältnissen durchaus einwandfrei ist."

b) Verwaltungsrecht

Das **Bundesverwaltungsgericht**[60] meinte allerdings, solche Fälle – insbesondere auch die von *Händel* erwähnten – würden eine Ausnahme bilden, weil das Werturteil über „Mängel in der sittlichen Persönlichkeit" nur einheitlich gefällt werden könne. 62

In einer späteren Entscheidung[61] hat das **Bundesverwaltungsgericht** klargestellt, es habe in der vorzitierten Entscheidung lediglich den Rechtssatz aufgestellt, die Fahrerlaubnis könne „in der Regel" nicht lediglich teilweise entzogen werden, wenn die mangelnde Eignung zum Führen von Kraftfahrzeugen auf charakterlichen Mängeln beruhe. Es beanstandet nicht die in dem von ihm zu prüfenden Urteil des Berufungsgerichts angestellte Erwägung, die dem Kläger zur Last gelegten Rechtsverstöße begründeten zwar Zweifel an seiner Fahreignung, gleichwohl sei aber der Entzug der Fahrerlaubnis der Fahrzeugklasse 3 unverhältnismäßig, weil beim Kläger besondere Umstände des Einzelfalls gegeben seien, die es ausnahmsweise zuließen, seine Eignung bezüglich der Fahrzeugklasse 3 positiv, hinsichtlich der Fahrzeugklasse 2 hingegen negativ zu beurteilen. Denn die zitierte Entscheidung des Bundesverwaltungsgerichts schließe eine Ausnahme von der darin erwähnten „Regel" für solche Sonderfälle nicht aus.

Überdies hat das **Bundesverwaltungsgericht** in einer anderen Entscheidung[62] ausgeführt, dass der Unterscheidung zwischen körperlichen, geistigen und charakterlichen Mängeln keine grundsätzliche Bedeutung zukomme und darauf hingewiesen, dass es den Begriff der geistigen Mängel stets weit – auch Anlagen des geistig-seelischen Bereichs umfassend – ausgelegt habe: Bei der von ihm für die Feststellung der Kraftfahreignung stets als erforderlich erachteten umfassenden Würdigung aller einzelnen Umstände, die für die Beurteilung der Gesamtpersönlichkeit von Bedeutung sein können, stelle sich das Fehlen der Eignung in charakterlicher Hinsicht als Ergebnis einer Wertung dar. 63

---

60 BVerwG 12.01.1962.
61 BVerwG 08.11.1995.
62 BVerwG 20.12.1963 – VII C 103.62.

III. Elemente der Eignung

64 Die Durchmusterung der Rechtsvorschriften zur vollen und bedingten Kraftfahreignung sowie der sie betreffenden Rechtsprechung ermöglicht eine grobe Einteilung der für die Beurteilung der Eignung zum Führen von Kraftfahrzeugen bedeutsamen Umstände:

1. Körperliche Eignungsqualitäten

65 Körperliche Eignungsqualitäten sind insbesondere solche, die erlauben, einerseits visuelle Wahrnehmungsprozesse und intellektuelle Urteilsprozesse durchzuführen, andererseits die daraus entstandenen kognitiven Entscheidungen umzusetzen in Bewegungsprozesse mit dem technischen Gerät Kraftfahrzeug. Diese Qualitäten müssen auch unter belastenden Bedingungen, wie sie bei der Teilnahme am motorisierten Straßenverkehr auftreten, verfügbar sein. Körperliche Eignung zum Führen von Kraftfahrzeugen ist nicht identisch mit „Gesundsein" oder „körperlichem Unversehrtsein". Körperliche Eignung zum Führen von Kraftfahrzeugen bedeutet, dass die körperlichen Voraussetzungen zum sicheren Führen von Kraftfahrzeugen unter Berücksichtigung der sonstigen Eignungsqualitäten bei Antritt einer Fahrt vorliegen und bis zu ihrer Beendigung bestehen.

Grundsätze der Beurteilung körperlicher Qualitäten, wie sie in Anlage 4 und 6 FeV aufgeführt sind, werden in den Begutachtungs-Leitlinien zur Kraftfahrereignung dargelegt und im Kommentar zu den Leitlinien differenziert kommentiert.

2. Psychophysische Eignungsqualitäten

66 Psychophysische Qualitäten, die ein sicheres Fahrverhalten ermöglichen, sind in erster Linie Fähigkeiten, wesentliche Einzelheiten des Fahrumfeldes – auch wenn sie in der Peripherie des Wahrnehmungsfeldes erscheinen – visuell so rasch wie möglich zu erfassen, auch unter Monotonie konstante Aufmerksamkeitsleistungen zu erbringen, die visuellen Reize aufmerksam rasch kognitiv zu verarbeiten, schnelle und fehlerfreie Entscheidungen zu treffen, sie umzusetzen in schnelle und richtige Reaktionen und auch unter Stressbedingungen über eine ausreichende Reaktionskapazität zu verfügen.

67 Dementsprechend fordern die Begutachtungs-Leitlinien zur Kraftfahrereignung (unter 2.5) ausreichende Qualitäten
- der optischen Information im Hinblick auf eine ausreichend schnelle und sichere Wahrnehmung der verkehrsrelevanten Daten,

- der Zielorientierung im optischen Umfeld des Verkehrsraumes, um zu verhindern, dass durch unsicheres oder zu langsames Erfassen der konkreten Verkehrssituation eine Gefährdung entsteht,
- der Konzentrationsfähigkeit, die so ausgeprägt sein muss, dass die jeweils anstehende Fahraufgabe nicht durch Abgelenktsein oder Fehldeutung verkannt oder fehlerhaft gelöst wird,
- der Aufmerksamkeitsverteilung, die das Erfassen aller für den Kraftfahrer bedeutsamen Informationen auch bei raschem Situationswechsel oder nach einer Phase der Monotonie gewährleisten muss,
- der Aufmerksamkeitsbelastbarkeit, die so ausgeprägt sein muss, dass auch unter Stress oder länger andauernder Beanspruchung es nicht zu fehlerhaften Wahrnehmungen, falschen Interpretationen oder Reaktionen kommt,
- der Reaktionsschnelligkeit, die gewährleisten muss, dass die notwendigen motorischen Reaktionen nicht zu spät einsetzen oder stark verzögert ausgeführt werden,
- der Reaktionssicherheit, von der erwartet wird, dass die Reaktionen des Kraftfahrers nicht unsicher, vorschnell oder situationsunangemessen erfolgen bzw. unpräzise oder überhastet ausgeführt werden und
- der Ausgewogenheit zwischen Schnelligkeit und Sorgfaltsleistung der psychofunktionalen Leistungen.

In welchem Umfang die genannten psychophysischen Qualitäten vorhanden sein müssen, um ein sicheres Fahrverhalten zu gewährleisten, ist abhängig von den Anforderungen, die sich aus der Art der beabsichtigten Verkehrsteilnahme – mit dem Motorrad, dem Pkw, dem Lkw, dem Taxi, dem Omnibus – ergeben, wie dies die Begutachtungs-Leitlinien zur Kraftfahreignung erläutern und der Kommentar näher begründet. Sie werden beeinflusst durch die jeweiligen Veränderungen der technischen, ökonomischen und juristischen Bedingungen der motorisierten Verkehrsteilnahme sowie aus dem Stellenwert, den die psychophysischen Qualitäten im Gesamt der Eignungsvoraussetzungen erreichen: Ein Einäugiger bedarf z.B. anderer Qualitäten hinsichtlich der peripheren visuellen Wahrnehmung als ein beidäugig Sehender. 68

Ebenso wie das Vorhandensein aller erforderlicher körperlicher Eignungsqualitäten sicheres Fahren nicht gewährleistet, kann nicht davon ausgegangen werden, dass Kraftfahrer mit voll verfügbaren psychophysischen Qualitäten sicher am motorisierten Straßenverkehr teilnehmen. Eine Langzeitbewährungsstudie ergab hierzu Folgendes: Personen, die in diesen Tests gute Ergebnisse hatten, waren in der überwiegenden Mehrzahl durch eine überdurchschnittliche Zahl von Verkehrsdelikten in den späteren Jahren gekennzeichnet.[63] 69

---

63 *Undeutsch, U.* (1981).

§ 3 Eignung zum Führen von Kraftfahrzeugen

70 Diese Feststellung charakterisiert deutlich das **Wesen von Eignungsqualitäten zum sicheren Führen von Kraftfahrzeugen:**

Es handelt sich bei ihnen nicht um absolute, sondern um relative Größen, die jeweils in ihrer Gesamtheit und ihren gegenseitigen Beziehungen gesehen und beurteilt werden müssen, sofern nicht unabdingbare Mindestwerte unterschritten sind. Dem tragen die Begutachtungs-Leitlinien zur Kraftfahreignung (unter 2.5) Rechnung:

a) Prozentränge

71 Die Begutachtungs-Leitlinien verlangen grundsätzlich, dass bei Leistungstests[64] ein bestimmter Prozentrang erreicht oder überschritten sein muss, der aussagt, wie viele Personen einer vergleichbaren Stichprobe schlechtere Leistungen erzielen als der Untersuchte; der Prozentrang für die bestmögliche Leistung ist 100, für die geringste Leistung 0; ein Prozentrang von 70 bedeutet z.B.: 30 % sind besser und 70 % sind schlechter.[65]

72 Der in den Begutachtungs-Leitlinien (unter 1.3) vorgenommenen Zuordnung von Fahrerlaubnisklassen entsprechend wird für Führer von Fahrzeugen der Gruppe 1 (A, A1, B, BE, M, L und T) ein Prozentrang von mindestens 16 verlangt. Für Führer von Fahrzeugen der Gruppe 2 (Fahrer von Lkw und Bussen sowie Fahrzeugen bei der Fahrgastbeförderung) gilt die erhöhte Anforderung, dass in der Mehrzahl der eingesetzten Verfahren der Prozentrang 33 – gemessen an altersunabhängigen Normwerten – erreicht oder überschritten werden muss, dass aber der Prozentrang 16 in den relevanten Verfahren ausnahmslos erreicht sein muss.

73 Die letztgenannte erhöhte Anforderung soll in Niedersachsen bei Feststellung der an Fahrer von Bussen sowie Fahrzeugen bei der Fahrgastbeförderung nach Nr. 2 der Anlage 5 der FeV zu erfüllenden besonderen Anforderungen[66] nur bei der Ersterteilung entsprechender Fahrerlaubnisse gelten, während bei der Verlängerung solcher Fahrerlaubnisse der Prozentrang 16 in allen eingesetzten Verfahren genügen soll.[67] Diese ausdrücklich abweichend von den Begutachtungs-Leitlinien getroffene Regelung ist rechtswidrig.[68] Denn es ist nicht davon auszugehen, dass das Niedersächsische Ministerium für Wirtschaft, Technologie und Verkehr über Erkenntnisse verfügt, die den in den Begutachtungs-Leitlinien niedergelegten, in den maßgebenden Fachkreisen allgemein und zweifelsfrei als richtig anerkannten naturwissenschaftlichen Erkennt-

---

64 Siehe unter § 7 Rn 295 ff.
65 Fußnote 1 zu 2.5 der Begutachtungs-Leitlinien zur Kraftfahreignung.
66 Siehe unter § 5 Rn 24.
67 Arbeitsanweisung (siehe unter § 1 Rn 53) zu § 11 FeV Nr. 8.1.
68 Siehe unter § 3 Rn 29 f.

nissen widersprechen; jedenfalls sind solche neuen Erkenntnisse weder dargelegt noch sonst ersichtlich.

b) Kompensationsmöglichkeiten

Nach den Begutachtungs-Leitlinien können Zweifel an der Kraftfahreignung auch trotz Unterschreiten der angegebenen Prozentränge ausnahmsweise bei Vorliegen bestimmter näher bezeichneter Umstände ausgeräumt werden. 74

Solche Kompensationen sollen in Niedersachsen bei Feststellung der an Fahrer von Bussen sowie Fahrzeugen bei der Fahrgastbeförderung nach Satz 2 der Anlage 5 der FeV zu erfüllenden besonderen Anforderungen[69] nur bei Verlängerungen entsprechender Fahrerlaubnisse möglich sein.[70] Auch diese ausdrücklich abweichend von den Begutachtungs-Leitlinien getroffene Regelung ist aus den eben zu a) am Ende dargelegten Gründen rechtswidrig.

3. Intellektuelle Eignungsqualitäten

Intellektuelle Eignungsqualitäten sind erforderlich, um einerseits die notwendigen Lernprozesse beim Erwerb der Kenntnisse über Verkehrsvorschriften, Gefahrenabwehr und Fahrzeugbedienung zu ermöglichen, andererseits, um Konzentration und Aufmerksamkeit bei den kognitiven Prozessen der Informationsaufnahme und -verarbeitung visueller Reize zu gewährleisten. Schließlich benötigen wir intellektuelle Fähigkeiten, um insbesondere bei kritischen Situationen im Straßenverkehr richtige Urteile zu fällen. Darüber hinaus benötigt der sichere Kraftfahrer **intellektuelle Fähigkeiten zur Selbstbeobachtung, Selbstbeurteilung und Selbstkontrolle.** 75

Die hier notwendigen Qualitäten zeigen sich unter anderem im Bereich der nonverbalen Intelligenz und der Konzentrationsfähigkeit, aber auch bei der kognitiven Verarbeitung visueller Reize. 76

Auch hierbei ist der Stellenwert der intellektuellen Fähigkeiten im Gesamt der Eignungsqualitäten zu beachten, worauf im Kommentar zu den Begutachtungs-Leitlinien[71] ausführlich hingewiesen wird: Grobe Minderleistungen schließen zwar die Fahreignung aus, indessen ist weder eine über- noch eine unterdurchschnittliche Intelligenz ohne Bezug zu den anderen Fahreignungsqualitäten angemessen zu beurteilen. Bei wiederholt alkoholauffälligen Kraftfahrern zeigte sich z.B., dass Probanden mit 77

---

69 Siehe unter § 5 Rn 24.
70 Arbeitsanweisung (siehe unter § 1 Rn 53) zu § 11 FeV Nr. 8.2.
71 *Schubert, W., Schneider, W. et al.* [Hrsg.] (2005) S. 204 ff.

über- oder aber unterdurchschnittlicher Intelligenz (IQ unter 80 bzw. über 110) höhere Rückfallquoten aufweisen als durchschnittlich intelligente Probanden.[72]

4. Persönlichkeitsfaktoren

78 Unter den Qualitäten, die ein sicheres Fahren gewährleisten, nehmen die Persönlichkeitsfaktoren eine bevorzugte Stellung ein. Das hängt mit dem Charakter des Kraftfahrens als einer sozialen Interaktion einerseits und mit dem hohen Stellenwert des verantwortlichen Handelns als Voraussetzung einer risikoarmen, angepassten Form des Fahrverhaltens andererseits zusammen.

79 Um die Gefährlichkeit des Kraftfahrens zu minimieren und die zwischenmenschlichen Interaktionen im motorisierten Straßenverkehr zu optimieren, bedarf es einer Reihe persönlichkeitsbezogener Dispositionen. Dazu gehören insbesondere
- Bereitschaft zur selbstkritischen Verhaltensbeobachtung und -kontrolle,
- Beherrschung des Stimmungs- und Affektlebens, auch unter belastenden, frustrierenden Erlebnissen,
- Sensibilität und Toleranz gegenüber Fehlverhalten Dritter,
- Unterdrückung egozentrischer Selbstdurchsetzung zugunsten sozialer Anpassung und
- Fähigkeit, Strategien zur Vermeidung riskanten Verhaltens durchzusetzen.

80 Die Ausprägung derartiger Persönlichkeitsmerkmale wird in der Regel deutlich beim Auftreten von Fehlverhaltensweisen: Bei der Analyse ihrer Ursachen zeigen sich im Persönlichkeitsbereich des auffällig gewordenen Kraftfahrers die negative Ausprägung der genannten Dispositionen, z.B. ein Mangel an kritischer Selbstbeobachtung und -kontrolle, eine Tendenz zur egozentrischen Selbstdurchsetzung, emotionale Labilität usw. Sie führen zu einer extremen Steigerung der Gefährlichkeit des betreffenden Kraftfahrers, der sich unter den gegebenen Risikobedingungen des gegenwärtigen Straßenverkehrs nicht risikoarm verhalten kann.

81 Persönlichkeitsmerkmale, die als Voraussetzungen der geforderten Eignung und Befähigung zum Führen von Kraftfahrzeugen notwendig sind, charakterisieren das Bild des verantwortungsbewussten und zuverlässigen Fahrers.

82 Sie sind von entscheidender Bedeutung für die Herabsetzung der Gefährdung, die bei der gegenwärtigen Verkehrsdichte und -schnelligkeit automatisch von dem Führer eines Kraftfahrzeuges ausgeht. Während früher das Verkehrsverhalten primär als ein „Leistungsverhalten" angesehen wurde, hat es sich in der Zwischenzeit zu einem

---

72 *Luff K., Heiser, H; Lutz, F. U.* und *Schweer, T. H.* (1988).

„Risikoverhalten" entwickelt.[73] Daraus folgt zwangsläufig die Notwendigkeit, diesbezügliche Persönlichkeitsmerkmale als Bestandteile der Fahreignung zu definieren, bei Fehlverhaltensweisen zu kontrollieren wie weit sie vorliegen oder beeinträchtigt sind und sie ggf. in geeigneter Weise zu korrigieren. Zu Recht fordert *Schmidt*[74] ein neues Leitbild für den sicherheitsbewussten Autofahrer.

5. Persönliche Zuverlässigkeit

Bewerber um eine Fahrerlaubnis für Omnibusse (Klasse D und D1) sowie zur Fahrgastbeförderung müssen – entsprechend der bis zum 31.12.1998 geltenden Regelung in § 15 e Abs. 1 S. 1 Nr. 2 StVZO a.F. – persönlich zuverlässig sein, nämlich Gewähr dafür bieten, dass sie der besonderen Verantwortung bei der Beförderung von Fahrgästen gerecht werden (§§ 11 Abs. 1 S. 4, 48 Abs. 4 Nr. 2 FeV). 83

Nach der von der Bundesregierung in der Begründung zum Entwurf der Änderungen des StVG zum Ausdruck gebrachten Auffassung fällt unter den Begriff der Eignung auch die persönliche Zuverlässigkeit als Ausdruck eines gesteigerten Maßes an charakterlicher Eignung.[75] Dementsprechend ist die Vorschrift, nach der Bewerber um die Fahrerlaubnis der Klasse D oder D1 auch die Gewähr dafür bieten müssen, dass sie der **besonderen Verantwortung bei der Beförderung von Fahrgästen** gerecht werden, eingereiht in die Bestimmungen über die Eignung (§ 11 Abs. 1 S. 4 FeV).

Demgegenüber ging die **Rechtsprechung zu § 15e Abs. 1 S. 1 Nr. 2 StVZO a.F.**, der etwas undifferenzierter nur voraussetzte, dass beim Bewerber um eine Fahrerlaubnis zur Fahrgastbeförderung „keine Bedenken gegen seine persönliche Zuverlässigkeit bestehen", davon aus, dass die persönliche Zuverlässigkeit im Sinne dieser Vorschrift ein von der Eignung zum Führen von Kraftfahrzeugen unabhängiges, gerade auf die auszuübende Fahrgastbeförderung bezogenes Erfordernis eigener Art sei und nicht etwa eine Steigerung der allgemeinen Eignung zum Führen von Kraftfahrzeugen.[76] 84

Inhaltlich dürfte sich durch die neuen Vorschriften der FeV nichts geändert haben. Nach wie vor sind bei der erforderlichen Beurteilung der persönlichen Zuverlässigkeit, bei welcher die Gesamtpersönlichkeit des Fahrerlaubnisinhabers zu würdigen ist, nicht nur Handlungen, welche spezifischen Bezug zum Verhältnis Fahrerlaubnisinhaber/Fahrgast aufweisen, zu berücksichtigen. 85

---

73 *Klebelsberg, D.* (1988).
74 *Schmidt, L.* (1988).
75 BR-Dr. 821/96, S. 67 f. = VkBl 1998, 789.
76 OVG Münster 25.08.1998; OVG Lüneburg 09.10.1998.

§ 3 Eignung zum Führen von Kraftfahrzeugen

86 Nach Ansicht des **Niedersächsischen Oberverwaltungsgerichts**[77] kommen bei Beantwortung der Frage, ob der Inhaber der Erlaubnis zur Fahrgastbeförderung zuverlässig ist, in erster Linie **verkehrsbezogene Handlungen** (namentlich Straftaten und Ordnungswidrigkeiten) in Betracht: Die Berücksichtigung gewichtiger Verkehrsverstöße (hier: erhebliche Geschwindigkeitsüberschreitungen) für die Zuverlässigkeitsbeurteilung hängt auch nicht davon ab, dass es zu konkreten Gefährdungen oder gar Schäden (Unfällen mit Personenschäden unter den Fahrgästen) gekommen ist. Bei der Gewichtung von Verkehrsverstößen ist eine überdurchschnittlich hohe jährliche Fahrleistung nicht zu berücksichtigen (kein „Vielfahrerbonus"). Auch fahrlässig begangene Verkehrsordnungswidrigkeiten können jedenfalls dann, wenn sie nicht nur vereinzelt vorkommen, hinreichende Bedenken gegen die persönliche Zuverlässigkeit begründen.

87 Das **Bundesverwaltungsgericht**[78] billigt, dass zur Beurteilung der Zuverlässigkeit nach § 15e Abs. 1 S. 1 Nr. 2 StVZO auch **nichtverkehrsrechtliche Straftaten** herangezogen werden, in dem von ihm entschiedenen Fall zwei Verurteilungen wegen gefährlicher Körperverletzung.

88 Eine **einmalige Bestrafung wegen Hausfriedensbruchs** im Zusammenhang mit einer Hausbesetzung lässt aber nach Ansicht des **Verwaltungsgerichtshofs Baden-Württemberg**[79] nicht ohne weiteres auf Charaktereigenschaften schließen, die sich im Falle der Personenbeförderung zum Schaden der Allgemeinheit oder der Fahrgäste auswirken können.

89 Nach Auffassung des **Oberverwaltungsgerichts für das Land Nordrhein-Westfalen**[80] wurde das Erfordernis des Nichtbestehens von Bedenken gegen die persönliche Zuverlässigkeit nicht aufgestellt, um die Fahrgäste vor Unfällen zu schützen: Die persönliche Zuverlässigkeit betrifft vielmehr das **besondere Vertrauensverhältnis** zwischen dem Taxi- bzw. Mietwagenfahrer und seinen Fahrgästen in Bezug auf deren ordnungsgemäße Beförderung. Sie ist erforderlich, weil Taxifahrer vielfach gerade von Fahrgästen in Anspruch genommen werden, die verstärkt Gefährdungen ausgesetzt oder aus sonstigen Gründen auf Hilfe angewiesen sind, z.B. infolge Alters, Krankheit, Gebrechlichkeit, Trunkenheit oder Ortsfremdheit. Auf die Beförderung durch zuverlässige Taxifahrer angewiesen sind Fahrgäste auch zur Nachtzeit oder wenn aus sonstigen Gründen andere Beförderungsmöglichkeiten nicht zur Verfügung stehen. Bei Würdigung der Gesamtpersönlichkeit des Betroffenen anhand aller bekannten verwertbaren Straftaten und Ordnungswidrigkeiten verkehrsrechtlicher und nichtverkehrsrechtlicher Art sowie sonstiger aktenkundig gewordener Vorkommnisse fand das

---

77 OVG Lüneburg 09.10.1998.
78 BVerwG 19.03.1986.
79 VGH Mannheim 17.04.1989.
80 OVG Münster 02.06.1992.

Oberverwaltungsgericht keine Bedenken gegen die persönliche Zuverlässigkeit des Antragstellers trotz der von ihm begangenen vier Verstöße gegen Parkverbotsvorschriften, drei Geschwindigkeitsüberschreitungen sowie einem Rotlichtverstoß, weil dies keinen Anlass zu der Annahme gibt, der Antragsteller könne das besondere Vertrauen seiner Fahrgäste missbrauchen, ihr Eigentum antasten, ihnen die erforderliche Hilfe verweigern oder sich auf ungerechtfertigte Auseinandersetzungen mit ihnen einlassen. Aus diesen Verstößen lässt sich auch noch kein allgemeiner Hang zur Missachtung von Rechtsvorschriften herleiten – im entschiedenen Fall vor allem deshalb, weil der Antragsteller bereits seit vielen Jahren als Taxifahrer tätig gewesen ist und Vorkommnisse, die das besondere Vertrauensverhältnis zwischen ihm und seinen Fahrgästen betreffen, jedenfalls in den letzten Jahren nicht aktenkundig geworden sind.

Nach Ansicht des **Bayerischen Verwaltungsgerichtshofs**[81] ist die Fahrerlaubnis zur Fahrgastbeförderung nicht erst dann zu entziehen, wenn keinerlei vernünftige Zweifel an der Unzuverlässigkeit des Inhabers bestehen, diese somit als erwiesen anzusehen ist, sondern bereits dann, wenn Umstände vorliegen, die nach ihrer Anzahl die Befürchtung rechtfertigen, der Inhaber könnte die besonderen Sorgfaltspflichten, die ihm bei der Beförderung ihm anvertrauter Personen obliegen, (zukünftig) missachten.

90

Für die **Anwendung der §§ 11 Abs. 1 S. 4, 48 Abs. 4 Nr. 2 FeV** setzt das **Oberverwaltungsgericht des Saarlandes**[82] diese Rechtsprechung fort und bejaht Mängel der persönlichen (charakterlichen) Zuverlässigkeit eines Taxifahrers wegen am 07.03.2001 und 02.01.2002 bei Ausübung seiner Tätigkeit als Taxifahrer gezeigten strafbaren Verhaltens, das zur rechtskräftigen Verurteilung zu einer Gesamtfreiheitsstrafe von sieben Monaten und einem Fahrverbot von zwei Monaten geführt hat.

91

6. Mindestalter

Voraussetzung für die Erteilung einer Fahrerlaubnis ist u.a., dass der Bewerber das erforderliche Mindestalter erreicht hat (§ 2 Abs. 2 S. 1 Nr. 2 StVG). § 10 FeV benennt für den Erwerb einer Fahrerlaubnis verschiedener Fahrzeugklassen bestimmte Altersstufen von 15, 16, 17, 18, 21 und 25 Jahren.

92

Damit sind Eignungsvoraussetzungen gefordert, die an einen – nicht näher definierten – körperlichen, geistigen und persönlichkeitsspezifischen Entwicklungsstand gebunden sind.

Empirische Daten, die belegen, dass die genannten Altersstufen zumindest „in der Regel" die erforderlichen Eignungsqualitäten gewährleisten, liegen nicht vor. In den

---

81 VGH München 15.07.1991.
82 OVG Saarlouis 22.06.2004.

verschiedenen Ländern sind dementsprechend auch sehr unterschiedliche Mindestaltersgrenzen für den Erwerb einer Fahrerlaubnis festgelegt, in den USA z.B. erteilen die 53 Staaten die Fahrerlaubnis für die gleiche Fahrzeugklasse in einer Mindestaltersspanne von 14 bis 18 Jahren. „Die Altersgrenzen in den Verwaltungsvorschriften entstammen vornehmlich vorwissenschaftlichen Auffassungen über die Beziehungen von Lebensalter und Leistungsfähigkeit wie sie seit den Gesetzen Solons in fast allen Rechtsverordnungen verankert und meist auf die vermutlich dem Mythos entstammende Siebenjahresperiodik zurückzuführen sind."[83]

93 Hinzu kommt, dass das kalendarische Lebensalter nicht identisch ist mit dem jeweils individuellen Entwicklungsstand, so dass bei gleichem Lebensalter höchst unterschiedliche körperliche und seelisch-geistige Eignungsvoraussetzungen vorliegen können: Einerseits aufgrund einer Reifeverzögerung, andererseits aufgrund einer Reifebeschleunigung.

Deshalb können **Ausnahmen von der Mindestaltersregelung** gestattet werden.[84]

94 Voraussetzung einer Ausnahme ist das Fehlen von verkehrsrelevanten Eignungsmängeln im körperlichen und seelisch-geistigen Bereich einerseits und das Vorliegen von Eignungsqualitäten, die den Bewerber bereits vor Erreichen des Mindestalters als ausreichend gereift zum Führen von Kraftfahrzeugen der beantragten Klasse erscheinen lassen.

Deshalb fordern die Begutachtungs-Leitlinien zur Kraftfahrereignung (unter 3.18) auch persönlichkeitsspezifische Qualitäten für eine Ausnahmeregelung, z.B. Einsicht in die Notwendigkeit sozialer Normen, mittel- oder langfristige realistische Zielsetzungen in der Lebensplanung, wie sie dem Entwicklungsstand eines Heranwachsenden entsprechen, sowie das Fehlen von Risikofaktoren wie sie aus der bisherigen Entwicklung, z.B. dem bisherigen Verhalten als Verkehrsteilnehmer, sowie aus der gegenwärtigen Lebenssituation – z.B. Beruf, Schule, Freizeitgestaltung – ableitbar sind.

95 Die diesbezüglichen Forderungen sind abgeleitet aus den Untersuchungen rückfallbegünstigender Risikofaktoren bei jungen Verkehrsteilnehmern.[85]

---

83 *Winkler, W.* (1965).
84 Siehe unter § 2 Rn 68 ff.
85 *Schulze, H.* (1996); *Hansjosten, E.* und *Schade, F.-D.* (1997).

IV. Erkrankungen und Mängel nach FeV

Die Anlage 4 der FeV listet Erkrankungen und Mängel auf, durch die die Eignung oder die bedingte Eignung zum Führen von Kraftfahrzeugen ausgeschlossen sein kann. Hierzu führt das Bundesministerium für Verkehr in der Begründung zum Entwurf der FeV[86] aus:

„Anlage 4 richtet sich in ihrem Aufbau nach Anhang III der EU-Führerscheinrichtlinie und den Begutachtungs-Leitlinien „Krankheit und Kraftverkehr" (künftig „Kraftfahrereignung") des Gemeinsamen Beirats beim Verkehrsmedizin beim Bundesministerium für Verkehr und Bundesministerium für Gesundheit.

Es ist **nicht Aufgabe dieser Tabelle, eine abschließende Regelung zu treffen**, weder hinsichtlich der Aufzählung der Krankheiten und Mängel, noch inhaltlich in bezug auf die Bewertung der Eignung bzw. Nichteignung. Dies ergibt sich bereits aus dem Verordnungstext in § 11 Abs. 1 S. 2 FeV („insbesondere nicht"), wird aber auch durch die Vorbemerkungen zur Anlage 4 nochmals deutlich gemacht.

Für die Bewertung der Eignung können folgende allgemeine Grundsätze zusammengefasst werden:

- Bei schweren Erkrankungen ist im akuten Stadium die Fähigkeit zum sicheren Führen von Kraftfahrzeugen in der Regel nicht gegeben.

- Durch eine ärztlich verordnete Therapie kann die Fähigkeit wieder erworben werden. Hierbei ist oftmals die Einstellungsphase abzuwarten.

Bei Beurteilung der Fahreignung sind u. a. der Verlauf der Krankheit, die Lebensführung und Einstellung des Patienten, Kompensationsmöglichkeiten und die möglichen Nebenwirkungen der Behandlung zu berücksichtigen.

Anhang III der Richtlinie unterteilt die Bewerber um die Erteilung oder Verlängerung einer Fahrerlaubnis hinsichtlich der Anforderungen an die Eignung in zwei Gruppen. Zur Gruppe 1 gehören die Klassen A, A1 und B mit der Anhängerklasse, zur Gruppe 2 die Klassen C, C1, D, D1 mit der entsprechenden Anhängerklasse. Diese Aufteilung wurde auch der Anlage 4 und den Begutachtungsleitlinien zugrundegelegt. Die nationalen Klassen L, M und T werden Gruppe 1 zugeordnet, die Fahrerlaubnis zur Fahrgastbeförderung der Gruppe 2.

Eine Eignungsbeurteilung im konkreten Einzelfall allein aufgrund der Anlage 4 ist nicht möglich."

In den Vorbemerkungen zur Anlage 4 wird darauf hingewiesen, dass

---

86 BR-Dr. 443/98, S. 255 = VkBl 1998, 1067 f.

§ 3 Eignung zum Führen von Kraftfahrzeugen

- sie nur häufiger vorkommende Erkrankungen und Mängel enthält, die die Eignung zum Führen von Kraftfahrzeugen längere Zeit beeinträchtigen oder aufheben können,
- Grundlage der Beurteilung im Einzelfall in der Regel besondere Gutachten sind sowie
- die in der Aufstellung vorgenommenen Bewertungen für den Regelfall gelten und Kompensationen durch besondere menschliche Veranlagung, durch Gewöhnung, durch besondere Einstellung oder durch besondere Verhaltenssteuerungen und -umstellungen möglich sind.

98 Wesentliche Hilfen für die Beurteilung im Einzelfall bieten die **Begutachtungs-Leitlinien zur Kraftfahrereignung**[87] und der Kommentar dazu,[88] die nähere Erläuterungen zu den in der Anlage 4 der FeV aufgeführten Erkrankungen und Mängeln enthalten. Teilweise weichen sie von den in der Anlage 4 der FeV aufgeführten Bewertungen der Eignung bzw. Nichteignung ab. Das erklärt sich daraus, dass die Begutachtungs-Leitlinien erst nach In-Kraft-Treten der FeV endgültig fertiggestellt wurden und Erkenntnisse und Erfahrungen berücksichtigen, die bei Schaffung der FeV noch nicht bekannt waren. Bei Auseinanderklaffen der Bewertungen sind im Einzelfall die in den Begutachtungs-Leitlinien niedergelegten Leitsätze anzuwenden, falls nicht der inzwischen weiterentwickelte wissenschaftliche Fortschritt noch andere Bewertungen gebietet – wie dies bereits in dem „Kommentar" zu den Begutachtungs-Leitlinien zur Kraftfahrereignung dargestellt ist. Die dort beschriebenen Erläuterungen zu den fachwissenschaftlichen Auffassungen der Leitlinien und ihren wesentlichen Quellen bieten auch Hilfen für die verwaltungsrechtliche Nachvollziehbarkeit und juristische Nachprüfbarkeit von Fahreignungsgutachten und geben Hinweise auf die mögliche Verbesserung der Einzelfallgerechtigkeit.

99 Denn Verwaltung und Rechtsprechung haben sich zu orientieren an naturwissenschaftlichen Erkenntnissen, die auch nicht durch Gesetze oder Verordnungen aus der Welt geschafft oder uminterpretiert werden können.[89]

100 Falls in den maßgebenden Fachkreisen allgemein und zweifelsfrei als richtig anerkannte naturwissenschaftliche Erkenntnisse zu anderen als den gegenwärtig geltenden Bewertungen der für die Kraftfahreignung maßgebenden Umstände führen, sind diese Bewertungen anzuwenden.

101 Erwähnt sind in der Anlage 4 der FeV Erkrankungen und Mängel unter 11 Nummern (die ihrerseits noch weiter untergliedert sind). Erläuterungen dazu sind in den Begut-

---

87 Siehe unter § 3 Rn 26 f.
88 Siehe unter § 3 Rn 30.
89 Siehe unter § 3 Rn 28 f.

achtungs-Leitlinien zur Kraftfahrereignung unter 3 (ebenfalls noch weiter untergliedert) zu finden.

Unterschieden wird nach 2 Gruppen von Fahrerlaubnissen: Zur Gruppe 1 gehören die Fahrerlaubnisklassen A, A1, B, BE, M, L und T, zur Gruppe 2 gehören die Lkw- und Omnibus-Fahrerlaubnisklassen C, C1, CE, C1E, D, D1, DE, und D1E sowie die Fahrerlaubnis zur Fahrgastbeförderung.

Im Einzelnen werden behandelt:

1. Mangelndes Sehvermögen

Diesbezüglich verweisen die Anlage 4 der FeV (unter Nr. 1) und die Begutachtungs-Leitlinien zur Kraftfahrereignung (unter 3.1) auf die Anlage 6 der FeV, in der **die Anforderungen an das Sehvermögen vorgeschrieben** sind; die Begutachtungs-Leitlinien zur Kraftfahreignung geben zudem den Text der Anlage XVII zur StVZO in der bis zum 31.12.1998 geltenden Fassung wieder, die hinsichtlich des Sehvermögens für Inhaber einer bis zum 31.12.1998 erteilten Fahrerlaubnis fortgilt (§ 76 Nr. 9 Abs. 3 FeV). 102

Diese Anforderungen sind je nach Fahrerlaubnisart und Art der Feststellung unterschiedlich: 103

- Bei den Klassen A, A1, B, BE, M, S, L und T werden für den Sehtest[90] höhere Anforderungen an die zentrale Tagessehschärfe gestellt (Nr. 1.1 der Anlage 6 der FeV) als für die augenärztliche Untersuchung,[91] bei der zudem auch besondere Anforderungen hinsichtlich des Gesichtsfeldes und der Augenbeweglichkeit erfüllt sein müssen (Nr. 1.2 der Anlage 6 der FeV).
- Bei den Lkw-Klassen C, C1, CE, CE1, den Bus-Klassen D, D1, DE, D1E und für die Personenbeförderung sind die Anforderungen noch strenger; insoweit müssen besondere Anforderungen sowohl hinsichtlich der zentralen Tagessehschärfe, des Gesichtsfeldes und der Augenbeweglichkeit als auch hinsichtlich des Farbensehens erfüllt sein (Nr. 2 der Anlage 6 der FeV).

Im Hinblick auf die zentrale Bedeutung der Fähigkeit zur visuellen Wahrnehmung für die sichere Teilnahme am motorisierten Straßenverkehr schreibt § 12 Abs. 1 FeV positiv vor, dass die in Anlage 6 der FeV genannten Anforderungen an das Sehvermögen zu erfüllen sind. 104

---

90 Siehe unter § 5 Rn 9 ff.
91 Siehe unter § 5 Rn 14 ff.

§ 3 Eignung zum Führen von Kraftfahrzeugen

Einerseits ist die Forderung nach Mindestqualitäten des Sehvermögens im Hinblick auf die festgestellten Sehstörungen als Unfallursache[92] gerechtfertigt, andererseits ist die Nichtzulassung von Grenzwertunterschreitungen trotz guter Kompensationsfähigkeit aufgrund einer besonders gut ausgeprägten psychofunktionalen und intellektuellen Leistungsfähigkeit – wie dies etwa bei einer langjährigen unfallfreien Fahrpraxis häufig zu beobachten ist – nicht angemessen.

105 **Abweichungen** von der Einhaltung dieser Mindestwerte können nur zugelassen werden, wenn diese Eignungsanforderung im Einzelfall sachwidrig oder unverhältnismäßig und damit verfassungswidrig wäre; in solchen Fällen, in denen die Verkehrssicherheit aus besonderen Gründen – etwa wegen außergewöhnlicher Vorsichtigkeit des Kraftfahrers – auch ohne diese Anforderung hinreichend gewährt wäre, käme allenfalls eine **Ausnahmegenehmigung** nach § 74 FeV in Betracht.[93] Sie kann mit Auflagen verbunden werden (§ 74 Abs. 3 FeV). Dem trägt § 12 Abs. 8 FeV dadurch Rechnung, dass bei Bedenken gegen ausreichendes Sehvermögen die Fahrerlaubnisbehörde die Beibringung eines augenärztlichen Gutachtens anordnen kann zur Vorbereitung von Entscheidungen nicht nur über Erteilung oder Verlängerung der Fahrerlaubnis, sondern auch über die Anordnung von Beschränkungen oder Auflagen. Insoweit kommen die unter den Schlüsselzahlen für Eintragungen in den Führerschein[94] genannten Fahrbeschränkungen aus medizinischen Gründen (Nr. 05) z.B. für Umkreisbeschränkungen (Nr. 05.02) oder Geschwindigkeitsbeschränkungen (Nr. 05.04) in Betracht.

Qualitäten hinsichtlich des Dunkelsehens sind in der FeV nicht festgelegt, obwohl massive Beeinträchtigungen der Dunkeladaptation und der Blendempfindlichkeit eignungseinschränkende Tatbestände darstellen und eine sehr große Zahl von Kraftfahrern darunter leiden. Nach *Neumann*[95] sind 10 Millionen Deutsche nachtblind. Die betroffenen Kraftfahrer müssen ggf. das Fahren bei Dämmerung und Dunkelheit einstellen. Unter Umständen kann von den vorgenannten Fahrbeschränkungen die Auflage „nur bei Tageslicht" (Nr. 05.01) angeordnet werden.

2. Schwerhörigkeit und Gehörlosigkeit

106 Diesbezüglich enthalten die Anlage 4 der FeV (unter Nr. 2) und die Begutachtungs-Leitlinien zur Kraftfahrereignung (unter 3.2.1) nähere Hinweise.

Störungen des Hörvermögens sind für die Teilnahme am motorisierten Straßenverkehr nicht so relevant, sofern mit ihnen nicht „weitere erhebliche Einschränkungen der Sin-

---

92 *Lachenmayr, B. et al.* (1996).
93 BVerwG 28.10.1992.
94 Siehe unter § 9 Rn 24.
95 *Neumann, S.* (2005).

nestätigkeit oder grobe intellektuelle Schwächen die gesamte Leistungs- und Belastungsfähigkeit eines Fahrerlaubnisinhabers oder Fahrerlaubnisbewerbers unter das erforderliche Maß herabsetzen" wie die Begutachtungs-Leitlinien dies beschreiben. Es darf also nicht infolge einer Mängelkombination zu einer Risikopotenzierung kommen. So führt z.b. das gleichzeitige Vorliegen von ständig und anfallsweise auftretenden Störungen des Gleichgewichts zur negativen Beurteilung der Fahreignung. Deshalb müssen bei „Verdacht auf zusätzliche und komplizierende Mängel Hals-Nasen-Ohren-ärztliche und, wenn Besonderheiten im Einzelfall dies erforderlich machen, medizinisch-psychologische Untersuchungen durchgeführt werden", worauf die Begutachtungs-Leitlinien hinweisen.

Als eignungsausschließende Mängel gelten eine hochgradige Schwerhörigkeit oder Gehörlosigkeit jedoch bei Bewerbern oder Inhabern einer Busfahrerlaubnis (D, D1, DE und D1E) sowie einer Fahrerlaubnis zur Fahrgastbeförderung, die gemäß § 48 Abs. 4 Nr. 2 FeV die Gewähr dafür bieten müssen, „der besonderen Verantwortung bei der Beförderung von Fahrgästen" gerecht zu werden. Ausnahmen erfordern eine vorherige Bewährung von drei Jahren Fahrpraxis auf Kraftfahrzeugen der Klasse B. **107**

3. Bewegungsbehinderungen

Darin sehen sowohl die Anlage 4 der FeV (unter Nr. 3) als auch die Begutachtungs-Leitlinien zur Kraftfahrereignung (unter 3.3) grundsätzlich keinen eignungsausschließenden Mangel. **108**

Denn bei Erkrankungen oder Fehlbildungen des Bewegungsapparates können Probleme im Umgang mit einem Kraftfahrzeug weitgehend durch technische Maßnahmen am Kraftfahrzeug kompensiert werden. Der im Anhang B der Begutachtungs-Leitlinien mitgeteilte Auszug aus dem VdTÜV-Merkblatt „Kraftfahrwesen 745" Ausgabe 11.99 enthält differenzierte Angaben, welche technischen Maßnahmen bei den einzelnen Fällen einer Körperbehinderung erforderlich sind und in welchen Fällen das Führen von Kraftfahrzeugen nicht möglich ist, z.B. das Führen von Krafträdern bei Ausfall beider Unterarme oder Hände.

Anlage 4 der FeV hält bedingte Eignung für gegeben bei einer ggf. erforderlichen Beschränkung auf bestimmte Fahrzeugarten oder Fahrzeuge mit besonderen technischen Vorrichtungen und sieht als Auflage regelmäßige Kontrolluntersuchungen vor, die entfallen können, wenn die Behinderung sich stabilisiert hat. **109**

4. Herz- und Gefäßkrankheiten

110 Dazu enthalten Anlage 4 der FeV (unter Nr. 4) und Begutachtungs-Leitlinien zur Kraftfahrereignung (unter 3.4) differenzierte Eignungsaussagen.

Herzrhythmusstörungen, zu hoher oder zu niedriger Blutdruck, coronare Herzkrankheiten – z.b. nach Herzinfarkt –, Herzleistungsschwäche durch angeborene oder erworbene Herzfehler sowie periphere Gefäßerkrankungen sind Mängel, die die Fahreignung einschränken oder ausschließen. Sie stellen eine Gefahr für die Sicherheit im Straßenverkehr dar, weil sie ein plötzliches Versagen des Herz- und Gefäßsystems verursachen und dadurch zu einer plötzlichen Störung der Gehirnfunktionen führen können.

111 Darüber hinaus ist eine ausreichende Durchblutung des Gehirns auch Voraussetzung für die Verfügbarkeit der psychofunktionalen Fähigkeiten wie visuelle Wahrnehmung, Aufmerksamkeit, Konzentration und Belastbarkeit.

112 Nach den Begutachtungs-Leitlinien sind eignungsausschließende Erkrankungen im Bereich der Herz- und Gefäßkrankheiten
- Herzrhythmusstörungen, die anfallsweise zu wiederholten Unterbrechungen der Blutversorgung des Gehirns führen,
- ein Bluthochdruck mit ständig zu messendem diastolischen Wert über 130 mmHg,
- zu niedriger Blutdruck, der zu anfallsartig auftretenden Bewusstseinsstörungen führt,
- überstandener Herzinfarkt, der zu Schäden am Herzmuskel führte,
- Herzleistungsschwäche, die so stark ausgeprägt ist, dass es zu einem plötzlichen Leistungszusammenbruch kommen kann oder die körperlich-psychische Leistungsfähigkeit erheblich herabsetzt,
- periphere Gefäßerkrankungen, die zu plötzlichem Leistungsversagen führen können.

Anlage 4 der FeV hält bedingte Eignung unter besonderen Umständen für möglich und schreibt für solche Fälle insbesondere regelmäßige Kontrollen und Nachuntersuchungen vor.

5. Zuckerkrankheit

113 Dazu enthalten Anlage 4 der FeV (unter Nr. 5) und Begutachtungs-Leitlinien zur Kraftfahrereignung (unter 3.5) differenzierte Eignungsaussagen.

In der Regel gelten Diabetiker, die keine Krankheitszeichen zeigen, regelmäßig behandelt und kontrolliert werden sowie in der Lage sind, sich selbst sorgfältig zu beobachten und zuverlässig Blutzuckerselbstkontrollen durchzuführen, als in der Lage, den gestellten Anforderungen beim Führen von Kraftfahrzeugen gerecht zu werden.

Sofern aber bei zuckerkranken Personen durch eine unzureichende Behandlung, durch Nebenwirkungen der Behandlung oder durch Komplikationen der Erkrankung verkehrsgefährdende Gesundheitsstörungen entstehen, liegen unter Umständen eignungsausschließende Defizite vor. **114**

Die Begutachtungs-Leitlinien fordern daher jeweils individuelle Beurteilungen und regelmäßige Nachuntersuchungen – auch des Sehvermögens – wobei – insbesondere für Berufskraftfahrer – kurze Fristen festgelegt werden müssen. **115**

Anlage 4 der FeV sieht für solche Fälle bedingter Eignung regelmäßige Kontrollen und Nachuntersuchungen vor.

6. Krankheiten des Nervensystems

Dazu enthalten Anlage 4 der FeV (unter Nr. 6) und Begutachtungs-Leitlinien zur Kraftfahrereignung (unter 3.9) differenzierte Eignungsaussagen. **116**

Störungen des Nervensystems, die auf Erkrankungen oder Operationen des zentralen oder peripheren Nervensystems zurückzuführen sind, können zu eignungsausschließenden Defiziten führen.

Es sind jeweils individuelle Beurteilungen des Ausmaßes der Eignungsdefizite erforderlich und ggf. Einschränkungen der Fahrerlaubnis.

Die Beurteilungs-Leitlinien behandeln folgende Krankheiten: **117**
- Erkrankungen und Folgen von Verletzungen des Rückenmarks,
- Erkrankungen der neuromuskulären Peripherie,
- Parkinson'sche Krankheit, Parkinsonismus und andere extrapyramidale Erkrankungen einschließlich zerebellarer Syndrome,
- kreislaufbedingte Störungen der Hirntätigkeit,
- Zustände nach Hirnverletzungen und -operationen, angeborene und frühkindlich erworbene Hirnschäden und
- Anfallsleiden.

Die durch die genannten Krankheiten ausgelösten Eignungsdefizite bedürfen, wenn überhaupt, z.B. in leichteren Fällen und nach erfolgreicher Therapie, eine bedingte Fahreignung angenommen werden kann, regelmäßiger ärztlicher Kontrollen in unterschiedlichen zeitlichen Abständen.

§ 3 Eignung zum Führen von Kraftfahrzeugen

Es besteht ein großes Bedürfnis bei den Patienten nach Beratung und Information.[96] Neben der ärztlichen Beurteilung sollten eine verkehrspsychologische Begutachtung sowie eine praktische Fahrverhaltensbeobachtung bereits im Rahmen der klinischen Behandlung erfolgen, um dem Betroffenen die nötige Sicherheit in der Beurteilung seiner Fahreignung zu geben.

7. Psychische (geistige) Störungen

118 Dazu enthalten Anlage 4 der FeV (unter Nr. 7) und Begutachtungs-Leitlinien zur Kraftfahrereignung (unter 3.10) differenzierte Eignungsaussagen.

Angeborene oder infolge von Krankheiten, Verletzungen oder neurochirurgischen Eingriffen erworbene schwere geistige Störungen, ein erheblicher Schwachsinn und organische Persönlichkeitsveränderungen sind Eignungsdefizite, die vielfach die Fahreignung ausschließen.

119 Die Begutachtungs-Leitlinien behandeln folgende geistige Störungen:
- organisch-psychische Störungen,
- Demenz und organische Persönlichkeitsveränderungen,
- Altersdemenz und Persönlichkeitsveränderungen durch pathologische Alterungsprozesse,
- affektive Psychosen und
- schizophrene Psychosen.

120 Erhebliche psychische Störungen sind schon deshalb als eignungsausschließende Defizite zu beurteilen, weil in der Regel die Schuldfähigkeit erheblich beeinträchtigt oder bereits ausgeschlossen ist.

Bei leichteren Störungen oder nach Abklingen der Erkrankung kann im Einzelfall bedingte Fahreignung bejaht werden, wobei regelmäßige Kontrollen oder Nachuntersuchungen erforderlich sind.

8. Intellektuelle Leistungseinschränkungen

121 Sie sind in Anlage 4 der FeV nicht erwähnt. Doch enthalten die Begutachtungs-Leitlinien zur Kraftfahrereignung (unter 3.13) hierzu erläuternde Ausführungen.

Bei erheblichen Einschränkungen der intellektuellen Leistungsfähigkeit ist die Fahreignung infrage gestellt oder ausgeschlossen. Es kommt zu Fehlleistungen, z.B.

---

[96] *Burgard, E. et al.* (2004) und *Bischoff, Ch.* (2005).

zu einer zeitweilig fehlenden Konzentration, zu desorientiertem Fahrverhalten, zum Nichterkennen oder Fehldeuten einer Verkehrssituation.

Die Ursachen derartiger Fehlverhaltensweisen müssen nicht psychisch-geistige Erkrankungen sein, sondern können unter Umständen z.b. lediglich auf begabungsbedingter Minderleistung der Intelligenz beruhen.

Die Begutachtungs-Leitlinien gehen davon aus, dass Zweifel an der Fahreignung bestehen, wenn der Intelligenzquotient – gemessen in einem entsprechenden Intelligenztest – unter 70, bei Taxi- und Busfahrern unter 85 liegt oder Verhaltensweisen bei der Verkehrsteilnahme auf diesbezügliche Eignungsmängel hinweisen.

122

Der Intelligenzquotient hat aber keine allein entscheidende Bedeutung für die Leistungsfähigkeit beim Führen von Kraftfahrzeugen. Minderleistungen der Intelligenz müssen im Rahmen der Verfügbarkeit aller psychofunktionalen Leistungen beurteilt werden. Sie lassen sich auch ausgleichen durch ein ausgeprägtes Risikobewusstsein und durch eine sicherheitsbetonte Grundhaltung, die z.b. in einer langjährigen Fahrpraxis erworben wurden.

123

9. Alkohol

Dazu enthalten Anlage 4 der FeV (unter Nr. 8) und Begutachtungs-Leitlinien zur Kraftfahrereignung (unter 3.11)[97] Eignungsaussagen. Bevor diese dargestellt werden, sind einige grundsätzliche Ausführungen erforderlich.

124

a) Vorbemerkungen

Die Teilnahme am motorisierten Straßenverkehr unter Alkoholeinfluss wird juristisch als Ausdruck einer „Unzuverlässigkeit" angesehen und als eine Anpassungsstörung gewertet. Handelt es sich dabei um eine momentane, situative Entgleisung oder um das In-Erscheinung-Treten einer krankhaften Störung?

125

Diese Frage zu beantworten wäre nicht erforderlich, wenn Trunkenheit am Steuer lediglich als ein Straftatbestand gewertet würde, der eine Strafe nach sich zieht. Wird der Tatbestand als ein Symptom der Ungeeignetheit verstanden, bedarf es sinnvollerweise der Diagnose, um zu einer Prognose über Ausmaß, Dauer und ggf. Beeinflussbarkeit der Ungeeignetheit zu gelangen.

126

---

97 Abgedruckt im Anhang unter Nr. 1.

§ 3 Eignung zum Führen von Kraftfahrzeugen

127 Trunkenheit am Steuer kann das **einmalige Versagen** eines ansonsten sehr kontrollierten „Seltenheitstrinkers" sein, der als Folge der alkoholischen Beeinflussung seine Kontrolle verloren hat.

128 Das Delikt kann Ausdruck eines **jugendtümlichen Erprobungsverhaltens** sein, wobei unter Gruppendruck der Alkoholkonsum ebensowenig kontrolliert wird wie das Fahrverhalten.

129 Trunkenheit am Steuer kann ebenso auftreten als Folge eines **Verlustes der Kontrolle von Alkoholkonsum und Fahrverhalten** in einer Lebenskrise oder als das Verhalten eines Vieltrinkers, der eine geschickte Strategie entwickelt hat, trotz seiner regelmäßigen Fahrten unter Alkoholeinfluss bisher nicht verkehrsauffällig zu werden.

130 Trunkenheit am Steuer kann auch die Folge eines **süchtigen Alkoholkonsums** eines Alkoholkranken sein, der bislang noch nicht im Straßenverkehr auffällig geworden ist.

131 Die Aufzählung ist keineswegs vollständig, sie zeigt indessen, dass der Trunkenheit am Steuer kein einheitliches Bild charakteristischer Eignungsdefizite zugrunde liegt. Weder erstmals noch wiederholt alkoholauffällige Kraftfahrer stellen eine homogene Gruppe dar. *Perrine*[98] spricht diesbezüglich von einem „Kontinuum", das vom „bloß Nachlässigen bis zum süchtigen Alkoholiker" reicht. Dementsprechend signalisiert das Symptom „Trunkenheit am Steuer" sehr unterschiedliche Qualitäten der Ungeeignetheit. Wie sind diese zu erkennen?

aa) Tatmerkmale als Symptome der Ungeeignetheit

132 Die jeweiligen Tatmerkmale
- Höhe der Blutalkoholkonzentration,
- Deliktart,
- Tageszeit der Trunkenheitsdelikte,
- Trunkenheitssymptomatik bei der polizeilichen Feststellung und bei der Blutentnahme durch den Arzt

sind sehr unterschiedlich ausgeprägt, sie erlauben, vor allem in ihrer Kombination, erste Hinweise auf die Ausprägung der „Ungeeignetheit".

133 So gilt das unfallfreie Führen eines Kraftfahrzeuges im Laufe des Vormittags innerhalb einer Großstadt mit einer Blutalkoholkonzentration von über 2 ‰ als Symptom einer deutlich durch erheblich trainierte Toleranzsteigerung chronifizierten Ungeeignetheit. Indessen ist auch mit der Kombination von Tatmerkmalen die Ursache der Ungeeignetheit ebensowenig erkennbar wie ihr Verlauf.

---

98 *Perrine, M. W. B.* (1990).

bb) Tätermerkmale als Symptome der Ungeeignetheit

Tätermerkmale sind zu ermitteln aufgrund **134**
- des Lebensalters,
- des Führerscheinbesitzes,
- der bisherigen Verkehrsbewährung,
- der bisherigen Straftaten sowohl ohne als auch unter Alkoholeinfluss außerhalb des Straßenverkehrs.

Die Erweiterung der Symptomatik des Trunkenheitsdelikts durch Einordnung des Verhaltens in lebensgeschichtliche Zusammenhänge des Täters führt zu einer Differenzierung des Ungeeignetheitssymptoms: Ein bereits mehrfach durch Delikte außerhalb des Straßenverkehrs, die unter Alkoholeinfluss ausgeführt worden sind, auffällig gewordener Verkehrstrunkenheitstäter, der auch vor einigen Jahren bereits unter Alkoholeinfluss eine Ordnungswidrigkeit begangen hat, bietet ein anderes Bild als der 18-jährige Inhaber einer Fahrerlaubnis auf Probe, der mit 1,3 ‰ bereits beim Herausfahren aus der Parklücke das Nachbarfahrzeug beschädigte und nach Meinung des blutabnehmenden Arztes „erheblich" unter Alkoholeinfluss stand. **135**

Die Einbeziehung von Tätermerkmalen, z.B. bei heranwachsenden Alkoholverkehrsauffälligen der Frühtrinkbeginn, – Personen, die vor dem 14. Lebensjahr beginnen, Alkohol zu konsumieren, sind siebenmal häufiger in einen Alkoholunfall verwickelt als Personen, die später mit dem Alkohol in Verbindung treten[99] – erleichtert das mutmaßliche Ausmaß der Ungeeignetheit etwas besser zu beurteilen, jedoch geben auch Tätermerkmale weder einen Einblick in die Ursachen der Ungeeignetheit noch in ihre zu erwartende Entwicklung. **136**

cc) Ursachen und Ausmaß der Ungeeignetheit

Tat und Tätermerkmale erlauben bestenfalls Vermutungen über die Ursachen des Verkehrstrunkenheitsdeliktes. Sie zu ermitteln bedarf es eingehender verkehrsmedizinischer und verkehrspsychologischer Untersuchungen. **137**

Dabei wird die Inhomogenität der Gruppe der Verkehrstrunkenheitstäter deutlich, wie Untersuchungen in den verschiedensten Kulturkreisen ergeben haben.[100] Dies ist angesichts der Tatsache, dass nur 0,4 % aller Kraftfahrer die Fahrerlaubnis wegen **138**

---

[99] Reporter. The Newsletter of the International Council on Alcohol, Drugs and Traffic Safety, Vol. 12, No. 1, Winter 2001.
[100] U.a. *Buikhuisen, K.* (1971); *Perrine, M. W. B.* (1990); *Müller, A.* (1976); *Sömen, H.-D.* (1975); *Kunkel, E.* (1977); *Haffner, H.-Th.* (1993); *Krüger, H.-P.* [Hrsg.] (1995); *Krüger, H.-P., Braun, P., Kazenwadel, J., Reiss, J.* und *Vollrath, M.* (1998).

§ 3 Eignung zum Führen von Kraftfahrzeugen

Trunkenheit am Steuer einbüßen, erstaunlich. Die kleine Zahl der Auffälligen lässt eher eine eng umschriebene Gruppe von Ursachen dieses Fehlverhaltens erwarten.

139 Neben mehr zufälligen Formen unzuverlässigen Verhaltens gegenüber dem Gebot, nicht unter Alkoholeinfluss ein Kraftfahrzeug zu führen, finden sich gehäuft Trunkenheitsdelikte als Folge
- jugendtümlicher Fehlanpassung,
- unzureichender Entwicklung und Kontrolle von Trink- und Trink-Fahr-Mustern,
- anpassungserschwerender Fehleinstellungen und Haltungen,
- lebensgeschichtlich bedingter Persönlichkeitslabilisierungen,
- chronifizierten Alkoholmissbrauchs und riskanter Vermeidungstechnik im Trink-Fahr-Konflikt,
- einer Alkoholkrankheit.

140 Das Ausmaß der jeweiligen Ungeeignetheit ist mit den beschriebenen Ursachen nicht festgelegt.

141 Einmal handelt es sich um eine mehr **vorübergehende**, durch negative Emotionen und hohen Aufforderungscharakter der Situation[101] – etwa infolge erheblicher Belastung und Beanspruchung – entstandene **Entgleisung**, zum anderen um **chronifizierte** und kaum veränderbare **Orientierungs- und Verhaltensmuster** im Umgang mit Alkohol und im Trink-Fahr-Verhalten.

142 Dementsprechend unterschiedlich ausgeprägt sind die zugrunde liegenden Fehlhaltungen und die ggf. eingetretenen Schäden durch einen Alkoholmissbrauch. Sie können sowohl Beeinträchtigungen der körperlichen oder psychophysischen Leistungsfähigkeit umfassen als auch Störungen im Persönlichkeitsbereich, z.B. eine gesteigerte emotionale Labilität oder eine Tendenz zu depressiven Verstimmungen. Dadurch ist die Gefahr des Fehlverhaltens bei der Teilnahme am motorisierten Straßenverkehr auch ohne zusätzliche Beeinflussung durch Alkohol erhöht. Die Ungeeignetheit, die sich im Verkehrstrunkenheitsdelikt manifestiert, führt dann z.B. zu Verkehrsunfällen oder Verkehrsverstößen.

dd) Prognose der Ungeeignetheit

143 Die extrem unterschiedlichen Ursachen der Verwicklung in ein Verkehrstrunkenheitsdelikt und ebenso das Ausmaß der vorhandenen Eignungsdefizite führen dementsprechend zu sehr unterschiedlichen Prognosen[102] über deren weitere Entwicklung und Wirksamkeit.

---

101 *Siegrist, S.* (1992); *Schell, A.* (1995).
102 Siehe dazu auch unter § 3 Rn 337 ff.

Wenn ca. 80 % der Alkoholersttäter innerhalb von 10 Jahren nicht rückfällig werden,[103] ist davon auszugehen, dass die bei ihrem Verkehrstrunkenheitsdelikt deutlich gewordene „Ungeeignetheit" nicht mit überdauernden, eignungsausschließenden körperlichen, seelisch-geistigen oder persönlichkeitsbedingten Mängeln verbunden war. Vielmehr ist nicht auszuschließen, dass sie durch entsprechende Maßnahmen als Folge der Fahrerlaubnisentziehung korrigiert wurden: Die unzureichende Entwicklung und Kontrolle der Trinkgewohnheiten und der Trink-Fahr-Muster konnte offenbar verbessert werden oder die lebensgeschichtlich bedingte Persönlichkeitsstabilisierung hat – unter Umständen als Folge der Entziehung der Fahrerlaubnis – durch bewusstes Ausräumen der zugrunde liegenden Konflikte eine Stabilisierung erfahren.

144

Ein nicht unerheblicher Teil der alkoholauffällig Gewordenen weist indessen offenbar schwer wiegende oder schwer zu korrigierende Defizite auf, die zum Rückfall in ein weiteres Verkehrstrunkenheitsdelikt prädestinieren:

145

Einmal handelt es sich um Personen, die infolge ihres massiven Alkoholkonsums **alkoholgeschädigt** oder **alkoholkrank** sind; dies dürfte bei etwa einem Drittel der alkoholauffälligen Kraftfahrer der Fall sein.[104] Bei 10.000 rückfällig gewordenen Alkoholtätern fanden sich in 30 % der Fälle pathologische Leberwerte, die für einen Alkoholmissbrauch sprechen,[105] ein Wert, der neuerdings bestätigt wurde, der aber zugleich die Grenzen der „Labordiagnostik" bei der Beurteilung der Rückfallwahrscheinlichkeit deutlich macht.[106]

146

Eine zweite Gruppe von alkoholauffälligen Kraftfahrern mit schwer wiegenden Eignungsdefiziten bilden Personen unter 20 Jahren, die offenbar schon in der Pubertät vom Jugendlichen zum Heranwachsenden höchst **problematische Konfliktlösungsmuster im Trinkfahrkonflikt** entwickelt, laufend verstärkt und damit immer mehr chronifiziert haben.[107] Ihre Rückfallquote in ein weiteres Verkehrstrunkenheitsdelikt ist dementsprechend extrem hoch.[108]

147

Eine dritte Gruppe von alkoholauffälligen Kraftfahrern mit offenbar schwer zu korrigierenden, daher rückfallbegünstigenden Eignungsdefiziten bilden Personen, die **Störungen im Persönlichkeitsbereich** aufweisen im Sinne von dissozialen Fehleinstellungen und anpassungserschwerenden Grundhaltungen. Sie sind vielfach bereits durch Alkoholdelikte außerhalb des Straßenverkehrs auffällig geworden, durch dis-

148

---

103 *Haffner, H.-Th.* (1993).
104 *Grüner, O.* und *Bilzer, N.* (1985); *Haffner, H.-Th.* (1993).
105 *Winkler, W.* (1985).
106 *Haffner, H.-Th.* (1993); *Körkel, J.; Lauer, G.* und *Scheller, R.* [Hrsg.] (1995); *Gilg, Th.* und *Eisenmenger, W.* (1995).
107 *Winkler, W.* (1987).
108 *Stephan, E.* (1984); *Haffner, H.-Th.* (1993).

soziale Verhaltensweisen im Straßenverkehr wie Fahren ohne Fahrerlaubnis oder wiederholte Unfallflucht.[109]

149 Eine vierte Gruppe von Kraftfahrern, die wegen Trunkenheit am Steuer bestraft wurden und besonders häufig rückfällig werden, ist ebenfalls charakterisiert durch **auffällige Persönlichkeitseigenarten**, z.B. durch eine gesteigerte emotionale Unausgeglichenheit, Wechselhaftigkeit, Impulsivität, durch eine Neigung, den eigenen Bedürfnissen in weitem Umfange nachzukommen oder sich treiben zu lassen und sich selbst, wie die Außenwelt, unrealistisch einzuschätzen.[110] Auch fehlt ihnen offenbar die Bereitschaft und Fähigkeit, verfestigte normabweichende Trink- und Trink-Fahr-Gewohnheiten zu erkennen, ein Problembewusstsein zu entwickeln, die normabweichenden Gewohnheiten zu ändern und die Änderungen aufrechtzuerhalten.[111]

150 Bereits die Zugehörigkeit zu einer der genannten Personengruppen weist auf ein erhebliches Ausmaß der Ungeeignetheit und auf eine ungünstige Prognose über ihre Rückbildung hin: Bewährungsstudien haben gezeigt, dass eine Reihe von Persönlichkeitseigenarten, verfestigte Alkoholtrinkgewohnheiten, aktenkundig gewordene Delikte innerhalb und außerhalb des Straßenverkehrs, eine hohe Blutalkoholkonzentration bei der Verkehrstrunkenheit wie auch ein jugendliches Lebensalter bereits beim ersten alkoholauffälligen Fahrverhalten eine hohe prognostische Bedeutung für den Rückfall in ein weiteres Verkehrstrunkenheitsdelikt haben.[112] Daraus folgen drei Grundsätze der Beurteilung der Ungeeignetheit eines alkoholauffälligen Kraftfahrers:

151 (1) Weist er **Eignungsdefizite** auf, die **als Folge eines Alkoholmissbrauchs** die körperliche und seelisch-geistige Leistungsfähigkeit erheblich beeinträchtigen, so dass er den Anforderungen und Belastungen des Straßenverkehrs nicht gewachsen ist, ist er ungeeignet zum Führen von Kraftfahrzeugen.

152 (2) Finden sich bei ihm Merkmale einer bestehenden **Alkoholkrankheit**, so ist er ungeeignet zum Führen von Kraftfahrzeugen.

153 (3) Sind bei ihm Persönlichkeitseigenarten zu beobachten, die **schwer wiegende Anpassungsstörungen** auslösen können, Fehlhaltungen, die nicht erwarten lassen, dass er in der Lage ist, seinen Alkoholkonsum zu kontrollieren und risikomeidende Strategien im Trink-Fahr-Konflikt einzuhalten, so ist er ungeeignet zum Führen von Kraftfahrzeugen.

---

109 *Winkler, W.* und *Jacobshagen, W.* (1984).
110 *Undeutsch, U.* (1981).
111 *Kunkel, E.* (1984).
112 *Buikuisen, K.* (1971); *Welzel, U.* (1982); *Stephan, E.* (1988); *Haffner, H.-Th.* (1993); *Jacobshagen, W.* und *Utzelmann, H. D.* (1997).

Die genannten Eignungsdefizite sind nur nach eingehender Einzelfallanalyse zu ermitteln. Die Persönlichkeitsdiagnostik steht dabei im Zentrum des Vorgehens, insbesondere Fragen nach den Ursachen, dem Verlauf und dem Ausmaß der Alkoholgewöhnung, nach den Strategien und Fähigkeiten zur Kontrolle des Trinkverhaltens und nach den persönlichkeitsbedingten Voraussetzungen zur Änderung des Trink- und Fahrverhaltens. Selbst bei der Frage, ob eine Abhängigkeitsentwicklung vorliegt, bleibt die Persönlichkeit des alkoholauffälligen Fahrers „einer der verlaufsbestimmenden Faktoren".[113] Einzelne Faktoren wie die Höhe der Blutalkoholkonzentrationen beim Verkehrstrunkenheitsdelikt erlauben keine zuverlässige Aussage über das Ausmaß der vorliegenden Eignungsmängel und damit auch keine Prognose über die Rückfallwahrscheinlichkeit.

154

Obwohl sich die Validität wichtiger Beurteilungskriterien für alkoholauffällige Kraftfahrer gemessen am Rückfallkriterium im Verkehrszentralregister empirisch nachweisen ließ,[114] muss beachtet werden, dass „keiner der betrachteten Prädiktoren allein eine ausreichende Bedeutung für eine Entscheidung über die Prognose hat. So gut wie alle Risikofaktoren können anscheinend vom Betroffenen durch geeignete Verhaltenssteuerung kompensiert werden. Dies zeigt, dass eine schematische Beurteilung anhand einzelner Grenzwerte dem Einzelfall nicht gerecht wird. Es sind hier zwar alle als wirksam ermittelten Prädiktoren zu berücksichtigen, aber eben auch gegeneinander abzuwägen und im Kontext der individuellen Entwicklungen unterschiedlich zu bewerten."

155

b) FeV und Begutachtungs-Leitlinien

Die diesbezüglichen Ausführungen in der Anlage 4 der FeV (unter Nr. 8) und Begutachtungs-Leitlinien zur Kraftfahrereignung (unter 3.11)[115] unterscheiden zwischen Missbrauch und Abhängigkeit.

aa) Abhängigkeit

Sie schließt sowohl nach Nr. 8.3 der Anlage 4 der FeV als auch nach Nr. 3.11.2 Abs. 1 S. 1 der Begutachtungs-Leitlinien Eignung und bedingte Eignung aus.

156

(1) Voraussetzungen

Die Begutachtungs-Leitlinien zur Kraftfahrereignung beziehen sich auf die diagnostischen Leitlinien der Alkoholabhängigkeit nach ICD 10[116] und zitieren diese wie folgt:

157

---

113 *Dufeu, P., Kuhn, S.* und *Schmidt, L. G.* (1995).
114 *Jacobshagen, W.* und *Utzelmann, H. D.* (1997).
115 Abgedruckt im Anhang unter Nr. 1.
116 Kapitel V, Internationale Klassifikation psychischer Störungen ICD-10, 2. Aufl. 1993.

„Die sichere Diagnose ‚Abhängigkeit' sollte nur gestellt werden, wenn irgendwann während des letzten Jahres drei oder mehr der folgenden Kriterien vorhanden waren:

1. Ein starker Wunsch oder eine Art Zwang, psychotrope Substanzen zu konsumieren.
2. Verminderte Kontrollfähigkeit bezüglich des Beginns, der Beendigung und der Menge des Konsums.
3. Ein körperliches Entzugssyndrom bei Beendigung oder Reduktion des Konsums, nachgewiesen durch die substanzspezifischen Entzugssymptome oder durch die Aufnahme der gleichen oder einer nahe verwandten Substanz, um Entzugssymptome zu mildern oder zu vermeiden.
4. Nachweis einer Toleranz. Um die ursprünglich durch niedrigere Dosen erreichten Wirkungen der psychotropen Substanz hervorzurufen, sind zunehmend höhere Dosen erforderlich (eindeutige Beispiele hierfür sind die Tagesdosen von Alkoholikern und Opiatabhängigen, die bei Konsumenten ohne Toleranzentwicklung zu einer schweren Beeinträchtigung oder sogar zum Tode führen würden).
5. Fortschreitende Vernachlässigung anderer Vergnügen oder Interessen zugunsten des Substanzkonsums, erhöhter Zeitaufwand, um die Substanz zu beschaffen, zu konsumieren oder sich von den Folgen zu erholen.
6. Anhaltender Substanzkonsum trotz Nachweises eindeutiger schädlicher Folgen wie z.B. Leberschädigung durch exzessives Trinken, depressiver Verstimmungen infolge starken Substanzkonsums oder drogenbedingte Verschlechterung kognitiver Funktionen. Es sollte dabei festgestellt werden, dass der Konsument sich tatsächlich über Art und Ausmaß der schädlichen Folgen im Klaren war oder dass zumindest davon auszugehen ist."

(2) Wiederherstellung der Eignung

158 Gemäß Nr. 8.4 der Anlage 4 der FeV ist „nach Abhängigkeit (**Entwöhnungsbehandlung**)" Eignung oder bedingte Eignung zu bejahen, wenn „Abhängigkeit nicht mehr besteht und in der Regel **ein Jahr Abstinenz** nachgewiesen ist".

159 Gemäß Nr. 3.11.2 Abs. 3 der Begutachtungs-Leitlinien kann nicht vorhandene Voraussetzung zum Führen von Kraftfahrzeugen wegen Abhängigkeit nur dann wieder als gegeben angesehen werden, wenn durch Tatsachen der Nachweis geführt wird, dass dauerhafte Abstinenz besteht. Nach Nr. 3.11.2 Abs. 4 der Begutachtungs-Leitlinien ist als Tatsache zu werten in der Regel eine erfolgreiche Entwöhnungsbehandlung, die stationär oder im Rahmen anderer Einrichtungen für Suchtkranke erfolgen kann;

zudem muss in der Regel nach der Entgiftungs- und Entwöhnungszeit eine einjährige Abstinenz nachgewiesen werden.

Im Kommentar zu den Begutachtungs-Leitlinien[117] wird allerdings zutreffend ausgeführt, dass ein „Nachweis" einer Abstinenz im wörtlichen Sinn wohl kaum möglich ist und auch eine einjährige Alkoholabstinenz keine Garantie für einen dauerhaften Therapieerfolg darstellt.

Nach Nr. 3.11.2 Abs. 5 der Begutachtungs-Leitlinien sind zum **Abstinenznachweis** regelmäßige ärztliche Untersuchungen erforderlich einschließlich der relevanten Labordiagnostik, unter anderem Gamma-GT, GOT, GPT, MCV, CDT und Triglyzeride.   **160**

Im Übrigen sind im Verfahren der (Wieder-)Erteilung der Fahrerlaubnis nach einer ausreichend belegten jahrelangen Alkoholabstinenz **weitere („qualifizierte") Abstinenz-Anforderungen** („zufriedene", „tragfähige", „stabile" Abstinenz) nach Ansicht des **Bundesverwaltungsgerichts**[118] regelmäßig **unangemessen**.

Schließlich dürfen nach Nr. 3.11.2 Abs. 4 S. 2 der Begutachtungs-Leitlinien auch **keine sonstigen eignungsrelevanten Mängel** vorliegen. In Betracht kommen z.b. erhebliche Einbußen des psychophysischen Leistungsvermögens, die als Folge eines langfristigen vorangegangenen Alkoholkonsums auftreten können. Ebenso müssen persönlichkeitsbedingte Fahreignungsdefizite beachtet werden. Diese sind von besonderer Bedeutung im Hinblick auf die hohen Rückfallzahlen Alkoholabhängiger nach stationären Entzugsbehandlungen: *Mundle*[119] berichtet, dass in einer Sechsjahreskatamnese zwei Drittel der Patienten rückfällig geworden sind, *Goswani, K. et al.*[120] haben festgestellt, dass fast 60 % aller von ihnen Befragten nach einer stationären Entzugsbehandlung wieder Alkohol konsumierten, obwohl sie den festen Vorsatz hatten, Alkoholabstinenz aufrechtzuerhalten. *Süss*[121] kommt in einer umfangreichen Analyse von Evaluationsstudien zu dem Ergebnis, dass selbst bei kurzer Anamnesedauer – z.B. von 14 Monaten – Alkoholabhängige zu 52,1 % rückfällig werden. *Küfner et al.*[122] fanden bei der Untersuchung von 14.000 Personen, die in 21 verschiedenen Entwöhnungseinrichtungen der BRD therapiert worden waren, 54 % Rückfällige innerhalb von vier Jahren. *Kunkel*[123] hält daher den regulären Abschluss einer Therapie auch bei einjähriger Abstinenz noch nicht als sichere Begründung für eine positive Beurteilung der Fahreignung bei Alkoholabhängigkeit.   **161**

---

117 *Schubert, W., Schneider, W. et al.* [Hrsg.] (2005) S. 165.
118 BVerwG 18.10.2001.
119 *Mundle, G. et al.* (1998).
120 *Goswani, K. et al.* (1998).
121 *Süss, H. M.* (1995).
122 *Küfner, H., Feuerlein, W. und Hübner M.* (1998).
123 *Kunkel, E.* (1996).

Dies entspricht auch anderen Erkenntnissen von Untersuchungen zur Rückfallwahrscheinlichkeit alkoholauffälliger Kraftfahrer.[124] Bei Alkoholabhängigkeit müssen neben der verkehrsmedizinischen auch Untersuchungen der Gesamtpersönlichkeit erfolgen, um festzustellen, ob die **Ursachen der Alkoholabhängigkeit** – z.B. eine massive Persönlichkeitsstörung – durch die Entziehungsbehandlung so beeinflusst worden sind, dass Rückfälle unwahrscheinlich werden. Im Kommentar zu den Begutachtungs-Leitlinien wird darauf hingewiesen, dass die moderne Suchtforschung die Notwendigkeit einer „individuellen, multidimensional angreifende Therapie der Abhängigkeit" betont.[125]

bb) Missbrauch

162 Alkoholmissbrauch schließt ebenfalls Eignung und bedingte Eignung aus.

(1) Voraussetzungen

163 Missbrauch ist in Nr. 3.11.1 der Begutachtungs-Leitlinien zur Kraftfahrereignung mit der Anmerkung versehen: „Lt. ICD-10 Schädlicher Gebrauch" und wird in Nr. 3.11.1 Abs. 2 Satz 1 der Begutachtungs-Leitlinien wie in Nr. 8.1 der Anlage 4 der FeV dahin definiert, dass das **Führen von Kraftfahrzeugen und** ein die Fahrsicherheit beeinträchtigender **Alkoholkonsum nicht hinreichend sicher getrennt** werden kann.

Von Missbrauch ist nach Nr. 3.11.1 Abs. 3 der Begutachtungs-Leitlinien zur Kraftfahrereignung insbesondere auszugehen
- in jedem Fall (ohne Berücksichtigung der Höhe der Blutalkoholkonzentration), wenn wiederholt ein Fahrzeug unter unzulässig hoher Alkoholwirkung geführt wurde;
- nach einmaliger Fahrt unter hoher Alkoholkonzentration (ohne weitere Anzeichen einer Alkoholwirkung);
- wenn aktenkundig belegt ist, dass es bei dem Betroffenen in der Vergangenheit im Zusammenhang mit der Verkehrsteilnahme zu einem Verlust der Kontrolle des Alkoholkonsums gekommen ist.

Im Kommentar zu den Begutachtungs-Leitlinien[126] wird darauf hingewiesen, dass sich die Definition des Missbrauchs auf die Verletzung von Rechtsnormen bezieht und keinen psychotherapeutischen oder medizinischen Kriterienkatalog zugrunde legt sowie näher dargelegt, warum das Außerachtlassen der therapeutischen Kriterien und die Bezugnahme auf die Anzahl der rechtskräftig verurteilten Verkehrsverstöße geboten erscheint.

---

124 *Winkler, W.* (1998).
125 *Schubert, W., Schneider, W. et al.* [Hrsg.] (2005) S. 164.
126 *Schubert, W., Schneider, W. et al.* [Hrsg.] (2005) S. 130 ff.

(2) Wiederherstellung der Eignung

Nach Nr. 8.2 der Anlage 4 der FeV ist Eignung wieder zu bejahen nach Beendigung des Missbrauchs, wenn die Änderung des Trinkverhaltens gefestigt ist.

164

Nach Nr. 3.11.1 Abs. 4 der Begutachtungs-Leitlinien zur Kraftfahrereignung müssen dafür folgende Voraussetzungen gegeben sein:

„(a) Das **Alkoholtrinkverhalten** wurde ausreichend **geändert**. Das ist der Fall,
- wenn Alkohol nur noch kontrolliert getrunken wird, so dass Trinken und Fahren zuverlässig getrennt werden können oder
- wenn Alkoholabstinenz eingehalten wird. Diese ist zu fordern, wenn aufgrund der Lerngeschichte anzunehmen ist, dass sich ein konsequenter kontrollierter Umgang mit alkoholischen Getränken nicht erreichen lässt.

(b) Die vollzogene **Änderung im Umgang mit Alkohol ist stabil** und motivational gefestigt. Das ist anzunehmen, wenn folgende Feststellungen getroffen werden können:
- Die Änderung erfolgte aus einem **angemessenen Problembewusstsein** heraus; das bedeutet auch, dass ein angemessenes Wissen zum Bereich des Alkoholtrinkens und Fahrens nachgewiesen werden muss, wenn das Änderungsziel kontrollierter Alkoholkonsum ist.
- Die Änderung ist nach einer **genügend langen Zeit der Erprobung und der Erfahrensbildung** (in der Regel 1 Jahr, mindestens jedoch 6 Monate) bereits in das Gesamtverhalten integriert.
- Die mit der Verhaltensänderung erzielten **Wirkungen werden positiv erlebt**.
- Der **Änderungsprozess** kann **nachvollziehbar** aufgezeigt werden.
- Eine den Alkoholmissbrauch eventuell bedingende **Persönlichkeitsproblematik** wurde erkannt und entscheidend **korrigiert**.
- Neben den inneren stehen auch die **äußeren Bedingungen** (Lebensverhältnisse, berufliche Situation, soziales Umfeld) einer Stabilisierung des geänderten Verhaltens nicht entgegen.

(c) Es lassen sich **keine körperlichen Befunde** erheben, die auf missbräuchlichen Alkoholkonsum hindeuten. Wenn Alkoholabstinenz zu fordern ist, dürfen keine körperlichen Befunde vorliegen, die zu einem völligen Alkoholverzicht im Widerspruch stehen.

(d) Verkehrsrelevante Leistungs- oder Funktionsbeeinträchtigungen als Folgen früheren Alkoholmissbrauchs fehlen.

(e) Bei Alkoholmissbrauch eines Kranken sind die diesbezüglichen Begutachtungs-Leitlinien in den entsprechenden Kapiteln zu berücksichtigen.

(f) Nach Begutachtung in einer amtlich anerkannten Begutachtungsstelle für Fahreignung wird die Wiederherstellung der Fahreignung angenommen, wenn sich die noch feststellbaren Defizite durch einen anerkannten und evaluierten

Rehabilitationskurs für alkoholauffällige Kraftfahrer beseitigen lassen. Die **Wiederherstellung der Fahreignung durch** einen dieser evaluierten **Rehabilitationskurse** ist angezeigt, wenn die Gutachter eine stabile Kontrolle über das Alkoholtrinkverhalten für so weitgehend erreichbar halten, dass dann die genannten Voraussetzungen erfüllt werden können. Sie kommt, soweit die intellektuellen und kommunikativen Voraussetzungen gegeben sind, in Betracht,

- wenn eine erforderliche Verhaltensänderung bereits vollzogen wurde, aber noch der Systematisierung und Stabilisierung bedarf oder
- wenn eine erforderliche Verhaltensänderung erst eingeleitet wurde bzw. nur fragmentarisch zustande gekommen ist, aber noch unterstützend begleitet, systematisiert und stabilisiert werden muss oder auch,
- wenn eine erforderliche Verhaltensänderung noch nicht wirksam in Angriff genommen worden ist, aber aufgrund der Befundlage, insbesondere aufgrund der gezeigten Einsicht in die Notwendigkeit einer Verhaltensänderung sowie der Fähigkeit und Bereitschaft zur Selbstkritik und Selbstkontrolle erreichbar erscheint.

Die Fähigkeit, ein Fahrzeug sicher zu führen, gilt dann als wiederhergestellt, wenn das vertragsgerechte Absolvieren des Kurses durch eine Teilnahmebescheinigung nachgewiesen wird."

165 Der Kommentar zu den Begutachtungs-Leitlinien zur Kraftfahrereignung[127] interpretiert die Voraussetzungen zur Zuweisung in einen Rehabilitationskurs, die bei der Begutachtung beachtet werden müssen.

Wird in einem medizinisch-psychologischen Gutachten einer Begutachtungsstelle für Fahreignung die Teilnahme des Betroffenen an einem anerkannten Kurs zur Wiederherstellung der Kraftfahreignung[128] als geeignete Maßnahme angesehen, seine Eignungsmängel zu beheben,[129] hat der Betroffene **Anspruch auf die erforderliche Zustimmung der Fahrerlaubnisbehörde zur Kursteilnahme.**[130]

166 **Abstinenz vom Alkohol** ist zur Wiederherstellung der Eignung bei bloßem Alkoholmissbrauch nicht geboten. Dazu bemerkt das **Oberverwaltungsgericht des Saarlandes:**[131]

„Geht man allein vom Vorliegen eines Alkoholmissbrauchs aus, so stellt sich die Forderung des Gutachters auf die Einhaltung vollkommene Abstinenz sicherlich als zu weitgehend dar. Sie widerspricht auch der Anlage 4 zu Ziffer 8.2, wonach

---

127 *Schubert, W., Schneider, W. et al* [Hrsg.] (2005) S. 155.
128 Siehe unter § 15 Rn 79.
129 Siehe unter § 7 Rn 335.
130 Siehe unter § 7 Rn 238.
131 OVG Saarlouis 06.03.2002.

nicht strikte Abstinenz, sondern eine gefestigte Änderung des Trinkverhaltens als genügende Beweisanzeichen für die Beendigung des Missbrauchs und fehlende Rückfallgefahr gelten."

10. Betäubungsmittel, andere psychoaktiv wirkende Stoffe und Arzneimittel

Dazu enthalten Anlage 4 der FeV (unter Nr. 9) und Begutachtungs-Leitlinien zur Kraftfahrereignung (unter 3.12)[132] Eignungsaussagen. Bevor diese dargestellt werden, sind einige grundsätzliche Ausführungen erforderlich: 167

a) Vorbemerkungen

Die **Einnahme von Betäubungsmitteln** oder anderen psychoaktiv wirkenden Stoffen – besonders in Verbindung mit Alkoholkonsum – ist unter verkehrsauffällig gewordenen Kraftfahrern **in zunehmendem Maße zu beobachten**. 168

aa) Gegenwärtige Situation

Müller et al.[133] gelangen nach einer Analyse von 632 Blutproben verkehrsauffälliger Kraftfahrer auf Drogen- und Medikamentenanteile zu Werten, die nach einer Hochrechnung es erlauben, davon auszugehen, dass bei „etwa 16 % aller verkehrsauffälligen Kraftfahrer Drogen- oder Medikamentenkonsum unterstellt werden kann". Ein Vergleich der Unfallquoten zeigt ein wesentlich höheres Risiko für die Drogen-/Medikamentenkonsumenten im Vergleich zu den „nur alkoholisierten" Probanden. Auch *Marowitz*[134] stellte bei einem Vergleich von 106.214 Drogendelinquenten mit 41.493 Personen aus der allgemeinen Fahrerpopulation fest, dass die Drogengruppe sowohl mehr Verkehrsdelikte ohne Unfall als auch Verkehrsunfälle aufwies. 169

Diese Ergebnisse zeigen, dass durch Drogen- und/oder Medikamenteneinnahme schwer wiegende Eignungsdefizite entstehen können, die die Fahreignung erheblich beeinträchtigen. Einerseits ist mit **überdauernden Leistungsbeeinträchtigungen** zu rechnen, andererseits mit **Persönlichkeitsstörungen**, die nicht nur zu Fehleinstellungen und -handlungen führen, sondern auch die Rückfallgefahr deutlich steigern. 170

---

132 Abgedruckt im Anhang unter Nr. 1.
133 *Müller, M. R. et al.* (1999).
134 *Marowitz, L.* (1995).

bb) Prognose der Ungeeignetheit

171 Die verkehrsbezogene Gefährlichkeit der Einnahme einer bestimmten Droge ist quantitativ bislang noch nicht sicher nachgewiesen.[135] Es liegen derzeit lediglich erste Ansätze vor, mit der Blutalkoholkonzentration vergleichbare Grenzwerte der absoluten Fahruntüchtigkeit nach Cannabiskonsum zu bestimmen.[136] Daher fehlen einerseits Anknüpfungstatsachen im Verkehrsverhalten, die Anhaltspunkte liefern für das Missbrauchsmuster und die verkehrsrelevante Risikobereitschaft des drogenauffälligen Fahrers, andererseits mangelt es an Daten zur zuverlässigen Bestimmung der Rückfallwahrscheinlichkeit.

172 Untersuchungen der Kraftfahreignung von Drogenauffälligen haben ergeben,[137] dass es **unter Drogenkonsumenten vielfältige Typen** gibt, die sich hinsichtlich ihres Verhaltens im Umgang mit Drogen erheblich unterscheiden. Wahrscheinlich existiert – wie bei den alkoholauffälligen Kraftfahrern – ein Kontinuum vom bloßen „Probierer", der „schnell Abstand zu Drogen nimmt, wenn sie nicht zu seiner Person und Lebensplanung passen oder die mögliche Konsequenz eines Fahrerlaubnisentzuges deutlich wird", bis zum jahrelang Drogenabhängigen, der entsprechende Deformationen der Persönlichkeitsentwicklung aufweist und schwer wiegende Beeinträchtigungen der Leistungsfähigkeit.

173 Daneben zeigen amerikanische Untersuchungen,[138] dass auch Personen, die lediglich wegen eines Delikts im Zusammenhang mit gefährlichen Drogen – z.B. Transport oder Verkauf derartiger Substanzen – festgenommen worden sind, deutlich mehr Verkehrsdelikte und Unfälle aufweisen als Personen einer vergleichbaren Kontrollgruppe.

174 Schließlich ist zu beachten, dass der **Therapieerfolg bei Drogenabhängigen nicht sehr groß ist**: Mindestens 65 % werden auch nach einer stationären Entwöhnungsbehandlung rückfällig.[139]

175 Um die Frage der Kraftfahreignung klären zu können, sind daher umfangreiche Erhebungen erforderlich:
- Handelt es sich um einen singulären Konsum im Probierstadium?
- Wurde unter Drogeneinfluss ein Kraftfahrzeug benutzt?
- Liegen wiederholte Delikte im Zusammenhang mit Drogen vor?
- Sind Beeinträchtigungen der Leistungsfähigkeit oder Persönlichkeitsstörungen zu beobachten?

---

135 *Kannheiser, W.* und *Maukisch, H.* (1995).
136 *Daldrup, Th.* (1996)
137 *Brenner-Hartmann, J.* (1995).
138 *Marowitz, L.* (1995).
139 *Herbst, K.* (1992).

- Besteht eine Neigung zum kombinierten Konsum von Drogen und Alkohol?
- Ist der Betroffene drogenabhängig?
- Hatte er schon einmal eine Entwöhnungsbehandlung wegen Drogenmissbrauchs absolviert?

Zur Klärung der Fragen und damit zur Prognose der Ungeeignetheit wird nur in seltenen Fällen eine Labordiagnostik[140] ausreichen. In der Regel bedarf es einer umfassenden medizinisch-psychologischen Untersuchung, wobei nicht nur nach aktuellem Drogenkonsum gefragt wird, sondern nach den möglichen Auswirkungen einer längerfristigen Einnahme von Drogen,[141] nach den Ursachen einer eventuell eingetretenen Abhängigkeit und nach den zwischenzeitlich eingeleiteten Maßnahmen zur Minimierung der Rückfallgefahr.

176

Der Kommentar zu den Begutachtungs-Leitlinien[142] fordert nicht nur, die reinen „Konsumdaten" zu erheben, vielmehr auch stark auf die Konsummotivation zu achten, um „aus dem Grad der Bindung an die Droge auch die erforderlichen Schritte zur dauerhaften Distanzierung ableiten zu können".

b) FeV und Begutachtungs-Leitlinien

Die diesbezüglichen Ausführungen in der Anlage 4 der FeV (unter Nr. 9) gehen weit über die im Anhang III der Zweiten EU-Führerscheinrichtlinie aufgestellten „Mindestanforderungen hinsichtlich der körperlichen und geistigen Tauglichkeit für das Führen von Kraftfahrzeugen" hinaus. In diesem Anhang wird zu „Drogen und Arzneimittel" lediglich ausgeführt:

177

> „15. Mißbrauch
>
> Bewerbern oder Fahrzeugführern, die von psychotropen Stoffen abhängig sind oder, auch ohne abhängig zu sein, von solchen Stoffen regelmäßig übermäßig Gebrauch machen, darf eine Fahrerlaubnis unabhängig von der beantragten Führerscheinklasse weder erteilt noch erneuert werden.
>
> Regelmäßige Einnahme
>
> Gruppe 1:
>
> 15.1. Bewerbern oder Fahrzeugführern, die regelmäßig psychotrope Stoffe in irgendeiner Form einnehmen, darf, wenn die aufgenommene Menge so groß ist, daß die Fahrtüchtigkeit nachhaltig beeinflußt wird, eine Fahrerlaubnis weder erteilt

---

140 *Berghaus, G.*, *Friedel, B.* und *Joo, S.* (1995).
141 *Schulz, E.*, *Vollrath, M.*, *Klimesch, C.* und *Szegedi, A.* (1997).
142 *Schubert, W.*, *Schneider, W.* et al. [Hrsg.] (2005) S. 187.

noch erneuert werden. Dies gilt auch für alle anderen Arzneimittel oder Kombinationen von Arzneimitteln, die die Fahrtüchtigkeit beeinträchtigen.

Gruppe 2:

15.2. Die zuständige ärztliche Stelle muß die zusätzlichen Risiken und Gefahren gebührend berücksichtigen, die mit dem Führen von Fahrzeugen dieser Gruppe verbunden sind."

178 Die Ausführungen unter Nr. 9 der Anlage 4 der FeV und in den Begutachtungs-Leitlinien zur Kraftfahrereignung (unter 3.12.1)[143] unterscheiden sich teilweise und sind zudem in Einzelheiten auch widersprüchlich.

Auch der Kommentar zu den Begutachtungs-Leitlinien kritisiert Ausführungen in den Begutachtungs-Leitlinien und gibt ausführlichere Hinweise auf die sehr unterschiedlichen verkehrsrelevanten Sicherheitsrisiken des jeweiligen Drogenkonsums und seiner Auswirkungen.[144]

aa) Abhängigkeit

179 Nach Nr. 9.3 der Anlage 4 der FeV ist Eignung und bedingte Eignung zu verneinen bei „Abhängigkeit von Betäubungsmitteln im Sinne des Betäubungsmittelgesetzes oder von anderen psychoaktiv wirkenden Stoffen".

180 Das steht grundsätzlich im Einklang mit den unter 3.12.1 in den Begutachtungs-Leitlinien zur Kraftfahrereignung aufgestellten Leitsätzen, die zur Abhängigkeit auf die Definition in ICD 10[145] verweisen. Sie führen als Beispiele für andere psychoaktiv wirkende Stoffe an „Tranquilizer, bestimmte Psychostimulanzien, verwandte Verbindungen bzw. deren Kombinationen (Polytoxikomanie)" und merken dabei an:

„Was die Tranquilizer angeht ist zu unterscheiden: einerseits der eigentliche Missbrauch mit der Gefahr von Abhängigkeit (höhere Dosen, steigende Dosis, Einnahme regelmäßig auch am Tage) und andererseits der regelmäßige abendliche Gebrauch kleiner Mengen. Letzterer führt zwar in der Regel nicht zur Fahrunsicherheit, kann aber zu Abhängigkeit führen, da bereits nach einigen Monaten der Einnahme selbst kleiner Mengen eine Abhängigkeit (low dose dependence) eintreten kann, erkennbar an eindeutigen Entziehungssymptomen."

---

143 Abgedruckt im Anhang unter Nr. 1.
144 *Schubert, W., Schneider, W. et al.* [Hrsg.] (2005) S. 169.
145 Siehe unter § 3 Rn 157.

Eignung zum Führen von Kraftfahrzeugen § 3

In den Begutachtungs-Leitlinien zur Kraftfahrereignung folgt jedoch der Aussage, dass ein von Betäubungsmitteln im Sinne des Betäubungsmittelgesetzes Abhängiger nicht in der Lage ist, den gestellten Anforderungen zum Führen von Kraftfahrzeugen gerecht zu werden, der einschränkende Satz: 181

"Dies gilt nicht, wenn die Substanz aus der bestimmungsgemäßen Einnahme eines für einen konkreten Krankheitsfall verschriebenen Arzneimittels herrührt."

Damit ist aber die **generelle Annahme des Fehlens der Eignung bei Abhängigkeit von Betäubungsmitteln** im Sinne des Betäubungsmittelgesetzes **grundsätzlich infrage gestellt**: Denn denkbar ist Eignung eines von Betäubungsmitteln im Sinne des Betäubungsmittelgesetzes Abhängigen offensichtlich bei verantwortungsvollem Umgang mit solchen Betäubungsmitteln. Ist das der Fall, so kann die Eignung eines von Betäubungsmitteln im Sinne des Betäubungsmittelgesetzes Abhängigen nicht nur gegeben sein, wenn die Substanz aus der bestimmungsgemäßen Einnahme eines für einen konkreten Krankheitsfall verschriebenen Arzneimittels herrührt, sondern auch dann, wenn andere Umstände dafür sprechen, dass der Abhängige die Substanz nur in verantwortbarem Umfang einnimmt. 182

Eine Prüfung der Einzelumstände, die für oder gegen die Eignung eines von Betäubungsmitteln im Sinne des Betäubungsmittelgesetzes oder von anderen psychoaktiv wirkenden Stoffen Abhängigen sprechen, ist auch deshalb erforderlich, weil die von der Abhängigkeit zu besorgenden, die Eignung einschränkenden Wirkungen durchaus nicht in jedem Fall gegeben sein **müssen**. In der Begründung zu den in den Begutachtungs-Leitlinien zur Kraftfahrereignung aufgestellten Leitsätzen heißt es vielmehr: 183

"Menschen, die von einem oder mehreren der oben genannten Stoffe abhängig sind, **können** für die Zeit der Wirkung eines Giftstoffes oder sogar dauernd schwere körperlich-geistige (psychische) und die Kraftfahrleistung beeinträchtigende Schäden erleiden. So **können** als Folge des Missbrauchs oder der Abhängigkeit krankhafte Persönlichkeitsveränderungen auftreten, insbesondere Selbstüberschätzung, Gleichgültigkeit, Nachlässigkeit, Erregbarkeit und Reizbarkeit. Es kommt schließlich zur Entdifferenzierung und Depravation der gesamten Persönlichkeit.

Bei einigen Drogen **kann** es sehr schnell zu schweren Entzugssymptomen kommen, die innerhalb von wenigen Stunden nach der Einnahme auftreten und die die Fahrtauglichkeit erheblich beeinträchtigen. Dies gilt insbesondere für Heroin wegen der bekannten kurzen Halbwertzeit.

Außerdem **kann** die langdauernde Zufuhr größerer Mengen dieser toxischen Stoffe zu Schädigungen des zentralen Nervensystems führen."

§ 3 Eignung zum Führen von Kraftfahrzeugen

Im Einzelfall kann das **Fehlen der Eignung** danach nur festgestellt werden, wenn die nach den vorstehenden Ausführungen der Begutachtungs-Leitlinien zur Kraftfahrereignung möglichen **Wirkungen auch tatsächlich eingetreten** sind.

bb) Missbräuchliche Einnahme von psychoaktiv wirkenden Stoffen

184 Nach Nr. 9.4 der Anlage 4 der FeV ist Eignung und bedingte Eignung zu verneinen bei „missbräuchlicher Einnahme (regelmäßig übermäßiger Gebrauch) von psychoaktiv wirkenden Arzneimitteln und anderen psychoaktiv wirkenden Stoffen".

Die Begutachtungs-Leitlinien zur Kraftfahrereignung enthalten Ausführungen zur missbräuchlichen Einnahme, die einerseits Arzneimittel nicht ausdrücklich erwähnen, aber andererseits insoweit weiter greifen, als sie sich auch auf Betäubungsmittel im Sinne des Betäubungsmittelgesetzes beziehen. Nach Abs. 5 der unter 3.12.1 aufgestellten Leitsätze[146] ist nicht in der Lage, den gestellten Anforderungen zum Führen von Kraftfahrzeugen gerecht zu werden, wer, ohne abhängig zu sein, „**missbräuchlich oder regelmäßig** Stoffe der oben genannten Art" (oben genannt sind Betäubungsmittel im Sinne des Betäubungsmittelgesetzes und andere psychoaktiv wirkende Stoffe) „**zu sich nimmt**, die die körperlich-geistige (psychische) Leistungsfähigkeit eines Kraftfahrers ständig unter das erforderliche Maß herabsetzen oder die durch den besonderen Wirkungsablauf jederzeit unvorhersehbar und plötzlich seine Leistungsfähigkeit oder seine Fähigkeit zu verantwortlichen Entscheidungen (wie den Verzicht auf die motorisierte Verkehrsteilnahme) vorübergehend beeinträchtigen können".

(1) Einnahme-Zeitpunkt

185 Eignung und bedingte Eignung ist nur zu verneinen, wenn der Betroffene Betäubungsmittel im Sinne des Betäubungsmittelgesetzes oder andere psychoaktiv wirkende Stoffe unter den vorbeschriebenen Voraussetzungen (gegenwärtig) „**zu sich nimmt**".

Daraus folgt, dass Eignung und bedingte Eignung nicht zu verneinen sind, wenn der Betroffene solche Stoffe (in der Vergangenheit) **eingenommen hat** und sie nunmehr nicht mehr einnimmt.

Dem **Hessischen Verwaltungsgerichtshof**[147] ist „zweifelhaft, ob ein einmaliger früherer Genuss von **Kokain** den Begriff der Einnahme erfüllt, der in der amtlichen Begründung zu § 14 FeV mit dem Begriff Konsum gleich gesetzt wird (vgl. BR-Dr. 443/98, S. 262): Diese Begriffe könnten auch an ein **gegenwärtig anhaltendes und in die nahe Zukunft zielendes Konsumverhalten** anknüpfen, zumal der Verordnungsgeber in § 14 Abs. 1 S. 2 FeV die Formulierung ‚besitzt oder besessen hat' gebraucht."

---

146 Abgedruckt im Anhang unter Nr. 1.
147 VGH Kassel 14.01.2002.

Das **Verwaltungsgericht Lüneburg**[148] verneint in einem Fall, in dem die Fahrerlaubnisbehörde auf das am 06.02.2000 erfolgte Führen eines Kraftfahrzeugs unter dem Einfluss von **Ecstasy** erst im Dezember 2003 reagierte, fehlende Kraftfahreignung und meint, die Fahrerlaubnisbehörde hätte aufgrund des **inzwischen verstrichenen relativ langen Zeitraums von fast vier Jahren** nunmehr nur noch von Zweifeln an der Fahreignung ausgehen dürfen, die allenfalls zu weiterer Aufklärung mit Hilfe eines medizinisch-psychologischen Gutachtens Anlass geben könnte.

Nach zutreffender Auffassung des **Verwaltungsgerichtshofs Baden-Württemberg**[149] kann die unmittelbare Entziehung der Fahrerlaubnis nicht auf den **früheren regelmäßigen Cannabiskonsum** gestützt werden, wenn der Fahrerlaubnisinhaber seinen Konsum für die Dauer mehrerer Jahre (hier **seit drei Jahren und vier Monaten** von Juli 2000 bis zum entscheidungserheblichen November 2003) auf eine nur **gelegentliche Einnahme reduziert hat**.

(2) Missbrauch

„Missbrauch" ist in den Begutachtungs-Leitlinien zur Kraftfahrereignung zu Alkohol[150] mit der Anmerkung versehen:

„Lt. ICD-10 Schädlicher Gebrauch".

Diese Definition gilt auch hier, so dass entgegen der in Nr. 9.4 der Anlage 4 der FeV enthaltenen Definition bloß „regelmäßig übermäßiger Gebrauch" ohne schädliche Folgen den Begriff des Missbrauchs nicht zutreffend umschreibt.

(3) Regelmäßigkeit

Unter „regelmäßig" verstehen die Begutachtungs-Leitlinien zur Kraftfahrereignung – wie in den Leitsätzen zu Cannabis in einem Klammervermerk ausgeführt ist[151] – „**täglich oder gewohnheitsmäßig**".

Was unter „gewohnheitsmäßig" zu verstehen ist, erklären die Begutachtungs-Leitlinien zur Kraftfahrereignung nicht. Da dieser Begriff der Ausdeutung des Begriffs „regelmäßig" dienen soll, muss es sich schon um eine nach bestimmten Regeln über längere Zeit geübte Gewohnheit handeln. Zur Präzisierung des Begriffs der „Regelmäßigkeit" sei auf die unter § 3 Rn 221 ff. dargestellten Erkenntnisse von Verwaltungsgerichten zur Auslegung dieses Begriffs bei Cannabiskonsum verwiesen.

---

148 DAR 2005, 54 = zfs 2004, 239
149 VGH Mannheim 26.11.2003.
150 Siehe unter § 3 Rn 163.
151 Siehe unter § 3 Rn 219.

(4) Zusätzliche Umstände

188 Von besonderer Bedeutung ist, dass missbräuchliche oder regelmäßige **Einnahme** psychoaktiv wirkender Stoffe nach Nr. 3.12.1 Abs. 5 der Begutachtungs-Leitlinien entgegen Nr. 9.4 der Anlage 4 der FeV **nicht ohne weiteres zur Verneinung der Eignung führt**, sondern nur dann, wenn dadurch
- die körperlich-geistige (psychische) Leistungsfähigkeit des Kraftfahrers ständig unter das erforderliche Maß herabgesetzt wird oder
- durch den besonderen Wirkungsablauf jederzeit unvorhersehbar und plötzlich seine Leistungsfähigkeit oder seine Fähigkeit zu verantwortlichen Entscheidungen (wie den Verzicht auf die motorisierte Verkehrsteilnahme) vorübergehend beeinträchtigt ist.

189 Das **Bundesverfassungsgericht**[152] definiert Nichteignung ähnlich wie Nr. 3.12.1 Abs. 5 der Begutachtungs-Leitlinien zur Kraftfahrereignung mit den Worten:

„Von unzureichender Kraftfahreignung infolge drogenkonsumbedingter körperlich-geistiger Leistungsdefizite ist insbesondere auszugehen, wenn der Konsum von Drogen beim Betroffenen dazu geführt hat, dass seine Auffassungsgabe, seine Konzentrationsfähigkeit, sein Reaktionsvermögen oder seine Selbstkontrolle ständig unter dem für ein sicheres und verkehrsgerechtes Führen von Kraftfahrzeugen im Straßenverkehr erforderlichen Maß liegen. Fahruntauglichkeit ist ferner anzunehmen, wenn der Betroffene grundsätzlich außer Stande ist, eine drogenkonsumbedingte zeitweilige Fahruntüchtigkeit rechtzeitig als solche zu erkennen oder trotz einer solchen Erkenntnis von der aktiven Teilnahme am Straßenverkehr abzusehen."

In den Begutachtungs-Leitlinien zur Kraftfahrereignung wird nicht mitgeteilt, welche psychoaktiv wirkenden Stoffe in welcher Dosis bei missbräuchlicher oder gewohnheitsmäßiger Einnahme zu den Nichteignung begründenden Folgen führt.

Solche hinzutretenden Umstände müssen also im Einzelfall festgestellt werden, wenn die Eignung verneint werden soll. Unzureichende Kraftfahreignung kann danach nur individuell im jeweils vorliegenden konkreten Einzelfall festgestellt werden.

cc) Missbräuchliche Einnahme von Betäubungsmitteln

190 Dieser Fall wird in der Anlage 4 der FeV nicht erwähnt – wohl mit Rücksicht darauf, dass nach Nr. 9.1 der Anlage 4 der FeV Eignung und bedingte Eignung zu verneinen ist bei bloßer (durch hinzutretenden Missbrauch nicht eingeschränkter) „Einnahme

---

152 BVerfG 20.06.2002 unter D. I. 1. a) aa).

Eignung zum Führen von Kraftfahrzeugen § 3

von Betäubungsmitteln im Sinne des Betäubungsmittelgesetzes (ausgenommen Cannabis)", wie sogleich unter dd) noch dargestellt wird.

Die Begutachtungs-Leitlinien zur Kraftfahrereignung behandeln dagegen unter 3.12.1 Abs. 5 die missbräuchliche Einnahme von Betäubungsmitteln im Sinne des Betäubungsmittelgesetzes ebenso wie die missbräuchliche Einnahme von psychoaktiv wirkenden Stoffen, wie eben unter bb) bereits dargestellt ist. 191

Danach ist bei missbräuchlicher oder regelmäßiger Einnahme von Betäubungsmitteln die Annahme der Nichteignung nur begründet, wenn dadurch
- die körperlich-geistige (psychische) Leistungsfähigkeit des Kraftfahrers ständig unter das erforderliche Maß herabgesetzt wird oder
- durch den besonderen Wirkungsablauf jederzeit unvorhersehbar und plötzlich seine Leistungsfähigkeit oder seine Fähigkeit zu verantwortlichen Entscheidungen (wie den Verzicht auf die motorisierte Verkehrsteilnahme) vorübergehend beeinträchtigt ist.

dd) Einnahme von Betäubungsmitteln außer Cannabis

Nach Nr. 9.1 der Anlage 4 der FeV ist Eignung und bedingte Eignung zu verneinen bei „Einnahme von Betäubungsmitteln im Sinne des Betäubungsmittelgesetzes (ausgenommen Cannabis)". 192

Nach dem unter 3.12.1 Abs. 1 der Begutachtungs-Leitlinien zur Kraftfahrereignung aufgestellten Leitsatz[153] ist nicht in der Lage, den gestellten Anforderungen zum Führen von Kraftfahrzeugen gerecht zu werden, wer „Betäubungsmittel im Sinne des Betäubungsmittelgesetzes (BtMG) nimmt oder von ihnen abhängig ist". Die in der Anlage 4 der FeV gemachte Ausnahme für Cannabis ergibt sich zwar nicht aus dieser Formulierung, aber daraus, dass die Begutachtungs-Leitlinien unter 3.12.1 Abs. 2 und 3 besondere Ausführungen zur Einnahme von Cannabis enthalten.[154] 193

(1) Redaktionsversehen

Die vorzitierten Ausführungen sowohl in der Anlage 4 der FeV als auch in den Begutachtungs-Leitlinien beruhen offenbar auf Redaktionsversehen: Wenn schon die bloße – durch keine besonderen Umstände qualifizierte – Einnahme von Betäubungsmitteln im Sinne des Betäubungsmittelgesetzes (ausgenommen Cannabis) zur Verneinung der Eignung führen sollte, wären die sowohl in der Anlage 4 der FeV als auch in den Begutachtungs-Leitlinien enthaltenen Ausführungen zur Abhängigkeit von Betäubungsmitteln im Sinne des Betäubungsmittelgesetzes ebenso wie die in den Begutach- 194

---
153 Abgedruckt im Anhang unter Nr. 1.
154 Siehe unter § 3 Rn 219, 241.

tungs-Leitlinien enthaltenen Ausführungen zum Missbrauch von Betäubungsmitteln im Sinne des Betäubungsmittelgesetzes schlicht überflüssig.

195 Für ein Redaktionsversehen spricht zudem die Vorgeschichte:

Im Anhang III der EU-Führerscheinrichtlinie, nach der sich die Anlage 4 der FeV ausweislich der Begründung des Bundesministerium für Verkehr zum Entwurf der FeV in ihrem Aufbau richtet,[155] heißt es unter Nr. 15[156] ausdrücklich:

„Bewerbern oder Fahrzeugführern, die von psychotropen Stoffen abhängig sind oder, auch ohne abhängig zu sein, von solchen Stoffen **regelmäßig übermäßig** Gebrauch machen, darf eine Fahrerlaubnis unabhängig von der beantragten Führerscheinklasse weder erteilt noch erneuert werden."

In der 1996 herausgegebenen 5. Auflage des Gutachtens „Krankheit und Kraftverkehr"[157] lauten die beiden ersten Absätze in Kapitel 9.A:

„Wer Rauschmittel, die dem Betäubungsmittelgesetz (BtMG) unterliegen, nimmt oder von ihnen abhängig ist, ist nicht in der Lage, den gestellten Anforderungen zum Führen von Kraftfahrzeugen beider Gruppen gerecht zu werden. Dies gilt nicht für ärztlich verordnete Mittel in der Schmerztherapie, sofern im Einzelfall eine Beeinträchtigung der verkehrsrelevanten Leistungsfähigkeit aus ärztlicher Sicht nicht gegeben ist. Wer sonst von psychotropen Stoffen, die dem BtMG unterliegen, oder von anderen Stoffen, z.B. Opioide, Schlafmittel, Tranquilizer, Psychostimulantien, verwandte Verbindungen bzw. deren Kombinationen (Politoxikomanie) abhängig ist, wird den gestellten Anforderungen zum Führen von Kraftfahrzeugen nicht gerecht.

Wer, ohne abhängig zu sein, **mißbräuchlich oder gewohnheitsmäßig** Stoffe der obengenannten Art zu sich nimmt, die die körperlich-geistige Leistungsfähigkeit eines Kraftfahrers ständig unter das erforderliche Maß herabsetzen oder die durch den besonderen Wirkungsablauf jederzeit unvorhersehbar und plötzlich seine Leistungsfähigkeit oder seine Fähigkeit zu verantwortlichen Entscheidungen (wie den Verzicht auf die motorisierte Verkehrsteilnahme) vorübergehend beeinträchtigen können, ist nicht in der Lage, den gestellten Anforderungen zum Führen von Kraftfahrzeugen beider Gruppen gerecht zu werden."

(Die Bezugnahme auf Kraftfahrzeuge „beider Gruppen" orientiert sich am Anhang III der Zweiten EU-Führerscheinrichtlinie, der die Fahrerlaubnisklassen in zwei Gruppen einteilt.)[158]

---

155 Siehe unter § 3 Rn 96.
156 Wörtlich mitgeteilt unter § 3 Rn 177.
157 *Bundesminister für Verkehr* (1996), S. 28 f.
158 Siehe dazu die in § 3 Rn 96 zitierten Ausführungen des Bundesministeriums für Verkehr in der Begründung zum Entwurf der FeV.

Das Bundesministerium für Verkehr hat in seiner Verlautbarung vom 15.12.1997[159] den zweiten Absatz in Kapitel 9.A des Gutachtens „Krankheit und Kraftverkehr" wie folgt gefasst:

„Wer, ohne abhängig zu sein,
a) **regelmäßig** die dem Betäubungsmittelgesetz unterliegenden Rauschmittel oder
b) **mißbräuchlich und regelmäßig** andere in ihrer Wirkung vergleichbare Stoffe, wie z.b. Opioide, Schlafmittel, Tranquilizer, Psychostimulanzien, verwandte Verbindungen bzw. deren Kombinationen (Polytoxikomanie) nimmt, ... ist nicht in der Lage, den gestellten Anforderungen zum Führen von Kraftfahrzeugen beider Gruppen gerecht zu werden."

Schließlich gibt es für die Annahme, bloße Einnahme von Betäubungsmitteln im Sinne des Betäubungsmittelgesetzes könne zur Nichteignung führen, keine Begründung, wohl aber für die Annahme, die Einnahme von Betäubungsmitteln im Sinne des Betäubungsmittelgesetzes könne **unter besonderen Umständen** Nichteignung bewirken. **196**

Im Kommentar zu den Begutachtungs-Leitlinien zur Kraftfahrereignung bemerken *Brenner-Hartmann, Löhr-Schwab, Bedacht, Aderjaht* und *Eisenmenger* in den Erläuterungen zu Nr. 3.12.1[160] zutreffend, dass „die Begutachtungs-Leitlinien selbst in ihrer Begründung nur auf die Gefahr einer Drogenabhängigkeit und die Risiken einer lang dauernden Zufuhr größerer Mengen dieser toxischen Stoffe eingehen". Gleichwohl vertreten sie die Ansicht, es werde „bei Drogenkonsumenten jegliche Einnahme von Drogen als Ausschlusskriterium für die Fahreignung gewählt (Sonderstellung: ausschließlicher Cannabiskonsum)". Das steht jedoch im Widerspruch zu Abs. 5 der Nr. 3.12.1 der Begutachtungs-Leitlinien zur Kraftfahrereignung – den sie allerdings auch nicht kommentieren, ja nicht einmal erwähnen.

Für die Annahme, dass bei Drogenkonsumenten jegliche Einnahme von Drogen die Fahreignung ausschließe, fehlt in den Begutachtungs-Leitlinien zur Kraftfahrereignung eine Begründung deshalb, weil es sie nicht gibt. **197**

So hat *Berghaus* in seinem vom Bundesverfassungsgericht eingeholten Gutachten[161] „zu Frage 4" („Amphetamine, Kokain") dargelegt, es sei aufgrund experimenteller Studien davon auszugehen, dass bei gelegentlichem Konsum „normaler Dosen" von Amphetaminen einschließlich Ecstasy und Kokain keine wesentlichen Leistungseinschränkungen zu erwarten sind. Ungeklärt ist, ob bei gelegentlichem Konsum „norma-

---

159 VKBl. 1998, S. 30.
160 *Schubert, W., Schneider, W. et al.* [Hrsg.] (2002) S. 169.
161 Im Internet abrufbar unter der vom BVerfG im Beschluss vom 20.06.2002 – unter B. II. 1. – angegebenen Adresse; abgedruckt in Blutalkohol 40 (2002), 321 ff.

ler Dosen" anderer Drogen, bei gelegentlichem Konsum „unnormaler Dosen" von Drogen und bei regel- oder gewohnheitsmäßigem Konsum von Drogen gleichsam aus sich heraus wesentliche Leistungseinschränkungen zu erwarten sind.

198 Deshalb ist auch verständlich, dass Abs. 5 der Nr. 3.12.1 der Begutachtungs-Leitlinien zur Kraftfahrereignung nicht zu entnehmen ist, welche Stoffe in welcher Dosis bei missbräuchlicher oder gewohnheitsmäßiger Einnahme die körperlich-geistige (psychische) Leistungsfähigkeit eines Kraftfahrers ständig unter das erforderliche Maß herabsetzen oder durch den besonderen Wirkungsablauf jederzeit unvorhersehbar und plötzlich seine Leistungsfähigkeit oder seine Fähigkeit zu verantwortlichen Entscheidungen (wie den Verzicht auf die motorisierte Verkehrsteilnahme) vorübergehend beeinträchtigen können.

(2) Regel-Annahme

199 In der **Rechtsprechung** wird weithin die Ansicht vertreten, für einen Eignungsausschluss i.S.d. § 46 Abs. 1 FeV i.V.m. Nr. 9.1 der Anlage 4 der FeV genüge im Regelfall bereits der Nachweis des einmaligen Konsums eines im Betäubungsmittelgesetz angeführten Rauschmittels (außer Cannabis) also von Kokain,[162] Amphetamin[163] oder MDMA (Ecstasy).[164] Das begründen Verwaltungsgerichte so:

200 Das **Oberverwaltungsgericht Rheinland-Pfalz** meint in seinem Urteil vom 23.05.2000,[165] bei Einnahme von **Kokain** greife die Nr. 9.1 der Anlage 4 der FeV ein, wonach die Eignung bei Einnahme von Betäubungsmitteln im Sinne des Betäubungsmittelgesetzes ausgeschlossen ist. Es fügt jedoch hinzu:

„Wollte man aber allein aufgrund von § 46 Abs. 1 S. 2 i.V.m. Anlage 4 FeV schließen, dass ein Fahrerlaubnisinhaber bei Einnahme von **Kokain** schon grundsätzlich als ungeeignet zu gelten hat, würde dies zu kurz greifen. Die Bedeutung der Regelung des § 46 Abs. 1 S. 2 i.V.m. Nr. 9.1 Anlage 4 FeV wird nämlich erst dann verständlich, wenn in die Betrachtung auch die Vorbemerkung zur Anlage 4 FeV einbezogen wird. Gemäß Nr. 1 und Nr. 3 S. 1 der Vorbemerkung zu Anlage 4 FeV gilt nämlich die einzelne in der nachfolgenden Aufstellung vorgenommene Bewertung – hier, dass die Eignung zum Führen von Kraftfahrzeugen bei Einnahme von Kokain ausgeschlossen ist – nur für den Regelfall; Grundlage für die Beurteilung der Eignung soll im Einzelfall gemäß Nr. 2 der Vorbemerkung zur Anlage 4 FeV in der Regel ein ärztliches Gutachten sein. § 46 Abs. 1 S. 2 FeV i.V.m. der Anlage 4

---

162 OVG Koblenz 23.05.2000; VGH Mannheim 28.05.2002; OVG Lüneburg 14.08.2002.
163 OVG Koblenz 21.11.2000; OVG Weimar 30.04.2002; VGH Mannheim 28.05.2002; OVG Lüneburg 16.06.2003, 19.11.2004; OVG Greifswald 19.03.2004.
164 VGH Mannheim 24.05.2002 und 22.11.2004; VG des Saarlandes zfs 2000, 519.
165 OVG Koblenz 23.05.2000.

FeV ist somit so zu verstehen, dass der Verordnungsgeber – wozu er gemäß § 6 Abs. 1 Nr. 1c StVG befugt ist – eine Bewertung der Auswirkungen bestimmter Verhaltensweisen und Erkrankungen auf die Eignung zum Führen von Kraftfahrzeugen vornimmt. Dies geschieht dadurch, dass die auf wissenschaftlicher Grundlage gewonnenen und im Gutachten „Krankheit und Kraftverkehr" zusammengefassten Erkenntnisse, die der Senat bisher schon als Entscheidungshilfe herangezogen hatte (vgl. auch BVerwG, Buchholz 442.10 § 4 StVG Nr. 81) in die FeV integriert und damit normativ als für den Regelfall zutreffend gekennzeichnet werden. § 46 Abs. 1 S. 2 FeV i.V.m. Nr. 9.1 Anlage 4 FeV beinhaltet daher – soweit vorliegend von Interesse – den Erfahrungssatz, dass schon die Einnahme von Kokain regelmäßig die Eignung zum Führen von Kraftfahrzeugen ausschließt. Die Annahme des Klägers, der Ausschluss der Fahreignung sei nur gegeben, wenn nachgewiesen werden könne, dass der Fahrerlaubnisinhaber unter der Wirkung von Kokain ein Kraftfahrzeug geführt hat, trifft danach nicht zu. Dies wird auch durch den Vergleich mit den Nrn. 9.2.1 und 9.2.2 der Anlage 4 FeV bestätigt; während der Verordnungsgeber bei Cannabis den Ausschluss der Eignung an die regelmäßige Einnahme knüpft (Nr. 9.2.1 Anlage 4 FeV) und bei gelegentlicher Einnahme die Eignung bejaht, bei „... Trennung von Konsum und Fahren ..." (Nr. 9.2.2 Anlage 4 FeV) genügt nach Nr. 9.1 Anlage 4 FeV die bloße Einnahme. An diese für den Regelfall aufgestellte Bewertung ist der Senat gebunden, sofern nicht die Begutachtung im Einzelfall Umstände zutage fördert, die ausnahmsweise eine abweichende Beurteilung rechtfertigen."

Das **Oberverwaltungsgericht Rheinland-Pfalz** verweist im Beschluss vom **201** 21.11.2000[166] auf sein vorstehend erwähntes Urteil und führt in gleicher Weise aus:

„§ 46 Abs. 1 S. 2 FeV i.V.m. Ziffer 9.1 Anlage 4 FeV beinhaltet ... den Erfahrungssatz, dass schon die Einnahme von **Amphetamin** regelmäßig die Fahreignung ausschließt. An diese normative Wertung ist der Senat gebunden, solange keine Umstände im Einzelfall vorliegen, die ausnahmsweise eine andere Beurteilung rechtfertigen. Derartige Umstände, die die Regelannahme der Anlage 4 FeV entkräften, sind weder vorgetragen noch lassen sie sich den vorgelegten Unterlagen entnehmen; vielmehr ist von einem Regelfall der Anlage 4 FeV auszugehen."

Das **Thüringer Oberverwaltungsgericht** argumentiert im Beschluss vom **202** 30.4.2002[167] – ebenfalls bei Einnahme von **Amphetamin** – ähnlich:

„§ 46 Abs 1 S. 2 FeV i. V. m. Ziffer 9.1 Anlage 4 FeV erhebt ... in Übereinstimmung mit dem ersten Leitsatz unter Ziffer 3.12.1 der Begutachtungs-Leitlinien den

---

166 OVG Koblenz 21.11.2000.
167 OVG Weimar 30.04.2002.

Erfahrungssatz, dass schon die Einnahme von Betäubungsmitteln im Sinne des BtMG regelmäßig die Fahreignung ausschließt, zum Rechtssatz. An diese normative Wertung ist der Senat gebunden, solange keine anderen wissenschaftlichen Erkenntnisse vorgetragen werden, die eine andere Beurteilung rechtfertigen.

Erkenntnisse oder Umstände, die die Regelannahme der Anlage 4 FeV entkräften, sind hier weder vorgetragen noch lassen sie sich den vorgelegten Unterlagen entnehmen. Deshalb war über den hier durch medizinisches Gutachten geführten Nachweis der Einnahme von Betäubungsmitteln hinaus keine weitere gutachterliche Feststellung auf der Grundlage von Ziffer 3 der Vorbemerkung zu Anlage 4 FeV erforderlich."

Diese Begründungen treffen nicht zu.

203 Das **Bundesministerium für Verkehr** hat in der Begründung zum Entwurf der FeV[168] hinsichtlich der Anlage 4 der FeV ausdrücklich klargestellt:

„Eine Eignungsbeurteilung im konkreten Einzelfall allein aufgrund der Anlage 4 ist nicht möglich."

Da der Bundesrat dem bei seiner Zustimmung zu diesem Entwurf nicht widersprochen hat, ist eindeutig, dass der Verordnungsgeber mit der Aufzählung von Krankheiten und Mängeln in der Anlage 4 der FeV keine normative Wertung vorgenommen hat und damit auch Nr. 9.1 dieser Anlage nicht „zum Rechtssatz erhoben" hat.

204 Dass die Einnahme eines im Betäubungsmittelgesetz angeführten Rauschmittels (außer Cannabis) ohne weiteres für einen Eignungsausschluss genügt, ergibt sich auch nicht aus den auf wissenschaftlicher Grundlage gewonnenen und im Gutachten **„Krankheit und Kraftverkehr"** zusammengefassten Erkenntnissen, die das Oberverwaltungsgericht Rheinland-Pfalz in seinen vorstehend erwähnten Entscheidungen als „in die FeV integriert und damit normativ als für den Regelfall zutreffend gekennzeichnet" ansieht.

205 Nach den einschlägigen Leitsätzen in Kapitel 9.A der 1996 herausgegebenen 5. Auflage des Gutachtens „Krankheit und Kraftverkehr",[169] auf die sich das Oberverwaltungsgericht Rheinland-Pfalz ersichtlich bezieht (die jetzt geltenden „Begutachtungs-Leitlinien zur Kraftfahrereignung" wurden im Februar 2000 herausgegeben und erst später bekannt), führt die Einnahme eines im Betäubungsmittelgesetz angeführten Rauschmittels zu einem Eignungsausschluss nur, wenn festgestellt wird, dass der Konsument von dem Rauschmittel abhängig ist oder – falls das nicht gegeben ist – die in Absatz 2 beschriebenen Voraussetzungen vorliegen.

---

168 Auszugsweise wiedergegeben unter § 3 Rn 96.
169 Siehe unter § 3 Rn 195.

Nach den jetzt geltenden Begutachtungs-Leitlinien zur Kraftfahrereignung ist der in Nr. 9.1 der Anlage 4 der FeV formulierte Grundsatz zu ergänzen durch die in den Begutachtungs-Leitlinien zur Kraftfahrereignung formulierte wissenschaftliche Erkenntnis, dass die Einnahme von Betäubungsmitteln im Sinne des Betäubungsmittelgesetzes Nichteignung zum Führen von Kraftfahrzeugen nur zur Folge haben kann, wenn diese Einnahme 206

- zur Abhängigkeit des Konsumenten geführt hat und dadurch mögliche Wirkungen auf die Fahreignung auch tatsächlich eingetreten sind (oben unter § 3 Rn 179 ff.) oder
- missbräuchlich oder regelmäßig erfolgt und zusätzliche Umstände gegeben sind (oben unter § 3 Rn 188 f.), nämlich dadurch
- die körperlich-geistige (psychische) Leistungsfähigkeit des Kraftfahrers ständig unter das erforderliche Maß herabgesetzt wird oder
- durch den besonderen Wirkungsablauf jederzeit unvorhersehbar und plötzlich seine Leistungsfähigkeit oder seine Fähigkeit zu verantwortlichen Entscheidungen (wie den Verzicht auf die motorisierte Verkehrsteilnahme) vorübergehend beeinträchtigt ist.

Selbst wenn man diese auf wissenschaftlicher Grundlage gewonnenen Erkenntnisse nicht mit den Worten des Oberverwaltungsgerichts Rheinland-Pfalz als „in die FeV integriert und damit normativ als für den Regelfall zutreffend gekennzeichnet" ansieht, so **sind doch Fahrerlaubnisbehörden und Verwaltungsgerichte an den in den Begutachtungs-Leitlinien niedergelegten Sachverstand hinsichtlich geltender naturwissenschaftlicher Erkenntnisse gebunden**; in den maßgebenden Fachkreisen allgemein und zweifelsfrei als richtig anerkannte naturwissenschaftliche Erkenntnisse können zudem weder durch Gesetz oder Verordnung noch durch behördliche Anordnung außer Kraft gesetzt werden.[170] 207

Zur „Regelannahme" der Nr. 9.1 der Anlage 4 der FeV gehört das Vorliegen der vorbezeichneten besonderen Umstände. Unzureichende Kraftfahreignung kann deshalb nur unter Berücksichtigung solcher Umstände individuell im jeweils gegebenen konkreten Einzelfall festgestellt werden. 208

(3) Ausnahme von der Regel-Annahme

Die Verwaltungsgerichte weisen im Allgemeinen darauf hin, dass Ausnahmen von der Regelannahme möglich sind. Der **Verwaltungsgerichtshof Baden-Württemberg** beschreibt im Beschluss vom 24.05.2002,[171] der den Fall der Einnahme von **Ecstasy** betraf, mögliche Ausnahmen so: 209

---

170 Siehe oben unter § 3 Rn 28.
171 VGH Mannheim 24.05.2002.

§ 3 Eignung zum Führen von Kraftfahrzeugen

„Ausnahmen von dieser Regel werden grundsätzlich nur dann anzuerkennen sein, wenn in der Person des Betäubungsmittelkonsumenten Besonderheiten bestehen, die darauf schließen lassen, dass seine Fähigkeit, ein Kraftfahrzeug im Straßenverkehr sicher, umsichtig und verkehrsgerecht zu führen sowie sein Vermögen, zwischen dem Konsum von Betäubungsmitteln und der Teilnahme am Straßenverkehr zuverlässig zu trennen, nicht erheblich herabgesetzt sind. In Betracht kommen hier Kompensationen der Wirkungen des Betäubungsmittelkonsums durch besondere menschliche Veranlagung, durch Gewöhnung, durch besondere Einstellung oder durch besondere Verhaltenssteuerungen und -umstellungen (vgl. Vorbemerkung Nr. 3 der Anlage 4 zur Fahrerlaubnis-Verordnung). Im Fahrerlaubnisentziehungsverfahren obliegt es grundsätzlich dem Fahrerlaubnisinhaber, das Bestehen solcher atypischen Umstände in seiner Person substantiiert darzulegen."

210 Während Verwaltungsgerichte im Allgemeinen keine Anhaltspunkte für das Vorliegen einer Ausnahme finden, sieht das **Oberverwaltungsgericht für das Land Brandenburg**[172] in einem von ihm entschiedenen Fall, in dem ein Fahrerlaubnisinhaber, der ausweislich der Untersuchung einer ihm am 10.08.2003 entnommenen Blutprobe **Amphetamin** konsumiert hatte, die Wiederherstellung der aufschiebenden Wirkung seines Widerspruchs gegen die Entziehung der Fahrerlaubnis beantragte, die Regelvermutung „durch die in sich schlüssige Einlassung des Antragstellers sowie den eingereichten Laborbericht vom 27.12.2003 in einer Weise in Zweifel gezogen, die eine weitere Aufklärung der Eignung des Antragstellers zum Führen eines Kraftfahrzugs durch Einholung eines medizinischen psychologischen Gutachtens gem. §§ 11 Abs. 2, 46 Abs. 3 FeV im Widerspruchsverfahren erfordert":

„So bestehen zum einen keine konkreten Anhaltspunkte dafür, dass der Drogenkonsum des Antragstellers im Zusammenhang mit der Führung eines Kraftfahrzeugs steht und insoweit der Antragsteller zwischen dem Drogenkonsum und der verantwortlichen Teilnahme am Straßenverkehr nicht zu unterscheiden wusste. Der Hinweis des Antragsgegners zur Anfahrt des Antragstellers zu dem Musikfestival mit einem Kraftfahrzeug lässt offen, ob zu diesem Zeitpunkt bereits ein Drogenkonsum vorlag, der nach Einlassung des Antragstellers erst auf dem Musikfestival erfolgt war. Irgendwelche Feststellungen zur Abfahrt des Antragstellers aus ... mit dem Pkw, den der Antragsteller nach seiner Einlassung nicht gesteuert haben will, sind nicht erfolgt. Zum anderen stand der Drogenkonsum nach der Einlassung des Antragstellers, die insoweit eine gewisse Lebenswahrscheinlichkeit für sich beanspruchen kann, im Zusammenhang mit dem Besuch dieses Musikfestivals, hat bei ihm negative Erfahrungen ausgelöst und kann sich in soweit als abgeschlossenes einmaliges Fehlverhalten darstellen, aus dem mangels ersichtlichen Bezugs zum Verkehrsverhalten für die zukünftige Gefährdung des Straßenverkehrs

---

172 OVG Frankfurt (Oder) 22.07.2004.

durch den Antragsteller wohl allein noch keine sicheren Schlussfolgerungen gezogen werden können. Dies gilt hier insbesondere auch deshalb, weil der Antragsteller mit dem ärztlichen Laborbericht bereits im laufenden Widerspruchsverfahren nachgewiesen hat, dass kein weiterer Amphetaminkonsum festzustellen ist und insoweit die Regelvermutung von Ziffer 9.1 Anlage 4 FeV erschüttert ist. Auch wenn mit einer solchen einmaligen Untersuchung der erforderliche Nachweis, dass der Antragsteller in der Lage ist, auch künftig weiterhin auf die Einnahme von Amphetaminen zu verzichten, nicht bereits erbracht ist, setzt die Annahme der typischen Gefährdungslage durch Drogenkonsum bei der bislang ermittelten Sachlage jedoch eine medizinisch-psychologische Untersuchung voraus, die bislang nicht stattgefunden hat."

Nach der von vielen Verwaltungsgerichten geteilten Auffassung des Oberverwaltungsgerichts für das Land Brandenburg „verbleibt es dem jeweiligen Drogenkonsumenten, die normative Regelvermutung zu entkräften" oder – wie der Verwaltungsgerichtshof Baden-Württemberg in der letztzitierten Entscheidung formuliert – „obliegt es grundsätzlich dem Fahrerlaubnisinhaber, das Bestehen solcher atypischen Umstände in seiner Person substantiiert darzulegen". 211

Dem ist zu widersprechen: Für das Vorliegen von Tatsachen, die die Entziehung der Fahrerlaubnis rechtfertigen, trifft die materielle **Beweislast die Fahrerlaubnisbehörde.**[173] **Sie hat den Sachverhalt von Amts wegen zu ermitteln** und dabei alle für den Einzelfall bedeutsamen, auch die für den Fahrerlaubnisinhaber günstigen Umstände zu berücksichtigen.[174] Ein Fahrerlaubnisinhaber ist ohne spezielle medizinisch-psychologische Kenntnisse und Erfahrungen gar nicht in der Lage, Umstände darzulegen, die für die Beurteilung seiner Kraftfahrereignung von Bedeutung sind.

(4) Erforderlichkeit medizinisch-psychologischen Gutachtens

Auch kein Verwaltungsbeamter oder Richter ist ohne spezielle medizinisch-psychologische Kenntnisse und Erfahrungen in der Lage, im Einzelfall zu beurteilen, ob die Einnahme von Betäubungsmitteln im Sinne des Betäubungsmittelgesetzes entsprechend Nr. 3.12.1 Abs. 1 und 5 der Begutachtungs-Leitlinien zur Kraftfahrereignung zum Eignungsausschluss geführt hat. 212

So führt denn auch das **Oberverwaltungsgericht Rheinland-Pfalz** in seinem Beschluss vom 05.12.2001[175] zur Einnahme von **Amphetaminen** aus: 213

„Dem Senat erscheint es zweifelhaft, ob der Widerspruch zurückgewiesen werden kann, ohne dass in diesem Zeitpunkt ein Gutachten über die Fahreignung eingeholt

---

173 Siehe unter § 8 Rn 58 ff.
174 Siehe unter § 6 Rn 1.
175 OVG Koblenz 05.12.2001.

worden ist. ... Gemäß Nrn. 1 und 3 S. 1 der Vorbemerkung zu Anlage 4 FeV gilt nämlich die einzelne, in der nachfolgenden Aufstellung vorgenommene Bewertung – hier, dass die Eignung zum Führen von Kraftfahrzeugen bei Einnahme von Amphetaminen ausgeschlossen ist – nur für den Regelfall; Grundlage für die Beurteilung der Eignung soll im Einzelfall gemäß Nr. 2 der Vorbemerkung zu Anlage 4 FeV in der Regel ein ärztliches Gutachten im Sinne von § 11 Abs. 2 S. 3 FeV, in besonderen Fällen ein medizinisch-psychologisches Gutachten im Sinne von § 11 Abs. 3 FeV sein. Da vorliegend die **regelmäßig gebotene Einholung eines Gutachtens** nicht erfolgt ist und ferner nicht ersichtlich ist, warum ausnahmsweise davon abgesehen worden ist, spricht viel dafür, dass über den Widerspruch nicht ohne die Einholung eines Gutachtens entschieden werden kann."

214 Das **Oberverwaltungsgericht des Saarlandes**[176] meint in ähnlicher Weise für die Einnahme von **Amphetamin**:

„Nach Nr. 9.1 der Anlage 4 zu den §§ 11, 13 und 14 FeV ist die Einnahme von Betäubungsmitteln im Sinne des Betäubungsmittelgesetzes – ausgenommen Cannabis – ein Mangel im Sinne des § 46 Abs. 1 S. 2 FeV. ... Bei dieser Regelung ist festzustellen, dass ihr Wortlaut anders als bei der Einnahme von Cannabis in Nr. 9.2 (9.21 und 9.22) keine Unterscheidung hinsichtlich der Häufigkeit der Einnahme trifft. Insofern wird die Einnahme von Betäubungsmitteln in Nr. 9.1 hinsichtlich der Folgen formal der Abhängigkeit von Betäubungsmitteln gleichgestellt, für die nach Nr. 9.3 Nichteignung vorgesehen ist. Es ist jedoch offensichtlich, dass etwa **zwischen einmaliger Einnahme zu Experimentierzwecken und regelmäßigem Konsum auch unter Eignungsgesichtspunkten große Unterschiede bestehen.** Wie insbesondere aus Nr. 2 der Vorbemerkung der Anlage 4 folgt, wonach Grundlage der Beurteilung, ob im Einzelfall Eignung oder bedingte Eignung vorliegt, in der Regel ein ärztliches oder – in besonderen Fällen – ein medizinisch-psychologisches Gutachten ist, aus dem sich folglich Eignung oder Nichteignung ergibt, **handelt es sich bei deren Nr. 9.1 nicht um eine in diesem Sinne starre Vorschrift, sondern nur um eine „Regelfall"-Normierung, die für eine Einzelwürdigung des jeweiligen konkreten Sachverhalts Raum lässt und bei gesetzeskonformer Auslegung – mit Blick auf den Verhältnismäßigkeitsgrundsatz – auch lassen muss."**

215 Auch der **Hessische Verwaltungsgerichtshof**[177] meint (für den Konsum von Kokain), dass „sich die durch den **Grundsatz der Verhältnismäßigkeit gebotene einschränkende Interpretation der Ziffer 9.1 der Anlage 4 FeV** bereits aus der Vorbemerkung der Anlage ergibt:

---

176 OVG Saarlouis 09.07.2002.
177 VGH Kassel 14.01.2002.

„Die vermeintliche Diskrepanz zwischen der Stringenz der Ziffer 9.1 der Anlage 4 und der Ziffer 2 der Vorbemerkung, die in der Regel eine Begutachtung des Einzelfalles vorsieht, löst sich ohne weiteres auf, wenn man die Anlage 4 mit *Geiger* (DAR 01, 488 <489>) als Leitlinie für den ärztlichen oder medizinisch-psychologischen Gutachter ansieht."

Zudem führt der Hessische **Verwaltungsgerichtshof** aus:

„Wenn somit nach Ziffer 2 der Vorbemerkung zu Anlage 4 FeV Grundlage der Beurteilung der Eignungsfrage im Einzelfall in der Regel ein ärztliches oder medizinisch-psychologisches Gutachten ist, kommt die widerlegbare Vermutung der fehlenden Eignung zum Führen von Kraftfahrzeugen in Ziffer 9.1 der Anlage 4 FeV im Rahmen dieser Begutachtung zum Tragen; sie rechtfertigt aber nicht den Schluss der Fahrerlaubnisbehörde, dass sich ein Kraftfahrer schon allein durch den einmaligen Konsum von Kokain – entsprechendes gilt für Amphetamine – als ungeeignet zum Führen von Kraftfahrzeugen erwiesen hat.

Nur diese Interpretation wird dem Grundsatz der Verhältnismäßigkeit gerecht. Die Entziehung der Fahrerlaubnis soll als ordnungsbehördliche Maßnahme Gefahren entgegenwirken, die dadurch entstehen können, dass Personen am öffentlichen Straßenverkehr teilnehmen, die nicht oder nicht mehr geeignet sind, ein Kraftfahrzeug zu führen. Die Frage nach der Fahreignung ist eine prognostische Einschätzung des künftigen Verhaltens – im vorliegenden Zusammenhang eine Einschätzung des künftigen Konsumverhaltens – des Kraftfahrers. Allein die Anknüpfung an einen früheren Kokaingenuss rechtfertigt einen derart schwer wiegenden Eingriff nur dann, wenn er einen hinreichend sicheren Schluss auf das künftige Konsumverhalten zulassen würde. Eine wissenschaftliche Erkenntnis, die einen derartigen Automatismus belegen würde, ist dem beschließenden Senat nicht bekannt. Sie lässt sich insbesondere nicht aus dem Gutachten ‚Krankheit und Kraftverkehr' (Fassung 1996) ableiten, weil die dort (Ziffer 9.A Abs. 1 – Seite 28)[178] gebrauchte Formulierung ‚Wer Rauschmittel … nimmt oder von ihnen abhängig ist …' nicht mit der erforderlichen Deutlichkeit erkennen lässt, dass der einmalige Konsum von Kokain automatisch den Verlust der Fahreignung nach sich zieht. Gegen diese Einschätzung sprechen vielmehr die Gegenüberstellung von Missbrauch und regelmäßiger Einnahme in den Ziffern 9.1 und 9.2 (a.a.O., Seite 28)[179] sowie die Fassung des 2. Absatzes der Ziffer 9.A (a.a.O., Seite 29), in dem es heißt: ‚Wer, ohne abhängig zu sein, missbräuchlich oder gewohnheitsmäßig Stoffe der obengenannten Art zu sich nimmt …'."

---

178 Oben unter § 3 Rn 195 wörtlich wiedergegeben.
179 Unter diesen Ziffern ist wörtlich der Text der oben unter § 3 Rn 177 wiedergegebenen Nr. 15.1 und 15.2 des Anhangs III der EU-Führerscheinrichtlinie übernommen.

Die zuletzt zitierten Erwägungen stimmen überein mit der oben[180] dargelegten Auslegung der Nr. 3.12.1 der Begutachtungs-Leitlinien zur Kraftfahrereignung, deren Formulierungen den vom Hessischen Verwaltungsgerichtshof in Bezug genommenen Ausführungen in dem früheren Gutachten „Krankheit und Kraftverkehr" entsprechen.

216 Das **Niedersächsische Oberverwaltungsgericht**,[181] vermag der Auffassung des Hessischen Verwaltungsgerichtshofs allerdings nicht zu folgen und meint:

> „Die Vorbemerkung Nr. 2 bezieht sich generalisierend auf sämtliche in der Anlage 4 zur FeV aufgeführten Mängel, wesentlich daher auch auf die dort aufgezählten Krankheiten einschließlich psychischer Störungen und hat diejenigen Fälle im Blick, in denen die beschriebenen Mängel nicht eindeutig feststehen, sondern erst durch ärztliche oder medizinisch-psychologische Gutachten festgestellt werden müssen, wenn nämlich Tatsachen bekannt werden, die Bedenken gegen die Eignung begründen (§§ 11 Abs. 2, 13, 14, 46 Abs. 3 FeV). Das meint die Vorbemerkung 2 zur Anlage 4 FeV wenn darin ausgeführt wird, Grundlage der Beurteilung, ob im Einzelfall Eignung oder bedingte Eignung vorliegt, sei in der Regel ein ärztliches Gutachten (§ 11 Abs. 2 S. 3), in besonderen Fällen ein medizinisch-psychologisches Gutachten (§ 11 Abs. 3) oder ein Gutachten eines amtlich anerkannten Sachverständigen oder Prüfers für den Kraftfahrzeugverkehr (§ 11 Abs. 4). Steht aber der in Anlage 4 beschriebene Mangel fest, dann hat sich der Fahrerlaubnisinhaber als ungeeignet zum Führen von Kraftfahrzeugen erwiesen und ist ihm die Fahrerlaubnis ohne Anordnung der Gutachtenbeibringung zu entziehen (§§ 11 Abs. 7, 46 Abs. 1 S. 1 und 2 FeV).
>
> Letzteres ist hier der Fall, zumal bei dem vorliegenden Sachverhalt nicht nur – wie in dem vom Hessischen Verwaltungsgerichtshof entschiedenen Fall – feststeht, dass die Antragstellerin harte Drogen in Form von Amphetamin konsumiert, sondern darüber hinaus erschwerend hinzu kommt, dass sie auch unter dem Einfluss dieser Droge ein Kraftfahrzeug geführt und damit gezeigt hat, dass sie den Konsum von Betäubungsmitteln und die Teilnahme am Kraftfahrzeugverkehr nicht trennen kann. Schon deshalb weist der vorliegende Sachverhalt auch trotz des Fehlens erheblicher Ausfallerscheinungen (außer der lichtträgen Pupillenreaktion sowie der Verweigerung des Drehnystagmus, der Finger-Finger-Probe sowie der NasenFinger-Probe nach dem ärztlichen Untersuchungsbericht) anlässlich der Verkehrs- und Personenkontrolle keine Besonderheiten im Sinne der Vorbemerkung Nr. 3 zur Anlage 4 zur FeV auf, so dass eine vorgeschaltete medizinisch-psychologische Begutachtung nicht erforderlich war. Es entspricht sogar der Rechtsprechung, dass einem gelegentlichen Cannabis-Konsumenten, der unter Beeinflussung von Cannabis ein Kraftfahrzeug führt, die Fahrerlaubnis unmittelbar – ohne vorherige Anordnung zur

---

180 Siehe unter § 3 Rn 188 ff.
181 OVG Lüneburg 16.06.2003.

Beibringung eines Gutachtens über die Fahreignung – entzogen werden kann (VGH Bad.-Württ., Beschluss vom 07.03.02003 – 10 S 323/03, DAR 2003, 236 = zfs 2003, 266). In dieser Entscheidung weist der VGH Baden-Württemberg zutreffend darauf hin, dass auch das Bundesverfassungsgericht in dem Beschluss vom 20.06.2002 – 1 BvR 2062/96 (NJW 2002, 2378, 2380 o. l.) annimmt, dass charakterlich-sittliche Mängel einen verfassungsrechtlich tragfähigen Anlass zur Entziehung der Fahrerlaubnis darstellen. Solche Mängel seien gegeben, wenn der Betreffende bereit sei, das Interesse der Allgemeinheit an sicherer und verkehrsgerechter Fahrweise den jeweiligen eigenen Interessen unterzuordnen und hieraus resultierende Gefährdungen oder Beeinträchtigungen des Verkehrs in Kauf zu nehmen. Ausdruck eines Mangels dieser Art sei es, wenn ein Fahrerlaubnisinhaber ungeachtet einer im Einzelfall anzunehmenden oder jedenfalls nicht auszuschließenden drogenkonsumbedingten Fahruntüchtigkeit nicht bereit sei, vom Führen eines Kraftfahrzeugs im öffentlichen Straßenverkehr abzusehen (unzureichende Trennungsbereitschaft)."

Dem letzten Absatz dieser Entscheidung ist zuzustimmen. Denn wer unter dem Einfluss von Betäubungsmitteln im Sinne des Betäubungsmittelgesetzes ein Kraftfahrzeug führt, beweist damit, dass seine Fähigkeit zu verantwortlichen Entscheidungen (wie den Verzicht auf die motorisierte Verkehrsteilnahme) vorübergehend beeinträchtigt ist. Damit liegt die in 3.12.1 Abs. 5 der Begutachtungs-Leitlinien zur Kraftfahrereignung am Ende aufgeführte Voraussetzung für die Annahme der Nichteignung zum Führen von Kraftfahrzeugen vor. 217

Abgesehen von dem vorstehend erwähnten Fall, dass ein Kraftfahrzeug unter dem Einfluss von Betäubungsmitteln im Sinne des Betäubungsmittelgesetzes geführt wird, steht aber bei Einnahme von Betäubungsmitteln Nichteignung zum Führen von Kraftfahrzeugen nicht ohne weiteres fest, sondern kann nur durch ein medizinisch-psychologisches Gutachten geklärt werden, ob die übrigen in 3.12.1 Abs. 5 der Begutachtungs-Leitlinien zur Kraftfahrereignung aufgeführten Voraussetzungen für die Annahme der Nichteignung zum Führen von Kraftfahrzeugen vorliegen. 218

ee) Regelmäßige Einnahme von Cannabis

Nach Nr. 9.2.1 der Anlage 4 der FeV führt „regelmäßige Einnahme von Cannabis" zur Verneinung von Eignung und bedingter Eignung. 219

Nach den unter 3.12.1 in den Begutachtungs-Leitlinien zur Kraftfahrereignung aufgestellten Leitsätzen ist dagegen lediglich „**in der Regel**" nicht in der Lage, den gestellten Anforderungen zum Führen von Kraftfahrzeugen gerecht zu werden, wer „regelmäßig (**täglich oder gewohnheitsmäßig**) Cannabis konsumiert". Allerdings wird weiter ausgeführt: „Ausnahmen sind nur in seltenen Fällen möglich, wenn eine hohe Wahrscheinlichkeit gegeben ist, dass Konsum und Fahren getrennt werden und wenn keine Leistungsmängel vorliegen."

§ 3   Eignung zum Führen von Kraftfahrzeugen

220   In den Begutachtungs-Leitlinien zur Kraftfahrereignung wird die in der 3. und 4. Auflage des Gutachtens „Krankheit und Kraftverkehr"[182] noch angenommene Möglichkeit des Wiederaufflammens der Rauschsymptome („flash-back, Echorausch') auch bei einmaliger Zufuhr von Haschisch nach einem symptomfreien Intervall von mehreren Tagen – die das **Bundesverfassungsgericht** in seinem Beschluss vom 24.06.1993[183] als „zumindest überprüfungsbedürftig" bezeichnet hatte – nicht erwähnt. Diese Möglichkeit war auch schon in der 5. Auflage des Gutachtens „Krankheit und Kraftverkehr"[184] nicht mehr erwähnt; darauf weist der **Bayerische Verwaltungsgerichtshof**[185] hin und meint unter Bezugnahme auf *Kannheiser/Maukisch*,[186] für solche Möglichkeit ergäben sich keine überzeugenden Belege.

(1) Regelmäßigkeit

221   Nach zutreffender Ansicht des **Bayerischen Verwaltungsgerichtshofs**[187] kann als „regelmäßige Einnahme von Cannabis" im Sinne der Nr. 9.2.1 der Anlage 4 der FeV nur ein Cannabiskonsum verstanden werden, der nach wissenschaftlichen Erkenntnissen tatsächlich bereits als solcher und ohne das Hinzutreten weiterer fahreignungsrelevanter Umstände die Fahrungeeignetheit des Konsumenten zur Folge hat:

„Von einem regel- bzw. gewohnheitsmäßigen Cannabiskonsum in diesem Sinne wird, wie sich insbesondere aus den Untersuchungen von *Kannheiser* (vgl. dazu: ‚Mögliche verkehrsrelevante Auswirkungen von gewohnheitsmäßigem Cannabiskonsum' – NZV 2000, 57), sowie auch aus der Gleichstellung von regelmäßigem mit täglichem oder gewohnheitsmäßigem Cannabiskonsum in den Begutachtungs-Leitlinien zur Kraftfahreignung vom Februar 2000 (6. Aufl., S. 43) ergibt, aber nur dann gesprochen werden können, wenn **täglicher oder zumindest nahezu täglicher Konsum** vorliegt. Denn erst dann ist mit hinreichender Wahrscheinlichkeit von Veränderungen des Leistungsvermögens und der Persönlichkeit des Konsumenten auszugehen, die unabhängig vom aktuellen Konsum die Leistungsfähigkeit herabsetzen und als verkehrsbezogen gefährlich betrachtet werden können, weil sie die Bereitschaft und Fähigkeit, sich überindividuellen Regeln und Normen anzupassen, beeinträchtigen und zudem die zum Kraftfahren erforderliche Aktivierung, Wachheit, Aufmerksamkeit und Konzentration sowie die Bereitschaft, die Anforderungen und Risiken des Straßenverkehrs ernst zu nehmen und den Drogenkonsum und das Fahren zu trennen, mindern können (vgl. *Kannheiser*, a.a.O., S. 67/68).

---

182 *Bundesminister für Verkehr* [Hrsg.] (1985) und (1992).
183 BVerfG 24.06.1993.
184 *Bundesministerium für Verkehr* (1996).
185 VGH München 12.05.1997.
186 *Kannheiser, W.* und *Maukisch, H.* (1995).
187 VGH München 03.09.2002.

Daran, dass der dem Antragsteller auf Grund seiner eigenen Angaben nachgewiesene und der Entscheidung zu Grunde zu legende Cannabiskonsum mit einer Frequenz von etwa zweimal wöchentlich in den Ferienzeiten und etwa alle 14 Tage in Schul- bzw. Semesterzeiten somit nicht als regelmäßiger Konsum i.S.d. Nr. 9.2.1 der Anlage 4 zur FE-Verordnung zu qualifizieren ist, sondern dass es sich dabei lediglich um die gelegentliche Einnahme von Cannabis im Rechtssinne handelt, ändert auch der Umstand nichts, dass der Antragsteller eingeräumt hat, Cannabis in diesem Umfang bereits seit 1995 konsumiert zu haben. Denn nach den vorliegenden wissenschaftlichen Erkenntnissen sind die beschriebenen Veränderungen des Leistungsvermögens und der Persönlichkeit infolge eines regelmäßigen (im Sinne eines täglichen oder nahezu täglichen) Cannabiskonsums im Wesentlichen eine Folge der Häufigkeit des Konsums und allenfalls noch von der jeweils eingenommenen Dosis, nicht aber entscheidend auch von der Dauer der Cannabiseinnahme abhängig. Auch der Umstand, dass der Antragsteller in seiner Wohnung Cannabis zum Eigenverbrauch selbst angebaut hat und bei der Wohnungsdurchsuchung elf Pflanzen mit 15,5 g Blättern, sowie eine Plastiktüte mit 10,5 g Blättern, eine kleine Tüte mit Cannabissamen und Rauchgeräte mit Zubehör gefunden wurden, rechtfertigt noch nicht den Schluss auf einen regelmäßigen im Sinne eines täglichen oder nahezu täglichen Cannabiskonsums durch den Antragsteller."

Auch der **Verwaltungsgerichtshof Baden-Württemberg** geht davon aus, dass ein die Fahreignung in der Regel ausschließender regelmäßiger Cannabiskonsum im Sinne von Nr. 9.2.1 der Anlage 4 zur Fahrerlaubnis-Verordnung bei einem **täglichen oder nahezu täglichen Cannabiskonsum** gegeben ist.[188]

Weibrecht[189] meint allerdings, „dass bislang (abgesehen von den für die Praxis nicht genügend konkreten Aussagen in den Begutachtungs-Leitlinien) **keine bundeseinheitlichen Kriterien** existieren, die eine Differenzierung zwischen regelmäßigem und gelegentlichem Cannabiskonsum erlauben oder anhand derer eine Cannabisabhängigkeit diagnostiziert werden kann". Er fügt hinzu:

„Somit ist es nicht auszuräumen, dass verschiedene medizinisch-psychologische Begutachtungsstellen bei der Begutachtung des gleichen Falles unterschiedliche Resultate bezüglich der Fahreignungsfrage der Klienten erzielen.

Um eine einheitliche Begutachtung zu gewährleisten, ist eine kritische Bestandsaufnahme des aktuellen wissenschaftlichen State-of-the-art der verkehrssicherheitsrelevanten physiologischen und psychologischen Folgen des Cannabiskonsums erforderlich, auf deren Grundlage adäquate eignungsdiagnostische Kriterien

---

188 VGH Mannheim 30.05.2003 und 16.06.2003.
189 *Weibrecht, Ch.* (2003) S. 41.

zur Beurteilung der Fahreignung von Cannabiskonsumenten abgeleitet werden können.
Das BMVBW hat bei der BASt ein entsprechendes Forschungsvorhaben in Auftrag gegeben."

(2) Zusätzliche Umstände

224 Die in den Begutachtungs-Leitlinien zur Kraftfahrereignung mitgeteilte Annahme eines Regel-Ausnahme-Verhältnisses bei regelmäßigem Konsum von Cannabis steht im Widerspruch zu der wenig später mitgeteilten Erkenntnis,[190] dass bei missbräuchlicher oder regelmäßiger Einnahme von Betäubungsmitteln im Sinne des Betäubungsmittelgesetzes, zu denen eben auch Cannabis gehört, die Annahme der Nichteignung nur begründet ist, wenn dadurch
- die körperlich-geistige (psychische) Leistungsfähigkeit des Kraftfahrers ständig unter das erforderliche Maß herabgesetzt wird oder
- durch den besonderen Wirkungsablauf jederzeit unvorhersehbar und plötzlich seine Leistungsfähigkeit oder seine Fähigkeit zu verantwortlichen Entscheidungen (wie den Verzicht auf die motorisierte Verkehrsteilnahme) vorübergehend beeinträchtigt ist.

225 Eine Begründung dafür, dass diese allgemeine Erkenntnis nur bei missbräuchlicher, nicht aber bei regelmäßiger Einnahme von Cannabis gelten soll, wird in den Begutachtungs-Leitlinien nicht gegeben. Danach ist davon auszugehen, dass nicht nur bei missbräuchlicher, sondern auch bei regelmäßiger Einnahme von Cannabis entsprechend der allgemeinen Erkenntnis über den Einfluss der regelmäßigen Einnahme von Betäubungsmitteln im Sinne des Betäubungsmittelgesetzes die besonders bezeichneten Umstände hinzutreten müssen, wenn Nichteignung bejaht werden soll – das Regel-Ausnahme-Verhältnis also gerade umgekehrt anzuwenden ist.

Das entspricht auch wissenschaftlichen Erkenntnissen:

226 *Kannheiser*[191] kommt in einem für den Bayerischen Verwaltungsgerichtshof erstatteten Gutachten, auf das dieser sich in einem darauf ergangenen Urteil[192] bezieht, auf der Basis einer umfassenden Analyse der vorliegenden Literatur zu dem Ergebnis, dass gewohnheitsmäßiger Cannabiskonsum nicht ohne weiteres verkehrsrelevante Auswirkungen haben **muss**, allerdings im Einzelfall durchaus haben **kann**. Als solche Auswirkungen – unabhängig von aktuellem Konsum – beschreibt *Kannheiser*:

---

190 Siehe unter § 3 Rn 184 ff.
191 *Kannheiser, W.* (2000).
192 VGH München 29.06.1999.

§ 3 Eignung zum Führen von Kraftfahrzeugen

Beeinträchtigungen der **Leistungsfähigkeit**, nämlich 227
- der Aufmerksamkeitsleistung, speziell sie effektiv zu fokussieren, aufrechtzuerhalten und irrelevante Reize auszuschließen,
- der Verarbeitungsgeschwindigkeit sowie
- des Kurzzeitgedächtnisses, der Aufmerksamkeit und der Fähigkeit, komplexe Informationen zu integrieren.

Beeinträchtigungen durch **Persönlichkeitsveränderungen**, nämlich 228
- Herabsetzung von Wachheit und Aktivität,
- Fehlen von Leistungsorientierung und Konzentration
- Verringerung der Fähigkeit und Bereitschaft zur Anpassung an soziale Normen sowie
- mangelnde Bereitschaft, die Anforderungen und Risiken des Straßenverkehrs ernst zu nehmen.

Aufgrund solcher verkehrsrelevanten Auswirkungen kann nach *Kannheiser* 229
- teilweise als belegt gelten, andererseits nicht ausgeschlossen werden, dass bei einem gewohnheitsmäßigen (täglichen) Cannabiskonsum jederzeit unvorhersehbare und/oder plötzliche, vorübergehende Beeinträchtigungen der Leistungsfähigkeit oder der Fähigkeit zu verantwortlichen Entscheidungen eintreten können, wobei je nach Stärke des Konsums Nachwirkungen bis zu 24 Stunden und länger auftreten können, sowie
- mit dem Übergang von gelegentlichem zu gewohnheitsmäßigem Cannabiskonsum Bereitschaft und Fähigkeit, Konsum und Kraftfahren zu trennen, gefährlich absinken, da – wie beim Alkoholkonsum – durch zunehmende Toleranzbildung und Desensibilisierung die Selbstwahrnehmung der tatsächlichen Beeinträchtigung der Fahrtauglichkeit nachlässt. Die Trennung von Konsum und Fahren wird zusätzlich erschwert, weil einerseits Cannabiskonsumenten vielfach zu polyvalentem Konsummuster neigen und andererseits festgestellt wurde, dass Drogenkonsumenten ohnehin vermehrt Verkehrsdelinquenz aufweisen.

Grotenhermen[193] meint in einem Gegengutachten, dass die von *Kannheiser* in seinem 230
Gutachten vertretene Auffassung, gewohnheitsmäßige Cannabiskonsumenten und möglicherweise auch Gelegenheitskonsumenten seien ungeeignet zur Teilnahme am Straßenverkehr, geradezu im Widerspruch zu aktuellen wissenschaftlichen Studien steht. Dagegen hat *Kannheiser* Stellung genommen[194] und darauf *Grotenhermen* erwidert.[195] Diese Kontroverse hat eine Fülle von Argumenten hervorgebracht – die hier wegen ihres Umfangs nicht wiedergegeben werden können –; sie vermittelt aber einen

---

193 *Grotenhermen, F.* und *Karus, M.* [Hrsg.] (2002), S. 347 ff.
194 Blutalkohol 39 (2002), 446 ff.
195 Blutalkohol 40 (2003), 37 ff.

guten Überblick über die einschlägige Literatur, die von beiden Kontrahenten reichlich zitiert wird.

231 *Krüger* hat in seinem vom Bundesverfassungsgericht[196] eingeholten Gutachten[197] hinsichtlich der „Frage des gelegentlichen vs. regelmäßigen Konsums" u.a. ausgeführt:

„Die vorliegenden Untersuchungen geben zumindest für die Frage, ob die Konsequenzen des Cannabiskonsums für die Fahrtüchtigkeit sich für gelegentliche Konsumenten von denen unterscheiden, die bei regelmäßigen beobachtet werden, keine Antwort. Für eine Näherung muss auf allgemeine Grundsätze zurückgegriffen werden. Wie bei allen psychotropen Substanzen gilt auch für Cannabis, dass zuerst ein Lernprozess stattfindet, in dem die Wirkungen der Droge erprobt und in ein individuelles Erlebnisschema eingeordnet werden müssen. Zum andern ist von einer Toleranzentwicklung auszugehen, die eine verminderte Wirkung bei gleicher Dosis bzw. von einer erhöhten Dosis für die gleiche Wirkung nach sich zieht. … Je stärker der generelle Drogenkonsum, umso wahrscheinlicher sind auch höhere Konzentrationen im akuten Fall. Dieses Ergebnis spricht für eine Toleranzentwicklung. Inwieweit diese höhere Konzentration auch zu höheren Leistungseinbußen führt, ist aufgrund des vorliegenden Materials nicht zu entscheiden."

232 *Berghaus* hat in seinem vom Bundesverfassungsgericht eingeholten Gutachten[198] „zu Frage 3" u.a. ausgeführt:

„Mit zunehmender Konsumhäufigkeit, gepaart u.U. mit zunehmender Dosis werden die rekreativen Phasen zwischen den einzelnen Konsumeinheiten immer kürzer und entsprechend die Zeiten, in denen der Konsument unter der akuten Wirkung der Droge steht, immer länger. Hinzu werden eventuelle psychosomatische Folgen mit steigender Intensität des Konsums immer wahrscheinlicher. Der ‚stark gewohnheitsmäßige' Konsument ist dann nicht mehr fahrgeeignet, er wird nicht mehr sicher seine Einschränkung beurteilen können und wird, allein durch die Häufigkeit seines Konsums und der damit verbundenen zeitlichen Dauer der Einschränkung, Konsum und Fahren nicht mehr trennen können. …

Zwischen den Polen des seltenen und stark gewohnheitsmäßigen Konsums wird es, wie bereits gesagt, aufgrund der biologischen Grundlagen zu einer kontinuierlichen, nicht sprunghaften Verschlechterung der Leistungsfähigkeit, des Erkennens der Verminderung der Leistungsfähigkeit und der Trennmöglichkeit von Konsum und Fahren kommen. Weder mit experimentellen Studien noch mit epidemiologi-

---

196 BVerfG 20.06.2002.
197 Im Internet abrufbar unter der vom BVerfG im Beschluss vom 20.06.2002 – unter B. II. 2. – angegebenen Adresse; abgedruckt in Blutalkohol 39 (2002), 336 ff.
198 Im Internet abrufbar unter der vom BVerfG im Beschluss vom 20.06.2002 – unter B. II. 1. – angegebenen Adresse; abgedruckt in Blutalkohol 39 (2002), 321 ff.

schen Studien wird man u.E. jedoch einen ‚Grenzwert', d.h. ein bestimmtes Konsummuster, definieren können, ab dem die genannten Anforderungen sicher nicht mehr erfüllt sein werden.

Es lässt sich mehr pauschalisierend einschätzen, dass bei ‚gelegentlichem', d.h. mehrmaligem, aber deutlich weniger als täglichem Konsum, die Leistungsfähigkeit nur kurzzeitig herabgesetzt sein wird sowie das Erkennungsvermögen sowie die Trennfähigkeit vorliegen dürften. Je mehr sich das Konsummuster jedoch dem stark gewohnheitsmäßigen Gebrauch nähert, desto wahrscheinlicher wird der Konsument nicht mehr fahrsicher sein und das Erkennungs- und Trennungsvermögen wird nachlassen. Letztlich wird ab dem regelmäßigen bis hin zum stark gewohnheitsmäßigen Konsum (aber noch nicht missbräuchlichem bzw. abhängigem Konsum) die Entscheidung individuell getroffen werden müssen."

Kannheiser weist zudem[199] darauf hin, dass auch bei regelmäßigem Cannabiskonsum die Fahreignung bejaht werden kann, wenn die Droge nicht täglich konsumiert wird. Dieses Verhalten spricht dafür, dass kein polyvalentes Konsummuster vorliegt und ein ausreichendes Trennungsvermögen besteht.

Ein täglicher Cannabiskonsum deutet dagegen nach *Kannheiser* auf ein „hohes Abhängigkeitspotential" hin und muss als „schwere" Form der Betäubungsmitteleinnahme beurteilt werden. Bei täglichem Konsum ist die Fahreignung nicht gegeben, zumal ein schwerer Langzeitkonsum zu deutlichen Beeinträchtigungen der psychophysischen Leistungsfähigkeit führt. Außerdem steigt mit der Höhe des Konsums der Drang, unter Drogeneinfluss ein Kraftfahrzeug zu führen. Das Trennungsverhalten ist geringer als beim Alkoholkonsum.

Der **Bayerische Verwaltungsgerichtshof** hatte bereits 1997[200] ausgeführt, allein aus regel- oder gewohnheitsmäßiger Cannabiseinnahme könne nicht auf Fahrungeeignetheit geschlossen werden:

„Denn hinreichende Erkenntnisse dafür, dass bei regel- oder gewohnheitsmäßigem Cannabiskonsum die körperlich-geistige Leistungsfähigkeit eines Kraftfahrers ständig unter das erforderliche Maß herabgesetzt sei oder mit einer unvorhersehbaren und plötzlichen Beeinträchtigung der Leistungsfähigkeit aus anderen Gründen als dem Wiederaufflammen von Rauschsymptomen gerechnet werden müsse, liegen offenbar ebensowenig vor wie ohne weiteres angenommen werden kann, ein als regel- oder gewohnheitsmäßig beschriebener Cannabiskonsum indiziere gleichsam aus sich heraus die fehlende Fähigkeit des Konsumenten, seinen Konsum und das Führen von Kraftfahrzeugen zu trennen."

---

199 *Kannheiser, W.* (2002).
200 VGH München 12.05.1997.

An dieser Beurteilung hatte der Bayerische Verwaltungsgerichtshof in späteren Entscheidungen[201] ausdrücklich festgehalten.

235 Das **Bundesverfassungsgericht** hat bereits 1996[202] in einem vom Bayerischen Verwaltungsgerichtshof zitierten Beschluss Anlass genommen, „darauf hinzuweisen, dass bei regelmäßigem Cannabiskonsum nicht schon ohne weiteres unter diesem Gesichtspunkt die Kraftfahreignung verneint werden kann": „Vielmehr muss sich das Gericht gesondert die Überzeugung bilden, dass der Konsument nicht bereit oder fähig ist, Konsum und Führen von Kraftfahrzeugen zu trennen."

Schon 1993 hat das **Bundesverfassungsgericht**[203] zudem darauf hingewiesen, dass die Annahme, gewohnheitsmäßige Cannabiskonsumenten neigten dazu, in akutem Rauschzustand ein Kraftfahrzeug zu führen, in ihren tatsächlichen Voraussetzungen keineswegs gesichert ist.

236 Der **Bayerische Verwaltungsgerichtshof** meinte allerdings 1999[204] die seinen früheren Entscheidungen zugrunde liegenden Einschätzungen aufgrund der von ihm durchgeführten Beweisaufnahme revidieren zu müssen und führte aus, der von dem von ihm zugezogenen Sachverständigen *Kannheiser* „vertretene Standpunkt, dass nicht eindeutig belegte fahreignungsrelevante Wirkungen von Cannabis solange als verkehrsbezogen gefährlich zu betrachten seien, als ihre Ungefährlichkeit nicht sicher nachgewiesen ist, ist, da es um die Verkehrssicherheit geht, zumindest rechtlich vertretbar".

So kam er zu der Ansicht:

„Die bei gewohnheitsmäßigem Cannabiskonsum jedenfalls nicht auszuschließenden unvorhersehbaren und/oder plötzlich eintretenden vorübergehenden Beeinträchtigungen der Leistungsfähigkeit … können es … je nach den Umständen rechtfertigen, die Fahreignung ohne weitere Aufklärung zu verneinen."

237 Welche Umstände es rechtfertigen können, die Fahreignung ohne weitere Aufklärung zu verneinen, teilt der Bayerische Verwaltungsgerichtshof allerdings nicht mit. Zwar lassen sich nach den neuen Erkenntnissen Beeinträchtigungen nicht ausschließen. Ob sie aber auch im konkreten Fall nicht auszuschließen sind oder ausnahmsweise doch ausgeschlossen werden können, wird ohne weitere Aufklärung nicht entschieden werden können. Tatsächlich wird in dem vom Bayerischen Verwaltungsgerichtshof gebilligten Standpunkt des Sachverständigen *Kannheiser* auch nur eine Beweisregel aufgestellt, nach der nicht eindeutig belegte fahreignungsrelevante Wirkungen von Cannabis

---
201 VGH München 26.03.1998 und 14.07.1998.
202 BVerfG 03.05.1996.
203 BVerfG 24.06.1993.
204 VGH München 29.06.1999.

solange als verkehrsbezogen gefährlich zu betrachten sind, als ihre Ungefährlichkeit nicht sicher nachgewiesen ist.

Tatsächlich gibt es keinen wissenschaftlich begründbaren Anhalt für die auch in Abs. 2 der Nr. 3.12.1 der Begutachtungs-Leitlinien zur Kraftfahreignung enthaltene – zudem nicht näher begründete – Aussage, dass bei regelmäßigem Cannabiskonsum die Ungeeignetheit zum Führen von Kraftfahrzeugen in der Regel gegeben sei und Ausnahmen nur in seltenen Fällen möglich seien, wenn eine hohe Wahrscheinlichkeit gegeben ist, dass Konsum und Fahren getrennt werden und wenn keine Leistungsmängel vorliegen. 238

Abzulehnen ist deshalb die – ebenfalls nicht näher begründete – Auffassung des **Verwaltungsgerichtshofs Baden-Württemberg**,[205] bei regelmäßigem Cannabiskonsum sei allein wegen der Häufigkeit des Konsums von der Ungeeignetheit des Betreffenden auszugehen und eines weiteren für die Ungeeignetheit sprechenden Gesichtspunkts bedürfe es nicht, weil in den Fällen des regelmäßigen Cannabiskonsums auf die fehlende Fähigkeit des Fahrerlaubnisinhabers geschlossen werde, den Konsum und das Führen eines Kraftfahrzeugs zu trennen.

Vielmehr gilt auch bei regelmäßigem Cannabiskonsum die der Definition von Nichteignung des Bundesverfassungsgerichts[206] entsprechende Aussage in Nr. 3.12.1 Abs. 5 der Begutachtungs-Leitlinien zur Kraftfahrereignung, dass die Annahme der Nichteignung nur begründet ist, wenn dadurch 239

- die körperlich-geistige (psychische) Leistungsfähigkeit des Kraftfahrers ständig unter das erforderliche Maß herabgesetzt wird oder
- durch den besonderen Wirkungsablauf jederzeit unvorhersehbar und plötzlich seine Leistungsfähigkeit oder seine Fähigkeit zu verantwortlichen Entscheidungen (wie den Verzicht auf die motorisierte Verkehrsteilnahme) vorübergehend beeinträchtigt ist.

ff) Gelegentliche Einnahme von Cannabis

Für die Auslegung des Wortes „gelegentlich" in Abgrenzung von „einmalig" geht der **Verwaltungsgerichtshof Baden-Württemberg**[207] zutreffend von der **Bedeutung** dieses Wortes **im allgemeinen Sprachgebrauch** aus: 240

„In der deutschen Sprache wird ,gelegentlich', soll die Häufigkeit von Geschehnissen umschrieben werden, aber im Sinne von ,manchmal', ,häufiger, aber nicht regelmäßig', ,öfters', ,hin und wieder' oder ,ab und zu' verstanden und dient damit

---
205 VGH Mannheim 16.06.2003.
206 Siehe § 3 Rn 189.
207 VGH Mannheim 29.09.2003.

zur Beschreibung eines mehr als ein Mal eingetretenen Ereignisses (vgl. z.B. *Pekrun*, Das Deutsche Wort, 1959, S. 267; *Duden*, Stilwörterbuch, 6. Aufl., 1970, S. 296 und 456; *Wahrig*, Deutsches Wörterbuch, 7. Aufl., 2000, S. 534)."

241 Nach den unter 3.12.1 Abs. 3 in den Begutachtungs-Leitlinien zur Kraftfahrereignung aufgestellten Leitsätzen[208] ist in der Lage, den gestellten Anforderungen zum Führen von Kraftfahrzeugen gerecht zu werden, wer gelegentlich Cannabis konsumiert, wenn er in der Lage ist, Konsum und Fahren zu trennen, wenn kein zusätzlicher Gebrauch von Alkohol oder anderen psychoaktiv wirkenden Stoffen und wenn keine Störung der Persönlichkeit und kein Kontrollverlust vorliegen.

In Nr. 9.2.2 der Anlage 4 der FeV wird ebenfalls Eignung trotz gelegentlicher Einnahme von Cannabis bei Vorhandensein von Trennungsvermögen hinsichtlich Konsum und Fahren sowie Fehlen der vorbezeichneten besonderen Umstände bejaht.

242 Die sowohl in den Begutachtungs-Leitlinien als auch in der Anlage 4 der FeV gewählte Formulierung legt die Annahme nahe, es bestehe ein Regel-Ausnahme-Verhältnis dergestalt, dass bei gelegentlicher Einnahme von Cannabis grundsätzlich von Nichteignung ausgegangen werden müsse und davon nur bei Vorhandensein von Trennungsvermögen hinsichtlich Konsum und Fahren sowie Fehlen der im Einzelnen beschriebenen besonderen Umstände abgesehen werden könne. Solche Annahme ist jedoch nicht begründet. Vielmehr ist wie bei missbräuchlicher oder regelmäßiger Einnahme von Cannabis[209] auch bei lediglich gelegentlicher Einnahme von Cannabis Eignung nur dann zu verneinen, wenn das Nichtvorhandensein von Trennungsvermögen hinsichtlich Konsum und Fahren oder das Vorliegen eines der im Einzelnen beschriebenen Umstände festgestellt werden kann.

243 Unter Zugrundelegung der in einem Gutachten von *Kannheiser* näher dargelegten Erwägungen[210] ist auch der **Bayerische Verwaltungsgerichtshof**[211] der Ansicht:

„Ein nachweislich nur gelegentlicher Cannabiskonsum ist ... nicht schon für sich allein geeignet, ein negatives Fahreignungsurteil zu begründen, weil die auch bei einem solchen Cannabiskonsum grundsätzlich möglichen kurzzeitigen, reversiblen Leistungsbeeinträchtigungen – wie atypische Rauschverläufe, Hangover-Effekte – nur bei Einnahme größerer Dosen zu erwarten sind (vgl. Gutachten S. 56) und die Fähigkeit und die Bereitschaft, den Drogenkonsum und das Führen von Kraftfahrzeugen zu trennen, zwar herabgesetzt sein können, aber nicht herabgesetzt sein müssen."

---

208 Abgedruckt im Anhang unter Nr. 1.
209 Siehe unter § 3 Rn 224 ff.
210 Siehe dazu auch *Kannheiser, W.* (2000).
211 VGH München 29.06.1999.

„Ein nachweislich lediglich experimenteller Cannabiskonsum rechtfertigt ohne Hinzutreten weiterer Umstände wie etwa des Führens eines Kraftfahrzeugs unter Drogeneinfluss weder die Verneinung der Fahreignung noch Eignungszweifel."

Für die Richtigkeit dieser Auffassung spricht auch der **Grundsatz der Verhältnismäßigkeit**:

Schon auf der Grundlage des bis Ende 1998 geltenden Rechts verneinte das **Hamburgische Oberverwaltungsgericht**[212] mangelnde Eignung von Kraftfahrern, die nur gelegentlich Haschisch und überdies kein anderes Rauschgift konsumieren, und führte hierzu u.a. aus:

244

„Unverhältnismäßig wäre die absolute Verneinung der Eignung zum Führen von Kraftfahrzeugen gegenüber Personen, die nur gelegentlich und nicht gewohnheitsmäßig Haschisch nehmen, vor allem deshalb, weil der Gesetzgeber es auch ansonsten durchaus hinnimmt, dass Personen am motorisierten Straßenverkehr teilnehmen, die keine absolute Gewähr dafür bieten, dass sie den Straßenverkehr nicht gefährden. So zeigt beispielsweise die Vorschrift des § 15b Abs. 1 S. 2 StVZO, dass jemand, der gegen verkehrsrechtliche Vorschriften verstoßen hat, gleichwohl nicht in jedem Fall als ungeeignet angesehen wird, sondern nur dann, wenn der Verstoß erheblich gewesen ist. Dementsprechend wird Kraftfahrern von den Straßenverkehrsbehörden die Fahrerlaubnis nicht entzogen, wenn sie gelegentlich beispielsweise die Vorfahrt oder das Rotlicht einer Ampel nicht beachten oder die zulässige Höchstgeschwindigkeit überschreiten, sofern die Zahl der Verkehrszuwiderhandlungen so gering ist, dass sie eine solche Maßnahme nach dem Punktsystem der Verwaltungsvorschrift zu § 15b StVZO vom 03.01.1974 (BAnz Nr. 8 vom 12.01.1974, m. Änd.) nicht gestattet. Die Eignung der betreffenden Kraftfahrer zum Führen von Kraftfahrzeugen wird in einem derartigen Fall nicht verneint, obwohl sie zu erkennen gegeben haben, dass sie, was die Einhaltung der Verkehrsregeln angeht, nicht uneingeschränkt zuverlässig sind und deshalb von ihnen auch in Zukunft Verstöße gegen die verkehrsrechtlichen Vorschriften zu befürchten sind."

Diese Erwägungen treffen auch auf der Grundlage des jetzt geltenden Punktsystems[213] nach wie vor zu.

Das **Verwaltungsgericht Berlin**[214] weist zudem auch den **Grundsatz der Gleichbehandlung** hin. Es teilt die auf den Grundsatz der Verhältnismäßigkeit gestützten Bedenken des Oberverwaltungsgerichts Hamburg und fügt hinzu:

245

---

212 OVG Hamburg 03.03.1994.
213 Siehe unter § 11 Rn 81 ff.
214 NZV 1996, 423.

§ 3 Eignung zum Führen von Kraftfahrzeugen

„Das OVG Hamburg weist dabei zutreffend darauf hin, dass die StVZO Personen zur Teilnahme am Straßenverkehr zulässt, die keine absolute Gewähr dafür bieten, dass sie den Straßenverkehr nicht gefährden. So ist beispielsweise die Teilnahme am Straßenverkehr mit einem Blutalkoholgehalt unter 0,8 ‰ nicht grundsätzlich verboten, nach vorausgegangenem Entzug der Fahrerlaubnis wird eine Überprüfung der Fahreignung bei der Wiedererteilung durch Einholung eines medizinisch-psychologischen Gutachtens i.d.R. nur bei Ersttätern mit einem Blutalkoholgehalt von mehr als 1,6 ‰ angeordnet. Angesichts des Gefährdungspotentials, das das Straßenverkehrsrecht bei diesen Personengruppen in Kauf nimmt, wäre ein Ausschluss von Fahrerlaubnisinhabern, die gelegentlich Cannabis zu sich nehmen, mit dem Gleichbehandlungsgrundsatz des Art. 3 GG nicht vereinbar."

246 Das Verwaltungsgericht Berlin meint allerdings, dass sich Anhaltspunkte für einen Ausschluss der Fahreignung dann ergeben könnten, wenn der Kraftfahrer nicht in der Lage wäre, Haschischkonsum und Teilnahme am Straßenverkehr zu trennen. Ist der Fahrerlaubnisinhaber jedoch bislang nicht wegen Haschischkonsums im Zusammenhang mit der Teilnahme am Straßenverkehr aufgefallen, muss bei ihm nach seiner Ansicht wie bei einem Fahrerlaubnisinhaber, der unabhängig von der Teilnahme am Straßenverkehr gelegentlich Alkohol zu sich nimmt, davon ausgegangen werden, dass er in der Lage ist, Haschischkonsum und Führen eines Kraftfahrzeugs zu trennen.

247 Von den in den Begutachtungs-Leitlinien und in der Anlage 4 der FeV hervorgehobenen Umständen sind von Bedeutung:

(1) Mischkonsum

248 **Der Gebrauch von Alkohol oder anderen psychoaktiv wirkenden Stoffen neben Cannabis ist besonders häufig.** Auffallend ist die hohe Zahl der Cannabis-Konsumenten, die Marihuana kombiniert mit Alkohol zu sich nehmen. Bei einer Hamburger Untersuchung[215] wurde in 42,4 % der Fälle Cannabis in Kombination mit anderen psychotropen Substanzen nachgewiesen, in 26,6 % der Fälle zusätzlich ausschließlich Alkohol. Eine süddeutsche Studie[216] ergab sogar in 47 % der Fälle Cannabis in Kombination mit Alkohol und/oder Amphetaminen/Ecstasy.

Der Mischkonsum weist auf Konsumgewohnheiten hin, die die Fahreignung beeinträchtigen, insbesondere, wenn es sich um eine regelmäßige Einnahme der psychotropen Stoffe handelt.

---

215 *Iwersen-Bergmann, S. et al.* (2004).
216 *Vollrath, M. et al.* (2002).

Im Kommentar zu den Begutachtungsleitlinien zur Kraftfahrereignung[217] wird der Mischkonsum von Alkohol und Cannabis als „besonders verkehrsgefährdend" beschrieben.

Das **Verwaltungsgericht Freiburg**[218] geht zutreffend davon aus, dass fehlende Kraftfahreignung bei einem gelegentlichen Cannabiskonsumenten aus dem Mischkonsum von Alkohol und Cannabis folgt, wenn er beim Führen eines Kraftfahrzeuges angetroffen wird und die Untersuchung der ihm darauf entnommenen Blutprobe neben einer Blutalkoholkonzentration von 0,65 ‰ auch eine THC-Konzentration von 1,6 ng/ml ergibt.

Das **Verwaltungsgericht Hamburg**[219] verneint ebenfalls Kraftfahreignung bei einem gelegentlichen Cannabiskonsumenten, der nach seinen eigenen Angaben Cannabis und Alkohol im Zusammenhang miteinander konsumiert hat.

(2) Fehlendes Trennungsvermögen

Mangelnde Trennungsfähigkeit zwischen Cannabiskonsum und der Teilnahme am Straßenverkehr beweist nach herrschender Rechtssprechung ein gelegentlicher Konsum von Cannabis, wenn er unter akuter Beeinflussung von Cannabis ein Kraftfahrzeug führt. Hierzu bemerkt der **Verwaltungsgerichtshof Baden-Württemberg**:[220]

249

„Ein ausreichendes Trennungsvermögen, das eine gelegentliche Einnahme von Cannabis im Hinblick auf die Verkehrssicherheit hinnehmbar erscheinen lässt, ist nur gegeben, wenn der Konsument Fahren und Konsum in jedem Fall in einer Weise trennt, dass eine Beeinträchtigung seiner verkehrsrelevanten Eigenschaften durch die Einnahme von Cannabis unter keinen Umständen eintreten kann."

Ob diese Voraussetzungen gegeben sind, ist im Einzelfall aufzuklären. Denn insoweit führt *Berghaus* in seinem vom Bundesverfassungsgericht[221] eingeholten Gutachten[222] aus:

250

„Ob und in welchem Ausmaß sich die möglichen Einschränkungen im individuellen Falle realisieren, hängt wesentlich von der Erfahrung des Konsumenten, von der Art des Konsums (Rauchen [Häufigkeit, Intensität und zeitlicher Abstand der

---

217 *Schubert, W., Schneider, W. et al.* (2005) Kapitel 3.12.1, S. 171.
218 Beschluss vom 16.02.2004 – 4 K 125/04 – www.Fahrerlaubnisrecht.de/Urteile.
219 Blutalkohol 42 (2005), 327 = zfs 2005, 107.
220 VGH Mannheim 15.11.2004.
221 BVerfG 20.06.2002.
222 Im Internet abrufbar unter der vom BVerfG im Beschluss vom 20.06.2002 – unter B. II. 1. – angegebenen Adresse; abgedruckt in Blutalkohol 39 (2002), 321 ff./ 325.

§ 3 Eignung zum Führen von Kraftfahrzeugen

Züge], orale Aufnahme), von der Dosis des aufgenommenen Cannabis und von dem Zeitpunkt nach dem Konsum, in welchem die Leistungen abgefragt werden, ab. Es ist keinesfalls so, wie manche Stellungnahme suggeriert, dass die aufgezählten Leistungs- und Verhaltensmängel zu jeder Zeit nach dem Konsum und unabhängig von der aufgenommenen Dosis bei jedem Konsumenten präsent sind."

251 **Weitere Aufklärung** zu diesen Umständen durch ein diesbezügliches **Gutachten einer Begutachtungsstelle für Fahreignung** ist deshalb geboten – im Übrigen auch zur Beurteilung der Frage, ob die Fahreignung seit dem Zeitpunkt der Feststellung von Cannabiskonsum wieder hergestellt ist.[223]

252 Gleichwohl halten Verwaltungsgerichte das überwiegend für entbehrlich und die unmittelbare Entziehung der Fahrerlaubnis für gerechtfertigt, wenn ein gelegentlicher Konsument von Cannabis unter akuter Beeinflussung von Cannabis ein Kraftfahrzeug führt. Sie orientieren sich dabei an Folgendem:

(2a) THC-Konzentration

253 Die THC-Konzentration im Blut des Kraftfahrzeugführers ist für Verwaltungsgerichte ein gewichtiger Anhaltspunkt dafür, ob beim Führen des Kraftfahrzeugs eine akute Beeinflussung durch Cannabis vorlag.

Solche Beeinflussung hält der Verwaltungsgerichtshof Baden-Württemberg:[224] bei einer THC-Konzentration von 4 ng/ml und das Verwaltungsgericht Hamburg[225] bei einer THC-Konzentration von 5,8 ng/ml für gegeben.

Die Annahme eines zeitnahen Cannabiskonsums mit entsprechender Beeinträchtigung der Fahrtüchtigkeit halten bei einer THC-Konzentration von 2,0 ng/ml das Oberverwaltungsgericht Rheinland-Pfalz,[226] von 3,8 ng/ml das Niedersächsische Oberverwaltungsgericht[227] und bei einer THC-Konzentration von 10,5 ng/ml das Thüringer Oberverwaltungsgericht[228] für gerechtfertigt. Dabei weisen die Gerichte darauf hin, dass diese Werte deutlich über dem zu § 24a Abs. 2 StVG durch die Grenzwertkommission am 20.11.2002 festgesetzten Grenzwert von 1,0 ng/ml[229] liegen.

---

223 Siehe unter § 7 Rn 69.
224 VGH Mannheim 07.03.2003.
225 Blutalkohol 42 (2005), 327 = zfs 2005, 107.
226 OVG Koblenz 13.01.2004.
227 OVG Lüneburg 11.07.2003.
228 OVG Weimar 11.05.2004.
229 Insoweit beziehen sie sich auf *Weibrecht* (2003b) – dort S. 135.

Der Verwaltungsgerichtshof Baden-Württemberg[230] bezieht sich bei festgestellter THC-Konzentration von 5 ng/ml ebenfalls auf diesen Grenzwert. Er erwähnt jedoch ebenso wie der Bayerische Verwaltungsgerichtshof[231] (in jenem Fall festgestellte THC-Konzentration von 6,40 ng/ml) auch die Aussagen von *Krüger* in seinem vom Bundesverfassungsgericht[232] eingeholten Gutachten,[233] in dem unter Auswertung von mehreren wissenschaftlichen Studien ausgeführt wird, dass bei THC-Konzentrationen unter 2 ng/ml keine Risikoerhöhung erfolgt, während bei höheren Konzentrationen eine Risikoerhöhung eintritt.

(2b) Wirkungsdauer

Die Wirkungsdauer des eingenommenen Cannabis wird in der bisherigen verwaltungsgerichtlichen Rechtsprechung falsch eingeschätzt. **254**

Nach den Darlegungen des Bundesverfassungsgerichts in seinem Beschluss zur Auslegung des § 24a Abs. 2 StVG[234] ist zwar der Gesetzgeber bei Einführung des § 24a Abs. 2 StVG ausdrücklich davon ausgegangen, dass „die Wirkungs- und Nachweisdauer bei den einzelnen Mitteln übereinstimmen", haben sich jedoch die Verhältnisse inzwischen insoweit infolge des technischen Fortschritts geändert: **255**

Danach hat sich die **Nachweisdauer** für das Vorhandensein von THC aufgrund von Blutproben wesentlich erhöht. Spuren der Substanz lassen sich nunmehr über mehrere Tage, unter Umständen sogar Wochen nachweisen. Hinsichtlich der **Wirkungsdauer von Cannabis** bemerkt das Bundesverfassungsgericht, dass auch dann noch ein positiver Drogenbefund bei der Blutuntersuchung festgestellt werden kann, wenn der Konsum des Rauschmittels schon längere Zeit vor der Fahrt erfolgte und von der Möglichkeit einer Beeinträchtigung der Leistungsfähigkeit deshalb nicht mehr ausgegangen werden kann. Es verweist darauf, dass die Wirkungsdauer nach den in dem mit dem Beschluss vom 20.06.2002 abgeschlossenen Verfahren des Bundesverfassungsgerichts[235] gewonnenen Erkenntnissen **bereits nach mehreren Stunden endet**.

---

230 VGH Mannheim 10.05.2004.
231 VGH München 03.02.2004.
232 BVerfG 20.06.2002.
233 Im Internet abrufbar unter der vom BVerfG im Beschluss vom 20.06.2002 – unter B. II. 2. – angegebenen Adresse; abgedruckt in Blutalkohol 39 (2002), 336 ff.
234 BVerfG 21.12.2004.
235 BVerfG 20.06.2002.

§ 3 Eignung zum Führen von Kraftfahrzeugen

256 Nach dem von *Berghaus* in seinem für jenes Verfahren erstatteten Gutachten sind nach dem Rauchen von Cannabis die deutlichsten Leistungseinbußen in der ersten Stunde nach Rauchbeginn festzustellen, die in der 2. bis 3. Stunde wieder zurückgehen und sich nach diesem Zeitraum auf nur noch wenige Leistungseinbußen reduzieren.[236] Auch nach *Geschwinde*[237] ist die Cannabis-Wirkung beim Rauchen nach ca. 2 bis 3 Stunden weitgehend beendet.

257 Das **Niedersächsische Oberverwaltungsgericht**[238] und das **Thüringer Oberverwaltungsgericht**[239] werten dagegen in den von ihnen entschiedenen Fällen die **Behauptung** des Fahrerlaubnisinhabers, **der Cannabiskonsum habe weit** (im Falle des Niedersächsischen Oberverwaltungsgerichts 16 Stunden) **vor der Blutentnahme gelegen, als Schutzbehauptung** und meinen, die Aufnahme einer wirksamen Cannabisdosis müsse zeitnah zur Teilnahme am Straßenverkehr stattgefunden haben, zumal bei normalem Konsum (die wirksame Einzeldosis liegt bei 15 mg THC, die als Konsumeinheit bezeichnet wird) davon auszugehen sei, dass THC regelmäßig nur bis zu 6 Stunden nach dem Konsum im Blut nachgewiesen werden könne.

Aufgrund neuerer Erkenntnisse rügt aber das Bundesverfassungsgericht in seinem Beschluss zur Auslegung des § 24a Abs. 2 StVG,[240] das Amtsgericht habe nicht erwogen, dass die bereits nach mehreren Stunden endende Wirkungsdauer beim Beschwerdeführer, **die verfahrensgegenständliche Pkw-Fahrt erst 16 Stunden nach der Einnahme von Cannabis angetreten hatte, zum Zeitpunkt der noch später abgenommenen Blutprobe nicht mehr fortbestanden haben könnte.**

258 Unter Berücksichtigung der vorstehend dargestellten gegenwärtigen naturwissenschaftlichen Erkenntnisse schließt eine festgestellte THC-Konzentration **grundsätzlich** die Möglichkeit aus, dass der Betroffene am Straßenverkehr teilgenommen hat, obwohl seine Fahrtüchtigkeit eingeschränkt war, wenn zwischen dem Beginn des Rauchens von Cannabis und dem Führen eines Kraftfahrzeugs mehr als drei Stunden vergangen sind. Bestehen in diesen Fällen **ausnahmsweise** Anhaltspunkte für die Annahme, dass trotz des Zeitablaufs noch Beeinträchtigungen verkehrsrelevanter Eigenschaften durch die Einnahme von Cannabis bestehen, ist die ohnehin erforderliche **weiter gehende Aufklärung** auch auf diesen Gesichtspunkt zu erstrecken.

---

236 Im Internet abrufbar unter der vom BVerfG im Beschluss vom 20.06.2002 – unter B. II. 1. – angegebenen Adresse; abgedruckt in Blutalkohol 39 (2002), 321 ff./ 326
237 *Geschwinde Th.* (1988) Rn 95 und 97.
238 OVG Lüneburg 11.07.2003.
239 OVG Weimar 11.05.2004.
240 BVerfG 21.12.2004.

(3) Fehlen charakterlicher Eignung

Unter diesem Gesichtspunkt hält neuerdings der **Verwaltungsgerichtshof Baden-Württemberg**[241] einen Fahrerlaubnisinhaber, der gelegentlich Cannabis konsumiert, für ungeeignet zum Führen von Kraftfahrzeugen, in dessen nach einer bis 2.30 Uhr währenden Autofahrt um 3.01 Uhr entnommenen Blut eine THC-Konzentration von 1,4 ng/ml gefunden wurde.

259

Er teilt mit, dass er in seiner bisherigen Rechtsprechung in sieben Beschlüssen auf die Aussagen von *Krüger* in seinem vom Bundesverfassungsgericht[242] eingeholten Gutachten[243] verwiesen hat, in dem unter Auswertung von mehreren wissenschaftlichen Studien ausgeführt wird, dass bei THC-Konzentrationen über 2 ng/ml eine Risikoerhöhung eintritt. Nach seiner Ansicht ist allerdings ohnehin davon auszugehen, dass die Konzentration von THC im Blut des Fahrerlaubnisinhabers während der Autofahrt höher war als 1,4 ng/ml; wenngleich in Bezug auf THC eine exakte Rückrechnung wegen der vielfältigen Wechselwirkungen zwischen dem psychoaktiv wirkenden Stoff THC und seinen Metaboliten nicht möglich ist, sei wegen des zeitlichen Abstands zwischen dem Ende der Autofahrt (2.30 Uhr) und der Blutentnahme (3.01 Uhr) nicht auszuschließen, dass zum Zeitpunkt der Autofahrt THC im Blut des Fahrerlaubnisinhabers noch mit einer Konzentration von 2 ng/ml vorhanden war.

Ob die Konzentration von THC im Blut des Fahrerlaubnisinhabers zum Zeitpunkt der Autofahrt tatsächlich noch den Wert von 2 ng/ml erreichte, lässt der Verwaltungsgerichtshof für die Frage des ausreichenden Trennungsvermögens zwischen dem Konsum von Cannabis und dem Führen eines Kraftfahrzeugs dahingestellt und meint:

260

„Selbst wenn angenommen wird, dass THC im Blut eines Autofahrers unterhalb einer bestimmten Konzentration die fahreignungsrelevanten Eigenschaften des Konsumenten nicht beeinträchtigt, ist durch den – mit einer im unmittelbaren Anschluss an eine Autofahrt entnommenen Blutprobe erbrachten – Nachweis von THC im Blut das unzureichende Trennungsvermögen im Sinne von Nr. 9.2.2 der Anlage 4 zur Fahrerlaubnis-Verordnung auch dann als belegt anzusehen, wenn für THC eine geringere Konzentration als 2 ng/ml festgestellt wird."

Das begründet er so:

„Ein Fahrerlaubnisinhaber, bei dem in einer im Anschluss an eine Autofahrt entnommenen Blutprobe THC festgestellt wird, hat nach einem bewussten Konsum

---

241 VGH Mannheim 15.11.2004.
242 BVerfG 20.06.2002.
243 Im Internet abrufbar unter der vom BVerfG im Beschluss vom 20.06.2002 – unter B. II. 2. – angegebenen Adresse; abgedruckt in Blutalkohol 39 (2002), 336 ff.

§ 3 Eignung zum Führen von Kraftfahrzeugen

von Cannabis ein Kraftfahrzeug geführt, obwohl er, wie gerade das Ergebnis der Blutprobe beweist, nicht sicher sein konnte, dass in seinem Blut die psychoaktiv wirkende Substanz THC nicht mehr vorhanden ist. Damit hat sich dieser Fahrerlaubnisinhaber als **charakterlich ungeeignet** erwiesen, weil er bei der Fahrt das Risiko eingegangen ist, dass seine Fahreignung noch durch den Konsum von Cannabis beeinträchtigt ist. Er kann auch nicht geltend machen, er könne die Wirkungen seines Cannabiskonsums so genau ein- und abschätzen, dass er nur dann ein Auto führe, wenn die Konzentration von THC unter die für die fahreignungsrelevanten Eigenschaften maßgebliche Konzentrationsgrenze gefallen sei. Denn wie oben dargelegt, ist eine exakte Berechnung der im Blut noch vorhandenen Konzentration von THC nicht möglich. Dem Konsumenten ist damit eine Bestimmung des Zeitpunkts, in dem die Konzentration von THC in seinem Blut einen bestimmten Wert unterschreitet, erst recht nicht möglich. Damit dürfte aber belegt sein, dass er nicht gewährleisten kann, dass seine Teilnahme am Straßenverkehr nach gelegentlichem Konsum von Cannabis unter keinen denkbaren Umständen die hochrangigen Rechtsgüter anderer Verkehrsteilnehmer gefährden kann."

261 Dem steht entgegen:

Der Verwaltungsgerichtshof lässt unberücksichtigt, dass die fahreignungsrelevante **Cannabiswirkung bereits drei Stunden nach Beginn des Cannabisrauchens nicht mehr besteht**. Wer die Autofahrt erst drei Stunden nach Beginn des Cannabisrauchens antritt, geht nicht das Risiko ein, dass seine Fahreignung noch durch den Konsum von Cannabis beeinträchtigt ist.

Zudem erweist sich ein Fahrerlaubnisinhaber doch **nicht** dadurch als **charakterlich ungeeignet**, dass er bei der Fahrt das Risiko eingeht, seine Fahreignung könne vorübergehend beeinträchtigt sein. Sonst müsste z.B. ja auch dem unter einer Erkältung leidenden Fahrerlaubnisinhaber, der das Risiko eingeht, seine Fahreignung könne durch darauf beruhende Husten- oder Niesattacken beeinträchtigt werden, oder dem spät in der Nacht fahrenden Fahrerlaubnisinhaber, der das Risiko eingeht, seine Fahreignung könne durch Übermüdung beeinträchtigt werden, die Fahrerlaubnis entzogen werden.

(4) Verhaltensänderung

262 Sie ist nach zutreffender Ansicht des **Verwaltungsgerichts Hamburg**[244] **nicht erforderlich**, wenn bei nur gelegentlichem Konsum von Cannabis der Betroffene Konsum und Fahren trennt und kein zusätzlicher Gebrauch von Alkohol oder anderen psychoaktiv wirkenden Stoffen und keine Störung der Persönlichkeit sowie kein Kontrollverlust festzustellen ist. In dem von ihm entschiedenen Fall war in einem medizinisch-

---

244 zfs 2002, 507.

psychologischen Gutachten ausgeführt, der Betroffene habe sein Verhalten nicht nachvollziehbar geändert, vielmehr trotz der anstehenden Untersuchung auch weiter nicht von jeglichem Cannabiskonsum abgesehen. Auf solche Verhaltensänderung des Betroffenen kommt es indes nach den Vorgaben der FeV nicht an – wie das Verwaltungsgericht Hamburg ausdrücklich hervorhebt.

Zutreffend erkennt auch das **Oberverwaltungsgericht Bremen**,[245] dass ein Betroffener, der gelegentlich Cannabis konsumiert und sonst nicht auffällig ist, seine Einstellung nicht zu ändern braucht, um geeignet zum Führen von Kraftfahrzeugen zu sein, weil der gelegentliche Konsum allein seiner Eignung nicht entgegensteht. 263

Es bedarf auch keiner Untersuchung eines Einstellungswandels. Das Oberverwaltungsgericht wendet sich zudem gegen die Ausführungen in einem gleichwohl erstatteten medizinisch-psychologischen Gutachten, in dem der positive Nachweis von Veränderungen in der Einstellung zum maßgeblichen Eignungskriterium erhoben worden war:

„Dieser Nachweis wird wegen ‚einer wenig kritischen Haltung (des Antragstellers) seinem Drogenkonsum gegenüber' als nicht erbracht angesehen. Seine ‚oberflächliche Auseinandersetzung' lasse eine positive Prognose nicht zu. Dabei wird übersehen, dass für den Antragsteller, wenn er nur gelegentlich Cannabis konsumiert hat – und davon ist mangels gegenteiliger Anhaltspunkte auszugehen –, straßenverkehrsrechtlich überhaupt keine Notwendigkeit bestand, sich von diesem Konsum zu distanzieren, weil der gelegentliche Konsum ohne Zusammenhang mit dem Straßenverkehr oder weitere Auffälligkeiten ohne Auswirkungen auf seine Eignung zum Führen von Kraftfahrzeugen war. Verhaltensweisen, die die Eignung zum Führen von Kraftfahrzeugen nicht ausschließen, müssen aber nicht aufgegeben werden, um die Eignung unter Beweis zu stellen."

gg) Einmalige Einnahme von Cannabis

Dass selbst einmaliger Konsum von Cannabis einen Einfluss auf die **Fahrtüchtigkeit** hat, haben Studien über die Wirkungsbeobachtung ergeben, über die *Schulz et al.*[246] Folgendes berichten: 264

„Die Analyse des Einflusses des Cannabiskonsums auf die Fahrtüchtigkeit zeigte, dass ab einer THC-Konzentration von 7–15 ng/ml wesentliche Leistungseinbußen zu erwarten sind. Besonders empfindlich gegenüber der Cannabiswirkung erwiesen sieh die Laborparameter Aufmerksamkeit, Tracking und Psychomotorik."

---

245 OVG Bremen 08.03.2000.
246 *Schulz, E. et al.* (1997).

§ 3 Eignung zum Führen von Kraftfahrzeugen

Stephan et al.[247] berichten von einem Fahrversuch nach Cannabiskonsum: Nach Genuss einer Marihuanazigarette waren die Fahrleistungen an einem Simulator unter akutem Marihuanaeinfluss deutlich geringer als in drogenfreiem Zustand; ferner war ein erhöhter kognitiver Aufwand bei der Bearbeitung der Fahraufgabe zu beobachten.

Gleichwohl enthalten weder die Begutachtungs-Leitlinien zur Kraftfahrereignung noch die Anlage 4 der FeV Ausführungen darüber, welche Auswirkungen einmaliger Konsum von Cannabis auf die **Kraftfahreignung** hat. Einmaliger Konsum von Cannabis spricht auch in der Regel nur für ein Probierverhalten, das nicht auf einen überdauernden Mangel der Kraftfahreignung schließen lässt.

Selbst wenn eine **Fahrt unter Cannabiseinfluss** nachgewiesen ist und damit belegt ist, dass es an dem bei gelegentlicher Einnahme von Cannabis nach Nr. 9.2.2 der Anlage 4 zur FeV für die Fahreignung erforderlichen Trennungsvermögen fehlt, setzt der Schluss auf das Fehlen der Eignung nach zutreffender Auffassung des **Verwaltungsgerichtshofs Baden-Württemberg**[248] zusätzlich eine **gelegentliche Einnahme von Cannabis** voraus.

hh) Wiederherstellung der Eignung

265 Sind die Voraussetzungen zum Führen von Kraftfahrzeugen wegen des Konsums von Betäubungsmitteln oder anderen psychoaktiv wirkenden Stoffen ausgeschlossen, so können sie nur dann wieder als gegeben angesehen werden, wenn der Nachweis geführt wird, dass kein Konsum mehr besteht. Das fordern die Begutachtungs-Leitlinien zur Kraftfahrereignung unter Nr. 3.12.1 Abs. 6 S. 1.[249]

Zu unterscheiden sind 2 Fallgruppen:

(1) Abhängigkeit

266 Bei Abhängigkeit ist nach Nr. 3.12.1 Abs. 6 S. 2 der Begutachtungs-Leitlinien zur Kraftfahrereignung in der Regel eine erfolgreiche **Entwöhnungsbehandlung** erforderlich, die stationär oder im Rahmen anderer Einrichtungen für Suchtkranke erfolgen kann.

Eine **Ausnahme** von dieser Regel wird sicher in den Fällen angezeigt sein, in denen die Substanz aus der bestimmungsgemäßen Einnahme eines für einen konkreten Krankheitsfall verschriebenen Arzneimittels herrührt und nach Nr. 3.12.1 Abs. 1 S. 2 der Begutachtungs-Leitlinien bei bestimmungsgemäßer Einnahme die Eignung bejaht

---

247 *Stephan, E. et al.* (2004).
248 VGH Mannheim 29.09.2003.
249 Abgedruckt im Anhang unter Nr. 1.

wird.[250] Hat der Kraftfahrer die Eignung verloren, weil er das Arzneimittel nicht bestimmungsgemäß, sondern im Übermaß eingenommen hat, wird er nicht von dem für seinen konkreten Krankheitsfall verschriebenen Arzneimittel entwöhnt werden können. Für die Bejahung der Eignung reicht dann der Nachweis aus, dass er nunmehr – ggf. nach entsprechender verkehrspsychologischer Behandlung – willens und in der Lage ist, das Arzneimittel bestimmungsgemäß einzunehmen.

Nach Nr. 3.12.1 Abs. 7 S. 1 der Begutachtungs-Leitlinien ist nach der Entgiftungs- und Entwöhnungszeit lediglich in der Regel (mögliche Ausnahmen werden allerdings nicht konkretisiert) eine **einjährige Abstinenz** durch ärztliche Untersuchungen nachzuweisen (auf der Basis von mindestens vier unvorhersehbar anberaumten Laboruntersuchungen innerhalb dieser Jahresfrist in unregelmäßigen Abständen). 267

In der Begründung zu diesem Leitsatz ist überdies ausgeführt:

„Es ist im Übrigen für die angemessene Begründung einer positiven Verkehrsprognose wesentlich, dass zur positiven Veränderung der körperlichen Befunde einschließlich der Laborbefunde ein tief greifender und stabiler Einstellungswandel hinzutreten muss, der es wahrscheinlich macht, dass der Betroffene auch in Zukunft die notwendige Abstinenz einhält."

Bei der geforderten ärztlichen Untersuchung muss daher auch die Frage, ob ein tief greifender und stabiler Einstellungswandel eingetreten ist, geprüft werden, ggf. durch eine medizinisch-psychologische Untersuchung.[251]

Nr. 9.5 der Anlage 4 der FeV bejaht ebenfalls nach Entgiftung und Entwöhnung Eignung und bedingte Eignung nach einjähriger Abstinenz. Als Auflagen bei **bedingter Eignung** sind in Nr. 9.5 der Anlage 4 der FeV „regelmäßige Kontrollen" vorgesehen. Durch solche Kontrollen soll ersichtlich überprüft werden, ob der bei Erteilung der (bedingten) Fahrerlaubnis vorausgesetzte tief greifende Einstellungswandel auch wirklich stabil geblieben ist.

(2) Eignungsmängel ohne Abhängigkeit

Besteht keine Abhängigkeit von Betäubungsmitteln oder anderen psychoaktiv wirkenden Stoffen und sind die Voraussetzungen zum Führen von Kraftfahrzeugen wegen nicht zur Abhängigkeit geführten Konsums solcher Stoffe ausgeschlossen, so kann nach Nr. 3.12.1 Abs. 6 S. 1 der Begutachtungs-Leitlinien Eignung schon dann wieder als gegeben angesehen werden, wenn allein der Nachweis geführt wird, dass kein Konsum mehr besteht. 268

---

250 Siehe unter § 3 Rn 181.
251 Siehe unter § 7 Rn 178 ff.

§ 3 Eignung zum Führen von Kraftfahrzeugen

Entgiftung und Entwöhnung sowie einjähriger Abstinenz bedarf es dann nicht. Das folgt aus Nr. 3.12.1 Abs. 6 S. 2 der Begutachtungs-Leitlinien, wonach nur bei Abhängigkeit in der Regel eine erfolgreiche Entwöhnungsbehandlung zu fordern ist. Nur nach der Entgiftungs- und Entwöhnungszeit – die eben nur bei Abhängigkeit und auch lediglich in der Regel erforderlich ist – ist in der Regel eine einjährige Abstinenz nachzuweisen (Nr. 3.12.1 Abs. 7 S. 1 der Begutachtungs-Leitlinien). In der Begründung zu diesen Leitsätzen heißt es denn auch ausdrücklich:

„Die besondere Rückfallgefahr bei der Abhängigkeit rechtfertigt die Forderung nach Erfüllung bestimmter Voraussetzungen."

Hat aber jemand, ohne abhängig zu sein, missbräuchlich oder regelmäßig Betäubungsmittel oder andere psychoaktiv wirkende Stoffe eingenommen, besteht eben die besondere Rückfallgefahr nicht und ist die Forderung nach Erfüllung bestimmter Voraussetzungen einschließlich der, dass kein Konsum mehr besteht, nicht gerechtfertigt.

Da solchenfalls nach den Begutachtungs-Leitlinien weder Entgiftung noch Entwöhnung erforderlich ist, kann sich die **Abstinenzforderung** in Nr. 9.5 der Anlage 4 der FeV nur auf den **Fall der Abhängigkeit von Betäubungsmitteln** beziehen.

269 Die Abstinenzforderung ist in den Fällen, in denen jemand, ohne abhängig zu sein, Betäubungsmittel oder andere psychoaktiv wirkende Stoffe eingenommen hat, auch deshalb nicht gerechtfertigt, weil nach Nr. 3.12.1 Abs. 5 der Begutachtungs-Leitlinien nur derjenige nicht in der Lage ist, den gestellten Anforderungen zum Führen von Kraftfahrzeugen gerecht zu werden, der missbräuchlich oder regelmäßig solche Stoffe zu sich nimmt, die die körperlich-geistige (psychische) Leistungsfähigkeit eines Kraftfahrers ständig unter das erforderliche Maß herabsetzen oder die durch den besonderen Wirkungsablauf jederzeit unvorhersehbar und plötzlich seine Leistungsfähigkeit oder seine Fähigkeit zu verantwortlichen Entscheidungen (wie den Verzicht auf die motorisierte Verkehrsteilnahme) vorübergehend beeinträchtigen können.[252]

Wer aber Betäubungsmittel oder andere psychoaktiv wirkende Stoffe nicht mehr missbräuchlich oder regelmäßig zu sich nimmt, ist danach zum Führen von Kraftfahrzeugen durchaus geeignet. Es kann ihm nicht verwehrt werden, gelegentlich solche Stoffe einzunehmen, solange das nicht missbräuchlich oder regelmäßig geschieht und seine Leistungsfähigkeit als Kraftfahrer sowie seine Fähigkeit zu verantwortlichen Entscheidungen nicht eingeschränkt sind.

---

252 Siehe unter § 3 Rn 190 ff.

Brenner-Hartmann, Löhr-Schwab, Bedacht und *Eisenmenger* meinen im Kommentar zu den Begutachtungs-Leitlinien zur Kraftfahrereignung in den Erläuterungen zu Nr. 3.12.1[253] allerdings, weil die Begutachtungs-Leitlinien zu den Konsummustern unterhalb der Abhängigkeit nichts Näheres ausführen, bleibe dem Gutachter hier **ein Ermessensspielraum hinsichtlich der Therapienotwendigkeit bei Drogenmissbrauch** offen. Tatsächlich besteht dieser Ermessensspielraum nicht: Aus der ausdrücklichen Feststellung in den Begutachtungs-Leitlinien, dass die Forderung nach Erfüllung bestimmter Voraussetzungen nur wegen der besonderen Rückfallgefahr bei der Abhängigkeit gerechtfertigt ist, folgt zwingend der Ausschluss der Therapienotwendigkeit bei Drogenmissbrauch, der noch nicht zur Abhängigkeit geführt hat.

270

Völlig unverständlich ist angesichts der von *Brenner-Hartmann, Löhr-Schwab, Bedacht* und *Eisenmenger* zutreffend mitgeteilten Feststellung, dass die Begutachtungs-Leitlinien zu den Konsummustern unterhalb der Abhängigkeit nichts Näheres ausführen, ihre Behauptung, in den Beurteilungsgrundsätzen der Begutachtungs-Leitlinien werde „unmissverständlich gefordert, dass immer dann, wenn die Fahreignung ausgeschlossen war (also z.b. auch beim regelmäßigen Cannabiskonsumenten), die Anforderungen nur dann wieder als gegeben anzusehen sind, wenn Abstinenz vorliegt".[254] Dieser unzutreffenden Behauptung fügen sie an:

„Dies ist auch nachvollziehbar, da eine zweckbedingte Veränderung des Konsummusters im Hinblick auf die angestrebte Fahrerlaubnis von nur sehr geringer Stabilität sein dürfte. Wenn ein regelmäßiger Konsum von Cannabis bereits zu sozialen Nachteilen und/oder körperlichen und psychischen Problemen geführt hat, die zu einer Änderung des Konsummusters zwangen, ist Abstinenz zu fordern, da in allen anderen Fällen durch die immanent vorherrschenden Rückfallbedingungen eine erneute Wiederaufnahme früheren Konsumverhaltens zu befürchten ist."

Dazu bemerkt das **Oberverwaltungsgericht des Saarlandes**:[255]

271

„Die so als unabdingbar erhobene **Abstinenzforderung** leuchtet zwar hinsichtlich des Vorliegens der zuletzt als bereits manifestiert vorausgesetzten Auswirkungen des regelmäßigen Konsums auf Körper und Seele ein, erscheint aber dann, wenn diese Folgewirkungen noch nicht eingetreten sind, als **wenig plausibel**."

In dem von ihm entschiedenen Fall hatte die verkehrsfachärztliche Begutachtung zwar ergeben, dass bei der Betroffenen jedenfalls bis Ende Oktober 2001 (Erstuntersuchung

---

253 *Schubert, W., Schneider, W.* et al. [Hrsg.] (2002) S. 122. Diese Auffassung wird in der 2. Auflage des Kommentars auf S. 192 wiederholt.
254 *Schubert, W., Schneider, W.* et al. [Hrsg.] (2002) S. 124. Diese Auffassung wird in der 2. Auflage des Kommentars auf S. 194 wiederholt.
255 OVG Saarlouis 30.09.2002.

§ 3 Eignung zum Führen von Kraftfahrzeugen

Drogenscreening im Haar und im Urin vom 25.10.2001) regelmäßige Einnahme von Cannabis vorlag, zum letztmaligen Untersuchungsdatum, dem 17.12.2001, kein nachweisbarer Drogenabusus mehr bestanden hat. Dies wurde im Gutachten dahin zusammenfassend bewertet, dass ein ehemaliger regelmäßiger Drogenkonsum nachweisbar war, der aber seit Ende Oktober 2001 nicht mehr nachgewiesen werden konnte.

Das Oberverwaltungsgericht gesteht der Fahrerlaubnisbehörde – die der Betroffenen die Fahrerlaubnis unter Anordnung des Sofortvollzuges entzogen hat – zu, dass aus der gutachtlich bestätigten abstinenten Zeit alleine noch nicht auf das Vorliegen einer stabilen Abstinenz geschlossen werden kann. Es meint unter Bezugnahme auf die Hinweise über den aktuellen Stand von Forschung und Wissenschaft im Beschluss des Bundesverfassungsgerichts vom 20.06.2002:[256]

„Andererseits stellt sich die Frage, ob jedenfalls in einem Falle wie dem Vorliegenden, überhaupt dem Umstand der Abstinenz der allein entscheidende Eignungsbeleg zukommen kann, wie dies Ziffer 9.5 der Anlage 4 zur FeV bezogen auf ihre Ziffer 9.3 vorsieht, weil als die Kraftfahreignung nicht tangierende Konsumgewohnheit auch der gelegentliche Konsum von Cannabis bei nachgewiesenem Trennungsvermögen anzusehen ist."

„Damit stellt sich die Frage, ob derjenige, der sich vom regelmäßigen Cannabiskonsum abgewandt hat, seine Drogenabstinenz nachweisen muss oder sich stattdessen nach entsprechender Änderung der Konsumgewohnheit auch auf gelegentlichen Konsum mit nachgewiesenem Trennungsvermögen berufen kann, um seine Eignung zu beweisen. Hierzu bieten weder die Anlage 4 zur FeV noch die Begutachtungs-Leitlinien zur Kraftfahrereignung eine geeignete Bewertungsgrundlage."

Das Oberverwaltungsgericht beantwortet die von ihm aufgeworfenen Fragen nicht abschließend, stellt aber die aufschiebende Wirkung des von der Betroffenen gegen die Entziehung der Fahrerlaubnis eingelegten Widerspruchs nach § 80 Abs. 5 S. 1 VwGO wieder her mit der Begründung, dass die Betroffene bis zur Entscheidung im Hauptsacheverfahren keine Gefahr für die Sicherheit des Straßenverkehrs darstellt.

272 Die vom Oberverwaltungsgericht des Saarlandes aufgeworfenen Fragen sind dahin zu beantworten, dass derjenige, **der sich vom regelmäßigen Cannabiskonsum abgewandt hat, Drogenabstinenz nicht einhalten muss.** Vielmehr darf er gelegentlich Cannabis konsumieren und bleibt dabei geeignet zum Führen von Kraftfahrzeugen, wenn er in der Lage ist, Konsum und Fahren zu trennen, wenn kein zusätzlicher Gebrauch von Alkohol oder anderen psychoaktiv wirkenden Stoffen und wenn keine Störung der Persönlichkeit, keine Beeinträchtigung der kraftfahrspezifischen Leis-

---

256 BVerfG 20.06.2002.

tungsfähigkeit und kein Kontrollverlust vorliegen.[257] Ein Fahrerlaubnisinhaber, der gelegentlich Cannabis konsumiert und sonst nicht auffällig ist, braucht seine Einstellung nicht zu ändern, um geeignet zum Führen von Kraftfahrzeugen zu sein.[258]

Mit Recht beklagt **Himmelreich**,[259] dass im von ihm auszugsweise mitgeteilten medizinisch-psychologischen Gutachten einfach eine nicht näher begründete Cannabis-Abstinenz gefordert wird. 273

Auch wer, ohne abhängig zu sein, missbräuchlich oder regelmäßig andere Betäubungsmittel oder psychoaktiv wirkende Stoffe zu sich genommen und deshalb nach Nr. 3.12.1 Abs. 5 der Begutachtungs-Leitlinien seine Eignung verloren hat,[260] ist ebenfalls ohne Abstinenz wieder geeignet, wenn er Betäubungsmittel nur noch gelegentlich und nicht mehr missbräuchlich oder regelmäßig, sondern nur noch in geringerem Umfang ohne Beeinträchtigung der Verkehrssicherheit zu sich nimmt. Für die Bejahung der Eignung reicht dann der Nachweis aus, dass er nun – ggf. nach entsprechender verkehrspsychologischer Behandlung – willens und in der Lage ist, Betäubungsmittel oder psychoaktiv wirkende Stoffe nicht mehr missbräuchlich oder regelmäßig zu sich zu nehmen. 274

Unzutreffend ist deshalb die in mehreren Entscheidungen vom **Verwaltungsgerichtshof Baden-Württemberg**[261] – denen nicht zu entnehmen ist, dass die Betroffenen von Betäubungsmitteln oder anderen psychoaktiv wirkenden Stoffen abhängig waren – vertretene Ansicht, nach Konsum von Betäubungsmitteln setze die Wiedererlangung der Kraftfahreignung generell eine nachhaltige Entgiftung und Entwöhnung vom Betäubungsmittelkonsum sowie regelmäßig den Nachweis mindestens einjähriger Betäubungsmittelabstinenz voraus. 275

Ob eine Abstinenzforderung gerechtfertigt ist, kann eben nicht abstrakt, sondern **nur im Einzelfall beurteilt werden**, – und zwar **auf der Grundlage eines medizinisch-psychologischen Gutachtens**, das ohnehin in jedem Fall des Nachweises des Konsums eines im Betäubungsmittelgesetz angeführten Rauschmittels vor der Entscheidung über die Kraftfahreignung erforderlich ist.[262]

So hat denn auch z.B. in einem vom **Sächsischen Oberverwaltungsgericht**[263] entschiedenen Fall regelmäßiger Einnahme von **Amphetaminen** das beigebrachte medizinisch-psychologische Gutachten – an dessen Richtigkeit das Oberverwaltungsge- 276

---

257 Siehe unter § 3 Rn 241 ff.
258 Siehe dazu näher unter § 3 Rn 262 f.
259 *Himmelreich, K.* (2002a) S. 33.
260 Siehe unter § 3 Rn 190 ff.
261 VGH Mannheim 15.05.2002, 24.05.2002, 28.05.2002 und 30.09.2003.
262 Siehe unter § 3 Rn 212 ff. und Rn 250 f.
263 OVG Bautzen 04.02.2003.

richt keine Zweifel hat – ergeben, dass Kraftfahreignung bereits wieder angenommen werden kann, wenn der Betroffene zum einen nachweist, über mindestens **sechs Monate keine Drogen** konsumiert zu haben, und des Weiteren – erfolgreich – eine **verkehrspsychologische Beratung** in Anspruch genommen hat.

277 Dass in Fällen gelegentlicher Einnahme von **Cannabis** Kraftfahreignung auch **ohne Abstinenz** sogar noch während des Verfahrens über den Widerspruch gegen die von der Fahrerlaubnisbehörde angeordnete Entziehung der Fahrerlaubnis erreicht werden kann, nimmt zutreffend das **Verwaltungsgericht Oldenburg** in seinem Beschluss vom 06.01.2004[264] für einen Fall an, in dem ein gelegentlicher Cannabiskonsument am 11.10.2003 ein Kraftfahrzeug unter Cannabiseinfluss geführt hatte. Es geht davon aus, dass eine Wiederherstellung der Kraftfahreignung denkbar ist, wenn nach dem Vorfall eine gewisse Zeit verstrichen ist oder sonst Anhaltspunkte vorliegen, die eine Verhaltensänderung als möglich erscheinen lassen. Dies kann nach seiner zutreffenden Ansicht unter Umständen auch schon während des Verfahrens über den Widerspruch gegen die von der Fahrerlaubnisbehörde angeordnete Entziehung der Fahrerlaubnis der Fall sein, so dass der Fahrerlaubnisinhaber nicht stets auf das Neuerteilungsverfahren (§ 20 FeV) verwiesen werden darf.

In dem von ihm entschiedenen Fall sieht das Verwaltungsgericht – trotz des Umstandes, dass seit der Fahrt unter Cannabiseinfluss erst knapp drei Monate verstrichen waren – Anhaltspunkte dafür, dass die Fahreignung des Fahrerlaubnisinhabers wieder besteht, und hält deshalb zur weiteren Sachaufklärung die **Einholung eines medizinisch-psychologischen Gutachtens** für geboten:

> Der Fahrerlaubnisinhaber sucht nach seinem unbestrittenen Vortrag bereits seit Mitte November 2003 regelmäßig eine **verkehrspsychologische Beratungsstelle** auf. Außerdem hat er sich Ende November 2003 freiwillig einem **Drogenscreening** unterzogen, welches ein **negatives Ergebnis** hatte. Dabei bewertet das Gericht hierbei den Umstand, dass die Maßnahmen, denen sich der Fahrerlaubnisinhaber unterworfen hat, unter dem Druck eines Entziehungsverfahrens erfolgt sind, nicht als so maßgeblich, dass aus ihnen von vornherein kein Rückschluss auf eine Verhaltensänderung möglich wäre. Welcher Stellenwert diesem Umstand und auch anderen möglicherweise zu Ungunsten des Fahrerlaubnisinhabers sprechenden Gesichtspunkten (wie etwa die relative Kürze der verstrichenen Zeit) beizumessen ist, soll durch die von fachkundigen Personen durchgeführte medizinisch-psychologische Untersuchung gerade geklärt werden.

---

264 Blutalkohol 42 (2005), 191 = zfs 2004, 238.

Das **Oberverwaltungsgericht für das Land Nordrhein-Westfalen**[265] vermisst in einem Fall, in dem ein gelegentlicher Cannabiskonsument ein Kraftfahrzeug unter Cannabiseinfluss geführt hatte, zwar hinreichende Anhaltspunkte dafür, dass der Fahrerlaubnisinhaber nach seiner Fahrt unter Rauschgifteinfluss selbst oder mit Hilfe anderer, etwa einer verkehrspsychologischen Beratungsstelle, ausreichende Vermeidungsstrategien entwickelt hat, die eine erneute Fahrt unter dem Einfluss von Cannabis verlässlich ausschließen, weist aber darauf hin, dass es dem Fahrerlaubnisinhaber unbenommen bleibt, sich – nach Rücksprache bzw. in Absprache mit der Fahrerlaubnisbehörde – während des laufenden Widerspruchsverfahrens einem **Drogenscreening** zu stellen, das den gebotenen Überraschungseffekt besitzt, und je nach dessen Ergebnis geeignet ist, die Eignungsbedenken auszuräumen. Sollte das Drogenscreening zu dem Ergebnis führen, dass der Fahrerlaubnisinhaber weiterhin (nur) gelegentlich Cannabis konsumiert, müsste seine Fähigkeit, zwischen dem Cannabiskonsum und dem Führen eines Kraftfahrzeuges trennen zu können, durch eine verkehrspsychologische Untersuchung im Rahmen einer **medizinisch-psychologischen Untersuchung** geklärt werden.

278

ii) Methadon-Substitution

Dieser Fall ist in der Anlage 4 der FeV nicht erwähnt.

279

In den Begutachtungs-Leitlinien zur Kraftfahrereignung ist hierzu unter 3.12.1[266] u.a. ausgeführt:

„Wer als Heroinabhängiger mit Methadon substituiert wird, ist im Hinblick auf eine hinreichend beständige Anpassungs- und Leistungsfähigkeit in der Regel nicht geeignet, ein Kraftfahrzeug zu führen. **Nur in seltenen Ausnahmefällen** ist eine positive Beurteilung möglich, wenn besondere Umstände dies im Einzelfall rechtfertigen. Hierzu gehören u.a. eine mehr als einjährige Methadonsubstitution, eine psychosoziale stabile Integration, die Freiheit von Beigebrauch anderer psychoaktiver Substanzen, inkl. Alkohol, seit mindestens einem Jahr, nachgewiesen durch geeignete, regelmäßige, zufällige Kontrollen (z.B. Urin, Haar) während der Therapie, der Nachweis für Eigenverantwortung und Therapie-Compliance sowie das Fehlen einer Störung der Gesamtpersönlichkeit."

Diese Leitsätze entsprechen weitgehend den Vorschlägen von *Berghaus* und *Friedel*[267] sowie neueren Untersuchungsergebnissen von *Kubitzki*.[268]

---

265 OVG Münster 21.07.2004.
266 Abgedruckt im Anhang unter Nr. 1.
267 *Berghaus, G.* und *Friedel, B.* (1994).
268 *Kubitzki, J.* (1997).

280 *Staak, Berghaus et al.*[269] kamen nach Untersuchung von 34 Patienten aus dem Kölner Raum zu der Einschätzung, dass die Methadon-Substituierten – als Gruppe betrachtet – aufgrund der Leistungsdifferenzen im psychophysischen Bereich, aufgrund der Persönlichkeitsmerkmale und aufgrund des psychopathologischen Befundes als nicht fahrgeeignet anzusehen sind. Diese für die Gesamtgruppe zu treffende Aussage wird für die (wenigen) Patienten, deren Verhalten im Sinne der Methadon-Therapie als optimal zu kennzeichnen ist, allerdings dahin präzisiert, dass die Einschätzung ihres verkehrssicheren Verhaltens nicht so sehr vom psychophysischen Leistungsbefund als vielmehr vom Ausmaß der Persönlichkeitsstörung und deren Bewertung für das Verkehrsverhalten abhängt.

Auch bei neueren Untersuchungen[270] wurden bei opiatabhängigen Personen, die sich in einer Substitutionstherapie befanden, innerhalb von 24 Stunden nach Einnahme der Medikamente Beeinträchtigungen der psychophysischen Leistungsfähigkeit in Form einer verlängerten Reaktionszeit und einer erhöhten Fehlerzahl festgestellt.

281 Auf bereits 1994 vorliegende Erkenntnisse gestützt, hält das **Oberverwaltungsgericht Bremen**[271] die sofortige Vollziehung der Verfügung über die Entziehung der Fahrerlaubnis bei einem methadonsubstituierten Heroinabhängigen für gerechtfertigt. Es meint, es könne nicht im Eilverfahren, sondern nur im wegen der Hauptsache anhängigen Widerspruchsverfahren geprüft werden, ob in diesem Fall besondere Umstände vorliegen, die den Schluss rechtfertigen, dass er trotz der noch andauernden Behandlung als fahrtüchtig anzusehen ist.

282 Auch das **Hamburgische Oberverwaltungsgericht**[272] versagt dem Antrag einer Betroffenen, die aufschiebende Wirkung ihrer Klage gegen die durch Verwaltungsverfügung erfolgte Entziehung der Fahrerlaubnis wiederherzustellen, den Erfolg. Nach seiner Auffassung schließt allerdings der Umstand, dass die Betroffene mit Methadon (Polamidon) substituiert wird, nicht schon als solcher ihre Eignung zum Führen von Kraftfahrzeugen aus, obwohl Methadon (Polamidon) selbst eine suchtbildende Substanz, und zwar ein Opiat (Morphinderivat) ist, das dem Betäubungsmittelgesetz unterfällt (Anlage III, Teil A zum BtMG). Denn die Ergebnisse von ihm zitierter experimenteller Studien (u.a. auch die vom Oberverwaltungsgericht Bremen erwähnte Studie von *Staak, Berghaus* u.a.) haben gezeigt, dass diejenigen, die mit Methadon substituiert werden, nicht sämtlich fahruntauglich sind, sondern dass es unter ihnen – einige – Personen gibt, deren Fahreignung bejaht werden kann. Das Hamburgische Oberverwaltungsgericht bezieht sich auch auf die in der 5. Auflage des Gutachtens „Krankheit und Kraftverkehr" unter 9.A Abs. 4 wiedergegebenen Leitsätze, die weit-

---

269 *Staak, M.; Berghaus, G. et al.* (1993).
270 *Bukasa, B. et al.* (2002).
271 OVG Bremen 31.01.1994.
272 OVG Hamburg 06.12.1996.

gehend den jetzt geltenden Begutachtungs-Leitlinien zur Kraftfahrereignung entsprechen, und meint, solange die in diesen Leitsätzen beschriebenen Voraussetzungen nicht erfüllt seien, habe die Betroffene keinen Anspruch auf Belassung der Fahrerlaubnis.

11. Dauerbehandlung mit Arzneimitteln

Anlage 4 der FeV (unter Nr. 9.6) verneint Eignung und bedingte Eignung, falls die Dauerbehandlung mit Arzneimitteln zu Vergiftung oder Beeinträchtigung der Leistungsfähigkeit zum Führen von Kraftfahrzeugen unter das erforderliche Maß geführt hat.

283

Die Begutachtungs-Leitlinien (unter 3.12.2)[273] sehen das differenzierter:

284

Einerseits können Eignungsdefizite durch Arzneimittelbehandlung soweit gebessert werden, dass dadurch die Kraftfahreignung – wenn auch unter Bedingungen – wiederhergestellt wird. Andererseits können Arzneimittel die Leistungsfähigkeit eines Kraftfahrers so beeinträchtigen, z.B. bei nachgewiesenen Intoxikationen oder höheren Dosen psychoaktiv wirkender Stoffe, dass er nicht in der Lage ist, den Anforderungen des Straßenverkehrs gerecht zu werden.

Nach den Begutachtungs-Leitlinien ist für die Frage, ob eine Arzneimitteltherapie die Fahreignung ausschließt, entscheidend, ob sie „zu schweren und für das Führen von Kraftfahrzeugen wesentlichen Beeinträchtigungen der psychofunktionalen Leistungssysteme führt". Wenn z.B. medikamentöse Behandlungen Verlangsamungen und Konzentrationsstörungen verursachen, ist die Kraftfahreignung ausgeschlossen. Dies kann bei Schmerzmitteln, Schlaf- und Beruhigungsmitteln, Neuroleptika und Antidepressiva oder bei Antiallergika der Fall sein.

285

Regelmäßig sind bei Dauerbehandlung mit Medikamenten evtl. gefährliche Nebenwirkungen zu beachten. Dieser Tatbestand muss bei der Eignungsbeurteilung berücksichtigt werden. Besonders in der Initialphase der Behandlung mit Arzneimitteln ist zur Vermeidung massiver Eignungsdefizite „eine besonders sorgfältige ärztliche Überwachung notwendig, aber auch später muss die ärztliche Führung der Therapie sichergestellt und je nach den Umständen in angemessenen Zeitabständen nachgewiesen werden".

286

Auch das Lebensalter der Erkrankten spielt eine große Rolle.

---

273 Abgedruckt im Anhang unter Nr. 1.

§ 3 Eignung zum Führen von Kraftfahrzeugen

287 Darüber hinaus ist der Übergang einer ursprünglich medizinisch vertretbaren Therapie zum Missbrauch für den Patienten oftmals fließend. „Medikamentenmissbrauch und -abhängigkeit entwickeln sich schleichend und werden vom Betroffenen im Allgemeinen noch weniger als behandlungsbedürftig angesehen als der Alkoholmissbrauch".[274]

Daher bedarf es einer umfassenden, auch die **individuellen Randbedingungen beachtenden Begutachtung**, um im Einzelfall eine bedingte Fahreignung – ggf. unter ständiger ärztlicher Betreuung und Kontrolle bei regelmäßigen Nachuntersuchungen in jährlichen Abständen – zu befürworten. Der Kommentar[275] enthält diesbezüglich differenzierte Begutachtungshinweise im Hinblick auf die in den Leitlinien aufgeführten Beurteilungsleitsätze.

12. Nierenerkrankungen

288 Anlage 4 der FeV (unter Nr. 10) verneint Eignung und bedingte Eignung nur bei schwerer Niereninsuffizienz mit erheblicher Beeinträchtigung und hält im Übrigen Eignung oder bedingte Eignung unter ständiger ärztlicher Betreuung und Kontrolle mit Nachuntersuchungen für möglich.

In den Begutachtungs-Leitlinien zur Kraftfahrereignung (unter 3.6) wird darauf hingewiesen, dass schwere Niereninsuffizienzen zu erheblichen Beeinträchtigungen des Allgemeinbefindens und zu beträchtlichen Einschränkungen der Leistungsfähigkeit führen und damit die Fahreignung ausschließen können sowie mit der Krankheit sich Komplikationen oder Begleitkrankheiten entwickeln können und die individuelle Verträglichkeit der angewandten Behandlungsverfahren, das Lebensalter des Erkrankten sowie die jeweilige individuelle psychische Einstellung zur Behandlung – z.B. zur Dialysebehandlung – eine große Rolle für das Leistungsvermögen spielen.

Daher wird eine Begutachtung „durch einen auf diesem Gebiet (Nephrologie) besonders erfahrenen Arzt" und eine eingehende Begründung bei Annahme einer bedingten Eignung gefordert.

13. Verschiedenes

289 Zu einer Reihe von Krankheiten und Mängeln, die nicht unter die vorgenannten fallen, enthalten sowohl die Anlage 4 der FeV (unter Nr. 11) als auch die Begutachtungs-Leitlinien zur Kraftfahrereignung (unter 3.7 und 3.8) besondere Eignungsaussagen. Diese betreffen

---

274 *Friedel, B.* (1999).
275 *Schubert, W., Schneider, W. et al.* [Hrsg.] (2005) S. 196.

- Organtransplantationen sowie
- von Lungen- und Bronchialerkrankungen
- unbehandelte und behandelte schlafbezogene Atmungsstörungen mit dadurch verursachter ausgeprägter Vigilanzbeeinträchtigung,
- behandelte schlafbezogene Atmungsstörungen und
- sonstige schwere Erkrankungen der Bronchien mit schweren Rückwirkungen auf die Herz-Kreislauf-Dynamik.

Während nach Organtransplantationen sich vor allem Funktionsbeeinträchtigungen, Arzneimittelwirkungen und psychoreaktive Störungen der betroffenen Organsysteme auf die erforderlichen psychofunktionalen Leistungen beim Führen von Kraftfahrzeugen negativ auswirken können, besteht auch bei schweren Lungen- und Bronchialerkrankungen die Gefahr, dass sie Rückwirkungen auf die Herz-Kreislauf-Dynamik haben und dadurch die Fahreignung beeinträchtigen oder ausschließen.

Wenn eine bedingte Fahreignung angenommen wird, bedarf es regelmäßiger ärztlicher Kontrolluntersuchungen.

V. Verhaltensauffälligkeiten

Ergänzend zu den vorstehend aufgeführten Erkrankungen und Mängeln ergeben sich aus den Begutachtungs-Leitlinien zur Kraftfahrereignung noch Hinweise zur Beurteilung einiger weiterer eignungserheblicher Umstände.   **290**

1. Straftaten

Dazu enthalten die Begutachtungs-Leitlinien zur Kraftfahrereignung (unter 3.14)[276] eine nähere Konkretisierung der Vorschrift des § 2 Abs. 4 S. 1 StVG, wonach u.a. geeignet zum Führen von Kraftfahrzeugen ist, wer nicht erheblich oder nicht wiederholt gegen Strafgesetze verstoßen hat. Sie halten für ungeeignet zum Führen von Kraftfahrzeugen denjenigen, der Straftaten begangen hat, wenn diese   **291**
- entweder im **Zusammenhang mit dem Straßenverkehr** oder mit der Kraftfahreignung stehen
- oder auf ein **hohes Aggressionspotenzial** schließen lassen und dabei Verhaltensmuster deutlich werden, die sich negativ auf das Führen von Kraftfahrzeugen auswirken können.

---

276 Abgedruckt im Anhang unter Nr. 1.

292 Zwischen Straftaten außerhalb des Straßenverkehrs und Verkehrsdelikten bestehen Zusammenhänge,[277] was auf Verhaltenstendenzen hinweist, die als dissozial, anpassungsgestört oder unkontrolliert charakterisiert werden können. Ob sie eher temporärer oder eher zeitkonstanter Natur sind, bedarf der Klärung im Einzelfall.

293 Wer rücksichtslos seine eigenen Interessen durchsetzt, seine Affekte nicht beherrschen kann und unkontrolliert impulsiv die Rechte anderer verletzt, lässt erwarten – wie entsprechende Untersuchungen gezeigt haben[278] – dass er auch im motorisierten Straßenverkehr nicht in der Lage sein wird, sich sozial angemessen, rücksichtsvoll und risikoarm zu verhalten. Fahrer mit aggressivem Fahrstil[279] haben 60 % mehr Unfälle als Fahrer mit ruhig-ausgeglichenem Fahrstil.[280] Ihre vorherrschende Einstellung ist die Überlegenheitstendenz. Sie akzeptieren in sehr geringem Maße Geschwindigkeitsbegrenzungen, besitzen eine sehr niedrige Gefahrensensibilität, haben massiv mehr unfallfrei abgelaufene Delikte im Straßenverkehr und tragen seltener den Sicherheitsgurt.

Diesbezügliche Verhaltensauffälligkeiten lassen auf ein „hohes Aggressionspotenzial" schließen, das ebenso wie die „Neigung zu impulsivem Durchsetzen eigener Interessen" bei der Beurteilung der Fahreignung berücksichtigt werden muss.[281]

Situationszentrierte Anlässe zu aggressivem Verhalten entstehen aus den jeweiligen Systembedingungen des Straßenverkehrs, personenzentrierte Anlässe werden von individuellen Einflussfaktoren auf das aggressive Verhalten bestimmt.[282]

Zu Recht fordert der Arbeitskreis IV des 43. Deutschen Verkehrsgerichtstages Goslar 2005[283] einerseits die Schulung, andererseits die Untersuchung auffälliger Kraftfahrer hinsichtlich vorhandener Aggressionsbereitschaft.

Die den allgemein-rechtlichen Straftaten zugrunde liegenden Persönlichkeitseigenarten sind vielfach bereits generalisierte Fehleinstellungen oder Persönlichkeitsstörungen, die eine soziale Einordnung verhindern. Deshalb sind vielfach Personen, die gehäuft durch allgemein-rechtliche Straftaten auffällig geworden sind, auch wegen Alkoholdelikten, z.B. Fahren unter Alkoholeinfluss, vorbestraft.[284]

---

277 *Moser, L.* (1974).
278 *Weinand, M.* und *Undeutsch, U.* (1996).
279 *Schubert, W., Schneider, W. et al.* [Hrsg.] (2002) S. 137 ff.
280 *Hüürlimann, F. W.* und *v. Hebenstreit, B.* (1996) S. 105/106.
281 *Utzelmann, H. D.* und *Brenner-Hartmann, J.* (2005).
282 *Maag, L. et al.* (2003).
283 Deutsche Akademie für Verkehrswissenschaft (2005).
284 *Erl-Knorr, P.* und *Wicke, Th.* (2002).

Sie sind in der Regel schwer zu korrigieren. Deshalb fordern die Begutachtungs-Leitlinien als Voraussetzung einer positiven Fahreignungsbegutachtung entscheidende Veränderungen sowohl der inneren – psychischen und physischen – als auch der äußeren – sozialen – Bedingungen, die für das frühere gesetzwidrige Verhalten verantwortlich waren. **294**

Dabei sind vielfach sozialpädagogische, therapeutische oder verhaltensmodifizierende Interventionen erforderlich.

Bei Bus- und Taxifahrern, die allgemein-rechtliche Straftaten begangen haben, sind besonders strenge Maßstäbe anzulegen.

2. Verstöße gegen verkehrsrechtliche Vorschriften

Dazu enthalten die Begutachtungs-Leitlinien zur Kraftfahreignung (unter 3.15)[285] keine nähere Konkretisierung der Vorschrift des § 2 Abs. 4 S. 1 StVG, wonach u.a. geeignet zum Führen von Kraftfahrzeugen ist, wer nicht erheblich oder nicht wiederholt gegen verkehrsrechtliche Vorschriften verstoßen hat. Sie beschränken sich auf Hinweise, unter welchen Umständen bei Vorliegen erheblicher oder wiederholter Verstöße gegen verkehrsrechtliche Vorschriften Eignung gleichwohl als gegeben oder als wiederhergestellt betrachtet werden kann. Deshalb werden hier zunächst Umstände beschrieben, die auf ein Fehlen der Eignung bei erheblichen oder wiederholten Verstößen gegen verkehrsrechtliche Vorschriften schließen lassen. Im Kommentar[286] wird die Berechtigung der Eignungsbedenken auf der Basis vielfacher empirischer Studien ausführlich dargestellt, die Prädiktoren aus der Vorgeschichte verkehrsauffälliger Kraftfahrer für den Rückfall sind differenziert beschrieben. Neuere Untersuchungen[287] zeigen die hohe Bedeutung und den prognostischen Wert der Zahl, der im Verkehrszentralregister eingetragenen Verkehrsverstöße für ein erhöhtes habituelles Verkehrsrisiko mit einer erstaunlichen statistischen Vorhersagegenauigkeit. **295**

a) Eignungsdefizite

Wiederholte oder erhebliche Verstöße gegen verkehrsrechtliche Vorschriften galten schon immer als Hinweise auf das Vorliegen von schwer wiegenden Eignungsdefiziten, vor allem bei **Wiederholung des gleichen Delikts** oder bei einer Ansammlung von **Verkehrsverstößen innerhalb eines kurzen Zeitraums**. Mit Rücksicht darauf bestimmt auch § 4 Abs. 3 S. 1 Nr. 3 StVG, dass eine Person, die 18 oder mehr Punkte **296**

---

285 Abgedruckt im Anhang unter Nr. 1.
286 *Schubert, W., Schneider, W. et al.* [Hrsg.] (2005) S. 214.
287 *Schade, F.-D.* (2005).

im Verkehrszentralregister erreicht hat, als ungeeignet zum Führen von Kraftfahrzeugen gilt.[288]

Welcher Art die den Verkehrsverstößen zugrunde liegenden Eignungsmängel sind – körperlicher, seelisch-geistiger oder persönlichkeitsbedingter Art – ist ebenso nur durch eine eingehende medizinisch-psychologische Untersuchung erkennbar wie die Beantwortung der Frage, ob und ggf. wie sie korrigierbar sind. Untersuchungen[289] haben gezeigt, dass Kraftfahrer, die wiederholt gegen verkehrsrechtliche Vorschriften verstoßen haben, eine hohe Rückfallhäufigkeit aufweisen und selbst nach positiv verlaufenen Eignungsuntersuchungen oder Nachschulungen vermehrt rückfällig werden.[290] Von Bedeutung sind insoweit:

aa) Tatmerkmale als Symptome der Ungeeignetheit

297 Verkehrsverstöße, die Zweifel an der Kraftfahreignung auslösen, sind:
- eine hohe Punktzahl im Verkehrszentralregister,
- eine Kombination von Verkehrsverstößen ohne und mit Verkehrstrunkenheitsdelikten,
- die Kombination von Verkehrsverstößen mit Drogenauffälligkeit außerhalb des Straßenverkehrs,
- die Kombination von Verkehrsverstößen und kriminellen Delikten und
- ein auffälliges Verhalten bei den Verkehrsverstößen oder -unfällen.

Unter den Verkehrsverstößen dieser Population dominieren Geschwindigkeitsverstöße mit 29,0 % gefolgt von Vorfahrtsverstößen mit 22,4 %. Alle anderen Gruppen von Verkehrsverstößen erreichen jeweils nur zwei bis vier %.[291]

bb) Tätermerkmale als Symptome der Ungeeignetheit

298 Auf der Basis der bisherigen rechtlichen Regelungen dominieren unter den Personen, deren Eignung infolge wiederholter Verkehrsverstöße infrage gestellt wird, mit 61,5 % Inhaber einer Fahrerlaubnis mit sehr hohem Punktestand im Verkehrszentralregister.[292]

Ihnen folgt die Gruppe der Fahrerlaubnisbewerber, denen die Fahrerlaubnis bereits wegen ihrer Verstöße entzogen worden war, mit 33,4 %. Es handelt sich hierbei vielfach auch um Personen, denen die Fahrerlaubnis wegen Verkehrstrunkenheit mit einer

---

288 Siehe dazu näher unter § 11 Rn 106.
289 *Winkler, W.* (1998).
290 *Jacobshagen, W.* und *Utzelmann, H. D.* (1996).
291 *Jacobshagen, W.* und *Utzelmann, H. D.* (1996).
292 *Winkler, W.* (1998).

niedrigeren Blutalkoholkonzentration als 1,6 Promille entzogen worden war, die darüber hinaus noch eine Reihe von Verkehrsverstößen begangen haben und nunmehr eine neue Fahrerlaubnis beantragen.

cc) Ursachen wiederholter oder eignungsrelevanter Verkehrsverstöße

Bei dieser Personengruppe findet sich fast das gesamte Spektrum möglicher Eignungsdefizite. Die häufigsten Ursachen wiederholter oder eignungsrelevanter Verkehrsverstöße sind: 299
- **Lernen am „Erfolg"** verkehrswidrigen Verhaltens infolge des großen Dunkelfelds,
- **unzureichendes Lernen aus Strafen** und Auffälligkeiten infolge einer „Pechvogelmentalität",
- **jugendliches Alter** und mangelnde Fahrerfahrung infolge der Dominanz von Risikobereitschaft und Selbstdurchsetzungstendenzen,
- lebensgeschichtlich bedingte **Überforderungen** und das Nichtbewältigen von Konfliktsituationen – z.b. im Beruf, in der Familie – und
- **alters- oder krankheitsbedingte Leistungsminderungen**, die nicht erkannt oder nicht akzeptiert werden.[293]

Das Ausmaß der hier vorliegenden Eignungsdefizite ist sehr unterschiedlich und führt von zeitlich begrenzten – und auch korrigierbaren – Mängeln bis zur vollständigen – nicht mehr behebbaren – Ungeeignetheit zum Führen von Kraftfahrzeugen.

dd) Prognose der Ungeeignetheit

Bei 22.575 Personen, deren Eignung wegen ihres hohen Punktestands im Verkehrszentralregister in Zweifel gezogen und die 1998 im Bundesgebiet auf ihre Kraftfahreignung untersucht worden sind, ergab sich:[294] 300
- 47,7 % wiesen keine eignungsausschließenden Mängel auf,
- 41,5 % hatten so schwere Mängel, dass sie als ungeeignet beurteilt werden mussten,
- 10,8 % zeigten erhebliche Eignungsmängel, die aber durch Rehabilitationsmaßnahmen korrigierbar erschienen.

Ähnliche Ergebnisse ergaben aus demselben Anlass vorgenommene Untersuchungen von 18.952 Personen im Jahr 1996:[295] 301
- 48,6 % wiesen keine eignungsausschließenden Mängel auf,

---

293 *Winkler, W.* (1998).
294 Siehe die 3. Auflage dieses Buchs unter § 6 Rn 72 und 84.
295 Siehe die 2. Auflage dieses Buchs unter § 4 Rn 99 und 101.

§ 3 Eignung zum Führen von Kraftfahrzeugen

- 39,2 % hatten so schwere Mängel, dass sie als ungeeignet beurteilt werden mussten,
- 12,2 % zeigten erhebliche Eignungsmängel, die aber durch Rehabilitationsmaßnahmen korrigierbar erschienen.

302 Dass bei dieser Personengruppe vielfach massive Eignungsdefizite das Verkehrsverhalten dominieren, zeigen Untersuchungen[296] der Rückfallhäufigkeit innerhalb von 36 Monaten nach Fahreignungsbegutachtung und Belassung oder Wiedererteilung der Fahrerlaubnis: Von den als geeignet beurteilten Kraftfahrern mit hohem Punktestand hatten 20,1 % im Beobachtungszeitraum erneut sieben Punkte erreicht. Von den als ungeeignet beurteilten, die dennoch im Besitz der Fahrerlaubnis blieben oder erneut eine Fahrerlaubnis erhielten, hatten 32,6 % sieben Punkte erreicht und von den als nachschulungsfähig beurteilten, die weitgehend an einem Rehabilitationskurs teilgenommen hatten, waren 20 % erneut so oft verkehrsauffällig geworden, dass sie zwischenzeitlich wieder mit sieben Punkten im Verkehrszentralregister belegt worden sind.

Die **hohen Rückfallzahlen dieser Personengruppe** bestätigen die Richtigkeit der behördlichen Eignungszweifel, sie erfordern umfassende Untersuchungen der Eignungsvoraussetzungen und gezielte, individuelle Maßnahmen zur Korrektur der Eignungsdefizite.

303 Neue Forschungsergebnisse[297] haben zu Erkenntnissen geführt, die die Prognose der Ungeeignetheit dadurch verbessern, dass sie – auch für die Fahrerlaubnisbehörde erkennbare – folgende **rückfallbegünstigende Risikofaktoren** beachten:
- jugendliches Alter, männliches Geschlecht,
- geringe Fahrerfahrung,
- viele Delikte in der Vorgeschichte,
- früheres Fahren ohne Fahrerlaubnis,
- hohe Punktezahl,
- hohe Deliktdichte,
- Anzahl Unfälle in der Verkehrsvorgeschichte,
- Mangel an Selbstkontrolle bei der Einhaltung der Verkehrsregeln.

Maßnahmen zur Beeinflussung der Kraftfahrer mit hohem Punktestand – Verwarnung, Teilnahme an einem Aufbauseminar, verkehrspsychologische Beratung – müssen vor allem dazu dienen, die wiederholt verkehrsauffälligen Kraftfahrer zu motivieren, frühzeitig die Ursachen des vielfachen Fehlverhaltens im Straßenverkehr bei sich selbst zu

---

296 *Jacobshagen, W.* und *Utzelmann, H. D.* (1996).
297 *Jacobshagen, W.* und *Utzelmann, H. D.* (1996).

erkennen und zu akzeptieren, um sie so zu beeinflussen, dass sie das künftige Verkehrsverhalten nicht mehr bestimmen.

„Die Untersuchung der Rückfallprädiktoren ließ bei Personen mit hohem Punktestand erkennen, dass die Beurteilungskriterien des Medizinisch-Psychologischen Fachausschusses der VDTÜV e.v. aus dem Themenbereich ‚Selbstkontrolle beim Fahren' am besten das Rückfallrisiko – gemessen am Rückfallkriterium im VZR – vorhersagen können." Die niedrigste Rückfallquote bei Punktetätern wurde festgestellt bei „Personen, die eine gute Selbstkontrolle aufweisen, mindestens 35 Jahre alt und weiblichen Geschlechtes sind", die höchste Rückfallquote zeigten dagegen Fahrer mit „zwar guter Selbstkontrolleinschätzung, aber kurz zurückliegendem letzten Verstoß (weniger als 212 Tage) und dichter Deliktfolge (durchschnittlich ein halbes Jahr oder weniger)".[298]

304

b) Wiederherstellung der Eignung

Die Begutachtungs-Leitlinien fordern (unter 3.15)[299] für eine positive Fahreignungsbegutachtung derart auffällig gewordener Kraftfahrer erhebliche Veränderungen der inneren und ggf. auch der äußeren Bedingungen ihres Verkehrsverhaltens:

305

„a) Es besteht Einsicht in die Problematik des Fehlverhaltens bzw. in die Ungewöhnlichkeit der Häufung, die Ursachen der Verkehrsverstöße werden erkannt und risikoarme Vermeidungsstrategien sind entwickelt.
b) Die wesentlichen Bedingungen, die für das problematische Verhalten maßgeblich waren, werden von dem Betroffenen erkannt.
c) Innere Bedingungen (Antrieb, Affekte, Stimmungsstabilität bzw. -labilität, Motive, persönliche Wertsetzungen, Selbstbeobachtung, Selbstbewertung, Selbstkontrolle), die früher das problematische Verhalten determinierten, haben sich im günstigen Sinne entscheidend verändert.
d) Ungünstige äußere Bedingungen, die das frühere Fehlverhalten mitbestimmten, haben sich unter den entscheidenden Gesichtspunkten günstig entwickelt oder ihre Bedeutung so weit verloren, dass negative Auswirkungen auf das Verhalten als Kraftfahrer nicht mehr zu erwarten sind.
e) Die psychische Leistungsfähigkeit ermöglicht eine ausreichend sichere Verkehrsteilnahme aufgrund situationsangemessener Aufmerksamkeitsverteilung, rascher und zuverlässiger visueller Auffassung und Orientierung, aufgrund Belastbarkeit sowie Reaktionsschnelligkeit und -sicherheit (siehe Kapitel 2.5 Anforderungen an die psychische Leistungsfähigkeit).
f) Ausgeprägte Intelligenzmängel, die eine vorausschauende Fahrweise bei realisti-

---
298 *Jacobshagen, W.* und *Utzelmann, H. D.* (1997) S. 33.
299 Abgedruckt im Anhang unter Nr. 1.

scher Gefahrenwahrnehmung und -einschätzung infrage stellen, liegen nicht vor (siehe Kapitel 3.13 Intellektuelle Leistungseinschränkungen).

g) Körperliche und psychische Beeinträchtigungen, die als Ursache für die Verkehrsverstöße infrage kommen, liegen nicht mehr vor beziehungsweise können als kompensiert gelten."

306 Nach den Begutachtungs-Leitlinien kann die Fähigkeit, ein Kraftfahrzeug sicher zu führen, außerdem als wiederhergestellt gelten, wenn sich noch feststellbare Defizite durch einen entsprechend § 70 FeV evaluierten und qualitätsgesichert durchgeführten **Kurs zur Wiederherstellung der Kraftfahreignung** beseitigen lassen.[300] Dies muss durch das vertragsgerechte Absolvieren des Kurses in Form einer Teilnahmebescheinigung nachgewiesen werden. Hierzu wird in den Begutachtungs-Leitlinien näher ausgeführt:

„Die Wiederherstellung der Eignung durch derartige Rehabilitationskurse kommt in Betracht,

- wenn die intellektuellen und kommunikativen Voraussetzungen gegeben sind,

- wenn eine erforderliche Verhaltensänderung bereits vollzogen wurde, aber noch der Systematisierung und Stabilisierung bedarf oder

- wenn eine erforderliche Verhaltensänderung erst eingeleitet wurde bzw. nur fragmentarisch zustande gekommen ist, aber noch unterstützend begleitet, systematisiert und stabilisiert werden muss oder auch,

- wenn zwar eine erforderliche Verhaltensänderung noch nicht wirksam in Angriff genommen worden ist, aber dennoch aufgrund der Befundlage, insbesondere aufgrund der gezeigten Einsicht in die Notwendigkeit einer Verhaltensänderung sowie der Fähigkeit und Bereitschaft zur Selbstkritik und Selbstkontrolle erreichbar erscheint."

3. Auffälligkeiten bei der Fahrerlaubnisprüfung

307 Dazu enthalten die Begutachtungs-Leitlinien zur Kraftfahrereignung (unter 3.16) erläuternde Ausführungen.

Nach § 18 Abs. 3 FeV sind bei der Fahrerlaubnisprüfung festgestellte Tatsachen, die beim Sachverständigen oder Prüfer Zweifel über die körperliche oder geistige Eignung des Bewerbers begründen, der Fahrerlaubnisbehörde mitzuteilen. Derartige Tatsachen ergeben sich aus Auffälligkeiten im Verhalten des Bewerbers, die nicht auf einen Mangel der Fahrausbildung zurückzuführen sind, sondern nahe legen, dass kör-

---

300 Siehe dazu unter § 15 Rn 79 ff.

perliche oder psychische Eignungsdefizite bestehen. Der Sachverständige oder Prüfer kann z.b. Zustände von Bewusstlosigkeit, einen epileptischen Anfall oder nicht korrigierte Bewegungseinschränkungen beobachten und vermag unter Umständen auffällige Formen von Fehlorientierungen, starke Verlangsamung des Reaktionsverhaltens, Erschöpfungszustände oder offensichtlich unbeherrschtes, affektives Verhalten anderen Verkehrsteilnehmern gegenüber zu erkennen.

Ursachen und Ausmaß der diesen Verhaltensweisen zugrunde liegenden Eignungsmängel sind durch breit angelegte medizinische und psychologische Untersuchungen zu klären, ebenso die Frage, ob auch in Zukunft mit derartigen Auffälligkeiten zu rechnen ist bzw. ob sie durch geeignete Maßnahmen behoben werden können. Der Kommentar zu den Begutachtungs-Leitlinien beschreibt vier unterschiedliche Ursachenkomplexe der Auffälligkeiten in der Fahrerlaubnisprüfung und die Bewertung der Befunde hinsichtlich ihrer Relevanz für die Fahreignung.[301]

308

VI. Veränderungen von Befähigungs- und Eignungsvoraussetzungen

Kenntnisse wie Fertigkeiten bedürfen der Anpassung an die sich verändernden Verkehrsbedingungen, wobei sowohl die Inhalte, insbesondere der Kenntnisse über die mit dem Führen von Kraftfahrzeugen verbundenen Gefahren und ihrer Bewältigung, als auch der Grad der Fertigkeit, das Kraftfahrzeug sicher zu führen, variieren.

309

Bei den Befähigungsqualifikationen handelt es sich um erworbene Größen, die durch die Fahrpraxis und durch die damit einsetzenden Lernprozesse Veränderungen erfahren, und zwar nicht nur im Sinne einer Verbesserung: Die Kenntnisse über die maßgebenden gesetzlichen Vorschriften sicheren Kraftfahrens verändern sich sowohl durch eine Änderung der Vorschriften selbst als auch durch einen Verlust der Kenntnisse bei ihrer Nichtanwendung.

310

Ebenso verändern sich die zur Abwehr von Gefahren erforderlichen Verhaltensweisen mit der Eigenart der Gefahren, mit den einsetzenden Lernprozessen und mit dem Training der entsprechenden Vermeidungsstrategien.

311

In gleicher Weise handelt es sich bei den Eignungsqualitäten nicht um überdauernde, konstante, sondern um veränderliche Größen. Dies gilt nicht nur für Qualifikationen im Bereich der körperlichen Eignung, die durch akute Vorgänge z.B. durch die Einnahme von Medikamenten, Veränderungen erfahren, sondern auch für Persönlichkeitsfaktoren. Diese werden längerfristig das Verkehrsverhalten mehr in konstanter

312

---

301 *Schubert, W., Schneider, W. et al.* [Hrsg.] (2005) S. 221.

Weise beeinflussen als die körperlichen Eignungsqualitäten, jedoch unterliegen auch sie, z.B. durch lebensgeschichtliche Ereignisse, der Veränderung.

313 Deshalb bedarf es einer **kontinuierlichen Beobachtung von Eignung und Befähigung** zum Führen von Kraftfahrzeugen, rechtzeitiger Korrekturen und ggf. eines vorübergehenden Aussetzens oder des Abbruches der aktiven Verkehrsteilnahme als Kraftfahrer, wenn die erforderlichen Größen unterschritten sind.

314 Eignung und Befähigung zum Führen von Kraftfahrzeugen stellen somit ein **labiles Gleichgewicht** dar, das von vielfältigen Einflüssen ebenso gestützt und getragen wie ins Wanken gebracht oder zum Zusammenbruch geführt werden kann. Von besonderer Bedeutung sind dabei lebensgeschichtlich bedingte Veränderungen und solche aufgrund von akuten Anlässen.

1. Akute Veränderungen

315 Unter den akuten Tatbeständen, die die Eignung zum Führen von Kraftfahrzeugen beeinflussen und auch unter das erforderliche Maß herabsetzen können, sind von besonderer Bedeutung: Veränderungen infolge
- Stress,
- Belastung,
- Ermüdung,
- Krankheit,
- berauschender Mittel einschließlich Alkohol.

316 Die Diskussion einiger akuter Veränderungen der Eignungsvoraussetzung zum Führen von Kraftfahrzeugen, ihrer Entstehung, Beeinflussung und Folgen zeigt sehr deutlich das beschriebene „labile Gleichgewicht", als das sich der Tatbestand „Kraftfahreignung" darstellt, insbesondere hinsichtlich der Unbestimmtheit seiner Grenzen.

a) Stress

317 Er kann zu einem Verlust der Verhaltenssteuerung führen, so dass die vorhandenen, die Fahreignung tragenden psychophysischen und intellektuellen Fähigkeiten nicht mehr angemessen aktiviert werden. Es kommt zur Überforderung. Diese muss indessen „weder schicksalhaft und unvermeidbar noch schuldhaft sein",[302] weil der geeignete Kraftfahrer im Sinne der Adaptation der Eignungsvoraussetzungen an die gegebenen Verkehrsbedingungen lernen kann, Überforderungen zu vermeiden oder sie abzuschwächen. Dies wiederum gelingt nur, wenn der Kraftfahrer über eine kritische

---

302 *Klebelsberg, D.* (1985).

Selbstbeobachtung und ausreichende Lernfähigkeit verfügt, die als wesentlicher Bestandteil der Kraftfahreignung angesehen werden müssen. Nicht auszuschließen ist indessen, dass auch bei optimal verfügbarer Leistungsfähigkeit Überforderungen nicht mehr begegnet werden kann und Fehlverhaltensweisen auftreten.[303] Das akute Unterschreiten der erforderlichen Eignungsvoraussetzungen zeigt das Wechselspiel von Eignung und Verkehrsanforderung, zugleich auch die Schwierigkeit, Eignungsvoraussetzungen festzuschreiben. Aus diesem Grund wird in einem derartigen Fall die rechtliche Verantwortlichkeit des überforderten Kraftfahrers jeweils zu prüfen sein.[304]

b) Belastungen

Sie können in ähnlicher Weise dazu führen, dass der Kraftfahrer insbesondere die als Eignungsvoraussetzung zum Führen von Kraftfahrzeugen erforderliche Frustrationstoleranz verliert, Fehlentscheidungen trifft oder außerstande ist, sein Fahrverhalten angemessen vorausschauend zu planen. Auch er ist im akuten Stadium möglicherweise **nicht geeignet** zum Führen von Kraftfahrzeugen, wobei die Dauer der Ungeeignetheit auch von seiner Einsicht und Kritikfähigkeit, seinem Problembewusstsein und der Fähigkeit, aus den gemachten Erfahrungen Konsequenzen zu ziehen, abhängt. Die genannten Qualitäten erweisen sich somit als wichtige Bestandteile der Fahreignung.

318

c) Ermüdung

Sie führt ebenso zu einer Labilisierung der Eignungsvoraussetzungen und möglicherweise zur Unterschreitung der erforderlichen Qualifikationen. Da jeder Kraftfahrer täglich mit dem Phänomen konfrontiert ist, muss er entsprechende Vermeidungsstrategien entwickelt haben und auch rechtzeitig einsetzen können, um als „geeignet zum Führen von Kraftfahrzeugen" beurteilt werden zu können. Die Entwicklung und Verfügbarkeit von **Vermeidungsstrategien** gegenüber personenbedingten Störquellen sicheren Fahrens gilt als eine zentrale Größe der Fahreignung, deren Mängel oder Fehlen zwangsläufig Fehlverhaltensweisen zur Folge haben.

319

d) Krankheiten

Sie und deren Begleitumstände wie Medikamenteneinnahme oder therapeutische Interventionen können zu einer akuten Veränderung der Eignungsqualitäten führen.

320

---

303 *Winkler, W.* (1992).
304 *Bode, H. J.* (1989); *Bode, H.J.* und *Meyer-Gramcko, F.* (1996).

§ 3 Eignung zum Führen von Kraftfahrzeugen

321 Dass bestimmte diagnostizierte Krankheiten und deren Folgen eignungsausschließenden Charakter aufweisen, wie dies z.b. in Anlage 4 der FeV und in den Begutachtungs-Leitlinien zur Kraftfahrereignung dargestellt wird,[305] ist weniger problematisch als das Auftreten akuter krankheitsbedingter oder – damit verbunden – durch die Einnahme von Medikamenten bedingter Veränderungen der körperlichen und seelisch-geistigen Leistungsfähigkeit, die für ein sicheres Führen von Kraftfahrzeugen erforderlich sind.[306] Hier sind wiederum Selbstbeobachtung, Selbstkritik und Bereitschaft sowie Fähigkeit, Vermeidungsstrategien zur Anwendung zu bringen, gefragt, d.h. überdauernde Eignungsqualitäten, um ihren akuten Einschränkungen zu begegnen.

Dies gilt besonders für Fälle, in denen es bereits zu Verkehrsauffälligkeiten unter Medikamenteneinnahme gekommen ist. Dabei ist zu prüfen, „ob es sich hierbei um ein Ereignis unter chronisch konstanter Medikamentendosierung oder um einen Zustand akuter Über- oder Unterdosierung gehandelt hat".[307]

Falls der Verdacht besteht, dass es unter ärztlich verordneter Medikamententherapie zu Störungen der psychophysischen Leistungsfähigkeit gekommen ist oder kommt, müssen entsprechende Leistungsprüfungen erfolgen und die Frage der möglichen individuellen Kompensation beurteilt werden.

322 Vielfach wird es in den genannten Fällen notwendig sein, den sich entwickelnden krankheitsbedingten Einbußen der Fahreignung durch entsprechende Auflagen[308] zu begegnen, zumal wenn nur noch eine „bedingte Eignung"[309] zur Verfügung steht.

e) Rauschmittel

323 Drogen – insbesondere Alkohol oder die **Kombination von Medikamenten und Alkohol**[310] – können sowohl überdauernde Ungeeignetheit zum Führen von Kraftfahrzeugen bewirken[311] als auch vorübergehend zu akutem Unterschreiten der tolerierbaren Eignungsgrenzen und damit zu einem fahrungeeigneten Zustand führen.

324 Da dieser Tatbestand allgemein bekannt und entsprechend juristisch sanktioniert ist, muss vorausgesetzt werden, dass ein „geeigneter" Kraftfahrer eine diesbezüglich ausgelöste akute Veränderung seiner Eignungsvoraussetzungen in das Kalkül seines Fahrverhaltens einbezieht und entsprechende, überdauernde Vermeidungsstrategien entwi-

---

305 Siehe unter § 3 Rn 96 ff.; *Schubert, W., Schneider, W. et al.* (2005)
306 *Wagner, H. J.* (1988); *Lakemeyer, M.* und *Friedel B.* (1997); *Löhr-Schwab, S.* (2005); *Hoffmann-Born, H.* (2004)
307 *Löhr-Schwab, S.* (2005) und *Holte, H.* (2004a).
308 Siehe unter § 9 Rn 14 ff.
309 Siehe unter § 3 Rn 46 ff.
310 *Krüger, H.-P.* (1996).
311 Siehe unter § 3 Rn 124 ff.

ckelt. Indessen zeigt sich hier wie bei den angeführten anderen Ursachen einer akuten Veränderung der Eignung die Problematik des Tatbestandes: Wo beginnt die Veränderung, welchen Spielraum darf sie ausschöpfen, wann ist die Fahreignung nicht mehr gegeben? Die Festlegung, z.b. von Grenzwerten der Blutalkoholkonzentration, ist ein Hilfsmittel, reicht aber nicht aus, um Überschreitungen zu verhindern, zumal mit dem Konsum berauschender Mittel die Urteils- und Kritikfähigkeit, eine Voraussetzung der erforderlichen Selbstbeobachtung und Selbstkontrolle des Fahrers, beeinträchtigt werden. Die genannte Problematik gilt für alle akuten Veränderungen der Fahreignung durch Einnahme von Rauschdrogen,[312] wobei zusätzliche Konsequenzen entstehen, wenn der kontinuierliche Konsum von Drogen dauerhafte, nicht reparable Veränderungen der körperlichen und seelisch-geistigen Eignungsvoraussetzungen zur Folge hat.

2. Lebensgeschichtlich bedingte Veränderungen

Dass Eignung und Befähigung keine **zeitkonstanten** Größen sind,[313] wird besonders deutlich bei der Analyse biografischer Verläufe von Personen, die im Straßenverkehr durch verkehrsauffälliges Verhalten in Erscheinung getreten sind. Besonders akzentuiert sind die mit dem Lebensalter des Fahrers einhergehenden Änderungen von Eignung und Befähigung infolge

- jugendlichen Alters,
- höheren Lebensalters,
- Lebenskrisen.

a) Jugend

Besonders beim Jugendlichen und beim alternden Kraftfahrer zeigt „das Lebensalter" mit seinen sozialen, psychischen und physischen Eigenarten Auswirkungen auf das Verkehrsverhalten und führt zu Fehlverhaltensweisen. Weltweit werden typische jugendtümliche Verhaltensfehler im Straßenverkehr beobachtet, die in Verbindung mit der noch ungenügenden Fahrerfahrung zu Gefährdungen und Unfällen Anlass geben. Den „Teenagedriver" charakterisiert das „Erprobungsverhalten" mit dem Kraftfahrzeug ebenso wie die bevorzugte Wochenendfahrt am späten Abend und in der Nacht, wobei es zwangsläufig zum Befahren von Kurven mit zu hoher Geschwindigkeit, Fahren im übermüdeten Zustand oder Fahren unter Alkohol- oder Drogeneinfluss kommen kann.[314] Die Freizeitaktivitäten junger Fahrer sind vielfach charakteristische

---

312 *Gerchow, J.* (1987).
313 *Barthelmess, W.* (1990); *Hansjosten, E.* und *Schade, F.-D.* (1997).
314 *Schlag, B.; Ellinghaus, D.,* und *Steinbrecher, J.* (1986); *Vollrath, M.* (2001).

Trinkkontexte in der Vorphase alkoholbezogener Verkehrsunfälle.[315] Der Lebensstil spiegelt sich in ihrem Verkehrsverhalten. Dabei sind besonders folgende **Risikofaktoren** zu beobachten:
- häufige freizeitbedingte nächtliche Fahrten,[316]
- häufiger und intensiver Alkoholkonsum,[317]
- die ausgeprägte Tendenz, das Auto zur Befriedigung von Sensationslust, Beweis von persönlicher Kompetenz und Streben nach Statuszuwachs, Macht etc. einzusetzen.[318]

327 Trotz bestandener Befähigungsprüfung und unterstellter Fahreignung werden beim jugendlichen Fahrer Mängel beobachtet, die zeigen, dass er teilweise noch nicht über diejenigen Befähigungs- und Eignungsvoraussetzungen verfügt, die von einem sicheren Fahrer gefordert werden. Wenn ihm dennoch eine Fahrerlaubnis erteilt wird, bedeutet dies, dass die Verkehrsgesellschaft die diesbezüglichen Defizite in Kauf nimmt und mit ihnen die damit verbundene Erhöhung der Risiken im Bereich des Verkehrsverhaltens. Sinnvoll ist es allerdings, in geeigneter Weise auf die erst begrenzte Befähigung und die speziellen Eignungsdefizite junger Fahranfänger zu reagieren, wie dies der Fall ist durch die Einführung der „Fahrerlaubnis auf Probe",[319] einer freiwilligen „zweiten Ausbildungsphase" für Fahranfänger nach der Fahranfängerfortbildungsverordnung[320] und des „begleiteten Fahrens ab 17".[321]

b) Alter

328 Andere Auslöser von Fehlverhaltensweisen im Straßenverkehr finden sich beim alternden Kraftfahrer, dessen seelisch-geistige und körperliche Kräfte eine Veränderung erfahren haben, die sich bei der Bewältigung der Fahraufgabe auswirken: Insbesondere die Verschlechterung der optischen Orientierung und die Verlangsamung der Entscheidungsprozesse sind ursächlich beteiligt an Fehlverhaltensweisen, z.B. dem Spurwechsel ohne Rückspiegelbenutzung, der Vorfahrtsverletzung nach minutenlangem Warten an der Kreuzung, dem Übersehen von Fußgängern in der Dämmerung usw., die bei alternden Kraftfahrern nach oft jahrzehntelanger Unauffälligkeit bei der Verkehrsteilnahme beobachtet werden.[322]

---

315 *Fahrenkrug, H.* und *Rehm, J.* (1995).
316 *Schulze, H.* (1998).
317 *Krüger, H. P., Braun, P., Kazenwadel, J., Reiss, J.* und *Vollrath, M.* (1998).
318 *Schulze, H.* (1996); *Keskinnen, E.* (1996).
319 Siehe unter § 2 Rn 26 ff. und § 11 Rn 30 ff.
320 Siehe unter § 2 Rn 30.
321 Siehe unter § 2 Rn 32 ff.
322 *Winkler, W.* (1992).

Eignung zum Führen von Kraftfahrzeugen § 3

Über 60-jährige Fahrer verursachen u.a. deutlich mehr Konflikte im Straßenverkehr als jüngere Fahrer, sie sind auch wesentlich mehr Konflikten ausgesetzt, sie kommunizieren nur etwa halb so oft mit anderen Verkehrsteilnehmern und gefährden häufiger Fußgänger.[323] Untersuchungen haben ergeben, dass mit zunehmendem Alter der Anteil an Straßenverkehrsunfällen abnimmt,[324] dass jedoch unter Berücksichtigung der gefahrenen Kilometer das Unfallrisiko mit 75 Jahren deutlich ansteigt.[325] Unfälle von Senioren treten häufig an Kreuzungen, bei Rotlichtüberfahrungen, beim Einparken und Rückwärtsfahren, beim Abbiegen nach links sowie beim Fahren hintereinander auf.[326]

Wie weit es sich dabei um ein Unterschreiten der Eignungsgrenzen oder um ein nicht mehr Korrigieren der Befähigung im Sinne der Adaptation an die sich verändernde Anforderung des motorisierten Straßenverkehrs handelt, ist nur im Einzelfall zu klären. Indessen bleibt die Veränderung der Fahreignung im höheren Lebensalter unübersehbar, sie ist nicht allein die Folge des „Nachlassens-der-Kräfte-im-Alter", etwa des Dämmerungssehens[327] oder multimorbider Veränderungen, wobei meist mehrere Arzneimittel konsumiert werden, die allein oder in Kombination die Fahreignung beeinflussen oder ausschließen können.[328] Von den kognitions-psychomotorischen Funktionen, die besonders relevant sind, erweisen sich folgende im höheren Alter als häufiger beeinträchtigt: Das Wahrnehmungstempo, die geteilte Aufmerksamkeit, das periphere Sehen, die Informationsverarbeitung unter Stress, das Herausfiltern irrelevanter Informationen, das Übersehen relevanter Reize, die Reaktionszeit sowie die Merkfähigkeit.[329] Ebenso bedeutsam in diesem Prozess ist die Schwierigkeit, **rechtzeitig Einbußen der Leistungsfähigkeit wahrzunehmen**, um sie zu korrigieren oder zu kompensieren. Es ist offenbar sehr schwer, das eigene fahrerische Können selbst realitätsgerecht einzuschätzen. Das gilt für Fahrer aller Altersstufen. Wenn aber alternde Fahrer sogar glauben, dass sich ihr Fahrstil mit dem Alter eher verbessert hat, dass sie defensiver und vorsichtiger geworden sind und ihnen weniger Fehler unterlaufen als in jüngeren Jahren,[330] während gleichzeitig vielfältige Untersuchungen[331] gezeigt haben, dass bestimmte Fahraufgaben für ältere Fahrer besonders unfallträchtig sind, z.B. die Orientierung in komplexen Situationen, so zeigt dies die Problematik, Änderungen von Eignung und Befähigung im höheren Lebensalter rechtzeitig zu erkennen.

329

323 *Christ, R.* und *Brandstätter, Ch.* (1997).
324 *Beer, V.* et al. (2000).
325 *Bukasa, B.* (2005).
326 *Wunsch, D.* (2005).
327 *Lewrenz, H.* (1985).
328 *Huth, V.* (2002).
329 *Gerhard, U.* (2005).
330 *Cooper, P. J.* (1990).
331 *Tränkle, U.* und *Metker, T.* (1992).

Untersuchungen haben ergeben, „dass es unter Senioren eine Minderheit von knapp 6% gibt, die zwar um ihre Defizite weiß, sie aber ignoriert und sich so verhält, als wäre alles noch so wie früher". Vor allem die Altersgruppe der 54 bis 64 Jährigen „ist einerseits durch eine relativ hohe Verkehrsbeteiligung charakterisierbar, andererseits durch eine häufig auftretende Tendenz, erkannte Leistungseinbußen zu ignorieren und ihr gewohntes – in diesem Fall unangemessenes – Fahr- und Mobilitätsverhalten beizubehalten".[332] Ältere Kraftfahrer „nehmen in der Regel langsamer wahr, reagieren verzögert und bewältigen parallele Aufgaben schlechter".[333]

330 Dennoch sind einschneidende Maßnahmen wie **Pflichtuntersuchungen** der Fahreignung bei Erreichen eines bestimmten Lebensalters nach dem gegenwärtigen Forschungsstand **nicht gerechtfertigt**.[334] Australische und neuseeländische Untersuchungen haben diesbezüglich gegensätzliche Ergebnisse gezeigt:

In Neuseeland, wo 1999 ein System für die Führerscheinvergabe an Fahrer etabliert wurde, das Kraftfahrer über 80 Jahre verpflichtet, alle zwei Jahre eine praktische Fahrprüfung abzulegen, zeigte sich, dass bei Nichtbestehen der Prüfung die Unfallwahrscheinlichkeit deutlich ansteigt.[335]

Eine australische Studie vergleicht die Unfallrate bei über 80 Jahre alten Kraftfahrern in einer Region, wo von diesem Alter an eine medizinische Testung und eine praktische Fahrprobe in regelmäßigen Abständen gefordert wird, mit einer Region, wo es keine vorgeschriebenen Nachprüfungen der Fahreignung gibt. Dabei ergab sich, dass in der Region mit der vorgeschriebenen Fahreignungsbegutachtung bei den über 80 Jährigen eine statistisch gesicherte höhere Rate an Unfallbeteiligung beobachtet wurde. Aus den Untersuchungen kann abgeleitet werden, dass vorgeschriebene Führerschein-Re-Testungen des evaluierten Typs keine nachweisbaren Vorteile für die Straßensicherheit haben![336]

331 Dagegen ist es sinnvoll, **im Einzelfall Hinweise auf altersbedingte Eignungsdefizite aufzugreifen** im Interesse einer Korrektur der Mängel zur Aufrechterhaltung der Mobilität im Alter.

Der Arbeitskreis I „Senioren im Straßenverkehr" des 40. Deutschen Verkehrsgerichtstages[337] betont in seinen Empfehlungen die Verpflichtung alternder Kraftfahrer, „in Eigenverantwortlichkeit ihre gesundheitliche Eignung zur Teilnahme am Straßenverkehr in geeigneten Abständen zu überprüfen bzw. überprüfen zu lassen". Gleichzeitig

---

332 *Jansen, E.* (2001).
333 *Lemke, H.* (2004).
334 *Maukisch, H.* (1990); *Weinand, M.* (1997).
335 *Keall, M. D.* und *Frith, W.* (2004).
336 *Langford, J.* et al. (2004).
337 Deutsche Akademie für Verkehrswissenschaft [Hrsg.]: 40. Deutscher Verkehrsgerichtstag 2002, S. 7.

wird „ein ausreichendes, auf die Bedürfnisse des älteren Verkehrsteilnehmers ausgerichtetes Fortbildungsangebot" gefordert. Geeignet hierfür wäre ein besonderer **Nachschulungskurs für Senioren**[338] und die **verkehrspsychologische Beratung**,[339] die im Rahmen standardisierter Fahrverhaltensbeobachtungen[340] chronifizierte fahrerische Eigenarten erkennen lassen, um Korrekturmöglichkeiten zu empfehlen.[341] Dabei sind auch **Diskussionen geeigneter Korrekturmöglichkeiten** sinnvoll, z.B. durch Einschränkung der Fahrbedürfnisse, Anpassung des Fahrverhaltens durch technische Einrichtungen oder medizinische Maßnahmen sowie durch Verbesserung der Fahrfertigkeit.[342] Vorraussetzung der Kompensation sind „Erkenntnisse über die eigenen Leistungsgrenzen, Eigenkritikfähigkeit und Einsicht sowie vorsichtsbetonte Einstellungen".[343]

Angesichts der demographischen Entwicklung, die dazu führt, dass der Anteil von Personen über 60 Jahren an der Bevölkerung in den nächsten 25 Jahren erheblich steigen wird, gebührt der Problematik „Senioren am Steuer" zunehmende Aufmerksamkeit. In Hinblick auf Regelungen in den EU- Richtlinien sind einheitliche Bestimmungen über die Zulassung älterer Personen im Straßenverkehr sowie ihre Fahreignungsüberprüfung dringend erforderlich. Darüber hinaus bedarf es intensiver Bemühungen, die „Mobilitätskultur" der älteren Kraftfahrer und der jungen gegenüber den älteren in ihren Entstehungsgründen zu erforschen und zu beeinflussen,[344] zumal die Pkw-Verfügbarkeit und -Nutzung „in engen Zusammenhang mit einem positiven Selbstbild älterer Autofahrer steht".[345]

332

c) Lebenskrisen

Während das „Jugendalter" ebenso wie das „höhere Lebensalter" biographisch vorgezeichnet sind und auch in der sozialen Interpretation eine besondere Beachtung finden, bleiben lebensgeschichtliche Krisen weder vorhersehbar noch in ihren Verläufen berechenbar. Dies führt dazu, dass ihr Einfluss auf die Eignungs- und Befähigungsqualifikationen zum Führen von Kraftfahrzeugen meist zu spät erkannt wird, nämlich dann, wenn Fehlverhaltensweisen gehäuft auftreten.

333

Lebenskrisen können die Handlungsstruktur des Kraftfahrers massiv labilisieren, sie sind oft verbunden mit einer vermehrten inneren Ablenkung und führen damit zu einer

334

---

338 Siehe unter § 15 Rn 67.
339 Siehe unter § 11 Rn 52 ff.
340 Siehe unter § 7 Rn 283.
341 *Kaiser, H.-J.* und *Oswald, W. D.* (2000); *Eisenmenger, W.* (2002).
342 *Seeger, R.* (2005).
343 *Dorfer, M.* (2005).
344 *Rudinger, G.* (2005).
345 *Köpke, S. et al.* (1999).

Beeinträchtigung von Aufmerksamkeit und Konzentration. Es kommt leicht zu affektiven Entgleisungen der Verhaltenskontrolle. Wegen eines drohenden Konkurses etwa nimmt ein Fahrer eine riskante Fahrweise in Kauf, er fährt mit unangemessener Geschwindigkeit oder trotz Übermüdung, um noch einen Kunden zu erreichen. Ein schwerer Ehekonflikt beschäftigt den Fahrer derart intensiv, dass es zum Übersehen einer sich anbahnenden Gefahrensituation auf der Straße und damit zu einer nicht ausreichenden Gefahrenabwehr kommt.[346]

335 Der Verlust überdauernder Qualifikationen zur Kontrolle des Risikoverhaltens und die Einbußen der Verfügbarkeit von Vermeidungstechniken können auch einhergehen mit einer unzureichenden Lösung des Konfliktes „Alkoholkonsum und Verkehrsteilnahme", zumal vermehrter Alkoholkonsum häufig als ein Versuch auftritt, die mit der Lebenskrise einhergehenden Probleme, Missstimmungen und Unruhezustände zu betäuben.

336 Das Erkennen der mit der Lebenskrise auftretenden Veränderung der Fahreignung ist auch deshalb erschwert, da unter derartigen Bedingungen die Fähigkeit zur Selbstbeobachtung und Selbstkritik leidet. Oft wird „riskantes" Fahrverhalten als Beweis der gerade nicht beeinträchtigten Kräfte und Fähigkeiten angesehen oder als Verfahren zur Stärkung des Selbstwertgefühles benutzt. Es kommt zu permanenten selbstgesetzten Überforderungen. Die Labilität des Persönlichkeitsgefüges überträgt sich auf die Fahreignungsqualitäten und bringt ihr „labiles Gleichgewicht" in Unordnung.

VII. Prognose künftiger Gefährlichkeit

337 Die oben zitierte Rechtsprechung sowohl des **Bundesgerichtshofs**[347] als auch die des **Bundesverwaltungsgerichts**[348] gibt die allgemeine und unbestrittene Meinung wieder, dass geeignet zum Führen von Kraftfahrzeugen nur derjenige ist, der beim Führen von Kraftfahrzeugen andere Verkehrsteilnehmer gegenwärtig nicht unzumutbar gefährdet und auch in Zukunft nicht unzumutbar gefährden wird. Die zur Entscheidung über die Eignung zum Führen von Kraftfahrzeugen berufenen Verwaltungsbehörden oder Gerichte müssen also insoweit eine Prognose stellen, die sich vor allem auf die zu erwartende Gefährlichkeit des Kraftfahrers und deren Dauer bezieht. Insoweit ist Fahreignung „als Maß der Risikoerhöhung gegenüber einer gedachten Risikonorm, also als eine Maßeinheit der Gefährlichkeit des Fahrerlaubnisinhabers" anzusehen.[349]

---

346 *Winkler, W.* (1992).
347 Siehe unter § 3 Rn 41 ff.
348 Siehe unter § 3 Rn 35 ff.
349 *Bouska, W.* (1990).

1. Gefährlichkeitsbegriff

Die hier zu beurteilende Gefährlichkeit ist schwer abstrakt zu beschreiben und wird sowohl im Strafrecht als auch im Verwaltungsrecht nur nach sorgfältiger Einzelfallprüfung zu bejahen oder zu verneinen sein. 338

„Gefährlich" für den öffentlichen Straßenverkehr sind Verhaltensweisen, die 339
- zu Unfällen oder Beinaheunfällen führen,
- die Unfallgefahr oder Unfallfolgen erhöhen,
- Konfliktsituationen auslösen.

Dass das Eintreten eines Unfalls als „Schädigungsereignis" verstanden wird, bedarf keiner Begründung. Indessen ist auch das Verursachen eines Beinaheunfalles, ebenso wie das Auslösen von Konfliktsituationen, als gefährliche Verhaltensweise zu beurteilen, weil dabei nur durch das Geschick Dritter Unfälle vermieden werden. Darüber hinaus wird dem ungestörten Verkehrsfluss und damit der Verkehrssicherheit Schaden zugefügt. 340

Die Verkehrskonfliktforschung hat gezeigt, dass zwischen Konflikthaltigkeit und Unfallbeteiligung eines motorisierten Verkehrsteilnehmers vielfältige Beziehungen bestehen. 341

Unterschieden werden nach *Risser*[350] vier Typen von Fahrern: 342

Solche mit
- vielen Konflikten und vielen Unfällen,
- wenigen Konflikten und vielen Unfällen,
- vielen Konflikten und wenigen Unfällen und
- wenigen Konflikten und wenigen Unfällen.

Daraus ist zu schließen, dass Befunde, die zum Schädigungsereignis „Unfall" prädestinieren, nicht automatisch zum Schädigungsereignis „Verkehrskonflikt" Anlass geben und umgekehrt. Indessen erhöhen beide die „Gefährlichkeit für den öffentlichen Straßenverkehr". 343

Ebenso sind Befunde, die zu Verhaltensweisen führen, die die Unfallgefahr oder Unfallfolgen erhöhen, gefährlich und der Verkehrssicherheit abträglich. Vielfach sind derartige Befunde Anlass zum Verkehrsdelikt, z.B. zum Fahren unter dem Einfluss von Alkohol. 344

---

350 *Risser, R.* (1983).

§ 3 Eignung zum Führen von Kraftfahrzeugen

345 Verkehrsunfälle werden zum größten Teil amtsbekannt, Verkehrsdelikte ohne Unfallfolgen unterliegen einer erheblichen Dunkelziffer (bei Fahrten unter Alkoholeinfluss von 1:50 bis 1:700).

346 Verkehrskonflikte werden nur dann erfasst, wenn es zum Unfall oder zum polizeilich registrierten Verkehrsdelikt kommt.

347 Daher ist es praktisch unmöglich, die tatsächliche Gefährlichkeit eines Befundes für den öffentlichen Straßenverkehr realistisch, d.h. im Sinne einer quantitativen Aussage korrekt zu bestimmen. Dieses Phänomen stellt Diagnose und Prognose der Gefährlichkeit vor erhebliche Schwierigkeiten, sie lassen sich nur lösen durch Absprachen darüber, was als nicht mehr tolerierbare Risikoerhöhung anzusehen ist, Absprachen, die als „Normen" bei der Beurteilung von Eignungsmängeln verbindlich werden.

a) Strafrecht

348 Für die strafrechtlichen Maßregeln der Besserung und Sicherung – und damit auch für die Entziehung der Fahrerlaubnis nach § 69 StGB[351] – geht *Hanack*[352] aus von dem logischen Gedanken der Möglichkeit (Potenzialität), der seinerseits auf der generellen Lebenserfahrung beruht:

Danach wird man unter Gefährlichkeit **Wiederholungswahrscheinlichkeit im Sinne eines gesteigerten, überwiegenden Grades der Möglichkeit** zu verstehen haben. Diese Wahrscheinlichkeit ist ein der Gegenwart angehörender Sachverhalt, wenn auch ein Sachverhalt, der sich regelmäßig aus der Bewertung vieler Einzeltatsachen zusammensetzt und schon dadurch stark wertende Züge trägt. Welcher Grad von Wahrscheinlichkeit ausreichend oder erforderlich ist, bleibt entscheidend Sache der Einzelprüfung.

Generell lässt sich wohl nur sagen, dass die bloße Möglichkeit der Wiederholung zur Bejahung der Gefährlichkeit noch nicht ausreicht; dies entspricht auch der ständigen Rechtsprechung schon des Reichsgerichts und der im Schrifttum herrschenden Meinung. Dass sich der Begriff der Gefahr genauer wissenschaftlicher Umschreibung entzieht und nicht allgemeingültig bestimmbar sowie überdies überwiegend tatsächlicher, nichtrechtlicher Natur ist, ist eine traditionelle Auffassung der Rechtsprechung, die vermutlich endgültig sein dürfte.

---

351 Siehe unter § 12.
352 *Sähnke, B., Laufhütte, H. W.* und *Odersky, W.* [Hrsg.] (1992) Rn 44 ff. vor § 61.

b) Verwaltungsrecht

In den für Fahrerlaubnisbehörden gedachten Begutachtungs-Leitlinien zur Kraftfahrereignung wird (unter 2.1) ausgeführt: 349

„Für die gerechtfertigte Annahme einer Verkehrsgefährdung hat der Beirat unterstellt, dass die **nahe durch Tatsachen begründete Wahrscheinlichkeit des Eintritts eines Schädigungsereignisses** gegeben sein muss ...

Für die Konkretisierung des Gefährdungssachverhalts wurde davon ausgegangen, dass er dann gegeben ist, wenn 350

a) von einem Kraftfahrer nach dem Grad der festgestellten Beeinträchtigung der körperlich-geistigen (psychischen) Leistungsfähigkeit zu erwarten ist, dass die Anforderungen beim Führen eines Kraftfahrzeugs, zu denen ein stabiles Leistungsniveau und auch die Beherrschung von Belastungssituationen gehören, nicht mehr bewältigt werden können oder

b) von einem Kraftfahrer in einem absehbaren Zeitraum die Gefahr des plötzlichen Versagens der körperlich-geistigen (psychischen) Leistungsfähigkeit (z.B. hirnorganische Anfälle, apoplektische Insulte, anfallsartige Schwindelzustände und Schockzustände, Bewusstseinstrübungen oder Bewusstseinsverlust u.ä.) zu erwarten ist,

c) wegen sicherheitswidriger Einstellungen, mangelnder Einsicht oder Persönlichkeitsmängeln keine Gewähr dafür gegeben ist, dass der Fahrer sich regelkonform und sicherheitsgerecht verhält."

2. Prognosezeitraum

Wie lang der in der vorstehenden Aufzählung unter b) erwähnte „absehbare Zeitraum" zu bemessen ist, wird nicht mitgeteilt. Auf welche Zeitdauer sich die Feststellung von Gefährlichkeit oder Ungefährlichkeit eines Kraftfahrers bezieht, ist auch Rechtsvorschriften nur in Ansätzen zu entnehmen. 351

a) Strafrecht

Anhaltspunkte für die Vorstellungen des Gesetzgebers zur Reichweite von Prognosen über die Eignung zum Führen von Kraftfahrzeugen finden sich in § 69 a StGB: 352

Zwar bestimmt das Strafgericht bei Entziehung der Fahrerlaubnis, für welche Dauer die Verwaltungsbehörde keine neue Fahrerlaubnis erteilen darf (Abs. 1). Ergibt sich jedoch danach Grund zu der Annahme, dass der Verurteilte schon zu einem früheren als dem vom Strafgericht prognostizierten Zeitpunkt nicht mehr ungeeignet zum Füh- 353

ren von Kraftfahrzeugen ist, so kann das Gericht die Sperre vorzeitig aufheben; allerdings ist die Aufhebung frühestens zulässig, wenn die Sperre
- drei Monate
- sowie im Falle, dass gegen den Täter in den letzten drei Jahren vor der Tat bereits einmal eine Sperre angeordnet worden war,
- ein Jahr

gedauert hat (Abs. 7). Der Gesetzgeber vertraut der Zuverlässigkeit vom Strafrichter gestellter ungünstiger Prognosen also nur über einen Zeitraum von drei Monaten und bei Vorliegen besonderer Umstände allenfalls über einen Zeitraum von einem Jahr.

354 Zugleich lässt der Gesetzgeber erkennen, dass er der über die Dauer der vom Strafgericht bestimmten Sperrfrist hinausgehenden Prognose des Strafgerichts überhaupt keine Bedeutung beimisst. Denn er schreibt der Fahrerlaubnisbehörde nicht vor, nach Ablauf dieser Sperrfrist ohne weiteres eine neue Fahrerlaubnis zu erteilen, sondern überlässt ihr die Aufgabe, aus eigener Erkenntnis über die Eignung zum Führen von Kraftfahrzeugen und die Erteilung oder Versagung einer Fahrerlaubnis zu entscheiden.[353]

b) Verwaltungsrecht

355 Entzieht die Fahrerlaubnisbehörde die Fahrerlaubnis im Rahmen des Punktsystems, so darf eine neue Fahrerlaubnis frühestens sechs Monate nach Wirksamkeit der Entziehung erteilt werden.[354]

356 Soweit vor Erteilung einer Fahrerlaubnis überhaupt einzelne Elemente der Eignung zum Führen von Kraftfahrzeugen geprüft werden, bestimmt der Verordnungsgeber einige Fristen für die Gültigkeit entsprechender Prüfungsergebnisse:

357 - fünf Jahre
beträgt der Prognosezeitraum für die geistige und körperliche Eignung von Lkw- und Busfahrern sowie Fahrgastbeförderern. Denn entsprechende Fahrerlaubnisse werden nur für fünf Jahre erteilt und nur nach erneuter Vorlage von Eignungsnachweisen verlängert.[355]

358 - zwei Jahre
beträgt der Prognosezeitraum für das Sehvermögen; denn Sehtestbescheinigung sowie Zeugnis oder Gutachten über das Sehvermögen dürfen bei Stellung des Antrages auf Erteilung einer Fahrerlaubnis nicht älter als zwei Jahre sein (§ 10 Abs. 7 FeV).

---

353 Siehe unter § 13 Rn 22 ff.
354 Siehe unter § 11 Rn 127.
355 Siehe unter § 2 Rn 52 ff.

Der gleiche Prognosezeitraum gilt für den Nachweis der Befähigung; denn der Zeitraum zwischen Abschluss der Prüfung und Aushändigung des Führerscheins darf zwei Jahre nicht überschreiten (§ 18 Abs. 2 S. 3 FeV) und bei Erteilung einer neuen Fahrerlaubnis nach vorangegangener Entziehung ist der Verzicht auf Befähigungsprüfungen nicht zulässig, wenn seit der Entziehung, der vorläufigen Entziehung oder der Beschlagnahme des Führerscheins oder einer sonstigen Maßnahme nach § 94 StPO mehr als zwei Jahre verstrichen sind (§ 20 Abs. 2 S. 2 FeV).

3. Interaktionistische Betrachtungsweise

Für die Prognose künftigen Verhaltens eines Menschen gilt nach *Stephan*[356] unter Psychologen seit langem die interaktionistische Betrachtungsweise, die menschliche Verhaltensweisen als Ergebnis der Wechselwirkung (Interaktion) von **personalen Dispositionen** und **situationalen Bedingungen** ansieht. Auch Strafrechtlern ist diese Sichtweise nicht fremd. So erklärt etwa *Frisch* in seiner Prognosen im Strafrecht gewidmeten Monografie:[357]

359

„Ob es seitens einer bestimmten Person in Zukunft zur Begehung einer Straftat kommt – das hängt entscheidend vom Zusammentreffen oder Zusammenspiel bestimmter **personaler** und bestimmter **situativer** Umstände ab. Die Straftat ist ein Produkt personaler und situativer Faktoren – wie immer es zur Strukturierung der Persönlichkeit gekommen sein mag. Zur Entstehung einer Straftat notwendig ist dementsprechend, dass der Täter in Zukunft in Situationen gerät, die er nach seinem Wertgefüge, seinen Entscheidungsmaximen, Präferenzen, Einstellungen und Dispositionen, kurzum: nach all dem, was seine unter dem Aspekt der Straftatenbegehung relevante Persönlichkeit charakterisiert, abweichend von den Maximen der Rechtsordnung entscheidet bzw. in denen er sich abweichend vom Recht verhält."

Mithilfe dieser interaktionistischen Betrachtungsweise ist eine Präzisierung des Gefährlichkeitsbegriffs auch im Fahrerlaubnisrecht möglich:

360

a) Person

Hinsichtlich dieses Elements des Gefährlichkeitsmaßstabes sind noch am ehesten Beurteilungsgrundlagen bestimmbar. Vor allem können Daten über die körperliche und geistige Gesundheit eines Menschen durch entsprechende sachverständige Untersuchungen gewonnen werden; aus ihnen kann dann auch aufgrund allgemeiner wis-

361

---

356 *Stephan, E.* (1989a) S. 3.
357 *Frisch, W.* (1983) S. 69 f.

§ 3 Eignung zum Führen von Kraftfahrzeugen

senschaftlicher Erkenntnisse und der Lebenserfahrung einigermaßen verlässlich auf die künftige Entwicklung geschlossen werden – zumindest für den vom Verordnungsgeber auf höchstens fünf Jahre veranschlagten Prognosezeitraum.[358] Aber auch die Persönlichkeit eines Menschen weist einige Grundzüge auf, die über absehbare Zeit stabil sind.

b) Situation

362 Die Umstände, unter denen jemand künftig handeln wird, sind dagegen weniger voraussehbar. Gleichwohl lassen sich aufgrund der jeweiligen Lebensumstände eines Menschen jedenfalls in Umrissen Situationen bestimmen, denen er sich voraussichtlich immer wieder stellen muss oder die er voraussichtlich nie erleben wird.

c) Abwägung

363 Zur abschließenden Beurteilung der Gefährlichkeit eines Kraftfahrers für die Verkehrssicherheit ist es erforderlich, Klarheit darüber zu gewinnen, ob dieser künftig voraussichtlich in Situationen gerät, in denen er wegen seiner Persönlichkeitsstruktur entweder unauffällig bleiben oder aber versagen wird. Der Eintritt der entsprechenden Situation muss jedoch so naheliegen, dass mehr oder weniger jederzeit damit gerechnet werden muss.[359] Dafür sei nur auf zwei Beispiele verwiesen:

aa) Bedeutung von Krankheitszuständen

364 Die Begutachtungs-Leitlinien zur Kraftfahrereignung enthalten (unter 3.4.2) den Leitsatz:

„Wer unter einem Blutdruck mit ständig zu messendem diastolischen Wert über 130 mmHg leidet, ist nicht in der Lage, den gestellten Anforderungen zum Führen von Kraftfahrzeugen beider Gruppen gerecht zu werden."

365 Hierzu heißt es in der Begründung:

„Bei einem Bluthochdruck mit ständigen diastolischen Werten von mehr als 130 mmHg hat man es stets mit einem sehr schweren Krankheitsbild zu tun ... Die Gefahren nehmen bereits jenseits 120 mmHG für den diastolischen Blutdruck schnell zu. Es kommt zu Netzhautblutungen, Überlastungen des Herzmuskels mit der Gefahr des Herzversagens und es steigt schließlich auch das Risiko für den Eintritt einer Hirnblutung (z.B. apoplektischer Insult). Jenseits 130 mmHG für den

---

358 Siehe unter § 3 Rn 357.
359 So *Frisch, W.* (1983) S. 76 für die Beurteilung der „situativen Seite".

diastolischen Blutdruckwert ist diese Gefahr so nahe liegend, dass jede Teilnahme am motorisierten Straßenverkehr ausgeschlossen werden muss."

Die „Gefährlichkeit" wird abgeleitet aus dem bei der Person festgestellten Krankheitsbild und seinem mutmaßlichen Verlauf. Die zu erwartenden krankheitsbedingten Ausfallerscheinungen beim Führen von Kraftfahrzeugen werden abgeleitet aus gruppenbezogenen Erfahrungssätzen, dem systematischen Einordnen des Befundes in eine Krankheit und der Beschreibung ihrer Entwicklung.

Wie sicher im Einzelfall das Eintreten einer Situation mit schädigendem Ereignis bei dem individuellen blutdruckkranken Fahrerlaubnisinhaber ist, wenn er ein Kraftfahrzeug führt, wird nicht dargestellt. Es gibt auch keine statistisch gesicherte Aussage darüber, mit welcher Wahrscheinlichkeit bei dem genannten Blutdruckkranken schädigende Ereignisse beim Führen von Kraftfahrzeugen zu erwarten sind. Die Prognose ergibt sich aus der Diagnose: Die Krankheit hat ein Ausmaß erreicht, dass „in einem absehbaren Zeitraum" mit einem Nicht-mehr-bewältigen-Können der Anforderungen beim Führen von Kraftfahrzeugen gerechnet werden muss.

Diese prognostische Aussage verwertet zwar auch die individuelle Konstellation des Einzelfalls, orientiert sich indessen vornehmlich an den gruppenbezogenen und in den Begutachtungs-Leitlinien zur Kraftfahrereignung niedergelegten Erfahrungssätzen. Zu prüfen ist aber nach den Begutachtungs-Leitlinien (unter 2.1) stets auch die **Kompensationsfrage**:

„Dass Kompensationen durch besondere menschliche Veranlagungen, durch Gewöhnung, durch besondere Einstellung oder durch besondere Verhaltenssteuerungen und -umstellungen möglich sind, kann als erwiesen angesehen werden."

Die Begutachtung der Krankheit folgt der Kompensationstheorie[360] unter Berücksichtigung evaluierter Studien, z.B. zur Frage, ob bei alternden Kraftfahrern mit Leistungsdefiziten Kompensationsmöglichkeiten feststellbar sind.[361]

Ebenso wie die Kompensationsfrage ist die **Kumulationsfrage**[362] zu beachten: Liegen außer der primär zu beurteilenden Erkrankungen noch andere Defizite vor, z.B. grobe intellektuelle Mängel, die dazu führen können, dass der Erkrankte die akuten Auswirkungen seiner Krankheit beim Führen von Kraftfahrzeugen nicht beurteilen kann.

---

360 *Winkler, W.* (2005a).
361 *Weinand, M.* (1997).
362 *Winkler, W.* (2005b).

§ 3 Eignung zum Führen von Kraftfahrzeugen

„Im Rahmen der Begutachtung der Kraftfahreignung stellen die Ermittlungen von möglichen Kumulationen ebenso wie die Feststellung der möglichen Kompensation von Eignungsdefiziten zentrale Aufgaben dar".[363]
Die Prognose der Krankheit hängt eben auch wesentlich ab von der Lebensführung, z.b. der Bereitschaft zur Vermeidung oder zur Übernahme von Risiken. Hier geht es primär nicht um die Prognose der Verhinderung oder des Eintretens eines schädigenden Ereignisses, sondern um die erwartete Entwicklung und Veränderung des Befundes. Daraus abzuleiten ist allerdings wiederum die Prognose der Gefährlichkeit des zu erwartenden Krankheitsverlaufes für die Verkehrssicherheit.

370 Diagnosen wie Prognosen des Krankheitsbildes sind ebenso nur in einem und für einen zeitlich begrenzten Rahmen abzugeben wie Prognosen über zu erwartende schädigende Ereignisse.

371 Die Zuverlässigkeit und Richtigkeit, die Nachprüfbarkeit und Nachvollziehbarkeit eines Urteils über die Gefährlichkeit eines normabweichenden medizinischen Befundes kann nicht abgeleitet werden aus der „Treffsicherheit" der Vorhersage des Ausbleibens oder Eintretens eines die Sicherheit des Straßenverkehrs beeinträchtigenden Ereignisses, sondern aus der Richtigkeit der Diagnose unter Berücksichtigung der gruppenbezogenen Erfahrungssätze, die den Rahmen bilden für die „causale Prognose"[364] über die Gefährlichkeit eines Eignungsmangels.

bb) Bedeutung des Zeitablaufs

372 Neben der in einem medizinisch-psychologischen Gutachten angenommenen hohen Rückfallwahrscheinlichkeit eines wegen Trunkenheitsfahrten mehrfach (von 1970 bis 1984 fünfmal) in Erscheinung getretenen Kraftfahrers muss im Rahmen der erforderlichen Gesamtwürdigung auch dem Umstand Bedeutung beigemessen werden, dass der Betreffende seit Wiedererteilung der Fahrerlaubnis nach der letzten strafrechtlich geahndeten Trunkenheitsfahrt bei jährlichen Fahrleistungen zwischen 12.000 und 15.000 km nahezu 5 Jahre unbeanstandet am Straßenverkehr teilgenommen hat; das Verwaltungsgericht kann unter solchen Umständen den Sofortvollzug der Fahrerlaubnisentziehung aussetzen, insbesondere bei Anordnung von Auflagen nach § 80 Abs. 5 S. 4 VwGO z.B. derart, dass der Betreffende seinen Leberenzymwert Gamma-GT monatlich kontrollieren lassen und das Untersuchungsergebnis unverzüglich der Verwaltungsbehörde vorlegen sowie regelmäßig wöchentlich in einer Selbsthilfegruppe für Alkoholgefährdete mitarbeiten und der Verwaltungsbehörde monatlich Teilnahmebescheinigungen vorlegen muss.[365]

---

363 *Winkler, W.* (2005b).
364 *Merz, F.* (1966).
365 OVG Saarlouis 25.01.1993.

§ 4 Befähigung zum Führen von Kraftfahrzeugen

Nach der Legaldefinition in § 2 Abs. 5 StVG ist befähigt zum Führen von Kraftfahrzeugen, wer
1. ausreichende Kenntnisse der für das Führen von Kraftfahrzeugen maßgebenden gesetzlichen Vorschriften hat,
2. mit den Gefahren des Straßenverkehrs und den zu ihrer Abwehr erforderlichen Verhaltensweisen vertraut ist,
3. die zum sicheren Führen eines Kraftfahrzeugs, ggf. mit Anhänger, erforderlichen technischen Kenntnisse besitzt und zu ihrer praktischen Anwendung in der Lage ist und
4. über ausreichende Kenntnisse einer umweltbewussten und energiesparenden Fahrweise verfügt und zu ihrer praktischen Anwendung in der Lage ist.

Die Bedeutung der zum Begriff „Befähigung" gehörenden Umstände hat sich gewandelt. Zu Zeiten, da das Verkehrsverhalten als Leistungsverhalten interpretiert wurde, dominierten bei der Charakterisierung der Befähigung entsprechende Fertigkeiten und Kenntnisse, z.B. über die technischen Zusammenhänge von Bremse und Bremsvorgang. Bei einer Interpretation des Verkehrsverhaltens als eines Risikoverhaltens steht dagegen die durch die sogenannte „**Gefahrenlehre**" vermittelte Vertrautheit mit den Gefahren des Straßenverkehrs und den zu ihrer Abwehr erforderlichen Verhaltensweisen im Vordergrund der Befähigung.

I. Ausbildung

Die Befähigung zum Führen von Kraftfahrzeugen wird durch eine entsprechende Ausbildung erworben, die obligatorisch in einer Fahrschule erfolgt und inhaltlich im Fahrlehrergesetz und den darauf beruhenden Rechtsvorschriften geregelt ist.

Zur Ausbildung zählt einmal die Entwicklung einer angemessenen sozialen Kompetenz, denn Verkehrsverhalten ist primär ein Sozialverhalten, zum anderen die Schulung der Selbstbeurteilung, um Stärken und Schwächen des eigenen Fahrenkönnens, speziell in gefährlichen Verkehrssituationen einschätzen zu können, ein Bewusstsein der persönlichen Fähigkeiten zur Kontrolle von Impulsen, riskanten Tendenzen oder der Sicherheit zuwiderlaufenden Motiven zu entwickeln und die persönliche Fähigkeit zur Planung des Fahrverhaltens zur Wahrnehmung der eigenen typischen Fahrabsichten und zum Bewusstwerden riskanter Fahrmotivationen zu erkennen.

Diese Zielsetzungen einer künftigen Fahrausbildung sowie deren Prüfung in der Befähigungsprüfung zum Erwerb der Fahrerlaubnis fordert die Arbeitsgruppe 3 des Forschungsprojektes GADGET (Guarding Automobile Drivers through Guidance, Education and Technology) der Europäischen Gemeinschaft, die sich zum Ziel gesetzt hat, Veränderungen im Fahrverhalten als Folge u.a. erzieherischer Maßnahmen zu beurteilen.[1]

4   Die Projektgruppe fordert **Veränderungen der Fahrerausbildung und der Fahrprüfung**: „Die Fahrerausbildung ist effektiver, wenn sie Teil eines gut konzipierten Zulassungssystems ist und wenn der Selbstbeurteilung und den psychologischen sowie sozialen Einflüssen auf das Fahrverhalten mehr Gewicht beigemessen wird" und „der Haupteffekt einer umfassenden Führerprüfung ist ihre positive Auswirkung auf das Niveau der Ausbildung. Es ist deshalb unumgänglich, übergeordnete Fähigkeiten (wie z.B. Selbsteinschätzung) in die Prüfungsanforderungen aufzunehmen".

Vorschläge zur Umgestaltung der Fahrerausbildung betonen die Notwendigkeit, ihr ein Konzept zugrunde zu legen, das den jugendlichen Fahranfänger „zu sozialkompetentem und umweltbewusstem Fahren" bringt.[2] *Barthelmess*[3] skizziert eine neue Form der theoretischen und der praktischen Fahrerlaubnisprüfung, deren Lernziel „soziales und solidarisches Handeln" darstellt und entsprechende Auswirkungen auf die Entwicklung der Fahrbefähigung in der Fahrerausbildung haben dürfte.

II. Prüfung

5   Der Bewerber um eine Fahrerlaubnis hat seine Befähigung grundsätzlich in einer theoretischen und praktischen Prüfung nachzuweisen (§ 2 Abs. 1 S. 1 Nr. 5 StVG, § 15 S. 1 FeV).

Einzelheiten hierzu enthalten die Anlage 7 der FeV und die Richtlinie für die Prüfung der Bewerber um eine Erlaubnis zum Führen von Kraftfahrzeugen (Prüfungsrichtlinie) mit 14 Anlagen. Die Neufassung der Prüfungsrichtlinie ist am 26.02.2004 bekannt gemacht worden und wird ab dem 01.07.2004 angewandt.[4] Sie ist am 19.11.2004 ergänzt worden durch Anpassung der Vorschriften der Prüfungsrichtlinie

---

1 *Sigrist, S.* (1999).
2 *Bongard, A.-E.* (1998).
3 *Barthelmess, W.* (1999).
4 VkBl 2004, 130 ff.; berichtigt VkBl 2004, 381 f.

sowie der Anlagen 1, 3a 10 und 12 für die neu eingeführte Fahrerlaubnisklasse S; die Anwendung der neuen Vorschriften für die Klasse S erfolgt ab 01.02.2005.[5]

1. Ausnahmen

Vom Grundsatz, nach dem eine theoretische und praktische Prüfung erforderlich ist, wird unter besonderen Umständen abgewichen.   6

a) Nur theoretische Prüfung

Nur eine theoretische Prüfung ist nach § 15 S. 2 Hs. 1 FeV erforderlich für die Klasse L.   7

b) Nur praktische Prüfung

Diese ist in § 15 S. 2 Hs. 2 FeV vorgeschrieben bei einer   8

- **Erweiterung der Klasse A** von leistungsbeschränkt auf unbeschränkt[6]. Der Prüfungsstoff für die Klasse A bei stufenweisem und bei direktem Zugang unterscheidet sich lediglich durch das schwerere Prüfungsfahrzeug. Deshalb genügt die praktische Prüfung, wenn der Inhaber eines Stufenführerscheins die zweijährige Frist, in der er nur leistungsbeschränkte Krafträder führen darf, abkürzen will.   9

- **Erweiterung der Klassen B, C1, D und D1** auf die entsprechende Anhängerklasse erfordert nur eine praktische Prüfung, weil der theoretische Prüfungsstoff wegen der in der „Soloklasse" enthaltenen Berechtigung zum Mitführen leichter Anhänger bis zu 750 kg zulässiger Gesamtmasse schon bei der „Soloklasse" geprüft wird.   10

2. Prüfer und Prüfstellen

Die Prüfungen werden von einem amtlich anerkannten Sachverständigen oder Prüfer für den Kraftfahrzeugverkehr abgenommen (§ 15 S. 3 FeV), der einer Technischen Prüfstelle für den Kraftfahrzeugverkehr nach § 10 des Kraftfahrzeugsachverständigengesetz angehören muss (§ 2 Abs. 13 S. 2 StVG).   11

---

5 VkBl 2004, 613 ff.
6 Siehe dazu § 2 Rn 45 ff.

§ 4 Befähigung zum Führen von Kraftfahrzeugen

a) Prüfer

12   Dies sind nach § 69 Abs. 1 FeV ausschließlich amtlich anerkannte Sachverständige oder Prüfer für den Kraftfahrzeugverkehr bei den Technischen Prüfstellen für den Kraftfahrzeugverkehr (§§ 10 und 14 Kraftfahrzeugsachverständigengesetz) und bei Behörden (§ 16 Kraftfahrzeugsachverständigengesetz).

Mit der Prüfung beauftragt die Fahrerlaubnisbehörde die zuständige Technische Prüfstelle für den Kraftfahrzeugverkehr (§ 22 Abs. 4 S. 1 FeV).

b) Akkreditierung von Prüfstellen

13   Träger von nichtbehördlichen Prüfstellen bedürfen der Akkreditierung (§ 72 Abs. 1 Nr. 2 FeV).

Vom Akkreditierungserfordernis ausgenommen sind die Dienstfahrerlaubnisse erteilenden Sonderverwaltungen – Bundeswehr, Bundesgrenzschutz und Polizei –, weil dort andere Rahmenbedingungen herrschen und die Ziele der Akkreditierung mit Mitteln der innerbehördlichen Organisation und Aufsicht sichergestellt werden.

14   Die Akkreditierung erfolgt durch die Bundesanstalt für Straßenwesen (§ 72 Abs. 2 FeV) und soll nach der Vorstellung des Bundesministeriums für Verkehr[7] eine gleichmäßig hohe Qualität der Prüfungen sichern. Hierzu führt es näher aus:

„Akkreditierung bedeutet die Bestätigung der Kompetenz einer Stelle, eine bestimmte Aufgabe durchzuführen.
Es ist folgendes Verfahren vorgesehen:
- Erstakkreditierung (Prüfung des Qualitätsmanagement-Handbuchs, inhaltliche Prüfung der fachlich-wissenschaftlichen Methoden).
- Nachakkreditierung (Wiederholungsprüfung nach drei Jahren).
- Jährliche Überprüfungen vor Ort (= Audits).

Die Akkreditierung soll durch die Bundesanstalt für Straßenwesen erfolgen. Sie ist Voraussetzung und Grundlage für die Anerkennung durch die zuständige Landesbehörde. Die Akkreditierung selbst stellt keinen Verwaltungsakt dar, sondern hat gutachterliche Funktion für die Anerkennungsbehörde.

Dieses Verfahren bietet folgende Vorteile:
- Es wird eine bundesweite Einheitlichkeit der Bezugnormen und Bewertungsmaßstäbe sichergestellt.

---

[7] BR-Dr. 443/98, S. 317 f. = VkBl 1998, 1096 f.

- Die Bundesanstalt für Straßenwesen als akkreditierende Stelle gewährleistet Neutralität, Unabhängigkeit und Vertrauenswürdigkeit. Es besteht die Möglichkeit, dass eine Entlastung im Rahmen der Aufsicht der Länder erreicht und dadurch die staatliche Aufgabe verlagert wird."

Die Bundesanstalt für Straßenwesen hat als „Akkreditierungsstelle Fahrerlaubniswesen" eine eigene Organisationseinheit in ihrer Abteilung „Verhalten und Sicherheit im Verkehr" geschaffen. Diese akkreditiert außer Trägern von Technischen Prüfstellen (§ 69 FeV in Verbindung mit den §§ 10 und 14 des Kraftfahrsachverständigengesetzes) auch Träger von Begutachtungsstellen für Fahreignung (§ 66 FeV)[8] sowie Träger von Stellen, die Kurse zur Wiederherstellung der Kraftfahreignung durchführen (§ 70 FeV).[9]

15

Über erste Erfahrungen hatte bereits Anfang 2002 *Kroj*[10] berichtet:

16

Der Aufwand der Akkreditierungsstelle Fahrerlaubniswesen zur Etablierung eines Akkreditierungssystems war erheblich; denn es gab keine Vorbilder, wie die internationalen Normen und EN 45010 und EN 45013 auf die verschiedenen Bereiche des Fahrerlaubniswesens anzuwenden sind.

Ein Akkreditierungsverfahren erstreckt sich erfahrungsgemäß etwa über den Zeitraum eines halben Jahres. Die Kosten für das Akkreditierungsverfahren, die an die Bundesanstalt für Straßenwesen abzuführen sind, werden über eine Gebührenordnung abgerechnet. Sie liegen im Durchschnitt bei rund 18.000 EUR, die Spannweite zwischen 13.000 EUR und 28.000 EUR. Die Festlegung der Gebühren im Einzelfall hängt u.a. von der Größe des Trägers und den Schwierigkeiten ab, die sich im Verlauf des Verfahrens ergeben.

Über diese Gebühren hinaus entstehen für den Träger jedoch erheblich höhere Kosten durch die Einführung und die Dokumentation seines Qualitätsmanagementsystems und der Beschreibung aller zur Anwendung kommenden Prozesse sowie durch die Schulung aller Mitarbeiter, die nach diesem System arbeiten sollen. Auch hier spielt die Größe des Trägers eine Rolle. Die Angaben einzelner Träger hierzu reichen von 125.000 EUR bis 250.000 EUR. Hinzu kommen die jährlichen Kosten zur Pflege des Systems.

Die jährlichen Überwachungen sind weniger kostenaufwändig. Allerdings kommen bei den Begutachtungsstellen für Fahreignung noch Kosten für die Überprüfung von Gutachten hinzu: Jährlich werden 0,5 % der Gutachten des Vorjahres überprüft. Trotz

---

8 Siehe unter § 6 Rn 108.
9 Siehe unter § 15 Rn 90.
10 *Kroj, G.* (2002) S. 20 f.

§ 4 Befähigung zum Führen von Kraftfahrzeugen

der Einnahmen über die Gebühren arbeitet die Akkreditierungsstelle zurzeit nicht kostendeckend – und dies wird auch für eine geraume Zeit so bleiben, denn der Vorlauf zur Einrichtung des Akkreditierungssystems hat Kosten verursacht, denen für längere Zeit keine Einnahmen gegenüberstanden.

17 *Heinrich*[11] berichtet 2004 nach fünf Jahren Tätigkeit der Akkreditierungsstelle Fahrerlaubniswesen über Einrichtung der Akkreditierungsstelle Fahrerlaubniswesen, Entwicklung des Akkreditierungsverfahrens, Ablauf von Akkreditierungs- und Überwachungsverfahren, Akkreditierung in Zahlen, Erfahrungen mit der Akkreditierung und Perspektiven:

Die Entwicklung der Anforderungen der Akkreditierungsstelle an die Träger und der Verfahrensweisen bei Akkreditierungen und Überwachungen hat im Jahr 2003 einen vorläufigen Abschluss gefunden.

Neben 32 Altanbietern sind elf Neuanbieter am Markt aufgetreten, acht im Bereich Begutachtung der Fahreignung und 3 im Bereich Kurse zur Wiederherstellung der Kraftfahreignung.

Von 1999 bis 2003 betrug die Anzahl der abgeschlossenen und laufenden Akkreditierungen 42, davon neun für Träger von Technischen Prüfstellen (Fahrerlaubnisprüfstellen), 20 für Träger von Begutachtungsstellen für Fahreignung und 13 für Träger von Stellen, die Kursprogramme zur Wiederherstellung der Kraftfahreignung anbieten.

Erforderlich ist nach Ablauf der in der Regel für fünf Jahre erteilten Akkreditierung die Reakkreditierung. Dazu treten die ständige Überwachung der akkreditierten Träger von Begutachtungsstellen für Fahreignung mit Gutachtenüberprüfung – bei Neuanbietern 10 % der erstellten Gutachten, mindestens 20 Gutachten pro Träger und bei akkreditierten Trägern im Umfang von 0,5 % der in einem Jahr erstellten Gutachten, mindestens 20 Gutachten pro Träger.

Bei Trägern von Stellen, die *neue* Kursprogramme zur Wiederherstellung der Kraftfahreignung anbieten wollen, werden diese Kursprogramme „im Hinblick auf die Angemessenheit ihrer Zielsetzungen, ihrer theoretischen Begründung sowie darauf überprüft, ob die geplanten Vorgehensweisen einen Erfolg erwarten lassen" und ob das Kursprogramm „in das QM-System des Trägers angemessen integriert ist".

Von den Vertretern verschiedener Träger wurde „die Arbeit der Akkreditierungsstelle als transparent, kompetent und fair wahrgenommen". Zunehmend fordern Bundesländer die Berichte über Akkreditierungen und Überwachungen bei den Trägern ab, was

---

11 *Heinrich, H. Ch.* (2004).

auch dazu führte, „die amtliche Anerkennung der betreffenden Träger mit speziellen Auflagen zu versehen."

Eggersmann[12] berichtet, dass die Erfahrungen mit der Akkreditierung aus der Sicht der Aufsichtsbehörden der Länder äußerst positiv seien. Die Akkreditierung sei „zu einem wohl nicht mehr wegdenkbaren Instrumentarium geworden, die Qualität verkehrspsychologischer Dienstleistungen zu sichern."

In ihren Informationen über „**Anforderungen an Träger von Technischen Prüfstellen** (§ 69 FeV i.V. mit den §§ 10 und 14 des KfSachvG)"[13] beschreibt die Akkreditierungsstelle Fahrerlaubniswesen **18**
1. Normative Grundlagen
2. Ablauf von Akkreditierungs- und Überwachungsverfahren
3. Qualitätsmanagement
4. Personal
5. Mittel für die Durchführung der Fahrerlaubnisprüfung
6. Durchführung der Fahrerlaubnisprüfung
7. Weiterentwicklung und Verbesserung der Fahrerlaubnisprüfung
8. Kalkulationsgrundlagen zur Bestimmung des Umfangs von Begutachtungen vor Ort und Vorgaben zur Häufigkeit interner Audits
9. Beschaffung von Arbeitsmitteln sowie Lagerung, Verpackung und Versand von Unterlagen, Arbeitsmitteln und weiteren Materialien.

3. Theoretische Prüfung

Sie ist in § 16 FeV geregelt. **19**

Nach § 16 Abs. 1 FeV hat der Bewerber in der theoretischen Prüfung nachzuweisen, dass er **20**
1. ausreichende Kenntnisse der für das Führen von Kraftfahrzeugen maßgebenden gesetzlichen Vorschriften sowie der umweltbewussten und Energie sparenden Fahrweise hat und
2. mit den Gefahren des Straßenverkehrs und den zu ihrer Abwehr erforderlichen Verhaltensweisen vertraut ist.

---

12 *Eggersmann, A.* (2002).
13 Nach dem Stand vom 24.09.2004 im Internet zu finden unter „www.bast.de" (Qualitätsbewertung – Akkreditierung).

§ 4 Befähigung zum Führen von Kraftfahrzeugen

21 Die Prüfung erfolgt anhand von Fragen, die in unterschiedlicher Form und mit Hilfe unterschiedlicher Medien gestellt werden können. Der Prüfungsstoff, die Form der Prüfung, der Umfang der Prüfung, die Zusammenstellung der Fragen und die Bewertung der Prüfung ergeben sich aus Anlage 7 der FeV Teil 1 (§ 16 Abs. 2 FeV).

22 Der **Fragenkatalog** wird auf der Grundlage des Prüfungsstoffs vom Bundesministerium für Verkehr im Einvernehmen mit den zuständigen obersten Landesbehörden im Verkehrsblatt als Richtlinie bekannt gemacht (1.1 letzter Abs. der Anlage 7 der FeV). Der neugefasste Fragenkatalog ist am 26.02.2004 bekannt gemacht worden und am 01.07.2004 in Kraft getreten.[14] Er ist am 27.08.2004 ergänzt worden durch Fragen und Antworten für die neu eingeführte Fahrerlaubnisklasse S; der Einsatz der Fragen und Antworten für die Klasse S erfolgt ab 01.02.2005.[15]

23 **Täuschungshandlungen** führen zum Nichtbestehen der theoretischen Prüfung (1.4 der Anlage 7 der FeV).

4. Praktische Prüfung

24 Sie ist in § 17 FeV geregelt.

Sie darf erst nach Bestehen der theoretischen Prüfung und frühestens einen Monat vor Erreichen des Mindestalters abgenommen werden (§ 17 Abs. 1 S. 4 FeV).

Sie muss jedoch innerhalb von zwölf Monaten nach Bestehen der theoretischen Prüfung abgelegt werden; andernfalls verliert die theoretische Prüfung ihre Gültigkeit (§ 18 Abs. 2 S. 1 und 2 FeV).

25 In der praktischen Prüfung hat der Bewerber nachzuweisen, dass er über die zur sicheren Führung eines Kraftfahrzeugs, ggf. mit Anhänger, im Verkehr erforderlichen technischen Kenntnisse und über ausreichende Kenntnisse einer umweltbewussten und Energie sparenden Fahrweise verfügt sowie zu ihrer praktischen Anwendung fähig ist (§ 17 Abs. 1 S. 1 FeV).

Bewerber um eine Fahrerlaubnis der Bus-Klassen D, Dl, DE oder D1E müssen darüber hinaus ausreichende Fahrfertigkeiten nachweisen (§ 17 Abs. 1 S. 2 FeV). Zur Begründung dieser Vorschrift hat das Bundesministerium für Verkehr ausgeführt:[16]

„Dies bedeutet, dass sie über ein höheres Maß an fahrerischem Können als in den anderen Klassen verfügen und einen Grad von Sicherheit und Gewandtheit erreicht

---
14 VkBl 2004, 159; berichtigt VkBl 2004, 382.
15 VkBl 2004, 502.
16 BR-Dr. 443/98, S. 266 = VkBl 1998, 1072 f.

haben müssen, über den Fahranfänger in der Regel nicht verfügen. Diese höhere Anforderung rechtfertigt sich aus der Verantwortung des Fahrers für die beförderten Fahrgäste."

Der Prüfungsstoff, die Prüfungsfahrzeuge, die Prüfungsdauer, die Durchführung der Prüfung und ihre Bewertung richten sich nach Anlage 7 der FeV Teil 2 (§ 17 Abs. 2 FeV). 26

Der Bewerber hat ein der Anlage 7 entsprechendes **Prüfungsfahrzeug** für die Klasse bereitzustellen, für die er seine Befähigung nachweisen will (§ 17 Abs. 1 S. 3 FeV). 27

Der **Prüfungsort** ist nach dem Grundsatz zu bestimmen, dass ein Fahranfänger möglichst dort ausgebildet und geprüft werden soll, wo er nach Erwerb der Fahrerlaubnis hauptsächlich am Verkehr teilnimmt. Deshalb hat der Bewerber die praktische Prüfung am Ort seiner Hauptwohnung oder am Ort seiner schulischen oder beruflichen Ausbildung, seines Studiums oder seiner Arbeitsstelle abzulegen; sind diese Orte nicht Prüforte, ist die Prüfung nach Bestimmung durch die Fahrerlaubnisbehörde an einem nahegelegenen Prüfort abzulegen (§ 17 Abs. 3 S. 1 und 2 FeV). Hat der Bewerber die praktische Prüfung nicht am Ort seiner Hauptwohnung, einer Großstadt, sondern nach Besuch einer dortigen **Ferienfahrschule** in einer Kleinstadt abgelegt, darf ihm keine Fahrerlaubnis erteilt werden.[17] 28

Die Fahrerlaubnisbehörde kann jedoch auch zulassen, dass der Bewerber die Prüfung an einem anderen Prüfort ablegt (§ 17 Abs. 3 S. 3 FeV). Bei der Ausübung des gewährten Ermessens wird zu erwägen sein, ob Sicherheitsbedenken entgegenstehen oder nicht. So wird eine auswärtige Prüfung dann nicht in Betracht kommen, wenn der Bewerber in einer Großstadt wohnt und auf einen dünn besiedelten Bereich ausweichen will, weil er glaubt, den Anforderungen in der Großstadt nicht gewachsen zu sein.[18]

5. Gemeinsame Vorschriften für die theoretische und die praktische Prüfung

a) Wiederholung nicht bestandener Prüfung

Eine nicht bestandene Prüfung darf nicht vor Ablauf eines angemessenen Zeitraums (in der Regel nicht weniger als zwei Wochen, bei einem Täuschungsversuch mindestens vier Wochen) wiederholt werden; wird die theoretische oder die praktische Prü- 29

---

17 OVG Hamburg 04.02.2003.
18 So das Bundesministerium für Verkehr in der Begründung zu dieser Vorschrift BR-Drucks 443/98, S. 268 = VkBl 1998, 1073 f.

fung auch nach jeweils zweimaliger Wiederholung nicht bestanden, darf der Bewerber die jeweilige Prüfung erst nach Ablauf von drei Monaten wiederholen (§ 18 Abs. 1 FeV).

b) Zeitliche Begrenzung der Gültigkeit bestandener Prüfung

30 Der Zeitraum zwischen Abschluss der praktischen Prüfung oder – wenn keine praktische Prüfung erforderlich ist – zwischen Abschluss der theoretischen Prüfung und der Aushändigung des Führerscheins darf zwei Jahre nicht überschreiten; andernfalls verliert die gesamte Prüfung ihre Gültigkeit (§ 18 Abs. 2 S. 3 und 4 FeV).

c) Vom Prüfer festgestellte Eignungszweifel

31 Stellt der Sachverständige oder Prüfer Tatsachen fest, die bei ihm Zweifel über die körperliche oder geistige Eignung des Bewerbers begründen, hat er der Fahrerlaubnisbehörde Mitteilung zu machen und den Bewerber hierüber zu unterrichten (§ 18 Abs. 3 FeV).

d) Nachweis bestandener Prüfung

32 Der Sachverständige oder Prüfer händigt dem Bewerber nach bestandener Prüfung den Führerschein aus (§ 22 Abs. 4 S. 3 FeV). Dies teilt er der Fahrerlaubnisbehörde mit (§ 22 Abs. 4 S. 5 FeV).

§ 5 Nachweise zu den Voraussetzungen der Fahrerlaubnis

Wer die Erteilung, Erweiterung, Verlängerung oder Änderung einer Fahrerlaubnis **1**
oder einer besonderen Erlaubnis für die Personenbeförderung in anderen Fahrzeugen als Kraftomnibussen, die Aufhebung einer Beschränkung oder Auflage oder die Ausfertigung oder Änderung eines Führerscheines beantragt, hat der Fahrerlaubnisbehörde nach näherer Bestimmung durch Rechtsverordnung gemäß § 6 Abs. 1 Buchst. h StVG mitzuteilen und nachzuweisen
a. Familiennamen, Geburtsnamen, sonstige frühere Namen, Vornamen, Ordens- oder Künstlernamen, Doktorgrad, Geschlecht, Tag und Ort der Geburt, Anschrift und
b. das Vorliegen der Voraussetzungen nach Abs. 2 S. 1 Nr. 1 bis 6 und S. 2 und Abs. 3 StVG
sowie ein Lichtbild abzugeben (§ 2 Abs. 6 S. 1 StVG).

Zudem hat der Antragsteller eine Erklärung darüber abzugeben, ob er bereits eine in- **2**
oder ausländische Fahrerlaubnis der beantragten Klasse oder einen entsprechenden Führerschein besitzt (§ 2 Abs. 6 S. 2 StVG).

Die näheren Bestimmungen durch Rechtsverordnung enthält die FeV.

I. Ersterteilung einer Fahrerlaubnis

Nachweise sind erforderlich für: **3**

1. Inlandswohnsitz

Hierzu hat der Bewerber entsprechende Daten[1] mitzuteilen und auf Verlangen nachzu- **4**
weisen (§ 21 Abs. 1 S. 3 Nr. 1 FeV). Art und Weise etwa verlangter Nachweise sind nicht vorgeschrieben.

---

1 Siehe unter § 2 Rn 63 ff.

2. Mindestalter

5 Zur Feststellung des Mindestalters[2] dient ein amtlicher Nachweis über Ort und Tag der Geburt (§ 21 Abs. 3 S. 1 Nr. 1 FeV).

3. Eignung

6 Insoweit werden Nachweise nur in eingeschränktem Umfang verlangt.

a) Sehvermögen

7 Diesbezügliche Nachweise beziehen sich auf je nach Fahrerlaubnisart unterschiedliche Anforderungen an das Sehvermögen[3] und werden auch je nach Fahrerlaubnisart auf unterschiedliche Weise geführt.

aa) Allgemeine Fahrerlaubnis

8 Dem Antrag auf Erteilung einer Fahrerlaubnis der Klassen A, A1, B, BE, M, S, L und T ist zum Nachweis ausreichenden Sehvermögens eine Sehtestbescheinigung nach § 12 Abs. 3 FeV oder ein Zeugnis oder ein Gutachten eines Augenarztes über das Sehvermögen nach § 12 Abs. 4 FeV oder ein Zeugnis nach § 12 Abs. 5 FeV beizufügen (§ 21 Abs. 3 S. 1 Nr. 3 FeV).

(1) Sehtestbescheinigung

9 Sie wird nach einem in § 12 Abs. 2 FeV vorgeschriebenen Sehtest ausgestellt.

Der Sehtest ist mit Rücksicht auf die besondere Bedeutung des Sehens für das sichere Führen von Kraftfahrzeugen vorgeschrieben. Für das Sehvermögen sind besondere **Mindestanforderungen** bestimmt.[4] Anstelle häufig unnötiger eingehender Untersuchung jedes einzelnen Fahrerlaubnisbewerbers darauf, ob sein Sehvermögen diesen Mindestanforderungen entspricht, genügt ein Sehtest. Der Sehtest beschränkt sich auf die Feststellung der zentralen Tagessehschärfe als der für das Führen von Kraftfahrzeugen wichtigsten Sehfunktion. Eine weitergehende augenärztliche Untersuchung soll nicht jedem Bewerber zugemutet werden, sondern nur bei solchen Personen stattfinden, an deren ausreichendem Sehvermögen aufgrund des nicht bestandenen Sehtests oder aus anderen Gründen Zweifel bestehen. Der Sehtest hat also lediglich orientierenden Charakter (sog. *„Screening"*).

---

2 Siehe unter § 2 Rn 68 ff.
3 Siehe unter § 3 Rn 102 ff.
4 Siehe unter § 3 Rn 103 ff.

Beim Sehtest wird nicht auf die in Nr. 1.2 der Anlage 6 der FeV genannten und als Mindestanforderungen an das Sehvermögen bezeichneten Werte abgestellt. Vielmehr ist der Sehtest nur bei Feststellung höherer Werte, nämlich dann bestanden, wenn die zentrale Tagessehschärfe mit oder ohne Sehhilfen mindestens den in Nr. 1.1 der Anlage 6 der FeV genannten Wert erreicht (§ 12 Abs. 2 S. 4 FeV). 10

Falls der Bewerber den **Sehtest** zunächst **nicht bestanden** hat, wird er sich am besten von einem Augenarzt untersuchen und eine Brille verschreiben lassen oder – wenn er schon eine Brille hat – eine Brille mit anderer Sehstärke. Denn der Bewerber darf den Sehtest mit Sehhilfen oder mit verbesserten Sehhilfen **wiederholen** (§ 12 Abs. 2 S. 5 FeV). 11

Durchgeführt wird der Sehtest von einer amtlich anerkannten **Sehteststelle**. Einzelheiten der amtlichen Anerkennung sind in § 67 FeV geregelt.

Sinnvoll ist die rechtzeitige Durchführung des Sehtestes bereits bei Aufnahme des Fahrschulunterrichts, um einerseits ungeeigneten Bewerbern unnötige Kosten zu ersparen und bedingt geeigneten, die erstmals einer Korrektur ihres herabgesetzten Sehvermögens bedürfen, Gelegenheit zu geben, sich an das Tragen der Korrekturgläser zu gewöhnen. 12

Ob es nicht im Interesse der Verkehrssicherheit läge, außer der zentralen Sehschärfe andere Qualitäten des Sehvermögens von Fahrerlaubnisbewerbern zu testen, – z.B. die dynamische Sehschärfe, die bei einer amerikanischen Untersuchung als bedeutsame Eignungsqualität erkannt wurde[5] oder das Dämmerungssehen, das mit der zentralen Sehschärfeleistung nicht korreliert und für das Fahren in der Dämmerung und bei Nacht von großer Bedeutung ist –, wurde wiederholt diskutiert, ohne dass es bisher zu gesetzlichen Regelungen gekommen ist. 13

Ebenso sind die Empfehlungen des Arbeitskreises I des 40. Deutschen Verkehrsgerichtstages 2002 unverständlich, wonach ein „Handlungsbedarf für den Gesetzgeber zur Anordnung regelmäßiger Sehtests – für Senioren im Straßenverkehr – nicht nachgewiesen ist". Der Einfluss herabgesetzter Sehschärfe, verminderten Dämmerungssehens und erhöhter Blendempfindlichkeit auf die Unfallgefährdung – gerade auch älterer Kraftfahrer – ist vielfältig nachgewiesen.[6]

(2) Zeugnis oder Gutachten eines Augenarztes

Solche Nachweise können die Sehtestbescheinigung ersetzen, wenn sich daraus ergibt, dass der Bewerber die Anforderungen nach Nr. 1.1 der Anlage 6 der FeV erfüllt 14

---

5 *Burg, A.* (1971).
6 *B. Lachenmayr et al.* (1996).

(§ 12 Abs. 4 FeV). Sie sind jedenfalls erforderlich bei Nichtbestehen des Sehtests oder sonstigen Zweifeln am Sehvermögen (§ 12 Abs. 5 FeV).

15 Bei den dafür anzustellenden **augenärztlichen Untersuchungen** zur Feststellung ausreichenden Sehvermögens kommt es nicht mehr auf die für den Sehtest zugrunde zu legenden Werte an. Die Werte können demgegenüber niedriger sein, müssen aber doch wenigstens die in Nr. 1.2 der Anlage 6 der FeV genannten Mindestwerte erreichen. Zudem müssen bestimmte Mindestanforderungen an die übrigen Sehfunktionen hinsichtlich Gesichtsfeld und Beweglichkeit erfüllt sein.

16 **Abweichungen** von der Einhaltung dieser Mindestwerte können nur zugelassen werden, wenn diese Eignungsanforderung im Einzelfall sachwidrig oder unverhältnismäßig und damit verfassungswidrig wäre; in solchen Fällen, in denen die Verkehrssicherheit aus besonderen Gründen – etwa wegen außergewöhnlicher Vorsichtigkeit des Kraftfahrers – auch ohne diese Anforderung hinreichend gewährt wäre, käme allenfalls eine **Ausnahmegenehmigung** nach § 74 FeV in Betracht.[7]

bb) Fahrerlaubnis für Lkw und Bus

17 Bewerber um die Erteilung einer Fahrerlaubnis für die Lkw-Klassen C, C1, CE, CE1 oder die Bus-Klassen D, D1, DE, D1E haben sich einer Untersuchung des Sehvermögens nach Anlage 6 Nr. 2 der FeV zu unterziehen und hierüber der Fahrerlaubnisbehörde eine Bescheinigung des Arztes nach Anlage 6 Nr. 2.1 oder ein Zeugnis des Augenarztes nach Anlage 6 Nr. 2, 2 einzureichen (§§ 12 Abs. 6, 21 Abs. 3 S. 1 Nr. 4 FeV).

cc) Fahrerlaubnis zur Personenbeförderung

18 Bewerber um die Erteilung einer Fahrerlaubnis zur Personenbeförderung müssen in gleicher Weise nachweisen, dass sie die Anforderungen an das Sehvermögen nach Nr. 2 der Anlage 6 zur FeV erfüllen (§ 48 Abs. 4 Nr. 4 und Abs. 5 Nr. 2 FeV).

b) Körperliche und geistige Eignung

19 Diesbezügliche Nachweise werden je nach Fahrerlaubnisart entweder gar nicht oder sonst in unterschiedlichem Umfang verlangt.

aa) Allgemeine Fahrerlaubnis

Für den Antrag auf Erteilung einer Fahrerlaubnis der Klassen A, A1, B, BE, M, S, L und T bedarf es keiner Nachweise über die körperliche und geistige Eignung.

---

7 BVerwG 28.10.1992.

bb) Fahrerlaubnis für Lkw

Bewerber um die Erteilung einer Fahrerlaubnis für die Lkw-Klassen C, C1, CE, C1E müssen ein Zeugnis oder ein Gutachten über die körperliche und geistige Eignung nach Maßgabe der Anlage 5 der FeV vorlegen (§§ 11 Abs. 9, 21 Abs. 3 S. 1 Nr. 4 FeV). **20**

Der in Nr. 1 S. 2 der Anlage 5 der FeV geforderte Nachweis bezieht sich allerdings nur darauf, ob Erkrankungen vorliegen, die die Eignung oder bedingte Eignung ausschließen. Denn nur darauf erstreckt sich die Untersuchung nach Nr. 1 S. 1 der Anlage 5 der FeV. Diese Untersuchung besteht aus einem Grobtest, wie sich aus dem der Anlage 5 der FeV beigefügten Muster der Bescheinigung über die ärztliche Untersuchung ergibt.

Zur Durchführung der ärztlichen Untersuchung ist jeder approbierte Arzt berechtigt, wobei er allerdings festgelegte Eignungsbereiche zu überprüfen und Prüfungsergebnisse in der vorgeschriebenen Bescheinigung festzuhalten hat. Grenzwerte, die weitergehende Untersuchungen nahe legen oder erforderlich machen, sind nicht festgelegt. Der Arzt wird die Begutachtungs-Leitlinien zur Kraftfahrereignung[8] zu Rate ziehen, wenn er die Frage beantworten muss, ob „Insuffizienzen" oder „schwere" Insuffizienzen oder Erkrankungen bzw. „einschränkende" oder „nicht einschränkende" Behinderungen vorliegen. **21**

Dies zeigt die hohe Verantwortung des Arztes bei dieser **orientierenden** Untersuchung, die ebenfalls möglichst früh, d.h. vor Beginn der Fahrschulausbildung zum Erwerb der Fahrerlaubnis für die Lkw-Klassen erfolgen sollte, um unnötige Kosten zu vermeiden und ggf. erforderliche Zusatzuntersuchungen zu veranlassen. **22**

cc) Fahrerlaubnis für Busse

Bewerber um die Erteilung einer Fahrerlaubnis für die Bus-Klassen D, D1, DE, D1E müssen ebenfalls ein nach denselben Grundsätzen zu erstellendes Zeugnis oder Gutachten über die körperliche und geistige Eignung nach Maßgabe der Anlage 5 der FeV vorlegen (§§ 11 Abs. 9, 21 Abs. 3 S. 1 Nr. 4 FeV). **23**

Zusätzlich ist der Nachweis zu führen, dass **besondere Anforderungen** hinsichtlich Belastbarkeit, Orientierungs-, Konzentrations- und Aufmerksamkeitsleistung sowie Reaktionsfähigkeit erfüllt sind, jedoch nur von Bewerbern um die Erst-Erteilung einer Busfahrerlaubnis und von Bewerbern um die Verlängerung einer Busfahrerlaubnis erst ab dem 50. Lebensjahr (Nr. 2 der Anlage 5 der FeV). Dieser Nachweis ist durch Beibringung eines betriebs- oder arbeitsmedizinischen Gutachtens nach § 11 Abs. 2 S. 2 **24**

---

8 Siehe unter § 3 Rn 26.

Nr. 3 FeV[9] oder eines medizinisch-psychologischen Gutachtens[10] unter Beachtung der Grundsätze nach Anlage 15 der FeV zu führen.

Um besondere Anforderungen hinsichtlich Belastbarkeit, Orientierungsleistung, Konzentrationsleistung, Aufmerksamkeitsleistung und Reaktionsfähigkeit zu begutachten, bedarf es allerdings verkehrspsychologischer Testgeräte, verkehrspsychologischer Erfahrungen und testtheoretischer Erkenntnisse, insbesondere aber geeigneter Normen. Anlage 5 Nr. 2 der FeV geht offenbar davon aus, dass betriebs- oder arbeitsmedizinische Gutachter über derartige Voraussetzungen verfügen – eine problematische Unterstellung. Zumindest müsste geklärt werden, wann betriebs- oder arbeitsmedizinische und wann medizinisch-psychologische Gutachten beizubringen sind.

Ländererlasse und Begutachtungs-Leitlinien zur Kraftfahrereignung regeln die Bewertungsmaßstäbe, die bei der Untersuchung der „besonderen Anforderungen" nach Anlage 5 Nr. 2 der FeV angewandt werden müssen.[11] Die zwischenzeitlich gemachten Erfahrungen fordern „eine Verbesserung des Beurteilungssystems".[12] Es wird u.a. vorgeschlagen, „Normen für die ab 50 Jahre alten Bewerber für die Verlängerung der Fahrerlaubnis der Klassen D, DL, DE und DTE sowie Normen für die Verlängerung der Fahrerlaubnis zur Fahrgastförderung ab dem 60. Lebensjahr" zu entwickeln und verbindliche Altersgrenzen festzulegen, um eine gerechte Leistungsbeurteilung zu erreichen.

25 Bewerber um eine Fahrerlaubnis für Omnibusse (Klasse D und D1) müssen zudem **persönlich zuverlässig** sein.[13] Im Kapitel 3.17 des Kommentars zu den Begutachtungs-Leitlinien zur Kraftfahrereignung wird darauf hingewiesen, dass Eignungszweifel bei Fahrgastbeförderern auch dann aufkommen können, wenn der Umgang mit den sich ihnen anvertrauenden Fahrgästen Anlass zu Beschwerden gibt und eine Begutachtung in einer Begutachtungsstelle für Fahreignung empfohlen mit der Fragestellung: „Bietet Herr/Frau ... angesichts der aktenkundigen Auffälligkeiten (...) noch die Gewähr dafür, dass er/sie der besonderen Verantwortung bei der Beförderung von Fahrgästen gerecht wird?" Zur Beantwortung dieser Fragestellung ist eine ausführliche psychologische Untersuchung erforderlich, die „durch eine eingehende Anamnese und Exploration diesbezüglicher Verhaltensweisen und Einstellungen"[14] die Beurteilung abdeckt.

---

9 Siehe unter § 6 Rn 66.
10 Siehe unter § 6 Rn 73.
11 *Schubert, W.; Schneider, W. et al.* (2005), S. 44-60.
12 *Jacobshagen, W.* (2005).
13 Siehe unter § 3 Rn 83 ff.
14 *Schubert, W., Schneider, W. et al. (2005),* S. 224.

dd) Fahrerlaubnis zur Personenbeförderung

Bewerber um die Erteilung einer Fahrerlaubnis zur Personenbeförderung müssen die für Erteilung oder Verlängerung einer Busfahrerlaubnis erforderlichen Nachweise in gleicher Weise erbringen, die zusätzlichen Nachweise zu den **besonderen Anforderungen** hinsichtlich Belastbarkeit, Orientierungs-, Konzentrations- und Aufmerksamkeitsleistung sowie Reaktionsfähigkeit jedoch bei Bewerbung um eine Verlängerung einer Fahrerlaubnis zur Personenbeförderung erst ab dem 60. Lebensjahr (§ 48 Abs. 4 Nr. 3 und Abs. 5 Nr. 1 FeV, Nr. 2 der Anlage 5 der FeV). 26

Sie müssen zudem in gleicher Weise **persönlich zuverlässig** sein.

4. Fahrausbildung

Der Bewerber hat der Fahrerlaubnisbehörde die Fahrschule mitzuteilen, in der er die erforderliche Ausbildung[15] erfahren hat, und dies auf Verlangen nachzuweisen (§ 21 Abs. 1 S. 3 Nr. 2 FeV). 27

Die von der Fahrschule ausgestellte Ausbildungsbescheinigung nach dem aus Anlage 7.1 zur Fahrschüler-Ausbildungsordnung ersichtlichen Muster hat der Bewerber vor der theoretischen Prüfung[16] und die Ausbildungsbescheinigung nach dem aus Anlage 7.2 oder – bei den Klassen Dl, D1E, D oder DE – aus Anlage 7.3 zur Fahrschüler-Ausbildungsordnung ersichtlichen Muster vor der praktischen Prüfung[17] dem Prüfer zu übergeben.

5. Befähigung

Der Bewerber um eine Fahrerlaubnis hat seine Befähigung grundsätzlich in einer theoretischen und praktischen Prüfung nachzuweisen (§ 2 Abs. 1 S. 1 Nr. 5 StVG, § 15 S. 1 FeV). 28

Einzelheiten zur Prüfung sind bereits oben[18] dargestellt.

---

15 Siehe unter § 4 Rn 3.
16 Siehe unter § 4 Rn 19 ff.
17 Siehe unter § 4 Rn 24 ff.
18 Siehe unter § 4 Rn 5 ff.

§ 5 Nachweise zu den Voraussetzungen der Fahrerlaubnis

6. Versorgung Unfallverletzter

29 Bewerber um eine Fahrerlaubnis der **Klassen A, A1, B, BE, M, S, L oder T** müssen an einer **Unterweisung in lebensrettenden Sofortmaßnahmen** teilnehmen; die Unterweisung soll dem Antragsteller durch theoretischen Unterricht und durch praktische Übungen die Grundzüge der Erstversorgung von Unfallverletzten im Straßenverkehr vermitteln, ihn insbesondere mit der Rettung und Lagerung von Unfallverletzten sowie mit anderen lebensrettenden Sofortmaßnahmen vertraut machen (§ 19 Abs. 1 FeV).

Bewerber um eine Fahrerlaubnis der **Lkw-Klassen C, C1, CE oder C1E** und der **Bus-Klassen D, D1, DE oder D1E** müssen an einer **Ausbildung in erster Hilfe** teilnehmen; die Ausbildung soll dem Antragsteller durch theoretischen Unterricht und durch praktische Übungen gründliches Wissen und praktisches Können in der ersten Hilfe vermitteln (§ 19 Abs. 2 FeV).

Eine Ausbildung in erster Hilfe ersetzt eine Unterweisung in lebensrettenden Sofortmaßnahmen (§ 19 Abs. 4 FeV).

Der Verordnungsgeber geht ersichtlich davon aus, dass im Sinne des § 2 Abs. 2 S. 1 Nr. 6 StVG der in lebensrettenden Sofortmaßnahmen Unterwiesene „die Grundzüge der Versorgung Unfallverletzter im Straßenverkehr beherrscht" und der in erster Hilfe Ausgebildete danach „erste Hilfe leisten kann".

a) Nachweis

30 Der Nachweis über die Teilnahme an einer Unterweisung in lebensrettenden Sofortmaßnahmen oder einer Ausbildung in erster Hilfe wird durch die Bescheinigung einer für solche Unterweisungen oder Ausbildungen amtlich anerkannten Stelle oder eines Trägers der öffentlichen Verwaltung, insbesondere der Bundeswehr, der Polizei oder des Bundesgrenzschutzes, geführt (§ 19 Abs. 3 FeV).

Als Nachweis gilt auch ein Zeugnis über die Ausbildung als Arzt oder in Heilberufen sowie eine Bescheinigung über die Ausbildung als Schwesternhelferin, Pflegediensthelfer oder über eine Sanitätsausbildung oder rettungsdienstliche Ausbildung oder die Ausbildung als Rettungsschwimmer – Deutsches Rettungsschwimmer-Abzeichen in Silber oder Gold (§ 19 Abs. 5 FeV).

b) Amtliche Anerkennung von Unterweisungs- und Ausbildungsstellen

31 Soweit Stellen, die nicht zur öffentlichen Verwaltung gehören, Unterweisungen in lebensrettenden Sofortmaßnahmen oder Ausbildungen in erster Hilfe durchführen, bedürfen sie der amtlichen Anerkennung (§ 68 Abs. 1 FeV).

Die näheren Modalitäten der Anerkennung sowie deren Rücknahme und Widerruf sind in § 68 Abs. 2 FeV ebenso vorgeschrieben wie die Durchführung der Aufsicht. Zur Vorbereitung ihrer Entscheidung kann die zuständige Behörde die Beibringung eines Gutachtens einer fachlich geeigneten Stelle oder Person anordnen.

Arbeiter-Samariter-Bund Deutschland, Deutsches Rotes Kreuz, Johanniter-Unfallhilfe und Malteser-Hilfsdienst gelten bis zum 31.12.2013 als amtlich anerkannt, unterliegen aber denselben Vorschriften wie die durch Verwaltungsakt anerkannten anderen Stellen; insbesondere kann die Anerkennung zurückgenommen oder widerrufen werden (§ 76 Nr. 16 FeV). **32**

II. Verlängerung einer Fahrerlaubnis

Bewerber um die Verlängerung einer Fahrerlaubnis für die Lkw-Klassen C, C1, CE, CE1 oder die Bus-Klassen D, D1, DE, D1E müssen lediglich die für die Erteilung solcher Fahrerlaubnis erforderlichen Nachweise hinsichtlich körperlicher und geistiger Eignung[19] sowie Sehvermögen[20] erbringen (§ 24 Abs. 1 Nr. 1 FeV). **33**

Bewerber um die Verlängerung einer Fahrerlaubnis zur Personenbeförderung müssen ebenfalls nur die für die Erteilung solcher Fahrerlaubnis erforderlichen Nachweise hinsichtlich körperlicher und geistiger Eignung[21] sowie Sehvermögen[22] erbringen (§ 48 Abs. 5 Nr. 1 und 2 FeV).

---

19 Siehe unter § 5 Rn 20 ff.
20 Siehe unter § 5 Rn 17.
21 Siehe unter § 5 Rn 26.
22 Siehe unter § 5 Rn 18.

§ 6 Prüfung der Voraussetzungen der Fahrerlaubnis

Die Fahrerlaubnisbehörde hat festzustellen, ob die Voraussetzungen der Fahrerlaubnis 1
gegeben sind. Das gilt sowohl
1. für die Entscheidung über Erteilung, Erweiterung, Verlängerung oder Änderung einer Fahrerlaubnis oder einer besonderen Erlaubnis für die Personenbeförderung in anderen Fahrzeugen als Kraftomnibussen oder die Aufhebung einer Beschränkung oder Auflage oder die Ausfertigung oder Änderung eines Führerscheines als auch
2. für die Entscheidung über die Entziehung oder nachträgliche Einschränkung der Fahrerlaubnis.

Sie ermittelt den Sachverhalt von Amts wegen, wobei sie Art und Umfang der Ermittlungen bestimmt und alle für den Einzelfall bedeutsamen, auch die für die Beteiligten günstigen Umstände zu berücksichtigen hat (§ 24 VwVfG). Diesbezügliche Vorschriften enthalten StVG und FeV.

I. Regelmäßige behördliche Ermittlungen

Vor Erteilung, Erweiterung, Verlängerung oder Änderung einer Fahrerlaubnis oder 2
einer besonderen Erlaubnis für die Personenbeförderung in anderen Fahrzeugen als Kraftomnibussen sowie vor Aufhebung einer Beschränkung oder Auflage oder Ausfertigung oder Änderung eines Führerscheines hat die Fahrerlaubnisbehörde zu ermitteln, ob ein Fahrerlaubnisbewerber zum Führen von Kraftfahrzeugen, ggf. mit Anhänger, geeignet und befähigt ist und ob er bereits eine in- oder ausländische Fahrerlaubnis oder einen entsprechenden Führerschein besitzt (§ 2 Abs. 7 S. 1 StVG). Das gilt entsprechend vor Entziehung einer Fahrerlaubnis (§ 3 Abs. 1 S. 3 StVG).

Einzelheiten sind in der FeV geregelt.

1. Fahrerlaubnisbewerber

Insoweit gilt Folgendes: 3

§ 6 Prüfung der Voraussetzungen der Fahrerlaubnis

a) Nachweise

4   Zunächst sind die vom Bewerber beigebrachten Nachweise[1] zu würdigen. Die nach Landesrecht zuständige Behörde oder Stelle und die Fahrerlaubnisbehörde können durch Einholung von Auskünften aus dem Melderegister die Richtigkeit und Vollständigkeit der vom Bewerber mitgeteilten Daten überprüfen (§ 22 Abs. 1 FeV).

b) Eignung und Besitz einer Fahrerlaubnis

5   Die Fahrerlaubnisbehörde hat zu ermitteln, ob Bedenken gegen die Eignung des Bewerbers zum Führen von Kraftfahrzeugen bestehen und er bereits im Besitz einer Fahrerlaubnis ist (§ 22 Abs. 2 S. 1 FeV).

aa) Auskünfte aus Registern

6   Die Fahrerlaubnisbehörde ist verpflichtet, dazu Auskünfte aus dem **Verkehrszentralregister**[2] und dem **Zentralen Fahrerlaubnisregister**[3] einzuholen (§ 2 Abs. 7 S. 2 StVG, § 22 Abs. 2 S. 2 FeV).

Die Anfrage beim Zentralen Fahrerlaubnisregister ist zur Überprüfung des Besitzes einer Fahrerlaubnis erforderlich, weil die Fahrerlaubnis nur dann erteilt werden darf, wenn der Bewerber nicht schon im Besitz einer Fahrerlaubnis ist.[4] Falls die Daten noch nicht im Zentralen Fahrerlaubnisregister gespeichert sind, können die Auskünfte aus den örtlichen Fahrerlaubnisregistern[5] eingeholt werden (§ 76 Nr. 12 FeV). Im Zentralen Fahrerlaubnisregister werden bis zur Übernahme der Daten aus den örtlichen Fahrerlaubnisregistern zunächst nur die Daten der Fahrerlaubnisinhaber zu finden sein, deren Führerschein die neuen Klassen aufweist, weil sie ihre Fahrerlaubnis nach In-Kraft-Treten der FeV erworben haben oder ihre alte Fahrerlaubnis auf die neuen Klassen umgestellt und den alten Führerschein umgetauscht haben.

7   Zur Überprüfung des Besitzes einer Fahrerlaubnis und zur Überprüfung der Eignung des Antragstellers können auch Auskünfte aus den entsprechenden **ausländischen Registern** eingeholt werden (§ 2 Abs. 7 S. 3 StVG, § 22 Abs. 2 S. 3 FeV). Die Einholung von Auskünften aus ausländischen Registern oder von ausländischen Stellen ist als Möglichkeit erwähnt, aber nicht vorgeschrieben. Die Behörde muss je nach den Umständen des Einzelfalls entscheiden, ob sie von dieser Möglichkeit Gebrauch

---

1   Siehe unter § 5.
2   Siehe unter § 11 Rn 5 ff.
3   Siehe unter § 9 Rn 40.
4   Siehe unter § 2 Rn 79.
5   Siehe unter § 9 Rn 41.

macht. Die Einholung einer Auskunft aus dem Ausland wird z.B. dann nicht erforderlich sein, wenn der Behörde bekannt ist, dass der Bewerber nie im Ausland gelebt hat.

bb) Führungszeugnis

Die Fahrerlaubnisbehörde kann die Beibringung eines Führungszeugnisses zur Vorlage bei der Verwaltungsbehörde nach den Vorschriften des BZRG verlangen (§ 2 Abs. 7 S. 3 StVG, § 22 Abs. 2 S. 3 FeV). 8

Über ein entsprechendes Verlangen entscheidet sie nach pflichtgemäßem Ermessen.[6] Für ein solches Verlangen müssen schon gewichtige Gründe sprechen, insbesondere etwa Anhaltspunkte für eignungsrelevante Straftaten gegeben sein, die nicht ohnehin auch schon im Verkehrszentralregister verzeichnet sind. Dies ist unter Umständen dann nicht auszuschließen, wenn Auskünfte der örtlichen Behörde auf ein problematisches Sozialverhalten hinweisen, z.b. auf aggressive Verhaltensweisen, Teilnahme an der Drogenszene usw.

Für die Ausübung des Ermessens bestimmt das Niedersächsische Ministerium für Wirtschaft, Technologie und Verkehr:[7] 9

„Auf die Vorlage des Führungszeugnisses kann regelmäßig **verzichtet** werden
- bei Ersterteilung der Fahrerlaubnis der Klassen A, A1, B, BE, C1, C1E, C, CE, M, T, L
- bei Erweiterung einer Fahrerlaubnis auf die vorgenannten Klassen und
- bei Umschreibung von Dienstfahrerlaubnissen (§ 29 FeV).

Ein Führungszeugnis ist **vorzulegen**
- im Falle der Ersterteilung, wenn der Auszug aus dem Verkehrszentralregister Anhaltspunkte für eine strafrechtliche Verurteilung enthält oder sonst Hinweise in dieser Richtung vorliegen,
- bei Neuerteilung einer Fahrerlaubnis nach vorangegangener Entziehung (§ 20),
- bei Erteilung der Fahrerlaubnis der Klassen D1, D1E, D, DE und der Fahrerlaubnis zur Fahrgastbeförderung sowie bei deren Verlängerungen, weil der Antragsteller Gewähr bieten muss, dass er der besonderen Verantwortung bei der Beförderung von Fahrgästen gerecht wird (§§ 11 Abs. 1 letzter S., 48 Abs. 4 Nr. 2, Abs. 5 Nr. 3)."

---

6 *Bouska, W.* (2000) § 2 StVG, Erl. 27; § 22 FeV, Erl. 2e.
7 Arbeitsanweisung (siehe unter § 1 Rn 53) zu § 22 FeV.

§ 6 Prüfung der Voraussetzungen der Fahrerlaubnis

c) Befähigung

10 Ob der Bewerber zum Führen von Kraftfahrzeugen befähigt ist, lässt die Fahrerlaubnisbehörde durch die von ihr beauftragte Technische Prüfstelle für den Kraftverkehr prüfen (§ 22 Abs. 4 FeV).[8]

2. Fahrerlaubnisinhaber

11 Insoweit ist nur vorgeschrieben, dass bei Verlängerung einer Fahrerlaubnis keine Tatsachen vorliegen dürfen, die die Annahme rechtfertigen, dass eine der Voraussetzungen für die Erteilung der Fahrerlaubnis fehlt (§ 24 Abs. 1 Nr. 2 FeV).

Im Übrigen fehlen Regelungen, die der Fahrerlaubnisbehörde eine ständige Überprüfung von Fahrerlaubnisinhabern darauf ermöglichen, ob die Voraussetzungen der Fahrerlaubnis stets vorliegen. Diesbezügliche behördliche Ermittlungen setzen voraus, dass der Fahrerlaubnisbehörde dazu Anlass gebende Umstände bekannt werden.

3. Fahrerlaubnis zur Personenbeförderung

12 Diesbezüglich bedarf die persönliche Zuverlässigkeit[9] besonderer Prüfung.

II. Intensivere behördliche Ermittlungen

13 Sie können durch die Ergebnisse von Regelermittlungen notwendig werden.

1. Akteneinsicht

14 Liegen Eintragungen im Verkehrszentralregister bzw. im Bundeszentralregister vor, müssen die Akten, die Auskunft über die Vorgänge geben, eingesehen und daraufhin analysiert werden, ob sie Hinweise auf Einbußen der Fahreignung enthalten.[10] In Baden-Württemberg ergibt sich die Amtsermittlungspflicht zur Beziehung der Ermittlungsakten der Staatsanwaltschaft aus §§ 24 Abs. 1 und 26 Abs. 2 Nr. 3 Bad-WürttVwVfG.[11]

---

8 Siehe unter § 4 Rn 11.
9 Siehe unter § 3 Rn 83 ff. und § 5 Rn 25.
10 BVerwG 17.12.1976 – VII C 26.74.
11 VGH Mannheim 16.06.2003.

Solchen Akten können z.b. Angaben darüber zu entnehmen sein, dass ein Delikt unter Alkoholeinfluss entstanden ist, dass Zweifel an der Zurechnungsfähigkeit des Verurteilten aufgekommen sind oder dass dieser Verletzungen bei seiner Straftat erlitten hat. Art, Häufigkeit und Dichte früherer Fehlverhaltensweisen sind vielfach zuverlässige Indikatoren für zugrunde liegende problematische Persönlichkeitsfaktoren, z.b. ein wiederholtes Fahren ohne Fahrerlaubnis.

2. Gesundheitsfragebogen

Sie werden in der Regel dem Fahrerlaubnisbewerber zugleich mit dem Formular zur Beantragung der Erteilung einer Fahrerlaubnis ausgehändigt.[12] Der Fahrerlaubnisbewerber muss solchen Fragebogen nicht ausfüllen. Er kann es aber freiwillig tun, um der Verwaltungsbehörde den Ermittlungsprozess zu erleichtern und das Verfahren zur Erteilung der Fahrerlaubnis abzukürzen.

15

Wenn ein Fahrerlaubnisbewerber beispielsweise Verletzungen, Lähmungen oder Versteifungen an Armen oder Beinen aufweist und diese Mängel erst in der Befähigungsprüfung durch den amtlich anerkannten Sachverständigen oder Prüfer für den Kraftfahrzeugverkehr festgestellt werden, kann trotz evtl. bestandener Prüfung der Führerschein nicht ausgehändigt werden. Es beginnt dann erst der Prozess der Beurteilung der genannten Mängel, vermutlich über die Einholung eines Gutachtens.[13]

16

3. Mitteilungen des Befähigungsprüfers

Stellt der Sachverständige oder Prüfer bei Prüfung der Befähigung[14] Tatsachen fest, die bei ihm Zweifel über die körperliche oder geistige Eignung des Bewerbers begründen, hat er der Fahrerlaubnisbehörde Mitteilung zu machen und den Bewerber hierüber zu unterrichten (§ 18 Abs. 3 FeV). Das kann die Fahrerlaubnisbehörde zu weiteren Ermittlungen veranlassen.

17

4. Informationen durch die Polizei

Die Polizei hat Informationen über Tatsachen, die auf nicht nur vorübergehende Mängel hinsichtlich der Eignung oder auf Mängel hinsichtlich der Befähigung einer Person zum Führen von Kraftfahrzeugen schließen lassen, den Fahrerlaubnisbehörden zu

18

---

12 Muster des in Niedersachsen nach der Arbeitsanweisung (siehe unter § 1 Rn 53) zu § 22 FeV zu verwendenden Fragebogens ist im Anhang unter Nr. 3 abgedruckt.
13 Siehe unter § 6 Rn 30.
14 Siehe unter § 4 Rn 5 ff.

§ 6 Prüfung der Voraussetzungen der Fahrerlaubnis

übermitteln, soweit dies für die Überprüfung der Eignung oder Befähigung aus der Sicht der übermittelnden Stelle erforderlich ist (§ 2 Abs. 12 S. 1).

19 Diese Vorschrift ist in das StVG aufgenommen worden, weil die Zulässigkeit solcher Datenübermittlungen nach den polizeilichen Landesgesetzen unterschiedlich beurteilt wird, die Datenübermittlung jedoch nach Auffassung der Bundesregierung[15] aus Gründen der Verkehrssicherheit unerlässlich ist. Mitgeteilt wissen will die Bundesregierung aber nicht jede Eignungsbedenken begründende Tatsache (z.b. der bei einem Verkehrsunfall gebrochene Arm), sondern nur solche, die den Verdacht auf andauernde Ungeeignetheit nahe legen. Zu solchen Tatsachen zählt sie insbesondere Anzeichen für Alkoholmissbrauch sowie Anzeichen für die Einnahme und den Besitz von Drogen.

Schon früher hat das **Bundesverwaltungsgericht**[16] für zulässig erachtet, dass die Polizei der Fahrerlaubnisbehörde mitgeteilt hatte, ein Fahrerlaubnisinhaber sei vorläufig in die Nervenklinik eingewiesen worden, weil er gegenüber seiner Ehefrau Selbstmordabsichten geäußert und bei Eintreffen der Polizei merkbar unter Alkoholeinfluss gestanden habe.

5. Mitteilungen von Ärzten

20 Ärzte sind durch die Schweigepflicht, deren Verletzung durch § 203 StGB mit Strafe bedroht ist, gehindert, die Fahrerlaubnisbehörde ohne Einwilligung des Patienten über von ihm beobachtete Eignungsmängel in Kenntnis zu setzen.

21 Vom Bewerber um eine Fahrerlaubnis oder vom Inhaber einer Fahrerlaubnis kann die Entbindung des Arztes von seiner Schweigepflicht nicht gefordert werden, um so Auskünfte über den Gesundheitszustand zu erhalten.[17]

22 Ein Arzt kann aber trotz seiner grundsätzlichen Schweigepflicht nach den Grundsätzen über die Abwägung widerstreitender Pflichten oder Interessen berechtigt sein, die Fahrerlaubnisbehörde zu benachrichtigen, wenn sein Patient mit einem Kraftwagen am Straßenverkehr teilnimmt, obwohl er wegen seiner Erkrankung nicht mehr fähig ist, ein Kraftfahrzeug zu führen, ohne sich und den öffentlichen Verkehr zu gefährden. Voraussetzung dafür ist jedoch, dass der Arzt zunächst den Patienten auf seinen Zustand und auf die Gefahren aufmerksam macht, die sich beim Führen eines Kraft-

---

15 BR-Dr. 821/96, S. 51 = VkBl 1998, 772.
16 BVerwG 15.04.1988.
17 Siehe dazu unter § 8 Rn 72.

fahrzeugs ergeben, es sei denn, dass ein Zureden des Arztes vergeblich oder wegen der Uneinsichtigkeit des Patienten von vornherein zwecklos ist.[18]

Werden einem **Amtsarzt** bei seiner Amtstätigkeit Informationen über das Vorliegen von eignungsausschließenden oder die Fahreignung erheblich einschränkenden Mängeln bei Personen, die eine Fahrerlaubnis besitzen bekannt, wird er sie in der Regel an die Fahrerlaubnisbehörde weitergeben. Dabei gilt der Schutz von Leib und Leben der Verkehrsteilnehmer als höheres Rechtsgut gegenüber dem Schutz personenbezogener Daten.[19] Auf dem 43. Deutscher Verkehrsgerichtstag 2005 sind im Arbeitskreis V: „Arzt und Fahreignungsmängel seines Patienten" u.a. folgende Empfehlungen beschlossen worden:
1. Im Unterschied zu einigen anderen europäischen Ländern ist der Arzt in der Bundesrepublik Deutschland **nicht** *verpflichtet*, Fahreignungsmängel seines Patienten der zuständigen Behörde zu melden. Um das besondere Vertrauensverhältnis zwischen Arzt und Patient nicht zu belasten, soll dieser Rechtszustand nach ganz überwiegender Ansicht des Arbeitskreises nicht geändert werden.
2. Wegen dieses Vertrauensverhältnisses hat der Arbeitskreis mit großer Mehrheit auch die Einführung eines spezialgesetzlich geregelten Melde**rechts** abgelehnt. Vielmehr soll der Arzt nach Maßgabe des rechtfertigenden Notstandes (§ 34 StGB) abwägen und entscheiden können, ob die zu befürchtende Gefährdung der allgemeinen Verkehrssicherheit im Ausnahmefall die Durchbrechung der ärztlichen Schweigepflicht erlaubt. Auch in diesem Fall besteht **keine Meldepflicht**.

6. Mitteilungen von Privatpersonen

Familienangehörige, Freunde oder Nachbarn von Fahrerlaubnisbewerbern oder Fahrerlaubnisinhabern wenden sich mitunter an die Polizei oder die Fahrerlaubnisbehörde mit Hinweisen auf das Vorliegen schwer wiegender Eignungsmängel. Ausgangspunkt derartiger Verhaltensweisen sind in der Regel Beobachtungen, die auf eignungsausschließende Erkrankungen oder Störungen hinweisen, ohne dass es möglich war, den betreffenden Fahrerlaubnisbewerber oder Fahrerlaubnisinhaber von der Teilnahme am motorisierten Straßenverkehr abzuhalten.

23

Entsprechenden Hinweisen muss die Fahrerlaubnisbehörde nachgehen und weitere Ermittlungen anstellen; erst wenn sich dabei hinreichende Anhaltspunkte für mögli-

---

18 BGH NJW 1968, 2288 mit Anmerkung *Händel*, NJW 1969, 555; siehe dazu auch *Schlund, H.* (1995) S.53 zu V und *Gehrmann, L.* (2005) S. 7 ff. zu III.
19 *Winkler, W.* (1984).

che Eignungsmängel ergeben, ist ggf. Aufklärung – etwa mithilfe amtsärztlicher Befragung oder Untersuchung – möglich.[20]

Über Informanten dem Fahrerlaubnisinhaber Auskunft zu erteilen ist die Verwaltungsbehörde nur verpflichtet, wenn hinreichende Anhaltspunkte dafür bestehen, dass der Informant bewusst wahrheitswidrige Angaben gemacht hat, um den Fahrerlaubnisinhaber zu schädigen.[21]

7. Anonyme Hinweise

24 Ihnen kommt allgemein noch kein eigener Erkenntniswert zu, der Anordnungen zur Gutachtenbeibringung rechtfertigen könnte, weil es sich dabei um bloße Behauptungen handelt, die ebensogut aus der Luft gegriffen wie wahr sein können und aus dem sie kennzeichnenden Charakter der Unverbindlichkeit für den Anzeigenden – die Behauptungen können auf bloßer Böswilligkeit beruhen und für den Anzeiger folgenlos aufgestellt werden – bereits kein genügender Anfangsverdacht erwächst.[22]

8. Eigene Wahrnehmungen

25 Sie kann die Fahrerlaubnisbehörde z.B. bei Abgabe des Antrages auf Erteilung einer Fahrerlaubnis machen. Ihr bekannt gewordene Tatsachen, die einem Beweisverwertungsverbot unterliegen,[23] darf sie allerdings nicht zum Anlass nehmen, Zweifel an der Fahreignung geltend zu machen und ihre Aufklärung zu fordern.

III. Inanspruchnahme externen Sachverstandes

26 Falls die Sachkunde der Fahrerlaubnisbehörde zur Feststellung der Voraussetzungen der Fahrerlaubnis nicht ausreicht, ist die Hinzuziehung von besonders sachkundigen Personen erforderlich.

27 Aus dem allgemein geltenden **Verhältnismäßigkeitsgrundsatz** folgt, dass es eines Sachverständigengutachtens nur bedarf, wenn Vorhandensein oder Fehlen von Kraftfahreignung nicht schon ohne weiteres bejaht oder verneint werden muss.

---

20 VG des Saarlandes zfs 1999, 222 und 541.
21 VG Gießen NVwZ 1992, 401 = NZV 1992, 256 = zfs 1992, 252.
22 OVG Saarlouis 18.09.2000; VG des Saarlandes zfs 2000, 95.
23 Siehe unter § 6 Rn 117 ff.

So schreibt denn auch § 11 Abs. 7 FeV vor:

„Steht die Nichteignung des Betroffenen zur Überzeugung der Fahrerlaubnisbehörde fest, unterbleibt die Anordnung zur Beibringung des Gutachtens."

Unter Umständen können auch im Strafverfahren gewonnene Erkenntnisse verwertet werden. Das **Oberverwaltungsgericht des Saarlandes**[24] bezeichnet es ausdrücklich als rechtlich unbedenklich, dass die Fahrerlaubnisbehörde Feststellungen der Verkehrspolizei über einen Unfallhergang sowie die in diesem Zusammenhang erhobenen Zeugenaussagen zum Anlass genommen hat, die Kraftfahreignung eines unfallbeteiligten Fahrerlaubnisinhabers aus gesundheitlichen Gründen in Zweifel zu ziehen. Nach den Zeugenaussagen saß der Fahrer völlig verkrampft hinter dem Lenkrad, hatte Schaum vor dem Mund, die Augen verdreht, blickte starr „gegen den Himmel" und war nicht ansprechbar. Wie die Zeugen weiter beobachteten, musste die Ehefrau des Fahrers das Fahrzeug von der Beifahrerseite aus steuern, um eine Frontalkollision mit einem entgegenkommenden Bus zu vermeiden, bis der Wagen schließlich zum Stehen kam. Das **Oberverwaltungsgericht** sieht darin deutliche Verhaltensauffälligkeiten, die darauf hindeuten, dass der Fahrer einen epileptischen Anfall erlitten hat. Es bezieht sich schließlich auf ein im Auftrage der Staatsanwaltschaft vom Institut für gerichtliche Psychologie und Psychiatrie der Universität erstelltes Gutachten, das die Fahrtauglichkeit des Fahrers ausdrücklich verneint, und kommt zu dem Schluss, die Fahrerlaubnisbehörde sei daher gehalten, die Fahrerlaubnis zu entziehen und die Rückgabe des Führerscheins anzuordnen.

Ist andererseits die Nichteignung des Betroffenen nach Prüfung der der Fahrerlaubnisbehörde vorliegenden Erkenntnisse nicht offenkundig, darf ein Gutachten auch nicht einfach „auf Verdacht" angefordert werden.

1. Rechtliche Voraussetzungen

Sie ergeben sich teilweise aus Vorschriften des StVG und der FeV sowie im Übrigen aus dem allgemeinen Amtsermittlungsgrundsatz und der Rechtsprechung.

a) Straßenverkehrsgesetz

Werden aufgrund der vom Bewerber vorgelegten Nachweise[25] oder durch die behördlichen Ermittlungen Tatsachen bekannt, die Bedenken gegen die Eignung oder Befähigung des Fahrerlaubnisbewerbers begründen, so kann die Fahrerlaubnisbehörde nach § 2 Abs. 8 StVG anordnen, dass der Antragsteller

---

24 OVG Saarlouis 04.08.1994.
25 Siehe unter § 5.

- ein Gutachten oder Zeugnis eines Facharztes oder Amtsarztes oder
- ein Gutachten einer amtlich anerkannten Begutachtungsstelle für Fahreignung oder eines amtlich anerkannten Sachverständigen oder Prüfers für den Kraftfahrzeugverkehr

innerhalb einer angemessenen Frist beibringt.

Diese Verfahrensweise gilt auch in dem Fall, dass Tatsachen bekannt werden, die Bedenken gegen die Eignung eines Fahrerlaubnisinhabers begründen (§ 3 Abs. 1 S. 3 StVG).

31 Im StVG selbst ist die Anordnung der Beibringung eines Gutachtens geregelt im Zusammenhang mit den Vorschriften über die Fahrerlaubnis auf Probe und den Vorschriften über das Punktsystem.[26]

Im Übrigen ermächtigt das StVG das Bundesministerium für Verkehr, Rechtsverordnungen und allgemeine Verwaltungsvorschriften mit Zustimmung des Bundesrats zu erlassen über die Beurteilung der Eignung durch Gutachten (§ 6 Abs. 1 Nr. 1 Buchst. c StVG) sowie über die Prüfung der Befähigung, wobei Gutachten durch die Bezugnahme auf § 2 Abs. 8 StVG einbezogen sind (§ 6 Abs. 1 Nr. 1 Buchst. e StVG).

b) Fahrerlaubnisverordnung

32 Bezüglich der **Befähigung** bestimmt § 46 Abs. 4 S. 2 FeV, dass die Fahrerlaubnisbehörde zur Vorbereitung der Entscheidung über die Entziehung der Fahrerlaubnis die Beibringung eines Gutachtens anordnen kann, wenn Tatsachen die Annahme rechtfertigen, dass der Fahrerlaubnisinhaber zum Führen von Kraftfahrzeugen nicht befähigt ist.

Die FeV schreibt im Übrigen hinsichtlich der **Eignung** in § 11 allgemein und in § 13 für die Alkoholproblematik sowie in § 14 im Hinblick auf Betäubungsmittel und Arzneimittel vor, bei Vorliegen welcher Tatsachen die Beibringung welchen Gutachtens angeordnet werden kann oder gar angeordnet werden muss.

33 Die Begründung des Bundesministeriums für Verkehr zur FeV vermittelt den Eindruck, dass die in der FeV getroffenen Regelungen abschließend seien. Denn hier heißt es:

„Durch Verordnung wird festgelegt, in welchem Fall und wie die Eignung im Einzelfall festgestellt wird."[27]

---

26 Siehe unter § 11 Rn 79 und 128.
27 BR-Dr. 443/98, S. 218 = VkBl 1998, 1054 (dort heißt der Satz allerdings: „Durch Verordnung wird festgelegt, wie die Eignung festgestellt wird.").

Zur anlassbezogenen Überprüfung der Eignung eines Bewerbers oder Inhabers der Fahrerlaubnis wird ausgeführt:

„Hierzu legt die Verordnung fest, wann Anlass für eine Untersuchung gegeben ist und nach welchen Grundsätzen die Eignung oder bedingte Eignung zu beurteilen ist. ... Die Verordnung enthält außerdem verbindliche Bestimmungen darüber, welche Untersuchungsarten in welchen Fällen infrage kommen, insbesondere werden die Anlässe für die medizinisch-psychologische Untersuchung im Einzelnen abschließend festgelegt."[28]

Die hier behaupteten „Festlegungen" können allerdings nur Geltung beanspruchen, soweit sie mit Recht und Gesetz in Einklang zu bringen sind. Einige dieser Vorschriften sind nicht anwendbar, weil sie durch die im StVG erteilte Ermächtigung nicht gedeckt sind[29] oder gegen den Grundsatz der Verhältnismäßigkeit verstoßen.[30]

c) Verwaltungsverfahrensgesetz

Eine abschließende Regelung kann schließlich in der FeV gar nicht getroffen werden, weil die Fahrerlaubnisbehörde auch in Verfahren über Erteilung und Entziehung der Fahrerlaubnis nach dem übergeordneten Grundsatz des § 24 VwVfG den Sachverhalt von Amts wegen zu ermitteln und alle für den Einzelfall bedeutsamen, auch die für die Beteiligten günstigen Umstände zu berücksichtigen hat. Da sie insoweit auch Art und Umfang der Ermittlungen bestimmt, muss sie unter Umständen bei Vorliegen in der FeV nicht geregelter, aber gleichwohl für die Beurteilung der Eignung bedeutsamer Begutachtungsanlässe für Aufklärung durch der Sache angemessene Begutachtung sorgen.

34

2. Sachverständige

Obwohl die fortschreitende Spezialisierung auf fast allen Wissensgebieten die sachverständige Beratung und den Sachverständigenbeweis als Grundlage von privaten, behördlichen und gerichtlichen Entscheidungen erfordert, gibt es weder ein Berufsgesetz für den Sachverständigen noch eine gültige Definition des Sachverständigenbegriffs in Rechtsprechung und Literatur. Das Bundesverwaltungsgericht[31] hat ausgeführt, der Sachverständige sei nach dem Sprachgebrauch im allgemeinen Spezialist auf einem eng definierten Sachgebiet, das in der Regel den Teilbereich eines Berufes bildet. Der Angehörige eines Berufes wird erst dann zum Sachverständigen, wenn er

35

---

28 BR-Dr. 443/98, S. 219 = VkBl 1998, 1054.
29 Siehe unter § 7 Rn 41 f., 52, 87.
30 Siehe unter § 7 Rn 26, 34, 43, 66, 74, 80, 82 ff., 177, 180.
31 Gewerbearchiv 1973, 263.

sich auf einem abgrenzbaren Gebiet seines Berufes besondere Detailkenntnisse verschafft hat (vgl. Nr. 1.3.2 S. 2 und Nr. 1.3.3 der Richtlinien zu § 1 Muster-Sachverständigenordnung des DIHT). Mit *Pause*[32] (1990 Rn 11) lässt sich sagen, „dass sich nur derjenige Fachmann als Sachverständiger bezeichnen darf, dessen durch Prüfung und langjährige Erfahrung nachgewiesenes Fachwissen auf einem eng begrenzten Wissensgebiet den Standard anderer auf diesem Gebiet Tätiger übertrifft". Die Anforderungen an die in einer Begutachtungsstelle für Fahreignung als Sachverständige tätigen Personen sind in der Anlage 14 der FeV ausdrücklich geregelt.

Von Bedeutung für das Bild vom Sachverständigen ist ein Überblick vor allem über seine Aufgaben und über seine Stellung zum entscheidenden Beamten oder Richter.[33]

a) Aufgabe des Sachverständigen

36 Sie lässt sich dreifach gliedern:

aa) Schlussfolgern aus gegebenen Tatsachen

37 Das setzt voraus, dass der der Entscheidung zugrunde zu legende Sachverhalt bereits vollständig ermittelt ist. Der Sachverständige hat dann die Aufgabe, unter Anwendung seiner besonderen Sachkunde die festgestellten Tatsachen zu ordnen und darzulegen, welche Bedeutung sie für die zu entscheidende Sachfrage haben.

bb) Feststellen von Tatsachen

38 Falls es schon zur Ermittlung entscheidungserheblicher Tatsachen besonderer Sachkunde bedarf, ist hierfür die Zuziehung eines Sachverständigen unerlässlich. So können etwa bestimmte Krankheiten oder Persönlichkeitsmerkmale nur aufgedeckt werden mittels speziell entwickelter Methoden, deren Anwendung der Beamte oder Richter nicht beherrscht.

39 Häufig führt die Feststellung einzelner Tatsachen durch den Sachverständigen dazu, dass nunmehr der entscheidungserhebliche Sachverhalt vollständig offenliegt. Solchenfalls bietet sich an, dass der Sachverständige dann sogleich die vorstehend (zu aa) erwähnten Schlussfolgerungen zieht.

cc) Mitteilen von Erfahrungssätzen

40 Die Aufgabe des Sachverständigen kann auch darauf beschränkt werden, lediglich Erfahrungssätze aus seinem Wissensgebiet abstrakt und ohne direkten Bezug auf kon-

---

[32] *Pause, E.* (1990) Rn 11.
[33] Siehe dazu und zum folgenden *Bayerlein*, W. [Redaktor] (2002) sowie *Jessnitzer, K.* und *Ulrich, J.* (2001).

kret vorliegende Tatsachen zu vermitteln, die der Beamte oder Richter dann auf den Sachverhalt selbst anwendet. Von dieser Möglichkeit wird allerdings selten Gebrauch gemacht. Zuweilen verschaffen sich Revisionsgerichte durch Einholung von Gutachten über solche Erfahrungssätze die erforderliche Sachkunde für Entscheidungen darüber, ob Tatsachengerichte ihrer Aufklärungspflicht genügt haben oder aber allgemeine – auf diese Weise festgestellte – Erfahrungssätze vernachlässigt haben.

b) Anforderungen an die Person des Sachverständigen

Grundsätzlich verlangt die Rechtsordnung, dass der Sachverständige sachkundig, gewissenhaft und unparteiisch ist. Eine generelle gesetzliche Regelung dieser Anforderungen existiert allerdings nicht. Sie sind vielmehr von Rechtsprechung und Literatur in Anlehnung an punktuelle gesetzliche Hinweise und im Hinblick auf die Funktion der Sachverständigen entwickelt worden und gelten in gleicher Weise sowohl in dem Fall, dass das Gutachten in einem gerichtlichen oder behördlichen Verfahren verwendet wird, als auch in dem Fall, dass das Gutachten einem privaten oder öffentlichen Auftraggeber gegenüber abgegeben wird: 41

So lautet die Formel für den Eid, den der Sachverständige u.U. vor Gericht zu leisten hat, dass er das von ihm geforderte Gutachten „unparteiisch und nach bestem Wissen und Gewissen" erstatten werde oder erstattet habe.[34] Ähnlich bestimmt § 36 Abs. 1 der Gewerbeordnung, die nach dieser Vorschrift öffentlich bestellten Sachverständigen seien darauf zu vereidigen, dass sie die von ihnen angeforderten „Gutachten gewissenhaft und unparteiisch" erstatten werden.   42

Die 3 Grundanforderungen an die Person des Sachverständigen können durch jeweils synonym verwendete Begriffe wie folgt umrissen werden:

aa) Unparteilichkeit = Neutralität und Unabhängigkeit

Der Sachverständige darf sich unter keinen Umständen mit den Interessen einer Partei identifizieren.   43

Nach § 11 Abs. 2 S. 5 FeV soll der begutachtende Facharzt nicht zugleich der den Betroffenen behandelnde Arzt sein. In Nr. 2.2 c) der Begutachtungs-Leitlinien zur Kraftfahrereignung wird hervorgehoben, dass dies gleichermaßen auch für den Psychologen gilt und der Sachverständige jeden Anschein vermeiden sollte, der für eine Befangenheit sprechen oder dahin ausgelegt werden könnte, wozu eben im weitesten Sinne auch der Verdacht gehört, im Dienst des zu Begutachtenden zu stehen, falls zuvor der Sachverständige gegen Honorar beraten bzw. therapiert hat. So schreibt

---

34 § 410 Abs. 1 S. 2 ZPO, § 79 Abs. 2 StPO.

auch die Anlage 15 der FeV unter Nr. 4 vor, dass derjenige, der eine Person in einem Kurs zur Wiederherstellung der Kraftfahreignung oder in einem Aufbauseminar betreut, betreut hat oder voraussichtlich betreuen wird, diese Person nicht untersuchen oder begutachten darf.

44 In Nr. 2.2 c) der Begutachtungs-Leitlinien zur Kraftfahrereignung wird zudem hingewiesen auf § 76 StPO und dem Sachverständigen empfohlen, Gründe, die einen Zeugen berechtigen, das Zeugnis zu verweigern (§§ 52 bis 53a StPO), den Verfahrensbeteiligten mitzuteilen und den Gutachtenauftrag nicht zu übernehmen.

Der Sachverständige muss sich frei machen von Auswirkungen, die sich aus wirtschaftlichen und arbeitsrechtlichen Abhängigkeiten zu seinem Arbeitgeber ergeben können. Nach Anlage 14 Abs. 1 Nr. 8 FeV gehört deshalb zu den Voraussetzungen für die Anerkennung einer Begutachtungsstelle für Fahreignung auch die wirtschaftliche Unabhängigkeit der Gutachter von der Gebührenerstattung im Einzelfall und vom Ergebnis der Begutachtungen.

bb) Wissen = Sachkunde

45 Der Sachverständige muss für die ordnungsgemäße Durchführung seiner Sachverständigentätigkeit die dafür notwendigen fachlichen Kenntnisse besitzen. Kann er mit seinem paraten Wissen spezielle Fragen nicht beantworten, muss er sich die erforderlichen Kenntnisse – etwa durch Literaturstudium – verschaffen. Er ist verpflichtet, nur solche Erfahrungssätze, Methoden und Lehrmeinungen anzuwenden, die in den maßgebenden Fachkreisen allgemein und zweifelsfrei als richtig und zuverlässig anerkannt sind. Nicht ausreichend gesicherte Sätze darf der Sachverständige seinem Gutachten nicht zugrunde legen. Liegt der Gutachtenauftrag in seinem wesentlichen Inhalt außerhalb seines Fachgebiets, hat der Sachverständige darauf hinzuweisen und den Auftrag ggf. abzulehnen.

cc) Gewissen = Objektivität

46 Der Sachverständige muss sich um eine sach- und fachgerechte Beantwortung der ihm gestellten Fragen bemühen. Er hat seine Aufgaben unbeeinflusst von Vorurteilen, Gefühlen oder Neigungen zu erfüllen. Falls er sich einer von mehreren zu einer bestimmten Fachfrage vertretenen Auffassung anschließt, muss er sich mit den anderen Auffassungen auseinandersetzen und ggf. auf deren abweichende Ergebnisse hinweisen.

3. Verhältnis des Sachverständigen zum Entscheidungsträger

Die vorstehende Beschreibung der Aufgabenbereiche des Sachverständigen könnte den Eindruck erwecken, als handle es sich um klar abgrenzbare Tätigkeitsfelder, die noch dazu auch vom Aufgabenbereich des letztlich entscheidenden Beamten oder Richters scharf zu trennen wären. Tatsächlich wirft die Kompetenzabgrenzung in der Praxis doch erhebliche Schwierigkeiten auf, die sich offenbar auch einer grundsätzlichen Lösung entziehen. Das beruht insbesondere darauf, dass sich Tatsachen und Erfahrungssätze einerseits und rechtliche Wertungen andererseits im konkreten Fall nicht immer klar trennen lassen. 47

Nach *Hartmann*[35] ist der Sachverständige „trotz einer praktisch oft streitentscheidenden Tätigkeit, zumindest einer oft erheblichen Teilnahme am Entscheidungsvorgang, nicht Richter, kein Angehöriger der staatlichen Rechtspflege, sondern Helfer und Berater des Richters". Für *Meyer-Goßner*[36] ist der Sachverständige dagegen „ein Beweismittel wie jedes andere": 48

> „Ihn als ‚Richtergehilfen' zu bezeichnen, ist ebenso richtig wie nichts sagend. Da er dem Richter bei der Wahrheitsfindung helfen soll, ist der Sachverständige dessen Gehilfe; das ist der Zeuge aber auch. ... Im Übrigen hat er dem Gericht die Sachkunde zu vermitteln, deren es für die Entscheidung bedarf. ‚Berater' des Gerichts bei der Entscheidung wird er dadurch nicht."

Für die im Rahmen der Prüfung der körperlichen und geistigen Eignung von Fahrerlaubnisbewerbern und -inhabern tätigen Sachverständigen gilt nichts anderes. Im allgemeinen Teil der Begutachtungs-Leitlinien zur Kraftfahrereignung ist (unter 2.3) über die rechtliche Stellung des Gutachters zutreffend ausgeführt: 49

> „Der Beirat empfiehlt allen Gutachtern, besonders zu beachten, dass sie gegenüber einer rechtlich verantwortlichen und darum entscheidenden Instanz (Behörden, Gerichte) stets nur die Stellung eines Beraters haben. Dabei bleibt unbestritten, dass je nach Sachlage nur der Arzt oder der Psychologe die Kompetenz haben, eine Krankheit oder einen Mangel festzustellen und sich zur Prognose im Hinblick auf die Auswirkung bei Teilnahme eines Betroffenen am motorisierten Straßenverkehr zu äußern.

> Daraus ergibt sich die Leistung des Gutachters: Er soll die rechtlichen Folgerungen ableitbar machen. Die Folgerungen selbst treffen nur
> a) die Verwaltungsbehörden
> b) die Gerichte.

---

35 *P. Hartmann* (1997) Übers. § 402 Anm. 1 A.
36 *Meyer-Goßner, L.* (1995) Vor § 72 StPO Rn 8.

> Das Gutachten ist eine Hilfe, die der Rechtsinstanz durch begründete Aussagen über das mögliche künftige Versagen oder Verhalten eines Fahrerlaubnisinhabers oder Fahrerlaubnisbewerbers die rechtliche Entscheidung begründbar machen soll; insbesondere soll es aufzeigen, welche Gefahren von gegebenen Krankheiten, Defekten, Leistungsmängeln oder anderen Sachverhalten ausgehen. Die Beurteilung der Sachlage durch den jeweils zuständigen Gutachter muss daher klar, folgerichtig, widerspruchsfrei und verständlich – grundsätzlich auch für den Auftraggeber – sein. Rechtsbegriffe wie ,geeignet' oder ,ungeeignet' hat der Gutachter nicht zu verwenden."

50 Besondere Probleme ergeben sich daraus, dass der Beamte oder Richter, dem die Sachkunde fehlt, zunächst dennoch die Aufgabe hat, den für die jeweilige Fragestellung geeigneten Sachverständigen auszuwählen und nach Erstattung des Gutachtens verpflichtet ist, dieses dahin zu würdigen und zu prüfen, ob es für seine Entscheidung eine ausreichende Grundlage abgibt:

> „Vor Einholung des Gutachtens verfügt der Richter über keinerlei Sachkunde, danach wird ihm zugetraut, dass er sogar das Gutachten beurteilen kann."[37]

4. Heranziehung des Sachverständigen

51 Sie geschieht auf unterschiedliche Weise:

a) Gutachtenbeibringung durch Betroffenen

52 § 2 Abs. 8 und § 3 Abs. 1 S. 3 StVG sehen vor, dass der Fahrerlaubnisbewerber oder Fahrerlaubnisinhaber bei Zweifeln an Eignung oder Befähigung zum Führen von Kraftfahrzeugen auf Anordnung der Fahrerlaubnisbehörde das Gutachten oder Zeugnis eines Facharztes oder Amtsarztes oder das Gutachten einer amtlich anerkannten Begutachtungsstelle für Fahreignung oder eines amtlich anerkannten Sachverständigen oder Prüfers für den Kraftfahrzeugverkehr innerhalb einer angemessenen Frist beibringt.[38]

Lediglich hinsichtlich der Anordnung zur Beibringung ärztlicher Gutachten ist geregelt, dass die Fahrerlaubnisbehörde auch mehrere solcher Anordnungen treffen darf (§ 11 Abs. 2 S. 4 FeV).

---

37 *Arens*, Zivilprozessrecht (1978) Rn 308; zur Beurteilung von Gutachten siehe auch unter § 8 Rn 44 ff.
38 Siehe dazu näher unter § 7 Rn 205 ff.

b) Gutachtenanforderung durch Fahrerlaubnisbehörde

Falls auf die vorbeschriebene Art und Weise eine sachgemäße Beurteilung aufgetretener Eignungs- oder Befähigungszweifel nicht möglich ist – weil die Sachkunde der vorstehend bezeichneten Personen oder Stellen nicht erforderlich ist oder nicht ausreicht – muss die Fahrerlaubnisbehörde sich entsprechende Sachkunde durch ein Gutachten eines anderen Sachverständigen verschaffen. Denn sie ist verpflichtet, den Sachverhalt von Amts wegen zu ermitteln.[39] Da sie mangels entsprechender Rechtsgrundlage vom Betroffenen nicht die Beibringung von Gutachten anderer als der in § 2 Abs. 8 StVG aufgeführten Personen und Stellen verlangen kann, muss sie das Gutachten selbst unmittelbar bei dem in Betracht kommenden Sachverständigen in Auftrag geben.

53

In Betracht kommen als Sachverständige:

aa) Psychologen

In den praktisch selten vorkommenden Fällen, in denen zur Klärung von Eignungszweifeln eine medizinische Begutachtung nicht erforderlich ist und eine psychologische Begutachtung ausreicht, ist die Anordnung der Beibringung eines medizinisch-psychologischen Gutachtens rechtswidrig.[40] Die Möglichkeit der Beibringung des Gutachtens eines Psychologen sieht § 2 Abs. 8 StVG aber nicht vor.

54

Ein lediglich psychologischen Sachverstand erforderndes Gutachten muss die Fahrerlaubnisbehörde deshalb von Amts wegen in Auftrag geben. Dabei wird sie in der Regel einen Sachverständigen auswählen müssen, der über besondere Erfahrungen und Kenntnisse bei der verkehrspsychologischen Begutachtung verfügt. Dieser wird am ehesten zu finden sein in einer Begutachtungsstelle für Fahreignung, müsste dann aber der Person nach benannt werden.

bb) Ergänzungsgutachter

Besonders seltene Erkrankungen oder Eignungsmängel können unter Umständen nur Sachverständige mit darauf gerichteten speziellen Erfahrungen und Erkenntnissen beurteilen. Auf ihre in solchen Fällen nicht ausreichende Sachkunde wird die zunächst mit der Begutachtung nach § 2 Abs. 8 StVG beauftragte Person oder Stelle in ihrem Gutachten ebenso hinweisen wie auf Personen oder Stellen, die über die erforderliche Sachkunde verfügen.

55

---

39 Siehe unter § 6 Rn 1 und 34.
40 BVerwG 13.11.1997; im Ergebnis hält das BVerwG allerdings in dem von ihm entschiedenen Fall nicht nur eine psychologische, sondern auch eine medizinische Begutachtung für erforderlich; siehe zu entsprechenden Fallgestaltungen auch unter § 7 Rn 192 ff.

cc) Obergutachter

56 Dieser Begriff kommt in gesetzlichen Vorschriften nicht vor. Allenfalls könnte man in den Fällen, in denen ein neues Gutachten erfordert wird (§ 412 ZPO) oder einem Antrag auf Anhörung eines weiteren Sachverständigen stattgegeben wird (§ 244 Abs. 4 S. 2 StPO) den nunmehr beauftragten Sachverständigen als „Obergutachter" bezeichnen. Nach Abschnitt III Abs. 1 der früher geltenden Eignungsrichtlinien[41] konnte die Fahrerlaubnisbehörde vom Betroffenen die Vorlage eines „Obergutachtens" fordern, wenn

- sie das vorliegende oder weitere Gutachten für nicht ausreichend hielt, insbesondere wenn mehrere Gutachten sich widersprachen,
- der Betroffene erheblich erscheinende Einwendungen gegen das Ergebnis des Gutachtens oder der Gutachten erhob oder
- ein Gutachter die Einholung eines Obergutachtens anregte.

Bei Vorliegen solcher Umstände kann die Fahrerlaubnisbehörde nach der nunmehr geltenden Rechtslage nicht mehr die Vorlage eines Obergutachtens fordern. Da sie aber nach dem Untersuchungsgrundsatz zur Aufklärung aller im Einzelfall bedeutsamen Umstände verpflichtet ist,[42] muss sie solchenfalls unmittelbar von sich aus ein Obergutachten einholen.

57 Diesbezüglich zu beauftragende Obergutachter müssen durch besondere Erfahrungen und regelmäßige Tätigkeit in der Fahreignungsbegutachtung sowie durch eigene Forschungsarbeiten auf dem Gebiet der Verkehrsmedizin bzw. Verkehrspsychologie legitimiert sein. Neben ihrer besonderen Qualifikation sollten Obergutachter über Untersuchungsverfahren verfügen, die denen der Vorgutachter überlegen sind. Ihre Gutachten werden darüber hinaus auf einer gegenüber dem Vorgutachter umfassenderen und auch umfangreicheren Untersuchung basieren.

IV. Amtliche Anerkennung sachverständiger Personen oder Stellen

58 Nach § 2 Abs. 13 S. 1 StVG bedürfen Stellen oder Personen, die die Eignung oder Befähigung zur Teilnahme am Straßenverkehr zwecks Vorbereitung einer verwaltungsbehördlichen Entscheidung beurteilen, gesetzlicher oder amtlicher Anerkennung oder Beauftragung.

---

41 Abgedruckt in der 2. Auflage dieses Buchs im Anhang unter Nr. 1.
42 Siehe unter § 6 Rn 1 und 34.

Nach § 2 Abs. 13 S. 3 StVG werden Voraussetzungen, Inhalt, Umfang und Verfahren für die Anerkennung oder Beauftragung und die Aufsicht – soweit nicht bereits im Kraftfahrsachverständigengesetz oder in auf ihm beruhenden Rechtsvorschriften geregelt – durch Rechtsverordnung gemäß § 6 Abs. 1 Nr. 1 Buchstabe k StVG näher bestimmt.

Die nähere Bestimmung ist hinsichtlich der in § 2 Abs. 8 StVG genannten Personen und Stellen in der FeV enthalten und ergibt sich im Übrigen aus allgemeinen Vorschriften.

1. Ärzte

Insoweit kommen nach § 11 Abs. 2 S. 3 FeV als Gutachter in unterschiedlicher Funktion tätige Ärzte in Betracht.

a) Voraussetzungen

Sie sind nur unvollkommen beschrieben.

aa) Facharzt mit verkehrsmedizinischer Qualifikation

Dieser unter Nr. 1 genannte Facharzt hat seine verkehrsmedizinische Qualifikation, die sich aus den maßgeblichen landesrechtlichen Vorschriften ergibt, auf Verlangen der Fahrerlaubnisbehörde nachzuweisen durch Vorlage eines Zeugnisses der zuständigen Ärztekammer (§ 65 S. 1 und 2 FeV).

Das Bundesministerium für Verkehr hat zur Begründung dieser Vorschrift ausgeführt:[43]

„Grundsätzlich ist das Begutachtungswesen Weiterbildungsinhalt bei allen relevanten Facharztgruppen und auch Gegenstand der Facharztprüfung.

Mit der vorliegenden Regelung wird auf eine zusätzliche spezifische verkehrsmedizinische Qualifikation Bezug genommen, durch die die verkehrsmedizinische Ausrichtung der Fachärzte verbessert werden soll.

Die Landesärztekammern schaffen mit dem Instrumentarium der Weiterbildung die Voraussetzungen dafür, Fachärzte in verkehrsmedizinischer Hinsicht zu qualifizieren. Die Fachärzte können bei den zuständigen Landesärztekammern entsprechende Fortbildungsveranstaltungen besuchen. Die Landesärztekammern werden

---

[43] BR-Dr. 443/98, S. 314 = VkBl 1998, 1094.

darüber entsprechende Bescheinigungen ausstellen, die als Nachweis im Sinne des § 65 S. 1 FeV dienen."

63   Die Ärztekammer Niedersachsen erteilt z.b. nach Teilnahme an einem 16-stündigen Kurs über verkehrsmedizinische Begutachtung die „Anerkennung der Fachkunde Verkehrsmedizinische Begutachtung in Allgemeinmedizin".[44]

Ohne besonderen Nachweis wird die verkehrsmedizinische Qualifikation als Facharzt nach mindestens einjähriger Zugehörigkeit zu einer Begutachtungsstelle für Fahreignung anerkannt (§ 65 S. 3 FeV).

bb)   Arzt für Arbeitsmedizin oder Betriebsmedizin

64   Diese unter Nr. 3 aufgeführten Ärzte mit der Gebietsbezeichnung „Arbeitsmedizin" oder der Zusatzbezeichnung „Betriebsmedizin" bedürfen keiner verkehrsmedizinischen Qualifikation.

Sie werden deshalb nur ausnahmsweise als Gutachter in Betracht kommen. Erwähnt wird in Nr. 2 S. 3 der Anlage 5 der FeV, dass Bewerber um die Erteilung oder Verlängerung einer Busfahrerlaubnis oder Fahrerlaubnis zur Personenbeförderung den erforderlichen Nachweis zu den besonderen Anforderungen hinsichtlich Belastbarkeit, Orientierungs-, Konzentrations- und Aufmerksamkeitsleistung sowie Reaktionsfähigkeit[45] u.a. durch Beibringung eines betriebs- oder arbeitsmedizinischen Gutachtens führen können.

cc)   Arzt für Rechtsmedizin

65   Bei diesen seit der FeVÄndV vom 07.08.2002 unter Nr. 4 aufgeführten Ärzten mit der Gebietsbezeichnung „Facharzt für Rechtsmedizin" ist ebenfalls keine verkehrsmedizinische Qualifikation erforderlich.

Sie werden deshalb nur als Gutachter in Betracht kommen, wenn sie über besondere Kenntnisse und Erfahrungen auf dem Gebiet Verkehrsmedizin verfügen.

dd)   Arzt in einer Begutachtungsstelle für Fahreignung

66   Diese ebenfalls seit der FeVÄndV vom 07.08.2002 unter Nr. 5 aufgeführten Ärzte müssen die in der Anlage 14 zur FeV beschriebenen Anforderungen erfüllen.

---

44 Arbeitsanweisung (siehe unter § 1 Rn 53) zu § 11 FeV nebst Anlage 1.
45 Siehe unter § 5 Rn 23 f.

Da sie diesen Anforderungen entsprechend über mindestens einjährige Praxis in der Begutachtung der Eignung von Kraftfahrern in einer Begutachtungsstelle für Fahreignung verfügen müssen, werden sie ihre verkehrsmedizinische Qualifikation auf diese Weise erworben haben.

ee) Amtsarzt

Das ist der Arzt des Gesundheitsamts oder ein anderer Arzt der öffentlichen Verwaltung (§ 11 Abs. 2 S. 3 Nr. 2 FeV). 67

Seine Kompetenz ergibt sich aus seiner amtlichen Tätigkeit. Eine spezifische verkehrsmedizinische Qualifikation wird nicht verlangt.

Die Fahrerlaubnisbehörde wird etwa den Amtsarzt um ein Gutachten bitten zur Beantwortung der Frage, ob bekannt gewordene Umstände, z.b. anlässlich eines Verkehrsunfalls, Zweifel an der körperlichen und geistigen Eignung rechtfertigen. 68

Amtsärzte begnügen sich vielfach nicht mit der Feststellung fehlender körperlicher und geistiger Erkrankungen, sie fordern z.b. auch bestimmte geistige Eignungsqualitäten, indem sie diesbezügliche Tests – etwa Reaktionstests[46] – durchführen. Verkehrsmedizinische Erkenntnisse über medizinische Anknüpfungstatsachen, die auf Eignungsmängel hinweisen, werden unter Umständen künftig bei den amtsärztlichen Erst- und Nachuntersuchungen auch zur Anwendung differenzierter Verfahren führen, z.b. die Erhebung von Leberfunktionsproben, die klären sollen, ob bei den Untersuchten Hinweise auf Alkohol- oder Drogenmissbrauch bestehen. Damit erfüllt die amtsärztliche Untersuchung auch die Forderung, zur vorbeugenden Gefahrenabwehr im Straßenverkehr beizutragen. 69

Zudem hat der Amtsarzt die Pflicht, die Fahrerlaubnisbehörde über ihm bekannt gewordene Vorgänge zu informieren, die Zweifel an der körperlichen und geistigen Eignung eines Fahrerlaubnisinhabers auslösen.[47] 70

b) Bestimmung der Art des Arztes

Sie ist der Fahrerlaubnisbehörde überlassen. Diese aber häufig mangels ausreichender Sachkunde nicht in der Lage zu erkennen, welcher der Ärzte nun für die Beantwortung der Eignungsfrage im konkreten Fall kompetent ist. 71

Der Arbeitskreis III des 41. Deutschen Verkehrsgerichtstages 2003 hat empfohlen, hinsichtlich der Fachärzte mit verkehrsmedizinischer Qualifikation sollten klare Rege-

---

46 *Kügelen, H. v.* (1993).
47 Siehe unter § 6 Rn 22.

lungen für die Zuweisung an den Gutachter entwickelt werden. Diese Empfehlung muss aber auch für die Zuweisung an die übrigen in § 11 Abs. 2 S. 3 FeV aufgeführten Ärzte gelten. Schließlich geht es nicht nur darum, unter den Fachärzten den mit der für die Beantwortung der speziellen Eignungsfrage am ehesten in Betracht kommenden Fachrichtung zu ermitteln, sondern auch zu entscheiden, ob ein Arbeits- oder Betriebsmediziner oder ein Amtsarzt diese spezielle Eignungsfrage am besten beantworten kann.

c) Qualitätssicherung

72 Diesbezüglich fehlen Vorschriften.

Das entspricht nicht dem Willen des Gesetzgebers, der in § 6 Abs. 1 Nr. 1 Buchst. k StVG das Bundesministerium für Verkehr ausdrücklich ermächtigt hat, Rechtsverordnungen zu erlassen über die Anerkennung oder Beauftragung von Stellen oder Personen nach § 2 Abs. 13 StVG, die Aufsicht über sie, die Übertragung dieser Aufsicht auf andere Einrichtungen, die Zertifizierung der Qualitätssicherung, deren Inhalt und die Akkreditierung der für die Qualitätssicherung verantwortlichen Stellen oder Personen durch die Bundesanstalt für Straßenwesen, um die ordnungsgemäße und gleichmäßige Durchführung der Beurteilung zu gewährleisten, wobei ein Erfahrungsaustausch unter Leitung der Bundesanstalt für Straßenwesen vorgeschrieben werden kann.

Von dieser Ermächtigung hat das Bundesministerium für Verkehr hinsichtlich der Begutachtungsstellen für Fahreignung mit umfangreichen Vorschriften Gebrauch gemacht.[48]

In krassem Gegensatz dazu steht das Fehlen dementsprechender Regelungen für die in § 11 Abs. 2 S. 3 FeV aufgeführten Ärzte. Erforderlich sind zumindest Vorschriften für die Aufsicht über sie, die Qualitätssicherung einschließlich deren Zertifizierung sowie Akkreditierung der für die Qualitätssicherung verantwortlichen Stellen oder Personen durch die Bundesanstalt für Straßenwesen. Nur auf diese Weise kann die vom Gesetzgeber mit Recht geforderte ordnungsgemäße und gleichmäßige Durchführung der Beurteilung gewährleistet werden.

Gegenwärtig ist nicht einmal bekannt, in welchem Umfang welche Ärzte aus welchem Anlass und mit welchem Ergebnis Gutachten erstattet haben – während die Bundesanstalt für Straßenwesen entsprechende Informationen über die Tätigkeit der Begutachtungsstellen für Fahreignung nicht nur sammelt, sondern jährlich veröffentlicht.[49] Nicht einmal die Gutachten der Ärzte werden auf ihre Qualität überprüft – während

---

48 Siehe unter § 6 Rn 94 ff.
49 Siehe unter § 6 Rn 80 ff.

die Bundesanstalt für Straßenwesen jährlich 0,5 % der von Begutachtungsstellen für Fahreignung erstatteten Gutachten überprüft.[50]

Mit Recht hat der Arbeitskreis III des 41. Deutschen Verkehrsgerichtstages 2003 empfohlen, dass hinsichtlich der Fachärzte mit verkehrsmedizinischer Qualifikation Qualitätssicherungsvorgaben geschaffen werden sollten. Diese Empfehlung muss aber auch für die Qualitätssicherung bei den übrigen in § 11 Abs. 2 S. 3 FeV aufgeführten Ärzte gelten.

2. Begutachtungsstelle für Fahreignung

Sie bedarf der amtlichen Anerkennung durch die zuständige oberste Landesbehörde oder durch die von ihr bestimmte oder nach Landesrecht zuständige Stelle (§ 66 Abs. 1 FeV). **73**

Die Anerkennungsvoraussetzungen sind besonders differenziert ausgestaltet. Das erklärt sich aus der besonderen Bedeutung der Begutachtungsstelle für Fahreignung:

Aus dem StVG ist allerdings nicht erkennbar, um was es sich eigentlich bei solcher Begutachtungsstelle für Fahreignung handeln soll. **74**

Für die in § 11 Abs. 3 S. 1 FeV in einem Klammervermerk enthaltene Annahme, die Begutachtungsstelle für Fahreignung erstatte ein medizinisch-psychologisches Gutachten, und die in § 66 Abs. 2 S. 1 FeV enthaltene Vorschrift, dass die amtliche Anerkennung für eine Begutachtungsstelle für Fahreignung erteilt werden könne, wenn insbesondere die Voraussetzungen nach Anlage 14 der FeV vorliegen, fehlt im StVG jede Grundlage.

Der Wortlaut des § 2 Abs. 8 StVG legt allenfalls nahe, dass in der Begutachtungsstelle für Fahreignung die in dieser Vorschrift aufgeführten Fachärzte und amtlich anerkannten Sachverständigen oder Prüfer für den Kraftfahrzeugverkehr tätig werden sollen. Gegen die Annahme, dass in ihr entsprechend der Anlage 14 der FeV auch Psychologen tätig werden sollen und die Begutachtungsstelle für Fahreignung entsprechend dem Klammervermerk in § 11 Abs. 3 S. 1 FeV medizinisch-psychologische Gutachten erstatten soll, spricht zudem, dass der Gesetzgeber für im Sinne des StVG tätig werdende Psychologen – nämlich bei der verkehrspsychologischen Beratung – entsprechende Qualifikationsvoraussetzungen ausdrücklich beschrieben hat.

In § 6 Abs. 1 Nr. 1 Buchst. c StVG wird das Bundesministerium für Verkehr ermächtigt, Rechtsverordnungen mit Zustimmung des Bundesrates zu erlassen über „die **75**

---

50 Siehe unter § 4 Rn 16.

§ 6 Prüfung der Voraussetzungen der Fahrerlaubnis

Anforderungen an die Eignung zum Führen von Kraftfahrzeugen, die Beurteilung der Eignung durch Gutachten sowie die Feststellung und Überprüfung der Eignung durch die Fahrerlaubnisbehörde nach § 2 Abs. 2 S. 1 Nr. 3 in Verbindung mit Abs. 4, 7 und 8". Da aber auch in dieser Vorschrift nicht bestimmt ist, was die Begutachtungsstelle für Fahreignung eigentlich ist, fehlt eine hinreichende gesetzliche Ermächtigung für die Vorschriften der FeV über diese Begutachtungsstelle.[51]

Solche gesetzliche Ermächtigung sollte alsbald geschaffen werden.

76 Ungeachtet dessen werden die Vorschriften der FeV über die Begutachtungsstelle für Fahreignung in der Praxis angewandt. Das beruht ersichtlich auf der Vorstellung, dass der Gesetzgeber – ohne das ausdrücklich klarzustellen – die Bezeichnung Begutachtungsstelle für Fahreignung verwendet für die bereits jahrzehntelang bestehenden medizinisch-psychologischen Untersuchungsstellen:

a) Historische Entwicklung

77 Die seit 1952 bestehenden medizinisch-psychologischen Untersuchungsstellen zur Begutachtung der Fahreignung sind eingerichtet worden, weil einerseits neben medizinischen auch verkehrsmedizinische Kenntnisse erforderlich sind, um die auftretenden Fragen der Fahreignung sachgerecht zu beurteilen. Andererseits sind im Rahmen der Fahreignungsbegutachtung in zunehmendem Maße verkehrspsychologische Fragestellungen aufgetreten, die bei der Entscheidung der Fahrerlaubnisbehörde Beachtung finden müssen. Schließlich kam es zur Gründung und Entwicklung amtlich anerkannter medizinisch-psychologischer Untersuchungsstellen, weil vielfach nur in einer gemeinsamen medizinisch-psychologischen Untersuchung und Begutachtung ein sachgerechtes Urteil über die vorliegenden Eignungsmängel und deren Auswirkungen beim Führen von Kraftfahrzeugen möglich ist. Dabei kommt es insbesondere darauf an, die Kompensation körperlicher Mängel durch psychische Qualifikationen in der Begutachtung zu berücksichtigen und andererseits die Auswirkungen körperlicher Mängel auf die seelisch-geistigen Eignungsqualitäten zu berücksichtigen. Ebenso müssen die Ursachen seelisch-geistiger Eignungsdefizite im körperlichen Bereich erkannt werden.[52]

78 Von TÜV und DEKRA getragene Begutachtungsstellen für Fahreignung orientieren ihre gutachtliche Tätigkeit am „Leitfaden 2000 zur Begutachtung der Eignung zum Führen von Kraftfahrzeugen in amtlich anerkannten medizinisch-psychologischen Untersuchungsstellen (MPU)".[53] Er wird ebenso wie die Begutachtungs-Leitlinien zur

---

51 Siehe dazu *Bode, H. J.* (2002c), S. 75 und (2002e), S. 39 ff.
52 *Kunkel, E.* und *Winkler, W.* (1981).
53 Auszugsweise abgedruckt im Anhang unter Nr. 5.

Kraftfahrereignung⁵⁴ kontinuierlich überarbeitet und ist Bestandteil der vom Verband der Technischen Überwachungsvereine e.V. erarbeiteten bundeseinheitlichen „TÜVIS-Prüfgrundlagen medizinisch-psychologische Untersuchungen". Diese enthalten die jeweils dem Stand der Wissenschaft und den Erkenntnissen des Erfahrungsaustausches der Untersuchungsstellen angepassten Beurteilungsmaßstäbe, die ein einheitliches Vorgehen bewirken sollen.

Zur Überprüfung des Vorgehens dienen einerseits spezielle Forschungsprojekte wie die von *Jacobshagen* und *Utzelmann* durchgeführte Untersuchung über die „Medizinisch-Psychologische Fahreignungsbegutachtung bei alkoholauffälligen Fahrern und Fahrern mit hohem Punktestand",⁵⁵ andererseits ein erprobtes Qualitätssicherungssystem für den dienstleistenden Bereich der medizinisch-psychologischen Begutachtung und Rehabilitation auffälliger Kraftfahrer (QS-MPU und QS-N) des Verbandes der Technischen Überwachungsvereine.⁵⁶ Der „Leitfaden 2000 zur Begutachtung der Eignung zum Führen von Kraftfahrzeugen in amtlich anerkannten medizinisch-psychologischen Untersuchungsstellen (MPU)" soll nunmehr ersetzt werden durch die inzwischen erstellten „Beurteilungskriterien".⁵⁷

79

Einen Überblick über die Tätigkeit der Begutachtungsstellen für Fahreignung vermitteln die im Folgenden mitgeteilten Zahlen über die von den Begutachtungsstellen für Fahreignung durchgeführten Begutachtungen.⁵⁸

aa) Medizinisch-psychologische Untersuchungen 2000–2003

Der Umfang der Einschaltung von Begutachtungsstellen für Fahreignung bei Verfahren über Erteilung und Entziehung von Fahrerlaubnissen ist ersichtlich aus der folgenden Übersicht über die von ihnen in den Jahren 2000 bis 2003 durchgeführten Untersuchungen:

80

---

54 Siehe unter § 3 Rn 26.
55 *Jacobshagen, W* und *Utzelmann, H. D.* (1996).
56 *Nickel, W.-R.* und *Schell, A.* (1993).
57 Siehe unter § 3 Rn 31 ff.
58 *Knoche, A.* (2004).

§ 6 Prüfung der Voraussetzungen der Fahrerlaubnis

Anlass	2000	2001	2002	2003
körperliche und geistige Mängel	470	392	409	320
neurologisch-psychiatrische Mängel	771	630	502	381
Fahrerlaubnisprüfungs-Auffälligkeit	230	202	185	224
Verkehrsauffälligkeiten (StVG § 24)	13.329	11.251	10.123	10.599
sonstige strafrechtliche Auffälligkeiten	1.728	2.414	2.457	2.754
Alkohol erstmalig	53.301	51.515	46.061	43.330
Alkohol wiederholt	22.749	19.669	20.457	20.408
Alkoholismus	1.378	1.298		
Alkohol mit sonstigen Drogen und Medikamenten			1.892	1.913
Alkohol mit allg. Verkehrsauffälligk. bzw. sonst. strafrecht. Auffälligkeiten	11.119	9.976	10.751	10.076
Betäubungsmittel- und Medikamentenauffällige	8.140	9.795	10.121	11.194
allgemeine. Verkehrs- und sonstige strafrechtliche Auffälligkeiten			1.533	1.585
BtM/Medikamente und allgemeine Verkehrsauffälligkeiten			1.550	1.516
Sonstige Mehrfachfragestellungen			1.337	1.152
Untersuchungen nach FeV §§ 10 Abs. 2 u. 11 Abs. 3 Nr. 2 (Mindestalter)	3.552	4.555	4.618	4.571
Untersuchungen nach FahrlG § 3 S. 1 Nr. 3 u. § 33 Abs. 3 (Bewerber um eine Fahrerlaubnis u. Fahrlehrer)	234	247	304	351
Sonstige Anlässe	930	639	239	402
Gesamtsumme	**117.931**	**112.583**	**112.539**	**110.776**
Alkohol-Fragestellung gesamt	*88.547*	*82.458*	*77.269*	*73.814*
BtM-Fragestellung gesamt	*8.140*	*9.795*	*13.563*	*14.623*

81 Bemerkenswert ist der Rückgang der Begutachtungen gegenüber den bis 1998 von amtlich anerkannten medizinisch-psychologischen Untersuchungsstellen durchgeführten Begutachtungen. Die Zahl der von amtlich anerkannten medizinisch-psychologischen Untersuchungsstellen durchgeführten Begutachtungen stieg

- von   146.922 im Jahre 1992[59]
- über   151.626 im Jahre 1996[60]
- auf   155.769 im Jahre 1998.[61]

59 Tabelle in der 1. Auflage dieses Buchs, § 4 Rn 58.
60 Tabelle in der 2. Auflage dieses Buchs, § 4 Rn 99.
61 Tabelle in der 3. Auflage dieses Buchs, § 6 Rn 79.

Seit In-Kraft-Treten des neuen Fahrerlaubnisrechts ist die Zahl der von amtlich anerkannten Begutachtungsstellen für Fahreignung durchgeführten Begutachtungen ständig zurückgegangen
- von 130.317 im Jahre 1999[62]
- über 117.931 im Jahre 2000
- und 112.583 im Jahre 2001
- und 112.539 im Jahre 2002
- auf 110.776 im Jahre 2003.

Die erhebliche Abnahme der Zahl der Begutachtungen wegen Alkoholfragestellungen ist zum Teil darauf zurückzuführen, dass nach § 13 Nr. 1 FeV bei Begutachtungen wegen Alkoholabhängigkeit allein ein ärztliches Gutachten ausreicht.[63] Sie dürfte aber auch damit zusammenhängen, dass in den letzten Jahren ein Rückgang der erfassten Straftaten im Straßenverkehr in der Bundesrepublik Deutschland festzustellen ist, der sich vor allem auf Alkoholdelikte auswirkt, weil sie den Großteil derartiger Straftaten darstellen. Das wird deutlich bei der Gegenüberstellung der Zahlen von Fahrerlaubnisentziehungen durch Strafgerichte wegen Verkehrszuwiderhandlungen in Trunkenheit[64] und Begutachtungen wegen Alkoholfragestellungen:

82

	Fahrerlaubnisentziehungen	Begutachtungen
1992	139.465	101.925
1996	145.800	103.730
1998	132.177	101.651
1999	114.651	96.188
2000	111.955	88.547
2001	108.697	82.458
2002	102.694	77.269

bb) Untersuchungsergebnisse 2003

Obwohl Gutachten nur Hilfsmittel für die allein von Fahrerlaubnisbehörde oder Gericht zu treffende Entscheidung über Eignung oder Nichteignung zum Führen von Kraftfahrzeugen sind,[65] lassen sie naturgemäß doch erkennen, welche Entscheidung dem Gutachter sachentsprechend erscheint. In der Regel enthalten Gutachten auch

83

---

62 Knoche, A. (2003).
63 Siehe unter § 7 Rn 160 ff. mit Kritik an dieser Vorschrift.
64 Zahlen für 1980 bis 2002 in: Statistisches Bundesamt (2004): Arbeitsunterlage Straßenverkehrsunfälle – Kurzinformation zur Verkehrsstatistik – Alkoholunfälle im Straßenverkehr 2003, S. 16.
65 Siehe unter § 6 Rn 47 ff.

§ 6　Prüfung der Voraussetzungen der Fahrerlaubnis

über die Beantwortung der dem Gutachter gestellten Frage hinaus noch Empfehlungen für die weitere Sachbehandlung, etwa über

- Maßnahmen zur Beschränkung der Fahrerlaubnis bei bedingter Eignung[66] oder
- Möglichkeiten des Betroffenen, nicht vorhandene Eignung zum Führen von Kraftfahrzeugen durch therapeutische Maßnahmen, Nachschulung oder Rehabilitation herzustellen.[67]

84　Einen Eindruck davon, in welchem Umfang Gutachter amtlich anerkannter Begutachtungsstellen für Fahreignung Betroffene für geeignet, auf unabsehbare Zeit ungeeignet oder zurzeit ungeeignet aber nachschulungsfähig halten, vermittelt die folgende Übersicht über die Ergebnisse der von ihnen 2003 erstatteten Gutachten:[68]

Anlassgruppe	Geeignet (in %)	Nachschulungsfähig (in %)	Ungeeignet (in %)
körperliche und geistige Mängel	53		48
neurologisch-psychiatrische Mängel	45		55
Fahrerlaubnisprüfungs-Auffälligkeit	50		50
Verkehrsauffälligkeiten (StVG § 24)	44	26	30
sonstige strafrechtliche Auffälligkeiten	45	17	38
Alkohol erstmalig	43	17	39
Alkohol wiederholt	40	14	46
Alkohol mit sonstigen Drogen und Medikamenten	43	6	51
Alkohol mit allg. Verkehrsauffälligk. bzw. sonst. strafrecht. Auffälligkeiten	38	16	46
Betäubungsmittel- und Medikamentenauffällige	49	9	42
allgemeine. Verkehrs- und sonstige strafrechtliche Auffälligkeiten	47	17	36
BtM/Medikamente und allgemeine Verkehrsauffälligkeiten	48	6	46
Sonstige Mehrfachfragestellungen	43	8	49
Untersuchungen nach FeV §§ 10 Abs. 2 u. 11 Abs. 3 Nr. 2 (Mindestalter)	91		9
Untersuchungen nach FahrlG § 3 S. 1 Nr. 3 u. § 33 Abs. 3 (Bewerber um eine Fahrerlaubnis u. Fahrlehrer)	95		5
Sonstige Anlässe	58		42
Gesamtsumme	**45**	**15**	**40**

66　Siehe unter § 9 Rn 8 ff. und 37 ff.
67　Siehe unter § 15.
68　*Knoche, A.* (2004).

cc) Effektivität

Zwar ist es kaum möglich, quantitative Aussagen über das Zutreffen einer Prognose hinsichtlich der Gefährlichkeit eines Fahreignungsmangels zu machen, weil es an entsprechenden Kriterien und Beobachtungsmöglichkeiten fehlt. 85

Dennoch erfordert die in Anlage 14 Nr. 6 der FeV zur Anerkennung als Begutachtungsstelle für Fahreignung vorgeschriebene Akkreditierung kontinuierliche Evaluationen, die gleichzeitig der Qualitätskontrolle[69] dienen.

Unter Beachtung dieser einschränkenden Bedingungen ist ein Urteil über die Effektivität medizinisch-psychologischer Fahreignungsbegutachtungen durch den Vergleich von Rückfallzahlen von alkoholauffälligen Verkehrsteilnehmern in verschiedenen Ländern möglich, in denen die Fahrerlaubnis nach Entzug wegen Trunkenheit am Steuer ohne oder erst nach einer medizinisch-psychologischen Fahreignungsbegutachtung wieder erteilt wird. 86

In **Finnland**[70] wurden 45,7 % Rückfälle innerhalb von 3 Jahren und 50,4 % Rückfälle fünf Jahre nach Wiedererteilung der Fahrerlaubnis beobachtet. 87

In **Holland**[71] betrug die Rückfallzahl 18 Monate nach Wiedererteilung 42 %.

Beide Länder kennen die medizinisch-psychologische Untersuchung alkoholauffälliger Kraftfahrer nicht. 88

In der **Bundesrepublik** waren nach drei Jahren 16,7 % und nach fünf Jahren 23,4 % der alkoholauffälligen Kraftfahrer rückfällig geworden, nachdem sie vor der Wiedererteilung der Fahrerlaubnis eine Untersuchung in einer amtlich anerkannten medizinisch-psychologischen Untersuchungsstelle erfolgreich absolviert hatten. Der Vergleich der Zahlen zeigt eine Reduzierung der Rückfallhäufigkeit[72] von 63,4 % für den drei-Jahres-Zeitraum und von 53,6 % für den fünf-Jahres-Zeitraum.

Dieses Ergebnis wurde erneut bestätigt in einer 1997 veröffentlichten Studie[73] an 3.039 alkoholauffälligen Kraftfahrern, die sich einer medizinisch-psychologischen Fahreignungsuntersuchung unterzogen hatten. Von den erstmals Alkoholauffälligen – in der Regel Personen, die beim Trunkenheitsdelikt eine Blutalkoholkonzentration von 2,0 ‰ und mehr aufwiesen –, die positiv beurteilt worden waren oder nach einer Nachschulung die Fahrerlaubnis erneut erhielten, wurden 9,6 % rückfällig, von den 89

---

69 *Hager, W.* (2001).
70 *Pikkarainen, J.* und *Penttilä, A.* (1986).
71 *Bovens, R.H., Lambregts, L.M.,* und *G.* (1986).
72 *Stephan, E.* (1984).
73 *Jacobshagen, W.* und *Utzelmann, H. D.* (1997).

bereits mehrfach Alkoholauffälligen 11,6 %. Die Rückfallerwartungen konnten somit um 61,4 % bzw. 58,9 % reduziert werden.

90 Dieser Effekt ist natürlich nicht allein auf die durchgeführte Untersuchung in medizinisch-psychologischen Untersuchungsstellen zurückzuführen, aber er lässt deutlich den Vorteil und damit die Effektivität der Maßnahme erkennen.

dd) Akzeptanz

91 Entgegen vielfach in den Medien publizierten Meinungen ist die Akzeptanz der Begutachtungsstellen bei den Untersuchten zufrieden stellend. *Jacobshagen* und *Utzelmann*[74] befragten Klienten der Begutachtungsstellen drei Jahre nach der Untersuchung über ihre Erfahrungen. Dabei zeigte sich Folgendes: „Bis zu 90 % der befragten MPU-Klienten hielt die MPU bei bestimmten Risikogruppen, insbesondere bei Alkohol- und Drogenproblemen, für notwendig. Über zwei Drittel aller Befragten stimmt der Feststellung zu, dass die einzelfallbezogene Untersuchung auch in ihrem eigenen Fall gelungen sei. Dies gilt für drei Viertel der positiv beurteilten und immerhin auch für mehr als ein Drittel der negativ beurteilten Fälle."

b) Anerkennung nach Ermessen

92 Die Anerkennung der nunmehr Begutachtungsstelle für Fahreignung genannten medizinisch-psychologischen Untersuchungsstelle kann erteilt werden, wenn insbesondere die Voraussetzungen nach Anlage 14 der FeV vorliegen (§ 66 Abs. 2 S. 1 FeV).

93 Die in der FeV getroffene Ermessensregelung hat der Bundesrat durchgesetzt. Das Bundesministerium für Verkehr hatte vorgesehen, § 66 Abs. 2 FeV dahin zu fassen, dass die Anerkennung zu erteilen ist, wenn die in der Anlage 14 der FeV genannten Voraussetzungen erfüllt sind. In der Begründung dazu hatte es hervorgehoben, der Landesbehörde stehe somit kein Ermessen dahin zu, die Anerkennung aus anderen Gründen nicht auszusprechen.[75] Dem hat der Ausschuss für Verkehr und Post des Bundesrats entgegengehalten:[76]

> „Da die Verordnung von den Ländern als eigene Angelegenheit ausgeführt wird (Art. 83 GG), ist den Ländern auch ein Ermessen einzuräumen, um sachgerecht und den Verhältnissen des jeweiligen Landes entsprechend entscheiden zu können. Bei einer gebundenen Entscheidung verlieren die Länder ihren Gestaltungsspielraum, die Behörden würden zu Empfängern von Unterlagen. Im Übrigen kann die Aufzählung der in der Anlage 14 genannten Voraussetzungen nicht abschließend

---

74 *Jacobshagen, W.* und *Utzelmann, H. D.* (1997) S. 35.
75 BR-Dr. 443/98, S. 315.
76 BR-Dr. 443/1/98, Nr. 41; abgedruckt in VkBl 1998, 1095.

sein. Es gibt weitere Punkte, wie z.b. Durchführung der Aufsicht, Offenlegung der Beteiligungsverhältnisse, Gefahr von Interessenkollisionen, Vorlage von Betriebsvereinbarungen über die (finanzielle) Beteiligung von Mitarbeitern usw."

c) Anerkennungsvoraussetzungen

Nach Abs. 1 der Anlage 14 der FeV ist insbesondere Voraussetzung für die Anerkennung: 94

aa) Finanzielle und organisatorische Leistungsfähigkeit des Trägers

Sie muss im erforderlichen Umfang gewährleistet sein (Abs. 1 Nr. 1 der Anlage 14 der FeV).   95

bb) Personelle und sachliche Ausstattung

Sichergestellt sein muss insbesondere das Vorhandensein   96
- einer ausreichenden Anzahl von Ärzten und Psychologen (Abs. 1 Nr. 2 der Anlage 14 der FeV) – an die besondere Anforderungen gestellt werden (Abs. 3 und 4 der Anlage 14 der FeV) –,
- der für Bedarfsfälle erforderlichen Verfügbarkeit über einen Diplomingenieur, der die Voraussetzungen für die Anerkennung als amtlich anerkannter Sachverständiger oder Prüfer für den Kraftfahrzeugverkehr erfüllt, (Abs. 1 Nr. 3 der Anlage 14 der FeV) sowie
- der notwendigen Räumlichkeiten und Geräte (Abs. 1 Nr. 4 der Anlage 14 der FeV).

cc) Ausschluss sonstiger Tätigkeiten

Der Träger einer Begutachtungsstelle für Fahreignung darf nicht zugleich Träger von Maßnahmen der Fahrausbildung oder von Kursen zur Wiederherstellung der Kraftfahreignung[77] sein (Abs. 1 Nr. 5 der Anlage 14 der FeV).   97

Die Trennung der verschiedenen Tätigkeiten musste bis zum 31.12.1999 vollzogen sein (§ 76 Nr. 15 FeV).

dd) Akkreditierung der Begutachtungsstelle für Fahreignung

Sie ist nach Abs. 1 Nr. 6 der Anlage 14 der FeV erforderlich neben der Akkreditierung des Trägers der Begutachtungsstelle für Fahreignung.[78]   98

---
77 Siehe unter § 15 Rn 79.
78 Siehe unter § 6 Rn 108.

§ 6 Prüfung der Voraussetzungen der Fahrerlaubnis

Tatsächlich werden von der Bundesanstalt für Straßenwesen aber nur die Träger von Begutachtungsstellen für Fahreignung akkreditiert. Es gibt auch nur Informationen über „Anforderungen an Träger von Begutachtungsstellen für Fahreignung".[79]

In Nr. 2.3.3 dieser Informationen („Begutachtungen vor Ort") ist aber geregelt, dass eine Überprüfung in 20% der Begutachtungsstellen erfolgt, wenn Träger von Begutachtungsstellen für Fahreignung über mehrere Begutachtungsstellen verfügen. Im Rahmen der fortlaufenden Überwachungen werden nach Nr. 2.5 dieser Informationen in der Regel einmal pro Jahr ebenfalls Begutachtungen vor Ort durchgeführt. Unter diesen Umständen dürfte die Einbindung der Begutachtungsstellen für Fahreignung in das nur deren Träger betreffende Akkreditierungsverfahren eine davon unabhängige Akkreditierung der Begutachtungsstelle für Fahreignung erübrigen. In Abs. 1 der Anlage 14 der FeV sollte die dies vorschreibende Nr. 6 gestrichen werden.

ee) Erfahrungsaustausch

99 Die Teilnahme an einem regelmäßigen und bundesweiten Erfahrungsaustausch unter Leitung der Bundesanstalt für Straßenwesen ist nur vorgeschrieben für die in der Begutachtungsstelle für Fahreignung tätigen Ärzte und Psychologen (Abs. 1 Nr. 7 der Anlage 14 der FeV).

ff) Wirtschaftliche Unabhängigkeit der Gutachter

100 Die wirtschaftliche Unabhängigkeit von der Gebührenerstattung im Einzelfall und vom Ergebnis der Begutachtung muss gewährleistet sein (Abs. 1 Nr. 8 der Anlage 14 der FeV).

gg) Zuverlässigkeit des Antragstellers

101 Die Zuverlässigkeit des Antragstellers oder bei juristischen Personen der nach Gesetz oder Satzung zur Vertretung berufenen Personen muss gegeben sein (Abs. 1 Nr. 9 der Anlage 14 der FeV).

d) Bedürfnisprüfung

102 Sie findet nicht mehr statt.

Zwar war ursprünglich in § 66 Abs. 2 S. 2 FeV geregelt, die Anerkennung könne versagt werden, wenn anerkannte Stellen in ausreichender Zahl vorhanden sind, die ein flächendeckendes Angebot gewährleisten.

---

[79] Nach dem Stand vom 11.04.2005 im Internet zu finden unter „www.bast.de" (Qualitätsbewertung – Akkreditierung).

Prüfung der Voraussetzungen der Fahrerlaubnis § 6

Das Bundesverwaltungsgericht hat im Urteil vom 15.06.2000[80] diese Vorschrift für verfassungswidrig und nichtig erklärt. Nach seiner Ansicht ist für die Einführung einer Bedürfnisprüfung im Rahmen der amtlichen Anerkennung von Begutachtungsstellen für Fahreignung eine gesetzliche Grundlage erforderlich, weil die Bedürfnisprüfung in das Grundrecht der Berufsfreiheit eingreife.

Darauf hat der Bundesrat vorgeschlagen,[81] eine gesetzliche Verordnungs-Ermächtigung dadurch zu schaffen, dass in § 2 Abs. 13 StVG nach Satz 2 folgender Satz eingefügt wird: **103**

„Die Anerkennung einer Begutachtungsstelle für Fahreignung kann versagt werden, wenn anerkannte Stellen ein flächendeckendes Angebot gewährleisten und unter Berücksichtigung der Anzahl der im letzten Kalenderjahr vor der Antragstellung im Einzugsbereich der beantragten Stelle durchgeführten Begutachtungen eine Beeinträchtigung der Funktionsfähigkeit bereits anerkannter Stellen oder der beantragten Stelle zu erwarten ist."

Zur Begründung hat der Bundesrat u.a. ausgeführt: **104**

„Zur Qualitätssicherung ist eine Bedarfsprüfung aus folgenden Erwägungen unerlässlich:

Die Einrichtung und Vorhaltung einer Begutachtungsstelle für Fahreignung erfordern erhebliche Aufwendungen, insbesondere für die in Anlage 14 der Fahrerlaubnis-Verordnung vorgeschriebene personelle Ausstattung mit mehreren Ärzten und Psychologen sowie die sachliche Ausstattung mit den notwendigen Räumlichkeiten und Geräten. Kosten für Investitionen, Betrieb und Personal können nur erwirtschaftet werden, wenn eine ausreichende Zahl von Begutachtungen vorgenommen und honoriert wird. Falls im Einzugsbereich anerkannter Begutachtungsstellen für Fahreignung eine weitere Begutachtungsstelle für Fahreignung tätig wird, kann dies wegen der nicht beliebig vermehrbaren Zahl an Begutachtungen dazu führen, dass sowohl die anerkannten Begutachtungsstellen für Fahreignung durch Verringerung der Zahl der Begutachtungsaufträge mangels Wirtschaftlichkeit funktionsunfähig werden als auch die weitere Begutachtungsstelle für Fahreignung ihre Funktionsfähigkeit nicht erreicht, weil sie mangels ausreichender Zahl von Begutachtungsaufträgen nicht wirtschaftlich betrieben werden kann. Wenn unter solchen Umständen Begutachtungsstellen für Fahreignung geschlossen werden müssen, wird die im Interesse der auf Begutachtung angewiesenen Bürger erforderliche flächendeckende Vorhaltung von Begutachtungsstellen unmöglich.

---

80 BVerwG 15.06.2000.
81 BT-Dr. 14/4304, S. 17.

§ 6 Prüfung der Voraussetzungen der Fahrerlaubnis

Über den tatsächlichen Bedarf an Begutachtungen hinaus tätige Begutachtungsstellen können ihre Funktionsfähigkeit jeweils nur auf Kosten der anderen sichern und diese so zur Schließung zwingen. Dies können sie nur unter Vernachlässigung der Qualität der Begutachtungen erreichen.

Die Einnahmen der Begutachtungsstelle für Fahreignung sind für die einzelnen Begutachtungen in der Gebührenordnung festgelegt, können also nur durch Erhöhung der Anzahl der Begutachtungen gesteigert werden. Die Anzahl der Begutachtungen kann allenfalls durch die den Betroffenen zur Erteilung eines Begutachtungsauftrags motivierende Aussicht gesteigert werden, ein positives Gutachten zu erlangen.

Die Senkung der Ausgaben ist nur durch Einsparungen möglich. Verminderung der personellen und sachlichen Ausstattung oder Rationalisierungsmaßnahmen – wie etwa Vorgabe von unzureichenden Zeiten für Untersuchung und Begutachtung – führen notwendig zu einem Absinken des Prüfniveaus.

Wie sich gezeigt hat, spricht sich in einschlägigen Kreisen schnell herum, wenn eine Begutachtungsstelle zu ‚positiven Gutachten neigt', wobei die Aufsichtsbehörden dies – wenn überhaupt – erst relativ spät erfahren, weil es den Probanden freisteht, im gesamten Bundesgebiet eine Begutachtungsstelle aufzusuchen. Sowohl eine nicht gerechtfertigte Neigung zu positiven Gutachten wie ein Absinken des Prüfniveaus kann durch Aufsichtsbehörden kaum erkannt werden. Denn bei einer Nachprüfung im Rahmen der Aufsicht im Nachhinein ist es auch unter Einschaltung externer Sachverständiger nicht möglich festzustellen, ob die Begutachtung im Einzelfall zu einem positiven Ergebnis gelangen durfte, weil insbesondere das psychologische Gespräch (Exploration) in einem sehr persönlichen Rahmen geführt wird und unter denselben Voraussetzungen nicht reproduzierbar ist. Lediglich elementare Verstöße gegen wissenschaftlich-fachliche Erkenntnisse sind mithilfe externer Sachverständiger festzustellen, nicht aber Schlussfolgerungen, die von möglicherweise nicht korrekt erhobenen Befunden ausgehen. Dies wiederum hat zur Folge, dass einer unbestimmten Vielzahl von Probanden die Fahrerlaubnis erteilt bzw. neu erteilt wird, ohne dass die Behörde später im Einzelfall konkrete Eignungsbedenken darlegen könnte. Dieses Problem kann auch durch eine wiederholte Qualifikationsprüfung nicht gelöst werden.

Wenn das bisherige System der Einbeziehung privaten medizinisch-psychologischen Sachverstandes aufrechterhalten werden soll, ist das Vertrauen in die Integrität der Begutachtung als oberste Maxime unverzichtbar. Da auf der Nachfrageseite dieses Marktes nicht der Wunsch nach einer korrekten, sondern nach einer allein positiven Begutachtung steht, muss verhindert worden, dass durch einen Wettbewerb, der im Wesentlichen über die Erwartung eines positiven Gutachtens läuft, das System Schaden leidet. Dies entspringt vernünftigen Erwägungen des Gemeinwohls.

Für die technische Überwachung bestehen Regelungen, die den negativen Folgen des Wettbewerbs in diesem Bereich über eine Bedürfnisprüfung entgegenwirken sollen. Eine damit verbundene Einschränkung der Berufsausübung hat das Bundesverwaltungsgericht in seinen Urteilen vom 20.09.1985 (1 C 18.83 – GewArch 1986, 54 – und 1 C 22/82 – BVerwGE 72, 126 = DVBl 1985, 1382 = DÖV 1986, 198 = NVwZ 1986, 651) für zulässig erklärt und u.a. ausgeführt, dass vernünftige Erwägungen des Gemeinwohls eine Berufsausübungsregelung auch dann zu rechtfertigen vermögen, wenn diese Regelung für einen Teilbereich eines Berufsfeldes wettbewerbsausschließende Wirkung hat. Es billigt die Überlegung, auf dem hier interessierenden sicherheitstechnischen Gebiet werde der Wettbewerb nicht als positiver Auslesefaktor funktionieren, sondern das Prüfniveau absinken lassen.

Dabei hat es hervorgehoben, es gehe um die Abwehr großer und wahrscheinlicher Gefahren für Leib oder Leben. Die gegen das letztzitierte Urteil gerichtete Verfassungsbeschwerde hat das Bundesverfassungsgericht (Kammerbeschluss vom 11.12.1986 – 1 BvR 1368/85 – GewArch 1987, 267) mangels hinreichender Aussicht auf Erfolg nicht zur Entscheidung angenommen und dabei unter anderem hervorgehoben, dass bei der technischen Überwachung Rechtsgüter wie das Leben und die Gesundheit der Bevölkerung auf dem Spiel stehen.

Diese Erwägungen gelten in noch stärkerem Maße für Begutachtungsstellen für Fahreignung. Von diesen Stellen werden nach der Fahrerlaubnisverordnung medizinisch-psychologische Gutachten bei schwierigen Fallkonstellationen und besonders problembehafteten Fällen erstattet, die die Verkehrssicherheit außerordentlich stark berühren, z.B. bei Straftaten, die im Zusammenhang mit dem Straßenverkehr oder im Zusammenhang mit der Kraftfahreignung stehen oder bei denen Anhaltspunkte für ein hohes Aggressionspotenzial bestehen, bei wiederholten Zuwiderhandlungen im Straßenverkehr unter Alkoholeinfluss oder beim Führen von Kraftfahrzeugen ab einer BAK von 1,6 g ‰. In diesen Fällen ist es unerlässlich, dass die Gutachten sich allein an objektiven und fachlichen Gesichtspunkten und nicht an wettbewerblichen/wirtschaftlichen Interessen orientieren. In den Gutachten wird die fachliche Entscheidung über die Eignung oder Nichteignung eines Probanden getroffen; die Überprüfung durch die Fahrerlaubnisbehörden beschränkt sich aufgrund des fehlenden Sachverstandes auf die Nachvollziehbarkeit und Schlüssigkeit (Anlage 15 der Fahrerlaubnisverordnung Abschnitt 2)."

Diesen Vorschlag des Bundesrats hat die Bundesregierung abgelehnt. **105**

In ihrer Gegenäußerung[82] bezeichnet sie als zutreffend die Ausführungen des Bundesverwaltungsgerichts im Urteil vom 15.06.2000, es sei Sache des Gesetzgebers, „selbst

---

82 BT-Dr. 14/4304, S. 22.

§ 6 Prüfung der Voraussetzungen der Fahrerlaubnis

zu entscheiden, ob und inwieweit Freiheitsrechte des Einzelnen gegenüber Gemeinschaftsinteressen zurücktreten müssen", meint aber:

„Die Einführung einer Bedarfsprüfung in das förmliche Gesetz begegnet jedoch erheblichen verfassungsrechtlichen Bedenken. Die Frage, ob die Bedarfsprüfung eine objektive Berufswahlregelung oder lediglich eine Berufsausübungsregelung darstellt, muss dabei nicht entschieden werden. Denn die Annahme des Bundesrats, dass es notwendig ist, durch die Bedarfsprüfung Wettbewerb unter den Begutachtungsstellen zu vermeiden, um so Gefälligkeitsgutachten zu verhindern, vermag nicht zu überzeugen. Das vom Bundesrat mit der Bedürfnisprüfung angestrebte Ziel der Qualitätssicherung wird bereits durch die übrigen Voraussetzungen der amtlichen Anerkennung von Begutachtungsstellen für Fahreignung gewährleistet. Anlage 14 zu § 66 Abs. 2 Fahrerlaubnisverordnung bestimmt insbesondere, dass hierfür eine Akkreditierung durch die Bundesanstalt für Straßenwesen erforderlich ist. Auch kann die Anerkennung mit Nebenbestimmungen, insbesondere mit Auflagen verbunden werden, um die ordnungsgemäße Tätigkeit der Untersuchungsstelle zu sichern."

106 Dieser Empfehlung der Bundesregierung folgend hat auch der Bundestag den Vorschlag des Bundesrats abgelehnt.[83]

In Konsequenz dieser Entscheidung ist nunmehr durch die FeVÄndV vom 07.08.2002 § 66 Abs. 2 S. 2 FeV aufgehoben worden.

107 Die Zukunft wird lehren, ob die Befürchtungen des Bundesrats allein durch die von der Bundesregierung hervorgehobenen Mittel der Qualitätssicherung ausgeräumt werden können.

e) Akkreditierung des Trägers

108 Schließlich ist auch noch die Akkreditierung[84] des Trägers der Begutachtungsstelle für Fahreignung – die nach der gegenwärtigen Praxis die Akkreditierung der Begutachtungsstelle für Fahreignung einschließt[85] – erforderlich (§ 72 Abs. 1 Nr. 1 FeV).

Einzelheiten zur Akkreditierung sind beschrieben in den von der Akkreditierungsstelle Fahrerlaubniswesen herausgegebenen „Anforderungen an Träger von Begutachtungsstellen für Fahreignung".[86]

---

83 BR-Dr. 63/01.
84 Siehe zur Akkreditierung näher unter § 4 Rn 13 f.
85 Siehe unter § 6 Rn 98.
86 Nach dem Stand vom 11.04.2005 im Internet zu finden unter „www.bast.de" (Qualitätsbewertung – Akkreditierung).

Zurzeit sind 20 Träger von Begutachtungsstellen für Fahreignung tätig,[87] von denen 17 bis zum 16.09.2004 akkreditiert waren.[88] Zu der Tatsache, dass sich die Zahl der Träger von Begutachtungsstellen für Fahreignung von 12 im Jahre 1998 auf inzwischen 20 erhöht hat, bemerkt *Heinrich*:[89] „Bedenkt man, dass gleichzeitig die Anzahl der nachgefragten Begutachtungen der Fahreignung dramatisch zurückgegangen ist, wird verständlich, warum die wirtschaftliche Situation einiger Anbieter kritisch ist und alle Möglichkeiten der Kostenreduzierung ausgeschöpft werden." **109**

Die Bundesländer gestatten die Aufnahme der Tätigkeit von Begutachtungsstellen für Fahreignung ausnahmsweise auch schon vor Abschluss der Akkreditierung. Insbesondere bei Trägern, die bisher in den entsprechenden Arbeitsbereichen nicht tätig geworden sind (Neuanbieter), kann die Überprüfung der tatsächlichen Arbeitsweise naturgemäß nicht stattfinden, das Akkreditierungsverfahren also nicht abgeschlossen werden. In solchen Fällen kann bei zu akkreditierenden Trägern, die noch der amtlichen Anerkennung durch die zuständige oberste Landesbehörde oder durch die von ihr bestimmte oder nach Landesrecht zuständige Stelle bedürfen, das Akkreditierungsverfahren nach der fachlichen Prüfung der zu begutachtenden Unterlagen und des Vorhandenseins der erforderlichen personellen, räumlichen und sachlichen Ausstattung zunächst ausgesetzt werden, wenn die Begutachtung insoweit zu einem positiven Ergebnis geführt hat. Sofern das betreffende Bundesland die Durchführung der betreffenden Dienstleistung unter diesen Voraussetzungen für einen beschränkten Zeitraum zulässt, wird das Akkreditierungsverfahren dann nach einer angemessenen Zeitspanne mit den Begutachtungen vor Ort abgeschlossen.[90] **110**

Aus der Sicht der Gutachter wird bemängelt, dass nunmehr weniger die Richtigkeit der Beurteilung im Vordergrund der Gutachtengestaltung stehen könnte als vielmehr die Sorge, alle formalen Forderungen der Akkreditierungsstelle zu berücksichtigen. Die Akkreditierung fördere in erster Linie die Kreativität bei der Suche nach Schlupflöchern. Die geprüften Merkmale seien nicht wirklich qualitätsrelevant.[91] Diesbezügliche Probleme werden mit zunehmender Erfahrung mit dieser speziellen Aufgabe und der Evaluierung der Akkreditierung gelöst werden können. Die Akkreditierungsstelle der Bundesanstalt rechnet damit, dass bis 2006 die in der Fahrerlaubnisverordnung genannten Bezugsnormen schrittweise ersetzt sind.[92] **111**

---

87 Siehe die Liste im Anhang unter Nr. 6.
88 Aufgelistet im Internet unter „www.bast.de" (Qualitätsbewertung – Akkreditierung).
89 *Heinrich* (2004), S. 25.
90 Siehe dazu Nr. 2.1 der „Anforderungen an Träger von Begutachtungsstellen für Fahreignung".
91 *Allhoff-Cramer, A.* (2002).
92 *Heinrich, H. Ch.* (2002).

§ 6 Prüfung der Voraussetzungen der Fahrerlaubnis

3. Sachverständiger oder Prüfer für den Kraftfahrzeugverkehr

112 Für diese Personen sind die Voraussetzungen der amtlichen Anerkennung und weitere Einzelheiten geregelt in einem besonderen

„Gesetz über amtlich anerkannte Sachverständige und amtlich anerkannte Prüfer für den Kraftfahrzeugverkehr".[93]

113 Nach diesem Gesetz darf die Sachverständigen- und Prüfertätigkeit nur für eine „Technische Prüfstelle" ausgeübt werden, deren Aufgaben und Organisation ebenfalls näher beschrieben ist. Als Technische Prüfstelle im Sinne dieses Gesetzes sind überwiegend die Technischen Überwachungsvereine (TÜV) und der Deutsche Kraftfahrzeug-Überwachungsverein (DEKRA) tätig, die als bürgerlich-rechtliche Vereine die Sachverständigen und Prüfer aufgrund von Privatdienstverträgen beschäftigen.

4. Sonstige Gutachter

114 Muss die Fahrerlaubnisbehörde in § 2 Abs. 8 StVG nicht benannte Gutachter heranziehen,[94] werden diese im Einzelfall mit der Beurteilung der Eignung zur Teilnahme am Straßenverkehr im Sinne des § 2 Abs. 13 StVG „amtlich beauftragt", wenn die Fahrerlaubnisbehörde von ihnen ein Gutachten einholt.

a) Einzelgutachter

115 Die Fälle, in denen die Fahrerlaubnisbehörde einen nicht generell amtlich anerkannten Sachverständigen, also etwa einen **Psychologen**[95] oder einen **Ergänzungsgutachter**,[96] beauftragen muss, werden so selten sein, dass insoweit besondere Regelungen nicht erforderlich sind.

b) Obergutachter

116 Nach den bis Ende 1998 geltenden Eignungsrichtlinien[97] war eine generelle amtliche Anerkennung von Obergutachtern nicht erforderlich. Vielmehr wurden sie nach Abschnitt III Abs. 2 dieser Eignungsrichtlinien von den obersten Landesbehörden lediglich „**benannt**". Zur Vereinfachung der Verwaltungspraxis dürfte es sich empfehlen, dass die obersten Landesbehörden auch in Zukunft den Fahrerlaubnisbehörden

---

93 Vom 22.12.1971 (BGBl I, 2086) i.d.F. des Gesetzes vom 02.03.1974 (BGBl I, 469), zuletzt geändert durch Gesetz vom 11.09.2002 (BGBl I, 3574).
94 Siehe unter § 6 Rn 53.
95 Siehe unter § 6 Rn 54.
96 Siehe unter § 6 Rn 55.
97 Abgedruckt in der 2. Auflage dieses Buchs im Anhang unter Nr. 1.

Hinweise auf Personen geben, die nach ihrer Einschätzung die Voraussetzungen erfüllen, als Obergutachter tätig zu werden. In diesem Sinne wird auch in den Begutachtungs-Leitlinien zur Kraftfahrereignung unter 2.2 d) ausgeführt:

„Nach Weisung der jeweiligen obersten Landesbehörden können die Fahrerlaubnisbehörden zusätzliche Gutachten anfordern, die von Persönlichkeiten mit herausragender Qualifikation erstattet werden und die dazu besonders benannt sind."

Das Bundesministerium für Verkehr, Bau und Wohnungswesen hat bei Bekanntgabe des Erscheinens der 6. Auflage der Begutachtungs-Leitlinien zur Kraftfahrereignung am 28.03.2000[98] hierzu mitgeteilt:

„Angesichts der unterschiedlichen Auffassungen der für das Fahrerlaubnisrecht zuständigen obersten Landesbehörden wird zu der Empfehlung des Gemeinsamen Beirats in Kapitel 2.2. Buchst. d (Möglichkeit der Fahrerlaubnisbehörde, nach Weisung der jeweiligen obersten Landesbehörde zusätzliche Gutachten durch hierfür besonders benannte Persönlichkeiten anzufordern) darauf hingewiesen, dass damit keine generelle Verpflichtung begründet wird, solche Persönlichkeiten zu benennen. Die Entscheidung hierüber unterfällt demnach der ausschließlichen Länderzuständigkeit."

In einigen Bundesländern sind Obergutachter benannt worden, in Bayern sogar „Obergutachterstellen".

Benannt werden sollten sie nur, wenn sie wie die Begutachtungsstellen für Fahreignung akkreditiert sind, eine Qualitätsplanung nachweisen sowie sich periodischen Überwachungen und jährlichen Überprüfungen von ihnen erstatteter Gutachten unterziehen. Die Akkreditierung sollte durch die Akkreditierungsstelle Fahrerlaubniswesen der Bundesanstalt für Straßenwesen erfolgen unter den gleichen Bedingungen wie sie für die Akkreditierung von Begutachtungsstellen für Fahreignung gelten. Entsprechende Regelungen fehlen bisher.

Die „Gesellschaft der Obergutachter/innen für medizinische und psychologische Fahreignungsbegutachtung (OGA) e.V." – eine wissenschaftliche Vereinigung ministeriell benannter medizinischer und psychologischer Obergutachter/innen bzw. Obergutachterstellen, die sich mit der Begutachtung von Verkehrsteilnehmern hinsichtlich ihrer Eignung zum Führen von Kraftfahrzeugen befasst – hat 2003 „Leitlinien zur Qualitätssicherung bei der Erstellung von medizinisch-psychologischen Obergutachten zur Fahreignung" erarbeitet und verabschiedet.[99] Sie stellen nach Ansicht der OGA eine freiwillige Selbstbindung der Mitglieder dar, können und sollen aber u.a.

---

98 VkBl 2000, 127.
99 *Haffner, H.-Th. et al.* (2004).

§ 6 Prüfung der Voraussetzungen der Fahrerlaubnis

hinsichtlich der Ausführungen des Abschnitts „1 Strukturqualität" den zuständigen Fachministerien als Kriterium bei der Benennung von Obergutachtern bzw. Obergutachterstellen dienen.

Als Obergutachter kommen vor allem diejenigen in Betracht, die nach den früher geltenden Eignungsrichtlinien von den obersten Landesbehörden benannt worden sind.[100]

V. Beweisverbote

117 Trotz umfassender Aufklärungspflicht können die Ermittlungen nicht schrankenlos durchgeführt werden. Vielmehr sind bei der Beweiserhebung rechtliche Grenzen zu respektieren:[101]

1. In Registern getilgte Eintragungen

118 Aus dem allgemeinen Grundsatz der Verhältnismäßigkeit folgt, dass einem Fahrerlaubnisbewerber oder -inhaber begangene Straftaten und Ordnungswidrigkeiten nicht zeit seines Lebens vorgehalten werden dürfen. Deshalb werden auch im Bundeszentralregister und Verkehrszentralregister vorgenommene Eintragungen über strafgerichtliche Verurteilungen und verwaltungsbehördliche Bußgeldbescheide nach Ablauf bestimmter Fristen getilgt.[102]

Ob nach Tilgung oder bei Vorliegen der Voraussetzungen für die Tilgung einer Eintragung im VZR die der Eintragung zugrunde liegende Tat und Entscheidung noch verwertet werden darf, war bisher im StVG nicht und ist auch jetzt nur teilweise ausdrücklich geregelt.

a) Eintragung über Verwaltungsentscheidungen im VZR

119 Für die nur im VZR enthaltenen Eintragungen (Ordnungswidrigkeiten und Verwaltungsentscheidungen) bedarf es nach Ansicht der Bundesregierung ausweislich der Begründung zu ihrem Gesetzentwurf[103] keines ausdrücklichen Verwertungsverbots, wenn diese im VZR getilgt und nach § 29 Abs. 7 StVG gelöscht sind.

---

100 Aufgelistet im Anhang zur 3. Auflage dieses Buchs unter Nr. 8.
101 Siehe dazu näher *Bode, H. J.* (1987b) S. 68 ff.
102 Siehe zum Verkehrszentralregister § 11 Rn 9 ff.
103 BR-Dr. 821/96, S. 79 = VkBl 1998, 802.

aa) Getilgte Eintragungen

Insoweit ergibt sich das Verwertungsverbot aus der schlichten Tatsache der Löschung der Eintragung. **120**

bb) Tilgungsreife Eintragungen

Auch Eintragungen, die noch nicht getilgt sind, obwohl die Voraussetzungen vorliegen, unterliegen dem Verwertungsverbot. Der ausdrückliche Ausspruch dieser Rechtsfolge – wie in § 51 Abs. 1 BZRG – ist im StVG ersichtlich wegen ihrer Selbstverständlichkeit unterblieben. Es liegt auf der Hand, dass das Verwertungsverbot schon dann eingreift, wenn die Eintragung getilgt werden muss und nicht erst dann, wenn die gebotene Tilgung auch verwaltungstechnisch durchgeführt worden ist. So führt denn auch die Bundesregierung in der Begründung zu ihrem Gesetzentwurf[104] aus, dass die Verwertungsregelungen des § 29 Abs. 8 StVG auch für noch eingetragene, aber tilgungsreife Entscheidungen gelten. Das **Bundesverwaltungsgericht**[105] hat schon früher aus dem Sinn des VZR geschlossen, dass das Verwertungsverbot sowohl für getilgte als auch für tilgungsreife Eintragungen über eine Verwaltungsentscheidung gilt. **121**

b) Eintragung über gerichtliche Entscheidungen im VZR

Geregelt ist das Verwertungsverbot hinsichtlich der im VZR erfassten gerichtlichen Entscheidungen, weil solche Entscheidungen – obgleich im VZR getilgt und gelöscht – möglicherweise noch im BZR stehen: **122**

Ist eine Eintragung über eine gerichtliche Entscheidung im Verkehrszentralregister getilgt (oder tilgungsreif), so dürfen die Tat und die Entscheidung dem Betroffenen für die Beurteilung der Eignung und der Befähigung von Personen zum Führen von Kraftfahrzeugen – nämlich dem in § 28 Abs. 2 Nr. 1 StVG u.a. genannten Zweck der Speicherung von Daten im Verkehrszentralregister – nicht mehr vorgehalten und nicht zu seinem Nachteil verwertet werden (§ 29 Abs. 8 S. 1 StVG). Unterliegen diese Eintragungen einer zehnjährigen Tilgungsfrist, dürfen sie nach Ablauf eines Zeitraums, der einer fünfjährigen Tilgungsfrist nach § 29 StVG entspricht, nur noch für ein Verfahren übermittelt und verwertet werden, das die Erteilung oder Entziehung einer Fahrerlaubnis zum Gegenstand hat (§ 29 Abs. 8 S. 2 StVG).

---

104 BR-Dr. 821/96, S. 97 = VkBl 1998, 821.
105 BVerwG 17.12.1976 – VII C 28.74.

c) Eintragung über gerichtliche Entscheidungen im BZRG

123 Nach § 51 Abs. 1 BZRG dürfen die Tat und die Verurteilung dem Betroffenen im Rechtsverkehr nicht mehr vorgehalten und nicht zu seinem Nachteil verwertet werden, wenn die Eintragung über die Verurteilung im BZRG getilgt worden oder zu tilgen ist.

Die Bestimmung des § 51 Abs. 1 BZRG setzt nach ihrem klaren Wortlaut eine **Verurteilung** voraus. Das stellt der **Bundesgerichtshof** in seinem Beschluss vom 08.03.2005 – 4 StR 569/04 – klar und fügt hinzu:

> „Eine erweiternde Auslegung dieser Ausnahmevorschrift auf Fälle, in denen eine Verurteilung nicht erfolgt ist, verbietet sich. Zweck des Verwertungsverbots in § 51 Abs. 1 BZRG ist es, den Verurteilten vom Strafmakel zu befreien und dadurch seine Resozialisierung zu fördern (vgl. *Rebmann/Uhlig* BZRG § 51 Rdn. 1; *Götz/ Tolzmann* BZRG 4. Aufl. § 51 Rdn. 4). Dieser Normzweck greift nicht, wenn eine Verurteilung nicht stattgefunden hat. Der Bundesgerichtshof hat daher ein Verwertungsverbot in einem Fall verneint, in dem das frühere Verfahren durch Einstellung geendet hatte (BGHSt 25, 64 [= NJW 1973, 289]). Dies hat erst recht zu gelten, wenn es – wie im vorliegenden Fall – nicht einmal zur Durchführung eines Strafverfahrens gekommen ist."

Abweichend von § 51 Abs. 1 BZRG darf aber eine frühere Tat in einem Verfahren berücksichtigt werden, das die **Erteilung oder Entziehung einer Fahrerlaubnis** zum Gegenstand hat, solange die Verurteilung nach den Vorschriften der §§ 28 bis 30b StVG verwertet werden darf (§ 52 Abs. 2 S. 1 BZRG). Durch diese mit dem neuen Fahrerlaubnisrecht zum 01.01.1999 eingeführte Regelung ist die bisher mögliche unbefristete („ewige") Verwertung für Verfahren, die die Erteilung oder Entziehung der Fahrerlaubnis zum Gegenstand haben, abgeschafft. Durch die Verweisung auf die Vorschriften der §§ 28 bis 30b StVG ist nunmehr die Verwertung von Eintragungen im BZRG auf die in § 29 Abs. 8 StVG vorgesehenen Fristen begrenzt.

124 Nach § 29 Abs. 1 StVG beträgt die Tilgungsfrist für alkoholbezogene Straftaten (§ 315c Abs. 1 Nr. 1 Buchst. a, §§ 316 und 323a StGB) einheitlich zehn Jahre.

Durch Übergangsvorschrift nach § 65 Abs. 9 S. 1 StVG wurde allerdings bestimmt, dass für Entscheidungen, die bis 31.12.1998 im VZR eingetragen waren, noch die alten Fristen weiter gelten. Maßgebend war also insoweit auch die alte Tilgungsfrist von fünf Jahren. Im Rahmen der alten (bis 31.12.1998 bestehenden) Rechtslage galt aber hinsichtlich der Verwertung § 52 Abs. 2 BZRG. Diese Vorschrift ermöglichte die Verwertung auch über die fünfjährige Tilgungsfrist hinaus; in der Praxis der Fahrerlaubnisbehörden erfolgte eine Verwertung bis zehn Jahre, wobei zu beachten ist, dass § 52 Abs. 2 BZRG in seiner bis Ende 1998 geltenden Fassung sogar die „ewige" Verwertung zuließ.

Die übergangsweise Beibehaltung der kurzen Frist von fünf Jahren einerseits, das Abschneiden der Verwertungsvorschrift des § 52 Abs. 2 BZRG nach dem 31.12.1998 andererseits, führte in der Praxis jedoch zu großen Unzuträglichkeiten und Ungerechtigkeiten. Die Fahrerlaubnisbehörden waren gerade im für die Verkehrssicherheit sehr sensiblen Alkoholbereich gehindert, wie in der Vergangenheit die strafgerichtlichen Entscheidungen über die fünfjährige Tilgungsfrist hinaus zu verwerten. Diese Lücke ist durch das StVRÄndG vom 19.03.2001 geschlossen worden: Nach dem durch dieses Gesetz in § 65 Abs. 9 S. 1 StVG angefügten Hs. dürfen Entscheidungen nach § 52 Abs. 2 BZRG in der bis Ende 1998 geltenden Fassung verwertet werden, jedoch längstens bis zu dem Tag, der einer zehnjährigen Tilgungsfrist entspricht. Damit ist auch der Gleichstand mit der ab 01.01.1999 geltenden Neuregelung hergestellt.[106] Die Übergangsvorschrift in § 65 Abs. 9 S. 1 2. Hs. StVG verstößt nicht gegen das rechtsstaatliche Rückwirkungsverbot.[107]

2. Datenschutz

Grundlegende Vorschriften hierzu enthält das Bundesdatenschutzgesetz, dessen Zweck es ist, den Einzelnen davor zu schützen, dass er durch den Umgang mit seinen personenbezogenen Daten in seinem Persönlichkeitsrecht beeinträchtigt wird (§ 1 Abs. 1 BDSG). Dieses Gesetz gilt für die Erhebung, Verarbeitung und Nutzung personenbezogener Daten insbesondere auch durch öffentliche Stellen des Bundes, öffentliche Stellen der Länder, soweit der Datenschutz nicht durch Landesgesetz geregelt ist und soweit sie Bundesrecht ausführen (§ 1 Abs. 2 BDSG).

125

Die Vorschriften des BDSG gehen denen des Verwaltungsverfahrensgesetzes vor, soweit bei der Ermittlung des Sachverhalts personenbezogene Daten verarbeitet werden (§ 1 Abs. 5 BDSG). Soweit andere Rechtsvorschriften des Bundes auf personenbezogene Daten einschließlich deren Veröffentlichung anzuwenden sind, gehen sie den Vorschriften des BDSG vor (§ 1 Abs. 4 BDSG).

a) Verwertung von Daten der Fahrerlaubnisbehörde

Zur Feststellung von Eignung und Befähigung eingeholte Registerauskünfte, Führungszeugnisse, Gutachten und Gesundheitszeugnisse dürfen nur zur Feststellung oder Überprüfung der Eignung oder Befähigung verwendet werden (§ 2 Abs. 9 S. 1 StVG). Das gilt auch für vom Antragsteller beigebrachte Unterlagen (§ 2 Abs. 9 S. 5 StVG).

126

---

106 Siehe dazu auch BVerwG 12.07.2001.
107 VGH Mannheim 29.07.2003.

Der Fahrerlaubnisinhaber oder -bewerber kann Herausgabe von ihm vorgelegter Berichte von Ärzten oder Gutachten von medizinisch-psychologischen Untersuchungsstellen nicht verlangen. Denn die Pflicht zur vollständigen Aktenführung steht deren Entfernung aus den Akten entgegen,[108] solange solche Entfernung nicht besonders vorgeschrieben ist.

aa) Vernichtung alter Unterlagen

127 Solche Unterlagen sind nach spätestens zehn Jahren zu vernichten, falls sie nicht von Bedeutung sind für Entscheidungen, die im Verkehrszentralregister oder im Zentralen Fahrerlaubnisregister einzutragen sind, z.B. die Entziehung einer Fahrerlaubnis oder eine Beschränkung einer Fahrerlaubnis (§ 2 Abs. 9 S. 2 bis 4 StVG); sonst müssen sie so lange aufbewahrt werden, wie die Entscheidungen im Register stehen.

Ist die Vernichtung nur mit unverhältnismäßigem Aufwand möglich, tritt an ihre Stelle die Sperrung der in den Unterlagen befindlichen Daten (§ 2 Abs. 9 S. 6 StVG).

In einer auf 15 Jahre bemessenen Übergangszeit brauchen die Unterlagen erst vernichtet bzw. gesperrt zu werden, wenn sich die Fahrerlaubnisbehörde ohnehin aus anderem Anlass mit dem Vorgang befasst (§ 65 Abs. 1 StVG).

bb) Vernichtung von Polizeiinformationen

Mitteilungen der Polizei über Tatsachen, die Bedenken gegen die Eignung einer Person zum Führen von Kraftfahrzeugen begründen,[109] sind unverzüglich zu vernichten, soweit sie für die Beurteilung der Eignung oder Befähigung nicht erforderlich sind, insbesondere weil die betreffende Person keine Fahrerlaubnis besitzt oder beantragt hat (§ 2 Abs. 12 S. 2 StVG).

b) Verwertung fremder Daten

128 Das Nutzen personenbezogener Daten ist nur zulässig, wenn es zur Erfüllung der in der Zuständigkeit der speichernden Stelle liegenden Aufgaben erforderlich ist und es für die Zwecke erfolgt, für die die Daten erhoben worden sind (§ 14 Abs. 1 S. 1 BDSG).

Das Nutzen für andere Zwecke ist allerdings zulässig, wenn der Betroffene eingewilligt hat (§ 14 Abs. 2 Nr. 2 BDSG). Im Übrigen ist sie an im Einzelnen beschriebene strenge Voraussetzungen gebunden und u.a. zulässig, wenn es zur Abwehr erheblicher

---

108 OVG Lüneburg 26.08.1996; Datum und Fundstelle des in diesem Beschluss zitierten Beschlusses des BVerfG müssen richtig lauten: 06.06.1983 – NJW 1983, 2135.
109 Siehe unter § 6 Rn 18.

Nachteile für das Gemeinwohl oder einer sonst unmittelbar drohenden Gefahr für die öffentliche Sicherheit erforderlich ist (§ 14 Abs. 2 Nr. 6 BDSG).

Die Fahrerlaubnisbehörde hat danach im Einzelfall zu prüfen, ob die Verwertung von anderen Stellen herrührender personenbezogener Daten ohne Einwilligung des Betroffenen zur Abwehr erheblicher Nachteile für das Gemeinwohl oder einer sonst unmittelbar drohenden Gefahr für die öffentliche Sicherheit erforderlich ist. In der Regel wird sie das bejahen können. Denn eine präventive Kontrolle von Kraftfahrern ist erforderlich, weil der Straßenverkehr hohe Risiken für Leben, Gesundheit und Eigentum vieler Bürger birgt und an die Eignung zum Führen von Kraftfahrzeugen daher hohe Anforderungen gestellt werden müssen. Deshalb hält das **Bundesverfassungsgericht** Eingriffe in das allgemeine Persönlichkeitsrecht für grundsätzlich verfassungsrechtlich unbedenklich.[110]

129

Die Verantwortung für die Zulässigkeit der Übermittlung personenbezogener Daten trägt ohnehin die übermittelnde Stelle; nur wenn die Übermittlung auf Ersuchen des Empfängers erfolgt, trägt dieser die Verantwortung (§ 15 Abs. 2 S. 1 und 2 BDSG).

c) Verwertung von Sozialdaten

Besonderen Schutz genießen Sozialdaten, nämlich Einzelangaben über persönliche oder sachliche Verhältnisse einer bestimmten oder bestimmbaren natürlichen Person, die von den für Sozialleistungen zuständigen Leistungsträgern im Hinblick auf ihre Aufgaben nach dem SGB erhoben, verarbeitet oder genutzt werden (Sozialgeheimnis):

130

Jeder hat Anspruch darauf, dass die ihn betreffenden Sozialdaten von den Leistungsträgern nicht unbefugt erhoben, verarbeitet oder genutzt werden (§ 35 Abs. 1 SGB I).

Die Verarbeitung von Sozialdaten und deren Nutzung sind nur zulässig, soweit dies gesetzlich erlaubt ist oder soweit der Betroffene eingewilligt hat (§ 67b SGB X).

Gesetzlich erlaubt ist die Nutzung von Sozialdaten selbst dann nicht, wenn es zur Abwehr erheblicher Nachteile für das Gemeinwohl oder einer sonst unmittelbar drohenden Gefahr für die öffentliche Sicherheit erforderlich ist. Denn abweichend von der vorstehend wiedergegebenen Vorschrift des § 14 Abs. 2 Nr. 6 BDSG für den allgemeinen Datenschutz ist für Sozialdaten bestimmt, dass es zur Erfüllung von Aufgaben der Behörden der Gefahrenabwehr nur zulässig ist, im Einzelfall auf Ersuchen Name, Vorname, Geburtsdatum, Geburtsort, derzeitige Anschrift des Betroffenen, seinen derzeitigen oder zukünftigen Aufenthalt sowie Namen und Anschriften seiner derzeitigen Arbeitgeber zu übermitteln – und zwar auch nur, soweit kein Grund zur Annahme

---

110 Siehe unter § 6 Rn 131 f.

besteht, dass dadurch schutzwürdige Interessen des Betroffenen beeinträchtigt werden und wenn das Ersuchen nicht länger als sechs Monate zurückliegt (§ 68 Abs. 1 SGB X).

Rechtswidrig ist auch die Verwertung datengeschützter Sozialdaten, die der Fahrerlaubnisbehörde von dem Sozialamt derselben organisatorischen Einheit – etwa einer Kreisverwaltung – bekannt gemacht worden sind.[111]

3. Schutz des allgemeinen Persönlichkeitsrechts

131 Die vorstehend erörterten Regelungen sowohl über das Verbot der Verwertung getilgter oder tilgungsreifer Registereintragungen als auch über das Gebot, den Datenschutz zu respektieren, dienen dem Schutz des in Art. 2 Abs. 1 in Verbindung mit Art. 1 Abs. 1 GG verbürgten allgemeinen Persönlichkeitsrechts.

Besonderen Schutz erfordert das allgemeine Persönlichkeitsrecht im Zusammenhang mit der Beiziehung von Gutachten. Denn das allgemeine Persönlichkeitsrecht gewährleistet die aus dem Gedanken der Selbstbestimmung folgende Befugnis des Einzelnen, grundsätzlich selbst zu entscheiden, wann und innerhalb welcher Grenzen persönliche Lebenssachverhalte offenbart werden. Nach der vom **Bundesverfassungsgericht** in langen Jahren entwickelten Rechtsprechung schützt das allgemeine Persönlichkeitsrecht grundsätzlich vor der Erhebung und Weitergabe von Befunden über den Gesundheitszustand, die seelische Verfassung und den Charakter.[112] Der Schutz ist umso intensiver, je näher die Daten der Intimsphäre des Betroffenen stehen, die als unantastbarer Bereich privater Lebensgestaltung gegenüber aller staatlicher Gewalt Achtung und Schutz beansprucht.

132 Allerdings können Einschränkungen im überwiegenden Allgemeininteresse insbesondere dann erforderlich sein, wenn der Einzelne als in der Gemeinschaft lebender Bürger in Kommunikation mit anderen tritt, durch sein Verhalten auf andere einwirkt und dadurch die persönliche Sphäre seiner Mitmenschen oder die Belange der Gemeinschaft berührt.[113] Das gilt insbesondere auch für das Fahrerlaubnisrecht. Das **Bundesverfassungsgericht**[114] hält eine **präventive Kontrolle von Kraftfahrern** für grundsätzlich verfassungsrechtlich unbedenklich, weil der Straßenverkehr hohe Risiken für

---

111 OVG Lüneburg 12.01.1989.
112 BVerfG 08.03.1972 – Beschlagnahme von Arztkartei; BVerfG 24.05.1977 – Beschlagnahmefreiheit von Klientenakten der Suchtberatungsstelle; BVerfG 15.12.1983 – Ungültigkeit des Volkszählungsgesetzes 1983; BVerfG 09.03.1988 – Unzulässige öffentliche Bekanntmachung der Entmündigung; BVerfG 11.06.1991 – keine Pflicht zur Offenlegung der Entmündigung bei Abschluss eines Mietvertrages.
113 So schon BVerfG 10.05.1957.
114 BVerfG 24.06.1993.

§ 6 Prüfung der Voraussetzungen der Fahrerlaubnis

Leben, Gesundheit und Eigentum vieler Bürger birgt und an die Eignung zum Führen von Kraftfahrzeugen daher hohe Anforderungen gestellt werden müssen.

Beschränkungen des Rechts auf informationelle Selbstbestimmung im überwiegenden Allgemeininteresse bedürfen aber nach Art. 2 Abs. 1 GG einer gesetzlichen Grundlage und müssen dem Prinzip der Verhältnismäßigkeit genügen.[115] Das **Bundesverfassungsgericht**[116] erkennt einen letzten unantastbaren Bereich privater Lebensgestaltung an, der der öffentlichen Gewalt schlechthin entzogen ist, so dass selbst schwer wiegende Interessen der Allgemeinheit Eingriffe in diesen Bereich nicht rechtfertigen, meint aber, die Verfassung gebiete es nicht, **Tagebücher** oder ähnliche private Aufzeichnungen schlechthin von der Verwertung im **Strafverfahren** auszunehmen.

133

„Allein die Aufnahme in ein Tagebuch entzieht Informationen noch nicht dem staatlichen Zugriff. Vielmehr hängt die Verwertbarkeit von Charakter und Bedeutung des Inhalts ab. Enthalten solche Aufzeichnungen etwa Angaben über die Planung bevorstehender oder Berichte über begangene Straftaten, stehen sie also in einem unmittelbaren Bezug zu konkreten strafbaren Handlungen, so gehören sie dem unantastbaren Bereich privater Lebensgestaltung nicht an. Daraus folgt auch, daß im Rahmen der Strafverfolgung nicht von vornherein ein verfassungsrechtliches Hindernis besteht, solche Schriftstücke daraufhin durchzusehen, ob sie der prozessualen Verwertung zugängliche Informationen enthalten. Hierbei ist allerdings die größtmögliche Zurückhaltung zu wahren; dies ist durch geeignete Maßnahmen sicherzustellen. Dabei ist zu bedenken, dass der Richtervorbehalt, der in § 110 I StPO a. F. für die Durchsicht persönlicher Papiere enthalten war, im Jahre 1974 entfallen ist.

Gehören private Aufzeichnungen nicht zum absolut geschützten Kernbereich, so bedarf ihre Verwertung im Strafverfahren der Rechtfertigung durch ein überwiegendes Interesse der Allgemeinheit. Das Grundgesetz weist den Erfordernissen einer an rechtsstaatlichen Garantien ausgerichteten Rechtspflege im Hinblick auf die Idee der Gerechtigkeit einen hohen Rang zu. Das Bundesverfassungsgericht hat wiederholt die unabweisbaren Bedürfnisse einer wirksamen Strafverfolgung und Verbrechensbekämpfung hervorgehoben, das öffentliche Interesse an einer möglichst vollständigen Wahrheitsermittlung im Strafverfahren betont und die wirksame Aufklärung gerade schwerer Straftaten als einen wesentlichen Auftrag eines rechtsstaatlichen Gemeinwesens bezeichnet (vgl. BVerfGE 77, 65, 76 mwN). Andererseits kommt dem Grundrecht auf freie Entfaltung der Persönlichkeit keine geringere Bedeutung zu. Ein gerechter Ausgleich dieser Spannungen lässt sich nur dadurch erreichen, dass den unter dem Blickpunkt der Erfordernisse einer wirksamen Rechtspflege erforderlich erscheinenden Eingriffen das Schutzgebot des

---
115 BVerfG 09.03.1988.
116 BVerfG 14.09.1989.

Art. 2 I i. V. mit Art. 1 I GG ständig als Korrektiv entgegengehalten wird. Das bedeutet, dass jeweils zu ermitteln ist, welchem dieser beiden verfassungsrechtlich bedeutsamen Prinzipien das größere Gewicht zukommt (vgl. BVerfGE 34, 238, 249). Ist eine Verwertung der Aufzeichnungen danach nicht generell ausgeschlossen, so ist im konkreten Fall weiter zu prüfen, ob die Verwertung im Strafverfahren für die Ermittlung der Straftat geeignet und erforderlich ist und ob der dadurch bedingte Eingriff in die Privatsphäre zum strafrechtlichen Aufklärungsziel nicht außer Verhältnis steht. Auch für Fälle der hier in Rede stehenden Art hat der Gesetzgeber im Jahre 1986 die Möglichkeit eröffnet, zum Schutz der Vertraulichkeit die Öffentlichkeit auszuschließen (§ 171b GVG)."

134 Auf diese Entscheidung des Bundesverfassungsgerichts bezieht sich der **Verwaltungsgerichtshof Baden-Württemberg**[117] und meint, dass **Tagebuchaufzeichnungen eines Dritten**, die Auskunft über den Cannabiskonsum eines im Fahrerlaubnisverfahren Beteiligten geben, von der Fahrerlaubnisbehörde bei der Entscheidung, ob die Beibringung eines ärztlichen Gutachtens angeordnet wird, verwertet werden können:

„Ungeachtet der Tatsache, dass die Tagebuchaufzeichnungen von der Fahrerlaubnisbehörde nicht im Hinblick auf die Autorin sondern in Bezug auf eine andere Person verwertet wurden, ist zu beachten, dass der in den Aufzeichnungen dokumentierte Cannabiskonsum der Antragstellerin zu erheblichen Gefahren für die Sicherheit des Straßenverkehrs führt. Berührter Belang im Sinne der Anforderungen des Bundesverfassungsgerichts ist hier der der Behörde obliegende Schutz von hochrangigen Rechtsgütern einer großen Zahl von Verkehrsteilnehmern, die darauf vertrauen, dass die zuständige Behörde sie vor Gefahren im Zusammenhang mit ihrer Teilnahme am Straßenverkehr so weit wie möglich schützt."

135 Weitgehend unantastbar sind deshalb insbesondere **Sozialdaten**, deren Nutzung ohne Einwilligung des Betroffenen selbst dann nicht erlaubt ist, wenn es zur Abwehr erheblicher Nachteile für das Gemeinwohl oder einer sonst unmittelbar drohenden Gefahr für die öffentliche Sicherheit erforderlich ist.[118]

Aus diesen Grundsätzen ergibt sich:

a) Beiziehung von Krankenunterlagen

136 Hierzu hat das **Bundesverfassungsgericht** in seinem Beschluss über die Unzulässigkeit der Beschlagnahme einer Arztkartei[119] u.a. ausgeführt:

---

117 VGH Mannheim 16.06.2003.
118 Siehe unter § 6 Rn 130.
119 BVerfG 08.03.1972.

„Ärztliche Karteikarten (Krankenblätter) betreffen mit ihren Angaben über Anamnese, Diagnose und therapeutische Maßnahmen zwar nicht die unantastbare Intimsphäre, wohl aber den privaten Bereich des Patienten. Damit nehmen sie teil an dem Schutz, den das Grundrecht aus Art. 2 Abs. 1 i.V.m. Art. 1 Abs. 1 GG dem Einzelnen vor dem Zugriff der öffentlichen Gewalt gewährt. Insbesondere gilt das für die Erkenntnisse, die der Arzt durch seine berufliche Tätigkeit über den Gesundheitszustand des Patienten gewinnt und schriftlich niederlegt. Dabei kommt es nicht darauf an, ob derartige Aufzeichnungen Krankheiten, Leiden oder Beschwerden verraten, deren Offenbarung den Betroffenen mit dem Verdacht einer Straftat belastet, ihm in anderer Hinsicht peinlich oder seiner sozialen Geltung abträglich ist. Vielmehr verdient ganz allgemein der Wille des Einzelnen Achtung, so höchstpersönliche Dinge wie die Beurteilung seines Gesundheitszustandes durch einen Arzt vor fremdem Einblick zu bewahren (vgl. BGHZ 24, 72 [81] = NJW 57, 1146). Wer sich in ärztliche Behandlung begibt, muss und darf erwarten, dass alles, was der Arzt im Rahmen seiner Berufsausübung über seine gesundheitliche Verfassung erfährt, geheim bleibt und nicht zur Kenntnis Unberufener gelangt. Nur so kann zwischen Patient und Arzt jenes Vertrauen entstehen, das zu den Grundvoraussetzungen ärztlichen Wirkens zählt, weil es die Chancen der Heilung vergrößert und damit – im Ganzen gesehen – der Aufrechterhaltung einer leistungsfähigen Gesundheitsfürsorge dient.

Bezieht sich der verfassungsrechtliche Schutz der Privatsphäre des Einzelnen demnach auch auf die Karteikarte des Arztes, der sie dazu benutzt, die kraft seiner Sachkunde gemachten Wahrnehmungen über den Gesundheitszustand des Patienten festzuhalten und als Gedächtnisstütze für dessen weitere Behandlung zu verwenden, dann bedeutet dies, dass eine solche Karteikarte dem Zugriff der öffentlichen Gewalt grundsätzlich entzogen ist. Das ändert freilich nichts daran, dass selbst insoweit schutzwürdige Geheimhaltungsinteressen des Einzelnen zurücktreten müssen, wo überwiegende Belange des Gemeinwohls dies zwingend gebieten."

Überwiegende Belange des Gemeinwohls gebieten aber die Beiziehung von Krankenunterlagen für Entscheidungen im Fahrerlaubnisrecht nicht. Das entspricht auch der Wertung des Gesetzgebers. Denn er hat insoweit keine gesetzlichen Grundlage geschaffen, die aber für Beschränkungen des Rechts auf informationelle Selbstbestimmung im überwiegenden Allgemeininteresse nach Art. 2 Abs. 1 GG erforderlich wäre.[120]

137

Das steht überdies im Einklang damit, dass der Gesetzgeber auch die Nutzung von Sozialdaten selbst dann nicht erlaubt, wenn es zur Abwehr erheblicher Nachteile für

---

120 BVerfG 09.03.1988.

§ 6 Prüfung der Voraussetzungen der Fahrerlaubnis

das Gemeinwohl oder einer sonst unmittelbar drohenden Gefahr für die öffentliche Sicherheit erforderlich ist.[121]

Die Beiziehung von Krankenunterlagen ohne Einwilligung des Betroffenen für ihn betreffende Entscheidungen im Fahrerlaubnisrecht ist deshalb unzulässig.

b) Anordnung der Gutachtenbeibringung

138 Solche Anordnung berührt in der Regel das in Art. 2 Abs. 1 in Verbindung mit Art. 1 Abs. 1 GG verbürgte allgemeine Persönlichkeitsrecht. Sie darf trotz ihrer grundsätzlichen Zulässigkeit nicht zu einer unverhältnismäßigen Grundrechtsbeschränkung führen. Dem allgemeinen Persönlichkeitsrecht wird nur dann angemessen Rechnung getragen, wenn die Anforderung eines Gutachtens sich auf solche Mängel bezieht, die bei vernünftiger, lebensnaher Einschätzung die ernsthafte Besorgnis begründen, dass der Betroffene sich als Führer eines Kraftfahrzeugs nicht verkehrsgerecht und umsichtig verhalten wird.

139 Das legt das **Bundesverfassungsgericht** in einer die Anordnung der Beibringung eines medizinisch-psychologischen Gutachtens betreffenden Entscheidung[122] dar und weist darauf hin, dass höchstpersönliche Befunde, die unter den Schutz des allgemeinen Persönlichkeitsrechts fallen, sowohl im medizinischen als auch im psychologischen Teil der Untersuchung erhoben werden. Solche höchstpersönlichen Befunde werden bei einer medizinischen Untersuchung durch einen Facharzt ebenfalls erhoben. Nach Ansicht des Bundesverfassungsgerichts stehen allerdings die bei der psychologischen Untersuchung erhobenen Befunde dem unantastbaren Bereich privater Lebensgestaltung noch näher als die rein medizinischen Feststellungen und sind deswegen stärker von Art. 2 Abs. 1 GG in Verbindung mit Art. 1 Abs. 1 GG geschützt.

c) Psychologische Tests bei der Untersuchung

140 Verfassungsrechtliche Bedenken stehen der Verwendung psychologischer Tests bei der Prüfung der Eignung zum Führen von Kraftfahrzeugen nach Ansicht des **Bundesverwaltungsgerichts**[123] nicht entgegen.

Der gemäß § 93 a Abs. 2 BVerfGG berufene „Dreier-Ausschuss" von Richtern des Ersten Senats des **Bundesverfassungsgerichts**[124] hat eine diese Frage aufwerfende Verfassungsbeschwerde nicht zur Entscheidung angenommen und u.a. ausgeführt, es liege in der Natur psychologischer Eignungstests, in den geistig-seelischen Eigenraum

---

121 Siehe unter § 6 Rn 130.
122 BVerfG 24.06.1993.
123 BVerwG 20.12.1963.
124 BVerfG 04.09.1984.

des Probanden einzudringen und auf diese Weise Erkenntnisse über seine charakterlichen Eigenschaften zu gewinnen. Nach seiner Auffassung ist dagegen wegen der Sozialbezogenheit der Teilnahme am öffentlichen Straßenverkehr **verfassungsrechtlich nichts zu erinnern**[125] und ist zudem die Zulässigkeit einzelner Fragestellungen, die dem Betroffenen im Rahmen der Eignungsuntersuchung vom Gutachter vorgelegt worden sind und deren Beantwortung er hätte verweigern können, einer isolierten verfassungsgerichtlichen Kontrolle nicht zugänglich.

Wegen der Zulässigkeit, einzelne den Intimbereich des Betroffenen berührende Fragen bei der Eignungsuntersuchung nicht zu beantworten, besteht jedenfalls keine uneingeschränkte Mitwirkungspflicht[126] an psychologischen Untersuchungen, wie *Greck*[127] hervorhebt: 141

„Aus verfassungsrechtlicher Sicht stellt der Beschluss des Dreieraussschusses hierzu klar, dass die allgemeine Mitwirkungspflicht an medizinisch-psychologischen Untersuchungen da ihre Grenze findet, wo der Kernbereich grundrechtlich geschützter Interessen des Probanden (Intimsphäre) durch unzulässige Fragestellungen tangiert wird, die in ihrer Intensität über das Maß der durch den Sozialbezug der Handlung (Teilnahme am Straßenverkehr) grundsätzlich möglichen Grundrechtseinschränkung hinausgehen."

4. Verwertungsverbot aus anderen Rechtsbereichen

Mit der Frage, welchen Einfluss auf das Verwaltungsverfahrensrecht in anderen Verfahrensordnungen vorgeschriebene Beweisverwertungsverbote haben, befasst sich das **Niedersächsische Oberverwaltungsgericht**[128] am Beispiel des § 136a StPO: 142

„Die Freiheit der Willensentschließung und der Willensbetätigung des Beschuldigten darf nicht beeinträchtigt werden durch Misshandlung, durch Ermüdung, durch körperlichen Eingriff, durch Verabreichung von Mitteln, durch Quälerei, durch Täuschung oder durch Hypnose. Zwang darf nur angewandt werden, soweit das Strafverfahrensrecht dies zulässt. Die Drohung mit einer nach seinen Vorschriften unzulässigen Maßnahme und das Versprechen eines gesetzlich nicht vorgesehenen Vorteils sind verboten.

Maßnahmen, die das Erinnerungsvermögen oder die Einsichtsfähigkeit des Beschuldigten beeinträchtigen, sind nicht gestattet."

---

125 Insoweit bezieht der Ausschuss sich auf BVerfG 10.05.1957.
126 Siehe dazu unter § 8 Rn 61 ff.
127 zfs 1984, 380.
128 OVG Lüneburg 27.10.2000.

Das Verbot der Absätze 1 und 2 gilt ohne Rücksicht auf die Einwilligung des Beschuldigten. Aussagen, die unter Verletzung dieses Verbots zustande gekommen sind, dürfen auch dann nicht verwertet werden, wenn der Beschuldigte der Verwertung zustimmt."

Hierzu führt das Oberverwaltungsgericht aus, dass das Verwertungsverbot des § 136a Abs. 3 S. 2 StPO – zunächst – nur für das Strafverfahren gilt. Es legt dar, dass umstritten ist, inwieweit Verwertungsverbote in bestimmten Rechtsbereichen in die gesamte Rechtsordnung übergreifen, und hält zusammenfassend fest, dass im Einzelfall – soweit nicht ein den jeweiligen Rechtskreis betreffendes Verwertungsverbot besteht – eine Interessenabwägung zwischen widerstreitenden Interessen zu erfolgen hat. Es weist darauf hin, dass sich Rechtsprechung und Lehre bisher nicht auf – allgemein – verbindliche Regeln, unter welchen Voraussetzungen ein solches Verbot besteht, haben einigen können und die Abwägungslehre nach der Sachlage und der Art des Verbots entscheidet. Es kommt zu dem Ergebnis:

„Danach kommt es darauf an, ob höherwertige Rechtsgüter die Verwertung von Beweisergebnissen unabweislich machen. Diese Verwertung ist im Interesse der Verkehrssicherheit geboten, dem Interesse an der Einhaltung des § 136a Abs. 3 S. 2 StPO in der gesamten Rechtsordnung stehen die Interessen der Sicherheit des Straßenverkehrs durchgreifend entgegen; denn es bestehen große Gefahren, die dem Leben und der Gesundheit der Verkehrsteilnehmer drohen, wenn fahruntaugliche Personen am Straßenverkehr teilnehmen. Bei dem Umfang des heutigen Verkehrs überwiegt das Interesse daran, fahruntaugliche Personen von der Teilnahme am motorisierten Straßenverkehr auszuschließen, gegenüber dem Interesse des Einzelnen an der Beachtung des § 136a Abs. 3 S. 2 StPO im Bereich dieses Teils des Ordnungsrechts."

5. Konsequenzen

143 Dass bestimmte Beweise nicht erhoben und bei gleichwohl durchgeführter Beweiserhebung hervorgetretene Umstände nicht verwertet werden dürfen, hat u.U. erhebliche Auswirkungen auf die Prüfung von Eignung und Befähigung:

a) Einwilligung des Betroffenen

144 Sie erlaubt lediglich die Verwertung von Daten, die dem allgemeinen Datenschutz oder dem Schutz von Sozialdaten unterliegen (§ 14 Abs. 2 Nr. 2 BDSG, § 67b SGB X).

Hinsichtlich der in VZR und BZRG getilgten oder tilgungsreifen Eintragungen fehlt jedoch eine Vorschrift, die es erlaubt, solchen Eintragungen zugrunde liegende Taten oder Entscheidungen entgegen § 29 Abs. 8 S. 1 StVG dem Betroffenen mit dessen Einwilligung vorzuhalten und zu seinem Nachteil zu verwerten.

Sie dürfen nach dem eindeutigen Gesetzeswortlaut selbst dann nicht zum Nachteil des Betroffenen verwertet werden, wenn er von sich aus und ohne entsprechenden Vorhalt über solche Taten oder Entscheidungen berichtet. Sie können allenfalls zum Vorteil des Betroffenen verwertet werden – etwa zur Stützung der Erwägung, der Betroffene werde sich in Zukunft gesetzestreu verhalten (weil er sich auch nach den von ihm berichteten Taten und Entscheidungen wieder gefangen, nämlich so lange gesetzestreu verhalten hat, dass die deswegen erfolgten Registereintragungen bereits getilgt oder tilgungsreif sind). **145**

Nicht ausgeschlossen von der Verwertbarkeit sind jedoch Taten, deretwegen keine Entscheidung ergangen und deshalb auch keine Registereintragung erfolgt ist. Berichtet der Betroffene etwa, von den von ihm früher begangenen Taten sei nur jede zehnte entdeckt worden – mit der Folge einer Entscheidung sowie entsprechender Registereintragung – und wegen der jeweils neun weiteren Taten sei eine Ahndung mangels Entdeckung ausgeblieben, können ihm diese neun Taten oder ein Vielfaches davon vorgehalten und zu seinem Nachteil verwertet werden. Gleiches gilt, wenn der Betroffene etwa berichtet, von ihm begangene Taten seien jahrelang unentdeckt geblieben, weil er sich zur Vermeidung weiterer Ahndungen ein schnelles Motorrad angeschafft habe und Polizeifahrzeugen einfach davongefahren sei. In solchen Fällen bedarf allerdings sorgfältiger Aufklärung, ob der Bericht des Betroffenen glaubhaft und nicht als bloße Aufschneiderei zu würdigen ist. **146**

b) Absehen von Prüfungsverfahren

Kommt es für die Beurteilung von Eignung und Befähigung auf nicht verwertbare Taten oder Umstände an, besteht kein Anlass zur Einleitung darauf zielender Prüfung von Eignung und Befähigung. **147**

Dass eine **Tilgung von Eintragungen** im Verkehrszentralregister erfolgt, beruht nach zutreffender Ansicht des **Bundesverwaltungsgerichts**[129] auf dem **Gedanken der Bewährung**: Hat ein Kraftfahrer sich innerhalb der Tilgungsfrist einwandfrei im Straßenverkehr verhalten, so kann eine von ihm ausgehende Gefahr für die Verkehrssicherheit nicht mehr angenommen werden.

Die Notwendigkeit einer umfassenden Würdigung der Persönlichkeit eines Kraftfahrers, die den mit der Erteilung und Entziehung der Fahrerlaubnis befassten Behörden obliegt, steht dem Verwertungsverbot nicht entgegen. Insoweit verweist das Bundes- **148**

---

129 BVerwG 17.12.1976 – VII C 28.74.

§ 6 Prüfung der Voraussetzungen der Fahrerlaubnis

verwaltungsgericht darauf, dass auch der Strafrichter nicht unerhebliche Beschränkungen bei der Würdigung der Persönlichkeit eines Straftäters hinnehmen muss: Er hat gemäß § 46 Abs. 2 StGB bei der Bemessung der Strafe u.a. auch das Vorleben des Täters zu berücksichtigen. Da das Verwertungsverbot uneingeschränkt eingreift, muss er getilgte Taten außer Acht lassen, selbst wenn sie ihm bekannt sind oder er sie selbst abgeurteilt hat. Bei der Maßregel der Unterbringung in der Sicherungsverwahrung, die im gleichen Maß dem Schutz der Allgemeinheit dient wie die – meist nur vorübergehende – Ausschaltung ungeeigneter Kraftfahrer aus dem Straßenverkehr, hat der Strafrichter nach § 66 Abs. 1 Nr. 3 StGB eine Gesamtwürdigung des Täters und seiner Taten vorzunehmen, bei der er ebenfalls nicht auf getilgte oder tilgungsreife Vorstrafen zurückgreifen kann.

Diese Erwägungen gelten sinngemäß auch für das Verbot der Verwertung sonstiger datengeschützter Umstände.

c) Einstellung begonnenen Prüfungsverfahrens

149 Ein etwa eingeleitetes Prüfungsverfahren muss abgebrochen werden, wenn es nur auf Taten gegründet ist, die nicht mehr verwertbar sind, weil hinsichtlich der sie betreffenden Eintragungen im VZR im Laufe des Verfahrens Tilgungsreife eingetreten ist.

So konnten etwa in einem vom **Oberverwaltungsgericht für das Land Nordrhein-Westfalen**[130] entschiedenen Fall bei Einleitung des Fahrerlaubnisentziehungsverfahrens gegen die charakterliche Fahreignung des Fahrerlaubnisinhabers Bedenken erhoben werden, weil dieser nach den Eintragungen im VZR in der Zeit von Januar 1972 bis Januar 1976 siebenmal durch mit insgesamt 15 Punkten bewertete Verkehrsverstöße auffällig geworden war. Nach dem seinerzeit geltenden § 13a Abs. 1 S. 5, Abs. 2 Nr. 1 Buchst. a StVZO waren diese Eintragungen jedoch nach Ablauf von zwei Jahren seit Rechtskraft der letzten dazu ergangenen Bußgeldentscheidung (25.03.1976) zu tilgen. Von diesem Zeitpunkt an (ab 26.03.1978) unterlagen die Verkehrsverstöße einem Verwertungsverbot. Dies hatte zur Folge, dass die Fahrerlaubnisbehörde ihre aus den Verkehrsverstößen hergeleiteten Bedenken gegen die Fahreignung ab dem Zeitpunkt der Tilgungsreife der Eintragungen nicht mehr länger aufrechterhalten durfte und den Fahrerlaubnisinhaber bei gleichwohl erfolgtem Erlass der Fahrerlaubnisentziehungsverfügung wegen Nichtbefolgung einer Untersuchungsanordnung am 02.05.1979 so behandeln musste, als ob dieser keinerlei Verkehrsverstöße begangen hätte. Das Oberverwaltungsgericht hebt die Fahrerlaubnisentziehungsverfügung auf, weil die Umstände, die ursprünglich die Untersuchungsanordnung rechtfertigten, nicht (mehr) zulasten des Kraftfahrers verwertet werden konnten und die Behörde das Verfahren einzustellen hatte.

---

130 OVG Münster 23.10.1980.

Auf diese Entscheidung bezieht sich der **Bayerische Verwaltungsgerichtshof**[131] unter anderem und geht davon aus, dass eine mit der Nichtvorlage eines geforderten Gutachtens begründete Entziehung der Fahrerlaubnis nur dann Bestand haben kann, wenn die die Gutachtensanordnung rechtfertigenden Eignungszweifel über den Zeitpunkt dieser Anordnung hinaus bis zum Abschluss des behördlichen Verfahrens – einschließlich des Widerspruchsverfahrens – berechtigt waren, insbesondere, dass die Umstände, die auf einen Eignungsmangel hinweisen, während des gesamten behördlichen Verfahrens zulasten des Erlaubnisinhabers verwertbar (gewesen) sein müssen. In dem von ihm entschiedenen Fall durfte die Fahrerlaubnisbehörde bei Ergehen der Gutachtensanordnung vom 19.07.1995 – auch unter Berücksichtigung der Teilnahme des Fahrerlaubnisinhabers an einem Aufbauseminar für Kraftfahrer – zwar davon ausgehen, dass sich für den Fahrerlaubnisinhaber innerhalb eines Zeitraums von mehr als zwei Jahren 18 Punkte ergeben hatten und dass deshalb die Voraussetzungen für diese Anordnung nach dem seinerzeit geltenden § 3 Nr. 4 VwV zu § 15b StVZO vorlagen. Im Laufe des noch anhängigen Widerspruchsverfahrens waren nun aber Bußgeldentscheidungen tilgungsreif geworden. Der sich aus den nicht getilgten und auch nicht tilgungsreifen Eintragungen im VZR ergebende Punktestand des Fahrerlaubnisinhabers betrug nur noch 16 Punkte, bei Abzug von 4 Punkten für die Teilnahme an dem Aufbauseminar für Kraftfahrer nur noch 12 Punkte. Bei einem solchen Punktestand waren die in § 3 Nr. 4 VwV zu § 15b StVZO genannten Voraussetzungen einer Gutachtensanordnung nicht mehr erfüllt.

150

d) Fehlerhafte Gutachten

Werden in einem Gutachten nicht verwertbare Daten und Umstände berücksichtigt, kann das Gutachten der Beurteilung nicht zugrunde gelegt werden.

151

Das gilt auch in dem Fall, in dem sich erst nach Erstattung des Gutachtens ergibt, dass zum Zeitpunkt der Gutachtenerstattung noch verwertbare Daten und Umstände wegen inzwischen eingetretenen Verwertungsverbots nicht mehr berücksichtigt werden dürfen – etwa wegen danach eingetretener Tilgungsreife von Eintragungen, die sich auf im Gutachten berücksichtigte Taten und Entscheidungen beziehen.

In solchen Fällen muss die Fahrerlaubnisbehörde ein Ergänzungsgutachten ohne Berücksichtigung der nicht mehr verwertbaren Daten und Umstände veranlassen.

---

131 VGH München 24.10.1996.

§ 7 Begutachtung im Fahrerlaubnis-Verwaltungsverfahren

Für die Begutachtung ist von besonderer Bedeutung, welche Umstände dazu Anlass geben, welchen Umfang sie haben darf, welche Person oder Stelle sie durchführt, auf welche Weise Gutachten beigezogen werden und wie die für die Gutachtenerstattung notwendige Untersuchung vorzunehmen ist.

I. Anlass zur Begutachtung

Aus dem allgemein geltenden **Verhältnismäßigkeitsgrundsatz** folgt, dass es eines Sachverständigengutachtens nur bedarf, wenn Vorhandensein oder Fehlen von Kraftfahreignung nicht schon ohne weiteres bejaht oder verneint werden muss.[1]

Nach ständiger Rechtsprechung des **Bundesverwaltungsgerichts**[2] ist das Verlangen nach Beibringung eines Gutachtens nur rechtmäßig, wenn aufgrund konkreter tatsächlicher Anhaltspunkte berechtigte Zweifel an der Kraftfahreignung des betroffenen Kraftfahrers bestehen. Bloße Vermutungen reichen nicht aus.[3]

Das **Bundesverfassungsgericht** hat schon 1993[4] zur Auslegung des bis Ende 1998 geltenden § 15b Abs. 2 StVZO ausgesprochen, dass dabei dem allgemeinen Persönlichkeitsrecht unter Berücksichtigung der allgemein gesetzlichen Maßstäbe für die Erteilung und Entziehung der Fahrerlaubnis nur dann angemessen Rechnung getragen wird, wenn die Anforderung eines Gutachtens sich auf solche Mängel bezieht, „die bei **vernünftiger, lebensnaher Einschätzung** die ernsthafte Besorgnis begründen, dass der Betroffene sich als Führer eines Kraftfahrzeugs nicht verkehrsgerecht und umsichtig verhalten wird", und hinzugefügt: „Außerdem ist nicht bereits jeder Umstand, der auf die entfernt liegende Möglichkeit eines Eignungsmangels hindeutet, ein hinreichender Grund für die Anforderung eines medizinisch-psychologischen Gutachtens. Vielmehr müssen der Entscheidung über die Anforderung tatsächliche Feststellungen zugrunde gelegt werden, die einen Eignungsmangel als **nahe liegend** erscheinen lassen."

Darauf hat sich das **Bundesverfassungsgericht** 2002 – wiederum zur Auslegung des bis Ende 1998 geltenden Rechts – bezogen und ausdrücklich hervorgehoben:[5]

---

1 Siehe unter § 6 Rn 27 f.
2 BVerwG 23.08.1996 mit Nachweisen früherer Entscheidungen.
3 *Himmelreich, K.* und *Hentschel, P.* (1992) Rn 140 f.
4 BVerfG 24.06.1993.
5 BVerfG 20.06.2002 – unter D. I. 2. c).

§ 7 Begutachtung im Fahrerlaubnis-Verwaltungsverfahren

„Ein gänzlicher Verzicht auf hinreichende Verdachtsindikatoren ist in einem Rechtsstaat jedenfalls bei einem für die persönliche Lebensführung gewichtigen Eingriff ausgeschlossen."

Das **Bundesverwaltungsgericht**[6] betont, die Fahrerlaubnisbehörde müsse der Versuchung widerstehen, gewissermaßen durch „Schüsse ins Blaue" auf der Grundlage eines bloßen „Verdachts-Verdachts" dem Betroffenen einen im Gesetz nicht vorgesehenen Eignungsbeweis aufzuerlegen.

3 Auch das **Oberverwaltungsgericht Rheinland-Pfalz**[7] weist darauf hin, dass die Anordnung einer Untersuchungsmaßnahme nicht auf einen bloßen Verdacht hin „ins Blaue hinein" erfolgen darf. In einem Fall, in dem die Fahrerlaubnisbehörde die Beibringung eines medizinisch-psychologischen Gutachtens wegen des Verdachts der Einnahme von Betäubungsmitteln angeordnet hatte, findet es keine diesen Verdacht stützenden Tatsachen: Als einziger möglicher Anhaltspunkt kam ein Schreiben in Betracht, bei dem es sich offenbar um einen Auszug aus einer polizeilichen Rauschgifttäterdatei handelte und nach dem nicht ausgeschlossen werden konnte, dass die Betroffene früher einmal als Konsumentin von „Amphetamin/Kokain" hervorgetreten war; da aber das von der Fahrerlaubnisbehörde eingeholte Führungszeugnis keine Eintragungen enthielt, war eine verwertbare BTM-Auffälligkeit nicht feststellbar. Dass sich die Betroffene offenbar „in der Drogenszene bewegte", reicht dem Oberverwaltungsgericht nicht aus.

4 Im Jahre 1997 ergaben sich z.B. Eignungszweifel einer Fahrerlaubnisbehörde innerhalb eines Jahres aus folgenden Anlässen:[8]

Fahrten unter Alkoholeinfluss	59,4 %
Andere Verkehrsverstöße	28,9 %
Drogenproblematik	9,4 %
Körperliche Mängel	0,8 %
Sonstige	1,6 %

Seit dem 01.01.1999 ist ein Großteil der Begutachtungsanlässe in Rechtsvorschriften geregelt.

---

6 BVerwG 05.07.2001.
7 OVG Koblenz 23.05.2002.
8 *Winkler, W.* (1998).

Begutachtung im Fahrerlaubnis-Verwaltungsverfahren § 7

1. Begutachtungsanlässe nach dem StVG

Im StVG selbst sind nur wenige Anlässe für die Anordnung der Beibringung eines Gutachtens geregelt.

a) Verkehrszuwiderhandlungen des Inhabers einer Fahrerlaubnis auf Probe

Insoweit werden zwei Voraussetzungen genannt:

aa) Während erster Probezeit

Neben den bei Zuwiderhandlungen vorgesehenen besonderen Maßnahmen zur Erhaltung der Fahrerlaubnis[9] bleibt die Entziehung der Fahrerlaubnis nach § 3 StVG unberührt; die zuständige Behörde kann insbesondere auch die Beibringung eines Gutachtens einer amtlich anerkannten Begutachtungsstelle für Fahreignung anordnen, wenn der Inhaber einer Fahrerlaubnis innerhalb der Probezeit Zuwiderhandlungen begangen hat, die nach den Umständen des Einzelfalls bereits Anlass zu der Annahme geben, dass er zum Führen von Kraftfahrzeugen ungeeignet ist (§ 2a Abs. 4 S. 1 StVG).

bb) Während zweiter Probezeit

Ist die Fahrerlaubnis während der Probezeit entzogen worden, beginnt mit der Erteilung einer neuen Fahrerlaubnis eine neue Probezeit (§ 2a Abs. 1 S. 7 StVG). Wenn der Inhaber einer Fahrerlaubnis innerhalb der neuen Probezeit erneut eine schwerwiegende oder zwei weniger schwerwiegende Zuwiderhandlungen im Sinne der Anlage 12 der FeV begangen hat, hat die Fahrerlaubnisbehörde in der Regel die Beibringung eines Gutachtens einer amtlich anerkannten Begutachtungsstelle für Fahreignung anzuordnen (§ 2a Abs. 5 S. 4 StVG).

b) Erteilung neuer Fahrerlaubnis nach dem Punktsystem

Ist die Fahrerlaubnis wegen Erreichens von 18 Punkten nach der Anlage 13 der FeV entzogen worden,[10] hat die Fahrerlaubnisbehörde zum Nachweis, dass die Eignung zum Führen von Kraftfahrzeugen wieder hergestellt ist, in der Regel die Beibringung eines Gutachtens einer amtlich anerkannten Begutachtungsstelle für Fahreignung anzuordnen (§ 4 Abs. 10 S. 3).

---

9 Siehe unter § 11 Rn 38 ff.
10 Siehe unter § 11 Rn 106.

§ 7 Begutachtung im Fahrerlaubnis-Verwaltungsverfahren

2. Begutachtungsanlässe nach der FeV

10 Insoweit sind geregelt:

a) Bedenken gegen die Befähigung

11 Diesbezüglich ist in § 46 Abs. 4 S. 2 FeV nur bestimmt, dass die Fahrerlaubnisbehörde zur Vorbereitung der Entscheidung über die Entziehung der Fahrerlaubnis die Beibringung eines Gutachtens anordnen **kann**, wenn Tatsachen die Annahme rechtfertigen, dass der Fahrerlaubnisinhaber zum Führen von Kraftfahrzeugen nicht befähigt ist.

Welche Tatsachen solche Annahme rechtfertigen, ist in der FeV nicht beschrieben.

b) Bedenken gegen die körperliche oder geistige Eignung

12 Die Beibringung eines Gutachtens **kann** insbesondere angeordnet werden, wenn Tatsachen bekannt geworden sind, die auf eine Erkrankung oder einen Mangel nach Anlage 4 oder 5 der FeV hinweisen (§ 11 Abs. 2 S. 2 FeV).

Wird der Fahrerlaubnisbehörde z.B. bekannt, dass ein Fahrerlaubnisinhaber unter einem **hirnorganischen Psychosyndrom** leidet, ist sie nach §§ 46 Abs 3, 11 Abs 2 FeV i.V.m. Nr. 7.2 der Anlage 4 zur FeV berechtigt, die Vorlage eines fachärztlichen Gutachtens über die Art und Schwere dieser Erkrankung und ihre Folgen für die Fahreignung anzuordnen.[11]

13 Zur Klärung der Frage, ob auffälligem Verhalten eines Fahrerlaubnisinhabers Verdachtsmomente zu entnehmen sind, die einen Eignungsmangel im Sinne der Anlage 4 zur FeV als möglich erscheinen lassen, ist erforderlichenfalls durch Einholung eines Sachverständigengutachtens Beweis zu erheben. Das hatte die Fahrerlaubnisbehörde in einem vom **Verwaltungsgerichtshof Baden-Württemberg** entschiedenen Fall[12] vor der Gutachtensanordnung unterlassen. Der Verwaltungsgerichtshof hat die Beweiserhebung nachgeholt. Die von ihm beauftragte Sachverständige ist in ihrem schriftlichen Gutachten auf der Grundlage der ihr übersandten Aktenauszüge zu dem Ergebnis gelangt, dass sich allein aufgrund der Aktenlage weder eine Bestätigung noch ein Ausschluss einer Erkrankung des psychotischen Formenkreises finden lasse. Allerdings überwiege beim Vorliegen dieser gehäuften Indikatoren doch die Einschätzung, dass eine Erkrankung oder Symptomatik des psychotischen Formenkreises vorliege. Der Verwaltungsgerichtshof kommt zu dem Ergebnis: Wenn die Richtigkeit zumindest eines Teils einer Sachverhaltsdarstellung einer Gutachtensanforderung im Sinne von

---

11 VGH Mannheim 05.12.2001.
12 VGH Mannheim 28.10.2004.

§ 11 Abs. 6 S. 2 FeV durch eine im Rahmen des Gerichtsverfahrens durchgeführte Beweisaufnahme bestätigt wird und bereits dieser Teil der Darstellung des Verhaltens des Betroffenen das Vorliegen einer Störung im Sinne von Nr. 7 der Anlage 4 zur FeV als möglich erscheinen lässt, kann eine im Hinblick auf dieses Verhalten ergangene Anordnung zur Beibringung eines fachärztlichen Gutachtens nicht beanstandet werden.

c) Bedenken wegen des Umgangs mit Alkohol

Diesbezüglich enthält § 13 FeV besonders differenzierte Regelungen, die sich dadurch auszeichnen, dass im Unterschied zu § 11 FeV die Beibringung eines Gutachtens bei Vorliegen bestimmter Tatsachen angeordnet werden **muss**. Im Einzelnen sind benannt: 14

aa) Alkoholabhängigkeit

Dies ist zwar auch ein in Anlage 4 der FeV (unter Nr. 8.3) aufgeführter Umstand. Wenn aber Tatsachen die Annahme von Alkoholabhängigkeit begründen, hat die Fahrerlaubnisbehörde kein Ermessen hinsichtlich der Beibringung eines Gutachtens; vielmehr „ordnet die Fahrerlaubnisbehörde an", dass ein Gutachten beizubringen ist (§ 13 Nr. 1 FeV). 15

Allerdings wird die Fahrerlaubnisbehörde selten in der Lage sein, Tatsachen zu ermitteln, die die Annahme von Alkoholabhängigkeit begründen, insbesondere Anhaltspunkte für das Vorliegen von drei oder gar mehr der in den Leitlinien nach ICD 10 aufgeführten Kriterien.[13] Alkoholabhängigkeit begründende Tatsachen werden der Fahrerlaubnisbehörde in der Regel nur dann bekannt werden, wenn die Alkoholabhängigkeit in einem anderen Verfahren (etwa in einem Straf- oder Unterbringungsverfahren) festgestellt worden ist oder die Fahrerlaubnis wegen Alkoholabhängigkeit entzogen worden war. Der letztgenannte Umstand ist denn auch als Anlass für die Beibringung eines Gutachtens in § 13 Nr. 1 FeV ausdrücklich hervorgehoben. 16

bb) Alkoholmissbrauch

Auch wenn nach dem ärztlichen Gutachten zwar keine Alkoholabhängigkeit, jedoch Anzeichen für Alkoholmissbrauch vorliegen oder sonst Tatsachen die Annahme von Alkoholmissbrauch begründen, **muss** die Beibringung eines medizinisch-psychologischen Gutachtens angeordnet werden (§ 13 Nr. 2a FeV). 17

---

13 Siehe unter § 3 Rn 157.

Stellt der ärztliche Gutachter einen deutlich **erhöhten CDT-Wert**[14] fest, ist nach Auffassung des **Oberverwaltungsgerichts des Saarlandes**[15] die Anordnung der Beibringung eines medizinisch-psychologischen Gutachtens gerechtfertigt.

Voraussetzung der Anordnung der Beibringung eines Gutachtens ist, dass Tatsachen die Annahme begründen, dass **zur Zeit der Anordnung** Alkoholmissbrauch vorliegt. Die Anordnung ist nicht gerechtfertigt, wenn der Betroffene **früher** Alkoholmissbrauch getrieben und ihn nunmehr eingestellt hat.

Zudem müssen **Tatsachen** dafür vorliegen, dass der Betroffene im Sinne der Missbrauchs-Definition in Nr. 3.11.1 Abs. 2 S. 1 der Begutachtungs-Leitlinien und im Klammervermerk zu Nr. 8.1 der Anlage 4 der FeV **das Führen eines Kraftfahrzeugs und einen die Fahrsicherheit beeinträchtigenden Alkoholkonsum nicht sicher trennen** kann.

(1) Zusammenhang mit der Teilnahme am Straßenverkehr

18 Eine Alkoholauffälligkeit gibt nur Anlass für eine Anordnung nach § 13 Abs 1 Nr. 2a FeV, wenn sie in einem Zusammenhang mit der Teilnahme am Straßenverkehr steht. Das ergibt sich nach zutreffender Ansicht des **Hessischen Verwaltungsgerichtshofs**[16] deutlich aus der amtlichen Begründung, nach der § 13 Abs 1 Nr. 2 FeV die Frage der Eignung im Zusammenhang mit Alkoholauffälligkeit im Straßenverkehr erfassen soll.[17]

Das **Oberverwaltungsgericht des Saarlandes**[18] bezieht sich u.a. auf Nr. 3.11.1 der Begutachtungs-Leitlinien zur Kraftfahrereignung, wonach Alkoholmissbrauch unter anderem dann vorliegt, wenn aktenkundig belegt ist, dass es bei dem Betroffenen in der Vergangenheit im Zusammenhang mit der Straßenverkehrsteilnahme zu einem Verlust der Kontrolle des Alkoholkonsums gekommen ist,[19] und führt aus:

„Will man den Begriff der Straßenverkehrsteilnahme dabei nicht dadurch überstrapazieren, dass auf die Teilnahme betrunkener Fußgänger am Straßenverkehr abgestellt wird, so kann dieser Begriff wiederum nur auf eine aktenkundige Teilnahme am Straßenverkehr im Wege des Führen eines Fahrzeuges verstanden werden."

In einer weiteren Entscheidung geht das **Oberverwaltungsgericht des Saarlandes**[20] davon aus, dass als verantwortlicher Fahrer eines Fahrzeugs am Straßenverkehr teilge-

---

14 Siehe dazu unter § 7 Rn 286.
15 OVG Saarlouis 18.06.2004.
16 VGH Kassel 09.11.2001.
17 BR-Dr. 443/98, S. 262 = VkBl 1998, 1049 ff./1070.
18 OVG Saarlouis 18.09.2000.
19 Siehe unter § 3 Rn 163.
20 OVG Saarlouis 18.09.2003.

nommen hat, wer bei laufendem Motor und eingeschaltetem Abblendlicht auf dem Fahrersitz angegurtet sitzend und eingeschlafen mit seinem Fahrzeug auf einem Parkstreifen steht, wobei das Fahrzeug mit dem Frontbereich ca. einen Meter in die Fahrbahn hineinragt.

(2) Fehlender Zusammenhang mit der Teilnahme am Straßenverkehr

Hat ein Fahrerlaubnisinhaber gar nicht am Straßenverkehr teilgenommen, besteht kein Anlass für die Anordnung der Gutachtenbeibringung. Das verkennen einige Verwaltungsgerichte:

19

Das **Verwaltungsgericht Sigmaringen**[21] ist der Ansicht, schon der häusliche Trunk ohne Verkehrsteilnahme unter Alkohol könne die Annahme von Alkoholmissbrauch und damit eine Anordnung nach § 13 Abs 1 Nr. 2a FeV begründen bei einem **Berufskraftfahrer**, der einerseits sehr alkoholgewöhnt ist und andererseits regelmäßig fahren muss (hier: Nachtrunk von 2,5 l Weißbier und BAK von 1,57 ‰ nach leichtem Verkehrsunfall).

Der **Verwaltungsgerichtshof Baden-Württemberg**[22] hält die Anordnung nach § 13 Abs 1 Nr. 2a FeV für gerechtfertigt gegenüber einer Frau, die bereits früher mit einer BAK von 1,79 Promille im Straßenverkehr aufgefallen war und sich zur Nachtzeit (zwischen 23.00 und 24.00 Uhr) in Begleitung eines vierjährigen Kindes in wohl erheblich alkoholisiertem Zustand in einem Lokal aufgehalten und sich wohl infolge ihres alkoholisierten Zustands nach Eintreffen der Polizei dieser gegenüber in der Öffentlichkeit aggressiv verhalten hat.

Gegen diese Entscheidungen wendet sich *Himmelreich*[23] mit beachtlichen Argumenten u.a. unter Hinweis auf die Entscheidung des Bundesverwaltungsgerichts,[24] nach der ein einmaliger oder gelegentlicher Cannabiskonsum ohne konkrete Verknüpfung mit der Teilnahme am Straßenverkehr ohne das Hinzutreten weiterer bedeutsamer Umstände regelmäßig keine Anordnung zur Begutachtung rechtfertigt. Dem widerspricht allerdings *Geiger*.[25]

Der **Verwaltungsgerichtshof Baden-Württemberg**[26] vermag sich weder den Ausführungen von *Himmelreich* noch der vorzitierten Rechtsprechung des Oberverwaltungsgerichts des Saarlandes und des Hessischen Verwaltungsgerichtshofs anzuschließen, nach der eine Alkoholauffälligkeit nur dann Anlass für eine Anordnung nach § 13

20

---

21 Blutalkohol 40 (2003), 76 = DAR 2002, 94 = NVwZ-RR 2002, 116.
22 VGH Mannheim 22.01.2001.
23 *Himmelreich, K.* (2002b).
24 BVerwG 5.7.2001; siehe dazu unter § 7 Rn 57.
25 *Geiger, H.* (2002).
26 VGH Mannheim 24.06.2002.

Nr. 2 Buchst. a, 2. Fall FeV gibt, wenn sie in einem Zusammenhang mit der Teilnahme am Straßenverkehr steht. Nach seiner Ansicht ist diese Bestimmung als Auffangtatbestand konzipiert. Er hält diese Bestimmung für anwendbar in dem von ihm entschiedenen Fall, in dem gewichtige Anhaltspunkte für die Annahme sprachen, dass ein **Berufskraftfahrer** mit einer Blutalkoholkonzentration von deutlich über 2 ‰ im häuslichen Bereich Gewalttaten an seiner Ehefrau und an seinen beiden minderjährigen Kindern verübt hat.

21 In einem weiteren Fall bekräftigt der **Verwaltungsgerichtshof Baden-Württemberg**[27] diese Auffassung und hält die Anordnung der Beibringung eines medizinisch-psychologischen Gutachtens für gerechtfertigt bei einmaliger Feststellung einer schweren Alkoholisierung (2,0 ‰) eines **Taxifahrers** ohne jeden Bezug zum Straßenverkehr im Rahmen karnevalistischen Treibens an einem Rosenmontag.

22 Das **Verwaltungsgericht Augsburg**[28] meint zwar, in den, den vorstehend zitierten Entscheidungen zugrunde liegenden Fällen, sei die Forderung nach einem medizinisch-psychologischen Gutachten auf der Grundlage von § 13 Nr. 2 Buchst. a FeV möglich, weil der innere **Zusammenhang zwischen Alkoholmissbrauch und Straßenverkehr erkennbar** sei. Solchen Zusammenhang sieht es nicht in dem von ihm entschiedenen Fall, in dem eine Fahrerlaubnisinhaberin von der Polizei bei Ehestreitigkeiten alkoholisiert (festgestellte Atemalkoholkonzentration 1,22 mg/l) angetroffen wurde und keinerlei Anhaltspunkte dafür gegeben waren, dass sie zwischen einer erheblichen Alkoholisierung und der Teilnahme am Straßenverkehr nicht trennen könnte. Es meint mit Recht, dass für die Anforderung eines medizinisch-psychologischen Gutachtens nach § 13 Nr. 2 Buchst. a FeV eine **bloße hohe Alkoholisierung nicht ausreicht**.

23 Zutreffend verweist das Verwaltungsgericht darauf, dass ein Gutachten zur Aufklärung eines Eignungsmangels nur dann gefordert werden kann, wenn tatsächliche Feststellungen zu Grunde liegen, die einen solchen Mangel als nahe liegend erscheinen lassen. Bei bloßer hoher Alkoholisierung kann die Anforderung eines medizinisch-psychologischen Gutachtens nach § 13 Nr. 2 Buchst. a FeV nicht mit außerhalb der Teilnahme am Straßenverkehr liegenden Umständen begründet werden. Vielmehr ist daran festzuhalten, dass **nur Tatsachen, die im unmittelbaren Zusammenhang mit dem Führen eines Fahrzeugs im Straßenverkehr unter Alkoholeinfluss stehen**, die Anordnung zur Beibringung eines Gutachtens rechtfertigen können, zumal die FeV die zwingende Anordnung der Beibringung eines Gutachtens auch im Übrigen nur vorschreibt, wenn Zuwiderhandlungen im Straßenverkehr unter Alkoholeinfluss von besonderen Umständen begleitet werden.

---

27 VGH Mannheim 29.07.2002.
28 zfs 2005, 420.

cc) Wiederholte Verkehrszuwiderhandlungen unter Alkoholeinfluss

Zwingenden Anlass zur Anordnung der Beibringung eines Gutachtens soll der Umstand bieten, dass der Betroffene wiederholt Zuwiderhandlungen im Straßenverkehr unter Alkoholeinfluss begangen hat (§ 13 Nr. 2b FeV). 24

Auf welche Weise die wiederholten Zuwiderhandlungen im Straßenverkehr unter Alkoholeinfluss begangen wurden und ob sowie mit welchen Rechtsfolgen sie geahndet wurden, ist nach dem Wortlaut dieser Vorschrift unerheblich.

Der Wortlaut dieser Vorschrift würde die Verwaltungsbehörde z.b. zwingen, die Beibringung eines Gutachtens anzuordnen, wenn ein Fahrerlaubnisinhaber zweimal als Fußgänger am Straßenverkehr teilnimmt, obwohl er sich wegen erheblichen Alkoholeinflusses nicht sicher im Verkehr bewegen kann und keine Vorsorge getroffen hat, dass er andere nicht gefährdet, (Ordnungswidrigkeit nach §§ 2 Abs. 1, 75 Nr. 1 FeV) und dabei andere Verkehrsteilnehmer – etwa Fahrzeugführer durch achtloses Torkeln über die Straße – gefährdet oder mehr als nach den Umständen unvermeidbar behindert oder belästigt (Ordnungswidrigkeit nach §§ 1 Abs. 2, 49 Abs. 1 Nr. 1 StVO) – und zwar auch dann, wenn diese Zuwiderhandlungen ungeahndet bleiben, weil fürsorgliche Mitmenschen den Trunkenen nach Hause bringen und nicht anzeigen. 25

Das begegnet Bedenken unter dem Gesichtspunkt der **Verhältnismäßigkeit.** § 13 Nr. 2 b FeV wird dahin auszulegen sein, dass Anlass zur Anordnung der Beibringung eines Gutachtens nur besteht, wenn jemand wiederholt **erhebliche** Zuwiderhandlungen im Straßenverkehr unter Alkoholeinfluss begangen hat. In Betracht kommen etwa Ordnungswidrigkeiten nach § 24a StVG. Insoweit hat das Niedersächsische Ministerium für Wirtschaft, Technologie und Verkehr bereits angeordnet, dass ein Gutachten erst zu fordern ist, wenn mindestens ein Verstoß gegen § 24a StVG auch mit einem Fahrverbot nach § 25 Abs. 1 StVG geahndet wurde.[29] 26

dd) Führen eines Fahrzeugs unter erheblichem Alkoholeinfluss

War eine frühere Fahrerlaubnis wegen einer Trunkenheitsfahrt mit einem Blutalkoholgehalt von weniger als 1,6 ‰ entzogen worden, **kann** vor Neuerteilung der Fahrerlaubnis nach § 11 Abs. 3 S. 1 Nr. 5b FeV die Beibringung eines medizinisch-psychologischen Gutachtens angeordnet werden.[30] 27

Zwingenden Anlass zur Anordnung der Beibringung eines Gutachtens soll dagegen der Umstand bieten, dass der Betroffene **ein Fahrzeug** im Straßenverkehr bei einer

---

29 Arbeitsanweisung (siehe unter § 1 Rn 53) zu § 13 FeV.
30 Siehe unter § 7 Rn 134.

§ 7 Begutachtung im Fahrerlaubnis-Verwaltungsverfahren

Blutalkoholkonzentration von 1,6 ‰ oder einer Atemalkoholkonzentration von 0,8 mg/l oder mehr geführt hat (§ 13 Nr. 2c FeV).

28 Diese Vorschrift ist entstanden aus der Regelung, die bisher in der Fußnote 7 des Mängelkatalogs zu den Eignungsrichtlinien[31] enthalten war. Die davon abweichende Regelung in § 13 Abs. 1 Nr. 2c FeV hat der Ausschuss für Verkehr und Post des Bundesrats wie folgt begründet:[32]

„Nach einhelliger Auffassung in Wissenschaft und Literatur entspricht die bisher in der Fußnote 7 der Anlage 1 der Eignungsrichtlinien zu § 12 StVZO enthaltene Differenzierung, eine MPU bei einer BAK von 2,0 ‰ oder mehr bzw. bei einer BAK von 1,6 bis 1,99 ‰ und zusätzlichen Anhaltspunkten anzuordnen, nicht mehr dem aktuellen Forschungsstand. Vielmehr ist davon auszugehen, dass alkoholauffällige Kraftfahrer bereits mit einer BAK ab 1,6 ‰ über deutlich normabweichende Trinkgewohnheiten und eine ungewöhnliche Giftfestigkeit verfügen. Da diese Personen doppelt so häufig rückfällig werden wie Personen mit geringeren Blutalkoholkonzentrationen, ist das Erfordernis zusätzlicher Verdachtsmomente nicht mehr vertretbar. So hat das Schleswig-Holsteinische Oberverwaltungsgericht entschieden, dass es die dem Urteil vom 07.04.1992 – 4 L 238/91[33] – zugrunde liegenden grundsätzlichen Ausführungen eines Gutachtens in diesem Sinne künftig in anhängigen Verfahren berücksichtigen werde. Insbesondere die obligatorische Anordnung zur Beibringung eines Gutachtens ab einer BAK von 1,6 ‰ ohne weitere Auffälligkeiten auch bei Ersttätern wird seitdem in der ständigen Rechtsprechung des Oberverwaltungsgerichts bestätigt. Dieses wird auch zunehmend in anderen Ländern praktiziert und ist bisher nicht gerichtlich beanstandet worden."

Diese Begründung bezieht sich aber nur auf Erkenntnisse über alkoholauffällige **Kraftfahrer**.

29 § 13 Nr. 2c FeV verpflichtet die Fahrerlaubnisbehörde jedoch zur Anordnung der Beibringung eines Gutachtens nicht nur, wenn ein Kraftfahrzeug im Straßenverkehr unter erheblichem Alkoholeinfluss geführt wurde, sondern wenn überhaupt ein Fahrzeug im Straßenverkehr unter erheblichem Alkoholeinfluss geführt wurde – also z.B. ein **Fahrrad**.

30 Auf der Grundlage des bis Ende 1998 geltenden Rechts sah das **Verwaltungsgericht Bremen**[34] keinen Anlass zur Prüfung der Kraftfahreignung, wenn ein sonst unauffälliger Fahrerlaubnisinhaber am Himmelfahrtstag bei einer „Vatertagstour" mit einem

---

31 Abgedruckt in der 2. Auflage dieses Buchs, Anhang 1.
32 BR-Dr. 443/1/98, Nr. 12; abgedruckt in VkBl 1998, 1070 f.
33 OVG Schleswig 07.04.1992.
34 NZV 1992, 295 = zfs 1992, 288.

Begutachtung im Fahrerlaubnis-Verwaltungsverfahren § 7

Fahrrad bei einer Blutalkoholkonzentration von 2,22 ‰ fährt und wegen Berührung seines Lenkers mit dem Lenker eines neben ihm fahrenden Radfahrers zu Fall kommt.

Das **Bundesverwaltungsgericht**[35] hat allerdings auf der Grundlage des bis Ende 1998 geltenden Rechts nicht beanstandet, dass eine Fahrerlaubnisbehörde bei einem Inhaber einer Fahrerlaubnis für Kraftfahrzeuge, der als **Fahrradfahrer** mit einem **Blutalkoholgehalt von 2,32 ‰** am Straßenverkehr teilgenommen hatte, Zweifel an der (weiteren) Kraftfahreignung des Fahrerlaubnisinhabers hatte und die Vorlage eines Sachverständigengutachtens forderte, durch das ggf. diese Eignungszweifel hätten ausgeräumt werden können. Dabei hat es ausgeführt, dass es auf das konkret benutzte Fahrzeug bei einer Trunkenheitsfahrt nicht entscheidungserheblich ankomme. Es hat aber offen gelassen, ob eine erstmalige Trunkenheitsfahrt mit dem Fahrrad in allen Fällen Anlass zur Annahme gibt, der Betroffene werde auch ein Kraftfahrzeug unter erheblichem Alkoholeinfluss führen und sei daher als Kraftfahrer ungeeignet; insoweit verweist es auf die vorzitierte Entscheidung des Verwaltungsgericht Bremen.[36]

31

Der **Verwaltungsgerichtshof Baden-Württemberg**[37] hat – ebenfalls auf der Grundlage des bis Ende 1998 geltenden Rechts – unter Zitierung des vorerwähnten Urteils des Bundesverwaltungsgericht ausgeführt, es sei in der Rechtsprechung bereits geklärt, dass die Beibringung eines medizinisch-psychologischen Fahreignungsgutachtens bei einem Blutalkoholgehalt von 1,6 ‰ oder mehr auch von einem Ersttäter verlangt werden kann, der als Radfahrer im Straßenverkehr auffällig geworden ist. Er geht allerdings davon aus, dass in dem ihm vorliegenden Fall über die festgestellte Blutalkoholkonzentration von 1,88 ‰ hinaus „**besondere**" **qualifizierende Umstände** (der Radfahrer hatte bereits um 18.50 Uhr mit einem derart hohen Blutalkoholgehalt am öffentlichen Straßenverkehr teilgenommen) vorlagen, die die Anordnung rechtfertigen, wegen berechtigter Zweifel an der Kraftfahreignung ein medizinisch-psychologisches Gutachten beizubringen.

32

Nach Ansicht des **Oberverwaltungsgerichts für das Land Nordrhein-Westfalen**[38] kommt es für das seit Anfang 1999 geltende Recht nicht mehr darauf an, ob bei erstmaliger Teilnahme am Straßenverkehr mit einem Fahrrad mit einer Blutalkoholkonzentration von 2,18 ‰ besondere Umstände die Annahme rechtfertigen, dass der Radfahrer trotz dieser hohen Blutalkoholkonzentration zum Führen von Kraftfahrzeugen geeignet sein könnte:

33

„Aus § 13 Nr. 2c FeV ergibt sich ohne weiteres, dass bei einer Trunkenheitsfahrt mit einem Fahrzeug, also auch mit einem Fahrrad, in jedem Fall und damit auch

---

35 BVerwG 27.09.1995.
36 NZV 1992, 295 = zfs 1992, 288.
37 VGH Mannheim 16.07.1998.
38 OVG Münster 29.09.1999 und 22.01.2001.

bei einer erstmaligen Trunkenheitsfahrt die Beibringung eines medizinisch-psychologischen Gutachtens anzuordnen ist, wenn eine Blutalkoholkonzentration von 1,6 ‰ oder mehr oder eine Atemalkoholkonzentration von 0,8 mg/l oder mehr festgestellt worden ist."

34 Jedoch erscheint zweifelhaft, ob es mit dem **Verhältnismäßigkeitsgrundsatz** vereinbar ist, wenn die Fahrerlaubnisbehörde nun ohne ihrem Ermessen unterliegende Einzelfallprüfung die Beibringung eines Gutachtens in jedem Fall anordnen muss, in dem ein Fahrerlaubnisinhaber ein Fahrrad im Straßenverkehr bei einer Blutalkoholkonzentration von 1,6 ‰ oder einer Atemalkoholkonzentration von 0,8 mg/l oder mehr geführt hat. Mit Recht bemerkt *Ziegert*:[39]

„Eine erstmalige Trunkenheitsfahrt mit dem Fahrrad gibt schwerlich schon ab einer BAK von 1,6 g ‰ oder einer AAK von 0,8 mg/l Anlass zu der Annahme, er sei als Kraftfahrer ungeeignet."

Wer z.B. ganz bewusst das Führen eines Kraftfahrzeugs und einen die Fahrsicherheit beeinträchtigenden Alkoholkonsum dadurch sicher zu trennen beabsichtigt, dass er zum Kegelabend mit dem Fahrrad fährt, kann doch wohl nicht als Kraftfahrer ungeeignet sein, wenn er auf der Rückfahrt vom Kegelabend mit dem Fahrrad unter erheblichem Alkoholeinfluss steht.

ee) Nach Entziehung einer Fahrerlaubnis wegen Alkoholproblematik

35 Zwingender Anlass zur Anordnung der Beibringung eines Gutachtens besteht nach § 13 Nr. 2 d FeV, wenn die Fahrerlaubnis entzogen worden war
- wegen Alkoholabhängigkeit,
- wegen Alkoholmissbrauchs,
- wegen wiederholter Alkoholauffälligkeit,
- wegen Führen eines Kraftfahrzeugs unter erheblichem Alkoholeinfluss.

Konkrete tatsächliche Anhaltspunkte für berechtigte Zweifel an der Kraftfahreignung des betroffenen Kraftfahrers ergeben sich in diesen Fällen daraus, dass die Fahrerlaubnis wegen mangelnder Eignung entzogen worden war.

ff) Einhaltung von Abstinenz bei Alkoholabhängigkeit

36 Nach § 13 Nr. 1 FeV muss die Beibringung eines Gutachtens angeordnet werden, wenn „zu klären ist, ob Abhängigkeit nicht mehr besteht."

---

39 *Ziegert, U.* (1999).

Gemeint ist damit offensichtlich die Klärung, ob der Betroffene trotz fortbestehender Abhängigkeit – die ihm zeit seines Lebens erhalten bleibt – wieder geeignet zum Führen von Kraftfahrzeugen ist. Die Eignung kann nach den Begutachtungs-Leitlinien zur Kraftfahrereignung[40] dann wieder als gegeben angesehen werden, wenn durch Tatsachen der Nachweis geführt wird, dass dauerhafte Abstinenz besteht. Hierzu wird in den Begutachtungs-Leitlinien angemerkt, dies entspreche der Forderung in § 13 FeV, dass Abhängigkeit nicht mehr bestehen darf.

In einem konkreten Einzelfall billigt das **Bundesverwaltungsgericht**[41] das Absehen von der Beibringung eines Gutachtens, weil das Oberverwaltungsgericht in diesem Fall im Urteil vom 18.05.2001 mit nachvollziehbarer Begründung dargelegt hatte, es sei davon auszugehen, dass der Betroffene seit einer 1991 erfolgten Alkoholentwöhnung „glaubhaft trocken" sei und für diesen Zeitraum ergäben sich – belegt durch zahlreiche ärztliche Atteste – keinerlei Anhaltspunkte für einen bestehenden Alkoholgebrauch.

gg) Überwundener Alkoholmissbrauch

Die Anordnung der Beibringung eines Gutachtens ist schließlich zwingend vorgeschrieben, wenn sonst zu klären ist, ob Alkoholmissbrauch nicht mehr besteht (§ 13 Nr. 2e FeV).

d) Bedenken wegen des Umgangs mit Betäubungs- und Arzneimitteln

Diesbezüglich enthält § 14 FeV besonders differenzierte Regelungen, nach denen die Beibringung eines Gutachtens bei Vorliegen bestimmter Tatsachen entweder angeordnet werden muss oder angeordnet werden kann.

Nach Ansicht von *Kreuzer*[42] dürfte § 14 FeV verfassungswidrig sein, weil er jedes Maß an vernünftiger, sachnaher Präzisierung typischer straßenverkehrsbezogener Gefährdungskonstellationen im Zusammenhang mit Betäubungsmitteln, namentlich Cannabis, vermissen lasse. Unabhängig davon bestehen aber auch rechtliche Bedenken dagegen, ob die in § 14 FeV aufgeführten Tatsachen überhaupt hinreichend greifbare und konkrete Anhaltspunkte für Zweifel an der Kraftfahreignung ergeben.

Im Einzelnen sind als solche Tatsachen benannt:

---

40 Siehe unter § 3 Rn 159.
41 BVerwG 18.10.2001.
42 *Kreuzer, A.* (1999) S 357.

aa) Abhängigkeit

39 Die Anordnung der Beibringung eines Gutachtens ist zwingend vorgeschrieben, wenn Tatsachen die Annahme begründen, dass Abhängigkeit von Betäubungsmitteln im Sinne des Betäubungsmittelgesetzes oder von anderen psychoaktiv wirkenden Stoffen vorliegt (§ 14 Abs. 1 S. 1 Nr. 1 FeV).

40 Die Fahrerlaubnisbehörde wird allerdings selten in der Lage sein, Tatsachen zu ermitteln, die die Annahme der Abhängigkeit von Betäubungsmitteln oder von anderen psychoaktiv wirkenden Stoffen begründen, insbesondere Anhaltspunkte für das Vorliegen von drei oder gar mehr der in den Leitlinien nach ICD 10 aufgeführten Kriterien.[43] Abhängigkeit von Betäubungsmitteln oder von anderen psychoaktiv wirkenden Stoffen begründende Tatsachen werden der Fahrerlaubnisbehörde in der Regel nur dann bekannt werden, wenn solche Abhängigkeit in einem anderen Verfahren (etwa in einem Straf- oder Unterbringungsverfahren) festgestellt worden ist oder die Fahrerlaubnis wegen Abhängigkeit von Betäubungsmitteln oder von anderen psychoaktiv wirkenden Stoffen entzogen worden war. Der letztgenannte Umstand ist denn auch als Anlass für die Beibringung eines Gutachtens in § 14 Abs. 2 Nr. 1 FeV ausdrücklich hervorgehoben.

(1) Teilweise fehlende gesetzliche Ermächtigung

41 Nach § 2 Abs. 8 StVG kann die Beibringung eines Gutachtens nur angeordnet werden, wenn Tatsachen bekannt werden, die Bedenken gegen die Eignung begründen. Auf diese gesetzliche Vorschrift bezieht sich die Ermächtigung in § 6 Abs. 1 Nr. 1 Buchstabe c StGB, in einer Rechtsverordnung die Beurteilung der Eignung durch Gutachten zu regeln. Solche Verordnungsregelung kann deshalb nur die Fälle betreffen, in denen Tatsachen bekannt werden, die Bedenken gegen die Eignung begründen. Der Verordnungsgeber ist nicht ermächtigt, die Beibringung eines Gutachtens auch für Fälle vorzusehen, in denen Eignungszweifel begründende Tatsachen nicht vorliegen.

Nach den Begutachtungs-Leitlinien zur Kraftfahrereignung (unter 3.12.1)[44] gilt der Leitsatz, dass ein von Betäubungsmitteln im Sinne des Betäubungsmittelgesetzes Abhängiger nicht in der Lage ist, den gestellten Anforderungen zum Führen von Kraftfahrzeugen gerecht zu werden, nicht, wenn die Substanz aus der bestimmungsgemäßen Einnahme eines **für einen konkreten Krankheitsfall verschriebenen Arzneimittels** herrührt.

42 Durch die Vorschrift in § 14 Abs. 1 S. 1 Nr. 1 FeV überschreitet der Verordnungsgeber die ihm erteilte gesetzliche Ermächtigung, indem er eine Tatsache zur Anordnung der

---

43 Siehe unter § 3 Rn 157.
44 Abgedruckt im Anhang unter Nr. 1. Siehe dazu auch unter § 3 Rn 181.

Begutachtung im Fahrerlaubnis-Verwaltungsverfahren § 7

Beibringung eines Gutachtens genügen lässt, die unter bestimmten Umständen keine Bedenken gegen die Eignung begründet. Diese Vorschrift ist deshalb nicht anwendbar, wenn die Substanz aus der bestimmungsgemäßen Einnahme eines für einen konkreten Krankheitsfall verschriebenen Arzneimittels herrührt.

(2) Unverhältnismäßigkeit

Abgesehen von der teilweise fehlenden gesetzlichen Ermächtigung verstößt die Vorschrift in § 14 Abs. 1 S. 1 Nr. 1 FeV auch gegen den Grundsatz der Verhältnismäßigkeit. 43

Die Anordnung der Beibringung eines Gutachtens in jedem Fall, in dem Tatsachen die Annahme der Abhängigkeit von Betäubungsmitteln im Sinne des Betäubungsmittelgesetzes begründen, ist nicht gerechtfertigt, wenn dem Abhängigen ein Betäubungsmittel enthaltendes Arzneimittel für einen konkreten Krankheitsfall verschrieben worden ist und er dieses bestimmungsgemäß eingenommen hat. Die Feststellung, ob dem Abhängigen ein Betäubungsmittel enthaltendes Arzneimittel für einen konkreten Krankheitsfall verschrieben worden ist und er dieses bestimmungsgemäß eingenommen hat, kann und muss vor Anordnung der Gutachtenbeibringung – etwa durch Befragung des den Abhängigen behandelnden Arztes – aufgeklärt werden. Eine ohne solche Vorklärung erfolgende Anordnung der Beibringung eines Gutachtens wäre unverhältnismäßig.

bb) Einnahme von Betäubungsmitteln

Zwingender Anlass zur Anordnung der Beibringung eines Gutachtens soll schon bestehen, wenn Tatsachen die Annahme begründen, dass Einnahme von Betäubungsmitteln im Sinne des Betäubungsmittelgesetzes vorliegt (§ 14 Abs. 1 S. 1 Nr. 2 FeV). 44

(1) Nachweis der Einnahme von Betäubungsmitteln

Nachgewiesen werden kann die Einnahme von Betäubungsmitteln durch ein **Drogenscreening**.[45] Die Anordnung des Drogenscreenings ist jedoch nur gerechtfertigt, wenn ein hinreichender Verdacht für die Einnahme von Betäubungsmitteln gegeben ist. Solcher Verdacht kann nicht allein aus einem **Vortest** hergeleitet werden. 45

Das **Thüringer Oberverwaltungsgericht**[46] hält denn auch die Anordnung eines Drogenscreenings zutreffend für unverhältnismäßig und rechtswidrig, wenn sich der Verdacht auf Einnahme von **Amphetamin** allein aus einem **Hauttest** ergibt, weil dieser nicht nur Betäubungsmittelrückstände in körpereigenen Ausscheidungen erfasst, son- 46

---
45 Siehe unter § 7 Rn 183.
46 OVG Weimar 03.03.2004.

dern auch andere, von außen auf die Hautoberfläche gelangte Stoffe nachgewiesen werden und letzterer Umstand daher nur den einfachen Verdacht des Kontakts mit solchen Stoffen begründet.

47 Nach den vom LG Bremen[47] dargelegten Erkenntnissen ist der **Drug-Wipe-Test** als Vortest-Verfahren auch bei vermuteter **Cannabis**-Einnahme unzuverlässig:

„Bei Versuchen wurde bei positiver Reaktion lediglich in 58 % der Fälle die Wirksubstanz THC auch im Blut nachgewiesen. Auch ist der Schweißtest schon dann positiv, wenn sich die getestete Person mit Marihuana-Konsumenten im selben Raum aufgehalten hat (vgl. *Mußhoff*, Institut für Rechtsmedizin der Universität Bonn, in: www.innovationsreport.de/html/berichte/medizin gesundheit/bericht-20161.html). Bei der Nachweisempfindlichkeit von 3 ng/cm² für THC kann daher nie ausgeschlossen werden, dass mit einer Fehlerhäufigkeit von 40-50 % lediglich Kontaminationen, und nicht Konsum indiziert werden. Deswegen weist der Hersteller ausdrücklich darauf hin, dass als Probeentnahmeort nur solche genommen werden dürfen, an denen Kontaminationen ausgeschlossen werden können (Achselhöhle etc., vgl. Sekuretec Detektions-Systeme AG in: www.gifte.de/drugwipe_ii.htm)."

(2) Frühere Einnahme von Betäubungsmitteln

48 Eignung und bedingte Eignung ist grundsätzlich nur zu verneinen, wenn der Betroffene Betäubungsmittel im Sinne des Betäubungsmittelgesetzes oder andere psychoaktiv wirkende Stoffe (gegenwärtig) **„zu sich nimmt"**, nicht aber, wenn der Betroffene solche Stoffe (in der Vergangenheit) **eingenommen hat** und sie nunmehr nicht mehr einnimmt.[48]

49 Das Bundesverwaltungsgericht hielt in einem noch zu § 15b Abs. 2 StZVO a.F. ergangenen Urteil[49] die Anordnung der Beibringung eines medizinisch-psychologischen Gutachtens gegenüber einem **Fahrerlaubnisinhaber** nicht für unverhältnismäßig, weil sie – bedingt durch das wegen des Besitzes von Cannabis durchgeführte Strafverfahren und das verspätete Bekanntwerden des Vorfalls bei der Straßenverkehrsbehörde – erst **zweieinhalb Jahre** nach Feststellung des Drogenbesitzes getroffen worden ist.

50 Nach Auffassung des **Sächsischen Oberverwaltungsgerichts**[50] ist die am 12.05.2000 erfolgte Anordnung der Beibringung eines medizinisch-psychologischen Gutachtens rechtswidrig, wenn der **Fahrerlaubnisinhaber** im Jahre 1998, also etwa **eineinhalb**

---

47 zfs 2004, 380.
48 Siehe unter § 3 Rn 185.
49 BVerwG 15.12.1989.
50 OVG Bautzen 08.11.2001.

Begutachtung im Fahrerlaubnis-Verwaltungsverfahren § 7

Jahre zuvor Cannabis konsumiert hat, Hinweise auf einen gegenwärtigen Konsum von Betäubungsmitteln aber nicht vorliegen.

Nach Ansicht des **Verwaltungsgerichtshofs Baden-Württemberg**[51] ist im Rahmen eines Verfahrens auf **Wiedererteilung einer Fahrerlaubnis** nach einer im Hinblick auf einen früheren Drogenkonsum erfolgten strafgerichtlichen Fahrerlaubnisentziehung die Anordnung zur Beibringung eines medizinisch-psychologischen Gutachtens nach § 14 Abs. 2 Nr. 1 FeV auch dann rechtmäßig, wenn die Entziehung der Fahrerlaubnis viele Jahre (hier **neun Jahre**) zurückliegt und für den Zeitraum seit der Entziehung der Fahrerlaubnis keine Hinweise auf einen erneuten Drogenkonsum des Betreffenden vorliegen. Dazu führt er aus:

„In zeitlicher Hinsicht ist § 14 Abs 2 Nr. 1 FeV keine Differenzierung zu entnehmen. Denn der Wortlaut stellt allein auf eine im Hinblick auf die Einnahme von Betäubungsmitteln erfolgte Entziehung der Fahrerlaubnis ab. Ausgehend von der Konzeption des Verordnungsgebers, dass es auf die **Veränderung der Haltung gegenüber der Einnahme von Betäubungsmitteln ankommt, kann eine zeitliche Beschränkung auch grundsätzlich nicht in Betracht kommen.** Unabhängig von der Frage, wie lange die Entziehung zurückliegt, soll mit Hilfe des medizinisch-psychologischen Gutachtens die Stabilität des Einstellungswandels hinsichtlich der Einnahme von Betäubungsmitteln geprüft werden. Hierdurch soll sichergestellt werden, dass von einem Fahrerlaubnisbewerber, der sich wegen der vom Konsum von Betäubungsmitteln ausgehenden Gefahren für den öffentlichen Straßenverkehr zu einem früheren Zeitpunkt als fahrungeeignet erwiesen hat, nunmehr wegen seines Einstellungswandels keine Gefahren für den öffentlichen Straßenverkehr und damit für hochrangige Rechtsgüter anderer Verkehrsteilnehmer mehr ausgehen."

In dem von ihm entschiedenen Fall erschien dem Verwaltungsgerichtshof wegen der Vorgeschichte der im Hinblick auf den drogenbedingten Unfall vom Mai 1995 entzogenen Fahrerlaubnis die Überprüfung der Stabilität des Einstellungswandels durch das hierfür geeignete medizinisch-psychologische Gutachten in besonderem Maße geboten, weil der Fahrerlaubnisbewerberin die zuvor wegen erheblicher Verstöße gegen das Betäubungsmittelgesetz entzogene Fahrerlaubnis erst im Februar 1995 neu erteilt worden war, sie aber nur drei Monate nach der Erteilung der Fahrerlaubnis mehrere „harte" Drogen (Heroin und Kokain) konsumiert und unter dem Einfluss dieser Betäubungsmittel ein Kraftfahrzeug geführt hatte.

Der Verwaltungsgerichtshof sieht die Anordnung zur Beibringung eines medizinisch-psychologischen Gutachtens **nicht als unverhältnismäßig** an, weil die Angaben der

---

51 VGH Mannheim 18.05.2004

Fahrerlaubnisbewerberin zu den Einzelumständen der Beendigung ihres Drogenkonsums zu dürftig waren, als dass unter Hinweis auf diese Angaben das behördliche Verlangen zur Vorlage eines medizinisch-psychologischen Gutachtens zum Beleg des Einstellungswandels **ausnahmsweise als unangemessen** angesehen werden könnte, obwohl sich eine detaillierte Darstellung der Geschehnisse im Anschluss an den letzten aktenkundigen Konsum gleich von mehreren „harten" Drogen geradezu aufgedrängt habe. Durch eine ins Einzelne gehende Schilderung der von ihr unternommenen Schritte zur Entgiftung und Entwöhnung von den von ihr konsumierten „harten" Betäubungsmitteln und der Aufrechterhaltung der Abstinenz nach erfolgreicher Behandlung hätte die Fahrerlaubnisbewerberin ihren Einstellungswandel hinsichtlich des Konsums von illegalen Drogen glaubhaft und ihren Widerstand gegen das vom Landratsamt geforderte medizinisch-psychologische Gutachten plausibel machen können. Auch ihre Antwort auf eine entsprechende Nachfrage des Verwaltungsgerichtshofs ist lückenhaft geblieben: Weder hat die Fahrerlaubnisbewerberin den Namen der Entgiftungs- und Entwöhnungseinrichtung mitgeteilt noch hat sie Angaben zum Zeitpunkt oder zur Dauer der Behandlung gemacht. Auch hat sie keinen Beleg für den erfolgreichen Abschluss der in dieser Einrichtung durchgeführten Behandlung vorgelegt. Ferner sind ihre Angaben zur weiteren Behandlung im Anschluss an ihren Aufenthalt in der von ihr namentlich nicht genannten Entgiftungseinrichtung („Beibehaltung der Abstinenz nach der Entgiftung durch Gespräche mit dem Hausarzt") sehr oberflächlich geblieben.

(3) Fehlende gesetzliche Ermächtigung

52 Gegen § 14 Abs. 1 S. 1 Nr. 2 FeV bestehen erhebliche Bedenken:

Die uneingeschränkte Anwendung dieser Vorschrift ist rechtswidrig, weil der Verordnungsgeber nicht ermächtigt ist, die Beibringung eines Gutachtens auch für Fälle vorzusehen, in denen Eignungszweifel begründende Tatsachen nicht vorliegen,[52] und die Einnahme von Betäubungsmitteln im Sinne des Betäubungsmittelgesetzes keine Tatsache ist, die Bedenken gegen die Eignung begründen könnte.

53 Die Eignung kann nach Nr. 3.12.1 Abs. 5 der Begutachtungs-Leitlinien zur Kraftfahrereignung nur dann verneint werden, wenn
- diese Einnahme missbräuchlich oder regelmäßig erfolgt und dadurch
- die körperlich-geistige (psychische) Leistungsfähigkeit des Kraftfahrers ständig unter das erforderliche Maß herabgesetzt wird oder
- durch den besonderen Wirkungsablauf jederzeit unvorhersehbar und plötzlich seine Leistungsfähigkeit oder seine Fähigkeit zu verantwortlichen Entscheidungen

---

52 Siehe unter § 7 Rn 41.

(wie den Verzicht auf die motorisierte Verkehrsteilnahme) vorübergehend beeinträchtigt ist.[53]

Es müssen also auch hinsichtlich solcher **weiteren Umstände Eignungszweifel begründende Tatsachen** vorliegen, um die Anordnung zur Beibringung eines Gutachtens zu rechtfertigen. 54

Durch die Vorschrift in § 14 Abs. 1 S. 1 Nr. 2 FeV überschreitet der Verordnungsgeber die ihm erteilte gesetzliche Ermächtigung, indem er eine Tatsache (nämlich bloße Einnahme von Betäubungsmitteln im Sinne des Betäubungsmittelgesetzes) zur Anordnung der Beibringung eines Gutachtens genügen lässt, die für sich allein keine Bedenken gegen die Eignung begründet. 55

(4) Gelegentliche Einnahme von Cannabis

Nach § 14 Abs. 1 S. 4 FeV kann die Beibringung eines Gutachtens angeordnet werden, wenn gelegentliche Einnahme von Cannabis vorliegt und **weitere Tatsachen Zweifel an der Eignung begründen**. 56

§ 14 Abs. 1 S. 4 FeV begründet das Bundesministerium für Verkehr wie folgt:[54]

„Bei gelegentlicher Einnahme von Cannabis ist in der Regel die Eignung gegeben. Eine zusätzliche medizinisch-psychologische Untersuchung ist erforderlich, wenn weitere Umstände Zweifel an der Eignung begründen. Dies ist z.B. der Fall, wenn der Konsum im Zusammenhang mit dem Fahren erfolgt, wenn Kontrollverlust oder Störungen der Persönlichkeit vorliegen oder wenn zusätzlicher Gebrauch von Alkohol oder anderen psychoaktiv wirkenden Stoffen vorliegt."

Das steht im Einklang mit dem diesbezüglichen Leitsatz unter Nr. 3.12.1 Abs. 3 der Begutachtungs-Leitlinien zur Kraftfahrereignung.[55]

(4a) Zusätzliche Umstände

Zu der bis Ende 1998 geltenden Rechtslage hat das **Bundesverwaltungsgericht**[56] in einem Fall, in dem ein Fahrerlaubnisinhaber in der Wohnung eines Dritten Haschisch „mitgeraucht" haben sollte, ausgesprochen: 57

„Ein einmaliger oder gelegentlicher Cannabiskonsum ohne **konkrete Verknüpfung mit der Teilnahme am Straßenverkehr** rechtfertigt ohne das **Hinzutreten**

---

53 Abgedruckt im Anhang unter Nr. 1. Siehe dazu auch unter § 3 Rn 188, 191, 206, 224.
54 BR-Dr. 443/98, S. 263 = VkBl 1998, 1071.
55 Siehe unter § 3 Rn 239.
56 BVerwG 05.07.2001.

weiterer bedeutsamer Umstände regelmäßig keinen Verdacht auf Dauerkonsum und damit weder eine Aufforderung, sich einer medizinisch-psychologischen Untersuchung zu unterziehen, noch eine solche, sich fachärztlich auf Dauerkonsum begutachten zu lassen."

Diese Aussage begründet das Bundesverwaltungsgericht mit dem **verfassungsrechtlichen Verhältnismäßigkeitsgrundsatz** und führt unter anderem aus, die Fahrerlaubnisbehörde müsse der Versuchung widerstehen, gewissermaßen durch „Schüsse ins Blaue" auf der Grundlage eines bloßen „Verdachts-Verdachts" dem Betroffenen einen im Gesetz nicht vorgesehenen Eignungsbeweis aufzuerlegen.

58 Zu diesem Urteil des Bundesverwaltungsgerichts bemerkt das **Bundesverfassungsgericht**:[57]

„Es trägt dem verfassungsrechtlichen Grundsatz der Angemessenheit der eingreifenden Maßnahme im Verhältnis zum Anlass des Einschreitens Rechnung, wenn das Bundesverwaltungsgericht in seiner neueren Rechtsprechung davon ausgeht, dass der einmalige oder nur gelegentliche Cannabiskonsum ohne Bezug zum Straßenverkehr nicht als hinreichendes Verdachtselement zu bewerten ist."

59 **Ohne konkrete Verknüpfung mit der Teilnahme am Straßenverkehr** und das **Hinzutreten weiterer bedeutsamer Umstände** würden in einer Vielzahl von Fällen Personen sich einer **völlig nutzlosen Untersuchung** unterziehen müssen. Das zeigen eindrucksvoll die von *Daldrup et al.*[58] veröffentlichten Zahlen über das Ergebnis der in den Jahren 1994 bis 1999 in Nordrhein-Westfalen zum Zwecke der Feststellung regelmäßigen Cannabiskonsums durchgeführten Blutuntersuchungen:

Zur Blutuntersuchung wegen Verdachts regelmäßigen Cannabiskonsums aufgefordert wurden von den Straßenverkehrsämtern insgesamt 1.559 Personen. Die Untersuchungen ergaben, dass bei 35 Personen regelmäßiger Cannabiskonsum angenommen werden konnte.

60 Hinsichtlich des Umgangs mit Cannabis halten denn auch *Kannheiser* und *Maukisch*[59] – worauf der **Bayerische Verwaltungsgerichtshof**[60] hinweist – eine Begutachtung bei Personen, die aufgrund anderer Vergehen (z.B. Verstöße gegen das BtMG) auffällig geworden sind, nur dann für angebracht, wenn sich der Verdacht auf unkontrollierten Konsum bzw. Drogenfahrten aus den Strafakten oder sonstigen Unterlagen konkretisieren lässt.

---

57 BVerfG 20.06.2002 – unter D. I. 1. c).
58 *Daldrup, Th. et al.* (2000).
59 *Kannheiser, W. und Maukisch, H.* (1995) S. 428.
60 VGH München 12.05.1997.

Begutachtung im Fahrerlaubnis-Verwaltungsverfahren § 7

Eine die Anordnung der Beibringung eines Gutachtens rechtfertigende konkrete Verknüpfung gelegentlichen Cannabiskonsums mit der Teilnahme am Straßenverkehr hält das **Oberverwaltungsgericht des Saarlandes**[61] zutreffend für gegeben, wenn jemand **zweimal beim Führen eines Lkw unter dem Einfluss von Cannabis** angetroffen wird. 61

Eine Verknüpfung einmaligen oder gelegentlichen Cannabiskonsums mit der Teilnahme am Straßenverkehr liegt nach ebenfalls zutreffender Ansicht des **Bundesverfassungsgerichts**[62] auch vor, wenn beim Betroffenen an seiner Person eine kleine Menge Haschisch und **im Aschenbecher seines Fahrzeugs die Reste eines mit Haschisch versetzten Joints** gefunden werden. 62

Dagegen reicht nach zutreffender Auffassung des **Verwaltungsgerichtshof Baden-Württemberg**[63] ein Bezug zum Straßenverkehr, der sich allein aus dem **Auffinden von Cannabis in einem Auto** ergibt, **nicht** aus. Insoweit verweist er auf den Beschluss des **Bundesverfassungsgerichts**,[64] dem ein Fall zugrunde lag, in dem im Auto des Beschwerdeführers lediglich fünf Gramm Haschisch gefunden worden waren. 63

Auch das **Verwaltungsgericht Braunschweig**[65] meint: ein Bezug zum Straßenverkehr lasse sich nicht daraus herleiten, dass im Oktober 2002 im Fahrzeug des Fahrerlaubnisinhabers 5 g Marihuana aufgefunden worden waren und am 07.03.2003 ein leeres Klemmtütchen mit Cannabisrückständen im Schuh des Fahrerlaubnisinhabers gefunden worden war: „**Der bloße Besitz von Cannabis während des Fahrens** reicht dafür **nicht** aus. Hierzu wären vielmehr Indizien erforderlich, aus denen die Annahme abgeleitet werden könnte, dass der Fahrzeugführer während oder im unmittelbaren zeitlichen Zusammenhang mit der Fahrt Drogen konsumiert (z.B. Reste eines Haschisch-Joints im Aschenbecher des Fahrzeugs)." 64

Auch soweit das **Niedersächsische Oberverwaltungsgericht**[66] die Aufzählung in Nr. 9.2.2 der Anlage 4 zur Fahrerlaubnis-Verordnung als nicht abschließend ansieht und etwa das jugendliche Alter eines Drogenkonsumenten als weitere Eignungszweifel begründende Tatsache im Sinne des § 14 Abs. 1 S. 4 FeV anerkennt, ist nach der vorzitierten Rechtsprechung von Bundesverwaltungsgericht und Bundesverfassungsgericht als weitere Voraussetzung der Anordnung der Beibringung eines Gutachtens eine **konkrete Verknüpfung mit der Teilnahme am Straßenverkehr** erforderlich. 65

---

61 OVG Saarlouis 01.10.2002.
62 BVerfG 08.07.2002.
63 VGH Mannheim 04.07.2003.
64 BVerfG 20.06.2002.
65 Blutalkohol 41 (2004), 297.
66 OVG Lüneburg 15.11.2002 und 30.03.2004.

§ 7 Begutachtung im Fahrerlaubnis-Verwaltungsverfahren

(4b) Verfassungswidrigkeit des § 14 Abs. 1 S. 1 Nr. 2 FeV

66　Nach § 14 Abs. 1 S. 4 FeV kann die Beibringung eines Gutachtens angeordnet werden, wenn gelegentliche Einnahme von Cannabis vorliegt und **weitere Tatsachen Zweifel an der Eignung begründen**.

Die Vorschrift des § 14 Abs. 1 S. 4 FeV offenbart, dass der Verordnungsgeber selbst von der Rechtswidrigkeit des § 14 Abs. 1 S. 1 Nr. 2 FeV ausgeht, nach der die Beibringung eines Gutachtens anzuordnen ist, wenn Tatsachen die Annahme begründen, dass Einnahme von Betäubungsmitteln im Sinne des Betäubungsmittelgesetzes (zu denen auch Cannabis gehört) vorliegt. Denn wenn schon die Annahme der Einnahme von Betäubungsmitteln im Sinne des Betäubungsmittelgesetzes begründende Tatsachen zur Anordnung der Gutachtenbeibringung zwingen, bedarf es einer Sonderregelung für das Vorliegen gelegentlicher Einnahme von Cannabis gar nicht. Der Fall gelegentlicher Einnahme von Cannabis würde bereits nach § 14 Abs. 1 S. 1 Nr. 2 FeV zur Anordnung der Gutachtenbeibringung zwingen, weil das Vorliegen gelegentlicher Einnahme von Cannabis eine Tatsache ist, die geeignet ist, die Annahme zu begründen, dass Einnahme eines Betäubungsmittels im Sinne des Betäubungsmittelgesetzes vorliegt.

Rechtfertigt aber einmaliger oder gelegentlicher Cannabiskonsum ohne konkrete Verknüpfung mit der Teilnahme am Straßenverkehr und ohne das Hinzutreten weiterer bedeutsamer Umstände mit Rücksicht auf den Verfassungsgrundsatz der Verhältnismäßigkeit nicht die Anordnung der Beibringung eines Gutachtens, so ist **§ 14 Abs. 1 S. 1 Nr. 2 FeV jedenfalls verfassungswidrig**, soweit darin die Anordnung der Beibringung eines ärztlichen Gutachtens auch für den (insoweit nicht ausgenommen) Fall vorgeschrieben ist, dass Tatsachen lediglich die Annahme einmaligen oder gelegentlichen Cannabiskonsums ohne konkrete Verknüpfung mit der Teilnahme am Straßenverkehr und ohne das Hinzutreten weiterer bedeutsamer Umstände begründen.

67　Das **Verwaltungsgericht Berlin** hat bereits im Beschluss vom 21.03.2000[67] § 14 Abs. 1 S. 1 Nr. 2 FeV nicht angewandt in einem Fall, in dem der Betroffene dabei beobachtet wurde, wie er anlässlich eines Fußballspiels im Berliner Olympiastadion im Verlaufe einer Stunde zweimal an einem herumgereichten Haschisch-Joint zog und diesen dann weitergab. Ihm erschien § 14 Abs. 1 S. 1 Nr. 2 FeV bei summarischer Prüfung verfassungswidrig, weil er jedes Maß vernünftiger, sachnaher Präzisierung typischer straßenverkehrsbezogener Gefährdungskonstellationen im Zusammenhang mit Cannabiskonsum vermissen lässt.

---

67 DAR 2000, 539 (Leitsatz) = Blutalkohol 38 (2001), 199 = NJW 2000, 2440 = zfs 2000, 516.

Begutachtung im Fahrerlaubnis-Verwaltungsverfahren § 7

Das **Thüringer Oberverwaltungsgericht**[68] lässt in einem Fall, in dem der Betroffene bei einem Musikfest von Polizeibeamten beobachtet wurde, wie er zusammen mit anderen Personen eine Marihuana-Zigarette rauchte, dahingestellt, ob die vom Bundesverfassungsgericht[69] erhobenen verfassungsrechtlichen Bedenken gegen die Rechtmäßigkeit einer Anordnung der Gutachtenbeibringung in den Fällen, in denen nur ein einmaliger oder nur gelegentlicher Cannabiskonsum ohne Bezug zum Straßenverkehr vorliegt, zu einer teilweisen Verfassungswidrigkeit des § 14 Abs. 2 S. 1 Nr. 2 FeV führen oder ob diese Norm verfassungskonform ausgelegt werden kann. Es lässt die verfassungsrechtlichen Bedenken in dem ihm vorliegenden Fall durchgreifen: Bei dem Betroffenen wurde nur ein einmaliger Cannabiskonsum festgestellt; Anhaltspunkte für einen weitergehenden Cannabiskonsum bestehen nicht, insbesondere fehlen einschlägige Ermittlungen. Ein Bezug zwischen dem Cannabiskonsum und dem Straßenverkehr ist ebenfalls nicht festzustellen. Der Betroffene hat Marihuana in keinem nachgewiesenen Zusammenhang mit dem Straßenverkehr konsumiert. Nach seinen unwiderlegten Angaben ist er zu dem Musikfest, in dessen Zusammenhang der Cannabiskonsum festgestellt wurde, mit der Bahn gereist.

68

(4c) Wiederhergestellte Eignung

Ein **medizinisch-psychologisches Gutachten**, das ohnehin in Fällen gelegentlicher Einnahme von Cannabis zur Beurteilung der Kraftfahreignung erforderlich ist,[70] muss nach § 14 Abs. 2 Nr. 2 FeV jedenfalls eingeholt werden zur Beurteilung der Frage, ob die Fahreignung seit dem Zeitpunkt der Feststellung von Cannabiskonsum wieder hergestellt ist – und zwar noch während des Verfahrens über den Widerspruch gegen die von der Fahrerlaubnisbehörde angeordnete Entziehung der Fahrerlaubnis.[71]

69

(5) Regel- oder gewohnheitsmäßige Einnahme von Cannabis

Die vorstehend dargestellten Voraussetzungen für die Anordnung der Beibringung eines Gutachtens bei Anhaltspunkten für einmaligen oder gelegentlichen Cannabiskonsum gelten auch bei Anhaltspunkten für regel- oder gewohnheitsmäßigen Cannabiskonsum.

70

Unter Bezugnahme auf den schon in der 5. Auflage des Gutachtens „Krankheit und Kraftverkehr"[72] unter 9. A Abs. 2 ebenso wie in den Begutachtungs-Leitlinien zur Kraftfahrereignung unter Nr. 3.12.1 Abs. 5 formulierten Leitsatz hat der **Bayerische Verwaltungsgerichtshof** bereits 1997[73] ausgeführt, er neige

71

---

68 OVG Weimar 28.08.2002.
69 BVerfG 20.06.2002.
70 Siehe unter § 3 Rn 250 f.
71 Siehe unter § 3 Rn 277 f.
72 Bundesministerium für Verkehr (1996).
73 VGH München 12.05.1997.

§ 7 Begutachtung im Fahrerlaubnis-Verwaltungsverfahren

„zu der Auffassung, dass selbst zugestandene oder nachgewiesene Regel- oder Gewohnheitsmäßigkeit des Cannabiskonsums für sich allein nicht schon geeignet ist, eine Anordnung zur Gutachtenbeibringung rechtfertigende Zweifel an der Kraftfahreignung zu begründen".

72 Diese Auffassung hat der Bayerische Verwaltungsgerichtshof 1998[74] aufrechterhalten, nunmehr zur Grundlage seiner Entscheidung gemacht und u.a. ausgeführt:

„Nach dem gegenwärtigen Informationsstand des Senats gibt es bislang nämlich keine hinreichend gesicherten Erkenntnisse für die Annahme, dass selbst bei regel- oder gewohnheitsmäßigem Cannabiskonsum die körperlich-geistige Leistungsfähigkeit des Kraftfahrers ständig unter das erforderliche Maß herabgesetzt ist. Es kann auch nicht ohne weiteres angenommen werden, dass ein als regel- oder gewohnheitsmäßig beschriebener Cannabiskonsum gleichsam aus sich heraus die fehlende Fähigkeit des Konsumenten indiziert, seinen Konsum und das Führen von Kraftfahrzeugen zu trennen."

Auch heute fehlen noch hinreichend gesicherte Erkenntnisse über die Auswirkungen regel- oder gewohnheitsmäßigen Cannabiskonsums auf die Kraftfahreignung.[75]

73 Danach ist die vorzitierte Rechtsprechung des Bayerischen Verwaltungsgerichtshofs, an der er noch in einem weiteren Beschluss 1998[76] ausdrücklich festgehalten hat – die er 1999[77] allerdings wieder aufgegeben hat – durchaus zutreffend. Denn sie trägt dem Verfassungsgrundsatz der Verhältnismäßigkeit Rechnung. Sie entspricht der aus diesem Verfassungsgrundsatz vom Bundesverfassungsgericht[78] hergeleiteten Auffassung, wonach die Anordnung der Beibringung eines Gutachtens nur gerechtfertigt ist, wenn außer der durch Tatsachen begründeten Annahme der Einnahme von Betäubungsmitteln weitere von ihm so genannte „Verdachtsindikatoren" für unzureichende Kraftfahreignung vorliegen, also insbesondere Anhaltspunkte dafür, dass beim Betroffenen fahreignungsrelevante körperlich-geistige Leistungsdefizite ständig vorhanden sind oder der Betroffene entweder nicht in der Lage oder aber nicht willens ist, zuverlässig zwischen dem Drogenkonsum und der aktiven Teilnahme am Straßenverkehr zu trennen.

74 Rechtfertigt aber regel- oder gewohnheitsmäßiger Cannabiskonsum **ohne konkrete Verknüpfung mit der Teilnahme am Straßenverkehr und ohne das Hinzutreten weiterer bedeutsamer Umstände** mit Rücksicht auf den Verfassungsgrundsatz der

---

74 VGH München 26.03.1998.
75 Siehe unter § 3 Rn 224 f.
76 VGH München 14.07.1998.
77 VGH München 29.06.1999.
78 BVerfG 20.06.2002.

Verhältnismäßigkeit nicht die Anordnung der Beibringung eines Gutachtens, so ist § 14 Abs. 1 S. 1 Nr. 2 FeV **verfassungswidrig** auch, soweit darin die Anordnung der Beibringung eines ärztlichen Gutachtens ebenfalls für den (insoweit nicht ausgenommenen) Fall vorgeschrieben ist, dass Tatsachen lediglich die Annahme regel- oder gewohnheitsmäßigen Cannabiskonsums ohne konkrete Verknüpfung mit der Teilnahme am Straßenverkehr und ohne das Hinzutreten weiterer bedeutsamer Umstände begründen.

(6) Einmalige Einnahme von Cannabis

Sie bietet ohne das Hinzutreten weiterer bedeutsamer Umstände **keinen Anlass** für die Anordnung der Beibringung eines Gutachtens. 75

Selbst wenn eine **Fahrt unter Cannabiseinfluss** nachgewiesen ist und damit belegt ist, dass es an dem bei gelegentlicher Einnahme von Cannabis nach Nr. 9.2.2 der Anlage 4 zur FeV für die Fahreignung erforderlichen Trennungsvermögen fehlt, setzt der Schluss auf das Fehlen der Eignung nach zutreffender Auffassung des **Verwaltungsgerichtshofs Baden-Württemberg**[79] zusätzlich eine **gelegentliche Einnahme von Cannabis** voraus. 76

Der Verwaltungsgerichtshof meint jedoch, falls das Ausmaß des Cannabiskonsums eines Fahrerlaubnisinhabers, bei dem zumindest ein einmaliger Konsum festgestellt worden ist, unklar ist, sei die Fahrerlaubnisbehörde aufgrund von § 14 Abs. 1 S. 1 Nr. 2 FeV berechtigt, die Beibringung eines ärztlichen Gutachtens anzuordnen.

Diese Auffassung ist abzulehnen. Nach der Rechtsprechung des Bundesverwaltungsgericht und des Bundesverfassungsgericht ist das Verlangen nach Beibringung eines Gutachtens nur rechtmäßig, wenn **aufgrund konkreter tatsächlicher Anhaltspunkte berechtigte Zweifel an der Kraftfahreignung des betroffenen Kraftfahrers bestehen.**[80] Ist bei Feststellung einmaligen Cannabiskonsums das Ausmaß des Konsums eines Fahrerlaubnisinhabers „unklar", so kann die Beibringung eines Gutachtens nur angeordnet werden, wenn **konkrete tatsächlicher Anhaltspunkte** dafür vorliegen, dass der Fahrerlaubnisinhaber **Cannabis gelegentlich oder regelmäßig** einnimmt. 77

Mit Recht halten das Verwaltungsgericht Berlin und das Thüringer Oberverwaltungsgericht in den unter § 7 Rn 67 und 68 zitierten Entscheidungen § 14 Abs. 1 S. 1 Nr. 2 FeV für unanwendbar, wenn nur einmaliger Cannabiskonsum festgestellt wird und Anhaltspunkte für einen weitergehenden Cannabiskonsum nicht bestehen.

---

79 VGH Mannheim 29.09.2003.
80 Siehe unter § 7 Rn 1 und 2.

(7) Einnahme sonstiger Betäubungsmittel

78 Die vorstehend dargestellten Voraussetzungen für die Anordnung der Beibringung eines Gutachtens bei Anhaltspunkten für einmaligen oder gelegentlichen, regel- oder gewohnheitsmäßigen Cannabiskonsum gelten auch bei Anhaltspunkten für die Einnahme sonstiger Betäubungsmittel.

79 Gegenwärtig gibt es noch keine hinreichend gesicherten wissenschaftlichen Erkenntnisse für die Annahme, dass bei Konsum anderer Drogen als Cannabis gleichsam aus sich heraus die körperlich-geistige Leistungsfähigkeit des Kraftfahrers ständig unter das erforderliche Maß herabgesetzt oder seine Fähigkeit beeinträchtigt ist, seinen Konsum und das Führen von Kraftfahrzeugen zu trennen.[81]

80 Nachgewiesene Einnahme solcher Betäubungsmittel ist deshalb jedenfalls für sich allein nicht geeignet, berechtigte und damit die Fahrerlaubnisbehörde zu Aufklärungsmaßnahmen berechtigende Zweifel an der Kraftfahreignung zu begründen.

Die Anordnung der Beibringung eines Gutachtens ist mit Rücksicht auf den **Verfassungsgrundsatz der Verhältnismäßigkeit** vielmehr nur gerechtfertigt, wenn die Einnahme solcher Betäubungsmittel **konkret verknüpft ist mit der Teilnahme am Straßenverkehr** und zudem **weitere bedeutsame Umstände hinzutreten**, also Tatsachen vorliegen, die darauf schließen lassen, dass der Definition von Nichteignung des Bundesverfassungsgerichts[82] und Nr. 3.12.1 Abs. 5 der Begutachtungs-Leitlinien zur Kraftfahrereignung entsprechend
- die Einnahme missbräuchlich oder regelmäßig erfolgt und dadurch
- die körperlich-geistige (psychische) Leistungsfähigkeit des Kraftfahrers ständig unter das erforderliche Maß herabgesetzt wird oder
- durch den besonderen Wirkungsablauf jederzeit unvorhersehbar und plötzlich seine Leistungsfähigkeit oder seine Fähigkeit zu verantwortlichen Entscheidungen (wie den Verzicht auf die motorisierte Verkehrsteilnahme) vorübergehend beeinträchtigt ist.

cc) Missbräuchliche Einnahme von psychoaktiv wirkenden Arzneimitteln oder anderen psychoaktiv wirkenden Stoffen

81 Zwingender Anlass zur Anordnung der Beibringung eines Gutachtens soll auch bestehen, wenn Tatsachen die Annahme begründen, dass missbräuchliche Einnahme von psychoaktiv wirkenden Arzneimitteln oder anderen psychoaktiv wirkenden Stoffen vorliegt (§ 14 Abs. 1 S. 1 Nr. 3 FeV).

---

81 Siehe unter § 3 Rn 197 f.
82 Siehe unter § 3 Rn 189.

Begutachtung im Fahrerlaubnis-Verwaltungsverfahren §7

Auch gegen diese Vorschrift bestehen erhebliche Bedenken:

Die uneingeschränkte Anwendung dieser Vorschrift ist rechtswidrig, weil der Verordnungsgeber nicht ermächtigt ist, die Beibringung eines Gutachtens auch für Fälle vorzusehen, in denen Eignungszweifel begründende Tatsachen nicht vorliegen,[83] und die missbräuchliche Einnahme von psychoaktiv wirkenden Arzneimitteln oder anderen psychoaktiv wirkenden Stoffen allein, also ohne konkrete Verknüpfung mit der Teilnahme am Straßenverkehr und ohne das Hinzutreten weiterer bedeutsamer Umstände, keine Tatsache ist, die Bedenken gegen die Eignung begründen könnte. 82

Nach Nr. 3.12.1 Abs. 5 der Begutachtungs-Leitlinien zur Kraftfahrereignung kann Nichteignung zum Führen von Kraftfahrzeugen bei regelmäßiger oder missbräuchlicher Einnahme von psychoaktiv wirkenden Arzneimitteln oder anderen psychoaktiv wirkenden Stoffen nur angenommen werden, wenn dadurch die körperlich-geistige Leistungsfähigkeit des Kraftfahrers ständig unter das erforderliche Maß herabgesetzt oder seine Fähigkeit beeinträchtigt ist, seinen Konsum und das Führen von Kraftfahrzeugen zu trennen; noch fehlen aber hinreichend gesicherte wissenschaftliche Erkenntnisse für die Annahme, dass bei Konsum solcher Stoffe gleichsam aus sich heraus die Nichteignung begründende Folgen eintreten.[84] 83

Nachgewiesene Einnahme solcher Stoffe ist deshalb jedenfalls für sich allein nicht geeignet, berechtigte und damit die Fahrerlaubnisbehörde zu Aufklärungsmaßnahmen berechtigende Zweifel an der Kraftfahreignung zu begründen. 84

Die Anordnung der Beibringung eines Gutachtens ist mit Rücksicht auf den **Verfassungsgrundsatz der Verhältnismäßigkeit** vielmehr nur gerechtfertigt, wenn die Einnahme solcher Stoffe **konkret verknüpft ist mit der Teilnahme am Straßenverkehr** und zudem **weitere bedeutsame Umstände hinzutreten**, also Tatsachen vorliegen, die darauf schließen lassen, dass der Definition von Nichteignung des Bundesverfassungsgerichts[85] und Nr. 3.12.1 Abs. 5 der Begutachtungs-Leitlinien zur Kraftfahreignung entsprechend

- die Einnahme missbräuchlich oder regelmäßig erfolgt und dadurch
- die körperlich-geistige (psychische) Leistungsfähigkeit des Kraftfahrers ständig unter das erforderliche Maß herabgesetzt wird oder
- durch den besonderen Wirkungsablauf jederzeit unvorhersehbar und plötzlich seine Leistungsfähigkeit oder seine Fähigkeit zu verantwortlichen Entscheidungen (wie den Verzicht auf die motorisierte Verkehrsteilnahme) vorübergehend beeinträchtigt ist.

---

83 Siehe unter § 7 Rn 38.
84 Siehe unter § 3 Rn 197 f.
85 Siehe unter § 3 Rn 189.

dd) Besitz von Betäubungsmitteln

85 Nach § 14 Abs. 1 S. 2 FeV kann die Beibringung eines Gutachtens angeordnet werden, wenn der Betroffene Betäubungsmittel im Sinne des Betäubungsmittelgesetzes widerrechtlich besitzt oder besessen hat.

In der Begründung zu dieser Vorschrift führt das Bundesministerium für Verkehr aus,[86] es handele sich um eine „Ermessensvorschrift (Kann-Bestimmung)", die eine „Ermächtigungsgrundlage für die Anordnung einer ärztlichen Untersuchung in Fällen außerhalb des Straßenverkehrs" enthalte.

86 Durch die Formulierung „widerrechtlich" soll nach dieser Begründung „der beruflich begründete Besitz von Betäubungsmitteln z.b. bei Apothekern, Chemikern ausgenommen werden". Die Rechtswidrigkeit des Besitzes dürfte aber auch bei demjenigen fehlen, der Betäubungsmittel kurzfristig aufbewahrt, um sie der Vernichtung zuzuführen; in solchen Fällen entfällt nach *Endriß*[87] Strafbarkeit des Besitzes nach dem Betäubungsmittelgesetz über § 34 StGB. Damit würde auch der vom **Bundesgerichtshof**[88] referierten, bei der Beratung des Betäubungsmittelgesetzes aufgekommenen Sorge Rechnung getragen werden, dass Personen unter den Besitztatbestand gebracht werden, die süchtigen oder gefährdeten Personen aus Gründen der Fürsorge Betäubungsmittel abgenommen und diese bei sich verwahrt hatten.

Besitz im Sinne des Betäubungsmittelgesetzes erfordert nach der Rechtsprechung der Strafsenate des **Bundesgerichtshofs** ein bewusstes tatsächliches Innehaben, ein tatsächliches Herrschaftsverhältnis. Das Vorliegen des Besitztatbestandes hat der **Bundesgerichtshof** z.B. verneint bei demjenigen, der auf dem Tisch liegendes Rauschgift ergreift und in einem Blumenkübel versteckt,[89] der das Rauschgift nur 20 m unter den Augen des Haupttäters ohne Herrschaftswillen zu einem Auto trägt[90] oder das Rauschgift auf Anweisung unter den Augen des Haupttäters aus einem Nebenzimmer holt,[91] aber bejaht bei demjenigen, der einen Gepäckaufbewahrungsschein der amtlichen Gepäckaufbewahrungsstelle des Hauptbahnhofs in Hamburg bei sich trug, der einen ihm gehörenden Koffer betraf, in dem sich 2,5 kg Haschischöl befanden,[92] oder bei Nacht eine mit mindestens 8 kg Heroin gefüllte Reisetasche über eine Strecke von mehr als 100 m allein trug, bevor er damit durch einen dunklen Torbogen verschwand, während der auf einem Parkplatz im Auto verbliebene Haupttäter keine Einwirkungs-

---

86 BR-Dr. 443/98, S. 262 = VkBl 1998, S. 1071.
87 *Endriß, R.* (1998) § 12 Rn 75.
88 BGHSt 27, 380 = NJW 1978, 1696.
89 BGHR BtMG § 29 Abs. 1 Nr. 3 Besitz 2.
90 BGHSt 26, 117 = NJW 1975, 1470.
91 BGH StV 1983, 200.
92 BGHSt 27, 380 = NJW 1978, 1696.

möglichkeiten mehr auf den Taschenträger hatte, den er spätestens mit Durchqueren des Torbogens sogar völlig aus den Augen verloren hatte.[93]

Unabhängig davon bestehen gegen § 14 Abs. 1 S. 2 FeV **erhebliche Bedenken**:

Diese Vorschrift ist rechtswidrig, weil der Verordnungsgeber nicht ermächtigt ist, die Beibringung eines Gutachtens auch für Fälle vorzusehen, in denen Eignungszweifel begründende Tatsachen nicht vorliegen,[94] und der Besitz von Betäubungsmitteln im Sinne des Betäubungsmittelgesetzes allein, also ohne konkrete Verknüpfung mit der Teilnahme am Straßenverkehr und ohne das Hinzutreten weiterer bedeutsamer Umstände, keine Tatsache ist, die Bedenken gegen die Eignung begründen könnte. **87**

Denn nach Nr. 3.12.1 Abs. 5 der Begutachtungs-Leitlinien zur Kraftfahrereignung[95] kann selbst die **Einnahme** solcher Mittel Nichteignung nur zur Folge haben, wenn
- diese Einnahme missbräuchlich oder regelmäßig erfolgt und dadurch
- die körperlich-geistige (psychische) Leistungsfähigkeit des Kraftfahrers ständig unter das erforderliche Maß herabgesetzt wird oder
- durch den besonderen Wirkungsablauf jederzeit unvorhersehbar und plötzlich seine Leistungsfähigkeit oder seine Fähigkeit zu verantwortlichen Entscheidungen (wie den Verzicht auf die motorisierte Verkehrsteilnahme) vorübergehend beeinträchtigt ist.

Hinsichtlich des Besitzes von **Cannabis** ergibt sich die Unanwendbarkeit des § 14 Abs. 1 S. 2 FeV schon unmittelbar aus § 14 Abs. 1 S. 4 FeV, wonach bei Vorliegen gelegentlicher Einnahme von Cannabis die Beibringung eines Gutachtens nur angeordnet werden kann, wenn **weitere Tatsachen** Zweifel an der Eignung begründen.[96] Denn da die Anordnung der Beibringung eines Gutachtens bei gelegentlicher Einnahme von Cannabis nur dann erlaubt ist, wenn weitere Tatsachen Zweifel an der Eignung begründen, kann die Anordnung der Beibringung eines Gutachtens bei bloßem Besitz von Cannabis erst recht nur dann erlaubt sein, wenn weitere Tatsachen Zweifel an der Eignung begründen. **88**

Dem entsprechend stellt dann auch das Bundesverfassungsgericht[97] klar, dass die Anordnung der Beibringung eines Gutachtens mit Rücksicht auf den verfassungsrechtlichen Grundsatz der Verhältnismäßigkeit nur gerechtfertigt ist, wenn außer dem **89**

---

93 BGH NStZ-RR 1998, 148.
94 Siehe unter § 7 Rn 38.
95 Abgedruckt im Anhang unter Nr. 1. Siehe dazu auch unter § 3 Rn 188.
96 Siehe unter § 7 Rn 241.
97 BVerfG 20.06.2002.

§ 7 Begutachtung im Fahrerlaubnis-Verwaltungsverfahren

Besitz einer kleinen Menge Haschisch (in dem von ihm entschiedenen Fall 5 g) weitere von ihm so genannte „Verdachtsindikatoren" für unzureichende Kraftfahreignung vorliegen und führt hierzu[98] bezogen auf den von ihm entschiedenen Fall aus:

„Es fehlen jedoch Anhaltspunkte dafür, beim Beschwerdeführer aus der einmaligen Feststellung beabsichtigten Eigenkonsums einer kleinen Menge Haschisch auf das ständige Vorhandensein fahreignungsrelevanter körperlich-geistiger Leistungsdefizite zu schließen. Ebenso wenig wäre es tragfähig, aus dieser Feststellung den Schluss zu ziehen, dass der Beschwerdeführer entweder nicht in der Lage oder aber nicht willens ist, zuverlässig zwischen dem Drogenkonsum und der aktiven Teilnahme am Straßenverkehr zu trennen. Ergänzende Anhaltspunkte etwa derart, dass der Beschwerdeführer unter Drogeneinfluss ein Kraftfahrzeug im öffentlichen Straßenverkehr geführt oder über einen längeren Zeitraum erheblichen Haschischmissbrauch geübt hat oder einer der besonders gefährdeten Personengruppen angehört, sind von der Verkehrsbehörde nicht ermittelt worden."

90 Diese Erwägungen gelten aber nicht nur für den Besitz von Cannabis. Vielmehr ist bei Feststellung des Besitzes von **Betäubungsmitteln jedweder Art** ganz allgemein die Anordnung der Beibringung eines Gutachtens nur gerechtfertigt, wenn aus dem Besitz der Betäubungsmittel auf die Einnahme von Betäubungsmitteln geschlossen werden kann und weitere „Verdachtsindikatoren" für unzureichende Kraftfahreignung vorliegen.

91 Schon auf **Einnahme** von Betäubungsmitteln kann nicht ohne weiteres allein aus dem Besitz von Betäubungsmitteln geschlossen werden. Solcher Schluss ist nur ausnahmsweise möglich.

92 Er kann unter Umständen bei bestimmten regionalen und zeitlichen Voraussetzungen gezogen werden. Wie einer Entscheidung des **Verwaltungsgerichtshofs Baden-Württemberg**[99] zu entnehmen ist, bestand z.B. in Baden-Württemberg nach Erkenntnissen des dortigen Landeskriminalamts im Jahre 1987 beim Klein- und Straßenhandel mit Drogen ein enger Zusammenhang zwischen Besitz und Konsum von Betäubungsmitteln, so dass sich aus dem Besitz von Betäubungsmitteln in Kleinmengen Anhaltspunkte dafür herleiten ließen, dass eine Person entweder „Nur-Drogenkonsument"

---

98 BVerfG 20.06.2002 – unter D. I. 2. d).
99 VGH Mannheim 11.08.1987.

oder „Drogenkonsument und Kleindealer" war. Das **Bundesverwaltungsgericht**[100] hat diese Entscheidung des Verwaltungsgerichtshofs Baden-Württemberg bestätigt.

Der **Bayerische Verwaltungsgerichtshof** stützt die in seinem Urteil vom 29.6.1999[101] vertretene Ansicht, der Besitz einer kleinen Cannabismenge sei in der Regel ein Indiz für Eigenkonsum, auf die diesbezügliche Angabe des von ihm angehörten Sachverständigen *Kannheiser*. Auf welchen tatsächlichen Erkenntnissen diese Angabe beruht, ergibt sich aus dem Urteil nicht. 93

Nach Ansicht des **Bundesverfassungsgerichts**[102] stößt die Annahme, dass die Feststellung des unerlaubten Besitzes einer kleinen Menge Haschisch als deutliches Indiz für beabsichtigten Eigenkonsum gewertet werden kann, auf keine Bedenken. Ob die Feststellung des unerlaubten Besitzes einer größeren Menge Haschisch oder einer wie auch immer beschaffenen Menge eines anderen Betäubungsmittels ebenfalls als deutliches Indiz für beabsichtigten Eigenkonsum gewertet werden kann, ist ungeklärt.

Dass die **Einnahme missbräuchlich oder regelmäßig** erfolgte, kann keinesfalls ohne weiteres allein aus dem Besitz von Betäubungsmitteln geschlossen werden. Hinsichtlich der Einnahme von Cannabis z.b. hat das **Bundesverfassungsgericht**[103] darauf hingewiesen, dass nach der Repräsentativerhebung des Bundesgesundheitsministeriums die Mehrzahl der Cannabiskonsumenten nicht über das Probierstadium hinaus gelangt, nämlich die Droge von 57,3 vom Hundert der Konsumenten nur 1- bis 5-mal, von weiteren 16,8 vom Hundert nur 6- bis 19-mal genommen wurde. Im konkreten Einzelfall müssen jedenfalls Tatsachen festgestellt werden, die die Annahme begründen, dass Betäubungsmittel der im Besitz eines Fahrerlaubnisinhabers vorgefundenen Art von ihm nicht nur gelegentlich, sondern vielmehr missbräuchlich oder regelmäßig eingenommen werden. 94

In einem vom **Bundesverwaltungsgericht** 1996[104] entschiedenen Fall hatte das Berufungsgericht im Anschluss an die Auffassung der Verwaltungsbehörde einen für die Anforderung eines Drogenscreenings hinreichenden Verdacht, dass der Kläger regelmäßiger Cannabiskonsument ist, aus der Tatsache abgeleitet, dass bei einer Kontrolle durch die Zollfahndungsstelle Vreden fünf Gramm Haschisch in seinem Besitz gefunden worden seien, und dies wie folgt begründet: Nach den dem Gericht vom Landeskriminalamt Baden-Württemberg mitgeteilten kriminalistischen Erfahrungen stelle der Erwerb oder Besitz kleiner Mengen Cannabis ein sehr starkes Indiz für Eigenkonsum dar. Dafür spreche hier zusätzlich, dass der Kläger einen Teil des bei ihm aufge- 95

---

100 BVerwG 15.12.1989.
101 VGH München 29.06.1999.
102 BVerfG 20.06.2002 – unter D. I. 2. d).
103 BVerfG 24.06.1993.
104 BVerwG 23.08.1996; aufgehoben durch BVerfG 20.06.2002.

fundenen Haschischs in seinem Tabaksbeutel aufbewahrt habe. Anhaltspunkte dafür, dass der Kläger die für den Eigenkonsum geeignete kleine Menge an Dritte habe weitergeben wollen, beständen demgegenüber nicht.

Diese Beweiswürdigung durch das Berufungsgericht, das zudem – mit Verfahrensrügen des Klägers nicht beanstandet – festgestellt hat, dass der Kläger den größeren Teil der aufgefundenen Menge im Schuh versteckt hatte, lässt nach Ansicht des Bundesverwaltungsgericht keine Verletzung allgemein verbindlicher Grundsätze erkennen und wäre nach seiner Ansicht gemäß § 137 Abs 2 VwGO in einem Revisionsverfahren für das Bundesverwaltungsgericht bindend. Das Bundesverwaltungsgericht fügt hinzu, „im Übrigen" habe der Kläger im Verwaltungsverfahren selbst eingeräumt, dass er „gelegentlicher Haschischkonsument" sei.

Wie nun aber aus den festgestellten Tatsachen über Eigenkonsum hinaus auf „regelmäßigen Haschischkonsum" geschlossen werden könnte, legt das Bundesverwaltungsgericht nicht dar. Es räumt selbst ein: „Allerdings ist der gelegentliche Konsument von Cannabisprodukten nicht ohne weiteres von einem regel- oder gewohnheitsmäßigen Konsumenten zu unterscheiden, zumal entsprechende Erklärungen des Betroffenen im Interesse der Verkehrssicherheit nicht stets als wahr unterstellt werden können."

Auf diese Entscheidung verweist das Bundesverwaltungsgericht in einem von ihm 1999 entschiedenen Fall,[105] in dem das Berufungsgericht den Besitz einer kleinen Menge von Cannabisprodukten lediglich als Indiz für Eigenkonsum, wenngleich als starkes, bewertet hatte, und fügt hinzu:

„In einer Zusammenschau mit dem Umstand, dass der Kläger zusammen mit anderen Personen betroffen worden war, welche ebenfalls Cannabisprodukte besaßen, durfte das Berufungsgericht die konkreten Tatumstände als hinreichend aussagekräftige Anzeichen für den V e r d a c h t bewerten, dass der Kläger regelmäßig Haschisch konsumiert, zumal auch der Beschwerde kein Hinweis zu entnehmen ist, dass der Kläger im Verfahren in geeigneter Weise den Verdacht zu entkräften gesucht hätte."

Daraus lässt sich entnehmen, dass das Bundesverwaltungsgericht nunmehr über das Indiz für Eigenkonsum hinaus auch Indizien für die Regelmäßigkeit des Eigenkonsums für erforderlich hält.

96 **Wirkungen auf das Kraftfahrverhalten**, die nach den in den Begutachtungs-Leitlinien zur Kraftfahrereignung aufgestellten Leitsätzen festgestellt werden müssen, um Nichteignung bei Einnahme von Betäubungsmitteln annehmen zu können, lassen sich aus dem Besitz von Betäubungsmitteln überhaupt nicht entnehmen. Hinsichtlich des

---

105 BVerwG 12.01.1999, in Bezug genommen in BVerwG 30.12.1999.

Verhaltens von gewohnheitsmäßigen Cannabiskonsumenten z.b. hat das Bundesverfassungsgericht[106] darauf hingewiesen, dass die Annahme, diese neigten dazu, in akutem Rauschzustand ein Kraftfahrzeug zu führen, in ihren tatsächlichen Voraussetzungen keineswegs gesichert ist.

Außer dem Vorliegen solcher **bedeutsamen Umstände**, die die Annahme begründen, dass Betäubungsmittel der im Besitz eines Fahrerlaubnisinhabers vorgefundenen Art von ihm missbräuchlich oder regelmäßig auf eine Weise eingenommen werden, die seine Leistungsfähigkeit als Kraftfahrer ständig unter das erforderliche Maß herabsetzen oder jederzeit unvorhersehbar und plötzlich seine Leistungsfähigkeit oder seine Fähigkeit zu verantwortlichen Entscheidungen (wie den Verzicht auf die motorisierte Verkehrsteilnahme) vorübergehend beeinträchtigen, muss beim Besitz der Betäubungsmittel eine **konkrete Verknüpfung mit der Teilnahme am Straßenverkehr** bestehen – die nach der vom Bundesverfassungsgericht gebilligten Rechtsprechung des Bundesverwaltungsgerichts[107] Voraussetzung für die Anordnung der Gutachtenbeibringung bei einmaligem oder gelegentlichen Cannabiskonsum ist, aber auch bei regel- und gewohnheitsmäßiger Einnahme von Cannabis[108] und Einnahme sonstiger Betäubungsmittel.[109]

97

Dass ohne konkrete Verknüpfung mit der Teilnahme am Straßenverkehr die Anordnung der Gutachtenbeibringung nicht gerechtfertigt ist, verkennt das Niedersächsische Ministerium für Wirtschaft, Technologie und Verkehr, wenn es die Anordnung der Beibringung eines Gutachtens bei Jugendlichen zwischen dem vollendeten 14. und 18. Lebensjahr ohne Einschränkung auch für gerechtfertigt hält „z.B. beim Besitz kleinerer Mengen von Cannabisprodukten".[110]

98

ee) Verfassungskonforme Gestaltung des § 14 Abs. 1 FeV

§ 14 Abs. 1 FeV darf nur mit den vorstehend beschriebenen Einschränkungen angewandt werden.

99

So meint denn auch *Weibrecht*,[111] dass die Beschlüsse des Bundesverfassungsgerichts zum Besitz von Cannabis eine Überprüfung und ggf. Anpassung der polizeilichen und fahrerlaubnisrechtlichen Praxis unter besonderer Berücksichtigung des Verhältnismäßigkeitsgrundsatzes erfordern.

---

106 BVerfG 24.06.1993.
107 Siehe unter § 7 Rn 57 f.
108 Siehe unter § 7 Rn 70 ff.
109 Siehe unter § 7 Rn 78 ff.
110 Erlass vom 19.08.2002 – 46-30013/31 – unter B.
111 *Weibrecht, Ch.* (2003).

Damit ist die fahrerlaubnisrechtliche Praxis aber überfordert. So weist *Kalus*[112] – Leiter einer Führerscheinstelle – darauf hin, wie problematisch die Umsetzung des § 14 FeV geworden ist:

„Ohne umfassende Kenntnisse der aktuellen Rechtsprechung und aufeinander abgestimmte Vorgaben der einzelnen Länder ist zurzeit eine bundesweit gleich gelagerte Überprüfung im Drogenbereich nicht möglich. Hier ist dringender Handlungsbedarf gegeben."

Eine Neufassung des § 14 Abs. 1 FeV ist dringend geboten.

100 Dabei sollte die Muss-Vorschrift in eine Kann-Vorschrift umgestaltet werden entsprechend der gesetzlichen Formulierung in § 2 Abs. 8 StVG.

101 Zudem sollte der Fahrerlaubnisbehörde die Möglichkeit eingeräumt werden, entsprechend den jeweils gegebenen Umständen entweder die Beibringung eines ärztlichen oder eines medizinisch-psychologischen Gutachtens zu verlangen. Wenn Anhaltspunkte dafür bestehen, dass das Vorliegen von Eignungsdefiziten nur mithilfe psychologischen Sachverstandes geklärt werden kann (z.B. hinsichtlich der Frage, ob jemand entweder nicht in der Lage oder aber nicht willens ist, zuverlässig zwischen dem Drogenkonsum und der aktiven Teilnahme am Straßenverkehr zu trennen), ist es unverhältnismäßig, zunächst nur die Beibringung eines ärztlichen Gutachtens anzuordnen und erst in einem zweiten Schritt die Beibringung eines medizinisch-psychologischen Gutachtens – wie das aber in § 14 Abs. 1 FeV vorgesehen ist (bei durch Tatsachen begründeter Annahme der Einnahme von Cannabis nach S. 1 Nr. 2 ärztliches Gutachten und bei dabei festgestellter nur gelegentlicher Einnahme von Cannabis nach S. 4 medizinisch-psychologisches Gutachten).[113]

102 Die Kennzeichnung der „Verdachtsindikatoren", die die Anordnung der Beibringung eines Gutachtens bei Einnahme von Betäubungsmitteln oder anderen psychoaktiv wirkenden Stoffen rechtfertigen können, sollte entsprechend den Vorgaben in den Beschlüssen von Bundesverwaltungsgericht und Bundesverfassungsgericht sowie den Begutachtungs-Leitlinien zur Kraftfahrereignung in den Verordnungstext aufgenommen werden.

103 § 14 Abs. 1 S. 1 FeV sollte danach etwa lauten:

Zur Vorbereitung von Entscheidungen über die Erteilung oder die Verlängerung der Fahrerlaubnis oder über die Anordnung von Beschränkungen oder Auflagen kann die Fahrerlaubnisbehörde vom Fahrerlaubnisbewerber oder Fahrerlaubnisinhaber die Bei-

---

112 *Kalus, V.* (2003).
113 Siehe unter § 7 Rn 178 ff.

Begutachtung im Fahrerlaubnis-Verwaltungsverfahren § 7

bringung eines nach den Umständen erforderlichen ärztlichen oder medizinisch-psychologischen Gutachtens verlangen, wenn Tatsachen die Annahme begründen, dass er
1. von Betäubungsmitteln im Sinne des Betäubungsmittelgesetzes in der jeweils geltenden Fassung oder von anderen psychoaktiv wirkenden Stoffen abhängig ist oder
2. solche Betäubungsmittel oder andere psychoaktiv wirkende Stoffe im Zusammenhang mit der Teilnahme am Straßenverkehr missbräuchlich oder gewohnheitsmäßig einnimmt und dadurch seine Auffassungsgabe, seine Konzentrationsfähigkeit, sein Reaktionsvermögen oder seine Selbstkontrolle ständig unter dem für ein sicheres und verkehrsgerechtes Führen von Kraftfahrzeugen im Straßenverkehr erforderlichen Maß liegen oder er grundsätzlich außerstande ist, eine drogenkonsumbedingte zeitweilige Fahruntüchtigkeit rechtzeitig als solche zu erkennen oder trotz einer solchen Erkenntnis von der aktiven Teilnahme am Straßenverkehr abzusehen.

§ 14 Abs. 1 S. 2 FeV ist zu streichen, weil der Besitz von Betäubungsmitteln ohnehin 104
nur dann die Anordnung der Beibringung eines Gutachtens rechtfertigt, wenn er als Indiz für beabsichtigten Eigenkonsum dieser Betäubungsmittel gewertet werden kann und hinsichtlich des beabsichtigten Konsums Tatsachen gegeben sind, die die Annahme des Vorliegens der in § 14 Abs. 1 S. 1 Nr. 2 FeV in der hier vorgeschlagenen Fassung beschriebenen „Verdachtsindikatoren" begründen.

§ 14 Abs. 1 S. 4 FeV ist zu streichen, weil durch die hier vorgeschlagene Fassung des 105
§ 14 Abs. 1 S. 1 Nr. 2 FeV die gelegentliche Einnahme von Cannabis bereits erfasst wird und darin auch die Zweifel an der Eignung begründenden Tatsachen bereits beschrieben sind.

ff) Nach Entziehung einer Fahrerlaubnis wegen Betäubungsmittelproblematik

Zwingender Anlass zur Anordnung der Beibringung eines Gutachtens besteht nach 106
§ 14 Abs. 2 Nr. 1 FeV, wenn die Fahrerlaubnis entzogen worden war
- wegen Abhängigkeit von Betäubungsmitteln im Sinne des Betäubungsmittelgesetzes oder von anderen psychoaktiv wirkenden Stoffen,
- wegen Einnahme von Betäubungsmitteln im Sinne des Betäubungsmittelgesetzes oder
- wegen missbräuchlicher Einnahme von psychoaktiv wirkenden Arzneimitteln oder anderen psychoaktiv wirkenden Stoffen.

Konkrete tatsächliche Anhaltspunkte für berechtigte Zweifel an der Kraftfahreignung des betroffenen Kraftfahrers ergeben sich in diesen Fällen daraus, dass die Fahrerlaubnis aus diesen Gründen wegen mangelnder Eignung entzogen worden war.

gg) Überwundene Betäubungsmittelproblematik

107 Die Anordnung der Beibringung eines medizinisch-psychologischen Gutachtens ist schließlich in § 14 Abs. 2 Nr. 2 FeV zwingend vorgeschrieben, wenn zu klären ist, ob der Betroffene
- von Betäubungsmitteln oder von anderen psychoaktiv wirkenden Stoffen noch abhängig ist oder
- – ohne abhängig zu sein – weiterhin Betäubungsmittel oder andere psychoaktiv wirkende Stoffe einnimmt.

108 *Uhle*[114] beschreibt den gutachterlichen Prozess als „Veränderungsdiagnostik" und charakterisiert die typischerweise zu beobachtenden Stadien einer nachhaltigen Einstellungs- und Verhaltensänderung wie folgt:

> „Ausgehend vom Stadium der Absichtslosigkeit folgen Stufen der Veränderung: Absichtsbildung – Vorbereitung – Handlung – Aufrechterhaltung, um dann entweder zu einem Rückfall oder einem dauerhaften Ausstieg zu gelangen".

e) Vorliegen besonderer Umstände

109 Unabhängig vom Vorliegen der vorerörterten Eignungszweifel begründenden Tatsachen **kann** die Beibringung eines Gutachtens unter im Einzelnen näher bezeichneten Umständen angeordnet werden.

Nach dem Wortlaut des § 11 Abs. 3 S. 1 FeV kann die Gutachtenbeibringung „zur Klärung von Eignungszweifeln für die Zwecke nach Abs. 2 angeordnet werden" – also nur bei Bedenken gegen die körperliche oder geistige Eignung. Dieser Wortlaut beruht jedoch auf einem Redaktionsversehen. In § 11 Abs. 3 S. 1 FeV werden nämlich Umstände aufgeführt, die auch – wenn nicht sogar ausschließlich – Bedenken gegen die charakterliche Eignung begründen. Dem entsprechend führt das Bundesministerium für Verkehr in der Begründung zu § 11 Abs. 3 FeV aus, dass die in dieser Vorschrift erwähnten medizinisch-psychologischen Gutachten „sich auf den gesamten Eignungsbereich, nicht nur die körperliche oder geistige Eignung" beziehen.[115]

Als für die Gutachtenbeibringung in Betracht kommende Umstände sind aufgeführt:

---

114 *Uhle, A.* (2005) S. 350.
115 BR-Dr. 443/98, S. 256 = VkBl 1998, 1068.

aa) Vorbereitung einer Entscheidung über die Befreiung von den Vorschriften über das Mindestalter

In der Begründung zu der diesbezüglichen Vorschrift in § 11 Abs. 3 S. 1 Nr. 2 FeV bemerkt das Bundesministerium für Verkehr:[116]

„Eine Ausnahme von den Vorschriften über das Mindestalter ist nur zulässig, wenn die körperliche, geistige und charakterliche Reife des Jugendlichen ihn zum Führen von Kraftfahrzeugen bereits geeignet erscheinen lässt."

110

Unabhängig von dieser Regelung ist die erforderliche körperliche oder geistige Eignung vor Erteilung einer Fahrerlaubnis im Rahmen einer Berufsausbildung unter den besonderen Voraussetzungen des § 10 Abs. 2 FeV, falls diese vor Vollendung des 18. Lebensjahr erworben wird, durch Vorlage eines medizinisch-psychologischen Gutachtens nachzuweisen (§ 10 Abs. 2 S. 2 FeV).

bb) Erhebliche Auffälligkeiten bei der Fahrerlaubnisprüfung

Von ihnen hat der Sachverständige oder Prüfer der Fahrerlaubnisbehörde Mitteilung zu machen (§ 18 Abs. 3 FeV). Das in diesem Fall beizubringende medizinisch-psychologische Gutachten (§ 11 Abs. 3 S. 1 Nr. 3 FeV) ist ebenfalls nicht beschränkt auf die Begutachtung von Erkrankungen oder Mängeln nach Anlage 4 oder 5 der FeV, sondern hat ganzheitlich zu körperlichen, geistigen und charakterlichen Eignungsvoraussetzungen Stellung zu nehmen.

111

cc) Straftaten

Vom Fahrerlaubnisbewerber oder -inhaber begangene Straftaten können Anlass zur Anordnung der Beibringung eines medizinisch-psychologischen Gutachtens geben, wenn sie im Zusammenhang mit dem Straßenverkehr oder im Zusammenhang mit der Kraftfahreignung stehen oder bei ihnen Anhaltspunkte für ein hohes Aggressionspotential bestehen (§ 11 Abs. 3 S. 1 Nr. 4 FeV).

112

Damit werden – wie das Bundesministerium für Verkehr in der Begründung zu dieser Vorschrift bemerkt[117] – die Fälle erfasst, bei denen die Fahrerlaubnis nicht bereits durch das Strafgericht entzogen wurde. Zu beachten ist dabei allerdings die Bindungswirkung einer etwa insoweit bereits ergangenen strafgerichtlichen Entscheidung; hat das Strafgericht die Eignungsfrage bereits geprüft, ist kein Raum mehr für eine verwaltungsrechtliche Prüfung.[118]

113

---

116 BR-Dr. 443/98, S. 256 = VkBl 1998, 1068.
117 BR-Dr. 443/98, S. 256 = VkBl 1998, 1068.
118 Siehe unter § 13 Rn 5 ff.

114 Auch das Vorliegen nur **einer** Straftat rechtfertigt die Anforderung eines Gutachtens. Das begründet in einem Fall der Verurteilung wegen vorsätzlicher Gefährdung des Straßenverkehrs in Tateinheit mit Nötigung (§§ 315c Abs 1 Nr. 2, 240 StGB) der **Verwaltungsgerichtshof Baden-Württemberg**[119] so:

„Nach § 2 Abs. 4 S. 1 StVG ist zum Führen von Kraftfahrzeugen geeignet, wer – neben hier nicht weiter interessierenden Voraussetzungen – nicht erheblich oder nicht wiederholt gegen verkehrsrechtliche Vorschriften oder gegen Strafgesetze verstoßen hat. Die Eignungsvorschriften in § 11 (bis § 14) FeV konkretisieren die Bestimmung in § 2 Abs. 4 StVG (BR-Drs. 443/98 S. 218). § 11 Abs. 1 S. 3 FeV wiederholt im Wesentlichen den Wortlaut des § 2 Abs. 4 S. 1 StVG. § 11 Abs. 3 S. 1 Nr. 4 FeV, der nur noch von Straftaten' spricht, kann insoweit nicht isoliert betrachtet werden, sondern steht – wie das Verwaltungsgericht bereits zutreffend ausgeführt hat – in systematischem Zusammenhang mit § 2 Abs. 4 S. 1 StVG und § 11 Abs. 1 S. 3 FeV; seine Auslegung hat sich demnach an diesem Kontext auszurichten. Unter Berücksichtigung dieser systematischen Normeneinheit rechtfertigt allein die Verwendung des Begriffs ‚Straftaten' im Plural gerade im Hinblick auf das durch die (disjunktive) Konjugation ‚oder' einander gegenüber gestellte Begriffspaar ‚erheblich' und ‚wiederholt' nicht die Auslegung, die Anordnung der Beibringung eines medizinisch-psychologischen Gutachtens sei auch bezüglich des Begriffs ‚erheblich' grundsätzlich nur bei mehr als einer Straftat zulässig. Der Normgeber wollte durch die Begriffe ‚erheblich' und ‚wiederholt' ersichtlich zwei in der Begehung unterschiedliche Varianten im Hinblick auf den Verstoß gegen verkehrsrechtliche Vorschriften oder Strafgesetze schaffen, was er grammatisch durch die Verwendung des Wortes ‚oder' zum Ausdruck brachte. Andererseits hat der Gesetzgeber erkennbar beiden Varianten ein solches Gewicht beigemessen, dass jeder allein eignungsausschließende Bedeutung zukommen kann. Der wiederholten Begehung von Verstößen gegen verkehrsrechtliche Vorschriften oder Strafgesetze wird der – nur – einmalige, dafür aber erhebliche Verstoß gegen verkehrsrechtliche Vorschriften oder Strafgesetze gegenüber gestellt. Allein dieses Verständnis wird dem Sinn und Zweck der Norm, der grammatischen und der systematischen Auslegung gerecht."

115 Ob der Betroffene wegen der Straftat zu einer **Strafe verurteilt** worden ist, ist **unerheblich**. Davon geht der **Verwaltungsgerichtshof Baden-Württemberg**[120] unter Bestätigung seiner vorzitierten Entscheidung aus in einem Fall, in dem der Betroffene im Jugendgerichtsverfahren lediglich wegen versuchter Erpressung und gefährlicher Körperverletzung schuldig gesprochen worden war, weil damit rechtskräftig festge-

---

119 VGH Mannheim 25.07.2001.
120 VGH Mannheim 14.09.2004.

stellt worden ist, dass er einen Straftatbestand verwirklicht sowie rechtswidrig und schuldhaft gehandelt hat.

Anhaltspunkte für ein **hohes Aggressionspotential** im Sinne des § 11 Abs. 3 S. 1 Nr. 4 FeV sieht der Verwaltungsgerichtshof in diesem Fall darin, dass sich aus den tatsächlichen Feststellungen des Urteils des Jugendgerichts ausreichende Hinweise auf eine beim Betroffenen vorhandene hohe Angriffslust bzw. Streitsüchtigkeit ergaben: Der Betroffene hatte das Opfer der Straftat mit seinem beschuhten Fuß getreten und ihm damit Verletzungen in besonders sensiblen Körperbereichen – Wange und Hals – zugefügt, ohne dass der Geschädigte hierzu auch nur ansatzweise Anlass geboten hatte; im Gegenteil hatte der Betroffene zuvor versucht, dem Opfer Geld abzupressen. Zudem hatte der Betroffene aus einer Gruppe von drei Mittätern heraus gehandelt und die von den Mittätern geschaffene Situation der Übermacht ausgenutzt, um das Opfer zu erpressen und die Situation zu seinem eigenen rechtswidrigen Vorteil auszunutzen. Dies deutet nach Ansicht des Verwaltungsgerichtshofs darauf hin, dass der Betroffene bei der Tat bestrebt war, Macht über andere Menschen auszuüben und nicht davor zurückgeschreckt ist, eine Situation der Übermacht zur Verletzung eines Wehrlosen auszunutzen. **116**

Der Verwaltungsgerichtshof hebt im Übrigen hervor, dass die Beurteilung der Persönlichkeit des Betroffenen durch das Strafgericht für die von der Fahrerlaubnisbehörde nach Maßgabe des § 2 Abs. 7 FeV eigenverantwortlich vorzunehmende Überprüfung der Fahreignung des Betroffenen nicht von ausschlaggebender Bedeutung ist, weil nach dem Gesetz die Überprüfung und Beurteilung der Fahreignung und -befähigung eines Fahrerlaubnisbewerbers – um den es sich bei dem Betroffenen handelte – Sache der zuständigen Fahrerlaubnisbehörde ist.

Straftaten, die **aggressive Verhaltenstendenzen** erkennen lassen, werden oft unter dem Einfluss von Alkohol begangen. Zudem finden sich nicht selten bei derartigen Straftätern aggressive Handlungsstrukturen, die bereits bei der Verkehrsteilnahme deutlich geworden sind. **117**

Besonders geregelt sind Begutachtungsanlässe bei Straftaten unter Einfluss von **Alkohol**[121] und Verstößen gegen das **Betäubungsmittelgesetz**.[122] **118**

Soweit **andere Straftaten** im Einzelfall Bedeutung für Zweifel an der charakterlichen Eignung zum Führen eines Kraftfahrzeugs haben, bedarf das jeweils einer **besonderen Herleitung**. Dafür reicht es nach Auffassung des **Oberverwaltungsgerichts Rheinland-Pfalz**[123] nicht aus, dass ein Pkw als Mittel zur Straftat (im entschiedenen **119**

---

121 Siehe unter § 7 Rn 14 ff.
122 Siehe unter § 7 Rn 38 ff.
123 OVG Koblenz 16.03.1994 – 7 B 10161/94.

Fall zu 12 Gaststätteneinbrüchen) benutzt worden ist. Vielmehr müssen sich aus der Straftat Anhaltspunkte dafür ergeben, dass der Betreffende sich auch im Straßenverkehr nicht ordnungsgemäß verhalten wird, also etwa bei den Diebesfahrten zur Durchsetzung seiner kriminellen Absichten rücksichtslos gefahren ist oder sich über Verkehrsvorschriften hinweggesetzt hat.[124]

Auch die **Kombination** bestimmter Verkehrsauffälligkeiten wie wiederholte Unfallflucht, wiederholtes Fahren ohne Fahrerlaubnis und Trunkenheit am Steuer hat sich als Risikofaktor erwiesen, der ein erneutes Fahren in alkoholbedingt verkehrsunsicherem Zustand erwarten lässt, d.h. auf Eignungsdefizite hinweist.[125]

120 Ob **Straftaten Jugendlicher oder Heranwachsender**, die nach dem Jugendgerichtsgesetz abgeurteilt wurden, Defizite zugrunde lagen, die noch bestehen und die Fahreignung beeinträchtigen können, z.B. infolge einer Verzögerung der seelisch-geistigen Reife, bedarf der Aufklärung, wobei unter anderem Berichte von Bewährungshelfern hinzugezogen werden sollten.

121 Offensichtlich haben Fahrerlaubnisbehörden Schwierigkeiten zu entscheiden, welche Straftaten außerhalb der Straßenverkehrsteilnahme Zweifel an der Fahreignung auslösen. Derzeit dominieren[126] Straftaten von Personen, die bereits auch verkehrsauffällig geworden sind – z.B. wegen Trunkenheit am Steuer – oder die wegen eines Drogendeliktes vorbestraft wurden. Weiterführende Untersuchungen der Frage, welche Straftaten als Indizien für schwer wiegende Fahreignungsmängel gelten können, sind erforderlich.

In jedem Fall wird die Fahrerlaubnisbehörde ermitteln müssen, ob die straffällig gewordenen Fahrerlaubnisinhaber körperliche, geistige oder persönlichkeitsbedingte Eignungsmängel aufweisen, die auch Fehlverhaltensweisen im Straßenverkehr erwarten lassen.

dd) Verstöße gegen verkehrsrechtliche Vorschriften

122 In der Fahrerlaubnis-Verordnung fehlte zunächst eine Regelung, wonach die Fahrerlaubnisbehörde eine medizinisch-psychologische Untersuchung anordnen kann, wenn auf Grund von Verstößen gegen verkehrsrechtliche Vorschriften, die keine Straftaten darstellen, Eignungszweifel bestehen. Darauf hat der Bundesrat in seinem Beschluss vom 11.06.2004 zur Dritten Verordnung zur Änderung der Fahrerlaubnis-Verordnung und anderer straßenverkehrsrechtlicher Vorschriften[127] hingewiesen und ausgeführt:

---

124 Siehe zu den Voraussetzungen strafgerichtlicher Entziehung in solchen Fällen auch § 12 Rn 19 ff.
125 *Winkler, W.* und *Jacobshagen, W.* (1984).
126 *Erl-Knorr, P.* und *Wicke, Th.* (2002).
127 BR-Dr. 305/04 (Beschluss).

„Gerade beim Vorliegen einer Vielzahl von Ordnungswidrigkeiten oder der Teilnahme an illegalen Straßenrennen, die Zweifel an der charakterlichen Eignung begründen, muss jedoch im Hinblick auf den Verhältnismäßigkeitsgrundsatz auch die Anordnung einer medizinisch-psychologischen Untersuchung möglich sein."

Dem Beschluss des Bundesrats entsprechend sind danach durch die Dritte Verordnung zur Änderung der Fahrerlaubnis-Verordnung und anderer straßenverkehrsrechtlicher Vorschriften vom 09.08.2004[128] in § 11 Abs. 3 Nr. 4 FeV vor den Wörtern „bei Straftaten" die Wörter **„bei erheblichen oder wiederholten Verstößen gegen verkehrsrechtliche Vorschriften** oder" eingefügt worden.

Insoweit sind zudem Begutachtungsanlässe geregelt im StVG – insbesondere im Rahmen der Vorschriften über die Fahrerlaubnis auf Probe[129] und über das Punktsystem[130] – sowie in der FeV – insbesondere hinsichtlich der Verkehrsteilnahme unter Alkohol[131] und der Begehung von Straftaten im Verkehr.[132] Im Übrigen wird auf Verkehrsauffälligkeiten reagiert mit besonderen Maßnahmen im Rahmen der Fahrerlaubnis auf Probe[133] und des Punktsystems.[134] Neben solchen Maßnahmen bleibt jedoch die Entziehung der Fahrerlaubnis nach § 3 StVG unberührt (§ 2a Abs. 4, § 4 Abs. 1 S. 2 StVG).

123

Allerdings weist *Kramer*[135] darauf hin, dass mit dem In-Kraft-Treten des mit Wirkung ab 01.01.1999 reformierten Fahrerlaubnisrechts das bis dahin als Verwaltungsvorschrift geregelte Mehrfachtäterpunktsystem in den Verordnungsrang erhoben wurde (§ 4 StVG i.V.m. §§ 40 ff. FeV) und meint, damit habe der Gesetzgeber für die Masse der Fälle, bei denen die Frage der Erheblichkeit eines Verstoßes oder der Häufung von Verstößen gegen verkehrsrechtliche Vorschriften von Relevanz ist, nunmehr selbst die Verantwortung für die Abgrenzung zwischen charakterlicher Eignung und Nichteignung übernommen. Dazu bezieht sie sich auf die Ansicht von *Jagow* und *Heiler*,[136] dass die Punktbewertung nach dem Punktsystem der Anlage 13 zu § 40 FeV nunmehr eine Spezialregelung für die im Verkehrszentralregister erfassten Entscheidungen sei und deren Hinweis: „Diese Regelung ist abschließend." Sie meint, damit sei auch die Frage, wann die Ungeeignetheit begründende wiederholte Verstöße vorliegen, durch den Gesetzgeber (§ 4 Abs. 3 Nr. 3 StVG, wobei ggf. die Sonderregelung des Abs. 5 zu beachten ist) entschieden: Bei Erreichen von 18 Punkten.

124

---

128 BGBl I, 2092.
129 Siehe unter § 7 Rn 6 ff.
130 Siehe unter § 7 Rn 9.
131 Siehe unter § 7 Rn 24 ff.
132 Siehe unter § 7 Rn 112 ff.
133 Siehe unter § 11 Rn 30 ff.
134 Siehe unter § 11 Rn 81 ff.
135 DAR 2000, 135 (Anmerkung zu dem in der übernächsten Fußnote zitierten Beschluss des OVG Lüneburg).
136 *Jagow, F.-J.* und *Heiler, G. L.* (1998) S. 173.

125 Nach ihrer Meinung ist unterhalb dieser 18-Punkte-Grenze Raum für eine gesonderte Eignungsbeurteilung nur noch bei Bedenken hinsichtlich der körperlichen oder geistigen Eignung (§§ 11 und 12 FeV), bei Hinweisen auf eine Alkoholproblematik (§ 13 FeV), bei Eignungszweifeln im Hinblick auf Betäubungs- oder Arzneimittel (§ 14 FeV) und bei der richterlichen Beurteilung von Straftaten (§ 69 StGB) eröffnet.

Mit diesen Argumenten wendet sie sich gegen Ausführungen des Niedersächsischen Oberverwaltungsgerichts.[137] Sie billigt zwar dessen Auffassung, dass die Überschreitung der in einer Ortschaft zulässigen Höchstgeschwindigkeit um mehr als 100 % – und zwar um 51 km/h – ohne Gefährdung anderer Verkehrsteilnehmer für sich genommen nicht (massive) Eignungszweifel begründet, die Anlass für eine Begutachtung des Fahrerlaubnisinhabers und dessen sofortige Entfernung aus dem öffentlichen Straßenverkehr bis zur Abklärung etwaiger Eignungszweifel bieten könnten. Sie missbilligt aber den vom Oberverwaltungsgericht „zur Vermeidung von Missverständnissen" ausgesprochenen Hinweis, dass die von ihm „vorgenommene Bewertung von Höchstgeschwindigkeitsüberschreitungen nur für die **einmalige isolierte Begehung** dieser OWi gelten kann", den das Oberverwaltungsgericht so näher konkretisiert:

„Treten weitere Umstände wie etwa andere dem Fahrerlaubnisinhaber vorzuhaltende Verstöße gegen Verkehrsvorschriften oder die konkrete Gefährdung anderer Verkehrsteilnehmer bei der (isolierten) Höchstgeschwindigkeitsüberschreitung hinzu, so können diese zusätzlichen Umstände zusammen mit der (erheblichen) Höchstgeschwindigkeitsüberschreitung Eignungszweifel oder – nach den Umständen des Einzelfalls – sogar Eignungsmängel begründen. Ebenfalls könnte eine andere Betrachtung dann geboten sein, wenn es nicht – wie in dem hier entschiedenen Fall – um eine (allgemeine) Fahrerlaubnis (jetzt etwa der Klassen A und B), sondern um eine besonderen Zwecken dienende Fahrerlaubnis wie z.B. eine Fahrerlaubnis zur Fahrgastbeförderung geht, bei der an die Eignung des Inhabers besondere Anforderungen zu stellen sind."

126 Diese Betrachtungsweise verdient den Vorzug. Der Ansicht von *Kramer* steht die ausdrückliche gesetzliche Regelung, nach der Maßnahmen im Rahmen der Fahrerlaubnis auf Probe und aufgrund des Punktsystems die Entziehung der Fahrerlaubnis nach § 3 StVG unberührt lassen (§ 2a Abs. 4, § 4 Abs. 1 S. 2 StVG), entgegen. Dem entsprechend meint auch *Hentschel*,[138] dass die Fahrerlaubnis nach § 3 StVG zu entziehen ist, wenn sich der Fahrerlaubnisinhaber durch Zuwiderhandlungen, die der Punktbewertung unterliegen, als ungeeignet oder nicht befähigt zum Führen von Kraftfahrzeugen

---

137 OVG Lüneburg 02.12.1999.
138 *Hentschel P.* (2005) § 4 StVG Rn 3.

erwiesen hat. Diese Ansicht teilen auch einhellig alle Verwaltungsgerichte, die sich bisher zu dieser Frage geäußert haben.[139]

Sie ist auch in sich begründet, wie für einzelne Fallgestaltungen auf der Hand liegt:

(1) Wiederholte Verkehrszuwiderhandlungen

Soweit sie im Verkehrszentralregister eingetragen sind, bieten sie eine statistisch gesicherte Möglichkeit, das habituelle Verkehrsrisiko eines Kraftfahrers und damit seine Verkehrsprognose zu bestimmen. *Schade*[140] hat bei zwei Stichproben von jeweils 60.000 Personen mit Hilfe der Eintragungen im Verkehrszentralregister die Unterschiede der Verkehrsdeliktbelastung innerhalb eines Jahres untersucht und drei Prädiktoren für das Rückfallrisiko – die Rückfallhäufigkeit – festgestellt: Das Geschlecht, das Lebensalter und der „VZR-Status", d.h. die Zahl der eingetragenen Verkehrsverstöße. Dabei zeigte sich, dass „die Personengruppe mit VZR-Vorbelastung im Vergleich zu der ohne Vorbelastung das zweieinhalb- bis viereinhalbfache Risiko für eine schwere Verkehrsauffälligkeit im Folgejahr" offenbart. Die „Vorhersagegenauigkeit" geht allein von der Zahl der Eintragungen aus, während die Punktzahl „keine besonderen prognostischen Informationen" enthält und inhaltliche Aspekte wie die Art des Verkehrsverstoßes oder die Unfallbeteiligung „praktisch keinen zusätzlichen Prognosebeitrag" leisten, ebenso wenig wie der „Schweregrad registrierter Verkehrsverstöße".

Diese Erkenntnisse müssen Anlass sein, das bisher gültige Punktsystem, das die erwartete Gefährlichkeit eines verkehrsauffälligen Kraftfahrers definieren und verwaltungsbehördliche Maßnahmen bestimmen soll, zu überdenken.

Außer der Anzahl und Gewichtigkeit mehrfacher Verkehrszuwiderhandlungen, auf die allein es bei den besonderen Maßnahmen im Rahmen der Fahrerlaubnis auf Probe und des Punktsystems ankommt, ergeben auch bestimmte Verlaufskonstellationen der Verkehrsauffälligkeiten wie ihr durchschnittlicher zeitlicher Abstand, die Entwicklung des Deliktabstands in der Täterkarriere in Verbindung mit Merkmalen des Lebensalters und der Fahrerfahrung Hinweise auf rückfallbegünstigende oder rückfallmindernde Tendenzen.[141] Sie erlauben eine Abschätzung möglicher Eignungsdefizite.

---

139 VG Braunschweig DAR 2000, 91 = NZV 2000, 101; VG Potsdam, Beschl. v. 31.08.1999 – 10 L 630/ 99; OVG Hamburg 25.11.1999; OVG Münster 02.02.2000.
140 Schade, F.-D. (2005).
141 *Utzelmann, H. D.* (1990).

§ 7 Begutachtung im Fahrerlaubnis-Verwaltungsverfahren

(2) Kurzfristige Rückfälle

129 in das gleiche Verkehrsdelikt weisen auf verfestigte Fehlhaltungen hin oder auf nicht zu korrigierende Defizite, z.b. der körperlichen Eignung, die der Analyse bedürfen, um einer Korrektur zugeführt zu werden.[142]

130 Schon auf der Grundlage des bis Ende 1998 geltenden Rechts hat das **Bundesverwaltungsgericht**[143] ausgesprochen, dass die Fahrerlaubnisbehörde durchaus angesichts zahlreicher ihr durch die Benachrichtigung des Kraftfahrt-Bundesamtes gleichzeitig bekannt gewordener, z.t. gewichtiger Verkehrsverstöße – deren Bewertung sich auf 26 Punkte und kurz darauf schon auf 29 Punkte summierte – berechtigte Eignungszweifel hegen und unmittelbar die Beibringung eines medizinisch-psychologischen Gutachtens verlangen könne, ohne erst die im seinerzeit geltenden Mehrfachtäter-Punktsystem genannten Maßnahmen ergreifen zu müssen. Es bezeichnet als unschädlich, wenn die Fahrerlaubnisbehörde den abgestuften, dem Grundsatz der Verhältnismäßigkeit Rechnung tragenden Maßnahmenkatalog des Mehrfachtäter-Punktsystems nicht einhält.

131 Nach einer anderen Entscheidung des **Bundesverwaltungsgerichts**[144] kann nach fünf mit Geldbußen belegten Geschwindigkeitsüberschreitungen innerhalb von zwei Jahren, davon drei Verstöße innerhalb von sechs Wochen, und Eintragung von 16 Punkten im Verkehrszentralregister für die Fahrerlaubnisbehörde Anlass zu Zweifeln bestehen, ob der Inhaber einer Fahrerlaubnis zum Führen von Kraftfahrzeugen geeignet ist, und deshalb die Anordnung, ein medizinisch-psychologisches Gutachten beizubringen, rechtmäßig sein, selbst wenn sich die Zweifel nur auf die charakterliche Eignung erstrecken.

132 In einem weiteren Fall beanstandet das **Bundesverwaltungsgericht**[145] nicht, dass eine Fahrerlaubnisbehörde unter Abweichen von der 14-Punkte-Regel des seinerzeit geltenden Mehrfachtäter-Punktsystems bereits bei einem Stand von elf Punkten eine Befähigungsbegutachtung verlangte. In jenem Fall waren für das Verwaltungsgericht und das Oberverwaltungsgericht die Art der begangenen Verkehrszuwiderhandlungen und die Tatsache von ausschlaggebender Bedeutung, dass der Fahrerlaubnisinhaber innerhalb eines kurzen Zeitraums nach der erstmaligen Erteilung der Fahrerlaubnis mehrfach auffällig geworden war.

---

142 *Kunkel, E.* (1984); *Schade, F.-D.* (1991); *Biehl, B.* und *Aufsattler, W.* (1994).
143 BVerwG 19.01.1988.
144 BVerwG 16.08.1989.
145 BVerwG 13.06.1989.

ee) Wiederholte Entziehung der Fahrerlaubnis

Die Anordnung der Beibringung eines medizinisch-psychologischen Gutachtens kann vor Neuerteilung einer Fahrerlaubnis in Betracht kommen, wenn früher erteilte Fahrerlaubnisse schon mehr als einmal entzogen worden waren (§ 11 Abs. 3 S. 1 Nr. 5a FeV).

133

Das entspricht dem bis Ende 1998 geltenden § 15c Abs. 3 S. 2 StVZO, der die Anordnung der Beibringung eines medizinisch-psychologischen Gutachtens sogar „in der Regel" vorschrieb.

ff) Einmalige Entziehung der Fahrerlaubnis

War eine frühere Fahrerlaubnis nur einmal entzogen worden, kann die Beibringung eines medizinisch-psychologischen Gutachtens angeordnet werden, wenn die Entziehung begründet war mit **erheblichen oder wiederholten Verstößen gegen verkehrsrechtliche Vorschriften**[146] oder **Straftaten**, die im Zusammenhang mit dem Straßenverkehr oder im Zusammenhang mit der Kraftfahreignung standen oder bei denen ein hohes Aggressionspotential bestand[147] (§ 11 Abs. 3 S. 1 Nr. 5b FeV).

134

Diese Voraussetzung ist auch gegeben, wenn die Fahrerlaubnis wegen einer **Trunkenheitsfahrt mit einem Blutalkoholgehalt von weniger als 1,6 ‰** entzogen worden war.[148] Dem steht nicht entgegen, dass nach § 13 Nr. 2 Buchst. c und d FeV von Ersttätern erst bei einer Blutalkoholkonzentration von 1,6 ‰ oder mehr ein medizinisch-psychologisches Gutachten zu fordern ist.[149] Während die Fahrerlaubnisbehörde in den Fällen des § 13 Nr. 2 FeV die Beibringung eines medizinisch-psychologischen Gutachtens anzuordnen hat, ihr also kein Ermessensspielraum eingeräumt ist, eröffnet die Bestimmung des § 11 Abs. 3 S. 1 FeV einen derartigen Ermessensspielraum, weil nach dieser Vorschrift die Beibringung eines Gutachtens einer amtlich anerkannten Begutachtungsstelle für Fahreignung zur Klärung von Eignungszweifeln in den nachgenannten Fällen angeordnet werden „kann". Danach genügt auch der Entzug der Fahrerlaubnis wegen nur einer Trunkenheitsfahrt mit einer Blutalkoholkonzentration unter 1,6 ‰ um die Behörde zu befugen, ein Fahreignungsgutachten anzufordern. Allerdings muss die Fahrerlaubnisbehörde in diesem Falle ihr Ermessen ausüben.

135

---

146 Siehe unter § 7 Rn 122 ff.
147 Siehe unter § 7 Rn 112 ff.
148 VGH München 07.05.2001.
149 Siehe unter § 7 Rn 27.

3. Sonstige Begutachtungsanlässe

136 Außer den in StVG und FeV benannten Umständen können auch andere Umstände konkrete tatsächliche Anhaltspunkte für berechtigte Zweifel an der Kraftfahreignung bieten, denen durch Begutachtung nachgegangen werden muss.

a) Verkehrswidrigkeiten im höheren Lebensalter

137 Hohes Alter allein rechtfertigt Maßnahmen zur Prüfung der Eignung zum Führen von Kraftfahrzeugen nicht, zumal ältere Fahrer mit langjähriger Fahrpraxis vielfach Kompensationsmöglichkeiten eingetretener Eignungsschwächen oder -defizite entwickelt haben. Sie stellen z.b. bei Dämmerung und Dunkelheit das Fahren ein, weil sie Schwierigkeiten im Dämmerungssehen oder eine erhöhte Blendempfindlichkeit beobachtet haben.[150]

Wiederholen sich allerdings gleichartige Verkehrsdelikte im höheren Lebensalter – z.B. Rotlichtmissachtungen bei Fahrerlaubnisinhabern, die 60 Jahre und älter sind – so ist das als Indiz für Eignungsdefizite anzusehen[151] Sie bedürfen der Aufklärung und Korrektur.

138 Verwaltungsgerichte stellen unter Berufung auf den verfassungskräftigen Grundsatz der Verhältnismäßigkeit teilweise strenge Anforderungen an die Voraussetzungen für die Prüfung altersbedingter Bedenken gegen die Fahreignung, wie hier an 4 Entscheidungen veranschaulicht werden soll:

aa) Linksabbiegerin

139 Eine 75 Jahre alte Frau bog mit einem Pkw nach links ab und beachtete die Vorfahrt eines entgegenkommenden Pkws nicht, so dass es zu einem Zusammenstoß der beiden Fahrzeuge kam. Die an diese Frau gerichtete Anordnung der Verwaltungsbehörde, ein **amtsärztliches Gutachten** vorzulegen, hielt das Verwaltungsgericht Gelsenkirchen[152] für **nicht gerechtfertigt**: Diese Verkehrsauffälligkeit weise keine spezifischen Merkmale einer altersmäßigen Leistungsminderung auf; es handle sich um den typischen Fall abgelenkter bzw. unzureichender Aufmerksamkeit, die jeder fahrlässigen Vorfahrtsmissachtung zugrunde liege.

---

150 *Weinand, M.* (1997).
151 *Winkler, W.* (1977b).
152 zfs 1984, 191.

Begutachtung im Fahrerlaubnis-Verwaltungsverfahren § 7

bb) Zweifachtäter

Ein 74 Jahre alter Pkw-Fahrer beging 2 verkehrsrechtliche Übertretungen, aus denen das **Oberverwaltungsgericht Bremen**[153] gleichwohl keine sicheren Schlüsse auf einen altersbedingten Leistungsabbau zu ziehen vermochte: Im Kreisverkehr war der Mann mit einer den Kreis radial durchfahrenden Straßenbahn zusammengestoßen; ein alterstypisches Vergehen verneinte das Gericht deshalb, weil in dieser ungewöhnlichen Verkehrssituation zahlreiche Kraftfahrer aller Altersklassen im Vertrauen auf die Kreisverkehrsregelung der Straßenbahn nicht die gebotene Aufmerksamkeit schenkten. Das der zweiten Zuwiderhandlung zugrunde liegende Weiterfahren an einer von Gelb auf Rot umgesprungenen Signalanlage kann nach Ansicht des Gerichts tagtäglich auch bei anderen Verkehrsteilnehmern beobachtet werden, so dass es ebenfalls nicht als alterstypisch angesehen werden könne.

140

cc) Langsamfahrer

Einem 81 Jahre alten Fahrerlaubnisinhaber räumt das **Oberverwaltungsgericht des Saarlandes**[154] zwar ein, dass allein ein hohes Alter und eine sehr vorsichtige Fahrweise für sich genommen keinen Anhalt bieten dürfe, begründete Zweifel an der uneingeschränkten Eignung zum Führen von Kraftfahrzeugen zu hegen – insbesondere dann, wenn er bislang in keiner Weise verkehrsrechtlich in Erscheinung getreten ist. Nach seiner Ansicht sind jedoch die von der Verkehrspolizei mitgeteilten Verhaltensweisen des Fahrerlaubnisinhabers, nämlich das unangemessen langsame Fahren (§ 3 Abs. 2 StVO) zu nah an der Mittellinie (§ 2 Abs. 2 StVO) und die Missachtung der Anhalteversuche der Polizei (§ 36 StVO) über eine längere Fahrstrecke hin, im Verein mit dem hohen Lebensalter in der Gesamtschau jedenfalls so gewichtig, dass die Fahrerlaubnisbehörde einen Eignungsmangel als nahe liegend annehmen und eine gesundheitliche Überprüfung zum Ausschluss eines möglicherweise stärkeren altersbedingten Leistungsabbaus anordnen konnte. Den Grundsatz der Verhältnismäßigkeit hält das Oberverwaltungsgericht für beachtet, weil die Fahrerlaubnisbehörde dabei zu dem insoweit gegebenen mildesten Mittel der **amtsärztlichen Gesundheitsprüfung** gegriffen hat.

141

dd) Schlangenlinienfahrerin

Eine 78 Jahre alte Frau fiel Polizeibeamten dadurch auf, dass sie mit ihrem Pkw ständig zwischen dem rechten Fahrbahnrand und der Fahrbahntrennlinie hin- und her pendelte und die Mittellinie mindestens fünfmal mit zumindest halber Fahrzeugbreite

142

---

153 DAR 1969, 54.
154 OVG Saarlouis 08.06.1994.

überfuhr. Der **Verwaltungsgerichtshof Baden-Württemberg**[155] billigte die von der Fahrerlaubnisbehörde getroffene Anordnung einer **Fahrprobe** mit der Erwägung, die Fahrweise lasse auf ein hohes Maß an Unsicherheit schließen.

b) Bagatellverstöße

143 Grundsätzlich bleiben **Verkehrsverstöße, die im Verwarnungsverfahren gerügt werden können**, bei der Prüfung der Eignung zum Führen von Kraftfahrzeugen **unberücksichtigt**, auch wenn sie auf andere Weise – etwa nach Ablehnung der Verwarnung durch Bußgeldbescheid – geahndet wurden.[156]

144 Eine **Ausnahme** von diesem Grundsatz kann gemacht werden, wenn ein Kraftfahrer selbst nach Ahndung durch eintragungsfähige Bußgeldbescheide die Vorschriften des ruhenden Verkehrs **hartnäckig missachtet**, z.b. durch
- 61 Verstöße gegen Park- und Haltegebote sowie 4 weitere Verkehrsordnungswidrigkeiten in 5 Jahren (wobei nur in 3 Fällen die Grenze der Eintragungsfähigkeit im Verkehrszentralregister erreicht wurde),[157]
- 69 Verstöße gegen Park- und Haltegebote in 4 Jahren (wobei in nur 9 Fällen Geldbußen von 80 bis 150 DM festgesetzt wurden)[158] oder
- 18 Parkverstöße in 15 Monaten (wobei über 1.350 DM an Bußgeldern bezahlt wurden).[159]

145 Im letztgenannten Fall machte übrigens der Fahrerlaubnisinhaber geltend, die meisten der Parkverstöße seien von seiner Ehefrau oder seinen Angestellten begangen worden und er habe die Bußgeldbescheide lediglich deshalb rechtsverbindlich werden lassen, weil er sich um diese Dinge nicht gekümmert habe; gleichwohl hält das Verwaltungsgericht die sofortige Vollziehung der Entziehung der Fahrerlaubnis für gerechtfertigt mit der Begründung:

„Der Halter eines Kraftfahrzeuges, der durch zahlreiche ihm zugehende Bußgeldbescheide erfährt, dass Personen, die sein Fahrzeug benutzen, laufend gegen Verkehrsvorschriften verstoßen und der dagegen nichts unternimmt, weil er keine Rechtsmittel gegen die Bußgeldbescheide ergreift und auch nicht die Überlassung des Fahrzeugs an die jeweiligen Täter von Ordnungswidrigkeiten verweigert, zeigt charakterliche Mängel, die ihn selbst als einen ungeeigneten Verkehrsteilnehmer ausweisen."

---

155 VGH Mannheim 27.07.1990.
156 BVerwG 18.05.1973.
157 BVerwG 17.12.1976 – VII C 57.75.
158 VG Berlin NZV 1990, 328 = zfs 1990, 396 (L).
159 VG Würzburg NJW 1978, 847.

c) Unfallbeteiligung

Insbesondere unfallaffine Verkehrsauffälligkeiten berechtigen zu Zweifeln an der Fahreignung. Ihnen liegen überwiegend erhebliche Eignungsmängel zugrunde,[160] die in der Regel durch eine Untersuchung in einer amtlich anerkannten Begutachtungsstelle für Fahreignung geklärt werden müssen. 146

Eignungszweifel werden erkennbar bei der Analyse von Unfallhergang und Unfallfolgen. 147

aa) Unfallhergang

Ein allmähliches Abkommen von der Fahrbahn nach links, ein Auffahren auf ein vorausfahrendes Fahrzeug ohne erkennbare Bremsspuren oder ein Geradeaus-Weiterfahren in einer Kurve und ähnliche Verhaltensweisen sind häufig auf erhebliche, meist krankheitsbedingte Störungen zurückzuführen, z.b. auf eine nicht kontrollierte Zuckerkrankheit, auf Gesichtsfeldausfälle oder auf den Einfluss erheblicher Medikamenteneinnahme bei schwerer Erkrankung. Es handelt sich um Störungen, die die Fahreignung beeinträchtigen oder ausschließen. 148

Sie müssen rechtzeitig erkannt werden, damit – sofern dies möglich ist – Maßnahmen zur ihrer Korrektur eingeleitet werden können. 149

Welche Art der Untersuchung geeignet ist, die Eignungszweifel jeweils aufzuklären, ergibt sich nicht immer aus der Beschreibung des Fahrverhaltens, das zum Unfall führte. Deshalb wird eine amtsärztliche Begutachtung der Anknüpfungstatbestände oder eine amtsärztliche Untersuchung des betreffenden Fahrerlaubnisinhabers ggf. unter Hinzuziehung hausärztlicher Berichte zur Abklärung der verkehrsbehördlichen Bedenken angezeigt sein. 150

bb) Angaben des Fahrerlaubnisinhabers

In gleicher Weise können Angaben des Betroffenen über die mutmaßliche Entstehung des Verkehrsunfalles – „plötzlich schwarz vor den Augen, unerwartet eingeschlafen, die Besinnung verloren" –, wie sie den Strafakten zu entnehmen sind, Hinweise geben auf das Vorliegen von Fahreignungsmängeln. 151

Unabhängig davon ist es ratsam, die **Gerichtsakten anzufordern** und sie zu analysieren. 152

---

160 *Aufsattler, W.* und *Biehl, B.* (1988).

§ 7 Begutachtung im Fahrerlaubnis-Verwaltungsverfahren

153 In bestimmten Fällen wird die Staatsanwaltschaft von sich aus die zuständige Fahrerlaubnisbehörde von derartigen Tatbeständen informieren, insbesondere, wenn das Gericht bei dem Unfallverursacher eine erheblich verminderte Schuldfähigkeit gemäß § 21 StGB festgestellt hat und keine Entziehung der Fahrerlaubnis erfolgt ist.

cc) Unfallfolgen

154 Aus den Gerichtsakten ist auch zu entnehmen, ob der betreffende Fahrerlaubnisinhaber bei dem Unfall erhebliche Verletzungen erlitten hat – z.b. ein Schädeltrauma mit längerer Bewusstlosigkeit, Gesichtsverletzungen mit Schädigungen des Sehvermögens usw. –, die ggf. die Fahreignung beeinträchtigen oder ausschließen. Die Gerichtsakten enthalten gelegentlich auch polizeiliche Feststellungen am Unfallort, die Zweifel an der Fahreignung des Fahrerlaubnisinhabers auslösen, z.B. Beschreibungen seines Zustandes bei der polizeilichen Unfallaufnahme, die auf massive alkoholische Beeinflussung hindeuten, ohne dass entsprechende Atemalkoholwerte ermittelt werden konnten. Ggf. handelt es sich dabei um Unfallfolgen oder um Auswirkungen von Erkrankungen oder Drogeneinnahmen.

Darüber hinaus ist zu klären, ob ggf. eine psychologische Unfallnachsorge[161] erfolgt ist und welche Erfahrungen der Verunfallte dabei gewonnen hat. Die Nachsorge soll dazu beitragen, dass die Betroffenen „wieder ihre Rückkehr in den privaten und beruflichen Alltag finden".[162]

dd) Unfallflucht

155 Unerlaubtes Entfernen vom Unfallort erfolgt meist bei geringem Schaden oder in Nachtstunden. Nach neueren Untersuchungen[163] ereigneten sich 40 % der Fälle des unerlaubten Entfernens vom Unfallort, die aufgeklärt werden konnten, nicht im fließenden Verkehr sondern beim Parken, Wenden oder Rangieren.

Die früher festgestellte Beziehung von Unfallflucht und Trunkenheit im Verkehr[164] ist derzeit nicht mehr so stark ausgeprägt. Allerdings konnten noch bei 15 % der ermittelten Täter eine relevante Alkoholbeeinflussung festgestellt werden, vornehmlich bei Unfällen, die sich nachts ereigneten. Offenbar findet sich zwar im Unfallfluchtverhalten eine Tendenz zur Desozialisierung im Persönlichkeitsbereich, die Betroffenen akzeptieren nicht ihre Verantwortung für das Verkehrsverhalten. Aber das unerlaubte Entfernen vom Unfallort kann nicht mehr als „typisches Alkoholdelikt" angesehen werden.

---

161 *Echterhoff, W.* (2005).
162 *Echterhoff, W.* (2002).
163 *Lutze, J.* und *Miltner, E.* (2004).
164 *Eisenberg, U. et al.* (1989).

Begutachtung im Fahrerlaubnis-Verwaltungsverfahren § 7

Besonders bei über 60-Jährigen wurden häufig Unfallflüchtige beobachtet, die beim Aus- oder Einparken oder Wenden Unfälle verursachten und diese Schäden „entweder nicht bemerkten oder für unwesentlich halten". Diese Unfälle müssen als Folge einer verminderten psychophysischen Leistungsfähigkeit dieser Altersgruppe angesehen werden.

Eignungszweifel bei Unfallflucht entstehen daher einerseits im Hinblick auf die Zuverlässigkeit der sozial angepassten Verhaltenssteuerung bei nächtlichen Unfällen, andererseits im Hinblick auf die erforderliche psychophysische Leistungsfähigkeit bei älteren Unfallflüchtigen. 156

ee) Unfäller

Personen, die wiederholt an Unfällen beteiligt sind, lösen den Verdacht aus, dass sie eignungsausschließende Mängel aufweisen. Allerdings konnte die „Unfäller-Theorie", wonach wiederholt selbstverschuldete Unfälle das Ausmaß der vorhandenen Verkehrsunsicherheit dokumentieren[165] nicht bestätigt werden. Neue Untersuchungen zeigen indessen, dass unfallbelastete Kraftfahrer sich von unfallfreien durch charakteristische Merkmale ihrer kraftfahrspezifischen Leistungsfähigkeit sowie der Bereitschaft zur Verkehrsanpassung unterscheiden.[166] 157

ff) Lebensalter

Zweifel an der Fahreignung können auch ausgelöst werden durch Analyse des beim Unfall gezeigten Fehlverhaltens unter Berücksichtigung des Unfallzeitpunkts in Verbindung mit dem Lebensalter des Fahrerlaubnisinhabers. Dies gilt insbesondere für Unfälle von jungen Fahrerlaubnisinhabern und für Unfälle von Fahrerlaubnisinhabern im höheren Lebensalter. 158

(1) Junge Fahrer

Die für die jungen Fahrer charakteristischen Unfallverläufe – z.B. Herausgetragenwerden aus der Kurve infolge überhöhter Geschwindigkeit – und charakteristische Unfallzeiten – Freitagabend, Samstagnacht[167] – zeigen nicht selten Merkmale, die auf eine mangelnde seelisch-geistige Reife hinweisen, auf eine gestörte Persönlichkeitsentwicklung oder auf die Einnahme von Drogen. Auch wenn der Betreffende die Probezeit nach Ersterwerb der Fahrerlaubnis bereits überschritten hat, sind verkehrsbe- 159

---

165 *Undeutsch, U.* (1962).
166 *Sommer, M. et al.* (2005).
167 *Schlag, B., Ellinghaus, D.* und *Steinbrecher, J.* (1986); *Schulze, H.* (1996); Bundesanstalt für Straßenwesen [Hrsg.] (1996); *Hansjosten, E.* und *Schade, F.-D.* (1997); *Krüger, H.-P.; Braun, P.; Kazenwadel, J.; Reiss, J.* und *Vollrath, M.* (1998); *Schulze, H.* (1998); siehe auch unter § 3 Rn 326 f.

347

hördliche Ermittlungen über die Fahreignung angezeigt und ggf. entsprechende Untersuchungen erforderlich, sinnvollerweise in einer amtlich anerkannten Begutachtungsstelle für Fahreignung.

(2) Ältere Fahrer

160 Ebenso weisen ggf. Verhaltensweisen älterer Fahrerlaubnisinhaber, die zu Unfällen führen, auf das Vorliegen von Eignungsmängeln hin, die eine Überprüfung rechtfertigen. Dies sind z.B.[168]

- fehlerhafte Orientierung in komplexen Verkehrssituationen, etwa beim Einfädeln in unübersichtliche Straßen,
- fehlende Orientierung nach rückwärts, u.a. beim Abbiegen, Wenden, Spurwechseln,
- Fehlentscheidungen in komplexen Situationen, etwa beim Überqueren einer unübersichtlichen Vorfahrtstraße und
- Übersehen von Hindernissen auf der Fahrbahn bei Dämmerung und Dunkelheit.

161 Während bei jungen Fahrern Maßnahmen zur Eignungsförderung als Folge der verkehrsbehördlichen Ermittlung von Eignungsdefiziten dazu beitragen sollen, die Fahreignung auf den notwendigen risikominimierenden Stand zu bringen, ist die Maßnahme bei älteren Fahrern deshalb so wichtig, weil sie oft auf den Erhalt der Fahreignung dringend angewiesen sind, um die lebenserhaltende Mobilität nicht aufgeben zu müssen.[169]

162 Die Prüfung altersbedingter Bedenken gegen die Fahreignung machen Verwaltungsgerichte allerdings vom Vorliegen erheblicher Indizien abhängig.[170]

II. Umfang der Begutachtung

163 Die Fahrerlaubnisbehörde muss im jeweiligen Einzelfall prüfen, welche für die Kraftfahreignung ausschlaggebenden Umstände aufgrund der Zweifel begründenden Tatsachen näher untersucht werden müssen. Denn Untersuchung und Gutachten beschränken sich auf die Fragen, die im Einzelnen zur Aufklärung der Zweifel oder zur Feststellung besonderer Eignungsvoraussetzungen beantwortet werden müssen.

Hierzu bestimmt § 11 Abs. 6 S. 1 FeV:

---

168 *Tränkle, U.* und *Metker, T.* (1992); *Ellinghaus, D.*; *Schlag, B.* und *Steinbrecher, J.* (1990); *Tränkle, U.* [Hrsg.] (1994); *Christ, R.* und *Brandstätter, Ch.* (1997).
169 *Winkler, W.* (1994).
170 Siehe unter § 7 Rn 136 ff.

Begutachtung im Fahrerlaubnis-Verwaltungsverfahren § 7

„Die Fahrerlaubnisbehörde legt unter Berücksichtigung der Besonderheiten des Einzelfalls und unter Beachtung der Anlagen 4 und 5 in der Anordnung zur Beibringung des Gutachtens fest, welche Fragen im Hinblick auf die Eignung des Betroffenen zum Führen von Kraftfahrzeugen zu klären sind."

In der Anlage 15 der FeV ist unter Nr. 1a ausdrücklich vorgeschrieben:

„Die Untersuchung ist anlassbezogen und unter Verwendung der von der Fahrerlaubnisbehörde zugesandten Unterlagen über den Betroffenen vorzunehmen. Der Gutachter hat sich an die durch die Fahrerlaubnisbehörde vorgegebene Fragestellung zu halten."

Ein Beispiel für eine nicht anlassbezogene Fragestellung lässt sich einem Beschluss des **Bayerischen Verwaltungsgerichtshofs**[171] entnehmen: Bei einer polizeilichen Durchsuchung in der gemeinsamen Wohnung einer im Beschluss als „Antragstellerin" bezeichneten Frau und ihres Lebensgefährten wurde ein „Cannabispflanzenzuchtschrank" vorgefunden, in dem fünf zum Teil schon abgeerntete Cannabispflanzen standen. Ferner wurden in der Wohnküche 93 g Marihuana sowie ein Einmachglas mit 0,5 l selbst angesetztem Cannabisschnaps sichergestellt. Bei einem „Informationsgespräch" bekannte sich die Antragstellerin laut eines Aktenvermerks der Polizei zum zusammen mit ihrem Lebensgefährten vorgenommenen Cannabisanbau und Cannabiskonsum. Auf die Aufforderung des Landratsamts, ein Gutachten eines Facharztes für Psychiatrie, Innere Medizin oder Allgemeinmedizin über ihre Eignung zum Führen von Kraftfahrzeugen vorzulegen, benannte die Antragstellerin einen Arzt, der die Begutachtung durchführen solle. Mit Schreiben vom 02.06.1997 bat das Landratsamt den benannten Arzt, er möge in seinem Gutachten zu der Frage Stellung nehmen, ob der akuten Cannabisauffälligkeit der Antragstellerin ein Probierverhalten, die gelegentliche Einnahme oder häufiger bzw. regel- und gewohnheitsmäßiger Konsum zugrunde gelegen habe, sowie mitteilen, ob Hinweise auf die Einnahme weiterer illegaler Drogen oder auch der Missbrauch legaler Drogen (Alkohol, Medikamente) vorlägen. Der Bayerische Verwaltungsgerichtshof meint, das Landratsamt sei nach Aktenlage nicht berechtigt gewesen, die Vorlage eines Gutachtens eines Facharztes für Psychiatrie, Innere Medizin oder Allgemeinmedizin über ihre Eignung zum Führen von Kraftfahrzeugen zu verlangen, und führt aus:

„Geradezu unverständlich ist in diesem Zusammenhang die vom Landratsamt an den Gutachter ergangene Aufforderung im Schreiben vom 02.06.1997, sich auch zur Frage eines etwaigen Alkohol- oder Medikamentenmissbrauchs der Antragstellerin zu äußern. Für eine derartige Fragestellung fehlte nämlich selbst aus der Sicht des Landratsamts jeglicher Anlass."

---

171 VGH München 26.03.1998.

III. Art der Begutachtung

165 Der durch eine konkrete Frage umrissene Untersuchungsumfang bestimmt im Grunde bereits, welcher Sachverständige am ehesten zur Beantwortung der Frage in der Lage ist.

Für die im StVG unmittelbar benannten Begutachtungsanlässe kommt nach den diesbezüglichen Vorschriften ausschließlich die Beibringung eines Gutachtens einer amtlich anerkannten Begutachtungsstelle für Fahreignung in Betracht.[172]

Für die in der FeV aufgeführten Begutachtungsanlässe ist jeweils besonders bestimmt, welche Person oder Stelle für die Begutachtung in Anspruch genommen werden soll.

Für die übrigen, nicht ausdrücklich geregelten Fälle ergibt sich die Art der Begutachtung unmittelbar aus der Fragestellung.

1. Ärztliches Gutachten

166 Es kommt in Betracht zur Aufklärung von Eignungszweifeln insbesondere in folgenden Fällen:

a) Körperliche oder geistige Mängel im Allgemeinen

167 „Bei Bedenken gegen die körperliche oder geistige Eignung kommt zunächst grundsätzlich nur ein ärztliches Gutachten infrage." So begründet das Bundesministerium für Verkehr die Vorschrift des § 11 Abs. 2 FeV.[173] Das gilt auch für Fragen des Sehvermögens (§ 12 Abs. 8 FeV).

Die Beibringung eines Gutachtens einer amtlich anerkannten Begutachtungsstelle für Fahreignung kann grundsätzlich erst angeordnet werden, wenn nach Würdigung des ärztlichen Gutachtens ein medizinisch-psychologisches Gutachten zusätzlich erforderlich ist (§ 11 Abs. 3 S. 1 Nr. 1 FeV).

168 Das entspricht der Rechtsprechung zu der bis Ende 1998 geltenden Rechtslage. So hielt z.b. das Bundesverwaltungsgericht[174] bei Anhaltspunkten für **Gesichtsfeldausfall** und **Hypertonie** zunächst nur eine medizinische Begutachtung für angezeigt: Eine nicht nur medizinische, sondern auch psychologische Begutachtung sei erst dann gerechtfertigt, wenn eine medizinische Begutachtung allein kein abschließendes Urteil über die Fahreignung erlaube; die sofortige Anordnung der Beibringung eines

---

172 Siehe unter § 7 Rn 5 ff.
173 BR-Dr. 443/98, S. 256 = VkBl 1998, 1068.
174 BVerwG 11.07.1985.

Gutachtens einer amtlich anerkannten medizinisch-psychologischen Untersuchungsstelle sei solchenfalls unverhältnismäßig, weil die psychologische Untersuchung den geistig-seelischen Bereich berührt und der Betroffene sich den dafür durchzuführenden Untersuchungen (mit eingreifenden Testmethoden und Prüfungssituationen) nicht ohne begründete Notwendigkeit auszusetzen brauche. Eine solche Notwendigkeit könne dann gegeben sein, wenn aufgrund ärztlicher Gutachten Eignungsmängel als nachgewiesen festgestellt seien und diese Feststellungen ergänzt werden sollen, um z.b. im Hinblick auf zwischen körperlichen Mängeln und geistigen Eigenschaften bestehenden Wechselbeziehungen und Ausgleichsmöglichkeiten eine sichere Beurteilung zu gewährleisten.

Ganz in diesem Sinne wird in der Vorbemerkung zur Anlage 4 der FeV unter Nr. 3 hervorgehoben, dass bei Erkrankungen und Mängeln Kompensationen durch besondere menschliche Veranlagung, durch Gewöhnung, durch besondere Einstellung oder durch besondere Verhaltenssteuerungen und -umstellungen möglich sind und bei in dieser Hinsicht sich ergebenden Zweifeln eine medizinisch-psychologische Begutachtung angezeigt sein kann.

aa) Ausnahmen

Der Grundsatz, dass zunächst nur ein ärztliches Gutachten und erst nach dessen Vorliegen ein zusätzliches medizinisch-psychologisches Gutachten einer amtlich anerkannten Begutachtungsstelle für Fahreignung infrage kommt, gilt nicht in den Fällen, in denen von vornherein abzusehen ist, dass für die Beurteilung der Kraftfahreignung sowohl medizinische als auch psychologische Aspekte in Betracht kommen.

169

Bei **psychischen Störungen** des Inhabers einer Fahrerlaubnis (zweimaliges Erscheinen auf einem Polizeirevier zur Nachtzeit zwecks Erstattung einer Anzeige in verwirrtem Zustand und merkwürdiges Verhalten: Schwärzung der Hand mit Feuerzeug, Anzünden von mehreren Prospekten) hält z.b. der **Verwaltungsgerichtshof Baden-Württemberg**[175] die Anordnung, nicht nur ein medizinisches, sondern auch ein psychologisches Gutachten beizubringen, für gerechtfertigt: Speziell bei psychischen Störungen ist nicht nur die medizinische, sondern auch die psychologische Seite der Kraftfahreignung betroffen, da hier die Kraftfahreignung ausschließende Mängel insbesondere auch im funktionspsychologischen Bereich der optischen Wahrnehmungsfähigkeit oder Reaktionsfähigkeit gegeben sein können, der Gegenstand der verkehrspsychologischen Begutachtung ist.

170

Der Verwaltungsgerichtshof findet auch nichts daran zu beanstanden, dass dem Betroffenen nicht lediglich die Beibringung eines fachärztlichen neurologisch-

171

---

175 VGH Mannheim 11.01.1994.

psychiatrischen Gutachtens, sondern auch eines Gutachtens einer amtlich anerkannten medizinisch-psychologischen Untersuchungsstelle aufgegeben worden ist. Denn die Verwaltungsbehörde hatte dem Betroffenen zwar formell die Beibringung zweier selbständiger Gutachten aufgegeben, ihm aber gleichzeitig die Möglichkeit eingeräumt, die mit einem weiteren selbständigen Gutachten verbundenen Kosten dadurch zu vermeiden, dass die im Rahmen der medizinisch-psychologischen Untersuchung sonst von einem Facharzt für Allgemeinmedizin oder Innere Medizin wahrgenommene medizinische Begutachtung von einem Facharzt für Neurologie und Psychiatrie vorgenommen wird.

172 In einem Fall, in dem ausweislich eines polizeilichen Berichts ein Fahrerlaubnisinhaber am 14.10.1993 eine 22-jährige Autofahrerin tätlich angegriffen hatte, weil diese ihm die Ausfahrt versperrt hatte, billigt das Bundesverwaltungsgericht[176] ebenfalls die Anordnung der Beibringung eines Gutachtens einer amtlich anerkannten medizinisch-psychologischen Untersuchungsstelle. Das Berufungsgericht hatte die Frage offen gelassen, ob eine allein psychologische Untersuchung zur Klärung der Zweifel an der Kraftfahreignung ausreichend wäre. Das Bundesverwaltungsgericht hält das für rechtswidrig, sieht aber aufgrund konkreter tatsächlicher Anhaltspunkte Zweifel an der Kraftfahreignung auch in medizinischer Hinsicht, die nur durch Einholung eines medizinisch-psychologischen Gutachtens ausgeräumt werden können: Diese Zweifel ergeben sich aus dem fünfwöchigen Aufenthalt des Klägers in einer psychiatrischen Fachklinik „wegen des Verdachts auf eine manische Psychose". Die Einweisung in diese Klinik hatte der Amtsarzt unmittelbar im Anschluss an den Vorfall am 14.10.1993 veranlasst. Diese amtsärztliche Annahme weckt erhebliche Zweifel in psychosomatischer Hinsicht. Sie werden noch verstärkt durch die Empfehlung des Amtsarztes vom Februar 1994, nach der der Fahrerlaubnisinhaber trotz des fünfwöchigen Klinikaufenthalts noch einer Begutachtung durch eine amtlich anerkannte medizinisch-psychologische Untersuchungsstelle unterzogen werden sollte.

bb) Unverhältnismäßigkeit

173 In den Fällen, in denen von vornherein abzusehen ist, dass für die Beurteilung der Kraftfahreignung sowohl medizinische als auch psychologische Aspekte in Betracht kommen, ist von der grundsätzlich vorgesehenen Erstbegutachtung durch einen Facharzt abzusehen.

Allerdings hält das Bundesministeriums für Verkehr nach seiner Begründung zur FeV die Bestimmungen darüber, welche Untersuchungsarten in welchen Fällen infrage kommen, für verbindlich und meint zudem, die Anlässe für die medizinisch-psycholo-

---

176 BVerwG 13.11.1997.

gische Untersuchung würden im Einzelnen abschließend festgelegt.[177] Dazu führt es aus:

„Hiermit wird vor allem dem Anliegen Rechnung getragen, den Grundsatz der Verhältnismäßigkeit (z.B. Abgrenzung zum Facharzt) zu wahren."

Diesem Anliegen wird aber gerade nicht Rechnung getragen, wenn zunächst eine Erstbegutachtung durch einen Facharzt vorgenommen wird, obwohl bereits voraussehbar ist, dass anschließend eine medizinisch-psychologische Zweitbegutachtung erfolgen muss. In solchem Fall ist eine zweimalige Untersuchung und Begutachtung dem Betroffenen nicht zuzumuten und deshalb unverhältnismäßig.

Vielmehr ist in den Fällen, in denen abzusehen ist, dass für die Beurteilung der Kraftfahreignung sowohl medizinische als auch psychologische Aspekte in Betracht kommen, von vornherein nur die Beibringung des Gutachtens einer Begutachtungsstelle für Fahreignung anzuordnen.

b) Alkoholabhängigkeit

Nach § 13 Nr. 1 FeV ist ein ärztliches Gutachten beizubringen, wenn Tatsachen die Annahme von Alkoholabhängigkeit begründen oder die Fahrerlaubnis wegen Alkoholabhängigkeit entzogen war oder sonst zu klären ist, ob Abhängigkeit nicht mehr besteht (gemeint ist damit offensichtlich die Klärung, ob der Betroffene trotz fortbestehender Abhängigkeit – die ihm zeit seines Lebens erhalten bleibt – wieder geeignet zum Führen von Kraftfahrzeugen ist).[178]

174

Das Bundesministerium für Verkehr begründet diese Vorschrift damit, dass ein ärztliches Gutachten erforderlich und ausreichend sei, weil es sich bei der Beurteilung der Alkoholabhängigkeit um eine ärztliche Frage handle und psychologische Fragestellungen nicht zu beurteilen seien.[179]

aa) Ausnahmen

Diese Begründung trifft aber nicht zu für die Fälle, in denen die Fahrerlaubnis wegen Alkoholabhängigkeit entzogen war oder sonst zu klären ist, ob der Betroffene trotz fortbestehender Abhängigkeit wieder geeignet zum Führen von Kraftfahrzeugen ist. Insoweit gilt in gleicher Weise, was das Bundesministerium für Verkehr zur Begründung der in § 14 Abs. 2 FeV vorgeschriebenen Beibringung eines medizinisch-psychologischen Gutachtens für die entsprechenden Fälle bei Betäubungsmittelproble-

175

---

177 Siehe unter § 6 Rn 33.
178 Siehe unter § 7 Rn 36.
179 BR-Dr. 443/98, S. 260 f. = VkBl 1998, 1070.

§ 7 Begutachtung im Fahrerlaubnis-Verwaltungsverfahren

matik ausgeführt hat:[180] Die Feststellung der Abhängigkeit ist eine ärztliche Fragestellung, während bei der Frage, ob Abhängigkeit nicht mehr besteht, außer den ärztlichen Fragen (z.B. erfolgreiche Entwöhnungsbehandlung) für eine positive Beurteilung auch entscheidend ist, ob ein stabiler Einstellungswandel eingetreten ist. Hierzu ist auch eine psychologische Bewertung erforderlich.

Sie ist – wie zu ergänzen ist – auch von Bedeutung zur Beurteilung der Frage, ob keine Beeinträchtigungen der psycho-physischen Leistungsfähigkeit zurückgeblieben sind.

176 Nach den in den Begutachtungs-Leitlinien zur Kraftfahrereignung (unter 3.11.2) aufgestellten Leitsätzen[181] kann die Eignung alkoholabhängiger Personen dann wieder als gegeben angesehen werden, wenn durch Tatsachen der Nachweis geführt wird, dass dauerhafte Abstinenz besteht, und ist in der Regel als Tatsache zu werten eine erfolgreiche Entwöhnungsbehandlung, die stationär oder im Rahmen anderer Einrichtungen für Suchtkranke erfolgen kann. Nach den Begutachtungs-Leitlinien zur Kraftfahrereignung muss in der Regel nach der Entgiftungs- und Entwöhnungszeit eine einjährige Abstinenz nachgewiesen werden und dürfen keine sonstigen eignungsrelevanten Mängel vorliegen.

Zum Abstinenznachweis sind nach den Begutachtungs-Leitlinien zur Kraftfahrereignung regelmäßige ärztliche Untersuchungen erforderlich einschließlich der relevanten Labordiagnostik, unter anderem Gamma-GT, GOT, GPT, MCV, CDT und Triglyzeride. Bei Verdacht auf chronischen Leberschaden, z.B. nach langjährigem Alkoholmissbrauch, nach Hepatitis oder bei anderen relevanten Erkrankungen ist die Labordiagnostik entsprechend zu erweitern. Die Laboruntersuchungen müssen von Laboratorien durchgeführt werden, deren Analysen den Ansprüchen moderner Qualitätssicherung genügen (z.B. erfolgreiche Teilnahme an Ringversuchen). Sämtliche Laboruntersuchungen können – wie in den Begutachtungs-Leitlinien zur Kraftfahreignung hervorgehoben wird – nur in Verbindung mit allen im Rahmen der Begutachtung erhobenen Befunden beurteilt werden.

Bei der ärztlichen Untersuchung können jedoch nur medizinische Befunde erhoben werden, nicht aber psychologische Befunde zu der für eine positive Beurteilung entscheidenden Frage, ob ein stabiler Einstellungswandel eingetreten ist und deshalb dauerhafte Abstinenz zu erwarten ist.

bb) Unverhältnismäßigkeit

177 In den Fällen, in denen die Fahrerlaubnis wegen Alkoholabhängigkeit entzogen war oder sonst zu klären ist, ob der Betroffene trotz fortbestehender Abhängigkeit wieder

---

180 BR-Dr. 443/98, S. 263 = VkBl 1998, 1071.
181 Abgedruckt im Anhang unter Nr. 1. Siehe dazu auch unter § 3 Rn 158 ff.

geeignet zum Führen von Kraftfahrzeugen ist, muss von der in § 13 Nr. 1 FeV vorgesehenen Beibringung eines ärztlichen Gutachtens abgesehen werden, weil durch ein solches Gutachten die erforderliche psychologische Bewertung nicht vorgenommen werden kann.

Vielmehr ist es in diesen Fällen zur Vermeidung einer unzumutbaren Doppelbelastung des Betroffenen durch ärztliches Erstgutachten und medizinisch-psychologisches Zweitgutachten geboten, von vornherein die Beibringung eines Gutachtens einer amtlich anerkannten Begutachtungsstelle für Fahreignung anzuordnen – wie das für die entsprechenden Fälle bei Betäubungsmittelproblematik in § 14 Abs. 2 FeV ausdrücklich vorgeschrieben ist.[182]

c) Umgang mit Betäubungs- und Arzneimitteln

Soweit in § 14 FeV die Beibringung eines ärztlichen Gutachtens vorgeschrieben ist, hat das nur Sinn in dem unter Abs. 1 S. 1 Nr. 1 aufgeführten Fall, dass Tatsachen die Annahme der Abhängigkeit von Betäubungsmitteln oder von anderen psychoaktiv wirkenden Stoffen begründen. Denn nur für die Begutachtung der Abhängigkeit reichen medizinische Kenntnisse und Erfahrungen aus. **178**

aa) Ausnahmen

In den übrigen in § 14 FeV benannten Fällen ist dagegen neben medizinischem auch psychologischer Sachverstand erforderlich. Denn wenn Tatsachen die Annahme begründen, dass Einnahme von Betäubungsmitteln im Sinne des Betäubungsmittelgesetzes oder missbräuchliche Einnahme von psychoaktiv wirkenden Arzneimitteln oder anderen psychoaktiv wirkenden Stoffen vorliegt (Abs. 1 S. 1 Nr. 2 und 3) oder der Betroffene Betäubungsmittel im Sinne des Betäubungsmittelgesetzes widerrechtlich besitzt oder besessen hat (Abs. 2 S. 1), ist die Anordnung der Beibringung eines Gutachtens – wenn überhaupt – nur gerechtfertigt, wenn weitere Tatsachen die Annahme begründen, dass durch die Einnahme solcher Betäubungsmittel **179**

- die körperlich-geistige (psychische) Leistungsfähigkeit des Kraftfahrers ständig unter das erforderliche Maß herabgesetzt wird oder
- durch den besonderen Wirkungsablauf jederzeit unvorhersehbar und plötzlich seine Leistungsfähigkeit oder seine Fähigkeit zu verantwortlichen Entscheidungen (wie den Verzicht auf die motorisierte Verkehrsteilnahme) vorübergehend beeinträchtigt ist.[183]

---

182 Siehe unter § 7 Rn 190.
183 Siehe unter § 7 Rn 52 ff. und 80.

Ob diese Wirkungen im konkreten Fall tatsächlich eingetreten sind, kann nur mithilfe eines psychologischen Sachverständigen geklärt werden.

bb) Unverhältnismäßigkeit

180 Deshalb ist es zur Vermeidung einer Doppelbelastung des Betroffenen in diesen Fällen geboten, von vornherein die Beibringung eines medizinisch-psychologischen Gutachtens einer amtlich anerkannten Begutachtungsstelle für Fahreignung anzuordnen – und nicht nur in Fällen gelegentlicher Einnahme von Cannabis bei Hinzutreten weiterer Eignungszweifel begründender Tatsachen, für die das bereits in § 14 Abs. 1 S. 4 FeV vorgesehen ist.

181 Dem steht auch die Entscheidung des Bundesverfassungsgerichts[184] nicht entgegen, dass erst nach insoweit gebotener Vorklärung durch ein Drogenscreening und dadurch erfolgter Feststellung regelmäßiger Drogeneinnahme die Anordnung der Beibringung des Gutachtens einer medizinisch-psychologischen Untersuchungsstelle gerechtfertigt ist. Denn selbst die Beibringung eines Gutachtens zur Vorklärung regelmäßiger Drogeneinnahme kann nach inzwischen geläuterter Rechtsauffassung nur angeordnet werden, wenn Tatsachen nicht nur die Annahme begründen, dass Einnahme von Betäubungsmitteln im Sinne des Betäubungsmittelgesetzes oder psychoaktiv wirkenden Stoffen vorliegt, sondern zusätzliche Tatsachen die Annahme begründen, dass die von der Einnahme zu besorgenden schädlichen Wirkungen gegeben sind.[185] Diese Rechtsauffassung trägt der vom Bundesverfassungsgericht mit Recht hervorgehobenen Notwendigkeit Rechnung, dass der Anforderung von Gutachten tatsächliche Feststellungen zugrunde liegen müssen, die einen Eignungsmangel als nahe liegend erscheinen lassen. Denn bloß regelmäßige Drogeneinnahme ohne Hinzutreten weiterer Umstände lassen eben einen Eignungsmangel noch nicht als nahe liegend erscheinen.

182 Ohnehin kann in den Fällen, in denen Tatsachen die Annahme begründen, dass Einnahme von Betäubungsmitteln im Sinne des Betäubungsmittelgesetzes oder missbräuchliche Einnahme von psychoaktiv wirkenden Arzneimitteln oder anderen psychoaktiv wirkenden Stoffen vorliegt oder der Betroffene Betäubungsmittel im Sinne des Betäubungsmittelgesetzes widerrechtlich besitzt oder besessen hat, das ärztliche Gutachten auch von einem Arzt, der die Anforderungen an den in einer amtlich anerkannten Begutachtungsstelle für Fahreignung tätigen Arzt nach Anlage 14 der FeV erfüllt, erstellt werden (§ 14 Abs. 2 S. 2 FeV). Diese Regelung geht zurück auf einen

---

184 BVerfG 24.06.1993.
185 Siehe unter § 7 Rn 52 ff.

Änderungsantrag des Bundesrats zum Entwurf des Bundesministerium für Verkehr, den der Ausschuss für Verkehr und Post des Bundesrats wie folgt begründet hat:[186]

„Der Frage, ob Betäubungsmittel oder psychoaktiv wirkende Arzneimittel eingenommen wurden, wird in so genannten Drogenscreening-Verfahren nachgegangen. Hier handelt es sich um ein Kontrollverfahren nach einheitlichen Standards zum Nachweis bestimmter Stoffe z.b. im Blut oder Urin. Der Arzt arbeitet mit einem Labor zusammen, dessen Untersuchung qualitätsgesichert entsprechend den Richtlinien der Senatskommission für klinisch-toxikologische Analytik der deutschen Forschungsgemeinschaft erfolgt. Vor diesem Hintergrund erscheint es nicht notwendig, ausschließlich den Facharzt als Gutachter vorzusehen, sondern auch den bei den Begutachtungsstellen für Fahreignung tätigen Arzt einzubeziehen, der über einschlägige Erfahrungen verfügt, wenn das Institut oder die Begutachtungsstelle selbst in die Qualitätsanforderungen eingebunden ist. Dieses Verfahren hat sich bewährt."

d) Drogenscreening

Die vorerwähnten Kontrollverfahren zum Nachweis bestimmter Stoffe werden nicht nur durch die beispielhaft erwähnten Untersuchungen von Blut oder Urin eingesetzt. Vielmehr werden auch Haaranalysen durchgeführt.[187]

Für die Wahl zwischen Harn-, Blut- oder Haaranalysen ist der Grundsatz der Verhältnismäßigkeit ausschlaggebend. Der **Verwaltungsgerichtshof Baden-Württemberg**[188] gab in einem von ihm entschiedenen Fall der Haaranalyse den Vorzug vor der vom Betroffenen angebotenen Harnuntersuchung: Harnuntersuchung hielt er für nicht geeignet, weil Cannabiskonsum schon nach wenigen Wochen nicht mehr im Harn nachweisbar ist, so dass auf diesem Weg keine Erkenntnisse über länger zurückliegende Zeiträume zu gewinnen sind.

Sofern Tatsachen die Annahme der Abhängigkeit von Betäubungsmitteln oder von anderen psychoaktiv wirkenden Stoffen begründen, wird das Drogenscreening von dem Facharzt vorgenommen, der mit der Begutachtung beauftragt ist.

Soweit im Übrigen aus den vorstehend zu c) dargelegten Gründen von vornherein die Beibringung eines medizinisch-psychologischen Gutachtens einer amtlich anerkannten Begutachtungsstelle für Fahreignung anzuordnen ist oder angeordnet werden kann, wird das Drogenscreening von dem in der Begutachtungsstelle tätigen Arzt vorgenommen.

---

186 BR-Dr. 443/1/98, Nr. 13; abgedruckt in VkBl 1998, 1071.
187 *Sachs, H.* und *Reinhardt, G.* (1988).
188 VGH Mannheim 28.09.1995.

2. Medizinisch-psychologische Begutachtung

185 Die in § 2 Abs. 8 StVG ausdrücklich erwähnte Anordnung der Beibringung des Gutachtens einer amtlich anerkannten Begutachtungsstelle für Fahreignung verführt leicht zu der Annahme einer Allzuständigkeit solcher Begutachtungsstelle. Denn diese Stelle muss nach Abs. 1 Nr. 2 und 3 sowie Abs. 3 und 4 der Anlage 14 der FeV mit besonders qualifizierten Ärzten und Psychologen ausgestattet sein sowie ggf. auf die Sachkunde eines Kraftfahrzeugsachverständigen zurückgreifen können. Der Grundsatz der Verhältnismäßigkeit gebietet jedoch, von undifferenzierter Anforderung des Gutachtens solcher Stelle abzusehen, wenn zur Klärung der Eignungsfrage entweder nur medizinischer oder nur psychologischer Sachverstand erforderlich ist.

186 Grundsätzlich zu beachten ist, dass die amtlich anerkannte Begutachtungsstelle für Fahreignung ein ganzheitliches „medizinisch-psychologisches Gutachten" erstattet. Das ist in § 11 Abs. 3 S. 1 FeV in einem Klammervermerk ausdrücklich hervorgehoben. In § 11 Abs. 3 S. 2 FeV werden dem entsprechend „medizinisch-psychologische Begutachtungen nach § 2a Abs. 5 und § 4 Abs. 10 S. 3 des Straßenverkehrsgesetzes" erwähnt, obwohl in diesen Vorschriften von „Beibringung des Gutachtens einer amtlich anerkannten Begutachtungsstelle für Fahreignung" die Rede ist, sowie Vorschriften der FeV in Bezug genommen, in denen Vorlage oder Beibringung eines „medizinisch-psychologischen Gutachtens" verlangt wird, das eben nur von einer amtlich anerkannten Begutachtungsstelle für Fahreignung erstattet werden kann.

Tatsächlich und rechtlich handelt es sich bei einem medizinisch-psychologischen Gutachten nicht um ein „Doppelgutachten" in Gestalt eines medizinischen und eines psychologischen Gutachtens, sondern um ein **ganzheitliches Gutachten**, in das medizinische und psychologische Aspekte zusammenfassend eingehen.

Die Anordnung der Beibringung eines medizinisch-psychologischen Gutachtens kommt in Betracht zur Aufklärung insbesondere in folgenden Fällen:

a) Körperliche oder geistige Mängel im Allgemeinen

187 Falls nicht ausnahmsweise von vornherein die Beibringung eines medizinisch-psychologischen Gutachtens einer amtlich anerkannten Begutachtungsstelle für Fahreignung anzuordnen ist,[189] kann sie angeordnet werden, wenn nach Würdigung der zunächst erforderten Gutachten eines Arztes oder eines Sachverständigen oder Prüfers für den Kraftfahrzeugverkehr ein medizinisch-psychologisches Gutachten zusätzlich erforderlich ist (§ 11 Abs. 3 S. 1 Nr. 1 FeV).

---

189 Siehe unter § 7 Rn 169 ff.

Begutachtung im Fahrerlaubnis-Verwaltungsverfahren § 7

b) Umgang mit Alkohol

Bei Anhaltspunkten für Alkoholabhängigkeit ist die Beibringung eines medizinisch-psychologischen Gutachtens einer amtlich anerkannten Begutachtungsstelle für Fahreignung anzuordnen, wenn nach dem zunächst erforderten ärztlichen Gutachten zwar keine Alkoholabhängigkeit, jedoch Anzeichen für Alkoholmissbrauch vorliegen oder sonst Tatsachen die Annahme von Alkoholmissbrauch begründen (§ 13 Nr. 2a FeV). **188**

In den Fällen, in denen die Fahrerlaubnis wegen Alkoholabhängigkeit entzogen war oder sonst zu klären ist, ob der Betroffene trotz fortbestehender Abhängigkeit wieder geeignet zum Führen von Kraftfahrzeugen ist, muss unmittelbar nur die Beibringung eines medizinisch-psychologischen Gutachtens einer amtlich anerkannten Begutachtungsstelle für Fahreignung angeordnet werden.[190]

Im Übrigen ist nach § 13 Nr. 2b bis 2e FeV ein medizinisch-psychologisches Gutachten beizubringen, wenn der Betroffene **189**
- wiederholt Zuwiderhandlungen im Straßenverkehr unter Alkoholeinfluss begangen hat,[191]
- ein Fahrzeug im Straßenverkehr bei einer Blutalkoholkonzentration von 1,6 ‰ oder einer Atemalkoholkonzentration von 0,8 mg/l oder mehr geführt hat,[192]
- die Fahrerlaubnis wegen Alkoholmissbrauchs, wegen wiederholter Alkoholauffälligkeit oder wegen Führen eines Kraftfahrzeugs unter erheblichem Alkoholeinfluss entzogen war[193] oder
- sonst zu klären ist, ob Alkoholmissbrauch nicht mehr besteht.[194]

Davon kann auch dann nicht abgesehen werden, wenn der Betroffene ein von ihm eingeholtes Privatgutachten vorlegt.[195]

c) Umgang mit Betäubungs- und Arzneimitteln

Falls nicht schon von vornherein die Beibringung eines medizinisch-psychologischen Gutachtens einer amtlich anerkannten Begutachtungsstelle für Fahreignung anzuordnen ist in den Fällen, in denen Tatsachen die Annahme begründen, dass Einnahme von Betäubungsmitteln im Sinne des Betäubungsmittelgesetzes oder missbräuchliche Einnahme von psychoaktiv wirkenden Arzneimitteln oder anderen psychoaktiv wirkenden Stoffen vorliegt oder der Betroffene Betäubungsmittel im Sinne des Betäubungsmittel- **190**

---

190 Siehe unter § 7 Rn 175 ff.
191 Siehe unter § 7 Rn 24 ff.
192 Siehe unter § 7 Rn 27 ff.
193 Siehe unter § 7 Rn 35.
194 Siehe unter § 7 Rn 36.
195 VGH Mannheim 24.09.2001.

§ 7 Begutachtung im Fahrerlaubnis-Verwaltungsverfahren

gesetzes widerrechtlich besitzt oder besessen hat,[196] ist die Anordnung der Beibringung eines medizinisch-psychologischen Gutachtens einer amtlich anerkannten Begutachtungsstelle für Fahreignung nach § 14 Abs. 2 FeV jedenfalls erforderlich, wenn

- die Fahrerlaubnis entzogen worden war wegen Abhängigkeit von Betäubungsmitteln im Sinne des Betäubungsmittelgesetzes oder von anderen psychoaktiv wirkenden Stoffen, wegen Einnahme von Betäubungsmitteln im Sinne des Betäubungsmittelgesetzes oder wegen missbräuchlicher Einnahme von psychoaktiv wirkenden Arzneimitteln oder anderen psychoaktiv wirkenden Stoffen[197] oder
- wenn zu klären ist, ob der Betroffene von Betäubungsmitteln oder von anderen psychoaktiv wirkenden Stoffen noch abhängig ist oder – ohne abhängig zu sein – weiterhin Betäubungsmittel oder andere psychoaktiv wirkende Stoffe einnimmt.[198]

Die Beibringung eines medizinisch-psychologischen Gutachtens einer amtlich anerkannten Begutachtungsstelle für Fahreignung kann schließlich nach § 14 Abs. 1 S. 4 FeV angeordnet werden, wenn gelegentliche Einnahme von Cannabis vorliegt und weitere Tatsachen Zweifel an der Eignung begründen.[199]

d) Vorliegen besonderer Umstände

191 Die amtlich anerkannte Begutachtungsstelle für Fahreignung erstattet zudem medizinisch-psychologische Gutachten

- zur Vorbereitung einer Entscheidung über die Befreiung von den Vorschriften über das Mindestalter,[200]
- bei erheblichen Auffälligkeiten während der Fahrerlaubnisprüfung,[201]
- bei vom Fahrerlaubnisbewerber oder -inhaber begangenen Straftaten und erheblichen oder wiederholten Verstößen gegen verkehrsrechtliche Vorschriften,[202]
- vor Neuerteilung einer Fahrerlaubnis, wenn früher erteilte Fahrerlaubnisse entzogen worden waren schon mehr als einmal[203] oder mit Rücksicht auf erhebliche oder wiederholte Verstöße gegen verkehrsrechtliche Vorschriften oder Straftaten,[204]
- bei Zuwiderhandlungen des Inhabers einer Fahrerlaubnis auf Probe – insbesondere nach Neuerteilung einer zuvor entzogenen Fahrerlaubnis[205] und
- vor Neuerteilung einer Fahrerlaubnis nach Entziehung aufgrund des Punktsystems.[206]

---

196 Siehe unter § 7 Rn 179 ff.
197 Siehe unter § 7 Rn 106.
198 Siehe unter § 7 Rn 107.
199 Siehe unter § 7 Rn 56.
200 Siehe unter § 7 Rn 110.
201 Siehe unter § 7 Rn 111.
202 Siehe unter § 7 Rn 112 und 122.
203 Siehe unter § 7 Rn 133.
204 Siehe unter § 7 Rn 134.
205 Siehe unter § 7 Rn 6 ff.
206 Siehe unter § 7 Rn 9.

e) Verkehrsauffälligkeiten und Unfallbeteiligung

Bei Vorliegen solcher nur teilweise in StVG und FeV geregelten Begutachtungsanlässe[207] kommt im Allgemeinen ebenfalls das Gutachten einer amtlich anerkannten Begutachtungsstelle für Fahreignung in Betracht, weil in diesen Fällen jeweils neben medizinischem auch psychologischer Sachverstand gefragt ist. **192**

Allerdings meinen *Himmelreich* und *Janker*,[208] regelmäßig werde kein Anlass bestehen, von berechtigten Zweifeln an der körperlichen Eignung auszugehen und eine medizinische Begutachtung für angebracht zu halten, wenn lediglich Ordnungswidrigkeiten der Geschwindigkeitsüberschreitung oder Rotlichtmissachtung begangen wurden, und auch bei mehrmaliger Verurteilung wegen unerlaubten Entfernens vom Unfallort wäre wohl zunächst nur eine psychologische Begutachtung angebracht. Tatsächlich kann das aber nur ausnahmsweise angenommen werden – mit der Folge, dass dann nicht die Beibringung des Gutachtens einer amtlich anerkannten Begutachtungsstelle für Fahreignung angeordnet werden dürfte, sondern die Fahrerlaubnisbehörde von Amts wegen das Gutachten eines Psychologen einholen müsste.[209] **193**

Das **Verwaltungsgericht Gießen**[210] hat zwar einmal die Ansicht vertreten, es sei lediglich eine psychologische Begutachtung erforderlich, wenn sich Zweifel an der Kraftfahreignung in charakterlicher Hinsicht ausschließlich daraus ergeben, dass der Fahrerlaubnisinhaber eine hohe Punktzahl im Verkehrszentralregister (hier 23 Punkte) erreicht hat.

Dieser Ansicht ist aber der **Hessische Verwaltungsgerichtshof**[211] unter Aufhebung des Beschlusses des Verwaltungsgerichts Gießen entgegengetreten. Nach seiner Ansicht steht in dem zu entscheidenden Fall nicht fest, dass die festgestellten Eignungsmängel ihre Ursachen entweder nur im medizinischen oder nur im psychologischen Bereich haben können. Denn es sei nicht auszuschließen, dass das Fehlverhalten des Betroffenen im Straßenverkehr (u.a. auch Nötigung) auf eine gesundheitliche Beeinträchtigung zurückzuführen sei, die seine körperlichen Funktionen beim Führen von Kraftfahrzeugen, etwa seine Reaktions- oder Konzentrationsfähigkeit, nachteilig beeinflusst oder zu Überreaktionen führt. Soweit sich Bedenken gegen die Fahreignung aus einer Häufung von Zuwiderhandlungen gegen Verkehrsvorschriften ergeben, dürfe nicht ohne weiteres unterstellt werden, dass hierfür nur charakterliche Mängel ursächlich gewesen sein können. **194**

---

207 Siehe unter § 7 Rn 136 ff.
208 *Himmelreich, K.* und *Janker, H.* (1999) Rn 138, 139, 157.
209 Siehe unter § 6 Rn 54.
210 NZV 1993, 455 = zfs 1994, 36 (L); dazu kritisch *Ziegert, U.* (1994).
211 VGH Kassel 26.11.1993.

§ 7 Begutachtung im Fahrerlaubnis-Verwaltungsverfahren

195 Schließlich weist der Verwaltungsgerichtshof noch auf Folgendes hin: Hätte die Verkehrsbehörde hier dem Betroffenen (zunächst) nur die Beibringung eines psychologischen Gutachtens auferlegt, müsste sie bei positivem Ausgang der Begutachtung auch noch eine medizinische Untersuchung anordnen. Denn die Fahrerlaubnis darf dem Betroffenen nur belassen werden, wenn ausgeschlossen ist, dass sein früheres Fehlverhalten im Straßenverkehr auf einen körperlichen Eignungsmangel zurückzuführen ist. Anstelle eines solchen Stufenverfahrens, das auch den Interessen des Kraftfahrers zuwiderläuft, könne die Verkehrsbehörde sogleich eine medizinisch-psychologische Begutachtung anordnen.

196 Auch das **Bundesverwaltungsgericht**[212] hat erkannt, dass nach Eintragung von 16 Punkten im Verkehrszentralregister die Anordnung, ein medizinisch-psychologisches Gutachten beizubringen, rechtmäßig sein kann, selbst wenn sich die Zweifel nur auf die charakterliche Eignung erstrecken. Das steht im Einklang mit der Erfahrung, dass eine wiederholte Missachtung von Verkehrsregelungen, die durch Verkehrszeichen angezeigt sind, trotz vordergründiger Zweifel an der charakterlichen Eignung ebenso gut von nur durch medizinische Untersuchung auszuschließenden Mängeln des Sehvermögens, Störungen der Hirnleistungsfähigkeit oder Beeinträchtigungen der Wahrnehmungskapazität ausgehen kann.

3. Begutachtung durch Sachverständige oder Prüfer für den Kraftfahrzeugverkehr

197 Bezüglich der **Befähigung** bestimmt § 46 Abs. 4 S. 2 FeV, dass die Fahrerlaubnisbehörde zur Vorbereitung der Entscheidung über die Entziehung der Fahrerlaubnis die Beibringung eines Gutachtens anordnen kann, wenn Tatsachen die Annahme rechtfertigen, dass der Fahrerlaubnisinhaber zum Führen von Kraftfahrzeugen nicht befähigt ist.

Bezüglich der **Eignung** kann die Beibringung eines Gutachtens eines amtlich anerkannten Sachverständigen oder Prüfers für den Kraftfahrzeugverkehr nach § 11 Abs. 4 zur Klärung von Eignungszweifeln angeordnet werden,
- wenn nach Würdigung von bereits vorliegenden Gutachten eines Arztes oder einer amtlich anerkannten Begutachtungsstelle für Fahreignung ein Gutachten eines amtlich anerkannten Sachverständigen oder Prüfers zusätzlich erforderlich ist oder
- bei Behinderungen des Bewegungsapparates, um festzustellen, ob der Behinderte das Fahrzeug mit den erforderlichen besonderen technischen Hilfsmitteln sicher führen kann.

---

212 BVerwG 16.08.1989.

§ 7 Begutachtung im Fahrerlaubnis-Verwaltungsverfahren

Schon auf der Grundlage des bis Ende 1998 geltenden Rechts hat der **Verwaltungsgerichtshof Baden-Württemberg**[213] die Anordnung der Fahrerlaubnisbehörde, ein kraftfahrtechnisches Gutachten eines amtlich anerkannten Sachverständigen oder Prüfers für den Kraftfahrzeugverkehr beizubringen, für rechtmäßig erklärt in einem Fall, in dem ein fachorthopädisches Gutachten zu der Beurteilung gelangt war, dass bei einem Fahrerlaubnisinhaber eine hochgradige Behinderung im Bereich der linken Hand und des linken Unterarmes vorliege und aus fachorthopädischer Sicht der Fahrerlaubnisinhaber nur bedingt zur Führung eines Motorrollers geeignet sei.

198 Der Sachverständige oder Prüfer für den Kraftfahrzeugverkehr wird in der Regel nach einem entsprechenden Hinweis in einem fachärztlich-orthopädischen oder chirurgischen Gutachten über die Fahreignung eines körperbehinderten Fahrerlaubnisbewerbers oder -inhabers beauftragt, eine Fahrprobe vorzunehmen. Er soll nach den dabei gemachten Beobachtungen zu den vorgeschlagenen technischen Hilfsmitteln Stellung nehmen. Er folgt dabei den Richtlinien für „Sicherheitsmaßnahmen bei körperbehinderten Kraftfahrern", die die Vereinigung der Technischen Überwachungsvereine, Abteilung Kraftfahrwesen, erarbeitet hat.[214]

199 Stellt er im Rahmen der Fahrprobe Besonderheiten des Falls fest, empfiehlt er eine ergänzende Begutachtung in einer Begutachtungsstelle für Fahreignung, wenn eine solche nicht bereits im Rahmen der fachärztlich-orthopädischen oder chirurgischen Untersuchung für erforderlich gehalten und vor der Fahrprobe durchgeführt worden ist.

200 Art und Umfang von Fahrproben nach medizinisch-psychologischen Begutachtungen, bei denen eignungseinschränkende Befunde erhoben worden sind, die jedoch durch langjährige Übung und Erfahrung als Kraftfahrer ggf. kompensiert werden können, sind durch eine spezielle Fragestellung charakterisiert. Durch die Fahrprobe soll z.B. geklärt werden,
- ob Routine und Erfahrung beim Führen von Kraftfahrzeugen deutlich werden,
- ob die bei der Untersuchung in Erscheinung getretenen Auffälligkeiten auch im praktischen Fahrverhalten zu beobachten sind und in welchem Ausmaß,
- ob sich im praktischen Fahrverhalten mangelhafte Kenntnisse der Verkehrsvorschriften zeigen,
- ob eventuelle Unsicherheiten und Fahrfehler nur in der Anfangsphase oder nur gegen Ende der Fahrprobe auftreten,
- ob sich im Fahrverhalten zusätzliche Hinweise auf Befähigungsmängel finden,

---

213 VGH Mannheim 13.03.2001.
214 Merkblatt des VdTÜV Kraftfahrwesen 745, Ausgabe 11.99; auszugsweise mitgeteilt im Anhang B der Begutachtungsleitlinien zur Kraftfahreignung.

- ob bei dem vorliegenden Gesamtbild der Fahrbefähigung noch Ansatzpunkte für eine Erfolg versprechende Nachschulung erkennbar sind,
- welche Hilfsmittel bzw. welche Umbauten aus kraftfahrzeugtechnischer Sicht erforderlich sind.

201 Die wesentlichen Feststellungen bei der medizinisch-psychologischen Untersuchung und die sich daraus ergebenden Fragestellungen werden durch die Begutachtungsstelle für Fahreignung formuliert und dienen der Fahrerlaubnisbehörde zur Begründung der Fahrprobe und Beauftragung des Sachverständigen oder Prüfers für den Kraftfahrzeugverkehr.

202 Die Fahrprobe unterscheidet sich grundsätzlich von der praktischen Befähigungsprüfung nach § 17 FeV,[215] sowohl nach Art und Umfang als auch hinsichtlich der Bewertung des gezeigten Fahrverhaltens.

4. Begutachtung durch sonstige Sachverständige

203 Spezielle Vorschriften darüber, unter welchen Voraussetzungen Gutachten von anderen nicht in § 2 Abs. 8 StVG benannten Sachverständigen – z.B. einem Psychologen oder einem Ergänzungs- oder Obergutachter[216] – angefordert werden müssen, fehlen.

Die Notwendigkeit, Gutachten von solchen Sachverständigen einzuholen, ergibt sich jeweils aus den besonderen Umständen, die den Rückgriff auf in § 2 Abs. 8 StVG benannte Personen oder Stellen unmöglich machen.

IV. Verfahren der Gutachtenbeiziehung

204 Geregelt ist das Verfahren, in dem die Beibringung von Gutachten durch den Betroffenen angeordnet wird, nicht jedoch das Verfahren, in dem Gutachten unmittelbar von der Fahrerlaubnisbehörde eingeholt werden.

1. Anordnung der Gutachtenbeibringung

205 Näheres hierzu ist in § 11 Abs. 6 bis 8 FeV vorgeschrieben.

---

215 Siehe dazu unter § 4 Rn 24 ff.
216 Siehe unter § 6 Rn 53 ff.

a) Festlegung der Fragestellung

Die Fahrerlaubnisbehörde legt unter Berücksichtigung der Besonderheiten des Einzelfalls und unter Beachtung der Anlagen 4 und 5 in der Anordnung zur Beibringung des Gutachtens fest, welche Fragen im Hinblick auf die Eignung des Betroffenen zum Führen von Kraftfahrzeugen zu klären sind (§ 11 Abs. 6 S. 1 FeV). 206

Diese Vorschrift zwingt die Fahrerlaubnisbehörde zu exakter Formulierung der Fragen, die der Aufklärung mithilfe des Gutachtens bedürfen. Die Fragestellung der Behörde charakterisiert den Untersuchungsanlass und bestimmt damit Ausmaß und Umfang der „anlassbezogenen" Untersuchung.[217] 207

Dabei sollte die Fahrerlaubnisbehörde entsprechend der Empfehlung des Arbeitskreises VII des 35. Deutschen Verkehrsgerichtstages 1997[218] immer auch die Frage stellen, ob eine bedingte Eignung[219] gegeben ist. 208

Wenn die Besonderheiten des Einzelfalls Berücksichtigung finden sollen, müsste die Fragestellung jeweils individuell formuliert sein. Das setzt indessen voraus, dass die Fahrerlaubnisbehörde bereits differenzierte Kenntnisse von den Eignungszweifeln besitzt, was nur selten der Fall ist. Früher benutzte die Fahrerlaubnisbehörde in der Regel die in den bis Ende 1998 geltenden Eignungsrichtlinien[220] vorformulierten Fragestellungen für die einzelnen Anlassgruppen, obwohl es sich dabei lediglich um „häufiger vorkommende Beispiele" handelte. In Niedersachsen ist nunmehr die im Anhang unter Nr. 4 mitgeteilte „Liste der Fragestellungen" zu verwenden.[221] 209

Sowohl die in den früheren Eignungsrichtlinien beispielhaft genannten als auch die jetzt in Niedersachsen vorgeschriebenen Fragestellungen enthalten teilweise Formulierungen, die den Gutachter vor schwierige Aufgaben stellen: So soll er z.B. die Frage beantworten, ob zu erwarten sei, „dass der/die Untersuchte auch zukünftig gegen verkehrsrechtliche Bestimmungen verstoßen wird". Dabei ist nicht definiert, was unter „zukünftig" verstanden wird. Tatsächlich verbergen sich dahinter die Probleme des unbestimmten Rechtsbegriffs der „Ungeeignetheit"[222] und die Problematik der gutachterlichen Prognose.[223] Es wäre eine dankenswerte Aufgabe für die als Gutachter tätigen Sachverständigen, unter Berücksichtigung der seit Veröffentlichung der Eignungsrichtlinien gemachten Erfahrungen und der zwischenzeitlich gewonnenen For- 210

---

217 Siehe unter § 7 Rn 163 f.
218 Deutsche Akademie für Verkehrswissenschaft: Veröffentlichung der auf dem 35. Deutschen Verkehrsgerichtstag 1997 gehaltenen Referate und erarbeiteten Empfehlungen, S. 13.
219 Siehe unter § 3 Rn 46 ff.
220 Abgedruckt im Anhang der 2. Auflage dieses Buchs unter Nr. 1.
221 Arbeitsanweisung (Siehe unter § 1 Rn 53) zu § 11 FeV nebst Anlage 2.
222 Siehe unter § 3 Rn 1 ff.
223 Siehe unter § 3 Rn 337 ff.

§ 7 Begutachtung im Fahrerlaubnis-Verwaltungsverfahren

schungsergebnisse zur Fahreignungsproblematik den Fahrerlaubnisbehörden einen differenzierten Katalog von Fragestellungen anzubieten, um dem Einzelfall und den Untersuchungsmöglichkeiten besser gerecht zu werden, z.b. Fragestellungen folgender Art:

- Sind Eignungsqualitäten vorhanden, die Herrn/Frau (Name) von dem Verdacht der Ungeeignetheit zum Führen von Kraftfahrzeugen entlasten?
- Liegen Eignungsmängel vor, die als rückfallbegünstigende Risikofaktoren bekannt sind und erwarten lassen, dass Herr/Frau (Name) erneut ein Kraftfahrzeug unter Alkoholeinfluss führen wird?
- Ist die bei Herrn/Frau (Name) bestehende Erkrankung so schwer wiegend, dass sie die Eignung zum Führen von Kraftfahrzeugen der Klasse C nach den Grundsätzen der Anlage 4 der FeV aufhebt?

Die im Kommentar zu den Begutachtungs-Leitlinien zur Kraftfahrereignung[224] vorgeschlagenen Fragestellungen sollten durch weitere Differenzierungen ergänzt werden.

b) Mitteilung an den Betroffenen

211 Die Fahrerlaubnisbehörde teilt dem Betroffenen unter Darlegung der Gründe für die Zweifel an seiner Eignung und unter Angabe der für die Untersuchung in Betracht kommenden Stelle oder Stellen mit, dass er sich innerhalb einer von ihr festgelegten Frist auf seine Kosten der Untersuchung zu unterziehen und das Gutachten beizubringen hat (§ 11 Abs. 6 S. 2 FeV).

Durch das FeVÄndV vom 07.08.2002 ist dieser Vorschrift ein Halbsatz angefügt worden, dem zufolge die Fahrerlaubnisbehörde dem Betroffenen außerdem mitteilt, dass er die an die für die Untersuchung in Betracht kommenden Stelle zu übersendenden **Unterlagen einsehen** kann. Dadurch soll – wie das Bundesministerium für Verkehr, Bau- und Wohnungswesen in der Begründung zur FeVÄndV vom 07.08.2002[225] darlegt – auch für weniger rechtskundige Bürger deutlich gemacht werden, dass die Fahrerlaubnisbehörde zwar bestimmt, welche Unterlagen für die Begutachtung zur Ausräumung von Zweifeln übersandt werden müssen, der Antragsteller als Auftraggeber des Gutachtens aber zumindest die Gelegenheit erhalten muss, sich darüber zu informieren. Die Möglichkeit zur Einsichtnahme soll auch im Hinblick auf die allgemein akzeptierte Forderung zur Transparenz des Verwaltungshandelns angeboten werden.

Zudem ist der Betroffene darauf hinzuweisen, dass die Fahrerlaubnisbehörde bei ihrer Entscheidung auf seine Nichteignung schließen darf, wenn er sich weigert, sich unter-

---

224 *Schubert, W., Schneider, W. et al.* [Hrsg.] (2005), S. 39 ff.
225 BR-Dr. 497/02, S. 63 = VkBl 2002, 890.

suchen zu lassen oder das von ihr geforderte Gutachten nicht fristgerecht beibringt (§ 11 Abs. 8 S. 2 FeV).

aa) Vorangehende Anhörung des Betroffenen

Eine **Pflicht zur Anhörung** vor Erlass der Gutachtensanforderung wird vom **Bundesverwaltungsgericht**[226] und vom **Verwaltungsgerichtshof Baden-Württemberg**[227] mit der Begründung **verneint**, die Anordnung zur Beibringung eines Gutachtens sei lediglich eine unselbstständige Maßnahme der Sachverhaltsaufklärung und kein selbstständig anfechtbarer Verwaltungsakt, so dass sie deshalb nur zusammen mit der ablehnenden Entscheidung angefochten werden könne.

212

Gegen die Auffassung, die Anordnung zur Beibringung eines Gutachtens sei kein selbstständig anfechtbarer Verwaltungsakt bestehen jedoch erhebliche – unter § 10 Rn 5 ff. eingehend dargelegte – **Bedenken**.

bb) Vorangehende Beweisaufnahme

Auf dieselben **Bedenken** stößt die Ansicht des **Verwaltungsgerichtshofs Baden-Württemberg**,[228] die Fahrerlaubnisbehörde sei mangels einer entsprechenden gesetzlich geregelten Pflicht rechtlich auch **nicht gehalten**, im Vorfeld des Erlasses der Gutachtensanforderung durch eine **förmliche Beweisaufnahme** (z.B. durch Vernehmung von Zeugen unter Beteiligung des Betroffenen) zu klären, ob die tatsächlichen Angaben, die ihr insbesondere von der Polizei nach § 2 Abs. 12 S. 1 StVG übermittelt worden sind und die sie der Anforderung zugrunde legen will, zutreffen. Es meint:

213

„Nicht die lediglich vorbereitende Anordnung zur Beibringung eines Gutachtens sondern die das Verfahren abschließende Entziehung der Fahrerlaubnis ist die Entscheidung, die die Rechtsstellung des Betroffenen unmittelbar beeinträchtigt. Der Rechtsschutz des Betroffenen wird dadurch gewährleistet, dass dieser gegenüber der auf die unterbliebene Beibringung des Gutachtens gestützten Entziehungsverfügung geltend machen kann, die Gutachtensanforderung sei rechtswidrig, weil ihre Grundlage in tatsächlicher Hinsicht nicht der Wahrheit entspreche und der tatsächliche Sachverhalt mangels Anhaltspunkten für das Vorliegen einer die Fahreignung regelmäßig ausschließenden Erkrankung im Sinne der Anlage 4 zur Fahrerlaubnis-Verordnung die Anordnung nicht rechtfertige."

---

226 BVerwG 15.12.1989.
227 VGH Mannheim 28.10.2004.
228 VGH Mannheim 28.10.2004.

cc) Mindestanforderungen an die Gutachtensanordnung

214 Noch zu § 15b StVZO a.F. hat das **Bundesverwaltungsgericht**[229] ausgesprochen:

„Die Aufforderung muss im Wesentlichen **aus sich heraus verständlich** sein und der Betroffene muss ihr entnehmen können, was konkret ihr Anlass ist und ob das in ihr Verlautbarte die behördlichen Zweifel an der Fahreignung zu rechtfertigen vermag. Nur unter diesen Voraussetzungen ist es sachgerecht, bei einer unberechtigten Weigerung ohne weitere vertiefte Ermittlungen zu schlussfolgern, der Betroffene habe ‚gute Gründe' für seine Weigerung, weil eine Begutachtung seine bislang nur vermutete Ungeeignetheit aufdecken und belegen würde."

215 Die Erforderlichkeit ausreichender Informationen des Betroffenen über die Gründe für die Zweifel an seiner Eignung betont – ebenfalls noch zu § 15b StVZO a.F. – auch das **Oberverwaltungsgericht Rheinland-Pfalz**[230] und meint, soweit **Straftaten**, bei denen zwar die Benutzung eines Kraftfahrzeugs eine Rolle gespielt hat, die aber keine Verkehrsstraftaten im eigentlichen Sinne darstellen, im Einzelfall auch Bedeutung für Zweifel an der charakterlichen Eignung zum Führen eines Kraftfahrzeugs erlangen, bedürfe dies jeweils einer besonderen Herleitung, die im Aufforderungsschreiben hinreichend substanziiert werden müsse.

216 Auf die vorzitierten Ausführungen des Bundesverwaltungsgerichts bezieht sich der **Verwaltungsgerichtshof Baden-Württemberg**[231] auch für Gutachtensanordnungen nach §§ 11 ff. FeV und fügt hinzu:

„Die verdachtsbegründenden Tatsachen müssen so genau bezeichnet sein, dass es dem Betroffenen möglich ist, ggf. unter Heranziehung eines Rechtsanwalts abzuschätzen, ob nach den Bestimmungen des Fahrerlaubnisrechts hinreichender Anlass zu der angeordneten Fahreignungsüberprüfung besteht."

In einem weiteren Urteil[232] wiederholt der **Verwaltungsgerichtshof Baden-Württemberg** diese Aussagen und ergänzt sie durch den zutreffenden Hinweis:

„Unzulässig ist insbesondere die für eine Reduzierung des Inhalts der Aufforderung maßgebliche Überlegung, der Betroffene ‚werde schon wissen, worum es geht'."

217 In dem diesem Urteil zugrunde liegenden Fall hatte die Fahrerlaubnisbehörde die Beibringung eines neurologisch-psychiatrischen Gutachtens angeordnet zur Klärung der Frage, ob der Betroffene trotz der Hinweise auf **intellektuelle Leistungseinschrän-**

---

[229] BVerwG 05.07.2001.
[230] OVG Koblenz 16.03.1994 – 7 B 10161/94; siehe auch unter § 7 Rn 119.
[231] VGH Mannheim 24.06.2002.
[232] VGH Mannheim 28.10.2004.

Begutachtung im Fahrerlaubnis-Verwaltungsverfahren § 7

kungen (z.B. durch Intelligenzstörungen, geistige Behinderung, Alterungsprozesse oder Anpassungsmängel) ein Kraftfahrzeug der FE-Klasse 3 sicher führen könne. Der Begriff „intellektuelle Leistungseinschränkungen" ist in der Anlage 4 zur FeV nicht aufgeführt. Ursachen von auf intellektuellen Leistungseinschränkungen beruhenden Fehlverhaltensweisen müssen nicht psychisch-geistige Erkrankungen sein, sondern können unter Umständen z.B. lediglich auf begabungsbedingter Minderleistung der Intelligenz beruhen.[233] Dem trägt die Gutachtensanordnung Rechnung, so dass die Erwägungen des Verwaltungsgerichtshofs zu der Frage, welcher der unter Nr. 7 der Anlage 4 zur FeV aufgeführten psychisch (geistigen) Störungen vorliegen könnte, entbehrlich sind. Durch die fachliche Qualifikation des in der Anforderung genannten Gutachters, an den die zu klärende Frage der Sache nach gerichtet ist, ist sichergestellt, dass dieser erkennt, welcher Art die intellektuellen Leistungseinschränkungen sind und in welcher Hinsicht bzw. im Hinblick auf das etwaige Vorliegen welcher psychischen Erkrankung eine ärztliche Untersuchung des Betreffenden tatsächlich geboten ist.

Den Mindestanforderungen entspricht dagegen sicher nicht die in einem anderen Fall ergangene Aufforderung an einen Fahrerlaubnisinhaber auf einem dafür verwendeten Formblatt, er solle „zur Vorbereitung einer Entscheidung in dieser Angelegenheit die Begutachtung seiner Eignung zum Führen von Fahrzeugen der beantragten Art durchführen lassen", wobei er gebeten wurde, „das Zeugnis eines weitergebildeten Arztes der Fachrichtung – Internist – vorzulegen". Hierzu meint allerdings der **Bayerische Verwaltungsgerichtshof**,[234] aus den dem Fahrerlaubnisinhaber bekannten Gesamtumständen und den für die Aufforderung und die Fahreignungszweifel angegebenen Gründen (nämlich Eigenverbrauch und Handel mit Haschisch) werde ausreichend deutlich, dass es der Behörde um die Feststellung des Drogenkonsumverhaltens des Fahrerlaubnisinhabers ging. Er meint zudem, es sei anzunehmen, dass der mit der Erstellung des Gutachtens beauftragte Internist, dem vom Betroffenen nur eine behördliche Aufforderung wie hier vorgelegt wird, wisse, dass er sich nur im Rahmen seiner fachlichen Kompetenz äußern solle, also durch geeignete Untersuchungen festzustellen habe, ob der Untersuchte derzeit (noch) und wenn ja, in welchem Umfang er Drogen konsumiert bzw. konsumiert hat. Wenn der vom Betroffenen beauftragte Internist Zweifel haben sollte, welche Aussagen von ihm erwartet werden, unterliege es dem Betroffenen, dem Arzt darzulegen, was letztlich der Grund für die Forderung eines Gutachtens ist und sich erforderlichenfalls durch Rücksprache mit der Behörde kundig zu machen, welche gutachtlichen Äußerungen bei Erstellung des Gutachtens erwartet werden.

218

---

[233] Siehe unter § 3 Rn 121.
[234] VGH München 14.11.1994.

§ 7 Begutachtung im Fahrerlaubnis-Verwaltungsverfahren

Es ist doch wohl weder Aufgabe des Arztes, sich zu beantwortende Fragen auszudenken, noch Aufgabe des Betroffenen, von ihm ausgedachte Fragen zu stellen oder entsprechendes Nachdenken bei der Behörde anzuregen, damit diese nun von ihr für klärungsbedürftig gehaltene Fragen präzise formuliert.

219 Genügt eine Aufforderung zur Gutachtensbeibringung nicht den formellen Mindestanforderungen, so kann dieser **Mangel nicht dadurch geheilt** werden, dass **die Behörde nachträglich darlegt**, objektiv hätten zu ihrem Zeitpunkt Umstände vorgelegen, die Anlass zu Zweifeln an der Fahreignung hätten geben können. Bisher nicht geltend gemachte Umstände können allenfalls Gegenstand einer neuen Gutachtensanordnung sein.[235] Auch den **Gerichten ist es verwehrt, eine Gutachtensanordnung im Hinblick auf dort nicht aufgeführte tatsächliche Umstände, die einen Eignungsmangel als nahe liegend erscheinen lassen, als rechtmäßig anzusehen.**[236]

c) Auswahl des Gutachters

220 Unter den für die Untersuchung in Betracht kommenden Stellen kann der Betroffene diejenige Stelle auswählen, die er mit der Begutachtung beauftragen will.

221 Nur den Facharzt und den amtlich anerkannten Sachverständigen oder Prüfer für den Kraftfahrzeugverkehr darf der Betroffene der Person nach benennen. Der Facharzt soll allerdings nicht zugleich der den Betroffenen behandelnde Arzt sein (§ 11 Abs. 2 S. 5 FeV).

222 Dagegen kann der Betroffene weder unter den gewöhnlich mehreren bei dem zuständigen Gesundheitsamt tätigen Amtsärzten noch unter den bei der von ihm gewählten amtlich anerkannten Begutachtungsstelle für Fahreignung tätigen Medizinern, Psychologen oder Diplomingenieuren eine bestimmte Person als Gutachter auswählen. Denn die Zuständigkeit des Gutachters für den Einzelfall wird innerhalb des Gesundheitsamts oder der amtlich anerkannten Begutachtungsstelle für Fahreignung von deren Leitern bestimmt – in der Regel durch entsprechenden Geschäftsverteilungsplan.

223 Die von *Himmelreich* und *Janker*[237] vertretene Ansicht, der Betroffene könne innerhalb einer amtlich anerkannten Begutachtungsstelle für Fahreignung den Gutachter frei wählen, steht im Widerspruch zu den Vorschriften der FeV, nach denen insoweit eben nicht das Gutachten einer Person, sondern das Gutachten einer „Stelle" beizubringen ist – übrigens aus gutem Grund: Nur der die amtlich anerkannte Begutachtungsstelle für Fahreignung leitende Mediziner oder Psychologe kann zutreffend ent-

---
235 BVerwG 05.07.2001 (bezogen auf die frühere Rechtsgrundlage des § 15b Abs. 2 StVZO a.F.).
236 VGH Mannheim 28.10.2004.
237 *Himmelreich, K.* und *Janker, H.* (1999) Rn 57.

scheiden, ob zur Beantwortung der von der Fahrerlaubnisbehörde gestellten Fragen als Hauptgutachter eher ein Psychologe oder ein Mediziner eingesetzt und in welchem Umfang ein Diplomingenieur zugezogen werden muss. Auch nach Nr. 2.2a der Begutachtungs-Leitlinien zur Kraftfahrereignung soll dem Betroffenen kein Einfluss auf die Wahl der Gutachter innerhalb der Begutachtungsstelle für Fahreignung eingeräumt werden.

Hat der Betroffene den Wunsch, von einer durch ihn selbst ausgewählten Person begutachtet zu werden, kann er allenfalls versuchen, diesen Wunsch bei Abschluss des Begutachtungsvertrages[238] durchzusetzen. Falls der Leiter des Gesundheitsamts oder der amtlich anerkannten Begutachtungsstelle für Fahreignung dem Wunsch entspricht, steht der insoweit freien Vereinbarung nichts entgegen. 224

d) Rückmeldung des Betroffenen

Der Betroffene hat die Fahrerlaubnisbehörde darüber zu unterrichten, welche Stelle er mit der Untersuchung beauftragt hat (§ 11 Abs. 6 S. 3 FeV). 225

e) Mitteilung der Fahrerlaubnisbehörde an Gutachter

Die Fahrerlaubnisbehörde teilt der vom Betroffenen gewählten Stelle mit, welche Fragen im Hinblick auf die Eignung des Betroffenen zum Führen von Kraftfahrzeugen zu klären sind und übersendet ihr die vollständigen Unterlagen, soweit sie unter Beachtung der gesetzlichen Verwertungsverbote verwendet werden dürfen (§ 11 Abs. 6 S. 4 FeV). 226

Das Bundesministerium für Verkehr hatte ursprünglich eine Regelung vorgesehen, nach der die Fahrerlaubnisbehörde der begutachtenden Stelle nur die „erforderlichen" Unterlagen übersenden sollte.[239] Das Wort „erforderlichen" ist ersetzt worden durch das Wort „vollständigen" aufgrund eines Änderungsantrages des Bundesrats, den dieser wie folgt begründet hat:[240] 227

> „Abgesehen davon, dass letztlich nur ein Mediziner oder Psychologe entscheiden kann, welche Unterlagen für die Begutachtung notwendig sind, werden sich die Auseinandersetzungen auf einen früheren Zeitpunkt des Verfahrens verlagern und die Behörden zusätzlich belasten. Im Hinblick auf die Verkehrssicherheit erscheint dieses Verfahren bei Fahrerlaubnisinhabern, bei denen möglichst rasch eine Entscheidung getroffen werden muss, nicht hinnehmbar.

---

238 Siehe unter § 7 Rn 228 f.
239 BR-Dr. 443/98, S. 23.
240 BR-Dr. 443/1/98; abgedruckt in VkBl 1998, 1068 f.

§ 7 Begutachtung im Fahrerlaubnis-Verwaltungsverfahren

Im Übrigen wird durch die Änderung der Verwaltungsaufwand vermindert, weil nicht Unterlagen aus dem Vorgang herausgesucht und anschließend wieder zusammengeführt werden müssen."

In den Akten der Fahrerlaubnisbehörde werden sich in der Regel nur Unterlagen befinden, die unter Beachtung der gesetzlichen Verwertungsverbote verwendet werden dürfen. Denn andere Unterlagen sind ohnehin zu vernichten.[241]

Die in § 11 Abs. 6 S. 4 FeV enthaltene Vorschrift, nach der die Fahrerlaubnisbehörde dem Gutachter nur die Unterlagen übermittelt, die unter Beachtung der gesetzlichen Verwertungsverbote[242] verwendet werden dürfen, schließt die von *Gehrmann*[243] angenommene Möglichkeit aus, dass die Fahrerlaubnisbehörde dabei rechtswidrig gewonnene Daten mitteilen darf. Solche Mitteilung wäre auch völlig sinnlos, weil rechtswidrig gewonnene Daten nicht verwertet werden dürfen – und zwar weder vom Gutachter noch von der Fahrerlaubnisbehörde.[244]

f) Begutachtungsvertrag

228 Die Untersuchung erfolgt aufgrund eines Auftrags durch den Betroffenen (§ 11 Abs. 6 S. 5 FeV).

229 Der Betroffene schließt mit dem Gesundheitsamt, bei dem der Amtsarzt tätig ist, mit dem von ihm gewählten Facharzt, mit der Technischen Prüfstelle für den Kraftfahrzeugverkehr, bei der der von ihm gewählte amtlich anerkannte Sachverständige oder Prüfer für den Kraftfahrzeugverkehr tätig ist, oder mit der von ihm gewählten amtlich anerkannten Begutachtungsstelle für Fahreignung einen Werkvertrag.[245]

aa) Anspruch auf mangelfreies Gutachten

230 Der Betroffene hat einen unmittelbar gegen seine Vertragspartner zu richtenden zivilrechtlichen Anspruch auf ein vollständiges und mangelfreies Gutachten. Ihm ist das Gutachten zuzuleiten. Er allein verfügt über das Gutachten. Er sollte nicht der unmittelbaren Übersendung des Gutachtens an die Fahrerlaubnisbehörde zustimmen. Nur so kann er prüfen, ob das Gutachten überhaupt seinen Interessen dient und den an es zu stellenden Anforderungen genügt.

---

241 Siehe unter § 6 Rn 127.
242 Siehe unter § 6 Rn 117 ff.
243 *Berz, U.* und *Burmann, M.* [Hrsg.] (2002)Teil 18 D Rn 14.
244 Siehe unter § 8 Rn 2 ff.
245 Siehe dazu *Menken, E.* (1980).

Hat das Gutachten gravierende Mängel, insbesondere hinsichtlich Vollständigkeit, Nachvollziehbarkeit und Nachprüfbarkeit, so kann der Betroffene, der es in Auftrag gegeben hat, die Abnahme und die Bezahlung des Gutachtens ablehnen sowie etwa bereits bezahlte Gutachtenkosten zurückverlangen.[246] Er kann zudem Ersatz ihm etwa entstandenen Schadens verlangen.[247] Unter Umständen steht ihm auch ein Anspruch auf Nachbesserung des Gutachtens zu, nicht jedoch, wenn das Gutachten keine Fehler aufweist, insbesondere den dafür geltenden Richtlinien entspricht.[248]

231

Gravierende Mängel sind allerdings nicht darin zu sehen, dass das Gutachten einer Begutachtungsstelle für Fahreignung Äußerungen des Untersuchten nicht in direkter Rede oder gar wörtlich wiedergibt.[249] Auch die sachgerechte Verwendung von Textbausteinen, bei der die Individualität der Begutachtung erhalten bleibt, begründet keinen Mangel des Gutachtens.[250] Schließlich ist auch zu bedenken, dass dem Gutachter – wie ganz allgemein bei Entscheidungen im Bereich der Prognose oder wertenden Entscheidungen – ein nicht zu eng zu bemessender Spielraum für seine Beurteilung einzuräumen ist.[251] Der Beweis der Unrichtigkeit des Gutachtens wird in aller Regel nicht zu führen sein.[252]

bb) Anspruch auf Herausgabe von Aufzeichnungen des Gutachters

Nach Nr. 1e der Anlage 15 der FeV sind über die Untersuchung Aufzeichnungen anzufertigen.

232

Das entspricht dem grundlegenden Urteil des **Bundesgerichtshofs** vom 27.06.1978,[253] nach der im allgemeinen Arzt-Patienten-Verhältnis eine ordnungsmäßige Dokumentation über die Behandlung des Patienten nicht, wie früher noch von der Rechtsprechung angenommen wurde, allein eine im Belieben des Arztes stehende Gedächtnisstütze darstellt, sondern dem Patienten als Bestandteil einer sorgfältigen Behandlung vom Arzt geschuldet wird.

In Weiterentwicklung der Grundsätze dieses Urteils hat der **Bundesgerichtshof** im Urteil vom 23.11.1982[254] in einem Fall, in dem ein im Krankenhaus Operierter die Frage eines Behandlungsfehlers prüfen wollte, anerkannt, „dass den Arzt aus dem Grundsatz von Treu und Glauben (§ 242 BGB) eine ungeschriebene vertragliche

233

---

246 AG Köln DAR 1989, 72; AG Hannover NZV 1990, 276; AG Essen DAR 1992, 68.
247 AG Hagen (Westfalen) DAR 1995, 164.
248 AG Essen DAR 1994, 160.
249 LG Hannover DAR 1991, 457; OLG Celle NZV 1993, 398.
250 AG Freiburg (Breisgau) NZV 1994, 402.
251 LG Hamburg zfs 1997, 4.
252 So *Jungbecker, R.* (1994).
253 BGHZ 72, 132, 137 = NJW 1978, 2337 = VersR 1978, 1022, 1023.
254 BGHZ 85, 339 = NJW 1983, 328 = VersR 1983, 267.

Nebenpflicht treffen kann, dem Patienten Einsicht in Behandlungsunterlagen insoweit zu gewähren, als dieser daran ein ersichtliches Interesse hat und billigenswerte Gründe für die Verweigerung nicht vorliegen". Er ist „darüber hinaus der Auffassung, dass sich der Arzt dem ernstlichen Verlangen des Patienten nicht widersetzen darf, in die objektiven Feststellungen über seine körperliche Befindlichkeit und die Aufzeichnungen über die Umstände und den Verlauf der ihm zuteil gewordenen Behandlung Einsicht zu erlangen."

„Dieser zusätzliche Vertragsanspruch ergibt sich schon aus dem durch grundrechtliche Wertung geprägten Selbstbestimmungsrecht und der personalen Würde des Patienten, die es verbieten, ihm im Rahmen der Behandlung die Rolle eines bloßen Objekts zuzuweisen (vgl. dazu Bundesverfassungsgericht NJW 1979, 1925 [1929] und das Sondervotum daselbst S. 1930 f. = VersR 1979, 907 [913]). Aus dieser Sicht erscheint es im Regelfall nicht tragbar, dass dem Patienten gegen seinen ausdrücklichen und ernstlichen Wunsch persönliche Fakten vorenthalten werden, die in seinem Auftrag (das gilt im Ergebnis nicht weniger für so genannte Kassenpatienten) und in seinem Interesse vom Arzt nur im Rahmen des zwischen Arzt und Patient notwendigen besonderen Vertrauensverhältnisses erhoben worden sind und erhoben werden konnten."

234 Diese Grundsätze und die zu ihrer Ausgestaltung vom Bundesgerichtshof angestellten Erwägungen gelten auch für das Verhältnis zwischen dem Auftraggeber eines von der Fahrerlaubnisbehörde verlangten Gutachtens und dem Gutachter oder der Begutachtungsstelle.[255] Daraus folgt:
1. Den Gutachter oder die Begutachtungsstelle trifft aus dem Grundsatz von Treu und Glauben (§ 242 BGB) eine ungeschriebene vertragliche Nebenpflicht, dem Auftraggeber Einsicht in Untersuchungsunterlagen insoweit zu gewähren, als dieser daran ein ersichtliches Interesse hat und billigenswerte Gründe für die Verweigerung nicht vorliegen.
2. Informationen des Auftraggebers über die Untersuchungsunterlagen (insbesondere die naturwissenschaftlich konkretisierbaren Befunde und die Aufzeichnungen über Untersuchungsmaßnahmen) werden ihm auf Wunsch auch in der Form von eigener Einsicht zu gewähren sein; diese wird im Regelfall im Rahmen eines Gesprächs mit den Untersuchenden stattfinden, doch sollten dem Auftraggeber auf ausdrückliches Verlangen solche Aufzeichnungen auch zum selbständigen Studium überlassen werden, wobei an die Stelle der Originale, gegen deren Überlassung mitunter Bedenken bestehen können, auch auf Kosten des Auftraggebers zu fertigende Ablichtungen treten mögen. Soweit Aufzeichnungen – etwa über Explorationen – auf Tonbändern erfolgt sind, kommt die Überlassung von auf Kosten des Auftraggebers zu fertigenden Kopien in Betracht.

---

255 Siehe dazu ausführlich *Bode, H. J.* (1998 f).

3. Einschränkungen der Einsichtnahme bestehen hinsichtlich solcher Aufzeichnungen, die Aufschluss über Dinge geben, an deren Kenntnis der Auftraggeber kein berechtigtes Interesse hat (Geschäftsgeheimnisse etc.) und die persönliche Eindrücke bei Gesprächen mit dem Vertragspartner oder über die Motive für einen im Rahmen der Vertragsabwicklung getroffenen Entschluss enthalten, z.b. der Sache nach legitime Bekundungen, die – nicht nur wegen ihrer zwangsläufig emotionellen Färbung und in ihnen enthaltener subjektiver Wertungen, sondern etwa auch wegen des Hinweises auf später aufgegebene Verdachtsdiagnosen, den indessen zu tilgen ärztlich verfehlt wäre – der Einsicht des Auftraggebers entzogen werden müssen und dürfen.
4. Die Entscheidung über die Zurückhaltung von Aufzeichnungen, auf die sich der Einsichtsanspruch des Auftraggebers nicht erstreckt und an deren Ausschluss von der Einsichtnahme ein begründetes Interesse besteht, obliegt im Wesentlichen dem Gutachter oder der Begutachtungsstelle. Möglich ist die Einschaltung eines neutralen Sachverständigen mit der Befugnis, die Einsicht des Auftraggebers nach pflichtgemäßem Ermessen zu beschränken. Im Übrigen ist es gestattet, auf den Ablichtungen der Befunde und Untersuchungsberichte, auf die sich das Einsichtsrecht des Auftraggebers erstreckt, weitere nicht hierunter fallende Vermerke abzudecken, was zweckmäßigerweise so zu geschehen hat, dass die Abdeckung als solche erkennbar bleibt.
5. Großzügigkeit bei vorprozessualer Einsichtsgewährung empfiehlt sich deshalb, weil der Auftraggeber volle Einsicht jedenfalls im Zivilprozess um Schadensersatz wegen Schlechterfüllung des Begutachtungsvertrages oder im Verwaltungsprozess bei Anfechtung einer auf das Gutachten gestützten Verwaltungsentscheidung erlangen kann. Solche Prozesse können u.U. bei weitgehender Offenheit der Information vermieden werden.

cc) Anspruch auf Aufklärung über lebensbedrohende Gesundheitsgefahr

Die Fahreignungsuntersuchungen verfolgen nicht auch den Zweck, den Fahrerlaubnisbewerber oder Fahrerlaubnisinhaber vor drohenden gesundheitlichen Nachteilen zu bewahren. Deshalb lehnt der **Bundesgerichtshof**[256] einen Amtshaftungsanspruch in einem Fall ab, in dem Schaden durch unzureichende Auswertung einer Röntgenaufnahme bei einer amtsärztlichen Eignungsuntersuchung für die Fahrerlaubnis zur Fahrgastbeförderung im Hinblick auf eine mögliche Reaktivierung einer Lungentuberkulose entstanden sein soll. Er ist allerdings der Meinung, dass ein Amtsarzt eine untersuchte Person – gleichgültig aus welchem Anlass und zu welchem Zweck diese Untersuchung vorgenommen wird – über eine erkannte lebensbedrohende Gesund-

235

---

256 ArztR 1995, 36 = MedR 1994, 447 = MDR 1994, 889 = NJW 1994, 2415 = NZV 1994, 429 = zfs 1994, 316.

heitsgefahr nicht im Unklaren lassen darf. Ein Amtsarzt, der einen dahingehenden Verdacht dem Untersuchten nicht mitteilte und diesen „sehenden Auges" seinem Schicksal überließe, würde sich bei seiner Amtsausübung in Widerspruch mit der Forderung von Treu und Glauben und guter Sitte setzen und damit amtsmissbräuchlich handeln. Entsprechendes dürfte auch für die übrigen mit Fahreignungsuntersuchungen beauftragten Personen oder Stellen gelten.

g) Vorlage des Gutachtens

236 Der Betroffene muss das Gutachten der Fahrerlaubnisbehörde innerhalb der von ihr bestimmten Frist vorlegen (§ 11 Abs. 6 S. 2 FeV). Tut er das nicht, darf die Fahrerlaubnisbehörde entsprechend der ständigen Rechtsprechung des Bundesverwaltungsgerichts[257] auf Nichteignung des Betroffenen schließen (§ 11 Abs. 8 FeV).

Gibt es triftige Gründe, weshalb die Begutachtung nicht stattfinden konnte, ist die Frist im erforderlichen Umfang zu verlängern; solche Umstände können z.B. die Verhinderung des Gutachters oder Verzögerungen etwa bei Laboruntersuchungen sein; dagegen sind Umstände in der Sphäre des Betroffenen regelmäßig unbeachtlich.[258] Den Betroffenen trifft eine Mitwirkungspflicht.[259]

aa) Gutachten mit Kursempfehlung

237 Wird im medizinisch-psychologischen Gutachten einer Begutachtungsstelle für Fahreignung die Teilnahme des Betroffenen an einem anerkannten Kurs zur Wiederherstellung der Kraftfahreignung[260] als geeignete Maßnahme angesehen, seine Eignungsmängel zu beheben,[261] sollte der Betroffene die Fahrerlaubnisbehörde bei Vorlage des Gutachtens bitten, der Kursteilnahme zuzustimmen. Denn dann genügt in der Regel zum Nachweis der Wiederherstellung der Eignung statt eines erneuten medizinisch-psychologischen Gutachtens eine Bescheinigung über die Teilnahme an solchem Kurs.[262]

238 Der Betroffene hat einen **Anspruch auf Zustimmung der Fahrerlaubnisbehörde zur Kursteilnahme.** Hierzu führt das **Verwaltungsgericht Neustadt an der Weinstraße**[263] aus:

---

257 BVerwG 02.12.1960 – VII C 43.59; BVerwG 15.07.1988.
258 *Geiger, H.* (2003).
259 Siehe unter § 8 Rn 61 ff.
260 Siehe unter § 15 Rn 79.
261 Siehe unter § 7 Rn 335.
262 Siehe unter § 15 Rn 91.
263 NZV 2005, 437 = zfs 2005, 367.

Begutachtung im Fahrerlaubnis-Verwaltungsverfahren §7

„Liegt ein medizinisch-psychologisches Gutachten nach Nr. 2 des § 11 Abs. 10 FeV vor, das die Teilnahme an einem nach § 70 FeV anerkannten Kurs zur Behebung von festgestellten Eignungsmängeln empfiehlt, so hat in der Regel die Fahrerlaubnisbehörde ihre Zustimmung zu erteilen. Lehnt sie trotz entsprechender gutachtlicher Empfehlung die Zustimmung zur Kursteilnahme ab, so muss sie dies mit Rücksicht auf die Bedeutung und grundrechtliche Relevanz (Art. 2 GG) der Entscheidung für den Betroffenen in qualifizierter Weise begründen."

Dieser Anspruch besteht auch während eines noch nicht abgeschlossenen **Widerspruchsverfahrens**, das der Fahrerlaubnisinhaber gegen die auf das medizinisch-psychologische Gutachten gestützte Entziehung der Fahrerlaubnis betreibt. Hierzu führt das Verwaltungsgericht aus: 239

„Maßgeblicher Zeitpunkt für die Frage, ob jemand zum Führen von Fahrzeugen geeignet ist, ist der Zeitpunkt der letzten Behördenentscheidung, d.h. des Erlasses des Widerspruchsbescheids. Im Falle einer Entziehung der Fahrerlaubnis muss demnach die Ungeeignetheit zum Führen von Kraftfahrzeugen in dem genannten Zeitpunkt noch gegeben sein. Bis zu diesem Zeitpunkt kann der Betroffene alles unternehmen, um seine gegenwärtig nicht mehr vorhandene Fahreignung wiederherzustellen. Ist die Kraftfahreignung dann im Zeitpunkt der Entscheidung der Widerspruchsbehörde wiederhergestellt, muss die Entziehungsverfügung, die ursprünglich rechtmäßig gewesen sein kann, aufgehoben werden. Hierauf hat der Betroffene einen Anspruch. Die Fahrerlaubnisbehörde ist vor diesem Hintergrund unter Wahrung der Rechte des Betroffenen nicht berechtigt, die Wiederherstellung der Eignung zum Führen von Kraftfahrzeugen zu behindern oder zu verhindern. Sie kann ihre eventuell erforderliche Mitwirkungshandlung nicht unter Verweis auf ein Verfahren auf Wiedererteilung der Fahrerlaubnis ablehnen. Der Betroffene würde dann zum bloßen Objekt staatlichen Handelns. Dies stünde mit dem grundrechtlichen Schutz der allgemeinen Handlungsfreiheit und des allgemeinen Persönlichkeitsrechts (Art. 2 GG) sowie dem Grundsatz der Verhältnismäßigkeit nicht im Einklang. Die Fahrerlaubnisbehörde darf also keine Maßnahmen ergreifen, die die Wiederherstellung der Fahreignung behindern, oder sich der Mitwirkung verschließen, indem sie entweder Akten nicht dem Gutachter überlässt (Oberverwaltungsgericht Rheinland-Pfalz NJW 1997, 2342) oder die erforderliche Zustimmung nach § 11 Abs. 10 Nr. 3 FeV versagt."[264]

Die Zustimmung der Fahrerlaubnisbehörde zur Kursteilnahme kann der Betroffene nach zutreffender Ansicht des Verwaltungsgerichts im Verfahren über eine **einstweilige Anordnung** nach § 123 VwGO beantragen: 240

---

264 Siehe wegen näherer Einzelheiten der vorzitierten Entscheidung des OVG Rheinland-Pfalz § 10 Rn 27 ff.

"Dieses Begehren kann er nach den obigen Ausführungen auch im einstweiligen Rechtsschutzverfahren erfolgreich geltend machen, ohne sich auf ein Wiedererteilungsverfahren verweisen lassen zu müssen. Die Teilnahme an dem von den Gutachtern empfohlenen Kurs nach § 70 FeV ohne Zustimmung der Antragsgegnerin könnte nämlich nicht den gewünschten Zweck erfüllen, da Voraussetzung hierfür nach § 11 Abs. 10 Nr. 3 FeV die vorherige Zustimmung der Fahrerlaubnisbehörde ist. Vor diesem Hintergrund ist auch die Vorwegnahme der Hauptsache insoweit gerechtfertigt."

bb) Negatives Gutachten

241 Kommt das Gutachten zu dem Ergebnis, dass Eignungszweifel nicht ausgeräumt sind, kann der Betroffene Einwendungen gegen das Gutachten erheben und auch die Einholung eines weiteren Gutachtens sowie eines Ergänzungs- oder Obergutachtens[265] anregen, falls das Erfolg versprechend ist. Macht der Betroffene nachvollziehbar geltend, das Gutachten sei fehlerhaft,[266] wird man ihm grundsätzlich Gelegenheit geben müssen, innerhalb einer – knappen – Nachfrist ein anderes Gutachten erstellen zu lassen. Abzulehnen ist die von *Geiger*[267] für die Nachfristgewährung weiter geforderte Voraussetzung, dass ein zivilrechtlicher Streit schwebt, mit dem Nachbesserung verlangt wird. Denn für den Betroffenen kann es durchaus sinnvoll sein, statt Nachbesserung durch die zunächst von ihm beauftragte Begutachtungsstelle für Fahreignung zu verlangen, eine andere Begutachtungsstelle für Fahreignung mit der Erstellung eines völlig neuen Gutachtens zu beauftragen.

Falls er nicht in der Lage ist, Einwendungen gegen das Gutachten aus eigenem Wissen vorzutragen, kann er einen insoweit Sachkundigen mit der Überprüfung des Gutachtens beauftragen. Er kann auch einen Sachverständigen beauftragen, ein entsprechendes Gutachten zu erstellen und hat gegenüber der Fahrerlaubnisbehörde Anspruch darauf, dass diese ihre Akten dem Sachverständigen zur Einsichtnahme überlässt.[268]

Falls der Betroffene Einwendungen gegen das Gutachten nicht geltend machen kann oder will, empfiehlt sich folgendes Vorgehen:

(1) Im Erteilungsverfahren

242 Ist das Gutachten überzeugend und erscheinen Einwendungen dagegen nicht sinnvoll, sollte der Bewerber um eine Fahrerlaubnis das Gutachten der Fahrerlaubnisbehörde nicht vorlegen. Denn ein einmal zu den Akten der Fahrerlaubnisbehörde gebrachtes

---

265 Siehe unter § 6 Rn 53 ff. und § 7 Rn 355 ff.
266 Siehe unter § 7 Rn 230 f.
267 *Geiger, H.* (2003) S. 98.
268 Siehe unter § 10 Rn 27 ff.

Begutachtung im Fahrerlaubnis-Verwaltungsverfahren § 7

Gutachten bleibt über viele Jahre bei diesen Akten und wird erst nach geraumer Zeit vernichtet oder für die Verwertung gesperrt.[269]

Vielmehr sollte er seinen Antrag zurücknehmen. Denn bei Nichtvorlage des Gutachtens innerhalb der von der Fahrerlaubnisbehörde bestimmten Frist wird die Fahrerlaubnisbehörde auf Nichteignung des Bewerbers schließen (§ 11 Abs. 8 FeV) und die Fahrerlaubnis versagen.

Die Versagung der Fahrerlaubnis wird aber in das Verkehrszentralregister eingetragen (§ 28 Abs. 3 Nr. 5 StVG) und solche Eintragung wird erst nach zehn Jahren wieder getilgt (§ 29 Abs. 1 Nr. 3 StVG), wobei die Tilgungsfrist erst mit der in einem neuen Verfahren erfolgenden Erteilung der Fahrerlaubnis, spätestens jedoch fünf Jahre nach der Versagung der Fahrerlaubnis beginnt (§ 29 Abs. 5 S. 1 StVG). 243

Hat der Bewerber um eine Fahrerlaubnis seinen Antrag zurückgenommen, kann er sich darum bemühen, die im Gutachten beschriebenen Eignungsmängel durch geeignete Rehabilitationsmaßnahmen zu beheben.[270] Nach Herstellung der Eignung kann er erneut einen Antrag auf Erteilung der Fahrerlaubnis stellen. 244

Ordnet die Fahrerlaubnisbehörde in diesem neuen Verfahren wiederum die Beibringung eines Gutachtens an, sollte der Fahrerlaubnisbewerber dem Gutachter die Einsichtnahme in das frühere (negative) Gutachten ermöglichen, auf dessen Existenz der Gutachter ohnehin daraus schließen kann, dass sich in den ihm überlassenen Akten der Fahrerlaubnisbehörde[271] die Vorgänge über die frühere Übersendung der Akten an den früheren Gutachter befindet. So vermeidet er den Verdacht, Verdeckungsabsichten zu verfolgen.[272]

(2) Im Entziehungsverfahren

Ist das (negative) Gutachten für ein auf Entziehung der Fahrerlaubnis gerichtetes Verfahren erstattet worden, sollte der Fahrerlaubnisinhaber es der Fahrerlaubnisbehörde ebenfalls nicht vorlegen, weil es dann auch über viele Jahre bei den Akten der Fahrerlaubnisbehörde bleibt und erst nach geraumer Zeit vernichtet oder für die Verwertung gesperrt wird. 245

Die Fahrerlaubnisbehörde wird bei Nichtvorlage des Gutachtens innerhalb der von ihr bestimmten Frist allerdings auf Nichteignung des Bewerbers schließen (§ 11 Abs. 8 FeV) und die Fahrerlaubnis entziehen.

---

269 Siehe unter § 6 Rn 127.
270 Siehe unter § 15.
271 Siehe unter § 7 Rn 226.
272 Dies – wie das geschilderte Verfahren im Übrigen – empfehlen auch *Himmelreich, K.* und *Janker, H.* (1999) Rn 89 ff.

§ 7   Begutachtung im Fahrerlaubnis-Verwaltungsverfahren

Kann der Fahrerlaubnisinhaber Erfolg versprechende Einwendungen gegen das Gutachten nicht erheben, ist selbst die Beschaffung eines Zweitgutachtens – falls die Fahrerlaubnisbehörde sich darauf einlässt und mit der Entziehungsverfügung noch bis zur Vorlage des Zweitgutachtens wartet – kaum zu empfehlen. Denn erfahrungsgemäß wird ein Zweitgutachten, das unmittelbar im Anschluss an ein negatives Erstgutachten erstellt wird, kaum positiv ausfallen, es sei denn, das Erstgutachten ist handgreiflich falsch. Das meint mit Recht *Ziegert*[273] und spricht sich für eine Vorgehensweise aus, die allerdings nur mit einer Modifikation umzusetzen ist:

246 Der Fahrerlaubnisinhaber sollte sich mit der Fahrerlaubnisbehörde dahin verständigen, dass die unvermeidliche Entziehung der Fahrerlaubnis nicht für sofort vollziehbar erklärt wird (dass die gesetzlichen Voraussetzungen hierfür in vielen Fällen nicht vorliegen, ist allerdings entgegen der Ansicht von *Ziegert* zu bezweifeln). Vom Fahrerlaubnisinhaber gegen die Entziehung der Fahrerlaubnis erhobener Widerspruch und anschließende Klage haben dann aufschiebende Wirkung. Der Fahrerlaubnisinhaber sollte sich zudem mit der Fahrerlaubnisbehörde dahin verständigen, dass er nach Ablauf einer gewissen Zeit, etwa nach neun bis zwölf Monaten, trotz des dann noch nicht abgeschlossenen Anfechtungsrechtsstreits ein neues Gutachten vorlegen darf. Dabei muss der Zweitgutachter die im Erstgutachten festgestellten Eignungsqualitäten und -defizite überprüfen und feststellen, ob die Befunde nachprüfbar und realitätsgerecht sind oder zwischenzeitlich Veränderungen beobachtet werden, die eine andere Prognose zulassen. Der Zweitgutachter benötigt in jedem Fall das Erstgutachten, er wird sich auch in seinem Zweitgutachten damit auseinander setzen.

247 Entgegen der Annahme von *Ziegert* ist es dazu weder nötig noch möglich, eine neue Fahrerlaubnis zu beantragen und im Rahmen des Neuerteilungsverfahrens ein neues Gutachten vorzulegen. Denn solange der Anfechtungsrechtsstreit noch nicht abgeschlossen ist, besitzt der Fahrerlaubnisinhaber noch seine Fahrerlaubnis. Voraussetzung der Erteilung einer Fahrerlaubnis ist aber, dass der Bewerber keine Fahrerlaubnis der beantragten Klasse aus einem Mitgliedstaat im Geltungsbereich der Zweiten EG-Führerscheinrichtlinie besitzt (§ 2 Abs. 2 S. 1 Nr. 7 StVG, § 8 FeV).[274]

Zutreffend bewertet *Ziegert* die Chance, dass das nunmehr eingeholte Gutachten positiv ausfällt, größer als bei einem unmittelbar im Anschluss an ein negatives Erstgutachten eingeholten Zweitgutachten. Falls das Gutachten dann tatsächlich positiv ausfällt, kann die Fahrerlaubnisbehörde ihren Entziehungsbescheid zurücknehmen, so dass sich die Anfechtungsklage in der Hauptsache erledigt.

---

273 *Ziegert, U.* (2000).
274 Siehe unter § 2 Rn 79.

Begutachtung im Fahrerlaubnis-Verwaltungsverfahren § 7

h) Verhältnis der Fahrerlaubnisbehörde zum Gutachter

Die Beziehungen zwischen Fahrerlaubnisbehörde und Gutachter beschränken sich auf die Mitteilung der Fragestellung unter Übersendung der Unterlagen.[275] 248
Der Gutachter oder die begutachtende Stelle haben zwar die ihnen überlassenen Unterlagen der Fahrerlaubnisbehörde zurückzugeben, sind aber nicht befugt, der Fahrerlaubnisbehörde Auskunft darüber zu erteilen, ob eine Untersuchung und Begutachtung stattgefunden hat und welches Ergebnis eine etwaige Begutachtung gehabt hat. Solchen Auskünften steht das nach § 203 StGB mit Strafe bedrohte Verbot der Verletzung von Privatgeheimnissen entgegen, das für Ärzte und Berufspsychologen gilt (§ 203 Abs. 1 Nr. 1 und 2 StGB) und damit auch für die Stellen, in denen sie tätig sind. Nur in Ausnahmefällen, in denen nach den Erkenntnissen des Gutachters oder der begutachtenden Stelle von einem Fahrerlaubnisinhaber erhebliche Gefahren für den öffentlichen Straßenverkehr ausgehen, kann die Mitteilung solcher Erkenntnisse an die Fahrerlaubnisbehörde trotz grundsätzlicher Schweigepflicht nach den Grundsätzen über die Abwägung widerstreitender Pflichten oder Interessen berechtigt sein.[276]

Die Fahrerlaubnisbehörde ist nicht berechtigt, vom Gutachter oder der begutachtenden Stelle Auskünfte irgendwelcher Art einzuholen. Hält sie etwa Erläuterungen des ihr vom Betroffenen vorgelegten Gutachtens für erforderlich, darf sie sich nur an den Betroffenen mit der Aufforderung wenden, für weitere Aufklärung zu sorgen oder ihn um seine Einwilligung bitten, sich unmittelbar mit dem Gutachter oder der begutachtenden Stelle in Verbindung zu setzen. 249

2. Mehrere Anordnungen der Gutachtenbeibringung

Sie sind nur vorgesehen hinsichtlich eines ärztlichen Gutachtens (§ 11 Abs. 2 S. 4 FeV) – offensichtlich für den Fall, dass die Sachkunde eines Arztes nicht ausreicht. So ist etwa denkbar, dass der zunächst in Anspruch genommene Amtsarzt die Begutachtung durch einen Facharzt empfiehlt; solchenfalls kann dann die Fahrerlaubnisbehörde die Beibringung des Gutachtens des Facharztes durch eine weitere Anordnung verlangen. 250

Eine entsprechende Regelung fehlt für die Anordnung der Beibringung des Gutachtens einer amtlich anerkannten Begutachtungsstelle für Fahreignung und eines amtlich anerkannten Sachverständigen oder Prüfers für den Kraftfahrzeugverkehr. Hält die

---

275 Siehe unter § 7 Rn 226.
276 Siehe unter § 6 Rn 22.

Fahrerlaubnisbehörde die beigebrachten Gutachten solcher Stelle oder solcher Person nicht für ausreichend, muss sie sich auf andere Weise sachkundig machen.[277]

3. Einholung sonstiger Gutachten

251 Falls zur Klärung von Eignungszweifeln die Beibringung von Gutachten nicht angeordnet werden kann oder die Eignungszweifel durch vom Betroffenen beigebrachte Gutachten nicht ausreichend geklärt sind, muss die Fahrerlaubnisbehörde von sich aus Aufklärung auf andere Weise schaffen – etwa durch Beauftragung eines Psychologen oder eines Ergänzungs- oder Obergutachters.[278] Das insoweit zu beobachtende Verfahren unterscheidet sich nur teilweise von dem Verfahren bei der Anordnung der Gutachtenbeibringung:

a) Festlegung der Fragestellung

252 Sie ist in gleicher Weise erforderlich wie im Verfahren bei der Anordnung der Gutachtenbeibringung.[279]

b) Auswahl des Gutachters

253 Sie ist Sache der Fahrerlaubnisbehörde, die sich dabei zu orientieren hat an den der Aufklärung bedürftigen Fragen und der speziellen Sachkunde des Psychologen oder Ergänzungs- oder Obergutachters zur Beantwortung dieser Fragen. Unter gleich qualifizierten Psychologen oder Ergänzungs- oder Obergutachtern hat sie den auszuwählen, der seine Tätigkeit in der Nähe des Wohnsitzes des Betroffenen ausübt und deshalb für diesen am ehesten erreichbar ist.

c) Mitteilung an den Betroffenen

254 Die erforderliche Darlegung der für die Aufklärung durch Psychologen oder Ergänzungs- oder Obergutachter maßgebenden Gründe ist zu verbinden mit der Aufforderung an den Betroffenen, sich der Untersuchung durch den von der Fahrerlaubnisbehörde ausgewählten Ergänzungs- oder Obergutachter innerhalb der von diesem festgelegten Frist zu unterziehen.

Dabei ist der Betroffene entsprechend § 11 Abs. 8 S. 2 FeV darauf hinzuweisen, dass die Fahrerlaubnisbehörde bei ihrer Entscheidung auf seine Nichteignung schließen darf, wenn er sich weigert, sich untersuchen zu lassen.

---

277 Siehe unter § 6 Rn 53 ff. und § 7 Rn 355 ff.
278 Siehe unter § 6 Rn 53 ff.
279 Siehe unter § 7 Rn 206 ff.

d) Mitteilung der Fahrerlaubnisbehörde an Ergänzungs- oder Obergutachter

Die Fahrerlaubnisbehörde teilt dem von ihr gewählten Psychologen oder Ergänzungs- oder Obergutachter entsprechend § 11 Abs. 6 S. 4 FeV mit, welche Fragen im Hinblick auf die Eignung des Betroffenen zum Führen von Kraftfahrzeugen zu klären sind und übersendet ihm die vollständigen Unterlagen, soweit sie unter Beachtung der gesetzlichen Verwertungsverbote verwendet werden dürfen. **255**

e) Begutachtungsvertrag

Diesen Vertrag schließt die Fahrerlaubnisbehörde selbst mit dem Psychologen oder Ergänzungs- oder Obergutachter. Ihr ist das Ergänzungs- oder Obergutachten zuzuleiten. **256**

V. Untersuchung im Rahmen der Begutachtung

Eine Untersuchung ist nur für die Erstellung von ärztlichen und medizinisch-psychologischen Gutachten erforderlich. Für die Durchführung solcher Untersuchungen gelten die in der Anlage 15 der FeV genannten Grundsätze (§ 11 Abs. 5 FeV). **257**

1. Grundsätze

Zu beachten ist bei der Untersuchung insbesondere: **258**

a) Anlassbezug

Hierzu schreibt die Anlage 15 der FeV unter Nr. 1a und b vor: **259**

„Die Untersuchung ist anlassbezogen und unter Verwendung der von der Fahrerlaubnisbehörde zugesandten Unterlagen über den Betroffenen vorzunehmen. Der Gutachter hat sich an die durch die Fahrerlaubnisbehörde vorgegebene Fragestellung zu halten.

Gegenstand der Untersuchung sind nicht die gesamte Persönlichkeit des Betroffenen, sondern nur solche Eigenschaften, Fähigkeiten und Verhaltensweisen, die für die Kraftfahreignung von Bedeutung sind (Relevanz zur Kraftfahreignung)."

b) Wissenschaftlichkeit

Die Untersuchung darf nur nach anerkannten wissenschaftlichen Grundsätzen vorgenommen werden (Anlage 15 der FeV unter Nr. 1c). **260**

§ 7 Begutachtung im Fahrerlaubnis-Verwaltungsverfahren

c) Aufklärung des Betroffenen

261 Vor der Untersuchung hat der Gutachter den Betroffenen über Gegenstand und Zweck der Untersuchung aufzuklären (Anlage 15 der FeV unter Nr. 1d).

d) Dokumentation

262 Über die Untersuchung sind Aufzeichnungen anzufertigen (Anlage 15 der FeV unter Nr. 1e).

e) Untersuchungen zur Prognose künftigen Verhaltens

263 Da geeignet zum Führen von Kraftfahrzeugen nur derjenige ist, der beim Führen von Kraftfahrzeugen andere Verkehrsteilnehmer gegenwärtig nicht unzumutbar gefährdet und auch in Zukunft nicht unzumutbar gefährden wird,[280] ist Gegenstand der Untersuchung auch das voraussichtliche künftige Verhalten des Betroffenen. Das gilt ganz allgemein, wird aber in Anlage 15 der FeV unter Nr. 1 f und g für zwei Sachgestaltungen noch besonders hervorgehoben:

In den Fällen der §§ 13 und 14 FeV ist Gegenstand der Untersuchung insbesondere, ob zu erwarten ist, dass der Betroffene nicht oder nicht mehr ein Kraftfahrzeug unter Einfluss von Alkohol oder Betäubungsmitteln/Arzneimitteln führen wird.

In den Fällen des § 2a Abs. 4 S. 1 und Abs. 5 S. 5 oder des § 4 Abs. 10 S. 3 StVG oder des § 11 Abs. 3 Nr. 4 oder 5 FeV ist Gegenstand der Untersuchung auch, ob zu erwarten ist, dass der Betroffene nicht mehr erheblich oder nicht mehr wiederholt gegen verkehrsrechtliche Bestimmungen oder gegen Strafgesetze verstoßen wird.

2. Untersuchung in einer Begutachtungsstelle für Fahreignung

264 Angesichts der großen Zahl der in Begutachtungsstellen für Fahreignung durchzuführenden Untersuchungen von Fahrerlaubnisbewerbern und -inhabern[281] erscheinen eingehendere Informationen über diese spezielle Art von Untersuchungen[282] sinnvoll.

265 Begutachtungsstellen für Fahreignung erstellen weder verkehrsmedizinische noch verkehrspsychologische Gutachten noch sogenannte „Charaktertests", wie dies gelegentlich behauptet wird. Die Ergebnisse ihrer Untersuchungen werden als „Gutachten

---

280 Siehe unter § 3 Rn 337.
281 Siehe unter § 6 Rn 80.
282 Siehe dazu auch *Winkler, W.* (1998); *Barthelmess, W.* (2000); *Laub, G.* und *Brenner-Hartmann, J.* (2001).

einer amtlich anerkannten Begutachtungsstellen für Fahreignung" dem Auftraggeber übermittelt, der über sie alleiniges Verfügungsrecht besitzt.

a) Vorbereitung des Betroffenen

Die von der Fahrerlaubnisbehörde bei Gutachtenanordnung gegebenen Informationen 266
über eine notwendig werdende Untersuchung in einer amtlich anerkannten Begutachtungsstelle für Fahreignung reichen häufig nicht aus, den davon Betroffenen auf die Untersuchung sachgemäß vorzubereiten.

aa) Vorbereitung durch Ärzte, Psychologen und Rechtsanwälte

Ärzte, die im Rahmen ihrer Fahreignungsbegutachtung eine weitergehende Untersu- 267
chung in einer amtlich anerkannten Begutachtungsstelle für Fahreignung für erforderlich halten, Psychologen, die von auffällig gewordenen Kraftfahrern vor einer derartigen Untersuchung aufgesucht werden, und Rechtsanwälte, die ihre Klienten im Rahmen des Verwaltungsverfahrens über Versagung oder (Wieder-)Erteilung der Fahrerlaubnis vertreten, haben eine wichtige Funktion bei der Vorbereitung auf die Begutachtung in einer amtlich anerkannten Begutachtungsstelle für Fahreignung: Sie müssen einerseits Anlass, Ziel und Ablauf der Untersuchung deutlich machen und gezielte Informationen über die notwendigen Akte der Vorbereitung vermitteln. Dazu gehören neben dem Abbau von Ängsten konkrete Hinweise über Eigenaktivitäten zur Aufklärung der Eignungsbedenken. Angesichts der hohen Dunkelziffer und dem hohen Anteil von Zufallsvarianz an der Entstehung von registrierten Verkehrsdelikten und Verkehrsunfällen ist es natürlich, dass der Betroffene eine „Pechvogelmentalität"[283] entwickelt, den Eigenanteil der Schuld verdrängt und schuldverschiebende Tatbestände akzentuiert. Diese Prozesse führen jedoch nicht nur zu einer fehlenden Problemsicht, sondern auch zu einem Nichtaufarbeiten der problematischen Einstellungen und Fehlhaltungen, wie sie für den rückfälligen Verkehrsteilnehmer höchst charakteristisch sind.

Daher ist ein intensives Bemühen, über die mit dem vermuteten Eignungsmangel 268
zugrunde liegende Problematik nachzudenken, angezeigt. Der alkoholauffällig Gewordene sollte z.B. folgende Aspekte der eigenen Verkehrsvorgeschichte aufklären:
- erstmaliger Erwerb des Führerscheins,
- Art und Umfang der Verkehrsteilnahme,
- dabei aufgetretene Unfälle und Bestrafungen,
- Entwicklung der Alkoholtrinkgewohnheiten und der Alkoholtrinkmotive,

---

283 *Kunkel, E.* (1984).

§ 7   Begutachtung im Fahrerlaubnis-Verwaltungsverfahren

- Orientierungs- und Verhaltensmuster im Konflikt Alkoholkonsum und Kraftfahren,
- erfolgreiche und erfolglose Vermeidungsstrategien,
- ursächliche lebensgeschichtliche und situative Zusammenhänge des Verkehrstrunkenheitsdelikts,
- dabei gewonnene Erkenntnisse und Versuche, auf die Ursachen einzuwirken,
- dabei gemachte Erfahrungen und Konsequenzen für die Zukunft.

269 Ziel des „Nachdenkens" über das Geschehene und Künftige ist es auch, bereits frühzeitig Fehleinstellungen zu ändern, als notwendig erkannte rehabilitative oder therapeutische Maßnahmen zu initiieren, etwa die Teilnahme an einer Suchtberatung oder an einer Psychotherapie, neue Verhaltensweisen zu üben, lebensgeschichtliche – z.B. soziale – Bedingungen zu beeinflussen und diese ggf. zu ändern.

270 Zur Vorbereitung auf die Begutachtung in einer amtlich anerkannten Begutachtungsstelle für Fahreignung gehört auch die rechtzeitige Entscheidung darüber, welche Untersuchungsstelle beauftragt werden soll und ggf. eine frühzeitige Kontaktaufnahme, zumal die Begutachtungsstellen Beratungsgespräche – z.B. im Rahmen kostenfreier, ca. zweistündiger Informationsveranstaltungen – anbieten, an denen auch Rechtsanwälte, Familienmitglieder o.a. interessierte Personen teilnehmen können,[284] wenn sie nicht ohnehin an einem Modellversuch „Integrierte Modelle" der Rehabilitation in der Sperrfrist[285] teilnehmen.

bb) Unzulässige „Vorbereitung"

Ein abschreckendes Beispiel hierfür wird in einer Pressemitteilung des Oberlandesgerichts Karlsruhe vom 17.08.2005 über den Beschluss des Oberlandesgerichts Karlsruhe vom 02.08.2005 – 19 W 37/05 geschildert:

> Dem B. war die Fahrerlaubnis entzogen und die Wiedererteilung von dem Bestehen einer medizinisch-psychologischen Untersuchung (MPU) abhängig gemacht worden. Trotzdem fuhr er im Juni 2003 mit dem Auto und verursachte einen Verkehrsunfall. Im Juli 2003 wandte er sich auf Empfehlung eines Bekannten an S., der eine psychologische Beratungsstelle betrieb. S. erklärte zunächst, dass es den B. 5.000 bis 8.000 Euro kosten würde, die MPU zu bestehen, später verlangte er 15.000 Euro, da der Fall sehr schwierig sei. Er sicherte dem B. zu, dass er in jedem Fall dafür sorgen werde, dass er die MPU bestehen werde. Schließlich einigte man sich auf eine Zahlung von 8.000 Euro, die B. dem S. zukommen ließ. S. riet dem B., mit der Führerscheinstelle Kontakt aufzunehmen, um von dort die Erlaubnis einzuholen, in Hamburg die MPU ablegen zu können. B. solle sich beeilen, damit

---
284 *Laub, G.* und *Brenner-Hartmann, J.* (2001).
285 Siehe unter § 14 Rn 32 ff.

Begutachtung im Fahrerlaubnis-Verwaltungsverfahren § 7

die MPU noch abgelegt werden könne, bevor die Führerscheinstelle von dem Unfall im Juni Kenntnis erlangt habe. Die Führerscheinstelle genehmigte die Durchführung der MPU in Hamburg jedoch nicht, weil sie zwischendurch von dem Verkehrsunfall erfahren hatte. B. verlangt deshalb von S. 8.000 Euro zurück. Die Staatsanwaltschaft ermittelt in diesem Zusammenhang gegen S. wegen Urkundenfälschung und anderer Delikte.

Für seine Klage auf Rückzahlung gegen S. begehrte der mittellose B. beim Landgericht Konstanz Prozesskostenhilfe. Diese wurde ihm mangels Erfolgsaussichten nicht gewährt. Seine Beschwerde zum Oberlandesgericht Karlsruhe blieb ohne Erfolg.

Das zwischen den Parteien geschlossene Rechtsgeschäft ist wegen Verstoßes gegen die guten Sitten gemäß § 138 Abs. 1 BGB nichtig. Die Verschaffung amtlich anerkannter Bescheinigungen, deren Erteilung von der Erfüllung bestimmter, im öffentlichen Interesse überprüfter Voraussetzungen abhängt, gegen Entgelt verstößt gegen die guten Sitten, wenn diese in jedem Fall, d.h. auch ohne dass die geforderten Voraussetzungen vorliegen, versprochen wird. Die diese Sittenwidrigkeit begründenden Tatsachen waren den Parteien bewusst. So trägt B. zwar vor, er habe nicht gewusst, dass S. eine Urkundenfälschung oder eine Bestechung der Gutachter plane, lässt aber offen, welchen rechtmäßigen Zwecken die Zahlung nach seinen Vorstellungen dienen sollte. Dass er dafür eine besonders intensive Schulung oder Vorbereitung erhalten sollte, ist nicht behauptet. Ihm musste vor allem nach der „Preiserhöhung" und der Zusage, S. werde in jedem Fall für ein Bestehen der Prüfung sorgen, klar sein, dass die Erteilung nicht davon abhängen würde, dass er den Anforderungen entspreche. Selbst wenn B. davor bewusst die Augen verschlossen hat, steht dies einer positiven Kenntnis der Sittenwidrigkeit gleich.

Der Rückforderung der damit ohne Rechtsgrund geleisteten Zahlung steht der Einwand des § 817 S. 2 BGB entgegen. Dem B. fällt bereits mit seiner Zahlung ein Sittenverstoß zur Last. Die Leistung beruht nämlich auf der für beide Seiten erkennbar sittenwidrigen Abrede, unter Verwendung des Geldes ein positives Gutachten zu erhalten, das ohne die sachfremde oder gar strafbare Hilfe des S. nicht zu erlangen gewesen wäre. Das Risiko, die auf einen erkannt sittenwidrigen Vertrag erbrachte Vorleistung nicht zurückfordern zu können, soll nach dem Gesetzeszweck gerade denjenigen treffen, der sich bewusst außerhalb der Rechtsordnung bewegt. Dem S. die aus seinem möglicherweise strafbaren Handeln verbleibenden Gelder zu nehmen, ist damit allenfalls einer eventuellen strafrechtlichen Sanktion vorbehalten.

cc) Vorbereitung durch die Begutachtungsstelle für Fahreignung

271 Unabhängig von frühzeitiger Beratung, Untersuchung und Rehabilitation durch amtlich anerkannte Begutachtungsstellen für Fahreignung bereiten diese die zu Untersuchenden mithilfe von Merkblättern auf die Untersuchung vor. Derartige Merkblätter dienen dazu, notwendige Vorbereitungen rechtzeitig zu treffen, den Untersuchungsablauf transparent zu machen, Ängste und Vorurteile abzubauen sowie zur Mitarbeit zu motivieren.

272 Die am Beginn der Untersuchung erfolgende Einführung in den Untersuchungsablauf gibt Gelegenheit, den Inhalt des Merkblattes noch einmal zu wiederholen und zu erläutern, Fragen zu beantworten und Möglichkeiten der Hilfestellung, z.B. bei Sprachschwierigkeiten, bekannt zu geben.

273 Eine spezielle Vorbereitung des zu Untersuchenden erfolgt am Beginn der Exploration, dem Untersuchungsgespräch, durch den begutachtenden Psychologen oder Arzt. Sie dient dazu, die methodisch erforderliche Voraussetzung für ein diagnostisch ergiebiges Verfahren zu schaffen.

274 Dem alkoholauffällig Gewordenen z.B. wird der Gutachter deutlich machen, dass er selbst an dem Bemühen, die Bedenken der Verwaltungsbehörde auszuräumen, mitwirken muss, indem er realistische Auskünfte über sein Verhalten gibt. Dem Betroffenen werden in der Anfangsphase des Gespräches die möglichen Ergebnisse erläutert:

Die Bedenken können widerlegt werden, da sich das Verhalten stabil geändert hat.

Die Bedenken können zwar zum Zeitpunkt der Untersuchung noch nicht widerlegt werden, dem Betroffenen kann aber gezeigt werden, was er tun muss, um nach einem bestimmten Zeitraum die Bedenken widerlegen zu können.

Die Bedenken können nicht widerlegt werden, es lässt sich auch nicht sagen, wie sie widerlegt werden könnten.

275 Dieser für den Betroffenen negative Fall tritt in der Regel nur ein, wenn er unrealistische Angaben zu seinem Verhalten macht, die es dem Gutachter unmöglich machen, eine angemessene Diagnose zu stellen.[286]

b) Stationen der Untersuchung

276 Während in den Anfängen der Fahreignungsbegutachtung durch amtlich anerkannte medizinisch-psychologische Untersuchungsstellen ein standardisiertes Programm

---

[286] *Kunkel, E.* 1991.

allen Untersuchungen zugrunde lag, ist seit Einführung des Grundsatzes der „anlassbezogenen Untersuchung" durch die Eignungsrichtlinien im Jahre 1989, der auch dem gegenwärtig geltenden Recht zugrunde liegt,[287] ein jeweils individuelles Schema der Untersuchung zu erstellen, das zusätzlich nach dem Ergebnis vorangegangener Untersuchungsstationen variiert und modifiziert wird. Daher kann der zu Untersuchende nicht einen zu beschreibenden, festgefügten Untersuchungsablauf erwarten, wie dies irrtümlicherweise z.b. nach der Darstellung von *Graumann*[288] erwartet werden könnte. Stationen, denen er begegnen wird, sind allerdings durch eine Reihe von Merkmalen charakterisiert.

aa) Schriftliche Befragung

Im Rahmen von schriftlichen Befragungen wird der Untersuchte aufgefordert, Fragebogen zu beantworten, z.b. Fragebogen zur Gesundheit, zur Fahrpraxis, zur Biografie. Ebenso dienen Fragebogen, die schriftlich beantwortet werden sollen, zur Ermittlung von Verkehrseinstellungen und -haltungen, zur Diagnose persönlicher Eigenarten, zur Registrierung von Kenntnissen hinsichtlich der Wirkung von Alkohol beim Führen von Kraftfahrzeugen oder über Gewohnheiten des Alkoholkonsums. 277

bb) Gruppenuntersuchung

Eine Reihe von Untersuchungsverfahren – wozu auch das Ausfüllen von Fragebogen gehören kann – erfolgt in Gruppen. Dabei werden jeweils 8 bis 12 Personen in einem Gruppenraum zusammengefasst, um gemeinsam Untersuchungsteile zu absolvieren. 278

Dabei kann es sich auch um Testverfahren handeln, z.b. um einen verkehrspsychologischen Test, der dazu dient, die Fähigkeit zu ermitteln, kurzfristig optisch dargebotene Verkehrssituationen visuell zu erfassen und zu deuten.[289] 279

cc) Einzeluntersuchung

Sie bildet den Hauptteil der gesamten Untersuchungen. Dabei handelt es sich um die klinische Untersuchung bei einem Arzt, die explorative und testpsychologische Diagnostik durch einen Psychologen und um die – ggf. auch computergesteuerte – Laboruntersuchung[290] durch medizinisch-technische oder psychologisch-technische Assistenten. 280

---

287 Siehe unter § 7 Rn 163 und 259.
288 *Graumann, Th.* (2005).
289 *Hampel, B.* (1976). Siehe zu Testverfahren auch unter § 7 Rn 295 ff.
290 *Kisser, R.* und *Wenninger, U.* (1983); *Weinand, M.* (1994).

dd) Fahrprobe

281 Eine Fahrprobe mit einem amtlich anerkannten Sachverständigen für den Kraftfahrzeugverkehr erfolgt in der Regel, um bestimmte in der medizinisch-psychologischen Untersuchung aufgetretene Fragestellungen zu klären.[291]

282 Sie wird in einem Fahrschulwagen in Anwesenheit eines Fahrlehrers durchgeführt, der Betroffene hat in der Regel selbst die Möglichkeit, den Fahrlehrer auszuwählen und zu benennen. Art, Ort und Umfang der Fahrprobe richten sich nach der Fragestellung und werden vom Sachverständigen bestimmt, der auch die Auswertung vornimmt.

ee) Standardisierte Fahrverhaltensbeobachtung

283 Zur Prüfung der Frage, ob ein Fahrerlaubnisinhaber, der in Leistungsprüfverfahren unzureichende Leistungen erzielt, diese durch seine fahrpraktischen Erfahrungen kompensieren kann, ist nach den Begutachtungs-Leitlinien zur Kraftfahreignung Kapitel 2.5 (letzter Abs.) eine „Fahrverhaltensprobe" angebracht. Gemeint ist damit eine psychologische Fahrverhaltensbeobachtung. Das stellen *Schubert* und *Wagner*[292] klar, die Grundlagen, Methodik und Anwendungsmöglichkeiten der psychologischen Fahrverhaltensbeobachtung näher beschrieben haben. Diese muss unter kontrollierbaren Bedingungen der Fahraufgabe erfolgen, wie sie auch *Brenner-Hartmann*[293] dargestellt hat, um eine standardisierte Beobachtung des Fahrverhaltens zu ermöglichen.

„Ziel einer standardisierten Beobachtung muss es sein, die kontrollierbaren Bedingungen der Fahraufgabe so einheitlich zu gestalten, dass für die Klienten Chancengleichheit gewährleistet ist. Die Anforderungen an die Standardisierung betreffen hierbei den Schwierigkeitsgrad der Teststrecke, die Art der Vorbereitung und die Durchführung (Instruktion), die beobachteten Verhaltensvariablen und die Form der Registrierung, die Definition des unauffälligen Ausprägungsgrades dieser Variablen, die Kriterien für die Bewertung der beobachteten Auffälligkeiten."

Schubert und *Wagner*[294] fordern diesbezüglich:
- Die Beobachtungsstrecke sollte eine hinreichende Fahrtdauer (45 Minuten) nicht unterschreiten.
- Bei der Durchführung der Fahrverhaltensprobe sind die einzelnen Beobachtungspunkte und die beobachteten Fahrleistungen zu protokollieren.
- Für die zu beobachtenden Verhaltensdimensionen sind mindestens zehn Beobachtungspunkte vorzusehen.

---

291 Siehe unter § 7 Rn 198 ff.
292 *Schubert, W.* und *Wagner Th.* (2003) S 124.
293 *Brenner-Hartmann, J.* (2002).
294 *Schubert, W.* und *Wagner Th.* (2003) S 125.

Als relevante zu beobachtende Verhaltensdimensionen werden von ihnen vorgeschlagen:
- Orientierungsleistung
- Konzentrationsleistung/Aufmerksamkeitsleistung
- Risikobezogene Selbstkontrolle
- Handlungszuverlässigkeit.

Die Akkreditierungsstelle Fahrerlaubniswesen schreibt in ihren „Anforderungen an Träger von Begutachtungsstellen für Fahreignung"[295] unter Nr. 6.5 vor, dass die Durchführung einer psychologischen Fahrverhaltensbeobachtung **in einem Fahrschulwagen im Beisein eines Fahrlehrers** und eines psychologischen Gutachters erfolgen muss. Das Erfordernis der Begleitung durch einen Fahrlehrer entspricht dem Wortlaut des § 2 Abs. 15 S. 1 StVG. Gegen diese Vorschrift bestehen aber **Bedenken** insbesondere unter Berücksichtigung des Verfassungsgrundsatzes der Verhältnismäßigkeit, soweit die Begleitung durch einen Fahrlehrer bei Begutachtungen auch von **Fahrerlaubnisinhabern** vorgeschrieben ist. Deshalb ist die Begleitung durch Fahrlehrer bei der psychologischen Fahrverhaltensbeobachtung eines Fahrerlaubnisinhabers nicht erforderlich.[296]

ff) Verkehrsmedizinische Untersuchung

Auch der verkehrsmedizinische Teil der Fahreignungsbegutachtung erfolgt anlassbezogen, d.h. ein Ablaufschema liegt ebenso wenig fest wie der jeweilige Umfang der Untersuchung. 284

Neben den klinischen Verfahren, zu denen auch eine ausführliche Exploration und Anamnese zählt, werden besonders häufig spezielle verkehrsophthalmologische Verfahren zum Einsatz gelangen sowie Laboruntersuchungen, wie sie besonders bei Alkohol- oder Drogenauffälligkeit erforderlich sind.[297] 285

Bei Verdacht auf **Alkoholmissbrauch** z.B. interessieren besonders Laborverfahren, die durch Bestimmung sog. Alkoholismusmarker Hinweise auf eine alkoholtoxische Leberschädigung liefern, z.B. Verfahren zur Untersuchung der Transferasen, insbesondere der Gamma-Glutamyl-Transpeptidase (Gamma-GT), von Methanol, zur Messung des Mittleren corpuskulären Erythrozytenvolumens (MCV) und neuerdings des Carbohydrat Deficientes Transferrin (CDT). Allerdings ist die „Diagnose eines Alkoholismus bzw. einer Alkoholabhängigkeit, die sich ausschließlich auf derartige Marker stützt, nicht möglich. In aller Regel sind pathologisch veränderte Marker zunächst 286

---

295 Nach dem Stand vom 11.04.2005 im Internet zu finden unter „www.bast.de" (Qualitätsbewertung – Akkreditierung).
296 *Bode, H. J.* (2003b).
297 *Reinhardt, G.* (1993); *Weinand, M.* (1994).

nur Ausdruck einer kürzer- oder längerzeitigen Stoffwechselbelastung mit Alkohol".[298] Die sog. Alkoholismusmarker bilden lediglich einen Baustein in der Gesamtbeurteilung. Sie müssen auf ihre Beeinflussung durch andere Ursachen als Alkoholtrinkgewohnheiten sorgfältig überprüft werden, wie dies *Seidl* und *Wolf*[299] für den CDT-Wert beschrieben haben: „CDT ist nicht als Alternative, sondern als Ergänzung einer ausführlichen Exploration, psychologischen Befunderhebung und medizinischen Untersuchung zu sehen und einzusetzen. Nur in dieser Kombination ist es geeignet, die Gefahr einer Fehlbegutachtung zu reduzieren." Die gleiche Vorsicht ist auch bei der Interpretation anderer Laborparameter in der Diagnostik des Alkoholmissbrauchs geboten.[300]

Bei Verdacht auf Drogenmissbrauch erfolgt in der Regel ein Drogenscreening, neuerdings werden Haaranalysen durchgeführt.[301]

Für die Klärung der Frage, ob regelmäßiger oder gelegentlicher Cannabiskonsum vorliegt, hat sich offensichtlich die Blutprobe als derzeit brauchbarstes Hilfsmittel erwiesen. *Daldrup et al.*[302] gehen aufgrund eingehender Untersuchungen von 1.559 Fällen davon aus, „dass die Blutprobe ein geeignetes Mittel darstellt, um Feststellungen treffen zu können, ob regelmäßiger oder gelegentlicher Cannabiskonsum vorliegt". Allerdings müsse das Blut innerhalb von 8 Tagen nach Aufforderung, sich einer Blutanalyse zu unterziehen, entnommen werden. Ein zurückliegender Cannabis-/THC-Konsum nach einer Episode des regelmäßigen Konsums sei durch eine Blutuntersuchung nur „schätzungsweise maximal innerhalb von 3 bis 4 Wochen" nachweisbar. Ein Vorteil der Blutuntersuchung bestehe auch darin, dass eine „bewusste Manipulation des Untersuchungsmaterials durch den Betroffenen nahezu ausgeschlossen" sei. Eine Haaranalyse habe gegenüber der Blutprobe allerdings Vorteile, „wenn es darum geht, Drogenabstinenz über einen längeren Zeitraum nachzuweisen".

gg) Verkehrspsychologische Untersuchung

287 In der verkehrspsychologischen Untersuchung dominiert in der Regel der explorative Teil, das „psychologische Untersuchungsgespräch",[303] die Erhebung und Analyse der Vorgeschichte, die nicht nur das unmittelbare Geschehen anlässlich des Fehlverhaltens betrifft, das Anlass dazu war, Eignungszweifel auszulösen, sondern die gesamte Entwicklung der „Kraftfahrerkarriere" sowie deren Einbettung in lebensgeschichtliche Daten. Ebenso wird in der Exploration der Frage nachgegangen, wie weit der auffäl-

---
298 *Gilg, Th.* und *Eisenmenger, W.* (1995).
299 *Seidl, S.* und *Wolf, Ch.* (1998).
300 *Müller-Wickop, J.* und *Jansen, J.* (1998).
301 *Sachs, H.* und *Reinhardt, G.* (1988).
302 *Daldrup, Th. et al.* (2000).
303 *Barthelmess, W.* (2000).

lige Kraftfahrer selbst die Ursachen seines Fehlverhaltens erkannt hat, ob und wie er sie zu beeinflussen versuchte, inwieweit ihm dies gelungen oder misslungen ist und welche Strategien er entwickelt hat, Rückfälle zu vermeiden.

Für die Prognose des künftigen Fahrverhaltens ist es notwendig, festzustellen
- wie weit Auffälligkeiten in der Fahrpraxis auf Fehlverhaltensweisen zurückgeführt werden müssen,
- wie stark diese verfestigt sind und
- wodurch sie aufrechterhalten werden, ob z.B. eine inadäquate Erlebnisverarbeitung zu unerwünschten Erfolgserlebnissen führt.[304]

288

Die Exploration erfolgt nach wissenschaftlichen Grundsätzen. Die Träger von Begutachtungsstellen sind nach Nr. 6.5 der „Anforderungen an Träger von Begutachtungsstellen für Fahreignung" der Akkreditierungsstelle Fahrerlaubniswesen der Bundesanstalt für Straßenwesen[305] verpflichtet, ein Handbuch zur Exploration zu erstellen, das den Gutachtern als Leitfaden dient. *Laub* und *Brenner-Hartmann*[306] beschreiben einen typischen Verlauf des psychologischen Untersuchungsgesprächs wie folgt:
- Vorbereitungsphase:
  Der Gutachter führt den Klienten in die Gesprächssituation ein und erläutert ihm u.a. das Ziel, ihn von der behördlichen Vermutung der Ungeeignetheit zu entlasten.
- Darstellungsphase:
  Der Klient berichtet, wie es zu den Auffälligkeiten gekommen ist, über seine Fahrpraxis und die gegenwärtigen Lebensumstände.
- Phase der ergänzenden Fragen und Rückmeldungen:
  Gutachter und Klient klären im Wechselgespräch die berichteten Angaben zu seinem Fehlverhalten und die beabsichtigten oder schon erfolgten Bemühungen, eine Wiederholung zu vermeiden.
- Sachstandmitteilung und Beratung:
  Der Gutachter berichtet über seine gegenwärtige Einschätzung der möglichen Beantwortung der behördlichen Fragestellung, er gibt Ratschläge, ggf. vorhandene Eignungsdefizite zu korrigieren und motiviert den Untersuchten, dies zu tun.

289

Die Exploration ist ein spezifisches verkehrspsychologisches Instrument, um die Ursachen des Fehlverhaltens eines verkehrsauffälligen Kraftfahrers aufzuklären und zu erkennen, ob der Untersuchte geeignete Schritte zu ihrer Kompensation unternommen hat oder nehmen könnte.[307] Wegen der genannten Thematik, die starke Merkmale einer persönlichkeitsspezifischen Struktur aufweist, ist eine persönlichkeitsnahe

290

---

304 *Kunkel, E.* und *Winkler, W.* (1981).
305 Im Internet unter „www.bast.de" (Qualitätsbewertung – Akkreditierung – Fahrerlaubniswesen).
306 *Laub, G.* und *Brenner-Hartmann, J.* (2001) S. 23.
307 *Kunkel, E.* (1975).

§ 7 Begutachtung im Fahrerlaubnis-Verwaltungsverfahren

Beziehung von Gutachter und Proband erforderlich und die Anwesenheit eines Rechtsanwalts[308] unerwünscht.

291 Bei der Begutachtung eines Drogenauffälligen werden folgende Themenbereiche in der Exploration behandelt:[309]
a. Welche Motive haben zum Drogenkonsum geführt? (Etwa Ablösung vom Elternhaus, Neugier, Beispielverhalten anderer, Selbsttherapie psychischer Probleme, Suche nach Grenzerfahrungen etc.).
b. Welchen Stellenwert hat der Drogenkonsum in der Lebensgestaltung eingenommen? (Verdrängung anderer Interessen, Konflikte in der Schule und im Beruf, Änderung der Bezugsgruppe etc.).
c. Welche Versuche, den Konsum zu verändern, gab es in der Vergangenheit? (Reduktion des Konsums, Konsumpausen, „Rückkehr zum Alkohol", Suchtberatungen, gescheiterte Abstinenzversuche, Ausweichmittel etc.).
d. Liegt ein Abstinenzentschluss vor und was hat ihn motiviert? Unterscheidet sich die Motivlage von früheren Versuchen?
e. Welche therapeutischen oder beratenden Maßnahmen wurden zum Erreichen des Abstinenzziels in Anspruch genommen? Sind sie dem Problem angemessen?
f. Welche Umstände stützen die vollzogene Verhaltensänderung? (Nachsorgemaßnahmen, Wechsel in den privaten Beziehungen, Wiederaufnahme von langfristigen Lebensplänen [Ausbildung, Schule etc.], Ersatz für die fehlende Befriedigung durch Drogenkonsum).

292 Den explorativen Teil der Untersuchung mit einer „verhörähnlichen Situation" gleichzusetzen, verkennt einerseits den Charakter der Begutachtung, die dazu dienen soll, verkehrsbehördliche Zweifel an der Eignung auszuräumen, d.h. z.B. sowohl rückfallbegünstigende wie rückfallhemmende Tatbestände zu erfassen, weshalb zu Recht von einem „Erkundungsgespräch"[310] gesprochen werden kann. Zum anderen verunsichert eine derartige Charakterisierung der Exploration den zu Untersuchenden und beeinträchtigt den rehabilitativen Charakter der Untersuchung, in der es auch darum geht, die Frage zu klären, wie eventuell vorhandene Eignungsmängel korrigiert werden können.[311]

Untersuchungen der Akzeptanz der Begutachtung durch die Probanden haben gezeigt, dass die Mehrzahl der begutachteten Kraftfahrer „die Begutachtung auch im eigenen Fall für fair, neutral und anlassentsprechend" beurteilt,[312] d.h. offensichtlich auch die

---

308 Siehe dazu unter § 10 Rn 32 ff.
309 *Brenner-Hartmann, J. et al.* (2005).
310 *Gehrmann, L.* (1997).
311 *Winkler, W.* (1997).
312 *Jacobshagen, W.* und *Utzelmann, H. D.* (1997).

Begutachtung im Fahrerlaubnis-Verwaltungsverfahren § 7

mitunter schwierigen Diskussionen um die Ursachen wiederholter Fehlverhaltensweisen innerhalb der Exploration akzeptiert und letzten Endes als hilfreich empfindet.

Explorative Verfahren dienen ferner, wie auch Leistungsprüfungen an Testgeräten, der Beobachtung des Verhaltens des Untersuchten. Dabei sind neben Fragen der psychischen Stabilität und Belastbarkeit auch solche des Bemühens um Mitarbeit und Fragen der Glaubwürdigkeit der Aussagen von Bedeutung.

293

Um die Frage nach der Glaubhaftigkeit und Zuverlässigkeit der Angaben des Untersuchten zu klären, benötigt der Untersucher praktikable Grundsätze, wie sie u.a. in den „Prinzipien der merkmalsorientierten Aussageanalyse in der Exploration" von *Eller*[313] entwickelt worden sind.

Das Problem der **Anwesenheit Dritter** – insbesondere eines Rechtsanwalts[314] – bei der Exploration wird ebenso wie die Frage einer **Tonband- oder Videoaufzeichnung** widersprüchlich beurteilt: Nach den Grundsatzbeschlüssen der TÜVIS-Prüfgrundlagen der Vereinigung der Technischen Überwachungs-Vereine vom 01.01.1995 werden die Anwesenheit Dritter und die Forderung nach Mitschnitt der Untersuchung nur in begründeten Ausnahmefällen akzeptiert.

294

In einer Expertentagung der Deutschen Gesellschaft für Verkehrspsychologie (DGVP) am 16.04.2002[315] ist das Thema erneut aufgegriffen worden mit folgendem Ergebnis:
- „Tonbandmitschnitte sind nicht grundsätzlich abzulehnen, sondern als vertrauensbildende Maßnahmen gegenüber dem Klienten akzeptabel.
- Die lückenlose Dokumentation der Aussagen des Klienten kann eine spätere Kontrolle erleichtern.
- Der Vorteil eines Tonbandmitschnittes für den Gutachter kann in seiner Entlastung im Gespräch liegen. Antwortstrategien des Klienten können u.a. dadurch eher erkannt werden.
- Insgesamt ist eine höhere Selbstkontrollmöglichkeit für den Gutachter gegeben.
- Der Klient soll vor Beginn der Exploration über Vor- und Nachteile eines Tonbandmitschnittes aufgeklärt werden.
- Es ist zu sichern, dass die Mitschnitte im Besitz der Begutachtungsstelle für Fahreignung bleiben."

Der Arbeitskreis III des 41. Deutschen Verkehrsgerichtstages 2003 hat in seiner Empfehlung zum Ausdruck gebracht: „Akzeptanz und Transparenz der Fahreignungsbegutachtung können durch das Angebot von Tonbandmitschnitten weiter verbessert werden."

---

313 *Eller, F.* (2002).
314 Siehe dazu unter § 10 Rn 32 ff.
315 *Müller, K.* (2002).

hh) Testverfahren

295 Zur Prüfung der Frage, wie weit – z.B. als Folge von alkoholtoxischen Schäden, Drogenmissbrauch, Krankheitsprozessen, vorzeitiger Alterung usw. – Einbußen der zum Führen von Kraftfahrzeugen erforderlichen intellektuellen und psychophysischen Leistungsfähigkeit bei den zu begutachtenden Kraftfahrern vorliegen, werden verschiedenartige Testverfahren benutzt.[316]

Verfassungsrechtliche Bedenken stehen der Verwendung psychologischer Tests bei der Prüfung der Eignung zum Führen von Kraftfahrzeugen nach Ansicht des Bundesverwaltungsgerichts und des Bundesverfassungsgericht nicht entgegen; jedoch hält das Bundesverfassungsgericht für möglich, dass dem Betroffenen einzelne seinen Intimbereich berührende Fragen nicht gestellt werden dürfen und der Betroffene die Beantwortung solcher Fragen verweigern darf.[317]

296 Die Testverfahren müssen nach dem Stand der Wissenschaft standardisiert und unter Aspekten der Verkehrssicherheit validiert sein – wie das in Anlage 5 der FeV unter Nr. 2 S. 2 für die bei Untersuchung von Bewerbern um die Erteilung oder Verlängerung von Busfahrerlaubnissen und Fahrerlaubnissen zur Fahrgastbeförderung hinsichtlich der dafür erforderlichen besonderen Anforderungen[318] eingesetzten Verfahren ausdrücklich vorgeschrieben ist.

Die Standardisierung von Testverfahren betrifft Standards
- für die Testkonstruktion und -evaluation,
- für die fachlich kompetente Testanwendung,
- für Vorgehensweisen in der Testdiagnostik.[319]

Die Validierung von Testverfahren[320] betrifft die Entwicklung der Zuverlässigkeit ihrer Aussagen im Hinblick auf die zu untersuchenden Funktionen, Personen und Fragestellungen. Die Validität oder Gültigkeit ist das wichtigste Kriterium, denn sie gibt an, wie gut ein Test das erfasst, was er erfassen will.[321]

Neben Standardisierung und Validität gelten Reliabilität und Zuverlässigkeit eines Tests, die „den Grad der Genauigkeit, mit der ein Test ein bestimmtes Leistungsmerkmal erfasst"[322] und die Normierung[323], die „das Bezugssystem zur Bewertung der

---

316 *Karner, Th.* (2000); *Schubert, W., Schneider, W. et al.* (2005) S. 47 ff.
317 Siehe unter § 6 Rn 140 f.
318 Siehe unter § 5 Rn 24, 26.
319 *Häcker, H.; Leutner, D.* und *Amelang, M.* [Hrsg.] (1998); *Brenner-Hartmann, J.* und *Bukasa, B.* (2001).
320 *Schubert, W.* und *Berg, M.* (2001).
321 *Laub, G.* und *Brenner-Hartmann, J.* (2001).
322 *Brenner-Hartmann, J.* und *Bukasa, B.* (2001).
323 *Schubert, W.* und *Berg, M.* (2001).

individuellen Testergebnisse ermöglicht, als die definierten Gütekriterien für psychologische Leistungstests".

Von Bedeutung sind insbesondere folgende Testverfahren:

(1) Persönlichkeitsfragebogen

Als verkehrspsychologische Testverfahren zur Ermittlung habitueller Persönlichkeitsdispositionen – wie sie z.B. bei alkoholgefährdeten oder alkoholgeschädigten Kraftfahrern zu beobachten sind – werden Persönlichkeitsfragebogen, wie sie auch in der Diagnostik und Therapie des Alkoholismus Verwendung finden, benutzt. „Diese Tests sind objektive, zuverlässige und gültige Instrumente zur Messung fest angelegter Dispositionen des Probanden".[324] Bei Bewährungskontrollen einer Obergutachterstelle haben alle „einen positiven Zusammenhang zwischen den in den Untersuchungen ermittelten Persönlichkeitsdaten mit der Prognose und der späteren Verkehrsbewährung ergeben".[325] Sie tragen dazu bei, jene Persönlichkeitseigenarten objektiv zu erfassen, die charakteristische Beziehungen zur Unfallbeteiligung aufweisen.[326]

297

Fragebogen zur Erfassung von verkehrsspezifischen Einstellungen und Haltungen, die verkehrsauffällige Kraftfahrer charakterisieren[327] oder Fragebogen zur Erfassung verschiedener Risikobereitschaftsfaktoren ergänzen das Repertoire verkehrspsychologischer Untersuchungsverfahren.

298

Ein neu entwickelter „Test zur Erfassung verkehrsrelevanter Persönlichkeitsmerkmale (TVP)",[328] mit dem eine korrekte Zuordnungsquote von 70 % für auffällige und unauffällige Kraftfahrer erzielt wurde, stützt sich auf folgende Persönlichkeitsdimensionen: Extraversion, emotionale Stabilität, Gewissenhaftigkeit, Offenheit für Erfahrungen und Verträglichkeit sowie auf die Dimensionen Bagatellisierung, Reaktanz, Trinkverhalten und Beschwerdeverhalten.

Eine für die Untersuchung von Punktetätern und alkoholauffälligen Kraftfahrern neu entwickelte „Fragebogen-Rückfallskala" hat bei der Ermittlung der Wiederauffälligkeitswahrscheinlichkeit von begutachteten 678 Alkoholauffälligen und 1.178 untersuchten Punktetätern eine bemerkenswerte Validität im Sinne einer hohen Korrelation der Fragebogenergebnisse zum Rückfallkriterium ergeben.[329]

299

---

324 *Gehrmann, L.* und *Undeutsch, U.* (1995) Rn 69.
325 *Gehrmann, L.* (1997).
326 *Alparslan, B. et al.* (1999).
327 U.a. *Nickel, W.-R.* und *Jacobshagen, W.* (1983).
328 *Spicher, B.* und *Hänsgen K.-D.* (2003).
329 *Jacobshagen, W.* und *Utzelmann, H. D.* (1997).

§ 7 Begutachtung im Fahrerlaubnis-Verwaltungsverfahren

In Österreich sind verkehrsspezifische standardisierte Verfahren zur Erfassung von Persönlichkeitsfaktoren und Einstellungen entwickelt worden,[330] die in „einfacher und klarer Sprache mit Bezug zum Erfahrungshintergrund der Betroffenen, die Berücksichtigung der Beschönigungsneigung durch geeignete Antwortformate sowie die Entwicklung geeigneter „Kontrollskalen" enthalten und im Sinne eines multimodalen Diagnostikansatzes neben der Exploration und den Leistungstesten dazu beitragen, eine fundierte Verhaltensprognose abzugeben.

Persönlichkeitsfragebogen tragen im Rahmen von Fahreignungsbegutachtungen auch dazu bei, die Frage zu beantworten, ob der Untersuchte gewillt und in der Lage ist, sich selbst angemessen zu sehen und bereit ist, sich selbst darzustellen.[331] Derartige Persönlichkeitseigenarten sind besonders bei alkoholauffällig gewordenen Kraftfahrern diagnostisch relevant, um nach Kenntnis ihrer Selbstsicht- bzw. Selbstdarstellungsmuster ihre verbalen Angaben richtig zu interpretieren.

(2) Leistungsproben

300 Zur Untersuchung der kraftfahrspezifischen psychologischen und intellektuellen Leistungsfähigkeit[332] sind Testverfahren erforderlich, die zuverlässige und objektive Daten liefern. Diese dienen zur Beurteilung der Fragen,
- ob die für die Fahreignung notwendigen Eignungsvoraussetzungen bei Antrag auf Erteilung der Fahrerlaubnis vor Vollendung des 18. Lebensjahres (§ 10 FeV) bereits vorhanden sind,
- ob Verkehrsauffälligkeiten bzw. Straftaten eines Fahrerlaubnisinhabers und Fahrerlaubnisbewerbers im Zusammenhang mit Leistungsdefiziten stehen und
- ob die für den Erwerb einer Fahrerlaubnis zur Fahrgastbeförderung in Anlage 5 der FeV festgelegten „besonderen Anforderungen" an die psychophysische Leistungsfähigkeit erfüllt sind.

Dafür besonders geeignet sind computergestützte Verfahren, z.B. das langjährig erprobte Wiener Testsystem.[333] Es umfasst folgende Testverfahren:
- RST 3 – Test zur Erfassung der reaktiven Belastbarkeit,
- SET 3 – Test für die Geordnetheit des Reaktionsverhaltens,
- DR 2 – Test zur Erfassung des Entscheidungs- und Reaktionsverhaltens,
- PVT – Test zur Erfassung peripherer Wahrnehmungsleistungen bei gleichzeitiger Trackingaufgabe,
- Q1 – Test zur Erfassung der Aufmerksamkeit unter Monotonie,
- GEMAT – Optischer Merkfähigkeitstest,

---

330 *Hutter, M.* (2005).
331 *Kannheiser, W.* (1999).
332 Siehe unter § 3 Rn 66 ff.
333 *Kisser, R.* und *Wenninger, U.* (1983).

Begutachtung im Fahrerlaubnis-Verwaltungsverfahren § 7

- FAT – Aufmerksamkeits-Flexibilitäts-Test,
- LL 5 – Test zur Erfassung der visuellen Strukturierungsfähigkeit,
- TTI 5 – Tachistoskoptest zur Überblicksgewinnung,
- M 30/M 50 – nonverbale Intelligenztests.

Das Wiener Testsystem ist speziell für Fahreignungsuntersuchungen konzipiert und an einer sehr großen Zahl von freiwilligen Kraftfahrern sowie zur Fahreignungsbegutachtung wegen Auffälligkeiten gelangenden Personen validiert. Für die externe Validität wurden die Zusammenhänge zwischen den Testergebnissen und dem Realverhalten im Straßenverkehr, wie sie im Rahmen von systematischen Fahrverhaltensbeobachtungen ermittelt werden konnten, benutzt.[334] Für die Testnormen der einzelnen Altersgruppen liegen Werte von über 10.000 Personen vor. 301

Bei der Prüfung von möglichen Leistungseinbußen alkoholauffälliger Kraftfahrer konnte in einer neueren Studie[335] festgestellt werden, dass in allen benutzten Leistungsproben alkoholauffällige Kraftfahrer signifikant schlechtere Ergebnisse erzielten als die Normpopulation. Die benutzten Testverfahren sind daher als „sensibel hinsichtlich alkoholbedingter Abbauprozesse" beurteilt worden.

(3) Verfahren zur Testung besonderer Anforderungen

Für die nach Anlage 5 Nr. 2 der FeV notwendige Untersuchung von Bewerbern um die Erteilung oder Verlängerung von Busfahrerlaubnissen und Fahrerlaubnissen zur Fahrgastbeförderung sind in den Bundesländern von den zuständigen Aufsichtsbehörden bestimmte Testsysteme zugelassen worden.[336] 302

In Niedersachsen müssen bei der Untersuchung von Bewerbern um die Erteilung oder Verlängerung von Busfahrerlaubnissen und Fahrerlaubnissen zur Fahrgastbeförderung mindestens drei Verfahren eingesetzt werden und dürfen ab 01.01.2000 nur die im Anhang unter Nr. 2 mitgeteilten, in der „Liste der Testverfahren zur Prüfung der ‚besonderen Anforderungen' nach Nr. 2 der Anlage 5 FeV" aufgeführten Verfahren eingesetzt werden.[337] Diese Verfahren erfüllen nach dem Kenntnisstand des Niedersächsischen Ministeriums für Wirtschaft, Technologie und Verkehr vom 01.11.1999 die an solche Verfahren zu stellenden Voraussetzungen. Falls aufgrund in den maßgebenden Fachkreisen allgemein und zweifelsfrei als richtig anerkannter naturwissenschaftlicher Erkenntnisse auch andere Verfahren diese Voraussetzungen erfüllen, sind auch diese anzuwenden.[338] Allerdings schreibt das Niedersächsische Ministerium für

---

334 *Bukasa, B.* und *Risser, R.* [Hrsg.] (1985); *Bukasa, B.; Wenninger, U.* und *Brandstätter, Ch.* (1990); *Bukasa, B.* (1998).
335 *Karner, Th.* (2000).
336 *Schubert, W., Schneider, W. et al.* (2005) S. 55.
337 Arbeitsanweisung (siehe unter § 1 Rn 53) zu § 11 FeV Nr. 8.1 und 8.5 nebst Anlage 4.
338 Siehe unter § 3 Rn 28.

Wirtschaft, Technologie und Verkehr für den Fall, dass andere Verfahren angewendet werden sollen, den Nachweis ihrer Geeignetheit durch ein entsprechendes Gutachten von *Prof. Dr. Egon Stephan*, Köln, vor.

Hinsichtlich der Aufmerksamkeit ist z.b. das thematische Testsystem „Corporal"[339] entwickelt worden. Es erlaubt, das Zusammenwirken von Subfunktionen der Aufmerksamkeit zu untersuchen, um möglichst eignungsrelevante Testergebnisse zu gewinnen.[340]

c) Medizinisch-psychologische Fahreignungsdiagnostik

303 Alle vorstehend beschriebenen Untersuchungen dienen der Feststellung der Fahreignung, für die in der Regel folgendes Vorgehen sinnvoll ist:

aa) Aktenanalyse

304 Die Begutachtung in einer amtlich anerkannten Begutachtungsstelle für Fahreignung setzt die Kenntnis der ihr übersandten vollständigen Unterlagen der Fahrerlaubnisbehörde[341] voraus, und zwar aus folgende Gründen:

Die Gutachter müssen die Tatbestände – z.b. eine zweimalige Trunkenheit am Steuer – kennen, die bei der Verkehrsbehörde Eignungsbedenken ausgelöst haben.

Die Gutachter müssen – z.b. bei einer Unfallbeteiligung – die näheren Umstände und Folgen eines Fehlverhaltens – z.b. ein Schädelhirntrauma – aus verkehrsmedizinischer und verkehrspsychologischer Sicht analysieren.

Die Gutachter müssen der Aktenlage auch „entlastende" Daten entnehmen können, z.b. Angaben über eine langjährige unfall- und straffreie Fahrpraxis.

305 Die Aktenanalyse führt somit zu einer Präzisierung und Differenzierung des Untersuchungsanlasses und damit auch des Untersuchungsauftrags.

306 Zugleich wird mit der Aktenanalyse die voraussichtliche individuelle Konstellation des „Falls" deutlich, eine Voraussetzung für Überlegungen zum Untersuchungsansatz, für die zu klärenden Fragen zum Vorgehen und zum Einsatz der erforderlichen Untersuchungsverfahren. Die Aktenanalyse gestattet eine „erste Hypothese zur Fahreignung",[342] die sowohl be- als auch entlastende Aspekte enthält. So spricht eine Häufung von Verkehrsdelikten in relativ kurzer Zeit bei langjähriger delikt- und unfallfreier

---

339 *Schubert, W., Schneider, W.* et al. (2005) S. 58 f.
340 *Berg. M.* und *Schubert, W.* (1999).
341 Siehe unter § 7 Rn 226.
342 *Kunkel, E.* und *Winkler, W.* (1981).

Begutachtung im Fahrerlaubnis-Verwaltungsverfahren §7

Verkehrsteilnahme für mögliche akute Veränderungen der körperlichen oder geistigen Eignungsvoraussetzungen, die mehrfache Wiederholung gleichartiger Fehlverhaltensweisen über mehr als ein Jahrzehnt Fahrpraxis weist eher auf zeitkonstante spezielle Defizite der Fahreignung hin, während kontinuierliche Verstöße gegen soziale Regelungen des Verhaltens in verschiedenen Lebensbereichen über viele Jahre des Fahrerlaubnisbesitzes eine polytrope Form der Dissozialität erwarten lässt.

bb) Auswahl der diagnostischen Vorgehensweise

Die erste „Hypothese" leitet den Untersuchungsablauf ein, d.h. die anlassbezogene Auswahl der diagnostischen Vorgehensweise, bestimmt diese aber nur bis zur Feststellung von Befunden, die in eine der ursprünglichen Hypothese entgegengesetzte Richtung weisen. So kann bereits am Beginn der Exploration eines jungen Fahrerlaubnisinhabers, der wegen vielfältiger Verkehrsdelikte im Verkehrszentralregister 19 Punkte erreicht hat, woraus sich die Hypothese „jugendliches Erprobungsverhalten mit erschwerter Lernfähigkeit" ableitete, eine mögliche Drogenabhängigkeit deutlich werden, die bislang nicht aktenkundig geworden ist. Sie bestimmt das weitere diagnostische Vorgehen.

307

cc) Auswahl der diagnostischen Instrumente

Für die einzelnen Anlasskategorien stehen unterschiedliche diagnostische Instrumente zur Verfügung. Sie gelangen aufgrund gruppenspezifischer Merkmalskombinationen zum Einsatz.

308

So werden Fahrerlaubnisbewerber, die mehrfach an Verkehrsunfällen beteiligt waren, in einer eingehenden biografischen Analyse befragt, ob lebensgeschichtliche Ereignisse wie Arbeitslosigkeit, Scheitern einer Ehe, Erkrankung von Familienangehörigen, Schulden usw. zu einer Labilisierung ihres Verkehrsverhaltens Anlass gegeben haben. Sie werden aber ebenso hinsichtlich ihrer psychophysischen Leistungsfähigkeit untersucht, um zu prüfen, ob diesbezügliche Einbußen zu Überforderungen geführt haben. Ist dies der Fall, müssten die verkehrsmedizinischen Instrumente im Hinblick auf eine mögliche Erkenntnis körperlicher Erkrankungen ausgewählt werden.

dd) Prozessorientierte Steuerung des diagnostischen Vorgehens

Das diagnostische Vorgehen der Gutachter gleicht einem Prozess, der von jeweils ermittelten Tatbeständen zu ersten Urteilen, von diesen zu neuen Verfahren der Aufklärung, von weiteren Erkenntnissen zu nachfolgenden Schlüssen und schließlich zu einer abschließenden Urteilsbildung führt.

309

§ 7 Begutachtung im Fahrerlaubnis-Verwaltungsverfahren

Brenner-Hartmann[343] beschreibt diesen Prozess als eine „hierarchische Gliederung in eine Hypothesen-, Kriterien- und Indikatorenstruktur". Diesen strukturellen Prinzipien folgen auch den Beurteilungskriterien,[344] die von der Deutschen Gesellschaft für Verkehrspsychologie und der Deutschen Gesellschaft für Verkehrsmedizin 2005 veröffentlicht wurden und der einheitlichen Urteilsbildung in der medizinisch-psychologischen Fahreignungsdiagnostik dienen soll.

310 Die diagnostische Vorgehensweise folgt über vielfache Rückkopplungsprozesse einer Systematik, die zum Ziel hat, die gestellte Frage zu beantworten.

ee) Erhebung weiterer Vorgeschichtsdaten und Befunde

311 Im Verlaufe des diagnostischen Prozesses ergeben ermittelte Befunde, z.b. eine Lebervergrößerung, Hinweise auf mögliche frühere Erkrankungen. Dies führt zur Erhebung weiterer Vorgeschichtsdaten und Befunde, z.b. durch Anforderung der Krankenpapiere. Die Aufklärung einer derartigen Erkrankung ist z.b. unabdingbar, um auffällige Laborbefunde bei einem alkoholauffällig gewordenen Kraftfahrer richtig zu interpretieren. Ebenso kann es notwendig sein, z.b. bei einem Kraftfahrer, der angibt, seit dem Entzug der Fahrerlaubnis wegen Trunkenheit am Steuer auf Anraten seines Hausarztes alkoholabstinent zu leben, hausärztliche Befunde einzuholen, die zum Verlauf der Abstinenzbemühungen Informationen liefern können. Weiterhin sind ergänzende Befunde, die sich aus Berichten von Selbsthilfegruppen oder Arbeitgebern ableiten lassen, von diagnostischer Bedeutung, insbesondere im Sinne einer „Entlastungsdiagnostik",[345] die zur primären Aufgabenstellung der Begutachtung in amtlich anerkannten medizinisch-psychologischen Untersuchungsstellen zählt.

ff) Hinzuziehung ergänzender Untersuchungen

312 Ebenso wie der diagnostische Prozess zur Erhebung weiterer Vorgeschichtsdaten und früher erhobener Befunde Anlass gibt, wird es vielfach nötig sein, zusätzliche Untersuchungen einzuleiten, z.B. Untersuchungen hirnelektrischer Art, um Ausmaß und zu erwartende Entwicklung eines auffälligen, die Eignung einschränkenden Befundes zu klären. Ergänzende Untersuchungen sind auch erforderlich, um den Einfluss von Übung und Erfahrung beim Führen von Kraftfahrzeugen auf eine herabgesetzte oder eingeschränkte Leistungsfähigkeit zu ermitteln – insbesondere ergänzende Fahrverhaltensbeobachtungen.[346] Sie können zeigen, wie ein behinderter Kraftfahrer gelernt hat, kompensatorische Qualitäten zu entwickeln, um z.B. trotz deutlicher Verlangsa-

---

343 *Brenner-Hartmann, J.* (2005).
344 *Schubert, W.* und *Mattern, R.* (2005).
345 *Winkler, W.* (1986).
346 Siehe unter § 7 Rn 383.

mung des Reaktionsvermögens durch Eigenarten seines Fahrverhaltens risikomindernde Aspekte in die Beurteilung der Gefährlichkeit seines Eignungsmangels einzubringen.

gg) Interpretation der Befunde

Die erhobenen Befunde sind zunächst Informationen über Tatbestände, z.b. über eine Blutdruckerhöhung, eine erhebliche Herabsetzung der intellektuellen Leistungsfähigkeit, eine deutliche Stabilisierung der Persönlichkeitsstruktur nach massiver Lebenskrise usw. Diese Befunde können bereits Hypothesen zur Beantwortung der behördlichen Fragestellung verifizieren oder falsifizieren, z.b. wenn sie im Hinblick auf die „Normen" der Gefährlichkeit eindeutige Aussagen zulassen, etwa bei Vorliegen eines akuten Anfallsleidens. 313

In der Regel bedarf es indessen zunächst einer Zusammenschau der ermittelten Befunde, ihrer Einordnung und Strukturierung in ein System von Hypothesen, die als Kriterien der Beurteilung das Eignungsbild ergeben. Dabei sind rückfallbegünstigende Risikofaktoren wie rückfallhemmende Entlastungsfaktoren gegeneinander abzuwägen[347] oder kompensatorische und korrelative Beziehungen der Befunde zu würdigen.[348] 314

Statistische Daten – etwa die Rückfallwahrscheinlichkeit aufgrund der aus der Vorgeschichte ermittelten Verkehrsauffälligkeiten – und biografische Daten – insbesondere die lebensgeschichtlichen Entwicklungen seit der letzten Verurteilung – sind zu integrieren, „das Individuelle, die Biografie, ist zu lesen und zu interpretieren vor der Folie der statistischen Maßzahlen",[349] um zu einer angemessenen Interpretation der Befunde und einer zuverlässigen Verhaltensprognose zu gelangen.

hh) Beantwortung der verkehrsbehördlich gestellten Frage

Der diagnostische Prozess endet mit der abschließenden Beantwortung der verkehrsbehördlich gestellten Frage. Die Antwort stellt das Ergebnis eines Entscheidungsprozesses dar, dem vielfältige Hypothesen, ihre Überprüfung, Verwerfung oder Bestätigung zugrunde liegen. 315

Die Beantwortung der behördlichen Frage geschieht „aus medizinisch-psychologischer Sicht", was im Gutachten ausdrücklich betont werden sollte, um die medizinisch-psychologische und die behördliche Beurteilung der Eignungsproblematik deutlich als solche zu charakterisieren. Sie sollte auch den Grad der Wahrscheinlichkeit, 316

---

347 *Winkler, W.* (1986).
348 *Winkler, W.* (2005a).
349 *Barthelmess, W.* (2000).

mit der die Aussage zur Eignungsfrage gemacht wird, angehen, z. B. „mit überwiegender Wahrscheinlichkeit ist aus medizinisch-psychologischer Sicht eine erneute Teilnahme am motorisierten Straßenverkehr unter Alkoholeinfluss zu erwarten".[350]

317 In die abschließende Beantwortung der verkehrsbehördlichen Fragestellung einzubeziehen ist die – meist nicht erfragte – Problematik einer möglichen Verbesserung von Eignungsmängeln durch eignungsfördernde Maßnahmen. Im Verlaufe des Prozesses der Fahreignungsdiagnostik sind zwangsläufig diesbezügliche Hypothesen gebildet, bestätigt oder verworfen worden, die dabei gewonnenen Erkenntnisse sind nicht nur für den Untersuchten nützlich, sondern auch für den Entscheidungsprozess der Behörde bei der Beurteilung der Fahreignung.

VI. Gestaltung des Gutachtens

318 Art und Weise der Ausführungen in Gutachten hängen von den jeweils an sie zu stellenden besonderen Anforderungen ab.

1. Grundsätze

319 Für die Erstellung von ärztlichen und medizinisch-psychologischen Gutachten gelten die in der Anlage 15 der FeV genannten Grundsätze (§ 11 Abs. 5 FeV).

Nach Nr. 2 der Anlage 15 der FeV ist das Gutachten unter Beachtung folgender Grundsätze zu erstellen:
a. Das Gutachten muss in allgemein verständlicher Sprache abgefasst sowie nachvollziehbar und nachprüfbar sein.
Die Nachvollziehbarkeit betrifft die logische Ordnung (Schlüssigkeit) des Gutachtens. Sie erfordert die Wiedergabe aller wesentlichen Befunde und die Darstellung der zur Beurteilung führenden Schlussfolgerungen.
Die Nachprüfbarkeit betrifft die Wissenschaftlichkeit der Begutachtung. Sie erfordert, dass die Untersuchungsverfahren, die zu den Befunden geführt haben, angegeben und, soweit die Schlussfolgerungen auf Forschungsergebnisse gestützt sind, die Quellen genannt werden. Das Gutachten braucht aber nicht im Einzelnen die wissenschaftlichen Grundlagen für die Erhebung und Interpretation der Befunde wiederzugeben.
b. Das Gutachten muss in allen wesentlichen Punkten insbesondere im Hinblick auf die gestellten Fragen (§ 11 Abs. 6) vollständig sein. Der Umfang eines Gutachtens

---

350 *Undeutsch, U.* (1990).

richtet sich nach der Befundlage. Bei eindeutiger Befundlage wird das Gutachten knapper, bei komplizierter Befundlage ausführlicher erstattet.

c. Im Gutachten muss dargestellt und unterschieden werden zwischen der Vorgeschichte und dem gegenwärtigen Befund.

Gemäß Nr. 6.6 der „Anforderungen an Träger von Begutachtungsstellen für Fahreignung"[351] der Akkreditierungsstelle Fahrerlaubniswesen der Bundesanstalt für Straßenwesen ist das Gutachten in der Regel nach folgendem Schema aufgebaut:

320

I. Anlass und Fragestellung der Untersuchung
II. Überblick über die Vorgeschichte
 ■ Aktenübersicht
 ■ Begründung der Eignungsbedenken
 ■ Voraussetzungen für eine günstige Prognose (Darlegung der zu prüfenden Hypothesen)
III. Untersuchungsbefunde
 ■ Medizinische Untersuchungsbefunde (ggf. Darstellung der Methoden, Befunde, Anamnese, körperlicher Befund, Laboranalytik)
 ■ Psychologische Untersuchungsbefunde (Darstellung der Methoden, Befunde, Explorationsgespräch, Leistungstests, Fragebogenverfahren)
IV. Bewertung der Befunde
 (Interdisziplinäre Interpretation der Befunde und ihrer Bedeutung für die Annahme oder Zurückweisung der unter II. angeführten Hypothesen)
V. Beantwortung der Fragestellung (und Empfehlungen)

Dieser Aufstellung ist die Interpretation der Forderung nach „Vollständigkeit" des Gutachtens zu entnehmen.

2. Einzelheiten

Zur näheren Ausgestaltung dieser Grundsätze ist von Bedeutung:

321

a) Aufbau

In jedem Falle bedarf es eines systematischen Aufbaus und einer sinnvollen Gliederung des Gutachtens. Soweit nicht einfache Fragen kurz beantwortet werden können, muss das Gutachten mit besonderer Sorgfalt abgefasst werden. Das gilt vor allem für die Gutachten amtlich anerkannter Begutachtungsstellen für Fahreignung, die in der Regel komplexe Sachverhalte darzustellen und zu würdigen haben.

322

---

351 Nach dem Stand vom 1104.2005 im Internet zu finden unter „www.bast.de" (Qualitätsbewertung – Akkreditierung).

§ 7 Begutachtung im Fahrerlaubnis-Verwaltungsverfahren

aa) Bestandteile

323 Das Gutachten sollte folgende Bestandteile aufweisen:

(1) Fragestellung der Verkehrsbehörde,
(2) eignungsrelevante aktenkundige Daten,
(3) Angaben des Untersuchten im Rahmen der Exploration
- zu biografischen Daten und Verläufen,
- zu gesundheitlichen Daten und Verläufen,
- zu Maßnahmen, die zum Erwerb der Fahrerlaubnis führen sollen oder geführt haben,
- zur Verkehrsteilnahme,
- zu Verkehrsverstößen und -unfällen,
- zu Maßnahmen im Interesse einer Eignungsförderung,
- zu Delikten außerhalb des Straßenverkehrs,

(4) Befunde der medizinischen Untersuchung,
(5) Befunde der psychologischen Untersuchung,
(6) Befunde aus ergänzenden Untersuchungen,
(7) zusammenfassende Befunddarstellung und -würdigung,
(8) abschließende Beantwortung der verkehrsbehördlichen Fragestellung,
(9) Literaturhinweise auf die wissenschaftlichen Grundlagen der Begutachtung.

bb) Darstellung der Befunde

324 Klinische Befunde werden in der gebräuchlichen Art dargestellt, die testpsychologischen Befunde im Zusammenhang mit der Benennung der benutzten Testverfahren und einer kurzen Interpretation der Zielsetzung des Verfahrens, z.B. „untersucht Konzentrations- und Aufmerksamkeitsleistung unter Monotonie".

325 Neben der Testleistung ist ihre Einordnung in ein Normensystem erforderlich, z.B. in Prozentränge, die angeben, wie viel Prozent der Personen einer vergleichbaren Stichprobe geringere Leistungen aufweisen. Die Testleistungen bei Fragebogenverfahren sollten durch eine Einordnung gegenüber einem statistisch ermittelten „kritischen Bereich" kenntlich gemacht werden. Der kritische Bereich besagt, dass ein Testwert innerhalb dieses Bereiches den Mittelwert einer verkehrsauffälligen Personengruppe um mehr als die statistische Streuungsbreite überschreitet.

326 Explorativ ermittelte Befunde müssen im Zusammenhang mit dem Verlauf der Exploration erkennbar und nachvollziehbar sein. Dies erfordert nicht die vollständige Darstellung der gesamten Exploration. Wichtig ist vielmehr die Nachvollziehbarkeit der diagnostisch relevanten Antworten des Untersuchten auf die Frage des Untersuchers, was in der Regel wörtliche Zitate ganzer Sätze voraussetzt.

Jedoch müssen Äußerungen des Untersuchten nicht vollen Umfangs in direkter Rede oder gar wörtlich wiedergegeben werden.[352] Dass gar „die Fragen und Antworten des begutachtenden Psychologen und des Begutachtenden in wörtlicher Rede" wiedergegeben werden müssen, hat das Bundesverwaltungsgericht[353] verneint: Es könne davon ausgegangen werden, dass das Verwaltungsgericht auch einem in indirekter Rede wiedergegebenen Untersuchungsbericht grundsätzlich entnehmen kann, ob die Erwägungen der Gutachter nachvollziehbar und plausibel sind oder nicht. Keiner grundsätzlichen Klärung bedürfe ferner, ob die dem Kraftfahrer vorgelegten Fragebogen mit den entsprechenden Antworten dem Gutachten beigefügt werden müssen. Dies möge im Einzelfall zur Erhellung des Gutachtens zweckmäßig sein, könne jedoch nicht generell für alle Untersuchungen als erforderlich angesehen werden.   327

Befunde ergeben sich auch aus der Verhaltensbeobachtung, sie sollten nachvollziehbar beschrieben werden, z.B. „erhebliche Probleme, sich an frühere Vorgänge zu erinnern, starke emotionale Erregung bei Darstellung des Unfallhergangs, sehr gute, schnell hergestellte Kontakte zum Untersucher, keine Schwierigkeiten, die übertragenen Aufgaben zu verstehen" usw.   328

Befunde, die den individuellen Fall charakterisieren, können nicht mithilfe von Textbausteinen dargestellt werden, wohl aber ihre zusammenfassende Interpretation, z.B. „In diesen Angaben spiegelt sich eine Tendenz, selbstkritisch die Ursachen des Fehlverhaltens zu erkennen und sie ohne Beschönigungen darzustellen" oder „Diese Angaben charakterisieren die Neigung des Untersuchten, persönlichkeitsbedingte unangenehme oder belastende Sachverhalte, die zu wiederholten Fehlverhaltensweisen im Straßenverkehr geführt haben, auszublenden und die Ursachen für das wiederholte Auffälligwerden in äußeren Umständen oder als Verschulden Dritter zu sehen".   329

Textbausteine können darüber hinaus Verwendung finden, um grundsätzliche, d.h. nicht einzelfallbezogene Tatbestände der Begutachtung darzustellen, z.B. Hinweise auf die grundsätzliche Berechtigung der Zweifel an der Fahreignung, Erkenntnisse zur Rückfallhäufigkeit von Personen, die Verkehrsauffälligkeiten aufweisen, wie sie beim Untersuchten aktenkundig geworden sind usw. Die vielfach pauschal geäußerte Kritik an der Benutzung von Textbausteinen ist unter den genannten Umständen nicht gerechtfertigt.[354]   330

cc) Darstellung der abschließenden Urteilsbildung

In der zusammenfassenden Befundwürdigung ist, ausgehend von den die Fahreignungsbedenken auslösenden Tatbeständen, darzulegen, ob und wenn ja warum, die   331

---

352 LG Hannover DAR 1991, 457; OLG Celle NZV 1993, 398.
353 BVerwG 16.08.1994.
354 So auch *Gehrmann, L.* (1997).

§ 7 Begutachtung im Fahrerlaubnis-Verwaltungsverfahren

behördlichen Bedenken prinzipiell gerechtfertigt sind und unter welchen Umständen, d.h. bei welcher Befundlage, sie ausgeräumt werden könnten.

332 Sodann sind die ermittelten Befunde darzustellen im Hinblick auf Bestätigung oder Ausräumung von Bedenken und ihre Relevanz, d.h. Gewichtung im System der medizinisch-psychologischen Beurteilung des Eignungsmangels hinsichtlich seiner akuten wie künftigen Gefährlichkeit für den öffentlichen Straßenverkehr. Das Gutachten äußert sich also weder expressis verbis zur Eignung noch zur bedingten Eignung, sondern ermöglicht dem Untersuchten, sich ein Bild von seinen derzeitigen Eignungsvoraussetzungen zum Führen von Kraftfahrzeugen und den Möglichkeiten, sie zu verbessern, zu machen. Der Verwaltungsbehörde dient das Gutachten dazu, eine Entscheidung über die Eignung des Untersuchten zu treffen, d.h. eine Fahrerlaubnis zu erteilen, ggf. unter einschränkenden Auflagen und Bedingungen, sie zu belassen oder zu entziehen.

Bei Vorliegen besonderer Umstände ist auch auf sie einzugehen. Das gilt insbesondere für Folgendes:

(1) Bedingte Eignung

333 Werden bei der Untersuchung für die Voraussetzung einer bedingten Eignung[355] sprechende Tatsachen festgestellt, müssen daraus abzuleitende Folgerungen im Gutachten dargestellt werden.

Im Übrigen sollte das Gutachten in jedem Falle zur Frage einer möglicherweise gegebenen bedingten Eignung Stellung nehmen. Eine entsprechende Empfehlung hat der Arbeitskreis IV des 30. Deutschen Verkehrsgerichtstages 1992 gegeben[356] und der Arbeitskreis VII des 32. Deutschen Verkehrsgerichtstages 1994 wiederholt.[357] Darauf bezieht sich *Himmelreich*[358] und meint, ein MPU-Gutachten, in dem eine Auseinandersetzung mit einer bedingten Eignung fehle, sei unvollständig und dadurch grundsätzlich mangelhaft. Nach der Empfehlung des Arbeitskreises VII des 35. Deutschen Verkehrsgerichtstages 1997 hat die Fahrerlaubnisbehörde bei der Anordnung der Beibringung eines medizinisch-psychologischen Gutachtens immer auch die Frage zu stellen, ob eine bedingte Eignung gegeben ist.[359]

---

355 Siehe unter § 3 Rn 46 ff.
356 Deutsche Akademie für Verkehrswissenschaft, Veröffentlichung der auf dem 30. Deutschen Verkehrsgerichtstag 1992 gehaltenen Referate und erarbeiteten Empfehlungen, S. 10 f.
357 Deutsche Akademie für Verkehrswissenschaft, Veröffentlichung der auf dem 32. Deutschen Verkehrsgerichtstag 1994 gehaltenen Referate und erarbeiteten Empfehlungen, S. 13.
358 *Himmelreich, K.* (1996) S. 129.
359 Deutsche Akademie für Verkehrswissenschaft, Veröffentlichung der auf dem 35. Deutschen Verkehrsgerichtstag 1997 gehaltenen Referate und erarbeiteten Empfehlungen, S. 13.

§ 7 Begutachtung im Fahrerlaubnis-Verwaltungsverfahren

Das liegt insbesondere nahe in den Fällen, in denen die Anlage 4 der FeV Beschränkungen oder Auflagen bei bedingter Eignung[360] ausdrücklich benennt.

Ergeben die Untersuchungen zur Prognose künftigen Verhaltens[361] die Notwendigkeit späterer Überprüfung, ob sich eine günstige Prognose bestätigt, hat das Gutachten diesbezüglich geeignete und angemessene Auflagen (z.B. die in Anlage 4 der FeV wiederholt benannten Kontrollen oder Nachuntersuchungen) zu empfehlen. In Anlage 15 der FeV wird zudem unter Nr. 1 f S. 6 für die Fälle der §§ 13 und 14 FeV sowie unter Nr. 1g S. 2 für die Fälle des § 2a Abs. 4 S. 1 und Abs. 5 S. 5 oder des § 4 Abs. 10 S. 3 StVG oder des § 11 Abs. 3 Nr. 4 oder 5 FeV ausdrücklich eine entsprechende Möglichkeit hervorgehoben („kann empfehlen"). Von dieser Möglichkeit **muss** jedoch in dem Gutachten **Gebrauch gemacht werden**. Denn der Betroffene hat einen rechtlichen Anspruch auf Erteilung oder Belassung einer Fahrerlaubnis unter Beschränkungen oder Auflagen, wenn er bedingt geeignet zum Führen von Kraftfahrzeugen ist.[362] Für eine bedingte Eignung sprechende Tatsachen dürfen deshalb im Gutachten nicht unerwähnt bleiben. Das gilt über die in Anlage 15 der FeV unter Nr. 1f und 1g ausdrücklich benannten Fälle hinausgehend letztlich in allen Begutachtungsfällen. Denn Gegenstand der Untersuchung und Begutachtung ist in allen Fällen das voraussichtliche künftige Verhalten des Betroffenen, weil geeignet zum Führen von Kraftfahrzeugen nur derjenige ist, der beim Führen von Kraftfahrzeugen andere Verkehrsteilnehmer gegenwärtig nicht unzumutbar gefährdet und auch in Zukunft nicht unzumutbar gefährden wird.[363]

334

(2) Möglichkeit der Wiederherstellung der Eignung

Im Gutachten muss auch dargestellt werden, ob und welche Maßnahmen geeignet sind, eine verneinte Eignung zum Führen von Kraftfahrzeugen wieder herzustellen.

335

In Anlage 15 der FeV wird unter Nr. 1f S. 7 für die Fälle der §§ 13 und 14 FeV sowie unter Nr. 1g S. 2 für die Fälle des § 2a Abs. 4 S. 1 und Abs. 5 S. 5 oder des § 4 Abs. 10 S. 3 StVG oder des § 11 Abs. 3 Nr. 4 oder 5 FeV ausdrücklich hervorgehoben, dass das Gutachten auch geeignete Kurse zur Wiederherstellung der Kraftfahreignung empfehlen kann. Von dieser Möglichkeit muss in dem Gutachten Gebrauch gemacht werden, wenn feststeht, dass die Teilnahme des Betroffenen an einem nach § 70 FeV anerkannten Kurs zur Wiederherstellung der Eignung geeignet ist, seine Eignungsmängel zu beheben. Denn solchenfalls genügt unter den in § 11 Abs. 10 FeV beschriebenen Umständen in der Regel zum Nachweis der Wiederherstellung der Eignung statt

---

360 Siehe unter § 9 Rn 8 ff. und 36 ff.
361 Siehe unter § 7 Rn 263.
362 Siehe unter § 9 Rn 8 ff. und 36 ff.
363 Siehe unter § 3 Rn 337.

§ 7 Begutachtung im Fahrerlaubnis-Verwaltungsverfahren

eines erneuten medizinisch-psychologischen Gutachtens eine Bescheinigung über die Teilnahme an solchem Kurs.[364]

336 Im Gutachten muss aber auch auf andere Möglichkeiten zur Wiederherstellung der Eignung hingewiesen werden, etwa auf die Teilnahme an Rehabilitationsmaßnahmen, die noch intensiver wirken als ein amtlich anerkannter Kurs zur Wiederherstellung der Eignung, oder bei Abhängigkeit von Alkohol oder Drogen auf die Erforderlichkeit einer Entgiftungs- und Entwöhnungsbehandlung sowie Einhaltung von Abstinenz und deren Nachweis durch regelmäßige ärztliche Untersuchungen.

b) Nachvollziehbarkeit

337 Nach Nr. 2a Abs. 2 der Anlage 15 der FeV betrifft die Nachvollziehbarkeit die logische Ordnung (Schlüssigkeit) des Gutachtens und erfordert die Wiedergabe aller wesentlichen Befunde und die Darstellung der zur Beurteilung führenden Schlussfolgerungen.

338 Nachvollziehbarkeit kann nur bedeuten, dass der mit der Fahreignungsproblematik vertraute Vertreter der Fahrerlaubnisbehörde mit „gesundem Menschenverstand" den Ausführungen des Gutachtens folgen kann und in der Lage ist zu erkennen, auf welchem Wege der Gutachter zur Beantwortung der gestellten Frage gekommen ist. Dabei geht es nicht um das Abhaken formaler Daten, sondern um einen Akt des Verstehens, das dem Vertreter der Fahrerlaubnisbehörde erlaubt, ein eigenes Urteil über die von ihm geltend gemachten Fahreignungszweifel und deren Interpretation im Gutachten zu bilden.

339 Die Nachvollziehbarkeit wird erhöht, wenn bestimmte Grundsätze für die formale und inhaltliche Gestaltung des Gutachtens beachtet werden, wie sie z.B. *Kunkel*[365] beschrieben hat.

340 Als besonders förderlich für die Nachvollziehbarkeit werden folgende Aspekte genannt:
- Übersichtlichkeit,
- Verständlichkeit,
- Ausführlichkeit,
- Plausibilität,
- Rekonstruierbarkeit der Argumentation.

---

364 Siehe unter § 15 Rn 91.
365 *Kunkel, E.* (1996).

Das Gutachten muss Aussagen enthalten
- zur Bestimmung der individuellen Fragestellung,
- zur Glaubhaftigkeit und dem Realitätsbezug der Angaben des Untersuchten,
- zur Diagnose der individuellen Problematik und
- zu ihrer möglichen Lösung.

c) Nachprüfbarkeit

Nach Nr. 2a Abs. 3 der Anlage 15 der FeV betrifft die Nachprüfbarkeit die Wissenschaftlichkeit der Begutachtung und erfordert, dass die Untersuchungsverfahren, die zu den Befunden geführt haben, angegeben und, soweit die Schlussfolgerungen auf Forschungsergebnisse gestützt sind, die Quellen genannt werden. Das Gutachten braucht aber nicht im Einzelnen die wissenschaftlichen Grundlagen für die Erhebung und Interpretation der Befunde wiederzugeben.

341

Zur Nachprüfung eines Gutachtens ist im Grunde nur ein fachlich Geschulter in der Lage. Realistisch bedeutet die Forderung der Nachprüfbarkeit, dass ein zweiter sachverständiger Gutachter in der Lage sein muss, das vorgelegte Gutachten zu überprüfen, d.h. dass dieses die notwendigen Angaben und Ausführungen enthalten muss.

Zur Frage, welcher Spielraum dem Gutachter für seine Beurteilung einzuräumen ist, haben das LG Hamburg[366] und das AG Hamburg-Altona[367] in gegen Gutachter gerichteten Schadensersatzprozessen[368] wörtlich übereinstimmend ausgeführt:

342

„Dabei ist dem Gutachter bei den vom ihm angestellten Wertungen und Schlussfolgerungen, soweit sie eine Grundlage in den von ihm getroffenen Feststellungen haben, ein nicht zu eng zu bemessender Spielraum für seine Beurteilung einzuräumen. Dies gilt nach der Rechtsprechung ganz allgemein bei Entscheidungen im Bereich der Prognose oder wertenden Entscheidungen, und zwar sowohl aus einfach-rechtlicher wie verfassungsrechtlicher Sicht".

d) Empfängerhorizont

Gutachtenempfänger ist in der Regel der Untersuchte. Indessen beschäftigt nicht nur er sich mit dem Untersuchungsergebnis, sondern ebenso sein Rechtsanwalt und insbesondere die Fahrerlaubnisbehörde, wenn er ihr das Gutachten vorlegt. Die Art der Auswertung des Gutachtens durch die genannten Personen ist jedoch sehr unterschiedlich.

343

---

366 zfs 1997, 4.
367 Urt. v. 4.1.1999–315 b C 228/99.
368 Siehe dazu auch unter § 7 Rn 230 f.

§ 7 Begutachtung im Fahrerlaubnis-Verwaltungsverfahren

aa) Untersuchter

344 Der Untersuchte hat oft Schwierigkeiten, dem Gutachten zu folgen und es angemessen zu interpretieren. Dazu fehlen ihm vielfach die nötige Kenntnis der benutzten Terminologie sowie der Denkstrukturen und Rechtsgrundsätze zur Beurteilung der Fahreignung. Der Untersuchte besitzt auch meist nicht genügend Distanz zu sich selbst, um ein derartiges Gutachten nicht nur zu lesen, sondern es auch umzusetzen. Daher ist es vielfach Aufgabe von Rechtsanwälten oder der Fahrerlaubnisbehörde, den Untersuchten Inhalt und Ergebnis der Gutachten deutlich zu machen.

bb) Rechtsanwalt

345 Rechtsanwälte verfügen über genügend Kriterien, um Gutachten im Hinblick auf Nachvollziehbarkeit und Nachprüfbarkeit zu bewerten und den Inhalt zu interpretieren. Dies erlaubt ihnen auch, Einwände vorzubringen sowie Lücken der Beweiswürdigung oder Fehler zu erkennen. Solche sollten sie zum Anlass nehmen, Rückfragen an die Gutachter zu stellen und ggf. Nachbesserungen zu fordern.

346 Die Rechtsanwälte erhalten darüber hinaus in der Regel vom Untersuchten selbst Hinweise über dessen subjektive Eindrücke vom Untersuchungsablauf, z.B. über eine angeblich nur „5 Minuten dauernde Exploration". Dadurch wird mitunter die Interpretation der Ergebnisse erschwert. Der Rechtsanwalt sollte indessen den Untersuchten auf die dem Untersuchungsergebnis zugrunde liegenden Tatbestände hinweisen und die Betroffenen unterstützen in dem Bemühen, Vorschläge für die Korrektur von Eignungsmängeln aufzugreifen.

In geeigneten Fällen kann auch die Frage eines Tonbandmitschnitts der Exploration[369] mit der beauftragten Begutachtungsstelle für Fahreignung geklärt werden, um die Nachvollziehbarkeit der Begutachtung zu erhöhen.

cc) Fahrerlaubnisbehörde

347 Das Gutachten dient der Fahrerlaubnisbehörde, eine Entscheidung über die Eignungsfrage zu treffen. Deshalb wird sie kritisch das Gutachten auswerten.[370]

348 In einem Einzelfall hat das **Verwaltungsgericht Freiburg (Breisgau)**[371] angenommen, die Fahrerlaubnisbehörde habe die Wiedererteilung einer Fahrerlaubnis unter Berufung auf ein medizinisch-psychologisches Gutachten nicht verweigern dürfen, weil es nicht in hinreichendem Maß einzelfallbezogen sei, die zusammenfassende

---
369 Siehe unter § 7 Rn 294.
370 Siehe unter § 8 Rn 44 ff.
371 NZV 1995, 48 = zfs 1995, 160.

Befunddarstellung so gut wie ausschließlich aus Textbausteinen bestehe, lediglich an zwei Stellen auf den Einzelfall eingehe und im Hinblick auf die Frage der Verkehrsprognose des Betroffenen keinerlei Feststellungen zu einem individuell erwiesenen Sachverhalt enthalte.

Wenn das Gutachten Hinweise auf wissenschaftliche Grundlagen der Begutachtung enthält, sollten die Behörden Wert darauf legen, diese Literatur selbst kennenzulernen, um die vorgelegten Gutachten zu prüfen.

Falls Probleme der Nachvollziehbarkeit und Nachprüfbarkeit auftreten, sollten sie durch Rückfragen geklärt werden. Rückfragen kann die Fahrerlaubnisbehörde allerdings nicht unmittelbar dem Gutachter stellen, weil sie zu ihm keine Rechtsbeziehungen unterhält und der Gutachter nur dem Untersuchten ergänzende Auskünfte erteilen darf. Die Fahrerlaubnisbehörde muss deshalb etwaige Fragen über den Untersuchten an den Gutachter richten oder sich vom Untersuchten ermächtigen lassen, mit dem Gutachter direkt in Verbindung zu treten.[372]   349

Rückfragen sollten aber auch nicht einfach unterlassen werden. Denn sie weisen den Gutachter auf mögliche Verbesserungen seiner Gutachtengestaltung hin und dienen der Optimierung der Gutachtenerstattung.

VII. Beschaffung weiterer Gutachten

Wenn ein Gutachten für die Fahrerlaubnisbehörde keine ausreichende Grundlage darstellt, eine Entscheidung über die Eignungsfrage zu treffen, muss sie sich um weitere Gutachten bemühen.   350

1. Anordnung der Beibringung weiterer Gutachten

Sie ist nur für bestimmte Fälle vorgesehen: 351

a) Ärztliches Gutachten

Lediglich hinsichtlich der Anordnung zur Beibringung ärztlicher Gutachten ist geregelt, dass die Fahrerlaubnisbehörde auch mehrere solcher Anordnungen treffen darf (§ 11 Abs. 2 S. 4 FeV).   352

---

372 Siehe unter § 7 Rn 249.

b) Medizinisch-psychologisches Gutachten

353 Die Beibringung eines Gutachtens einer amtlich anerkannten Begutachtungsstelle für Fahreignung kann angeordnet werden, wenn nach Würdigung ärztlicher Gutachten oder des Gutachtens eines amtlich anerkannten Sachverständigen oder Prüfers für den Kraftfahrzeugverkehr ein medizinisch-psychologisches Gutachten zusätzlich erforderlich ist (§ 11 Abs. 3 S. 1 Nr. 1 FeV).

c) Gutachten eines amtlich anerkannten Sachverständigen oder Prüfers für den Kraftfahrzeugverkehr

354 Die Beibringung solchen Gutachtens kann angeordnet werden, wenn das nach Würdigung eines ärztlichen oder medizinisch-psychologischen Gutachtens zusätzlich erforderlich ist (§ 11 Abs. 4 Nr. 1 FeV).

2. Beauftragung weiterer Gutachter

355 In den Fällen, in denen eine sachgemäße Beurteilung aufgetretener Eignungszweifel aufgrund der vorstehend wiedergegebenen Regelungen nicht möglich ist, muss die Fahrerlaubnisbehörde wegen ihrer Verpflichtung, den Sachverhalt von Amts wegen zu ermitteln,[373] von sich aus weitere Gutachten in Auftrag geben. In Betracht kommt insofern:

a) Medizinisch-psychologisches Gutachten

356 Hinsichtlich der Anordnung zur Beibringung eines medizinisch-psychologischen Gutachtens fehlt eine Vorschrift, nach der die Fahrerlaubnisbehörde auch mehrere solcher Anordnungen treffen darf.

357 Gleichwohl kann das beigebrachte Gutachten einer amtlich anerkannten Begutachtungsstelle für Fahreignung der Fahrerlaubnisbehörde unter Umständen keine ausreichende Grundlage bieten, eine Entscheidung über die Eignungsfrage zu treffen. Das gilt etwa für den Fall, dass der Untersuchte gravierende Einwände gegen das Gutachten vorbringt, z.B. wenn er auf Kommunikationsschwierigkeiten mit dem Gutachter verweist, Fehler im Gutachten feststellt usw. Darüber hinaus gewinnt der Untersuchte gelegentlich selbst aus dem Gutachten die Erkenntnis, dass er nicht angemessen bei der Begutachtung mitgewirkt hat, oder er kann glaubhaft darstellen, dass er sich aufgrund einer falschen Beratung bei der Untersuchung falsch verhalten hat, z.B. bewusst die Unwahrheit sagte.

---

373 Siehe unter § 6 Rn 53.

In derartigen Fällen kann es durchaus sinnvoll sein, dass die Fahrerlaubnisbehörde von Amts wegen eine andere amtlich anerkannte Begutachtungsstelle für Fahreignung mit einer weiteren Begutachtung beauftragt.

b) Ergänzungsgutachten

Sind besonders seltene Erkrankungen oder Eignungsmängel zu beurteilen, muss die Fahrerlaubnisbehörde unter Umständen einen Sachverständigen mit darauf gerichteten speziellen Erfahrungen und Erkenntnissen mit einer ergänzenden Begutachtung beauftragen.[374] 358

c) Obergutachten

Unter Umständen muss die Fahrerlaubnisbehörde auch einen Obergutachter mit der Klärung von Eignungszweifeln beauftragen.[375] 359

Hauptsächlich führen Einwendungen des Untersuchten zur Einholung von Obergutachten. 360

Einige Beispiele vorgetragener und von der Fahrerlaubnisbehörde akzeptierter Einwände sind nachstehend genannt: 361
- sprachliche Verständigungsschwierigkeiten mit dem Gutachter,
- fehlender Kontakt mit dem Gutachter,
- außergewöhnliche Belastung am Untersuchungstag (z.B. Tod der Ehefrau, was verschwiegen wurde),
- falsche Beratung, die zu Fehlangaben geführt hat (z.B. „seit Monaten abstinent"),
- Kritik am Verhalten des Gutachters („in Hetze ... Freitagnachmittag ..."),
- Konflikte mit dem Gutachter („Vorwürfe gemacht ..."),
- angeblich fehlerhafte Interpretation der Befunde („Laborwerte nach Erkrankung"),
- angeblich falsche Wiedergabe von Explorationsdaten („So nicht gesagt"),
- zwischenzeitliche Veränderungen (z.B. am Arbeitsplatz, Besuch einer Selbsthilfegruppe) nicht berücksichtigt,
- haus- oder fachärztliche Berichte, die den gutachterlichen Feststellungen widersprechen („... seit Jahren bekannt, keinerlei Alkoholproblematik ...").

Neben derartigen Einwänden werden auch neue Tatsachen vorgetragen, um die Einholung eines Obergutachtens zu begründen. 362

Beispiele dafür sind: 363
- zwischenzeitlich erfolgte Therapie,

---

374 Siehe unter § 6 Rn 53.
375 Siehe unter § 6 Rn 56.

§ 7 Begutachtung im Fahrerlaubnis-Verwaltungsverfahren

- auf Empfehlung des Gutachters Teilnahme an Selbsthilfegruppe,
- durchgeführte psychologische Beratung,
- Betreuung durch eine Suchtberatungsstelle.

364 Einwände wie neue Tatsachen können für die Fahrerlaubnisbehörde Anlass sein, eine erneute Begutachtung – z.B. in einer amtlich anerkannten Begutachtungsstelle für Fahreignung[376] – zu veranlassen. Dass indessen die Begutachtung durch einen Obergutachter eingeleitet wird, geht vielfach auf den ausdrücklichen Wunsch der zu untersuchenden Person zurück.

365 Gründe dafür sind u.a.:
- schlechte Erfahrungen bei mehreren, jeweils negativ verlaufenden Vorbegutachtungen,
- verbale Ungeübtheit, die bei der Exploration Schwierigkeiten ausgelöst hat,
- allgemeine Verlangsamung des Untersuchten, die bei der Untersuchung einen hohen Zeitaufwand fordert.

366 Vom Obergutachter wird erwartet, dass er derartigen Einwänden begegnen, die vorgetragenen neuen Tatsachen berücksichtigen und Untersuchungsbedingungen bereitstellen kann, welche die Befürchtungen des Untersuchten entkräften. Darüber hinaus soll er die in den Vorgutachten verbliebenen Unklarheiten und Widersprüche auf der Basis seiner speziellen Qualifikation ausräumen. Deshalb wird sich sein Vorgehen in Einzelheiten von dem Vorgehen des Erstgutachters unterscheiden.

aa) Untersuchung

367 Zwar erfolgt auch die Untersuchung bei einem Obergutachter nach anlassbezogenen Gesichtspunkten und Grundsätzen. Sie wird vor allem dadurch charakterisiert sein, dass sie mit einem deutlich größeren Zeitaufwand verbunden ist, als dies bei der Erstbegutachtung der Fall war. Darüber hinaus wird der Obergutachter ein umfangreicheres Repertoire von Untersuchungsverfahren zur Anwendung bringen.

368 Die geforderte „Würdigung der Gesamtpersönlichkeit" bei der Bewertung der Gefährlichkeit eines Eignungsmangels wird in der Oberbegutachtung Anlass sein, die explorativen und testpsychologischen diagnostischen Vorgehensweisen zu intensivieren.

bb) Beurteilungsgrundsätze

369 Bei der Beurteilung der erhobenen Befunde sowie bei der Würdigung der die Eignungszweifel auslösenden Verhaltensweisen ist der Obergutachter an die Normen und Richtlinien gebunden, die auch für den Erstgutachter gelten.

---

376 Siehe unter § 7 Rn 357.

§ 7 Begutachtung im Fahrerlaubnis-Verwaltungsverfahren

Er wird jedoch ggf. häufiger als der Erstgutachter von den Normen und Richtlinien abweichen, da er dafür maßgebende Gründe erkannt hat und sie im Gutachten darlegt.   370

Obergutachten sollten in der Regel nur dann notwendig sein, wenn die Besonderheit des Falls eine umfassendere Begutachtung notwendig macht und erwarten lässt, auf diesem Wege der erforderlichen Einzelfallgerechtigkeit Genüge zu leisten. Damit verbunden ist zwangsläufig ein gelegentliches Abweichen von allgemein verbindlichen Normen der Beurteilung.   371

Im Rahmen ihrer Forschungstätigkeit auf dem Gebiet der verkehrsmedizinischen oder der verkehrspsychologischen Fahreignungsbegutachtung werden Obergutachter vielfach selbst dazu beitragen, neue Erkenntnisse für die Optimierung von Beurteilungskriterien zu gewinnen und so den Prozess der Normierung zu forcieren.   372

cc) Gutachtenfassung

Die Gutachten der Obergutachter haben denselben Grundsätzen zu folgen wie sie in der Anlage 15 der FeV allgemein für Fahreignungsgutachten gefordert werden.[377] Dies bedeutet vor allem, dass sie für die Verkehrsbehörde nachvollziehbar und nachprüfbar bleiben und die verkehrsbehördlich gestellten Fragen beantworten.   373

Sie dienen aber vielfach auch der Darlegung neuer wissenschaftlicher Erkenntnisse und Zusammenhänge, die Gerichten wie Behörden die Möglichkeit geben, Grundsätze der behördlichen oder richterlichen Fahreignungsbeurteilung zu überprüfen und ggf. zu modifizieren, um auf diese Weise den unbestimmten Rechtsbegriff der „Ungeeignetheit zum Führen von Kraftfahrzeugen" zu präzisieren.   374

dd) Ergebnisse und Erkenntnisse

Eine Reihe von Publikationen[378] informiert über die Tätigkeit von Obergutachtern, wobei vornehmlich Bewährungskontrollen bei Verkehrstrunkenheitstätern dargestellt werden.   375

Aus der Jahresstatistik 2003 der Gesellschaft der Obergutachter für Medizinische und Psychologische Fahreignungsbegutachtungen (OGA)[379] geht hervor, dass im Berichtsjahr 313 Oberbegutachtungen erfolgt sind, davon waren 51,5 % Begutachtungen von Personen, die im Straßenverkehr unter Alkoholeinfluss auffällig geworden sind. Von der Gesamtzahl der Begutachteten erhielten 123 = 39,3 % eine negative Eignungspro-

---

377 Siehe unter § 7 Rn 318 ff.
378 U.a. *Welzel, U.* (1982); *Müller, A.* (1982); *Luff, K., Heiser, H., Lutz, F. U.* und *Schweer, Th.* (1988); *Kaiser, H. J.* (1990).
379 *Haffner, H. Th.* (2005).

§ 7 Begutachtung im Fahrerlaubnis-Verwaltungsverfahren

gnose, 190 eine positive. Bei 80 Personen wurde jedoch die positive Prognose abhängig gemacht von der erfolgreichen Teilnahme an einer – oder Fortführung bereits begonnener – Therapiemaßnahme sowie der Durchführung von Laborwertkontrollen oder Drogenscreenings..

Berichte über Erkenntnisse bei Oberbegutachtungen sind noch spärlich,[380] obwohl sie Auftraggeber ebenso interessieren wie Empfänger und Gutachter.

376 Die nachstehend dargestellten Ergebnisse und Erfahrungen bei über 600 Oberbegutachtungen von verkehrsauffälligen Kraftfahrern in Niedersachsen[381] sind nicht repräsentativ, geben aber einen Einblick über die Ursachen abweichender Oberbegutachten und übereinstimmender Fälle mit den Vorgutachten.

(1) Eignungsurteile

377 In ca. 60 % der Fälle konnten die Ergebnisse der Vorgutachten bestätigt werden, in ca. 40 % der Fälle endeten die Begutachtungen mit einem vom Vorgutachten abweichenden Ergebnis.

(2) Ursachen für positive Abweichungen vom Vorgutachten

378 Untersuchte hatten vielfach die im Erstgutachten beschriebenen Vorschläge zur Verbesserung der Fahreignung aufgegriffen, z.B. ihren Alkoholkonsum geändert, ihren Freundeskreis gewechselt, andere Formen der Freizeitbeschäftigung gefunden, die Ursachen ihrer Verkehrsauffälligkeit ernsthaft erforscht und beeinflusst.

379 Zwischenzeitlich waren Prozesse der Stabilisierung oder Nachreifung eingetreten, was deutliche Befundänderungen – nicht nur im Sinne einer vordergründigen Auseinandersetzung mit den Ursachen des Fehlverhaltens –, insbesondere eine Zunahme an Selbstbeobachtung, Selbstkritik und Problemsicht oder den Aufbau eines neuen Selbstkonzepts zur Folge hatte.

380 Erfolgreich durchgeführte Entziehungsbehandlungen hatten zu einer sichtbaren Beeinflussung des primären Alkoholverlangens geführt.

381 Erfolgreich durchgeführte psychotherapeutische Interventionen hatten ein höheres Maß an Offenheit, Selbstkritik, Problemsicht und energischer Arbeit an sich selbst zur Folge sowie deutliche Veränderungen der situativen Lebensbedingungen.

382 Erfolgreiche Teilnahme an Selbsthilfegruppen hatte erstmals dazu geführt, Trinkmotive zu suchen und zu erkennen, das Ausmaß des Alkoholmissbrauchs realistisch ein-

---

380 Z.B. *Lewrenz, H.* (1992).
381 *Winkler, W.* (1993b).

zuschätzen und einen neuen Umgang mit der Alkoholproblematik, ggf. mithilfe von Familienangehörigen, zu erreichen.

Durch das negative Vorgutachten war eine Besinnung und „Wende" ausgelöst worden, was zu deutlichen Befundänderungen führte, z.b. zur Reduzierung von Abwehrhaltungen, Schuldverschiebungen, Bagatellisierungstendenzen, zur Auseinandersetzung mit den Gründen des Fehlverhaltens im Familien- und Freundeskreis oder am Arbeitsplatz, zur Erprobung neuer Wege im Rahmen einer neuen Vermeidungsstrategie, was vielfach zunächst zu Misserfolgen, später zu neuen Lösungswegen Anlass gab. 383

Lebenskrisen, die ursächlich Anlass zu gehäuften Fehlverhaltensweisen im Straßenverkehr gaben, konnten zwischenzeitlich bewältigt werden, z.b. Arbeitslosigkeit und Labilisierung nach Übersiedlung in die BRD waren beseitigt, Tod der Ehefrau nach erneuter Bindung verwunden, Partnerprobleme gelöst. 384

Befunde des Vorgutachtens konnten nicht bestätigt werden, insbesondere solche, die bereits Anlass zu Zweifeln an der Richtigkeit des Gutachtens waren, z.b. globale Angaben, wie „auffälliges Verhalten" oder „unglaubwürdige Angaben" ohne Präzisierung, Befunde, die sich als weitgehend situativ bedingt und nicht überdauernd das Verhalten bestimmend herausstellten sowie Befunde, die auf eine Fehlinterpretation der ursächlichen Zusammenhänge des fehlerhaften Verhaltens zurückgeführt werden konnten. 385

(3) Positive Beobachtungen

Wenn ca. 60 % der Obergutachten zur gleichen Beurteilung der Eignungsproblematik führen wie die Vorgutachten, so zeigt dies, dass auch bei kürzerer Untersuchungszeit und geringerem Umfang des gutachterlichen diagnostischen Instrumentariums sorgfältige und dem Einzelfall gerecht werdende Ergebnisse erzielt werden können. 386

Trotz wesentlich geringeren Umfanges sind in den Vorgutachten auch die explorativen Befunde bei Darstellung von Frage und Antwort weitgehend nachprüfbar. 387

Vorgutachten bieten durch Hinweise auf biografische Daten und Einbeziehung der erhobenen Befunde in die Lebensgeschichte des Untersuchten auch dann ein individuelles Bild, wenn so genannte Textbausteine Verwendung finden. 388

Die zusammenfassende Befundwürdigung ermöglicht weitgehend ein Nachvollziehen des gutachterlichen Urteilsprozesses, insbesondere dann, wenn von den Erkenntnissen einer gruppenstatistischen Erfahrungsbildung ausgehend die Besonderheiten des Einzelfalls dargelegt sind. 389

(4) Kritische Beobachtungen

390 Die Gutachtengestaltung der Vorgutachter weist hinsichtlich der Nachprüfbarkeit und Nachvollziehbarkeit erhebliche Unterschiede auf.

391 Die negativen wie die positiven lebensgeschichtlichen Einflüsse auf das Fehlverhalten im Straßenverkehr werden oft nicht genügend erfasst.

392 Die Frage, ob der Untersuchte die Ursachen seines Fehlverhaltens erkannt hat, ob und wie es ihm gelungen ist, sie zu beeinflussen und ob dies zu einer tragfähigen Verhaltenskorrektur geführt hat, wird oft nicht ausreichend beantwortet.

393 Bei alkoholauffällig gewordenen Kraftfahrern gewinnen Fragen nach der akuten subjektiven Alkoholverträglichkeit, nach dem gegenwärtigen Alkoholkonsum, nach den beim Verkehrstrunkenheitsdelikt genossenen Trinkmengen usw. oft ein Übergewicht gegenüber Fragen nach dem Verlauf der „Trinkkarriere", nach der Bildung und Verfestigung von Orientierungs- und Verhaltensmustern im Konflikt „Alkoholkonsum und motorisierte Verkehrsteilnahme", nach den Ursachen des extrem gesteigerten Alkoholverlangens, Fragen, deren Beantwortung erst ein Urteil darüber erlaubt, ob es dem Untersuchten möglich war und künftig möglich sein wird, einen Rückfall zu vermeiden.

394 Insgesamt zeigen die Erfahrungen bei der Durchführung von Obergutachten, dass ein intensiver Erfahrungsaustausch der Obergutachter untereinander wie auch der Obergutachter mit den Erstgutachtern nicht nur das methodische Vorgehen verbessern könnte, sondern auch für die Optimierung der Beurteilungsgrundsätze sowie der Gutachtengestaltung förderlich wäre.

§ 8 Beweiswürdigung im Fahrerlaubnis-Verwaltungsverfahren

Sind alle für die Entscheidung relevanten Beweise erhoben – u.U. mithilfe von Sachverständigen –, müssen sie darauf bewertet werden, ob sie ausreichen, die Voraussetzungen der Fahrerlaubnis[1] zu bejahen oder zu verneinen. Allerdings dürfen nicht sämtliche der Fahrerlaubnisbehörde bekannt gewordenen Umstände solcher Entscheidung zugrunde gelegt werden:

I. Beweisverwertungsverbote

Sind Beweise entgegen einem Beweisverbot[2] erhoben worden, dürfen sie nicht verwertet werden. Das gilt sowohl hinsichtlich Taten und Entscheidungen, deren Eintragung im BZRG oder im VZR getilgt oder tilgungsreif sind,[3] als auch für Umstände, die unter Verletzung des Datenschutzes[4] oder des allgemeinen Persönlichkeitsrechts[5] bekannt geworden sind.

1. Berücksichtigung durch Sachverständige

Tatsachen und Umstände, die einem Beweisverbot unterliegen, dürfen auch der Begutachtung nicht zugrunde gelegt werden.

Hinsichtlich der Tilgung von Registereintragungen hat bereits das **Bundesverwaltungsgericht**[6] darauf hingewiesen, dass dadurch auch für die Erstattung des Gutachtens wertvolles Tatsachenmaterial verloren gehen könnte.

Es ist z.B. eine gesicherte Erfahrung, dass die Rückfallgefahr unter Alkoholeinfluss auffällig gewordener Kraftfahrer mit der Anzahl früherer Verfehlungen gleicher Art steigt. Der Betroffene hat keine Wege gefunden, sein alkoholbedingtes Fehlverhalten über Jahre hinweg zu korrigieren. Wenn keine Hinweise dafür erkennbar sind, dass neuerliche Vermeidungsstrategien entwickelt und erfolgreich erprobt wurden, ist daher mit hoher Wahrscheinlichkeit ein weiterer Rückfall zu erwarten. Dennoch darf

---

1 Siehe unter § 2 Rn 62 ff.
2 Siehe unter § 6 Rn 117 ff.
3 Siehe unter § 6 Rn 118 ff.
4 Siehe unter § 6 Rn 125 ff.
5 Siehe unter § 6 Rn 131 ff.
6 BVerwG 17.12.1976 – VII C 28.74.

der Gutachter diese prognostisch relevanten Vorgeschichtsdaten, die er ggf. in der Exploration durch den Klienten selbst erfährt, nicht verwerten.

5 Das muss aber ebenso hingenommen werden wie die Nichtverwertbarkeit sonstiger datengeschützter und dem allgemeinen Persönlichkeitsrecht unterliegender besonders schutzwürdiger Umstände. § 11 Abs. 6 S. 4 FeV schreibt sogar ausdrücklich vor, dass die Fahrerlaubnisbehörde dem Gutachter nur die Unterlagen übersendet, die unter Beachtung der gesetzlichen Verwertungsverbote verwendet werden dürfen.

6 Allerdings können dem Gutachter Taten des Betroffenen und diese betreffende Entscheidungen trotz Tilgung oder Tilgungsreife der diesbezüglichen Eintragungen im VZR sowie sonstige nichtverwertbare Umstände bekannt sein – etwa aus einer früheren Untersuchung desselben Betroffenen – oder bekannt werden – etwa aus Angaben des Betroffenen selbst. Gleichwohl darf er sie dem Betroffenen nicht vorhalten und muss er sie zum Nachteil des Betroffenen ebenso außer Acht lassen wie der Strafrichter – der u.U. die früheren Taten selbst abgeurteilt hat.

2. Berücksichtigung durch die Fahrerlaubnisbehörde

7 Falls die Fahrerlaubnisbehörde nicht schon die auf nicht verwertbare Umstände gestützte Prüfung von Eignung und Befähigung unterlassen oder abbrechen muss,[7] darf sie ihre Entscheidung über Erteilung oder Entziehung der Fahrerlaubnis auf einem Verwertungsverbot unterliegende Umstände nicht stützen.

Hat ein Sachverständiger solche Umstände in seinem Gutachten zum Nachteil des Betroffenen verwertet, muss sie prüfen, ob der Sachverständige auch unter Nichtberücksichtigung solcher Umstände zu dem gleichen Gutachtenergebnis gelangt wäre – u.U. den Sachverständigen zu ergänzender Erklärung dazu veranlassen.

II. Beweisbewertung

8 Diesbezüglich gilt der **Grundsatz der freien Beweiswürdigung** sowohl im Verwaltungsverfahren (§ 69 Abs. 1 VwVfG) als auch im Verwaltungsgerichtsverfahren (§ 108 VwGO).

9 Verwaltungsbehörde und Verwaltungsgericht brauchen im Rahmen der Beweiswürdigung über die Richtigkeit der Entscheidungsgrundlagen keine absolute Gewissheit erlangt zu haben; es genügt ein so hoher Grad der Wahrscheinlichkeit, dass kein ver-

---

7 Siehe unter § 6 Rn 147 ff.

nünftiger, die Lebensverhältnisse klar überschauender Mensch noch zweifelt.[8] Dies nennt das **Bundesverwaltungsgericht**[9] „mit an Sicherheit grenzende Wahrscheinlichkeit".

Die Würdigung der Entscheidungsgrundlagen zielt immer auf bestimmte Rechtsfolgen, die je nach dem Ergebnis der Beweiswürdigung bejaht oder verneint werden müssen. Trotz aller Skepsis gegenüber der Möglichkeit, die für die Beurteilung der Fahreignung maßgebenden Umstände überhaupt zutreffend zu diagnostizieren und zu prognostizieren, können sich weder Verwaltungsbehörde noch Gericht der Beurteilung der Fahreignung entziehen, wenn diese für ihre Entscheidung von Bedeutung ist. Sie müssen eben fertig werden mit der hier wie bei der Anwendung jeden unbestimmten Rechtsbegriffs wertenden Inhalts gegebenen Besonderheit, dass in Grenzfällen letztlich jede beurteilende Entscheidung fragwürdig ist, wer auch immer sie trifft; Behörden und Gerichte stoßen hier gleichermaßen auf die Grenzen menschlicher Erkenntnisfähigkeit und zugleich der Mitteilbarkeit ihrer vielfach im Bereich der Imponderabilien liegenden Erwägungen.[10]

10

Für die Beweiswürdigung sind vor allem von Bedeutung:

11

1. Stellen der Prognose

In allen Fällen, in denen eine Prognose der Legitimierung von Entscheidungen dient, besteht von vornherein ein Missverhältnis insofern, als die Prognose stets nur Wahrscheinlichkeitscharakter hat, Entscheidungen sich jedoch durch Eindeutigkeit auszeichnen.[11]

12

Im **Verwaltungsrecht** wird ganz allgemein das „**Prognosedilemma**" vor allem darin gesehen, dass der vorausschauenden Erkenntnis zukünftiger Tatsachen (!) natürliche Grenzen gesetzt sind und abgesehen von den subjektiven Grenzen menschlicher Erkenntnis überhaupt in weiten Bereichen der empirischen Wissenschaften allgemein gültige Gesetze oder Erfahrungswerte noch nicht zuverlässig ermittelt sind.[12] Im **Strafrecht** gilt Ähnliches.[13]

13

Sämtlichen **Prognosemethoden** ist gemeinsam, dass sich bei den Extremgruppen (Vielzahl oder Mangel an negativen Faktoren) am ehesten Aussagen machen lassen; der Komplexität der Abläufe im Mittelfeld vermochten sie bisher nur sehr einge-

14

---

8 *Stelkens,P., Bonk, H. J.* und *Sachs, M.* (1990) § 24 Rn 7; *Eyermann, E.* und *Fröhler, L.* (1988) § 108 Rn 4.
9 BVerwG 22.10.1981.
10 *Fürst, W.* (1970) S. 66.
11 *Eisenberg, U.* (1975) § 5 Rn 31.
12 *Ladeur, K.-H.* (1985).
13 Siehe unter § 12 Rn 36 ff.

schränkt näher zu kommen.[14] Das breite Mittelfeld von „Fraglich"-Prognosen wird also flankiert von wenigen ausnahmsweise möglichen „Gut"- oder „Schlecht"-Prognosen.[15]

15 Für die rechtliche Würdigung der der Prognose zugrunde zu legenden Tatsachen ist zu erwägen, mit welchem Wahrscheinlichkeitsgrad sie festgestellt werden müssen und welche Möglichkeiten bestehen, bedingte Eignung zum Führen von Kraftfahrzeugen anzunehmen, wenn weder völlige Eignung noch völlige Nichteignung zum Führen von Kraftfahrzeugen prognostiziert werden kann.

16 Die Prognosesicherheit wird primär bestimmt durch die Beachtung rückfallbegünstigender und rückfallhemmender Persönlichkeitsmerkmale, wie sie in umfangreichen Evaluationsstudien[16] ermittelt worden sind und in den Beurteilungskriterien[17] für die Urteilsbildung in der medizinisch-psychologischen Fahreignungsdiagnostik beschrieben werden.

a) Rückfallwahrscheinlichkeit

17 Die Prognosestellung ist eine Abwägung von Rückfall- und Entlastungsfaktoren.[18] Die Rückfallwahrscheinlichkeit alkoholauffälliger Kraftfahrer und Kraftfahrer mit hohem Punktestand ist zwischenzeitlich durch Evaluationsstudien in einem Ausmaß ermittelt worden, dass sie nunmehr zuverlässig erkannt werden kann. *Jacobshagen, W.* und *Utzelmann, H. D.*[19] haben festgestellt, welche Prädiktoren die Rückfallwahrscheinlichkeit dieser Personengruppe von Kraftfahrern bestimmen.

Utzelmann, H. D. und *Brenner-Hartmann, J.*[20] konnten drei Aspekte der Prognosebeurteilung dieser Personengruppe statistisch gesichert ermitteln: Es sind dies das Aggressionspotential und die Neigung zur Durchsetzung eigener Interessen, die Gleichgültigkeit gegenüber rechtlichen Regelungen mit einer Schutzwirkung zugunsten anderer sowie der Zusammenhang der Straftat mit Alkohol und Drogen.

Schade, F. fand bei der Analyse der Eintragungen im Verkehrszentralregister einen weiteren Prognoseprädiktor des habituellen Verkehrsrisikos: Die Anzahl der Eintragungen im Verkehrszentralregister.[21] Das Rückfallrisiko für eine Personengruppe, die

---

14 *Eisenberg, U.* (1975) § 5 Rn 32.
15 *Frisch, W.* (1983), S. 49.
16 *Jacobshagen, W.* und *Utzelmann, H. D.* (1997).
17 *Schubert, W.* und *Mattern, R.* (2005).
18 *Winkler, W.* (1998).
19 *Jacobshagen, W.* und *Utzelmann, H. D.* (1997).
20 *Utzelmann, H. D.* und *Brenner-Hartmann, J.* (2005).
21 *Schade, F.* (2005), siehe auch § 7 Rn 127.

durch Verkehrsdelikte auffällig geworden ist, ist nicht identisch mit der bei ihr tatsächlich ermittelten, d.h. aktenkundig gewordenen Rückfallzahl.

Rückfallzahlen sind u.a. von folgenden Faktoren abhängig:

aa) Verfolgungsintensität

Die Dichte der Verkehrsüberwachung für einzelne Verkehrsdelikte weist extreme Unterschiede auf. Die Verfolgungsintensität gegenüber dem Delikt Trunkenheit am Steuer war z.B. in den Jahren 1979 bis 1981 in Nordrhein-Westfalen sechsmal höher als in Bayern.[22]

bb) Dunkelziffer

In Zusammenhang mit der Verfolgungsintensität steht die Dunkelziffer, d.h. die Zahl der nicht erfassten Fehlverhaltensweisen im Straßenverkehr. Für das Verkehrstrunkenheitsdelikt wird die Dunkelziffer unterschiedlich hoch geschätzt (zwischen 1:50 und 1:700). Eigene Angaben von Personen, die wiederholt durch Trunkenheit am Steuer verkehrsauffällig wurden, ergeben für das Jahr vor der letzten Bestrafung im Mittel 51 Fahrten mit mehr als 0,8 ‰ Blutalkoholgehalt.[23]

Neuere Untersuchungen haben ergeben, dass „von ca. 600 Fahrten mit mindestens 0,8 ‰ nur eine entdeckt wird".[24] Selbst bei tödlich verlaufenden Verkehrsunfällen hat die Polizei offenbar erhebliche Schwierigkeiten, alkoholisierte Fahrer zu identifizieren.[25]

cc) Individuelle Veränderung situativer Lebensbedingungen

Verkehrsverhalten steht in enger Beziehung zu den situativen Lebensbedingungen. Ändern sich diese, z.B. durch berufliche oder familiäre Entwicklungen, kann es zu Verbesserungen wie zu Verschlechterungen der Bedingungen der Verkehrsteilnahme kommen.

dd) Individuelle Veränderungen personengebundener Bedingungen

Ebenso wie die situativen Bedingungen beeinflussen personengebundene Veränderungen – insbesondere gesundheitliche Stabilisierung, Eintritt eines Krankheitsbildes,

---

22 *Winkler, W., Jacobshagen, W.* und *Nickel, W.-R.* (1988).
23 *Winkler, W.* (1981).
24 *Kazenwadel, J.* und *Vollrath, M.* (1995).
25 *Williams, A. F.* und *Wells, J. K.* (1993).

Veränderungen des Lebensalters usw. – die Rückfallwahrscheinlichkeit in ein Verkehrsdelikt.

ee) Anreizsituationen

23 Je höher die Zahl der zu bewältigenden Situationen, die zum Fehlverhalten **anreizen** – z.B. im Trink-Fahr-Konflikt –, desto größer ist die Wahrscheinlichkeit eines Rückfalls. Anreizsituationen sind erkennbar z.b. in der Zahl der zurückgelegten Kilometer (Gefahrenexposition) oder in den regionalen Trinkgewohnheiten.[26]

ff) Gefährdung durch Dritte

24 Ob es zu einem Verkehrsunfall und damit zur Registrierung eines Rückfalls kommt, hängt vielfach davon ab, ob der Kraftfahrer durch Dritte gefährdet wird. Rückfallzahlen müssen daher in Verbindung gebracht werden mit den jeweiligen Verkehrsbedingungen, unter denen der betroffene Kraftfahrer am motorisierten Straßenverkehr teilnimmt.

gg) Deliktstruktur

25 Obgleich das Delikt „Überschreitung der zulässigen Höchstgeschwindigkeit" große Ähnlichkeit hat mit einer Unfallbeteiligung infolge überhöhter Geschwindigkeit, müssen beide Fehlverhaltensweisen bei der Bestimmung der Rückfallhäufigkeit differenziert betrachtet werden, um zu statistisch brauchbaren Aussagen über die Rückfallzahlen zu gelangen.

hh) Täter

26 Wie die Deliktstruktur bedarf die „Täterstruktur" bei der Beurteilung von Rückfallzahlen der Beachtung. Der Rückfall eines Alkoholkranken in ein Verkehrstrunkenheitsdelikt ist anders zu bewerten als die Rückfallzahlen von Personen, die als Nichtalkoholgeschädigte mit Trunkenheit am Steuer auffällig geworden sind.[27]

27 Die genannten Faktoren führen daher zu erheblichen Schwierigkeiten, das Rückfallrisiko für bestimmte Tätertypen sowie die Rückfallwahrscheinlichkeit eines einzelnen Verkehrsdelinquenten zu ermitteln. Das bedeutet nicht, dass Voraussagen über die Rückfallwahrscheinlichkeit bestimmter Merkmalskonstellationen aufgrund von Prädiktoren unmöglich oder Einzelfallprognosen – wie *Müller*[28] meint – ausgeschlossen

---

26 *Winkler, W.; Jacobshagen, W.* und *Nickel, W.-R.* (1988).
27 *Haffner, H.-Th.* (1993).
28 *Müller, A.* (1993).

sind. Es bedarf dazu vielmehr einer differenzierten Aufgliederung der Merkmalsgruppen sowohl bei den jeweiligen Verkehrsdelinquenten als auch bei den von ihnen verursachten Verkehrsdelikten und einer differenzierten Analyse der Einflüsse unterschiedlicher Bedingungen auf die Rückfallquoten.

Zu Recht hat das Bundesverwaltungsgericht[29] die Bedeutung der Rückfallwahrscheinlichkeit für die Beurteilung der Faheignung im Einzelfall relativiert und auf die Notwendigkeit einer umfassenden Persönlichkeitswürdigung hingewiesen, wobei die Rückfallwahrscheinlichkeit als nur „eine Tatsache neben anderen Umständen" charakterisiert wird. 28

b) Würdigung der Gesamtpersönlichkeit

Medizinische und psychologische Befunde bedürfen ebenso wie aktenkundig gewordene Fehlverhaltensweisen, die als rückfallbegünstigende Risikofaktoren erkannt sind, z.B. wiederholtes Fahren ohne Fahrerlaubnis bei mehrfacher Bestrafung wegen Trunkenheit am Steuer,[30] der Einbettung in die Gesamtpersönlichkeit des mit Eignungsmängeln behafteten Kraftfahrers und seine situativen Lebens- und Verkehrsteilnahmebedingungen. 29

Der Gutachter hat dabei nicht nur das kumulative oder kompensatorische Zusammenwirken einzelner Faktoren zu beachten, wie dies z.B. in den Begutachtungs-Leitlinien zur Kraftfahreignung besonders in Grenzfällen gefordert wird. Er muss auch die Möglichkeiten der Defizitkorrektur durch Maßnahmen der Rehabilitation oder Therapie sowie durch Veränderungen der situativen Bedingungen in die Würdigung der Gesamtpersönlichkeit einbeziehen. 30

Dieser Zielvorstellung der Begutachtung von Eignungsmängeln wird vielfach nur eine gemeinsame medizinische und psychologische Untersuchung gerecht, die dem Idealbild einer „erschöpfenden Einzelfalluntersuchung", wie sie *Maukisch*[31] für den Alkoholtäter fordert und beschreibt, am ehesten entspricht. 31

Die „erschöpfende Einzelfalluntersuchung" steht nicht im Widerspruch zur „anlassbezogenen Untersuchung", die nach den Grundsätzen der Eignungsrichtlinien zu erfolgen hat. Untersuchungsanlass sind die von der Verwaltungsbehörde geltend gemachten Zweifel an der Fahreignung im Hinblick auf ihr Sichtbarwerden – z.B. in Form eines Verkehrsdelikts – und im Hinblick auf ihr Rückfallpotenzial – z.B. in Form der 32

---

29 Siehe unter § 3 Rn 35 ff.
30 *Winkler, W.* und *Jacobshagen, W.* (1984); *Jacobshagen, W.* und *Utzelmann, H. D* (1996).
31 *Maukisch, H.* (1992).

Wiederholung weiterer Fehlverhaltensweisen. Würdigung der Gesamtpersönlichkeit heißt z.b. beim Verkehrstrunkenheitsdelikt

- die Aufklärung der Genese des Fehlverhaltens innerhalb der Fahrervorgeschichte,
- die Analyse der Tatumstände in der Person des auffälligen Kraftfahrers und seiner Lebensbedingungen,
- das Auffinden der ihnen mutmaßlich zugrunde liegenden Ursachen,
- die Erkenntnis der zwischenzeitlich vom Verkehrsdelinquenten vorgenommenen Aufklärung und ggf. Beeinflussung der Ursachen,
- die Beurteilung der ein solches Vorhaben fördernden oder sie behindernden Persönlichkeitseigenarten und situativen Bedingungen,
- die Abwägung rückfallhemmender und rückfallbegünstigender Faktoren im Gesamtbefund der personalen wie der situativen Bedingungen und
- die Einschätzung der zu erwartenden Entwicklung der genannten Risikofaktoren.

33 Die so erarbeitete Würdigung der Eignungsbefunde im Rahmen der Gesamtpersönlichkeit des Untersuchten ermöglicht weitgehend die zu Recht geforderte Einzelfallgerechtigkeit, wenngleich wegen der mangelnden Verlässlichkeit der Kriterien „Unfall" und „Bestrafung wegen eines Verkehrsdeliktes" sowie der fehlenden Registrierung delikttfreien Konfliktverhaltens im Straßenverkehr die Möglichkeit einer zuverlässigen individuellen Rückfallprognose begrenzt bleibt.[32]

c) Wahrscheinlichkeitsmaßstab

34 Vom **prozessualen** Wahrscheinlichkeitsmaßstab, der bei Feststellung der Entscheidungsgrundlagen anzuwenden ist („mit an Sicherheit grenzende Wahrscheinlichkeit"),[33] zu trennen ist der **materielle** Wahrscheinlichkeitsmaßstab für die Annahme einer Gefährlichkeit. Denn welches von Kraftfahrern herrührende Ausmaß an Gefahren im Straßenverkehr hingenommen werden kann, muss oder soll, bestimmt der Gesetzgeber in den von ihm vorgegebenen Tatbestandsvoraussetzungen.[34] Da der Gesetzgeber insoweit keine speziellen Vorgaben beschreibt, kann dieser materielle Wahrscheinlichkeitsmaßstab nur durch Auslegung näher konkretisiert werden, die dann ihrerseits wieder zu so allgemeinen Definitionen führt wie „Wiederholungswahrscheinlichkeit im Sinne eines gesteigerten, überwiegenden Grades der Möglichkeit"[35] oder „nahe durch Tatsachen begründete Wahrscheinlichkeit des Eintritts eines Schädigungsereignisses".[36]

---

32 *Müller, A.* (1993).
33 Siehe unter § 8 Rn 9.
34 *Stelkens, P., Bonk, H. J.* und *Sachs, M.* (1990) § 24 Rn 8.
35 Siehe unter § 3 Rn 348.
36 Siehe unter § 3 Rn 349.

Für die (prozessuale) Feststellung der Tatsachen, deren Würdigung zur Annahme solcher (materiell wahrscheinlicher) Gefährlichkeit führt, ist ein Rückgriff auf die **interaktionistische Betrachtungsweise**[37] hilfreich: 35

aa) Persönlichkeit

Über die Persönlichkeitsstruktur des Fahrerlaubnisbewerbers oder -inhabers muss sich der entscheidende Beamte oder Richter die volle Überzeugung verschaffen. Entscheidungserhebliche Persönlichkeitsmerkmale muss er mit an Sicherheit grenzender Wahrscheinlichkeit feststellen. 36

bb) Situation

Für die Feststellung der Situationen, in denen sich der Fahrerlaubnisbewerber oder -inhaber im Straßenverkehr bewegt und bewegen wird, gilt nichts anderes. Über insoweit in Betracht kommende Gegebenheiten muss sich der entscheidende Beamte oder Richter ebenfalls volle Gewissheit verschaffen. 37

cc) Abwägung

Erst bei Beurteilung dieser beiden für die Gefährlichkeit des Kraftfahrers wesentlichen Elemente wird auf die (prozessuale) an Sicherheit grenzende Wahrscheinlichkeit verzichtet. Denn dabei geht es nicht mehr um Feststellung von Tatsachen, sondern um wertende Voraussicht, ob und ggf. wie häufig der Fahrerlaubnisbewerber oder -inhaber im Straßenverkehr künftig in Situationen gerät, in denen er wegen seiner Persönlichkeitsstruktur entweder unauffällig bleiben oder aber versagen wird. Bei dieser Bewertung „an Sicherheit grenzende Wahrscheinlichkeit", „höhere Wahrscheinlichkeit" oder „gesteigerte, überwiegende Möglichkeit" zu fordern, erscheint deplatziert; für diese Abwägung reicht eine nach den konkreten Umständen des Falls **realistische, nahe liegende Möglichkeit** aus.[38] 38

d) Annahme bedingter Eignung

Bei solcher Abwägung von Umständen, die für oder gegen künftige Gefährlichkeit des Kraftfahrers sprechen, ist zu beachten, dass jemand zum Führen von Kraftfahrzeugen nur unter bestimmten Bedingungen geeignet sein kann, also nur bedingt geeignet ist.[39] 39

---

37 Siehe unter § 3 Rn 359 ff.
38 Das meint offenbar auch *Frisch, W.* (1983) S. 76. Zwar äußert er sich so zur Beurteilung der „situativen Seite", zielt aber doch wohl mehr auf die Abwägung.
39 Siehe unter § 3 Rn 46 ff.

§ 8   Beweiswürdigung im Fahrerlaubnis-Verwaltungsverfahren

40 So gibt es besonders im verkehrsmedizinischen Bereich eine große Zahl von Indikatoren, die eine bedingte Eignung nahe legen.[40] Ob es hinreichend sichere Indikatoren auch für die Beurteilung der charakterlichen Eignung gibt, ist noch umstritten. Den Optimismus von *Stephan*,[41] insbesondere auch bei alkoholauffälligen Kraftfahrern mithilfe psychologischer Diagnostik außer charakterlich Geeignete und Ungeeignete auch charakterlich bedingt Geeignete identifizieren zu können, scheinen andere Sachkenner nicht zu teilen. *Barthelmess*[42] hält die psychologische Diagnostik nicht für so leistungsfähig wie *Stephan, Weigelt, Buchholtz* und *Preusser*[43] meinen sogar, dass im charakterlichen Bereich der Gedanke der bedingten Eignung im Sinne einer Teilbarkeit des Charakters nur in Ausnahmefällen Berechtigung besitzt.

41 Bedingte Eignung setzt ein hohes Maß an Zuverlässigkeit voraus. Der nur bedingt geeignete Kraftfahrer muss nämlich die „Bedingungen" sorgfältig einhalten, um nicht als „Ungeeigneter" ein Kraftfahrzeug zu führen. Darum ist vor Annahme einer bedingten Eignung jeweils die Frage zu prüfen, ob der betreffende Kraftfahrer auch diejenige Zuverlässigkeit besitzt, die erforderlich ist, um die ihm vorgeschriebenen Bedingungen des Führens von Kraftfahrzeugen einzuhalten, z.B. die Korrekturbrille zu tragen, festgelegte Höchstgeschwindigkeiten nicht zu überschreiten, Fahrten nur auf bestimmten Straßenabschnitten zu unternehmen usw.[44]

42 Liegen Mängel der Fahreignung im Bereich derjenigen Persönlichkeitsfaktoren, die diese Zuverlässigkeit gewährleisten, so sind die Voraussetzungen für eine Fahrerlaubnis unter Auflagen nicht gegeben.[45] Dies ist z.B. der Fall bei Kraftfahrern, die durch ein oder gar mehrere Verkehrstrunkenheitsdelikte gezeigt haben, dass ihnen eine klare Trennung von Alkoholkonsum und motorisierter Straßenverkehrsteilnahme nicht möglich ist. Sie können allenfalls durch Teilnahme an einem Rehabilitationskurs[46] ihre Kraftfahreignung wiederherstellen. Doch sollte die Wiedererteilung der Fahrerlaubnis dann nur unter der Auflage einer Nachuntersuchung erfolgen.[47]

43 Alkoholtrinkkontrolle ist gerade nicht primär von konkreten Situationen abhängig, sondern, wie vielfältige Untersuchungen gezeigt haben,[48] von chronifizierten Orientierungs- und Verhaltensmustern, d.h. überdauernden Persönlichkeitseigenarten.

---

40 *Weigelt, K.-G., Buchholtz, U.* und *Preusser, W.* (1991) S. 59 unter Hinweis auf das Gutachten „Krankheit und Kraftverkehr".
41 *Stephan, E.* (1989a) und (1989b).
42 *Barthelmess, W.* (1990) S. 353.
43 *Weigelt, K.-G., Buchholtz, U.* und *Preusser, W.* (1991) S. 59.
44 Siehe unter § 9 Rn 8 ff. und 36 ff.
45 *Barthelmess, W.* (1990); *Weigelt, K.-G., Buchholtz, U.* und *Preusser, W.* (1991) S. 59.
46 Siehe unter § 15 Rn 79 ff.
47 Siehe unter § 3 Rn 55.
48 *Kretschmer-Bäumel, E.* und *Karstadt-Henke, S.* (1986).

Annahme bedingter Eignung setzt daher jeweils eine sorgfältige Abwägung der die Eignung stabilisierenden und der sie labilisierenden Faktoren und Tatbestände voraus.

2. Auswertung von Gutachten

Von erheblicher Bedeutung bei der Beweiswürdigung sind Gutachten von Sachverständigen, weil sich aus ihnen sowohl entscheidungserhebliche Tatsachen als auch Hinweise für deren Bewertung ergeben. Der Sachverständige kann dem zur Entscheidung berufenen Verwaltungsbeamten oder Richter allerdings die Beweiswürdigung nicht abnehmen. Denn sein Gutachten ist nur Hilfsmittel für deren eigene Urteilsbildung.[49]

Medizinisch-naturwissenschaftliche Erkenntnisse sind allerdings für den Richter bindend.[50] Das gilt auch für Gesetze der Logik sowie in den maßgebenden Fachkreisen allgemein und zweifelsfrei als richtig anerkannte unabweisbare Erfahrungssätze und feststehende wissenschaftliche Erkenntnisse. Im Übrigen ist der Richter in der Würdigung des Beweiswerts des Gutachtens frei, sofern es auf einer tragfähigen Tatsachengrundlage beruht. Den Beweiswert der Untersuchungsmethoden und -ergebnisse hat er im Einzelnen festzustellen. Diese Grundsätze hat der Bundesgerichtshof in mehreren Entscheidungen[51] hervorgehoben und in einer weiteren Entscheidung[52] ausgeführt: Will der Richter vom Ergebnis des Gutachtens abweichen, so muss ein weiterer Gutachter nicht gehört werden, wenn bereits das erste Gutachten dem Richter die Sachkunde vermittelt hat, welche ihn zu einer eigenen Beurteilung der Fachfrage in die Lage setzt.

a) Umfassende Nachprüfung

Die umfassende Nachprüfung des Gutachtens durch den Beamten oder Richter ist deshalb unabdingbar.

Zumindest missverständlich ist die Darstellung von *Stephan*,[53] die „Erstellung der Verkehrsprognose" sei Aufgabe des „hierfür durch seine naturwissenschaftliche Ausbildung und des empirischen Kenntnisstands seiner Fachdisziplin Psychologie qualifizierten Sachverständigen" und lediglich die daran anknüpfende „Wagniswürdigung" sei Aufgabe der „Instanzen, denen vom Gesetzgeber die Aufgabe der Eignungsbeur-

---

49 Siehe unter § 6 Rn 47 ff.
50 Siehe unter § 3 Rn 28.
51 Z.B: Neue Zeitschrift für Strafrecht 1993, 395; BGHSt 37, 157 = NJW 1990, 2944; BGHSt 38, 320 = NJW 1992, 2976; Neue Zeitschrift für Strafrecht 1994, 554.
52 BGHSt 12, 18 = NJW 1958, 1596.
53 *Stephan, E.* (1993a) S. 42.

teilung übertragen ist (Strafgerichte, Verwaltungsbehörden und Verwaltungsgerichte)". Da der Gesetzgeber allein die von *Stephan* so genannten „Instanzen" mit der umfassenden Eignungsbeurteilung betraut hat – und nicht etwa zusätzlich auch noch „Sachverständige" mit solcher Beurteilung vorausgehender „Verkehrsprognose" – haben die „Instanzen" auch die zu ihrer Eignungsbeurteilung gehörende Prognose selbst zu stellen. Sachverständige können dazu allenfalls von ihnen kraft ihrer Sachkunde ermittelte Tatsachen und Überlegungen zur Bewertung dieser Tatsachen aus Sicht ihrer Fachdisziplin beisteuern.

47 Unbedingt festzuhalten ist an der Differenz zwischen verstehen und bewerten. Das meint *Bock*[54] im Rahmen seiner Überlegungen zur dogmatischen Bedeutung unterschiedlicher Arten empirischen Wissens bei prognostischen Entscheidungen im Strafrecht. Seine Darlegungen können aber auch übertragen werden auf das Verwaltungsrecht und speziell das Fahrerlaubnisrecht (wobei hier weniger an den Richter als an den in erster Linie zur Entscheidung berufenen Verwaltungsbeamten zu denken wäre):

> „Das Verstehen prinzipiell jedes Menschen, also sowohl des Erfahrungswissenschaftlers wie auch des Richters, ist zunächst ein theoretischer Akt der inneren Nachbildung der teleologischen und motivationalen Struktur fremden Handelns oder Erlebens im eigenen Bewusstsein. D.h. das Verstehen schließt zwar (unter anderem) die Kenntnis der Werte, der ethischen Maximen und Stellungnahmen auf der Seite des Gegenstandes ein, bedeutet aber nicht schon seinerseits eine wertende Stellungnahme zu diesen Werten oder ethischen Maximen …
>
> Die Aufgabe des Wissenschaftlers oder ggf. auch des Sachverständigen ist damit schon fast beendet. Er kann allenfalls noch mögliche wertmäßige Konsequenzen und damit die Bedeutung des Verstandenen aufzeigen. Aber wenn und indem er Verstehen fördert und Bedeutung erschließt, ermöglicht und fordert er geradezu heraus, dass die Menschen als Kriminalpolitiker, als Richter oder als Rechtsgenossen im alltäglichen moralischen Urteil nun ihrerseits in einem Akt wertender Stellungnahme die verstandenen ethisch relevanten Aspekte des Handelns mit Werten in Beziehung setzen."

48 Übertragen auf die Entscheidung über die künftige Gefährlichkeit eines Fahrerlaubnisbewerbers oder -inhabers bedeutet dies, dass der Sachverständige sich auf das Aufzeigen von Prognosetatsachen beschränken und deren Bewertung – und damit die Stellung der Prognose – dem entscheidenden Beamten oder Richter überlassen muss.

---

54 *Bock, M.* (1990) S. 463.

b) Literaturstudium

Eine Auseinandersetzung mit den im Gutachten vertretenen Auffassungen ist anhand allgemein zugänglicher Literatur möglich. Ein Beispiel für solche Vorgehensweise liefert das **Bundesverfassungsgericht**:[55] In der 3. und 4. Auflage des Gutachtens „Krankheit und Kraftverkehr"[56] wird unter anderem ausgeführt, auch bei einmaliger Zufuhr von Haschisch könne es nach einem symptomfreien Intervall von mehreren Tagen zu einem Wiederaufflammen der Rauschsymptome (flash-back, Echorausch) kommen. Nach Auffassung des Bundesverfassungsgerichts deuten neuere Untersuchungen darauf hin, dass diese Ausführungen zumindest überprüfungsbedürftig sind.[57] In der 5. Auflage des Gutachtens „Krankheit und Kraftverkehr"[58] waren sie auch nicht mehr enthalten.

49

c) Abweichen vom Gutachten

Hält der Verwaltungsbeamte oder Richter das Gutachten für falsch, kann er es gleichwohl nicht einfach übergehen.

50

So bedarf nach Auffassung des **Bundesverwaltungsgerichts**[59] z.B. die Frage mangelnder **Fahreignung infolge langjährigen Alkoholgenusses** „in aller Regel einer **fachwissenschaftlichen medizinischen und psychologischen Überprüfung**, zu der ein Richter nicht in der Lage ist"; vor einer dem Gutachten einer medizinisch-psychologischen Untersuchungsstelle widersprechenden abschließenden Eignungsbeurteilung müssen deshalb weitere Ermittlungen angestellt werden, z.B. die Gutachter zu einer ergänzenden schriftlichen Stellungnahme oder zur Erläuterung des Gutachtens in der mündlichen Verhandlung aufgefordert oder ggf. ein Obergutachten eingeholt werden.

51

Ein Verwaltungsgericht besitzt nach Auffassung des **Bundesverwaltungsgerichts**[60] in aller Regel auch nicht die **medizinisch-psychiatrischen Fachkenntnisse**, um aus eigener Sachkunde die Feststellungen einer medizinisch-psychologischen Untersuchungsstelle über eine altersbedingte psychoseähnliche Erkrankung und deren Auswirkungen auf die Leistungsfähigkeit im Straßenverkehr zu widerlegen. Die in diesem Fall erfolgte Durchführung einer praktischen Fahrprobe in der mündlichen Verhandlung ohne Zuziehung eines amtlich anerkannten Sachverständigen oder Prüfers für den Kraftfahrzeugverkehr hält das Bundesverwaltungsgericht nur dann für eine zuläs-

52

---

55 BVerfG 24.06.1993.
56 Bundesminister für Verkehr [Hrsg.] (1985) und (1992).
57 Siehe unter § 3 Rn 220.
58 Bundesministerium für Verkehr [Hrsg.] (1996).
59 BVerwG 27.09.1991.
60 BVerwG 17.09.1987.

sige Aufklärungsmaßnahme, wenn das Gericht ausnahmsweise selbst über die erforderliche Sachkunde zur Beurteilung der praktischen Fahrfertigkeiten verfügt – was das Gericht im Urteil aber nicht dargelegt hatte.

III. Beweislast

53 Aus dem Untersuchungsgrundsatz[61] folgt, dass es im Verwaltungsverfahren und Verwaltungsgerichtsverfahren grundsätzlich **keine prozessuale Beweislast** (Beweispflicht) gibt. In einem von diesem Grundsatz beherrschten Verfahren muss die Behauptung eines Beteiligten auch dann berücksichtigt werden, wenn für sie kein Beweismittel bezeichnet wird. Beweislast bedeutet im Verwaltungs- und Verwaltungsstreitverfahren nicht die Pflicht zur Beweisführung, sondern vielmehr, dass jemand, der sich auf eine für ihn günstige Tatsache beruft, die Folgen gegen sich gelten lassen muss, wenn es ihm nicht gelingt, die Ungewissheit bezüglich dieser Tatsache auszuräumen.[62]

Die **materielle Beweislast** im Fahrerlaubnisrecht ist für Fahrerlaubnisbewerber oder -inhaber unterschiedlich geregelt.

1. Fahrerlaubnisbewerber

54 Diesen trifft seit dem 01.01.1999 die materielle Beweislast in vollem Umfange.

Das war hinsichtlich der Eignung zum Führen von Kraftfahrzeugen bis Ende 1998 nicht der Fall. Denn nach der bis dahin geltenden Vorschrift des § 2 Abs. 1 S. 2 StVG wurde diesbezüglich lediglich verlangt, dass nicht Tatsachen vorliegen, die die Annahme rechtfertigen, dass er (der Bewerber) zum Führen von Kraftfahrzeugen ungeeignet ist. Das Gesetz ging also von der Eignung des Bewerbers aus (Eignungsvermutung). Danach musste nicht der Bewerber um eine Fahrerlaubnis seine Eignung beweisen. Vielmehr trug die Fahrerlaubnisbehörde grundsätzlich die Beweislast für die Nichteignung.[63]

55 Seit dem 01.01.1999 wird nun in § 2 Abs. 2 S. 1 Nr. 3 StVG für die Erteilung einer Fahrerlaubnis positiv gefordert, dass der Bewerber zum Führen von Kraftfahrzeugen geeignet ist. In der Begründung der Bundesregierung zu der Neuregelung[64] ist aus-

---

61 Siehe unter § 6 Rn 1.
62 *Eyermann, E.* und *Fröhler, L.* (1988) § 86 Rn 5; *Stelkens, P., Bonk, H. J.* und *Sachs, M.* (1990) § 24 Rn 30.
63 Siehe die 2. Auflage dieses Buchs unter § 4 Rn 369 ff.
64 BR-Drs. 821/96, S. 67 = VkBl 1998, 788.

drücklich hervorgehoben, dass diese Änderung bei einer Beweislastentscheidung, d.h. bei nicht aufklärbaren Eignungszweifeln, zu anderen Ergebnissen führen dürfte. Dass es dazu höchst selten kommen dürfte, wie die Bundesregierung hierzu bemerkt, erscheint durchaus zweifelhaft. Gerade in problematischen Fällen wird die Unmöglichkeit, letzte Klarheit über die Kraftfahreignung zu gewinnen, sich anders als bisher zulasten des Fahrerlaubnisbewerbers auswirken.

2. Fahrerlaubnisinhaber

Für diese gelten für die materielle Beweislast unterschiedliche Regelungen: 56

a) Verlängerung der Fahrerlaubnis

Beim Antrag auf Verlängerung einer Fahrerlaubnis sind die dafür erforderlichen Nachweise vom Antragsteller beizubringen.[65] Den Antragsteller trifft deshalb auch die materielle Beweislast für das Vorliegen der durch diese Nachweise zu bestätigenden Voraussetzungen der Fahrerlaubnis auch im Verlängerungszeitraum. 57

b) Entziehung der Fahrerlaubnis

Diese ist nach § 3 Abs. 1 S. 1 StVG nur zulässig, wenn der Fahrerlaubnisinhaber sich als ungeeignet oder nicht befähigt zum Führen von Kraftfahrzeugen erweist. Für mangelnde Eignung oder Befähigung eines Fahrerlaubnisinhabers trifft deshalb die Fahrerlaubnisbehörde die materielle Beweislast: Bei nicht aufklärbaren Eignungszweifeln darf die Fahrerlaubnis nicht entzogen werden. 58

Das entspricht auch der Rechtsprechung des **Bundesverwaltungsgerichts** zu § 4 Abs. 1 StVG a.F., der die Entziehung der Fahrerlaubnis lediglich für den Fall vorschrieb, dass der Fahrerlaubnisinhaber sich als ungeeignet zum Führen von Kraftfahrzeugen erweist. Hierzu hat das **Bundesverwaltungsgericht**[66] ausgesprochen, dass die Behörde für das Vorliegen eines Eignungsmangels die materielle Beweislast trägt. In einer von ihm dazu in Bezug genommenen früheren Entscheidung[67] hat es dies mit der in § 4 Abs. 1 StVG a.F. formulierten Voraussetzung begründet, dass der Eignungsmangel „erwiesen" ist.

Auch nach Ansicht des **Verwaltungsgerichtshofs Baden-Württemberg**[68] kann die in § 4 StVG a.F. vorausgesetzte Ungeeignetheit nur angenommen werden, wenn erwie- 59

---

65 Siehe unter § 5 Rn 33.
66 BVerwG 15.07.1988.
67 BVerwG 18.03.1982 – 7 C 69/81.
68 VGH Mannheim 24.09.1991.

sene Tatsachen vorliegen, die mit ausreichender Sicherheit zu dieser Schlussfolgerung führen, und ist es Sache der Verwaltungsbehörde, den Nachweis der Tatsachen zu führen. Hierzu bezieht er sich auch auf § 24 Abs. 2 LVwVfG und kommt zu dem Schluss: In dem Ausmaß, in dem die Behörde eine Ermittlungspflicht hat, geht eine etwaige Beweislosigkeit auch zu ihren Lasten.

60   Eine **Umkehr der Beweislast** ist allenfalls denkbar, wenn für das Vorliegen einer Tatsache ein typischer Geschehensablauf spricht, mit dessen Hilfe ein **Beweis des ersten Anscheins** erbracht ist. Solche Umkehrung der Beweislast hat das **Bundesverwaltungsgericht**[69] z.B. unter Billigung der Entziehung der Fahrerlaubnis angenommen in einem Fall, in dem die Fahrerlaubnisbehörde nicht aufklären konnte, welche Ursache Schwächeanfälle des Fahrerlaubnisinhabers mit der Folge von Verkehrsunfällen hatten, und dazu ausgeführt:

„Mehrere Bewusstseinsstörungen, deren Ursachen sich nicht aufklären lassen, rechtfertigen die Annahme, dass solche Vorfälle, bei denen der Kraftfahrer nicht mehr Herr seines Kraftwagens ist, auch künftig unvorhergesehenerweise eintreten können. Die Häufung derartiger Vorfälle spricht dafür, dass sie sich auch künftig nicht ausschließen lassen. Daher hat das Bundesverwaltungsgericht bereits in seinem Beschluss vom 14.09.1955 – BVerwG I B 230/53 – die Behauptung des damaligen Klägers, die Ohnmachtsanfälle seien nicht auf epileptische Anfälle zurückzuführen, als unerheblich angesehen. Nach den Regeln über den Beweis des ersten Anscheins entfällt die Annahme, dass der Kraftfahrer auch in Zukunft eine Gefährdung für den Kraftwagenverkehr darstellt, nur dann, wenn feststeht, dass eine bestimmte besondere Ursache den Unfall herbeigeführt haben kann und diese Ursache nach menschlichem Ermessen nicht wieder auftreten wird."

IV. Mitwirkungslast

61   Der Fahrerlaubnisbewerber oder -inhaber ist verpflichtet, alle Nachweise für die Voraussetzungen der Fahrerlaubnis zu erbringen, soweit dem nicht ausnahmsweise rechtliche Grenzen gesetzt sind. Das ist insbesondere von Bedeutung in folgenden Fällen:

1. Gutachtenbeibringung

62   Der Fahrerlaubnisbewerber oder -inhaber muss das Gutachten eines Sachverständigen, dessen Beibringung die Fahrerlaubnisbehörde zu Recht angeordnet[70] hat, der

---

69 BVerwG 29.01.1965.
70 Siehe unter § 6 Rn 52.

Fahrerlaubnisbehörde innerhalb der von ihr bestimmten Frist vorlegen (§ 11 Abs. 6 S. 2 FeV). Tut er das nicht, darf die Fahrerlaubnisbehörde entsprechend der ständigen Rechtsprechung des **Bundesverwaltungsgerichts**[71] auf Nichteignung des Betroffenen schließen (§ 11 Abs. 8 FeV).

a) Bloßes Schweigen

auf die Aufforderung zur Gutachtenbeibringung rechtfertigt allerdings noch nicht den Schluss auf fehlende Mitwirkungsbereitschaft – insbesondere bei nicht durch Übergabe an den Fahrerlaubnisinhaber persönlich sondern durch öffentliche Bekanntmachung zugestellter Aufforderung. Bevor die Fahrerlaubnisbehörde die Fahrerlaubnis wegen Verweigerungshaltung entzieht, muss sie sich Klarheit darüber verschaffen, ob der Fahrerlaubnisinhaber untätig blieb, weil er der Begutachtung ausweichen wollte oder weil er schlicht keine Kenntnis davon hatte, welche Möglichkeit ihm noch offen stand, die Bedenken gegen seine Fahreignung auszuräumen.[72]

63

b) Versäumung von Untersuchungsterminen

Mangelnde Mitwirkung an der Gutachtenerstellung sieht der **Verwaltungsgerichtshof Baden-Württemberg**[73] darin, dass die zu Untersuchende einen ihr vom Gutachter angebotenen Termin nur deshalb nicht wahrgenommen hat, weil er zwei Tage vor Antritt eines Urlaubs und vier Tage vor Weihnachten lag, zumal sie an vier weiteren ihr angebotenen Tagen nicht zur Verfügung stand.

64

c) Verspätete Mitwirkungsbereitschaft

kann dem Schluss auf Ungeeignetheit zum Führen von Kraftfahrzeugen nicht entgegengehalten werden. Hat die Fahrerlaubnisbehörde die Fahrerlaubnis entzogen, weil der Fahrerlaubnisinhaber ein mit Recht gefordertes medizinisch-psychologisches Gutachten nicht beigebracht hat, so kann die nachträgliche Erklärung des Fahrerlaubnisinhabers, zur Beibringung des Gutachtens nunmehr bereit zu sein, allein weder die Aufhebung der Entziehungsverfügung noch die Aussetzung der Vollziehung der Entziehungsverfügung rechtfertigen. Solchenfalls kann der Schluss auf mangelnde Kraftfahreignung vielmehr nur durch Vorlage des – positiven – Gutachtens selbst widerlegt werden.[74]

65

---

71 BVerwG 02.12.1960 – VII C 43.59; BVerwG 15.07.1988.
72 VGH Mannheim 07.12.1990.
73 VGH Mannheim 04.07.1996.
74 VGH Mannheim 01.03.1993 und 11.01.1994.

d) Kostengründe

66 Sie können nur ausnahmsweise der Mitwirkungslast entgegengehalten werden, wie das **Bundesverwaltungsgericht**[75] ausführlich dargelegt hat:

aa) Wirtschaftliche Verhältnisse des Betroffenen

67 Sie können hier **grundsätzlich nicht berücksichtigt** werden, und zwar ebenso wenig wie bei anderen Maßnahmen der Straßenverkehrsbehörde, die im Interesse der Verkehrssicherheit erforderlich sind. Das Gesetz mutet dem Betroffenen diese Kosten ebenso zu wie es ihm zumutet, die Kosten zu zahlen, die zum verkehrssicheren Führen des Kraftfahrzeugs notwendig sind. Deshalb kann demjenigen, der ein Kraftfahrzeug im öffentlichen Verkehr führt und sich dadurch von vornherein den Pflichten und den Kosten dieser Verkehrsart unterwirft, nur unter ganz besonderen Umständen zugebilligt werden, der Aufforderung zur Gutachtenbeibringung entgegenzuhalten, es sei ihm unzumutbar, die Kosten des Gutachtens aus eigenen Mitteln oder mit fremder Hilfe aufzubringen.[76]

bb) Ratenzahlungen

68 für die Gutachtengebühren sollten dem Betroffenen aber ermöglicht werden. *Gehrmann* und *Undeutsch*[77] meinen sogar, auf die Einräumung von Ratenzahlungsmöglichkeiten bestehe ein Rechtsanspruch und die Verweigerung von Ratenzahlungen sei verfassungswidrig.

cc) Darlegungslast

69 für die wirtschaftlichen Verhältnisse obliegt aber dem Betroffenen. Nach der vom Bundesverwaltungsgericht in der letztzitierten Entscheidung dargelegten Ansicht bezieht die Beibringungslast sich nicht nur auf das Gutachten, sondern umfasst auch die Tatsachen, die in seinem besonderen Falle die Zahlung der Kosten des Gutachtens als nicht zumutbar erscheinen lassen. Kommt der Betroffene dieser Darlegungslast nicht nach, so kann von einer grundlosen Weigerung, sich begutachten zu lassen, ausgegangen und die Nichteignung zum Führen von Kraftfahrzeugen als erwiesen angesehen werden.

70 Das Bundesverwaltungsgericht billigte aus diesen Erwägungen die Entziehung der Fahrerlaubnis einer Fahrerlaubnisinhaberin, die der rechtmäßigen Aufforderung zur

---

75 BVerwG 12.03.1985; siehe dazu auch BVerwG 13.11.1997.
76 Siehe dazu auch OVG Hamburg 10.01.1995; OVG Lüneburg 08.03.1995; VG des Saarlandes zfs 1995, 118.
77 *Gehrmann, L.* und *Undeutsch, U.* (1995) Rn 376; siehe dazu auch *Gehrmann* in einer Anmerkung zu der Entscheidung des OVG Lüneburg in NZV 1995, 296.

Gutachtenbeibringung nicht nachgekommen war und die Kosten des Gutachtens in Höhe von 266,25 DM aus finanziellen Gründen in Raten zahlen wollte, gegen die von der Gutachterstelle erklärte Ablehnung dieses Ansinnens aber nicht vorstellig geworden war oder sonst etwas veranlasst hatte.

2. Preisgabe geschützter Daten

Die Mitwirkungslast geht nicht soweit, dass der Betroffene verpflichtet wäre, seine   71
Einwilligung dazu zu geben, dass Daten verwertet werden, die dem allgemeinen Datenschutz oder dem Schutz von Sozialdaten unterliegen.[78]

a) Entbindung des Arztes von seiner Schweigepflicht

Sie kann vom Bewerber um eine Fahrerlaubnis oder vom Inhaber einer Fahrerlaubnis   72
nicht gefordert werden, um so Auskünfte über den Gesundheitszustand zu erhalten.[79]

b) Zustimmung zur Beiziehung von Krankenunterlagen

Auch sie kann vom Fahrerlaubnisbewerber oder -inhaber nicht verlangt werden, selbst   73
wenn der Gutachter die Einsichtnahme in ärztliche Krankenhausentlassungsberichte für erforderlich hält.

Die gegenteilige Ansicht des **Oberverwaltungsgericht Hamburg**[80] entspricht nicht   74
der Rechtslage:

Zwar hat das Bundesverwaltungsgericht in der vom Oberverwaltungsgericht Hamburg zitierten Entscheidung[81] ausgesprochen, dass ein Gutachten, dessen Zweckerfüllung von vornherein mangels ausreichenden Tatsachenmaterials beeinträchtigt sein kann und dessen Verwendbarkeit aus diesem Grunde nicht gesichert ist, nicht erstattet zu werden braucht. In dem vom Bundesverwaltungsgericht entschiedenen Fall hatte jedoch der Betroffene, dem die Vorlage eines medizinisch-psychologischen Eignungsgutachtens aufgegeben worden war, sein Einverständnis dazu verweigert, dass die Fahrerlaubnisbehörde die ihn betreffenden Original-Fahrerlaubnisakten an die Gutachterstelle übersendet. Darauf hatte diese Stelle die Begutachtung abgelehnt. In der deshalb nicht möglichen Vorlage des Gutachtens hat das Bundesverwaltungsgericht mit Recht eine mangelnde Mitwirkung des Betroffenen gesehen mit der Erwägung, die Begutachtung sei infrage gestellt, wenn der Gutachter nur vom Betroffenen aus

---

78 Siehe zu den Einwilligungsmöglichkeiten § 6 Rn 144 ff.
79 OVG Koblenz 03.01.1986; OVG Weimar 30.08.1994.
80 OVG Hamburg 07.07.1994.
81 BVerwG 19.12.1985.

§ 8 Beweiswürdigung im Fahrerlaubnis-Verwaltungsverfahren

den Behördenakten ausgewählte und auch lediglich fotokopierte Vorgänge zur Grundlage des Gutachtens machen darf und es ihm verwehrt ist oder nicht ermöglicht wird, sich von der Behörde diejenigen Verwaltungsvorgänge im Original vorlegen zu lassen, die die rechtserheblichen Tatsachen dartun, aus denen die Behörde die Bedenken gegen die Fahreignung des Betroffenen und damit die Erforderlichkeit der Begutachtung hergeleitet hat.

75 Diese Erwägungen können entgegen der Ansicht des Oberverwaltungsgerichts Hamburg nicht auf den Fall übertragen werden, in dem der Gutachter die Einsichtnahme in ärztliche Krankenhausentlassungsberichte und die Beiziehung diesbezüglicher Krankenunterlagen für erforderlich hält. Denn die Beiziehung solcher Unterlagen ohne Einwilligung des Betroffenen ist mangels gesetzlicher Grundlage nicht erlaubt.[82] Für eine Verpflichtung des Betroffenen, seine Einwilligung zu erteilen, fehlt ebenfalls eine gesetzliche Grundlage, die aber für Beschränkungen des Rechts auf informationelle Selbstbestimmung im überwiegenden Allgemeininteresse nach Art. 2 Abs. 1 GG erforderlich wäre.[83]

76 Durch die Forderung, in die Beiziehung bestimmter Krankenunterlagen durch den Gutachter einzuwilligen, wird der betroffene Fahrerlaubnisinhaber entgegen der Ansicht des Oberverwaltungsgerichts Hamburg unzumutbar in seinem allgemeinen Persönlichkeitsrecht eingeschränkt. Zwar hat er einen Anspruch darauf, dass das Gutachten allein ihm ausgehändigt wird, und damit die Prüfungsmöglichkeit, ob der Gutachter etwa den Gutachtenauftrag überschritten hat, so dass er das Gutachten notfalls zurückhalten kann. Er geht dann allerdings – wie das Oberverwaltungsgericht Hamburg zutreffend bemerkt – das Risiko ein, dass ihm die Fahrerlaubnis entzogen wird. Auf diese Weise kann sicher das allgemeine Persönlichkeitsrecht nicht gewährleistet werden, vielmehr wird auf Umwegen die Preisgabe des Persönlichkeitsrechts erzwungen.

c) Zustimmung zur Verwertung rechtswidrig gewonnener Daten

77 Auch sie kann vom Betroffenen nicht verlangt werden.

Rechtswidrig gewonnene Daten dürfen überhaupt nicht verwertet werden. Auch ihre Übermittlung an Gutachter ist nicht zulässig.[84] Es bedarf deshalb auch nicht des dem Betroffenen von *Gehrmann*[85] zugestandenen Rechts, die Zustimmung zur Eröffnung solcher Daten an den Gutachter zu versagen.

---

82 Siehe unter § 6 Rn 125, 130 ff.
83 Siehe unter § 6 Rn 134 f.
84 Siehe unter § 8 Rn 2 ff.
85 *Berz, U.* und *Burmann, M.* [Hrsg.] Teil 18 D Rn 14.

Gänzlich unverständlich ist die Ansicht von *Gehrmann*, der Betroffene habe bei Versagung seiner Zustimmung zur Mitteilung rechtswidrig gewonnener Daten an den Gutachter die Nachteile zu tragen, die sich aus der Unmöglichkeit der Gutachtenerstattung ergeben, und dem Fahrerlaubnisinhaber müsse wegen mangelnder Mitwirkung an der Sachaufklärung die Fahrerlaubnis entzogen werden. Ist wegen Nichtverwertbarkeit rechtswidrig gewonnener Daten eine Gutachtenerstattung nicht möglich, muss das hingenommen werden. Werden im Gutachten rechtswidrig gewonnene Daten verwertet, muss die Fahrerlaubnisbehörde ohnehin ein Ergänzungsgutachten ohne Berücksichtigung der rechtswidrig gewonnenen Daten veranlassen.[86]

---

86 Siehe unter § 6 Rn 151.

§ 9 Entscheidungen über die Fahrerlaubnis im Verwaltungsverfahren

Im Wesentlichen sind Entscheidungen über die Fahrerlaubnis der Fahrerlaubnisbehörde vorbehalten. Nur die Entziehung der Fahrerlaubnis kann neben der Fahrerlaubnisbehörde auch ein Gericht im Strafverfahren anordnen.[1]

Örtlich zuständig ist nach § 73 Abs. 2 S. 2 FeV, soweit nichts anderes vorgeschrieben ist, die Behörde des Ortes, in dem der Antragsteller oder Betroffene seine Wohnung, bei mehreren Wohnungen seine **Hauptwohnung**, hat (§ 12 Abs. 2 des Melderechtsrahmengesetzes in der Fassung der Bekanntmachung vom 24. Juni 1994 (BGBl I S. 1430), geändert durch Artikel 3 Abs. 1 des Gesetzes vom 12. Juli 1994 (BGBl I S. 1497), in der jeweils geltenden Fassung), mangels eines solchen die Behörde des Aufenthaltsortes.

Die von einer örtlich unzuständigen Behörde (am Ort, an dem der Fahrerlaubnisbewerber sich für 20 Tage mit einer **Nebenwohnung** zum Besuch einer **Ferienfahrschule** angemeldet hat) erteilte Fahrerlaubnis ist rechtswidrig und kann zurückgenommen werden.[2]

Im Verwaltungsverfahren sind folgende Entscheidungen über die Fahrerlaubnis vorgesehen:

I. Erteilung der Fahrerlaubnis

Sind die Voraussetzungen der Fahrerlaubnis aufgrund der vom Bewerber beigebrachten Nachweise und der von der Fahrerlaubnisbehörde vorgenommenen Ermittlungen gegeben, ist die Fahrerlaubnis zu erteilen (§ 2 Abs. 2 S. 1 StVG). Der Fahrerlaubnisbewerber hat also einen Rechtsanspruch auf die Erteilung der Fahrerlaubnis.

Erteilt wird die Fahrerlaubnis durch Aushändigung des Führerscheins[3] oder, wenn der Führerschein nicht vorliegt, ersatzweise durch eine befristete Prüfungsbescheinigung, die im Inland zum Nachweis der Fahrberechtigung dient (§ 22 Abs. 4 S. 7 FeV).

Der Führerschein wird ausgefertigt, wenn alle Voraussetzungen für die Erteilung der Fahrerlaubnis vorliegen (§ 22 Abs. 3 FeV).

---

1 Siehe unter § 12.
2 OVG Hamburg 04.02.2003.
3 Siehe unter § 9 Rn 20 ff.

§ 9 Entscheidungen über die Fahrerlaubnis im Verwaltungsverfahren

5 Die befristete Prüfungsbescheinigung wird ausgehändigt, wenn der Führerschein wegen möglicher Zeitverzögerungen bei der Herstellung des Führerscheins im Scheckkartenformat noch nicht vorliegt.

6 Die Fahrerlaubnis gilt grundsätzlich nur für die Klasse, für die sie erteilt ist.

Doch stellen umfangreiche Vorschriften klar, welche Fahrerlaubnisse auch zum Führen von weniger anspruchsvollen Kraftfahrzeugen berechtigen (§ 6 Abs. 2 bis 6 FeV) und wie nach früherem Recht erworbene Fahrerlaubnisse in das geltende Klassensystem einzuordnen sind (§ 6 Abs. 7 FeV und Anlage 3 der FeV).

Die Fahrerlaubnis ist entweder vollen Umfangs oder mit Einschränkungen zu erteilen.

1. Volle Fahrerlaubnis

7 Sie berechtigt zum ungehinderten Gebrauch der Fahrzeuge, für die sie erteilt worden ist. Vom Vorliegen der dafür erforderlichen Voraussetzung voller Eignung zum Führen von Kraftfahrzeugen geht die gesetzliche Regelung grundsätzlich aus.

2. Eingeschränkte Fahrerlaubnis

8 Ist der Bewerber nur bedingt zum Führen von Kraftfahrzeugen geeignet,[4] so erteilt die Fahrerlaubnisbehörde die Fahrerlaubnis mit Beschränkungen oder unter Auflagen, wenn dadurch das sichere Führen von Kraftfahrzeugen gewährleistet ist (§ 2 Abs. 4 S. 2 StVG). Der Fahrerlaubnisbewerber hat also einen Rechtsanspruch auf die Erteilung einer eingeschränkten Fahrerlaubnis, wenn die Voraussetzungen dafür gegeben sind.

9 Art und Umfang der Beschränkungen oder Auflagen hängen von den Umständen des Einzelfalls ab. Nach § 23 Abs. 2 S. 1 FeV darf die Fahrerlaubnisbehörde die Fahrerlaubnis nur soweit wie **notwendig** beschränken und auch nur die **erforderlichen** Auflagen anordnen. Anhaltspunkte dafür werden sich in der Regel aus Gutachten ergeben.[5]

Beschränkungen oder Auflagen werden in den Führerschein mit den in Anlage 9 der FeV festgelegten Schlüsselzahlen[6] eingetragen.

---

4 Siehe unter § 3 Rn 46 ff.
5 Siehe unter § 7 Rn 333.
6 Siehe unter § 9 Rn 24.

§ 9 Entscheidungen über die Fahrerlaubnis im Verwaltungsverfahren

a) Beschränkungen

Sie beziehen sich auf das Kraftfahrzeug. **10**

Die Fahrerlaubnis kann innerhalb der jeweiligen Fahrerlaubnisklassen auf einzelne Fahrzeugarten beschränkt werden (§ 6 Abs. 1 S. 2 FeV). Zusätzlich bestimmt § 23 Abs. 2 S. 2 FeV, dass die Beschränkung sich auf eine bestimmte Fahrzeugart erstrecken kann. Solche Beschränkungen sind in Anlage 9 der FeV unter den Schlüsselzahlen Nr. 72 bis 77 und 79 aufgeführt.

Die Fahrerlaubnis ist auf das Führen von Kraftfahrzeugen mit automatischer Kraft- **11** übertragung zu beschränken, wenn das bei der Prüfungsfahrt verwendete Kraftfahrzeug mit automatischer Kraftübertragung ausgestattet war; jedoch gilt dies nicht bei der Fahrerlaubnis der Klasse M (§ 17 Abs. 6 S. 1 FeV). Solche Beschränkung ist in Anlage 9 der FeV unter der Schlüsselzahl Nr. 78 aufgeführt.

Für die in § 23 Abs. 2 S. 2 FeV erwähnte Beschränkung auf ein bestimmtes Fahrzeug **12** sieht die Liste der Schlüsselzahlen in Anlage 9 der FeV entweder die Angabe der Fahrzeugidentifizierungsnummer (Nr. 50) oder des amtlichen Kennzeichens (Nr. 51) vor.

Für die in § 23 Abs. 2 S. 2 FeV erwähnte Beschränkung auf ein bestimmtes Fahrzeug mit besonderen Einrichtungen enthält die Anlage 9 der FeV unter Nr. 10 bis 43 Schlüsselzahlen für Anpassungen von Schaltung, Kupplung, Bremsmechanismen, Beschleunigungsmechanismen, Bedienvorrichtungen, Lenkung, Rückspiegel und Fahrersitz sowie unter Nr. 44 für Anpassungen des Kraftrades.

In Anlage 4 der FeV werden die Beschränkung auf bestimmte Fahrzeugarten oder **13** Fahrzeuge bei Bewegungsbehinderungen (Nr. 3) und die Beschränkung auf einen Fahrzeugtyp bei einer bestimmten Art von Herzleistungsschwäche (Nr. 4.5.2) ausdrücklich erwähnt.

b) Auflagen

Sie beziehen sich auf die Person des Kraftfahrers. **14**

In Anlage 4 der FeV werden als Auflagen bei verschiedenen Erkrankungen und Män- **15** geln ärztliche Betreuung und Kontrollen sowie Nachuntersuchungen benannt. Diesbezügliche Auflagen dienen der Überprüfung, ob sich eine günstige Prognose bestätigt, wie für Sonderfälle entsprechender Gutachtenempfehlungen in Anlage 15 der FeV unter Nr. 1f S. 6 ausdrücklich hervorgehoben wird.

Zur Eintragung solcher Auflagen in den Führerschein steht die in Anlage 9 der FeV unter Nr. 104 aufgeführte Schlüsselzahl zur Verfügung mit der Bezeichnung „Muss ein gültiges ärztliches Attest mitführen".

16 Umkreis- und Tageszeitbeschränkungen werden in Anlage 4 der FeV nur bei einer bestimmten Art von Herzleistungsschwäche (Nr. 4.5.2) ausdrücklich erwähnt. Sie können aber auch in sonstigen Fällen angezeigt sein. Anlage 9 der FeV sieht insoweit ganz allgemein als „Fahrbeschränkung aus medizinischen Gründen" (Nr. 05) „nur bei Tageslicht" (Nr. 05.01) und „in einem Umkreis von ... km des Wohnsitzes oder innerorts ..." (Nr. 05.02) vor. Als weitere Fahrbeschränkung aus medizinischen Gründen werden in Anlage 9 der FeV unter Nr. 05.03 bis 05.07 benannt: „ohne Beifahrer/Sozius", „beschränkt auf eine höchstzulässige Geschwindigkeit von nicht mehr als ... km/h", „nur mit Beifahrer", „ohne Anhänger" sowie „nicht gültig auf Autobahnen".

17 Anlage 9 der FeV sieht überdies für andere Auflagen unter Nr. 01 bis 03 Schlüsselzahlen vor für Sehhilfe und/oder Augenschutz (wenn durch ärztliches Gutachten ausdrücklich gefordert: Brille, Kontaktlinsen oder Schutzbrille), Hörhilfe/Kommunikationshilfe sowie Prothese/Orthese der Gliedmaßen.

II. Versagung der Fahrerlaubnis

18 Falls die Voraussetzungen für die Erteilung einer – u.U. auch eingeschränkten – Fahrerlaubnis nicht gegeben sind, muss sie dem Fahrerlaubnisbewerber versagt werden.

Wenn der Antragsteller sicher voraussieht, dass sein Antrag – etwa wegen eines Gutachtens mit negativem Ergebnis – keinen Erfolg haben kann, sollte er ihn zur Vermeidung der sonst erfolgenden Eintragung der Versagung der Fahrerlaubnis in das Verkehrszentralregister zurücknehmen.[7]

III. Verlängerung der Fahrerlaubnis

19 Eine nur befristet erteilte Fahrerlaubnis für Lkw- und Busfahrer sowie Personenbeförderer[8] wird verlängert, wenn der Fahrerlaubnisinhaber erneut die schon bei der Ersterteilung solcher Fahrerlaubnis erforderlichen Nachweise zu Sehvermögen und Eignung[9] erbringt und bei Lkw- und Busfahrern keine Tatsachen vorliegen, die die

---

7 Siehe unter § 7 Rn 242 ff.
8 Siehe unter § 2 Rn 20 ff.
9 Siehe unter § 5 Rn 33.

Entscheidungen über die Fahrerlaubnis im Verwaltungsverfahren § 9

Annahme rechtfertigen, dass eine der sonstigen Voraussetzungen für die Erteilung der Fahrerlaubnis fehlt sowie beim Personenbeförderer keine Tatsachen die Annahme rechtfertigen, dass er nicht die Gewähr dafür bietet, dass er der besonderen Verantwortung bei der Beförderung von Fahrgästen gerecht wird (§ 24 Abs. 1, § 48 Abs. 5 FeV).

IV. Führerschein

Eine vorhandene Fahrerlaubnis ist durch eine Führerschein genannte amtliche Bescheinigung nachzuweisen (§ 2 Abs. 1 S. 3 StVG, § 4 Abs. 2 FeV). 20

1. Allgemeiner Führerschein

Diesbezügliche Vorschriften enthält § 25 FeV. 21

a) Scheckkartenformat

Der allgemeine Führerschein wird nach dem in § 25 Abs. 1 S. 1 FeV vorgeschriebenen Muster 1 der Anlage 8 der FeV als zweiseitige Kunststoffkarte im Auftrag der Fahrerlaubnisbehörde durch die Bundesdruckerei GmbH auf der Grundlage eines Rahmenvertrages zwischen dem KBA und der Bundesdruckerei GmbH zentral gefertigt, personalisiert und geliefert. 22

Die datenschutzrechtliche Grundlage für die zentrale Herstellung von Führerscheinen im Scheckkartenformat bietet § 48 Abs. 3 StVG.

b) Erweiterungen und Verlängerungen

Der neue Scheckkartenführerschein lässt handschriftliche Eintragungen auf dem Führerschein, abgesehen von der Eintragung des Erteilungsdatums, nicht mehr zu. Bei Änderungen der Daten auf dem Führerschein muss deshalb stets ein neuer Führerschein ausgefertigt werden (§ 25 Abs. 2 FeV). 23

c) Schlüsselzahlen

Einzelfallbezogene Eintragungen im Führerschein wie Beschränkungen und Auflagen sind aufgrund der bindenden Bestimmung der Zweiten EG-Führerscheinrichtlinie mit Schlüsselzahlen gemäß Anlage 9 der FeV einzutragen (§ 25 Abs. 3 FeV). 24

§ 9 Entscheidungen über die Fahrerlaubnis im Verwaltungsverfahren

2. Führerschein zur Fahrgastbeförderung

25 Er wird nach Muster 4 der Anlage 8 der FeV nicht im Scheckkartenformat, sondern auf Papier ausgestellt (§ 48 Abs. 3 FeV).

3. Dienstführerschein

26 Er wird ebenfalls nicht im Scheckkartenformat, sondern auf Papier ausgestellt, für die Bundeswehr nach Muster 2 der Anlage 8 der FeV und für Bundesgrenzschutz und Polizei nach Muster 3 der Anlage 8 der FeV (§ 26 Abs. 1 S. 2 FeV).

V. Entziehung der Fahrerlaubnis

27 Sie ist – abgesehen von den im Rahmen der Maßnahmen bei der Fahrerlaubnis auf Probe und nach dem Punktsystem geregelten Fällen[10] – erforderlich, wenn sich ein Fahrerlaubnisinhaber als ungeeignet oder nicht befähigt zum Führen von Kraftfahrzeugen erweist (§ 3 Abs. 1 S. 1 StVG, § 46 Abs. 1 und Abs. 4 S. 1 FeV).

Die Fahrerlaubnis kann auch dann entzogen werden, wenn die **Eignung oder Befähigung** zum Führen von Kraftfahrzeugen schon **im Zeitpunkt der Erteilung** gefehlt hat und die aus diesem Grunde rechtswidrige Erlaubnis ohne eine Änderung der Sach- oder Rechtslage mit Wirkung für die Zukunft zum Erlöschen gebracht werden soll, weil Eignung und/oder Befähigung weiterhin fehlen.[11]

Die Feststellung fehlender Eignung oder Befähigung erfolgt nach den auch für die Erteilung der Fahrerlaubnis geltenden Vorschriften über Ermittlungen der Fahrerlaubnisbehörde und ggf. Beibringung von Gutachten[12] (§ 3 Abs. 1 S. 1 StVG, § 46 Abs. 3 und Abs. 4 S. 2 FeV). Dabei hat die Fahrerlaubnisbehörde die Beweislast.[13]

28 Der größte Teil der Entziehungen von Fahrerlaubnissen wird jedoch nicht von Fahrerlaubnisbehörden angeordnet, sondern von Strafgerichten.[14] So wurden im Jahre 2002 Fahrerlaubnisentziehungen ausgesprochen[15]

---

10 Siehe unter § 11 Rn 71 ff., 106 ff.
11 OVG Hamburg 30.01.2002; VGH Mannheim 31.10.2002.
12 Siehe unter §§ 6 bis 8.
13 Siehe unter § 8 Rn 58 ff.
14 Siehe unter § 12.
15 Statistische Mitteilungen des Kraftfahrt-Bundesamts, „www.bka.de – Statistiken". Statistiken für die Jahre 2003 und 2004 liegen noch nicht vor.

insgesamt	145.934
und zwar von Strafgerichten	114.941
sowie von Fahrerlaubnisbehörden	30.993

Von Fahrerlaubnisbehörden wurden im Jahre 2002 Fahrerlaubnisse entzogen wegen

körperlicher Mängel	786
geistiger Mängel	583
charakterlicher Mängel	9.198
nicht befolgter Anordnung des Aufbauseminars	
– nach dem Punktsystem	3.476
– bei Fahrerlaubnis auf Probe	5.677
sonstiger Gründe	8.767
nicht angegebener Gründe	2.556

Von Entziehung der Fahrerlaubnis kann unter bestimmten Umständen abgesehen werden:

1. Ausnahme bei Rehabilitationsmaßnahmen

Stellt die Fahrerlaubnisbehörde fest, dass der Fahrerlaubnisinhaber zwar zum Zeitpunkt der von ihr vorgenommenen Prüfung ungeeignet zum Führen von Kraftfahrzeugen ist, jedoch die festgestellten Eignungsmängel durch Teilnahme an einer bestimmten Rehabilitationsmaßnahme behoben werden können,[16] ist zu erwägen, ob und unter welchen Umständen mit Rücksicht darauf von Entziehung der Fahrerlaubnis abgesehen werden kann. 29

Entsprechende Erwägungen kommen etwa in Betracht, wenn aufgrund des Gutachtens einer Begutachtungsstelle für Fahreignung davon auszugehen ist, dass die Teilnahme des Fahrerlaubnisinhabers an einem nach § 70 FeV anerkannten Kurs zur Wiederherstellung der Eignung geeignet ist, seine Eignungsmängel zu beheben. Denn solchenfalls kann die Fahrerlaubnisbehörde der Kursteilnahme zustimmen und genügt in der Regel zum Nachweis der Wiederherstellung der Eignung statt eines erneuten medizinisch-psychologischen Gutachtens eine Bescheinigung über die Teilnahme an solchem Kurs (§ 11 Abs. 10 FeV).[17] Die Fahrerlaubnisbehörde muss dann zwar die Fahrerlaubnis entziehen, darf jedoch die sofortige Vollziehung der Entziehungsverfügung nicht anordnen, wenn sie der Kursteilnahme zustimmt; auf die Zustimmung der Fahrerlaubnisbehörde zur Kursteilnahme hat der Fahrerlaubnisinhaber Anspruch.[18] 30

---

16 Siehe unter § 15.
17 Siehe unter § 7 Rn 237.
18 Siehe unter § 7 Rn 238 ff.

§ 9 Entscheidungen über die Fahrerlaubnis im Verwaltungsverfahren

31 Schon für das bis Ende 1998 geltende Recht hat der **Hessische Verwaltungsgerichtshof** [19] ausgesprochen, die Entziehung der Fahrerlaubnis verletze den Grundsatz der Verhältnismäßigkeit, wenn ein Kraftfahrer nach einem medizinisch-psychologischen Gutachten zwar im Zeitpunkt der Begutachtung als ungeeignet zum Führen von Kraftfahrzeugen anzusehen ist, nach dem Gutachten aber die begründete Erwartung besteht, dass der Eignungsmangel allein durch die Teilnahme an einem bestimmten Nachschulungskurs ausgeräumt wird. Er hält solchenfalls die sofortige Entziehung der Fahrerlaubnis nur für gerechtfertigt, wenn der Fahrerlaubnisinhaber sich weigert, an einer Nachschulung teilzunehmen oder den Nachweis für eine regelmäßige Teilnahme an einem Nachschulungskurs nicht innerhalb angemessener Frist vorlegen kann.

32 Nach Ansicht des **Oberverwaltungsgerichts für das Land Nordrhein-Westfalen**[20] ist die sofortige Vollziehung der Entziehung der Fahrerlaubnis trotz negativen medizinisch-psychologischen Gutachtens nicht gerechtfertigt, wenn der Fahrerlaubnisinhaber nach Gutachtenerstellung schon vier Monate an einer sechs Monate dauernden psychotherapeutischen Nachschulungsmaßnahme mit wöchentlich drei Therapiestunden teilnimmt und besondere Umstände (insbesondere die ganz außergewöhnlichen Bemühungen des Fahrerlaubnisinhabers und der Druck des anhängigen Entziehungsverfahrens) dafür sprechen, dass der Fahrerlaubnisinhaber keine so große Gefahr für andere Verkehrsteilnehmer darstellt, dass er bereits bis zur Entscheidung über seinen Widerspruch gegen die Fahrerlaubnisentziehung von der Teilnahme am Straßenverkehr ausgeschlossen werden müsste.

33 Rechtmäßig ist die sofortige Vollziehung der Entziehung der Fahrerlaubnis dagegen, wenn der Fahrerlaubnisinhaber sich erst später als ein Jahr nach einer Gutachterempfehlung in psychologische Behandlung begibt; solchenfalls ist nicht nur die Anmeldung zur Behandlung, sondern deren erfolgreiche Durchführung erforderlich.[21]

34 Die Anordnung sofortiger Vollziehung der Fahrerlaubnisentziehung ist auch unbedenklich, wenn in einem medizinisch-psychologischen Gutachten festgestellt wird, dass die Belassung der Fahrerlaubnis nach Vorlage einer Bescheinigung über die Teilnahme an einem Nachschulungskurs befürwortet werden kann, sofern nicht in der Zwischenzeit neue Verhaltensweisen bekannt geworden sind, die zu weiteren Bedenken Anlass geben, und erneute Verkehrsverstöße bekannt geworden sind.[22]

---

19 VGH Kassel 31.01.1989.
20 OVG Münster 18.09.1989.
21 VGH Mannheim 14.07.1989.
22 VG des Saarlandes zfs 1996, 278.

Die Entziehung der Fahrerlaubnis kommt sicher nicht mehr in Betracht, wenn der Fahrerlaubnisinhaber inzwischen – möglicherweise erst während des Widerspruchsverfahrens wegen von der Fahrerlaubnisbehörde angeordneter Fahrerlaubnisentziehung – erfolgreich an der in einem medizinisch-psychologischen Gutachten empfohlenen Maßnahme der Nachschulung oder Rehabilitation teilgenommen hat.

2. Ausnahme bei bedingter Eignung

Ist der Fahrerlaubnisinhaber nur bedingt geeignet zum Führen von Kraftfahrzeugen,[23] darf die Fahrerlaubnis nicht entzogen werden. Vielmehr kommen dann allenfalls Einschränkungen der Fahrerlaubnis in Betracht.[24]

So darf etwa einem Kraftfahrer, der wegen körperlicher Mängel (hier Sehschwäche infolge geminderter Dämmerungssehschärfe und erhöhter Blendempfindlichkeit) nur noch bedingt zum Führen von Kraftfahrzeugen geeignet ist, die Fahrerlaubnis nur dann völlig entzogen werden, wenn dieser Eignungsgrund nicht durch Einschränkungen oder Auflagen ausgeglichen werden kann.[25]

35

VI. Einschränkung der Fahrerlaubnis

Erweist sich nach Erteilung einer Fahrerlaubnis, dass der Fahrerlaubnisinhaber nur bedingt geeignet zum Führen von Kraftfahrzeugen[26] ist, schränkt die Fahrerlaubnisbehörde die Fahrerlaubnis soweit wie notwendig ein oder ordnet die erforderlichen Auflagen an (§ 46 Abs. 2 FeV).

36

Für die Art der Einschränkung gelten dieselben Grundsätze wie für die bei Erteilung der Fahrerlaubnis vorgenommenen Einschränkungen.[27]

---

23 Siehe unter § 3 Rn 46 ff.
24 Siehe unter § 9 Rn 36 ff.
25 OVG Berlin 18.04.1990.
26 Siehe unter § 3 Rn 46 ff.
27 Siehe unter § 9 Rn 8 ff.

§ 9 Entscheidungen über die Fahrerlaubnis im Verwaltungsverfahren

1. Beschränkungen

37 Insoweit kommt z.b. eine Ausnahme der Fahrerlaubnis der Klasse L von der vollständigen Entziehung der Fahrerlaubnis in Betracht – etwa zur Ermöglichung des Führens von Traktoren. Das ist jedoch nicht von Amts wegen zu berücksichtigen. Vielmehr obliegt es dem Fahrerlaubnisinhaber, diesen Gesichtspunkt von sich aus geltend zu machen.[28]

38 Der **Verwaltungsgerichtshof Baden-Württemberg**[29] hält solche Ausnahme in einem Fall nicht für gerechtfertigt, in dem der Fahrerlaubnisinhaber von einer so eingeschränkten Fahrerlaubnis zu Zwecken der Mithilfe im väterlichen Betrieb weiterhin Gebrauch machen wollte. Der Verwaltungsgerichtshof meint, eine bedingte Eignung zeichne sich bei diesem Kraftfahrer nicht ab:

„Denn weder in der Vorgeschichte noch in den medizinisch-psychologischen Gutachten des TÜV S oder auch im Vorbringen des Antragstellers selbst lassen sich Anhaltspunkte dafür finden, dass er Alkoholkonsum und Fahren jedenfalls insoweit trennen könnte, als es um das Führen landwirtschaftlicher Zugmaschinen im Rahmen der behaupteten Mitarbeit im Obstbaubetrieb seines Vaters geht. Diese Mitarbeit erbringt der Antragsteller nach seinen Angaben ‚in seiner Freizeit', also zu Tageszeiten, in denen Alkoholkonsum eher in Betracht kommt als während der üblichen Arbeitszeit. Einen deutlichen Hinweis in dieser Richtung gibt die Tatsache, dass der Antragsteller das Vergehen der vorsätzlichen Straßenverkehrsgefährdung vom 25.09.1990 (BAK 1,82 ‰) bereits in den Nachmittagsstunden gegen 17.55 Uhr begangen hat."

2. Auflagen

39 Insoweit billigt z.b. der **Verwaltungsgerichtshof Baden-Württemberg,**[30] dass einem Fahrerlaubnisinhaber unter „Belassung" seiner Fahrerlaubnis aufgegeben wurde, sowohl nach 5 praktischen Fahrstunden durch ein Gutachten eines amtlich anerkannten Sachverständigen oder Prüfers für den Kraftfahrzeugverkehr seine theoretischen und praktischen Kenntnisse in einer Prüfung nachzuweisen als auch sich in 2 Jahren einer Nachuntersuchung bei einem medizinisch-psychologischen Institut zu unterziehen. Anlass dazu bot, dass der Fahrerlaubnisinhaber Verkehrsverstöße begangen hatte, von denen zu dem für die Beurteilung der Sach- und Rechtslage maßgeblichen Zeitpunkt des Ergehens des Widerspruchsbescheids im Verkehrszentralregister 4 Geschwindigkeitsverstöße und 1 Rotlichtverstoß noch nicht getilgt waren und in

---

28 VGH München 14.11.1994 – 11 B 94.2040.
29 VGH Mannheim 17.08.1993.
30 VGH Mannheim 14.10.1996.

einem Obergutachten die Erforderlichkeit der Auflagen im Wesentlichen auch auf Mängel in den kraftfahrspezifischen Leistungsfunktionen, die in den Testverfahren deutlich geworden sind, sowie auf Fahrfehler bei der im Rahmen der Begutachtung durchgeführten Fahrprobe in sich widerspruchsfrei und nachvollziehbar gestützt worden war.

VII. Fahrerlaubnisregister

In den Fahrerlaubnisregistern werden alle wesentlichen Daten über Bestehen, Art und Umfang von Fahrerlaubnissen und Führerscheinen gespeichert (§ 50 StVG, §§ 49 und 57 FeV).   **40**

Bisher führten nur die örtlichen Fahrerlaubnisbehörden eine Liste und eine Kartei über die von ihnen ausgestellten Führerscheine (§ 10 Abs. 2 StVZO a.F.).

Lediglich über Inhaber einer Fahrerlaubnis auf Probe führte bisher das Kraftfahrt-Bundesamt ein zentrales Register (§ 2c StVG a.f.).

Künftig wird es nur ein zentrales Fahrerlaubnisregister beim Kraftfahrt-Bundesamt geben (§ 48 Abs. 2 StVG). Darin geht das Register der Inhaber einer Fahrerlaubnis auf Probe auf (§ 65 Abs. 3 StVG).

In einer **Übergangszeit** werden noch örtliche Fahrerlaubnisregister geführt (§ 48 Abs. 1 StVG). Da die bisher allein in § 10 Abs. 2 StVZO a.f. enthaltene Rechtsgrundlage für örtliche Fahrerlaubnisregister insbesondere datenschutzrechtlichen Erfordernissen nicht genügt, enthalten die §§ 48 ff. StVG im Wesentlichen Regelungen sowohl für das zentrale Fahrerlaubnisregister als auch für die örtlichen Fahrerlaubnisregister.   **41**

Nach § 65 Abs. 10 S. 2 StVG in der bis zum 31.05.2005 geltenden Fassung durften örtliche Fahrerlaubnisregister noch bis spätestens 31.12.2005 geführt werden. Diese Vorschrift ist durch das Zweite Gesetz zur Änderung des Straßenverkehrsgesetzes und anderer Gesetze vom 03.05.2005[31] mit Wirkung vom 01.06.2005 wie folgt gefasst worden:

„Örtliche Fahrerlaubnisregister dürfen bezüglich der im Zentralen Fahrerlaubnisregister erfassten Daten noch bis spätestens 31. Dezember 2006 geführt werden."

Inhalt und Sinn dieser Regelung hat die Bundesregierung in ihrem Entwurf[32] für diese Vorschrift wie folgt begründet:

---

31 BGBl I 2005, 1221.
32 BR-Dr. 270/04, S. 15.

§ 9 Entscheidungen über die Fahrerlaubnis im Verwaltungsverfahren

„Die bisher vorgesehene Frist für den Wegfall der örtlichen Fahrerlaubnisregister hat sich aus technischen und organisatorischen Gründen als zu kurz erwiesen, da insbesondere für die online-Verbindung der Fahrerlaubnisbehörden mit den zentralen Registern zahlreiche technische Probleme gelöst werden müssen, insbesondere auch bei jeder Fahrerlaubnisbehörde die dafür notwendigen technischen Voraussetzungen geschaffen werden müssen. Wie sich aus der Begründung zur Einführung der nunmehr zu ändernden Regelung mit Gesetz vom 24. April 1998 ergibt, hat bereits damals der Gesetzgeber für diesen Fall die Möglichkeit einer Fristverlängerung in Betracht gezogen. Nach Beratung im zuständigen Bund-Länder-Fachausschuss soll daher die Frist um ein Jahr verlängert werden. Zugleich wird eine Doppelspeicherung von Daten nach Ablauf der Frist ausgeschlossen.

Ein Zwangsumtausch sämtlicher noch im Umlauf befindlicher Führerscheine, die vor dem 01.01.1999 ausgestellt wurden, würde derzeit auf Grund der Tatsache, dass die Mehrzahl der Bürger noch im Besitz eines „alten" Führerscheines ist, zu großen organisatorischen Problemen bei den Fahrerlaubnisbehörden führen. Daher werden die bei den Fahrerlaubnisbehörden vorhandenen Daten bezüglich dieser Führerscheine auch nach Ablauf der Übergangsfristen weitergeführt und sobald die Erteilung eines EU-Kartenführerscheines erfolgt nach entsprechender Mitteilung an das Zentrale Fahrerlaubnisregister und gegebenenfalls das Verkehrszentralregister gelöscht."

42   Im Zentralen Fahrerlaubnisregister sind 19,3 Millionen Personen gespeichert, die im Besitz einer EU-Fahrerlaubnis sind. Der Personenbestand erhöhte sich zum Vorjahr um 2,8 Millionen. Damit sind knapp 40 % aller geschätzten 50 Mio. Führerscheininhaber im Zentralregister erfasst.[33]

---

33 Jahresbericht 2004 des Kraftfahrt-Bundesamts, S. 24.

§ 10 Rechte des Betroffenen im Fahrerlaubnis-Verwaltungsverfahren

Jeder Staatsbürger hat Anspruch darauf, dass Behörden über seine Anliegen nach Recht und Gesetz entscheiden. Für das Fahrerlaubnisverwaltungsrecht ist insoweit von Bedeutung:

1

I. Akteneinsicht durch Betroffenen

Das Bundesministerium für Verkehr hatte ursprünglich eine Regelung vorgesehen, nach der die Fahrerlaubnisbehörde dem Betroffenen auch mitteilen sollte, dass er die der begutachtenden Stelle zu übersendenden Unterlagen einsehen kann.[1] Diese Regelung ist zunächst nicht in die FeV aufgenommen worden aufgrund eines Änderungsantrages des Bundesrats, den dieser wie folgt begründet hat:

2

„Die Regelungen über die Akteneinsicht nach § 29 VwVfG reichen aus, damit der Betroffene seine Rechte wahren kann und die Behörde nicht unzumutbar belastet wird. Eine nicht begrenzte Akteneinsicht kann es nicht geben."[2]

Danach gilt auch hier § 29 VwVfG:

(1) Die Behörde hat den Beteiligten Einsicht in die das Verfahren betreffenden Akten zu gestatten, soweit deren Kenntnis zur Geltendmachung oder Verteidigung ihrer rechtlichen Interessen erforderlich ist. S. 1 gilt bis zum Abschluss des Verwaltungsverfahrens nicht für Entwürfe zu Entscheidungen sowie die Arbeiten zu ihrer unmittelbaren Vorbereitung.

(2) Die Behörde ist zur Gestattung der Akteneinsicht nicht verpflichtet, soweit durch sie die ordnungsgemäße Erfüllung der Aufgaben der Behörde beeinträchtigt, das Bekanntwerden des Inhalts der Akten dem Wohle des Bundes oder eines Landes Nachteile bereiten würde oder soweit die Vorgänge nach einem Gesetz oder ihrem Wesen nach, namentlich wegen der berechtigten Interessen der Beteiligten oder dritter Personen, geheim gehalten werden müssen.

(3) Die Akteneinsicht erfolgt bei der Behörde, die die Akten führt. Im Einzelfall kann die Einsicht auch bei einer anderen Behörde oder bei einer diplomatischen oder berufskonsularischen Vertretung der Bundesrepublik Deutschland im Ausland erfolgen; weitere Ausnahmen kann die Behörde, die die Akten führt, gestatten.

---

1 BR-Dr. 443/98, S. 23.
2 BR-Dr. 443/1/98, abgedruckt in VkBl 1998, 1068.

§ 10 Rechte des Betroffenen im Fahrerlaubnis-Verwaltungsverfahren

Durch die FeVÄndV vom 07.08.2002 ist in § 11 Abs. 6 FeV dem Satz 2, dem zufolge die Fahrerlaubnisbehörde dem Betroffenen mitzuteilen hat, dass er sich einer Untersuchung zu unterziehen und das Gutachten beizubringen hat, der Halbsatz angefügt worden: „sie teilt ihm außerdem mit, dass er die zu übersendenden Unterlagen einsehen kann".

In der Begründung dazu führt die Bundesregierung aus:[3] „Dadurch soll auch für weniger rechtskundige Bürger deutlich gemacht werden, dass die Fahrerlaubnisbehörde zwar bestimmt, welche Unterlagen für die Begutachtung zur Ausräumung von Zweifeln übersandt werden müssen, der Antragsteller als Auftraggeber des Gutachtens aber zumindest die Gelegenheit erhalten muss, sich darüber zu informieren. Die Möglichkeit zur Einsichtnahme soll auch im Hinblick auf die allgemein akzeptierte Forderung zur Transparenz des Verwaltungshandelns angeboten werden."

II. Rechtsmittel gegen Anordnungen zur Gutachtenbeibringung

3   In Betracht kommen insoweit die in der VwGO vorgesehenen Rechtsmittel.[4]

1. Anfechtungsklage

4   Anfechtungsklage nach § 42 VwGO kann erst erhoben werden nach erfolgloser Durchführung des **Widerspruchsverfahrens** gemäß §§ 68 ff. VwGO.

5   Nach ständiger Rechtsprechung des **Bundesverwaltungsgerichts**[5] handelt es sich bei der Anordnung, ein Gutachten beizubringen, um eine vorbereitende Maßnahme, die der Sachverhaltsaufklärung im Hinblick auf die später zu treffende Entscheidung über die Entziehung der Fahrerlaubnis dient. Da es sich bei der Gutachtenanforderung nicht um einen Verwaltungsakt handele, scheiden sowohl eine Anfechtungs- als auch eine Fortsetzungsfeststellungsklage aus. Damit wird nach seiner Ansicht die Anordnung einer Begutachtung nicht etwa der gerichtlichen Kontrolle entzogen, weil der Betroffene die Rechtswidrigkeit der Anordnung im Rahmen eines Fahrerlaubnisentziehungsverfahrens oder einer Klage auf Erstattung der Untersuchungskosten geltend machen könne.

---

3 VkBl 2002, 890 f.
4 Siehe dazu ausführlich *Haus, K.-L.* (2000) S. 129 ff. und (2004), S. 281 ff.
5 Aufrechterhalten in BVerwG 17.05.1994.

Rechte des Betroffenen im Fahrerlaubnis-Verwaltungsverfahren § 10

Bereits 1969 war das **Bundesverwaltungsgericht**[6] der Auffassung des Berufungsgerichts entgegengetreten, bei der Gutachtenanforderung handele es sich um einen Verwaltungsakt, und hatte ausgeführt, dem wäre allerdings dann zuzustimmen, wenn der Rechtsschutz des Betroffenen, könnte er die Anordnung nicht anfechten, geschmälert oder jedenfalls nicht ausreichend sichergestellt wäre:

„Bei der Frage, ob ein Verwaltungsakt vorliegt, muss diesem Gesichtspunkt entscheidende Bedeutung beigemessen werden. Der Begriff des Verwaltungsakts ist eine Zweckschöpfung der Verwaltungsrechtswissenschaft. Durch ihn soll ein wirksamer Rechtsschutz des Bürgers gegen die öffentliche Gewalt gewährleistet werden. Deshalb ist bei der Auslegung und Anwendung dieses Begriffes das Rechtsschutzbedürfnis des Bürgers von wesentlicher Bedeutung."

Der Rechtsschutz des Betroffenen ist jedoch geschmälert oder jedenfalls nicht ausreichend sichergestellt, wenn die Fahrerlaubnisbehörde bei Entziehung der Fahrerlaubnis wegen der Weigerung des Fahrerlaubnisinhabers, das Gutachten beizubringen, die **sofortige Vollziehung der Fahrerlaubnisentziehung** nach § 80 Abs. 2 Nr. 4 VwGO anordnet – was sie in der Regel tut. Dagegen kann der Fahrerlaubnisinhaber nämlich vorläufigen Rechtsschutz durch Anrufung des Verwaltungsgerichts nach § 80 Abs. 5 VwGO[7] in angemessener Zeit gar nicht erreichen. So hat z.B. die Erlangung vorläufigen Rechtsschutzes in den Fällen

- des Verwaltungsgerichtshofs Baden-Württemberg mehr als **sieben Monate**[8]
- des Oberverwaltungsgerichts des Saarlandes fast **acht Monate**[9] und
- in einem weiteren Fall des Verwaltungsgerichtshofs Baden-Württemberg mehr als **elf Monate**[10]

gedauert.

Wenn der Fahrerlaubnisinhaber aber wegen einer schließlich als rechtswidrig erkannten Gutachtenanordnung so lange Zeit ohne Fahrerlaubnis ist, kann das „die persönliche Lebensführung und damit die Wahrnehmung grundrechtlicher Freiheiten des Erlaubnisinhabers und seiner Familie nachhaltig beeinflussen" sowie „insbesondere dazu führen, dass die Ausübung des Berufs eingeschränkt oder ganz aufgegeben werden muss" – wie das **Bundesverfassungsgericht** in seinem Beschluss vom 20.06.2002[11] unter D.I. 2. b) ausgeführt hat.

---

6 BVerwG 28.11.1969.
7 Siehe unter § 10 Rn 45 ff.
8 VGH Mannheim 29.09.2003.
9 OVG Saarlouis 30.09.2002.
10 VGH Mannheim 04.07.2003.
11 BVerfG 20.06.2002.

8 Ein wirksamer Rechtsschutz des Bürgers gegen die öffentliche Gewalt muss aber insbesondere bei Beweisanordnungen gewährleistet werden, die tief **in das allgemeine Persönlichkeitsrecht eingreifende Untersuchungen** zur Folge haben wie die Anordnung der Beibringung eines medizinisch-psychologischen Gutachtens. Hierzu hat das **Bundesverfassungsgericht** in seinem Beschluss vom 24.06.1993[12] ausgeführt:

„Das von der Straßenverkehrsbehörde geforderte Gutachten setzt die Erhebung höchstpersönlicher Befunde, die unter den Schutz des allgemeinen Persönlichkeitsrechts fallen, voraus. Das gilt nicht nur für den medizinischen, sondern in gesteigertem Maße auch für den psychologischen Teil der Untersuchung."

Deshalb sind Bestrebungen verständlich, die darauf dringen, wenigstens diese Anordnung unmittelbar im Rechtsmittelzug nachprüfbar zu machen und nicht erst mittelbar im Rahmen der Anfechtung der auf Nichtbefolgung solcher Anordnung gestützten Entscheidung in der Sache selbst.[13]

Das **Bundesverfassungsgericht** hat in seinem Beschluss vom 24.06.1993[14] darauf hingewiesen, dass durch die Anordnung der Gutachtenbeibringung in das durch Art. 2 Abs. 1 GG i.V.m. Art. 1 Abs. 1 GG geschützte allgemeine Persönlichkeitsrecht des Betroffenen eingegriffen wird und jedenfalls die mit der Gutachtenanordnung verbundene Ankündigung der Entziehung der Fahrerlaubnis für den Fall der Weigerung, dieser Anordnung zu folgen, der Gutachtenanordnung bereits **Eingriffscharakter** verleiht.

9 Bei Verwerfung einer Verfassungsbeschwerde gegen die Anordnung, ein medizinisch-psychologisches Gutachten einzuholen und der Behörde vorzulegen, hat das **Bundesverfassungsgericht** in seinem Beschluss vom 19.05.1994[15] ausgeführt:

„Dem Beschwerdeführer ist zuzumuten, vor Anrufung des Bundesverfassungsgerichts auf dem Rechtsweg der Hauptsache klären zu lassen, ob das Bundesverwaltungsgericht unter Berücksichtigung der Rechtsprechung des Bundesverfassungsgerichts zu den rechtlichen Wirkungen der Anordnung, ein medizinisch-psychologisches Gutachten einzuholen und der Behörde vorzulegen (vgl. Beschluss vom 24.06.1993 – 1 BvR 689/92), an seiner gefestigten Rechtsprechung zur Frage der Anfechtbarkeit solcher Anordnungen festhalten will."

10 Das **Bundesverwaltungsgericht** will aber offenbar an seiner Rechtsprechung festhalten und hat im Beschluss vom 28.06.1996[16] auf seine ständige Rechtsprechung ver-

---
12 BVerfG 24.06.1993.
13 *Grünning, K.* und *Ludovisy, M.* (1993).
14 BVerfG 24.06.1993.
15 BVerfG 19.05.1994.
16 BVerwG 28.06.1996.

wiesen, nach der es sich bei der behördlichen Anordnung zur Beibringung eines Gutachtens nicht um einen selbständigen Verwaltungsakt handelt, sondern um eine vorbereitende Maßnahme, die der Sachverhaltsaufklärung im Hinblick auf die später zu treffende Entscheidung über eine Entziehung oder Einschränkung der Fahrerlaubnis dient. Es meint nach wie vor, die Gutachtenanforderung erfülle nicht die Tatbestandsmerkmale des § 35 VwVfG, so dass ihre Anfechtbarkeit mittels einer Anfechtungsklage entfalle.

Dem steht entgegen, dass das **Bundesverfassungsgericht** sich in seinem Beschluss vom 20.06.2002[17] auf die in seinem Beschluss vom 24.06.1993 niedergelegten Grundsätze bezogen und unter D.I. 2. b) hervorgehoben hat: **11**

„Die Fahrerlaubnis hat für den Bürger nicht selten existenzsichernde Bedeutung (vgl. BVerwG, NJW 2002, S. 78 <79>)."

Es ist zu hoffen, dass das Bundesverwaltungsgericht aus seinen Erwägungen in dem vom Bundesverfassungsgericht zitierten Urteil[18] demnächst auch die Konsequenz zieht, die Anfechtungsklage gegen die Anordnung der Gutachtenbeibringung zuzulassen, zumal nach allgemeinen verwaltungsrechtlichen Grundsätzen Gefahrerforschungsmaßnahmen gerichtlich überprüfbare Verwaltungsakte und keine unanfechtbaren Beweiserhebungen sind, so dass die gegenteilige Behandlung im Fahrerlaubnisrecht systemwidrig erscheint.[19]

Schreiber[20] ist der Meinung, dass die Gutachtenanordnung jedenfalls nach **der Neuregelung des Fahrerlaubnisrechts** zum 01.01.1999 anfechtbar ist, und begründet das einleuchtend so: **12**

Kommt der Betroffene der Anordnung ohne ausreichenden Grund nicht nach, trifft ihn die in § 11 Abs. 8 FeV festgesetzte rechtliche Konsequenz, dass die Behörde auf die Nichteignung ohne weiteres schließen darf.[21] Diese gesetzlich festgelegte Schlussfolgerung, die nach der alten Gesetzeslage auf der Überlegung der Gerichte beruhte, dass der Betroffene bei grundloser Weigerung nur Eignungsmängel verbergen wolle, konnte früher noch aus der Tatsache hingenommen werden, dass die Behörde lediglich im Rahmen ihres Ermessensspielraumes die Anordnung treffen durfte. Heute ist die Behörde aber dazu gesetzlich verpflichtet. Hierin liegt der große Unterschied zur alten Gesetzeslage, bei der es noch verständlich war, in der Anordnung eine Vorbereitungs-

---

17 BVerfG 20.06.2002.
18 BVerwG 05.07.2001.
19 *Schneider, R.* (2002) S. 117.
20 *Schreiber, L. H.* (1999) S. 523 f.
21 Siehe unter § 7 Rn 236.

handlung zu sehen. Jetzt liegen gesetzliche Normierungen vor, die ohne weiteres greifen, wenn der einzelne Betroffene dem obrigkeitlichen Befehl nicht nachkommt.

13 Wegen der gesetzlich festgesetzten belastenden Rechtsfolge, nämlich auf die mangelnde Eignung des Fahrerlaubnisbewerbers beziehungsweise -inhabers nach dem Gesetz schließen zu dürfen, wenn er der Anordnung nicht Folge leistet, ist diese Anordnung zum echten belastenden Verwaltungsakt gemäß § 35 VwVfG geworden, gegen den aus Gründen der Rechtsstaatlichkeit Rechtsbehelfe zum Schutz der Betroffenen möglich sein müssen. Die selbständige Anfechtungsklage nach § 42 Abs. 1 VwGO unter Beachtung der Vorschriften über das Widerspruchsverfahren nach §§ 68 ff. VwG0 ist die logische Konsequenz aus der Rechtswegsgarantie nach Art. 19 Abs. 4 GG.

Schreiber schlägt vor, für die Anordnung der Beibringung eines medizinisch-psychologischen Gutachtens den Rechtsweg nach der VwGO offen zu halten und einen entsprechenden Absatz 12 in § 11 FeV aufzunehmen, der so lauten möge:

„Gegen die Anordnung der Behörde, ein medizinisch-psychologisches Gutachten beizubringen, ist der Rechtsweg nach der Verwaltungsgerichtsordnung zulässig."

14 Die Beschränkung der Anfechtung auf die Anordnung der Beibringung eines medizinisch-psychologischen Gutachtens leuchtet allerdings nicht ein. Auch die Anordnung der Beibringung sonstiger Gutachten ist aus den von *Schreiber* dargelegten Gründen anfechtbar. Denn nach § 11 Abs. 8 FeV darf die Fahrerlaubnisbehörde in jedem Fall, in dem der Betroffene die Untersuchung verweigert oder das Gutachten nicht fristgerecht beibringt, auf die Nichteignung des Betroffenen schließen. Auch die Anordnung der Beibringung eines ärztlichen Gutachtens muss angefochten werden können – insbesondere etwa bei Forderung eines Drogenscreenings trotz insoweit häufig bestehender Zweifel am Vorliegen eines Begutachtungsanlasses.[22]

Nach Ansicht des **Oberverwaltungsgerichts für das Land Nordrhein-Westfalen**[23] hat sich daran, dass die Anordnung der Beibringung eines Gutachtens kein (selbständig anfechtbarer) Verwaltungsakt ist, durch die einschlägigen Vorschriften der Fahrerlaubnisverordnung nichts geändert.

15 Das **Bundesverwaltungsgericht** hat im Beschluss vom 28.06.1996[24] seiner Erwägung, die Gutachtenanforderung erfülle nicht die Tatbestandsmerkmale des § 35 VwVfG, so dass ihre Anfechtbarkeit mittels einer Anfechtungsklage entfalle, hinzugefügt:

---

22 Siehe unter § 7 Rn 38 ff.
23 OVG Münster 22.01.2001 – NJW 2001, 3427 ff.
24 BVerwG 28.06.1996.

„Ob und unter welchen Umständen eine Gutachtenanforderung mit anderen Rechtsschutzmitteln angegriffen werden könnte, bedarf hier keiner Entscheidung."
An welche **anderen Rechtsschutzmittel** das Bundesverwaltungsgericht denkt, teilt es allerdings nicht mit. Insoweit kommen in Betracht:

2. Feststellungsklage

Nach § 43 Abs. 1 VwGO kann durch Klage die Feststellung des Bestehens oder Nichtbestehens eines Rechtsverhältnisses begehrt werden, wenn der Kläger ein berechtigtes Interesse an der baldigen Feststellung hat. 16

Hinter dem Feststellungsbegehren steht regelmäßig das Bedürfnis nach Klärung, ob eine bestimmte Berechtigung oder Verpflichtung besteht oder nicht besteht.[25] So hat z.b. das **Bundesverwaltungsgericht**[26] eine Klage für zulässig gehalten, mit der der Kläger festgestellt wissen wollte, dass eine Straßenverkehrsbehörde nicht befugt ist, ihm das Aufstellen seiner beiden Wohnwagen auf einer bestimmten Straße für bestimmte Zeiträume zu verbieten.

Mit der Feststellungsklage kann der Betroffene geltend machen, dass die an ihn gerichtete Anordnung zur Gutachtenbeibringung rechtswidrig und er nicht verpflichtet ist, dieser Anordnung nachzukommen.

3. Unterlassungsklage

Mit solcher Klage – die eine allgemeine Leistungsklage ist – kann der Betroffene geltend machen, dass die an ihn gerichtete Anordnung zur Gutachtenbeibringung rechtswidrig ist, und beantragen, der Fahrerlaubnisbehörde zu untersagen, ihm für den Fall der Nichtbeibringung des Gutachtens die Fahrerlaubnis zu entziehen. Denn das Ziel der Unterlassungsklage ist die Verhinderung bevorstehender Beeinträchtigungen.[27] 17

Besondere Beeinträchtigungen sind zu erwarten, wenn die Fahrerlaubnisbehörde solchenfalls – wie in der Regel – die sofortige Vollziehung der Fahrerlaubnisentziehung anordnet, weil der Fahrerlaubnisinhaber vorläufigen Rechtsschutz dagegen in angemessener Zeit nicht erreichen kann.[28] Deshalb sollte der Betroffene hilfsweise auch

---

25 *Fricke, E.* und *Ott, S.* [Hrsg.] (1999) § 3 Rn 36.
26 BVerwG 05.09.1985.
27 *Fricke, E.* und *Ott, S.* [Hrsg.] (1999) § 3 Rn 39.
28 Siehe unter § 10 Rn 7.

beantragen, der Fahrerlaubnisbehörde zu untersagen, bei etwaiger Fahrerlaubnisentziehung die sofortige Vollziehung anzuordnen.

4. Antrag auf Erlass einer einstweiligen Anordnung

18 Er ist neben Anfechtungs-, Feststellungs- oder Unterlassungsklage zu empfehlen, weil Rechtsschutz durch solche Klagen nur in länger dauernden Verfahren zu erlangen ist, so dass vor deren Abschluss die Fahrerlaubnisbehörde bereits die Fahrerlaubnis wegen Nichtbeibringung des Gutachtens entziehen und die sofortige Vollziehung der Fahrerlaubnisentziehung anordnen kann.

Nach § 123 Abs. 1 S. 2 VwGO sind einstweilige Anordnungen zur Regelung eines vorläufigen Zustands in Bezug auf ein streitiges Rechtsverhältnis zulässig, wenn diese Regelung, um wesentliche Nachteile abzuwenden oder aus anderen Gründen, nötig erscheint.

19 Das **Hamburgische Oberverwaltungsgericht**[29] folgt zwar der herrschenden Ansicht, nach der der Zulässigkeit vorläufigen Rechtsschutzes nach § 123 VwGO entgegensteht, dass die Anordnung zur Gutachtenbeibringung nicht als solche, sondern erst im Rahmen eines Fahrerlaubnisentziehungsverfahrens nach dem Erlass einer Fahrerlaubnisentziehungsverfügung als Vorfrage überprüft werden kann. Es führt aber unter Bezugnahme auf Rechtsprechung, insbesondere des Bundesverfassungsgerichts, und Schrifttum zutreffend aus:

„Allerdings darf der Ausschluss einer gerichtlichen Überprüfung von Verfahrenshandlungen (§ 44a S. 1 VwGO) im Hinblick auf den durch Art. 19 Abs. 4 GG grundrechtlich gewährleisteten effektiven Rechtsschutz für die Rechtsuchenden nicht zu unzumutbaren Nachteilen führen, die in einem späteren Prozess nicht mehr vollständig zu beseitigen sind.

Ebenso ist gegen einen drohenden Verwaltungsakt (hier: die Entziehung der FE) die Gewährung vorbeugenden – auch vorläufigen – Rechtsschutzes (gerichtet auf die Verpflichtung der Behörde, den drohenden Erlass eines Verwaltungsakts – einstweilen – zu unterlassen) ausnahmsweise dann zulässig, wenn es dem Rechtsuchenden auf Grund besonderer Umstände nicht zuzumuten ist, sich auf den von der Verwaltungsgerichtsordnung (siehe insbesondere §§ 42, 68, 80 und 123 Abs. 5 VwGO) als grundsätzlich angemessen und ausreichend angesehenen nachträglichen Rechtsschutz verweisen zu lassen."

---

29 OVG Hamburg 22.05.2002.

Rechte des Betroffenen im Fahrerlaubnis-Verwaltungsverfahren § 10

In Fällen, in denen die Rechtsschutzgarantie gemäß Art. 19 Abs. 4 GG durch den Ausschluss des Zwischen-Rechtsschutzes mittels Anfechtung der Anordnung zur Gutachtenbeibringung bedenklich beschränkt wird, halten auch *Gehrmann* und *Undeutsch*[30] einen Antrag auf Erlass solcher einstweiligen Anordnung für zulässig – allerdings nur ausnahmsweise unter besonderen Umständen. Als Beispiele benennt *Gehrmann*[31] Fälle, in denen durch immer neue Gutachtenanforderungen der Fahrerlaubnisbehörde das Fahrerlaubniserteilungsverfahren mit unzumutbaren wirtschaftlichen Nachteilen für den Betroffenen in die Länge gezogen wird. Mit Recht hebt er hervor, dass in einem Rechtsstaat kein Kraftfahrer bei rechtlichen Zweifeln an der Gutachtenanordnung trotz drohenden Existenzverlustes zu der Begutachtung gezwungen werden darf.

20

Unter Bezugnahme auf die Ausführungen des Bundesverfassungsgerichts in seinem Beschluss vom 20.06.2002[32] unter D. I. 2. b) betont *Gehrmann*[33] zutreffend, dass bei dieser erneuten verfassungsgerichtlichen Bewertung Rechtsschutz durch eine einstweilige Anordnung nach § 123 Abs. 1 S. 2 VwGO gemäß der Garantie in Art. 19 Abs. 4 GG geboten ist.

Das **Hamburgische Oberverwaltungsgericht**[34] meint zwar, der Betroffene könne effektiven Rechtsschutz auch noch nach dem Erlass einer Fahrerlaubnisentziehungsverfügung erlangen. Das ist aber nicht der Fall, wenn die Fahrerlaubnisbehörde bei Entziehung der Fahrerlaubnis wegen der Weigerung des Fahrerlaubnisinhabers, das Gutachten beizubringen, die sofortige Vollziehung der Fahrerlaubnisentziehung nach § 80 Abs. 2 Nr. 4 VwGO anordnet – was sie in der Regel tut. Der in solchem Fall durch § 80 Abs. 5 VwGO eingeräumte gerichtliche Rechtsschutz kann zwar – wie das Hamburgische Oberverwaltungsgericht ausführt – „gegebenenfalls sehr schnell gewährt werden". In der Praxis wird solcher Rechtsschutz jedoch durchaus nicht „sehr schnell" gewährt – wie die bereits oben[35] erwähnten Fälle zeigen.

21

Der Betroffene muss also bei seiner Weigerung, das Gutachten beizubringen, damit rechnen, dass die Fahrerlaubnisbehörde bei Erlass einer Fahrerlaubnisentziehungsverfügung deren sofortige Vollziehung anordnet und er dagegen alsbaldigen Rechtsschutz nicht erlangen kann. Insbesondere wenn er auf die Fahrerlaubnis zur Ausübung seines Berufes dringend angewiesen ist, ist er faktisch gezwungen, auch einer rechtswidrigen Anordnung der Gutachtenbeibringung nachzukommen. Er muss sich dann – wie das **Bundesverfassungsgericht**[36] anschaulich darstellt – bei dem psychologischen Teil

---

30 *Gehrmann, L.* und *Undeutsch, U.* (1995) Rn 197.
31 *Berz, U.* und *Burmann, M.* [Hrsg.] (2002) Teil 19 B Rn 20; *Gehrmann, L.* (1997) S. 12 f.
32 BVerfG 20.06.2002.
33 *Gehrmann, L.* (2003), S. 13.
34 OVG Hamburg 22.05.2002.
35 § 10 Rn 7.
36 BVerfG 24.06.1993 unter C. I. 1. b).

der Untersuchung der Erhebung von Befunden zu seinem Charakter, die seine Selbstachtung ebenso wie sein gesellschaftliches Ansehen berühren, unterwerfen.

Daran wird deutlich, dass die Anordnung der Gutachtenbeibringung in das durch Art. 2 Abs. 1 GG i.V.m. Art. 1 Abs. 1 GG geschützte allgemeine Persönlichkeitsrecht des Betroffenen eingreift.[37] Dagegen muss Rechtsschutz gewährt werden, wenn die Anordnung rechtswidrig ist.

22 So hat das **Bundesverfassungsgericht**[38] in einem einen anderen Sachverhalt (Kommunalrecht) betreffenden Fall nach Billigung der verwaltungsgerichtlichen Praxis, der zufolge der Antragsteller das Vorliegen eines Anordnungsanspruchs und eines Anordnungsgrundes glaubhaft zu machen hat, ausgesprochen:

„Droht danach dem Antragsteller bei Versagung des einstweiligen Rechtsschutzes eine erhebliche, über Randbereiche hinausgehende Verletzung in seinen Grundrechten, die durch eine der Klage stattgebende Entscheidung in der Hauptsache nicht mehr beseitigt werden kann, so ist – erforderlichenfalls unter eingehender tatsächlicher und rechtlicher Prüfung des im Hauptverfahren geltend gemachten Anspruchs – einstweiliger Rechtsschutz zu gewähren, es sei denn, dass ausnahmsweise überwiegende, besonders gewichtige Gründe entgegenstehen."

Der Gewährung einstweiligen Rechtsschutzes stehen aber überhaupt keine Gründe entgegen, wenn die Anordnung der Gutachtenbeibringung offensichtlich rechtswidrig ist.

23 Das **Bundesverfassungsgericht** hat in einem weiteren Beschluss[39] wegen Verletzung des Grundrechts aus Art. 19 Abs. 4 GG Beschlüsse des Niedersächsischen Oberverwaltungsgerichts und des Verwaltungsgerichts Osnabrück aufgehoben, in denen dem Beschwerdeführer Rechtsschutz im Eilverfahren nach § 123 Abs. 1 VwGO mit der Begründung versagt worden war, ihm sei zuzumuten, seine Rechte in einem angekündigten Ordnungswidrigkeitenverfahren durch Einlegung der für dieses Verfahren vorgesehenen Rechtsmittel wahrzunehmen. Dazu hat es ausgeführt:

„Wirkungsvoller Rechtsschutz ist nach ständiger Rechtsprechung des Bundesverfassungsgerichts nur gewährleistet, wenn der Rechtsweg nicht in unzumutbarer, durch Sachgründe nicht mehr zu rechtfertigender Weise erschwert wird."

---

37 Siehe unter § 10 Rn 8.
38 BVerfG 25.10.1988.
39 BVerfG 07.04.2003.

Rechte des Betroffenen im Fahrerlaubnis-Verwaltungsverfahren § 10

Es weist darauf hin, dass nach ständiger Rechtsprechung des Bundesverwaltungsgerichts einem Betroffenen nicht zuzumuten ist, die Klärung verwaltungsrechtlicher Zweifelsfragen auf der Anklagebank erleben zu müssen.

Ebenso wie es einem Betroffenen nicht zuzumuten ist, die Klärung verwaltungsrechtlicher Zweifelsfragen auf der Anklagebank erleben zu müssen, ist es einem Betroffenen nicht zuzumuten, dass er auf die Klärung verwaltungsrechtlicher Zweifelsfragen verzichtet und sich stattdessen der medizinisch-psychologischen Begutachtung unterzieht und sich damit bei dem psychologischen Teil der Untersuchung der Erhebung von Befunden zu seinem Charakter, die seine Selbstachtung ebenso wie sein gesellschaftliches Ansehen berühren, unterwirft.

Von einer wirksamen und zumutbaren gerichtlichen Kontrolle der Rechtmäßigkeit der Anordnung zur Gutachtenbeibringung könnte dann nicht mehr die Rede sein. Sind die Gerichte zur Sachprüfung verpflichtet, können sie sich auch einer Entscheidung im einstweiligen Rechtsschutzverfahren insoweit nicht entziehen.

Durch solche einstweilige Anordnung könnte zumindest der Fahrerlaubnisbehörde 24 untersagt werden, die sofortige Vollziehung der wegen Nichtbeibringung des Gutachtens zu erwartenden Fahrerlaubnisentziehung anzuordnen. Das würde dem Fahrerlaubnisinhaber ermöglichen, ohne Aufgabe seines verfassungsrechtlich geschützten Persönlichkeitsrechts die Rechtmäßigkeit der Anordnung der Gutachtenbeibringung im Rahmen der Anfechtungsklage gegen die Entziehung der Fahrerlaubnis nachprüfen zu lassen.

III. Aktenüberlassung an Parteigutachter

Falls der Betroffene mit dem Ergebnis eines im Fahrerlaubnisverfahren über ihn 25 erstatteten Gutachtens nicht einverstanden ist, kann er Einwendungen gegen das Gutachten erheben und auch die Einholung eines weiteren Gutachtens sowie eines Ergänzungs- oder Obergutachtens[40] anregen.

Häufig ist er nicht in der Lage, solche Einwendungen aus eigenem Wissen vorzutragen 26 und muss deshalb einen insoweit Sachkundigen mit der Überprüfung des Gutachtens beauftragen. Der von ihm zu beauftragende Sachverständige kann seinerseits ein entsprechendes Gutachten nur erstellen, wenn er auch die Akten der Fahrerlaubnisbehörde einsehen kann.

---

40 Siehe unter § 7 Rn 241.

27 Einen Anspruch auf Überlassung der bei der Fahrerlaubnisbehörde geführten Akten an den vom Betroffenen beauftragten Gutachter zum Zwecke der ordnungsgemäßen Erstellung des Parteigutachtens zum Zwecke der Überprüfung des (Erst-) Gutachtens leitet das **Oberverwaltungsgericht Rheinland-Pfalz**[41] überzeugend aus dem Rechtsstaatsprinzip (Art. 20 Abs. 3 GG) her:

Nach seiner Ansicht ist zwar grundsätzlich nicht zu verkennen, dass während des Verwaltungsverfahrens die Behörde „Herr des Verfahrens" ist und die zu veranlassenden Sachaufklärungsmaßnahmen bestimmt. Andererseits darf jedoch nicht der beteiligte Bürger zum bloßen Objekt staatlichen Handelns werden, dem deshalb – nicht zuletzt auch unter dem Gesichtspunkt der Waffengleichheit – Mitwirkungsrechte einzuräumen sind. Es muss ihm deshalb gestattet werden, sich angemessen mit einem von der Behörde veranlassten Gutachten auseinanderzusetzen, zumal wenn dieses Gutachten zur Grundlage der behördlichen Entscheidung gemacht wird. Die Möglichkeit einer angemessenen Auseinandersetzung mit dem von der Behörde veranlassten Gutachten und eines qualifizierten Parteivortrags erfordern solchenfalls die Überlassung der Führerscheinakten an den vom Betroffenen beauftragten Gutachter, damit dieser in umfassender und sorgfältiger Weise ein Gutachten erstellen kann. Diese Aktenüberlassung ist der Behörde auch zumutbar, weil ihre Aufgabenerfüllung hierdurch ersichtlich nicht erschwert wird, keine sonstigen Geheimhaltungsinteressen bestehen und auch der Schutz der Daten des Betroffenen nicht entgegensteht; auf Letzteres verzichtet der Betroffene mit seinem Begehren gerade. Im vom Oberverwaltungsgericht Rheinland-Pfalz entschiedenen Fall kam noch hinzu, dass der Betroffene die Aktenüberlassung an einen anerkannten Gutachter begehrte.

28 Nach Auffassung des Oberverwaltungsgerichts Rheinland-Pfalz steht dem Anspruch auch nicht § 44a S. 1 VwGO entgegen – wie der **Bayerische Verwaltungsgerichtshof**[42] annimmt. Abgesehen von weiteren Bedenken hält es jedenfalls vom Sinn und Zweck der Vorschrift her eine restriktive Auslegung für angezeigt, selbst wenn die Weigerung der Fahrerlaubnisbehörde, die Akten an den zu beauftragenden Gutachter zu überlassen, als Verfahrenshandlung im Sinne des § 44a S. 1 VwGO gesehen wird. Denn diese bestehen darin, die Sachentscheidung nicht unnötig zu verzögern und die Rechtsdurchsetzung nicht unnötig zu komplizieren. Lässt der Betroffene noch während des Verfahrens über seinen Widerspruch gegen die auf das (Erst-) Gutachten gestützte Entscheidung der Fahrerlaubnisbehörde das Parteigutachten erstellen, können etwaige darauf zu gründende Einwendungen gegen die Entscheidung der Fahrerlaubnisbehörde bereits im Widerspruchsverfahren vorgetragen werden. Sollte das Parteigutachten das bisher eingeholte (Erst-) Gutachten infrage stellen, so könnte dann

---

41 OVG Koblenz 11.12.1996.
42 VGH München 31.07.1991.

bereits im noch laufenden Widerspruchsverfahren ein weiterer Gutachter (Obergutachter) beauftragt werden.

Das OberverwaltungsgerichtRheinland-Pfalz meint, eine andere Verfahrensweise sei 29
dagegen auf eine Verfahrensverzögerung angelegt: Dem Betroffenen soll zugemutet werden, sich im Widerspruchsverfahren nicht angemessen mit dem Vorbringen der Fahrerlaubnisbehörde auseinandersetzen zu können. Er soll ein erst späteres verwaltungsgerichtliches Verfahren abwarten. Die Anwendung des § 44a S. 1 VwGO führte somit zu einer – von der Norm gerade nicht intendierten – Verfahrensverzögerung und verhinderte eine Verfahrensbeschleunigung.

Mit Recht hält das Oberverwaltungsgericht Rheinland-Pfalz eine einstweilige Anordnung über die Verpflichtung der Fahrerlaubnisbehörde zur Überlassung ihrer Akten an den Parteigutachter für notwendig, um wesentliche Nachteile abzuwenden: Dem Antragsteller in dem von ihm entschiedenen Fall kann die Durchführung eines Hauptverfahrens wegen der damit verbundenen Verfahrensverzögerung nicht zugemutet werden. Der Antragsteller hatte hierzu dargelegt, er sei auch vor dem Hintergrund seiner wirtschaftlichen Existenz auf die Erteilung des Führerscheins angewiesen. Er hat deshalb ein anerkennenswertes Interesse daran, sein Verfahren beschleunigt betreiben zu dürfen.

Falls der Betroffene allerdings das (Erst-)Gutachten der Fahrerlaubnisbehörde nicht vorlegt und stattdessen die Erstattung eines (Partei-)Gutachtens wünscht, hat er keinen Anspruch auf Überlassung der Akten der Fahrerlaubnisbehörde an den Parteigutachter.[43]

IV. Vertretung und Beistand im behördlichen Verfahren

Nach § 14 VwVfG kann sich der am Verfahren zur Erteilung oder Entziehung der 30
Fahrerlaubnis als Fahrerlaubnisbewerber oder Fahrerlaubnisinhaber Beteiligte durch einen Bevollmächtigten vertreten lassen (Abs. 1); er kann auch zu Verhandlungen und Besprechungen mit einem Beistand erscheinen (Abs. 3). In der Regel wird er einen Rechtsanwalt als Bevollmächtigten und Beistand zuziehen. Denn Personen, die nicht zur geschäftsmäßigen Besorgung fremder Rechtsangelegenheiten befugt sind, können unter Umständen zurückgewiesen werden (§ 14 VwVfG Abs. 5 und 6).

---

43 VG Oldenburg, 2. Kammer Osnabrück, DAR 1993, 233; VG Neustadt a.d.W. zfs 2000, 41.

V. Vertretung und Beistand im gerichtlichen Verfahren

31 Nach § 67 VwGO kann sich ein Beteiligter vor dem Verwaltungsgericht und dem Oberverwaltungsgericht in jeder Lage des Verfahrens durch einen Bevollmächtigten vertreten lassen und sich in der mündlichen Verhandlung eines Beistands bedienen (Abs. 2) und muss sich sogar vor dem Bundesverwaltungsgericht durch einen Rechtsanwalt oder einen Rechtslehrer an einer deutschen Hochschule als Bevollmächtigten vertreten lassen (Abs. 1).

VI. Vertretung und Beistand bei der Beweiserhebung

32 Soweit Fahrerlaubnisbehörden oder Verwaltungsgerichte zum Zwecke der Beweiserhebung Gutachten einholen oder dem Fahrerlaubnisbewerber oder Fahrerlaubnisinhaber die Beibringung eines Gutachtens aufgeben, sind sie an den Untersuchungen zur Vorbereitung des Gutachtens nicht beteiligt. Gegenstand ihres Verfahrens ist nur das nach solchen Untersuchungen vorgelegte Gutachten. Deshalb kann auch der Bevollmächtigte oder Beistand nur zur Verhandlung über den Beweiswert des Gutachtens zugezogen werden, nicht aber zu den Untersuchungen des Sachverständigen, die dieser zur Vorbereitung seines Gutachtens anstellt.

33 Anderes folgt auch nicht aus § 14 VwVfG. Denn das VwVfG gilt nach seinem § 1 nur für die öffentlich-rechtliche Verwaltungstätigkeit der Behörden, also nicht für die Tätigkeit von Stellen, deren Tätigkeitsergebnisse die Behörden im Rahmen ihrer Verwaltungstätigkeit verwenden.

34 Entgegen *Gehrmann* und *Undeutsch*[44] stellt das „Untersuchungsgespräch des Psychologen" zur Vorbereitung des Gutachtens einer medizinisch-psychologischen Untersuchungsstelle durchaus nicht „einen prüfungsähnlichen Teil des Verwaltungsverfahrens" dar, so dass es des von ihnen befürworteten Rückgriffs auf § 2 Abs. 3 Nr. 2 VwVfG zum Ausschluss eines Beistands nicht bedarf. Letztgenannte Vorschrift betrifft ohnehin nur die Tätigkeit der Behörden bei Leistungs-, Eignungs- und ähnlichen Prüfungen von Personen. Bei der Prüfung der Kraftfahreignung aufgrund des Gutachtens einer medizinisch-psychologischen Untersuchungsstelle besteht die Tätigkeit der Behörden aber lediglich in der Auswertung dieses Gutachtens. Die Vorbereitung des Gutachtens durch Untersuchungen gehört nicht zur Tätigkeit der Behörden, sondern zur Tätigkeit des mit der Begutachtung beauftragten Sachverständigen.

---

44 *Gehrmann, L.* und *Undeutsch, U.* (1995) Rn 115.

Deshalb verhilft auch die von *Ziegert*[45] angeregte restriktive Auslegung des § 2 Abs. 3 Nr. 2 VwVfG dem Fahrerlaubnisbewerber oder Fahrerlaubnisinhaber nicht zur Ermöglichung der Anwesenheit des Beistands bei den das Gutachten vorbereitenden Untersuchungen des Sachverständigen. Etwaigem Beratungsbedarf muss schon bei der Vorbereitung des Betroffenen auf die Untersuchung[46] Rechnung getragen werden.

35

Die Senatsverwaltung für Stadtentwicklung in Berlin hat in einem Schreiben vom 31.01.2001 an einen Rechtsanwalt, der seinen Mandanten bei der Begutachtung begleiten wollte, weil dieser „selbstredend nicht in der Lage" sei, „Suggestivfragen als solche zu erkennen" und „schon gar nicht" wage, „diese zu beanstanden", unter Bezugnahme auf eine Entscheidung des Bundesverfassungsgerichts[47] darauf verwiesen, dass das Recht des Anwaltes i.S.d. § 3 BRAO in dem Rahmen besteht, in dem auch der Mandant berechtigt ist, einen Vertreter oder Beistand beizuziehen, und dazu ausgeführt:

36

„Die Begutachtung selbst beinhaltet eine Tatsachenfeststellung (Erhebung medizinischer und verkehrspsychologischer Daten durch Befundermittlung und Exploration), der sich eine gutachterliche Bewertung der gewonnenen Erkenntnisse anschließt. Hierbei ist eine anwaltliche Vertretung schon begrifflich ausgeschlossen, weil der Anwalt den Mandanten bei einer Tatsachenfeststellung weder vertreten noch beraten kann."

Lediglich soweit Fahrerlaubnisbehörde oder Verwaltungsgerichte die Beweiserhebung unmittelbar selbst durchführen, etwa Zeugen oder Sachverständige vernehmen, ist dabei die Zuziehung eines Bevollmächtigten oder Beistandes ohne weiteres zulässig. Wird etwa im Rechtsstreit eine Fahrprobe durchgeführt unter Teilnahme eines Richters – was *Gehrmann* und *Undeutsch*[48] als sinnvoll bezeichnen – handelt es sich um solche unmittelbare Beweiserhebung, an der dann auch der Beistand teilzunehmen berechtigt ist. Wird aber Beweiserhebung durch Einholung eines Gutachtens über das Ergebnis einer von einem Sachverständigen durchzuführenden Fahrprobe angeordnet, so besteht kein Anspruch auf Anwesenheit eines Beistands; der Wunsch auf Anwesenheit eines Beistands sollte allerdings vom Sachverständigen nicht von vornherein abgelehnt werden.[49]

37

---

45 *Ziegert, U.* (1995).
46 Siehe unter § 7 Rn 267 ff.
47 BVerfG 08.10.1974.
48 *Gehrmann, L.* und *Undeutsch, U.* (1995) Rn 117.
49 So auch *Gehrmann, L.* und *Undeutsch, U.* (1995) Rn 116.

VII. Anfechtung abschließender Entscheidungen

38 Insoweit sind verschiedene Rechtsbehelfe möglich.[50]

1. Versagung der Fahrerlaubnis oder ihrer Verlängerung

39 Der von einer ihm ungünstigen Entscheidung im Zusammenhang mit Erteilung oder Verlängerung einer Fahrerlaubnis Betroffene kann dagegen mit Klage und Antrag auf Erlass einer einstweiligen Anordnung vorgehen.

a) Anfechtungsklage

40 Sie kann nach § 42 VwGO erst erhoben werden nach erfolgloser Durchführung des **Widerspruchsverfahrens** gemäß §§ 68 ff. VwGO.

Mit der Erteilung der Fahrerlaubnis verbundene Beschränkungen oder Auflagen[51] können selbständig angefochten werden.[52]

b) Antrag auf Erlass einer einstweiligen Anordnung

41 Nach § 123 Abs. 1 S. 2 VwGO sind einstweilige Anordnungen zur Regelung eines vorläufigen Zustands in Bezug auf ein streitiges Rechtsverhältnis zulässig, wenn diese Regelung, um wesentliche Nachteile abzuwenden oder aus anderen Gründen, nötig erscheint.

Eine einstweilige Anordnung ist jedoch grundsätzlich nicht zulässig, wenn sie die Entscheidung in der Hauptsache vorwegnehmen würde, also im einstweiligen Anordnungsverfahren bereits das zugesprochen würde, was mit der Klage angestrebt wird.[53] Eine derartige Vorwegnahme kommt nur ausnahmsweise in Betracht, wenn es für den Betroffenen schlechthin unzumutbar ist, den Ausgang des Hauptsacheverfahrens abzuwarten (Anordnungsgrund). Über diese besondere Dringlichkeit hinaus müssen überwiegende Erfolgsaussichten des Rechtsbehelfs in der Hauptsache (Anordnungsanspruch) gegeben sein. Beide Voraussetzungen müssen glaubhaft gemacht werden.

---

50 Siehe dazu ausführlich *Haus, K.-L.* (2000) S. 45 ff.
51 Siehe unter § 9 Rn 8 ff.
52 OVG Koblenz 29.08.1989 – 7 A 9/89; VGH Mannheim 04.07.1996.
53 *Fricke, E.* und *Ott, S.* [Hrsg.] (1999) § 3 Rn 90 f.

Da diese Voraussetzungen selten glaubhaft gemacht werden können, werden Anträge, im Wege einstweiliger Anordnung eine Fahrerlaubnis zu erteilen, in der Regel abgelehnt.[54]

Das **Oberverwaltungsgericht für das Land Nordrhein-Westfalen**[55] verpflichtete allerdings in einem Ausnahmefall die Fahrerlaubnisbehörde, einem Bewerber die (abgelaufene) Fahrerlaubnis zur Fahrgastbeförderung wieder zu erteilen, weil es hinsichtlich des Anordnungsanspruchs die Bedenken der Fahrerlaubnisbehörde gegen die persönliche Zuverlässigkeit des Bewerbers nicht teilte[56] und hinsichtlich des Anordnungsgrunds ausführte:

42

„Im Falle des Unterbleibens der begehrten einstweiligen Anordnung wäre der geltend gemachte Anspruch des Antragstellers auf Wiedererteilung der Fahrerlaubnis zur Fahrgastbeförderung in angemessener Zeit nicht zu verwirklichen. Dies würde für den Antragsteller zu unzumutbaren Folgen führen. Seinen glaubhaften Angaben zufolge bestreitet er nämlich den Lebensunterhalt für sich, seine Ehefrau und seine vier Kinder seit Jahren ausschließlich durch seinen Verdienst aus der Beförderung von Fahrgästen. Hier handelt es sich also nicht um den erstmaligen Erwerb einer bisher nicht innegehabten Rechtsposition, bei dessen Beanspruchung es in der Regel an einem Anordnungsgrund fehlt, sondern um die Wiedererteilung der dem Antragsteller – nach Innehabung in der Zeit von Juli 1977 bis Juli 1984 – im April 1986 neu erteilten Fahrerlaubnis zur Fahrgastbeförderung, die mehrfach – zuletzt bis zum 17.04.1991 – verlängert wurde. Ohne die Aufrechterhaltung dieser seit Jahren den Lebensunterhalt des Antragstellers sichernden Rechtsposition wäre er in seiner wirtschaftlichen Existenz erheblich gefährdet."

In einem ähnlich gelagerten Fall bejaht auch das Verwaltungsgericht Hamburg[57] einen Anordnungsgrund für die Wiedererteilung der Fahrerlaubnis zur Fahrgastbeförderung, insbesondere im Hinblick auf die „dringend erforderliche und auch im öffentlichen Interesse erwünschte Existenzsicherung aus eigener Kraft".

2. Entziehung oder Einschränkung der Fahrerlaubnis

Dagegen kann der Betroffene Klage erheben und – falls die Fahrerlaubnisbehörde die sofortige Vollziehung entsprechender Verwaltungsakte angeordnet hat – Antrag auf

43

---

54 OVG Koblenz 16.03.1994 – 7 B 10323/94; OVG Saarlouis 11.11.1994; VGH Mannheim 17.01.2000; VG Neustadt a.d.W. zfs 2002, 205.
55 OVG Münster 02.06.1992.
56 Siehe zu der dafür gegebenen Begründung unter § 3 Rn 89.
57 NZV 1997, 536.

§ 10 Rechte des Betroffenen im Fahrerlaubnis-Verwaltungsverfahren

Wiederherstellung der aufschiebenden Wirkung eines von ihm gegen den Verwaltungsakt eingelegten Widerspruchs stellen.

a) Anfechtungsklage

44 Sie kann nach § 42 VwGO erst erhoben werden nach erfolgloser Durchführung des **Widerspruchsverfahrens** gemäß §§ 68 ff. VwGO.

b) Antrag auf Wiederherstellung der aufschiebenden Wirkung des Widerspruchs

45 Widerspruch und Anfechtungsklage haben aufschiebende Wirkung (§ 80 Abs. 1 S. 1 VwGO).

Fahrerlaubnisbehörden pflegen jedoch in der Regel die sofortige Vollziehung ihrer Entscheidungen über Entziehung oder Einschränkung der Fahrerlaubnis nach § 80 Abs. 2 Nr. 4 VwGO anzuordnen.

46 Nach § 80 Abs. 3 S. 1 VwGO ist das besondere Interesse an der sofortigen Vollziehung **schriftlich zu begründen**. Zweck des Begründungserfordernisses ist es, die Behörde zu einer sorgfältigen Prüfung des besonderen Interesses an der sofortigen Vollziehung des Verwaltungsakts im Bewusstsein des Ausnahmecharakters der den Wegfall der aufschiebenden Wirkung des Rechtsbehelfs nach § 80 Abs. 1 VwGO bewirkenden Vollziehungsanordnung anzuhalten, dem Betroffenen die Kenntnis der für die Vollziehungsanordnung maßgeblichen Gründe zu vermitteln und ihm so die Rechtsverteidigung zu ermöglichen bzw. zu erleichtern und die Grundlage für eine ordnungsgemäße gerichtliche Kontrolle dahin zu bieten, ob das die Vollziehungsanordnung rechtfertigende besondere Interesse vorliegt. Dementsprechend muss aus der Begründung hinreichend nachvollziehbar hervorgehen, dass und aus welchen besonderen Gründen die Behörde im konkreten Fall dem besonderen öffentlichen Interesse an der sofortigen, d.h. vor einer Entscheidung über den Rechtsbehelf bzw. vor Eintritt der Bestandskraft bereits jetzt dringlichen Vollziehung des Verwaltungsakts Vorrang vor dem Aufschubinteresse des Betroffenen einräumt bzw. aus welchen im dringenden öffentlichen Interesse liegenden Gründen sie es für gerechtfertigt oder geboten hält, den durch die aufschiebende Wirkung eines Rechtsbehelfs ansonsten eintretenden vorläufigen Rechtsschutz des Betroffenen einstweilen zurückzustellen. Demgemäß genügen etwa pauschale und nichts sagende formelhafte Wendungen dem Begründungserfordernis nicht.[58]

---

58 OVG Münster 22.01.2001; VGH Mannheim 24.06.2002; siehe zu den Voraussetzungen solcher Anordnung hinsichtlich vorheriger Anhörung und Begründung auch die instruktive Anmerkung von *Haus* in zfs 2001, 387 f.

§ 10 Rechte des Betroffenen im Fahrerlaubnis-Verwaltungsverfahren

Legt der Betroffene gegen die Entscheidung über Entziehung oder Einschränkung seiner Fahrerlaubnis Widerspruch ein, kann sowohl die Fahrerlaubnisbehörde als auch die Widerspruchsbehörde die Vollziehung aussetzen (§ 80 Abs. 4 S. 1 VwGO). Obwohl das von Amts wegen geschehen kann, empfiehlt sich ein entsprechender Antrag des Betroffenen. **47**

Auf einen schon vor Erhebung der Anfechtungsklage zulässigen Antrag kann aber auch das Verwaltungsgericht die aufschiebende Wirkung des Widerspruchs ganz oder teilweise wiederherstellen (§ 80 Abs. 5 S. 1 und 2 VwGO). Den entsprechenden Antrag sollte der Betroffene gleichzeitig mit der Einlegung des Widerspruchs stellen. Das Verwaltungsgericht hat das öffentliche Interesse an sofortiger Vollziehung der Entziehung oder Einschränkung der Fahrerlaubnis abzuwägen gegen das private Interesse des Betroffenen am Erhalt seiner uneingeschränkten Fahrerlaubnis. Stellt das Verwaltungsgericht schon bei einer überschlägigen Prüfung fest, dass der Widerspruch Erfolg haben wird, besteht kein öffentliches Interesse an der sofortigen Vollziehung. Andererseits besteht kein schützenswertes privates Interesse des Betroffenen, von der Vollziehung eines offensichtlich rechtmäßigen Verwaltungsaktes verschont zu bleiben. **48**

§ 11 Verwaltungsmaßnahmen bei Führerscheininhabern

Im Interesse der vorbeugenden Gefahrenabwehr muss so früh wie möglich ein ungeeigneter Kraftfahrer erkannt werden, um weitere Fehlverhaltensweisen zu verhüten. Ebenso ist es wichtig, so früh wie möglich bei Deutlichwerden von Eignungsmängeln diese durch eignungsfördernde Maßnahmen zu beeinflussen, z.b. durch eine Nachschulung, durch rehabilitative Maßnahmen oder durch eine Therapie. Wie bereits oben[1] dargestellt, handelt es sich bei der Fahreignung um eine Variable, die ständigen Veränderungen unterliegt.   1

Der Inhaber einer Fahrerlaubnis müsste sich zwar laufend Rechenschaft darüber ablegen, ob seine Fahreignung gegeben ist. Dies ist indessen ein komplizierter Erkenntnisprozess. Er wird vor allem dadurch erschwert, dass Eignungsdefizite nicht sofort zu Fehlverhaltensweisen führen, dass Fehlverhaltensweisen nicht sofort mit Unfällen und Verkehrsverstößen verbunden sind und dass Verkehrsverstöße nicht sofort aktenkundig und amtsbekannt werden. Dieser Tatbestand erschwert nicht nur das Erkennen der Bedeutung eingetretener Eignungsdefizite, sondern führt auch noch zu einer Gewöhnung an riskante, durch die Eignungsdefizite ausgelöste Fehlverhaltensweisen – z.B. an das Fahren im übermüdeten Zustand.   2

Bestrafungen und Eintragungen im Verkehrszentralregister haben daher nicht nur einen punitiven Charakter, sie korrigieren auch eingeleitete Fehlentwicklungen der Eignungsqualitäten und verhindern das Unterschreiten der tolerierbaren Risikogrenzen. Eine derartige Entwicklung ist jedoch nur möglich, wenn der betreffende Fahrerlaubnisinhaber selbst genügend Einsicht und Kritikfähigkeit besitzt, Konsequenzen aus den erfolgten Bestrafungen und Eintragungen zu ziehen. Allerdings hat er zunächst zu erkennen, welche Ursachen seinen Fehlverhaltensweisen zugrunde liegen, um sie zu beeinflussen. Sind sie nicht beeinflussbar, kommt es zu erneuten Fehlverhaltensweisen und gehäuft zu Wiederholungen des gleichen Deliktes.   3

Die Fahrerlaubnisbehörde kann in diesen Prozess eingreifen, wenn sie die auffälligen Verhaltensweisen des Fahrerlaubnisinhabers sensibel dahingehend analysiert, ob sich in ihnen Fahreignungsmängel manifestieren, und – wenn nicht die Entziehung oder Einschränkung der Fahrerlaubnis erforderlich ist[2] – Maßnahmen einleitet, um sie zu korrigieren.   4

---

1 Siehe unter § 3 Rn 309 ff.
2 Siehe unter § 9 Rn 27 ff. und 36 ff.

§ 11 Verwaltungsmaßnahmen bei Führerscheininhabern

I. Grundlage: Verkehrszentralregister

5 Maßnahmen der Fahrerlaubnisbehörde werden ausgelöst durch die Mitteilung von Eintragungen in das vom Kraftfahrt-Bundesamt (KBA) in Flensburg geführte Verkehrszentralregister (VZR), das volkstümlich als „Verkehrssünderkartei" bezeichnet wird.

1. Eintragung

6 Erfasst werden im Verkehrszentralregister nach den §§ 28 und 28a StVG sowie § 59 FeV vor allem Entscheidungen
- der Strafgerichte im Zusammenhang mit Verkehrsstraftaten, auch soweit sie gleichzeitig in das vom Generalbundesanwalt bei dem Bundesgerichtshof in Berlin geführte Bundeszentralregister eingetragen werden,
- der Verwaltungsbehörden über Versagung und Entziehung der Fahrerlaubnis sowie
- der Verwaltungsbehörden und Gerichte wegen Verkehrsordnungswidrigkeiten nach den §§ 24 und 24a StVG von einiger Bedeutung.

7 Von einiger Bedeutung und damit eintragungsfähig sind die letztgenannten Entscheidungen nur, soweit
- neben der Geldbuße ein Fahrverbot nach § 25 StVG angeordnet worden ist oder
- eine Geldbuße von mindestens 40 EUR festgesetzt worden ist oder unter Anwendung des Bußgeldkatalogs hätte festgesetzt werden müssen und nur wegen besonders guter oder schlechter wirtschaftlicher Verhältnisse des Betroffenen von dem dort bestimmten Regelsatz abgewichen worden ist.

Eingetragen werden die Entscheidungen in das VZR aufgrund von Mitteilungen, zu denen Gerichte und Behörden nach § 28 Abs. 4 StVG verpflichtet sind.

8 Die Mitteilung an das Kraftfahrt-Bundesamt sowie die Erfassung und Eintragung im Verkehrszentralregister erzeugen keine unmittelbare Rechtswirkungen, sondern dienen lediglich als Tatsachengrundlage zur Vorbereitung von Entscheidung der Verwaltungsbehörden und Gerichte. Sie sind keine Verwaltungsakte und auch mit sonstigen Rechtsbehelfen nicht angreifbar.[3]

Das OLG Karlsruhe[4] hält allerdings einen Antrag auf Entscheidung im Verfahren nach §§ 23 ff. EGGVG gegen die Mitteilung der Staatsanwaltschaft an das Kraftfahrt-Bundesamt für zulässig und meint, der Antragsteller mache geltend, jedenfalls durch die von der Staatsanwaltschaft als Vollstreckungsbehörde vorgenommene Punktbewer-

---

3 BVerwG 20.05.1987; OVG Lüneburg 19.06.2001.
4 NZV 1993, 364 = VRS 85, 439.

tung in seinen Rechten verletzt zu sein, was ihn wegen der möglichen Folge auf eine Entziehung oder Einschränkung der Fahrerlaubnis unmittelbar in seinen rechtlichen Interessen berühre.

2. Tilgung

Nach Ablauf bestimmter Fristen werden die Eintragungen aus dem Verkehrszentralregister unter Umständen getilgt. 9

a) Tilgung nach Ablauf bestimmter Fristen

Die für die Tilgung von Eintragungen bestimmten Fristen differieren je nach Bedeutung der Eintragung. 10

aa) Zwei Jahre

Die Tilgungsfrist bei Entscheidungen wegen einer **Ordnungswidrigkeit** beträgt zwei Jahre (§ 29 Abs. 1 S. 2 Nr. 1 StVG). 11

bb) Fünf Jahre

Die Tilgungsfrist in den in § 29 Abs. 1 S. 2 Nr. 2 StVG aufgeführten Fällen beträgt fünf Jahre. 12

(1) Entscheidungen wegen Straftaten

Sie unterliegen **grundsätzlich** der 5-Jahres-Frist mit einigen Ausnahmen (§ 29 Abs. 1 S. 2 Nr. 2 Buchst. a StVG). 13

Eine **Ausnahme** gilt bei Entscheidungen wegen Verkehrsstraftaten unter Alkohol- oder Drogeneinfluss sowie bei Entscheidungen, in denen das Gericht die Entziehung der Fahrerlaubnis nach den §§ 69 und 69b StGB oder für die Erteilung einer Fahrerlaubnis eine isolierte Sperre nach § 69a Abs. 1 S. 3 StGB angeordnet hat. Insoweit gilt die 10-Jahres-Frist.

(2) Behördliche Verbote oder Beschränkungen

Soweit sie hinsichtlich **fahrerlaubnisfreier Fahrzeuge** verhängt wurden, unterliegen sie der 5-Jahres-Frist (§ 29 Abs. 1 S. 2 Nr. 2 Buchst. b StVG). 14

§ 11 Verwaltungsmaßnahmen bei Führerscheininhabern

(3) Teilnahme an einem Aufbauseminar und einer verkehrspsychologischen Beratung

15 Die Einhaltung der 5-Jahres-Frist (§ 29 Abs. 1 S. 2 Nr. 2 Buchstabe c StVG) ist geboten im Hinblick auf die Regelung in § 4 Abs. 3 Nr. 2 (nur ein Aufbauseminar in 5 Jahren)[5] und § 4 Abs. 4 StVG (nur ein Punkteabzug in fünf Jahren)[6]. Diese Frist gilt auch dann, wenn die Entscheidungen, die zur Teilnahme an einem Aufbauseminar oder einer verkehrspsychologischen Beratung geführt haben, bereits getilgt sind.

cc) Zehn Jahre

16 Zehn Jahre beträgt die Tilgungsfrist **in allen übrigen Fällen** (§ 29 Abs. 1 S. 2 Nr. 3 StVG) – zu denen unter anderem die von der 5-Jahres-Frist ausgenommenen Fälle gehören, in denen jemand wegen einer Verkehrsstraftat unter Einfluss von Alkohol oder anderen Rauschmitteln verurteilt worden ist und in denen die Fahrerlaubnis entzogen worden ist.

b) Abweichungen von den allgemeinen Tilgungsfristen

17 Sie sind in § 29 Abs. 1 S. 3 bis 5 StVG geregelt.

aa) Maßnahmen der Fahrerlaubnisbehörde im Rahmen der Fahrerlaubnis auf Probe und des Punktsystems

18 Eintragungen über bestimmte Maßnahmen der Fahrerlaubnisbehörde bei Verkehrszuwiderhandlungen von Inhabern einer Fahrerlaubnis auf Probe – Anordnung der Teilnahme an einem Aufbauseminar[7] und Verwarnung[8] – sowie nach dem Punktsystem – Verwarnung[9] und Anordnung der Teilnahme an einem Aufbauseminar[10] – werden nach § 29 Abs. 1 S. 3 StVG getilgt, wenn dem Betroffenen die Fahrerlaubnis entzogen wird.

Sonst erfolgt nach § 29 Abs. 1 S. 4 StVG eine Tilgung bei den Maßnahmen im Rahmen der Fahrerlaubnis auf Probe 1 Jahr nach Ablauf der Probezeit und bei Maßnahmen im Rahmen des Punktsystems dann, wenn die letzte mit Punkten bewertete Eintragung wegen einer Straftat oder Ordnungswidrigkeit getilgt ist.

---

5 Siehe unter § 11 Rn 102 ff.
6 Siehe unter § 11 Rn 120.
7 Siehe unter § 11 Rn 39.
8 Siehe unter § 11 Rn 52.
9 Siehe unter § 11 Rn 93.
10 Siehe unter § 11 Rn 94.

Verwaltungsmaßnahmen bei Führerscheininhabern § 11

bb) Vorzeitige Tilgung

Wurde die Fahrerlaubnis durch eine Fahrerlaubnisbehörde ausschließlich wegen mangelnder körperlicher oder geistiger Eignung oder wegen fehlender Befähigung entzogen oder aus diesen Gründen versagt, ist die Eintragung ohne Rücksicht auf die Tilgungsfristen in § 29 Abs. 1 StVG mit dem Tag der Erteilung einer neuen Fahrerlaubnis zu tilgen (§ 63 Abs. 1 FeV). 19

Eintragungen von gerichtlichen Entscheidungen über die vorläufige Entziehung der Fahrerlaubnis, von anfechtbaren Entscheidungen der Fahrerlaubnisbehörden sowie von Maßnahmen nach § 94 StPO sind zu tilgen, wenn die betreffenden Entscheidungen aufgehoben wurden (§ 63 Abs. 2 FeV).

c) Tilgungsverbot

Die Tilgungsfristen gelten nicht, wenn die Erteilung einer Fahrerlaubnis oder des Rechts, von einer ausländischen Fahrerlaubnis Gebrauch zu machen, für immer untersagt ist (§ 29 Abs. 2 StVG). 20

d) Außerordentliche Tilgung

Nach § 29 Abs. 3 StVG werden in besonderen im Einzelnen aufgezählten Fällen Eintragungen ohne Rücksicht auf den Lauf der Fristen nach Abs. 1 und das Tilgungsverbot nach Abs. 2 getilgt, so u.a. 21
1. Eintragungen über Entscheidungen, wenn ihre Tilgung im Bundeszentralregister angeordnet oder wenn die Entscheidung im Wiederaufnahmeverfahren oder nach den §§ 86, 102 Abs. 2 des Gesetzes über Ordnungswidrigkeiten rechtskräftig aufgehoben wird,
2. Eintragungen, die in das Bundeszentralregister nicht aufzunehmen sind, wenn ihre Tilgung durch die nach Landesrecht zuständige Behörde angeordnet wird, wobei die Anordnung nur ergehen darf, wenn dies zur Vermeidung ungerechtfertigter Härten erforderlich ist und öffentliche Interessen nicht gefährdet werden.

e) Tilgungshemmung

Sie tritt bei **Neueintragungen** ein. 22

Grundsätzlich ist die Tilgung einer Eintragung erst zulässig, wenn für alle Eintragungen die Voraussetzungen der Tilgung vorliegen (§ 29 Abs. 6 S. 1 StVG). Eine Ablaufhemmung tritt für die Tilgung einer Eintragung auch dann ein, wenn eine neue Tat vor dem Ablauf der Tilgungsfrist nach § 29 Abs. 1 StVG begangen wird und bis zum

§ 11 Verwaltungsmaßnahmen bei Führerscheininhabern

Ablauf der in § 29 Abs. 7 S. 1 StVG bestimmten Überliegefrist von 1 Jahr zu einer weiteren Eintragung führt (§ 29 Abs. 6 S. 2 StVG).

Doch hindern Eintragungen wegen Ordnungswidrigkeiten nur die Tilgung von Entscheidungen wegen anderer Ordnungswidrigkeiten (§ 29 Abs. 6 S. 3 StVG).

Ausnahmsweise wird aber unabhängig von späteren Eintragungen die Eintragung einer Entscheidung wegen einer Ordnungswidrigkeit spätestens nach Ablauf von 5 Jahren getilgt; doch gilt das nicht für die Eintragung einer Entscheidung wegen Kraftfahrens unter dem Einfluss von Alkohol oder Drogen nach § 24a StVG (§ 29 Abs. 6 S. 4 StVG).

In jedem Falle unterbleibt die Tilgung der Eintragung einer Entscheidung wegen einer Ordnungswidrigkeit jedoch so lange, wie der Betroffene im Zentralen Fahrerlaubnisregister als Inhaber einer Fahrerlaubnis auf Probe gespeichert ist (§ 29 Abs. 6 S. 5 StVG).

Wird eine Eintragung getilgt, so sind auch die **früheren Eintragungen** zu tilgen, deren Tilgung nur durch die betreffende Eintragung gehemmt war (§ 29 Abs. 6 S. 6 StVG).

f) Beginn der Tilgungsfrist

23 Die Tilgungsfrist beginnt nach § 29 Abs. 4 StVG
1. bei strafgerichtlichen Verurteilungen mit dem Tag des ersten Urteils und bei Strafbefehlen mit dem Tag der Unterzeichnung durch den Richter, wobei dieser Tag auch dann maßgebend bleibt, wenn eine Gesamtstrafe oder eine einheitliche Jugendstrafe gebildet oder nach § 30 Abs. 1 des JGG (wegen Bewährungsversagens) auf Jugendstrafe erkannt wird oder eine Entscheidung im Wiederaufnahmeverfahren ergeht, die eine registerpflichtige Verurteilung enthält,
2. bei Entscheidungen der Gerichte nach den §§ 59, 60 StGB (Verwarnung mit Strafvorbehalt, Absehen von Strafe) und § 27 JGG (Aussetzung der Verhängung der Jugendstrafe zur Bewährung) mit dem Tag der Entscheidung,
3. bei gerichtlichen und verwaltungsbehördlichen Bußgeldentscheidungen sowie bei anderen Verwaltungsentscheidungen mit dem Tag der Rechtskraft oder Unanfechtbarkeit der beschwerenden Entscheidung,
4. bei Aufbauseminaren und verkehrspsychologischen Beratungen mit dem Tag der Ausstellung der Teilnahmebescheinigung.

24 **Ausnahmsweise** beginnt die Tilgungsfrist bei der Versagung oder Entziehung der Fahrerlaubnis wegen mangelnder Eignung, der Anordnung einer Sperre nach § 69a Abs. 1 S. 3 StGB oder bei einem Verzicht auf die Fahrerlaubnis erst mit der Erteilung

oder Neuerteilung der Fahrerlaubnis, spätestens jedoch fünf Jahre nach der beschwerenden Entscheidung oder dem Verzicht (§ 29 Abs. 5 S. 1 StVG). Das kann dazu führen, dass Eintragungen, die an sich nach zehn Jahren zu tilgen sind, wegen eines um fünf Jahre hinausgeschobenen Tilgungsfristbeginns insgesamt 15 Jahre bestehen bleiben.

Bei von der Fahrerlaubnisbehörde verhängten Verboten oder Beschränkungen, ein fahrerlaubnisfreies Fahrzeug zu führen, beginnt die Tilgungsfrist fünf Jahre nach Ablauf oder Aufhebung des Verbots oder der Beschränkung (§ 29 Abs. 5 S. 2 StVG).

3. Eintragungsbestand

Einen Überblick über den Umfang der Eintragungen im Verkehrszentralregister vermitteln einige statistische Angaben des Kraftfahrt-Bundesamts:[11]   25

Personen im Verkehrszentralregister		in %	Veränderung gegenüber Vorjahr in %
Anfangsbestand (01.01.2004)	7.080.000	100,0	+ 4,4
+ Personenzugang	2.841.000	40,1	+ 3,9
– Personenabgang (Tilgung)	2.343.000	33,1	– 3,8
Endbestand an Personen (31.12.2004)	7.578.000	107,0	+ 7,0

Mitteilungen 2004 von			Veränderung gegenüber Vorjahr in %
Gerichten:	Verurteilungen	328.000	+ 1,9
	Bußgeldentscheidungen	55.000	+ 7,8
	vorläufige Entscheidungen und Aufhebungen	116.000	+ 0,9
	zusammen	498.000	+ 2,3
Bußgeldbehörden:	Bußgeldentscheidungen	3.875.000	+ 7,6
Fahrerlaubnisbehörden:	Fahrerlaubnisentscheidungen und -maßnahmen	674.000	+ 12.9
	insgesamt	5.048.000	+ 7,7

---

11 Pressebericht 2004 des Kraftfahrt-Bundesamts, S. 14 ff.

§ 11 Verwaltungsmaßnahmen bei Führerscheininhabern

Bestand, Deliktart und Punktegruppen am 31.12.2004	Insgesamt		Männer		Frauen	
	in 1.000	in %	in 1.000	in %	in 1.000	in %
Personenbestand	7.578	100,0	6.184	82,8	1.394	18,4
Deliktart je Personengruppe im Bestand						
Geschwindigkeit	4.213	55,6	3.438	55,6	772	55,4
Fahren unter Alkoholeinfluss	1.190	15,7	1.095	17,7	100	7,2
Vorfahrtsverletzung	1.076	14,2	804	13,0	273	19,6
Punktestände je Personengruppe im Bestand						
ohne Punkte	1.531	20,2	1.354	21,9	174	12,5
1–7 Punkte	5.433	71,7	4.267	69,0	1.168	83,8
8–13 Punkte	455	6,0	414	6,7	40	2,9
14 und mehr Punkte	91	1,2	87	1,4	7	0,5

II. Verkehrsunterricht

26   Wer Verkehrsvorschriften nicht beachtet, ist nach § 48 StVO auf Vorladung der Straßenverkehrsbehörde oder der von ihr beauftragten Beamten verpflichtet, an einem Unterricht über das Verhalten im Straßenverkehr teilzunehmen. Wer einer Vorladung zum Verkehrsunterricht nicht folgt, handelt ordnungswidrig nach § 24 StVG (§ 49 Abs. 4 Nr. 6 StVO) und muss mit der Festsetzung von Geldbuße rechnen.

Große Bedeutung hat der über solche Sanktion durchsetzbare Verkehrsunterricht nicht erlangt. Aus dem Bericht von *Müller*[12] über eine von ihm gemeinsam mit dem Fachbereich Verkehrswissenschaften der Fachhochschule für Polizei Sachsen in den Jahren 2002 und 2003 vorgenommene Befragung von Straßenverkehrsbehörden im gesamten Bundesgebiet, von denen 43 antworteten, ergibt sich, dass in nur sechs Bereichen Verkehrsunterricht erteilt wird, während in den übrigen 37 Zuständigkeitsbereichen auf die Anwendung des Verkehrsunterrichts verzichtet wird. *Müller* befürwortet eine stärkere Anwendung des Verkehrsunterrichts als Vorschwelle zur Teilnahme an einem Aufbauseminar, das unter bestimmten Voraussetzungen angeordnet werden muss.[13]

27   Für die Anordnung der Teilnahme an einem Verkehrsunterricht genügt die bloße Tatsache des Vorliegens einer Verkehrswidrigkeit nicht; vielmehr muss ein Erziehungsbe-

---

12 *Müller, D.* 2004 und 2005.
13 Siehe unter § 11 Rn 39 ff., 94 ff.

dürfnis bei dem Betroffenen bestehen, also Anzeichen dafür gegeben sein (und auch von der Verwaltungsbehörde aufgezeigt werden), dass der Betroffene entweder
- ungenügende Kenntnisse der Verkehrsvorschriften aufweist oder
- deren Bedeutung verkennt oder
- aus charakterlichen Gründen nicht seiner Einsicht entsprechend handeln kann, so dass die erzieherische Wirkung einer Strafe oder eines Bußgelds nicht genügt.[14]

1. Ersttäter

Sie werden in der Regel durch Strafe oder Geldbuße genügend beeindruckt werden können. Bei ihnen müssen schon besondere Anhaltspunkte aus den Umständen der Tatbegehung, dem Verhalten nach der Tat oder der Einlassung des Täters zur Tat erkennbar sein, die auf ein spezielles Erziehungsbedürfnis schließen lassen. 28

2. Wiederholungstäter

Sie geben regelmäßig Anlass für die Anordnung von Verkehrsunterricht, weil sie durch die Wiederholungstat gezeigt haben, dass die Ahndung nach StGB oder OWiG in gleicher Weise nicht ausreichen wird, wie die entsprechende Ahndung der vorausgegangenen Tat dazu nicht ausgereicht hat. 29

III. Maßnahmen bei Inhabern einer Fahrerlaubnis auf Probe

Die Vorschriften über die Fahrerlaubnis auf Probe[15] sollen die Möglichkeit eröffnen, Fahranfängern rechtzeitig Gelegenheit zur Vervollkommnung ihrer Eignung zum Führen von Kraftfahrzeugen zu geben und sie nachdrücklich zu veranlassen, von solcher Gelegenheit auch Gebrauch zu machen. Verkehrspsychologische Hilfen sind nunmehr Bestandteile des Fahrerlaubnisrechts. 30

Das dem entsprechende Regelungssystem verstößt nicht gegen den Gleichheitssatz des Art. 3 Abs. 1 GG und führt auch nicht zu unverhältnismäßigen Belastungen.[16]

---

14 VGH München 22.10.1990; siehe dazu auch *Beck, W.-D.* (1993).
15 Siehe unter § 2 Rn 26 ff.
16 OVG Koblenz 12.03.2002.

§ 11 Verwaltungsmaßnahmen bei Führerscheininhabern

1. Anlass

31 Unbeschadet der Möglichkeit, die Fahrerlaubnis nach den allgemeinen Regeln zu entziehen[17] (§ 2a Abs. 4 StVG), werden besondere Maßnahmen jeweils angeordnet, wenn der Inhaber der Fahrerlaubnis auf Probe innerhalb der Probezeit, die grundsätzlich 2 Jahre beträgt (§ 2a Abs. 1 S. 1 StVG), sich aber bei Anordnung der Teilnahme an einem Aufbauseminar[18] um weitere zwei Jahre verlängert (§ 2a Abs. 2a StVG), Straftaten oder Ordnungswidrigkeiten begangen hat und deretwegen eine rechtskräftige in das Verkehrszentralregister einzutragende Entscheidung ergangen ist, und zwar auch dann, wenn die Probezeit inzwischen abgelaufen ist (§ 2a Abs. 2 Nr. 1 bis 3 StVG).

Auf den späteren Zeitpunkt, zu dem die Strafe oder Geldbuße festgesetzt wird, kommt es nicht an.[19]

Die Maßnahmen sind auch dann anzuordnen, wenn Taten im Zusammenhang mit einem nicht fahrerlaubnispflichtigen Fahrzeug begangen worden sind – z.B. Dulden oder Zulassen des Führens eines Mofas, dessen Betriebserlaubnis erloschen war, weil die Tretkurbeln abmontiert worden waren.[20]

32 **Absehen von der Maßnahmenanordnung** muss die Fahrerlaubnisbehörde allerdings, wenn der Inhaber der Fahrerlaubnis auf Probe sich seit der Zuwiderhandlung durch beanstandungsfreie Teilnahme am Straßenverkehr bewährt hat. Dabei ist es sach- und systemgerecht, Bewährung anzunehmen, wenn zum Zeitpunkt der Maßnahmenanordnung die ihr zugrunde liegende **VZR-Eintragung bereits getilgt oder tilgungsreif** ist und deshalb dem Betroffenen nicht mehr vorgehalten werden darf.[21] Diese für die Anordnung der Nachschulung nach altem Recht vom **Verwaltungsgericht Darmstadt**[22] und vom **Verwaltungsgericht Hamburg**[23] anerkannten Erwägungen sind auch auf die Maßnahmen nach neuem Recht anzuwenden.

a) Bewertung von Zuwiderhandlungen

33 Sie ist in Anlage 12 der FeV enthalten (§ 34 Abs. 1 FeV), in der im Abschnitt A „schwer wiegende Zuwiderhandlungen" und im Abschnitt B „weniger schwer wiegende Zuwiderhandlungen" aufgeführt werden.

---

17 Siehe unter § 9 Rn 27.
18 Siehe unter § 11 Rn 39.
19 OVG Lüneburg 28.01.1993.
20 VG Köln NZV 1988, 39 = VD 1988, 197.
21 Siehe unter § 6 Rn 118 ff.
22 NZV 1990, 327 = zfs 1990, 396 (L).
23 NZV 1998, 392.

b) Bindung an Entscheidung im Straf- oder Bußgeldverfahren

Die Fahrerlaubnisbehörde ist bei der Anordnung einer Maßnahme in vollem Umfang an die rechtskräftige Entscheidung über die Ordnungswidrigkeit oder Straftat gebunden und muss nicht noch einmal prüfen, ob der Fahranfänger die Tat tatsächlich begangen hat (§ 2a Abs. 2 S. 2 StVG). 34

Schon zu § 2a Abs. 2 StVG a.F. hatte der **Verwaltungsgerichtshof Baden-Württemberg**[24] die Ansicht vertreten, ein Eingehen auf die konkreten Umstände der der Eintragung zugrunde liegenden verkehrsrechtlich relevanten Straftat oder Ordnungswidrigkeit sei regelmäßig nicht möglich, weil der eindeutige Wortlaut dieser Vorschrift allein an die rechtskräftig festgestellte Straftat oder Ordnungswidrigkeit anknüpfe; deshalb komme es auch nicht darauf an, ob der Verkehrsverstoß durch grobe oder leichte Fahrlässigkeit begangen wurde. Auch der **Bayerische Verwaltungsgerichtshof**[25] war der Meinung, die Prüfung der Rechtmäßigkeit eines Bußgeldbescheides, insgesamt oder teilweise (z.b. des subjektiven Tatbestandes), stehe der Verwaltungsbehörde und dem Verwaltungsgericht in der Regel nicht zu. 35

Allerdings hatte das **Bundesverwaltungsgericht**[26] aus dem bisherigen Wortlaut von § 2a Abs. 2 StVG a.F. („Hat der Inhaber einer Fahrerlaubnis innerhalb der Probezeit eine oder mehrere der in den Abschnitten A und B der Anlage aufgeführten Straftaten und Ordnungswidrigkeiten begangen und ist deswegen eine rechtskräftige Entscheidung ergangen, ...") gefolgert, neben der rechtskräftigen Entscheidung müsse auch die Begehung der Tat festgestellt werden, wenngleich der Kraftfahrer die einschlägigen Feststellungen der rechtskräftigen Entscheidung insoweit gegen sich gelten lassen müsse, als sich nicht gewichtige Anhaltspunkte für deren Unrichtigkeit, insbesondere Wiederaufnahmegründe i.S.d. § 359 Nr. 5 StPO, ergeben. Nur bei Vorliegen besonderer Umstände des Einzelfalls ist die Verwaltungsbehörde nach Ansicht des Bundesverwaltungsgerichts zu weiterer Aufklärung durch eigene Amtsermittlung verpflichtet. Solche besonderen Umstände hat es in einem Fall angenommen, in dem der Kraftfahrer die Annahme seiner im Bußgeldbescheid festgestellten Täterschaft durch die spätere substanziierte Behauptung ernstlich erschüttert hatte, entgegen seiner ursprünglichen irrigen Annahme habe nicht er, sondern ein anderer das Fahrzeug gesteuert. Dabei hat es dahingestellt gelassen wie zu entscheiden wäre, wenn der Kraftfahrer von vornherein keinem Irrtum über die Täterschaft unterlegen wäre, sondern bewusst einen falschen Bußgeldbescheid hätte rechtskräftig werden lassen. 36

---

24 VGH Mannheim 28.02.1992.
25 VGH München 23.10.1990.
26 BVerwG 20.04.1994.

Diese zu der früheren Fassung der Vorschrift ergangene Rechtsprechung hält das **Oberverwaltungsgericht des Saarlandes**[27] für überholt und auf die neue Regelung nicht mehr übertragbar. Es lässt allerdings dahinstehen, ob die Regelung des § 2a StVG verfassungsrechtlich bedenklich wäre, wenn die zugrunde liegende Entscheidung offensichtlich inhaltlich unrichtig wäre.

Jedenfalls widerspricht die Entziehung der Fahrerlaubnis aufgrund einer erweislich falschen rechtskräftigen Entscheidung im Straf- oder Bußgeldverfahren dem Verfassungsgrundsatz der **Verhältnismäßigkeit**.[28]

c) Mitteilung über Zuwiderhandlungen durch das KBA

37 Sie erfolgen aus dem Zentralen Fahrerlaubnisregister und dem VZR (§ 2c StVG; § 50 FeV).

2. Art der Maßnahmen

38 Die Fahrerlaubnisbehörde hat nun die vorgeschriebenen abgestuften Maßnahmen zu treffen, und zwar auch dann, wenn die Probezeit inzwischen bereits abgelaufen ist (§ 2a Abs. 2 S. 1 StVG). Zu Ausnahmen ist sie nicht befugt.

Als Maßnahmen sind vorgesehen:

a) Teilnahme an Aufbauseminar

39 Sie ist anzuordnen, wenn
- der Inhaber einer Fahrerlaubnis auf Probe eine schwer wiegende Zuwiderhandlung oder zwei weniger schwer wiegende Zuwiderhandlungen begangen hat (§ 2a Abs. 2 Nr. 1 StVG) oder
- die Fahrerlaubnisbehörde nach Auswertung eines Gutachtens einer amtlich anerkannten Begutachtungsstelle für Fahreignung die Nichteignung für nicht erwiesen hält (§ 2a Abs. 4 S. 2 StVG).

Als bei der Anordnung zu setzende **angemessene Frist** im Sinne von § 34 Abs. 2 FeV ist nach Auffassung des Niedersächsischen Ministeriums für Wirtschaft, Technologie und Verkehr ein Zeitraum von längstens 3 Monaten anzusehen.[29]

---

27 OVG Saarlouis 21.12.2000.
28 Siehe unter § 11 Rn 75, 108 ff.
29 Arbeitsanweisung (siehe unter § 1 Rn 53) zu § 34 FeV.

Die **Probezeit verlängert sich um zwei Jahre**, wenn die Teilnahme an einem Aufbauseminar angeordnet worden ist (§ 2a Abs. 2a S. 1StVG). Die Probezeit verlängert sich nach dem durch das StVRÄndG vom 19.03.2001 neu eingefügten § 2a Abs. 2a S. 2 StVG außerdem um zwei Jahre, wenn die Anordnung nur deshalb nicht erfolgt ist, weil die Fahrerlaubnis entzogen worden ist oder der Inhaber der Fahrerlaubnis auf sie verzichtet hat.

Das Wort „Aufbauseminar" tritt an die Stelle des bisher in § 2a Abs. 2 Nr. 1 StVG a.F. **40** verwendeten Wortes „Nachschulungskurs". Eine sachliche Änderung bezweckt die Umbenennung nicht. Das ergibt sich aus § 2b Abs. 1 S. 1 StVG, in dem Inhalt und Zweck des Aufbauseminars mit denselben Worten beschrieben ist, mit denen bisher in § 2b Abs. 1 StVG a.F. der Inhalt des Nachschulungskurses beschrieben war:

„Die Teilnehmer an Aufbauseminaren sollen durch Mitwirkung an Gruppengesprächen und an einer Fahrprobe veranlasst werden, eine risikobewusstere Einstellung im Straßenverkehr zu entwickeln und sich dort sicher und rücksichtsvoll zu verhalten."

Im StVG fehlen allerdings substanziierte Vorschriften hinsichtlich der Anforderungen an Aufbauseminare, insbesondere über deren Inhalt und Dauer. Gegen die in den §§ 35, 36 Abs. 3 bis 5 FeV enthaltenen Bestimmungen über Inhalt und Dauer von Aufbauseminaren bestehen mangels ausreichender gesetzlicher Ermächtigung Bedenken,[30] die alsbald durch entsprechende gesetzliche Vorschriften ausgeräumt werden sollten.

Nach wie vor gibt es zwei Arten von Aufbauseminaren:

aa) Gewöhnliches Aufbauseminar

Es wird von **Fahrlehrern** durchgeführt, die Inhaber einer entsprechenden Erlaubnis **41** nach dem Fahrlehrergesetz sind (§ 2b Abs. 2 S. 1 StVG). Die Seminarerlaubnis wird nach erfolgreicher Teilnahme an einem Einweisungslehrgang erteilt (§ 31 des Fahrlehrergesetzes).

Der **äußere Ablauf** dieses Aufbauseminars ist in § 35 Abs. 1 FeV näher vorgeschrieben:

„Das Aufbauseminar ist in Gruppen mit mindestens sechs und höchstens zwölf Teilnehmern durchzuführen. Es besteht aus einem Kurs mit vier Sitzungen von jeweils 135 Minuten Dauer in einem Zeitraum von zwei bis vier Wochen; jedoch darf an einem Tag nicht mehr als eine Sitzung stattfinden. Zusätzlich ist zwischen

---

30 *Bode, H. J.* (2002e) S. 38 f.

der ersten und der zweiten Sitzung eine Fahrprobe durchzuführen, die der Beobachtung des Fahrverhaltens des Seminarteilnehmers dient. Die Fahrprobe soll in Gruppen mit drei Teilnehmern durchgeführt werden, wobei die reine Fahrzeit jedes Teilnehmers 30 Minuten nicht unterschreiten darf."

42 Hinsichtlich der Mindestteilnehmerzahl ordnet das Niedersächsische Ministerium für Wirtschaft, Technologie und Verkehr an:[31]

„Wird diese Zahl von 6 Personen nicht erreicht, darf das Seminar nicht begonnen werden, weil der gruppendynamische Prozess durch eine bestimmte Teilnehmerzahl, die vom Verordnungsgeber vorgegeben wurde, erreicht werden muss. Sinkt die Teilnehmerzahl nach Beginn des Aufbauseminars unter 6 Personen, ist der Kurs jedoch zu Ende zu führen, weil die verbleibenden Teilnehmer sonst unvertretbare Nachteile in Kauf nehmen müssten. Um zu verhindern, dass ein Kurs auch mit weniger als 6 Personen begonnen wird, hat der Kursleiter Namen und Anschriften von während des Kurses ausscheidenden Personen der zuständigen Fahrerlaubnisbehörde mitzuteilen; diese Mitteilung ist in den Unterlagen über den Kurs in der Fahrschule bzw. Schulungsstelle aufzubewahren und bei Überprüfungen der Behörde vorzulegen. Den Personen, die während eines Kurses ausgeschieden sind, kann später nicht die Teilnahme an einem Einzelseminar (§§ 2b Abs. 1 S. 2, 4 Abs. 8 S. 2 StVG) gestattet werden."

Zum **Inhalt** des Aufbauseminars bestimmt § 35 Abs. 2 FeV:

„In den Kursen sind die Verkehrszuwiderhandlungen, die bei den Teilnehmern zur Anordnung der Teilnahme an dem Aufbauseminar geführt haben, und die Ursachen dafür zu diskutieren und daraus ableitend allgemein die Probleme und Schwierigkeiten von Fahranfängern zu erörtern. Durch Gruppengespräche, Verhaltensbeobachtung in der Fahrprobe, Analyse problematischer Verkehrssituationen und durch weitere Informationsvermittlung soll ein sicheres und rücksichtsvolles Fahrverhalten erreicht werden. Dabei soll insbesondere die Einstellung zum Verhalten im Straßenverkehr geändert, das Risikobewusstsein gefördert und die Gefahrenerkennung verbessert werden."

bb) Besonderes Aufbauseminar

43 Besondere Aufbauseminare sind vorgeschrieben für Inhaber einer Fahrerlaubnis auf Probe, die unter dem **Einfluss** von **Alkohol** oder anderer **berauschender Mittel** am Verkehr teilgenommen haben (§ 2b Abs. 2 S. 2 StVG) – und zwar auch dann, wenn sie noch andere Verkehrszuwiderhandlungen begangen haben (§ 36 Abs. 1 FeV).

---

31 Arbeitsanweisung (siehe unter § 1 Rn 53) zu § 35 FeV.

Die besonderen Aufbauseminare werden von „hierfür amtlich anerkannten anderen Seminarleitern durchgeführt" (§ 2b Abs. 2 S. 2 StVG). Das StVG enthält keine Vorschriften über die Qualifikation der „anderen Seminarleiter". Es lässt nicht erkennen, ob insoweit gedacht ist etwa an speziell dafür ausgebildete Fahrlehrer, Sozialpädagogen in Sucht- und Drogenberatungsstellen oder Psychologen; gegen Psychologen als Seminarleiter spricht, dass der Gesetzgeber für im Sinne des StVG tätig werdende Psychologen – nämlich bei der verkehrspsychologischen Beratung – entsprechende Qualifikationsvoraussetzungen ausdrücklich beschrieben hat. 44

Gegen die in § 36 Abs. 6 FeV enthaltenen Bestimmungen, die als „andere Seminarleiter" nur **Diplom-Psychologen** mit besonderer Qualifikation vorsehen, bestehen mangels ausreichender gesetzlicher Ermächtigung **Bedenken**,[32] die alsbald durch entsprechende gesetzliche Vorschriften ausgeräumt werden sollten.

Nach § 36 Abs. 6 FeV müssen solche Diplom-Psychologen eine verkehrspsychologische Ausbildung nachweisen sowie Kenntnisse und Erfahrungen bei der Untersuchung und Begutachtung alkohol- und drogenauffälliger Kraftfahrer sowie als Kursleiter haben und amtlich anerkannt sein. 45

Voraussetzung für die amtliche Anerkennung ist u.a. gemäß § 36 Abs. 6 S. 2 Nr. 5 FeV die „Vorlage eines sachgerechten, auf wissenschaftlicher Grundlage entwickelten Seminarkonzepts". Was „sachgerecht" ist und was unter „wissenschaftlicher Grundlage" zu verstehen ist und wer die genannten Qualitäten der Seminarkonzepte klärt, ist nicht festgelegt.

Sinnvoll wäre es zu verfahren wie dies § 70 Abs. 1 Nr. 2 FeV bezüglich der Kurse zur Wiederherstellung der Kraftfahreignung bestimmt: Die Geeignetheit der Kurse muss „durch ein unabhängiges wissenschaftliches Gutachten bestätigt" worden sein.[33] Der Leitfaden der Bundesanstalt für Straßenwesen zur Anerkennung von Kursen gemäß § 70 FeV[34] definiert die Grundsätze und Kriterien der Anerkennung, die in gleicher Weise bei der Anerkennung von Diplom-Psychologen als Kursleiter für besondere Aufbauseminare gemäß § 36 Abs. 6 S. 2 Nr. 5 FeV zur Anwendung gelangen müssen. Die Beurteilung der Sachgerechtheit und der wissenschaftlichen Grundlage eines Seminarkonzeptes durch die „zuständigen Fachminister" oder „von ihnen bestimmte Stellen" ist nicht angemessen im Hinblick auf die rechtliche Bedeutung und die Rechtsfolgen der Teilnahme an einem besonderen Aufbauseminar.

---

32 *Bode, H. J.* (2002e) S. 39.
33 Siehe unter § 15 Rn 81.
34 Bundesanstalt für Straßenwesen (2002).

46 Den **äußeren Ablauf** des besonderen Aufbauseminars regelt § 36 Abs. 3 FeV:

„Das besondere Aufbauseminar ist in Gruppen mit mindestens sechs und höchstens zwölf Teilnehmern durchzuführen. Es besteht aus einem Kurs mit einem Vorgespräch und drei Sitzungen von jeweils 180 Minuten Dauer in einem Zeitraum von zwei bis vier Wochen sowie der Anfertigung von Kursaufgaben zwischen den Sitzungen."

Den **Inhalt** des besonderen Aufbauseminars schreibt § 36 Abs. 4 FeV vor:

„In den Kursen sind die Ursachen, die bei den Teilnehmern zur Anordnung der Teilnahme an einem Aufbauseminar geführt haben, zu diskutieren und Möglichkeiten für ihre Beseitigung zu erörtern. Wissenslücken der Kursteilnehmer über die Wirkung des Alkohols und anderer berauschender Mittel auf die Verkehrsteilnehmer sollen geschlossen und individuell angepasste Verhaltensweisen entwickelt und erprobt werden, um insbesondere Trinkgewohnheiten zu ändern sowie Trinken und Fahren künftig zuverlässig zu trennen. Durch die Entwicklung geeigneter Verhaltensmuster sollen die Kursteilnehmer in die Lage versetzt werden, einen Rückfall und weitere Verkehrszuwiderhandlungen unter Alkoholeinfluss oder dem Einfluss anderer berauschender Mittel zu vermeiden. Zusätzlich ist auf die Problematik der wiederholten Verkehrszuwiderhandlungen einzugehen."

cc) Einzelseminar

47 Die Teilnahme an einem Einzelseminar kann die Fahrerlaubnisbehörde **auf Antrag** gestatten (§ 2b Abs. 1 S. 2 StVG).

Solche Gestattung hält die Bundesregierung ausweislich der Begründung zu ihrem Gesetzentwurf[35] für gerechtfertigt, wenn etwa dem Inhaber der Fahrerlaubnis auf Probe aufgrund seiner persönlichen Lebenssituation ein Gruppenseminar nicht zumutbar ist. Dabei ist nach ihrer Ansicht zu berücksichtigen, dass die Teilnehmer an Gruppengesprächen mitwirken sollen, um hierdurch Mängel in ihrer Einstellung zum Straßenverkehr und ihrem Verhalten zu beseitigen, dass sie aber nicht verpflichtet sind, die Hintergründe der Verstöße, die zur Teilnahme am Seminar geführt haben, zu offenbaren.

Hierzu führt das Niedersächsische Ministerium für Wirtschaft, Technologie und Verkehr aus:[36]

---

35 BR-Dr. 821/96, S. 70 = VkBl 1998, 792.
36 Arbeitsanweisung (siehe unter § 1 Rn 53) zu § 35 FeV.

„Angesichts der vagen Begründung ist es äußerst schwierig, Kriterien für ‚persönliche Lebenssituationen' vorzugeben. Nach hiesiger Ansicht reicht eine exponierte berufliche/gesellschaftliche Stellung nicht aus, wohl aber eine schwere psychische Störung, die eine Teilnahme an einem Gruppenseminar nicht angezeigt erscheinen lassen, wobei ein Attest vorzulegen ist. Auch eine ständige beruflich bedingte Abwesenheit ist für Durchführung eines Einzelseminars ausreichend. Der ‚gruppendynamische Prozess' ist von so großer Bedeutung, dass die Teilnahme an einem Einzelseminar sehr restriktiv zu handhaben ist."

Die Durchführung von Einzelseminaren kann auch dann gerechtfertigt sein, wenn **Behinderungen** eines Seminarteilnehmers vorliegen, z.B. Sprachschwierigkeiten oder Gehörverluste, die eine effiziente Mitwirkung an Gruppengesprächen infrage stellen. 48

Einzelseminare für derart behinderte Teilnehmer können eine größere Wirkung ausüben, weil die Betroffenen in der Gruppe verständlich Insuffizienzgefühle entwickeln und sich am gruppendynamischen Prozess nicht beteiligen.

Für **Ablauf** und **Inhalt** des Einzelseminars gelten die für Gruppenseminare vorgesehenen Vorschriften mit der Maßgabe, dass die Gespräche 49
- bei gewöhnlichem Seminar in vier Sitzungen von jeweils 60 Minuten Dauer und
- bei besonderem Seminar in drei Sitzungen von jeweils 90 Minuten Dauer durchzuführen sind (§ 35 Abs. 3, § 36 Abs. 5 FeV).

dd) Teilnahmebescheinigung

Der Seminarleiter stellt über die Teilnahme an einem Aufbauseminar eine Bescheinigung zur Vorlage bei der Fahrerlaubnisbehörde aus; die Ausstellung der Bescheinigung ist zu verweigern, wenn der Seminarteilnehmer nicht an allen Sitzungen des Kurses und an der Fahrprobe teilgenommen oder bei einem besonderen Aufbauseminar die Anfertigung von Kursaufgaben verweigert hat (§ 37 FeV). 50

ee) Qualitätssicherung

Sie ist nicht geregelt, obwohl der Gesetzgeber das Bundesministerium für Verkehr in § 6 Abs. 1 Nr. 1 Buchst. n und t StVG ausdrücklich ermächtigt hat, Verordnungen auch über die Zertifizierung der Qualitätssicherung und deren Inhalt für die allgemeinen und besonderen Aufbauseminare zu erlassen. In der Begründung des Bundesministeriums für Verkehr zur FeV[37] wird lediglich darauf hingewiesen, dass „das Verfahren der Qualitätssicherung erst entwickelt wird und noch keine Erfahrungen vorliegen". 51

---

37 BR-Dr. 443/98, S. 282 = VkBl 1998, 1084.

§ 11 Verwaltungsmaßnahmen bei Führerscheininhabern

Hinsichtlich der Tätigkeit von Psychologen (bei besonderen Aufbauseminaren) hat der Verordnungsgeber aber für verkehrspsychologische Berater die Teilnahme an einer Qualitätssicherung ohne entsprechende spezielle Entwicklung und Vorliegen von Erfahrungen ausdrücklich vorgeschrieben.[38]

Hinsichtlich der Tätigkeit von Fahrlehrern (bei gewöhnlichen Aufbauseminaren) ist zu hoffen, dass die Entwicklung von Verfahren der Qualitätssicherung bald abgeschlossen werden wird. Bemerkenswert ist, dass die im Rahmen der Fortbildungsseminare nach der Fahranfängerfortbildungsverordnung[39] vorgesehenen praktischen Sicherheitsübungen nur von hierfür amtlich anerkannten Personen (Moderatoren) durchgeführt werden dürfen, die u.a. einem nach der Norm DIN EN ISO 9001:2000-12 zertifizierten Qualitätsmanagementsystem unterliegen (Art. 1 § 4 Abs. 3 FreiwFortbV). Diese Regelung begründet das Bundesministerium für Verkehr, Bau- und Wohnungswesen mit der Erwägung, dass damit „die praktischen Sicherheitsübungen einheitlich auf hohem Standard durchgeführt werden".[40] Es liegt auf der Hand, dass auch gewöhnliche Aufbauseminare einheitlich auf hohem Standard durchgeführt werden müssen und dafür eine Qualitätssicherung dringend erforderlich ist.

b) Verwarnung unter Hinweis auf verkehrspsychologische Beratung

52 Wenn der Inhaber einer Fahrerlaubnis auf Probe **nach Teilnahme an einem Aufbauseminar** innerhalb der Probezeit eine weitere schwer wiegende oder zwei weitere weniger schwer wiegende **Zuwiderhandlungen** begangen hat, muss die Fahrerlaubnisbehörde ihn schriftlich verwarnen und ihm nahe legen, innerhalb von zwei Monaten an einer verkehrspsychologischen Beratung teilzunehmen (§ 2a Abs. 2 S. 1 Nr. 2 StVG).

Zur **verkehrspsychologischen Beratung** bestimmen der nach § 2a Abs. 2 S. 3 StVG entsprechend geltende § 4 Abs. 9 StVG und § 38 Abs. 1 FeV in S. 1 bis 4 jeweils wörtlich übereinstimmend:

„In der verkehrspsychologischen Beratung soll der Fahrerlaubnisinhaber veranlasst werden, Mängel in seiner Einstellung zum Straßenverkehr und im verkehrssicheren Verhalten zu erkennen und die Bereitschaft zu entwickeln, diese Mängel abzubauen. Die Beratung findet in Form eines **Einzelgesprächs** statt, sie kann durch eine **Fahrprobe** ergänzt werden, wenn der Berater dies für erforderlich hält. Der Berater soll die Ursachen der Mängel aufklären und Wege zu ihrer Beseitigung aufzeigen. Das Ergebnis der Beratung ist nur für den Betroffenen bestimmt und nur diesem mitzuteilen."

---

38 Siehe unter § 11 Rn 60.
39 Siehe dazu unter § 2 Rn 30.
40 BR-Dr. 123/03 S. 14.

Dieses Instrument ist keine Maßnahme, die angeordnet wird, sondern auf das lediglich hingewiesen wird. Wichtiges Moment für die Wirksamkeit der verkehrspsychologischen Beratung ist die **Freiwilligkeit der Teilnahme**. Die Bundesregierung hebt das in der Begründung zu ihrem Gesetzentwurf[41] ausdrücklich hervor und erklärt im Übrigen: **53**

„Im Gegensatz zum pädagogisch orientierten Aufbauseminar wird hier nicht von Personen ausgegangen, bei denen bereits eine entsprechende Lern- und Anpassungsbereitschaft vorliegt, sondern eher von Personen, deren Lern- und Anpassungsbereitschaft zunächst in einem hinreichenden Maße zu entwickeln ist. Wesentlich ist die Einzelberatung und nicht – wie beim Aufbauseminar – die Arbeit in einer Gruppe. Außerdem ist bei den Personen, die die Beratung wählen, anstelle der pädagogischen Grundlage der psychologische Ansatz erforderlich."

aa) Ziel und Inhalt der Beratung

Sie werden von der Bundesregierung in der Begründung zu ihrem Gesetzentwurf näher beschrieben:[42] **54**

„Ziel des verkehrspsychologischen Beratungsgesprächs ist die Exploration der Bedingungen und Gründe, die zu den bisherigen Eintragungen geführt haben, sowie die Erarbeitung von Verhaltensmustern zur Vermeidung künftiger Übertretungen. Hiermit sollen Einstellungs- und Verhaltensänderungen eingeleitet werden.

Es ist nicht das Ziel des Beratungsgesprächs, eine Prognose über die künftige Verkehrsbewährung abzugeben. Insofern unterscheidet es sich deutlich von einer Begutachtung der Fahreignung. Leistungsdiagnostische Verfahren und/oder Fahrproben sollten daher nur dann durchgeführt werden, wenn anzunehmen ist, dass deren Ergebnisse zur weiteren Erhellung des individuellen Bedingungsgefüges für die Verstöße beitragen."

bb) Berater

Die Beratung darf nach § 4 Abs. 9 S. 6 StVG nur von einer Person durchgeführt werden, die hierfür **amtlich anerkannt** und persönlich **zuverlässig** ist, Abschluss eines Hochschulstudiums als **Diplom-Psychologe** sowie **Ausbildung und Erfahrungen in der Verkehrspsychologie** nachweist. Nähere Einzelheiten sind in § 71 FeV geregelt. **55**

---

41 BR-Dr. 821/96, S. 72 = VkBl 1998, 794.
42 BR-Dr. 821/96, S. 73 = VkBl 1998, 795.

§ 11 Verwaltungsmaßnahmen bei Führerscheininhabern

(1) Amtliche Anerkennung

56 Einzelheiten der Voraussetzungen für die amtliche Anerkennung als verkehrspsychologischer Berater sind im StVG nicht vorgeschrieben. Dagegen bestehen **Bedenken**, weil die Voraussetzungen nur durch Gesetz näher bestimmt werden können – wie das z.B. für amtlich anerkannte Sachverständige oder Prüfer für den Kraftfahrzeugverkehr in § 2 KfSachvG geschehen ist. Ohne entsprechende konkrete gesetzliche Vorgaben ist eine Ermächtigung zur Regelung der amtlichen Anerkennung durch Verordnung nicht möglich.[43]

57 Unabhängig davon ist aber auch die amtliche Anerkennung als verkehrspsychologischer Berater gar nicht durch Verordnung geregelt. Vielmehr enthält § 71 Abs. 1 FeV lediglich die Vorschrift, dass für die Durchführung der verkehrspsychologischen Beratung Personen als amtlich anerkannt „gelten", die eine **Bestätigung der Sektion Verkehrspsychologie im Berufsverband Deutscher Psychologinnen und Psychologen e.V.** besitzen.

Kögel [44] sieht darin ein neues gesetzliches Beispiel eines „beliehenen Unternehmers". „Beliehene Unternehmer" können jedoch nur natürliche oder juristische Personen des Privatrechts sein.[45] Die Sektion Verkehrspsychologie des Berufsverbandes Deutscher Psychologinnen und Psychologen e.V. ist aber keine eigene juristische Person, sondern nur eine rechtlich unselbstständige Unterorganisation („Sektion") des als eingetragener Verein rechtsfähigen Berufsverbandes Deutscher Psychologinnen und Psychologen. Diese Bedenken könnten dadurch ausgeräumt werden, dass dem Berufsverband Deutscher Psychologinnen und Psychologen e.V. die Aufgaben übertragen werden, die jetzt seiner Sektion Verkehrspsychologie in § 71 FeV zugeschrieben sind; der Berufsverband könnte sich dann der besonderen Sachkunde seiner Sektion Verkehrspsychologie bedienen.

58 Die vorstehend dargestellten Bedenken sind auch nicht dadurch ausgeräumt, dass die Sektion Verkehrspsychologie des Berufsverbandes Deutscher Psychologinnen und Psychologen e.V. die Bestätigung auszustellen hat, wenn der Berater im Einzelnen aufgeführte Voraussetzungen nachweist (§ 71 Abs. 2 FeV). Denn eine Überprüfung durch die Landesbehörde ist nicht vorgesehen.

59 Die von der Sektion Verkehrspsychologie des Berufsverbandes Deutscher Psychologinnen und Psychologen e.V. bestellte Antragskommission erteilte von Dezember

---

43 *Bode, H. J.* (2002e) S. 38.
44 *Kögel, M.* (2002).
45 *Kgel, M.* (2002) S. 127 mit zahlreichen Literaturnachweisen.

Verwaltungsmaßnahmen bei Führerscheininhabern § 11

1998 bis März 2004 insgesamt 459 Bestätigungen.[46] Eine im Internet unter www.bdp-verkehr.de veröffentlichte **Liste der verkehrspsychologischen Beraterinnen und Berater**, die danach als amtlich anerkannt gelten, wies im Juli 2005 insgesamt 467 Eintragungen aus.

(2) Qualitätssicherung

Der Berater ist verpflichtet zur Teilnahme an einem vom Berufsverband Deutscher Psychologinnen und Psychologen e.V. anerkannten. Qualitätssicherungssystem, soweit er nicht bereits in ein anderes, vergleichbares Qualitätssicherungssystem einbezogen ist (§ 71 Abs. 2 Nr. 4 FeV). 60

Er hat der Sektion Verkehrspsychologie des Berufsverbandes Deutscher Psychologinnen und Psychologen e.V. alle zwei Jahre eine Bescheinigung über die erfolgreiche Teilnahme an der Qualitätssicherung vorzulegen. Die Sektion hat der zuständigen Behörde oder Stelle unverzüglich mitzuteilen, wenn die Bescheinigung innerhalb der vorgeschriebenen Frist nicht vorgelegt wird oder sonst die Voraussetzungen nach § 71 Abs. 2 FeV nicht mehr vorliegen oder der Berater die Beratung nicht ordnungsgemäß durchgeführt oder sonst gegen die Pflichten aus der Anerkennung oder gegen Auflagen gröblich verstoßen hat (§ 71 Abs. 3 FeV).

Auch gegen diese Vorschriften bestehen **Bedenken**, weil dafür eine gesetzliche Ermächtigung fehlt, die hinsichtlich der Zertifizierung der Qualitätssicherung und deren Inhalt im Übrigen in § 6 Abs. 1 Nr. 1 StVG erteilt ist für die Maßnahmen zur Beseitigung von Eignungsmängeln, insbesondere Inhalt und Dauer entsprechender Kurse (Buchst. c), die Anerkennung oder Beauftragung von Stellen oder Personen nach § 2 Abs. 13 StVG (Buchst. k) sowie die Anforderungen an die allgemeinen und besonderen Aufbauseminare (Buchst. n und t). Das Fehlen der gesetzlichen Ermächtigung für den Erlass von Vorschriften über die Qualitätssicherung und deren Inhalt hinsichtlich der Anforderungen an die verkehrspsychologische Beratung (§ 6 Abs. 1 Nr. 1 Buchst. u StVG) spricht dafür, dass der Gesetzgeber insoweit eine Qualitätssicherung für nicht erforderlich hält.

(3) Rücknahme und Widerruf der Anerkennung

Die Anerkennung ist zurückzunehmen, wenn eine der Voraussetzungen im Zeitpunkt ihrer Bestätigung nach § 71 Abs. 2 FeV nicht vorgelegen hat; davon kann abgesehen werden, wenn der Mangel nicht mehr besteht. Die Anerkennung ist zu widerrufen, wenn nachträglich eine der Voraussetzungen nach § 71 Abs. 2 FeV weggefallen ist, die verkehrspsychologische Beratung nicht ordnungsgemäß durchgeführt wird oder 61

---

46 Sektion Verkehrspsychologie im Berufsverband Deutscher Psychologinnen und Psychologen e.V., (Hrsg.): (2005): Jahresbericht 2003, im Internet veröffentlicht unter www.bdp-verkehr.de.

wenn sonst gegen die Pflichten aus der Anerkennung oder gegen Auflagen gröblich verstoßen wird (§ 71 Abs. 4 FeV).

Zuständig für die Rücknahme und den Widerruf der Anerkennung der verkehrspsychologischen Berater ist die zuständige oberste Landesbehörde oder die von ihr bestimmte oder nach Landesrecht zuständige Stelle. Diese führt auch die Aufsicht über die verkehrspsychologischen Berater; sie kann sich hierbei geeigneter Personen oder Stellen bedienen (§ 71 Abs. 5 FeV).

(4) Funktion der Sektion Verkehrspsychologie

62 Der Sektion Verkehrspsychologie des Berufsverbandes Deutscher Psychologinnen und Psychologen e.V. kommen bei der Anerkennung verkehrspsychologischer Berater und bei der Qualitätssicherung ihrer Tätigkeit wesentliche Mitwirkungsrechte und Mitwirkungspflichten zu.

Der Vorstand der Sektion Verkehrspsychologie im Berufsverband Deutscher Psychologinnen und Psychologen e.v. hat am 20.06.2001 einen „Leitfaden zur verkehrspsychologischen Beratung nach § 71 der Fahrerlaubnisverordnung", gültig ab 01.09.2001 (Fassung 5.0), beschlossen.[47] Der Leitfaden orientiert sich – wie in der Vorbemerkung dazu hervorgehoben wird – am Aufbau und an den Inhalten von Regelwerken zur Akkreditierung und Zertifizierung.

In diesem **Leitfaden** werden einerseits die Anforderungen an Organisation und Durchführung verkehrspsychologischer Beratungen gemäß § 4 Abs. 9 StVG (Qualitätsmanagement), andererseits das Verfahren für die Erlangung von Bestätigungen nach § 71 FeV als verkehrspsychologischer Berater (amtl. Anerkennung) „geregelt". Der Leitfaden beschreibt
- die gesetzlichen Regelungen der verkehrspsychologischen Beratung,
- die Anforderungen an die Beratung,
- Grundsätze der Aus- und Weiterbildung der verkehrspsychologischen Berater,
- die Aufgaben, Struktur und Ausstattung der Sektion Verkehrspsychologie,
- die Verfahrensvorschriften zur Erlangung und Aufrechterhaltung einer Bestätigung als verkehrspsychologischer Berater und
- die Bestimmungen über die Berichterstattung.

Der Leitfaden enthält ferner Muster
- der Anerkennungsurkunde,
- des Beratervertrags,
- eines Anschreibens an einen Beratungsinteressierten,

---

[47] *Sektion Verkehrspsychologie im Berufsverband Deutscher Psychologinnen und Psychologen e.V.* [Hrsg.] (2001).

Verwaltungsmaßnahmen bei Führerscheininhabern § 11

- der Teilnahmebescheinigung,
- des Nachweises der Beratungsergebnisse und
- des Jahresberichts über durchgeführte verkehrspsychologische Beratungen.

Aufgrund zwischenzeitlicher Erfahrungen hat die Sektion Verkehrspsychologie des BDP einen „Änderungsreport" zur Fassung des Leitfadens vom 20.06.2001 herausgegeben.[48] Darin heißt es:

„Die neue Fassung soll mehr Klarheit schaffen,
a) welche Weiterbildungsnachweise für die Aufrechterhaltung der Anerkennung erforderlich und geeignet sind,
b) unter welchen Voraussetzungen es zu einer Entziehung der Anerkennung als verkehrspsychologischer Berater kommen kann und
c) wie das Verfahren in einem solchen Fall verwaltungsrechtlich abläuft."

cc) Durchführung der Beratung

Hierzu hat die Bundesregierung in der Begründung zu dem diese neue Maßnahme einführenden Gesetz u.a. ausgeführt:[49]

„Das verkehrspsychologische Beratungsgespräch findet in Form eines **Einzelgesprächs** statt. Für die Beratung sind **mindestens vier Zeitstunden** anzusetzen. Der Inhalt des Beratungsablaufs sollte – allerdings unter Berücksichtigung des jeweiligen Einzelfalls – wie folgt aussehen:

1. Vor Beginn des Beratungsgesprächs muss dem Berater ein Auszug aus dem Verkehrszentralregister zur Verfügung stehen, der den gesamten Eintragungsbestand enthält. Mithilfe dieser Informationen bereitet er sich auf das Gespräch vor.
2. Das Beratungsgespräch selbst sollte auf jeden Fall folgende Elemente beinhalten:
   - Darstellung jedes einzelnen Verstoßes durch den Ratsuchenden,
   - Detailbeschreibung der Bedingungen und Gründe, die zu den einzelnen Verstößen geführt haben, wobei der Berater auf der Basis seiner Aktenkenntnis Unterstützung leistet,
   - gemeinsame Herausarbeitung psychischer Bedingungen, Lebensumstände und ggf. situativer Konstellationen, die beim Ratsuchenden zu Verstößen führen,
   - gemeinsame Erarbeitung von Lösungsmöglichkeiten für die Zukunft.

---

48 Sohn, J. M. (2002).
49 BR-Dr. 821/96, S. 73 = VkBl 1998, 795.

3. Über das Beratungsgespräch ist vom Berater ein Protokoll anzufertigen, aus dem die Hauptbedingungen für die Verstöße und die erarbeiteten Lösungsformen hervorgehen. Das Protokoll verbleibt bei den Akten des Beraters, nachdem der Betroffene eine Ausfertigung erhalten hat. Es dient ausschließlich zur Supervision des Beraters sowie zur Qualitätssicherung der Beratungsmaßnahme und darf zu keinen anderen Zwecken verwendet werden."

dd) Inhalt und Dauer der Beratung

64 Im StVG fehlen hierzu Vorschriften. Das Bundesministerium für Verkehr hat von der ihm in § 6 Abs. 1 Nr. 1 Buchst. u StVG eingeräumten Ermächtigung, insoweit Rechtsverordnungen zu erlassen, keinen Gebrauch gemacht.

Rechtlich unzulässig ist es aber, Einzelheiten des Inhalts der Beratung und ihre Dauer der Willkür des Beraters zu überlassen. Soweit der vom Vorstand der Sektion Verkehrspsychologie im Berufsverband Deutscher Psychologinnen und Psychologen e.V. beschlossene „Leitfaden" unter 1.4.1 einen „Zeitrahmen" für die verkehrspsychologische Beratung vorgibt, ist dieser nach oben offen, weil er nur eine Mindestdauer von 4 Stunden bestimmt. Selbst aus diesem Leitfaden kann also der Bürger nicht ersehen, welcher Zeitaufwand für die verkehrspsychologische Beratung ihm höchstens zugemutet werden darf.

ee) Teilnahmebescheinigung

65 Sie erhält der Betroffene zur Vorlage bei der Fahrerlaubnisbehörde (§ 38 S. 5 FeV). Solche Vorlage ist nur erforderlich, um einen **Punkterabatt**[50] zu erlangen.

Im Übrigen bedarf es der Vorlage einer Teilnahmebescheinigung nicht. Denn der Betroffene ist nicht verpflichtet, überhaupt an der verkehrspsychologischen Beratung teilzunehmen.

Das Ergebnis der Beratung ist auch nur für den Betroffenen bestimmt und nur diesem mitzuteilen (§ 38 S. 4 FeV).

---

50 Siehe unter § 11 Rn 117.

ff) Anzahl verkehrspsychologischer Beratungen

Angaben hierzu ergeben sich aus den Jahresberichten der Sektion Verkehrspsychologie für die Jahre 2002[51] und 2003:[52]

Bis zum 31.12.2003 wurden insgesamt **9.275 verkehrspsychologische Beratungen** gemeldet, und zwar für die Jahre

1999: 798
2000: 1.801
2001: 2.100
2002: 1.891
2003: 2.685

Die tatsächliche Anzahl der verkehrspsychologischen Beratungen kann jedoch höher liegen; denn von den im Register aufgenommen verkehrspsychologischen Beratern waren ihren im Leitfaden festgelegten Verpflichtungen (u.a. zur Meldung durchgeführter Beratungen) 2001 nur 59,5 %, 2002 nur 47 % und 2003 nur 93 % nachgekommen. Das Datum der Anerkennung hat auf die Anzahl der Beratungen und Fälle pro Berater einen deutlichen Einfluss: Von den Beratern mit den ältesten Registernummern erfolgen die meisten Rückmeldungen und werden die meisten Beratungen gemeldet.

Die Anzahl der **Beratungen pro Berater in den Jahren 2001 bis 2003** ist durchaus unterschiedlich, wie die prozentuale Verteilung in folgender Tabelle zeigt:

Berater führten Beratungen durch	2001 %	2002 %	2003 %
keine	17	10	20
1–5	34	37	35
6–10	25	23	21
11–15	9	15	10
16–20	7	5	5
21–30	5	5	5
über 30	2	2	1

---

51 *Sektion Verkehrspsychologie im Berufsverband Deutscher Psychologinnen und Psychologen e.V.* (2002) S. 176 unter 5. und 6.
52 *Sektion Verkehrspsychologie im Berufsverband Deutscher Psychologinnen und Psychologen e.V.* (Hrsg.): (2005). Im Internet veröffentlicht unter www.bdp-verkehr.de.

§ 11 Verwaltungsmaßnahmen bei Führerscheininhabern

68 Die **regionale Verteilung der verkehrspsychologischen Beratungen in den Jahren 2001 und 2003** ist aus folgender Tabelle ersichtlich:

Bundesland	Anzahl	
	2001	2003
Baden-Württemberg	465	476
Bayern	395	452
Berlin	165	206
Brandenburg	50	67
Bremen	40	30
Hamburg	33	48
Hessen	134	153
Mecklenburg-Vorpommern	2	59
Niedersachsen	105	193
Nordrhein-Westfalen	349	506
Rheinland-Pfalz	94	78
Saarland	0	17
Sachsen	150	244
Sachsen-Anhalt	62	82
Schleswig-Holstein	0	4
Thüringen	56	70

69 Die **Anzahl der Fahrverhaltensbeobachtungen** bei einer in § 4 Abs. 9 S. 2 StVG fakultativ vorgesehenen Fahrprobe betrug

1999: 3
2000: 18
2001: 4
2002: 9
2003: 8

70 Die **Zahl der Teilnehmer an verkehrspsychologischen Beratungen ist sehr gering**. Das wird im Jahresbericht 2003 anhand von Vergleichsdaten aus dem Kraftfahrtbundesamt dargelegt:

§ 11 Verwaltungsmaßnahmen bei Führerscheininhabern

„Für das Jahr 2003 meldete das KBA 2.428 eingetragene verkehrspsychologische Beratungen. Damit ergibt sich im Vergleich zu den 2.685 in den Jahresberichten der Berater rückgemeldeten verkehrspsychologischen Beratungen ein Überhang von 257 Beratungen, die zu keinem Eintrag im KBA führten. Unklar ist, ob es sich hier um fehlende Meldungen oder um Beratungen handelt, die nicht zu einem Punkteabzug[53] führen konnten.

Vergleicht man die Anzahl der Fahrerlaubnisinhaber, deren Teilnahme an einem Aufbauseminar (§ 2a StVG und § 4 StVG) angeordnet wurde[54] (91.102) mit den nach Angaben des KBA durchgeführten Verkehrspsychologischen Beratungen (2.428), so ergibt sich, dass nur ein Anteil von 2,7 % aller betroffenen und berechtigten Fahrerlaubnisinhaber eine verkehrspsychologische Beratung tatsächlich in Anspruch genommen hat.

Zu der Zahl von 91.102 angeordneten Aufbauseminar-Teilnahmen kommen nochmals 16.056 Verwarnungen und Hinweise durch die Verwaltungsbehörden zur Teilnahme an einer Verkehrspsychologischen Beratung an Fahrerlaubnisinhaber hinzu, die nach ihrer Teilnahme an einem angeordneten Aufbauseminar (§ 2a StVG und § 4 StVG) mit einer *erneuten* Zuwiderhandlung im KBA eingetragen wurden. Somit konnte bei 17,6 % der Teilnehmer an Aufbauseminaren die vom Gesetzgeber intendierte Wirkung einer nachhaltigen Verhaltensänderung nachweislich nicht erzielt werden (die Dunkelziffer dürfte deutlich höher liegen).

Im Vergleich zum Vorjahr bedeutet das eine Steigerung um 35 % erneuter Zuwiderhandlungen nach Teilnahme an einem Aufbauseminar. Ob diese Steigerung auf ein Nachlassen der Wirksamkeit der Maßnahme „Aufbauseminar" hindeutet, oder ob hierfür möglicherweise andere Gründe maßgeblich sind, lässt sich anhand des vorliegenden Datenmaterials noch nicht entscheiden."

Zur **Änderung der Verhältnisse** wird im Jahresbericht 2003 vorgeschlagen:

„Viele der Betroffenen nehmen erfahrungsgemäß erst dann an einer verkehrspsychologischen Maßnahme teil, wenn sie nur dadurch die Entziehung ihrer Fahrerlaubnis verhindern können. Die hohe Zugangsschwelle zur Teilnahme an einer verkehrspsychologischen Beratung sollte deshalb überdacht werden, um mehr betroffenen Kraftfahrern einen Punktebonus durch frühzeitige Teilnahme an einer individuellen verkehrspsychologischen Beratung zu ermöglichen."

„Die vom Gesetzgeber erwartete positive Auswirkung auf die Verkehrssicherheit kann sich somit nicht so deutlich entfalten, wie dies zur Vermeidung neuer Verkehrsauffälligkeiten und im Interesse der Mobilität der Betroffenen wünschenswert wäre. Der Gesetzgeber sollte deshalb den Bereich unterhalb von 14 Punkten

---

53 Siehe unter § 11 Rn 119.
54 Siehe unter § 11 Rn 39 und Rn 94.

§ 11 Verwaltungsmaßnahmen bei Führerscheininhabern

im KBA für die verkehrspsychologische Beratung öffnen: Die Teilnahme an dieser Maßnahme sollte einmal innerhalb von fünf Jahren – unabhängig von der Höhe des Punktestandes – durch einen mit Aufbauseminaren vergleichbaren Rabatt honoriert werden. Dazu sollte der behördliche Hinweis auf die Möglichkeit einer Teilnahme an Aufbauseminaren stets durch einen Hinweis auf die verkehrspsychologische Beratung als Maßnahme mit gleicher Rechtsfolgewirkung ergänzt werden, damit die Betroffenen zwischen Gruppenmaßnahme und individueller Beratung wählen können."

c) Entziehung der Fahrerlaubnis

71 Sie ist anzuordnen unter folgenden Voraussetzungen:

aa) Erfolglosigkeit der Verwarnung

72 Die Fahrerlaubnis ist zu entziehen, wenn der Inhaber der Fahrerlaubnis nach Ablauf von 2 Monaten seit der Verwarnung erneut eine weitere schwer wiegende oder zwei weitere weniger schwer wiegende Zuwiderhandlungen begangen hat (§ 2a Abs. 1 S. 1 Nr. 3 StVG).

Diese Folge tritt unabhängig davon ein, ob der Fahrerlaubnisinhaber sich der bei der Verwarnung ausgesprochenen Empfehlung entsprechend hat psychologisch beraten lassen oder auf solche Beratung verzichtet hat.

bb) Nichtbefolgung von Anordnungen

73 Die Fahrerlaubnis ist auch zu entziehen, wenn der Inhaber der Fahrerlaubnis entgegen entsprechender Anordnung an einem Aufbauseminar nicht teilnimmt (§ 2a Abs. 3 und Abs. 4 S. 3 StVG).

Für den Fall, dass der Betroffene die Frist überschreitet, bestimmt das Niedersächsische Ministerium für Wirtschaft, Technologie und Verkehr:[55]

„Legt der Betreffende erst nach Ablauf dieser Frist die Teilnahmebescheinigung vor, ist eine in der Zwischenzeit angeordnete, noch nicht bestandskräftige Entziehung der Fahrerlaubnis zwar aufzuheben, die Kosten sind jedoch von der/dem Betroffenen zu tragen, weil die Entziehung rechtmäßig war.

Wird die Teilnahmebescheinigung erst nach Bestandskraft der Entziehung vorgelegt, ist auf Antrag eine neue Fahrerlaubnis unter Beachtung der §§ 2a Abs. 5 StVG, 20 FeV zu erteilen."

---

[55] Arbeitsanweisung (siehe unter § 1 Rn 53) zu § 34 FeV.

Verwaltungsmaßnahmen bei Führerscheininhabern § 11

Die Fahrerlaubnisbehörde ist verpflichtet, nach Ablauf der in der – gesetzlich sofort vollziehbaren[56] – Anordnung gesetzten Frist zur Teilnahme an einem Aufbauseminar die Fahrerlaubnis zu entziehen. Unterlässt sie dies und wartet sie stattdessen den Ausgang eines Rechtsbehelfsverfahrens gegen die Anordnung ab und tritt innerhalb dieses Zeitraums Tilgungsreife bezüglich der der Anordnung zugrunde liegenden Straftat oder Ordnungswidrigkeit ein, so wird die ursprünglich rechtmäßige Anordnung wegen Verstoßes gegen das **Übermaßverbot** rechtswidrig und darf nicht mehr vollstreckt werden. Hat sich ein Kraftfahrer innerhalb der Tilgungsfrist einwandfrei im Straßenverkehr verhalten, kann eine von ihm ausgehende Gefahr für die Verkehrssicherheit nach Eintritt der Tilgungsreife nicht mehr angenommen werden. Es verstieße gegen das Übermaßverbot, wenn trotz der in der eingetretenen Tilgungsreife zum Ausdruck kommenden Bewährung im Straßenverkehr er dennoch weiterhin verpflichtet wäre, an einem Aufbauseminar teilzunehmen.[57]

74

cc) Verfassungsrechtliche Bedenken

Sie sind bisher gegen die nach dem Gesetz gleichsam einem Automatismus folgende Entziehung der Fahrerlaubnis ohne die Möglichkeit, dem **Grundsatz der Verhältnismäßigkeit** Rechnung tragen zu können, noch nicht geltend gemacht worden. Doch dürften insoweit ähnliche Erwägungen durchgreifen wie bei der Entziehung der Fahrerlaubnis nach dem Punktsystem.[58]

75

d) Sofortige Vollstreckbarkeit

Rechtsmittel gegen die Anordnung des Aufbauseminars und die Entziehung der Fahrerlaubnis wegen Nichtteilnahme am Aufbauseminar oder wegen Erfolglosigkeit der Verwarnung haben keine aufschiebende Wirkung (§ 2a Abs. 6 StVG).

76

Im verwaltungsgerichtlichen einstweiligen Rechtsschutzverfahren nach § 80 Abs. 5 VwGO wird jedoch der **Grundsatz der Verhältnismäßigkeit** unbedingt zu berücksichtigen sein.[59]

3. Neuerteilung einer Fahrerlaubnis auf Probe nach Entziehung oder Verzicht

Die Probezeit endet vorzeitig, wenn die Fahrerlaubnis entzogen wird oder der Inhaber auf sie verzichtet; in diesem Fall beginnt mit der Erteilung einer neuen Fahrerlaubnis

77

---

56 Siehe unter § 11 Rn 76.
57 VG Neustadt a.d.W. zfs 2001, 569.
58 Siehe unter § 11 Rn 108 ff.
59 Siehe unter § 11 Rn 111.

§ 11 Verwaltungsmaßnahmen bei Führerscheininhabern

eine **neue Probezeit**, jedoch nur im Umfang der **Restdauer** der vorherigen Probezeit (§ 2a Abs. 1 S. 6 und 7 StVG).

Die Neuerteilung einer Fahrerlaubnis auf Probe hängt unbeschadet der übrigen Voraussetzungen vom Vorliegen besonderer Bedingungen ab:

a) Sperrfrist

78 Ist die Fahrerlaubnis wegen Erfolglosigkeit der Verwarnung entzogen worden,[60] darf eine neue Fahrerlaubnis frühestens **drei Monate** nach Wirksamkeit der Entziehung erteilt werden; die Frist beginnt mit der Ablieferung des Führerscheins (§ 2a Abs. 5 S. 3 StVG).

Der Antrag auf Neuerteilung der Fahrerlaubnis kann allerdings sogleich gestellt werden. So darf z.B. in Niedersachsen mit den Ermittlungen nach § 11 FeV frühestens drei Monate vor Ablauf der Sperrfrist begonnen werden, wenngleich über die Erteilung einer neuen Fahrerlaubnis frühestens am Tage nach Ablauf der Sperrfrist entschieden werden kann.[61]

b) Nachholung des Aufbauseminars

79 Ist eine Fahrerlaubnis entzogen worden – u.a. wegen Erfolglosigkeit der Verwarnung[62] oder Nichtbefolgung von Anordnungen[63] – so darf eine neue Fahrerlaubnis nur erteilt werden, wenn der Antragsteller nachweist, dass er an einem Aufbauseminar teilgenommen hat; das Gleiche gilt, wenn der Antragsteller nur deshalb nicht an einem angeordneten Aufbauseminar teilgenommen hat oder die Anordnung nur deshalb nicht erfolgt ist, weil die Fahrerlaubnis aus anderen Gründen entzogen worden ist oder er zwischenzeitlich auf die Fahrerlaubnis verzichtet hat (§ 2a Abs. 5 S. 1 und 2 StVG).

4. Maßnahmen nach Neuerteilung einer Fahrerlaubnis auf Probe

80 Auf eine mit der Erteilung einer Fahrerlaubnis nach vorangegangener Entziehung beginnende neue Probezeit sind die oben zu 2. dargestellten Maßnahmen nicht anzuwenden; stattdessen hat die zuständige Behörde in diesem Fall in der Regel die Beibringung eines **Gutachtens** einer amtlich anerkannten **Begutachtungsstelle für Fahreignung** anzuordnen, sobald der Inhaber einer Fahrerlaubnis innerhalb der neuen

---

60 Siehe unter § 11 Rn 72.
61 Arbeitsanweisung (siehe unter § 1 Rn 53) zu § 20 FeV.
62 Siehe unter § 11 Rn 72.
63 Siehe unter § 11 Rn 73.

Probezeit erneut eine schwer wiegende oder zwei weniger schwer wiegende Zuwiderhandlungen begangen hat (§ 2a Abs. 5 S. 4 und 5 StVG).

IV. Maßnahmen nach Punktsystem

Für Inhaber einer Fahrerlaubnis, die nicht unter die vorerörterten speziellen Vorschriften für Inhaber einer Fahrerlaubnis auf Probe fallen, sind nunmehr vergleichbare Regelungen in § 4 StVG gesetzlich vorgeschrieben, und zwar in Fortentwicklung des seit dem 01.05.1974 in der Allgemeinen Verwaltungsvorschrift (VwV) zu § 15b StVZO a.f. bestehenden „**Mehrfachtäter-Punktsystems**". Nach dieser Verwaltungsvorschrift richten sich noch die Maßnahmen, wenn Straftaten oder Ordnungswidrigkeiten vor dem 01.01.1999 begangen worden sind (§ 65 Abs. 4 S. 1 StVG). 81

Diese Verwaltungsvorschrift war zwar bundesweit verbindlich für die Straßenverkehrsbehörden, besaß jedoch keinen Rechtsnormcharakter. Im Hinblick auf die hohe Bedeutung des Punktsystems für den betroffenen Bürger, angesichts des Eingriffscharakters der in Rede stehenden Maßnahmen und aus allgemeinen Gesichtspunkten der Rechtsklarheit und Rechtssicherheit hielt es die Bundesregierung[64] für erforderlich, das Punktsystem auf eine seine Verbindlichkeit erhöhende normative Grundlage zu stellen. 82

Die grundsätzlichen Bestimmungen des neuen Punktsystems, insbesondere der Punkterahmen und die zu ergreifenden Maßnahmen sind im StVG getroffen, nähere Einzelheiten (Bewertung der einzelnen Verstöße mit einem bis zu sieben Punkten, Ausgestaltung der Maßnahmen) sind in der FeV geregelt.

Wie dem Inhaber einer Fahrerlaubnis auf Probe sollen dem Inhaber einer Fahrerlaubnis nach Ablauf der Probezeit verkehrspsychologische Hilfen Möglichkeiten eröffnen, rechtzeitig Fahreignungsmängel in ihren Ursachen zu erkennen und zu korrigieren.

1. Anwendungsbereich

Die **Maßnahmen nach dem neuen Recht** sind erst anzuwenden, wenn zu bereits im VZR vorhandenen Eintragungen **ab 01.01.1999** begangene Straftaten oder Ordnungswidrigkeiten hinzutreten (§ 65 Abs. 4 S. 2 StVG). 83

Punktsystem und Regelungen über Maßnahmen bei der **Fahrerlaubnis auf Probe** finden grundsätzlich **nebeneinander** Anwendung – mit noch darzustellenden Aus-

---

64 BR-Dr. 821/96, S. 52 = VkBl 1998, 773.

§ 11 Verwaltungsmaßnahmen bei Führerscheininhabern

nahmen hinsichtlich der Teilnahme an einem Aufbauseminar.[65] Vor und während der Probezeit begangene Verstöße werden also auch bepunktet und können zu Maßnahmen nach dem Punktsystem führen.

Das Punktsystem ist nicht anzuwenden, wenn sich die Notwendigkeit früherer oder anderer Maßnahmen aufgrund anderer Vorschriften, insbesondere die Entziehung der Fahrerlaubnis nach den allgemeinen Vorschriften, ergibt (§ 4 Abs. 1 S. 2 StVG).

2. Voraussetzungen

84 Maßnahmen werden jeweils angeordnet, wenn der Inhaber der Fahrerlaubnis als Fahrzeugführer oder Fahrzeughalter wiederholt gegen Verkehrsvorschriften verstoßen hat (§ 4 Abs. 1 S. 1 StVG).

a) Bepunktung der Verkehrsverstöße

85 Die im VZR erfassten Straftaten und Ordnungswidrigkeiten werden mit 1 bis 7 Punkten bewertet (§ 4 Abs. 2 S. 1 StVG), und zwar in der Anlage 13 der FeV (§ 40 FeV), um auf Änderungen der zugrunde liegenden Verkehrsvorschriften (StVO) schneller und flexibler reagieren zu können. So wurde die Anlage 13 der FeV bereits viermal geändert, zuletzt durch Verordnung vom 22.01.2004.[66]

Für die Bepunktung gelten einige Sondervorschriften:

aa) Tateinheit

86 Bei tateinheitlich begangenen mehreren Zuwiderhandlungen wird nur die Zuwiderhandlung mit der höchsten Punktzahl berücksichtigt, so dass **keine additive Bewertung** der einzelnen Verstöße stattfindet (§ 4 Abs. 2 S. 2 StVG).

bb) Tatmehrheit

87 Werden in einer Entscheidung mehrere Verkehrsordnungswidrigkeiten gemäß § 20 OWiG durch mehrere Geldbußen geahndet, führt das auch zu einer getrennten und **additiven Bepunktung** jedes Einzelverstoßes. Da sich diese Rechtsfolge bereits aus den bestehenden Vorschriften ergibt, ist von einer ausdrücklichen Regelung hierzu abgesehen worden.

---

65 Siehe unter § 11 Rn 103 f.
66 BGBl I, 117.

cc) Punktelöschung bei Entziehung der Fahrerlaubnis

Die Entziehung der Fahrerlaubnis führt ebenso wie die Anordnung einer Sperre für die Neuerteilung einer Fahrerlaubnis nach § 69a Abs. 1 S. 3 StGB **grundsätzlich** zur Löschung der Punkte für die vor dieser Entscheidung begangenen Zuwiderhandlungen (§ 4 Abs. 2 S. 3 StVG). Die strafgerichtliche Entscheidung muss jedoch rechtskräftig und die Entscheidung der Fahrerlaubnisbehörde bestandskräftig geworden sein; hebt die Fahrerlaubnisbehörde ihre Anordnung über die Entziehung der Fahrerlaubnis im Widerspruchsverfahren wieder auf, greift die Löschungsbestimmung des § 4 Abs 2 S. 3 StVG nicht ein.[67]

88

Allerdings werden nicht auch die eingetragenen Entscheidungen gelöscht; vielmehr bleiben sie solange im VZR, bis sie tilgungsreif sind.

Ausgenommen von dieser Regelung sind ausdrücklich Entziehungen der Fahrerlaubnis wegen **Nichtteilnahme** an einem angeordneten **Aufbauseminar** (§ 4 Abs. 2 S. 4 StVG).[68]

Zur Löschung der Punkte kommt es auch nicht beim **Verzicht** auf die Fahrerlaubnis. Solchenfalls bleibt das Punktekonto (bis zur Tilgung der zugrunde liegenden Eintragungen) weiterhin bestehen.

b) Bindung an Entscheidung im Straf- oder Bußgeldverfahren

Die Fahrerlaubnisbehörde ist bei der Anordnung einer Maßnahme in vollem Umfang an die rechtskräftige Entscheidung über die Ordnungswidrigkeit oder Straftat gebunden (§ 4 Abs. 3 S. 2 StVG) und muss nicht noch einmal prüfen, ob der Fahrerlaubnisinhaber die Tat tatsächlich begangen hat.

89

Bei Vorliegen besonderer Umstände des Einzelfalls wird die Verwaltungsbehörde allerdings entsprechend der vom **Bundesverwaltungsgericht** zur Fahrerlaubnis auf Probe entwickelten Rechtsprechung[69] zu weiterer Aufklärung durch eigene Amtsermittlung verpflichtet sein. Auch im Rahmen des Punktsystems kann die Entziehung der Fahrerlaubnis aufgrund einer erweislich falschen rechtskräftigen Entscheidung dem **Verfassungsgrundsatz der Verhältnismäßigkeit** widersprechen.[70]

---

67 VGH Mannheim 06.02.2004.
68 Siehe dazu OVG Lüneburg 16.09.2003.
69 Siehe unter § 11 Rn 36.
70 Siehe unter § 11 Rn 36 am Ende.

§ 11 Verwaltungsmaßnahmen bei Führerscheininhabern

c) Mitteilung über Verkehrsverstöße durch das KBA

90 Zur Vorbereitung der Maßnahmen hat das KBA bei Erreichen entsprechender Punktestände den Fahrerlaubnisbehörden die vorhandenen Eintragungen aus dem Verkehrszentralregister zu übermitteln (§ 4 Abs. 6 StVG).

d) Maßnahmen der Fahrerlaubnisbehörde

91 Sie sind zu ergreifen, wenn sich ein bestimmter Punktestand ergibt (§ 4 Abs. 3 StVG). Der Punktestand „ergibt" sich mit Eintritt der **Rechtskraft** der der Punktbewertung zugrunde liegenden Entscheidung und nicht bereits mit dem Zeitpunkt der Tatbegehung oder erst dem Zeitpunkt der Eintragung der Entscheidung in das Verkehrszentralregister oder der Mitteilung über die Eintragung durch das KBA.[71]

3. Art der Maßnahmen

92 Sie entsprechen den nach den Regelungen bei Inhabern einer Fahrerlaubnis auf Probe vorgesehenen Maßnahmen, werden jedoch in anderer Reihenfolge angeordnet. Sie knüpfen an das Erreichen einer bestimmten Punktzahl entsprechend der Bepunktung der Verkehrsverstöße an. Abgesehen von den Fällen, in denen wegen besonderer Umstände für die Anordnung von Maßnahmen eine andere Punktberechnung vorgenommen wird,[72] gilt:

a) Bei acht Punkten: Verwarnung und Hinweis auf Aufbauseminar

93 Die Verwarnung erfolgt **schriftlich** (§ 41 Abs. 1 FeV) und wird verbunden nicht nur mit der Information über den Punktestand, sondern auch mit dem Hinweis auf die Möglichkeit der freiwilligen Teilnahme an einem Aufbauseminar (§ 4 Abs. 1 Nr. 1 StVG).

Anreiz zur Befolgung dieses Hinweises soll ein Punkterabatt bei freiwilliger Teilnahme an einem Aufbauseminar bieten.[73]

b) Bei 14 Punkten: Aufbauseminar und Hinweis auf verkehrspsychologische Beratung

94 Ergeben sich 14, aber nicht mehr als 17 Punkte, so hat die Fahrerlaubnisbehörde die Teilnahme an einem **Aufbauseminar anzuordnen** und hierfür eine Frist zu setzen;

---

71 *Hentschel, P,* (2005) zu § 4 StVG Rn 2 mit weiteren Nachweisen.
72 Siehe unter § 11 Rn 112 ff.
73 Siehe unter § 11 Rn 117 ff.

Verwaltungsmaßnahmen bei Führerscheininhabern § 11

falls der Betroffene innerhalb der letzten fünf Jahre bereits an solchem Seminar teilgenommen hat, so ist er schriftlich zu verwarnen; unabhängig davon hat die Fahrerlaubnisbehörde den Betroffenen schriftlich auf die Möglichkeit einer verkehrspsychologischen Beratung hinzuweisen und ihn darüber zu unterrichten, dass ihm bei Erreichen von 18 Punkten die Fahrerlaubnis entzogen wird (§ 4 Abs. 3 Nr. 2 StVG).

Ergeben sich danach wiederum 14, aber nicht mehr als 17 Punkte, weil der Punktestand durch Tilgung früherer Eintragungen auf unter 14 gefallen war und durch Eintragung neuer Ordnungswidrigkeiten abermals auf über 14 gestiegen ist, so hat die Fahrerlaubnisbehörde den Betroffenen **erneut schriftlich zu verwarnen** sowie auf die Möglichkeit einer verkehrspsychologischen Beratung hinzuweisen und ihn darüber zu unterrichten, dass ihm bei Erreichen von 18 Punkten die Fahrerlaubnis entzogen wird.[74] Diese Maßnahme ist jedoch nur dann (erneut) zu ergreifen, wenn der Betroffene die Grenze von 14 Punkten „von unten" erreicht und überschreitet; ein durch Tilgung oder sonstigen Punkteabbau „von oben" verursachtes Hineinfallen in diesen Bereich löst die Verpflichtung der Behörde, das Punktsystem anzuwenden, hingegen nicht aus.[75]

Als bei der Anordnung der Teilnahme an einem Aufbauseminar zu setzende **angemessene Frist** im Sinne von § 41 Abs. 2 FeV ist nach Auffassung des Niedersächsischen Ministeriums für Wirtschaft, Technologie und Verkehr – wie bei der entsprechenden Anordnung bei Inhabern einer Fahrerlaubnis auf Probe[76] – ein Zeitraum von längstens drei Monaten anzusehen.[77] 95

Kommt der Betroffene der Anordnung zur Teilnahme an einem Aufbauseminar innerhalb angemessener Frist nicht nach, ist die Fahrerlaubnis zu entziehen (§ 4 Abs. 7 S. 1 StVG).

Falls der Betroffene die Frist überschreitet und die Teilnahmebescheinigung erst nach Fristablauf vorlegt, wird entsprechend den vom Niedersächsischen Ministerium für Wirtschaft, Technologie und Verkehr zur Fahrerlaubnis auf Probe bestimmten Vorgaben[78] zu verfahren sein: Eine in der Zwischenzeit angeordnete, noch nicht bestandskräftige Entziehung der Fahrerlaubnis ist zwar aufzuheben, die Kosten sind jedoch von der/dem Betroffenen zu tragen, weil die Entziehung rechtmäßig war. Wird die Teilnahmebescheinigung erst nach Bestandskraft der Entziehung vorgelegt, ist auf Antrag eine neue Fahrerlaubnis zu erteilen. 96

---

74 OVG Münster 21.03.2003; a.A. OVG Koblenz 18.07.2003.
75 OVG Weimar 12.03.2003.
76 Siehe unter § 11 Rn 39.
77 Arbeitsanweisung (siehe unter § 1 Rn 53) zu § 41 FeV.
78 Siehe unter § 11 Rn 73.

§ 11 Verwaltungsmaßnahmen bei Führerscheininhabern

aa) Teilnahme an einem Aufbauseminar

97 Das Aufbauseminar ist ähnlich wie das Aufbauseminar bei Inhabern einer Fahrerlaubnis auf Probe geregelt, doch anders dahin beschrieben, dass die Teilnehmer an Aufbauseminaren durch Mitwirkung an Gruppengesprächen und an einer Fahrprobe veranlasst werden sollen, **Mängel** in ihrer Einstellung zum Straßenverkehr und im verkehrssicheren Verhalten **zu erkennen und abzubauen.** (§ 4 Abs. 8 StVG).

Wie bei Fahranfängern gibt es zwei Arten von Aufbauseminaren:

(1) Gewöhnliches Aufbauseminar

98 Hierfür sind die Vorschriften über das gewöhnliche Aufbauseminar bei Inhabern einer Fahrerlaubnis auf Probe[79] entsprechend anzuwenden (§ 42 FeV).

Vorläufer solcher Aufbauseminare sind bereits seit 1989 in den Bundesländern im Rahmen der Allgemeinen Verwaltungsvorschrift zu § 15b StVZO a.F. (Mehrfachtäter-Punktsystem) in Modellversuchen als bundeseinheitlich anwendbares Aufbauseminar für Kraftfahrer (ASK) oder unter anderen Bezeichnungen entwickelt worden, für die Teilnehmer mit der Einräumung eines Punkterabatts gewonnen wurden.[80]

(2) Besonderes Aufbauseminar

99 Inhaber einer Fahrerlaubnis, die unter dem **Einfluss** von **Alkohol** oder anderer **berauschender Mittel** am Verkehr teilgenommen haben, sind, auch wenn sie noch andere Verkehrszuwiderhandlungen begangen haben, einem besonderen Aufbauseminar nach § 36 FeV zuzuweisen.

Durch diese mit der FeVÄndV vom 07.08.2002 herbeigeführte Änderung des früheren § 43 FeV wird das ursprünglich für Inhaber einer Fahrerlaubnis speziell konzipierte besondere Aufbauseminar abgeschafft. Danach gibt es nur noch ein besonderes Aufbauseminar sowohl für Inhaber einer Fahrerlaubnis als auch für Inhaber einer Fahrerlaubnis auf Probe. Die neue Regelung berücksichtigt auch den Umstand, dass für das besondere Aufbauseminar für im Straßenverkehr alkohol- oder drogenauffällige Inhaber einer Fahrerlaubnis die gesetzlich vorgeschriebene Mindestteilnehmerzahl häufig nicht zustande kommt. Sie entspricht daher einem Bedürfnis der Praxis.

---

79 Siehe unter § 11 Rn 41 f.
80 Siehe dazu die 2. Auflage dieses Buchs, § 7 Rn 51 ff., § 11 Rn 86 f.

§ 11 Verwaltungsmaßnahmen bei Führerscheininhabern

(3) Einzelseminar

Auf Antrag kann die Fahrerlaubnisbehörde wie bei Inhabern einer Fahrerlaubnis auf Probe[81] die Teilnahme an einem Einzelseminar gestatten (§ 4 Abs. 8 S. 2 StVG).   **100**

(4) Teilnahmebescheinigung

Hierfür sind die Vorschriften über die Teilnahmebescheinigung bei Inhabern einer Fahrerlaubnis auf Probe[82] entsprechend anzuwenden (§ 44 FeV).   **101**

(5) Wiederholte Teilnahme

Grundsätzlich ist die Teilnahme an einem Aufbauseminar nur einmal möglich; doch gelten dafür Ausnahmen (§ 4 Abs. 1 S. 3 StVG):   **102**

Erneute Teilnahme ist möglich, wenn das letzte Aufbauseminar länger als fünf Jahre zurückliegt oder einen anderen Charakter hatte.

Wenn ein Fahranfänger – was allerdings selten vorkommen wird – bereits vor seiner Probezeit (die nur für die Klassen A, B, C, D, E gilt) an einem allgemeinen Aufbauseminar nach dem Punktsystem (aufgrund von Verstößen mit der Fahrerlaubnis der Klassen M, L oder T) teilgenommen hat, soll ihm auf jeden Fall das für die besondere Situation des Fahranfängers konzipierte Aufbauseminar für Inhaber einer Fahrerlaubnis auf Probe (§ 2a Abs. 2 StVG) zugute kommen.   **103**

Wer bisher nur ein gewöhnliches Aufbauseminar absolviert hat, soll bei Vorliegen der dafür erforderlichen Voraussetzungen auch die Chance haben, an dem besonderen Aufbauseminar nach § 2 Abs. 8 S. 3 oder § 2b Abs. 2 S. 2 StVG teilzunehmen.   **104**

Hat der Betroffene in den letzten fünf Jahren bereits ein dem jetzt in Betracht kommenden Aufbauseminar entsprechendes Aufbauseminar absolviert, wird er lediglich verwarnt (§ 4 Abs. 1 Nr. 2 S. 2 StVG).

bb) Hinweis auf verkehrspsychologische Beratung

Für die verkehrspsychologische Beratung gelten die bei Inhabern einer Fahrerlaubnis auf Probe anzuwendenden Vorschriften entsprechend (§ 41 Abs. 3 FeV), so dass hier verwiesen werden kann auf das oben[83] dazu schon Ausgeführte.   **105**

---

81 Siehe unter § 11 Rn 47 f.
82 Siehe unter § 11 Rn 50.
83 Siehe unter § 11 Rn 52 ff.

§ 11 Verwaltungsmaßnahmen bei Führerscheininhabern

c) Bei 18 Punkten: Entziehung der Fahrerlaubnis

106 Diese Maßnahme (§ 4 Abs. 3 S. 1 Nr. 3 StVG) beruht auf der gesetzlichen **Vermutung** der **Nichteignung** zum Führen von Kraftfahrzeugen, zu der die Bundesregierung in der Begründung zu ihrem Gesetzentwurf ausführt:[84]

„Die neue Konzeption des Maßnahmenkatalogs, insbesondere die Möglichkeit des ‚Punkterabatts' und die Erweiterung der Hilfestellungen durch Aufbauseminare und verkehrspsychologische Beratung (anstelle des bisherigen Abprüfens von Kenntnissen und Fahrfertigkeiten), hat zur Folge, dass bei 18 Punkten die Fahrerlaubnis zu entziehen ist. Die Entziehung der Fahrerlaubnis, weil der Betreffende trotz Hilfestellungen durch Aufbauseminare und verkehrspsychologische Beratung, trotz Bonus-Gutschriften und trotz der Möglichkeit von zwischenzeitlichen Tilgungen im Verkehrszentralregister 18 oder mehr Punkte erreicht, beruht auf dem Gedanken, dass die weitere Teilnahme derartiger Kraftfahrer am Straßenverkehr für die übrigen Verkehrsteilnehmer eine Gefahr darstellen würde. Hierbei fällt besonders ins Gewicht, dass es sich dabei um Kraftfahrer handelt, die eine ganz erhebliche Anzahl von – im VZR erfassten und noch nicht getilgten – Verstößen begangen haben. Der Betreffende gilt als ungeeignet zum Führen von Kraftfahrzeugen. Diese gesetzliche Ungeeignetheitsvermutung kann grundsätzlich nicht widerlegt werden."

Der letzte S. deutet auf die Möglichkeit hin, dass die Ungeeignetheitsvermutung wenn schon nicht grundsätzlich, so doch ausnahmsweise unter besonderen Umständen widerlegt werden kann.

107 Schließlich hält auch der **Gesetzgeber** selbst Abweichungen von der von ihm aufgestellten Vermutung der Nichteignung zum Führen von Kraftfahrzeugen bei Erreichen von 18 Punkten für erforderlich. Er ermächtigt nämlich das Bundesministerium für Verkehr, mit Zustimmung des Bundesrats Rechtsverordnungen und allgemeine Verwaltungsvorschriften u.a. auch zu erlassen über die Befugnis der nach Landesrecht zuständigen Stellen, **Ausnahmen** u.a. auch von Vorschriften über die Entziehung der Fahrerlaubnis sowohl nach dem Punktsystem als auch nach den für Inhaber einer Fahrerlaubnis auf Probe geltenden Regeln zuzulassen (§ 6 Abs. 1 Nr. 1 Buchst. w StVG). So lange das Bundesministerium für Verkehr von dieser Ermächtigung keinen Gebrauch macht, kann sie allerdings mit *Ziegert*[85] nur als „verfassungsrechtliches Feigenblatt" gewürdigt werden.

108 Gegen die gesetzliche Vermutung der Nichteignung, die jeden Gegenbeweis ausschließt und eine Ermessensentscheidung unmöglich macht, bestehen ohnehin **verfas-**

---

[84] BR-Dr. 821/96 S. 53 = VkBl 1998, 774.
[85] *Ziegert, U.* (1999a).

sungsrechtliche Bedenken: Die Entziehung der Fahrerlaubnis greift in die durch Art. 2 GG gewährleistete allgemeine Handlungsfreiheit ein – bei Personen, die zur Ausübung ihres Berufs zwingend auf das Führen eines Kraftfahrzeugs angewiesen sind, überdies in die durch Art. 12 Abs. 1 GG verbürgte Berufsfreiheit. Bei Eingriffen in Grundrechte ist aber der verfassungsrechtliche Grundsatz der Verhältnismäßigkeit zu beachten.

Mit Rücksicht darauf halten *Paetow*[86] und *Hillmann*[87] für verfassungsrechtlich unbedenklich **allenfalls** die Zulässigkeit der Entziehung der Fahrerlaubnis über ein **Regel-Ausnahme-Verhältnis**, etwa nach dem Vorbild des § 69 Abs. 2 StGB.

109

Nach Ansicht von *Gehrmann*[88] soll die vorbeugende Gefahrenabwehr die Einschränkung der Verkehrsfreiheit und der Berufsfreiheit rechtfertigen. Er meint, das Gesetz selbst nehme „die Würdigung der Gesamtpersönlichkeit typisiert vor". Er weist aber auf die Möglichkeit einer **Korrektur der Punktebewertung** durch Fachgerichte bei Verstößen gegen die Verfassung (Verhältnismäßigkeit) hin: Da Fachgerichte zur inzidenten Prüfung von Verordnungen ermächtigt sind, dürfen Verwaltungsgerichte Verordnungen nicht nur verfassungskonform auslegen, sondern können auch einzelne Vorschriften für nichtig erklären – und damit auch Vorschriften der in § 40 FeV für verbindlich erklärten Anlage 13 der FeV, in der die Punktebewertung enthalten ist. Hierzu meint *Ziegert*,[89] man könne nur hoffen, dass die Verwaltungsgerichte ihren Auftrag zur inzidenten Prüfung von Rechtsverordnungen ernst nehmen.

110

Der **Bayerische Verwaltungsgerichtshof**[90] weist für den Fall, dass § 4 Abs. 3 S. 1 Nr. 3 StVG im Einzelfall tatsächlich eine Rechtsfolge nach sich ziehen sollte, die unter verfassungsrechtlichem Blickwinkel nicht hinnehmbar wäre, neben der von *Gehrmann* erörterten, aus der richterlichen Pflicht zur Kontrolle untergesetzlicher Normen herzuleitenden Möglichkeit einer Korrektur der in der Anlage 13 zur Fahrerlaubnis-Verordnung vorgenommenen Punktebewertung hin auf die sich aus § 29 Abs. 3 Nr. 2 StVG und aus § 29 Abs. 3 Nr. 1 StVG i.V.m. §§ 48 f. BZRG ergebende **behördliche Befugnis, die Tilgung von Eintragungen anzuordnen.**[91]

Bei solcher Prüfung wird u.a. zu berücksichtigen sein, dass das Punktsystem im Ergebnis alle Berufs- und Vielfahrer einschneidend benachteiligt, weil diese im statistischen Durchschnitt bei aller Sorgfalt viel öfter als Wenig- oder Sonntagsfahrer in die

---

86 *Paetow, St.* (1990).
87 *Hillmann, F.-R.* (1995).
88 *Gehrmann, L.* (1998), S. 3539.
89 *Ziegert, U.* (1999).
90 VGH München 17.01.2005 zu II. 2.
91 Siehe unter § 11 Rn 21.

§ 11 Verwaltungsmaßnahmen bei Führerscheininhabern

Gefahr der Nichtbeachtung einer Verkehrsvorschrift geraten.[92] Dem hält allerdings der **Bayerische Verwaltungsgerichtshof**[93] entgegen:

„§ 4 Abs. 3 S. 1 Nr. 3 StVG ist nicht deshalb mit Art. 3 Abs. 1 GG unvereinbar, weil diese Norm das Ausmaß der Teilnahme eines Kraftfahrers am Straßenverkehr unberücksichtigt lässt. Eine solche Unterscheidung wäre nicht nur praktisch undurchführbar, da sich die Fahrleistung einer Person nicht zuverlässig erfassen lässt; für sie besteht auch sachlich keine Veranlassung. Zwar trifft es zu, dass ein ‚Vielfahrer' selbst dann, wenn er sich die Einhaltung der straßenverkehrsrechtlichen Bestimmungen angelegen sein lässt, in erhöhtem Maße Gefahr läuft, Ordnungswidrigkeiten (z.b. fahrlässige Überschreitungen der zulässigen Höchstgeschwindigkeit) zu begehen, die Eintragungen im Verkehrszentralregister nach sich ziehen. Dem gesteigerten Risiko solcher Kraftfahrer, Punkte zu sammeln, die zu Maßnahmen nach § 4 Abs. 3 S. 1 StVG führen, steht jedoch der Umstand gegenüber, dass sie wegen ihrer besonders umfangreichen Teilnahme am Straßenverkehr auch ein entsprechend größeres Gefahrenpotenzial darstellen. Das erhöhte Risiko von Vielfahrern, Dritte im Straßenverkehr zu schädigen, wird nicht stets durch einen Zuwachs an Erfahrung ausgeglichen. Eine überdurchschnittlich umfangreiche Fahrpraxis kann vielmehr auch mit Gewöhnungs- und Abstumpfungserscheinungen einhergehen, die ggf. einen Verlust an Aufmerksamkeit und Gewissenhaftigkeit hinsichtlich der Einhaltung verkehrsrechtlicher Vorschriften zeitigen. Die Antragsgegnerin hat in ihrem Schriftsatz vom 10. Dezember 2004 zudem zutreffend darauf hingewiesen, dass die Erfahrung zahlreicher folgenlos gebliebener Verkehrsverstöße einen ‚negativen Lerneffekt' hervorrufen kann, da der solchermaßen Handelnde erfahrungsgemäß darauf vertraut, auch künftige Zuwiderhandlungen würden weder Unfälle noch Sanktionen nach sich ziehen."

d) Sofortige Vollstreckbarkeit

111 Rechtsmittel gegen die Anordnung des Aufbauseminars und gegen die Entziehung der Fahrerlaubnis wegen Nichtteilnahme am Aufbauseminar oder bei Erreichen von 18 Punkten haben keine aufschiebende Wirkung (§ 4 Abs. 7 S. 2 StVG).

Dazu hebt *Gehrmann*[94] zutreffend hervor: „Verfassungsrecht setzt der gesetzlichen Sofortvollziehung jedoch Schranken". Er weist darauf hin, dass das Bundesverfassungsgericht mit Rücksicht auf die Rechtsschutzgarantie in Art. 19 Abs. 4 GG für den gesetzlichen Ausschluss der aufschiebenden Wirkung von Rechtsmitteln feste Maßstäbe bindend vorgegeben hat und jedenfalls der **Grundsatz der Verhältnismäßig-**

---

92 *Hentschel, P.* (2005) § 4 StVG Rn 2; *Hillmann, F.-R.* (1995).
93 VGH München 17.01.2005 zu II. 1. a).
94 *Gehrmann, L.* (1998), S. 3539.

keit beachtet werden muss. Zwar sieht er gegen den normativen Ausschluss der aufschiebenden Wirkung bei Anordnungen des Aufbauseminars mit Rücksicht auf diese Grundsätze keine, gegen den Ausschluss der aufschiebenden Wirkung bei Fahrerlaubnisentziehungen nur geringe Bedenken. Gleichwohl sind nach seiner Ansicht aber im verwaltungsgerichtlichen einstweiligen Rechtsschutzverfahren gemäß § 80 Abs. 5 VwGO die vorerwähnten verfassungsrechtlichen Gesichtspunkte im Blick auf den konkreten Fall unbedingt zu berücksichtigen. Dabei werden besonders die eben zu c) erörterten Gesichtspunkte zu würdigen sein.

4. Besondere Punkteberechnung

Das starre System der Anknüpfung von Maßnahmen an das Erreichen eines bestimmten Punktestands wird gemildert durch spezielle Ausnahmen. Der Punktestand wird „erreicht" mit Eintritt der **Rechtskraft** der der Punktbewertung zugrunde liegenden Entscheidung und nicht bereits mit dem Zeitpunkt der Tatbegehung oder erst dem Zeitpunkt der Eintragung der Entscheidung in das Verkehrszentralregister oder der Mitteilung über die Eintragung durch das KBA.[95]

112

a) Atypische Punkteerreichung

Erreicht oder überschreitet der Betroffene 14 oder 18 Punkte, ohne dass die Fahrerlaubnisbehörde die Verwarnung nach § 4 Abs. 3 S. 1 Nr. 1 StVG ausgesprochen hat,[96] wird sein **Punktestand auf 13 reduziert**; erreicht oder überschreitet der Betroffene 18 Punkte, ohne dass die Fahrerlaubnisbehörde die Teilnahme an einem Aufbauseminar nach § 4 Abs. 3 S. 1 Nr. 2 StVG angeordnet oder – falls der Betroffene innerhalb der letzten fünf Jahre bereits an solchem Seminar teilgenommen hat – ihn schriftlich verwarnt hat,[97] wird sein **Punktestand auf 17** reduziert (§ 4 Abs. 5 StVG).

113

Der Punktestand wird „erreicht" mit Eintritt der **Rechtskraft** der der Punktbewertung zugrunde liegenden Entscheidung und nicht bereits mit dem Zeitpunkt der Tatbegehung oder erst dem Zeitpunkt der Eintragung der Entscheidung in das Verkehrszentralregister oder der Mitteilung über die Eintragung durch das KBA.[98]

Geht die Anordnung zur Teilnahme an einem Aufbauseminar deshalb ins Leere, weil der Betroffene kurz zuvor an einem Aufbauseminar teilgenommen hat, – ohne dass das der Fahrerlaubnisbehörde bereits bekannt war – kann diese Anordnung nicht in die

---

95 *Hentschel, P.* (2005) § 4 StVG Rn 2 mit weiteren Nachweisen.
96 Siehe unter § 11 Rn 93.
97 Siehe unter § 11 Rn 94.
98 *Hentschel, P.* (2005) zu § 4 StVG Rn 2 mit weiteren Nachweisen.

§ 11 Verwaltungsmaßnahmen bei Führerscheininhabern

solchenfalls erforderliche Verwarnung umgedeutet werden, so dass sich der 18 Punkte überschreitenden Punktstand des Betroffen auf 17 Punkte reduziert.[99]

Von Bedeutung ist die in § 4 Abs. 5 StVG geregelte Punktereduzierung insbesondere bei zwei Fallkonstellationen:

aa) Punkteerreichung „auf einen Schlag"

114 Hierzu kann es z.b. kommen, wenn der Betroffene in mehreren zeitlich eng beieinander liegenden Straf- oder Bußgeldentscheidungen wegen verschiedener Taten oder in einer einzigen Straf- oder Bußgeldentscheidung mehrerer in Tatmehrheit begangenen Taten schuldig gesprochen wird.

Dabei werden unter Umständen die Auswirkungen der Entscheidung des Großen Strafsenats des **Bundesgerichtshofs**[100] spürbar, nach der in Abkehr von der bisherigen Rechtsprechung die Verbindung mehrerer Einzelakte, von denen jeder für sich einen Straftatbestand erfüllt, zu einer fortgesetzten Handlung nur erfolgen darf, wenn dies, was am Straftatbestand zu messen ist, zur sachgerechten Erfassung des verwirklichten Unrechts und der Schuld unumgänglich ist. Dies ist z.b. beim Tatbestand des vorsätzlichen Fahrens ohne Fahrerlaubnis nach § 21 Abs. 1 Nr. 1 StVG nicht der Fall, so dass der längere Zeit ohne Fahrerlaubnis Fahrende nicht mehr wegen einer (fortgesetzten) Tat, sondern wegen einer Vielzahl von Taten verurteilt werden muss.[101] Gleiches gilt für den, der ein Fahrzeug trotz fehlenden Versicherungsschutzes in Betrieb setzt. In einem vom **Verwaltungsgericht Gießen**[102] entschiedenen Fall war ein Kraftfahrer wegen des Betriebs eines Fahrzeugs trotz fehlenden Versicherungsschutzes in 15 Fällen verurteilt worden. Für jede der 15 Taten waren im VZR sechs Punkte, insgesamt also 90 Punkte vermerkt worden.

bb) Maßnahmen während der Übergangszeit

115 Die neuen Maßnahmen können erst ergriffen werden, wenn zu bereits im VZR vorhandenen Eintragungen **ab 01.01.1999 begangene** Straftaten oder Ordnungswidrigkeiten hinzutreten; dann richten sich die Maßnahmen gemäß § 65 Abs. 4 S. 2 S. 2 StVG in der durch das StVRÄndG vom 19.03.2001 herbeigeführten Neufassung insgesamt nach dem Punktsystem des § 4 StVG; dabei werden gleichgestellt:

---

99 OVG Frankfurt (Oder) 27.01.2005.
100 BGHSt 40, 138 = NJW 1994, 1663.
101 BayObLG DAR 1995, 411 = NZV 1995, 456 = VRS 90, 176 = zfs 1995, 392.
102 DAR 1995, 379 m. Anm. *Otting* = NJW 1995, 2804 = zfs 1995, 359.

1. der Verwarnung nach § 4 Abs. 3 S. 1 Nr. 1 StVG die Verwarnung nach § 3 Nr. 1 der früher geltenden Allgemeinen Verwaltungsvorschrift zu § 15b StVZO (Mehrfachtäter-Punktsystem),
2. der Anordnung eines Aufbauseminars oder Erteilung einer Verwarnung nach § 4 Abs. 3 S. 1 Nr. 2 StVG
   a. die Begutachtung durch einen amtlich anerkannten Sachverständigen oder Prüfer für den Kraftfahrzeugverkehr nach § 3 Nr. 2 der früher geltenden Allgemeinen Verwaltungsvorschrift zu § 15b StVZO (Mehrfachtäter-Punktsystem),
   b. Nachschulungskurse, die von der Fahrerlaubnisbehörde als Alternative zur Begutachtung durch einen amtlich anerkannten Sachverständigen oder Prüfer für den Kraftfahrzeugverkehr nach § 3 Nr. 2 der früher geltenden Allgemeinen Verwaltungsvorschrift zu § 15b StVZO (Mehrfachtäter-Punktsystem) zugelassen wurden.

Nach § 65 Abs. 4 S. 3 StVG in der durch das StVRÄndG vom 19.03.2001 herbeigeführten Neufassung bleibt der Hinweis auf die verkehrspsychologische Beratung sowie die Unterrichtung über den drohenden Entzug der Fahrerlaubnis nach § 4 Abs. 3 S. 1 Nr. 2 S. 3 StVG unberührt. Dem Betroffenen soll vor der drohenden Entziehung der Fahrerlaubnis in jedem Falle die Gelegenheit der verkehrspsychologischen Beratung mit der Möglichkeit des Abzugs von zwei Punkten angeboten werden.

Mit der vorstehend dargestellten Neufassung des § 65 Abs. 4 StVG durch das StVRÄndG vom 19.03.2001 sind die in der Rechtsprechung kontrovers gebliebenen Probleme der früheren Fassung dieser Vorschrift[103] erledigt. **116**

b) Punkterabatt wegen Wohlverhaltens

Diesbezügliche Regelungen enthält § 4 Abs. 4 StVG. **117**

aa) Freiwillige Teilnahme an einem Aufbauseminar

Ein Aufbauseminar kann auch ohne Anordnung der Fahrerlaubnisbehörde bereits vor Erreichen der ersten Punkteschwelle (acht Punkte) oder danach (etwa auf den bei Erreichen von acht Punkten mit der Verwarnung der Fahrerlaubnisbehörde verbundenen Hinweis) in Anspruch genommen werden. **118**

Um einen Anreiz zu geben, das Aufbauseminar möglichst früh zu besuchen, beträgt der **Punkterabatt** bis zum Erreichen von acht Punkten sogar **vier Punkte**, danach (bis zum Stand von 13 Punkten) immer noch **zwei Punkte** (§ 4 Abs. 4 S. 1 StVG).

---

103 Siehe dazu die 3. Auflage dieses Buchs unter § 11 Rn 114 f.

Von dieser Möglichkeit machen jedoch erstaunlich **wenige Personen** Gebrauch. So berichtet das Kraftfahrtbundesamt,[104] dass 2003 nur rund 11.700 und 2004 nur rund 14.000 Personen eine Bescheinigung über die freiwillige Teilnahme an einem Aufbauseminar vorlegten, und meint, dass im Vergleich zu den 2004 rund 110.000 Bescheinigungen über die Teilnahme an einem **angeordneten** Aufbauseminar die 14.000 **freiwilligen** Teilnahmen doch eher bescheiden ausfallen.

Ist die Teilnahme an einem Aufbauseminar angeordnet worden, gibt es dafür keinen Punkterabatt.[105]

bb) Inanspruchnahme verkehrspsychologischer Beratung

119 Sie ist in jedem Falle freiwillig.

Nimmt der Betroffene nach der Teilnahme an einem Aufbauseminar und nach Erreichen von 14 Punkten, aber vor Erreichen von 18 Punkten an einer verkehrspsychologischen Beratung teil – auch in dem Fall, dass sie ihm als Inhaber einer Fahrerlaubnis auf Probe nahe gelegt wurde –, erhält er **zwei Punkte** Rabatt (§ 4 Abs. 4 S. 2 StVG). Die Teilnahme an einer verkehrspsychologischen Beratung vor Erreichen von 14 Punkten und vor Teilnahme an einem Aufbauseminar führt danach nicht zu einem Punkterabatt.

Auch von dieser Möglichkeit machen **wenige Personen** Gebrauch. So berichtet das Kraftfahrtbundesamt,[106] dass 2003 nur rund 2.400 und 2004 nur rund 2.900 Personen eine Bescheinigung über die Teilnahme an einer verkehrspsychologischen Beratung vorlegten. Die Sektion Verkehrspsychologie des Berufsverbandes Deutscher Psycholoinnen und Psychologen e.V. berechnet im Jahresbericht 2003, dass 2003 nur ein **Anteil von 2,7%** aller betroffenen und berechtigten Fahrerlaubnisinhaber eine verkehrspsychologische Beratung tatsächlich in Anspruch genommen hat.[107]

cc) Grenzen des Punkterabatts

120 Punkteabzug für ein Aufbauseminar und für eine verkehrspsychologische Beratung können jeweils **nur einmal innerhalb von fünf Jahren** gewährt werden (§ 4 Abs. 4 S. 3 und 4 StVG).

Ein Punkteabzug ist nur bis zum Erreichen von 0 Punkten zulässig (§ 4 Abs. 4 S. 5 StVG). „Pluspunkte" können **nicht** erworben werden.

---

104 Jahresbericht 2004, S. 20.
105 VGH München 30.03.2005.
106 Jahresbericht 2004, S. 20
107 Siehe unter § 11 Rn 70.

dd) Klage auf Punkteabzug

Sie ist mangels Rechtsschutzbedürfnisses unzulässig, weil der Betroffene sich bei Falschberechnung im Verfahren über die Entziehung der Fahrerlaubnis nach § 4 Abs. 3 Nr. 3 StVG auf eine Besserstellung berufen kann.[108]   **121**

5. Beachtung von Tilgungsfristen

Da getilgte oder tilgungsreife VZR-Eintragungen nicht mehr verwertet werden dürfen,[109] ist sorgfältig darauf zu achten, ob **VZR-Eintragungen** nicht **im Laufe des Verfahrens tilgungsreif** werden.   **122**

a) Straf- und Bußgeldverfahren

Schon solche Verfahren können sich so lange hinziehen, dass während ihrer Dauer VZR-Eintragungen tilgungsreif werden. Das wird zuweilen übersehen.[110] Mit Recht weist *Burhoff*[111] darauf hin, dass der Verteidiger bei Vorbereitung der Hauptverhandlung überprüfen muss, ob Tilgungsreife eingetreten ist.   **123**

Sieht der Verteidiger, dass Voreintragungen demnächst zur Löschung anstehen, muss und darf er das **Verfahren verzögern**. So wörtlich *Gebhardt*,[112] der auch darauf hinweist, dass es in Bußgeldverfahren fast immer möglich sein müsste, die Rechtskraft der Entscheidung um mindestens ein Jahr hinauszuzögern – z.B. durch Beweisanträge und Einlegung der Rechtsbeschwerde.

b) Verwaltungsverfahren

Auch noch während des auf Anordnung von Maßnahmen nach dem Punktsystem gerichteten Verfahrens kann Tilgungsreife von VZR-Eintragungen eintreten.   **124**

So verringerte sich z.B. in einem vom **Bayerischen Verwaltungsgerichtshof**[113] zum Mehrfachtäter-Punktsystem entschiedenen Fall die Anzahl der Punkte von ursprünglich 26 durch Eintritt der Tilgungsreife hinsichtlich eines Teils der VZR-Eintragungen während des Verwaltungs- einschließlich Widerspruchsverfahrens bis auf 16 Punkte und unter Abzug von vier Punkten für die Teilnahme an einem Aufbauseminar auf schließlich zwölf Punkte mit der Folge, dass im maßgeblichen Zeitpunkt der Wider-

---

108 OVG Magdeburg 22.03.2002.
109 Siehe unter § 6 Rn 118 ff.
110 Siehe dazu z.B. AG Papenburg zfs 1999, 38 m. Anm. *Bode*.
111 *Burhoff, D.* (1999) Rn 486.
112 *Gebhardt, H.-J.* (2003) § 11 Rn 66 ff.
113 VGH München 24.10.1996.

spruchsentscheidung die Voraussetzungen für eine Gutachtenanordnung nicht mehr gegeben waren.

In einem vom **Oberverwaltungsgericht Mecklenburg-Vorpommern**[114] entschiedenen Fall war während des Widerspruchsverfahrens gegen die wegen Erreichens von 18 Punkten gemäß § 4 Abs. 3 Nr. 3 StVG ausgesprochene Entziehung der Fahrerlaubnis Tilgungsreife hinsichtlich einer mit drei Punkten bewerteten Ordnungswidrigkeit eingetreten, so dass die Voraussetzungen des § 4 Abs. 3 Nr. 3 StVG nicht mehr gegeben waren und das Oberverwaltungsgericht deshalb vorläufigen Rechtsschutz gegen die Entziehung der Fahrerlaubnis gewährte.

Auch nach Ansicht des **Verwaltungsgerichtshofs Baden-Württemberg**[115] gilt im Fahrerlaubnisentziehungsverfahren im Allgemeinen der Grundsatz, dass für die Beurteilung der Rechtmäßigkeit der Verfügung die im Zeitpunkt der letzten Behördenentscheidung bestehende Sach- und Rechtslage maßgebend ist. Er meint aber, aus dem materiellen Recht, das für die Bestimmung des für die Beurteilung der Sach- und Rechtslage maßgeblichen Zeitpunkts entscheidend ist, ergebe sich, dass es – abweichend vom Regelfall – für die Rechtmäßigkeit der Verfügung in Fällen der vorliegenden Art allein auf den Zeitpunkt ihrer Bekanntgabe ankommt und nachträgliche Veränderungen hinsichtlich der zu berücksichtigenden verkehrsrechtlichen Zuwiderhandlungen des Betreffenden nicht von Bedeutung sind. Das ist jedoch nicht gerechtfertigt.

125 Mit Rücksicht darauf, dass Anordnungen von Maßnahmen nach dem Punktsystem sofort vollstreckbar sind und die aufschiebende Wirkung des Widerspruchs im verwaltungsgerichtlichen einstweiligen Rechtsschutzverfahren gemäß § 80 Abs. 5 VwGO nur ausnahmsweise erreicht werden kann,[116] werden allerdings die Voraussetzungen für die Anordnung der Teilnahme am Aufbauseminar mit Rücksicht auf im Verwaltungsverfahren eingetretene Tilgungsreife von VZR-Eintragungen nur selten entfallen.

Der Widerspruch gegen die Fahrerlaubnisentziehung nach dem Punktsystem kann jedoch dazu führen, dass der Betroffene zwar seine Fahrerlaubnis bei Versagung einstweiligen Rechtsschutzes zunächst verliert, aber die Fahrerlaubnis zurückerhält, wenn wegen eingetretener Tilgungsreife von VZR-Eintragungen während des Widerspruchsverfahrens die Fahrerlaubnisentziehung wieder aufgehoben werden muss.

---

114 OVG Greifswald, 29.07.2002.
115 VGH Mannheim 17.02.2005.
116 Siehe unter § 11 Rn 111.

6. Neuerteilung einer Fahrerlaubnis nach Entziehung

Sie hängt unbeschadet der übrigen Voraussetzungen vom Vorliegen besonderer Bedingungen ab: **126**

a) Sperrfrist

Ist die Fahrerlaubnis wegen Erreichens von 18 oder mehr Punkten entzogen worden,[117] darf eine neue Fahrerlaubnis frühestens **sechs Monate** nach Wirksamkeit der Entziehung erteilt werden; die Frist beginnt mit der Ablieferung des Führerscheins (§ 4 Abs. 10 S. 1 und 2 StVG). **127**

Nicht geregelt ist, wann die Fahrerlaubnisbehörde mit der Bearbeitung eines Antrags auf Neuerteilung der Fahrerlaubnis beginnen darf. Man wird aber mit *Ziegert*[118] den Beginn wie bisher bei vom Strafgericht nach § 69a StGB bestimmter Sperrfrist mit etwa drei Monaten vor Ablauf der Sperrfrist ansetzen können. So darf z.B. in Niedersachsen mit den Ermittlungen nach § 11 FeV frühestens drei Monate vor Ablauf der Sperrfrist begonnen werden, wenngleich über die Erteilung einer neuen Fahrerlaubnis frühestens am Tage nach Ablauf der Sperrfrist entschieden werden kann.[119]

b) Gutachten einer amtlich anerkannten Begutachtungsstelle für Fahreignung

Die Beibringung solchen Gutachtens zum Nachweis, dass die Eignung zum Führen von Kraftfahrzeugen wieder hergestellt ist, hat die Fahrerlaubnisbehörde vor Neuerteilung der Fahrerlaubnis **in der Regel anzuordnen** (§ 4 Abs. 10 S. 3 StVG). **128**

c) Nachholung des Aufbauseminars

Ist die Fahrerlaubnis entzogen worden, weil der Antragsteller einer Anordnung zur Teilnahme an einem Aufbauseminar[120] nicht nachgekommen ist, so darf eine neue Fahrerlaubnis nur erteilt werden, wenn der Antragsteller nachweist, dass er an einem Aufbauseminar teilgenommen hat; das Gleiche gilt, wenn der Antragsteller nur deshalb nicht an einem angeordneten Aufbauseminar teilgenommen hat oder die Anordnung nur deshalb nicht erfolgt ist, weil er zwischenzeitlich auf die Fahrerlaubnis verzichtet hat (§ 4 Abs. 11 S. 1 und 2 StVG). **129**

---

117 Siehe unter § 11 Rn 106.
118 *Ziegert, U.* (1999).
119 Arbeitsanweisung (siehe unter § 1 Rn 53) zu § 20 FeV.
120 Siehe unter § 11 Rn 94.

§ 11 Verwaltungsmaßnahmen bei Führerscheininhabern

Solchenfalls wird die Fahrerlaubnis ohne die Einhaltung einer Sperrfrist und ohne die Beibringung eines Gutachtens einer amtlich anerkannten Begutachtungsstelle für Fahreignung erteilt (§ 4 Abs. 11 S. 3 StVG).

7. Maßnahmen nach Neuerteilung einer Fahrerlaubnis

130 Nach § 3 Nr. 5 der Allgemeinen Verwaltungsvorschrift zu § 15b StVZO a.F. (Mehrfachtäter-Punktsystem) war die Beibringung eines Gutachtens einer amtlich anerkannten medizinisch-psychologischen Untersuchungsstelle anzuordnen, wenn sich nach Neuerteilung der Fahrerlaubnis nach vorangegangener Entziehung innerhalb eines Zeitraums von zwei Jahren vom Tage der Neuerteilung an neun Punkte ergeben.

Eine vergleichbare Regelung enthält das ab 01.01.1999 geltende Punktsystem nicht – wohl mit Rücksicht darauf, dass in der Regel die Beibringung eines Gutachtens einer amtlich anerkannten Begutachtungsstelle für Fahreignung bereits vor Neuerteilung der Fahrerlaubnis anzuordnen ist.

Da bei Entziehung der Fahrerlaubnis die Punkte für die vor dieser Entscheidung begangenen Zuwiderhandlungen gelöscht werden – es sei denn, dass die Entziehung der Fahrerlaubnis wegen Nichtteilnahme an einem angeordneten Aufbauseminar erfolgte,[121] – beginnt mit der Neuerteilung der Fahrerlaubnis eine **neue Punktrechnung**, die dann wieder bei Erreichen der dafür bestimmten Punktanzahl zu den dafür vorgesehenen Maßnahmen führt – falls sich nicht die Notwendigkeit früherer oder anderer Maßnahmen aufgrund anderer Vorschriften ergibt (§ 4 Abs. 1 S. 2 StVG).

---

121 Siehe unter § 11 Rn 88.

§ 12 Entziehung der Fahrerlaubnis durch Strafgerichte

Obwohl Strafgerichte im Vergleich zu Verwaltungsbehörden in sehr viel größerem Umfang Fahrerlaubnisse entziehen,[1] verfügen sie doch über weit weniger rechtliche Möglichkeiten als Verwaltungsbehörden, auf den Fahrerlaubnisbewerber einzuwirken – insbesondere auch zum Zwecke der Erhaltung seiner Eignung zum Führen von Kraftfahrzeugen. Sie müssen sich letztlich beschränken auf die Entziehung der Fahrerlaubnis und die Festsetzung einer Sperrfrist, vor deren Ablauf die Verwaltungsbehörde keine neue Fahrerlaubnis erteilen darf.   1

Die entsprechenden Regelungen sind zwar in §§ 69 ff. StGB eingestellt unter dem Titel „Maßregeln der Besserung und Sicherung". Gleichwohl überwiegt der letztgenannte Zweck eindeutig den der Besserung. Nach herrschender Meinung[2] dient die Entziehung der Fahrerlaubnis durch den Strafrichter – ebenso wie die durch die Verwaltungsbehörde – allein der Sicherung der Allgemeinheit vor weiteren Gesetzesverletzungen durch den Täter, so dass Besserung des Täters niemals ihr Endziel, sondern allenfalls ein Mittel zur Erreichung des Sicherungsziels ist.   2

Die Entziehung der Fahrerlaubnis bezweckt auch keine Generalprävention. Bei Entscheidungen über die Entziehung der Fahrerlaubnis darf nicht der von ihr für die Allgemeinheit ausgehende Abschreckungseffekt berücksichtigt werden.[3]   3

I. Voraussetzungen der Entziehung

Strafgerichte haben nicht nur weniger Mittel zur Einwirkung auf den Fahrerlaubnisinhaber als die Verwaltungsbehörde. Die Entziehung der Fahrerlaubnis ist in § 69 StGB auch an engere Voraussetzungen gebunden als im Verwaltungsrecht.   4

---

1 Siehe unter § 9 Rn 28.
2 *Hentschel, P.* (2003) Rn 567 m.w.N.
3 OLG Düsseldorf NZV 1993, 117 = VerkMitt 1993, Nr. 40 = VRS 84, 287 = zfs 1993, 176 (L); gegen dem entgegenstehende Erwägungen des OLG Hamm (DAR 1971, 330 = NJW 1971, 1618) wendet sich mit Recht *Hentschel, P.* (2003) Rn 712 und 784.

§ 12 Entziehung der Fahrerlaubnis durch Strafgerichte

1. Fehlende Kraftfahreignung

5 In diesem Merkmal unterscheiden sich allerdings Strafrecht und Verwaltungsrecht nicht. Für beide Rechtsgebiete gibt es nur einen einheitlichen Begriff von Eignung oder Nichteignung zum Führen von Kraftfahrzeugen.[4]

6 In den Rechtsfolgen unterscheiden sich jedoch Strafrecht und Verwaltungsrecht. Die im Verwaltungsrecht gegebene Möglichkeit, bei nur teilweiser (bedingter) Kraftfahreignung die Fahrerlaubnis gleichsam teilweise zu entziehen, nämlich nach § 46 Abs. 2 FeV einzuschränken,[5] fehlt im Strafrecht. Deshalb ist Voraussetzung der Entziehung der Fahrerlaubnis im Strafverfahren in jedem Fall:

a) Völlige Ungeeignetheit

7 Als den Strafgerichten durch das (1.) Gesetz zur Sicherung des Straßenverkehrs vom 19.12.1952 die Kompetenz übertragen wurde, im Strafverfahren die Fahrerlaubnis zu entziehen, sah der damals zu diesem Zweck eingeführte § 42m StGB ebenso wenig wie der an seine Stelle getretene jetzt geltende § 69 StGB eine nur teilweise Entziehung der Fahrerlaubnis oder deren irgendwie geartete Abwertung vor. Gleichwohl wurde in der Praxis ein Bedürfnis angenommen, in besonderen Fällen die Entziehung der Fahrerlaubnis nur in beschränktem Umfang anzuordnen.

8 In den bereits oben[6] geschilderten Fällen bedingter Eignung zum Führen von Kraftfahrzeugen erschien etwa *Händel*[7] die völlige Entziehung der Fahrerlaubnis „keineswegs unbedingt erforderlich":

> „Dem Schutz der Öffentlichkeit und der Sicherheit des Straßenverkehrs würde es genügen, wenn den Tätern lediglich die Fahrerlaubnis bezüglich bestimmter Kraftfahrzeugarten oder zu bestimmten Zeiten entzogen werden würde."

9 Die Formulierung in § 42m StGB, nach der dem Kraftfahrer unter bestimmten Umständen die Fahrerlaubnis zu entziehen war, „wenn er sich durch die Tat als ungeeignet zum Führen von Kraftfahrzeugen erwiesen hat", wollte er im Sinne von „wenn und soweit ..." verstanden wissen.

10 Das OLG Celle[8] hielt ebenfalls für zulässig, das Wort „wenn" im Sinne von „wenn und soweit" zu verstehen, und meinte im Anschluss an Erwägungen über die Möglichkeiten der Erteilung von Fahrerlaubnissen nach Klassen und einzelnen Fahrzeugarten

---

4 Siehe unter § 3 Rn 35 ff., 41 ff.
5 Siehe unter § 9 Rn 36 ff.
6 Siehe unter § 3 Rn 58 ff.
7 *Händel, K.* (1954).
8 NdsRpfl 1954, 112.

Entziehung der Fahrerlaubnis durch Strafgerichte § 12

unter Berücksichtigung der von ihnen ausgehenden Gefahr für die Allgemeinheit im Straßenverkehr:

„Unter diesen Umständen bestehen keine grundsätzlichen Bedenken, die Grundsätze für die Erteilung der Fahrerlaubnis auch auf deren Entziehung anzuwenden mit dem Ergebnis, dass ebenso wie die Fahrerlaubnis nur erteilt werden darf, wenn – und soweit – die Eignung zum Führen von Kraftfahrzeugen vorliegt, ihre Entziehung gemäß § 42m StGB nur geboten ist, wenn – und soweit – die Ungeeignetheit des Kraftfahrers erwiesen ist."

Diesen Bestrebungen, neben der „totalen" auch eine „beschränkte" Entziehung der Fahrerlaubnis zu entwickeln, trat der **Bundesgerichtshof**[9] alsbald entgegen in einem Fall, in dem eine Strafkammer lediglich die Zusatzberechtigung des Angeklagten zum Führen von Omnibussen auf die Dauer von sechs Monaten entzogen und die hierfür erforderliche „Zusatzfahrerlaubnis" eingezogen hatte. Nach seiner Ansicht schafft die „umfassende, die Tat und die Täterpersönlichkeit ergreifende Würdigung gemäß § 42m StGB" nämlich „für den Fall, dass dessen strenge Voraussetzungen erfüllt sind, ein Unwerturteil, das den davon betroffenen Angeklagten von jeder Teilnahme am Verkehr mit Kraftfahrzeugen ausschließt": 11

„Diese Begriffsbestimmung der ‚Ungeeignetheit' lässt keinen Raum für die Annahme einer Ungeeignetheit, die nur teilweise besteht."

Die Lösung des Problems der Entscheidung bei bedingter Fahreignung verweist der **Bundesgerichtshof** in das Verwaltungsrecht: 12

„Dem Bedürfnis nach einer Beschränkung der Fahrerlaubnis für den Fall, dass die Voraussetzung des § 42m StGB nicht gegeben ist, wohl aber teilweise eine Unfähigkeit vorliegt, kann die Verwaltungsbehörde gerecht werden, nachdem das Gericht in den Urteilsgründen auf diese Notwendigkeit hingewiesen hat."

b) Bedingte Eignung

schließt danach die Entziehung der Fahrerlaubnis durch das Strafgericht aus. 13

Es ist auch nicht zulässig, trotz Fehlens der dafür vom **Bundesgerichtshof** schon 1954 mit Recht geforderten „strengen Voraussetzungen" die Fahrerlaubnis zu entziehen und lediglich von der Sperre für die Wiedererteilung der Fahrerlaubnis Ausnahmen zuzulassen, die der Verwaltungsbehörde die Möglichkeit geben würden, eine der bedingten Eignung entsprechende eingeschränkte Fahrerlaubnis zu erteilen. Denn die Verwaltungsbehörde wäre nicht verpflichtet, dem unter Verletzung des Übermaßverbots um 14

---

9 BGHSt 6, 183 = DAR 1954, 208 = NJW 1954, 1167 = VRS 7, 181.

seine Fahrerlaubnis gebrachten Straftäter ohne eigene Prüfung sofort eine neue Fahrerlaubnis mit dem von der Sperre ausgenommenen Inhalt zu erteilen.[10]

2. Anknüpfungstat

15   Strafgerichte befassen sich mit der Kraftfahreignung nicht umfassend, sondern nur hinsichtlich eines Teilbereichs, nämlich nach § 69 Abs. 1 S. 1 StGB dann, wenn der Fahrerlaubnisinhaber eine rechtswidrige Tat entweder bei oder im Zusammenhang mit dem Führen eines Kraftfahrzeugs oder unter Verletzung der Pflichten eines Kraftfahrzeugführers begangen hat. Danach kann im Strafverfahren trotz weiter Auslegung des Zusammenhang-Begriffs[11] nur einem Teil ungeeigneter Fahrerlaubnisinhaber die Fahrerlaubnis entzogen werden.

16   Die Möglichkeiten der Strafgerichte sind jedoch noch weiter eingeschränkt.

3. Aus der Tat erkennbarer Eignungsmangel

17   Strafgerichte dürfen die Fahrerlaubnis nach § 69 Abs. 1 S. 1 StGB nur entziehen, wenn sich die Ungeeignetheit zum Führen von Kraftfahrzeugen „aus der Tat" ergibt. Während die Eignung zum Führen von Kraftfahrzeugen im Verwaltungsverfahren bei Auftauchen von Bedenken allumfassend überprüft wird, beschränkt sich die Überprüfung der Eignung im Strafverfahren auf die Umstände, die mit der Tat irgendwie zusammenhängen. Bei Feststellung des Fehlens der Eignung dürfen aber **nicht Umstände berücksichtigt** werden,
- die schon **vor der Tat** vorhanden waren, aber sich nicht im Tatgeschehen ausgewirkt haben – wie etwa unausgleichbare Kurzsichtigkeit –,
- erst **durch die Tat** eingetreten sind – wie etwa durch einen Unfall bei der Tat erlittenen Verlust der erforderlichen Sehkraft – oder
- erst **nach der Tat** aufgetreten sind – wie etwa durch einen Unfall nach der Tat.[12]

18   Maßgeblicher **Zeitpunkt für die Beurteilung der Eignungsfrage** ist jedoch der Zeitpunkt der Urteilsfindung.[13] Es können daher insoweit auch Umstände berücksichtigt werden, die zwischen Tat und Hauptverhandlung hervorgetreten sind. Ein einmaliges Versagen im Verkehr, das für sich allein noch keinen sicheren Schluss auf fahrtechnische oder charakterliche Unzuverlässigkeit des Angeklagten zulässt, rechtfertigt nicht

---

10 Siehe dazu näher unter § 12 Rn 96 ff. sowie unter § 13 Rn 23 ff.
11 Siehe unter § 3 Rn 19 f.
12 BGHSt 15, 393 = NJW 1961, 1269.
13 BGHSt 7, 165 = NJW 1955, 557; BGHR StGB § 69 Abs 1 Entziehung 4 = StV 1992, 64 = VRS 82, 19 = zfs 1992, 30.

die Feststellung der mangelnden Eignung zum Führen von Kraftfahrzeugen. Auch wenn die Tat diesen Schluss nahe legt, kann der Richter aufgrund des vom Angeklagten zuverlässig gewonnenen Persönlichkeitsbildes im Einzelfall den Eignungsmangel verneinen. Bei der gebotenen Gesamtwürdigung der Persönlichkeit des Täters werden auch zu berücksichtigen sein die Wirkungen einer vorläufigen Maßnahme nach § 111a StPO[14] und etwa durchgeführter Nachschulung und Rehabilitation.[15]

4. Schutz der Sicherheit des Straßenverkehrs

Hierzu hat der Große Senat für Strafsachen des Bundesgerichtshofs, nachdem die Strafsenate des Bundesgerichtshofs insoweit unterschiedliche Ansichten vertreten hatten,[16] durch Beschluss vom 27.04.2005[17] entschieden: **19**

„§ 69 StGB bezweckt den Schutz der Sicherheit des Straßenverkehrs. Die strafgerichtliche Entziehung der Fahrerlaubnis wegen charakterlicher Ungeeignetheit bei Taten im Zusammenhang mit dem Führen eines Kraftfahrzeugs (§ 69 Abs. 1 S. 1 Variante 2 StGB) setzt daher voraus, dass die Anlasstat tragfähige Rückschlüsse darauf zulässt, dass der Täter bereit ist, die Sicherheit des Straßenverkehrs seinen eigenen kriminellen Interessen unterzuordnen."

Zur Begründung hat er im Wesentlichen ausgeführt:

Nach ständiger Rechtsprechung ist dem Täter die Fahrerlaubnis nach § 69 Abs. 1 S. 1 Var. 2 StGB wegen in der Tat zutage getretener mangelnder Eignung auch dann zu entziehen, wenn kein typisches Verkehrsdelikt vorliegt, sondern wenn die im Zusammenhang mit dem Führen eines Kraftfahrzeugs begangene Straftat der allgemeinen Kriminalität zuzurechnen ist – sog. Zusammenhangstat. Dabei wird der **Begriff des Zusammenhangs weit gefasst**.[18] Es kommt nicht darauf an, ob die Fahrt vor, während oder nach der Tat unternommen wird. Wesentlich ist vielmehr, dass das Führen des Kraftfahrzeugs dem Täter für die Vorbereitung oder Durchführung der Straftat oder anschließend für ihre Ausnutzung oder Verdeckung dienlich sein soll. **20**

Soweit es das Merkmal der **Ungeeignetheit zum Führen von Kraftfahrzeugen** anbelangt, ist **unstreitig**, dass diese nicht nur auf Einschränkungen körperlicher oder geistiger Art, sondern **fehlender charakterlicher Zuverlässigkeit beruhen** kann. **Welche Umstände grundsätzlich geeignet sind**, auf die charakterliche Ungeeignetheit

---

14 Siehe unter § 12 Rn 40 f.
15 Siehe unter § 12 Rn 47 ff.
16 Siehe dazu die 4. Auflage dieses Buchs unter § 12 Rn 19 ff.
17 GSSt 2/04, Blutalkohol 42 (2005), 311 (mit Anm. *Lampe*) = DAR 2005, 452 (mit Anm. *Hentschel*) = SVR 2005, 272 = zfs 2005, 464.
18 Siehe unter § 3 Rn 19 f.

§ 12 Entziehung der Fahrerlaubnis durch Strafgerichte

eines Straftäters zum Führen von Kraftfahrzeugen zu schließen und welchen Begründungsaufwandes es für den Tatrichter bedarf, um die charakterliche Ungeeignetheit im konkreten Fall im Urteil darzulegen, **ist von der höchstrichterlichen Rechtsprechung dagegen bislang uneinheitlich beantwortet worden.** Während in einer Vielzahl von Entscheidungen eine umfassende Gesamtwürdigung von Tat und Täterpersönlichkeit auch oder gerade in Bezug auf künftiges Verkehrsverhalten verlangt worden ist, soll dies nach anderen Judikaten bei schwerwiegenden oder wiederholten Straftaten unter Benutzung eines Kraftfahrzeugs – insbesondere im Bereich der Betäubungsmittelkriminalität – nicht oder nur im Ausnahmefall erforderlich sein.

21 Die weite Auslegung des Begriffs „Zusammenhang" und die uneinheitlichen Anforderungen an die Begründung der in § 69 StGB geforderten Ungeeignetheit haben zu einer **nicht immer kohärenten Rechtsprechung** geführt, die in der Literatur zunehmend auf Kritik gestoßen ist. Insbesondere ist beanstandet worden, dass die Grenze zwischen Maßregel und Strafe weitgehend verwischt worden sei und von den Tatgerichten häufig nicht mehr hinreichend beachtet.

22 Während nach Auffassung des Großen Senats für Strafsachen **kein Anlass** besteht, den **Begriff der Zusammenhangstat** in § 69 Abs. 1 StGB **enger** als bisher und abweichend von demselben für das Fahrverbot maßgeblichen Begriff (§ 44 Abs. 1 S. 1 Var. 2 StGB) **zu bestimmen,** kann nach seiner Auffassung die in einem **zweiten Prüfungsschritt zu beurteilende charakterliche Ungeeignetheit** des Täters zum Führen eines Kraftfahrzugs im Rahmen des § 69 StGB **nur dann „aus der Tat" (sog. Anlasstat) hergeleitet werden, wenn dabei konkrete Anhaltspunkte auf eine mögliche Gefährdung des Straßenverkehrs durch den Straftäter** hinweisen. Diese Auslegung orientiert sich maßgeblich am Schutzzweck von § 69 StGB.

23 **Die strafgerichtliche Entziehung der Fahrerlaubnis stellt eine Maßregel der Besserung und Sicherung dar** (§ 61 Nr. 5 StGB), die ihre Rechtfertigung aus dem Sicherungsbedürfnis der Verkehrsgemeinschaft bezieht. Dieses ist bedingt durch die hohen Risiken, die der Straßenverkehr infolge seiner Dynamik für Leben, Gesundheit und Eigentum der Verkehrsteilnehmer mit sich bringt.[19] Diese Risiken werden durch körperlich, geistig, ebenso aber auch durch charakterlich ungeeignete Kraftfahrer verstärkt; dem soll durch den (zumindest zeitigen) Ausschluss des Betreffenden von der Teilnahme am motorisierten Straßenverkehr entgegengewirkt werden.

Anders als seit der Entscheidung BGHSt 5, 179 in Teilen der Rechtsprechung bis in die jüngste Zeit vertreten worden ist, ist der Große Senat für Strafsachen der Auffassung, dass **§ 69 StGB nicht auch der allgemeinen Kriminalitätsbekämpfung dient,** mithin nicht dem Zweck, den Missbrauch der Fahrerlaubnis auch dann zu verhindern,

---

19 Vgl. BVerwG 27.09.1995.

wenn sich dieser – ohne Verkehrssicherheitsbelange in irgendeiner Weise zu berühren – ausschließlich auf andere Rechtsgüter nachteilig auswirkt. Allgemeiner Rechtsgüterschutz kann ein wünschenswerter Nebeneffekt, ein „Schutzreflex" sein, ist jedoch nicht Ziel von § 69 StGB. **Schutzzweck dieser Maßregel ist vielmehr allein die Sicherheit des Straßenverkehrs.**

Der Große Senat für Strafsachen folgert die von ihm bejahte Beschränkung des Schutzzwecks dieser Vorschrift auf Verkehrssicherheitsbelange maßgebend aus der **Übereinstimmung von Strafrecht und Verwaltungsrecht**, nämlich dem Verhältnis des § 69 StGB zu den Bestimmungen des § 2 Abs. 4 S. 1, § 3 Abs. 1 S. 1 StVG i.V.m. § 11 Abs. 1 S. 3, § 46 Abs. 1 S. 2 FeV über die verwaltungsrechtliche Entziehung der Fahrerlaubnis. Sowohl die strafgerichtliche als auch die verwaltungsbehördliche Entziehung der Fahrerlaubnis knüpfen die Anordnung der Maßnahme an die Feststellung der fehlenden Eignung zum Führen von Kraftfahrzeugen. Der in § 69 Abs. 1 StGB verwendete Begriff der Ungeeignetheit stimmt inhaltlich mit demselben, in den genannten Vorschriften des Straßenverkehrs- und Fahrerlaubnisrechts verwendeten Begriff überein. Dies folgt schon daraus, dass – wie die Materialien zum (ersten) Straßenverkehrssicherungsgesetz 1952 belegen (vgl. BT-Ds. [1. WP] Nr. 2674 S. 8, 12) – mit der Übertragung der zuvor ausschließlich den Verwaltungsbehörden zugewiesenen Aufgabe der Entziehung der Fahrerlaubnis „auch" auf den Strafrichter letzterer bei Anwendung des § 69 StGB der Sache nach die Ordnungsaufgabe der Fahrerlaubnisbehörde wahrnimmt.[20] Deshalb ist für die Auslegung des Begriffs der Ungeeignetheit in § 69 StGB der Zweck der Vorschrift des § 3 Abs. 1 StVG über die Entziehung der Fahrerlaubnis beachtlich. Dieser besteht – auch in Übereinstimmung mit neuerer verwaltungsgerichtlicher Rechtsprechung – darin, die Allgemeinheit vor Kraftfahrzeugführern zu schützen, die für andere Verkehrsteilnehmer eine Gefahr bilden. **Maßstab für die Entscheidung über die Entziehung der Fahrerlaubnis ist** demgemäß **die in die Zukunft gerichtete Beurteilung der Gefährlichkeit des Kraftfahrers für den öffentlichen Straßenverkehr.** Dementsprechend hat auch das **Bundesverfassungsgericht** eine – verwaltungsrechtliche – Entziehung der Fahrerlaubnis aufgrund charakterlich-sittlicher Mängel an die Prognose geknüpft, dass der Betroffene bereit ist, das Interesse der Allgemeinheit an sicherer und verkehrsgerechter Fahrweise den jeweiligen eigenen Interessen unterzuordnen und hieraus resultierende Gefährdungen oder Beeinträchtigungen des Verkehrs in Kauf zu nehmen.[21]

Für die vom Großen Senat für Strafsachen vertretene Auffassung spricht nach seiner Auffassung zudem der **Vergleich der Bestimmung des § 69 Abs. 1 StGB mit den Vorschriften der §§ 63, 64 und 66 StGB.** Diese freiheitsentziehenden Maßregeln dienen (auch) dem Schutz der Allgemeinheit vor gefährlichen Straftätern. Dem trägt

24

---

20 Vgl. BVerwG 15.07.1988.
21 BVerfG 20.06.2002.

das Gesetz Rechnung, indem es die Anordnung dieser Maßregeln an eine „unspezifische" negative Legalprognose („erhebliche rechtswidrige Taten" bzw. Hang zu „erheblichen Straftaten") knüpft. Im Unterschied hierzu ist **§ 69 StGB schon nach seinem Wortlaut „verkehrsbezogen" ausgestaltet**, indem die Vorschrift die Entziehung der Fahrerlaubnis nicht etwa von einer allgemeinen Unzuverlässigkeit abhängig macht, sondern die Feststellung der Ungeeignetheit gerade „zum Führen von Kraftfahrzeugen" voraussetzt.

25 **Grundlage für die Beurteilung der Eignungsfrage nach § 69 StGB bildet für den Strafrichter die Anlasstat.** Zwar mögen Straftaten, die auf eine niedrige Frustrationstoleranz oder ein erhöhtes Aggressionspotential des Täters hindeuten, unabhängig von der Schwere der Rechtsgutverletzung geeignet sein, die Zuverlässigkeit des Täters in Bezug auf Verkehrssicherheitsbelange in Zweifel zu ziehen. Soweit dies in der Anlasstat aber keinen hinreichenden Ausdruck gefunden hat, ist für eine strafgerichtliche Entziehung der Fahrerlaubnis nach dem Wortlaut des § 69 Abs. 1 S. 1 StGB („wenn sich aus der Tat ergibt") kein Raum.

Die – wie ausgeführt – dem Strafrichter vom Gesetzgeber übertragene Befugnis, in beschränktem Umfang die zuvor den Verwaltungsbehörden vorbehaltene Entziehung der Fahrerlaubnis auszusprechen, dient dazu, eine **Vereinfachung des Verfahrens** herbeizuführen. Die Feststellungen über die Persönlichkeit des Beschuldigten und die Umstände der Tat, die der Strafrichter für den Schuld- und Strafausspruch ohnehin treffen muss, sollen auch für die Entziehung der Fahrerlaubnis nutzbar gemacht werden (vgl. BT-Ds. [1. WP] 2674 S. 8). Die Verknüpfung des strafgerichtlichen Fahrerlaubnisentzugs mit dem Einsatz eines Kraftfahrzeugs verlöre aber ihre innere Berechtigung, wenn die Feststellung der charakterlichen Ungeeignetheit zum Führen von Kraftfahrzeugen losgelöst von der Benutzung des Fahrzeugs allein auf eine in der Tat zum Ausdruck gekommene allgemeine Aggressionsbereitschaft oder Rücksichtslosigkeit des Täters gestützt werden könnte.

26 Lassen sich im Strafverfahren aus einer Straftat zwar Hinweise dafür entnehmen, dass der Täter zu Aggression, Rücksichtslosigkeit oder allgemein zur Missachtung gesetzlicher Vorschriften neigt, ohne dass dies für den Strafrichter schon die sichere Beurteilung der Fahreignung zulässt, und **unterbleibt** deshalb **die Anordnung der Maßregel nach §§ 69, 69a StGB**, so ist es **Aufgabe der Verwaltungsbehörde zu prüfen, ob Anlass besteht, dem Täter die Fahrerlaubnis zu entziehen.** Dabei ist die Fahrerlaubnisbehörde zwar an die eine bestimmte Tat oder bestimmte Taten betreffende strafgerichtliche Beurteilung der Eignung zum Führen von Kraftfahrzeugen gebunden (§ 3 Abs. 4 S. 1 StVG).[22] Sie hat aber – anders als der Strafrichter – die Eignung zum

---

[22] Siehe unter § 13 Rn 4 ff.

Führen von Kraftfahrzeugen mit den ihr zur Verfügung stehenden Mitteln umfassend[23] – regelmäßig durch Einholung eines medizinisch-psychologischen Gutachtens – zu prüfen.[24] Deshalb darf und muss sie auch eine abgeurteilte Straftat, die für sich allein dem Strafrichter nicht ausgereicht hat, die Ungeeignetheit festzustellen, zur Unterstützung außerhalb des abgeurteilten Sachverhalts liegender Entziehungsgründe mit heranziehen.

„Aus der Tat" kann sich die **charakterliche Ungeeignetheit** des Täters zum Führen von Kraftfahrzeugen für den Strafrichter daher **nur dann ergeben, wenn die Anlasstat selbst tragfähige Rückschlüsse darauf zulässt, dass der Täter bereit ist, die Sicherheit des Straßenverkehrs seinen eigenen kriminellen Zielen unterzuordnen.** Hierfür bedarf es keines – bereits von § 69 Abs. 1 S. 1 Var. 1 u. 3 StGB erfassten – Verstoßes gegen die Pflichten eines Kraftfahrzeugführers, wie er regelmäßig bei „Verkehrsstraftaten" gegeben sein wird, auch soweit sie nicht vom Katalog des § 69 Abs. 2 StGB erfasst werden. Hierzu zählen etwa die unter Benutzung des Kraftfahrzeugs begangenen Fälle der **Nötigung** und des **gefährlichen Eingriffs in den Straßenverkehr** (§§ 240, 315b StGB), unter Umständen aber auch Fälle des **räuberischen Angriffs auf Kraftfahrer** gemäß § 316a StGB wenn der Angriff von dem Fahrer während der Fahrt gegen das mitfahrende Opfer verübt wird. **Während in diesen Fällen** des Pflichtenverstoßes im Sinne des § 69 Abs. 1 S. 1 Var. 3 StGB **die Beeinträchtigung der Verkehrssicherheit regelmäßig offen zutage tritt, bedarf dies bei den Zusammenhangstaten besonderer, die Umstände des Einzelfalls berücksichtigender Begründung.** Denn der Tatrichter muss sich die Überzeugung verschaffen, dass der Täter bereit ist, sich zur Erreichung seiner kriminellen Ziele über die im Verkehr gebotene Sorgfalt und Rücksichtnahme hinwegzusetzen. Dies ist anhand konkreter Umstände festzustellen, die sich aus der Tat unter Berücksichtigung der Täterpersönlichkeit ergeben. Dabei sind auch Umstände aus dem Vorleben des Täters oder seiner Tatvorbereitung in die Beurteilung einzubeziehen, sofern sich daraus tragfähige Schlüsse auf eine mögliche Gefährdung der Verkehrssicherheit im Zusammenhang mit der Anlasstat ziehen lassen. Dafür kann es genügen, dass der Täter im Zusammenhang mit der Tat naheliegend mit einer Situation gerechnet hat oder rechnen musste, in der es zu einer Gefährdung oder Beeinträchtigung des Verkehrs kommen konnte. Eine Prognose, dass der Täter mit Wahrscheinlichkeit auch künftig Zusammenhangstaten begehen und dabei tatsächlich die Sicherheit des Straßenverkehrs beeinträchtigen werde, ist nicht zu verlangen.

27

Die **Voraussetzungen der Entziehung der Fahrerlaubnis** nach § 69 StGB **können bei „Zusammenhangstaten"** danach beispielsweise **erfüllt sein, wenn sich der**

28

---

23 Vgl. BVerfG 18.11.1966; BVerwG 20.02.1987 und 15.07.1988.
24 § 11 Abs. 3, § 46 Abs. 3 FeV; *Burmann*, 42. VGT 2004, S. 154, 155 = Blutalkohol 2004, 136, 137; *Hentschel*, Straßenverkehrsrecht, 38. Aufl., § 11 FeV Rn 4, 12 ff.

531

Täter bei einer vergleichbaren früheren Straftat, etwa auf der Flucht, verkehrsgefährdend verhalten hat. Bei **Banküberfällen** dürfte die Anordnung nach §§ 69, 69a StGB regelmäßig in Betracht kommen, wenn aufgrund objektiver Umstände bei der Tat mit alsbaldiger Verfolgung und Flucht zu rechnen war und der Täter daher eine verkehrsgefährdende Verwendung des fluchtbereit tatortnah abgestellten Kraftfahrzeugs ersichtlich geplant hat oder mit einer solchen naheliegend rechnen musste. Ebenso dürfte jedenfalls in den Fällen **gewaltsamer Entführung des Opfers im Kraftfahrzeug** des Täters die Verkehrssicherheit regelmäßig gefährdet sein.

29 **Andererseits versteht es sich nicht von selbst, dass ein Täter, der durch die Begehung schwerwiegender oder wiederholter Straftaten zweifellos charakterliche Mängel offenbart hat, zugleich eine Gefahr für die Verkehrssicherheit darstellt.** So liegt dies **nicht nahe** etwa bei der bloßen **Nutzung eines Kraftfahrzeugs zur Suche nach Tatobjekten oder Tatopfern** oder auch in den Kurierfällen, in denen der **Täter im Fahrzeug Rauschgift transportiert.** Ein allgemeiner Erfahrungssatz, dass Transporteure von Rauschgift im Fall von Verkehrskontrollen zu besonders riskanter Fahrweise entschlossen sind, besteht nicht. Dies gilt jedenfalls dann, wenn besondere Vorkehrungen gegen eine Entdeckung des Rauschgifts, etwa durch Benutzung besonders präparierter Verstecke, getroffen worden sind. Für den **Transport von Diebes- oder Schmuggelgut** gilt nichts anderes.

Die Frage, ob in solchen Fällen des Missbrauchs eines Kraftfahrzeugs zur Durchführung einer Straftat die Voraussetzungen der Entziehung der Fahrerlaubnis vorliegen, weil der Täter mit seinem Vorgehen auch die Pflichten eines Kraftfahrzeugführers verletzt hat (§ 69 Abs. 1 S. 1 Var. 3 StGB), bleibt dahingestellt.

30 Die **Beurteilung der Eignungsfrage** im Sinne des § 69 Abs. 1 StGB liegt in erster Linie in der **Verantwortung des Tatrichters**, der diese Aufgabe aufgrund einer Gesamtwürdigung aller dafür „aus der Tat" erkennbar gewordenen rechtserheblichen Anknüpfungstatsachen vorzunehmen hat. Indem das Gesetz den Tatrichter bei der Prüfung, ob verkehrssicherheitsrelevante charakterliche Mängel des Täters zutage getreten sind, auf die ohnehin von ihm zur Schuld- und Straffrage aufzuklärenden und zu bewertenden Umstände „aus der Tat" verweist, weist es ihm für die Fahreignungsbeurteilung grundsätzlich auch die **eigene Sachkunde** (§ 244 Abs. 4 S. 1 StPO) zu. Deshalb können etwaige Beweisanträge auf sachverständige Begutachtung zur charakterlichen Fahreignung regelmäßig von vornherein schon mit dieser Begründung zurückgewiesen werden.

31 In den schriftlichen Urteilsgründen (§ 267 Abs. 6 StPO) ist das Ergebnis der Fahreignungsbeurteilung in einer Weise niederzulegen, die es dem Revisionsgericht ermöglicht zu prüfen, ob die Entscheidung in den festgestellten tat- und täterbezogenen Umständen eine tragfähige Grundlage findet. Ordnet der Tatrichter bei Zusammen-

hangstaten Maßregeln nach §§ 69, 69a StGB an, so muss sich aus den Urteilsgründen seine Überzeugung ergeben, dass die festgestellten Umstände den konkreten Anhalt begründen, der Täter stelle eine Gefahr für die Sicherheit des öffentlichen Straßenverkehrs dar. Welche Anforderungen an die Begründung sich insoweit für den Tatrichter ergeben, bestimmt sich nach den Umständen des Einzelfalls. Jedenfalls wird an Begründungsaufwand nicht mehr verlangt als bei jeder anderen Rechtsfolgenentscheidung, der prognostische Elemente innewohnen.

5. Regelvermutung und Ausnahmen

Wesentlich vereinfacht wird die Feststellung mangelnder Kraftfahreignung dadurch, 32 dass in § 69 Abs. 2 StGB bereits oben[25] näher beschriebene Tatbestände aufgeführt sind, bei deren Vorliegen der Fahrerlaubnisinhaber in der Regel als ungeeignet zum Führen von Kraftfahrzeugen anzusehen ist. Ausnahmen von dieser Regel können sich aus der Tat oder aus der Person des Täters ergeben:

a) Tat

Ist der Umfang der Tat nicht besonders schwer wiegend, wird ausnahmsweise von 33 Entziehung der Fahrerlaubnis abgesehen. Beispiele dafür sind vor allem die Fälle, in denen ein infolge Alkoholeinflusses fahrunsicherer Kraftfahrer sein zuvor verkehrswidrig oder verkehrsstörend abgestelltes Kraftfahrzeug nur wenige Meter bewegt, um es nunmehr in verkehrsrichtigerer Position stehen zu lassen, wobei die Annahme einer Ausnahme bei Bewegung des Fahrzeugs über etwa 100 Meter schon als „sehr weitgehend" kommentiert wird.[26]

Selbst wenn in diesen Fällen vordergründig mit dem Fehlen hinreichender Anhaltspunkte für Eignungsmängel argumentiert wird, dürfte der tiefere Grund für das Absehen von Entziehung der Fahrerlaubnis bei Bagatell-Regelfällen die Beachtung des Verhältnismäßigkeitsgrundsatzes sein, dessen Berücksichtigung es an sich nicht bedarf (§ 69 Abs. 1 S. 2 StGB). Denn gegen die gesetzliche Vermutung doch nur in der Person liegender Eignungsmängel können wohl kaum Gründe aus der Tat, sondern nur Gründe aus der Person des Täters ins Feld geführt werden, wie sogleich darzulegen ist: 34

---

25 Siehe unter § 3 Rn 21 f.
26 Jedenfalls von *Hentschel, P.* (2003) Rn 632 Fußnote 286 mit weiteren Beispielen aus der Rechtsprechung.

b) Person

35 Ausnahmen von der durch das Vorliegen eines Regelfalls indizierten Entziehung der Fahrerlaubnis sind nur gerechtfertigt, wenn von dem zu beurteilenden Täter künftig bei weiterer motorisierter Verkehrsteilnahme keine Gefahren für die Allgemeinheit ausgehen, ihm also eine günstige Prognose gestellt werden kann.[27] Dazu ist es u.U. notwendig, durch ein medizinisch-psychologisches Fahreignungsgutachten zu klären, ob das Fehlverhalten des Täters ein Augenblicksversagen darstellt oder die Folge von überdauernden Eignungsmängeln, die z.B. lebensalterbedingt sind. Denn die in § 69 Abs. 2 StGB vorgeschriebene Vermutung mangelnder Kraftfahreignung beruht letztlich darauf, dass der Fahrerlaubnisinhaber in dort genannten Fällen in der Regel eine schlechte Prognose hat:

6. Gefährlichkeitsprognose

36 Wesentliche Voraussetzung für die Entziehung der Fahrerlaubnis ist in jedem Fall und nicht nur im Regelfall des § 69 Abs. 2 StGB die Feststellung einer ungünstigen Prognose über die Eignung zum Führen von Kraftfahrzeugen. Im Allgemeinen ist das Stellen von Prognosen außerordentlich schwierig und wird weithin gar für unmöglich gehalten, weil von der Existenz eines „breiten Mittelfeldes" von „Fraglich"-Prognosen zwischen den wenigen ausnahmsweise möglichen „Gut"- oder „Schlecht"-Prognosen ausgegangen wird.[28] Dieses „Mittelfeld" ist jedoch bei Beurteilung der Eignung zum Führen von Kraftfahrzeugen für die Entscheidung über die Entziehung der Fahrerlaubnis weniger breit und kann fast vollständig aufgehellt werden:

37 Denn im Rahmen der interaktionistischen Betrachtungsweise[29] muss berücksichtigt werden, dass Fahrerlaubnisinhaber, deren Persönlichkeitsstruktur von der eines gedachten „idealen Kraftfahrers" abweicht, praktisch ständig in Situationen geraten, in denen sie mit den Maximen des Straßenverkehrsrechts in Konflikt kommen können. Wer etwa seine Aggressionen und Frustrationen nur schwer beherrschen und verarbeiten kann, mag im Allgemeinen noch ohne erhebliche Straftaten durchs Leben gehen können; er kann jedoch zur unberechenbaren Gefahr für die Allgemeinheit werden, wenn er im von ihm geführten **Kraftfahrzeug** bei seinen täglichen vielen Fahrten von Aggressionen und Frustrationen übermannt wird und – durchaus seiner Persönlichkeitsstruktur entsprechend – nun grob verkehrswidrig und rücksichtslos drauflosfährt. Auch mag jemand, der Schwierigkeiten im Umgang mit Alkohol und Drogen hat, im Allgemeinen noch einigermaßen angepasst und jedenfalls straffrei leben können; er

---

27 Siehe unter § 3 Rn 337 ff.
28 Siehe unter § 8 Rn 12 ff.
29 Siehe unter § 3 Rn 359 ff. und § 8 Rn 35 ff.

Entziehung der Fahrerlaubnis durch Strafgerichte § 12

kann jedoch bei der nahe liegenden Möglichkeit der Teilnahme am Straßenverkehr mit einem Kraftfahrzeug in alkohol- oder drogenbeeinflusstem Zustand rasch tödliche Gefahren für andere heraufbeschwören.

Dass die Fahrerlaubnisentziehung verglichen mit anderen Maßregeln so häufig ange- 38 wendet wird, erklärt sich letztlich einfach daraus, dass schon Persönlichkeitsstrukturen, die als nur wenig negativ zu bewerten sind, sich im Straßenverkehr in fast ständig vorkommenden kritischen Situationen Gefahr bringend auswirken. Da auf die objektiven Bedingungen, unter denen heutzutage Straßenverkehr stattfindet, im Strafverfahren weder allgemein noch im Einzelfall eingewirkt werden kann, hängt die Prognose über die Kraftfahreignung eines durch eine erhebliche Straftat aufgefallenen Fahrerlaubnisinhabers vor allem davon ab,

- ob seit der Tat allein durch Zeitablauf Änderungen in seinen persönlichen Einstellungen und Verhaltensweisen eingetreten sind,
- ob er sich um Einstellungs- und Verhaltensänderungen durch Nachschulung und Rehabilitation bemüht hat oder
- ob sonstige Umstände gegen das Fortbestehen der Eignungsmängel sprechen.

Schließlich muss geprüft werden,

- ob der Straftäter künftig aus für ihn kritischen Situationen so herausgehalten werden kann, dass er wenigstens für Teilbereiche als (bedingt) geeignet angesehen werden kann.[30]

a) Zeitablauf

Grundsätzlich geht unsere Rechtsordnung davon aus, dass jeder Mensch in der Lage 39 ist, sich rechtstreu zu verhalten und auch nach einem Rechtsbruch wieder auf den rechten Weg zurückzufinden. Für die Prognose über die Kraftfahreignung kommt es darauf an, innerhalb welcher Zeit eine Änderung zum Positiven eingetreten sein kann und wie solche Änderung gefördert werden kann.

Unter Umständen ist ein Fahrerlaubnisinhaber durch die von ihm begangene Straftat 40 und ihre unmittelbaren Folgen sowie durch das deswegen gegen ihn durchgeführte Strafverfahren und die vorläufige Entziehung der Fahrerlaubnis nach § 111a StPO bereits so beeindruckt worden, dass zum Zeitpunkt der schließlich stattfindenden Hauptverhandlung über die Straftat bereits eine ihm günstige Prognose über seine Kraftfahreignung gestellt werden kann.

Vielfach wird bei einem Ersttäter alkoholbeeinflusster Straßenverkehrsteilnahme nach 41 etwa ein Jahr vorläufiger Führerscheinmaßnahmen kein Anlass mehr zu endgültiger

---

30 Wegen der sich daraus ergebenden Rechtsfolgen für die Entziehung der Fahrerlaubnis siehe unter § 12 Rn 90 ff.

Entziehung der Fahrerlaubnis gesehen.[31] Das beruht auf der Überlegung, dass in solchen Fällen bei rechtzeitig durchgeführter Hauptverhandlung eine Sperrfrist für die Wiedererteilung der Fahrerlaubnis von etwa ein Jahr unter „Anrechnung" bereits während vorläufiger Entziehung der Fahrerlaubnis bis zur Hauptverhandlung verstrichener Zeit bemessen wird.[32] Diese Überlegung führt aber in die Irre. Denn der bloße Zeitablauf besagt nichts über die künftige Gefährlichkeit eines Menschen:

aa) Kurze Zeit

42 Kurze Zeit kann durchaus bereits zu einer grundlegenden Änderung der Verhältnisse führen, so dass dem Versuch des Fahrerlaubnisbewerbers, seine wieder hergestellte Eignung zum Führen von Kraftfahrzeugen zu beweisen, nicht einfach mit dem Hinweis auf zu kurzen Zeitablauf entgegengetreten werden kann. Trotz geringer Chancen, eine „Gut"-Prognose zu stellen, muss der Strafrichter dafür sprechenden Anhaltspunkten nachgehen. Angeklagter und Verteidiger sollten ihn in geeigneten Fällen durch entsprechende Beweisanregungen oder Beweisanträge unterstützen.

bb) Lange Zeit

43 Lange Zeit muss nicht gleichsam automatisch zu der Annahme wieder hergestellter Kraftfahreignung führen. Im Extremfall kann sogar ein erheblich gefährlicher alkoholauffälliger Fahrerlaubnisinhaber (sog. „fahrender Trinker") als scheinbar gewöhnlicher Ersttäter einer Trunkenheitsfahrt vor Gericht kommen, dessen bisherige u.U. zahlreiche Trunkenheitsfahrten nur nicht entdeckt wurden. Insbesondere in Fällen, in denen die Fahrerlaubnisbehörde vor Erteilung einer Fahrerlaubnis nach vorangegangener Entziehung zur Klärung von Eignungszweifeln bei Alkoholproblematik die Beibringung eines medizinisch-psychologischen Gutachtens anordnen muss,[33] wäre es fatal, wenn der Strafrichter diese Prüfungsmöglichkeit unterbinden würde durch allein auf langen Zeitablauf gegründetes Absehen von der Entziehung der Fahrerlaubnis mit Bindungswirkung für die Fahrerlaubnisbehörde.[34]

Bevor sich der Strafrichter solchenfalls gegen die Entziehung der Fahrerlaubnis entscheidet, sollte er wenigstens das sonst von der Fahrerlaubnisbehörde zu erfordernde medizinisch-psychologische Gutachten erstellen lassen. Das gilt insbesondere für die Fälle, in denen in der FeV die Beibringung eines medizinisch-psychologischen Gutachtens vor Wiedererteilung der Fahrerlaubnis nach vorangegangener Entziehung vorgeschrieben ist.

---

31 *Hentschel, P.* (2003) Rn 635.
32 Siehe unter § 12 Rn 65 ff.
33 Siehe unter § 7 Rn 35 und § 14 Rn 17.
34 Siehe unter § 13 Rn 5 ff.

Entziehung der Fahrerlaubnis durch Strafgerichte § 12

So weist denn auch das OLG Naumburg[35] darauf hin, „dass ein Fahrer, der im Straßenverkehr ein Fahrzeug mit einer BAK von 1,6 ‰ oder mehr führt, erst wieder als zum Führen von Kraftfahrzeugen geeignet angesehen werden kann, wenn er durch ein medizinisch-psychologisches Gutachten nachweist, dass er seinen Alkoholmissbrauch beendet hat und die Änderung des Trinkverhaltens gefestigt ist (§ 13 Nr. 2c FeV i.V.m. Anlage 4 FeV Ziff. 8 ‚Alkohol')," und meint: „Diese im Interesse der Verkehrssicherheit getroffene gesetzgeberische Bewertung kann nicht durch bloßen Zeitablauf, der keinen Indizwert für eine Veränderung des Alkoholkonsums hat, und die Teilnahme an Aufbaukursen umgangen werden."

44

Allerdings kann der Strafrichter die Fahrerlaubnis nicht allein deshalb entziehen, um der Fahrerlaubnisbehörde die Möglichkeit der Prüfung der Kraftfahreignung zu eröffnen. Vielmehr darf er die Fahrerlaubnis nur entziehen, wenn er zu der Überzeugung gelangt, dass der Angeklagte ungeeignet zum Führen von Kraftfahrzeugen ist. Nicht jeder Fahrer, der im Straßenverkehr ein Fahrzeug mit einer BAK von 1,6 ‰ oder mehr führt, ist aber ohne weiteres zum Führen von Kraftfahrzeugen ungeeignet:

Nach den Statistiken des Verbandes der Technischen Überwachungsvereine e.V. (Mai 1999) wurden von den 1998 in medizinisch-psychologischen Untersuchungsstellen begutachteten erstmalig mit einer BAK zwischen 1,6 und 2 ‰ aufgefallenen 23.152 Kraftfahrern 28,1 % und erstmalig mit einer BAK von mehr als 2 ‰ aufgefallenen 31.213 Kraftfahrern 33,6 % als geeignet beurteilt. Das spricht dafür, dass bei diesen Kraftfahrern entweder gar kein Alkoholmissbrauch im Sinne der FeV vorgelegen hat oder etwaiger Alkoholmissbrauch von ihnen beendet und die Änderung ihres Trinkverhaltens gefestigt worden ist.

Ist danach ein Wegfall des Eignungsmangels durch Zeitablauf – unter Umständen unterstützt durch die Teilnahme an Nachschulungsmaßnahmen – bei etwa einem Drittel der alkoholauffälligen Kraftfahrer mit einer BAK von 1,6 ‰ und mehr möglich, so bedarf auch bei einem Angehörigen dieser Personengruppe in jedem Einzelfall der näheren Überprüfung im Strafverfahren, ob er noch ungeeignet zum Führen von Kraftfahrzeugen ist. Wird für diese Überprüfung im Strafverfahren ein medizinisch-psychologisches Gutachten einer amtlich anerkannten Begutachtungsstelle für Fahreignung eingeholt, wird das durch den Verordnungsgeber für das verwaltungsrechtliche Fahrerlaubnisverfahren geregelte Prüfungsverfahren auch nicht etwa „umgangen", sondern lediglich vorweggenommen.

Unabhängig davon, dass der Strafrichter verpflichtet ist, von Amts wegen auch in solchen Fällen durch Einholung eines medizinisch-psychologischen Gutachtens Feststel-

45

---

35 zfs 2000, 554 mit Anm. *Bode.*

§ 12 Entziehung der Fahrerlaubnis durch Strafgerichte

lungen zur Kraftfahreignung zu treffen, **sollte der Angeklagte, der ein Fahrzeug bei einer BAK von 1,6 ‰ oder mehr geführt hat, unverzüglich eine amtlich anerkannte Begutachtungsstelle für Fahreignung beauftragen, ein medizinisch-psychologisches Gutachten** zu der Frage **zu erstatten**, ob bei ihm Alkoholmissbrauch vorgelegen hat oder etwa anzunehmender Alkoholmissbrauch beendet und die Änderung seines Trinkverhaltens gefestigt ist. Ein für ihn positives Gutachten sollte er dem Strafrichter vorlegen und hilfsweise beantragen, die Gutachter als Sachverständige zu vernehmen. Selbst ein für den Angeklagten negatives – und deshalb zur Vorlage beim Strafrichter ungeeignetes – Gutachten ist ihm von Nutzen, weil es in der Regel Hinweise enthält, auf welche Weise er seine Eignung zum Führen von Kraftfahrzeugen wieder herstellen kann. Folgt er diesen Hinweisen, hat er bei Entziehung der Fahrerlaubnis durch den Strafrichter eine Chance, die Fahrerlaubnis durch die Fahrerlaubnisbehörde alsbald wieder erteilt zu bekommen – bei Teilnahme an einem im medizinisch-psychologischen Gutachten etwa empfohlenen amtlich anerkannten Kurs zur Wiederherstellung der Eignung unter Umständen sogar ohne erneute medizinisch-psychologische Begutachtung (§ 11 Abs. 10 FeV).

Dem LG Oldenburg[36] hat ein der vorsätzlichen Trunkenheit im Straßenverkehr (BAK von 1,61 ‰) schuldiger Angeklagter das medizinisch-psychologische Gutachten einer Begutachtungsstelle für Fahreignung vorgelegt, das zu dem Ergebnis kam, es sei nach Erfolg versprechender fachpsychologischer Hilfe bei einem Verkehrspsychologen nicht zu erwarten, dass der Angeklagte auch zukünftig ein Kraftfahrzeug unter Alkoholeinfluss führen wird. Das LG konnte danach fehlende Eignung zum Führen von Kraftfahrzeugen nicht mehr feststellen. Es sah von Entziehung der Fahrerlaubnis ab und verhängte ein Fahrverbot von zwei Monaten.

46 Wesentlich wichtiger als der bloße Zeitablauf ist bei zunächst eingetretenem Verlust der Kraftfahreignung, welche Anstrengungen der Straftäter nach der Tat unternommen hat, um sie wieder herzustellen:

b) Nachschulung und Rehabilitation

47 Der Besserungszweck der Entziehung der Fahrerlaubnis wird sicher eher durch Nachschulung und Rehabilitation[37] als durch bloßen Zeitablauf erreicht werden.

So hat denn auch der Arbeitskreis VII des 40. Deutschen Verkehrsgerichtstages in seinen Empfehlungen[38] nachdrücklich darauf hingewiesen, dass „zur Verbesserung der Verkehrssicherheit der Nachschulung alkoholauffälliger Kraftfahrer ein höherer Stellenwert einzuräumen" sei, und gefordert, dass eine erfolgreiche Nachschulung im

---
36 zfs 2002, 354 mit Anm. *Bode*.
37 Siehe unter § 15.
38 Deutsche Akademie für Verkehrswissenschaft: 40. Deutscher Verkehrsgerichtstag 2002, S. 13.

Anschluss an die Tat in geeigneten Fällen durch Fahrverbot statt Entziehung der Fahrerlaubnis positiv berücksichtigt werden sollte.

Nach der Rechtsprechung kann die in § 69 Abs. 2 StGB aufgestellte Vermutung mangelnder Eignung zum Führen von Kraftfahrzeugen z.b. widerlegt werden durch Teilnahme an
- einem Kurs „Mainz 77" oder einem vergleichbarem Kurs zur Nachschulung erstmals alkoholauffälliger Kraftfahrer,[39]
- psychotherapeutischer Nachschulung[40] oder
- einem Nachschulungskurs eines Verkehrspsychologen,[41] selbst nach Rückfall.[42]

Im Allgemeinen wird schon durch Teilnahme an einer Nachschulung oder Rehabilitationsmaßnahme die verlorengegangene Eignung zum Führen von Kraftfahrzeugen wieder hergestellt, so dass es in der Regel im konkreten Einzelfall keines besonderen Nachweises bedarf, dass diese Wirkung auch tatsächlich eingetreten ist.[43] Das gilt insbesondere bei Teilnahme an einem nach dem neuen Fahrerlaubnisrecht anerkannten Kurs zur Wiederherstellung der Eignung.[44] 48

Vor allem wird auch die erzieherische Wirkung, die mit der vorläufigen Entziehung der Fahrerlaubnis und dem damit erzwungenen Verzicht auf die Führung von Kraftfahrzeugen verbunden ist, durch Nachschulung erheblich verstärkt. Mit Rücksicht darauf sehen Gerichte von endgültiger Entziehung der Fahrerlaubnis bei Angeklagten ab, die an einer Nachschulung für alkoholauffällige Kraftfahrer teilgenommen haben, selbst wenn sich die Dauer der vorläufigen Entziehung der Fahrerlaubnis oder Beschlagnahme oder Sicherstellung des Führerscheins bis zu dieser Entscheidung nur auf verhältnismäßig kurze Zeit bemisst, so etwa auf 49
- acht Monate,[45]
- sieben Monate,[46]
- sechs Monate,[47]
- sechs Monate,[48]

---

39 LG Detmold sowie AG Delmenhorst, Köln und Minden zfs 1983, 283; AG Bergisch Gladbach zfs 1986, 190; siehe unter § 12 Rn 110. Näheres zur Evaluation der Wirksamkeit des Nachschulungskurses „Mainz 77" und des Modells „BUSS" im Zusammenhang mit der Verkürzung erkannter Sperrfrist.
40 LG Köln zfs 1986, 211.
41 LG Hildesheim DAR 2003, 88 = zfs 2002, 548; zfs 2002, 594.
42 AG Homburg zfs 1983, 283; LG Saarbrücken zfs 1984, 158.
43 Siehe dazu ausführlicher *Bode, H. J.* (1984).
44 Siehe unter § 15 Rn 79.
45 LG Köln zfs 1980, 126; LG Baden-Baden DAR 1981, 231; AG Gummersbach zfs 1980, 126.
46 LG Essen zfs 1982, 63; LG Oldenburg zfs 2002, 354 mit Anm. *Bode.*
47 LG Krefeld Blutalkohol 1979, 503 = DAR 1979, 337 = VRS 56, 283.
48 AG Berlin-Tiergarten DAR 1980, 284 = RuS 1980, 242; AG Homburg/Saar DAR 1981, 230; AG Hanau DAR 1980, 25 = zfs 1980, 127.

- fünf Monate,[49]
- vier Monate[50] oder gar nur
- drei Monate.[51]

c) Sonstige Umstände

50 Vielfach berücksichtigen Strafgerichte, wenn sie gegen die Regel des § 69 Abs. 2 StGB von Entziehung der Fahrerlaubnis absehen, neben Zeitablauf sowie Nachschulung und Rehabilitation – meist kumulativ – auch noch weitere für eine günstige Prognose sprechende Umstände, insbesondere etwa zu:

aa) Vorleben

51
- Langjährige Bewährung als Kraftfahrer[52] sowie
- überdurchschnittliche Bereitschaft zur Übernahme von Verantwortung in kommunalpolitischen und sozialen Engagements.[53]

52 Der Behauptung „langjährig unbeanstandeter Fahrpraxis"[54] muss allerdings mit Skepsis begegnet werden, weil sie im Allgemeinen nicht zu beweisen und überdies wegen der hohen Dunkelziffer bei den in § 69 Abs. 2 StGB aufgeführten Taten wenig wahrscheinlich ist.[55] Gleiches gilt aus denselben Gründen für einen weiteren, gleichwohl wiederholt mit Erfolg zugunsten des Täters ins Feld geführten Umstand, nämlich:

bb) Einmaligkeit der Tat

53
- Einmalige Verfehlung,[56]
- einmalige Entgleisung[57] sowie

---

[49] AG Langenfeld zfs 1980, 382; AG Fulda DAR 1980, 349 = RuS 1981, 22 = zfs 1981, 32; LG Köln zfs 1980, 254 (in diesem Fall wurde dem Angeklagten sogar eine Entschädigung dafür zugesprochen, dass ihm über diese fünf Monate hinaus einen weiteren Monat sein Führerschein vorenthalten worden war).
[50] LG Duisburg Blutalkohol XVII (1980), 388 = DAR 1980, 349 = zfs 1980, 382; AG Homburg/Saar DAR 1980, 252 = RuS 1980, 153 = VerkMitt 1980, Nr. 93 = zfs 1980, 383; AG Homburg, DAR 1991, 472 = zfs 1992, 139 (L).
[51] AG Bergisch Gladbach DAR 1980, 23 = zfs 1980, 127.
[52] AG Homburg/Saar DAR 1980, 252 = RuS 1980, 153 = VerkMitt 1980, Nr. 93 = zfs 1980, 383; AG Homburg/Saar DAR 1981, 230.
[53] LG Kleve Blutalkohol XV (1978), 461 = DAR 1978, 321 = NJW 1979, 558.
[54] Siehe dazu auch Zabel/Noss, Blutalkohol XXVI (1989), 258 ff.
[55] Das LG Saarbrücken hat seine Rechtsprechung zur Widerlegung der Regelvermutung des § 69 Abs. 2 StGB durch „Bewährung als Kraftfahrer" inzwischen ausdrücklich aufgegeben – zfs 1998, 152; Blutalkohol XXXVI (1999), 310 mit Anm. Zabel.
[56] AG Homburg/Saar DAR 1980, 252 = RuS 1980, 153 = VerkMitt 1980, Nr. 93 = zfs 1980, 383.
[57] LG Krefeld Blutalkohol XVI (1979), 503 = DAR 1979, 337 = VRS 56, 283; AG Homburg/Saar DAR 1981, 230; AG Bergisch Gladbach DAR 1980, 23 = zfs 1980, 127; AG Berlin-Tiergarten DAR 1980, 284 = RuS 1980, 242.

Entziehung der Fahrerlaubnis durch Strafgerichte §12

- einmaliges Versagen und insofern kein tiefer gehender Eignungsmangel.[58]

cc) Umstände der Tat

- Keine Fahrt zum Vergnügen, sondern Rückfahrt von Besprechung der Eheprobleme des Bruders – kein geplanter Trunk, sondern ungeplanter, überraschender Gelegenheitstrunk,[59]
- Blutalkoholgehalt mit 1,37 ‰ nur wenig oberhalb der (damals geltenden) Grenze zur absoluten Fahrunsicherheit – Maß der Fahrlässigkeit unterdurchschnittlich,[60]
- kein Fremdschaden – Fahrt zur Nachtzeit.[61]

54

dd) Verhalten nach der Tat

- Teilnahme an Nachschulung sowie
- Aufwand an Zeit und Geld für die Nachschulung.[62]

55

ee) Erschwernisse bei Berufsausübung

Während vorläufiger Entziehung der Fahrerlaubnis, z.B.

56

- ein halbes Jahr dauernde weit gehende Behinderung, dem Beruf als Handelsvertreter nachzugehen,[63]
- Tätigkeit zu 90 % im Außendienst,[64]
- sechs Monate um monatlich 500 DM geringerer Verdienst als Berufskraftfahrer[65] sowie
- erhebliche Kosten für Fahrer bei Außendiensttätigkeit, deren Bezahlung nur durch Aufnahme einer Berufstätigkeit der Ehefrau sichergestellt werden konnte.[66]

---

58 AG Kleve Blutalkohol XV (1978), 461 = DAR 1978, 321 = NJW 1979, 558.
59 AG Homburg/Saar DAR 1980, 252 = RuS 1980, 153 = VerkMitt 1980, Nr. 93 = zfs 1980, 383.
60 LG Krefeld Blutalkohol XVI (1979), 503 = DAR 1979, 337 = VRS 56, 283.
61 LG Essen zfs 1982, 63.
62 LG Baden-Baden DAR 1981, 231; LG Duisburg Blutalkohol XVII (1980), 388 = DAR 1980, 349 = zfs 1980, 382; LG Essen zfs 1982, 63; LG Kleve Blutalkohol XV (1978), 461 = DAR 1978, 321 = NJW 1979, 558; LG Köln zfs 1980, 254; LG Köln zfs 1982, 348; AG Homburg/Saar DAR 1980, 252 = RuS 1980, 153 = VerkMitt 1980, Nr. 93 = zfs 1980, 383; AG Berlin-Tiergarten DAR 1980, 284 = RuS 1980, 242.
63 LG Krefeld Blutalkohol XVI (1979), 503 = DAR 1979, 337 = VRS 56, 283.
64 AG Bergisch Gladbach DAR 1980, 23 = zfs 1980, 127.
65 AG Berlin-Tiergarten DAR 1980, 284 = RuS 1980, 242.
66 AG Langenfeld zfs 1980, 382.

§ 12 Entziehung der Fahrerlaubnis durch Strafgerichte

II. Sperre für die Wiedererteilung

57 Bei Entziehung der Fahrerlaubnis bestimmt das Strafgericht, dass die Verwaltungsbehörde vorerst keine neue Fahrerlaubnis erteilen darf (§ 69a StGB). Dadurch soll verhindert werden, dass die Verwaltungsbehörde alsbald nach Entziehung der Fahrerlaubnis durch das Strafgericht prüfen muss, ob der Verurteilte schon wieder geeignet zum Führen von Kraftfahrzeugen ist und deshalb Anspruch auf Erteilung einer neuen Fahrerlaubnis hat.

1. Sperrfristdauer

58 Das Strafgericht trifft seine Entscheidung über die Dauer der Sperrfrist aufgrund einer vorausschaubaren Bewertung aller dafür in Betracht kommenden Umstände. Für seine Beurteilung ist ausschlaggebend, ob und wann damit zu rechnen ist, dass der Verurteilte wieder geeignet zum Führen von Kraftfahrzeugen sein wird. Das Gericht hat somit einerseits eine Erhebung und Beurteilung der vorliegenden Eignungsmängel des Verurteilten vorzunehmen, zum anderen eine Ermittlung darüber, ob, wodurch und wie schnell eine Korrektur der Eignungsdefizite möglich ist, eine Aufgabe, die eingehende medizinisch-psychologische Untersuchungen erforderlich machen würde. Daher sollten, z.B. bei alkoholauffälligen Kraftfahrern, zumindest die wissenschaftlich gesicherten Rückfallprädiktoren bei der Bemessung der Sperrfrist Beachtung finden.[67]

a) Gesetzliche Regelung

59 Der Gesetzgeber gibt für die Bemessung der Sperrfristdauer nur einen sehr groben Rahmen.

aa) Mindestfrist

60 Die Mindestfrist kann unterschiedlich lang sein und beträgt
- sechs Monate im Allgemeinen (§ 69a Abs. 1 S. 1 StGB),
- ein Jahr, wenn gegen den Täter in den letzten drei Jahren vor der Tat bereits einmal eine Sperre angeordnet worden war, (§ 69a Abs. 3 StGB) und
- drei Monate, wenn dem Täter die Fahrerlaubnis wegen der Tat nach § 111a StPO vorläufig entzogen worden war oder sein Führerschein nach § 94 StPO verwahrt, sichergestellt oder beschlagnahmt war und die allgemeine Mindestfrist von sechs Monaten um diese Zeit zu verkürzen ist (§ 69a Abs. 4 und 6 StGB).

---

67 *Winkler, W.* (1995).

bb) Höchstfrist

Die Höchstfrist ist eigentlich 61
- fünf Jahre und ausnahmsweise sogar
- lebenslang (§ 69a Abs. 1 S. 1 und 2 StGB).

cc) Fristberechnung

Die Sperre beginnt mit der Rechtskraft des Urteils. In die Frist wird die Zeit einer 62 wegen der Tat angeordneten vorläufigen Entziehung eingerechnet, soweit sie nach Verkündung des Urteils verstrichen ist, in dem die der Maßregel zugrunde liegenden tatsächlichen Feststellungen letztmals geprüft werden konnten (§ 69a Abs. 5 StGB).

b) Rechtsprechung

Für die Bemessung der Dauer der Sperrfrist hat der **Bundesgerichtshof** immer wieder 63 die z.B. im Urteil vom 27.02.1991[68] erneut so formulierten Gesichtspunkte hervorgehoben:

„**Die Dauer der Sperrfrist für die Wiedererteilung einer Fahrerlaubnis bemisst sich danach, wie lange die Ungeeignetheit des Täters zum Führen eines Kraftfahrzeugs voraussichtlich bestehen wird.** Es wäre daher **rechtlich zu beanstanden, wenn die Sperrfrist allein an der Schwere der Tatschuld ausgerichtet würde.** Diese ist jedoch von Bedeutung, soweit sie Hinweise auf die charakterliche Unzuverlässigkeit des Täters und den Grad seiner Ungeeignetheit zu geben vermag."

Im Beschluss vom 09.04.2002[69] betont der **Bundesgerichtshof** abermals, dass die Bemessung der Dauer der Sperrfrist nach § 69a StGB einer eingehenden Begründung bedarf und Maßstab allein die voraussichtliche Dauer der Ungeeignetheit des Täters zum Führen eines Kraftfahrzeugs ist, nicht dagegen, ob die Sperrfrist mit Blick auf die Tatschuld „angemessen" ist.

Die Rechtsprechung der Instanzgerichte orientiert sich regelmäßig im Interesse mög- 64 lichst weit gehender Gleichbehandlung an einfachen äußeren Merkmalen und weicht davon nur ausnahmsweise ab:

---

68 BGHR StGB § 69 a Abs. 1 Dauer 4.
69 DAR 2003, 462 = NStZ-RR 2002, 232 = NZV 2002, 378 = VRS 103, 200 = zfs 2003, 94.

§ 12 Entziehung der Fahrerlaubnis durch Strafgerichte

aa) Regelfälle

65 Tatrichter bilden aus der Erfahrung in vielen ähnlichen Fällen allgemeine Grundsätze heraus, anhand derer eine Entscheidung im Einzelfall durch Vergleich mit anderen Fällen gefunden werden kann. Unter Auswertung der bei verschiedensten Strafgerichten allmählich entstandenen Spruchpraxis hat z.B. ein Arbeitskreis des 8. Deutschen Verkehrsgerichtstages 1970 zur Ahndung strafbaren Fahrzeugführens unter Alkohol und zur Bemessung der Sperrfrist für die Wiedererteilung einer Fahrerlaubnis empfohlen:[70]

66 1. In den Durchschnittsfällen der alkoholbedingten Fahruntüchtigkeit nach § 315c oder § 316 StGB (Ersttäter mit mittlerer Schuld) sind Geldstrafen in der Regel in Höhe des ein- bis zweifachen Monatsnettoeinkommens angemessen. In schwer wiegenden Fällen können sowohl höhere Geldstrafen geboten als auch Freiheitsstrafen unerlässlich sein.
Die Sperrfrist sollte in der Regel zusammen mit der Zeit der Einbehaltung des Führerscheins 12 Monate nicht unterschreiten.

67 2. Die erste Wiederholungstat sollte regelmäßig – soweit nicht eine hohe Geldstrafe ausreicht – mit einer Freiheitsstrafe geahndet werden. Strafaussetzung zur Bewährung erscheint im Allgemeinen nicht mehr vertretbar, wenn die Vortat nur kurze Zeit zurückliegt.
Die Sperrfrist sollte zwei Jahre nicht unterschreiten.

68 3. Weitere Wiederholungstaten sollten in der Regel mit einer Freiheitsstrafe ohne Strafaussetzung zur Bewährung geahndet werden.
In diesen Fällen sollte die Sperrfrist an fünf Jahre heranreichen oder auf Lebenszeit lauten.

69 Nach Einführung des Tagessatzsystems für die Bemessung der Geldstrafe hat ein Arbeitskreis des 13. Deutschen Verkehrsgerichtstages 1975 diese Empfehlungen bekräftigt und hinzugefügt, die Anzahl der Tagessätze sollte diesen Empfehlungen entsprechend in der Regel auf 30 bis 60 bemessen werden.[71]

70 Zumindest eine Groborientierung an den hier entwickelten Vorstellungen kann man auch in der gegenwärtigen Praxis der Strafgerichte beobachten.

---

70 Deutsches Verkehrswissenschaftliches Seminar e. V., Hamburg: Veröffentlichung der auf dem 8. Deutschen Verkehrsgerichtstag 1970 gehaltenen Referate und erarbeiteten Themen, S. 3.
71 Deutsche Akademie für Verkehrswissenschaft, Hamburg: Veröffentlichung der auf dem 13. Deutschen Verkehrsgerichtstag 1975 gehaltenen Referate und erarbeiteten Entschließungen, S. 7.

Entziehung der Fahrerlaubnis durch Strafgerichte § 12

bb) Ausnahmefälle

Von den so umschriebenen Regelfällen unterscheiden sich die Fälle, in denen wegen besonders günstiger Prognose eine kürzere Sperrfrist festgesetzt wird. Dabei spielen Sachverhalte, die unter Umständen schon das Absehen von der Entziehung der Fahrerlaubnis begründen,[72] ebenfalls eine ausschlaggebende Rolle, neben **Zeitablauf**[73] und **sonstigen Umständen**[74] vor allem: 71

cc) Nachschulung und Rehabilitation

Entsprechend der Empfehlung des Arbeitskreises VII des 40. Deutschen Verkehrsgerichtstages[75] sollte bei der Bemessung der Sperrfrist eine erfolgreiche Nachschulung alkoholauffälliger Kraftfahrer im Anschluss an die Tat positiv berücksichtigt werden. Seine Forderung, dass „zur Verbesserung der Verkehrssicherheit der Nachschulung ein höherer Stellenwert einzuräumen" sei, kann nur nachdrücklich unterstützt werden, wenngleich Gerichte auch schon bisher mit Rücksicht auf eine erfolgreiche Nachschulung eine kürzere Sperrfrist bestimmen: 72

Bei einem **Ersttäter** erscheint etwa dem AG Köln[76] vertretbar, unter Berücksichtigung der Dauer der vorläufigen Entziehung der Fahrerlaubnis bzw. der Sicherstellung des Führerscheins (etwa drei Monate) und angesichts der Teilnahme des Angeklagten am Kursus des TÜV Rheinland die Sperre für die Wiedererteilung der Fahrerlaubnis auf das Mindestmaß von drei Monaten zu beschränken, was auf eine Abkürzung der regelmäßig für erforderlich gehaltenen Entziehungsdauer (neun Monate) um zwei Monate hinauslief. Das AG Brühl[77] hält es solchenfalls für ausreichend, gegen den Angeklagten, der Fahrerlaubnis etwa zwei Monate vorläufig entbehrte, eine Sperrfrist von weiteren fünf Monaten anzuordnen. 73

Nach erfolgreicher Teilnahme an einem Nachschulungskurs des Modells „Mainz 77" setzt das AG Aachen[78] die Sperrfrist für einen Angeklagten, dessen Führerschein vier Monate sichergestellt war, auf drei Monate und zwei Wochen sowie das LG Köln[79] für einen Angeklagten, dessen Führerschein fünf Monate sichergestellt war, auf die Mindestdauer von drei Monaten fest. 74

---

72 Siehe unter § 12 Rn 32 ff.
73 Siehe unter § 12 Rn 39 ff.
74 Siehe unter § 12 Rn 50 ff.
75 Deutsche Akademie für Verkehrswissenschaft: 40. Deutscher Verkehrsgerichtstag 2002, S. 13.
76 DAR 1980, 222.
77 DAR 1981, 233.
78 DAR 1992, 193 = zfs 1992, 392 (L).
79 zfs 1993, 67.

§ 12 Entziehung der Fahrerlaubnis durch Strafgerichte

75 In ähnlicher Weise wird mit Rücksicht auf die Teilnahme an einem Nachschulungskurs des Modells „Mainz 77" die Gesamtentziehungsdauer festgesetzt statt auf normalerweise durchschnittlich
- neun Monate auf sechs Monate[80] oder fünf Monate[81] und
- acht Monate auf sieben Monate.[82]

Im Allgemeinen wird schon durch Teilnahme an einer Nachschulung oder Rehabilitationsmaßnahme die verlorengegangene Eignung zum Führen von Kraftfahrzeugen wieder hergestellt, so dass es in der Regel im konkreten Einzelfall keines besonderen Nachweises bedarf, dass diese Wirkung auch tatsächlich eingetreten ist.[83] Das gilt insbesondere bei Teilnahme an einem nach dem neuen Fahrerlaubnisrecht anerkannten Kurs zur Wiederherstellung der Eignung.[84]

76 Auch **Rückfalltäter** können nach entsprechenden Bemühungen mit einer kürzeren Sperrfrist rechnen.

Bei einem **erstmals** rückfälligen Trunkenheitstäter, der an einem Nachschulungskurs für Mehrfachtrunkenheitstäter bei einem privat niedergelassenen Psychologen mit entsprechender Qualifikation teilgenommen hatte, erscheint etwa dem AG Köln[85] nach einer vorläufigen Fahrerlaubnisentziehung von fünf Monaten eine weitere Fahrerlaubnissperre von sechs Monaten ausreichend.

77 Das LG Köln hält bei erstmals rückfälligen Trunkenheitstätern, die an einem vom TÜV Rheinland durchgeführten Kurs für mehrfach alkoholauffällige Kraftfahrer teilgenommen hatten, für ausreichend
- in einem Fall nach vorläufiger Fahrerlaubnisentziehung von 9 Monaten das gesetzliche Mindestmaß der Sperre von drei Monaten[86] und
- in einem anderen Fall eine Sperre von vier Monaten, die der in § 69a Abs. 3 StGB bestimmten Mindestsperre von einem Jahr entspricht.[87]

Bei einem nicht nur wegen Gefährdung des Straßenverkehrs durch Trunkenheitsfahrt, sondern auch wegen Diebstahls unter Alkoholeinfluss vorbestraften Trunkenheitstäter setzt das LG Köln nach einer verkehrstherapeutischen Verkehrsnachschulung und

---

80 AG Köln zfs 1980, 255 und zfs 1981, 32, an letzterer Stelle zugleich mit einer weiteren gleich lautenden Entscheidung des AG Köln zitiert und mit Hinweis auf zwei ähnliche Entscheidungen der AG Frankfurt und Krefeld in der Anmerkung der Schriftleitung; AG Erftstadt-Lechenich zfs 1982, 63.
81 AG Langenfeld zfs 1982, 63.
82 AG Gummersbach zfs 1982, 63.
83 Siehe dazu ausführlicher *Bode, H. J.* (1984).
84 Siehe unter § 15 Rn 79.
85 zfs 1981, 31.
86 zfs 1981, 30.
87 zfs 1982, 348.

nach einer vorläufigen Fahrerlaubnisentziehung von etwa sieben Monaten die Sperrfrist auf noch neun Monate fest.[88]

Selbst bei einem **mehrfach** rückfälligen alkoholauffälligen Kraftfahrer kann nach Ansicht des AG Köln[89] trotz sieben Vorstrafen die Teilnahme an einer speziellen therapeutischen Verkehrsnachschulung zu einer kürzeren Sperrfrist führen. 78

Da inzwischen entsprechende Verkehrstherapien auf ihre Wirksamkeit mit positivem Ergebnis untersucht sind,[90] werden sie in noch größerem Umfang als bisher bei Bemessung der Sperrfrist berücksichtigt werden können.

c) Kritik

Der Gesetzgeber räumt zwar einen sehr weiten Rahmen für die Bemessung der Sperrfrist ein, gibt aber keine Hinweise für die Ausfüllung dieses Rahmens im konkreten Einzelfall. Die praktische Rechtanwendung wird dadurch erschwert. Hierzu bemerkt das **Bundesverwaltungsgericht**[91] mit überzeugender Deutlichkeit: 79

„Die Frage, ob die Voraussetzungen für eine Wiedererteilung der Fahrerlaubnis nach Ablauf der Sperrfrist gegeben sind, lässt sich im Strafverfahren, das darauf abgestellt ist, den Täter wegen der von ihm begangenen Straftat zur Rechenschaft zu ziehen, häufig nicht erschöpfend klären. Hinzu kommt, dass der Strafrichter überfordert wäre, wenn er bereits im Zeitpunkt der Hauptverhandlung darüber befinden müsste, ob nach einem häufig längeren Zeitablauf dem Täter wirklich die Eignung zum Führen von Kraftfahrzeugen wieder zugesprochen werden kann. Daher wird die Prognose für die Zeit nach Ablauf der Sperrfrist vom Strafrichter auch nur in sehr zurückhaltender Form gestellt. Der Prognose des Strafrichters, die in der Bemessung einer bestimmten Sperrfrist für die Wiedererteilung der Fahrerlaubnis zum Ausdruck kommt, sind innere Grenzen gesetzt."

Diese „inneren Grenzen" erklären sich daraus, dass die Prognose über die künftige Gefährlichkeit des Fahrerlaubnisinhabers nur in wenigen Fällen wirklich positiv oder negativ gestellt werden kann und im „breiten Mittelfeld" eben fraglich bleibt.[92] 80

---

88 zfs 1982, 158.
89 zfs 1982, 220.
90 Siehe unter § 15 Rn 13.
91 BVerwG 20.12.1963.
92 Siehe unter § 8 Rn 14.

aa) Gefährlichkeitsprognose

81 Mag dieses Mittelfeld auch bei Beurteilung der Eignung zum Führen von Kraftfahrzeugen für die Entscheidung über die Entziehung der Fahrerlaubnis weniger breit sein und fast vollständig aufgehellt werden können,[93] so gilt das doch nicht für die Beurteilung der Zeitdauer, innerhalb derer Änderungen der für die Prognose ausschlaggebenden Persönlichkeitsstruktur des Kraftfahrers zu erwarten sind. In diesem Zusammenhang gewinnt nämlich größere Bedeutung als bei der Entziehung der Fahrerlaubnis die neben der Gefährlichkeitsprognose noch zu stellende weitere Prognose:

bb) Wirkprognose

82 Eine Maßnahme, die der prognostizierten Gefährlichkeit entgegenwirken soll, muss dazu sowohl
- **geeignet** als auch
- **erforderlich** sein.[94]

83 Für die Entziehung der Fahrerlaubnis selbst ist eine dementsprechende Wirkprognose verhältnismäßig einfach, weil man wohl davon ausgehen kann, dass die Entziehung der Fahrerlaubnis ohne weiteres die von der prognostizierten Gefährlichkeit zu befürchtende Schädigung anderer Verkehrsteilnehmer verhindert – jedenfalls unter der Voraussetzung, dass ein als gesetzestreu gedachter Mensch ohne entsprechende Erlaubnis nicht am motorisierten Straßenverkehr teilnehmen wird.

84 Für die Sperrfrist ist die Wirkprognose aus denselben Gründen allenfalls hinsichtlich der **Eignung** dieser Maßnahme im Allgemeinen unproblematisch.

85 Zur **Erforderlichkeit** wird dagegen mit *Frisch*[95] gesagt werden müssen: Es darf die „realistische Chance der Erfolgsherbeiführung, die das geeignete Mittel verbürgt, nicht schon dem Einsatz milderer Maßnahmen eignen – ein Erfordernis, das sich jenseits eines relativ kleinen Kreises einigermaßen evidenter Fälle weit gehend nur dann bejahen lässt, wenn man es mit **milderen Mittel erfolglos versucht** hat". Im Rahmen näherer Ausführungen zur Erforderlichkeit der jeweiligen Maßregel im Sinne des Einsatzes nur des mildesten zur Gefahrenabwehr notwendigen Mittels kommt *Frisch*[96] wiederholt auf die Modalitäten des Fahrerlaubnisentzugs zurück.

86 Bei der Auswahl zwischen mehreren Mitteln sieht er „die Crux darin, dass in der Mehrzahl der Fälle die Effizienz zumindest eines der „konkurrierenden" Mittel letzt-

---

93 Siehe unter § 12 Rn 36 ff.
94 *Frisch, W.* (1983) S. 127 f.
95 *Frisch, W.* (1983) S. 127 f.
96 *Frisch, W.* (1983) S. 149 ff.

lich **ungewiss** ist. Als Beispiel dafür bezieht er sich u.a. auch auf die „Konkurrenz" verschieden langer zur Beeinflussung des Täters möglicherweise geeigneter Sperrfristen:

„Wo die Dinge so liegen, wo also etwa die kürzere Sperrfrist oder die ambulante Behandlung genauso eine realistische Chance hinreichender Warnung oder der Erreichung des Behandlungserfolgs verbürgen wie die – gegen Misserfolge ebenfalls nicht gefeite – längere Sperrfrist oder die stationäre Behandlung, fehlt es an der Erforderlichkeit der jeweils schwereren Eingriffe. Für den Bereich der **Sperrfristbemessung** bedeutet dies, dass man es – sofern nicht ausnahmsweise gegenteilige allgemeine Erfahrungen verfügbar sind – zunächst einmal mit der niedrigsten Größe versuchen muss, die eine realistische Chance künftigen Wohlverhaltens bietet – im ersten Fall also normalerweise mit der unteren Sperrfristdauer."

Diese Konsequenz ergibt sich nicht nur aus den vorstehend dargelegten Erwägungen, sondern lässt sich auch sinnvoll in das vom Gesetzgeber vorgegebene Gesamtkonzept des Fahrerlaubnisrechts einordnen: Die Fahrerlaubnis wird entzogen aufgrund einer (im Strafverfahren für den Regelfall in § 69 Abs. 2 StGB vorweggenommenen) „Schlecht"-Prognose[97] und neu erteilt (eventuell nach Ablauf der im Strafverfahren festgesetzten Sperrfrist) aufgrund einer „Fraglich"-Prognose. Bei Erteilung und Wiedererteilung der Fahrerlaubnis begnügt sich der Gesetzgeber mit solcher „Fraglich"-Prognose deshalb, weil wegen der Prognose-Unsicherheit eine „Gut"-Prognose nur in seltenen Ausnahmefällen möglich ist; er ordnet zwar Ermittlungen über Eignung und Befähigung an (§ 2 Abs. 7 StVG), jedoch eingehende Untersuchungen nur für den Fall, dass Tatsachen Bedenken gegen Eignung oder Befähigung begründen (§ 2 Abs. 8 StVG).[98] 87

Auch nach Ansicht des OLG Düsseldorf[99] darf bei Entziehung der Fahrerlaubnis im Regelfall nur die **Mindestsperrfrist** gemäß § 69a Abs. 1, 4 und 6 StGB angeordnet werden, wenn über die Tatsache der absoluten Fahrunsicherheit hinaus keine zusätzlichen negativen Besonderheiten aus der Tat, den Tatumständen und der Person des Täters festgestellt werden. 88

Die **Bemessung der Sperrfrist auf die gesetzlich vorgeschriebene Mindestdauer** ermöglicht schließlich der Verwaltungsbehörde auch in weiterem Umfang Besonderheiten des Einzelfalls Rechnung zu tragen. Strafgerichte stehen zu wenig Mittel für die Berücksichtigung mancher solcher Besonderheiten zur Verfügung. Vor allem für Fälle 89

---

97 Siehe unter § 12 Rn 36 ff.
98 Siehe unter § 6 Rn 2 und 30.
99 Blutalkohol XXXIII (1996), 224 = NStZ-RR 1996, 182 = NZV 1996, 458 (L) = VD 1996, 85 = VRS 91, 179 = zfs 1996, 152.

bedingter Eignung zum Führen von Kraftfahrzeugen hält das Strafrecht nur eine unvollkommene Scheinlösung bereit:

2. Sperrfrist-Teilausnahme

90 Das Strafrecht kennt die im Verwaltungsrecht auch erst 1979 anstelle der völligen Entziehung der Fahrerlaubnis unter gleichzeitiger Neuerteilung einer beschränkten Fahrerlaubnis eingeführte Einschränkung einer bestehenden Fahrerlaubnis[100] nicht. Das Strafgericht hat nur die Möglichkeit der uneingeschränkten Entziehung der Fahrerlaubnis, die völlige Ungeeignetheit voraussetzt.[101] Bei Festsetzung der Sperrfrist kann das Strafgericht allerdings einigen Fällen bedingter Eignung Rechnung tragen:

a) Gesetzliche Regelung

91 Das Strafgericht kann von der Sperre bestimmte Arten von Kraftfahrzeugen ausnehmen, wenn besondere Umstände die Annahme rechtfertigen, dass der Zweck der Maßregel dadurch nicht gefährdet wird (§ 69a Abs. 2 StGB).

b) Rechtsprechung

92 Strafgerichte haben in zahlreichen Entscheidungen von dieser gesetzlichen Regelung Gebrauch gemacht.

aa) Beispiele für Ausnahmen

93 Beispiele für Ausnahmen verschiedenster Art weist insbesondere *Zabel* in mehreren Rechtsprechungsübersichten[102] ausführlich nach, so dass hier nur verwiesen sei auf in neuerer Zeit veröffentlichte Fälle von Ausnahmen für
- Fahrzeuge der Klasse 4 allgemein,[103]
- Lkw,[104]
- Lkw bis 7,5 t,[105]
- Lkw der Marke Unimog mit einachsigem Anhänger,[106]
- Nutzfahrzeuge der Klasse 2,[107]

---

100 Siehe unter § 9 Rn 36 ff.
101 Siehe unter § 12 Rn 6 ff.
102 Blutalkohol XVII (1980), 95, XX (1983), 477 und XXX (1993), 109.
103 LG Köln DAR 1990, 112 = zfs 1990, 177 (L).
104 AG Emden zfs 1992, 69 (L); AG Monschau zfs 1990, 33; AG Dortmund DAR 1987, 30 = zfs 1987, 95 (L), siehe dazu auch *Hentschel, P.* (2004).
105 LG Köln NZV 1991, 245 = zfs 1991, 251 (L).
106 AG Westerstede NdsRpfl 1993, 369.
107 OLG Düsseldorf zfs 1992, 138; LG Zweibrücken zfs 1995, 193; AG Herford MittBlAGVerkehr 1996, 19.

Entziehung der Fahrerlaubnis durch Strafgerichte § 12

- Linienbusse,[108]
- Krankenrettungsfahrzeuge,[109]
- Behindertentransporter,[110]
- Pannenhilfsfahrzeuge,[111]
- Leichenwagen,[112]
- Feuerlöschfahrzeuge der Klasse 3,[113]
- Bundeswehrpanzer.[114]

Auch über den Wortlaut des § 69a Abs. 2 StGB hinaus ist noch weitere Differenzierung möglich: 94

bb) Unterschiedliche Sperrfristdauer

Allgemein wird als zulässig angesehen, nicht nur von der Sperrfrist bestimmte Arten von Kraftfahrzeugen auszunehmen, sondern auch die Dauer der Sperrfrist nach bestimmten Arten von Kraftfahrzeugen zu differenzieren[115] und etwa zu bemessen auf 95
- drei Monate für Lkws der Fahrerlaubnisklasse 2 und
- acht Monate im Übrigen.[116]

c) Weitergehende Möglichkeiten

Durch Ausnahmen von der Sperrfrist oder Differenzierung bei der Sperrfristdauer kann nur in begrenztem Umfang bedingter Eignung zum Führen von Kraftfahrzeugen Rechnung getragen werden. So ist z.B. im Rahmen des § 69a StGB eine über die Orientierung an bestimmten Kraftfahrzeug-Arten hinausgehende Individualisierung unzulässig.[117] Dem möchte u.a. *Brockel*[118] begegnen mit dem Vorschlag, „den Gerichten die gleichen Möglichkeiten wie den Verwaltungsbehörden zu eröffnen, d.h. die Ermächtigung zu geben, jede Art von Beschränkungen und Auflagen auszusprechen": 96

---

108 LG Zweibrücken zfs 1992, 356; AG Krefeld zfs 1992, 320, siehe dazu auch *Hentschel, P.* (2004).
109 BayObLG NJW 1989, 2959 = zfs 1989, 359; LG Hamburg DAR 1992, 191.
110 LG Hamburg NJW 1987, 3211 = zfs 1987, 255(L) und 1988, 31(L).
111 LG Hamburg NZV 1992, 422.
112 AG Homburg zfs 1993, 31.
113 BayObLG zfs 1991, 357.
114 LG Detmold DAR 1990, 34 = zfs 1990, 69 (L).
115 *Hentschel, P.* (2003) Rn 704.
116 AG Hannover zfs 1992, 283.
117 *Hentschel, P.* (2003) Rn 765 ff.
118 *Brockelt, W.* (1980) S. 291.

> „In Betracht käme hier insbesondere die Beschränkung auf ganz bestimmte Fahrzeuge (etwa von einer bestimmten Firma), nur zu berufsnotwendigen Fahrten, nur zu bestimmten Zeiten, nur in bestimmten Gebieten und Ähnliches."

97 In solchen Fällen kann und muss nach der gegenwärtigen Rechtslage der Strafrichter von der Entziehung der Fahrerlaubnis absehen. Denn wenn nicht auszuschließen ist, dass der Kraftfahrer unter näher individualisierten Umständen (also insoweit bedingt) geeignet ist zum Führen von Kraftfahrzeugen, kommt die Entziehung der Fahrerlaubnis durch den Strafrichter nicht in Betracht.[119] Darum sind auch alle Bemühungen um erweiternde Auslegung des § 69a Abs. 2 StGB und Vorschläge zur gesetzlichen Erweiterung der darin beschriebenen Ausnahmemöglichkeiten unnötig:

98 Mit Recht bemerkt *Stree*,[120] es sei „ein innerer Widerspruch, einerseits den Täter für ungeeignet zu erklären, irgendein Kraftfahrzeug zu führen, zugleich aber zu gestatten, dem Täter für bestimmte Fahrzeugarten eine neue Fahrerlaubnis zu erteilen". Schon logisch ist gar kein Fall denkbar, in dem jemand zum Führen von Kraftfahrzeugen völlig ungeeignet ist (so dass ihm die Fahrerlaubnis entzogen werden muss) und gleichzeitig zum Führen bestimmter Arten von Kraftfahrzeugen, also bedingt geeignet ist (so dass die Erteilung einer Fahrerlaubnis mit einer entsprechenden Beschränkung in Betracht kommt).

99 Wie bei (bedingter) Eignung zum Führen von Kraftfahrzeugen nur einer bestimmten Art zu verfahren ist, hat einleuchtend der **Bundesgerichtshof**[121] in einem Fall dargetan, bei dessen Entscheidung er erneut seine Rechtsprechung bestätigt hat, dass die Fahrerlaubnis nicht teilweise entzogen werden kann. Der Bundesgerichtshof beanstandet, dass das Landgericht einem Angeklagten die Fahrerlaubnis „mit Ausnahme der Fahrerlaubnis der Führerscheinklasse 2 (Lkw)" entzogen und die Verwaltungsbehörde angewiesen hatte, ihm vor Ablauf eines Jahres keine neue Fahrerlaubnis zu erteilen. Unter Bezugnahme auf seine oben[122] angeführte Entscheidung aus dem Jahre 1954 sowie weitere Rechtsprechung und Äußerungen im Schrifttum führt er zunächst aus:

> „Das widerspricht dem Gesetz. Die Fahrerlaubnis ist nach § 69 Abs. 1 StGB ohne Einschränkung zu entziehen."

100 Dem fügt er hinzu:

---

119 Siehe unter § 12 Rn 13 f.
120 *Stree, W.* (1997) § 69 Rn 51.
121 NStZ 1983, 168.
122 Siehe unter § 12 Rn 11 ff.

Entziehung der Fahrerlaubnis durch Strafgerichte § 12

„Die vom LG getroffene unzulässige Anordnung lässt sich im Hinblick auf das Verbot der Schlechterstellung (§ 358 Abs. 2 StPO) nicht in eine zulässige vergleichbaren Inhalts umdeuten, also in eine unbeschränkte Entziehung der Fahrerlaubnis mit einer Sperre für die Neuerteilung von einem Jahr, von der Lastkraftwagen der Führerscheinklasse 2 ausgenommen sind. Denn die zuständige Verwaltungsbehörde wäre nicht verpflichtet, dem Angeklagten ohne eigene Prüfung sofort eine neue Fahrerlaubnis mit dem von der Sperre ausgenommenen Inhalt zu erteilen."[123]

Daraus folgt übrigens: 101

Nach geltendem Recht ist in keinem Falle Raum für die Anwendung des § 69a Abs. 2 StGB. Denn der Strafrichter muss bei Fehlen völliger Ungeeignetheit und nicht auszuschließender bedingter Eignung zum Führen von Kraftfahrzeugen von der Entziehung der Fahrerlaubnis absehen ohne Rücksicht darauf, ob die (bedingte) Eignung
- nur für eine bestimmte Art von Kraftfahrzeugen,
- nur für eine bestimmte Tageszeit oder
- nur für eine wie auch immer sonst abgrenzbare Situation

besteht. In jedem dieser Fälle muss er es der Verwaltungsbehörde überlassen, dass diese die Fahrerlaubnis nach § 46 Abs. 2 FeV auf sachangemessene Weise – u.U. eben auch auf eine bestimmte Art von Kraftfahrzeugen – beschränkt.

III. Vorzeitige Aufhebung der Sperre

Eine Abkürzung der Sperrfrist ist gerechtfertigt, wenn sich die bei Bestimmung der Sperrfrist ursprünglich angenommenen Verhältnisse ändern. Für solchen Fall bestimmt § 69a Abs. 7 S. 1 StGB: 102

„Ergibt sich Grund zu der Annahme, dass der Täter zum Führen von Kraftfahrzeugen nicht mehr ungeeignet ist, so kann das Gericht die Sperre vorzeitig aufheben."

Die Sperre muss jedoch schon mindestens 3 Monate, im Wiederholungsfall u.U. auch 1 Jahr gedauert haben (§ 69a Abs. 7 S. 2 StGB). 103

1. Voraussetzungen

Die Gründe für eine andere Beurteilung der Eignung zum Führen von Kraftfahrzeugen müssen schon von besonderer Qualität sein, wenn sie eine Korrektur der ursprünglich 104

---

123 Siehe unter § 13 Rn 23 f.

über Fahrerlaubnisentziehung und Bestimmung der Sperrfrist getroffenen Entscheidung rechtfertigen sollen.

a) Neue Prognose-Tatsachen

105 Diese sind nach weit überwiegender Meinung erforderlich.[124] Sie müssen erst nach der Entscheidung über die Bemessung der Sperrfrist entstanden sein („ergibt sich") und eine andere Entscheidung wegen inzwischen eingetretener Änderungen („nicht mehr") ermöglichen.

b) Prognose-Aussagen

106 Auch bei der Entscheidung über die vorzeitige Aufhebung der Sperre ist das angesichts des gegenwärtigen Standes der Wissenschaft festzustellende „Prognose-Dilemma"[125] zu berücksichtigen:

aa) „Gut"-Prognose

107 Solche können auch die neuen Tatsachen in der Regel nicht begründen, weil die Prognosemethoden den Schluss auf das positive Vorhandensein der Eignung zum Führen von Kraftfahrzeugen nur selten erlauben. Dem trägt die Gesetzesfassung Rechnung, die für die vorzeitige Aufhebung der Sperre nur „Grund zu der Annahme" des Entfallens von Ungeeignetheit („nicht mehr ungeeignet") verlangt.

bb) „Fraglich"-Prognose

108 Diese fällt bereits gegenüber der bei Entziehung der Fahrerlaubnis gestellten „Schlecht"-Prognose[126] so ins Gewicht, dass die Sperrfrist entfallen kann. Das entspricht der Grundkonzeption des Fahrerlaubnisrechts, nach der die Fahrerlaubnis entzogen wird aufgrund einer (im Strafverfahren für den Regelfall in § 69 Abs. 2 StGB) vorweggenommenen „Schlecht"-Prognose und neu erteilt wird (eventuell nach Ablauf der im Strafverfahren festgesetzten Sperrfrist) aufgrund einer „Fraglich"-Prognose. Dieser Konzeption wird bei Abkürzung der Sperrfrist ebenso Rechnung getragen wie bei der Bemessung der Sperrfrist auf die gesetzlich vorgeschriebene Mindestsperrfrist.[127]

---

124 *Hentschel, P.* (2003) Rn 793.
125 Siehe unter § 8 Rn 12 ff.
126 Siehe unter § 12 Rn 36 ff.
127 Siehe unter § 12 Rn 87 ff.

2. Nachschulung

Eine Nachschulung erfüllt nach weit verbreiteter Meinung – zumindest in Verbindung mit weiteren Umständen – die vorbeschriebenen Voraussetzungen für eine Aufhebung der Sperre.[128] Wenn schon Nachschulung und Rehabilitation dazu führen kann, dass von der Entziehung der Fahrerlaubnis abgesehen wird[129] oder die Sperrfrist geringer bemessen wird,[130] liegt auf der Hand, dass erst nach solchen Entscheidungen durchgeführte oder abgeschlossene Teilnahme an entsprechenden Maßnahmen die Aufhebung der Sperre rechtfertigen kann.

109

Die Wirksamkeit von Nachschulungen in der Sperrfrist zeigen entsprechende Untersuchungen:

110

Die Evaluation des Nachschulungskurses „Mainz 77" durch *Birnbaum et al.*[131] hat ergeben: „Die Kursteilnehmer wiesen trotz der verkürzten Sperrfrist signifikant günstigere Rückfallquoten auf als die Nichtteilnehmer mit voller Sperrfrist." In einem Mindestbeobachtungszeitraum von fünf Jahren wurden 12,2 % der 410 nachgeschulten Kraftfahrer rückfällig, während die 297 nicht nachgeschulten eine Rückfallquote von 18,4 % aufwiesen. Es zeigte sich auch, dass selbst Kursteilnehmer mit einer Blutalkoholkonzentration zwischen 1,6 und 1,9 ‰ beim Trunkenheitsdelikt eine „prozentual geringere Wiederauffälligkeit aufweisen als in Gruppen mit geringerer Blutalkoholkonzentration".

Jacobshagen[132] berichtet von dem in Niedersachsen erprobten Modell „BUSS" (Beratung, Untersuchung und Schulung in der Sperrfrist),[133] das bei einem Beobachtungszeitraum von 36 Monaten zu erstaunlich niedrigen Rückfallzahlen geführt hat: Von den in der Sperrfrist untersuchten und positiv beurteilten Kraftfahrern wurden 6,0 % rückfällig, von den in der Sperrfrist einer Nachschulung zugeführten waren es 6,8 %. Von den Kontrollfällen, d.h. Kraftfahrer, die erst nach Absolvierung der Sperrfrist positiv begutachtet worden waren, wurden 6,5 % rückfällig. Von den Kraftfahrern, die nach Ablauf der Sperrfrist eine Nachschulung absolvieren mussten, fielen 8,3 % erneut durch Trunkenheit am Steuer auf. „Die Ergebnisse machen eindeutig klar, dass trotz der im Schnitt deutlich beschleunigten Wiedererteilung der Fahrerlaubnis im Modell BUSS keinesfalls eine Verschlechterung im Hinblick auf die Verkehrssicherheit belegt werden kann."

---

128 *Hentschel, P.* (2003) Rn 795; *Himmelreich, K.* (2003), (2004), (2005a).
129 Siehe unter § 12 Rn 47 ff.
130 Siehe unter § 12 Rn 72 ff.
131 *Birnbaum, D., Biehl, B., Sage, E.* und *Scheffel, B.* (2002).
132 *Jacobshagen, W.* (2001).
133 Siehe unter § 14 Rn 32, 42 ff.

§ 12 Entziehung der Fahrerlaubnis durch Strafgerichte

111 In vielen Fällen nutzten Betroffene die Möglichkeit zur Abkürzung der Sperrfrist durch Teilnahme an solcher „Nachschulung" deshalb nicht, weil eine erhebliche Abkürzung der Sperrfrist dadurch ausgeschlossen war, dass die Sperre mindestens sechs Monate gedauert haben musste (§ 69a Abs. 7 S. 2 StGB a.F.). Einzelne Bundesländer versuchten dem durch Abkürzung der Sperrfrist im Gnadenverfahren entgegenzuwirken.[134]

Durch Art. 3 des Gesetzes zur Änderung des Straßenverkehrsgesetzes und anderer Gesetze vom 24.04.1998[135] ist die **Mindestsperrfrist** in § 69a Abs. 7 StGB nunmehr auf **drei Monate** herabgesetzt worden.

Damit beabsichtigt die Bundesregierung,[136] einen Anreiz für die Teilnahme an einem Aufbauseminar[137] zu setzen und das Gnadenverfahren von solchen Fällen zu entlasten. Insbesondere kommt aber eine Abkürzung der Sperrfrist nach Teilnahme an einem anerkannten Kurs zur Wiederherstellung der Eignung[138] in Betracht.

a) Rechtsprechung

112 Mit Rücksicht auf die Teilnahme an einem bisher in Modellversuchen erprobten Kurs zur Wiederherstellung der Eignung für alkoholauffällige Kraftfahrer oder einer Nachschulung durch einen als verkehrspsychologischer Berater anerkannten Diplom-Psychologen wurde z.B. die Sperre
- zum Zeitpunkt des Ablaufs der Mindestsperrfrist aufgehoben[139]

oder abgekürzt um etwa
- ein Monat,[140]
- zwei Monate,[141]
- drei Monate,[142]
- vier Monate[143] oder gar
- sechs Monate.[144]

---

134 Siehe unter § 12 Rn 123 f.
135 BGBl I, 747 ff., 779.
136 BR-Dr. 821/96, S. 96 = VkBl 1998, 820.
137 Siehe unter § 11 Rn 39 ff., 94 ff.
138 Siehe unter § 15 Rn 79 ff.
139 LG Köln, Blutalkohol XVI (1979), 231 = DAR 1978, 322 = NJW 1979, 558 = VerkMitt 1979, 21 = VRS 56, 284; AG Pirmasens DAR 1980, 122.
140 LG Köln, wie vor; LG München I, Blutalkohol XVII (1980), 464 = DAR 1980, 283 = zfs 1981, 96; LG Frankfurt, bei *Zabel*, Blutalkohol XVIII (1981), 274; AG Hof DAR 2002, 328.
141 LG Hamburg, Blutalkohol XVIII (1981), 53; LG Hof Blutalkohol 39 (2002), 225 = NJW 2001, 1225 (Leitsatz) = NZV 2001, 92; LG Dresden DAR 2002, 280; LG Hildesheim zfs 2002, 594.
142 LG Oldenburg DAR 1996, 470 = zfs 1997, 35; AG Gummersbach DAR 1996, 471; LG Hildesheim zfs 2002, 548.
143 LG München I DAR 1981, 229.
144 AG Recklinghausen DAR 1980, 26.

Entziehung der Fahrerlaubnis durch Strafgerichte § 12

Im Einzelfall führte das z.B. zur Abkürzung der Sperrfrist von **113**
- sieben auf sechs Monate,[145]
- neun auf acht Monate[146] oder sieben Monate,[147]
- zehn auf sechs Monate[148] oder
- zwölf auf sechs Monate.[149]

Während das AG Würzburg[150] in einem Einzelfall keine Sperrfristabkürzung trotz **114** Nachschulung nach dem Modell „Mainz 77" für gerechtfertigt hält, kürzt das AG Düren[151] sogar bei einem rückfälligen Alkoholverkehrsstraftäter die auf 24 Monate festgesetzte Sperrfrist nach Kursteilnahme um fünf Monate ab.

Neben Nachschulung berücksichtigen Strafgerichte vielfach bei vorzeitiger Aufhe- **115** bung der Sperre – meist kumulativ – auch noch weitere für eine günstige Prognose sprechende Umstände, und zwar ähnlich wie bei der Entscheidung über die Entziehung der Fahrerlaubnis[152] etwa zu:

aa) Vorleben

Nicht Vorbestrafter ist seit zehn Jahren im Besitz des Führerscheins der Klasse 3 und **116** hat bisher ohne Beanstandungen am Straßenverkehr teilgenommen.[153]

bb) Einmaligkeit der Tat

Verurteilter ist zum ersten Male in dieser Form aufgefallen[154] oder Ersttäter, der auch **117** sonst strafrechtlich noch nicht in Erscheinung getreten war.[155]

cc) Umstände der Tat

Der in der Tat zum Ausdruck gekommene Eignungsmangel liegt an der unteren **118** Grenze des Regeltatbestandes des § 69 Abs. 2 Nr. 2 StGB.[156]

---

145 LG Frankfurt, bei *Zabel*, Blutalkohol XVIII (1981), 274.
146 LG München I, Blutalkohol XVII (1980), 464 = DAR 1980, 283 = zfs 1981, 96.
147 LG Hamburg, Blutalkohol XVIII (1981), 53.
148 LG München I DAR 1981, 229.
149 AG Recklinghausen DAR 1980, 26.
150 VerkMitt 1995, 34.
151 DAR 1996, 157.
152 Siehe unter § 12 Rn 50 ff.
153 LG Köln, Blutalkohol XVI (1979), 231 = DAR 1978, 322 = NJW 1979, 558 = VerkMitt 1979, 21 = VRS 56, 284.
154 AG Recklinghausen DAR 1980, 26.
155 LG München I Blutalkohol XVII (1980), 464 = DAR 1980, 283 = zfs 1981, 96.
156 LG Köln Blutalkohol XVI (1979), 231 = DAR 1978, 322 = NJW 1979, 558 = VerkMitt 1979, 21 = VRS 56, 284.

dd) Verhalten nach der Tat

119 Allgemein die Teilnahme an der Nachschulung an sich, aber besonders die damit verbundenen erheblichen Unbequemlichkeiten[157] sowie Einsatz eigener finanzieller Mittel und des Urlaubs.[158]

ee) Erschwernisse bei Berufsausübung

120 Erschwernisse während Entziehung der Fahrerlaubnis, z.B. bei Tätigkeit als Außendienstmitarbeiter[159] oder wirtschaftlicher Notwendigkeit der Führung eines Kraftfahrzeugs.[160]

b) Behördliche Unterstützung

121 Schon bald nach der Entwicklung von Nachschulungskursen für alkoholauffällige Kraftfahrer wurde offenbar, dass sie nur schwer in das strafrechtliche System der Fahrerlaubnismaßnahmen einzuordnen sind. Dem versuchen einige Bundesländer durch spezielle Vorschriften abzuhelfen:

aa) Baden-Württemberg

122 Das Land Baden-Württemberg begann bereits am 01.02.1980 mit einem zunächst auf zwei Jahre befristeten, später aber immer wieder verlängerten „Modellversuch zur Nachschulung alkoholauffälliger Ersttäter in Baden-Württemberg".[161]

Inzwischen ist das daraus hervorgegangene Verfahren geregelt durch die „Verwaltungsvorschrift des Justizministeriums über die Sperrfristverkürzung nach Teilnahme an einer Nachschulung für erstmals alkoholauffällige Kraftfahrer (VwV Nachschulung)" vom 31.05.2001 (7400/0727).[162] Darin heißt es:

Seit 1980 werden in Baden-Württemberg Nachschulungen für erstmals alkoholauffällige Kraftfahrer angeboten, bei denen mit rechtskräftigem Urteil aufgrund einer Verkehrsstraftat eine Sperre für die Erteilung einer Fahrerlaubnis angeordnet worden ist. Diese Kurse verfolgen das Ziel, das Risiko einer Rückfälligkeit bei ihren Teilnehmern zu verringern und dadurch zur Sicherheit im Straßenverkehr beizutragen. Ein Anreiz zur Kursteilnahme besteht in der Aussicht, Mängel in der Eignung zum Führen von

---

157 LG Köln Blutalkohol XVI (1979), 231 = DAR 1978, 322 = NJW 1979, 558 = VerkMitt 1979, 21 = VRS 56, 284.
158 AG Recklinghausen DAR 1980, 26.
159 AG Recklinghausen DAR 1980, 26.
160 AG Passau zfs 1981, 32; AG Oldenburg und AG Leverkusen zfs 1982, 348.
161 Justizministerium Baden-Württemberg (1981) und (1983), siehe Lit.-Verzeichnis.
162 Die Justiz 2001, S. 243.

Entziehung der Fahrerlaubnis durch Strafgerichte § 12

Kraftfahrzeugen vorzeitig beheben zu können und dadurch eine Verkürzung der Sperrfrist um in der Regel drei Monate zu erreichen. An diesen Nachschulungen können nur Personen teilnehmen, die erstmals wegen einer unter Alkoholeinfluss begangenen Verkehrsstraftat rechtskräftig verurteilt worden sind, bei denen eine Sperre für die Erteilung einer (neuen) Fahrerlaubnis angeordnet worden ist und deren Blutalkoholkonzentration zum Tatzeitpunkt weniger als 2 ‰ betragen hat.

1. Bei Einleitung der Strafvollstreckung übermittelt die Vollstreckungsbehörde den für eine Nachschulung in Betracht kommenden Verurteilten neben dem Vordruck „Merkblatt bei Entziehung der Fahrerlaubnis" ein von dem Justizministerium herausgegebenes „Informationsblatt für erstmals alkoholauffällige Kraftfahrer", welchem sich nähere Informationen zu den Teilnahmebedingungen und Kursveranstaltern entnehmen lassen.
2. (1) Über einen Antrag auf vorzeitige Aufhebung der Sperre für die Erteilung einer (neuen) Fahrerlaubnis, der auf eine erfolgreich durchgeführte Nachschulung gestützt wird, hat vorrangig das Gericht nach § 69a Abs. 7 StGB zu entscheiden.
(2) Im Hinblick auf die den Kursteilnehmern in Aussicht gestellte Vergünstigung beantragt die Staatsanwaltschaft, die Sperre drei Monate vor ihrem Ablauf aufzuheben. Diesen Antrag stellt sie, sobald die erfolgreiche Teilnahme an einer der in dem oben genannten Informationsblatt aufgeführten Nachschulungen für erstmals alkoholauffällige Kraftfahrer nachgewiesen wird und eine so genannte Unbedenklichkeitsbescheinigung der Verwaltungsbehörde vorgelegt wird, aus welcher sich ergibt, dass nach Ablauf der verkürzten Sperrfrist keine Bedenken gegen die Erteilung einer Fahrerlaubnis bestehen.
(3) Wird ein Antrag nach § 69a Abs. 7 StGB, der auf eine erfolgreich durchgeführte Nachschulung gestützt wird, durch das Gericht ganz oder teilweise abgelehnt, ist grundsätzlich sofortige Beschwerde zugunsten des Betroffenen einzulegen, soweit dem Antrag der Staatsanwaltschaft nicht entsprochen wurde.
3. (1) Bleibt die sofortige Beschwerde erfolglos, ist aus Gründen des Vertrauensschutzes eine Gnadenentscheidung zu treffen. Die Leiter der Staatsanwaltschaften und die Jugendrichter als Gnadenbehörden werden insoweit ermächtigt, die verhängte Sperrfrist um drei Monate abzukürzen, sofern die erfolgreiche Teilnahme an einem derjenigen Nachschulungskurse für erstmals alkoholauffällige Kraftfahrer nachgewiesen wird, die in dem oben genannten Informationsblatt aufgeführt sind.
(2) § 21 Abs. 1 Nr. 4 der Gnadenordnung findet keine Anwendung.
(3) Will die Gnadenbehörde in Einzelfällen von der Ermächtigung nicht oder nicht in vollem Umfang Gebrauch machen, sieht sie von einer Entscheidung ab und berichtet unverzüglich dem Justizministerium.
(4) Kann das Ziel des Antrags auf vorzeitige Aufhebung der Sperre durch eine Entscheidung nach § 69a Abs. 7 StGB nicht erreicht werden, ist über den Antrag sogleich im Gnadenweg zu entscheiden.

bb) Niedersachsen

123 Ein ähnliches Verfahren wurde mit Wirkung vom 01.01.1988 in Niedersachsen eingeführt[163] sowie 1994[164] und 2001[165] neu geregelt.

Es unterscheidet sich von dem in Baden-Württemberg geltenden Verfahren vor allem dadurch, dass
- das Informationsblatt „So erhalten Sie Ihren Führerschein zurück"[166] dem Angeschuldigten bereits vor Verurteilung, nämlich bei Zustellung der Anklage oder des Strafbefehls übermittelt wird und
- eine Kursteilnahme zur Sperrfristverkürzung grundsätzlich nicht möglich ist, wenn der Angeschuldigte mit einer Blutalkoholkonzentration von 1,6 ‰ oder mehr gefahren ist.

Beabsichtigt eine erstmals durch Alkohol im Verkehr straffällig gewordene Kraftfahrerin oder ein erstmals durch Alkohol im Verkehr straffällig gewordener Kraftfahrer durch Teilnahme an einem Nachschulungskurs nach dem Modell „LEER-E" die Abkürzung der Sperrfrist zu erreichen, ist nach dem Runderlass des Niedersächsischen Ministeriums für Wirtschaft, Technologie und Verkehr vom 25.01.2001 wie folgt zu verfahren:

1.1 Auf Antrag der oder des Betroffenen ist gemäß den §§ 11 Abs. 1 und 13 der Fahrerlaubnisverordnung (FeV) zu ermitteln, ob – abgesehen von dem noch schwebenden Strafverfahren oder der noch laufenden Sperrfrist – Bedenken an der Eignung zum Führen von Kraftfahrzeugen bestehen. Mit dem Antrag hat die oder der Betroffene das Urteil, den Strafbefehl oder die Anklageschrift vorzulegen. Die Ermittlung der Eignung ist auf Verkehrsauffälligkeiten oder Straftaten anhand eines Führungszeugnisses, der Auskunft aus dem Verkehrszentralregister und der Fahrerlaubnisakte zu beschränken.

1.2 Ob die Antragstellerin oder der Antragsteller erstmals unter Alkoholeinfluss im Straßenverkehr aufgefallen ist, ist nach Maßgabe der §§ 28 bis 30 b des Straßenverkehrsgesetzes (im Folgenden: StVG) zu entscheiden. Auffälligkeiten, die länger als zehn Jahre zurückliegen, sind nicht mehr zu berücksichtigen (§ 29 Abs. 1 S. 2 Nr. 3 StVG).

---

163 Allgemeine Verfügung des Nds. Ministers der Justiz vom 01.12.1987 – NdsRpfl 1987, 276 = NdsMBl 1988, 44; Runderlass des Nds. Ministers für Wirtschaft, Technologie und Verkehr vom 01.12.1987 – NdsMBl 1988, 44.
164 Allgemeine Verfügung des Nds. Ministers der Justiz vom 12.10.1994 – NdsRpfl 1994, 327; Runderlass des Nds. Ministeriums für Wirtschaft, Technologie und Verkehr vom 05.10.1994 – NdsMBl 1995, 58.
165 Allgemeine Verfügung des Nds. Ministers der Justiz vom 08.01.2001 – NdsMBl 2001, 278; Runderlass des Nds. Ministeriums für Wirtschaft, Technologie und Verkehr vom 25.01.2001 – NdsMBl 2001, 277.
166 Im Internet zu finden unter www.niedersachsen.de/MJ_sperrfrist.htm.

Entziehung der Fahrerlaubnis durch Strafgerichte § 12

1.3 Ergeben die Ermittlungen keine Anhaltspunkte gegen eine Neuerteilung der Fahrerlaubnis nach Ablauf der (verkürzten) Sperrfrist, ist dem Antragsteller eine Bescheinigung folgenden Inhalts auszuhändigen:
„Aufgrund der derzeit bekannten Auffälligkeiten bestehen keine Bedenken, Frau/ Herrn ..., geb. am ..., wohnhaft in ..., die Fahrerlaubnis der Klasse (n) ... nach Ablauf einer (verkürzten) Sperrfrist neu zu erteilen. Maßgeblich ist jedoch die Sach- und Rechtslage in dem Zeitpunkt, in dem über den Antrag auf Neuerteilung der Fahrerlaubnis endgültig entschieden wird. Zu diesem Zeitpunkt werden die Voraussetzungen sowie die dann vorzulegenden Bescheinigungen nach § 2 Abs. 8 des Straßenverkehrsgesetzes i.V.m. § 11 Abs. 9 sowie den §§ 12 und 19 FeV überprüft."
Die Erteilung oder Verweigerung der Bescheinigung ist eine nicht rechtsbehelfsfähige Auskunft, die der Vorbereitung einer Entscheidung über die Abkürzung der Sperrfrist dient.

1.4 Für die Ermittlung der Eignung und das Ausstellen der Bescheinigung ist eine Gebühr nach der Gebühren-Nr. 399 i.V.m. Nr. 202.3 der Gebührenordnung für Maßnahmen im Straßenverkehr zu erheben.

1.5 Wird nach Durchführung des Kurses und Verkürzung der Sperrfrist der Antrag auf Neuerteilung der Fahrerlaubnis gestellt, ist die Eignung erneut zu ermitteln; allerdings kann die Erteilung der Fahrerlaubnis wegen der zuvor bekannten Verkehrsauffälligkeiten nicht verweigert werden.

1.6 War die oder der Betroffene Inhaber einer Fahrerlaubnis auf Probe, ist die Teilnahme an einem Kurs nach dem Modell „LEER-E" als besondere Nachschulung nach § 36 FeV anzuerkennen. Auch in diesen Fällen ist das Aufbauseminar immer anzuordnen.

cc) Verfahrensintegration

Durch die vorerwähnten Regelungen in Baden-Württemberg und Niedersachsen wird versucht, von Entziehung der Fahrerlaubnis Betroffene bei ihren Bemühungen um Wiedererlangung der Kraftfahreignung zu unterstützen. Noch weiter gehende Intentionen verfolgen so genannte integrierte Modelle, die sich allerdings weniger auf die vorzeitige Aufhebung der Sperre richten, sondern vielmehr darauf, dass der von Fahrerlaubnisentziehung Betroffene die Zeit der Sperre bereits zu Nachschulung und Rehabilitation nutzt, falls solche Maßnahmen nach sachverständiger Beurteilung zur Wiederherstellung der Kraftfahreignung erforderlich sind. Zweck und Inhalt solcher integrierter Modelle werden deshalb im Zusammenhang mit Ausführungen zur Neuerteilung einer Fahrerlaubnis nach Entziehung einer vorangegangenen Fahrerlaubnis dargestellt.[167]

124

---

167 Siehe unter § 14 Rn 32 ff.

IV. Eignungsprüfung im Strafverfahren

125 Spezielle Vorschriften für die Prüfung der Voraussetzungen der Entziehung der Fahrerlaubnis gibt es im Strafverfahren – im Gegensatz zum Verwaltungsverfahren[168] – nicht. Hier wie dort vollzieht sich die Prüfung der Kraftfahreignung in Stufen über
- Beweiserhebung, eventuell
- Begutachtung und
- Beweiswürdigung.

1. Beweiserhebung

126 Im Strafverfahren gilt der **Untersuchungsgrundsatz** ähnlich wie im Verwaltungsverfahren.[169]

127 Die **Staatsanwaltschaft** hat bei Kenntniserlangung vom Verdacht einer Straftat den Sachverhalt von Amts wegen zu erforschen und dabei nicht nur die zur Belastung, sondern auch die zur Entlastung dienenden Umstände zu ermitteln (§ 160 StPO).

128 Das **Strafgericht**, das erst auf Anklage der Staatsanwaltschaft mit der Sache befasst wird, hat zur Erforschung der Wahrheit die Beweisaufnahme von Amts wegen auf alle Tatsachen und Beweismittel zu erstrecken, die für die Entscheidung von Bedeutung sind (§ 244 Abs. 2 StPO).

129 Für die Entscheidung über die Eignung zum Führen von Kraftfahrzeugen ist von besonderer Bedeutung die **künftige Gefährdung der Allgemeinheit** – und zwar auch im Strafverfahren.[170] Deshalb gilt ihr auch besonders **sorgfältige Prüfung**. Solche Prüfung hält allerdings *Hentschel*[171] für entbehrlich unter Bezugnahme auf einen Hinweis des Bundesgerichtshofs,[172] wonach – mit den Worten *Hentschels* – „die Feststellung, jemand sei zum Führen von Kraftfahrzeugen ungeeignet, schon begrifflich die weitere Feststellung einschließt, er gefährde die Allgemeinheit, sobald er sich an das Steuer eines Kraftfahrzeugs setzt". Dieser Satz besagt jedoch überhaupt nichts über die solchen Feststellungen zugrunde zu legenden Prüfungen. Vielmehr muss doch wohl gesagt werden: Schließt eine Feststellung eine andere ein, so ist die Prüfung der die übergeordnete Feststellung rechtfertigenden Tatsachen gar nicht möglich ohne die Prüfung der die untergeordnete (eingeschlossene) Feststellung rechtfertigenden Tatsachen. So heißt es denn auch in der von *Hentschel* in Bezug genommenen Entscheidung

---

168 Siehe unter § 5 und § 6 Rn 2 ff., 26 ff.
169 Siehe unter § 6 Rn 1.
170 Siehe unter § 3 Rn 41 ff.
171 *Hentschel, P.* (2003) Rn 646.
172 BGHSt 7, 165 = NJW 1955, 557 (auszugsweise zitiert unter § 3 Rn 43 ff.).

des **Bundesgerichtshofs** nach Ausführungen dazu, dass Eignung in erster Linie aus Hergang und Unrechtsgehalt der Tat selbst zu beurteilen ist:

> „Das schließt indes nicht schlechthin aus, dass der Richter im Einzelfalle – soweit der Eignungsmangel nicht in unbehebbaren körperlichen oder geistigen Mängeln besteht – aufgrund des vom Angeklagten gewonnenen Persönlichkeitsbildes dessen Ungeeignetheit zum Führen von Kraftfahrzeugen und damit dessen Gefährlichkeit für die Allgemeinheit verneint, obwohl die Tat als solche diesen Schluss nahelegt."

Gewonnen wird das Persönlichkeitsbild und damit auch die „aus der Person des Angeklagten gegen den Vorwurf der mangelnden Eignung herzuleitenden Umstände" – wie der Bundesgerichtshof näher darlegt – in der „Beweisaufnahme"; die diesbezüglichen Ausführungen des Bundesgerichtshofs deuten allenfalls an, dass insoweit nach den Regeln über den Beweis des ersten Anscheins verfahren werden kann.[173]   **130**

Die besondere **Prüfung der Eignung** ist auch nicht etwa wegen der in § 69 Abs. 2 StGB aufgestellten Regelvermutung für Ungeeignetheit[174] entbehrlich. Zwar bleibt bei Feststellung der in § 69 Abs. 2 StGB aufgeführten Straftatbestände kaum noch Raum für eine weitere Prognose des Strafrichters. Sie hat jedoch nicht jede Bedeutung verloren. Denn da das sich aus der Tat ergebende Indiz nur für den Regelfall gilt, hat der Richter zu prüfen, ob im konkreten zu entscheidenden Fall nicht gerade eine Ausnahme vorliegt.[175] In diesem Zusammenhang bejaht denn auch *Hentschel*[176] eine entsprechende Prüfungspflicht des Strafgerichts.   **131**

Wird die Fahrerlaubnis entzogen, ist auch zur **Bemessung der Sperrfrist** für die Wiedererteilung einer Fahrerlaubnis[177] eine Zukunftsprognose unter Würdigung aller Umstände der Tat notwendig[178] – die die Prüfung der insoweit ausschlaggebenden Umstände voraussetzt.   **132**

2. Begutachtung

Piesker[179] meint: „Den Staatsanwaltschaften und Gerichten wird eine fundierte Prognose nicht durchweg möglich sein. Dazu wird es in Anbetracht des erforderlichen Arbeitsaufwands sogar nur ausnahmsweise kommen." Staatsanwaltschaften und   **133**

---

173 Siehe unter § 12 Rn 145 f.
174 Siehe unter § 12 Rn 32 ff.
175 *Stree, W.* (1997) § 69 Rn 31.
176 *Hentschel, P.* (2003) Rn 622.
177 Siehe unter § 12 Rn 57 ff.
178 So auch *Hentschel, P.* (2003) Rn 703 ff.
179 *Piesker, H.* (2002a) S. 267; *Piesker, H.* (2002b) S. 302.

§ 12 Entziehung der Fahrerlaubnis durch Strafgerichte

Gerichte können aber Grundlagen für eine fundierte Prognose erlangen durch Einholung eines **Sachverständigengutachtens**. Den erforderlichen Arbeitsaufwand dafür müssen Strafgerichte in Kauf nehmen, weil sie zur Aufklärung des Sachverhalts nach § 244 Abs. 2 StPO rechtlich verpflichtet sind. Denn die Entziehung der Fahrerlaubnis ist keine Ermessensentscheidung. Vielmehr darf ein nicht eindeutig aufgeklärter Sachverhalt nicht zum Nachteil des Angeklagten verwendet werden.[180]

Bei der Beweiserhebung über die im Rahmen der Eignungsprüfung zu bewertenden Umstände sind unter den in besonderen Abschnitten der StPO benannten Beweismitteln (§§ 48 bis 93) vor allem Sachverständige heranzuziehen – wie das im Verwaltungsverfahren in großem Umfang geschieht.[181] Von Strafgerichten wird davon jedoch kaum Gebrauch gemacht.

134 Wie *Gehrmann*[182] mit Recht ausführt, „müssen nach dem Vorbild des neuen Fahrerlaubnisrechts **medizinisch-psychologische Sachverständige** die Gehilfen des Richters bei seiner Entscheidung über die Eignung zum Führen von Kraftfahrzeugen sein". Er begründet diese Forderung mit der höheren Prognosesicherheit von Sachverständigen der Medizin und der Psychologie, die mit „vielfach überprüften und validierten Methoden" eine „sichere Prognose über das künftige fehlerfreie und verantwortungsbewusste Führen eines Kraftfahrzeuges" zu diagnostizieren in der Lage sind, während dem Richter Prognosedaten dieser Qualität nicht zur Verfügung stehen.

Der bei den Strafgerichten offenbar noch verbreiteten Skepsis an diesem Konzept hält er Erwägungen in einem Urteil des Bundesgerichtshofs vom 14.12.1954[183] zur Glaubwürdigkeit von Kinderaussagen entgegen; danach „müssen in geeigneten Fällen Sachverständige gerade deshalb hinzugezogen werden, weil ihnen Erkenntnismittel zur Verfügung stehen, die das Gericht nicht haben kann". *Gehrmann* folgt diesen Erwägungen zur fachpsychologischen Exploration und weist darauf hin, dass Sachverständige mit ihrem Gespräch ein „überlegenes Erkenntnismittel" besitzen, „weil sie ein persönliches Verhältnis zum Probanden entwickeln können, das im Gespräch mit den Richtern in der Verhandlung oder bei einer Information nach Aktenlage wie bei Strafbefehlsverfahren nicht zustande kommen kann".

135 Zumindest in Zweifelsfällen sollte der Strafrichter durchaus das sonst von der Fahrerlaubnisbehörde zu erfordernde **medizinisch-psychologische Gutachten** erstellen lassen; das sollte der Angeklagte im Strafverfahren ausdrücklich beantragen oder ein von ihm eingeholtes medizinisch-psychologisches Gutachten dem Strafrichter vorlegen.[184]

---

180 *Hentschel, P.* (2003) Rn 621 und 705.
181 Siehe unter § 6 Rn 80.
182 *Gehrmann, L.* (2004 b).
183 BGHSt 7, 82 = NJW 1955, 599.
184 Siehe unter § 12 Rn 43 ff.

3. Beweiswürdigung

Der **Grundsatz der freien Beweiswürdigung** gilt im Strafverfahren (§ 261 StPO) wie im Verwaltungsverfahren und Verwaltungsgerichtsverfahren.[185] Die damit verbundenen Probleme sind in allen Verfahrensarten ähnlich:

136

a) Stellen der Prognose

Hinsichtlich von Prognosen über das künftige Verhalten von Straftätern spricht – wie *Hanack*[186] meint – viel dafür, dass der Gesetzgeber den Stand und die weitere Entwicklung der Prognoseforschung überschätzt hat und damit zugleich auch die Möglichkeit, eine solche Prognose, namentlich im Hinblick auf die oft äußerst subtilen Unterscheidungen des Gesetzes, im Einzelfall mit hinreichender Sicherheit zu erstellen. Jedenfalls steht das Bild, das sich insoweit aus dem Fachschrifttum über die Problematik ergibt, bis heute in auffälliger Diskrepanz zu den gesetzgeberischen Erwartungen und Normierungen.

137

Sarkastisch kommentiert *Bock*[187] in seinem Aufsatz zur dogmatischen Bedeutung unterschiedlicher Arten empirischen Wissens bei prognostischen Entscheidungen im Strafrecht, dass *Böhm* und *Erhard*[188] eine Quote von rund 50 % „erwartungswidrigen" Fällen fanden, mit der Bemerkung „man hätte ebenso gut würfeln können".

138

Das **Prognosedilemma** stellt sich im Strafverfahren nicht anders dar als im Verwaltungsverfahren, so dass insoweit verwiesen werden kann auf die diesbezüglichen obigen Ausführungen zu Prognosemethoden,[189] Wahrscheinlichkeitsmaßstab[190] und Annahme bedingter Eignung[191] – zumal in diese Ausführungen bereits Überlegungen eingegangen sind, die von Strafrechtlern stammen.

139

b) Auswertung von Gutachten

Auch dem Strafrichter kann der Sachverständige die Entscheidung ebenso wenig abnehmen wie dem Verwaltungsbeamten oder Verwaltungsrichter.[192] Will der Strafrichter allerdings einen Sachverhalt anders feststellen und bewerten als der Sachverständige, muss er sich mit der entgegenstehenden Ansicht des Sachverständigen auf

140

---

185 Siehe unter § 8 Rn 8 ff.
186 In *Jähnke, B., Laufhütte, H. W.* und *Odersky, W.* [Hrsg.] (1992) Rn 109 vor § 61.
187 *Bock, M.* (1990) S. 457 (Fußnote 3).
188 Strafestaussetzung und Legalbewährung, Ergebnisse einer Rückfalluntersuchung in zwei hessischen Justizvollzugsanstalten mit unterschiedlicher Strafestaussetzungspraxis, 1988.
189 Siehe unter § 8 Rn 14 ff.
190 Siehe unter § 8 Rn 34 ff.
191 Siehe unter § 8 Rn 39 ff.
192 Siehe dazu unter § 6 Rn 47 ff.

§ 12 Entziehung der Fahrerlaubnis durch Strafgerichte

der Grundlage der dafür geltenden wissenschaftlichen Erkenntnisse eingehend auseinandersetzen. So beanstandet z.b. der **Bundesgerichtshof**[193] die Gründe, mit denen ein Strafgericht entgegen einem psychiatrischen Sachverständigengutachten vom Vorliegen einer sadistischen Perversion beim Angeklagten ausgeht, deretwegen Schuldunfähigkeit nicht auszuschließen sei:

„Der Strafrichter ist zwar nicht gehindert, von dem Gutachten eines vernommenen Sachverständigen abzuweichen; denn dieses kann stets nur eine Grundlage der eigenen Überzeugungsbildung sein. Bedenklich ist indessen die im Urteil durchscheinende Auffassung des Landgerichts, dass es sich hierbei von den wissenschaftlichen Standards lösen dürfe. Kommt es auf wissenschaftlich zu ermittelnde Sachverhalte an, so sind an die richterliche Überzeugungsbildung bei der Tatsachenfeststellung keine geringeren Anforderungen zu stellen als an den Wissenschaftler selbst. Nur die aus dem Ergebnis zu ziehenden Schlussfolgerungen können verschieden sein."

c) Beweislast

141 Eine Verurteilung im Strafverfahren setzt voraus, dass das Strafgericht nachweist, was zur Verurteilung erforderlich ist.[194] Will es dem Angeklagten die Fahrerlaubnis entziehen, so muss es dessen Ungeeignetheit zum Führen von Kraftfahrzeugen nachweisen.

142 Auch gesetzliche Beweisvermutungen bürden dem Angeklagten keine Beweislast auf. So gestattet und verpflichtet die Beweisvermutung des § 69 Abs. 2 StGB,[195] die Frage der Eignung zum Führen von Kraftfahrzeugen abweichend von der gesetzlichen Regel zu beurteilen, wenn besondere Umstände dies rechtfertigen.[196] Beruft sich der Angeklagte auf solche Umstände, so muss nicht er sie, sondern das Gericht deren Fehlen beweisen, wenn es sie nicht berücksichtigen will.

143 Der im Strafrecht geltende Grundsatz „in dubio pro reo" ist keine Beweisregel, sondern eine Entscheidungsregel und besagt nur: Falls das Strafgericht nicht die volle Überzeugung von dem Bestehen unmittelbar entscheidungserheblicher Tatsachen gewinnt, muss die dem Angeklagten jeweils günstigste Rechtsfolge eintreten.[197] Da der Strafrichter bei Entziehung der Fahrerlaubnis von der Wahrscheinlichkeit künftiger Gefährdungen durch den Täter überzeugt sein muss,[198] gilt der Zweifelssatz auch

---

193 StV 1993, 234.
194 *Meyer-Goßner, L.* (1995) § 155 StPO Rn 3.
195 Siehe unter § 12 Rn 32 ff.
196 *Meyer-Goßner, L.* (1995) § 261 StPO Rn 23.
197 *Meyer-Goßner, L.* (1995) § 261 StPO Rn 26.
198 Siehe unter § 3 Rn 41 ff.

insoweit und insbesondere für die Tatsachengrundlage der Überzeugungsbildung.[199] Es genügt also nicht, dass das Gericht die Tatsachen nur mit einem hohen Grad von Wahrscheinlichkeit zu bejahen vermag. Die bloße Wahrscheinlichkeit stellt vielmehr, auch wenn sie einen hohen Grad erreicht, die erforderliche Überzeugung noch nicht her. Das Für-wahrscheinlich-Erachten steht eben dem Führ-wahr-Erachten nicht gleich. Dies bedeutet im Einzelnen:

Gelangt der Richter zur vollen Überzeugung der Gefährlichkeit, hat er – bei Vorliegen der sonstigen Voraussetzungen – die Maßregel anzuordnen. Gelangt er zur Überzeugung, dass eine Wiederholung nur möglich, aber nicht wahrscheinlich ist, oder hält er sie gar für ausgeschlossen, hat er die Anordnung der Maßregel abzulehnen. Bestehen für den Richter nicht überwindliche Zweifel an der Gefährlichkeit, ist der Grundsatz „in dubio pro reo" anzuwenden, die Maßregelanordnung also ebenfalls abzulehnen.[200]

144

d) Umkehr der Beweislast

Für das Strafverfahren wird die Rechtsfigur des Beweises des ersten Anscheins[201] allgemein abgelehnt, auch wenn die Überzeugungsbildung aufgrund von Erfahrungssätzen dem Beweis des ersten Anscheins im Ergebnis nahe kommen kann. Hierzu bemerkt *Gollwitzer*:[202]

145

„Die den Strafprozess beherrschenden Grundsätze für die richterliche Aufklärungspflicht und für die richterliche Überzeugungsbildung würden durch die Übernahme dieses Rechtsbegriffs nur verdunkelt ... Der Strafrichter darf sich nicht damit begnügen, dass der sich auf den Sachhergang gründende erste Anschein die Schuld des Angeklagten nach der Lebenserfahrung als äußerst wahrscheinlich erscheinen lässt und insbesondere der Angeklagte nichts vorgetragen hat, was diese Wahrscheinlichkeit erschüttern könnte. Er muss entsprechend seiner Aufklärungspflicht allen konkreten Anhaltspunkten für einen anderen Geschehensablauf nachgehen und er darf nur verurteilen, wenn er die volle Überzeugung von der Schuld des Angeklagten erlangt hat. Dass der auf einen typischen Geschehensablauf nach der Lebenserfahrung bestehende erste Anschein dafür spricht, bindet den Strafrichter nicht mehr als andere Erfahrungssätze."

Entgegen diesen Grundsätzen lässt aber der **Bundesgerichtshof** bei Feststellung der Voraussetzungen für die Entziehung der Fahrerlaubnis praktisch einen **Beweis des ersten Anscheins** genügen. So meint er in seinem Urteil vom 14.12.1954[203] nach Aus-

146

---

199 *Dreher/Tröndle*, Strafgesetzbuch, 47. Aufl. 1995, vor § 61 StGB Rn 3.
200 *Hanack*, in *Jähnke, B., Laufhütte, H. W.* und *Odersky, W.* [Hrsg.] (1992) vor § 61 Rn 48 f.
201 Zur Anerkennung des Beweises des ersten Anscheins im Verwaltungsverfahren siehe unter § 8 Rn 59.
202 In *Löwe, E.* und *Rosenberg, W.* (1987) § 261 Rn 106 f.
203 BGHSt 7, 165 = NJW 1955, 557 (zitiert auch schon unter § 3 Rn 43 ff. und § 12 Rn 129).

führungen darüber, dass nach Hergang und Unrechtsgehalt der Tat nahe liegende Ungeeignetheit zum Führen von Kraftfahrzeugen im Einzelfall wegen des Persönlichkeitsbilds des Angeklagten verneint werden dürfe:

„Hier wird der durch die Tat zunächst vermittelte ungünstige Eindruck vom Angeklagten durch wertvolle persönliche Züge verdrängt und der Schein des Eignungsmangels, der aus der Tat gegen den Angeklagten spricht, durch sein Persönlichkeitsbild widerlegt. Das setzt allerdings voraus, dass die aus der Person des Angeklagten gegen den Vorwurf der mangelnden Eignung herzuleitenden Umstände zur sicheren Überzeugung des Tatrichters festgestellt werden können und dass sie die bestimmte Erwartung rechtfertigen, der Angeklagte werde in Zukunft fähig und gewillt sein, ‚den Lockungen zu widerstehen und den besonderen Gefahren zu begegnen, die sich aus der Führung eines Kraftfahrzeugs für ihn und die Allgemeinheit ergeben' (BGH 1 StR 633/53)[204]. Ergibt die Beweisaufnahme in dieser Hinsicht **keine volle Klarheit** zugunsten des Angeklagten, dann muss der Tatrichter aufgrund der aus der Tat sich ergebenden Besorgnis erneuter Straffälligkeit des Angeklagten im Zusammenhang mit der Führung von Kraftfahrzeugen den **Eignungsmangel bejahen und die Fahrerlaubnis entziehen**. Diese Einschränkung entspricht dem Sinn und Zweck des Gesetzes sowie dem kriminalpolitischen Bedürfnis. Es wäre weder unter dem einen noch unter dem anderen Gesichtspunkt vertretbar, dem Tatrichter die Entziehung der Fahrerlaubnis schon dann zu untersagen, wenn das Persönlichkeitsbild des Angeklagten die bloße Möglichkeit offen ließe, dass er trotz der gegen ihn sprechenden Tat über die für einen verantwortungsbewussten Kraftfahrer unentbehrlichen Eigenschaften verfüge."

V. Reformvorschläge

147 Wenngleich – wie der Arbeitskreis VII des 40. Deutschen Verkehrsgerichtstages[205] ausgesprochen hat – sich das verkehrsstrafrechtliche Instrumentarium auch hinsichtlich der Entziehung der Fahrerlaubnis bewährt hat und insbesondere bei Straftaten unter Alkoholeinfluss die Entziehung der Fahrerlaubnis die Regelfolge bleiben muss, bleibt doch zu überlegen, ob die Regelung der Sperrfristbestimmung für die Wiedererteilung einer Fahrerlaubnis durch den Strafrichter in der bisherigen Form aufrechterhalten werden sollte.

Obwohl sich die Dauer der vom Strafgericht festgesetzten Sperrfrist für die Wiedererteilung einer Fahrerlaubnis danach bemisst, wie lange die Ungeeignetheit des Täters

---

204 NJW 1954, 1167.
205 Deutsche Akademie für Verkehrswissenschaft: 40. Deutscher Verkehrsgerichtstag 2002, S. 13.

zum Führen eines Kraftfahrzeugs voraussichtlich bestehen wird,[206] orientiert sich die Rechtsprechung der Instanzgerichte im Wesentlichen an einfachen äußeren Merkmalen der Tat.[207] Das erklärt sich daraus, dass Strafgerichte in der Regel keine medizinisch-psychologischen Untersuchungen des Täters veranlassen – obwohl das erforderlich ist[208] – und deshalb der Prognose des Strafrichters, die in der Bemessung einer bestimmten Sperrfrist für die Wiedererteilung der Fahrerlaubnis zum Ausdruck kommt, innere Grenzen gesetzt sind – wie das **Bundesverwaltungsgericht** erkannt hat.[209]

Zutreffend bemerkt *Piesker*,[210] dass Staatsanwaltschaften und Gerichten eine fundierte Prognose nicht durchweg möglich sein wird und es dazu in Anbetracht des erforderlichen Arbeitsaufwandes sogar nur ausnahmsweise kommen wird.

Diese Umstände erschweren eine sachgemäße Anwendung des Fahrerlaubnisrechts durch die Fahrerlaubnisbehörden und behindern zudem den rechtzeitigen Zugang des Betroffenen zu Maßnahmen der Korrektur von Eignungsmängeln. Das zeigen nicht zuletzt die Bemühungen, durch das Nebeneinander von strafrechtlichen und verwaltungsrechtlichen Kompetenzen entstehenden Konflikten über komplizierte Verwaltungsvorschriften entgegenzuwirken[211] und eine Verfahrensintegration zu bewirken.[212] **148**

Dem könnte auf verschiedene Weise abgeholfen werden:

1. Nachschulungshinweis in Straferkenntnis

Riedmeyer[213] schlägt eine gestaffelte Sperrfrist in Urteil oder Strafbefehl dergestalt vor, dass der Strafrichter eine Sperrfrist wie bisher festsetzt und dies ergänzt durch den zusätzlichen Ausspruch: Weist der Angeklagte der Fahrerlaubnisbehörde jedoch die erfolgreiche Teilnahme an einem Kurs zur Wiederherstellung der Fahreignung nach, kann diese die Fahrerlaubnis bereits nach vier Monaten wieder erteilen. **149**

Seiner Anregung entsprechend hat der Arbeitskreis VII des 40. Deutschen Verkehrsgerichtstages[214] empfohlen, der Gesetzgeber solle prüfen, ob dem Gericht die Möglichkeit eröffnet wird, bereits im Urteil oder Strafbefehl für den Fall einer erfolgrei-

---

206 Siehe unter § 12 Rn 63.
207 Siehe unter § 12 Rn 64 ff.
208 Siehe unter § 12 Rn 58.
209 Siehe unter § 12 Rn 79 ff.
210 *Piesker, H.* (2002a) S. 267; *Piesker, H.* (2002b) S. 302.
211 Siehe unter § 12 Rn 122 ff.
212 Siehe unter § 14 Rn 32 ff.
213 *Riedmeyer, O.* (2002) S. 276 ff.
214 Deutsche Akademie für Verkehrswissenschaft: 40. Deutscher Verkehrsgerichtstag 2002, S. 13.

§ 12 Entziehung der Fahrerlaubnis durch Strafgerichte

chen Nachschulung eine Abkürzung der Sperrfrist auszusprechen. Er weist darauf hin, dass sich dieses auch zur Bewältigung der Massenverfahren in Verkehrsstrafsachen empfiehlt.

Die Umsetzung dieses Vorschlages würde sicher hilfreich sein für die Personen, die für eine Nachschulung geeignet sind. Ist aber jemand ungeeignet für eine Nachschulung,[215] wird er dies bei der Anmeldung zu einem Nachschulungskurs erfahren; idealerweise wird er bei dieser Gelegenheit auch darüber unterrichtet werden, wie er seine durch Nachschulung nicht behebbaren Eignungsmängel auf andere Weise beseitigen kann.

Sinnvoller wäre jedoch:

2. Abschaffung strafgerichtlicher Sperrfristbestimmung

150 Der Strafrichter sollte entlastet werden von der schwierigen und ihm kaum fundiert möglichen Prognose des Zeitpunkts, zu dem der von ihm Verurteilte wieder geeignet zum Führen von Kraftfahrzeugen ist.[216] Das könnte erreicht werden, wenn § 69a StGB aufgehoben und statt dessen § 4 Abs. 10 S. 1 StVG, der für den Fall der Neuerteilung einer Fahrerlaubnis nach Entziehung der Fahrerlaubnis aufgrund des Punktsystems eine Sperrfrist von sechs Monaten gesetzlich bestimmt,[217] dahin ergänzt wird, dass dies auch für den Fall der Neuerteilung einer Fahrerlaubnis nach Entziehung der Fahrerlaubnis durch den Strafrichter gilt.

Das hätte zur Folge, dass der Betroffene nach Abschluss des Strafverfahrens nur noch mit der Fahrerlaubnisbehörde zu tun hat und motiviert würde, sich alsbald bei der Fahrerlaubnisbehörde nach den Voraussetzungen für die Neuerteilung einer Fahrerlaubnis zu erkundigen und entsprechende Vorbereitungen[218] rechtzeitig in Angriff zu nehmen.

---

215 Immerhin wurden bei den 2003 von Begutachtungsstellen für Fahreignung erstatteten Gutachten nach der unter § 6 Rn 84 mitgeteilten Statistik von den hier in Betracht kommenden Personen aus den Anlassgruppen „Verkehrsauffälligkeiten" bis „BtM/Medikamente und allgemeine Verkehrsauffälligkeiten" zwischen 30 % und 51 % als nicht nachschulungsfähig ungeeignet erkannt.
216 Siehe unter § 12 Rn 59 und 147.
217 Siehe unter § 11 Rn 125.
218 Siehe unter § 14 Rn 22 ff.

§ 13 Vorrang des Straf- und Ordnungswidrigkeitenrechts

Schon aus den vorerwähnten Vorschriften über die strafgerichtliche Festsetzung einer Sperrfrist für die Wiedererteilung einer Fahrerlaubnis ergibt sich, dass die Verwaltungsbehörde jedenfalls insoweit nicht frei entscheiden kann, sondern während des Laufs der Sperrfrist von der Wiedererteilung einer Fahrerlaubnis absehen muss. Die Bindung der Verwaltungsbehörde an strafgerichtliche Entscheidungen geht jedoch noch weiter und wirkt sich auch auf das Verfahren aus. 1

I. Straf- und Ordnungswidrigkeitenverfahren

Solange gegen den Inhaber der Fahrerlaubnis ein **Strafverfahren** anhängig ist, in dem die Entziehung der Fahrerlaubnis nach § 69 des Strafgesetzbuches in Betracht kommt, darf die Verwaltungsbehörde den Sachverhalt, der Gegenstand des Strafverfahrens ist, in dem Entziehungsverfahren nicht berücksichtigen (§ 3 Abs. 3 S. 1 StVG). Das gilt nicht, wenn es sich um eine Dienstfahrerlaubnis handelt (§ 3 Abs. 3 S. 2 StVG). 2

Die Anhängigkeit eines **Ordnungswidrigkeitenverfahrens** gegen den Fahrerlaubnisinhaber hindert die Verwaltungsbehörde nicht, den den Gegenstand solchen Verfahrens bildenden Sachverhalt zu berücksichtigen. Denn im Ordnungswidrigkeitenverfahren kann keine Entscheidung über die Entziehung der Fahrerlaubnis getroffen werden. 3

II. Entscheidungen

Ist ein Straf- oder Ordnungswidrigkeitenverfahren abgeschlossen, muss die Verwaltungsbehörde die Verfahrensergebnisse weitgehend respektieren. 4

1. Strafentscheidungen

Will die Verwaltungsbehörde in dem Entziehungsverfahren einen Sachverhalt berücksichtigen, der Gegenstand einer strafgerichtlichen Entscheidung gegen den Inhaber der Fahrerlaubnis gewesen ist, so kann sie nach § 3 Abs. 3 S. 1 und S. 2 Hs. 1 StVG zu dessen Nachteil von dem Inhalt 5

§ 13 Vorrang des Straf- und Ordnungswidrigkeitenrechts

- des Urteils,
- des Strafbefehls oder
- des die Eröffnung des Hauptverfahrens ablehnenden Beschlusses

gerade in wesentlichen Aussagen nicht abweichen:

a) Feststellung des Sachverhalts

6 Insoweit ist die Verwaltungsbehörde weder berechtigt noch verpflichtet, erneut – etwa durch Vernehmung von Zeugen und Sachverständigen – in eine Prüfung einzutreten, ob sich der Sachverhalt wirklich so ereignet hat, wie er in der strafgerichtlichen Entscheidung beschrieben worden ist.

7 Die Verwaltungsbehörde darf und muss jedoch Sachverhalte, die in den strafgerichtlichen Entscheidungen gar nicht erwähnt sind, ihrerseits feststellen. Es soll nur verhindert werden, dass **derselbe** einer Eignungsbeurteilung zugrunde liegende **Sachverhalt unterschiedlich bewertet** wird; die Beurteilung durch den Strafrichter soll in diesen Fällen Vorrang haben. Übersieht dagegen das Strafgericht wesentliche Gesichtspunkte – in einem vom **Bundesverwaltungsgericht** entschiedenen Fall[1] zwei Vorverurteilungen des Fahrerlaubnisinhabers wegen Trunkenheit im Straßenverkehr –, so beruht seine Eignungsbeurteilung auf einer unvollständigen Tatsachengrundlage. Dazu bemerkt in diesem Fall das **Bundesverwaltungsgericht**:

„Ob dieses Defizit auf Unterlassungen des Strafgerichts zurückzuführen ist oder nicht, ist rechtlich unerheblich. Der Kraftfahrer hat keinen Anspruch auf die Wiederholung eines dem Strafgericht etwa unterlaufenen Fehlers in einem nachfolgenden behördlichen Erteilungs- oder Entziehungsverfahren; vielmehr ist die Behörde gehalten, alle für die Würdigung der Persönlichkeit des Kraftfahrers maßgebenden Umstände heranzuziehen."

8 Zu solchen Umständen gehören auch erst nach der strafgerichtlichen Entscheidung neu hervorgetretene Tatsachen. So hält der **Verwaltungsgerichtshof Baden-Württemberg**[2] keine Bindung für gegeben an eine strafgerichtliche Entscheidung, in der bestimmte landwirtschaftliche Fahrzeuge der Klasse 5 (jetzt L) und Zugmaschinen mit einer bauartbedingten Höchstgeschwindigkeit bis zu 32 km/h von der angeordneten Sperre für die Wiedererteilung der Fahrerlaubnis nach § 69a Abs. 2 StGB ausgenommen worden waren, weil die Fahrerlaubnisbehörde einen umfassenderen Sachverhalt zu würdigen hatte, nämlich auch Befunde, die im Verlauf der nach der Beurteilung des Strafrichters erfolgten Untersuchung für ein medizinisch-psychologisches Gutachten erhoben worden sind.

1 BVerwG 11.01.1988.
2 VGH Mannheim 17.08.1993.

b) Beurteilung der Schuldfrage

Bei Würdigung des vom Strafgericht festgestellten Sachverhalts ist die Verwaltungsbehörde an die vom Strafgericht vorgenommene Beurteilung der Schuldfrage gebunden. Das betrifft sowohl die Frage, ob den Fahrerlaubnisinhaber überhaupt eine Schuld an der ihm vorgeworfenen Verkehrswidrigkeit trifft, als auch die Frage, ob er vorsätzlich oder fahrlässig gehandelt hat. Das setzt allerdings voraus, dass der strafgerichtlichen Entscheidung solche Beurteilung hinreichend sicher entnommen werden kann.

9

c) Beurteilung der Kraftfahreignung

Auch die insoweit angeordnete Bindungswirkung tritt nur ein, wenn das Strafgericht die Kraftfahreignung beurteilt hat.[3]

10

aa) Schriftliche Entscheidungsgründe

Diese sind allein maßgebend. Um den Eintritt einer Bindung überprüfen zu können, verpflichtet § 267 Abs. 6 StPO den Strafrichter zu einer besonderen Begründung, wenn er entweder entgegen einem in der Verhandlung gestellten Antrag oder aber in solchen Fällen von einer Entziehung der Fahrerlaubnis absieht, in denen diese Maßregel nach der Art der Straftat in Betracht gekommen wäre.

11

Ist in einem Strafverfahren aus nicht erkennbaren Gründen die Entziehung der Fahrerlaubnis unterblieben, obwohl der Fahrerlaubnisinhaber mit einem Pkw bei einem Blutalkoholgehalt von etwa 2,70 ‰ einen Unfall verursacht hat, so ist nach Ansicht des **Niedersächsischen Oberverwaltungsgerichts**[4] die Entziehung der Fahrerlaubnis im Verwaltungsverfahren ohne weiteres – insbesondere ohne Sachverständigenbegutachtung – gerechtfertigt, wenn die Umstände des Einzelfalles darauf hinweisen, dass der Fahrerlaubnisinhaber in ungewöhnlichem Maße an Alkohol gewöhnt war (im entschiedenen Fall war er noch in der Lage, auf einem Festplatz nach dem Eigentümer des von ihm beschädigten Fahrzeugs zu suchen und wirkte auf die Polizeibeamten, die ihn nach der Trunkenheitsfahrt ansprachen, nicht übermäßig alkoholisiert) und keine Umstände den sicheren Schluss erlauben, die Alkoholgewöhnung bestehe nicht mehr.

Die Bindungswirkung lässt sich nur rechtfertigen, wenn die Verwaltungsbehörde den schriftlichen Urteilsgründen hinreichend sicher entnehmen kann, dass überhaupt und mit welchem Ergebnis das Strafgericht die Kraftfahreignung beurteilt hat. Ist dies nicht der Fall oder bestehen auch nur Unklarheiten, so wäre es mit der den Fahrerlaubnisbehörden im Interesse der Verkehrssicherheit übertragenen Ordnungsaufgabe nicht

12

---

3 Siehe dazu auch *Himmelreich* (2005).
4 OVG Lüneburg 15.08.1995.

§ 13 Vorrang des Straf- und Ordnungswidrigkeitenrechts

zu vereinbaren, ihnen die Möglichkeit zu nehmen, durch Aufklärungsanordnungen Klarheit über die zweifelhaft gebliebene Eignung des verurteilten Kraftfahrers zu schaffen. Die Vorschrift des § 3 Abs. 4 S. 1 StVG darf im Ergebnis nicht dazu führen, dass in keinem der beiden in Betracht kommenden Verfahren die Eignung zum Führen von Kraftfahrzeugen ordnungsgemäß überprüft und beurteilt wird.

13 In einer Entscheidung des **Bundesverwaltungsgerichts**[5] – der die vorstehenden Argumente entnommen sind – wird eine bindende Beurteilung der Kraftfahreignung verneint, weil das Landgericht im strafgerichtlichen Berufungsurteil zwar ausdrücklich von einer Entziehung der Fahrerlaubnis absieht und dabei
- einerseits die vom Amtsgericht ausgesprochene Entziehung der Fahrerlaubnis und damit die mit der gesetzlichen Regelvermutung in § 69 Abs. 2 Nr. 2 StGB übereinstimmende Annahme der fehlenden Kraftfahreignung für gerechtfertigt erklärt,
- andererseits aber unter Hinweis auf den Zeitablauf ausführt, es könne „jetzt nicht mehr festgestellt werden, dass der Angeklagte noch weiterhin ungeeignet zum Führen von Kraftfahrzeugen ist".

14 Es meint, das Landgericht habe sich einer eigenständigen Bewertung der Kraftfahreignung enthalten und diese Frage letztlich offen gelassen.

15 In einem weiteren Fall bekräftigt das **Bundesverwaltungsgericht,** der schlichte Hinweis auf den Zeitablauf, ohne überhaupt auf die möglichen Auswirkungen der Straftat auf die Kraftfahreignung und auf die Persönlichkeit des Angeklagten einzugehen, enthalte keine Aussage über die Eignung eines Kraftfahrers zum Führen von Kraftfahrzeugen, die die zu einer umfassenden Würdigung der Persönlichkeit verpflichtete Verwaltungsbehörde binden könnte. In diesem Fall enthielt das Urteil des Amtsgerichts als einzige einschlägige Formulierung nur den Satz: „Die Fahrerlaubnis musste dem Angeklagten jetzt – mehr als acht Monate nach der Tat – nicht mehr entzogen werden."

Auch nach Auffassung des **Verwaltungsgerichts Frankfurt**[6] tritt die Bindungswirkung im Sinne von § 3 Abs. 4 S. 1 StVG unter dem Gesichtspunkt der Eignung nicht schon dann ein, wenn das Strafgericht überhaupt eine Begründung dafür gibt, warum es die Fahrerlaubnis nicht entzogen hat. Notwendig ist nach seiner Ansicht vielmehr, dass mit dieser Begründung ausdrücklich die Ungeeignetheit des Verurteilten zum Führen von Kraftfahrzeugen verneint wird. Das folgert es einmal aus dem Wortlaut des § 3 Abs. 4 S. 1 StVG, nach dem sich der Inhalt des Urteils auf die „Eignung" zum Führen von Kraftfahrzeugen „beziehen" muss, und zum anderen daraus, dass die Entscheidung des Strafgerichts, einen Entzug der Fahrerlaubnis gemäß § 69 StGB nicht

---

5 BVerwG 15.07.1988; besprochen von *Hentschel* in NZV 1989, 100 und *Himmelreich* in DAR 1989, 285.
6 Blutalkohol 40 (2003), 78 = NJW 2002, 80.

Vorrang des Straf- und Ordnungswidrigkeitenrechts § 13

auszusprechen, nicht den Schluss zulässt, damit werde automatisch die Eignung bejaht: Die Entscheidung des Strafgerichts kann auch auf anderen Gründen beruhen, etwa auf der Verneinung des gemäß § 69 StGB erforderlichen Zusammenhangs zwischen Straftat und Führen eines Kraftfahrzeugs oder auf Überlegungen der Verhältnismäßigkeit oder auf der Überlegung, dass aufgrund des Zeitablaufs eine zuverlässige Aussage über die Fahreignung des Antragstellers nicht mehr gemacht werden kann. Am Erfordernis einer ausdrücklichen Begründung für die Annahme der Geeignetheit des Straftäters ist umso mehr festzuhalten, als das Gesetz in § 69 Abs. 2 StGB eine Vermutung („in der Regel") dafür aufstellt, dass der Täter als ungeeignet zum Führen von Kraftfahrzeugen anzusehen ist, wenn er u.a. gemäß §§ 315c, 316 oder 142 StGB verurteilt worden ist.

bb) Fehlerhafte Strafentscheidungen

können unter Umständen eine Bindungswirkung auslösen. Solche Umstände fand das **Verwaltungsgericht Frankfurt**[7] in einem Fall, in dem der Tenor des Strafurteils lautete: 16

„Dem Angeklagten wird die Erlaubnis zum Führen von Kraftfahrzeugen entzogen. Vor Ablauf von fünf Monaten darf die Verwaltungsbehörde keine neue Fahrerlaubnis erteilen. Von der Entziehung ausgenommen wird die Erlaubnis zum Führen von Kraftfahrzeugen, für welche die Fahrerlaubnis Klasse 2 erforderlich ist."

Obwohl das Verwaltungsgericht Frankfurt die Belassung der Fahrerlaubnis der Klasse 2 wegen Fehlens einer den Vorschriften der §§ 12 Abs. 2 und 15b Abs. 1a StVZO a.F. entsprechenden Rechtsgrundlage in § 69 StGB einhelliger Meinung gemäß[8] als „eindeutig rechtswidrig" erkannte, hielt es die von der Verwaltungsbehörde getroffene Anordnung der Gutachtenbeibringung für nicht gerechtfertigt, weil der Strafrichter in den Gründen des Strafurteils ausführlich dargetan hatte, dass nach seiner Ansicht der Angeklagte (bedingt) geeignet zum Führen von Kraftfahrzeugen der Klasse 2 sei. 17

Ist in einem Strafbefehl ausgeführt, der Fahrerlaubnisinhaber habe sich als ungeeignet zum Führen von Kraftfahrzeugen erwiesen, gleichwohl aber die Fahrerlaubnis nicht entzogen worden, so besteht nach Ansicht des **Niedersächsischen Oberverwaltungsgerichts**[9] für die Entziehung der Fahrerlaubnis im Verwaltungsverfahren keine Bindungswirkung. 18

---

7 NJW 1991, 3235 = NZV 1991, 207 = VRS 81, 64.
8 Siehe unter § 12 Rn 7 ff., 90.
9 OVG Lüneburg 15.08.1995.

§ 13 Vorrang des Straf- und Ordnungswidrigkeitenrechts

cc) Mutmaßungen

19 Mutmaßungen über das Zustandekommen der strafgerichtlichen Entscheidung können nicht gegen die schriftlichen Entscheidungsgründe durchschlagen. Andere Erkenntnisquellen als die schriftlichen Entscheidungsgründe kommen aus Gründen der Rechtsklarheit nicht in Betracht.

20 Das hat das **Bundesverwaltungsgericht**[10] für Schlüsse oder Mutmaßungen im Zusammenhang mit dem Strafbefehl und der Hauptverhandlung ausgesprochen. In jenem Fall konnte die Fahrerlaubnisinhaberin aus der Tatsache, dass in dem Strafurteil das ursprünglich im Strafbefehl vorgesehene Fahrverbot des § 44 StGB nicht verhängt wurde, nichts zu ihren Gunsten herleiten. Das wäre überdies auch aus einem weiteren Grund nicht in Betracht gekommen: Das Fahrverbot des § 44 StGB ist eine Nebenstrafe, deren Verhängung im Unterschied zur Maßregel des § 69 StGB nicht die Ungeeignetheit zum Führen von Kraftfahrzeugen voraussetzt. Ein Verzicht auf diese Nebenstrafe lässt also nicht den zwingenden Schluss zu, dass der Strafrichter die Kraftfahreignung des Angeklagten überprüft und bejaht hat.

21 In einem anderen Fall[11] hatte der Fahrerlaubnisinhaber keinen Erfolg mit der Berufung darauf, er habe aufgrund einer „Absprache" die im rechtskräftigen Strafurteil des Amtsgerichts festgestellten Verkehrsvergehen der Wahrheit zuwider auf sich genommen, zumal er keine hinreichenden und nachvollziehbaren Gründe für diese Behauptung dartun konnte.

d) Sperrfrist

22 Durch die Vorschrift des § 69a StGB ist die Verwaltungsbehörde gehindert, eine neue Fahrerlaubnis vor Ablauf der vom Strafgericht festgesetzten Sperrfrist[12] zu erteilen – es sei denn, das Strafgericht hat die Sperrfrist vorzeitig aufgehoben.[13] Eine darüber hinausgehende Bindung besteht nicht.

aa) Eigenverantwortung der Verwaltungsbehörde

23 Nach Ende der Sperre ist die Verwaltungsbehörde berechtigt und verpflichtet, in eigener Verantwortung zu prüfen und zu entscheiden, ob nunmehr die Voraussetzungen für die Fahrerlaubniserteilung nach § 2 Abs. 2 StVG gegeben sind oder trotz strafgerichtlicher Entscheidung zum Sperrfristende etwa weiterhin noch Tatsachen vorliegen oder inzwischen neu hinzugetreten sind, die die Annahme rechtfertigen, dass der Bewerber

---

10 BVerwG 11.10.1989.
11 BVerwG 03.09.1992.
12 Siehe unter § 12 Rn 57.
13 Siehe unter § 12 Rn 102 ff.

um die neue Fahrerlaubnis zum Führen von Kraftfahrzeugen ungeeignet ist. Nach Auffassung des **Bundesverfassungsgerichts**[14] verstößt es nicht gegen das GG, wenn die Verwaltungsbehörde nach Ablauf oder Abkürzung der vom Strafrichter festgesetzten Sperrfrist die Eignung des Bewerbers zum Führen eines Kraftfahrzeugs in vollem Umfang erneut prüft. Mit Recht weist das **Bundesverwaltungsgericht**[15] auf das Fehlen einer gesetzlichen Vorschrift hin, der zufolge die Verwaltungsbehörde nach Ablauf der Sperrfrist an die Entscheidung des Strafrichters auch insoweit gebunden wäre, nunmehr eine neue Fahrerlaubnis zu erteilen. Es hält die Begrenzung der Tragweite der strafgerichtlichen Entscheidung für auch in der Sache begründet und fügt den dafür bereits oben[16] wörtlich mitgeteilten Gründen noch hinzu, dass der Strafrichter ohnehin nur die „durch die Tat" bewiesenen Eignungsmängel berücksichtigen darf.[17] Gleichwohl statuiert es wenigstens eine

bb) Achtungspflicht der Verwaltungsbehörde

„Sollten bei der Aufklärung des Sachverhalts, die die Verwaltungsbehörde vorzunehmen hat, wenn der Antrag auf Wiedererteilung der Fahrerlaubnis gestellt wird, keinerlei neue Umstände hervortreten, die für die Beurteilung maßgebend sind, insbesondere sich keine persönlichen Mängel ergeben, die der Strafrichter noch nicht berücksichtigen konnte, so wird die Verwaltungsbehörde bei ihrer Entscheidung über die Frage der Eignung allerdings auch besonderes Gewicht der Beurteilung beizumessen haben, die der Strafrichter unter Berücksichtigung der Tat und der Persönlichkeit des Täters vorgenommen hat. 24

Sind jedoch neue Tatsachen hervorgetreten, welche geeignet sind, die Persönlichkeit des Kraftfahrers genauer zu erfassen, oder geben die Urteilsgründe des Strafrichters nicht hinreichende Anhaltspunkte, welche Erwägungen für die Entscheidung des Strafrichters maßgebend waren, so wird im Rahmen der Gesamtbeurteilung, die die Verwaltungsbehörde vorzunehmen hat, der Würdigung des Strafrichters keine so erhebliche Bedeutung beigemessen werden können." 25

2. Bußgeldentscheidungen

Diese können nur in sehr eingeschränktem Umfang eine Bindung der Verwaltungsbehörde bewirken. Da im Verfahren wegen Ordnungswidrigkeiten weder über die Entziehung der Fahrerlaubnis noch über die Festsetzung einer Sperrfrist für die Wiedererteilung einer Fahrerlaubnis entschieden wird, können Bußgeldentscheidungen 26

---

14 BVerfG 18.11.1966
15 BVerwG 20.12.1963.
16 Siehe unter § 12 Rn 89.
17 Siehe dazu unter § 12 Rn 17.

keine verbindlichen Aussagen über die Eignung zum Führen von Kraftfahrzeugen enthalten. Deshalb gilt:

27 Will die Verwaltungsbehörde in dem Entziehungsverfahren einen Sachverhalt berücksichtigen, der Gegenstand der Entscheidungsfindung in einem Bußgeldverfahren gegen den Inhaber der Fahrerlaubnis gewesen ist, so kann sie zu dessen Nachteil von dem Inhalt der Bußgeldentscheidung soweit nicht abweichen, als sie sich auf die Feststellung des Sachverhalts oder die Beurteilung der Schuldfrage[18] bezieht (§ 3 Abs. 4 S. 2 Hs. 2 StVG). An etwa in der Bußgeldentscheidung enthaltene Ausführungen zur Kraftfahreignung ist sie dagegen anders als bei Strafentscheidungen nicht gebunden.

28 Eine Anordnung der Fahrerlaubnisbehörde zur Aufklärung von Eignungsbedenken und auch eine Entziehung der Fahrerlaubnis durch die Fahrerlaubnisbehörde stehen nicht im Widerspruch zu einem vorangegangenen Fahrverbot und zur Rückgabe des Führerscheins nach Ablauf des Fahrverbots.[19]

---

18 Siehe zur entsprechenden Regelung für Strafentscheidungen unter § 13 Rn 9.
19 BVerwG 21.01.1994.

§ 14 Neuerteilung der Fahrerlaubnis nach Entziehung

Grundsätzlich gelten insoweit die Vorschriften für die Ersterteilung (§ 20 Abs. 1 FeV). Doch gibt es davon abweichende Regelungen: **1**

I. Ausnahmen von den Vorschriften für die Ersterteilung

Sie sind nur begrenzt möglich.   **2**

1. Verzicht auf Ausbildung

Die Ersterteilung der Fahrerlaubnis setzt eine entsprechende Ausbildung voraus (§ 2 Abs. 2 S. 1 Nr. 4 StVG).   **3**

Der erneuten Ausbildung bedarf es jedoch nicht, wenn die Fahrerlaubnis nach vorangegangener Entziehung neu erteilt werden soll (§ 7 Abs. 1 Nr. 1 Fahrschüler-Ausbildungsordnung); allerdings darf der Fahrlehrer den Antragsteller nur zur Prüfung begleiten, wenn er sich davon überzeugt hat, dass dieser über die zum Führen eines Kraftfahrzeugs erforderlichen Kenntnisse und Fähigkeiten verfügt (§ 7 Abs. 3 Fahrschüler-Ausbildungsordnung).

2. Verzicht auf Befähigungsprüfung

Grundsätzlich muss der Bewerber um eine Fahrerlaubnis seine Befähigung durch eine Prüfung dartun.[1] Die Fahrerlaubnisbehörde kann aber bei einem Bewerber, dem eine frühere Fahrerlaubnis entzogen worden war, auf eine Fahrerlaubnisprüfung verzichten, wenn keine Tatsachen vorliegen, die die Annahme rechtfertigen, dass der Bewerber die erforderlichen Kenntnisse und Fähigkeiten nicht mehr besitzt (§ 20 Abs. 2 S. 1 FeV).   **4**

a) Formelle Voraussetzung

Formelle Voraussetzung für den Prüfungsverzicht ist zunächst: **5**

---

1 Siehe unter § 4 Rn 5.

§ 14 Neuerteilung der Fahrerlaubnis nach Entziehung

aa) Fehlen von Anhaltspunkten für Befähigungsmängel

6 War die frühere Fahrerlaubnis wegen eines Befähigungsmangels entzogen worden oder lassen sonstige Umstände darauf schließen, dass der Fahrerlaubnisbewerber nicht über die erforderliche Befähigung zum Führen von Kraftfahrzeugen verfügt, ist der Verzicht auf die Befähigungsprüfung unzulässig. Allerdings ist auch ein Teilverzicht erlaubt, so etwa
- Verzicht auf praktische Prüfung,
  wenn nichts für eine Einbuße an fahrerischem Können spricht oder
- Verzicht auf theoretische Prüfung,
  wenn keine Defizite im Bereich von Wissen und Einsicht erkennbar sind.

bb) Beachtung einer Zwei-Jahres-Frist

7 Ein Verzicht auf die Prüfungen ist nicht zulässig, wenn seit der Entziehung, der vorläufigen Entziehung oder der Beschlagnahme des Führerscheins oder einer sonstigen Maßnahme nach § 94 der StPO mehr als zwei Jahre verstrichen sind (§ 20 Abs. 2 S. 2 FeV).

Nach Ansicht des **Bundesverwaltungsgerichts**[2] verstößt diese Bestimmung weder gegen den Grundsatz der Verhältnismäßigkeit noch ist sie willkürlich im Sinne des Art. 3 GG – und zwar auch in dem Fall, dass dem Bewerber zuvor die Fahrerlaubnis nicht wegen Fehlens theoretischer Grundkenntnisse, sondern wegen charakterlichen Fehlverhaltens entzogen worden ist und er die Fahrerlaubnis drei Jahrzehnte besessen hat.

8 Diese Frist hat ihren Grund in den Überlegungen, die dafür sprechen, dass der Zeitraum zwischen Abschluss der Befähigungsprüfung und Aushändigung des Führerscheins ebenfalls zwei Jahre nicht überschreiten darf.[3] Diese Frist ist zwingend und gilt selbst dann, wenn ihre Überschreitung auf behördlichem Verschulden beruht.[4] Von ihr kann nur unter außergewöhnlichen Umständen abgewichen werden:

cc) Ausnahmen bei Fristüberschreitung

Diese sind nach § 74 Abs. 1 Nr. 1 FeV möglich. Sie sollten[5] nur dann erwogen werden, wenn
- die Ablegung der Prüfung für den Bewerber mit einer unbilligen Härte verbunden wäre,
- die Frist nur geringfügig (z.B. bis zu drei Monaten) überschritten ist,

---

2 BVerwG 22.02.1994.
3 Siehe unter § 4 Rn 30.
4 *Himmelreich, K.* und *Hentschel, P.* (1992) Rn 264 m.w.N.
5 So *Bouska, W.* (2000) § 20 FeV, Erl. 2c.

- der Bewerber die der Fristüberschreitung zugrunde liegenden Umstände nicht zu vertreten hat und
- keine Tatsachen vorliegen, die Bedenken gegen die Befähigung des Bewerbers begründen.

b) Materielle Voraussetzungen

Materielle Voraussetzungen für einen Prüfungsverzicht hat die Fahrerlaubnisbehörde nach pflichtgemäßem Ermessen zu beurteilen. Sie darf ihrer Entscheidung nur sachgerechte Erwägungen zugrunde legen.

II. Besitzstandswahrung

Sie ist von Bedeutung für Bewerber um eine Neuerteilung der Fahrerlaubnis, die wegen der Neueinteilung der Fahrerlaubnisklassen einen anderen Zuschnitt hat als die zuvor entzogene Fahrerlaubnis.[6]

So berechtigten Fahrerlaubnisse der Klasse 3 auch zum Führen von Zügen bestehend aus einem Zugfahrzeug mit einem zulässigen Gesamtgewicht bis 7,5 t und einem einachsigen Anhänger. Soweit die Kombination ein zulässiges Gesamtgewicht von 12.000 kg überschreitet, fällt sie damit nunmehr in die Klasse CE. Diese Klasse entspricht in vollem Umfang der Klasse 2. Sie kann dem Inhaber einer Fahrerlaubnis der Klasse 3 daher nicht vollständig erteilt werden, sondern nur für die Kombinationen, die er bisher mit Klasse 3 führen durfte. Deshalb kann bei der Umstellung von Fahrerlaubnissen der früheren Klasse 3 auf Antrag die Klasse CE mit Berechtigung zum Führen bisher in Klasse 3 fallender Züge erteilt werden (§ 76 Nr. 9 S. 3 FeV).

Personen, denen eine Fahrerlaubnis alten Rechts der Klasse 3 entzogen wurde, werden im Rahmen einer Neuerteilung nach § 20 FeV auf Antrag außer der Klasse B auch die Klassen BE, C1 und C1E sowie die Klasse A1, sofern die Klasse 3 vor dem 01.04.1980 erteilt war, ohne Ablegung der hierfür erforderlichen Fahrerlaubnisprüfungen erteilt, wenn die Fahrerlaubnisbehörde auf die Ablegung der Prüfung für die Klasse B nach § 20 Abs. 2 FeV verzichtet hat (§ 76 Nr. 11a FeV – eingefügt durch die FeVÄndV vom 07.08.2002).

Solchenfalls wird aber die Fahrerlaubnis für die Klassen C1 und C1E nur mit Befristung[7] erteilt. Die Vorschrift in § 79 Nr. 9 Abs. 1 S. 2 FeV, nach der bei Umstellung von

---

6 Siehe wegen der Behandlung nach früherem Recht erworbener Fahrerlaubnisse unter § 2 Rn 12.
7 Siehe unter § 2 Rn 52.

§ 14 Neuerteilung der Fahrerlaubnis nach Entziehung

Fahrerlaubnissen die Klassen C1 und C1E nicht befristet werden, gilt nicht für den Fall einer Neuerteilung der Fahrerlaubnis.[8]

III. Sperrfrist

12 War die frühere Fahrerlaubnis wegen Erreichung von 18 Punkten nach dem Punktsystem entzogen worden,[9] darf eine neue Fahrerlaubnis frühestens sechs Monate nach Wirksamkeit der Entziehung und Ablieferung des Führerscheins erteilt werden (§ 4 Abs. 10 S. 1 und 2 StVG).

Die zuständigen Verwaltungsbehörden können allerdings in besonders gelagerten Einzelfällen Ausnahmen zulassen (§ 6 Abs. 1 Nr. 1 Buchst. w StVG, § 74 FeV).

War eine Fahrerlaubnis auf Probe wegen Erfolglosigkeit der Verwarnung entzogen worden,[10] beträgt die Sperrfrist nur drei Monate (§ 2a Abs. 5 S. 3 StVG).

Im Übrigen hat die Fahrerlaubnisbehörde eine vom Strafgericht bestimmte Sperrfrist zu beachten.[11]

13 Der Antrag auf Neuerteilung der Fahrerlaubnis kann bereits vor Ablauf der Sperrfrist gestellt werden. Die der Neuerteilung der Fahrerlaubnis vorangehenden Ermittlungen der Fahrerlaubnisbehörde nach § 2 Abs. 7 S. 1 StVG[12] müssen allerdings zu einem dem Ablauf der Sperrfrist möglichst nahe liegenden Zeitpunkt erfolgen. So darf z.B. in Niedersachsen mit den Ermittlungen nach § 11 FeV frühestens drei Monate vor Ablauf der Sperrfrist begonnen werden, wenngleich über die Erteilung einer neuen Fahrerlaubnis frühestens am Tage nach Ablauf der Sperrfrist entschieden werden kann.[13]

IV. Eignungsprüfung durch Gutachter

14 Sie ist wie bei der Ersterteilung einer Fahrerlaubnis[14] nur erforderlich, wenn im Einzelfall dazu Anlass besteht, nämlich Tatsachen bekannt werden, die Bedenken gegen die Eignung oder Befähigung des Bewerbers begründen. Die diesbezüglichen Vorschriften sind jedoch durch einige Spezialvorschriften ergänzt:

---

8 BVerwG 24.09.2002.
9 Siehe unter § 11 Rn 106.
10 Siehe unter § 11 Rn 72.
11 Siehe unter § 13 Rn 22 ff.
12 Siehe unter § 6 Rn 2 ff.
13 Arbeitsanweisung (siehe unter § 1 Rn 53) zu § 20 FeV.
14 Siehe unter § 6 Rn 26 ff.

Neuerteilung der Fahrerlaubnis nach Entziehung § 14

1. Ärztliches Gutachten

Seine Beibringung ist zwingend vorgeschrieben für den Fall, dass die Fahrerlaubnis wegen Alkoholabhängigkeit entzogen war (§ 13 Abs. 1 Nr. 1 FeV). 15

Dagegen bestehen die bereits oben[15] dargelegten Bedenken: Zwar ist die Feststellung der Abhängigkeit eine ärztliche Fragestellung. Bei der Frage, ob Abhängigkeit nicht mehr besteht (gemeint ist offensichtlich, ob der Betroffene trotz fortbestehender Abhängigkeit – die ihm Zeit seines Lebens erhalten bleibt – wieder geeignet zum Führen von Kraftfahrzeugen ist), ist aber außer den ärztlichen Fragen (z.B. erfolgreiche Entwöhnungsbehandlung) für eine positive Beurteilung auch entscheidend, ob ein stabiler Einstellungswandel eingetreten ist und keine psycho-physischen Leistungsmängel als Folge der Abhängigkeit bestehen. Hierzu ist auch eine psychologische Bewertung erforderlich. Zur Vermeidung einer unzumutbaren Doppelbelastung des Betroffenen durch ärztliches Erstgutachten und medizinisch-psychologisches Zweitgutachten ist es in diesen Fällen geboten, von vornherein die Beibringung eines Gutachtens einer amtlich anerkannten Begutachtungsstelle für Fahreignung anzuordnen – wie das für die entsprechenden Fälle bei Betäubungsmittelproblematik in § 14 Abs. 2 FeV ausdrücklich vorgeschrieben ist.

2. Gutachten einer amtlich anerkannten Begutachtungsstelle für Fahreignung

Die Beibringung eines solchen Gutachtens ist gesondert geregelt. 16

a) Zwingende Anordnung

Die Fahrerlaubnisbehörde hat die Beibringung eines medizinisch-psychologischen Gutachtens nach § 13 Abs. 1 Nr. 2 Buchst. d und § 14 Abs. 2 Nr. 1 FeV anzuordnen, wenn Anlass für die frühere Entziehung der Fahrerlaubnis war 17
- Alkoholmissbrauch,
- wiederholte Verkehrszuwiderhandlungen unter Alkoholeinfluss,
- Führen eines Fahrzeugs unter erheblichem Alkoholeinfluss,
- Umgang mit Betäubungs- und Arzneimitteln.

Gegen den Zwang zur Anordnung der Beibringung eines Gutachtens in jedem Fall von wiederholten Verkehrszuwiderhandlungen unter Alkoholeinfluss und Führen eines Fahrzeugs unter erheblichem Alkoholeinfluss bestehen die bereits oben[16] dargelegten Bedenken wegen Verstoßes gegen den Grundsatz der Verhältnismäßigkeit.

---

15 Siehe unter § 7 Rn 175 ff.
16 Siehe unter § 7 Rn 26, 34.

§ 14 Neuerteilung der Fahrerlaubnis nach Entziehung

b) Regelanordnung nach dem Punktsystem

18 Der Antragsteller, dem die frühere Fahrerlaubnis wegen Erreichung von 18 Punkten nach dem Punktsystem entzogen worden war, hat in der Regel ein Gutachten einer amtlich anerkannten Begutachtungsstelle für Fahreignung beizubringen (§ 4 Abs. 10 S. 3 StVG).[17]

Für den vergleichbaren Fall, dass eine Fahrerlaubnis auf Probe nach § 2a Abs. 2 S. 1 Nr. 3 StVG (ebenfalls bei Erreichen der dritten Eingriffsschwelle) entzogen worden ist, ist eine Begutachtung der Fahreignung vor Neuerteilung der Fahrerlaubnis auf Probe nicht vorgeschrieben. Bei der besonderen Gruppe der Fahranfänger bleibt es insoweit bei einer Einzelfallentscheidung.

c) Anordnung nach Ermessen

19 Die Beibringung des Gutachtens einer amtlich anerkannten Begutachtungsstelle für Fahreignung kann angeordnet werden nach
- wiederholter Entziehung der Fahrerlaubnis (§ 11 Abs. 3 S. 1 Nr. 5 Buchst. a FeV) und
- Entziehung früherer Fahrerlaubnis wegen bestimmter Straftaten im Zusammenhang mit dem Straßenverkehr oder der Kraftfahreignung oder mit hohem Aggressionspotential (§ 11 Abs. 3 S. 1 Nr. 5 Buchst. b FeV).

3. Teilnahme an einem Kurs zur Wiederherstellung der Eignung

20 Kommt das Gutachten einer amtlich anerkannten Begutachtungsstelle für Fahreignung zu dem Ergebnis, dass der Bewerber um die Neuerteilung der Fahrerlaubnis zwar ungeeignet ist, seine Eignungsmängel aber durch Teilnahme an einem amtlich anerkannten Kurs zur Wiederherstellung der Eignung behoben werden können, so kann die Fahrerlaubnisbehörde nach Vorlage einer Bescheinigung über die Teilnahme an solchem Kurs die Eignung als nachgewiesen ansehen.[18]

V. Teilnahme an Aufbauseminar

21 War die Fahrerlaubnis wegen Nichtteilnahme an einem nach dem Punktsystem angeordneten Aufbauseminar entzogen worden[19] oder hat der Fahrerlaubnisinhaber die an

---

17 Siehe unter § 11 Rn 128.
18 Siehe unter § 15 Rn 93.
19 Siehe unter § 11 Rn 95.

sich erforderliche Teilnahme an einem Aufbauseminar durch Verzicht auf die frühere Fahrerlaubnis umgangen, so darf eine neue Fahrerlaubnis nur erteilt werden, wenn der Antragsteller nunmehr an einem Aufbauseminar teilgenommen hat (§ 4 Abs. 11 S. 2 und 3 StVG).

Gleiches gilt für die Neuerteilung einer Fahrerlaubnis auf Probe (§ 2a Abs. 5 S. 1 Nr. 2 und S. 2 StVG). Vor einer Neuerteilung einer Fahrerlaubnis auf Probe ist zudem die Teilnahme an einem Aufbauseminar auch dann erforderlich, wenn die Fahrerlaubnis auf Probe nach der allgemeinen Vorschrift des § 3 StVG oder wegen Erreichen von 18 Punkten nach dem Punktsystem oder nach § 69 oder § 69b StGB entzogen worden war (§ 2a Abs. 5 S. 1 Nr. 1 StVG).

VI. Vorbereitungen des Bewerbers

Der an Wiedererlangung einer Fahrerlaubnis Interessierte muss sich rechtzeitig darum kümmern, die von ihm erwarteten Voraussetzungen für die Neuerteilung einer Fahrerlaubnis nach vorangegangener Entziehung zu schaffen. 22

1. Befähigungsprüfung

Falls der Fahrerlaubnisbewerber zur Befähigungsprüfung verpflichtet ist, die Fahrerlaubnisbehörde also darauf nicht verzichten kann oder will[20] und er an baldiger Erteilung einer neuen Fahrerlaubnis nach Ablauf der vom Strafgericht festgesetzten Sperrfrist interessiert ist, kann nur empfohlen werden, geraume Zeit vor Ablauf der Sperrfrist bei der Fahrerlaubnisbehörde zu klären, ob und in welchem Umfang diese auf Ablegung der Befähigungsprüfung besteht, damit er ggf. die Prüfung in Ruhe absolvieren kann. 23

Noch knapper kann die Zeit werden, wenn weitere Maßnahmen erforderlich sind. 24

2. Begutachtung

Muss der Fahrerlaubnisbewerber damit rechnen, dass die Fahrerlaubnisbehörde von ihm die Beibringung eines Gutachtens oder gar mehrerer Gutachten verlangt,[21] sollte er hierüber alsbald durch Anfrage bei der Fahrerlaubnisbehörde Klarheit schaffen, damit er sich nicht erst kurz vor Ablauf der Sperrfrist um solche Begutachtung bemü- 25

---

20 Siehe unter § 14 Rn 4 ff.
21 Siehe unter § 14 Rn 14 ff.

hen muss. Baldmögliche Begutachtung empfiehlt sich auch deshalb, weil das Gutachten u.U. zu weiteren Maßnahmen Anlass gibt.

3. Teilnahme an einem Kurs zur Wiederherstellung der Eignung

26 Wird sie im Gutachten einer amtlich anerkannten Begutachtungsstelle für Fahreignung empfohlen, ist der Bewerber um die Neuerteilung der Fahrerlaubnis praktisch dazu gezwungen, wenn Aussicht besteht, dass die Fahrerlaubnisbehörde nach Vorlage einer Bescheinigung über die Teilnahme an solchem Kurs die Eignung als nachgewiesen ansehen wird.[22]

27 Die Zahl solcher Fälle ist beträchtlich. Von den durch amtlich anerkannte medizinisch-psychologische Untersuchungsstellen 2003 untersuchten Personen wurden zwischen 6 % und 26 % für zurzeit ungeeignet, aber nachschulungsfähig befunden.[23]

Rechtzeitige Bemühungen um die Teilnahme an einem Kurs zur Wiederherstellung der Eignung sind auch deshalb sinnvoll, weil sie zur Abkürzung der im Strafverfahren bestimmten Sperrfrist führen können.[24]

VII. Staatliche Fürsorge

28 In zunehmendem Maße versuchen Verwaltungsbehörden, von der Entziehung der Fahrerlaubnis Betroffene bei ihren Bemühungen um Wiedererlangung ihrer Kraftfahreignung zu unterstützen. So schreibt z.B. das Niedersächsische Ministerium für Wirtschaft, Technologie und Verkehr vor:[25]

„Es wird empfohlen, die Betroffenen über die allgemeinen Voraussetzungen für die Neuerteilung einer Fahrerlaubnis zu unterrichten, sobald die Verwaltungsbehörde Kenntnis von der Entziehung einer Fahrerlaubnis erhält. ...

Die Vorlage eines Gutachtens ist so rechtzeitig anzuordnen, dass die Begutachtung möglichst bis zum Ende der Sperrfrist durchgeführt werden kann. Die Begutachtungsstellen für Fahreignung werden gebeten, eine Eignungsbeurteilung für den Zeitpunkt nach Ablauf der festgesetzten Sperrfrist abzugeben; das Gutachten sollte so rechtzeitig erstellt werden, dass es bei der Verwaltungsbehörde vor Ablauf der Sperrfrist eingereicht werden kann.

---

22 Siehe unter § 14 Rn 20.
23 Siehe Tabelle unter § 6 Rn 84.
24 Siehe unter § 12 Rn 109 ff.
25 Arbeitsanweisung (siehe unter § 1 Rn 53) zu § 20 FeV.

Bei einer erforderlichen Fahrerlaubnisprüfung ist der Prüfauftrag nach Möglichkeit so rechtzeitig zu erteilen, dass die Prüfung vor Ablauf der Sperrfrist durchgeführt werden kann."

1. Beratung

Soweit eine Unterrichtung des Betroffenen über die allgemeinen Voraussetzungen für die Neuerteilung einer Fahrerlaubnis nicht von Amts wegen erfolgt, sind Fahrerlaubnisbehörden auch bereit, Betroffene zu beraten und ihnen die für sie in Betracht kommenden Wege aufzuzeigen. Das setzt allerdings voraus, dass der Betroffene sich an sie wendet. 29

Beispielhaft sind die gemeinsamen Bemühungen von Justiz und Verwaltungsbehörden im Rahmen besonderer Regelungen in Baden-Württemberg und Niedersachsen, von sich aus Informationen in einem Merkblatt über die Abkürzung der Sperrfrist für die Wiedererteilung der Fahrerlaubnis an die Betroffenen möglichst frühzeitig heranzutragen.[26]

2. Vorermittlungen

Vorermittlungen der Fahrerlaubnisbehörde sind allerdings nur im Zusammenhang mit diesen besonderen Vorschriften in Baden-Württemberg und Niedersachsen vorgeschrieben. Sie haben ohnehin nur vorläufigen Charakter. Ihr Ergebnis kann für künftige Entscheidungen der Fahrerlaubnisbehörde nicht bindend sein. 30

Der Fahrerlaubnisbehörde ist es allerdings auch ohne besondere Vorermittlungen möglich, einigermaßen zuverlässige Auskünfte über sachgemäße Vorbereitung des Betroffenen zu geben. Für den Betroffenen von Nutzen kann das aber nur sein, wenn er seinerseits im Vorgespräch nicht Umstände verschweigt, von denen sicher ist, dass sie der Fahrerlaubnisbehörde bei späterer Bearbeitung des Antrages auf Neuerteilung einer Fahrerlaubnis bekannt werden müssen. 31

---

26 Siehe unter § 12 Rn 122 ff.

3. Verfahrensintegration

32 Da in zahlreichen Fällen im Gutachten einer amtlich anerkannten Begutachtungsstelle für Fahreignung die Teilnahme an einem Kurs zur Wiederherstellung der Eignung für erforderlich gehalten wird,[27] ist eine rechtzeitige Koordinierung von Begutachtung und Kursteilnahme besonders sachgerecht.

33 Für die besonders häufigen Fälle, in denen alkoholauffällige Kraftfahrer nach bis zum 31.12.1998 geltenden Recht damit rechnen mussten, dass sie das Gutachten einer amtlich anerkannten medizinisch-psychologischen Untersuchungsstelle beibringen mussten und darin Nachschulung empfohlen wurde, hatten einige Bundesländer besondere Regelungen für die rechtzeitige Koordinierung von Begutachtung und Nachschulung geschaffen. Solche Möglichkeiten sollten auch nach dem ab 01.01.1999 geltenden Recht – unter Anpassung an die neue Rechtslage – fortbestehen. Als Vorbilder können dabei die Regelungen dienen, die eingeführt wurden in

- Hessen zum 01.11.1991: „Freiwillige Rehabilitation in der Sperrfrist (FRS)-Modell Hessen",[28]
- Hamburg zum 01.06.1992: „Integriertes Schulungs- und Begutachtungsmodell (ISB) Hamburg 79"[29] und
- Niedersachsen zum 01.05.1993: „Integriertes Schulungs- und Begutachtungsmodell für alkoholauffällige Kraftfahrer".[30]

Die Verfahrensweisen waren in den einzelnen Bundesländern unterschiedlich:

a) Hessen

34 Im Wesentlichen noch nahe am seinerzeit hergebrachten System orientiert sich Hessen.

aa) Teilnehmer

35 Einbezogen wurden alle Personen, die mit einer Blutalkoholkonzentration von mindestens 1,6 ‰ unter den in den Eignungsrichtlinien[31] genannten besonderen Umständen aufgefallen sind und deshalb das Gutachten einer amtlich anerkannten medizinisch-psychologischen Untersuchungsstelle beibringen müssen.

---

27 Siehe unter § 14 Rn 27.
28 Erlasse des Hessischen Ministeriums für Wirtschaft, Verkehr und Technologie vom 29.10.1991 und 09.04.1992 – IV b 3–66 1 14.07.04.09.
29 Fachliche Weisung A 2/92 und Dienstanweisung der Behörde für Inneres – Amt für Innere Verwaltung und Planung – vom 04.05.1992 – A 311/751.33–10.
30 Erlass des Niedersächsischen Ministeriums für Wirtschaft, Technologie und Verkehr vom 02.04.1993–402.3–30013/43.
31 Abgedruckt in der 2. Auflage dieses Buchs im Anhang unter Nr. 1.

bb) Information

Sobald die Verwaltungsbehörde (durch Strafgericht oder Kraftfahrt-Bundesamt) 36
Kenntnis vom rechtskräftigen Entzug der Fahrerlaubnis erhält, unterrichtet sie die in Betracht kommende Person über die möglichen Voraussetzungen zur Neuerteilung einer Fahrerlaubnis und die Möglichkeit zur Teilnahme am Modellversuch.

cc) Antrag auf Voruntersuchung

Entscheidet sich der Betroffene für die Teilnahme am Modellversuch, bittet er mittels 37
ihm übersandter Vordrucke eine von ihm gewählte Beratungsstelle einer amtlich anerkannten medizinisch-psychologischen Untersuchungsstelle um Terminierung eines Vorgesprächs und die Verwaltungsbehörde um Übersendung der ihn betreffenden Fahrerlaubnisakten an diese Beratungsstelle.

dd) Voruntersuchung

Die vom Betroffenen gewählte Beratungsstelle klärt nach Eingang der Fahrerlaubnis- 38
akten aufgrund während des Vorgesprächs vorgenommener Untersuchung durch Arzt und Psychologen, ob der Betroffene nachschulungsfähig ist, erstattet darüber bejahendenfalls ein Kurzgutachten und sendet die Fahrerlaubnisakten an die Verwaltungsbehörde zurück.

Erweist sich der Betroffene als schulungsunfähig, berät ihn der Gutachter über ihm 39
sonst noch verbleibende Möglichkeiten und sendet die Fahrerlaubnisakten ebenfalls an die Verwaltungsbehörde zurück.

ee) Nachschulung

Der als nachschulungsfähig Beurteilte kann nun an einem Nachschulungskurs teilneh- 40
men und erhält nach dessen Abschluss eine Teilnahmebescheinigung.

ff) Begutachtung

Trotz Nachschulung ist bei Beantragung der Neuerteilung einer Fahrerlaubnis noch 41
die in den Eignungsrichtlinien vorgesehene Beibringung eines Gutachtens einer amtlich anerkannten medizinisch-psychologischen Untersuchungsstelle erforderlich.

b) Niedersachsen

Niedersachsen hat die Integration von Begutachtung und Nachschulung noch weiter 42
entwickelt.

aa) Teilnehmer

43 Der Modellversuch ist ähnlich wie in Hessen bestimmt für Personen, denen die Fahrerlaubnis wegen einer Alkoholauffälligkeit entzogen worden ist und die deshalb ein medizinisch-psychologisches Gutachten beizubringen haben (erstmals Alkoholauffällige ab 1,6 ‰ nach den Eignungsrichtlinien[32] und wiederholt Auffällige mit mindestens einem gerichtlich geahndeten Trunkenheitsdelikt).

bb) Information

44 Die Information über Möglichkeiten zur Teilnahme am Modellversuch übernimmt ebenfalls die Verwaltungsbehörde nach Eingang der strafgerichtlichen Entscheidung.

cc) Antrag auf Neuerteilung einer Fahrerlaubnis

45 Anders als in Hessen muss der Betroffene schon vor Teilnahme am Modellversuch bei der Verwaltungsbehörde einen Antrag auf Erteilung einer neuen Fahrerlaubnis stellen und sein Einverständnis zur Übersendung der ihn betreffenden Fahrerlaubnisakten an die von ihm gewählte amtlich anerkannte medizinisch-psychologische Untersuchungsstelle erklären.

46 Die Verwaltungsbehörde prüft zunächst nur, ob ein Gutachten einer amtlich anerkannten medizinisch-psychologischen Untersuchungsstelle beizubringen wäre, und unterrichtet über das Ergebnis dieser Vorprüfung die vom Betroffenen gewählte Untersuchungsstelle unter Übersendung der Fahrerlaubnisakten.

dd) Eingangsuntersuchung

47 Die vom Betroffenen gewählte Untersuchungsstelle untersucht den Betroffenen und sendet die Fahrerlaubnisakten an die Verwaltungsbehörde ohne Ergebnismitteilung zurück.

48 Ziel der Eingangsuntersuchung ist es, festzustellen, ob der Betroffene nach Ablauf der vom Strafgericht festgesetzten Sperrfrist geeignet zum Führen von Kraftfahrzeugen sein wird, ohne dass es einer Nachschulung bedarf, ungeeignet zum Führen von Kraftfahrzeugen ist oder ungeeignet, aber nachschulungsfähig ist.

---

32 Abgedruckt in der 2. Auflage dieses Buchs im Anhang unter Nr. 1.

ee) Nachschulung

Nur Fahrerlaubnisbewerber, die zur letztgenannten Gruppe gehören, können an einer Nachschulung teilnehmen, die nach dem Modell „LEER"[33] des TÜV Hannover/Sachsen-Anhalt durchzuführen ist. 49

ff) Begutachtung

Obwohl die Teilnahme am Modellversuch nur zulässig ist, wenn der Betroffene zuvor den Antrag auf Neuerteilung einer Fahrerlaubnis gestellt hat, (oben zu cc) darf mit der Bearbeitung dieses Antrags und den damit durchzuführenden Ermittlungen frühestens 3 Monate vor Ablauf der Sperrfrist begonnen werden. 50

Nach Abschluss dieser Ermittlungen ist ggf. die in den Eignungsrichtlinien vorgesehene Beibringung eines Gutachtens einer amtlich anerkannten medizinisch-psychologischen Untersuchungsstelle anzuordnen. Die Untersuchungsstelle kann sich auf die bereits anlässlich der Eingangsuntersuchung (oben zu dd) erhobenen Befunde stützen. Nur wenn ihr nach der Eingangsuntersuchung weitere Bedenken an der Kraftfahreignung des Bewerbers von der Verwaltungsbehörde mitgeteilt oder sonst bekannt werden, ist eine erneute Übersendung der Fahrerlaubnisakten für die Abschlussbegutachtung erforderlich. 51

c) Hamburg

Hamburg hat die Integration von Begutachtung und Nachschulung am weitesten getrieben und versucht zu klären, ob das aus dem reinen Nachschulungsmodell „Hamburg 79" entwickelte „Integrierte Schulungs- und Begutachtungsmodell (ISB) Hamburg 79" geeignet ist, in bestimmten Fällen eine medizinisch-psychologische Untersuchung zu ergänzen oder gar zu ersetzen. 52

Träger des Modellversuchs ist der Verein „Verkehrspsychologisches Beratungs- und Schulungszentrum e.V.". 53

aa) Teilnehmer

Die Teilnahmevoraussetzungen sind enger als in Hessen und Niedersachsen. Zwar gehören die in Betracht kommenden Personen ebenfalls zu denen, die aufgrund eines Alkoholdelikts nach den Kriterien der Eignungsrichtlinien das Gutachten einer amtlich anerkannten medizinisch-psychologischen Untersuchungsstelle beizubringen hätten. Jedoch ist von der Teilnahme ausgeschlossen, wer 54
- mehrmals durch Alkohol am Steuer auffällig geworden ist,

---
33 Siehe unter § 15 Rn 23.

§ 14 Neuerteilung der Fahrerlaubnis nach Entziehung

- alkoholabhängig bzw. überdurchschnittlich alkoholgewöhnt ist (davon ist bei einer gerichtlich festgestellten Blutalkoholkonzentration von mehr als 1,99 ‰ ausnahmslos auszugehen) und
- über unzureichende Kenntnisse der deutschen Sprache verfügt.

bb) Information

55 Auch in Hamburg ist die Information Sache der Verwaltungsbehörde. Die in Betracht kommenden Personen sind darauf hinzuweisen, dass sie die Möglichkeit haben, zwischen der Beibringung eines Gutachtens einer amtlich anerkannten medizinisch-psychologischen Untersuchungsstelle und der Teilnahme am Modellversuch „ISB Hamburg 79" zu wählen.

cc) Antrag auf Teilnahme

56 Diesen nimmt der Maßnahmenträger Verkehrspsychologisches Beratungs- und Schulungszentrum e.V. entgegen. Diesem werden auf Anforderung unter Beifügung einer Einverständniserklärung des Betroffenen die Fahrerlaubnisakten zur kurzfristigen Einsichtnahme übersandt.

dd) Voruntersuchung

57 Sie dient vor allem der Feststellung der Schulungsfähigkeit des Betroffenen und besteht aus einer medizinischen Untersuchung und Begutachtung durch einen Arzt mit Erhebung der relevanten Laborwerte sowie einer psychologischen Exploration.

ee) Nachschulung

58 Der als nachschulungsfähig Beurteilte nimmt an einem 24 Seminarstunden umfassenden Nachschulungskurs teil.

ff) Begutachtung

59 Auf das an sich erforderliche Gutachten einer amtlich anerkannten medizinisch-psychologischen Untersuchungsstelle wird verzichtet. Solchem Gutachten wird eine gutachterliche Stellungnahme des Maßnahmenträgers Verkehrspsychologisches Beratungs- und Schulungszentrum e.V. gleichgestellt.

60 Diese gutachterliche Stellungnahme soll unter Einbeziehung der
- Ergebnisse der medizinischen Voruntersuchung,
- Ergebnisse der verkehrspsychologischen Vorexploration,
- Stellungnahme des Kursmoderators und

- Ergebnisse der verkehrspsychologischen Nachexploration zu der Frage Stellung nehmen, ob der Kursteilnehmer künftig Kraftfahrzeuge nicht mehr unter Alkoholeinfluss führen wird.

Die Begutachtung und die Nachschulung sind von unterschiedlichen Personen durchzuführen. 61

Die gutachterliche Stellungnahme darf zum Zeitpunkt der Prüfung der Eignung des Fahrerlaubnisbewerbers nicht älter als drei Monate sein. Ist sie älter, ist eine Nachuntersuchung durch das Verkehrspsychologische Beratungs- und Schulungszentrum e.V. zu verlangen.

In den Fällen, in denen neben der Alkoholproblematik noch andere Eignungsbedenken bestehen, ist eine eventuell erforderliche medizinisch-psychologische Untersuchung auf die Klärung dieser Zweifelsfragen zu beschränken. 62

d) Übrige Bundesländer

Die übrigen Bundesländer werden vermutlich ähnliche oder auch noch andere Wege zur Verfahrensintegration beschreiten. Danach sollte sich der an Wiedererteilung der Fahrerlaubnis nach vorangegangener Entziehung Interessierte an kompetenter Stelle erkundigen. 63

Über die nunmehr erreichte Einbindung von Maßnahmen zur Korrektur von Eignungsmängeln in das Fahrerlaubnisrecht[34] hinaus sollten auch baldmöglich Regelungen zur rechtzeitigen Koordinierung von Begutachtung und Teilnahme an einem Kurs zur Wiederherstellung der Eignung durch Einführung diesbezüglicher bundeseinheitlicher Vorschriften auf eine sichere Rechtsgrundlage gestellt werden.

---

34 Siehe unter § 15 Rn 69 ff.

§ 15 Korrektur von Eignungsmängeln

Wer nicht ständig seine Eignung zum Führen von Kraftfahrzeugen selbstkritisch überprüft und sich um die Erhaltung seiner Fähigkeiten zum Führen von Kraftfahrzeugen bemüht, muss damit rechnen, dass ihm eines Tages die Fahrerlaubnis wegen mangelnder Fahreignung entzogen wird. Leider verführt Gleichgültigkeit und Gewöhnung den Kraftfahrer, der sich nicht selbst um die Bewahrung seiner Fahrerlaubnis kümmert, zur Verdrängung des Bewusstseins über die Gefahren des Straßenverkehrs und zur Aneignung von Fahrverhaltensweisen, die als verkehrswidrig bezeichnet werden müssen. Die Beobachtung des Straßenverkehrs lehrt, dass einige Kraftfahrer ohne Rücksicht auf die dadurch entstehenden erheblichen Gefahren für sich und andere unter Missachtung von Verkehrsregeln und Verkehrszeichen fahren, also z.B. zu schnell oder unter Alkoholeinfluss. Da gleichwohl bei so fehlerhafter Fahrweise mögliche und immer nahe liegende Unfälle selten eintreten – meist wegen besonders rücksichtsvollen und vorausschauenden Verhaltens anderer vernünftigerer Verkehrsteilnehmer –, geht dem Falschfahrer das Risiko seines Fehlverhaltens manchmal gar nicht auf. Da zudem der Straßenverkehr nicht ständig überwacht und der Kraftfahrer nicht unaufhörlich kontrolliert werden kann, verspürt der Falschfahrer häufig auch keine staatliche Reaktion auf sein Fehlverhalten. So findet der Falschfahrer allmählich zu einer Einstellung, die außerordentlich gefahrenträchtig ist und nur mühsam wieder geändert werden kann. Allein durch Strafen und Geldbußen sowie Fahrverbote und Fahrerlaubnisentziehungen können vielfach die notwendigen Einstellungsänderungen nicht erreicht werden. Vielmehr ist u.U. eine längere individuelle Einwirkung auf den Falschfahrer erforderlich, die über 1

- Nachschulung und
- Rehabilitation oder gar
- Spezialtherapie
- zu erreichen versucht wird.

I. Korrekturmöglichkeiten

Insoweit ergeben sich unterschiedliche Probleme schon für die Einwirkung auf zwei besonders hervorstechende Gruppen von Kraftfahrern, die entweder unter Alkohol oder ohne Alkoholeinwirkung, aber mehrfach im Straßenverkehr auffällig geworden sind. 2

§ 15 Korrektur von Eignungsmängeln

1. Alkoholauffällige Kraftfahrer

3   Die Entziehung der Fahrerlaubnis wegen Trunkenheit am Steuer führt zu den unterschiedlichsten Reaktionen der Betroffenen:
- zu einer ernsthaften Auseinandersetzung mit der Frage, welche Ursachen dem Fehlverhalten zugrunde liegen und was getan werden kann, um eine Wiederholung zu vermeiden,
- zur Steigerung des Alkoholkonsums, weil keine Gefahr besteht, durch Trunkenheit am Steuer auffällig in Erscheinung zu treten,
- zur ernsthaften Krise wegen des Verlusts der Fahrerlaubnis, zu einer entsprechenden Einbuße der Lebensqualität und damit verbunden zur Persönlichkeitsstabilisierung, wobei unter Umständen Alkohol vermehrt zur Kompensation von Ängsten und Selbstwertminderungen konsumiert wird,
- zur Aufnahme von Kontakten mit Personen und Institutionen, die helfen können, nicht nur die Fahrerlaubnis wieder zu erhalten, sondern auch die Problematik der Ungeeignetheit aufzulösen – z.B. zu einem Anschluss an Selbsthilfegruppen, zu ärztlichen oder psychotherapeutischen Bemühungen usw.,
- zu einem passiven Verharren bei bisherigen Alkoholkonsumgewohnheiten, die offenbar notwendig sind, um soziale Kontakte aufrechtzuerhalten,
- zu ständig wiederholten Rechtfertigungen des eigenen Fehlverhaltens durch Schuldverschiebung, obwohl z.B. Familienangehörige darauf verweisen, dass sie mit der Entziehung der Fahrerlaubnis wegen Trunkenheit am Steuer schon lange gerechnet und auch darauf aufmerksam gemacht haben usw.

4   In derartigen Verhaltensweisen spiegeln sich nicht nur die Eigenarten der Eignungsdefizite, die zum Trunkenheitsdelikt geführt haben, sondern auch die Kenntnisse der Möglichkeiten, die Ungeeignetheit wegen Trunkenheit am Steuer zu korrigieren. Wenn das bloße Abwarten des Endes der Sperrfrist kaum eine Chance bietet, die Eignungsdefizite abzubauen, sollte mit dem Entzug der Fahrerlaubnis ein Katalog von Möglichkeiten verteilt werden, wie der Ungeeignetheit sinnvoll begegnet werden kann.

a) Selbsterforschung und Verhaltensänderung

5   Der alkoholauffällig gewordene Kraftfahrer, der dazu in der Lage ist, sich selbst kritisch zu beobachten und zu realistischen Urteilen zu gelangen, muss zunächst fragen, welche Ursachen zum Trunkenheitsdelikt geführt haben, seit wann sie sein Trink- und sein Trink-Fahr-Verhalten beeinflusst haben, welche Maßnahmen er bereits erprobt hat, sie zu beeinflussen und warum ihm dies nicht gelungen ist.

Korrektur von Eignungsmängeln § 15

Daraus kann er Schlüsse ziehen, welche neuen Wege erforderlich sind, um das Ziel 6
einer risikoarmen Lösung des Trink-Fahr-Konflikts zu erreichen. Er wird danach die
neuen Wege kritisch erproben, sie ändern und stabilisieren, wenn er Erfolge sieht.[1]

Welche Wege er gehen muss, hängt von den Ursachen ab, die der Ungeeignetheit 7
zugrunde liegen. In jedem Fall wird er den eigenen Alkoholkonsum, seine Bedingungen und Verhaltensmuster im Hinblick auf die drastische Reduzierung der Rückfallgefahren ebenso ändern wie seine persönlichen Eigenarten, die zu dem bisherigen Alkoholkonsum Anlass gegeben haben.

b) Inanspruchnahme ärztlicher oder psychotherapeutischer Hilfe

Wenn mit oder in dem Verkehrstrunkenheitsdelikt offenkundig wird, dass der bishe- 8
rige Alkoholkonsum bereits eine Alkoholabhängigkeit oder einen Alkoholmissbrauch
darstellt, wird ärztliche oder psychotherapeutische Hilfe erforderlich sein, den Prozess
der Selbsterforschung und Verhaltensmodifikation einzuleiten, hilfreich zu fördern
und zu stabilisieren.

Ärztlicherseits kann eine Alkoholentziehungsbehandlung mit einer anschließenden 9
Therapie eingeleitet werden. Allerdings sind die Erfolgsaussichten begrenzt: „Langfristig sind Rückfälle Suchtkranker die Regel und Dauerabstinenz die Ausnahme."

Nach einer körperlichen Entgiftung blieben nur 7 % der Patienten innerhalb eines Jah- 10
res abstinent. Nach einer dreiwöchigen Gruppenbehandlung waren es 20,7 %.[2]

Auch längerfristige Erhebungen – z.B. über fünf oder zehn Jahre – zeigen, dass 66– 11
75 % der therapierten Suchtkranken rückfällig werden.[3]

Deshalb ist es oft erforderlich, im Rahmen einer psychotherapeutischen Intervention spe- 12
zifische Persönlichkeitsstörungen aufzuarbeiten, die zum Alkoholmissbrauch geführt
haben, um neue Erlebnis- und Verhaltenskategorien zu entwickeln und zu stabilisieren.

Spezielle psychotherapeutische Behandlungsformen für alkoholauffällige Kraftfahrer 13
mit chronifiziertem Alkoholmissbrauch – vielfach unter dem Namen „Verkehrstherapie" bekannt – sind zwischenzeitlich bereits erprobt worden.[4]

---

1 So fordert das Schleswig-Holsteinische Oberverwaltungsgericht Schleswig (07.04.1992 – 4 L 229/91) von einem alkoholauffälligen Kraftfahrer, der eine neue Fahrerlaubnis erwerben will, dass er ein „selbstkritisches Problembewusstsein und ein auf diesem Hintergrund geändertes Trinkverhalten" entwickelt hat, um als geeignet zum Führen von Kraftfahrzeugen beurteilt zu werden.
2 *Veltrup, Cl.* und *Driessen, M.* (1993).
3 *Körkel, J., Lauer, G.* und *Scheller, R.* [Hrsg.] (1995).
4 *v. Wolmar, R.* (1993); *Höcher, G.* (1992); *Sohn, J. M.* und *Meyer-Gramcko, F.* (1993); *Sohn, J. M.* und *Meyer-Gramcko, F.* (1998).

§ 15 Korrektur von Eignungsmängeln

Dabei zeigten sich erfreuliche Erfolge: Innerhalb von drei Jahren waren nur 7,9 % der Therapieteilnehmer rückfällig geworden.[5] Selbst bei schwierigen Fällen – sog. „Alkoholneurotikern" mit deutlich verfestigten pathogenen Verhaltens- und Einstellungsmustern gegenüber dem Konsum von Alkohol und der Verkehrsteilnahme unter Alkoholeinfluss – konnte eine erhebliche Reduzierung der Rückfallhäufigkeit erreicht werden: In fünf Jahren nach erfolgreichem Therapieabschluss wurden nur 6,4 % erneut wegen Trunkenheit am Steuer bestraft.[6]

Allerdings fordern derartige Maßnahmen die Bereitschaft, sich über eine sehr lange Zeit, teilweise über die Dauer eines Jahres, mit der eigenen Persönlichkeitsproblematik zu befassen und die therapeutischen Anregungen umzusetzen. In der Langzeittherapie IVT-HÖ wird „der Missbrauch oder die Abhängigkeit von Alkohol oder Drogen nicht nur als ein krankhaftes Symptom verstanden oder gar als die einzig zu bekämpfende Ursache von Lebensproblemen. Bei der fokalen Lebensstilanalyse wird vielmehr ergründet, an welcher Stelle Alkoholkonsum eine späte (erwachsene) Antwort auf frühe (kindliche) Fragen ist.[7] Dies ist zeit- und kostenaufwändig und gelingt einem Teil der Interessenten nicht. Die Abbrecherquote ist dementsprechend hoch: Sie beträgt in der Langzeittherapie IVT-HÖ 24 %,[8] in der Verkehrstherapie „um 25 %".[9] In den „besonderen Nachschulungskursen" für alkoholauffällige Fahranfänger wurden dagegen von 1.439 Kursteilnehmern nur 3,9 % registriert, die ihre Teilnahme abgebrochen haben oder aus dem Kurs ausgeschlossen wurden.[10] In den Rehabilitationskursen nach dem Modell LEER betrug bei 37.462 Kursteilnehmern, die wiederholt oder mit einer hohen Blutalkoholkonzentration alkoholauffällig geworden waren, die Abbrecherquote lediglich 1,6 %.[11] Die genannten Zahlen relativieren also derzeit den Aussagewert der Bewährungsstudien von Langzeittherapien, sie zeigen aber dennoch, dass der eingeschlagene Weg zumindest für eine bestimmte Klientel erfolgreich zum Abbau der Eignungsdefizite führen kann.[12]

Die Entwicklung der klinischen Verkehrspsychologie, die der individuellen Rehabilitation verkehrsauffälliger Kraftfahrer mit therapeutischen Maßnahmen dient, bedarf der Qualitätssicherung, um, wie *Sohn* und *Meyer-Gramcko*[13] betonen, den Erfolg dieser Maßnahmen überprüfen zu können. Mithilfe von Wirksamkeitskontrollen, die der-

---

5 *Meyer-Gramcko, F.* (2001).
6 *Höcher, G.* (1994); *Echterhoff, W.* (1998).
7 *Lucas, D.* (2002).
8 *Hächer, G.* (1994).
9 *Meyer-Gramcko, F.* und *Sohn, J. M.* (1996).
10 *Jacobshagen, W.* (1997).
11 VdTÜV: Jahresstatistik 1996.
12 *Winkler, W.* (1998).
13 *Sohn, J. M.* und *Meyer-Gramcko, F.* (1998).

zeit noch auf erhebliche Schwierigkeiten stoßen,[14] könnten nachweislich geeignete Anbieter therapeutisch orientierter Langzeitrehabilitationen ermittelt werden.

Bisher sind folgende Maßnahmen evaluiert:[15]
- IRAK-L
  (1 Vorgespräch, 5 Einzelgespräche, ca. 70 Gruppenstunden)
- IVT-HÖ
  (40 bis 50 Einzelberatungen in 9 bis 12 Monaten)
- Verkehrstherapie *Meyer-Gramcko*
  (25 Stunden in 6 Monaten)

Die Legalbewährung der 1998 in Einzelmaßnahmen verkehrstherapeutisch abschließend behandelten Kraftfahrer ist derzeit im Auftrage des Bundesverbandes Niedergelassener Verkehrspsychologen in Bearbeitung.[16] 32 Praxen, die in der Regel zehn bis 30 Klienten betreuen, zumeist Alkoholauffällige mit einer Blutalkoholkonzentration über 1,6 ‰ sind an der Evaluation beteiligt. Rückfalldaten liegen noch nicht vor.

c) Teilnahme an einer Selbsthilfegruppe

Die erforderliche „Arbeit an sich selbst", mit dem Ziel der differenzierten Selbstbeobachtung, Selbstkontrolle und Verhaltensänderung im Umgang mit dem Alkoholkonsum und den ihn beeinflussenden Lebensbedingungen, fällt vielen Menschen weniger schwer, wenn sie diese im Rahmen einer Gruppe von Personen durchführen, die mit ähnlichen Problemen umgehen, d.h. Leidensgefährten sind. Ihnen kann der Anschluss an eine Selbsthilfegruppe sehr hilfreich sein, obwohl der Schritt nicht einfach ist und mitunter schon auf erhebliche äußere Schwierigkeiten, z.B. wegen der fehlenden Fahrerlaubnis, stößt. Hilfreich ist die gleichzeitige Teilnahme von Familienangehörigen an der Selbsthilfegruppe, weil dadurch die Bereitschaft zur Objektivität der Selbsterfahrung und zur Aufrechterhaltung der Verhaltensänderung wächst.

Ob allerdings die Teilnahme an einer Selbsthilfegruppe dazu führt, die Alkoholproblematik aufzuarbeiten und persönlichkeitsbedingte Störungen der Lebensweise zu verändern, ist von Vorbedingungen abhängig, die *Kunkel*[17] wie folgt beschreibt:
1. Der Betroffene muss den Kriterien der jeweiligen Suchtberatungsstelle entsprechen.
2. Der Betroffene muss bereit sein, den Schweregrad seiner Alkoholproblematik zu akzeptieren.

---

14 *Gabor, M.* und *Handels, V.* (1998).
15 Siehe vorstehende Fußnoten 4 bis 8.
16 *Born, R.* (2002).
17 *Kunkel, E.* (1995).

3. Seine Motivation muss so weit gehen, dass er auch bereit ist, anfängliche Schwierigkeiten zu überwinden.
4. Der Betroffene muss erkennen, dass er in die Selbsthilfegruppe passt.
5. Der Betroffene muss motiviert sein, die Selbsthilfegruppe regelmäßig zu besuchen.
6. Der Betroffene muss in der Selbsthilfegruppe aktiv mitarbeiten und z.b. soweit in die Gruppe integriert sein, dass er bereit ist, Hilfe zu akzeptieren und in schwierigen Situationen andere um Hilfe zu bitten.

16   Selbst wenn die in der Person des Betroffenen verankerten Vorbedingungen erfüllt sind, ist ein Erfolg der Gruppenteilnahme nur dann zu erwarten, wenn auch die betreffende Gruppe Voraussetzungen erfüllt, um alkoholauffälligen Verkehrsteilnehmern, die nicht alkoholabhängig sind, die nötige Hilfestellung zu gewähren, sich mit ihren Eignungsdefiziten auseinanderzusetzen. Dies ist nicht immer der Fall, weshalb die Teilnahme an einer Selbsthilfegruppe bestenfalls als Empfehlung angeregt, nicht aber als Auflage bei Erteilung einer Fahrerlaubnis gefordert werden kann.

Kontrolliertes Trinken kann auch in ambulanten Gruppen erlernt werden, die sich speziell mit dieser Thematik befassen. Ziel derartiger Gruppenprogramme ist es, „systematisch Kompetenzen zur Trinkkontrolle und Lebensstilveränderung"[18] zu vermitteln. „Die Zieloffenheit, der Verzicht auf Etikettierungen („Alkoholiker") und die zeitlich überschaubare Programmdauer (zehn Abendtermine zu je zweieinviertel Stunden) zielen auf eine hohe Attraktivität" derartiger ambulanter Gruppenprogramme zum kontrollierten Trinken.

d) Teilnahme an einem Kurs zur Wiederherstellung der Kraftfahreignung

17   Kurse für alkoholauffällig gewordene Kraftfahrer, die korrekturfähige Eignungsdefizite aufweisen, aber nicht alkoholkrank sind, werden seit Beginn der 70-er Jahre in der Bundesrepublik Deutschland unter dem Begriff „Nachschulung"[19] für Personen angeboten, die im Rahmen einer medizinisch-psychologischen Fahreignungsuntersuchung Eignungsmängel aufweisen, die als eignungsausschließend, aber nachschulungsfähig eingestuft worden sind.

18   Hierbei handelt es sich nicht um eine „Schulung" im Sinne einer edukativen Maßnahme, sondern um eine Rehabilitation, d.h. um eine Maßnahme zur Erhaltung oder Wiederherstellung der Fahreignung. Ihr Ziel ist es, jenes Maß an kritischer Selbstbeobachtung und Selbstkontrolle zu entwickeln, das nötig ist, um zu einer Verhaltensänderung im Umgang mit dem Problem des Alkoholkonsums und der Vermeidung von Verkehrstrunkenheitsdelikten zu gelangen und die Verhaltensänderung zu stabilisieren.

18 *Körkel, J.* (2001).
19 TÜV Hannover e.V. [Hrsg.] (1987).

Dies gelingt nur, wenn die individuelle Problemlage des einzelnen Kursteilnehmers 19
aufgegriffen werden kann und ihm individuelle Wege aufgezeigt und mit ihm erprobt
werden. Dazu bedarf es spezieller psychologischer Methoden, z.b. der Motivation des
Abbaus von Ängsten, der Aktivierung von Selbstexploration und der Erprobung von
verhaltensmodifikatorischen Prozessen.

Die Kurse erstrecken sich in der Regel über sechs bis acht Wochen und werden mit 8 20
bis 10 Teilnehmern, unter Leitung eines speziell ausgebildeten Verkehrspsychologen,
durchgeführt. Die dabei auftretenden gruppendynamischen Prozesse gewinnen eine
besondere Bedeutung: Sie fördern das Bemühen um Selbstforschung, die Auseinandersetzung mit den eigenen Eignungsdefiziten und die Versuche der Verhaltensänderung. Am Beispiel der anderen Kursteilnehmer und unter ihrer kritischen Rückmeldung erfolgt nicht nur ein Lernen am Modell der anderen, die Bereitschaft zur
Selbstexploration wird erhöht und die eigenen Pläne und Versuche zur Änderung des
Umgangs mit dem Alkoholkonsum erfahren eine realistische Bewertung.

Ziel dieser Kurse ist es, eine differenzierte Selbstbeobachtung zu erlernen, die soziale 21
Kompetenz zu erweitern, Problemlösungen und Strategien im Umgang mit der Problematik „Alkoholkonsum und motorisierte Verkehrsteilnahme" zu erproben und die
Fähigkeit zur dauerhaften Eigenkontrolle zu entwickeln. Es geht primär darum, die
Ressourcen des Kursteilnehmers zu aktivieren, wie dies von einer effektiven Psychotherapie gefordert wird,[20] und um die Entwicklung, Erhaltung und Steigerung der
Behandlungsmotivation, die auch in der neueren Alkoholismustherapie eine zentrale
Bedeutung gewonnen hat.[21]

aa) Kurse für erstmals alkoholauffällig gewordene Kraftfahrer

Sie werden angeboten unter der Bezeichnung 22
- MAINZ 77
 (4–6 Sitzungen mit insgesamt 12 Stunden),
- HAMBURG 79
 (3 Sitzungen mit insgesamt 21 Stunden),
- LEER-E
 (1 Vorgespräch, 6 Sitzungen mit insgesamt 14 Stunden, Nachbetreuung, Schlusssitzung nach 18 Monaten) und
- SAAR 1
 (1 Vorgespräch, 3 dreistündige Sitzungen, Nachbesprechung nach 6 Monaten).

---

20 *Grawe, K. et al.* (1994).
21 *Petry, J.* (1993).

§ 15 Korrektur von Eignungsmängeln

bb) Kurse für wiederholt alkoholauffällig gewordene Kraftfahrer

23 Sie werden angeboten unter der Bezeichnung
- LEER
  (1 Vorgespräch, 5–7 Sitzungen mit insgesamt 16 Stunden, Nachbetreuung, Schlusssitzung nach 15 Monaten),
- IFT
  (8–13 Sitzungen mit insgesamt 26 Stunden),
- mobil
  (1 Vorgespräch, Grundkurs mit 39 Stunden, Aufbaukurs mit 13 Stunden),
- IRAK
  (8–13 Sitzungen mit insgesamt 26 Stunden).

24 Beim Modell IRAK werden individualpsychologische Methoden angewandt, während bei den Modellen LEER und IFT die Rehabilitation mithilfe verhaltenspsychologischer Methoden betrieben wird – ebenso wie die Nachschulung bei den bereits früher erwähnten Nachschulungskursen.

25 Zur Aufrechterhaltung einer dauerhaften Verhaltensänderung nach Wiedererteilung einer Fahrerlaubnis unter den erneut auftretenden Anreiz-, Aufforderungs- und Verführungssituationen findet z.B. im Modell LEER des TÜV Hannover/Sachsen-Anhalt die Methode der Langzeitbetreuung über zwölf Monate nach Abschluss der Gruppengespräche Verwendung.[22]

26 Die Effektivität dieser Nachschulungskurse ist bei Bewährungskontrollen über fünf Jahre nach Beendigung des Kursbesuchs deutlich geworden: 78 % der Kursteilnehmer wurden in diesem Zeitraum nicht rückfällig, d.h. es ist ihnen gelungen, die Korrektur der Ungeeignetheit mithilfe dieser Rehabilitationsmaßnahme zu erreichen.[23]

27 Selbst nach zehn Jahren waren noch 60,6 % der Kursteilnehmer im Besitz der Fahrerlaubnis,[24] d.h. die Kursteilnahme hat zweifelsfrei zu einer Änderung des Trink- und Trink-Fahr-Verhaltens geführt, selbst wenn nur die Wiederauffallenshäufigkeit und nicht die Wiederholung einer Fahrt unter Alkoholeinfluss als Kriterium des Kurserfolges gewertet werden kann.

Dass die Teilnahme an derartigen Kursen den erwarteten Einfluss auf psychologische Variablen der Kraftfahreignung hat, zeigen neue Untersuchungen,[25] die eine Steigerung der Selbstwirksamkeitserwartung nach erfolgreicher Rehabilitation feststellen

---

22 *Pund, B.* und *Joneleit, H.* (2001).
23 *Winkler, W., Jacobshagen, W.* und *Nickel, W.-R.* (1990).
24 *Jacobshagen, W.* (1996).
25 *Büttner, J.* und *Hoyer, J.* (1998).

konnten. Diese Variable verbessert die Fähigkeit, mit schwierigen Anforderungen umzugehen, d.h. gerade auch mit Problemen wie sie vielfach beim alkoholauffälligen Kraftfahrer auftreten oder bereits zum Rückfall geführt haben. Damit leistet die Kursteilnahme die beabsichtigte Wirkung zur „Wiederherstellung der Kraftfahreignung".

Die durchgeführten Evaluationsstudien wie die praktischen Erfahrungen bei der Kursdurchführung, den Moderatorentreffen und der Supervision von Kursleitern einerseits sowie die zwischenzeitlichen Ergebnisse der Psychotherapieforschung haben dazu geführt, die wissenschaftlichen Grundlagen der Kursmodelle zu überarbeiten und Kursablauf und -durchführung zu modifizieren. Das Modell LEER des TÜV Hannover/Sachsen-Anhalt z.b. liegt bereits in der siebten Auflage vor.[26] Die vierte Optimierung des Kursleiterhandbuchs hat die Struktur des Modells wie folgt verändert:
- Integration der Ergebnisse psychotherapeutischer Wirksamkeitsuntersuchungen,
- Spezifizierung der wissenschaftlichen Grundlagen,
- Neu- und Umbewertung einzelner Kurselemente.

e) Teilnahme an integrierten Schulungs- und Beratungsmodellen

Die Ungeeignetheit des alkoholauffällig gewordenen Kraftfahrers ist spätestens mit der Verurteilung wegen Trunkenheit am Steuer offenkundig geworden. Dementsprechend sinnvoll ist es, sofort in diesem Zeitpunkt damit zu beginnen, Maßnahmen zu ergreifen, die die Fahreignung wieder herstellen. Da die Ursachen der Ungeeignetheit multifaktorieller Natur sind, müssen differenzierte Maßnahmen zur Anwendung gelangen, um sie zu beeinflussen. Welche Maßnahmen im Einzelnen notwendig und Erfolg versprechend sind, kann nur durch eine eingehende Analyse zuverlässig erkannt werden. Diese sollte möglichst am Beginn der Sperrfrist erfolgen, um die Zeit bis zur evtl. Wiedererteilung der Fahrerlaubnis optimal zu nutzen.

Bislang erfolgen derartige Analysen erst am Ende der Sperrfrist, notwendige Maßnahmen wie eine Alkoholentziehungskur oder die Teilnahme an therapeutischen oder rehabilitativen Interventionen können demgemäß erst danach einsetzen.

Zur Änderung dieses Zustands sind seit 1991 Modellversuche in den Ländern Hessen, Hamburg und Niedersachsen eingeleitet worden, die alkoholauffällig gewordenen Kraftfahrern bereits am Beginn der Sperrfrist so genannte „Integrierte Schulungs- und Beratungsmodelle" anbieten.[27]

Erste Ergebnisse des niedersächsischen „Integrierten Schulungs- und Beratungsmodells für alkoholauffällige Kraftfahrer" zeigen, dass die frühzeitige Beratung nach Entzug der Fahrerlaubnis nach vorangegangener Untersuchung ein sinnvoller Weg ist,

---

26 *Pund, B.* und *Joneleit, H.* (2001).
27 Siehe unter § 14 Rn 32 ff.

§ 15 Korrektur von Eignungsmängeln

die im Trunkenheitsdelikt erkennbar gewordenen Eignungsmängel zu korrigieren. Von 612 Personen, die sich unmittelbar nach dem Entzug der Fahrerlaubnis wegen Trunkenheit am Steuer untersuchen und beraten ließen, waren

- 18,2 % ohne erkennbare überdauernde Defizite, die rehabilitative oder therapeutische Maßnahmen erforderlich machten,
- 50,2 % wiesen Mängel auf, die voraussichtlich durch Rehabilitation in Kursen für alkoholauffällige Kraftfahrer korrigiert werden konnten, und
- 31,6 % zeigten schwer wiegende Eignungsdefizite, die bestenfalls mit Hilfe einer eingehenden Therapie zu beeinflussen waren, wenn nicht unkorrigierbare – z.b. alkoholtoxisch bedingte – Schäden der körperlichen und seelisch-geistigen Leistungsfähigkeit vorlagen.[28]

33 Die Teilnehmer am Modellversuch zeigten sich positiv beeindruckt, schon am Beginn der Sperrfrist Informationen über Art und Ausmaß der bei ihnen bestehenden Eignungsmängel zu erhalten und Wege aufgezeigt zu bekommen, sie eventuell zu korrigieren.

34 Wie nötig es ist, durch eine derartige frühzeitige Beratung Anstöße zu vermitteln, die Sperrfrist im Sinne der beabsichtigten Sicherung und Besserung zu nutzen, zeigen Untersuchungen an 878 Kraftfahrern, denen die Fahrerlaubnis wegen Trunkenheit am Steuer entzogen worden war und die am Ende der Sperrfrist sich einer medizinisch-psychologischen Kraftfahreignungsuntersuchung unterziehen mussten. 74 % berichteten, dass sie während der Sperrfrist nichts getan hätten, um sich auf die Wiedererteilung der Fahrerlaubnis vorzubereiten.[29]

Zwischenzeitlich vorliegende Wirksamkeitsuntersuchungen der frühzeitigen Beratung und Schulung in der Sperrfrist[30] zeigen, dass – besonders bei alkoholauffälligen Personen, die einer Rehabilitation bedürfen – eine deutliche Verringerung der Rückfallhäufigkeit innerhalb von drei Jahren nach Neuerteilung der Fahrerlaubnis gegenüber konventionell nach Ablauf der Sperrfrist untersuchten Personen zu beobachten ist. Offenbar motiviert die frühe Beschäftigung mit den Ursachen des alkoholbedingten Fehlverhaltens und auch die Aussicht auf eine frühere Wiedererteilung der Fahrerlaubnis die Beteiligten zu intensiverem Bemühen, das Trink-Fahr-Verhalten zu ändern, eigene Probleme anders zu lösen als bisher, psychosoziale Ressourcen zu aktivieren und Vermeidungsstrategien zu stabilisieren.

---

28 *Winkler, W.* (1995).
29 *Schubert, W. et al.* (1995).
30 *Jacobshagen, W.* (1999).

2. Wiederholt ohne Alkoholeinfluss verkehrsauffällige Kraftfahrer

Eignungsdefizite, die wiederholten Verkehrszuwiderhandlungen ohne Alkoholeinfluss zugrunde liegen, sind vielfältiger Art und von unterschiedlicher Natur:
- Körperliche Mängel, z.b. gesundheitliche Störungen der Belastbarkeit oder Beeinträchtigungen des Sehvermögens, können zu wiederholten Fehlverhaltensweisen beim Führen von Kraftfahrzeugen Anlass geben, ohne dass sie als ursächlich für deren Entstehung erkannt werden,
- Mängel der psychophysischen Leistungsfähigkeit, z.b. Verlangsamungen der optischen Orientierung und der Reaktionsfähigkeit im höheren Lebensalter, können immer wieder zum Versagen in bestimmten Verkehrssituationen führen, in denen gerade diesbezügliche Fähigkeiten gefordert sind,
- Mängel der Einstellungen, z.b. eine egozentrische Art der Selbstdurchsetzung, können ursächlich das wiederholte Missachten von Verkehrsregeln zur Folge haben, ohne dass Bestrafungen zu einer Korrektur führen,
- akute Konfliktlagen, z.b. im beruflichen oder familiären Bereich, können zu einem Verlust der Elastizität der Verhaltenssteuerung in kritischen Verkehrssituationen oder zu einem Mangel hinsichtlich der vorausschauenden Verhaltensplanung führen,
- ein Verlust an Selbstbeobachtung kann dazu führen, dass das allmähliche Einschleifen von gleichgültig-risikobehafteten Verhaltensmustern bei der Verkehrsteilnahme nicht erkannt wird und einen Verlust an Selbstkontrolle beim Führen von Kraftfahrzeugen zur Folge hat,
- eine unzureichende intellektuelle Leistungsfähigkeit kann Anlass sein, die verursachten Konfliktsituationen, Beinaheunfälle oder Verkehrsverstöße nicht zu erkennen, sie deshalb auch nicht selbstkritisch zu verarbeiten und auch verhaltensändernde Konsequenzen zu veranlassen.

In welchem Ausmaß die genannten Ursachen ausgeprägt sind und in welchem Kontext sie zu den körperlich-seelisch-geistigen Eigenarten des Kraftfahrers sowie zu den Bestimmungen seiner motorisierten Verkehrsteilnahme stehen, bestimmt die Prognose der zu erwartenden Wiederholung fehlerhaften Verhaltens, die Prognose der Ungeeignetheit.

Dass trotz erfolgter Bestrafung dennoch Wiederholungen der Verkehrsverstöße auftreten, hängt z.b. vielfach mit der „Gewöhnung an die Folgenlosigkeit von Regelübertretungen" zusammen. Es kann sich durchaus aber auch um vorsätzliche Verhaltensweisen handeln, wenn z.b. eine generell dissoziale oder antisoziale Einstellung gegenüber der Einhaltung sozialer Regeln des Verhaltens bei dem betreffenden Kraftfahrer besteht. Vielfach kommt es auch deshalb nicht zu einem Erkennen und damit zu einem Beeinflussen der Ursachen des Fehlverhaltens, weil dieses vor allem aus juristischer

§ 15 Korrektur von Eignungsmängeln

Sicht primär als „Charaktermangel" gesehen wird, während z.b. unerkannt erhebliche körperlich-organische Veränderungen der Fahreignung eingetreten sind.

38 Ursachen, Ausmaß und zu erwartende weitere Wirksamkeit sind ebenso wie eine mögliche Beeinflussbarkeit der Eignungsmängel, die den wiederholten Verkehrsverstößen ohne Alkoholeinfluss zugrunde liegen, in der Regel nur in einer eingehenden verkehrsmedizinisch-psychologischen Untersuchung zu klären. Eine derartige Untersuchung soll nach den Empfehlungen des 28. Deutschen Verkehrsgerichtstages 1990[31] bereits bei Erreichen von 14 Punkten im Verkehrszentralregister erfolgen, mit dem Ziel, rechtzeitig Korrekturen der Eignungsdefizite einzuleiten.

Diese Empfehlung ist jedoch vom Gesetzgeber nicht in das neue Fahrerlaubnisrecht übernommen worden. Vielmehr ist bei sog. Punktetätern eine Fahreignungsbegutachtung in der Regel erst nach Entzug der Fahrerlaubnis – die automatisch beim Erreichen von 18 Punkten erfolgt – vorgesehen.[32] Allerdings werden verkehrsauffällig gewordene Kraftfahrer schon frühzeitig verwarnt und auf die Möglichkeit hingewiesen, an einem Aufbauseminar teilzunehmen; wenn sie 14 – aber nicht mehr als 17 – Punkte erreicht haben, müssen sie ein solches Seminar besuchen und werden gleichzeitig auf die Möglichkeit aufmerksam gemacht, eine verkehrspsychologische Beratung in Anspruch zu nehmen.[33]

a) Selbsterforschung und Verhaltensänderung

39 Verwarnungen durch die Fahrerlaubnisbehörde, Teilnahme an einem Aufbauseminar oder einer verkehrspsychologischen Beratung sowie Entzug der Fahrerlaubnis können dazu führen, dass ein durch wiederholte Verkehrsverstöße auffällig gewordener Kraftfahrer eine gründliche Analyse der Ursachen seines Fehlverhaltens vornimmt und Korrekturen einleitet, die eine Wiederholung des Fehlverhaltens vermeiden. Ein Vertreter z.b., der im Rausch geschäftlicher Erfolge die Kontrolle über das eigene Verhalten bei den Geschäftsfahrten immer mehr vernachlässigt und laufend gegen die Verkehrsregeln verstoßen hat, korrigiert mit dem Entzug der Fahrerlaubnis seine Fehleinstellung. Er beginnt, geschäftliche Aktivitäten und Fahrverhalten sorgfältig planend aufeinander abzustimmen, er entwickelt eine systematische Form der Selbstkontrolle, es gelingt ihm eine „Wende" und mit ihr eine deutliche Reduktion fehlerhaften Verhaltens im Straßenverkehr.

40 Damit erfüllt er wesentliche Voraussetzungen für die Wiederherstellung der Kraftfahreignung bei dieser Personengruppe: Es muss Einsicht in die Problematik des Fehl-

---

31 Deutsche Akademie für Verkehrswissenschaft: Veröffentlichung der auf dem 28. Deutschen Verkehrsgerichtstag 1990 gehaltenen Referate und erarbeiteten Empfehlungen, S. 9.
32 Siehe unter § 11 Rn 128.
33 Siehe unter § 11 Rn 94.

Korrektur von Eignungsmängeln § 15

verhaltens bestehen, die wesentlichen Ursachen für das risikoträchtige Verhalten müssen identifiziert worden sein, die inneren und äußeren Bedingungen, die das Fehlverhalten mitbedingt haben, dürfen nicht mehr wirksam sein, eine Persönlichkeitsproblematik infolge Fehlentwicklung muss entschieden korrigiert worden sein.[34]

b) Inanspruchnahme ärztlicher oder psychotherapeutischer Hilfe

Die Häufung von Verkehrsverstößen oder Unfällen, der Entzug der Fahrerlaubnis, die Teilnahme an einem Aufbauseminar oder an einem Kurs zur Wiederherstellung der Kraftfahreignung können – u.U. auf Anraten von Familienmitgliedern oder Ehepartnern – den betroffenen Kraftfahrer veranlassen, eine augenärztliche Untersuchung durchführen zu lassen, zumal wenn er selbst bereits Anzeichen für ein herabgesetztes Sehvermögen bemerkte. Ggf. ist es dem Augenarzt möglich, die dabei festgestellten Mängel zu korrigieren und damit günstigere Voraussetzungen für eine künftige risikoarme Verkehrsteilnahme zu schaffen. 41

Ebenso kann unter Umständen eine psychotherapeutische Maßnahme dazu führen, Eignungsdefizite zu korrigieren, die als Folge einer akuten familiären Krise aufgetreten sind und zum Verlust an realistischer Selbsteinschätzung und Selbstkontrolle geführt haben. 42

Die beschriebene Problematik macht es verständlich, dass insbesondere für Punktetäter, die im Rahmen von Fahreignungsbegutachtungen als ungeeignet beurteilt wurden und bei denen schwer wiegende, z.B. im Persönlichkeitsbereich verankerte Eignungsdefizite festgestellt worden sind, die Inanspruchnahme spezieller verkehrstherapeutischer Modelle – sog. Verkehrstherapien – zur Wiederherstellung der Kraftfahreignung führen können.

Erste Erfahrungen mit derartigen Interventionen liegen vor.[35] Danach liegt die Quote der nach einer Verkehrstherapie in einer norddeutschen verkehrspsychologischen Praxis bei der nachfolgenden medizinisch-psychologischen Fahreignungsbegutachtung positiv beurteilten Kursteilnehmer „im langjährigen Schnitt" bei 94 %. Von 685 Teilnehmern an der Verkehrstherapie, bei denen nach drei Jahren ein verwertbarer Auszug aus dem Zentralregister des Kraftfahrt-Bundesamtes vorlag, waren 593 nicht wieder auffällig geworden. Von 92 ist ein Rückfall bekannt. Von den 579 Alkoholtätern sind 46 rückfällig geworden. Im Bereich der Punktetäter ergaben sich deutlich höhere Rückfallraten, die erheblich niedrigeren absoluten Zahlen lassen jedoch keine zuverlässigen Werte ermitteln. Ebenso ist die Zahl der Rückfälle innerhalb von drei Jahren – setzt man das Erreichen von einem Punkt in Verkehrszentralregister als Rückfallkri-

---
34 Siehe auch *Kroj, G.* [Hrsg.] (1995) S. 77 ff.
35 *Meyer-Gramcko, F.* (2001): Verkehrspsychologische Praxis, Jahresbericht 2001.

§ 15   Korrektur von Eignungsmängeln

terium – mit 24 % sehr gering und deutlich niedriger als die entsprechende Quote bei positiv beurteilten Punktetätern. Allerdings basieren diese Zahlen – wie es im letzten Satz des Berichts heißt – auf einer für statistische Zwecke noch unzureichenden Teilnehmerzahl, weitere Bewährungskontrollen sind erforderlich.[36]

Interessant ist die Erfahrung, dass in derartigen psychotherapeutisch ausgerichteten Verkehrstherapien für Punktetäter vornehmlich drei Untergruppen zu finden sind:[37]
- junge Kraftfahrer,
- erfolgreiche Geschäftsleute und
- gescheiterte Selbständige.

Diese Daten lassen einerseits erkennen, welche Personen in der Lage und willens sind, sich einer derartigen Langzeittherapie zu unterziehen, zum anderen wird deutlich, welche Eignungsprobleme bei den besonders gefährdeten Punktetätern aufzuarbeiten sind.

c) Teilnahme an pädagogischen und rehabilitativen Kursen

43 Mehrfachtäter ohne Alkoholauffälligkeit bedürfen unterschiedlich intensiver Einwirkung je nach der Häufigkeit der bei ihnen beobachteten Verkehrszuwiderhandlungen. Während es im Allgemeinen Sache der Fahrschule ist, den durch die Erstausbildung nicht verhinderten Verkehrszuwiderhandlungen mit Hilfe weiterer und vertiefter (eben Nach-)Schulung entgegenzuwirken mit dem Ziel der Vermeidung künftiger Zuwiderhandlungen, kann bei besonders verfestigter Fehlentwicklung das Eingreifen eines Verkehrspsychologen erforderlich werden.

aa) Aufbauseminare in der Fahrschule

44 Sie wurden schon vor der mit dem neuen Fahrerlaubnisrecht erfolgten Einführung von Aufbauseminaren im Rahmen des Punktsystems[38] bundesweit durchgeführt von Fahrlehrern, die über mindestens 2-jährige Berufserfahrung verfügten und an einem speziellen fünftägigen Einführungsseminar erfolgreich teilgenommen hatten, und angeboten für mehrfach auffällige Kraftfahrer mit weniger als 14 Punkten nach dem Mehrfachtäter-Punktsystem (ohne junge auffällige Fahranfänger und alkoholauffällige Kraftfahrer) unter der Bezeichnung „Aufbauseminare für Kraftfahrer-ASK". Vorgesehen waren vier Sitzungen mit insgesamt zwölf Stunden und zwei Fahrproben mit insgesamt zwei Stunden.

---

36 *Winkler, W.* (1998).
37 *Sohn, J. M.* und *Meyer-Gramcko, F.* (1991).
38 Siehe unter § 11 Rn 94 und § 15 Rn 74.

Korrektur von Eignungsmängeln § 15

Methodik und Zielsetzungen der Aufbauseminare sind aufgrund der Ergebnisse von Modellversuchen entwickelt worden, die von zwei Projektgruppen der Bundesanstalt für Straßenwesen angeregt[39] und Ende der 70er bis zum Ende der 80er-Jahre durchgeführt wurden. Aus den modifizierten Fassungen eines Kursmodells der Bundesvereinigung der Fahrlehrerverbände sowie eines Kurses des TÜV Bayern entstand 1989 das Kursmodell „Aufbauseminare für Kraftfahrer-ASK",[40] das für die Nachschulung mehrfach auffälliger Kraftfahrer eingesetzt wurde, während für die Nachschulung von auffälligen Fahranfängern das Modell „Führerschein auf Probe-FaP" Verwendung fand.   45

Das Programm ist recht anspruchsvoll. Ausführliche Forschungsberichte über die Erprobung und ggf. Entwicklung der Seminare liegen noch nicht vor.[41] Insbesondere fehlen bislang jegliche Daten zur Frage der Wirksamkeit der Seminarteilnahme, was umso unverständlicher und verfassungsrechtlich bedenklich ist, als die Teilnahme nicht freiwillig erfolgt, sondern durch die Fahrerlaubnisbehörde angeordnet wird.   46

Problematisch ist einerseits die relative Kürze der Intervention. Die spezielle Problematik der männlichen Jugendlichen am Beginn ihrer motorisierten Verkehrsteilnahme[42] bedarf offensichtlich einer längerfristigen Beeinflussung, weshalb anlässlich des 36. Deutschen Verkehrsgerichtstages 1998 die Forderung erhoben wurde, bereits im Schulunterricht die zu erwartenden Schwierigkeiten des jungen Fahrers und Möglichkeiten, sie zu mildern, aufzuzeigen und zu behandeln. Dazu sollten Schulverkehrsunterricht und Fahrausbildung miteinander koordiniert werden.[43]

Ebenso schwierig wird es für die Moderatoren der Aufbauseminare sein, die höchst unterschiedlichen Formen und Ursachen von Fehlverhaltensweisen erfahrener Fahrerlaubnisinhaber mit einer höheren Punktezahl im Verkehrszentralregister innerhalb der vorgesehenen Kürze der Seminardauer zu ermitteln und zu beeinflussen. Dies haben Wirksamkeitsuntersuchungen von entsprechenden Modellversuchen mit Kursen für Fahrer mit hohem Punktestand ergeben.[44]

Problematisch erscheint derzeit ferner die Kontrolle der Qualitätssicherung, speziell der Moderatorenqualifikation,[45] zumal „den zentralen Merkmalen der Berufsrolle und   47

---

39 Bundesanstalt für Straßenwesen [Hrsg.] (1977); *Hebenstreit, B. v., Hundhausen, G., Klebe, W., Kroj, G., Spoerer, E., Walther, R., Winkler, W.* und *Wuhrer, H.* (1982).
40 *Lamszus, H.* (1998).
41 *Meewes, V.* und *Weissbrodt, G.* (1992).
42 Siehe unter § 3 Rn 326 f.
43 Deutsche Akademie für Verkehrswissenschaft: Veröffentlichung der auf dem 36. Deutschen Verkehrsgerichtstag 1998 gehaltenen Referate und erarbeiteten Empfehlungen, S. 7.
44 *Utzelmann, H. D.* und *Haas, R.* (1985).
45 *Lamszus, H.* (1998).

Berufsleistung des Fahrlehrers diejenigen des Kursleiters und Moderators anscheinend diametral entgegenstehen".

Andererseits bieten Aufbauseminare den Betroffenen erstmals Gelegenheit, nach Erwerb der Fahrerlaubnis entwickelte Eigenarten ihres Fahrstils und Lücken ihrer fahrerischen Qualitäten durch einen neutralen Dritten beobachten und beschreiben zu lassen und – speziell in den vorgesehenen Gruppengesprächen – mit den unterschiedlichen personenbezogenen Ursachen des Fehlverhaltens im Straßenverkehr konfrontiert zu werden, bevor es zum Entzug der Fahrerlaubnis kommt.

48 Sinnvoll wäre es indessen, Aufbauseminare für Inhaber einer Fahrerlaubnis auf Probe und Aufbauseminare für Inhaber einer Fahrerlaubnis, die eine hohe Punktzahl im Verkehrszentralregister erreicht haben, methodisch zu trennen und unterschiedlich durchzuführen.

bb) Verkehrspsychologische Kurse

49 Bei der medizinisch-psychologischen Untersuchung von Kraftfahrern, die wiederholt und erheblich ohne Alkoholeinfluss gegen Verkehrsvorschriften verstoßen haben, finden sich bei etwa 50 % der Betroffenen eignungsausschließende Mängel; etwa 17 % bis 26 % dieses Personenkreises könnte nach Meinung der Gutachter durch Teilnahme an speziellen verkehrspsychologisch ausgerichteten Rehabilitationskursen mit Aussicht auf Erfolg den Versuch unternehmen, die Mängel zu korrigieren.[46]

50 Entsprechende Kursmodelle sind von der Projektgruppe „Kurse für auffällige Kraftfahrer" der Bundesanstalt für Straßenwesen[47] initiiert, seither erprobt und modifiziert worden.[48]

Sie wurden auch angeboten für mehrfach auffällige Kraftfahrer mit mehr als 14 Punkten nach dem Mehrfachtäter-Punktsystem unter der Bezeichnung

- PS
  Ein Trainingsprogramm mit Nachbetreuungsphase zur Verbesserung der Selbstkontrolle bei Fahrern (4–7 Sitzungen mit insgesamt 14 Stunden, Nachbetreuung, Schlusssitzung nach 15 Monaten) oder
- SKF
  Ein Trainingsprogramm wie PS, jedoch ohne Nachbetreuung.

---

46 Siehe unter § 6 Rn 84.
47 *Hebenstreit, B. v., Hundhausen, G., Klebe, W., Kroj, G., Spoerer, E., Walther, R., Winkler, W.* und *Wuhrer, H.* (1982).
48 *Utzelmann, H. D.* und *Haas, R.* (1985); *Utzelmann, H. D.* (1990).

§ 15 Korrektur von Eignungsmängeln

Als Ursachen der devianten Verhaltensmuster, die zu wiederholten oder schweren, auch durch Strafen nicht korrigierbaren Verstößen gegen die Verkehrsvorschriften Anlass gaben, werden von den Kursanbietern u.a. genannt:
- extreme Ausprägung regelmissachtenden Fahrverhaltens,
- Kompensation von Misserfolgen in anderen Lebensbereichen,
- Generalisierung von Erfolgen in anderen Lebensbereichen,
- sozialer Druck,
- irrationales Denken.

Den zugrunde liegenden Eignungsdefiziten der mehrfach ohne Alkoholbeteiligung verkehrsauffällig gewordenen Kraftfahrern entsprechend streben die derzeit benutzten Rehabilitationskurse folgende Kursziele an:
- bessere Selbstbeobachtung,
- realistische Selbstbewertung,
- effiziente Selbstkontrolle vor und während des Führens von Kraftfahrzeugen.[49]

51

Die Heterogenität der Zielgruppe erschwert die Kursdurchführung, denn mit einer erfolgreichen Rehabilitation und damit dem Abbau der Ungeeignetheit kann nur gerechnet werden, wenn es gelingt, die individuelle Problemlage der einzelnen Teilnehmer frühzeitig zu erkennen und aufzuarbeiten.[50]

52

Die Untersuchung der Wirksamkeit dieser Kurse hat ein positives Ergebnis erbracht: Innerhalb von 36 Monaten nach Kursteilnahme waren von 1.114 Fahrerlaubnisinhabern 32,0 % erneut verkehrsauffällig geworden und wiesen vier oder mehr Punkte im Verkehrszentralregister auf. Bei den 879 negativ beurteilten Kraftfahrern, die keinen Kurs besucht hatten, aber im Besitz der Fahrerlaubnis blieben, waren es dagegen 50,3 %.[51]

53

Darüber hinaus konnten rückfallbegünstigende und rückfallmindernde Prädiktoren ermittelt werden,[52] die es erlauben, die Zuweisung zur Kursteilnahme zu optimieren. Als rückfallbegünstigende Prädiktoren haben sich u.a. Deliktmerkmale wie die Anzahl der Verstöße und Punkte[53], der Abstand zum letzten Delikt vor der Eignungsuntersuchung und der durchschnittliche Punktabstand erwiesen, darüber hinaus demografische Daten wie Alter und Geschlecht, Persönlichkeitsmerkmale, insbesondere Mängel der Selbstkontrolle, und negative Verkehrseinstellungen. Klare Typen von Prädiktorenmustern konnten nicht ermittelt werden, was darauf schließen lässt, dass sehr unterschiedliche Merkmalskombinationen unter den Verkehrsauffälligen ohne

54

---

49 Boerner, K., Brückner, M., Ehret, J., Gürten, J. und Neumeier, R. (1992).
50 Winkler, W. (1993).
51 Jacobshagen, W. und Utzelmann, H. D. (1996).
52 Utzelmann, H. D. (1990).
53 Schade, F.-D. (2005).

§ 15 Korrektur von Eignungsmängeln

Alkoholbeeinflussung anzutreffen sind. Einzelfallbezogene Untersuchungen müssen daher einer Nachschulung vorgeschaltet werden, um die Effektivität der Kursteilnahme zu gewährleisten.

Auf der Basis zwischenzeitlich kontinuierlich erhobener Evaluationsergebnisse wurden neue Modelle entwickelt, so das Kursmodell Reha-PS – Rehabilitation verkehrsauffälliger Fahrer: „Punktefrei und sicher fahren" –,[54] um die aus den Wirksamkeitsuntersuchungen hinsichtlich rückfallbegünstigender Risikofaktoren gewonnenen Erkenntnisse umzusetzen sowohl hinsichtlich der Auswahl der Kursteilnehmer als auch der Entwicklung themenzentrierter Schwerpunkte der Kurszielsetzungen.

55 Künftig werden Rehabilitationsprogramme für unterschiedliche Zielgruppen verkehrs-, aber nicht alkoholauffälliger Kraftfahrer entwickelt und ihre Wirksamkeit mit den zwischenzeitlich erarbeiteten Kriterien zur Beurteilung derartiger Kurse überprüft werden. Künftig werden Rehabilitationsprogramme nur dann zur Wiederherstellung der Kraftfahreignung gem. § 11 Abs. 10 FeV eingesetzt werden können, wenn sie von den zuständigen obersten Landesbehörden gem. § 70 FeV anerkannt sind.[55]

56 Das Ziel, die Fahreignung der ungeeigneten verkehrsauffälligen Kraftfahrer ohne Alkoholbeteiligung wieder herzustellen, kann nur erreicht werden, wenn die jeweilige Zielgruppe deutlich erkannt ist und zielgruppenspezifische Kursprogramme frühzeitig, d.h. nicht erst beim Erreichen eines sehr hohen Punktestandes im Verkehrszentralregister, zur Anwendung gelangen.

3. Drogenauffällige Kraftfahrer

57 Seit 1977 läuft in Hessen ein Modellversuch zur Rehabilitation drogenauffälliger Kraftfahrer. Als Kursmodell dient der Kurs DRUGS,[56] der als Maßnahme gemäß § 70 FeV[57] dazu führen soll, drogenauffälligen Kraftfahrern, die nach der medizinisch-psychologischen Eignungsbegutachtung als nachschulungsfähig beurteilt worden sind, die Möglichkeit zu geben, die Fahrerlaubnis wieder zu erwerben. Die Kursteilnahme ist geregelt durch Zuweisungs- und Ausschlusskriterien.

Der Kurs besteht aus drei Phasen:
- der Basisstufe, wobei in vier Sitzungen in Gruppengesprächen der Lebensstil der Beteiligten, ihre bisherigen Verhaltensstrategien und die dabei beobachtete Funktion von Drogen behandelt wird,

---

54 TÜV MPI Unternehmensgruppe TÜV Süddeutschland (1999).
55 Siehe unter § 15 Rn 81.
56 *Ziegler, H. et al.* (1998).
57 Siehe unter § 15 Rn 79.

- der Umsetzungsphase, bestehend aus einer fünf Wochen dauernden Übung der neu gewonnenen alternativen Strategien im Umgang mit der eigenen Drogenproblematik und einem abschließenden Drogenscreening,
- der Aufbaustufe, wobei in zwei weiteren Sitzungen zu je vier Stunden die Erfahrungen aus der Trainingsphase ausgetauscht und ggf. neue Bewältigungsmöglichkeiten entwickelt werden.

Der Kurs ist nach den Grundsätzen des § 70 FeV evaluiert worden.[58] Die Autoren der Untersuchung weisen darauf hin, dass zunächst „ein Teilaspekt der Frage nach der Wirksamkeit des Kursmodells" bearbeitet werden konnte und die Rahmenbedingungen für die Untersuchung „ungünstig" waren, z.b. um eine geeignete Kontrollgruppe zu bilden. Dennoch kommen sie zu dem Ergebnis, dass die Rückfallquote der Kursteilnehmer (N = 90) bei einem Beobachtungszeitraum von 36 Monaten 8,8% betrug, während die Gruppe der Nichtteilnehmer (N = 91) eine Rückfallquote von 21,1% aufwies. Danach sei die Wirksamkeit des Kurses belegt, „weitere Wirksamkeitsindikatoren werden herangezogen". 58

Bisher haben 15 Länderministerien das Kursmodell anerkannt.

Zwischenzeitlich sind eine Reihe problematischer Aspekte der Wirksamkeitsuntersuchung – vor allem in methodischer Hinsicht – Anlass zur Kritik geworden,[59] die indessen die Schwierigkeiten der Evaluation von Drogen-Kursen infolge der widrigen Systembedingungen deutlich werden lässt.

4. Fahranfänger

Den speziellen Problemen von Fahranfängern wurde durch die am 01.11.1986 eingeführte Fahrerlaubnis auf Probe Rechnung getragen. Zur Korrektur der bei ihnen zu beobachtenden Eignungsmängel wurden Nachschulungen vorgeschrieben, die in das neue Fahrerlaubnisrecht im Wesentlichen unverändert unter der neuen Bezeichnung „Aufbauseminare" übernommen wurden.[60] 59

a) Gewöhnliche Aufbauseminare

Diese werden von Fahrlehrern durchgeführt[61]. Die insoweit bestehenden Probleme sind bereits oben[62] dargestellt, so dass hier darauf verwiesen werden kann. 60

---

58 *Biehl, B.* und *Birnbaum, D.* (2004).
59 *Jacobshagen, W.; Jansen, J.; Birnbaum, D.; Biehl, B.* (2004).
60 Siehe unter § 11 Rn 39.
61 Siehe unter § 11 Rn 41.
62 Siehe unter § 15 Rn 46 f.

§ 15 Korrektur von Eignungsmängeln

b) Besondere Aufbauseminare

61 Besondere Aufbauseminare für Inhaber einer Fahrerlaubnis auf Probe, die den Vorschriften über das Führen von Kraftfahrzeugen unter Alkoholeinfluss zuwidergehandelt haben, werden von Verkehrspsychologen durchgeführt[63] und u.a. angeboten unter der Bezeichnung NAFA sowie ALFA.

Kraftfahrer unter 20 Jahren haben nach Teilnahme am motorisierten Straßenverkehr unter Alkoholeinfluss die höchste Rückfallquote – 35,4 %.

„Die hohe Rückfallquote ungeschulter Fahranfänger ist darauf zurückzuführen, dass diese sowohl im Umgang mit dem Kraftfahrzeug als auch im Umgang mit sich selbst erhebliche Probleme haben und zusätzlich noch keine Möglichkeit besaßen, das Thema ‚Alkoholkonsum und Verkehrsteilnahme' in der Praxis zu erproben".[64]

Durch die Teilnahme an dem angebotenen Spezialkurs nach dem Modell NAFA wurde die Rückfallquote auf 12,8 % gesenkt.[65]

62 Dies zeigt, dass ein möglichst frühes Erlernen von Vermeidungsstrategien im Trink-Fahr-Konflikt von entscheidender Bedeutung ist. Daher sind die „besonderen Nachschulungen" an den Problemen des jungen Fahrers orientiert, seinen Trinkgewohnheiten und an seinen Trink-Fahr-Gewohnheiten.[66]

63 Sie gilt es, zunächst bewusst zu machen, das eigene Trinkverhalten zu beobachten, die individuellen Motive des Alkoholkonsums zu erkennen und Art und Ausmaß des eigenen Alkoholkonsums realistisch einzustufen. Im Zusammenhang mit Informationen über die Wirkung des Alkohols soll seine Gefährlichkeit vor einer beabsichtigten oder begonnenen Verkehrsteilnahme erkannt werden, um schließlich realisierbare Vermeidungsstrategien zu entwickeln und zu erproben.

64 Angesichts der vielfältigen Probleme des jungen alkoholauffälligen Fahranfängers ist allerdings der gesetzlich vorgeschriebene zeitliche Rahmen – ein Vorgespräch und drei Sitzungen von jeweils 180 Minuten Dauer in einem Zeitraum von zwei bis vier Wochen – recht knapp bemessen, worauf schon *Spoerer* und *Kratz*[67] nach vier Jahren Erfahrungen bei der Durchführung derartiger Nachschulungen hinwiesen.

---

63 Siehe unter § 11 Rn 44.
64 *Winkler, W.* (1998).
65 *Jacobshagen, W.* (1998).
66 *Krüger, H.-P., Braun, P., Kazenwadel, J., Reiss, J.* und *Vollrath, M.* (1998).
67 *Spoerer, E.* und *Kratz, M.* (1991).

Probleme bei der Durchführung der besonderen Nachschulungen ergaben sich auch in zwei weiteren Bereichen: | 65

„Einmal wird zunehmend deutlich, dass die alkoholauffälligen Fahranfänger oft auch eine Drogenproblematik aufweisen. Die gleichzeitige Aufarbeitung der Themen Alkohol und Drogen ist aber in dem gesetzlich vorgeschriebenen Zeitrahmen nicht möglich. Ggf. müsste der Nachschulung dieser Population auch eine Eingangsuntersuchung vorgeschaltet werden, eine Forderung, die seinerzeit bei Einführung der Maßnahme gestellt, aber aus politischen Erwägungen nicht realisiert wurde.

Ein zweites Problem ist die Teilnahme von alkoholauffälligen Fahranfängern, die der deutschen Sprache nicht oder nicht ausreichend mächtig sind, z.b. von Spätaussiedlern. Aber auch hier könnte eine vorgeschaltete Eingangsuntersuchung Fehlzuweisungen vermeiden."[68]

Eine vorgeschaltete Eingangsuntersuchung der Teilnehmer an besonderen Aufbauseminaren wäre auch deshalb angemessen, weil Untersuchungen ergeben haben, dass die Benutzung eines Kraftfahrzeuges im alkoholisierten Zustand mit Blutalkoholkonzentrationen von 0,8 bis 1,2 ‰ ebenso wenig zufallsbedingt ist wie Fahrten mit einer Blutalkoholkonzentration jenseits von 1,6 ‰ Verfestigte Trink-Fahr-Gewohnheiten führen – unabhängig vom Alkoholisierungsgrad beim Erstdelikt – zum Rückfall nach Wiedererteilung der Fahrerlaubnis, wobei der Alkoholisierungsgrad beim Zweitdelikt meist höher ist.[69] | 66

Unter den alkoholauffälligen Fahranfängern sind offenbar bereits Personen zu finden, die wegen Persönlichkeitsstörungen und Anpassungsschwierigkeiten, wie sie sich z.b. in zusätzlichen Regelverstößen im Straßenverkehr oder in einer allgemeinstrafrechtlichen Belastung dokumentieren,[70] Alkohol- oder Alkohol-/Drogen-Missbrauch betreiben. Sie bedürfen einer intensiveren Rehabilitationsmaßnahme und müssten in einer Voruntersuchung identifiziert werden.

5. Senioren

Die zunehmende Zahl alternder Kraftfahrer und ihr Bedürfnis nach Erhalt ihrer Mobilität[71] hat zu der Forderung geführt,[72] ihnen ein auf ihre Bedürfnisse „ausgerichtetes Fortbildungsangebot" zur Verfügung zu stellen. | 67

---

68 *Winkler, W.* (1998).
69 *Schützenhöfer, A.* und *Krainz, D.* (1999).
70 *Jacobshagen, W.* (1998).
71 *Kaiser, H.-J.* und *Oswald, W. D.* (2000).
72 Deutsche Akademie für Verkehrswissenschaft: 40. Deutscher Verkehrsgerichtstag 2002, S. 7.

§ 15 Korrektur von Eignungsmängeln

Ein geeignetes Instrument wäre ein „besonderer Nachschulungskurs für Senioren". Darin könnten die speziellen Probleme der Leistungseinbußen alternder Kraftfahrer und ihre Kompensationsmöglichkeiten behandelt werden, im Rahmen einer Fahrverhaltensbeobachtung wäre festzustellen, ob chronifizierte falsche Fahrverhaltensweisen vorliegen bzw. in welcher Form Kompensationsstrategien entwickelt worden sind.

Derartige Nachschulungskurse sind derzeit noch nicht entwickelt, ihre Grundsätze und Strukturen könnten aus den verkehrspsychologischen Erkenntnissen über Eignungsdefizite alternder Kraftfahrer und ihre Kompensationsmöglichkeiten[73] abgeleitet werden.

II. Anzahl der Kurse zur Wiederherstellung der Kraftfahreignung

68 Sie wird seit 1999 nicht mehr zentral erfasst. Einen Eindruck von der Verbreitung der in erprobten Kursen[74] durchgeführten Korrekturmaßnahmen vermitteln die für 1998 erhobenen Zahlen:[75]

Kursmodell	Anzahl der Kurse	Anzahl der Teilnehmer	
		erfolgreich	ausgeschlossen
für alkoholauffällige Kraftfahrer			
LEER	1.995	18.421	158
MAINZ	327	2.990	2
IRAK	231	2.083	29
IFT	185	1.526	18
für alkoholauffällige Fahranfänger			
NAFA	644	5.698	88
ALFA	287	2.772	10
für drogenauffällige Kraftfahrer			
DRUGS	8	56	4
für sonst auffällige Kraftfahrer			
PS	306	2.194	91

---

73 Siehe unter § 3 Rn 328 ff.
74 Siehe dazu die Dokumentation von Kursen in *Spoerer, E., Ruby, M.* und *Siegrist, S.* (1994).
75 Quelle: VdTÜV.

Kursmodell	Anzahl der Kurse	Anzahl der Teilnehmer	
		erfolgreich	ausgeschlossen
SKF	56	442	5
insgesamt	4.039	36.182	405

III. Rechtliche Einbindung von Korrekturmaßnahmen

Mit dem Inkrafttreten des neuen Fahrerlaubnisrechts zum 01.01.1999 sind einige der vorstehend dargestellten Möglichkeiten zur Korrektur von Eignungsmängeln in Rechtsvorschriften übernommen worden: 69

1. Aufbauseminar für Inhaber einer Fahrerlaubnis auf Probe

Durch die diesbezüglichen Vorschriften[76] wurde die bisher als „Nachschulungskurs" bezeichnete Korrekturmöglichkeit ohne wesentliche Änderungen aufrechterhalten. 70

Insbesondere verbleibt es bei der relativen Kürze der Intervention, so dass die deswegen bei den Nachschulungskursen aufgetretenen Probleme[77] fortbestehen.

a) Gewöhnliche Aufbauseminare

Sie werden nach wie vor von Fahrlehrern durchgeführt,[78] obwohl hinsichtlich der Wirksamkeit der bisherigen Nachschulungskurse jegliche Daten fehlen[79] und die Frage angemessener Kontrolle der Qualitätssicherung[80] weiterhin ungelöst ist. 71

b) Besondere Aufbauseminare

Diese von Psychologen durchzuführenden Aufbauseminare werden nunmehr nicht nur bei Teilnahme am Verkehr unter dem Einfluss von Alkohol, sondern auch bei Teilnahme am Verkehr unter dem Einfluss anderer berauschender Mittel angeordnet.[81] 72

Während für Aufbauseminare wegen der Teilnahme am Verkehr unter dem Einfluss von Alkohol auf die Erfahrungen mit den bereits erprobten entsprechenden Nachschu- 73

---

76 Siehe unter § 11 Rn 39 ff.
77 Siehe unter § 15 Rn 46 ff.
78 Siehe unter § 11 Rn 41.
79 Siehe unter § 15 Rn 46.
80 Siehe unter § 11 Rn 51 und § 15 Rn 47.
81 Siehe unter § 11 Rn 43.

§ 15 Korrektur von Eignungsmängeln

lungskursen[82] zurückgegriffen werden kann, sind Aufbauseminare wegen der Teilnahme am Verkehr unter dem Einfluss anderer berauschender Mittel erst in der Entwicklung. So erproben etwa *Ziegler et al.* seit 1997 ein Rehabilitationsprogramm für drogenauffällige Kraftfahrer mit dem Ziel, Einsicht in die Psychodynamik des eigenen Drogenmissbrauchs zu gewinnen und dauerhaft alternative rauschfreie Strategien zur Lösung ihrer Alltagsprobleme zu finden.[83] Falls dieses Programm sich als wirksam erweist, könnte es als besonderes Aufbauseminar für drogengefährdete Inhaber einer Fahrerlaubnis auf Probe Verwendung finden. Derzeit werden bei Teilnahme drogenauffälliger Personen vielfach so genannte „Drogenmodule" benutzt, die auch der speziellen Problematik jüngerer Kraftfahrer im Umgang mit Drogen – etwa im Partysetting – gerecht werden. Sie identifizieren sich keineswegs mit Drogensüchtigen und betreiben aus ihrer Sicht keinen Drogenmissbrauch, sie sprechen gezielt von „Drogengebrauch".[84]

Die Behandlung der Drogenproblematik in den besonderen Aufbauseminaren führt auch bei den bislang „nur" alkoholauffälligen Seminarteilnehmern zu einer „möglichst frühzeitig einsetzenden Information und Aufklärung über die Risiken des Drogenkonsums – auch hinsichtlich der verwaltungsrechtlichen Konsequenzen (Führerscheinentzug)", worauf die Empfehlungen des Arbeitskreises III beim 40. Deutschen Verkehrsgerichtstag 2002[85] hinweisen.

Eine dringend erforderliche Eingangsuntersuchung[86] hat der Gesetzgeber bedauerlicherweise nach wie vor nicht eingeführt.

2. Aufbauseminar nach dem Punktsystem

74 Solche Korrekturmöglichkeit ist zum 01.01.1999 neu eingeführt worden – und zwar hinsichtlich von Ziel und Inhalt im Wesentlichen durch Verweisung auf die für das Aufbauseminar für Inhaber einer Fahrerlaubnis auf Probe geltenden Vorschriften,[87] so dass insoweit auf das vorstehend bereits Ausgeführte verwiesen werden kann.

---

82 Siehe unter § 15 Rn 59 ff.
83 *Ziegler, H. et al.* (1998).
84 *Kubitzki, J.* (2001).
85 Deutsche Akademie für Verkehrswissenschaft: 40. Deutscher Verkehrsgerichtstag 2002, S. 9.
86 Siehe unter § 15 Rn 66.
87 Siehe unter § 11 Rn 97 ff.

3. Verkehrspsychologische Beratung

Mit den Regelungen zu dieser ebenfalls zum 01.01.1999 neu eingeführten Korrekturmöglichkeit[88] wurden Anregungen aufgegriffen, die schon 1937 *Hallbauer*[89] nach einer vergleichenden Bewährungskontrolle verschiedener Fahreignungsuntersuchungsmethoden empfohlen hatte. Er forderte die Einrichtung öffentlicher psychologischer Beratungsstellen für Verkehrsteilnehmer, um gefährdeten, verunfallten oder gestrauchelten Personen Hilfen anzubieten. 1962 wurde der Gedanke erneut aufgegriffen und publiziert.[90]

75

Die verkehrspsychologische Beratung soll in erster Linie eine Hilfestellung sein, um dem verkehrsauffällig gewordenen Kraftfahrer partnerschaftlich zu begegnen, ihn zu motivieren, sich selbst mit der Problematik seines Fehlverhaltens auseinanderzusetzen und sie zu akzeptieren. Die Anonymität der Beratung wird dazu beitragen, auch tiefer liegende Ursachen des Fehlverhaltens anzusprechen, aufzuklären, Einstellungsmängel zu erkennen und die Bereitschaft zu entwickeln, diese zu beseitigen.

76

Derartige Beratungen finden bereits seit einigen Jahren in den medizinisch-psychologischen Begutachtungsstellen für Fahreignung statt.[91] Sie wurden in den Modellversuchen „Integrierte Schulung und Beratung für alkoholauffällige Kraftfahrer innerhalb der Sperrfrist" [92] optimiert.

Das Instrument der verkehrspsychologischen Beratung hat sich zu einem nachgefragten Instrument der Förderung der Fahreignung entwickelt:[93]

77

Im Jahre 2001 wurden 2.100 Beratungen durchgeführt, 466 Verkehrspsychologen sind als Berater anerkannt, tendenziell kommen mehr Inhaber einer Fahrerlaubnis auf Probe zur Beratung. Im Süden der Bundesrepublik ist die Frequenz der durchgeführten Beratungen höher, im Norden geringer. Probleme treten auf hinsichtlich der inhaltlichen Seite der Beratung: Teilweise gerät die Beratung zu einer Therapie. Fahrverhaltensbeobachtungen im Rahmen der Beratung sind extrem selten, Beschwerden oder Einsprüche wurden im Jahre 2001 nicht registriert. Die Sektion Verkehrspsychologie wird – um Erfolg und Wirksamkeit der verkehrspsychologischen Beratung nachzuweisen – „unabhängig von der Auswertung der von den verkehrspsychologischen Beratern alle zwei Jahre vorzulegenden Nachweise der Beratungsergebnisse erstmalig fünf Jahre nach Beginn der verkehrspsychologischen Beratung eine Evaluierungsstudie erstellen".

---

88 Siehe unter § 11 Rn 52 ff., 94.
89 *Hallbauer, U.* (1937).
90 *Winkler, W.* (1962).
91 *Buschbell, H.* und *Utzelmann, H. D.* (2002) § 20 Rn 82 ff.
92 *Jacobshagen, W.* (1999).
93 *Meyer-Gramcko, F.* (2002); siehe zur weiteren Entwicklung unter § 11 Rn 59, 66 ff.

78 Zur Qualitätssicherung verkehrspsychologischer Beratungen, wie sie § 71 Abs. 3 FeV fordert, können vielfältige Erfahrungen aus anderen psychologischen Tätigkeitsfeldern herangezogen werden.[94] Danach sind die Strukturqualität, die Personalqualität, die Prozessqualität und die Ergebnisqualität der Beratungen zu ermitteln und zu überprüfen.

Mit der verkehrspsychologischen Beratung steht jedem Verkehrsteilnehmer eine wichtige Hilfsmaßnahme zur Verfügung, eine Karriere als Verkehrssünder zu vermeiden und Unfälle zu verhindern. Er sollte daher die Hinweise der Fahrerlaubnisbehörde aufgreifen, nicht allein wegen der Möglichkeit, damit einen Punkterabatt zu erreichen.

4. Kurs zur Wiederherstellung der Eignung

79 Solche Kurse können seit dem 01.01.1999 unter bestimmten Umständen – zu denen vor allem eine entsprechende Empfehlung in einem medizinisch-psychologischen Gutachten gehört,[95] ein erneutes medizinisch-psychologisches Gutachten ersetzen (§ 11 Abs. 10 FeV).

Sie dienen allein der Wiederherstellung nicht vorhandener Eignung und kommen in erster Linie für Bewerber um die Erteilung einer Fahrerlaubnis in Betracht, speziell bei Neuerteilung einer Fahrerlaubnis nach vorangegangener Entziehung.

80 In Modellversuchen wurden bereits seit längerem Kurse dieser Art erprobt, z.B. für erstmals alkoholauffällige Kraftfahrer,[96] für mehrfach alkoholauffällige Kraftfahrer[97] und für mehrfach ohne Alkoholeinfluss auffällige Kraftfahrer – „Punktetäter".[98]

Voraussetzung für die Ersetzung eines an sich erforderlichen medizinisch-psychologischen Gutachtens durch solchen Kurs ist:

a) Amtliche Anerkennung

81 Soweit Kurse im Rahmen der vorerwähnten Modellversuche vor dem 01.01.1999 auf landesrechtlicher Basis bereits anerkannt waren und durchgeführt werden, bleibt ihre Anerkennung bestehen; diese Kurse müssen jedoch bis zum 31.12.2009 erneut evaluiert sein (§ 76 Nr. 17 FeV).

---

94 *Lohl, W.* (1998).
95 Siehe unter § 15 Rn 91.
96 Siehe unter § 15 Rn 22.
97 Siehe unter § 15 Rn 23.
98 Siehe unter § 15 Rn 50.

| | Korrektur von Eignungsmängeln | § 15 |

In Niedersachsen sind vor dem 01.01.1999 anerkannt die Kurse LEER, LEER E, LEER P und BUSS.[99]

Im Übrigen kann die amtliche Anerkennung unter den in § 70 FeV aufgeführten Bedingungen erteilt werden:

aa) Konzept des Kurses

Dieses muss auf wissenschaftlicher Grundlage entwickelt sein (§ 70 Abs. 1 Nr. 1 FeV). 82

bb) Geeignetheit des Kurses

Diese muss durch ein unabhängiges wissenschaftliches Gutachten bestätigt sein (§ 70 Abs. 1 Nr. 2 FeV). 83

cc) Qualifikation der Kursleiter

Diese muss nach im Einzelnen beschriebenen Anforderungen gegeben sein (§ 70 Abs. 1 Nr. 3 FeV). 84

dd) Wirksamkeit des Kurses

Diese muss nachgewiesen sein (§ 70 Abs. 1 Nr. 4 FeV) und ist sicherzustellen durch Nachevaluierung (§ 70 Abs. 2 FeV). 85

Auch die Wirksamkeit von Kursen, die im Rahmen von Modellversuchen vor dem 01.01.1999 bereits anerkannt waren, muss durch eine Evaluation nachgewiesen werden. Hierfür wird eine Frist bis zum 31.12.2009 eingeräumt (§ 76 Nr. 17 FeV), die erforderlich ist, weil sich die Evaluation selbst über mehrere Jahre erstreckt.

Neu oder weiter entwickelte Kurse werden erst nach entsprechender Praxiserprobung auf ihre Wirksamkeit geprüft werden können. 86

Die Bundesanstalt für Straßenwesen hat im Auftrag des Bundesministeriums für Verkehr, Bau und Wohnungswesen einen Leitfaden erstellt,[100] der die Kriterien beschreibt, die erfüllt sein müssen, um die behördliche Anerkennung des Kurses zu erhalten. 87

---

99 Arbeitsanweisung (siehe unter § 1 Rn 53) zu § 70 FeV.
100 Bundesanstalt für Straßenwesen (2002).

§ 15 Korrektur von Eignungsmängeln

Die entwickelten Grundsätze basieren auf Erfahrungen mit den von *Nickel* [101] 1992 veröffentlichten Vorschlägen und entsprechen auch den Empfehlungen, die eine europäische Kommission[102] 2002 nach der Analyse von Rehabilitationsprogrammen für auffällige Kraftfahrer vorgelegt hat.

Der Leitfaden der Bundesanstalt für Straßenwesen fordert für die Beurteilung der Geeignetheit eines Kurses
- die Ausrichtung des Kurses auf die Zielgruppe,
- die Vorlage des Lehrplans (Curriculum),
- die Beschreibung der Kursleiterqualifikation,
- die Vorlage des Evaluationskonzepts,
- den Nachweis der Seriosität des Kurses und
- die Angaben über Qualitätssicherungsmaßnahmen.

Zum Nachweis der Wirksamkeit eines Kurses sind folgende Aspekte zu beachten:
- die Auswahl der Evaluationskriterien,
- das Untersuchungsdesign,
- die Kontrollgruppenbildung und
- die Dauer der Evaluation.

Der Leitfaden empfiehlt auch Referenzwerte für die anzuwendenden Rückfallquoten der Kursteilnehmer[103] auf der Basis bislang einschlägiger, in der Literatur diskutierter Evaluationen, weist aber darauf hin, dass die angegebenen Referenzwerte auf der Grundlage neuer empirischer Ergebnisse jeweils angepasst werden müssen.

88 Zur Prüfung der Frage, ob dem Kurs ein auf wissenschaftlicher Grundlage entwickeltes Konzept zugrunde liegt, wird die Vorlage folgender Dokumentationen gefordert:
- die Auswertung der einschlägigen Literatur, zumindest in Kernbereichen,
- das theoretische Kurskonzept, insbesondere das zugrunde liegende Persönlichkeitskonzept,
- die relevanten psychologischen Theorien und Konstrukte der Einstellungsänderung und Verhaltensmodifikation und
- die anzuwendenden Interventionsverfahren.

89 Wie notwendig die Entwicklung von Grundsätzen zur Erstellung wissenschaftlicher Gutachten über die Geeignetheit von Kursen gem. § 70 FeV ist, zeigen erste Erfahrungen bei der Begutachtung von Kursmodellen, die zur Anerkennung vorgelegt worden sind.[104]

---

101 *Nickel, W.-R.* (1992).
102 *Bartl, G., Assailly, J.-P., Chatenet, F., Hatakka, M., Keskinnen, E.* und *Willmes-Lenz, G.* (2002).
103 *Hoffmann, H.* (2001).
104 *Winkler, W.* (2002).

§ 15 Korrektur von Eignungsmängeln

Diskutiert und festgelegt werden sollte, wer prüfen kann, ob die Kurse auf einem auf wissenschaftlicher Grundlage entwickelten Konzept beruhen. Der Prüfer oder die prüfende Institution müsste neben Kenntnissen der Evaluationsforschung Erfahrungen im verkehrspsychologischen Bereich, speziell hinsichtlich der Rehabilitation, besitzen.

b) Akkreditierung des Kursveranstalters

Die Akkreditierung durch die Bundesanstalt für Straßenwesen zur Qualitätssicherung ist schließlich noch erforderlich (§ 70 Abs. 1 Nr. 5 FeV). 90

Sie dient ebenfalls der Qualitätssicherung.[105] Damit kann verhindert werden, dass unseriöse Anbieter den Sinn der Maßnahme infrage stellen.

Für die Akkreditierung gelten dieselben Grundsätze wie für die Akkreditierung von Fahrerlaubnis-Prüfstellen[106] und die Träger von Begutachtungsstellen für Fahreignung[107] (§ 72 Abs. 1 Nr. 3, Abs. 2 FeV).

Zurzeit sind 10 Träger von Stellen, die Kurse zur Wiederherstellung der Kraftfahreignung durchführen akkreditiert.

c) Gutachterliche Empfehlung

Die Teilnahme an einem amtlich anerkannten Kurs zur Wiederherstellung der Eignung kann ein medizinisch-psychologisches Gutachten nur ersetzen, wenn die Teilnahme in einem medizinisch-psychologischen Gutachten einer Begutachtungsstelle für Fahreignung als geeignet zur Behebung der Eignungsmängel angesehen wird (§ 11 Abs. 10 Nr. 2 FeV). Deshalb muss das Gutachten auch zu dieser Frage Stellung nehmen.[108] 91

d) Zustimmung der Fahrerlaubnisbehörde

Außerdem ist die Zustimmung der Fahrerlaubnisbehörde zu diesem Verfahren erforderlich (§ 11 Abs. 10 Nr. 3 FeV). 92

e) Teilnahmebescheinigung

Eine Teilnahmebescheinigung mit näheren Angaben (§ 11 Abs. 11 FeV) genügt dann in der Regel zum Nachweis der Wiederherstellung der Eignung (§ 11 Abs. 10 FeV). 93

---

105 *Heinrich, H. Ch. et al.* (1998).
106 Siehe unter § 4 Rn 13 f.
107 Siehe unter § 6 Rn 108.
108 Siehe unter § 7 Rn 335.

f) Zur Weiterentwicklung

94 Dazu fordert *Gehrmann*,[109] „den Kreis der zu Rehabilitierenden einerseits zu erweitern und andererseits durch zusätzliche Kontrollen nicht hinnehmbare Risiken zu minimieren". Vorgeschlagen wird
- das bisherige Verfahren der Wiedererteilung der Fahrerlaubnis nach einem medizinisch-psychologischen Gutachten mit Empfehlung und Absolvierung der Kursteilnahme beizubehalten,
- die Wirksamkeit der Kursteilnahme durch Unterbrechung der Begutachtung bis zum Abschluss der Kursteilnahme und Fortsetzung der Begutachtung zu überprüfen,
- die Wirksamkeit der Kursteilnahme durch Teilnahme an einem verkehrspsychologischen Einzelseminar und dabei erfolgender Kontrolluntersuchung nach Wiedererteilung der Fahrerlaubnis zu überprüfen und
- die Wirksamkeit der Kursteilnahme und Nachweis einer Alkoholabstinenz durch eine erneute, zweite medizinisch-psychologische Begutachtung zu kontrollieren.

Andererseits spricht sich *Utzelmann*[110] auf Basis der bisherigen Erfahrungen für die Beibehaltung der aktuellen Regelung aus.

5. Berücksichtigung von Korrekturmaßnahmen in Straf- und Bußgeldverfahren

95 Die als verwaltungsrechtliche Instrumente eingeführten Maßnahmen (Aufbauseminar und Kurs zur Wiederherstellung der Eignung) können auch im Straf- oder Bußgeldverfahren von Bedeutung sein:

a) Strafverfahren

96 Die Teilnahme an einem Aufbauseminar kann berücksichtigt werden bei Einstellung eines Strafverfahrens und bei Abkürzung einer vom Strafgericht angeordneten Sperre für die Neuerteilung einer Fahrerlaubnis.

aa) Einstellung

97 Nach § 153a StPO kann ein Strafverfahren u.a. bei Erfüllung von Auflagen durch den Beschuldigten eingestellt werden. Als neue Möglichkeit von Auflagen ist durch Art. 4 des Gesetzes zur Änderung des Straßenverkehrsgesetzes und anderer Gesetze vom

---

109 *Gehrmann, L.* (2003b) und (2004a).
110 *Utzelmann, H. D.* (2003).

24.04.1998[111] dem Katalog in § 153a Abs. 1 S. 1 StPO als Nr. 5 (jetzt Nr. 6) hinzugefügt:

„an einem Aufbauseminar nach § 2b Abs. 2 S. 2 oder § 4 Abs. 8 S. 3 des Straßenverkehrsgesetzes teilzunehmen".

Dies ermöglicht, bei bestimmten Fallkonstellationen von strafrechtlicher Sanktion abzusehen und den betroffenen Autofahrern die Auflage zu erteilen, ein für Zuwiderhandlungen gegen das Verbot der Verkehrsteilnahme unter Alkohol oder Drogen vorgesehenes **besonderes Aufbauseminar**[112] zu besuchen.

Dem Einwand, dass bei **Verkehrsstraftaten** unter dem Einfluss von **Alkohol** in der Regel keine geringe Schuld vorliege und eine Einstellung des Verfahrens gemäß § 153a StPO wegen der Regelwirkung des § 69 Abs. 2 StGB nicht in Betracht kommen könne, hält die Bundesregierung in ihrer Begründung zum Gesetzentwurf[113] entgegen: 98

„Auch bei Alkoholtätern sollte aber dieser Weg nicht in jedem Falle versperrt sein. Vielmehr können auch hier Fälle auftreten, die bei der Gesamtschau der Tatumstände es als gerechtfertigt erscheinen lassen können, nach Teilnahme an einem Aufbauseminar das Verfahren einzustellen. Durch das Gesetz zur Entlastung der Rechtspflege wurde der Anwendungsbereich des § 153a Abs. 1 S. 1 StPO erweitert. Hiernach kann bereits das Verfahren eingestellt werden, wenn Auflagen und Weisungen geeignet sind, ‚das öffentliche Interesse an der Strafverfolgung zu beseitigen und die Schwere der Schuld nicht entgegensteht'. Durch die Neufassung wird die Möglichkeit, gegen Auflagen und Weisungen das Verfahren einzustellen, bis in den Bereich der mittleren Kriminalität ausgedehnt, so dass sich auch bei Verkehrsstraftaten, die unter Alkoholeinfluss begangen wurden, ein Anwendungsbereich ergeben kann.

§ 69 Abs. 2 StGB versperrt auch nicht grundsätzlich diesen Weg, weil § 69 Abs. 1 und 2 StGB allein für den Fall der Verurteilung wegen einer der dort genannten Taten gelten. Die Möglichkeit einer Einstellung des Verfahrens scheidet danach nicht generell aus. Aus § 69 Abs. 2 StGB folgt aber, dass allein die Teilnahme an einem Aufbauseminar für eine Einstellung nach § 153a StPO nicht ausreicht."

---

111 BGBl I, 747 ff., 779.
112 Siehe unter § 11 Rn 43, 97a.
113 BR-Dr. 821/96, S. 97 = VkBl 1998, 821.

bb) Abkürzung der Sperrfrist

99 Nach § 69a Abs. 7 S. 1 StGB kann das Gericht die durch Strafentscheidung angeordnete Sperre für die Neuerteilung einer Fahrerlaubnis vorzeitig aufheben, wenn sich Grund zu der Annahme ergibt, dass der Täter zum Führen von Kraftfahrzeugen nicht mehr ungeeignet ist.

Die bisher sogenannte „Nachschulung" erfüllt nach weit verbreiteter Meinung – zumindest in Verbindung mit weiteren Umständen – die vorbeschriebenen Voraussetzungen für eine Aufhebung der Sperre; durch Herabsetzung der Mindestsperrfrist von sechs Monate auf drei Monate beabsichtigt die Bundesregierung, einen Anreiz für die Teilnahme an einem Aufbauseminar zu setzen und das Gnadenverfahren von solchen Fällen zu entlasten.[114]

b) Bußgeldverfahren

100 In solchen Verfahren könnte die Teilnahme an einem Aufbauseminar zum Anlass genommen werden, von der Anordnung eines in der Bußgeldkatalogverordnung vorgesehenen **Fahrverbots abzusehen.**

101 Das BayObLG[115] hat bereits das Absehen von einem Fahrverbot als nicht rechtsfehlerhaft bezeichnet in einem von ihm diesbezüglich zu entscheidenden Fall, in dem das Amtsgericht dies damit begründet hatte, dass der Betroffene – ohne dass er dies zu vertreten hatte – in dieser Sache an drei Hauptverhandlungsterminen teilnehmen musste und er wegen der gegenständlichen Verkehrsordnungswidrigkeit einen mehrstündigen **Verkehrsunterricht** erfolgreich absolviert habe.

102 In einem weiteren Beschluss führte das BayObLG[116] allerdings aus, die Teilnahme an einem Aufbauseminar für Kraftfahrer begründe für sich allein einen Ausnahmefall grundsätzlich nicht, weil nicht ohne weiteres angenommen werden könne, die Teilnahme an einem solchen Seminar erübrige die Denkzettel- und Besinnungsmaßnahme eines Fahrverbots; Zielrichtung und Intensität des Fahrverbots seien mit denen eines solchen Seminars nicht vergleichbar. Dabei geht es davon aus, Ziel eines Aufbauseminars für Kraftfahrer sei die Löschung von drei bis vier Punkten nach dem Mehrfachtäter-Punktsystem.

103 Nach § 4 Abs. 8 StVG ist das Ziel von Aufbauseminaren aber nunmehr, deren Teilnehmer zu veranlassen, Mängel in ihrer Einstellung zum Straßenverkehr und im verkehrssicheren Verhalten zu erkennen und abzubauen; der „Punkterabatt" ist also nicht mehr

---

114 Siehe unter § 12 Rn 111.
115 DAR 1996, 30 = NZV 1996, 79 = VerkMitt 1996, 58 = VRS 90, 295 = zfs 1995, 315.
116 NZV 1996, 374 = VD 1996, 256 = VRS 92, 33.

Ziel, sondern bloße Folge der Teilnahme an einem Aufbauseminar. Mit Rücksicht darauf sollte es möglich sein, von dem als Denkzettel- und Besinnungsmaßnahme gedachten Fahrverbot in größerem Umfang als bisher abzusehen, wenn der Betroffene durch die Teilnahme an einem Aufbauseminar noch wirksamer zur Besinnung gebracht worden ist. Dabei wird zu berücksichtigen sein, dass der Gesetzgeber dem Aufbauseminar einen so hohen Grad der Wirksamkeit zutraut, dass sogar ein Strafverfahren mit Rücksicht auf die Teilnahme an dem Aufbauseminar eingestellt werden kann.

Anhang

1. Begutachtungs-Leitlinien zur Kraftfahrereignung (Auszug)

3.11 Alkohol

3.11.1 Missbrauch[1]

Leitsätze

Bei Alkoholmissbrauch sind die Voraussetzungen, die an den Führer eines Kraftfahrzeugs im Straßenverkehr gestellt werden, nicht erfüllt.

Missbrauch liegt vor, wenn ein Bewerber oder Inhaber einer Fahrerlaubnis das Führen eines Kraftfahrzeugs und einen die Fahrsicherheit beeinträchtigenden Alkoholkonsum nicht hinreichend sicher trennen kann, ohne bereits alkoholabhängig zu sein. In einem solchen Falle ist der Betroffene nicht in der Lage, den gestellten Anforderungen zum Führen von Kraftfahrzeugen zu entsprechen.

Von Missbrauch ist insbesondere in folgenden Fällen auszugehen:
- in jedem Fall (ohne Berücksichtigung der Höhe der Blutalkoholkonzentration), wenn wiederholt ein Fahrzeug unter unzulässig hoher Alkoholwirkung geführt wurde,
- nach einmaliger Fahrt unter hoher Alkoholkonzentration (ohne weitere Anzeichen einer Alkoholwirkung),
- wenn aktenkundig belegt ist, dass es bei dem Betroffenen in der Vergangenheit im Zusammenhang mit der Verkehrsteilnahme zu einem Verlust der Kontrolle des Alkoholkonsums gekommen ist.

War die Voraussetzung zum Führen von Kraftfahrzeugen nicht gegeben, so kann sie nur dann als wiederhergestellt gelten, d.h., es muss nicht mehr mit einer erhöhten Wahrscheinlichkeit mit einer Fahrt unter Alkoholeinfluss gerechnet werden, wenn die folgenden Voraussetzungen gegeben sind:

a) Das Alkoholtrinkverhalten wurde ausreichend geändert. Das ist der Fall,
   - wenn Alkohol nur noch kontrolliert getrunken wird, so dass Trinken und Fahren zuverlässig getrennt werden können, oder

---

[1] lt. ICD-10 Schädlicher Gebrauch.

- wenn Alkoholabstinenz eingehalten wird. Diese ist zu fordern, wenn aufgrund der Lerngeschichte anzunehmen ist, dass sich ein konsequenter kontrollierter Umgang mit alkoholischen Getränken nicht erreichen lässt.

b) Die vollzogene Änderung im Umgang mit Alkohol ist stabil und motivational gefestigt. Das ist anzunehmen, wenn folgende Feststellungen getroffen werden können:

- Die Änderung erfolgte aus einem angemessenen Problembewusstsein heraus; das bedeutet auch, dass ein angemessenes Wissen zum Bereich des Alkoholtrinkens und Fahrens nachgewiesen werden muss, wenn das Änderungsziel kontrollierter Alkoholkonsum ist.

- Die Änderung ist nach genügend langer Erprobung und der Erfahrungsbildung (in der Regel 1 Jahr, mindestens jedoch 6 Monate) bereits in das Gesamtverhalten integriert.

- Die mit der Verhaltensänderung erzielten Wirkungen werden positiv erlebt.

- Der Änderungsprozess kann nachvollziehbar aufgezeigt werden.

- Eine den Alkoholmissbrauch eventuell bedingende Persönlichkeitsproblematik wurde erkannt und entscheidend korrigiert.

- Neben den inneren stehen auch die äußeren Bedingungen (Lebensverhältnisse, berufliche Situation, soziales Umfeld) einer Stabilisierung des geänderten Verhaltens nicht entgegen.

c) Es lassen sich keine körperlichen Befunde erheben, die auf missbräuchlichen Alkoholkonsum hindeuten. Wenn Alkoholabstinenz zu fordern ist, dürfen keine körperlichen Befunde vorliegen, die zu einem völligen Alkoholverzicht im Widerspruch stehen.

d) Verkehrsrelevante Leistungs- oder Funktionsbeeinträchtigungen als Folgen früheren Alkoholmissbrauchs fehlen. Zur Bewertung der Leistungsmöglichkeiten wird auf die Kapitel 2.5 (Anforderungen an die psychische Leistungsfähigkeit) und 3.13 (Intellektuelle Leistungseinschränkungen) verwiesen.

e) Bei Alkoholmissbrauch eines Kranken mit organischer Persönlichkeitsveränderung (infolge Alkohols oder bei anderer Verursachung) ist das Kapitel 3.10.2 (Demenz und organische Persönlichkeitsveränderungen) zu berücksichtigen. Bei Alkoholmissbrauch eines Kranken mit affektiver oder schizophrener Psychose sind zugleich die Kapitel 3.10.4 (Affektive Psychosen) und 3.10.5 (Schizophrene Psychosen) zu berücksichtigen.

f) Nach Begutachtung in einer amtlich anerkannten Begutachtungsstelle für Fahreignung wird die Wiederherstellung der Fahreignung angenommen, wenn sich die noch feststellbaren Defizite durch einen anerkannten und evaluierten Rehabilitationskurs für alkoholauffällige Kraftfahrer beseitigen lassen.

Anhang – Begutachtungs-Leitlinien zur Kraftfahrereignung

Die Wiederherstellung der Fahreignung durch einen dieser evaluierten Rehabilitationskurse ist angezeigt, wenn die Gutachter eine stabile Kontrolle über das Alkoholtrinkverhalten für so weitgehend erreichbar halten, dass dann die genannten Voraussetzungen erfüllt werden können. Sie kommt, soweit die intellektuellen und kommunikativen Voraussetzungen gegeben sind, in Betracht,

– wenn eine erforderliche Verhaltensänderung bereits vollzogen wurde, aber noch der Systematisierung und Stabilisierung bedarf oder
– wenn eine erforderliche Verhaltensänderung erst eingeleitet wurde bzw. nur fragmentarisch zustande gekommen ist, aber noch unterstützend begleitet, systematisiert und stabilisiert werden muss oder auch
– wenn eine erforderliche Verhaltensänderung noch nicht wirksam in Angriff genommen worden ist, aber aufgrund der Befundlage, insbesondere aufgrund der gezeigten Einsicht in die Notwendigkeit einer Verhaltensänderung sowie der Fähigkeit und Bereitschaft zur Selbstkritik und Selbstkontrolle erreichbar erscheint.

Die Fähigkeit, ein Fahrzeug sicher zu führen, gilt dann als wiederhergestellt, wenn das vertragsrechte Absolvieren des Kurses durch eine Teilnahmebescheinigung nachgewiesen wird.

Die besonderen Anforderungen und Risiken für Fahrer der Gruppe 2 sind insbesondere gemäß Anlage 5 zur FeV zu berücksichtigen.

Hinter dem Missbrauch kann sich Abhängigkeit verbergen (siehe folgenden Abschnitt).

Begründung

siehe Kapitel 3.11.2

3.11.2 Abhängigkeit

Leitsätze

Wer vom Alkohol abhängig ist, kann kein Kraftfahrzeug führen. Diagnostische Leitlinien der Alkoholabhängigkeit nach ICD 10[2] sind:

„Die sichere Diagnose „Abhängigkeit" sollte nur gestellt werden, wenn irgendwann während des letzten Jahres 3 oder mehr der folgenden Kriterien gleichzeitig vorhanden waren:

---

2 Kapitel V, Internationale Klassifikation psychischer Störungen ICD-10, Verlag Hans Huber Bern Göttingen Toronto, 2. Auflage 1993.

1 Anhang – Begutachtungs-Leitlinien zur Kraftfahrereignung

1. Ein starker Wunsch oder eine Art Zwang, psychotrope Substanzen zu konsumieren.
2. Verminderte Kontrollfähigkeit bezüglich des Beginns, der Beendigung und der Menge des Konsums.
3. Ein körperliches Entzugssyndrom bei Beendigung oder Reduktion des Konsums, nachgewiesen durch die substanzspezifischen Entzugssymptome oder durch die Aufnahme der gleichen oder einer nahe verwandten Substanz, um Entzugssymptome zu mildern oder zu vermeiden.
4. Nachweis einer Toleranz. Um die ursprünglich durch niedrigere Dosen erreichten Wirkungen der psychotropen Substanz hervorzurufen, sind zunehmend höhere Dosen erforderlich (eindeutige Beispiele hierfür sind die Tagesdosen von Alkoholikern und Opiatabhängigen, die bei Konsumenten ohne Toleranzentwicklung zu einer schweren Beeinträchtigung oder sogar zum Tode führen würden).
5. Fortschreitende Vernachlässigung anderer Vergnügen oder Interessen zugunsten des Substanzkonsums, erhöhter Zeitaufwand, um die Substanz zu beschaffen, zu konsumieren oder sich von den Folgen zu erholen.
6. Anhaltender Substanzkonsum trotz Nachweises eindeutiger schädlicher Folgen, wie z.B. Leberschädigung durch exzessives Trinken, depressive Verstimmung infolge starken Substanzkonsums oder drogenbedingte Verschlechterung kognitiver Funktionen. Es sollte dabei festgestellt werden, dass der Konsument sich tatsächlich über Art und Ausmaß der schädlichen Folgen im Klaren war oder dass zumindest davon auszugehen ist."

War die Voraussetzung zum Führen von Kraftfahrzeugen wegen Abhängigkeit nicht gegeben, so kann sie nur dann wieder als gegeben angesehen werden, wenn durch Tatsachen der Nachweis geführt wird, dass dauerhafte Abstinenz besteht.[3]

Als Tatsache zu werten ist in der Regel eine erfolgreiche Entwöhnungsbehandlung, die stationär oder im Rahmen anderer Einrichtungen für Suchtkranke erfolgen kann. In der Regel muss nach der Entgiftungs- und Entwöhnungszeit eine einjährige Abstinenz nachgewiesen werden und es dürfen keine sonstigen eignungsrelevanten Mängel vorliegen.

Hierzu sind regelmäßig ärztliche Untersuchungen erforderlich einschließlich der relevanten Labordiagnostik, unter anderen Gamma-GT, GOT, GPT, MCV, CDT und Triglyzeride. Bei Verdacht auf chronischen Leberschaden, z.B. nach langjährigem Alkoholmissbrauch, nach Hepatitis oder bei anderen relevanten Erkrankungen ist die Labordiagnostik entsprechend zu erweitern. Die Laboruntersuchungen müssen von Laboratorien durchgeführt werden, deren Analysen den Ansprüchen moderner Quali-

---

3 Dies entspricht der Forderung in § 13 Abs. 3 Nr. 1 FeV, dass Abhängigkeit nicht mehr bestehen darf.

tätssicherung genügen (z.B. erfolgreiche Teilnahme an Ringversuchen). Sämtliche Laboruntersuchungen können nur in Verbindung mit allen im Rahmen der Begutachtung erhobenen Befunde beurteilt werden.

Die besonderen Anforderungen und Risiken für die Fahrer der Gruppe 2 sind gemäß Anlage 5 zur Fahrerlaubnisverordnung zu berücksichtigen.

Begründung

Bereits Blutalkoholkonzentrationen mit Werten ab 0,3‰ können zu einer Herabsetzung der Reaktionsfähigkeit und zur Veränderung der Stimmungslage mit Kritikminderung führen, so dass ein erhöhtes Verkehrsrisiko von derart beeinflussten Kraftfahrern ausgeht. Bei 0,8‰ liegt das Risiko in der Regel um das Vierfache höher als bei nüchternen Verkehrsteilnehmern. Fahruntüchtigkeit liegt bei jedem Kraftfahrzeugfahrer mit Werten höher als 1‰ vor.

Werden Werte um oder über 1,5‰ bei Kraftfahrern im Straßenverkehr angetroffen, so ist die Annahme eines chronischen Alkoholkonsums mit besonderer Gewöhnung und Verlust der kritischen Einschätzung des Verkehrsrisikos anzunehmen. Bei solchen Menschen pflegt in der Regel ein Alkoholproblem vorzuliegen, das die Gefahr weiterer Alkoholauffälligkeit im Straßenverkehr in sich birgt. Auch wiederholte Auffälligkeiten unter Alkohol im Straßenverkehr innerhalb weniger Jahre begründen einen solchen Verdacht, selbst wenn die Werte wesentlich geringer sind.

Ferner besteht, wegen der allgemeinen Verfügbarkeit des Alkohols, bei Alkoholabhängigkeit und -missbrauch generell eine hohe Rückfallgefahr, so dass im Einzelfall strenge Maßstäbe anzulegen sind, bevor eine positive Prognose zum Führen von Kraftfahrzeugen gestellt werden kann.

Diese erfordert tragfähige Strategien für die Entwicklung der Kontrolle über den Alkoholkonsum als Voraussetzung zur Trennung von Alkoholkonsum und Teilnahme am motorisierten Straßenverkehr, wie sie z.B. in geeigneten Kursen oder Therapien vermittelt werden. In der Regel hat in solchen Fällen eine sorgfältige Auseinandersetzung mit den Ursachen und der Entwicklung des früheren Alkoholmissbrauchs zu erfolgen.

Häufiger Alkoholmissbrauch führt zur Gewöhnung an die Giftwirkung und damit zur Unfähigkeit einer realistischen Einschätzung der eigenen Alkoholisierung und des hierdurch ausgelösten Verkehrsrisikos.

Im Spätstadium des chronischen Missbrauchs kann es insbesondere zu Störungen fast aller Organsysteme, und zwar vorwiegend zu hepatischen, gastrointestinalen und kardialen Manifestationen kommen. In der Regel erweisen sich jedoch bei der Begutachtung die psychischen und psychosozialen Ursachen und Folgen des chronischen Alkoholmissbrauchs als weit bedeutsamer. Es kann zu krankhaften Persönlichkeits-

1 Anhang – Begutachtungs-Leitlinien zur Kraftfahrereignung

veränderungen mit abnormer Entwicklung der affektiven und emotionalen Einstellung gegenüber der Umwelt kommen, wobei Selbstüberschätzung, Gleichgültigkeit, Nachlässigkeit, Erregbarkeit, Reizbarkeit etc. zu beobachten sind.

Besteht eine Alkoholabhängigkeit, so ist die Fähigkeit zum sicheren Führen von Kraftfahrzeugen generell aufgehoben. Voraussetzung einer positiven Prognose ist eine erfolgreiche Entwöhnungsbehandlung mit entsprechender Nachsorge.

3.12 Betäubungsmittel und Arzneimittel

3.12.1 Sucht (Abhängigkeit) und Intoxikationszustände

Leitsätze

Wer Betäubungsmittel im Sinne des Betäubungsmittelgesetzes (BtMG) nimmt oder von ihnen abhängig ist, ist nicht in der Lage, den gestellten Anforderungen zum Führen von Kraftfahrzeugen beider Gruppen gerecht zu werden. Dies gilt nicht, wenn die Substanz aus der bestimmungsgemäßen Einnahme eines für einen konkreten Krankheitsfall verschriebenen Arzneimittels herrührt.

Wer regelmäßig (täglich oder gewohnheitsmäßig) Cannabis konsumiert, ist in der Regel nicht in der Lage, den gestellten Anforderungen zum Führen von Kraftfahrzeugen beider Gruppen gerecht zu werden. Ausnahmen sind nur in seltenen Fällen möglich, wenn eine hohe Wahrscheinlichkeit gegeben ist, dass Konsum und Fahren getrennt werden, und wenn keine Leistungsmängel vorliegen.

Wer gelegentlich Cannabis konsumiert, ist in der Lage, den gestellten Anforderungen zum Führen von Kraftfahrzeugen beider Gruppen gerecht zu werden, wenn er Konsum und Fahren trennen kann, wenn kein zusätzlicher Gebrauch von Alkohol oder anderen psychoaktiv wirkenden Stoffen und wenn keine Störung der Persönlichkeit und kein Kontrollverlust vorliegt.

Wer von anderen psychoaktiv wirkenden Stoffen, z.B. Tranquilizern,[4] bestimmte Psychostimulanzien, verwandten Verbindungen bzw. deren Kombinationen (Polytoxikomanie), abhängig ist, wird den gestellten Anforderungen beim Führen von Kraftfahrzeugen nicht gerecht (zur Abhängigkeit wird auf die Definition in Kapitel 3.11.2 hingewiesen).

---

4 Was die Tranquilizer angeht, ist zu unterscheiden: einerseits der eigentliche Missbrauch mit der Gefahr von Abhängigkeit (höhere Dosen, steigende Dosis, Einnahme regelmäßig auch am Tage), andererseits der regelmäßige abendliche Gebrauch kleiner Mengen. Letzterer führt zwar in der Regel nicht zur Fahrunsicherheit, kann aber zu Abhängigkeit führen, da bereits nach einigen Monaten der Einnahme selbst kleinerer Mengen eine Abhängigkeit (low dose dependence) eintreten kann, erkennbar an eindeutigen Entziehungssymptomen.

Anhang – Begutachtungs-Leitlinien zur Kraftfahrereignung   1

Wer, ohne abhängig zu sein, missbräuchlich oder regelmäßig Stoffe der oben genannten Art zu sich nimmt, die die körperlich-geistige (psychische) Leistungsfähigkeit eines Kraftfahrers ständig unter das erforderliche Maß herabsetzen oder die durch den besonderen Wirkungsablauf jederzeit unvorhersehbar und plötzlich seine Leistungsfähigkeit oder seine Fähigkeit zu verantwortlichen Entscheidungen (wie den Verzicht auf die motorisierte Verkehrsteilnahme) vorübergehend beeinträchtigen können, ist nicht in der Lage, den gestellten Anforderungen zum Führen von Kraftfahrzeugen beider Gruppen gerecht zu werden.

Sind die Voraussetzungen zum Führen von Kraftfahrzeugen ausgeschlossen, so können sie nur dann wieder als gegeben angesehen werden, wenn der Nachweis geführt wird, dass kein Konsum mehr besteht. Bei Abhängigkeit ist in der Regel eine erfolgreiche Entwöhnungsbehandlung zu fordern, die stationär oder im Rahmen anderer Einrichtungen für Suchtkranke erfolgen kann.

Nach der Entgiftungs- und Entwöhnungszeit ist in der Regel eine einjährige Abstinenz durch ärztliche Untersuchungen nachzuweisen (auf der Basis von mindestens vier unvorhersehbar anberaumten Laboruntersuchungen innerhalb dieser Jahresfrist in unregelmäßigen Abständen). Zur Überprüfung der Angaben über angebliche „Suchtstofffreiheit" können insbesondere bei einer Reihe von Pharmaka und Betäubungsmitteln auch Haare in die Analytik einbezogen werden (unter Umständen abschnittsweise).

Bei i.v.-Drogenabhängigen kann unter bestimmten Umständen eine Substitutionsbehandlung mit Methadon indiziert sein. Wer als Heroinabhängiger mit Methadon substituiert wird, ist im Hinblick auf eine hinreichend beständige Anpassungs- und Leistungsfähigkeit in der Regel nicht geeignet, ein Kraftfahrzeug zu führen. Nur in seltenen Ausnahmefällen ist eine positive Beurteilung möglich, wenn besondere Umstände dies im Einzelfall rechtfertigen. Hierzu gehören u.a. eine mehr als einjährige Methadonsubstitution, eine psychosoziale stabile Integration, die Freiheit von Beigebrauch anderer psychoaktiver Substanzen inkl. Alkohol seit mindestens einem Jahr, nachgewiesen durch geeignete, regelmäßige, zufällige Kontrollen (z.B. Urin, Haar) während der Therapie, der Nachweis für Eigenverantwortung und Therapie-Compliance sowie das Fehlen einer Störung der Gesamtpersönlichkeit. Persönlichkeitsveränderungen können nicht nur als reversible oder irreversible Folgen von Missbrauch und Abhängigkeit zu werten sein, sondern ggf. auch als vorbestehende oder parallel bestehende Störung, insbesondere auch im affektiven Bereich. In die Begutachtung des Einzelfalls ist das Urteil der behandelnden Ärzte einzubeziehen. Insoweit kommt in diesen Fällen neben den körperlichen Befunden den Persönlichkeits-, Leistungs-, verhaltenspsychologischen und den sozialpsychologischen Befunden erhebliche Bedeutung für die Begründung von positiven Regelausnahmen zu.

1 Anhang – Begutachtungs-Leitlinien zur Kraftfahrereignung

Begründung

Menschen, die von einem oder mehreren der oben genannten Stoffe abhängig sind, können für die Zeit der Wirkung eines Giftstoffes oder sogar dauernd schwere körperlich-geistige (psychische) und die Kraftfahrleistung beeinträchtigende Schäden erleiden. So können als Folge des Missbrauchs oder der Abhängigkeit krankhafte Persönlichkeitsveränderungen auftreten, insbesondere Selbstüberschätzung, Gleichgültigkeit, Nachlässigkeit, Erregbarkeit und Reizbarkeit. Es kommt schließlich zur Entdifferenzierung und Depravation der gesamten Persönlichkeit.

Bei einigen Drogen kann es sehr schnell zu schweren Entzugssymptomen kommen, die innerhalb weniger Stunden nach der Einnahme auftreten und die die Fahrtauglichkeit erheblich beeinträchtigen. Dies gilt insbesondere für Heroin wegen der bekannten kurzen Halbwertzeit.

Außerdem kann die lang dauernde Zufuhr größerer Mengen dieser toxischen Stoffe zu Schädigungen des zentralen Nervensystems führen.

Die besondere Rückfallgefahr bei der Abhängigkeit rechtfertigt die Forderung nach Erfüllung bestimmter Voraussetzungen. Im Allgemeinen wird man hierfür den Nachweis einer erfolgreichen Entwöhnungsbehandlung verlangen müssen. Der Erfolg ist nicht schon bei Abschluss der Entwöhnungsbehandlung zu erkennen, sondern erst nach Ablauf des folgenden, besonders rezidivgefährdeten Jahres.

Es ist im Übrigen für die angemessene Begründung einer positiven Verkehrsprognose wesentlich, dass zur positiven Veränderung der körperlichen Befunde einschließlich der Laborbefunde ein tief greifender und stabiler Einstellungswandel hinzutreten muss, der es wahrscheinlich macht, dass der Betroffene auch in Zukunft die notwendige Abstinenz einhält.

3.12.2 Dauerbehandlung mit Arzneimitteln

Leitsätze

Bei nachgewiesenen Intoxikationen und anderen Wirkungen von Arzneimitteln, die die Leistungsfähigkeit zum Führen eines Kraftfahrzeugs beeinträchtigen, ist bis zu deren völligem Abklingen die Voraussetzung zum Führen von Kraftfahrzeugen beider Gruppen nicht gegeben.

Werden Krankheiten und Krankheitssymptome mit höheren Dosen psychoaktiver Arzneimittel behandelt, so können unter Umständen Auswirkungen auf das sichere Führen von Kraftfahrzeugen erwartet werden, und zwar unabhängig davon, ob das Grundleiden sich noch auf die Anpassungs- und Leistungsfähigkeit eines Betroffenen auswirkt oder nicht.

Anhang – Begutachtungs-Leitlinien zur Kraftfahrereignung 1

Begründung

Die Beurteilung der Anpassungs- und Leistungsfähigkeit eines Kraftfahrers an die Erfordernisse beim Führen eines Kraftfahrzeugs im Zusammenhang mit einer Arzneimittelbehandlung muss in jedem Falle sehr differenziert gesehen werden. Vor allem ist zu beachten, dass eine ganze Reihe Erkrankungen, die von sich aus die Voraussetzungen zum Führen von Kraftfahrzeugen ausschließen können, durch Arzneimittelbehandlung so weit gebessert oder sogar geheilt werden, dass erst durch die Behandlung die Voraussetzungen zum Führen von Kraftfahrzeugen wieder erreicht werden können. Entscheidend für die Beurteilung ist aber, ob eine Arzneimitteltherapie, insbesondere auch die Dauertherapie, zu schweren und für das Führen von Kraftfahrzeugen wesentlichen Beeinträchtigungen der psychophysischen Leistungssysteme führt. Medikamentöse Behandlungen, in deren Verlauf erhebliche unerwünschte Wirkungen wie Verlangsamung und Konzentrationsstörungen auftreten, schließen die Eignung in jedem Falle aus. Ob solche Intoxikationen vorliegen, wird vor allem dann zu prüfen sein, wenn ein chronisches Grundleiden zu behandeln ist, das mit Schmerzen oder starken „vegetativen" Beschwerden einhergeht (auch chronische Kopfschmerzen, Trigeminusneuralgien, Phantomschmerzen, Schlafstörungen usw.). Von Bedeutung sind in diesem Zusammenhang aber nicht nur Schmerzmittel, Schlaf- und Beruhigungsmittel (Tranquilizer), Antikonvulsiva, Neuroleptika und Antidepressiva oder Antiallergika, bei denen im Falle des Auftretens von Intoxikationserscheinigungen qualitativ vergleichbare Gefahrensymptome zu berücksichtigen sind, sondern auch andere zur Dauerbehandlung eingesetzte Stoffe mit anderen gefährlichen Nebenwirkungen bzw. Intoxikationssymptomen (siehe Kapitel 3.10.4 Affektive Psychosen und 3.10.5 Schizophrene Psychosen).

Die meisten Herz-Kreislauf-Erkrankungen benötigen eine Langzeitbehandlung mit zum Teil sehr unterschiedlich wirkenden Arzneimitteln. So sind besondere Umstände der Behandlung bei der Eignungsbeurteilung eines Herz-Kreislauf-Kranken zu berücksichtigen. Hier sei lediglich noch auf die am häufigsten vorkommenden Gefahrenlagen hingewiesen:

Antikoagulantien führen zu einer Verzögerung der Blutgerinnung und bringen die Gefahr akuter Blutungen mit sich. Eine sorgfältige ärztliche Überwachung bei Behandlung mit Antikoagulantien ist demnach bei Fahrerlaubnisinhabern erforderlich. Sie sollte durch ein entsprechendes ärztliches Attest in angemessenen Abständen bestätigt werden.

Die Arzneimittel der Digitalisgruppe können gelegentlich zu bedrohlichen Rhythmusstörungen führen. Seltener kann es zu Sehstörungen und akuten psychischen Störungen bei älteren Menschen kommen. Auch in diesen Fällen sind also die regelmäßige ärztliche Überwachung und ihr Nachweis in angemessenen, im Einzelfall festzulegenden Zeitabständen erforderlich.

Antihypertonika verursachen als Nebenwirkung bei zu starker Senkung des Blutdrucks Schwindel- und Ohnmachtsneigung.

Allgemein ist bei der Behandlung mit Arzneimitteln in der Initialphase eine besonders sorgfältige ärztliche Überwachung notwendig. Aber auch später muss die ärztliche Führung der Therapie sichergestellt und je nach Fall in angemessenen Zeitabständen nachgewiesen werden.

3.14 Straftaten

Leitsätze

Wer Straftaten begangen hat, ist nach § 2 Abs. 4 StVG ungeeignet zum Führen von Kraftfahrzeugen,
- wenn sie im Zusammenhang mit dem Straßenverkehr oder im Zusammenhang mit der Kraftfahreignung stehen oder
- wenn sie auf ein hohes Aggressionspotenzial schließen lassen, sei es auf einer Neigung zu planvoller, bedenkenloser Durchsetzung eigener Anliegen ohne Rücksicht auf berechtigte Interessen anderer oder einer Bereitschaft zu ausgeprägt impulsivem Verhalten (z.B. bei Raub, schwerer oder gefährlicher Körperverletzung, Vergewaltigung) und dabei Verhaltensmuster deutlich werden, die sich so negativ auf das Führen von Kraftfahrzeugen auswirken können, dass die Verkehrssicherheit gefährdet wird.

Die Voraussetzungen zum sicheren Führen von Kraftfahrzeugen können nur dann als wiederhergestellt gelten, wenn die Persönlichkeitsbedingungen, Krankheitsbedingungen und sozialen Bedingungen, die für das frühere gesetzwidrige Verhalten verantwortlich waren, sich entscheidend positiv verändert oder ihre Bedeutung so weit verloren haben, dass negative Auswirkungen auf das Verhalten als Kraftfahrer nicht mehr zu erwarten sind. Davon ist nur dann auszugehen, wenn folgende Voraussetzungen erfüllt sind:

a) Eine unter den entscheidenden Aspekten positiv zu wertende Veränderung der Lebensweise ist deutlich erkennbar und wird durch die jetzigen Lebensverhältnisse gestützt (soziale Beziehungen, wirtschaftliche Situation, Engagement in Beruf bzw. Ausbildung).

b) Diese Veränderung wurde vom Betroffenen aus einem Problembewusstsein heraus vollzogen (ggf. initiiert oder begleitet von einer angemessenen sozialpädagogischen, therapeutischen oder verhaltensmodifizierenden Intervention) und sie wird als zufrieden stellend erlebt.

Anhang – Begutachtungs-Leitlinien zur Kraftfahrereignung

c) Generelle Fehleinstellungen oder Störungen, die eine soziale Einordnung verhindern, lassen sich nicht (mehr) feststellen.

d) Die unter a) bis c) genannten Voraussetzungen haben sich über einen gewissen Zeitraum, in der Regel etwa ein Jahr, als stabil erwiesen.

Für Fahrer der Gruppe 2 sind bei der Beurteilung der Fähigkeit, Fahrzeuge dieser Gruppe sicher zu führen, wegen der besonderen Anforderungen an die Fahrer und der zusätzlichen Risiken im Straßenverkehr strenge Maßstäbe anzulegen.

Begründung

Allgemein rechtliche Straftaten sind in der Regel durch generalisierte, gewohnheitsmäßige Fehleinstellungen und Fehlreaktionen bedingt. Diese erschweren auch eine adäquate Bewertung der Normen und Gesetze, die den Straßenverkehr regeln, und ein entsprechend angepasstes Verhalten als motorisierter Verkehrsteilnehmer. Ursachen für Straftaten können auch Krankheiten sein.

Der Straßenverkehr ist ein soziales Handlungsfeld, welches von den Beteiligten „ständige Vorsicht und gegenseitige Rücksicht" (§ 1 StVO) erfordert.

Wer aufgrund des rücksichtslosen Durchsetzens eigener Interessen, aufgrund seines großen Aggressionspotenzials oder seiner nicht beherrschten Affekte und unkontrollierten Impulse in schwerwiegender Weise die Rechte anderer verletzt, lässt nicht erwarten, dass er im motorisierten Straßenverkehr die Rechte anderer Verkehrsteilnehmer – zumindest in den sehr häufig auftretenden Konfliktsituationen – respektieren wird.

Solang ein solches Fehlverhalten besteht, ist auch mit sicherheitswidrigen Auffälligkeiten im Straßenverkehr zu rechnen.

3.15 Verstöße gegen verkehrsrechtliche Vorschriften

Leitsätze

Ist die Eignung zum Führen von Kraftfahrzeugen aufgrund wiederholter oder erheblicher Verstöße gegen verkehrsrechtliche Vorschriften infrage gestellt oder war die Eignung ausgeschlossen, so kann die Eignung nur dann als gegeben oder als wiederhergestellt betrachtet werden, wenn der Betroffene die nachstehend aufgeführten Voraussetzungen erfüllt:

a) Es besteht Einsicht in die Problematik des Fehlverhaltens bzw. in die Ungewöhnlichkeit der Häufung, die Ursachen der Verkehrsverstöße werden erkannt und risikoarme Vermeidungsstrategien sind entwickelt.

b) Die wesentlichen Bedingungen, die für das problematische Verhalten maßgeblich waren, werden von dem Betroffenen erkannt.

c) Innere Bedingungen (Antrieb, Affekte, Stimmungsstabilität bzw. -labilität, Motive, persönliche Wertsetzungen, Selbstbeobachtung, Selbstbewertung, Selbstkontrolle), die früher das problematische Verhalten determinierten, haben sich im günstigen Sinne entscheidend verändert.

d) Ungünstige äußere Bedingungen, die das frühere Fehlverhalten mitbestimmten, haben sich unter den entscheidenden Gesichtspunkten günstig entwickelt oder ihre Bedeutung so weit verloren, dass negative Auswirkungen auf das Verhalten als Kraftfahrer nicht mehr zu erwarten sind.

e) Die psychische Leistungsfähigkeit ermöglicht eine ausreichend sichere Verkehrsteilnahme aufgrund situationsangemessener Aufmerksamkeitsverteilung, rascher und zuverlässiger visueller Auffassung und Orientierung, aufgrund Belastbarkeit sowie Reaktionsschnelligkeit und -sicherheit (siehe Kapitel 2.5 Anforderungen an die psychische Leistungsfähigkeit).

f) Ausgeprägte Intelligenzmängel, die eine vorausschauende Fahrweise bei realistischer Gefahrenwahrnehmung und -einschätzung infrage stellen, liegen nicht vor (siehe Kapitel 3.13 Intellektuelle Leistungseinschränkungen).

g) Körperliche und psychische Beeinträchtigungen, die als Ursache für die Verkehrsverstöße infrage kommen, liegen nicht mehr vor beziehungsweise können als kompensiert gelten.

Die Fähigkeit, ein Kraftfahrzeug sicher zu führen, kann außerdem als wiederhergestellt gelten, wenn sich noch feststellbare Defizite durch einen evaluierten und qualitätsgesichert durchgeführten Kurs zur Wiederherstellung der Kraftfahreignung beseitigen lassen (siehe § 70 FeV). Dies muss durch das vertragsgerechte Absolvieren des Kurses in Form einer Teilnahmebescheinigung nachgewiesen werden.

Die Wiederherstellung der Eignung durch derartige Rehabilitationskurse kommt in Betracht,
- wenn die intellektuellen und kommunikativen Voraussetzungen gegeben sind,
- wenn eine erforderliche Verhaltensänderung bereits vollzogen wurde, aber noch der Systematisierung und Stabilisierung bedarf oder
- wenn eine erforderliche Verhaltensänderung erst eingeleitet wurde bzw. nur fragmentarisch zustande gekommen ist, aber noch unterstützend begleitet, systematisiert und stabilisiert werden muss oder auch
- wenn zwar eine erforderliche Verhaltensänderung noch nicht wirksam in Angriff genommen worden ist, aber dennoch aufgrund der Befundlage, insbesondere aufgrund der gezeigten Einsicht in die Notwendigkeit einer Verhaltensänderung sowie der Fähigkeit und Bereitschaft zur Selbstkritik und Selbstkontrolle erreichbar erscheint.

Anhang – Begutachtungs-Leitlinien zur Kraftfahrereignung

Wegen der zusätzlichen Risiken der Fahrer der Gruppe 2 sind die besonderen Anforderungen gemäß Anlage 5 zur FeV zu berücksichtigen.

Begründung

Personen, die durch wiederholte oder erhebliche Verkehrsverstöße aufgefallen sind, stellen nach den vorliegenden Forschungsergebnissen eine besondere Gefahrenquelle dar.

Diese Gefährdung lässt sich damit erklären, dass den Verkehrsauffälligkeiten Gewohnheiten, verfestigte Fehleinstellungen oder Leistungsmängel zugrunde liegen. Aufgrund des geringen Entdeckungsrisikos bei Verkehrsverstößen und des damit vordergründig erlebten kurzfristigen „Erfolgs" von riskanten Verhaltensweisen (z.b. Zeitgewinn bei Geschwindigkeitsüberschreitungen oder Rotlichtmissachtungen) ist in der Regel von einer oft jahrelangen Lerngeschichte im Vorfeld aktenkundig gewordener Verhaltensauffälligkeiten auszugehen. Derart habituelle Verhaltensweisen sind entsprechend änderungsresistent, zumal die verhängten Strafen oft in einem erheblichen zeitlichen Abstand von den Verhaltensauffälligkeiten erfolgen und eine Vielzahl entlastender Abwehrargumente zur Verfügung stehen („Pechvogelhaltung", Bagatellisierung usw.).

Damit es nicht zu weiteren erheblichen Verstößen gegen die verkehrsrechtlichen Vorschriften und zu einer Gefährdung der Verkehrssicherheit kommt, die der Allgemeinheit nicht zugemutet werden kann, dürfen also nicht nur oberflächliche Vorsatzbildungen erfolgt sein (angepasste Fahrweise bis zur Löschung der Eintragungen im Verkehrszentralregister), sondern es müssen die Grundzüge und Ursachen der Fehleinstellungen und der eigenen Lerngeschichte erkannt, die Einstellungen und das Verhalten ausreichend geändert, stabile neue Gewohnheiten gebildet und/oder evtl. vorhandene Leistungsmängel korrigiert bzw. kompensiert worden sein.

2. Liste zu Testverfahren

Liste der Testverfahren zur Prüfung der „besonderen Anforderungen" nach Nr. 2 der Anlage 5 FeV

Testverfahren	ART 90*	ART 2020**	WTS***	Andere Apparate-Tests	„Paper-and-Pencil-Tests"
Belastbarkeit	RST 3 SET 3	RST 3 (SET 3)	DT (entspricht RST 3)	Wiener Determinationsgerät Combi-Test (Mehrfachreaktion) Corporal – STE 1–7	
Orientierungsleistung	LL 5 TT 15	LL 5 TT 15 (PVT) (DEST)	LVT TAVT	Linien-Verfolgen (LVT) Tachistoskoptest (TAVT 2) Corporal – STE 5–7	
Konzentrationsleistung	Q 1 LL 5, RST 3	Q 1	COG (entspricht QI) LVT, DT	Combi-Test (Konzentration) Corporal – STE 4	Test D 2 nach Brickenkamp
Aufmerksamkeitsleistung	Q 1/FAT PVT	RAT QI	COG LVT, TAVT	APG nach Müller LVT TAVT 2 Corporal – STE 3	
Reaktionsfähigkeit	RST 3 DR 2 SET 3	RST 3 DR 2 (SET 3)	DT	Wiener Determinationsgerät Combi-Test (Einfachreaktion) Corporal STE 1–2	

*   Act-and-React-Testsystem 1990
** Act-and-React-Testsysteme 2020 – Die Verfahren (SET 3), (PVT) und (DEST) befinden sich zum gegenwärtigen Zeitpunkt in der Evaluationsphase
*** Wiener Test-System

Die besonderen Anforderungen gelten als erfüllt, wenn in der Mehrheit der eingesetzten Verfahren mindestens der Prozentrang (PR) 33, gemessen an der altersunabhängigen Norm, erreicht wird. In keinem der durchgeführten Testverfahren darf ein PR unter 16 registriert worden sein (vgl. Begutachtungs-Leitlinien zur Kraftfahreignung, Pkt. 2.5 „Anforderungen an die psychisch-funktionale Leistungsfähigkeit"). In jedem Fall müssen zur Absicherung der Mehrfachabsicherung **mindestens** drei Testverfahren eingesetzt werden. Bei einer beantragten Verlängerung nach Abs. 2 Anlage 5 ist auch bei einer Fahrprobe zur Überprüfung von Kompensationsmöglichkeiten angezeigt, wenn in den eingesetzten Leistungsprüfverfahren insgesamt unter den o.g. Normwerten liegende Leistungen registriert wurden.

* Niedersachsen; siehe unter § 7 Rn 302.

Anhang – Gesundheitsfragebogen 3

3. Gesundheitsfragebogen[1]

Anlage

zum Antrag des

▮▮▮▮▮▮   ▮▮▮▮▮▮   ▮▮▮▮▮▮

(Name)   (Vorname)   (Geburtsdatum, Geburtsort)

auf Erteilung der Fahrerlaubnis der Klassen A/A1/B/BE/T/L/M

Freiwillige Angaben über den Gesundheitszustand

Hinweis:

Nach § 22 Abs. 2 der Fahrerlaubnisverordnung hat die Fahrerlaubnisbehörde zu ermitteln, ob Bedenken an der Eignung zum Führen von Kraftfahrzeugen bestehen. Sie werden deshalb gebeten, diese Anlage wahrheitsgemäß auszufüllen. Bei späterem Bekanntwerden von Eignungsmängeln, die bereits zum Zeitpunkt der Antragstellung bestanden haben, müssen Sie mit einschneidenden Maßnahmen, die erhebliche Kosten nach sich ziehen können, rechnen.

Bei mir liegt eine

	ja[*]	nein[*]
1. Schwerhörigkeit/Gehörlosigkeit/Gleichgewichtsstörung	▮	▮
2. Bewegungsbehinderung (z.B. von Gließmaßen)	▮	▮
3. Herz- und/oder Gefäßkrankheit (z.B. hoher Blutdruck)	▮	▮
4. Zuckerkrankheit	▮	▮
5. Krankheit des Nervensystems (z.B. Störungen der Hirntätigkeit)	▮	▮
6. psychische (geistige) Störung (z.B. Psychose)	▮	▮
7. Nierenerkrankung (z.B. Niereninsuffienz)	▮	▮

vor.

---

1 Niedersachsen; siehe unter § 6 Rn 15.

3 Anhang – Gesundheitsfragebogen

8. Ich bin bzw. war wegen einer Suchtkrankheit
   - Konsum von Alkohol
   - Konsum von Betäubungsmitteln
   - Missbrauch anderer psychoaktiv wirkender Stoffe oder Arzneimittel

   in ambulanter**/stationärer** Behandlung.

*   Zutreffendes bitte ankreuzen
** Unzutreffendes bitte streichen

4. Liste von Fragestellungen bei Begutachtungsanordnung[1]

§§ 2 a Abs. 4, 5; 4 Abs. 10 StVG

Ist zu erwarten, dass der/die Untersuchte auch zukünftig gegen verkehrsrechtliche Bestimmungen verstoßen wird?

§ 10 Abs. 2 FeV

Erfüllt der/die Untersuchte bereits die körperlichen und geistigen Anforderungen an das Führen von Kfz der beantragten Klasse(n) im Rahmen einer Ausbildung als Berufskraftfahrer(in)?

§ 11 Abs. 2 FeV in Verbindung mit Anlage 4

Liegt bei dem/der Untersuchten eine Gesundheitsstörung oder Krankheit vor, die für die Fahreignung erheblich ist?

- Kann der/die Untersuchte trotz der festgestellten Gesundheitsstörung oder Krankheit ein Kfz der beantragten Klasse(n) sicher führen?
- Kann der/die Untersuchte trotz des Verdachts auf Gesundheitsstörung oder Krankheit ein Kfz der beantragten Klasse(n) sicher führen?

§ 11 Abs. 3 Nr. 1 FeV

Kann der/die Untersuchte trotz des Vorliegens einer Gesundheitsstörung oder Krankheit und unter Berücksichtigung der in dem Gutachten vom getroffenen Feststellungen ein Kfz der beantragten Klasse(n) sicher führen?

§ 11 Abs. 3 Nr. 2 FeV

Hat der/die Untersuchte bereits einen Entwicklungsstand und die Reife erreicht, die das sichere Führen eines Kfz der beantragten Klasse(n) gewährleisten?

§ 11 Abs. 3 Nr. 3 FeV

Kann der/die Untersuchte angesichts der vom Sachverständigen oder Prüfer nach § 18 Abs. 3 FeV mitgeteilten Auffälligkeiten ein Kfz der beantragten Klasse(n) sicher führen?

§ 11 Abs. 3 Nr. 4 FeV

Ist aufgrund der Straftaten zu erwarten, dass der/die Untersuchte künftig Straftaten in Zusammenhang mit dem Straßenverkehr oder im Zusammnhang mit der Fahreignung begehen wird?

---

1 Niedersachsen; siehe unter § 7 Rn 209.

4 Anhang – Liste von Fragestellungen bei Begutachtungsanordnung

§§ 11 Abs. 9; 48 Abs. 5 in Verbindung mit Anlage 5 FeV

Erfüllt der/die Untersuchte die geistigen und körperlichen Anforderungen für die Beförderung von Fahrgästen mit Kraftfahrzeugen?

§ 12 FeV in Verbindung mit Anlage 6

Reicht das Sehvermögen des/der Untersuchten unter Berücksichtigung der bestmöglichen Korrektur zum sicheren Führen eines Kfz der beantragten/bestehenden Klasse(n) ▇▇▇ aus?

§ 13 Nr. 1 FeV

Lässt sich die aufgrund aktenkundiger Tatsachen bestehende Annahme einer Alkoholabhängigkeit bestätigen? Finden sich, wenn keine Alkoholabhängigkeit vorliegt, Anzeichen für einen Alkoholmissbrauch?

§ 13 Nr. 2 b und c FeV

Ist zu erwarten, dass der/die Untersuchte zukünftig ein Kraftfahrzeug unter Alkoholeinfluss führen wird und/oder liegen als Folge eines unkontrollierten Alkoholkonsums Beeinträchtigungen vor, die das sichere Führen eines Kraftfahrzeugs der beantragten Klasse(n) ▇▇▇ infrage stellen?

§ 14 Abs. 1 Satz 1 Nr. 1 FeV

Lässt sich die aufgrund aktenkundiger Tatsachen bestehende Annahme einer Abhängigkeit von Betäubungsmitteln im Sinne des BtMG oder von anderen psychoaktiv wirkenden Stoffen bestätigen?

§ 14 Abs. 1 Satz 1 Nr. 2 und 3 FeV

Lässt sich die aufgrund aktenkundiger Tatsachen bestehende Annahme eines Konsums von Betäubungsmitteln im Sinne des BtMG oder die missbräuchliche Einnahme von psychoaktiv wirkenden Arzneimitteln oder anderen psychoaktiv wirkenden Stoffen bestätigen?

§ 14 Abs. 1 und 2 FeV

Ist zu erwarten, dass der/die Untersuchte zukünftig ein Kraftfahrzeug unter dem Einfluss berauschender Mittel (z.B. Arzneimittel, Betäubungsmittel pp.) führen wird bzw. liegen als Folge unkontrollierten Konsums derartiger Stoffe Beeinträchtigungen vor, die das sichere Führen von Kraftfahrzeugen infrage stellen?

§ 14 Abs. 1 Satz 4 FeV

Können die aufgrund des gelegentlichen Konsums von Cannabis und weiteren aktenkundigen Tatsachen bestehenden Bedenken an der Fahreignung ausgeräumt werden?

5. LEITFADEN 2000 zur Begutachtung der Eignung zum Führen von Kraftfahrzeugen in amtlich anerkannten medizinisch-psychologischen Untersuchungsstellen (Auszug)[1]

1. Leitsätze

1.1 Ziel der Fahreignungsbegutachtung

Die Begutachtung der Eignung von Fahrerlaubnisbewerbern und Fahrerlaubnisinhabern zum Führen von Kraftfahrzeugen hat zum Ziel, je nach Anlass der Untersuchung
- das Vorliegen von geforderten Eignungsqualitäten nachzuweisen (Nachweisdiagnostik).
- Zweifel der Behörde an der Eignung auszuräumen (Entlastungsdiagnostik).

1.2. Struktur der Fahreignungsbegutachtungsstellen

Die Begutachtungsstellen bedürfen nach Paragraph 3 StVZO der amtlichen Anerkennung als medizinisch-psychologische Untersuchungsstellen. Sie vereinen Ärzte, Diplompsychologen und amtlich anerkannte Sachverständige für den Kraftfahrzeugverkehr, die auf dem Gebiet der Verkehrspsychologie, der Verkehrsmedizin und des Kraftfahrwesens besonders ausgebildet und erfahren sind. Diese Zusammensetzung der Begutachtungsstellen stellt sicher, dass die körperlichen und geistig-seelischen Eignungsvoraussetzungen sowie ggf. die Fahrerfahrung berücksichtigt werden. Fragen der Kompensation sowohl in positiver wie in negativer Hinsicht können nur durch die interdisziplinäre Zusammensetzung in den Begutachtungsstellen beantwortet werden und müssen jederzeit die fallweise Rückkopplung der verschiedenen Disziplinen ermöglichen.

Auf diese Weise kann z.b. beurteilt werden, ob und inwieweit
- körperliche Mängel durch geistig-seelische Eigenschaften ausgeglichen werden,
- geistig-seelische Mängel ihre Ursache in körperlichen Mängeln haben,
- körperliche und/oder geistig-seelische Mängel durch Fahrerfahrung kompensiert werden,
- durch therapeutische bzw. sonstige Maßnahmen die Fahreignung ggf. wiederhergestellt werden kann (therapieorientierte Diagnostik).

---

[1] Siehe unter § 6 Rn 78. Die mit Rücksicht auf das neue Fahrerlaubnisrecht erforderliche Überarbeitung der hier mitgeteilten Fassung – 6. Version, 2.96 – ist noch nicht abgeschlossen.

1.3. Stellung der Gutachter

Die Gutachter erstatten ihre Gutachten im Auftrag des Betroffenen unparteiisch und in eigener Verantwortung und sind vom Ergebnis der Begutachtungen wirtschaftlich nicht abhängig. Die aufgrund heutiger fachlicher Erkenntnisse dargestellten durchschnittlichen Untersuchungsumfänge sind – außer bei Abbruch der Untersuchung – im Regelfall einzuhalten.

1.4. Zweck des Gutachtens

Das Gutachten dient der zuständigen Verwaltungsbehörde dazu, eine eigene Entscheidung über die Eignung des Untersuchten zu treffen. Es muss das Ergebnis der Untersuchung so darstellen, dass sich sowohl die Behörde als auch der Untersuchte ein Urteil über die Eignung bilden können und der Untersuchte ggf. weitere Schritte, um seine Eignung wiederherzustellen, dem Gutachten oder Begleitschreiben entnehmen kann.

1.5. Anlassbezogene Begutachtung

Die Begutachtung beschränkt sich auf die Fragestellung, die die zuständige Behörde der Gutachtenaufforderung zugrunde legt. Der Gutachter richtet die Untersuchung danach aus.

2. Ablauf der Fahreignungsbegutachtung

2.1. Aktenanalyse

Die medizinische und psychologische Analyse der von der Behörde übersandten Akten dient dazu, im Hinblick auf den Untersuchungsanlass bedeutsame (auch entlastende) Sachverhalte der Vorgeschichte zu analysieren. Mit ihrer Hilfe wird die individuelle Vorgehensweise bei der Untersuchung festgelegt. Ohne Aktenanalyse ist eine wissenschaftlich vertretbare Hypothesenformulierung und deren Überprüfung in der Untersuchung nicht möglich.

Die Gutachter haben bei der Aktenanalyse folgende Aufgaben:

Der Psychologe analysiert die Akten mit dem Ziel festzustellen, welche im Hinblick auf den Untersuchungsanlass bedeutsamen (auch „entlastenden") Sachverhalte in der Vorgeschichte enthalten sind. Durch die Analyse der Akten erhält er weitere Anhaltspunkte für die Vorbereitung einer gezielten Untersuchung der individuellen verkehrsspezifischen Problematik.

Der Arzt analysiert die Akten im Hinblick auf medizinisch relevante Anhaltspunkte, um eine anlassspezifische verkehrsmedizinische Untersuchung einzuleiten und ggf. weitere ärztliche Unterlagen anzufordern.

Arzt und Psychologe klären weiterhin durch die Aktenanalyse sich voraussichtlich ergebende interdisziplinäre Zusammenhänge ab und legen den Untersuchungsablauf fest.

2.2. Untersuchungsumfang

Der Untersuchungsumfang ergibt sich für die einzelnen Anlassgruppen der Eignungsrichtlinien aus dem im Anhang wiedergegebenen Untersuchungsrahmen. Je nach Fragestellung der Behörde wird der vorgesehene durchschnittliche Untersuchungsumfang durchgeführt. Untersuchungen, die nicht bei jedem Probanden zum durchschnittlichen Untersuchungsumfang gehören, sind mit einem Stern gekennzeichnet. Die Untersuchung kann abgeschlossen werden, sobald die Informations- und Befundlage eine Beantwortung der gestellten Frage ermöglicht.

2.3. Aussetzung und Abbruch

Die Begutachtung wird ausgesetzt, wenn zusätzliche diagnostische Befunde erforderlich sind, die am Untersuchungstag nicht zur Verfügung stehen. Der Betroffene wird aufgefordert, diese Befunde der Begutachtungsstelle innerhalb einer angemessenen Frist vorzulegen.

Die Begutachtung wird abgebrochen, wenn sich der Untersuchte in einem nicht untersuchungsfähigen Zustand befindet oder die notwendige Mitwirkung verweigert. Ist seine Mitwirkung nicht ausreichend, so kann von der Begutachtungsstelle ein Gutachten erstellt werden, das aber im Regelfall keine verwertbare Aussage im Sinne 1.4 dieses Leitfadens liefert.

2.4. Inhalt des Gutachtens

Das Gutachten muss nachvollziehbar und nachprüfbar sein.

Die Nachvollziehbarkeit betrifft die logische Ordnung (Schlüssigkeit) des Gutachtens. Sie erfordert die Wiedergabe der wesentlichen Befunde und die Darstellung der zur Beurteilung führenden Schlussfolgerungen. Die Nachvollziehbarkeit wird durch die Verwendung von Textverarbeitungssystemen nicht grundsätzlich infrage gestellt. Die Wiedergabe der Exploration in wörtlicher Rede oder eine detaillierte, ins Einzelne gehende Beschreibung aller diagnostischen Schritte und ihrer prognostischen Interpretation würden den Begutachtungsaufwand in eine Höhe treiben, die gesellschaftspolitisch nicht erwünscht und von der fachlichen Seite her gesehen auch nicht sinnvoll ist.

Die Nachprüfbarkeit betrifft die Wissenschaftlichkeit der Begutachtung. Sie erfordert, dass die Untersuchungsverfahren, die zu den Befunden geführt haben, angegeben und, soweit die Schlussfolgerungen auf Forschungsergebnisse gestützt sind, diese als Quellen genannt werden. Das Gutachten soll aber nicht im Einzelnen die wissenschaftlichen Grundlagen für die Erhebung und Interpretation der Befunde wiedergeben. Eine Vereinfachung der Darstellung ist auch notwendig, um sowohl der Behörde als auch dem Betroffenen zu ermöglichen, sich ein Urteil über die Aussagen des Gutachtens zu bilden.

In der Regel wird erst aus der integrativen Bewertung aller vorliegenden medizinischen und psychologischen Befunde eine abschließende Beantwortung der Fragestellung der anordnenden Behörde möglich.

Jedes Gutachten enthält im Prinzip folgende Elemente, die in ihrer Reihenfolge ein Aufbauschema darstellen:

I. Anlass und Fragestellung der Untersuchung

II. Überblick über die Vorgeschichte (Akten)

III. Eigene Angaben des zu Begutachtenden

IV. Untersuchungsbefunde
   - medizinisch
   - psychologisch

V. Zusammenfassende Beurteilung

Bei eindeutiger Befundlage wird das Gutachten knapper, bei komplizierter Befundlage ausführlicher erstattet.

3. Beurteilungsgrundlagen

Die Maßstäbe der Beurteilung in den Fahreignungsbegutachtungsstellen werden in den TÜVIS-Prüfgrundlagen „Medizinisch-Psychologische Untersuchungen" dokumentiert und dort dem Stand der Wissenschaft entsprechend fortgeschrieben.

In diesen Prüfgrundlagen sind u.a. beschrieben:
- der diagnostische Prozess in der Fahreignungsbegutachtung,
- Testverfahren zur Beurteilung der Leistungsfähigkeit,
- Testverfahren zur Beurteilung der Persönlichkeit,
- Beurteilungskriterien für tatauffällige Kraftfahrer,
- Sicherheitsmaßnahmen bei körperbehinderten Kraftfahrern.

Außerdem sind aufgenommen worden:
- das Gutachten „Krankheit und Kraftverkehr", das vom Gemeinsamen Beirat für Verkehrsmedizin erarbeitet und in der Schriftenreihe des Bundesministers für Verkehr, Heft 67, 1985, veröffentlicht wurde,

– das Gutachten „Sehvermögen und Kraftverkehr" des Bundesgesundheitsamts, veröffentlicht in der Schriftenreihe des Bundesministers für Verkehr, Heft 38, 1972.

Die Gutachten der medizinisch-psychologischen Untersuchungsstellen basieren auf diesen Beurteilungsgrundlagen; bei Abweichungen hat der Gutachter hierfür maßgebende Gründe darzulegen.

4. Fahreignungsdiagnostik und Modifikation

Liegen Eignungsmängel vor, die es nicht erlauben, die Zweifel der Verwaltungsbehörde auszuräumen, so können sich im Rahmen der durchzuführenden Fahreignungsdiagnostik Wege aufzeigen lassen, ob und wie sie ggf. behoben werden können. Der Betroffene sollte auf für ihn geeignete modifizierende Maßnahmen wie bewährte, unter einer Fachaufsicht stehende Nachschulungsmodelle, individuelle therapeutische oder spezifische rehabilitative Maßnahmen hingewiesen werden. Dies trifft auch für körperliche Mängel und die damit verbundenen medizinischen Aspekte zu. Insbesondere sind die jeweiligen Zuweisungs- und Ausschlusskriterien für die Teilnahme an speziellen Kursen für auffällige Kraftfahrer zu beachten, wenn nach erfolgreicher Kursteilnahme von einer erneuten Fahreignungsbegutachtung abgesehen werden soll.

Bei der Empfehlung individuell-therapeutischer oder spezifisch-rehabilitativer Maßnahmen im Gutachten oder Begleitschreiben sind die jeweiligen Fahreignungsdefizite zu beschreiben, damit der Betroffene entsprechende Schritte einleiten kann und bei der nachfolgenden erneuten Fahreignungsbegutachtung die eingetretenen Veränderungen überprüft werden können. Hierbei ist in erster Linie an eine orientierende Hilfestellung für den Probanden gedacht, um ihm die Richtung von Therapiemöglichkeiten oder Veränderungsmöglichkeiten aufzuzeigen.

5. Schweigepflicht und Datenschutz

Die als Sachverständige tätigen Ärzte, Psychologen und amtlich anerkannten Sachverständigen für den Kraftfahrzeugverkehr unterliegen der Schweigepflicht gemäß § 203 StGB. Ohne Zustimmungserklärung des Betroffenen ist es nicht möglich, das Gutachten Dritten zu übersenden. Der Untersuchte kann jedoch die Begutachtungsstellen beauftragen, das Gutachten direkt der Behörde zu übersenden.

Die über den Untersuchten erhobenen Daten sowie alle sonstigen Aufzeichnungen der Untersuchung unterliegen den Bestimmungen des Bundesdatenschutzgesetzes bzw. den Datenschutzvorschriften der Länder. Sie werden nach Ablauf festgelegter Fristen vernichtet.

5 Anhang – LEITFADEN 2000

Erläuterungen

Die im Folgenden aufgeführten Anlassziffern, die entsprechende Beschreibung und Fragestellung halten sich eng an die bundeseinheitlichen Eignungsrichtlinien vom 1.12.1982.

Auf die Benennung eines nach Fakultäten zugeordneten federführenden Gutachters wurde verzichtet, da sich bei den einzelnen Anlässen zwar die im Regelfall federführende Fakultät zuordnen lässt, im Einzelfall aber die Gewichtung anders liegen kann. Die bei den amtlich anerkannten Fahreignungsbegutachtungsstellen vor Ort vorhandene Zusammenarbeit von Ärzten, Psychologen und amtlich anerkannten Sachverständigen erlaubt, die Federführung in jedem Einzelfall entsprechend festzulegen. Die bei den einzelnen Anlässen unter Begutachtungsumfang beschriebenen Tätigkeiten werden von folgenden Fakultäten durchgeführt bzw. bewertet:

Aktenanalyse	Arzt und Psychologe
Anlassspezifische Fragenbogen	Arzt und/oder Psychologe
Exploration	Arzt und/oder Psychologe
Medizinische Untersuchung	Arzt
Körperliche Untersuchung	Arzt
Anlassspezifische psychologische Leistungsproben	Psychologe
Laborwerte	Arzt
Sehvermögen	Arzt
Wahrnehmungsvermögen	Arzt und Psychologe
Interdisziplinäre Abklärung	Arzt und Psychologe
Beurteilen der Befunde, Entscheiden	Arzt und Psychologe
Information der Untersuchten	Arzt und/oder Psychologe
Gutachtenerstellung	Arzt und Psychologe
Beantwortung von Rückfragen	Arzt und/oder Psychologe
Fahrproben	amtlich anerkannte Sachverständige für den Kraftfahrzeugverkehr, ggf. Arzt oder Psychologe

Anlass	**1. Auge (zentrale Tagessehschärfe)** **1.1 Beidäugigkeit** 1.1.3 Nach F-Gutachten festgestellte Sehschärfe auf dem besseren Auge weniger als 0,6, jedoch mindestens 0,5 bei Bewerbern der Klasse 1, 1 a/1 b, 3, 4, 6. 1.1.3 Nach F-Gutachten festgestellte Sehschärfe auf dem besseren Auge weniger als 0,5, jedoch mindestens 0,4 bei Inhabern der Klasse 1, 1 a/1 b, 3, 4, 5. 1.1.3 Nach F-Gutachten festgestellte Sehschärfe auf dem schlechteren Auge weniger als 0,5 bei Inhabern der Klasse 2. 1.1.3 Nach F-Gutachten festgestellte Sehschärfe mindestens 0,7/0,5; bei Beschränkung der Fahrerlaubnis auf Kraftdroschken und/oder Kraftdroschken und/oder Mietwagen mindestens 0,7/0,2 bei Inhabern der Fahrerlaubnis zur Fahrgastbeförderung.
Fragestellung	*„Reicht das Wahrnehmungsvermögen des Untersuchten trotz des verminderten Sehvermögens zum sicheren Führen eines Kraftfahrzeuges der Klasse ▨ aus?"*
Begutachtungsumfang	– Aktenanalyse einschließlich Auswertung vorliegender ärztlicher Gutachten – Anlassspezifische Fragebogen* – Exploration Vorgeschichte zur Gesundheit Vorgeschichte zur Verkehrsteilnahme – Medizinische Untersuchung* – Anlassspezifische psychologische Leistungsproben – Interdisziplinäre Abklärung, u.a. Kompensationsmöglichkeiten durch zuverlässige Verhaltenssteuerung – Fahrprobe* – Beurteilung der Befunde, Entscheiden – Information des Untersuchten – Beantwortung von Rückfragen*

* Begutachtungsteile, die nicht bei jedem Probanden zum durchschnittlichen Begutachtungsumfang gehören.

5 Anhang – LEITFADEN 2000

Anlass	**1. Auge (zentrale Tagessehschärfe)** **1.2 Einäugigkeit** 1.2.1 Nach F-Gutachten festgestellte Sehschärfe weniger als 0,7, jedoch mindestens 0,5 bei Inhabern der Klasse 1, 1 a/1 b, 3, 4, 5. 1.2.2 Nach F-Gutachten festgestellte Sehschärfe mindestens 0,7 bei Einäugigkeit von Inhabern der Klasse 2. 1.2.3 Bei Beschränkung der Fahrerlaubnis auf Kraftdroschken und/oder Mietwagen: nach F-Gutachten feststehende Sehschärfe mindestens 0,7 bei Einäugigkeit von Inhabern der Fahrerlaubnis zu Fahrgastbeförderung.
Fragestellung	*„Reicht das Wahrnehmungsvermögen des Untersuchten trotz des verminderten Sehvermögens zum sicheren Führen eines Kraftfahrzeuges der Klasse ▉▉▉ aus?"*

Begutachtungsumfang	– Aktenanalyse
	  einschließlich Auswertung vorliegender ärztlicher Gutachten
	– Anlassspezifische Fragebogen*
	– Exploration
	  Vorgeschichte zur Gesundheit
	  Vorgeschichte zur Verkehrsteilnahme
	– Medizinische Untersuchung*
	– Anlassspezifische psychologische Leistungsproben
	– Interdisziplinäre Abklärung,
	  u.a. Kompensationsmöglichkeiten durch zuverlässige Verhaltenssteuerung
	– Fahrprobe*
	– Beurteilung der Befunde, Entscheiden
	– Information des Untersuchten
	– Gutachtenerstellung
	– Beantwortung von Rückfragen*

* Begutachtungsteile, die nicht bei jedem Probanden zum durchschnittlichen Begutachtungsumfang gehören.

Anlass	**3. Erkrankungen des Gehirns, des Rückenmarks und der neuro-muskulären Peripherie**
	3.2 Kreislaufabhängige Störungen der Hirntätigkeit (z.B. Schlaganfall)
Fragestellung	*„Kann der Untersuchte trotz der festgestellten Erkrankung ein Kraftfahrzeug der Klasse ▓▓ sicher führen?"*
Begutachtungsumfang	– Aktenanalyse einschließlich Auswertung vorliegender ärztlicher Gutachten
	– Anlassspezifische Fragebogen*
	– Exploration Vorgeschichte zur Person Vorgeschichte zur Gesundheit Vorgeschichte zur Verkehrsteilnahme
	– Körperliche Untersuchung*
	– Anlassspezifische psychologische Leistungsproben
	– Interdisziplinäre Abklärung, u.a. Kompensationsmöglichkeiten durch zuverlässige Verhaltenssteuerung
	– Fahrprobe*
	– Beurteilung der Befunde, Entscheiden
	– Information des Untersuchten
	– Gutachtenerstellung
	– Beantwortung von Rückfragen*

* Begutachtungsteile, die nicht bei jedem Probanden zum durchschnittlichen Begutachtungsumfang gehören.

Anlass	3. **Erkrankungen des Gehirns, des Rückenmarks und der neuro-muskulären Peripherie**
	3.3 Störungen nach Hirnverletzungen und Hirnoperationen
Fragestellung	*„Kann der Untersuchte trotz der festgestellten Erkrankungen ein Kraftfahrzeug der Klasse ▇▇▇ sicher führen?"*
Begutachtungsumfang	– Aktenanalyse einschließlich Auswertung vorliegender ärztlicher Gutachten
	– Anlassspezifische Fragebogen*
	– Exploration Vorgeschichte zur Person Vorgeschichte zur Gesundheit Vorgeschichte zur Verkehrsteilnahme
	– Körperliche Untersuchung*
	– Anlassspezifische psychologische Leistungsproben
	– Interdisziplinäre Abklärung, u.a. Kompensationsmöglichkeiten durch zuverlässige Verhaltenssteuerung
	– Fahrprobe*
	– Beurteilung der Befunde, Entscheiden
	– Information des Untersuchten
	– Gutachtenerstellung
	– Beantwortung von Rückfragen*

* Begutachtungsteile, die nicht bei jedem Probanden zum durchschnittlichen Begutachtungsumfang gehören.

Anlass	**3. Erkrankungen des Gehirns, des Rückenmarks und der neuro-muskulären Peripherie** **3.4 Chronische hirnorganische Psychosyndrome und hirnorganische Wesensänderungen**
Fragestellung	*„Kann der Untersuchte trotz der festgestellten Erkrankungen ein Kraftfahrzeug der Klasse ▇▇▇ sicher führen?"*
Begutachtungsumfang	– Aktenanalyse einschließlich Auswertung vorliegender ärztlicher Gutachten – Anlassspezifische Fragebogen* – Exploration Vorgeschichte zur Person Vorgeschichte zur Gesundheit Vorgeschichte zur Verkehrsteilnahme – Medizinische Untersuchung* – Anlassspezifische psychologische Leistungsproben – Interdisziplinäre Abklärung, u.a. Kompensationsmöglichkeiten durch zuverlässige Verhaltenssteuerung – Fahrprobe* – Beurteilung der Befunde, Entscheiden – Information des Untersuchten – Gutachtenerstellung – Beantwortung von Rückfragen*

* Begutachtungsteile, die nicht bei jedem Probanden zum durchschnittlichen Begutachtungsumfang gehören.

5 Anhang – LEITFADEN 2000

Anlass	**3. Erkrankungen des Gehirns, des Rückenmarks und der neuro-muskulären Peripherie**
	3.5 Parkinsonsche Krankheit, Parkinsonismus und andere extra-pyramidale Erkrankungen einschließlich cerebraler Syndrome
Fragestellung	*„Kann der Untersuchte trotz der festgestellten Erkrankungen ein Kraftfahrzeug der Klasse ▓▓▓ sicher führen?"*
Begutachtungsumfang	– Aktenanalyse einschließlich Auswertung vorliegender ärztlicher Gutachten
	– Anlassspezifische Fragebogen*
	– Exploration Vorgeschichte zur Person Vorgeschichte zur Gesundheit Vorgeschichte zur Verkehrsteilnahme
	– Medizinische Untersuchung*
	– Anlassspezifische psychologische Leistungsproben
	– Interdisziplinäre Abklärung, u.a. Kompensationsmöglichkeiten durch zuverlässige Verhaltenssteuerung
	– Fahrprobe*
	– Beurteilung der Befunde, Entscheiden
	– Information des Untersuchten
	– Gutachtenerstellung
	– Beantwortung von Rückfragen*

* Begutachtungsteile, die nicht bei jedem Probanden zum durchschnittlichen Begutachtungsumfang gehören.

Anlass	3. **Erkrankungen des Gehirns, des Rückenmarks und der neuro-muskulären Peripherie**
	3.6 **Erkrankungen und Folgen von Verletzungen des Rückenmarks, einschließlich Multiple Sklerose**
Fragestellung	„*Kann der Untersuchte trotz der festgestellten Erkrankungen ein Kraftfahrzeug der Klasse ▇▇▇ sicher führen?*"

Begutachtungsumfang	– Aktenanalyse einschließlich Auswertung vorliegender ärztlicher Gutachten
	 – Anlassspezifische Fragebogen*
	 – Exploration
	   Vorgeschichte zur Person
	   Vorgeschichte zur Gesundheit
	   Vorgeschichte zur Verkehrsteilnahme
	 – Medizinische Untersuchung*
	 – Anlassspezifische psychologische Leistungsproben
	 – Fahrprobe*
	 – Beurteilung der Befunde, Entscheiden
	 – Information des Untersuchten
	 – Gutachtenerstellung
	 – Beantwortung von Rückfragen*

---

* Begutachtungsteile, die nicht bei jedem Probanden zum durchschnittlichen Begutachtungsumfang gehören.

5 Anhang – LEITFADEN 2000

Anlass	**4. Psychische Erkrankungen und Auffälligkeiten**
	4.1 Geisteskrankheiten (Schizophrenie, zirkuläre Psychosen) und exogene Psychosen
Fragestellung	*„Kann der Untersuchte trotz der festgestellten Erkrankungen ein Kraftfahrzeug der Klasse ▓▓▓▓ sicher führen?"*
Begutachtungsumfang	– Aktenanalyse einschließlich Auswertung vorliegender ärztlicher Gutachten
	– Anlassspezifische Fragebogen*
	– Exploration Vorgeschichte zur Person Vorgeschichte zur Gesundheit Vorgeschichte zur Verkehrsteilnahme
	– Medizinische Untersuchung*
	– Anlassspezifische psychologische Leistungsproben
	– Interdisziplinäre Abklärung, u.a. Kompensationsmöglichkeiten durch zuverlässige Verhaltenssteuerung
	– Fahrprobe*
	– Beurteilung der Befunde, Entscheiden
	– Information des Untersuchten
	– Gutachtenerstellung
	– Beantwortung von Rückfragen*

* Begutachtungsteile, die nicht bei jedem Probanden zum durchschnittlichen Begutachtungsumfang gehören.

Anlass	4. **Psychische Erkrankungen und Auffälligkeiten**
	4.2 **Intelligenzstörungen, pathologische Alterungsprozesse sowie Einstellungs- und Anpassungsmängel**
Fragestellung	*„Kann der Untersuchte trotz der festgestellten Erkrankungen bei Störungen im Bereich von Einstellung und Anpassung ein Kraftfahrzeug der Klasse ▓▓▓ sicher führen?"*
Begutachtungsumfang	– Aktenanalyse einschließlich Auswertung vorliegender ärztlicher Gutachten
	– Anlassspezifische Fragebogen*
	– Exploration Vorgeschichte zur Person Vorgeschichte zur Gesundheit Vorgeschichte zur Verkehrsteilnahme
	– Medizinische Untersuchung*
	– Anlassspezifische psychologische Leistungsproben
	– Interdisziplinäre Abklärung, u.a. Kompensationsmöglichkeiten durch zuverlässige Verhaltenssteuerung
	– Fahrprobe*
	– Beurteilung der Befunde, Entscheiden
	– Information des Untersuchten
	– Gutachtenerstellung
	– Beantwortung von Rückfragen*

* Begutachtungsteile, die nicht bei jedem Probanden zum durchschnittlichen Begutachtungsumfang gehören.

5 Anhang – LEITFADEN 2000

Anlass	**5. Sucht (Alkohol, Arzneimittel, Rauschgift)**
Fragestellung	*„Kann der Untersuchte trotz der evtl. festgestellten Gesundheitsstörungen ein Kraftfahrzeug der Klasse ▇▇▇ sicher führen und/oder ist zu erwarten, dass der Untersuchte auch zukünftig ein Kraftfahrzeug unter Suchtmitteleinfluss fahren wird?"*
Begutachtungsumfang	– Aktenanalyse einschließlich Auswertung vorliegender ärztlicher Gutachten
	– Anlassspezifische Fragebogen*
	– Exploration
	Vorgeschichte zur Person
	Vorgeschichte zur Gesundheit
	Vorgeschichte zur Verkehrsteilnahme
	Problemsicht
	Zukunftsperspektiven
	Konsumgewohnheiten (Suchtmittel)
	Vermeidungstechniken
	– Körperliche Untersuchung*
	– Analyse der Laborproben*
	– Anlassspezifische psychologische Leistungsproben
	– Interdisziplinäre Abklärung
	– Fahrprobe*
	– Beurteilung der Befunde, Entscheiden
	– Information des Untersuchten z.B. Rehabilitationsmaßnahmen
	– Gutachtenerstellung
	– Beantwortung von Rückfragen*

* Begutachtungsteile, die nicht bei jedem Probanden zum durchschnittlichen Begutachtungsumfang gehören.

Anlass	9. Behinderungen des Bewegungsapparates, Körperbehinderungen Erhebliche Funktionseinbußen im Bereich der Arme und Hände, Beine und Füße sowie der Wirbelsäule, z.b. infolge Amputation, Lähmung oder Versteifung
Fragestellung	*„Kann der Untersuchte trotz der festgestellten Körperbehinderung/Behinderung des Bewegungsapparates ein Kraftfahrzeug der Klasse ▓▓▓ sicher führen?"*

Begutachtungsumfang	– Aktenanalyse einschließlich Auswertung vorliegender ärztlicher Gutachten
	– Anlassspezifische Fragebogen*
	– Exploration
	  Vorgeschichte zur Person
	  Vorgeschichte zur Gesundheit
	  Vorgeschichte zur Verkehrsteilnahme
	– Körperliche Untersuchung*
	– Anlassspezifische psychologische Leistungsproben*
	– Interdisziplinäre Abklärung
	  u.a. Kompensationsmöglichkeiten durch zuverlässige Verhaltenssteuerung
	– Fahrprobe*
	– Beurteilung der Befunde, Entscheiden
	– Information des Untersuchten
	– Gutachtenerstellung
	– Beantwortung von Rückfragen*

* Begutachtungsteile, die nicht bei jedem Probanden zum durchschnittlichen Begutachtungsumfang gehören.

Anlass	10. Verkehrszuwiderhandlungen unter Alkoholeinfluss
Fragestellung	*„Ist zu erwarten, dass der Untersuchte auch zukünftig ein Kraftfahrzeug unter Alkoholeinfluss fahren wird und/oder liegen als Folge eines unkontrollierten Alkoholkonsums Beeinträchtigungen vor, die das sichere Führen eines Kraftfahrzeuges der Klasse ▮▮▮ infrage stellen?"*
Begutachtungsumfang	– Aktenanalyse einschließlich Auswertung vorliegender ärztlicher Gutachten
	– Anlassspezifische Fragebogen*
	– Exploration Vorgeschichte zur Person Vorgeschichte zur Gesundheit Vorgeschichte zur Verkehrsteilnahme Verkehrsteilnahme Deliktanalyse Problemsicht Vermeidungstechniken Trinkgewohnheiten/Lösungsmuster im Konflikt Trinken und Fahren Zukunftsperspektiven
	– Körperliche Untersuchung* Hautinspektion Neurologischer Status Palpation, Perkussion der Leber
	– Blutentnahme für Blutlaboruntersuchung
	– Analyse der Laborproben
	– Anlassspezifische psychologische Leistungsproben
	– Interdisziplinäre Abklärung
	– Fahrprobe*
	– Beurteilung der Befunde, Entscheiden
	– Information des Untersuchten z.B. Rehabilitationsmaßnahmen
	– Gutachtenerstellung
	– Beantwortung von Rückfragen*

* Begutachtungsteile, die nicht bei jedem Probanden zum durchschnittlichen Begutachtungsumfang gehören.

Anhang – LEITFADEN 2000

Anlass	10./11. **Verkehrszuwiderhandlungen unter Alkoholeinfluss und wiederholte erhebliche Verkehrszuwiderhandlungen ohne Alkoholeinfluss wie auch wiederholte oder schwere Verstöße gegen allgemeine Strafbestimmungen, die Zweifel an der Eignung begründen.**
Fragestellung	„*Ist zu erwarten, dass der Untersuchte auch zukünftig ein Kraftfahrzeug unter Alkoholeinfluss fahren und zukünftig erheblich gegen verkehrsrechtliche Bestimmungen verstoßen wird und/oder liegen als Folge eines unkontrollierten Alkoholkonsums Beeinträchtigungen vor, die das sichere Führen eines Kraftfahrzeuges der Klasse ▓▓▓▓ infrage stellen?*"
Begutachtungsumfang	– Aktenanalyse einschließlich Auswertung vorliegender ärztlicher Gutachten – Anlassspezifische Fragebogen – Exploration Vorgeschichte zur Person Vorgeschichte zur Gesundheit Vorgeschichte zur Verkehrsteilnahme Verkehrsteilnahme Deliktanalyse Problemsicht Vermeidungstechniken Trinkgewohnheiten/Lösungsmuster im Konflikt Trinken und Fahren Fahrmotive, Konfliktlösungsmuster Zukunftsperspektiven – Körperliche Untersuchung* Hautinspektion Neurologischer Status Palpation, Perkussion der Leber – Prüfung des Seh- und Wahrnehmungsvermögens* – Blutentnahme für Laboruntersuchungen – Analyse der Laborproben – Anlassspezifische psychologische Leistungsproben – Interdisziplinäre Abklärung

* Begutachtungsteile, die nicht bei jedem Probanden zum durchschnittlichen Begutachtungsumfang gehören.

5 Anhang – LEITFADEN 2000

- Fahrprobe*
- Beurteilung der Befunde, Entscheiden
- Information des Untersuchten
  z.B. Rehabilitationsmaßnahmen
- Gutachtenerstellung
- Beantwortung von Rückfragen*

---

* Begutachtungsteile, die nicht bei jedem Probanden zum durchschnittlichen Begutachtungsumfang gehören.

Anlass	11. Wiederholte erhebliche Verkehrszuwiderhandlungen ohne Alkoholeinfluss wie auch wiederholte oder schwere Verstöße gegen allgemeine Strafbestimmungen, die Zweifel an der Eignung begründen.
Fragestellung	„Ist zu erwarten, dass der Untersuchte auch zukünftig erheblich gegen verkehrsrechtliche Bestimmungen verstoßen wird?"

Begutachtungsumfang	– Aktenanalyse einschließlich Auswertung vorliegender ärztlicher Gutachten
	– Anlassspezifische Fragebogen*
	– Exploration
	  Vorgeschichte zur Person
	  Vorgeschichte zur Gesundheit
	  Vorgeschichte zur Verkehrsteilnahme
	  Verkehrsteilnahme
	  Deliktanalyse
	  Problemsicht
	  Fahrmotive, Konfliktlösungsmuster
	  Zukunftsperspektiven
	– Körperliche Untersuchung*
	– Prüfung des Seh- und Wahrnehmungsvermögens*
	– Anlassspezifische psychologische Leistungsproben*
	– Interdisziplinäre Abklärung
	– Fahrprobe*
	– Beurteilung der Befunde, Entscheiden
	– Information des Untersuchten z.B. Rehabilitationsmaßnahmen
	– Gutachtenerstellung
	– Beantwortung von Rückfragen*

* Begutachtungsteile, die nicht bei jedem Probanden zum durchschnittlichen Begutachtungsumfang gehören.

Anlass	**12. Befreiung von den Vorschriften über das Mindestalter**
Fragestellung	*„Hat der Untersuchte bereits einen Entwicklungsstand und die Reife erreicht, die das sichere Führen eines Kraftfahrzeuges der Klasse ▬▬ gewährleisten?"*

Begutachtungsumfang	– Aktenanalyse einschließlich Auswertung vorliegender ärztlicher Gutachten
	– Anlassspezifische Fragebogen*
	– Exploration
	  Vorgeschichte zur Person
	  Vorgeschichte zur Gesundheit
	  Vorgeschichte zur Verkehrsteilnahme
	– Körperliche Untersuchung
	– Anlassspezifische psychologische Leistungsproben
	– Interdisziplinäre Abklärung,
	  u.a. Kompensationsmöglichkeiten durch zuverlässige Verhaltenssteuerung
	– Fahrprobe*
	– Beurteilung der Befunde, Entscheiden
	– Information des Untersuchten
	– Gutachtenerstellung
	– Beantwortung von Rückfragen*

* Begutachtungsteile, die nicht bei jedem Probanden zum durchschnittlichen Begutachtungsumfang gehören.

Anhang – LEITFADEN 2000

Anlass	13. Erhebliche Auffälligkeiten bei der Fahrerlaubnisprüfung, die nach § 11 Abs. 7 StVZO mitgeteilt worden sind.
Fragestellung	„Kann der Untersuchte trotz der vom Sachverständigen oder Prüfer nach § 11 Abs. 7 StVZO mitgeteilten Auffälligkeiten ▓▓▓ ein Kraftfahrzeug der Klasse ▓▓▓ sicher führen?"

Begutachtungsumfang	– Aktenanalyse einschließlich Auswertung vorliegender ärztlicher Gutachten
	– Anlassspezifische Fragebogen*
	– Exploration
	   Vorgeschichte zur Person
	   Vorgeschichte zur Gesundheit
	   Vorgeschichte zur Verkehrsteilnahme
	– Medizinische Untersuchung*
	– Anlassspezifische psychologische Leistungsproben
	– Interdisziplinäre Abklärung,
	   u.a. Kompensationsmöglichkeiten durch zuverlässige Verhaltenssteuerung
	– Fahrprobe*
	– Beurteilung der Befunde, Entscheiden
	– Information des Untersuchten
	– Gutachtenerstellung
	– Beantwortung von Rückfragen*

* Begutachtungsteile, die nicht bei jedem Probanden zum durchschnittlichen Begutachtungsumfang gehören.

6. Träger von Begutachtungsstellen für Fahreignung

(Alphabetisch, entnommen der Liste „Träger und ihre Begutachtungsstellen für Fahreignung" nach dem Stand vom 08.06.2005 bei www.bast.de und ergänzt durch Hinweise auf Internet-Fundstellen)

AVUS Gesellschaft für Arbeits-, Verkehrs- und Umweltsicherheit mbH
Schillerstr. 44
22767 Hamburg
Tel. 040 38 99 01-0
Internet: www.avus-mpu.de

BAD Gesundheitsvorsorge u. Sicherheitstechnik GmbH – Hauptgeschäftsstelle
Herbert-Rabius-Straße 1
53225 Bonn
Tel. 0228 400 72-00
Internet: www.bad-gmbh.de

DEKRA e.V. Dresden – Begutachtungsstellen für Fahreignung
Ferdinand-Schulze-Str. 65
13055 Berlin
Tel. 030 98 60 98-80-81
Internet: www.dekra.com/mpu

IAS Institut für Arbeits- und Sozialhygiene – Stiftung
Steinhäuserstraße 19
76135 Karlsruhe
Tel. 0721 82 04 263
Internet: www.ias-stiftung.de

Institut für Beratung – Begutachtung – Kraftfahrereignung GmbH
Marzellenstraße 23
50668 Köln
Tel. 0221 92 28 87 5

Klinikum Bremen-Mitte gGmbH
St.-Jürgen-Straße 1
28205 Bremen
Tel. 0421 49 74 42-0

6 Anhang – Träger von Begutachtungsstellen für Fahreignung

Dr. Mahnke und Partner GmbH
Mundenheimer Str. 131
67061 Ludwigshafen
Tel. 0621 58 17 21

MPU GmbH – Zentrum für Med.-Psych. Untersuchungen
Blitzkuhlenstraße 173
45659 Recklinghausen
Tel. 02361 30 29 60
Internet: www.mpugmbh.de

MTO Fahreignung GmbH
Schweickhardtstraße 3
72072 Tübingen
Tel. 07071 79 52 82-0
Internet: mto-fahreignung.de

PIMA – Privates Institut für Mobile Arbeitsmedizin GmbH
Candidplatz 9
81543 München
Tel. 089 65 30 85 47
Internet: www.pima-mpu.de

ProSecur GmbH
Reichsstraße 16
66111 Saarbrücken
Tel. 0681 96 02 02-0

Rheinisch-Westfälischer Technischer Überwachungsverein e.V.
Steubenstr. 53
45138 Essen
Tel. 0201 20 18 30-1913
Internet: www.rwtuev-mpi.de

TÜV Kraftfahrt GmbH Unternehmensgruppe der TÜV Rheinland Group Med.-psychol. Institut
Alexanderplatz 6 Eingang C
10178 Berlin
Tel. 030 247 57 811
Internet: www.de.tuv.com

6 Anhang – Träger von Begutachtungsstellen für Fahreignung

TÜV MPI GmbH – Unternehmensgruppe TÜV Süddeutschland
Westendstraße 199
80686 München
Tel. 089 57 91 29 04

TÜV NORD GmbH – Medizinisch-Psychologisches Institut
Große Bahnstraße 31
22525 Hamburg
Tel. 040 42 30 2011
Internet: www.fuehrerscheinweg.de oder www.tuev-nord.de

TÜV Pfalz Verkehrswesen GmbH
Bahnhofstr. 28
67655 Kaiserslautern
Tel. 0631 30 32 76-00
Internet: www.tuev-pfalz.de

TÜV Technische Überwachung Hessen GmbH
Eschborner Landstr. 42-50
60489 Frankfurt
Tel. 069 97 88 425
Internet: www.tuev-hessen.de/know-how/Medinstitut.html

TÜV-Thüringen e.V.
Melchendorferstr. 64
99096 Erfurt
Tel. 0361 42 83-0

Universitätsklinikum Heidelberg – Institut für Rechtsmedizin und Verkehrsmedizin
Luisenstr. 5
69115 Heidelberg
Tel. 06221 56 89 51

VPI Verkehrspsychologisches Institut GmbH
Humboldtstr. 21
38106 Braunschweig
Tel. 0531 701 770

Anhang – Amtlich anerkannte Begutachtungsstellen für Fahreignung

7. Amtlich anerkannte Begutachtungsstellen für Fahreignung

(Nach Orten alphabetisch, entnommen der Liste „Träger und ihre Begutachtungsstellen für Fahreignung" nach dem Stand vom 08.06.2005 bei www.bast.de)

TÜV Kraftfahrt GmbH
Begutachtungsstelle für Fahreignung
Krefelderstr. 225
52070 **Aachen**
Tel.: 0241 18 25 298

TÜV Medizinisch-Psychologisches Institut
GmbH
Service-Center
Stuttgarter Straße 6
73430 **Aalen**
Tel.: 07361 66 43-0

TÜV NORD Mobilität GmbH & Co. KG
Medizinisch-Psychologisches Institut
Laurentiusstraße 2
59821 **Arnsberg**
Tel.: 02931 53 00 50

TÜV Medizinisch-Psychologisches Institut
GmbH
Service-Center
Weißenburger Straße 38
63739 **Aschaffenburg**
Tel.: 06021 30 94-0

TÜV Medizinisch-Psychologisches Institut
GmbH
Service-Center
Halderstraße 23
86150 **Augsburg**
Tel.: 0821 34 32 9-0

TÜV Medizinisch-Psychologisches Institut
GmbH
Service-Center
Daimlerstraße 7
97980 **Bad Mergentheim**
Tel.: 07931 98 83-0

7 Anhang – Amtlich anerkannte Begutachtungsstellen für Fahreignung

TÜV Nord GmbH Medizinisch-
Psychologisches Institut
Begutachtungsstelle für Fahreignung
Hindenburgstraße 3
23843 **Bad Oldesloe**
Tel.: 0431 73 07 151

TÜV Medizinisch-Psychologisches Institut
GmbH
Service-Center
Wilhelmstraße 34
72336 **Balingen**
Tel.: 07433 96 82-0

Begutachtungsstelle für Fahreignung
des DEKRA e.V. Dresden
Löbauer Str. 75
02625 **Bautzen**
Tel.: 03591 27 81 918

TÜV Medizinisch-Psychologisches Institut
GmbH
Service-Center
Wallstraße 14
02625 **Bautzen**
Tel.: 03591 42 45 6

PIMA GmbH
Begutachtungsstelle für Fahreignung
Wilhelmstraße 122
57518 **Betzdorf**
Tel.: 02741 93 79 30

BAD Gesundheitsvorsorge und
Sicherheitstechnik GmbH
Kulmbacher Straße 11
95445 **Bayreuth**
Tel.: 0921 75986-20

TÜV Medizinisch-Psychologisches Institut
GmbH
Service-Center
Wittelsbacherring 10
95444 **Bayreuth**
Tel: 0921 75 995 51

AVUS Gesellschaft für Arbeits-,
Verkehrs- und Umweltsicherheit mbH
Carmerstraße 1
10623 **Berlin**
Tel.: 030 43 72 723

Begutachtungsstelle für Fahreignung
des DEKRA e.V. Dresden
Warschauer Str. 33
10243 **Berlin**
Tel.: 030 20 53 813

Begutachtungsstelle für Fahreignung
des DEKRA e.V. Dresden
Kurt-Schumacher-Damm 28
13405 **Berlin**
Tel.: 030 41 784 175 76

IAS Institut für Arbeits- und Sozialhygiene
Stiftung – BfF
Allee der Kosmonauten 47
12681 **Berlin**
Tel.: 030 54 78 31 97

Anhang – Amtlich anerkannte Begutachtungsstellen für Fahreignung

IAS Institut für Arbeits- und Sozialhygiene
Stiftung – BfF
Rheinstr. 16
12159 **Berlin**
Tel: 030 85 10 27 6 11

TÜV Kraftfahrt GmbH
Begutachtungsstelle für Fahreignung
Alexanderplatz 6 Eingang C
10178 **Berlin-Mitte**
Tel.: 030 24 75 78-0

PIMA GmbH
Begutachtungsstelle für Fahreignung
Ritterstraße 3
10969 **Berlin-Kreuzberg**
Tel.: 030 69 56 90 80

TÜV Kraftfahrt GmbH
Begutachtungsstelle für Fahreignung
Tauentzienstr. 3
10789 **Berlin-Schöneberg**
Tel.: 030 23 5140-0

TÜV Nord GmbH Medizinisch-Psychologisches Institut
Begutachtungsstelle für Fahreignung
Georgenstraße 24
10117 **Berlin**
Tel.: 030 2091 68-0

TÜV Nord GmbH Medizinisch-Psychologisches Institut
Begutachtungsstelle für Fahreignung
Böttcherstraße 11
33609 **Bielefeld**
Tel.: 0521 786-239

TÜV Kraftfahrt GmbH
Begutachtungsstelle für Fahreignung
Feckweiler Heide (Alter Sportplatz)
55765 **Birkenfeld**
Tel.: 0651 14 62 19-0

TÜV Kraftfahrt GmbH
Begutachtungsstelle für Fahreignung
Industriestr. 16
54634 **Bitburg**
Tel.: 0651 14 62 19-0

7 Anhang – Amtlich anerkannte Begutachtungsstellen für Fahreignung

PIMA GmbH
Begutachtungsstelle für Fahreignung
Gerberstraße 2-20
44787 **Bochum**
Tel.: 0234 61 05 35-0

PIMA GmbH
Begutachtungsstelle für Fahreignung
Friedrichstraße 32
53111 **Bonn**
Tel.: 0228 37 28 32-0

TÜV Nord GmbH Medizinisch-
Psychologisches Institut
Begutachtungsstelle für Fahreignung
Kurt-Schumacher-Straße 21
38102 **Braunschweig**
Tel.: 0531 707 33-3

Begutachtungsstelle für Fahreignung
am Klinikum Bremen Mitte
Bismarckstraße 223
28 205 **Bremen**
Tel.: 0421 497 44 20

TÜV Nord GmbH Medizinisch-
Psychologisches Institut
Begutachtungsstelle für Fahreignung
Elbestraße 30
27570 **Bremerhaven**
Tel.: 0421 3349 55

Begutachtungsstelle für Fahreignung
des DEKRA e.V. Dresden
Neefestr. 131
09119 **Chemnitz**
Tel.: 0371 35 13 23 332

Begutachtungsstelle für Fahreignung
des DEKRA e.V. Dresden
Gewerbeweg 7
03044 **Cottbus**
Tel.: 0355 877 3256 59

TÜV NORD Mobilität GmbH & Co. KG
Medizinisch-Psychologisches Institut
Universitätsstraße 74 a
44801 **Bochum**
Tel.: 0234 289 75 57

VPI Verkehrspsychologisches Institut GmbH
Berliner Platz 12-16
38102 **Braunschweig**
Tel.: 0531 70 17 7-0

TÜV Nord GmbH Medizinisch-
Psychologisches Institut
Begutachtungsstelle für Fahreignung
Schüsselkorb 26/27
28195 **Bremen**
Tel.: 0421 33 49 55

TÜV Medizinisch-Psychologisches Institut
GmbH
Service-Center
Bahnhofstraße 12
09111 **Chemnitz**
Tel.: 0371 67527-0

TÜV Kraftfahrt GmbH
Begutachtungsstelle für Fahreignung
Vetschauer Str. 17
03048 **Cottbus**
Tel.: 0355 25 241

Anhang – Amtlich anerkannte Begutachtungsstellen für Fahreignung 7

TÜV Kraftfahrt GmbH
Begutachtungsstelle für Fahreignung
Dabendorf/Zoss
Am Bahnhof
15806 **Dabendorf**
Tel.: 030 235140-0

Begutachtungsstelle für Fahreignung
(TüV Hessen GmbH)
Adelungstraße 23
64283 **Darmstadt**
Tel.: 06151 85 93 93

TÜV Kraftfahrt GmbH
Begutachtungsstelle für Fahreignung
Niebergallweg 30
64285 **Darmstadt**
Tel.: 06131 96 50 5-0

BAD Gesundheitsvorsorge und
Sicherheitstechnik
GmbH – Zentrum Deggendorf
Ulrichsberger Straße 17
94469 **Deggendorf**
Tel.: 0991 36 28 10 61

TÜV Medizinisch-Psychologisches Institut
GmbH
Service Center
Zieglerstraße 2b
94469 **Deggendorf**
Tel.: 0991 29 79 165

BAD Gesundheitsvorsorge und
Sicherheitstechnik
GmbH- Zentrum Demmin
Clara-Zetkin-Straße 8
17109 **Demmin**
Tel.: 03998 25 84 85

Begutachtungsstelle für Fahreignung
des DEKRA e.V. Dresden
Emst-Zindel-Str. 8
06847 **Dessau**
Tel.: 0340 55 05 234 32

TÜV Nord GmbH Medizinisch-
Psychologisches Institut
Begutachtungsstelle für Fahreignung
Zerbster Str.
37 06844 **Dessau**
Tel.: 0551 3855-0

TÜV NORD Mobilität GmbH & Co. KG
Medizinisch-Psychologisches Institut
Hansastraße 7-11
44137 **Dortmund**
Tel – 0931 91 44 30 34

Begutachtungsstelle für Fahreignung
des DEKRA e.V. Dresden
Köhlerstr. 18
01239 **Dresden**
Tel.: 0351 28 55 18 379

TÜV Medizinisch-Psychologisches Institut
GmbH
Service-Center
Wiener Platz 6
01069 **Dresden**
Tel.: 0351 49 41 425

7 Anhang – Amtlich anerkannte Begutachtungsstellen für Fahreignung

TÜV Kraftfahrt GmbH
Begutachtungsstelle für Fahreignung
Konrad-Adenauer-Platz 10
40210 **Düsseldorf**
Tel.: 0211 17 11 95-0

MPU GmbH Zentrum für Med.-Psych.
Untersuchungen
Begutachtungsstelle für Fahreignung
Konrad-Adenauer-Platz 12
40210 **Düsseldorf**
Tel.: 0211 93 65 437

TÜV NORD Mobilität GmbH & Co. KG
Medizinisch-Psychologisches Institut
Meidericher Straße 14-16
47058 **Duisburg**
Tel.: 0203 30 429-1

TÜV Nord GmbH Medizinisch-
Psychologisches Institut
Begutachtungsstelle für Fahreignung
Bismarckstraße 13
25337 **Elmshorn**
Tel.: 0431 73 07-151

Begutachtungsstelle für Fahreignung
des DEKRA e.V. Dresden Elsterstraße 21
04910 **Elsterwerda**
Tel.: 03533 488428

Begutachtungsstelle für Fahreignung
Des DEKRA e.V. Dresden
St.-Christophorus-Str. 3
99092 **Erfurt**
Tel.: 0361 74 32 47 08-0

TÜV Thüringen Fahrzeug GmbH
Institut für Verkehrssicherheit
Anger 74/75
99084 **Erfurt**
Tel.: 0361 64 61 031

Begutachtungsstelle für Fahreignung
(Tüv Hessen GmbH) Krankenhaus
Elsa-Brandström-Str. 1
37269 **Eschwege**
Tel.: 0561 20 91 482

Institut für Beratung – Begutachtung –
Kraftfahreignung GmbH
Rolandstraße 7-9
45128 **Essen**
Tel.: 0201 26 97 747

TÜV NORD Mobilität GmbH & Co. KG
Medizinisch-Psychologisches Institut
Steubenstraße 53
45138 **Essen**
Tel.: 0201 83 01 912

Anhang – Amtlich anerkannte Begutachtungsstellen für Fahreignung

TÜV Medizinisch-Psychologisches Institut
GmbH
Service-Center
Berliner Straße 4
73728 **Esslingen**
Tel.: 0711 39 69 27-0

AVUS Gesellschaft für Arbeits-,
Verkehrs- und Umweltsicherheit mbH
Am Salzhaus 4
60311 **Frankfurt**
Tel.: 069 13 38 87-0

Begutachtungsstelle für Fahreignung
(TÜV Hessen GmbH)
Eschborner Landstraße 42-50
60489 **Frankfurt**
Tel.: 069 97 88 24-0

TÜV Kraftfahrt GmbH
Begutachtungsstelle für Fahreignung
Friedrich-Ebert-Straße 52
15234 **Frankfurt/Oder**
Tel.: 0355 25 241

TÜV Medizinisch-Psychologisches Institut
GmbH
Service Center
Bismarckallee 7f
79098 **Freiburg**
Tel.: 0761 38 77 1-0

Begutachtungsstelle für Fahreignung
(TüV Hessen GmbH) Kreisgesundheitsamt
Otfried-von-Weißenburg-Str. 3
36043 **Fulda**
Tel.: 069 97 88 240

TÜV NORD Mobilität GmbH & Co. KG
Medizinsch-Psychologisches Institut
Schloßstraße 28
47608 **Geldern**
Tel.: 02831 92 34 90

PIMA GmbH
Begutachtungstelle für Fahreignung
Am Hauptbahnhof 8
60329 **Frankfurt**
Tel.: 069 27 13 56 41

TÜV Nord GmbH Medizinisch-
Psychologisches Institut
Begutachtungsstelle für Fahreignung
Gutleutstraße 32
60329 **Frankfurt**
TeL: 069 2578 13-0

7 Anhang – Amtlich anerkannte Begutachtungsstellen für Fahreignung

TÜV Thüringen Fahrzeug GmbH
Service-Center Gera
Begutachtungsstelle für Fahreignung
Friedericistraße 8a
07545 **Gera**
Tel.: 0365 735 12 50

Begutachtungsstelle für Fahreignung
(TÜV Hessen GmbH)
Alicenstraße 4a
35390 **Gießen**
Tel.: 0641 98 229-0

TÜV Nord GmbH Medizinisch-
Psychologisches Institut
Begutachtungsstelle für Fahreignung
Rudolf-Diesel-Straße 5
37075 **Göttingen**
Tel.: 0551 3855-0

TÜV Nord GmbH Medizinisch-
Psychologisches Institut
Begutachtungsstelle für Fahreignung
Grimmerstr. 4-6
17489 **Greifswald**
Tel.: 03834 50 13 43

TÜV NORD Mobilität GmbH & Co. KG
Medizinisch-Psychologisches Institut
Feithstraße 188
58097 **Hagen**
Tel.: 02331 80 32 28

TÜV Nord GmbH Medizinisch-
Psychologisches Institut
Begutachtungsstelle für Fahreignung
Wilhelm-Külz-Straße 1-3
38820 **Halberstadt**
Tel.: 0391 597 48-15

Begutachtungsstelle für Fahreignung
des DEKRA e.V. Dresden
Schieferstr. 2
06126 **Halle**
Tel.: 0345 69 14151-50

TÜV Nord GmbH Medizinisch-
Psychologisches Institut
Begutachtungsstelle für Fahreignung
Georg-Schumann-Platz 9
06110 **Halle**
Tel.: 0345 202 91 01

Anhang – Amtlich anerkannte Begutachtungsstellen für Fahreignung

AVUS Gesellschaft für Arbeits-,
Verkehrs- und Umweltsicherheit mbH
Schloßmühlendamm 4
21073 **Hamburg**
Tel.: 040 76 62 27-0

TÜV Nord GmbH Medizinisch-
Psychologisches Institut
Begutachtungsstelle für Fahreignung
Kattrepel 10
20095 **Hamburg**
Tel.: 040 42 30 20-0

TÜV Nord GmbH Medizinisch-
Psychologisches Institut
Begutachtungsstelle für Fahreignung
Am Irrgarten 7
21073 **Hamburg-Harburg**
Tel.: 040 42 30 20-0

TÜV Nord GmbH Medizinisch-
Psychologisches Institut
Begutachtungsstelle für Fahreignung
Ernst-August-Platz 3 A
30159 **Hannover**
Tel.: 0511 76 35 063-0

Begutachtungsstelle für Fahreignung Nord
am Westküstenklinikum Heide
Esmarchstraße 50
25746 **Heide**
Tel.: 0481 78 52 216

Begutachtungsstelle für Fahreignung
UKH HD
Bergheimerstraße 147
69115 **Heidelberg**
Tel.: 06221 56 89 51

TÜV Medizinisch-Psychologisches Institut
GmbH
Service-Center
Bahnhofstraße 19-23
74072 **Heilbronn**
Tel.: 07131 83 70 5

BAD Gesundheitsvorsorge und
Sicherheitstechnik
GmbH – Zentrum Uhlenhorst
Winterhuder Weg 29
22085 **Hamburg**
Tel.: 040 22 94 281-0

TÜV Medizinisch Psychologisches Institut
GmbH
Service Center
Glockengießerwall 19
20095 **Hamburg**
Tel.: 040 79 41 64-0

VPI Verkehrpsychologisches Institut GmbH
Lange Laube 6
30159 **Hannover**
Tel.: 0511 16 99 28-0

681

7 Anhang – Amtlich anerkannte Begutachtungsstellen für Fahreignung

Begutachtungsstelle für Fahreignung
(TÜV Hessen GmbH)
Schloßstraße 20
35745 **Herborn**
Tel.: 0641 98 22 9-0

TÜV Nord GmbH Medizinisch-
Psychologisches Institut
Begutachtungsstelle für Fahreignung
Theodor-Storm-Str. 2
25813 **Husum**
Tel.: 0431 73 07 151

TÜV Medizinisch-Psychologisches Institut
GmbH
Service Center
Pfarrgasse 6
85049 **Ingolstadt**
Tel.: 0841 17 912

Begutachtungsstelle für Fahreignung
des DEKRA e.V. Dresden
Brüsseler Str. 5
07747 **Jena**
Tel.: 03641 38 19 4243

TÜV Pfalz Verkehrswesen GmbH
Begutachtungsstelle für Fahreignung
Merkurstraße 45
67663 **Kaiserslautern**
Tel.: 0631 35 45 – 360

AVUS GmbH Gesellschaft für Arbeits-,
Verkehrs- und Umweltsicherheit mbH
Pettenkofer Str. 26
34121 **Kassel**
Tel.: 0561 81 67 677

IAS Institut für Arbeits- und Sozialhygiene
Stiftung – BfF
Steinhauserstraße 19
76135 **Karlsruhe**
Tel.: 0721 82 04 263

TÜV Thüringen Fahrzeug GmbH
Service-Center Jena
Begutachtungsstelle für Fahreignung
Rudolstädter Straße 41
07745 **Jena**
Tel.: 03641 39 97 52

TÜV Medizinisch-Psychologisches Institut
GmbH
Service Center
Bahnhofstraße 22
67655 **Kaiserslautern**
Tel.: 0631 30 394-0

Begutachtungsstelle für Fahreignung
(TüV Hessen GmbH)
Knorrstraße 36
34121 **Kassel**
Tel.: 05631 20 91 482

TÜV Medizinisch-Psychologisches Institut
GmbH
Service-Center
Erbprinzenstraße 34
76133 **Karlsruhe**
Tel.: 0721 91 37 931-0

Anhang – Amtlich anerkannte Begutachtungsstellen für Fahreignung 7

BAD Gesundheitsvorsorge und
Sicherheitstechnik GmbH
Zwingerstraße 18
87435 **Kempten**
Tel.: 0831 52 34 922

TÜV Medizinisch-Psychologisches Institut
GmbH
Service-Center
Bodmanstraße 4
87435 **Kempten**
Tel.: 0831 52154-0

TÜV Nord GmbH Medizinisch-
Psychologisches Institut
Begutachtungsstelle für Fahreignung
Segeberger Landstraße 2b
24145 **Kiel**
Tel.: 0431 73 07 15-1

TÜV Kraftfahrt GmbH
Begutachtungsstelle für Fahreignung
Hans-Böckler-Str. 6
56070 **Koblenz**
Tel.: 0261 80 85 145

Institut für Beratung – Begutachtung –
Kraftfahrereignung GmbH
Marzellenstraße 23
50668 **Köln**
Tel. 0221 92 28 87 5

PIMA GmbH
Begutachtungsstelle für Fahreignung
Martinstraße 16-20
50667 **Köln**
Tel.: 0221 25 89 244

TÜV Nord GmbH Medizinisch-
Psychologisches Institut
Begutachtungsstelle für Fahreignung
Hohe Straße 111
50607 **Köln**
Tel.: 0221 27 24 29-0

TÜV Kraftfahrt GmbH
Begutachtungsstelle für Fahreignung
Breslauer Platz 2c
50668 **Köln**
Tel.: 0221 91 28 471-0

MPU GmbH Zentrum für
Med.-Psych. Untersuchungen
Begutachtungsstelle für Fahreignung
Hohe Str. 71
50667 **Köln**
Tel.: 0221 17 05 07-0

Begutachtungsstelle für Fahreignung
(TÜV Hessen GmbH) Krankenhaus
Enser Straße 19
34497 **Korbach**
Tel.: 05631 2091 482

7 Anhang – Amtlich anerkannte Begutachtungsstellen für Fahreignung

TÜV Kraftfahrt GmbH
Begutachtungsstelle für Fahreignung
Elbestr. 7
47800 **Krefeld**
Tel.: 02151 44 14-48

TÜV Pfalz Verkehrswesen GmbH
Begutachtungsstelle für Fahreignung
Horstschanze 46
76829 **Landau**
Tel.: 06341 96 82 45

TÜV Medizinisch-Psychologisches Institut
GmbH-Service Center
Altstadt 362
84028 **Landshut**
Tel.: 0871 92 364-0

TÜV Nord GmbH Medizinisch-
Psychologisches Institut
Begutachtungsstelle für Fahreignung
Mühlenstr. 157
26789 **Leer**
Tel.: 0421 33 49 55

Begutachtungsstelle für Fahreignung
des DEKRA e.V. Dresden
Torgauer Str. 235
04347 **Leipzig**
Tel.: 0341 25 93 96 648

TÜV Medizinisch-Psychologisches Institut
GmbH
Service-Center
Büttnerstraße 10 Hofmeisterhaus
04103 **Leipzig**
Tel.: 0341 21 181-60

MPU GmbH Zentrum für
Med.Psych. Untersuchungen
Begutachtungsstelle für Fahreignung
Blumenstraße 10
59555 **Lippstadt**
Tel.: 02941 20 29 42

MPU GmbH Zentrum für
Med. Psych. Untersuchungen
Begutachtungsstelle für Fahreignung
Sauerfelderstr. 11
58511 **Lüdenscheid**
Tel.: 02351 66 18 67

Anhang – Amtlich anerkannte Begutachtungsstellen für Fahreignung

TÜV Nord GmbH Medizinisch-
Psychologisches Institut
Begutachtungsstelle für Fahreignung
Salzstraße 21
21335 **Lüneburg**
Tel.: 040 42 30 20-0

Begutachtungsstelle für Fahreignung
Dr. Mahnke und Partner GmbH
Mundenheimer Straße 131
67061 **Ludwigshafen**
Tel.: 0621 58 17 21

TÜV Pfalz Verkehrswesen GmbH
Begutachtungsstelle für Fahreignung
Ludwigstr. 67-69
67065 **Ludwigshafen**
Tel.: 062152 90 833

TÜV Nord GmbH Medizinisch-
Psychologisches Institut
Begutachtungsstelle für Fahreignung
Friedrichstraße 129
06886 **Lutherstadt/Wittenberg**
Tel.: 0345 22 09 101

Begutachtungsstelle für Fahreignung
des DEKRA e.V. Dresden
Brenneckestr. 100
39116 **Magdeburg**
Tel.: 0391 53 28 23

TÜV Nord GmbH Medizinisch-
Pychologisches Institut
Begutachtungsstelle für Fahreignung
Am Alten Theater 6 (City-Carré)
39104 **Magdeburg**
Tel.: 0391 597 48 15

Institut für Beratung – Begutachtung –
Kraftfahrereignung GmbH
Erthalstraße 1
55118 **Mainz**
Tel.: 06131 60 07 894

TÜV Kraftfahrt GmbH
Begutachtungsstelle für Fahreignung
Kaiser-Wilhelm-Ring 6
55118 **Mainz**
Tel.: 06131 96 50 50

TÜV Kraftfahrt GmbH
Begutachtungsstelle für Fahreignung
Kaiser-Wilhelm-Ring 6
55118 **Mainz**
Tel.: 06131 96 50 50

PIMA GmbH
Begutachtungsstelle für Fahreignung
Anna-Birle-Str. 1 2. OG
65208 **Mainz-Kastel**
Tel.: 06134 18 88 19

7 Anhang – Amtlich anerkannte Begutachtungsstellen für Fahreignung

IAS Institut für Arbeits- und Sozialhygiene
Stiftung – BfF
Augustaanlage 7-11
68165 **Mannheim**
Tel.: 0621 71 88 08

MPU GmbH Zentrum für
Med.Psych. Untersuchungen
Begutachtungsstelle für Fahreignung
Friedrichsplatz 10
68165 **Mannheim**
Tel.: 0621 40 06 640

VPI Verkehrspsychologisches Institut GmbH
Obermarktstraße 35
32423 **Minden**
Tel.: 0571 38 84 77-0

TÜV Kraftfahrt GmbH
Begutachtungsstelle für Fahreignung
Theodor-Heuss-Str. 93-95
41065 **Mönchengladbach**
Tel.: 02161 82 21 37

TÜV Medizinisch-Psychologisches Institut
GmbH-Service-Center
Anton-Gmeinder-Str. 29
74821 **Mosbach**
Tel.: 06261 92 89 61

AVUS Gesellschaft für Arbeits-,
Verkehrs- und Umweltsicherheit mbH
Weißenburger Str. 43
81667 **München**
Tel.: 089 48 95 66-0

TÜV Medizinisch-Psychologisches Institut
GmbH-Service-Center
Westendstraße 199
80686 **München**
Tel.: 089 5791 1922-1923

TÜV NORD Mobilität GmbH & Co. KG
Medizinisch-Psychologisches Institut
Berliner Platz 30
48143 **Münster**
Tel.: 0251 41 4 32-0

TÜV Medizinisch-Psychologisches Institut
GmbH-Service Center
Kaiserring 10-12
68161 **Mannheim**
Tel.: 0621 12 60 72-0

PIMA GmbH
Begutachtungsstelle für Fahreignung
Candidplatz 9
81543 **München**
Tel.: 089 65 30 85 47

Anhang – Amtlich anerkannte Begutachtungsstellen für Fahreignung

TÜV Nord GmbH Medizinisch-
Psychologisches Institut
Begutachtungsstelle für Fahreignung
Fritz-Reuter-Str. 1 a
17033 **Neubrandenburg**
Tel.: 0395 421 41 12

TÜV Thüringen Fahrzeug GmbH Service
Begutachtungsstelle für Fahreignung
Alte Leipzigerstr. 50
99734 **Nordhausen**
Tel.: 03631 63 04 48

PIMA GmbH
Begutachtungsstelle für Fahreignung
Tafelfeldstraße 3
90443 **Nürnberg**
Tel.: 0911 43 19 803

TÜV Medizinisch-Psychologisches Institut
GmbH-Service-Center
Königstorgraben 7
90402 **Nürnberg**
Tel.: 0911 94 467-0

TÜV Medizinisch-Psychologisches Institut
GmbH-Service-Center
Okenstraße 18
77652 **Offenburg**
Tel.: 0781 28 938-0

Begutachtungsstelle für Fahreignung
des DEKRA e.V. Dresden
Walter-Bothe-Str. 75
16515 **Oranienburg**
Tel.: 03301 60 62 83 61

TÜV Nord GmbH Medizinisch-
Pyschologisches Institut
Begutachtungsstelle für Fahreignung
Rheinische Straße 15
49084 **Osnabrück**
Tel.: 0541 58 23 402

TÜV Nord GmbH Medizinisch-
Psychologisches Institut
Begutachtungsstelle für Fahreignung
An der Talle 7
33102 **Paderborn**
Tel.: 05251 14 15-1

7 Anhang – Amtlich anerkannte Begutachtungsstellen für Fahreignung

TÜV Medizinisch-Psychologisches Institut
GmbH-Service Center
Ludwigstraße 2
94032 **Passau**
Tel.: 0851 93 13 80

TÜV Medizinisch Psychologisches Institut
GmbH-Service Center
Klostermarkt 1
08523 **Plauen**
Tel.: 03741 28 029-0

Begutachtungsstelle für Fahreignung
des DEKRA e.V. Dresden
Verkehrshof 11
14478 **Potsdam**
Tel.: 0331 88 86 01 81

PIMA GmbH
Begutachtungsstelle für Fahreignung
Yorckstraße 22-26
14467 **Potsdam**
Tel.: 0331 23 08 970

Begutachtungsstelle für Fahreignung
des DEKRA e.V. Dresden
Stettiner Straße 25
17291 **Prenzlau**
Tel.: 03984 718539

PIMA GmbH
Begutachtungsstelle für Fahreignung
Uckerpromenade 17
17291 **Prenzlau**
Tel.: 03984 80 44 08

TÜV Medizinisch-Psychologisches Institut
GmbH-Service-Center
Schwanenstraße 5
88214 **Ravensburg**
Tel.: 0751 35948-0

TÜV NORD Mobilität GmbH & Co. KG
Medizinisch-Psychologisches Institut
Springstraße 12
45657 **Recklinghausen**
Tel.: 02361 90 20 77

MPU GmbH Zentrum für
Med.-Psych. Untersuchungen
Begutachtungsstelle für Fahreignung
Blitzkuhlenstraße 173
45659 **Recklinghausen**
Tel.: 02361 30 296-0

TÜV Medizinisch-Psychologisches Institut
GmbH-Service-Center
Bahnhofstr. 13
93047 **Regensburg**
Tel.: 0941 58 67 70

TÜV Medizinisch-Psychologisches Institut
GmbH-Service-Center
Münchener Straße 27
83022 **Rosenheim**
Tel.: 08031 3820 67

Anhang – Amtlich anerkannte Begutachtungsstellen für Fahreignung 7

Begutachtungsstelle für Fahreignung
des DEKRA e.V. Dresden
Charles-Darwin-Ring 7
18059 **Rostock**
Tel.: 0381 40 54 644

ProSecur GmbH
Reichsstraße 16
66111 **Saarbrücken**
Tel.: 0681 960 20 20

TÜV Nord GmbH Medizinisch-
Psychologisches Institut
Begutachtungsstelle für Fahreignung
Göpenstraße 27
06526 **Sangerhausen**
Tel.: 0345 20 29 101

TÜV Nord GmbH Medizinisch-
Psychologisches Institut
Begutachtungsstelle für Fahreignung
Dr.-Külz-Straße 20
19053 **Schwerin**
Tel.: 0385 75 82 10-0

TÜV NORD Mobilität GmbH & Co. KG
Medizinisch-Psychologisches Institut
Leimbachstraße 227
57074 **Siegen**
Tel.: 0271 33 78 158

TÜV Medizinisch-Psychologisches Institut
GmbH-Service-Center
Erzberger Straße 2
78224 **Singen a.H.**
Tel.: 07731 99 63 60

Begutachtungsstelle für Fahreignung
des DEKRA e.V. Dresden
Neustadter Str. 115
96515 **Sonneberg**
Tel.: 03675 75 61 23

TÜV Nord GmbH Medizinisch-
Psychologisches Institut
Begutachtungsstelle für Fahreignung
Trelleborger Straße 15
18107 **Rostock**
Tel.: 0381 77 03-505

TÜV Medizinisch-Psychologisches Institut
GmbH-Service-Center
Dudweilerstraße 2a
66111 **Saarbrücken**
Tel.: 0681 37974-0

7 Anhang – Amtlich anerkannte Begutachtungsstellen für Fahreignung

Begutachtungsstelle für Fahreignung
des DEKRA e.V. Dresden
Clausewitzstr. 3
39576 **Stendal**
Tel.: 03931 70 15 25 25

Institut für Beratung – Begutachtung –
Kraftfahrereigung GmbH
Königstraße 4
70173 **Stuttgart**
Tel.: 0711 99 78 855

TÜV Nord GmbH Medizinisch-
Psychologisches Institut
Begutachtungsstelle für Fahreignung
Königstraße 1 b
70173 **Stuttgart**
Tel.: 0711 24 83 95-60

MPU GmbH Zentrum für
Med. Psych. Untersuchungen
Begutachtungsstelle für Fahreignung
Königstr. 20
70173 **Stuttgart**
Tel.: 0711 25 39 526

TÜV Kraftfahrt GmbH
Begutachtungsstelle für Fahreignung
Bahnhofplatz 8
54292 **Trier**
Tel.: 0651 14 62 19-0

Begutachtungsstelle für Fahreignung
MTO Fahreignung GmbH
Schweickhardtstraße 3
72072 **Tübingen**
Tel.: 07071 79 52 82-0

TÜV Medizinisch-Psychologisches Institut
GmbH-Service-Center
Hirschstraße 22
89073 **Ulm**
Tel.: 0731 61 98 51

TÜV Nord GmbH Medizinisch-Psychologi-
sches Institut
Begutachtungsstelle für Fahreignung
Altes Dorf 1
39576 **Stendal**
Tel.: 0391 59 74 8-15

PIMA GmbH
Begutachtungsstelle für Fahreignung
Böblinger Straße 8
70178 **Stuttgart**
Tel.: 0711 67 44 00 9

TÜV Medizinisch-Psychologisches Institut
GmbH-Service-Center
Arnulf-Klett-Platz 3
70173 **Stuttgart**
Tel.: 0711 907118-10

TÜV Medizinisch-Psychologisches Institut
GmbH-Service-Center
Europaplatz 5
72072 **Tübingen**
Tel.: 07071 94 25 83

Anhang – Amtlich anerkannte Begutachtungsstellen für Fahreignung

TÜV Medizinisch-Psychologisches Institut
GmbH-Service Center
Schillerstraße 13
92637 **Weiden/Opf.**
Tel.: 0961 41 63 11-0

Begutachtungsstelle für Fahreignung
ESWE / Arbeitsmedizinisches Zentrum
(TÜV Hessen GmbH)
Weidenbornstraße 1
65189 **Wiesbaden**
Tel.: 0611 18 88 528

TÜV Kraftfahrt GmbH
Begutachtungsstelle für Fahreignung
Kettenstraße 48
16909 **Wittstock**
Tel.: 030 235140-0

TÜV Kraftfahrt GmbH
Begutachtungsstelle für Fahreignung
August-Horch-Str. 14
67547 **Worms**
Tel.: 06131 96 50 5-0

TÜV Medizinisch-Psychologisches Institut
GmbH-Service-Center
Bahnhofstraße 11
97070 **Würzburg**
Tel.: 0931 32 13 6 0

MPU GmbH Zentrum für
Med.-Psych. Untersuchungen
Begutachtungsstelle für Fahreignung
Haugerring 6
97070 **Würzburg**
Tel.: 0931 35 32 299

TÜV Kraftfahrt GmbH
Begutachtungsstelle für Fahreignung
Schloßbleiche 42 City-Center
42103 **Wuppertal**
Tel.: 0202 25 49 936

MPU GmbH Zentrum für
Med.-Psych. Untersuchungen
Begutachtungsstelle für Fahreignung
Wirmhof 3
42103 **Wuppertal**
Tel.: 0202 76 94 65-0

TÜV Thüringen Fahrzeug GmbH
Service Center
Begutachtungsstelle für Fahreignung
Industriestraße 13
98544 **Zella-Mehlis**
Tel.: 03682 45 26 44

7 Anhang – Amtlich anerkannte Begutachtungsstellen für Fahreignung

Begutachtungsstelle für Fahreignung
des DEKRA e.V. Dresden
Olzmannstr. 22
08060 **Zwickau**
Tel.: 0375 50 83 13 335

TÜV Medizinisch-Psychologisches Institut
GmbH-Service Center
Bahnhofstraße 68-70
08056 **Zwickau**
Tel.: 0375 28 25 07

8. Akkreditierte Träger von Stellen, die Kurse zur Wiederherstellung der Kraftfahrereignung durchführen (§ 70 FeV)

(Entnommen der so überschriebenen Liste nach dem Stand vom 02.05.2005 bei www.bast.de und ergänzt um Hinweise auf Anschriften und Kommunikationszugänge)

AFN – Gesellschaft für Ausbildung, Fortbildung und Nachschulung e.V.

Internet: www.afn.de

Geltungsbereich der Akkreditierung:

I.R.A.K (Individualpsychologische Rehabilitation alkoholauffälliger Kraftfahrer)
DRUGS (Drogen und Gefahren im Straßenverkehr)
ABS (Autofahrer-Beratungs-Schulungs-Kurs)

Geschäftsstellen:

50937 Köln
Sülzburgstraße 13
Tel.: (0221) 94 38 96-60   Telefax: (0221) 9 41 78 40
e-mail: afn@afn.de

28195 Bremen
Altenwall 9
Tel.: (0421) 32 76 76   Telefax: (0421) 3 37 96 50
e-mail: afn.bremen@afn.de

01099 Dresden
Melanchthonstraße 7
Tel.: (0351) 8 48 87 25   Telefax: (0351) 8 48 87 26
e-mail: afn.dresden@afn.de

Service-Rufnummer für alle drei Geschäftsstellen Mo–Fr 8.30–18.00 Uhr bundesweit zu 6 Ct je Anruf aus dem Festnetz: 0180 231 94 94

8 Anhang – Kurse zur Wiederherstellung der Kraftfahrereignung

DEKRA Akademie GmbH

Verkehrsmedizinische und Verkehrspsychologische Dienstleistungen (MPD)
Internet: www.dekra-akademie.de

Geltungsbereich der Akkreditierung:

LEER   (Kurs für alkoholauffällige Kraftfahrer)
IFT   (Kurs für alkoholauffällige Kraftfahrer)
SPEED-02 (Sicherheit durch Prävention: Erfahrungen mit und Engagement gegen Drogen)

Kursstelle zur Wiederherstellung der Kraftfahreignung

10245 Berlin
Rotherstr. 7
Tel.: (030) 29 00 80-300   Telefax: (030) 29 00 80-301
Servicetel.: 01805/33 57 26 73
e-mail: birgit.kollbach@dekra.com

impuls GmbH

Internet: www.impuls-gmbh.com

Geltungsbereich der Akkreditierung:

REHA-PS (Rehabilitation verkehrsauffälliger Kraftfahrer – Punktefrei und sicher fahren)
DRUGS   (Drogen und Gefahren im Straßenverkehr)
K 70   (Schulungskurs für alkoholauffällige Kraftfahrer)

50667 Köln
Komödienstr. 11
Telefon: 0800-130-0800 (kostenlos)   Telefax: (0221) 20 906 11
email: impuls@impuls-gmbh.com

Anhang – Kurse zur Wiederherstellung der Kraftfahrereignung 8

Institut für Schulungsmaßnahmen GmbH

internet: www.ich-will-meinen-fuehrerschein-zurueck.de

Geltungsbereich der Akkreditierung:

IFT (Kurs für alkoholauffällige Kraftfahrer)
ABS (Autofahrer-Beratungs-Schulungs-Kurs)

20099 Hamburg
Baumeisterstr. 11
Telefon: (040) 39 88 85-0 Telefax: (040) 39 88 85-10
e-mail: IfSGmbH-Hamburg@t-online.de
Informationen und Termine unter Telefon 0800-8634242 (gebührenfrei)

IVT-Hö® – Individualpsychologische Verkehrstherapie

Internet: www.ivt-hoe.de und www.berlin.ivt-hoe.de

Geltungsbereich der Akkreditierung:

IRIS KURS (Illegale Rauschmittel im Straßenverkehr),
CAR KURS (contre l'alcool sur la route; Kurs für alkoholauffällige Kraftfahrer)

50672 Köln
Kaiser-Wilhelm-Ring 6-8
Telefon: (0221) 13 45 83 Telefax: (0221) 13 33 60
Hotline zum Ortstarif: 0180 1000 249
e-mail: info@ivt-hoe.de

Nord-Kurs GmbH & Co KG

Internet: www.nord-kurs.de, www.fuehrerscheinberatung.de und www.wir-weisen-wege.de

Geltungsbereich der Akkreditierung:

LEER (Kurs für alkoholauffällige Kraftfahrer)
REHA-PS (Rehabilitation verkehrsauffälliger Kraftfahrer – Punktefrei und sicher fahren)

Nord-Kurs GmbH & Co. KG
Kattrepel 10

20095 Hamburg
Telefon: (040) 429 30 120   Telefax: (040) 429 30 123
e-mail: nord-kurs@tuev-nord.de

Pluspunkt GmbH – Gesellschaft für sichere Mobilität

Internet: www.pluspunkt-gmbh.de

Geltungsbereich der Akkreditierung:

LEER   (Kurs für alkoholauffällige Kraftfahrer)
REHA-PS   (Rehabilitation verkehrsauffälliger Kraftfahrer – Punktefrei und sicher fahren)

80339 München
Ridlerstraße 57
Telefon: (089) 51 90-34 72   Telefax: (089) 51 90-32 06
Zentrale Anmeldung für alle Schulungsstandorte über Telefon: 0180-25 75 857
Kostenfreie Hotline: 0800–3 57 57 57 von Montag bis Freitag von 8–18 Uhr

TÜ Technische Überwachung Arnstadt/Thüringen GmbH

Internet: www.gomobil.de

Geltungsbereich der Akkreditierung:

LEER   (Kurs für alkoholauffällige Kraftfahrer)
REHA-PS   (Rehabilitation verkehrsauffälliger Kraftfahrer – Punktefrei und sicher fahren)
DRUGS   (Drogen und Gefahren im Straßenverkehr)

60489 Frankfurt
Eschborner Landstr. 42-50
Telefon: (069) 978 824 29   Telefax: (069) 978 824 18
e-mail: ute.conen@tuevhessen.de

TÜV Akademie Rheinland GmbH

Internet: www.fuehrerschein-scout.de

Geltungsbereich der Akkreditierung:

K 70 (Schulungskurs für alkoholauffällige Kraftfahrer)
REHA-PS (Rehabilitation verkehrsauffälliger Kraftfahrer – Punktefrei und sicher fahren)
DRUGS (Drogen und Gefahren im Straßenverkehr)

Am Grauen Stein
51105 Köln
Telefon: (0209) 60 44-180
zum Ortstarif Mo-Do: 08:00-17:00 Uhr und Fr: 08.00-15.00 Uhr 0180 – 1 35 87 73
e-mail: info@fuehrerschein-scout.de

TÜV Thüringen Anlagentechnik GmbH

Geltungsbereich der Akkreditierung:

LEER (Kurs für alkoholauffällige Kraftfahrer)
REHA-PS (Rehabilitation verkehrsauffälliger Kraftfahrer – Punktefrei und sicher fahren)

Schulungsstelle Kraftfahreignung
99084 Erfurt
Melchendorfer Str. 64
Telefon: (0361) 4283-251   Telefax: (0361) 4283-257
e-mail: info@tuev-thueringen.de

9. Veranstalter evaluierter Verkehrstherapien[1]

Solche Therapien werden im gesamten Bundesgebiet angeboten von

AFN – Gesellschaft für Ausbildung, Fortbildung und Nachschulung e.V.

Internet: www.afn.de

Geltungsbereich der Akkreditierung:

I.R.A.K (Individualpsychologische Rehabilitation alkoholauffälliger Kraftfahrer)
DRUGS (Drogen und Gefahren im Straßenverkehr)
ABS   (Autofahrer-Beratungs-Schulungs-Kurs)

Geschäftsstellen:

50937 Köln
Sülzburgstraße 13
Tel.: (0221) 94 38 96-60   Telefax: (0221) 9 41 78 40
e-mail: afn@afn.de

28195 Bremen
Altenwall 9
Tel.: (0421) 32 76 76   Telefax: (0421) 3 37 96 50
e-mail: afn.bremen@afn.de

01099 Dresden
Melanchthonstraße 7
Tel.: (0351) 8 48 87 25   Telefax: (0351) 8 48 87 26
e-mail: afn.dresden@afn.de

Service-Rufnummer für alle drei Geschäftsstellen Mo–Fr 8.30–18.00 Uhr bundesweit zu 6 Ct je Anruf aus dem Festnetz: 01 80 231 94 94

---

1 Siehe unter § 15 Rn 13.

IVT-Hö® – Individualpsychologische Verkehrstherapie

Internet: www.ivt-hoe.de und www.berlin.ivt-hoe.de

Geltungsbereich der Akkreditierung:

IRIS KURS   (Illegale Rauschmittel im Straßenverkehr),
CAR KURS   (contre l'alcool sur la route; Kurs für alkoholauffällige Kraftfahrer)

50672 Köln
Kaiser-Wilhelm-Ring 6-8
Telefon: (0221) 13 45 83   Telefax: (0221) 13 33 60
Hotline zum Ortstarif: 0180 1000 249
e-mail: info@ivt-hoe.de

Verkehrspsychologische Praxis Dr. Meyer-Gramcko

Braunschweig
Humboldtstr. 21
38106 Braunschweig
Telefon: (0531) 23 83 60   Telefax: (0531) 23 83 616

Hannover
Nordmannpassage 8
30159 Hannover
Telefon: (0511) 1 31 60 45   Telefax: (0511) 1 61 10 28

Literaturverzeichnis

(Zahlen nach Namen bezeichnen das Jahr des Erscheinens, Zahlen vor Seitenangaben bezeichnen den Jahrgang der Zeitschrift)

Allhoff-Cramer, A. (2002): Akkreditierung. 38. BDP-Kongress für Verkehrspsychologie, Regensburg 2002, Abstractband S. 1

Alparslan, B. et al (1999): The relationship of traffic accidents with personality traits. J. of Traffic Medicine 27, S. 25–30

Aufsattler, W. und Biehl, B. (1988): Auswertung des Verkehrszentralregisters zur Unfall- und Deliktbelastung verschiedener Personengruppen und seine Brauchbarkeit als Mittel der Effizienzkontrolle. Abschlußbericht zum Forschungsprojekt FP 7317/2. Bundesanstalt für Straßenwesen, Bergisch Gladbach

Barthelmess, W. (1990): Fahrerlaubnisrecht und Fahreignung nach Einführung der Fahrerlaubnis auf Probe. Blutalkohol XXVII, S. 339–357

Barthelmess, W. (1999): Fahrerlaubnisprüfung. Eine Bilanz und ein Entwurf für morgen. ZVS 45, S. 159–163

Barthelmess, W. (2000): Fahreignung nach neuem Recht – ein integratives Konzept. NZV 8, S. 18–26

Bartl, G., Assailly, J.-P., Chatenet, F., Hatakka, M., Keskinnen, E. und Willmes-Lenz, G. (2002): EU-Project „Andrea", Analysis of Driver Rehabilitation Programmes, Kuratorium für Verkehrssicherheit, Wien

Bayerlein, W. [Redaktor] (2002): Praxishandbuch Sachverständigenrecht. 3. vollständig überarbeitete Aufl., Verlag C. H. Beck, München

Beck, W.-D. (1993): Anordnung des Verkehrsunterrichts. DAR 62, S. 405–406

Beer, V. et al (2000): Epidemiologie der Seniorenunfälle, Schweizerische Beratungsstelle für Unfallverhütung [Hrsg.]. bfu-Report 42

Berg, M. und Schubert, W. (1999): Das thematische Testsystem „Corporal" zur Erfassung von Funktionen der Aufmerksamkeit – Innovation für die verkehrspsychologische Diagnostik. ZVS 45, S. 74–81

Berghaus, G. und Friedel, B. (1994): Methadon-Substitution und Fahreignung. NZV 7, S. 377–381

Berghaus G., Friedel, B. und Joo, S. (1995): Drogen und Verkehrssicherheit. In: *Bundesanstalt für Straßenwesen* [Hrsg.]: Berichte der Bundesanstalt für Straßenwesen – Mensch und Sicherheit Heft M 41

Literaturverzeichnis

Berz, U. und Burmann, M. [Hrsg.] (2005): Handbuch des Straßenverkehrsrechts, Stand nach 15. Ergänzungslieferung Juni 2005

Biehl, B. und Aufsattler, W. (1994): Verkehrsdelikte, Sanktionen und Verkehrsverhalten, Analyse von Daten des Deutschen Verkehrszentralregisters. ZVS 39, S. 250–255

Biehl, B. und Birnbaum, D. (2004): Evaluation eines Rehabilitationskurses für drogenauffällige Kraftfahrer. ZVS 50, S. 28-32

Birnbaum, D., Biehl, B., Sage, E. und Scheffel, B. (2002): Evaluation des Nachschulungskurses „Mainz 77". NZV 15, S. 164–170

Bischoff, Ch. (2005): Krankheiten des Nervensystems, in: *Schubert, W., Schneider, W. et al* [Hrsg.] (2005): Begutachtungs-Leitlinien zur Kraftfahrereignung – Kommentar, 2. Aufl., Kapitel 3.9, S. 116-119

Bock, M. (1990): Zur dogmatischen Bedeutung unterschiedlicher Arten empirischen Wissens bei prognostischen Entscheidungen im Strafrecht. NStZ 10, S. 457–463

Boerner, K., Brückner, M., Ehret, J., Gürten, J. und Neumeier, R. (1992): Rehabilitation verkehrsauffälliger Fahrer: Punktefrei und sicher fahren. Handbuch für Kursleiter. München

Bode, H.J. (1976): Möglichkeiten des Strafrechts zur Rehabilitation und Nachschulung von Alkoholverkehrsstraftätern. Blutalkohol XII, S. 265–272

Bode, H.J. (1978): Fahrerlaubnis auf Bewährung – ein Problem des Verwaltungsrechts. DAR 47, S. 313–320

Bode, H.J. (1979): Kurse für auffällige Kraftfahrer – Modellversuche in der Bundesrepublik Deutschland. Blutalkohol XVI, S. 36–49

Bode, H.J. (1983a): Berücksichtigung der Nachschulung von Alkohol-Verkehrs-Straftätern durch Strafgerichte – Rechtsprechungsübersicht. DAR 52, S. 33–45

Bode, H.J. (1983b): Fortentwicklung des Fahrerlaubnisrechts durch Differenzierung sowie Integration von Weiterausbildung und Nachschulung. Blutalkohol XX, S. 39–55

Bode, H.J. (1983c): Ausbildung, Weiterbildung und Nachschulung des Kraftfahrers – Ein Problem des Fahrerlaubnisrechts. In: *Bruderhilfe-Akademie für Verkehrssicherheit,* Kassel, Vortragsreihe Heft 13

Bode, H.J. (1984): Nachweis der Nachschulung im Strafverfahren. Blutalkohol XXI, S. 31–50

Bode, H.J. (1985a): Rechtsfragen zur Qualifikation der Kursleiter von Kursen für alkoholauffällige Kraftfahrer. In: *Bundesanstalt für Straßenwesen* [Hrsg.]: Dritter Internationaler Workshop Driver Improvement. 26.–28. September 1984 in *Damp*.

Bergisch-Gladbach: Unfall- und Sicherheitsforschung Straßenverkehr, Heft 50, S. 113–117

Bode, H.J. (1985b): Bedeutung statistischer Rückfallwahrscheinlichkeit bei alkoholauffälligen Kraftfahrern für die Neuerteilung der Fahrerlaubnis. DAR 54, S. 274–283

Bode, H.J. (1986a): Psychologische Rehabilitationsmaßnahmen aus verkehrsrechtlicher Sicht, In: *Schorr, A.* [Hrsg.]: Bericht über den 13. Kongreß für Angewandte Psychologie. September 1985 in Bonn. Deutscher Psychologen Verlag, Bonn, Band I, S. 293–296

Bode, H.J. (1986b): Psychologische Rehabilitationsmaßnahmen aus verkehrsrechtlicher Sicht. Blutalkohol XXIII, S. 92–111

Bode, H.J. (1987a): Rechtsgrundlagen für die Zuweisung zu Kursen für auffällige Kraftfahrer. Blutalkohol XXIV, S. 73–90

Bode, H.J. (1987b): Rechtsgrundsätze für die Beurteilung der Eignung zum Führen von Kraftfahrzeugen. ZVS 33, S. 50–77

Bode, H.J. (1987c): Berücksichtigung der Kursteilnahme bei Entscheidungen über Entziehung oder Wiedererteilung der Fahrerlaubnis. In: *Technischer Überwachungs-Verein e.V. Hannover* [Hrsg.]: Kurse für auffällige Kraftfahrer (TÜV-Kolloquium) Köln: Verlag TÜV Rheinland, S. 83–93

Bode, H.J. (1989a): Auswirkungen der Nachschulung von Kraftfahrern auf Straf-, Bußgeld- und Gnadenverfahren. ZAP Fach 9, S. 109–120

Bode, H.J. (1989b): Bedingte Fahreignung und Fahrerlaubnis. DAR 58, S. 444–453

Bode, H.J. (1989c): Erprobung des Kraftfahrers bei unsicherer Eignungsprognose. Blutalkohol XXVI, S. 150–175

Bode, H.J. (1989d): Rechtliche Verantwortlichkeit des überforderten Kraftfahrers. ZAP Fach 9, S. 181–192

Bode, H.J. (1990a): Diagnostik der Fahreignung – Rechtliche Ansprüche an die Erkenntnisobjektivierung, In: *Nickel-Utzelmann-Weigelt* [Hrsg.]: Bewährtes sichern – Neues entwickeln, 1. bundesweites Kolloquium der Verkehrspsychologen amtlich anerkannter Medizinisch-Psychologischer Untersuchungsstellen, Köln: Verlag TÜV Rheinland, S. 13–38

Bode, H.J. (1990b): Verkehrspsychologische Intervention und strafrechtliche Sanktion. In: *Nickel, W.-R.* [Hrsg.]: Fahrverhalten und Verkehrsumwelt. Psychologische Analysen im interdisziplinären Feld. Festschrift für *Werner Winkler*. Köln/Bonn: Verlag TÜV Rheinland/Deutscher Psychologen-Verlag. Mensch-Fahrzeug-Umwelt, Band 25, S. 46–68

Literaturverzeichnis

Bode, H.J. (1990c): Zur Anordnung einer medizinisch-psychologischen Untersuchung bei Trunkenheits-Ersttätern. Blutalkohol XXVII, S. 417–426

Bode, H.J. (1994a): Strafrecht hindert und Verwaltungsrecht fördert Driver Improvement, In: *Siegrist, S.* [Hrsg.]: 5. (Fünfter) Internationaler Workshop Driver Improvement (DI) in Locarno 1993. Bern: Schweizerische Beratungsstelle für Unfallverhütung (bfu). bfu-Report, Band 23, S. 99–105

Bode, H.J. (1994b): Fahrerlaubnis bei Älteren – Erteilung, Beschränkung, Entziehung. In: *Tränkle, U.* [Hrsg.]: Autofahren im Alter. Köln/Bonn: Verlag TÜV Rheinland/ Deutscher Psychologen-Verlag, Mensch-Fahrzeug-Umwelt, Band 30, S. 309–319

Bode, H.J. (1994c): Beratung, Begutachtung und Schulung alkoholauffälliger Kraftfahrer während der Sperrfrist. DAR 63, 348–353

Bode, H.J. (1995a): Verhältnismäßigkeit von Untersuchungen zur Fahreignungsbeurteilung nach deutschem Recht. In: *Bundesanstalt für Straßenwesen* [Hrsg.]: Kongreßbericht 1995 der 28. Jahrestagung der Deutschen Gesellschaft für Verkehrsmedizin e.V. 23.–25. März 1995 in Leipzig. Bergisch-Gladbach: Berichte der Bundesanstalt für Straßenwesen – Mensch und Sicherheit Heft M 47, S. 17–21

Bode, H.J. (1995b): Anerkennung medizinisch-psychologischer Untersuchungsstellen: Verlag VdTÜV Essen, Schriftenreihe Recht & Technik, Band 13

Bode, H.J. (1995c): Vorschläge für das Verfahren zur Neuerteilung einer Fahrerlaubnis. NZV 8, S. 212–214

Bode, H.J. (1995d): Amtliche Anerkennung medizinisch-psychologischer Untersuchungsstellen. NZV 8, S. 386–389

Bode, H.J. (1997): Zuweisung zur Medizinisch-Psychologischen Untersuchung. NZV 10, S. 256–257

Bode, H.J. (1998a): Der neue EU-Führerschein – Praxisorientierte Einführung/Texte/ Tabellen. Deutscher Anwaltverlag, Bonn

Bode, H.J. (1998b): Berücksichtigung von Cannabiskonsum im Fahrerlaubnisverwaltungsrecht, In: *Berghaus, G* und *H.-P. Krüger* [Hrsg.]: Cannabis im Straßenverkehr, Gustav Fischer Verlag, Stuttgart, S. 229–240

Bode, H.J. (1998c): Rechtsprechung zu Cannabis und Kraftfahreignung. In: *Bundesanstalt für Straßenwesen* [Hrsg.]: Kongreßbericht 1997 der 29. Jahrestagung der Deutschen Gesellschaft für Verkehrsmedizin e.V. 19.–22. März 1997 in Münster. Bergisch-Gladbach: Berichte der Bundesanstalt für Straßenwesen – Mensch und Sicherheit Heft M 92, S. 351–359

Bode, H.J. (1998d): Rechtliche Voraussetzungen für die Organisation individueller Rehabilitation auffälliger Kraftfahrer in der Bundesrepublik Deutschland. In: *Bundesanstalt für Straßenwesen* [Hrsg.]: 6. Internationaler Workshop Driver Improvement. 20.–22. Oktober 1997 in Berlin. Bergisch-Gladbach: Berichte der Bundesanstalt für Straßenwesen – Mensch und Sicherheit Heft M 93, S. 69–72

Bode, H.J. (1998e): Rechtsprechung zu Alkohol und anderen Drogen im deutschen Fahrerlaubnis-Verwaltungsrecht. Blutalkohol XXXV, S. 81–109

Bode, H.J. (1998f): Anspruch des Auftraggebers einer MPU auf Herausgabe von ihm ausgefüllter Fragebogen. ZVS 44, S. 166–170

Bode, H.J. (1999a): Prognose des Kraftfahrverhaltens – Aufgabe des Psychologen oder des Juristen? In: *Meyer-Gramcko* [Hrsg.]: Verkehrspsychologie auf neuen Wegen: Herausforderungen von Straße, Wasser, Luft und Schiene – 37. BDP-Kongreß für Verkehrspsychologie. Bonn: Deutscher Psychologen Verlag, Bd. I, S. 2–7

Bode, H.J. (1999b): Deutsches Strafrecht und verkehrspsychologische Interventionen. In: *Meyer-Gramcko* [Hrsg.]: Verkehrspsychologie auf neuen Wegen: Herausforderungen von Straße, Wasser, Luft und Schiene – 37. BDP-Kongreß für Verkehrspsychologie. Bonn: Deutscher Psychologen Verlag, Bd. II, S. 709–712

Bode, H.J. (1999c): Neue deutsche Rechtsvorschriften zur Kraftfahreignung bei Alkohol- und Drogenauffälligkeit. Blutalkohol XXXVI, S. 208–224

Bode, H.J. (1999d): Maßnahmen der Fahrerlaubnisbehörde bei Probe-Fahrerlaubnis und nach dem Punktsystem. ZAP Fach 9, S. 495–518

Bode, H.J. (2002a): Einnahme von Betäubungsmitteln (außer Cannabis) und Kraftfahreignung. DAR 71, S. 24–26

Bode, H.J. (2002b): Die Rechtsprechung zu drogenbeeinflußter Verkehrsteilnahme. Blutalkohol 39 No. 1, Supplement 1, S. 7–16

Bode, H.J. (2002c): Anlaß zur Begutachtung der Kraftfahreignung bei Umgang mit Betäubungsmitteln. Blutalkohol 39, S. 72–88

Bode, H.J. (2002d): Kraftfahreignung und ihre Feststellung durch die Fahrerlaubnisbehörde. ZAP Fach 9, S. 655–690

Bode, H.J. (2002e): Einbindung verkehrspsychologischer Interventionen in deutsches Fahrerlaubnisrecht. In: *Kubitzki, J.* [Hrsg.]: Der sichere Fahrer – Ein Mythos – Erreichtes und Strittiges auf dem Gebiet der Verkehrssicherheit – Festschrift zum 70. Geburtstag von Prof. Dr. rer. nat. Walter Schneider: TÜV-Verlag, Köln, S. 35–41

Bode, H.J. (2003a): Zur Verfassungswidrigkeit des § 14 FeV. DAR 72, 15–18

Bode, H.J. (2003b): Begleitung durch Fahrlehrer beim Führen von Kraftfahrzeugen zur Begutachtung der Eignung oder Befähigung. ZVS 49, 140–142

Bode, H.J. (2004): Entziehung der Fahrerlaubnis im Strafverfahren und Besserung der Kraftfahreignung auffälliger Kraftfahrer. NZV 17, 7–12

Literaturverzeichnis

Bode, H.J. und Meyer-Gramcko, F. (1996): Der überforderte Kraftfahrer. Deutscher Anwaltverlag, Bonn

Bongard, A.-E. (1998): Fahrausbildung mit der Schule – Grundzüge des Gesamtkonzepts einer nachhaltigen Fahrausbildung jugendlicher Fahranfänger zu sozialkompetenten und umweltbewußtem Fahren. In: *Bundesanstalt für Straßenwesen* [Hrsg.]: 6. Internationaler Workshop Driver Improvement. 20.–22. Oktober 1997 in Berlin. Bergisch-Gladbach: Berichte der Bundesanstalt für Straßenwesen – Mensch und Sicherheit Heft M 93, S. 422–430

Born, R. (2002): Empirische Daten zu verkehrstherapeutischen Einzelmaßnahmen in Deutschland. 38. BDP-Kongress für Verkehrspsychologie, Regensburg 2002, Abstractband S. 7

Bouska, W. (1990): Gedanken zur Reform des Punkt-Systems. DAR 59, 6–8

Bouska, W. (2000): Fahrerlaubnisrecht, 2. Auflage, Verlag C.H. Beck, München

Bovens, R.H.L.M. und Lambregts, G. (1986): Special treatment of DWI-Offenders in the Netherlands: the Alcohol Education Programms. 10th International Conference on Alcohol, Drugs and Traffic Safety, Amsterdam, 9.–12. September 1986

Bräutigam, H. (2004): Bemerkungen zum Urteil des Europäischen Gerichtshofs (EuGH) vom 29.04.2004 - C-476/01 (Felix Kapper). Blutalkohol XXXXI, S. 441–446

Brenner, M. (2005): Führerscheintourismus in Europa – Eine Option mit Grenzen. DAR 75, S. 363–367

Brenner-Hartmann, J. (1995): Fahreignungsbeurteilung bei Drogenmißbrauch. In: *Risser, R.* [Hrgb.]: 35. BDP-Kongreß für Verkehrspsychologie, Bonn, S. 157–174

Brenner-Hartmann, J. (2002): Durchführung standardisierter Fahrverhaltensbeobachtungen im Rahmen der Medizinisch-Psychologischen Untersuchung (MPU), 38. BDP-Kongress für Verkehrspsychologie, Regensburg 2002, Abstractband, S. 7–8

Brenner-Hartmann, J. (2005): Grundkonzeption und Aufbau der Beurteilungskriterien, Blutalkohol 42, Supplement II, S. 3–10

Brenner-Hartmann, J. und Bukasa, B. (2001): Psychologische Leistungsüberprüfung bei der Fahreignungsbegutachtung. ZVS 47, S. 1–8

Brenner-Hartmann, J., Löhr-Schwaab, S., Bedacht, M., Aderjan, R. und Eisenmenger, W. (2005): Betäubungsmittel und Arzneimittel, in: *Schubert, W., Schneider, W. et al* [Hrsg.] : Begutachtungsleitlinien zur Kraftfahrereignung – Kommentar, 2. Aufl. 2005, Kapitel 3.12, S. 169–195

Literaturverzeichnis

Brockelt, W. (1980): Wie kann die Maßregel der Entziehung der Fahrerlaubnis für die Praxis verbessert werden? In: *Deutsche Akademie für Verkehrswissenschaft* [Hrsg.]: 18. Deutscher Verkehrsgerichtstag, S. 285–295

Buikhuisen, K. (1971): Kriminologische und psychologische Aspekte der Trunkenheit im Straßenverkehr. Med.-Psych. Institut des TÜV Hannover, Report 2

Bukasa, B. (1998): ART 2020 – das neue Multi-Media-Testgerät für die Fahreignungsbegutachtung. Wien: Kuratorium für Verkehrssicherheit

Bukasa, B. (2005): Referat auf den St. Galler-Tagen 2005: Kompensation im Alter, in: *DGVP* [Hrsg.]: 13. Informationsschreiben, Berlin 2005

Bukasa, B. und Risser, R. [Hrsg.] (1985): Die verkehrspsychologischen Verfahren im Rahmen der Fahreignungsdiagnostik. Kleine Fachbuchreihe des Kuratoriums für Verkehrssicherheit 23, Literas, Wien

Bukasa, B., Wenninger, U. und Brandstätter, Ch. (1990): Validierung verkehrspsychologischer Testverfahren. Kleine Fachbuchreihe des Kuratoriums für Verkehrssicherheit, 25, Wien

Bukasa, B. et al (2002): Kraftfahrspezifische Leistungsfähigkeit opiatabhängiger Personen in Substitutionstherapie. 38. BDP-Kongress für Verkehrspsychologie, Regensburg 2002, Abstractband S. 9

Bundesanstalt für Straßenwesen [Hrsg.] (1977): Typische Fehlverhaltensweisen von Fahranfängern und Möglichkeiten gezielter Nachschulung. Unfall- und Sicherheitsforschung Straßenverkehr, Heft 8

Bundesanstalt für Straßenwesen [Hrsg.] (1996): Junge Fahrer und Fahrerinnen. Berichte der Bundesanstalt für Straßenwesen – Mensch und Sicherheit Heft M 52

Bundesanstalt für Straßenwesen [Hrsg.] (2000): Begutachtungs-Leitlinien zur Kraftfahrereignung des Gemeinsamen Beirats für Verkehrsmedizin beim Bundesministerium für Verkehr, Bau- und Wohnungswesen und beim Bundesministerium für Gesundheit; bearbeitet von H. Lewrenz. Berichte der Bundesanstalt für Straßenwesen – Mensch und Sicherheit Heft M 115

Bundesanstalt für Straßenwesen (2002): Leitfaden zur Anerkennung von Kursen gem. § 70 FeV. VkBl S. 324–326

Bundesminister für Verkehr [Hrsg.] (1985): Krankheit und Kraftverkehr. Gutachten des Gemeinsamen Beirats für Verkehrsmedizin beim Bundesminister für Verkehr und beim Bundesminister für Jugend, Familie und Gesundheit; bearbeitet von H. Lewrenz und B. Friedel. 3. Aufl., Schriftenreihe Heft 67

Bundesminister für Verkehr [Hrsg.] (1992): Krankheit und Kraftverkehr. Gutachten des Gemeinsamen Beirats für Verkehrsmedizin beim Bundesminister für Verkehr und beim Bundesminister für Gesundheit; bearbeitet von H. Lewrenz und B. Friedel. 4. Aufl., Schriftenreihe Heft 71

Bundesminister für Verkehr [Hrsg.] (1996): Krankheit und Kraftverkehr. Begutachtungs-Leitlinien des Gemeinsamen Beirats für Verkehrsmedizin beim Bundesministerium für Verkehr und beim Bundesministerium für Gesundheit; bearbeitet von H. Lewrenz und B. Friedel. 5. Aufl., Schriftenreihe Heft 73

Burg, A. (1971): Vision and driving: A report on research. Human Factors 13, S. 79–87

Burgard, E. et al (2004): Fahreignung nach Hirnschädigung. Erfahrungen aus der klinischen Praxis der Begutachtung und Beratung. ZVS 50, S. 145-150

Burhoff, D. (1999): Handbuch für die strafrechtliche Hauptverhandlung, 3. Aufl., Verlag für die Rechts- und Anwaltspraxis, Herne/Berlin

Buschbell, H. und Utzelmann, H. D. (2002): Die Fahrerlaubnis in der anwaltlichen Beratung. 2. Aufl., Deutscher Anwaltverlag, Bonn

Büttner, J. und Hoyer, J. (1998): Wirkung des Modells LEER auf psychologische Variablen. Berichte der Bundesanstalt für Straßenwesen, Heft M 93, S. 228–234

Christ, R. und Brandstätter, Ch. (1997): Die Diskussion um die Fahreignung älterer Kraftfahrer zwischen Glaubenskrieg und empirischem Fundament. ZVS 43, S. 10–19

Cohen, A. S. (1986): Möglichkeiten und Grenzen visueller Wahrnehmung im Straßenverkehr. Unfall- und Sicherheitsforschung Straßenverkehr, Heft 57, Köln

Cooper, P. J. (1990): Elderly Drivers Perception of Their Driving Abilities Compared to Their Functional Motor Skills and Their Actual Driving Performance. Physical and Occupational Therapy in Geriatrics 7, S. 51–88

Daldrup, Th. (1996): Cannabis im Straßenverkehr. Abschlußbericht des im Auftrage des Ministeriums für Wirtschaft und Verkehr des Landes Nordrhein-Westfalen durchgeführten Untersuchungsvorhabens. Düsseldorf

Daldrup, Th. et al (2000): Entscheidung zwischen einmaligem/gelegentlichem und regelmäßigem Cannabiskonsum. Blutalkohol XXXVII, S. 39–47

Deutsche Akademie für Verkehrswissenschaft [Hrsg.] (2005): 43. Deutscher Verkehrsgerichtstag 2005, Arbeitskreis IV., Hamburg

Dorfer, M. (2005): Referat auf den St. Galler-Tagen 2005: Kompensation im Alter, in: *DGVP* [Hrsg.]: 13. Informationsschreiben, Berlin 2005

Dufeu, P., Kuhn, S. und Schmidt, L.G. (1995): Prüfung der Gütekriterien einer deutschen Version des Tridimensional Personality Questionnaire (TPQ) von Cloninger bei Alkoholabhängigen. Sucht 41, S. 395–407

Echterhoff, W. (1998): Legalbewährung von alkoholauffälligen Kraftfahrerinnen und Kraftfahrern fünf Jahre nach Abschluß der Verkehrstherapie IVT-HÖ – Qualitätskontrolle einer Langzeitrehabilitation in Nordrhein-Westfalen. ZVS 44, S. 113–116

Echterhoff, W. (2002): Psychische Rehabilitation nach Verkehrsunfällen, in: *BDP* [Hrsg.]: 38. BDP-Kongress für Verkehrspsychologie, Regensburg 2002, Abstractband 14

Echterhoff, W. (2005): Psychologische Unfallnachsorge, in: *Birbaumer, N., Frey, D., Kuhl, J. Prinz, W. und Schneider, W.* [Hrsg.]: Enzyklopädie der Psychologie, Praxisgebiet 6: Verkehrspsychologie (Hrsg. *Krüger, H. P.*) Kapitel 37, Hogrefe – Verlag für Psychologie – Göttingen (im Druck voraussichtlich 2006)

Eggersmann, A. (2002): Sichern Zertifizierung und Akkreditierung die Qualität verkehrspsychologischer Dienstleistungen? 38. BDP-Kongress für Verkehrspsychologie, Regensburg 2002, Abstractband S. 15

Eisenberg, U. (1995): Jugendgerichtsgesetz, Kommentar. C.H. Beck, München, 6. Aufl.

Eisenberg, U., Ohder, C. und Bruckmeier, K. (1989): Verkehrsunfallflucht. Eine empirische Untersuchung zu Reformmöglichkeiten, Berlin

Eisenmenger, W. (2002): Senioren im Straßenverkehr. Medizinische Aspekte. Deutsche Akademie für Verkehrswissenschaft [Hrsg.]: 40. Deutscher Verkehrsgerichtstag, S. 49–63

Eller, F. (2002): Probleme der Glaubwürdigkeit in der Exploration zur Fahreignung. 38. BDP-Kongress für Verkehrspsychologie, Regensburg, 2002, Abstractband, S. 16

Ellinghaus, D., Schlag, B. und Steinbrecher, J. (1990): Leistungsfähigkeit und Fahrverhalten älterer Kraftfahrer. In: *Bundesanstalt für Straßenwesen* [Hrsg.]: Bergisch-Gladbach: Unfall- und Sicherheitsforschung Straßenverkehr, Heft 80

Endriß, R. (1998), Verteidigung in Betäubungsmittelverfahren. Deutscher Anwaltverlag, Bonn

Erl-Knorr, P. und Wicke, Th. (2002): Straftäter in der Fahreignungsbegutachtung. 38. BDP-Kongress für Verkehrspsychologie, Regensburg 2002, Abstractband S. 17

Eyermann, E. und Fröhler, L. (1988): Verwaltungsgerichtsordnung, Kommentar, 9. Aufl. , C.H. Beck, München

Fahrenkrug, H. und Rehm, J. (1995): Trinkkontexte und Freizeitaktivitäten in der Vorphase alkoholbezogener Straßenverkehrsunfälle junger Fahrerinnen und Fahrer in der Schweiz. Sucht 41, S. 169–180

Literaturverzeichnis

Fricke, E. und Ott, S. [Hrsg.] (1999): Verwaltungsrecht in der anwaltlichen Praxis. Deutscher Anwaltverlag, Bonn

Friedel, B. (1999): Arzneimittel und Verkehrssicherheit. In: *Deutsche Akademie für Verkehrswissenschaft* [Hrsg.]: 37. Deutscher Verkehrsgerichtstag, S. 96–109

Frisch, W. (1983): Prognoseentscheidungen im Strafrecht. Zur normativen Relevanz empirischen Wissens und zur Entscheidung bei Nichtwissen. Hamburg/Heidelberg

Fürst, W. (1970): Die Vorbereitung des Entzugs und der Versagung der Fahrerlaubnis. Kraftfahrt und Verkehrsrecht, Heft 5, S. 64–72

Gabor, M. und Handels, V. (1998): Indikations-, Evaluations- und Marktprobleme der Langzeitrehabilitation/Verkehrstherapie alkoholauffälliger Kraftfahrer. ZVS 44, S. 116–118

Gebhardt, H.-J. (2003): Das verkehrsrechtliche Mandat, Band 1: Verteidigung in Verkehrsstraf- und Ordnungswidrigkeitenverfahren, 4. Aufl., Deutscher Anwaltverlag, Bonn

Gerhard, U. (2005): Referat auf den St. Galler-Tagen 2005: Kompensation im Alter, in: *DGVP* [Hrsg.]: 13. Informationsschreiben, Berlin 2005

Gehrmann, L. (1997): Die medizinisch-psychologische Untersuchung im Straßenverkehr. NZV 10, S. 10–17

Gehrmann, L. (1998): Das Gesetz zur Änderung des Straßenverkehrsgesetzes und anderer Gesetze. NJW 51, S. 3534–3540

Gehrmann, L. (2000): Die neuen Begutachtungs-Leitlinien zur Kraftfahrereignung. NZV 13, S. 445–452

Gehrmann, L. (2002a): Die Eignungsbeurteilung von Drogen konsumierenden Kraftfahrern nach neuem Fahrerlaubnisrecht. NZV 15, S. 201–212

Gehrmann, L. (2002b): Neue Erkenntnisse über medizinische und psychologische Begutachtungen von Kraftfahrern. NZV 15, S. 488–499

Gehrmann, L. (2003a): Bedenken gegen die Kraftfahrereignung und Eignungszweifel in ihren grundrechtlichen Schranken. NZV 16, S. 10–17

Gehrmann, L. (2003b): Kurse nach § 70 FeV und die Verkehrssicherheit. ZVS 49, S. 170–179

Gehrmann, L. (2004a): Das Problem der Wiederherstellung der Kraftfahreignung nach neuem Fahrerlaubnisrecht. NZV 17, S. 167–171

Gehrmann, L. (2004b): Das Sachverständigengutachten von Ärzten und Verkehrspsychologen als Grundlage der Entziehung der Fahrerlaubnis durch den Strafrichter. NZV 17, S. 442–445

Gehrmann, L. (2005): Der Arzt und die Fahreignungsmängel seines Patienten. NZV 18, S. 1–9

Gehrmann, L. und Undeutsch, U. (1995): Das Gutachten der MPU und Kraftfahreignung, C.H. Beck, München

Geiger, H. (2002): Fahrungeeignetheit bei nur „privatem" Alkoholmissbrauch? DAR 71, S. 347–348

Geiger, H. (2003): Neuere Rechtsprechung zur Fahreignung bei Alkohol- und Drogenauffälligen. DAR 72, S. 97–101

Geiger, H. (2004): Aktuelle Rechtsprechung zum Fahrerlaubnisrecht. DAR 74, S. 690–696

Gerchow, J. (1987): Andere berauschende Mittel im Verkehrsstrafrecht. In: *Deutsche Akademie für Verkehrswissenschaft* [Hrsg.]: 25. Deutscher Verkehrsgerichtstag, S. 38–49

Geschwinde, Th. (1998): Rausch-Drogen – Marktformen und Wirkungsweisen, 4. Aufl., Springer-Verlag, Berlin-Heidelberg-New York

Gilg, Th. und Eisenmenger, W. (1995): Alkoholmißbrauchmarker bei Trunkenheitsdelikten im Verkehr und bei medizinisch-psychologischen Untersuchungen (MPU) – Möglichkeiten und Grenzen. DAR 64, S. 438–442

Goswani, K. et al (1998): Theoriebezogene Rückfallprognose bei entzugsbehandelten Alkoholabhängigen. Sucht 44, S. 371

Graumann, Th. (2005): Der Gang der medizinisch-psychologischen Untersuchung. zfs 26, S. 168–172

Grohman, P. (2005): Anerkennung ausländischer Fahrerlaubnisse und Führerscheintourismus. Blutalkohol 42 S. 106–115

Grawe, K. et al (1994): Psychotherapie im Wandel. Von der Konfession zur Profession. Göttingen, 4. Aufl.

Grotenhermen, F. und Karus, M. [Hrsg.] (2002): Cannabis, Straßenverkehr und Arbeitswelt. Springer-Verlag Berlin Heidelberg

Grüner, O. und Bilzer, N. (1985): Zur Teilnahme chronischer Alkoholiker am Straßenverkehr. Blutalkohol XXII, S. 209–223

Grünning, K. und Ludovisy, M. (1993): Der Rechtscharakter der MPU-Anordnung. DAR 62, S. 53–59

Häcker, H., Leutner, D. und Amelang, M. [Hrsg.] (1998): Standards für pädagogisches und psychologisches Testen. Göttingen und Bern

Händel, K. (1954): Beschränkte Entziehung der Fahrerlaubnis. NJW 7, S. 139–140

Literaturverzeichnis

Haffner, H.-Th. (1993): Alkoholauffällige Verkehrsteilnehmer, In: *Häcker, H.* [Hrsg.]: Mensch – Fahrzeug – Umwelt, Band 28, Köln und Bonn

Haffner, H.-Th. (2005): Medizinisch-psychologische Obergutachten zur Fahreignung – Jahresstatistik 2003. ZVS 51, S. 102–103

Haffner, H.-Th., Stephan, E., Kannheiser, W., Biehl, B. (2004): Qualitätssicherungsleitlinien für medizinisch-psychologische Obergutachten zur Fahreignung. ZVS 50, S. 212-213. Abdruck auch in NZV 18 (2005), S. 238–241

Hager, W. (2001): Qualitätskontrolle Evaluation. Report Psychologie 26, S. 26–31

Hallbauer, U. (1937): Die Bedeutung der inneren Beherrschtheit für die Kraftfahrzeugeignung. Z. für angewandte Psychologie und Charakterkunde 53, S. 129–232

Hampel, B. (1976): Neugestaltung des verkehrsgebundenen tachistoskopischen Auffassungs-Versuchs (TAVT), Schlußbericht zum Forschungsvorhaben Nr. 42 des VdTÜV, Köln

Hansjosten, E. und Schade, F.D. (1997): Legalbewährung von Fahranfängern. In: *Bundesanstalt für Straßenwesen* [Hrsg.]: Berichte der Bundesanstalt für Straßenwesen – Mensch und Sicherheit Heft M 71

Hartmann, P. (1997): Kommentierung in *Baumbach/Lauterbach*, Zivilprozeßordnung, begründet von Baumbach, A. und fortgeführt von Lauterbach, W., C.H. Beck, München, 55. Aufl.

Hartmann, D. .(2005): Modellversuch „Begleitetes Fahren mit 17". ZVS 51, S. 43

Haus, K.-L. (2000): Verwaltungsrechtlicher Rechtsschutz im Fahrerlaubnisrecht. In: *Aktuelle Probleme der Fahrerlaubnisverordnung, der Reform des Ordnungswidrigkeitenrechts und der Unfallflucht*, Schriftenreihe der Arbeitsgemeinschaft Verkehrsrecht im deutschen Anwaltverein, Band 28. Deutscher Anwaltverlag, Bonn, S. 45–144

Haus, K.-L. (2004): Das verkehrsrechtliche Mandat, Band 3: Verkehrsverwaltungsrecht. Deutscher Anwaltverlag, Bonn.

Hauser, J. (1982): Unfallflucht – ein typisches Alkoholdelikt. Blutalkohol XIX, S. 193–199

Hebenstreit, B. v., Hundhausen, G., Klebe, W., Kroj, G., Spoerer, E., Walther, R., Winkler, W. und Wuhrer, H. (1982): Kurse für auffällige Kraftfahrer – Schlußbericht der Projektgruppe „Kurse für auffällige Kraftfahrer". Projektgruppenberichte der Bundesanstalt für Straßenwesen, Bereich Unfallforschung, Köln, Nr. 12

Heinrich, H. Ch. et al (1998): Akkreditierung der Anbieter von Kursen zur Wiederherstellung der Fahreignung durch die Bundesanstalt für Straßenwesen. In: *Bundesanstalt für Straßenwesen* [Hrsg.]: 6. Internationaler Workshop Driver Improvement.

20.–22. Oktober 1997 in Berlin. Bergisch-Gladbach: Berichte der Bundesanstalt für Straßenwesen – Mensch und Sicherheit Heft M 93, S. 108–114

Heinrich, H. Ch. (2002): Akkreditierungsstelle Fahrerlaubniswesen: Grundlagen-Erfahrungen-Perspektiven. 38. BDP-Kongress für Verkehrspsychologie, Regensburg 2002, Abstractband, S. 27

Heinrich, H. Ch. (2004): Fünf Jahre Akkreditierungsstelle Fahrerlaubniswesen. ZVS 50, 21-27.

Hentschel, P. (2003): Trunkenheit – Fahrerlaubnisentziehung – Fahrverbot im Straf- und Ordnungswidrigkeitenrecht, 9. Aufl., Werner-Verlag, Düsseldorf

Hentschel, P. (2004): Ausnahme von der Fahrerlaubnissperre für Lkw und Busse?. NZV 17, S. 285–288

Hentschel, P. (2005): Straßenverkehrsrecht, Kommentar, 38. Aufl., C.H. Beck, München

Herbst, K. (1992): Verlaufsanalyse bei Drogenabhängigen nach stationärer Behandlung. Sucht 38, S. 147–154

Hettenbach, M., Kalus, V., Möller, M. und Uhle, A. (2004): Drogen und Straßenverkehr, Deutscher Anwaltverlag, Bonn

Hillmann, F.-R. (1995): Reform des Punktsystems. In: *Deutsche Akademie für Verkehrswissenschaft* [Hrsg.]: 33. Deutscher Verkehrsgerichtstag, S. 159–172 (auch in DAR 64, 98–102)

Himmelreich, K. (1996): Die „bedingte" Eignung im Spiegel von Gesetzgebung und Rechtsprechung!. DAR 65, S. 128–134

Himmelreich, K. (2002a): Cannabis-Konsum und seine rechtlichen Folgen für den Führerschein im Verkehrs-Verwaltungsrecht. DAR 71, S. 26–33

Himmelreich, K. (2002b): Alkoholkonsum – privat und *ohne* Verkehrsteilnahme: Fahrerlaubnisentzug im Verkehrs-Verwaltungsrecht wegen Alkohol-Missbrauchs?. DAR 71, S. 60–62

Himmelreich, K. (2003): Sperrfrist-Abkürzung für die Wiedererteilung der Fahrerlaubnis (§ 69a Abs. 7 Satz 1 StGB) durch eine Verkehrstherapie. DAR 72/73, S. 100–113

Himmelreich, K. (2004): Nachschulung, Aufbau-Seminar, Wieder-Eignungs-Kurs und Verkehrstherapie zur Abkürzung der strafrechtlichen Fahrerlaubnis-Sperre bei einem Trunkenheitsdelikt – im Blickpunkt der neueren Rechtsprechung. DAR 74, S. 8–17

Himmelreich, K. (2005a): Psychologische oder therapeutische Schulungs-Maßnahmen zwecks Reduzierung oder Aufhebung der Fahrerlaubnissperre (§ 69a StGB – ein Irrgarten für Strafrichter?). DAR 75, S. 130–137

Literaturverzeichnis

Himmelreich, K. (2005b): Bindungswirkung einer strafgerichtlichen Eignungs-Beurteilung bei BAK ab 1,6 Promille. NZV 18, S. 337–347

Himmelreich, K. und Hentschel, P. (1992): Fahrverbot – Führerscheinentzug, Band II: Verwaltungsrecht, 7. Aufl., Werner-Verlag, Düsseldorf

Himmelreich, K. und Hentschel, P. (1995): Fahrverbot – Führerscheinentzug, Band I: Straf- und Ordnungswidrigkeitenrecht, 8. Aufl., Werner-Verlag, Düsseldorf

Himmelreich, K. und Janker, H. (1999): MPU-Begutachtung, 2. Aufl., Werner-Verlag, Düsseldorf

Höcher, G. (1992): Langzeitrehabilitation alkoholauffälliger Kraftfahrer (1) – Individualpsychologische Verkehrstherapie (IVT-Hö). Blutalkohol XXIX, S. 265–275

Höcher, G. (1994): Alkoholneurotiker am Steuer. Die Langzeitrehabilitation alkoholauffälliger Kraftfahrer nach dem Modell IVT-Hö. IP-Forum, Sonderheft, Luxembourg

Hoffmann, H. (2001): Grenzwert für Rückfallquoten alkoholauffälliger Kraftfahrer nach Teilnahme an Kursen gem. § 70 FeV. Blutalkohol 38, S. 336–348

Hoffmann-Born, H. (2004): Fahreignungsberatung erkrankter Kraftfahrer, Blutalkohol 41, S. 22–24

Holte, H. (2004a): Verkehrsteilnahme und -erleben im Straßenverkehr bei Krankheit und Medikamenteneinnahme. Berichte der Bundesanstalt für Straßenwesen, Mensch und Sicherheit, Heft M 162

Holte, H. (2004b): Auto-mobil und sicher im Seniorenalter. ZVS 50, S. 3

Hürlimann, F.W. und Hebenstreit, B. v. (1996): Typologie und Verkehr. Zürich

Huth, U. (2002): Physiologische und pathologische Altersveränderungen und Verkehrsteilnahme. in: *BDP* [Hrsg.]: 38. BDP-Kongress für Verkehrspsychologie, Regensburg 2002, Abstractband 33

Hutter, M. (2005): Zur Bedeutung von Persönlichkeitstests für eine fundierte Verkehrsverhaltensprognose. Blutalkohol 42, Supplement II, S. 29–35

Iwersen-Bergmann, S., Stein, S. und Schmoldt, A. (2004): Drogen und Medikamente bei Straßenverkehrsteilnehmern in Hamburg 1993–2000. Blutalkohol 41, S. 493–506

Jacobshagen, W. (1996): ALKOEVA und kein Ende? Eine 10-Jahres-Nachlese zu einer Evaluationsstudie. Blutalkohol XXXIII, S. 257–266

Jacobshagen, W. (1997): Nachschulungskurse für alkoholauffällige Fahranfänger (NAFA), Kurspraxis, Wirksamkeit und Akzeptanz. Forschungsberichte des Verbandes der Technischen Überwachungsvereine e.V., Köln

Jacobshagen, W. (1998): Nachschulungskurse für alkoholauffällige Fahranfänger nach dem Modell NAFA in Deutschland: Klientel, Kursdurchführung, Wirksamkeit und Akzeptanz. In: *Bundesanstalt für Straßenwesen* [Hrsg.]: 6. Internationaler Workshop Driver Improvement. 20.–22. Oktober 1997 in Berlin. Bergisch-Gladbach: Berichte der Bundesanstalt für Straßenwesen – Mensch und Sicherheit Heft M 93, S. 261–274

Jacobshagen, W. (1999): Das Modell „BUSS": Erste Ergebnisse eines integrierten Schulungs- und Beratungsmodells für alkoholauffällige Kraftfahrer innerhalb der Sperrfrist. Forschungsprojekt des TÜV Hannover in Verbindung mit dem Nds. Ministerium für Wirtschaft, Technologie und Verkehr, Hannover

Jacobshagen, W. (2001): Die Wirksamkeit des Modells BUSS – Beratung, Untersuchung und Schulung in der Sperrfrist – bei alkoholauffälligen Kraftfahrern. Blutalkohol 38, S. 233–249

Jacobshagen, W. (2005): Leistungstests für Berufskraftfahrer. Untersuchungen nach Anlage 5 (2) FeV: Gerechte Bewertung und bessere Qualitätssicherung. ZVS 51, S. 125–130

Jacobshagen, W., Jansen, J., Birnbaum, D. und Biehl, B. (2004): Kritische Anmerkungen zur Evaluationsstudie DRUGS sowie Erwiderung der Autoren. ZVS 50, S. 199–202

Jacobshagen, W. und Utzelmann, H. D. (1996): Medizinisch-psychologische Fahreignungsbegutachtungen bei alkoholauffälligen Fahrern und Fahrern mit hohem Punktestand. Empirische Ergebnisse zur Wirksamkeit und zu deren diagnostischen Elementen. Forschungsberichte des Verbandes der Technischen Überwachungs-Vereine e.V., Köln

Jacobshagen, W. und Utzelmann, H. D. (1997): Prognosesicherheit der MPU. Prognosesicherheit, Prädiktoren und Akzeptanz bei Medizinisch-Psychologischen Fahreignungsbegutachtungen von alkoholauffälligen Fahrern und Fahrern mit hohem Punktestand. ZVS 43, S. 28–36

Jähnke, B., Laufhütte, H.W. und Odersky, W. [Hrsg.] (1992): Leipziger Kommentar zum Strafgesetzbuch, 11. Aufl.

Jagow, F.-J. (1992): EG-Führerschein, EG-Betriebserlaubnis, EG-Kennzeichen. DAR 61, S. 453–457

Jagow, F.-J. (1997): Wiedererteilung der Fahrerlaubnis bei „bedingter" Eignung. DAR 66, S. 16–17

Jagow, F.-J. und Heiler, G.L. (1998): Führerschein, 4. Aufl., DaimlerChryslerAG Mercedes-Benz Deutschland

Literaturverzeichnis

Jansen, E. (2001): Ältere Menschen im künftigen Sicherheitssystem Straße/Fahrzeug/ Mensch. Berichte der Bundesanstalt für Straßenwesen, Mensch und Sicherheit, Heft M 134

Jessnitzer, K. und Ulrich, J. (2001): Der gerichtliche Sachverständige – Ein Handbuch für die Praxis. Begründet von Jessnitzer, bearbeitet von Ulrich, 11. Aufl., Carl Heymanns Verlag KG Köln

Johannsen, G. (1978): Preview of man-vehicle control session. In: *Sheridan, T.B. et al* [Hrsg.]: Monitoring behavior and supervisory control, New-York

Jungbecker, R. (1994): Schadensersatz bei mangelhaften medizinisch-psychologischen Eignungsgutachten?. NZV 7, 297–302

Justizministerium Baden-Württemberg (1981): Triberger Symposion '80: Nachschulung alkoholauffälliger Ersttäter – ein Schritt zur Verbesserung des Rechts der Entziehung der Fahrerlaubnis?. Stuttgart

Justizministerium Baden-Württemberg (1983): Modellversuch zur Nachschulung alkoholauffälliger Ersttäter in Baden-Württemberg – Erfahrungsbericht, Stuttgart

Kaiser, H.J. (1990): Zur Aufgabenadäquatheit verkehrspsychologischer Begutachtungen alkoholauffälliger Kraftfahrer – Plädoyer für eine beratungsorientierte Ausweitung der Obergutachtertätigkeit. In: *Höfling, S. und W. Butollu* [Hrsg.]: Psychologie für Menschenwürde und Lebensqualität, Band 3, Bonn, S. 179–192

Kaiser, H.-J. und Oswald, W.D. (2000): Autofahren im Alter, eine Literaturanalyse. ZfGP 13, S. 131–170

Kalus, V. (2003): Fahreignung und regelmäßige Einnahme von Cannabis. VD, S. 71–72

Kalus, V. (2004): Das EU-Fahrerlaubnisrecht nach dem EuGH-Urteil C-476/01. VD S. 147–152

Kalus, V. (2005): Die Rechtsprechung des EuGH im Spiegel der Innerstaatlichkeit. VD S. 128–129

Kaltenegger, A. und Steinacker, R. (2005): Österreichs Wege zu einer nachhaltigen Reduktion des Unfallrisikos junger Lenker. ZVS 51, S. 63–69

Kannheiser, W. (1999): Zur Einsetzbarkeit von Persönlichkeitstests bei verkehrspsychologischen Begutachtungen, untersucht am Beispiel des Manson-Fragebogens. Blutalkohol XXXVI, S. 193–207

Kannheiser, W. (2000): Mögliche verkehrsrelevante Auswirkungen von gewohnheitsmäßigem Cannabiskonsum. NZV 13, S. 57–68

Kannheiser, W. (2002): Cannabis und Verkehrssicherheit, aktueller Diskussions- und Wissensstand. 38. BDP-Kongress für Verkehrspsychologie, Regensburg 2002, Abstractband, S. 33

Kannheiser, W. und Maukisch, H. (1995): Die verkehrsbezogene Gefährlichkeit von Cannabis und Konsequenzen für die Fahreignungsdiagnostik. NZV 8, S. 417–428

Karner, Th. (2000): Sind verkehrspsychologische Testverfahren geeignete Instrumente, um mögliche Leistungsminderungen alkoholauffälliger Kraftfahrer aufzuzeigen?. Report Psychologie, 25, S. 576–583

Kazenwadel, J. und M. Vollrath (1995): Das Dunkelfeld der Trunkenheitsfahrten. In: *Krüger, H.P.* [Hrsg.]: Das Unfallrisiko unter Alkohol, Stuttgart, S. 115–124

Keall, M. D. und Frith, W. (2004): Association between older Driver Characteristics, On-Road Driving Test performance, and Crash Liability. Traffic Injury Prevention 5, S. 112–116

Keskinnen, E. (1996): Warum ist die Unfallrate junger Fahrer und Fahrerinnen höher? In: *Bundesanstalt für Straßenwesen* [Hrsg.]: Berichte der Bundesanstalt für Straßenwesen – Mensch und Sicherheit Heft M 52, S. 42–55

Kisser, R. und Wenninger, U. (1983): Computergestütztes Testen im Rahmen der Fahreignungsdiagnostik (Act & React Testsystem ART-90). Kleine Fachbuchreihe des Kuratoriums für Verkehrssicherheit, Band 20, Wien

Klebelsberg, D. (1985): Überforderung im Straßenverkehr – Schicksal oder Schuld? In: *Deutsche Akademie für Verkehrswissenschaft* [Hrsg.]: 23. Deutscher Verkehrsgerichtstag, S. 20–32

Klebelsberg, D. (1988): Historische Entwicklung und Ist-Zustand der Verkehrspsychologie. Kleine Fachbuchreihe des Kuratoriums für Verkehrssicherheit, Salzburg, Band 24, S. 141–151

Knoche, A. (2003): Begutachtung der Fahreignung 2001 – Jahresstatistik. ZVS 49, S. 50–52

Knoche, A. (2004): Begutachtung der Fahreignung 2003 – Jahresstatistik. ZVS 50, S. 205–207

Kögel, M. (2002): Die Sektion Verkehrspsychologie im BDP e.V.: neues gesetzliches Beispiel eines „beliehenen Unternehmers" (§ 71 der Fahrerlaubnisverordnung – FeV). ZVS 48, S. 126–129

Köpke, S. et al (1999): Mobilitätswahrnehmung und Selbstbild von älteren Autofahrern, in: *Schlag, B.* [Hrsg.] : Empirische Verkehrspsychologie, Lengerich, S. 159–175

Körkel, J., Lauer, G. und Scheller, R. [Hrsg.] (1995): Sucht und Rückfall, Stuttgart

Körkel, J. (2001): AKT: Ambulantes Gruppenprogramm zum kontrollierten Trinken, Grundlagen, Programmmerkmale und erste Befunde, in: *TÜV Rheinland-Berlin-Brandenburg* [Hrsg.]: Konturen, 18–22

Kretschmer-Bäumel, E. und Karstadt-Henke, S. (1986): Orienterungs- und Verhaltensmuster der Kraftfahrer, Ergebnisse einer Befragung. Bericht zum Forschungsprojekt 7609/4 der Bundesanstalt für Straßenwesen, Bereich Unfallforschung, Bergisch-Gladbach

Kreuzer, A. (1999): Verfassungs-, straf- und verwaltungsrechtliche Behandlung des Drogenfahrens – Einigkeiten und Diskrepanzen. NZV 12, S. 253–358

Kroj, G. [Hrsg.] (1995): Psychologisches Gutachten Kraftfahreignung. Deutscher Psychologen Verlag, Bonn

Kroj, G. (2002): Neuere Entwicklungen der Qualitätssicherung im Fahrerlaubniswesen der Bundesrepublik Deutschland. In: *Kubitzki, J.* [Hrsg.]: Der sichere Fahrer – Ein Mythos – Erreichtes und Strittiges auf dem Gebiet der Verkehrssicherheit – Festschrift zum 70. Geburtstag von Prof. Dr. rer. nat. *Walter Schneider*. TÜV-Verlag, Köln, S. 15–21

Krüger, H.-P. [Hrsg.] (1995): Das Unfallrisiko unter Alkohol, Stuttgart

Krüger, H.-P. (1996): Kombinationswirkung von Medikamenten und Alkohol. In: *Bundesanstalt für Straßenwesen* [Hrsg.]: Berichte der Bundesanstalt für Straßenwesen – Mensch und Sicherheit Heft M 64

Krüger, H.-P., Braun, P., Kazenwadel, J., Reiss, J. und Vollrath, M. (1998): Soziales Umfeld, Alkohol und junge Fahrer. In: *Bundesanstalt für Straßenwesen* [Hrsg.]: Berichte der Bundesanstalt für Straßenwesen – Mensch und Sicherheit Heft M 88

Kubitzki, J. (1997): Charakteristische Merkmale der Kraftfahrtauglichkeit von Methadonpatienten. In: *Bundesanstalt für Straßenwesen* [Hrsg.]: Berichte der Bundesanstalt für Straßenwesen – Mensch und Sicherheit Heft M 76

Kubitzki, J. (2001): Ecstasy im Straßenverkehr. Ergebnisse einer Konsumentenbefragung in der Disko-Party- und House-Szene. ZVS 47, S. 178–183

Küfner, H., Feuerlein, W. und Huber, M. (1988): Die stationäre Behandlung von Alkoholabhängigen: Ergebnisse der 4-Jahres-Katamnesen, mögliche Konsequenzen für die Indikationsstellung und Behandlung. Suchtgefahren 34, S. 157–271

Kügelgen, H. v. (1993): Der Lineal-Reaktions-Test (LRT). Masch. Bericht, Peine

Kunkel, E. (1975): Akten- und Explorationsanalyse. Bericht zum Forschungsvorhaben Nr. 67 der VdTÜV, Köln

Kunkel, E. (1977): Biographische Daten und Rückfallprognose bei Trunkenheitstätern im Straßenverkehr. TÜV Rheinland, Köln

Literaturverzeichnis

Kunkel, E. (1980): Alkoholismus und anlaßbezogene Untersuchung der Fahreignung. Blutalkohol XVII, S. 441–455

Kunkel, E. (1984): Die Rückfallwahrscheinlichkeit als Kriterium der Fahreignung bei alkoholauffälligen Kraftfahrern. Blutalkohol XXI, S. 385–395

Kunkel, E. (1991): Die Eignungsuntersuchungen bei den medizinisch-psychologischen Untersuchungsstellen. zfs 12, S. 325–330

Kunkel, E. (1995): Teilnahme an einer Selbsthilfegruppe. DAR 64, S. 63–66

Kunkel, E. (1996): Fahreignungsgutachten der MPU. zfs 17, S. 241–245

Kunkel, E. und Winkler, W. (1981): Fahreignungsuntersuchung. In: *Stoll, F.* [Hrsg.]: Psychologie des 20. Jahrhunderts, Zürich, Band 13, S. 529–549

Lachenmayr, B. et al (1996): Sehstörungen als Unfallursache. In: *Bundesanstalt für Straßenwesen* [Hrsg.]: Berichte der Bundesanstalt für Straßenwesen – Mensch und Sicherheit Heft M 65

Lachenmayr, B. (2001): Zur Begutachtung des Sehvermögens im Rahmen der Fahrerlaubnisverordnung (FeV). ZVS 47, S. 67–69

Ladeur, K.-H. (1985): Die rechtliche Kontrolle planerischer Prognosen. NuR, 81 ff.

Lakemeyer, M. und Friedel, B. (1997): Expertengespräch zum Thema „Fahreignung und -tüchtigkeit von Schmerzpatienten unter dem Einfluß von Opiaten". ZVS 43, 40

Lamszus, H. (1998): Kriterien und Kontrolle der Qualitätssicherung in der Nachschulung von mehrfach auffälligen Kraftfahrern – unter besonderer Berücksichtigung der Moderatorenqualifikation. In: *Bundesanstalt für Straßenwesen* [Hrsg.]: 6. Internationaler Workshop Driver Improvement. 20.–22. Oktober 1997 in Berlin. Bergisch-Gladbach: Berichte der Bundesanstalt für Straßenwesen – Mensch und Sicherheit Heft M 93, S. 121–126

Langford, J., Fritzharris, N., Koppels, S. und Newstead, S. (2004): Effectivenes of Mandatory License Testing for Older Drivers in Reducing Crash Risk among Urban Older Australian Drivers, Traffic Injury Prevention 5, 326–335

Laub, G. und Brenner-Hartmann, J. (2001): Die Begutachtungsstelle für Fahreignung (BfF) – Aufgaben und Arbeitsweisen. NZV 14, S. 16–27

Lauer, G., Richter, B. und Sohns, R. (1996): Rückfälle während stationärer Alkoholismustherapie: Auszugrenzendes Übel oder integrationsbedürftige Realität?. Report Psychologie 21, S. 382–387

Lemke, H. (2004): Verkehrsunfälle mit Beteiligung älterer Verkehrsteilnehmer. zfs 25, 441–446

Lewrenz, H. (1985): Altern als Unfallursache. In: *Deutsche Akademie für Verkehrswissenschaft* [Hrsg.]: 23. Deutscher Verkehrsgerichtstag, S. 156–162

Lewrenz, H. (1992): Eignungsbegutachtung bei Alkoholtätern nach Entziehung der Fahrerlaubnis – Das nachvollziehbare Eignungsgutachten. In: *Deutsche Akademie für Verkehrswissenschaft* [Hrsg.]: 30. Deutscher Verkehrsgerichtstag, S. 169–178

Löhr-Schwaab, S. (2005): Dauerbehandlung mit Arzneimitteln, in: *Schubert, W., Schneider, W. et al* [Hrsg.]: Begutachtungsleitlinien zur Kraftfahrereignung – Kommentar, 2. Aufl. 2005, Kapitel 3.12.2., S. 196–202

Löwe, E. und Rosenberg, W. (1987): Die Strafprozeßordnung und das Gerichtsverfassungsgesetz, Großkommentar, 24. Aufl. Band III

Lohl, W. (1998): Aufbau der Qualitätssicherung in Beratungsstellen. Deutscher Psychologen Verlag, Bonn.

Lucas, D. (2002): Alkohol ist nicht das Problem – das Problem ist das nüchterne Leben. BDP [Hrsg.]: 38. BDP-Kongress für Verkehrspsychologie, Regensburg 2002, Abstractband 38

Ludovisy, M. (2005): Gültigkeit und Anerkennung im europäischen Ausland erworbener Führerscheine. DAR S. 7–13

Luff, K., Heiser, H. Lutz, F. U. und Schweer, Th. (1988): Über die Validität von Fahrtauglichkeitsuntersuchungen bei Mehrfachtrunkenheitstätern. Blutalkohol XXV, S. 6–13

Lutze, E. und Miltner, E. (2004): Ist unerlaubtes Entfernen vom Unfallort noch immer ein typisches Alkoholdelikt?. Blutalkohol 41, S. 483–492

Maag, C., Krüger, H. P., Breuer, K., Nenminoun, A., Neunzig, D. und Ehrnannt, D. (2003): Aggressionen im Straßenverkehr. Berichte der Bundesanstalt für Straßenwesen, Mensch und Sicherheit, Heft M 151

Marowitz, L. (1995): Drug Arrests und Driving Risk. Alcohol, Drugs and Driving 11, S. 1–22

Maukisch, H. (1990): Die alternden Autofahrer: Das Problem der Zukunft? Anmerkungen zur Legitimierung und Fairness von Selektionsmaßnahmen. In: *Nickel, W.-R.* [Hrsg.]: Mensch – Fahrzeug – Umwelt, Köln und Bonn, Band 25, S. 223–256

Maukisch, H. (1992): Begriff und Beurteilung des Rückfallrisikos bei Alkoholtätern. NZV 5, S. 264–271

Meewes, V. und Weissbrodt, G. (1992): Führerschein auf Probe, Auswirkungen auf die Verkehrssicherheit. In: *Bundesanstalt für Straßenwesen* [Hrsg.]: Unfall- und Sicherheitsforschung Straßenverkehr, Bergisch Gladbach, Heft 87

Menken, E. (1980): Die Rechtsbeziehungen zwischen Verwaltungsbehörde, Betroffenem und Gutachter bei der Medizinisch-Psychologischen Fahreignungsbegutachtung. Mensch-Fahrzeug-Umwelt, Köln und Bonn, Heft 8

Literaturverzeichnis

Merz, F. (1966): Prognose und Bewährung. Psychologische Rundschau 17, S. 149–162

Meyer-Goßner, L. (1995): Kommentierung in Kleinknecht/Meyer-Goßner, Strafprozeßordnung, Kommentar, in der 22. bis 35. Aufl. bearbeitet von Kleinknecht, Th., 42. Aufl., C.H. Beck, München

Meyer-Gramcko, F. (2002): Verkehrspsychologische Beratung – ein Statusbericht. 38. BDP-Kongress für Verkehrspsychologie, Regensburg 2002, Abstractband S. 40

Meyer-Gramcko, F. (2001): Verkehrspsychologische Praxis – Jahresbericht 2001, Braunschweig

Meyer-Gramcko, F. und Sohn, J.M. (1996): Verkehrspsychologische Praxis – Jahresbericht 1996, Braunschweig

Mienert, M. (2003): Entwicklungsaufgabe Automobilität – Teil 4: Psychische Funktionen des PKW-Führerscheins für Jugendliche im Übergang ins Erwachsenenalter. ZVS 49,155–161

Möller, M.R. et al (1999): Prävalenz von Drogen und Medikamenten bei verkehrsauffälligen Kraftfahrern, Blutalkohol XXXVI, S. 25–38

Moser, L. (1974): Das Bild des Vielfachtäters im Straßenverkehr. Bundesanstalt für Straßenwesen, Köln

Müller, A. (1976): Der Trunkenheitstäter im Straßenverkehr der Bundesrepublik Deutschland. Beiträge zur empirischen Kriminologie, Band 3, Frankfurt/M. und Bern

Müller, A. (1982): Maßnahmen gegen Trunkenheitstäter im Straßenverkehr: Folgerungen aus einer Bewährungskontrolle von Eignungsgutachten. Blutalkohol XIX, S. 289–314

Müller, A. (1993): Fahrerlaubnisentzug, Eignungsbegutachtung, Nachschulung und Therapie bei Trunkenheitstätern: Ansätze zu einer notwendigen Neuorientierung. Blutalkohol XXX, S. 65–95

Müller, A. (1994): Rückfallrisiko und Begutachtung von alkoholauffälligen Kraftfahrern. DAR 63, S. 308–312

Müller, D. (2004): Der Verkehrsunterricht gemäß § 48 StVO – eine Studie. VD S. 325–331.

Müller, D. (2005): Der Verkehrsunterricht gemäß § 48 StVO in seiner praktischen Anwendung. ZVS 51, S. 86–90.

Müller, D. und Schubert, W. (2005): Urteilsbildung in der medizinisch-psychologischen Fahreignungsdiagnostik. Bericht über das DGVT/DGVM Symposium 2004. ZVS 51, 50–53

Müller, K. (2002): Nachvollziehbarkeit und Transparenz der Exploration im Rahmen verkehrspsychologischer Begutachtungen. ZVS 48, S. 138–139

Müller-Wickop, J. und Jansen, J. (1998): Untersuchungen zur Aussagekraft ausgewählter Laborparameter in der Diagnostik des Alkoholmißbrauchs. Forschungsberichte des Verbandes der Technischen Überwachungs-Vereine e.V., Essen

Mundle, G. et al (1998): Langzeitverläufe nach einer qualifizierten Entgiftungsbehandlung – eine Sechsjahreskatamnese. Sucht 44, S. 364–365

Neumann, S. (2005): Wenn der Durchblick fehlt. Süddeutsche Zeitung vom 5./6.2.2005

Nickel, W.-R. (1992): Kriterien zur Beurteilung von Programmen zur Rehabilitation auffälliger Kraftfahrer. Blutalkohol XXIX, S. 373–381

Nickel, W.-R. und Jacobshagen, W. (1983): Entwicklung eines Fragebogenverfahrens für verkehrsauffällige Kraftfahrer (FVK). Bericht zum Forschungsprojekt Nr. 146 des VdTÜV, Hannover

Nickel, W.-R. und Schell, A. (1993): Qualitätssicherung in der medizinisch-psychologischen Eignungsbeurteilung und bei der Rehabilitation auffälliger Kraftfahrer. ZVS 39, S. 156–160

Otte, K. und Kühne, D. (2004): Führerscheintourismus ohne Grenzen?. NZV 17 S. 321–329

Paetow, St. (1990): Reform des Punktsystems – Das Mehrfachtäter-Punktsystem als Rechtsnorm? In: *Deutsche Akademie für Verkehrswissenschaft* [Hrsg.]: 28. Deutscher Verkehrsgerichtstag, S. 80–89 (auch in NJW 43, 1441–1444)

Pause, E. (1990): § 1 Der Sachverständige. In *Bayerlein, W.* (Redaktor), Praxishandbuch Sachverständigenrecht. München: Verlag C. H. Beck.

Perrine, M.W.B. (1990): The Continuum of drinking drivers in America. In: *Nickel, W.-R.* [Hrsg.]: Fahrverhalten und Verkehrsumwelt, Mensch – Fahrzeug – Umwelt, Köln und Bonn, Band 25, S. 262–304

Petry, J. (1993): Behandlungsmotivation. Grundlagen und Anwendungen in der Suchttherapie. Weinheim

Piesker, H. (2002a): Effizienz der strafrechtlichen Sanktionen – Entziehung der Fahrerlaubnis und Sperrfrist –. In: *Deutsche Akademie für Verkehrswissenschaft* [Hrsg.]: 40. Deutscher Verkehrsgerichtstag, S. 254–269

Piesker, H. (2002b): Fahrverbot statt Entziehung der Fahrerlaubnis auch bei Trunkenheitsdelikten und anderen Katalogtaten des § 69 II StGB. NZV 15, S. 297–302

Literaturverzeichnis

Pikkarainen, J. und Penttilä, A. (1986): Problem drinking among DWI-Offenders-Recidivism in Finnland. 10th International Conferenze on Alcohol, Drugs & Traffic-Safety, Amsterdam, 9.–12. September 1986

Pund, B. und Joneleit, H. (2001): Kurs für alkoholauffällige Kraftfahrer, Modell LEER, Handbuch für Kursleiter, 7. Auflage, TÜV Hannover/Sachsen-Anhalt

Reinhardt, G. (1993): Laborbefunde bei Eignungsuntersuchungen. In: *Bundesanstalt für Straßenwesen* [Hrsg.]: Bergisch-Gladbach: Unfall- und Sicherheitsforschung Straßenverkehr, Heft 89, S. 85–86

Riedmeyer, O. (2002): Effizienz der strafrechtlichen Sanktionen-Anreiz zur Nachschulung durch ihre Berücksichtigung bei verkehrsstrafrechtlichen Sanktionen. In: *Deutsche Akademie für Verkehrswissenschaft* [Hrsg.]: 40. Deutscher Verkehrsgerichtstag, S. 270–278

Risser, R. (1983): Verkehrsverhalten in Konfliktsituationen. ZVS 29, S. 172–176

Rudinger, G. (2005): Perspektiven für eine in die Jahre gekommene Gesellschaft. Vortrag in der Bundesanstalt für Straßenwesen am 26.4.2005

Sachs, H. und Reinhardt, G. (1988): Haaranalysen bei Fahrtauglichkeitsprüfungen von Opiatkonsumenten. In: *Bundesanstalt für Straßenwesen* [Hrsg.]: Bergisch-Gladbach: Unfall- und Sicherheitsforschung Straßenverkehr, Heft 65, S. 73–74

Schade, F.-D. (1991): Untersuchung zum Rückfallrisiko bei Geschwindigkeitsdelikten im Straßenverkehr. Kraftfahrt-Bundesamt [Hrsg.]: Auswertung des Verkehrszentralregisters für die Verkehrssicherheitsforschung und für verkehrspolitische Entscheidungen, Heft 2

Schade, F.-D. (2005): Lebt gefährlich, wer im Verkehrszentralregister steht? Das Verkehrszentralregister als Prädiktor des habituellen Verkehrsrisikos. ZVS 51, S. 7–13

Schell, A. (1995): Alkohol zur Bewältigung von Belastung und Beanspruchung – eine Studie zum Problemtrinken bei alkoholauffälligen Kraftfahrern. Häcker, H. [Hrsg.]: Mensch – Fahrzeug – Umwelt, Band 31, Köln und Bonn

Schlag, B., Ellinghaus, D. und Steinbrecher, J. (1986): Risikobereitschaft junger Fahrer. In: *Bundesanstalt für Straßenwesen* [Hrsg.]: Bergisch-Gladbach: Unfall- und Sicherheitsforschung Straßenverkehr, Heft 58

Schlund H. (1995): Grundsätze ärztlicher Verschwiegenheit im Rahmen der Verkehrssicherheit. DAR 64, S. 50–54

Schmidt, L. (1988): Verantwortliches Handeln im Straßenverkehr. Bundesanstalt für Straßenwesen [Hrsg.]: Forschungsberichte Nr. 171, Bergisch Gladbach

Schneider, R. (2002): Drogen im Straßenverkehr – Eine verwaltungsrechtliche Momentaufnahme. In: *Deutsche Akademie für Verkehrswissenschaft* [Hrsg.]: 40. Deutscher Verkehrsgerichtstag, S. 122–134 (auch in Blutalkohol 39, S. 112–120)

Schreiber, L.H. (1999): Die medizinisch-psychologische Untersuchung nach der neuen Fahrerlaubnis-Verordnung – Ist ihre Anordnung doch ein Verwaltungsakt?. ZRP 32, S. 519–524

Schubert, W. et al (1995): Nutzung der Sperrfrist-Auswirkungen auf das Ergebnis einer medizinisch-psychologischen Untersuchung. Vortrag auf dem 3. Deutschen Psychologentag, Bremen

Schubert, W. und Berg, M. (2001): Zu einigen methodischen Fragen der Anwendung von psychologischen Testverfahren im Rahmen der Fahreignungsbegutachtung. ZVS 47, S. 9–14

Schubert, W. und Mattern, R. (2004): Urteilsbildung in der medizinisch-psychologischen Fahreignungsdiagnostik – Beurteilungskriterien. ZVS 50, S. 89–96

Schubert, W. und Mattern, R. [Hrsg.] (2005): Beurteilungskriterien. Urteilsbildung in der medizinisch-psychologischen Fahreignungsdiagnostik. Kirschbaum-Verlag, Bonn

Schubert, W., Schneider, W., Eisenmenger, W. und Stephan, E. [Hrsg.] (2002): Begutachtungs-Leitlinien zur Kraftfahrereignung – Kommentar, 1. Auflage, Kirschbaum Verlag, Bonn

Schubert, W., Schneider, W., Eisenmenger, W. und Stephan, E. [Hrsg.] (2005): Begutachtungs-Leitlinien zur Kraftfahrereignung – Kommentar, 2. Auflage, Kirschbaum Verlag, Bonn

Schubert, W. und Wagner, Th. (2003): Die psychologische Fahrverhaltensbeobachtung – Grundlagen, Methodik und Anwendungsmöglichkeiten. ZVS 49, S. 119–127

Schulz, E., Vollrath, M., Klimesch, C. und Szegedi, A. (1997): Fahruntüchtigkeit durch Cannabis, Amphetamine und Cocain. In: *Bundesanstalt für Straßenwesen* [Hrsg.]: Berichte der Bundesanstalt für Straßenwesen – Mensch und Sicherheit Heft M 81

Schulze, H. (1996): Lebensstil und Verkehrsverhalten junger Fahrer und Fahrerinnen. Berichte der Bundesanstalt für Straßenwesen, Schriftenreihe Mensch und Sicherheit, Heft M 56

Schulze, H. (1998): Nächtliche Freizeitunfälle junger Fahrerinnen und Fahrer. In: *Bundesanstalt für Straßenwesen* [Hrsg.]: Berichte der Bundesanstalt für Straßenwesen – Mensch und Sicherheit Heft M 91

Schützenhöfer, A. und Krainz, D. (1999): Der Einfluß des Alkoholisierungsgrades beim ersten Alkoholdelikt auf die Rückfallwahrscheinlichkeit. ZVS 45, S. 68–73

Literaturverzeichnis

Seeger, R. (2005): Referat auf den St. Galler-Tagen 2005: Kompensation im Alter, in: DGVP [Hrsg.] : 13. Informationsschreiben, Berlin 2005

Seidl, S. und Ch. Wolf (1998): Zur Bedeutung des Alkoholmarkers CDT für die Fahreignungs-Oberbegutachtung. Blutalkohol XXXV, S. 48–55

Sektion Verkehrspsychologie im Berufsverband Deutscher Psychologinnen und Psychologen e.V. [Hrsg.] (2001): Leitfaden zur verkehrspsychologischen Beratung nach § 71 Fahrerlaubnisverordnung. ZVS 47, S. 145–155

Sektion Verkehrspsychologie im Berufsverband Deutscher Psychologinnen und Psychologen e.V. (2002): Verkehrspsychologische Beratung – Jahresbericht 2001. ZVS 48, S. 174–177

Sektion Verkehrspsychologie im Berufsverband Deutscher Psychologinnen und Psychologen e.V., [Hrsg.]: (2005): Verkehrspsychologische Beratung – Jahresbericht 2003, Hamburg

Siegrist, S. (1992): Das Bedingungsgefüge von wiederholtem Fahren in angetrunkenem Zustand. Schweizerische Beratungsstelle für Unfallverhütung. bfu-Report 19, Bern

Siegrist, S. (1999): Driver Training, Testing and Licensing. Results of a EU-Project GADGET, Work Package 3. bfu-Report 40, Bern

Sohn, J.M. (2002): Änderungsreport zur Fassung 5,0 des Leitfadens zur Verkehrspsychologischen Beratung. ZVS 48, S. 90–92

Sohn, J.M. und Meyer-Gramcko, F. (1991): Verkehrstherapie bei Punktetätern. Erfahrungen und Schlussfolgerungen. Verkehrspsychologische Praxis, Braunschweig

Sohn, J.M. und Meyer-Gramcko, F. (1993): Different forms of development in longterm therapy with DUI offenders. In: *Utzelmann/Berghaus/Kroj* [Hrsg.]: Alcohol, Drugs and Traffic Safety – T 92. Mensch – Fahrzeug – Umwelt, Band 29, Köln und Bonn, Band 1, S. 317–321

Sohn, J.M. und Meyer-Gramcko, F. (1998): Evaluation der Verkehrstherapie, Zwischenbilanz und Ausblick. ZVS 44, S. 170–172

Sömen, H.-D. (1975): Täterklassifikation und Rückfallprognose beim Verkehrsdelikt Trunkenheit am Steuer. ZVS 21, S. 77–89, 153–160

Sommer, M., Arendasy, G., Schuhfried, G. und Litzenberger, M. (2005): Diagnostische Unterscheidbarkeit unfallfreier und mehrfach unfallbelasteter Kraftfahrer mit Hilfe nicht-linearer Auswertemethoden. ZVS 51, S. 82-85

Spicher, B. und Hänsgen, K.-D. (2003): Test zur Erfassung verkehrsrelevanter Persönlichkeitsmerkmale (TVP), Verlag Hans-Huber, Bern-Göttingen

Literaturverzeichnis

Spoerer, E. und Kratz, M. (1991): Vier Jahre Erfahrungen mit der Nachschulung von alkoholauffälligen Fahranfängern (Inhabern einer Fahrerlaubnis auf Probe). Blutalkohol XXVIII, S. 333–342

Spoerer, E., Ruby, M. und Siegrist, S. (1994): Nachschulung und Rehabilitation verkehrsauffälliger Kraftfahrer, 2. Aufl., Verlag Rot-Gelb-Grün, Braunschweig

Spörli, S. (1972): Seele auf Rädern. Psychologie auf der Straße. Olten und Freiburg i. Br.

Spörli, S. (1973): Systemeffekte als verkehrspädagogisches Fundamentalproblem. Z. Verkehrs-Erziehung 2, S. 3–7

Staak M. und Berghaus, G. et al (1993): Empirische Untersuchungen zur Fahreignung von Methadon-Substitutionspatienten. Blutalkohol XXX, S. 321–333

Stelkens, P., Bonk, H. J. und Sachs, M. (1990): Verwaltungsverfahrensgesetz, Kommentar, 3. Aufl., C.H. Beck, München

Stephan, E. (1984): Die Rückfallwahrscheinlichkeit bei alkoholauffälligen Kraftfahrern in der Bundesrepublik Deutschland – Die Bewährung in den ersten fünf Jahren nach der Wiedererteilung der Fahrerlaubnis. ZVS 30, S. 28–33

Stephan, E. (1988): Trunkenheitsdelikte im Verkehr und Alkoholmißbrauch. Blutalkohol XXV, S. 201–227

Stephan, E. (1989a): „Bedingte Eignung", eine Chance für die Verkehrssicherheit und den alkoholauffälligen Kraftfahrer I. DAR 58, S. 1–5

Stephan, E. (1989b): „Bedingte Eignung", eine Chance für die Verkehrssicherheit und den alkoholauffälligen Kraftfahrer II. DAR 58, S. 125–135

Stephan, E. (1992): Naturwissenschaftlich-psychologische Verkehrsprognose und Wagniswürdigung in der Eignungsbeurteilung. DAR 61, S. 1–6

Stephan, E. (1993): Werkvertragsmängel bei der MPU aus der Sicht des gerichtlichen Sachverständigen. DAR 62, S. 41–49

Stephan, E., Haffner, H. Th., Brenner-Hartmann, J., Eisenmenger, W. und Schubert, W. (2005): Alkohol-Missbrauch, in: *Schubert, W., Schneider, W. et al* [Hrsg.] (2005): Begutachtungsleitlinie zur Kraftfahrereignung – Kommentar, 2. Aufl. 2005, Kapitel 3.11.1, S. 130–156

Stephan, E., Mattern, R., Tschöp, T. und G. Skopp (2004): Die Leistungsfähigkeit von Coffeeshopbesuchern vor und unmittelbar nach Cannabis-Konsum sowie vor möglichem Fahrtantritt. Blutalkohol 41, Supp II S. 25–37

Stree, W. (2001): Kommentierung in *Schönke/Schröder*, Strafgesetzbuch, Kommentar, begründet von *Schönke, A.* und fortgeführt von *Schröder, H.*, C.H. Beck, München, 26. Aufl.

Süss, H. M. (1995): Zur Wirksamkeit der Therapie bei Alkoholabhängigen. Eine Meta-Analyse. Psych. Rundschau 46, S. 248–266

Ternig, E. (2004): EU-Fahrerlaubnisse: Möglichkeiten der Nutzung im Inland beim Erwerb im Ausland – Urteil des EuGH vom 29.4.2004 und andere Entscheidungen. zfs 25, S. 293–301

Tränkle, U. [Hrsg.] (1994): Autofahren im Alter. Mensch-Fahrzeug-Umwelt, Band 30, Köln und Bonn

Tränkle, U. und Metker, T. (1992): Über die Schwierigkeiten, die jüngere und ältere Fahrerinnen und Fahrer bei verschiedenen Manövrieraufgaben erleben. ZVS 38, S. 54–62

TÜV Hannover e.V. [Hrsg.] (1987): Kurse für auffällige Kraftfahrer, Gemeinschaftsveranstaltung von TÜV Hannover, TÜV Rheinland und Rheinisch-Westfälischem TÜV am 27. November 1986 in Essen, Köln

TÜV MPI Unternehmensgruppe TÜV Süddeutschland (1999): Rehabilitation verkehrsauffälliger Fahrer: Punktefrei und sicher fahren (Reha-PS), München

Uhle, A. (2005): Die Begutachtung drogenauffälliger Kraftfahrer, in: *Hettenbach, M. et al*, Drogen und Straßenverkehr, Bonn, S. 325–376

Undeutsch, U. (1962): Persönlichkeit und Vorkommenshäufigkeit von „Unfällern" unter den Kraftfahrern. Forschungsgemeinschaft Straßenverkehr und Verkehrssicherheit, Köln, Band IX

Undeutsch, U. (1981): Zur Richtigkeit der Aussagen der medizinisch-psychologischen Gutachten und ihre Überprüfung durch Langzeituntersuchungen. Schriftenreihe der Deutschen Verkehrswissenschaftlichen Gesellschaft e.V. (DVWG), Reihe B: Verkehrswissenschaftliches Seminar, Köln, B 58, S. 92–111

Undeutsch, U. (1990): Zur Prognose der von einem Kraftfahrer ausgehenden Gefahren. In: *Nickel, W.-R.* [Hrsg.]: Fahrverhalten und Verkehrsumwelt, Mensch – Fahrzeug – Umwelt, Köln und Bonn, Band 25, S. 421–434

Utzelmann, H. D. (1990): Prädiktoren für Rückfälle bei Rehabilitationskursen für Fahrer mit hohem Punktestand. In: *Nickel, W.R.* [Hrsg.]: Fahrverhalten und Verkehrsumwelt, Mensch – Fahrzeug – Umwelt, Köln und Bonn, Band 25, S. 435–448

Utzelmann, H. D. (2003): Kurse nach § 70 FeV – Argumente für Beibehaltung der aktuellen Regelung auf Basis der bisherigen Erfahrungen. ZVS 49, S. 180–183

Utzelmann, H. D. und Brenner-Hartmann, J. (2005): Straftaten, in: *Schubert, W., Schneider, W. et al* [Hrsg.] (2005): Begutachtungsleitlinien zur Kraftfahrereignung – Kommentar, 2. Aufl. 2005, Kapitel 3, 14, S. 209–212

Literaturverzeichnis

Utzelmann, H. D. und R. Haas, R. (1985): Evaluation der Kurse für mehrfach auffällige Kraftfahrer: In: *Bundesanstalt für Straßenwesen* [Hrsg.]: Unfall- und Sicherheitsforschung Straßenverkehr, Bergisch Gladbach, Heft 53

Veltrup, Cl. und Driessen, M. (1993): Erweiterte Entzugsbehandlung für alkoholabhängige Patienten in einer psychiatrischen Klinik. Sucht 39, S. 168–172

Vollrath, M. (2001): Drogenfahrten junger Fahrer – Gefahren für die Verkehrssicherheit und Einflussmöglichkeiten auf die Entscheidung, trotz Drogen zu fahren. In: *Junge Fahrer und Fahrerinnen*, 2. Internationaler Kongress, Wolfsburg 2001, Abstractband S. 13–14

Vollrath, M. et al (2002): Drogen im Strasßenverkehr. Berichte der Bundesanstalt für Straßenwesen, Mensch und Sicherheit, Heft M 145. Bremerhaven

Wagner, H. J. (1988): Häufigkeit und Umfang arzneimittelbedingten Verkehrsfehlverhaltens. In: *Bundesanstalt für Straßenwesen* [Hrsg.]: Unfall- und Sicherheitsforschung Straßenverkehr, Bergisch Gladbach, Heft 65, S. 101–104

Weibrecht, Ch. (2002): Führerschein mit 17. VD, S. 71–77

Weibrecht, Ch. (2003a): Zweifel an der Fahreignung: Nachweisfragen und MPU (Referat auf dem 41. Deutschen Verkehrsgerichtstag 2003). VD, S. 35–42

Weibrecht, Ch. (2003b): Nachweisfragen – MPU – Rechtsprobleme. Blutalkohol 40 (2003), S. 130–139

Weibrecht, Ch. (2004a): Faktische Auswirkungen des EuGH-Fahrerlaubnisurteils. VD, S. 153–154

Weibrecht, Ch. (2004b): Neue Führerscheinklasse S und Fahrerlaubnisrechtsänderungen. VD, S. 203–207

Weigelt, K.-G., Buchholtz, U. und Preusser, W. (1991): Zur bedingten Eignung in der Fahreignungsbegutachtung. NZV 4, S. 55–61

Weinand, M. (1994): Neuere Entwicklungen und Erkenntnisse in der Fahreignungsbegutachtung. In: *Bundesanstalt für Straßenwesen* [Hrsg.]: Berichte der Bundesanstalt für Straßenwesen – Mensch und Sicherheit Heft M 31

Weinand, M. (1997): Kompensationsmöglichkeiten bei älteren Kraftfahrern mit Leistungsdefiziten. In: *Bundesanstalt für Straßenwesen* [Hrsg.]: Berichte der Bundesanstalt für Straßenwesen – Mensch und Sicherheit Heft M 77

Weinand, M. und Undeutsch, U. (1996): Verkehrsauffällige Straftäter, Begutachtung und Rehabilitation. Bewährungshilfe 2, S. 99–116

Welzel, U. (1982): Differentielle Prognosekriterien zur Beurteilung der Rückfallwahrscheinlichkeit in das Delikt Trunkenheit am Steuer. In: *Winkler, W.* [Hrsg.]: Verkehrspsychologische Beiträge I, Schriftenreihe Der Mensch im Verkehr, Braunschweig, Heft 32, S. 68–88

Williams, A. F. und Wells, J. K. (1993): Factors Associated With High Blood Alcohol Concentrations Among Fatally Drivers in the United States, 1991. Alcohol-Drugs and Driving, 9, S. 87–96

Willmes-Lenz, G. (2002): Begleitetes Fahrenlernen in Deutschland. ZVS 48, S. 131–133

Willmes-Lenz, G. (2004): Begleitetes Fahren ab 17 – der Modellvorschlag der BAST-Projektgruppe. ZVS 50, S. 41-44

Winkler, W. (1962): Psychologische Beratung im Verkehrswesen. Psychologische Rundschau 13, S. 199–207

Winkler, W. (1965): Lebensalter und Verkehrsverhalten. In: *Hoyos, C.G* [Hrsg.]: Psychologie des Straßenverkehrs, Bern und Stuttgart, S. 175–243

Winkler, W. (1977a): Systembedingungen des Fahranfängers. In: *Bundesanstalt für Straßenwesen* [Hrsg.]: Typische Fehlverhaltensweisen von Fahranfängern und Möglichkeiten gezielter Nachschulung. Unfall- und Sicherheitsforschung Straßenverkehr, Köln, Heft 8, S. 115–135

Winkler, W. (1977b): Untersuchungen zum Mehrfachtäterpunktsystem, Teil I: Der 9-Punkte-Täter. Bericht zum Forschungsprojekt für den Niedersächsischen Minister für Wirtschaft und Verkehr, Hannover

Winkler, W. (1981): Die psychologische Beurteilung der Ungeeignetheit des Kraftfahrers zum Führen von Kraftfahrzeugen. In: *Der Führerschein – Entzug und Wiedererteilung – Probleme der medizinisch-psychologischen Untersuchung*. Schriftenreihe der Deutschen Verkehrswissenschaftlichen Gesellschaft e.V., Köln, Reihe B, 58, S. 32–55

Winkler, W. (1984): Zusammenarbeit von Amtsarzt und medizinisch-psychologischer Untersuchungsstelle bei der Prüfung der Fahreignung. Das Öffentliche Gesundheitswesen 46, S. 611–615

Winkler, W. (1985): Der alkoholgefährdete Kraftfahrer aus medizinisch-psychologischer Sicht. In: *Alkohol – ein Problem der Verkehrssicherheit, Schriftenreihe der Bruderhilfe-Akademie für Verkehrssicherheit*, Kassel, Band 5, S. 3–13

Winkler, W. (1986): Aktuelle Fragen der verkehrspsychologischen Fahreignungsbegutachtung. ZVS 32, 163–167

Winkler, W. (1987): Trinken und Fahren. Alltagswissen und Lösungsmuster. Suchtprobleme, Sozialarbeit, Selbsthilfe, Band 3, 2. Aufl., Hamburg

Winkler, W. (1989): Für den Abbau der Leistungstendenz. Süddeutsche Zeitung [Hrsg.]: Tod auf der Straße. Gemeinsames Kolloquium der Evangelischen Akademie Tutzing und des Verkehrsparlamentes der Süddeutschen Zeitung e.V., S-Z-Texte, Juni 1989, S. 94–98

Winkler, W. (1992): Fehlverhalten im Straßenverkehr. Psychologisch-psychiatrische Aspekte im Verkehrsstrafrecht. In: *Arbeitsgemeinschaft Strafrecht im Deutschen Anwaltverein* [Hrsg.]: Verkehrsstrafverfahren unter Berücksichtigung des Sachverständigenbeweises. Schriftenreihe der Arbeitsgemeinschaft des Deutschen Anwaltvereins, Band 8, S. 34–47

Winkler, W. (1993a): Indikation und Effektivität von Nachschulungsmaßnahmen. In: *Bundesanstalt für Straßenwesen* [Hrsg.]: Bergisch-Gladbach: Unfall- und Sicherheitsforschung Straßenverkehr, Heft 89, S. 106–113

Winkler, W. (1993b): Bericht über die medizinisch-psychologische Obergutachtertätigkeit bei verkehrsauffälligen Kraftfahrern in Niedersachsen. Unveröffentlichtes Manuskript, Hannover

Winkler, W. (1994): Autogenes-Kraftfahrer-Training-Für-Ältere. Eine Maßnahme zur Förderung der Fahreignung bei älteren Kraftfahrern. In: *Trönkle, U.* [Hrsg.] Autofahren im Alter. Mensch – Fahrzeug – Umwelt, Band 30, S. 349–360

Winkler, W. (1995): Die Bemessung der Sperrfrist bei alkoholauffälligen Kraftfahrern. Blutalkohol XXXII, S. 305–313

Winkler, W. (1996): Der rehabilitative Charakter der Fahreignungsuntersuchung. 36. bdp-Kongreß für Verkehrspsychologie, Dresden, Abstractband 12, Bonn

Winkler, W. (1997): Der rehabilitative Charakter der Fahreignungsuntersuchung. In: *Schlag, B.* [Hrsg.]: Fortschritte der Verkehrspsychologie, Bonn, S. 41–46

Winkler, W. (1998): Fahreignungsbegutachtung und Nachschulung verkehrsauffälliger Kraftfahrer In: *Arbeitsgemeinschaft Verkehrsrecht im Deutschen Anwaltverein* [Hrsg.]: Verteidigung in Verkehrsstrafsachen, Deutscher Anwaltverlag Bonn, S. 21–46;

Winkler, W. (2002): Die Begutachtung von Rehabilitationskursen für verkehrsauffällige Kraftfahrer. 38. BDP-Kongress für Verkehrspsychologie, Regensburg 2002, Abstractband, S. 61

Winkler, W. (2005a): Kompensation von Eignungsmängeln, in: *Schubert, W., Schneider, W. et al* [Hrsg.] (2005): Begutachtungsleitlinien zur Kraftfahrereignung – Kommentar, 2. Aufl. 2005, Kapitel 2.6, S. 65–68

Winkler, W. (2005b): Kumulierte Auffälligkeiten, in: *Schubert, W., Schneider, W. et al* [Hrsg.] (2005): Begutachtungsleitlinien zur Kraftfahrereignung – Kommentar, 2. Aufl. 2005, Kapitel 2.7, S. 86–88

Winkler, W. und Jacobshagen, W. (1984): Rückfallbegünstigende Risikofaktoren nach wiederholter Trunkenheit am Steuer. ZVS 30, S. 76–83

Winkler, W., Drechsler, K.-P., Thielke, W. und Neumeier, R. (1988): Kursus für alkoholauffällige Kraftfahrer, Modell LEER. Handbuch für Kursleiter. Hannover, 5. Aufl.

Winkler, W., Jacobshagen, W. und Nickel, W.-R. (1988): Wirksamkeit von Kursen für wiederholt alkoholauffällige Kraftfahrer. Bundesanstalt für Straßenwesen [Hrsg.]: Unfall- und Sicherheitsforschung Straßenverkehr, Bergisch Gladbach, Heft 64

Winkler, W., Jacobshagen, W. und Nickel, W.-R. (1990): Zur Langzeitwirkung von Kursen für wiederholt alkoholauffällige Kraftfahrer. Untersuchungen nach 60 Monaten Bewährungszeit. Blutalkohol XXVII, S. 154–174

Wolmar, R. v. (1993): Langzeitrehabilitation nach dem Individual-Pychologischen Rehabilitationsmodell für alkoholauffällige Kraftfahrer I.R.A.K.-L. Unfall- und Sicherheitsforschung Straßenverkehr, Bergisch Gladbach, Heft 39, S. 114–116

Wunsch, D. (2005): Referat auf den St. Galler-Tagen 2005: Kompensation im Alter, in: DGVP [Hrsg.]: 13. Informationsschreiben, Berlin 2005

Zabel, G.E. und Noss, W. (1989): Langjährige unbeanstandete Fahrpraxis – ein Bonus für Alkoholtäter und Unfallflüchtige und seine Begrenzung. Blutalkohol XXVI, S. 258–275

Ziegert, U. (1994): Medizinisch-psychologische Doppelbegutachtung bei Eignungszweifeln aus Anlaß einer hohen Punktezahl im Verkehrszentralregister? MittBlAG-Verkehr, S. 42–43

Ziegert, U. (1995): Beistand bei der Begutachtung durch eine MPU? MittBlAGVerkehr, S. 35–36

Ziegert, U. (1999a): Das neue Punktsystem. zfs 20, 4–5

Ziegert, U. (1999b): Eignungszweifel bei erstmals alkoholauffälligen Kraft- und Radfahrern in der Sicht des neuen Fahrerlaubnisrechts. MittBlAGVerkehr, S. 44–45

Ziegert, U. (2000): Überbrückung des Zeitraums zwischen Entziehung und Wiedererlangung der Fahrerlaubnis. MittBlAGVerkehr, S. 14–15

Ziegler, H. et al (1998): DRUGS – Drogen und Gefahren im Straßenverkehr. Ein Rehabilitationsprogramm für drogenauffällige Kraftfahrer. ZVS 44, S. 118–122

Entscheidungsverzeichnis

BVerfG
Bundesverfassungsgericht

10.05.1957	1 BvR 550/52	BVerfGE 6, 389 = NJW 1957, 865
18.11.1966	1 BvR 173/63	BVerfGE 20, 365 = DÖV 1967, 130
08.03.1972	2 BvR 28/71	BVerfGE 32, 373 = NJW 1972, 1123
08.10.1974	2 BvR 747/73	BVerfGE 38,105 = NJW 1975, 103
24.05.1977	2 BvR 988/75	BVerfGE 44, 353 = NJW 1977, 1489
26.09.1978	1 BvR 525/77	BVerfGE 49, 168 = NJW 1978, 2446
15.12.1983	1 BvR 209/83	BVerfGE 65, 1 = NJW 1984, 419
04.09.1984	1 BvR 871/84	zfs 1984, 380
09.03.1988	1 BvL 49/86	BVerfGE 78, 77 = NJW 1988, 2031
25.10.1988	2 BvR 745/88	BVerfGE 79, 69 = NJW 1989, 827
06.06.1989	1 BvR 921/85	BVerfGE 80, 137 = BayVBl 1990, 44 = DÖV 1989, 989 = DVBl 1989, 988 = JuS 1990, 317 = MDR 1989, 1072 = NJW 1989, 2525 = NuR 1990, 16
14.09.1989	2 BvR 1062/87	BVerfGE 80, 367 = NJW 1990, 563 = NStZ 1990, 89
11.06.1991	1 BvR 239/90	BVerfGE 84, 192 = NJW 1991, 2411
24.06.1993	1 BvR 689/92	BVerfGE 89, 69 = Blutalkohol 30 (1993), 358 = DAR 1993, 427 = DVBl 1993, 995 = MDR 1993, 1027 = NJW 1993, 2365 = NZV 1993, 413 = Strafverteidiger 1993, 539 = VerkMitt 1993, Nr. 115 = VRS 86, 1 = ZAP F. 9 R (mit Anmerkung *Bode*) = zfs 1993, 285
09.03.1994	2 BvL 43/92 u.a.	BVerfGE 90, 145 = BGBl I 1994, 1207 = JZ 1994, 852 = MDR 1994, 813 = NJW 1994, 1577 = Strafverteidiger 1994, 295
19.05.1994	1 BvR 322/94	juris-Datenbank
03.05.1996	1 BvR 398/96	zfs 1998, 447
04.05.1997	2 BvR 509/96	NJW 1998, 669 = NStZ-RR 1997, 342
02.03.1999	2 BvF 1/94	BVerfGE 100, 249 = BGBl I 1999, 1237 = DAR 1999, 498 = DVBl 1999, 976 = JZ 1999, 991 = NJW 1999, 3621 (L) = NVwZ 1999, 977

Entscheidungsverzeichnis

20.06.2002	1 BvR 2062/96	Blutalkohol 39 (2002), 362 = DAR 2002, 405 = DVBl 2002, 1265 = NJW 2002, 2378 = NZV 2002, 422 = Strafverteidiger 2002, 593 = VD 2002, 256 = zfs 2002, 454
08.07.2002	1 BvR 2428/95	Blutalkohol 39 (2002), 370 (mit Anmerkung *Bode*) = DAR 2002, 410 = NJW 2002, 2381 = NZV 2002, 425 = zfs 2002, 460
07.04.2003	1 BvR 2129/02	BVerfGK 1, 107 = GewArch 2003, 243 = NJW 2003, 2601 (L) = NVwZ 2003, 856
21.12.2004	1 BvR 2652/03	Blutalkohol 42 (2005), 156 (mit Anmerkung *Scheffler/ Halecker*) = DAR 2005, 70 = NJW 2005, 349 = NZV 2005, 270 (mit Anmerkung *Bönke*) = StraFo 2005, 151 = VD 2005, 49 = zfs 2005, 149 (mit Anmerkung *Bode*)

BVerwG
Bundesverwaltungsgericht

20.10.1955	I C 156.53	BVerwGE 2, 259 = Buchholz 442.10 § 4 KfzG Nr 1 = BB 1956, 158 = DAR 1956, 81 = DÖV 1956, 152 = JR 1956, 276 = MDR 1956, 250 = NJW 1956, 357 = VRS 10, 152
20.10.1955	I C 133.54	BVerwGE 2, 264 = Buchholz 442.10 § 4 StVG Nr. 2 = DAR 1956, 82 = DÖV 1956, 473 = JR 1956, 231 = MDR 1956, 251 = NJW 1956, 358 = VRS 10, 149
17.12.1959	VI C 278.57	DÖV 1960, 506 = DVBl 1960, 287
26.04.1960	II C 68.58	BVerwGE 10, 270 = Buchholz 310 § 108 VwGO Nr. 5 = DVBl 1961, 515 = MDR 1960, 949 = NJW 1960, 2114
02.12.1960	VII C 39.59	BVerwGE 11, 272 = Buchholz 442.10 § 4 StVG Nr. 5 = DAR 1961, 62 = DÖV 1961, 463 = DVBl 1961, 132 = GewArch 1962, 14 = MDR 1961, 173 = NJW 1961, 284 = VerkMitt 1961, 9 = VRS 20, 73
02.12.1960	VII C 43.59	BVerwGE 11, 274 = Buchholz 442.10 § 4 StVG Nr. 6 = DAR 1961, 63 = DÖV 1961, 462 = MDR 1961, 176 = NJW 1961, 283 = VRS 20, 71
13.01.1961	VII C 233.59	BVerwGE 11, 334 = Buchholz 442.10 § 4 StVG Nr. 7 = DÖV 1961, 464 = GewArch 1961, 129 = NJW 1961, 983 = VkBl 1961, 288 = VRS 20, 394
12.01.1962	VII C 12.61	BVerwGE 13, 288 = Buchholz 442.10 § 4 StVG Nr. 10 = DÖV 1962, 265 = JR 1962, 475 = NJW 1962, 977 = VerkMitt 1962, 39 = VRS 22, 390
16.01.1962	VII C 37.60	BVerwGE 13, 326 = Buchholz 442.01 § 13 PBefG Nr. 2 = DÖV 1963, 31 = NJW 1962, 882 = VRS 22, 394

Entscheidungsverzeichnis

20.12.1963	VII C 103.62	BVerwGE 17, 342 = Buchholz 442.10 § 2 StVG Nr. 1 = DAR 1964, 87 = DÖV 1964, 201 = DVBl 1964, 438 = JR 1965, 313 = JZ 1964, 758 = MDR 1964, 350 = NJW 1964, 607 = VerkMitt 1964, 17 = VerwRspr 16, 923 =VkBl 1964, 138 = VRS 26, 232
20.12.1963	VII C 30.63	BVerwGE 17, 347 = Buchholz 442.10 § 4 StVG Nr 14 = DAR 1964, 86 = DVBl 1964, 441 = NJW 1964, 608 = MDR 1964, 351 = VerkMitt 1964, 18 = VerwRspr 16, 920 = VkBl 1964, 137 = VRS 26, 229
29.01.1965	VII C 147/63	BVerwGE 20, 229 = NJW 1965, 1098
28.11.1969	VII C 18.69	BVerwGE 34, 248 = Buchholz 310 Vorbem 3 § 42 VwGO Nr. 106 = DAR 1970, 167 = DÖV 1970, 570 = GewArch 1970, 233 = MDR 1970, 532 = NJW 1970, 1989 = VerkMitt 1970, 44 = VkBl 1971, 535 = VRS 38, 394
20.11.1970	VII C 73.69	BVerwGE 36, 288 = Buchholz 442.03 § 88 Nr. 2 = GewArch 1971, 67 = MDR 1971, 245 = VkBl 1971, 455 = VRS 40, 307
18.05.1973	VII C 12.71	BVerwGE 42, 206 = Buchholz 442.10 § 4 Nr. 35 = DAR 1973, 223 = MDR 1973, 880 = NJW 1973, 1992 = VerkMitt 1974, Nr. 1 = VkBl 1973, 712 = VRS 45, 234
29.11.1974	VII B 82.74	DAR 1975, 139 = VRS 48, 478
17.12.1976	VII C 26.74	Buchholz 442.10 § 4 StVG Nr. 48 = NJW 1977, 1078 (L)
17.12.1976	VII C 28.74	BVerwGE 51, 359 = Buchholz 442.10 § 4 StrG Nr. 46 = DAR 1977, 161 = DÖV 1977, 599 = NJW 1977, 1075 = VerkMitt 1977, Nr. 102 = VkBl 1978, 88
17.12.1976	VII C 69.74	BVerwGE 52, 1 = NJW 1977, 1164
17.12.1976	VII C 57.75	Buchholz 442.10 § 4 StVG Nr. 49 = DÖV 1977, 602 = JZ 1977, 298 = NJW 1977, 1212 (L) = VerkMitt 1977, Nr. 103 = VkBl 1978, 19
01.02.1979	7 B 2/79	Buchholz 442.10 § 4 StVG Nr. 55 = DÖV 1979, 719 = MDR 1979, 521 = NJW 1979, 2163 = VRS 57, 73
27.02.1980	7 B 32/80	Buchholz 442.16 § 15c StVZO Nr. 1
09.09.1980	7 B 193/80	Buchholz 442.10 § 2 StVG Nr. 3
10.10.1980	7 B 212/80	Buchholz 442.10 § 4 StVG Nr. 56
17.02.1981	7 C 55/79	BVerwGE 61, 360 = Buchholz 442.10 StVG § 4 Nr. 58 = DÖV 1981, 717 = DVBl 1981, 683 = MDR 1981, 609 = NJW 1982, 1113 = VerkMitt 1981, Nr. 56 = VRS 61, 227
09.06.1981	7 B 121/81	DÖV 1981, 765
28.09.1981	7 B 188/81	Buchholz 442.10 § 4 StVG Nr. 60

Entscheidungsverzeichnis

22.10.1981	2 C 17/81	NJW 1982, 1893 = NVwZ 1982, 507 (L)
29.10.1981	7 B 215/81	Buchholz 442.10 § 4 StVG Nr. 61
30.11.1981	7 B 222/81	Buchholz 442.10 § 4 StVG Nr. 62
18.03.1982	7 C 70/79	Buchholz 442.10 § 4 StVG Nr. 63 und Nr. 65
18.03.1982	7 C 39/80	Buchholz 442.16 § 15b StVZO Nr. 3 = VerkMitt 1982, 77
18.03.1982	7 C 69/81	BVerwGE 65, 157 = Buchholz 442.16 § 11 StVZO Nr. 1 = DÖV 1982, 853 = DVBl 1982, 1047 = JZ 1982, 760 = MDR 1983, 79 = NJW 1982, 2885 = VerkMitt 1982, 74 = VkBl 1982, 337 = VRS 63, 223 = zfs 1982, 251
18.03.1982	7 C 106/81	Buchholz 442.10 § 4 StVG Nr. 66 = VerkMitt 1982, 77
25.08.1982	7 B 74/82	Buchholz 442.10 § 4 StVG Nr. 67
12.10.1982	7 B 97/82	Buchholz 442.10 § 4 StVG Nr. 68 = NJW 1983, 1279
04.05.1983	7 B 64/82	Buchholz 442.10 § 2 StVG Nr. 4
01.06.1983	7 B 76/83	Buchholz 442.10 § 4 StVG Nr. 69
27.09.1983	7 B 108/83	Buchholz 442.10 § 4 StVG Nr. 70
18.11.1983	7 C 35/82	Buchholz 442.16 § 15 StVZO Nr. 2 = DÖV 1984, 432 = MDR 1984, 697 = VRS 66, 305
19.03.1984	7 B 193/83	Buchholz 442.16 § 15b StVZO Nr. 9
03.12.1984	7 B 216/84	juris-Datenbank
10.12.1984	7 B 93/84	Buchholz 310 § 98 VwGO Nr 25
12.03.1985	7 C 26/83	BVerwGE 71, 93 = Buchholz 442.10 § 4 StVG Nr. 71 = DÖV 1985, 785 = DVBl 1985, 855 = NJW 1985, 2490 = VD 1986, 163 = VerkMitt 1985, 65 = VkBl 1985, 393 = VRS 69, 154
11.07.1985	7 C 33/83	Buchholz 442.10 § 4 StVG Nr. 72 = DAR 1986, 94 = NJW 1986, 1562 = VD 1986, 17 = VRS 70, 231 = zfs 1986, 157
31.07.1985	7 B 123/85	Buchholz 442.10 § 4 StVG Nr. 73 = NJW 1986, 270 = NVwZ 1986, 121 (L)
05.09.1985	7 C 40/84	Buchholz 442.151 § 12 StVO Nr. 6 = DAR 1986, 30 = DÖV 1986, 523 = DVBl 1986, 410 = NJW 1986, 337 = VD 1986, 13 = VerkMitt 1986, S. 10 = VRS 70, 236
02.12.1985	7 B 213/85	Buchholz 442.16 § 15b StVZO Nr. 12 = NJW 1986, 1187
19.12.1985	7 B 8/85	Buchholz 442.16 § 12 StVZO Nr. 2 = VerkMitt 1986, 44
19.03.1986	7 B 19/86	Buchholz 442.16 § 15e StVO Nr. 3 = DÖV 1987, 1120 = NJW 1986, 2779

Entscheidungsverzeichnis

05.02.1987	7 B 147/86	Buchholz 442.10 § 4 StVG Nr. 74 = DAR 1987, 298 = NJW 1987, 2455 = NVwZ 1987, 977 (L) = VD 1987, 207 = VerkMitt 1987, 57 = VRS 73, 231
20.02.1987	7 C 87/84	BVerwGE 77, 40 = Buchholz 442.10 § 2 StVG Nr 6 = DAR 1987, 234 = DÖV 1987, 866 = DVBl 1987, 529 = NJW 1987, 2246 = NVwZ 1987, 976 = VD 1987, 84 = VerkMitt 1987, 58 = VRS 72, 393 = zfs 1987, 189
20.05.1987	7 C 83/84	BVerwGE 77, 268 = Buchholz 310 § 42 VwGO Nr. 146 = DAR 1987, 392 = DÖV 1987, 1110 = DVBl 1988, 110 = NVwZ 1988, 144 (L) = VD 1986, 183 = VRS 73, 303 = zfs 1987, 366 (L)
17.07.1987	7 C 71/85	Buchholz 442.10 § 4 StVG Nr. 75 = NJW 1988, 1042 = VRS 74, 151
13.08.1987	7 B 53/87	Buchholz 442.10 § 4 StVG Nr. 76
17.09.1987	7 C 79/86	Buchholz 442.10 § 4 StVG Nr. 77 = DÖV 1988, 222 = DVBl 1988, 978 (L) = NVwZ 1988, 433-433 (L) = VD 1987, 279 = VerkMitt 1988, Nr. 65 = VRS 74, 156
11.01.1988	7 B 242/87	Buchholz 442.10 § 4 StVG Nr. 78 = DAR 1988, 247 = DÖV 1988, 571 (L) = DVBl 1988, 978 (L) = NZV 1988, 37 = VerkMitt 1988, Nr. 91
19.01.1988	7 B 244/87	Buchholz 442.10 § 4 StVG Nr. 79 = DAR 1988, 283 = NZV 1988, 37 = VD 1988, 206 = VerkMitt 1988, Nr. 64 = VRS 76, 50 = zfs 1988, 362
01.03.1988	7 B 211/87	Buchholz 442.10 § 4 StVG Nr. 80 = DAR 1988, 356 = NZV 1988, 80 = VerkMitt 1988, Nr. 92 = VRS 75, 142
09.03.1988	7 B 188/87	Buchholz 442.10 § 4 StVG Nr. 81 = DVBl 1988, 978 (L) = NZV 1988, 117 = VerkMitt 1988, Nr. 102 = VRS 75, 139
11.03.1988	7 B 38/88	NJW 1990, 2638 (L) = NVwZ 1990, 654 = NZV 1990, 405 (L)
15.04.1988	7 C 100/86	Buchholz 442.10 § 4 StVG Nr. 82 = DAR 1988, 246 = DVBl 1988, 978 (L) = NJW 1988, 1863 = NVwZ 1988, 933 (L) = NZV 1988, 79 = VerkMitt 1988, Nr. 103 = VRS 75, 133
28.06.1988	7 B 23/88	juris-Datenbank
15.07.1988	7 C 46/87	BVerwGE 80, 43 = Buchholz 442.10 § 4 StVG Nr. 83 = DAR 1988, 390 = DÖV 1989, 266 = NJW 1989, 116 = NZV 1988, 238 = VerkMitt 1989, Nr. 13 = VRS 75, 379
10.08.1988	7 C 83/87	Buchholz 442.10 § 2 StVG Nr. 7 = DVBl 1989, 469 = NZV 1988, 197 = VerkMitt 1988, Nr. 93 = VRS 76, 48

737

Entscheidungsverzeichnis

20.12.1988	7 B 199/88	Buchholz 442.10 § 4 StVG Nr. 84 = DAR 1989, 153 = DVBl 1989, 469 = NJW 1989, 1622 = NZV 1989, 125 = VD 1988, 46 = VerkMitt 1989, Nr. 40 = VRS 76, 316 = zfs 1989, 249
24.01.1989	7 B 9/89	Buchholz 442.10 § 4 StVG Nr. 85 = DAR 1989, 193 = DVBl 1989, 469 = NJW 1989, 1623 = NZV 1989, 205 = VerkMitt 1989, Nr. 39 = VRS 76, 474 = zfs 1989, 323
13.06.1989	7 B 85/89	Buchholz 442.10 § 4 StVG Nr. 86 = DAR 1989, 396 = NVwZ-RR 1989, 670 = NZV 1989, 487 = VD 1989, 259 = VRS 77, 389 = zfs 1989, 321
16.08.1989	7 B 122/89	juris-Datenbank
11.10.1989	7 B 150/89	juris-Datenbank
06.11.1989	7 B 158/89	juris-Datenbank
15.12.1989	7 C 52/88	Buchholz 442.10 § 4 StVG Nr. 87 = DAR 1990, 153 = NJW 1990, 2637 = NZV 1990, 165 = VD 1990, 139 = VerkMitt 1990, Nr. 52 = VRS 78, 315 = zfs 1990, 180 (L)
28.12.1989	7 B 186/8	Buchholz 442.16 § 11 StVZO Nr. 2 = DAR 1990, 152 = NZV 1990, 125 = VD 1990, 166 = VerkMitt 1990, Nr. 87, 67 = VRS 78, 318 = zfs 1990, 144 (L)
27.09.1991	3 C 32/90	Buchholz 442.10 § 2 StVG Nr. 8 = DAR 1992, 232 = NJW 1992, 1251 = NVwZ 1992, 665 (L) = NZV 1992, 253 = VerkMitt 1992, Nr. 47 = VRS 83, 239 = zfs 1992, 179
19.03.1992	3 B 28/92	juris-Datenbank
03.09.1992	11 B 22/92	Buchholz 442.10 § 4 StVG Nr. 88 = DAR 1993, 33 = DÖV 1993, 429 = DVBl 1993, 620 (L) = GewArch 1993, 352 (L) = NVwZ-RR 1993, 165 = NZV 1992, 501 = VD 1992, 259 = VRS 84, 79 = zfs 1993, 33
28.10.1992	11 C 29/92	BVerwGE 91, 117 = Buchholz 442.16 § 15 b StVZO Nr. 20 = DÖV 1993, 429 = DVBl 1993, 608 = NJW 1993, 1540 = NVwZ 1993, 677 (L) = NZV 1993, 126 = zfs 1993, 180 (L)
30.11.1992	11 B 63/92	DÖV 1993, 440 (L) = DVBl 1993, 620 (L) = NJW 1993, 1542 = NVwZ 1993, 677 (L) = NZV 1993, 166 = VerkMitt 1993, Nr. 77 = VRS 85, 399 = zfs 1993, 105
01.04.1993	11 B 82/92	Buchholz 442.10 § 4 StVG Nr. 89
15.09.1993	11 B 14/93	juris-Datenbank
03.11.1993	11 B 56/93	juris-Datenbank
10.11.1993	11 B 128/93	juris-Datenbank

22.12.1993	11 C 46/92	BVerwGE 95, 15 = Buchholz 442.16 § 8 a StVZO Nr. 1 = DÖV 1994, 655= DVBl 1994, 760 = JZ 1995, 93 = NJW 1994, 2166 = NVwZ 1994, 1013 (L) = NZV 1994, 335 = VD 1994, 121 = VerkMitt 1994, Nr. 79 = VkBl 1994, 401 = VRS 87, 310 = zfs 1994, 391 (L)
23.12.1993	11 B 105/93	juris-Datenbank
21.01.1994	11 B 116/93	Buchholz 442.16 § 15b StVZO Nr. 22 = DAR 1994, 332 (L) = NJW 1994, 1672 = NVwZ 1994, 784 (L) = NZV 1994, 244 = VerkMitt 1994, Nr. 67 = VRS 87, 309 = zfs 1994, 229
24.01.1994	11 B 90/93	juris-Datenbank
17.02.1994	11 B 152/93	Buchholz 442.10 § 4 StVG Nr. 92 = VerkMitt 1994, Nr. 113 = zfs 1995, 77
21.02.1994	11 B 120/93	Buchholz 442.16 § 12 StVZO Nr. 3 = DAR 1994, 332 = DÖV 1994, 658 = NZV 1994, 376 = VerkMitt 1994, Nr. 78 = VRS 87, 392 = zfs 1994, 269
22.02.1994	11 B 85/93	Buchholz 442.16 § 15c StVZO Nr. 3 = VerkMitt 1994, Nr. 112 = VRS 88, 141 = zfs 1995, 78
23.03.1994	6 B 84/93	Buchholz 421.0 Prüfungswesen Nr. 331
20.04.1994	11 C 54/92	Buchholz 442.10 § 2 a StVG Nr. 2 = DÖV 1994, 1049 = DVBl 1994, 1209 (L) = NJ 1994, 544 (L) = NJW 1995, 70 = NVwZ 1995, 165 (L) = NZV 1994, 374 = VerkMitt 1995, Nr. 10 = VRS 87, 468 = zfs 1994, 390
20.04.1994	11 C 60/92	Buchholz 442.16 § 15 StVZO Nr. 4 = DVBl 1994, 1192 = NVwZ-RR 1995, 172 = NZV 1994, 453 = VD 1995, 18 = VerkMitt 1995, Nr. 9 = VRS 88, 153 = zfs 1994, 389
17.05.1994	11 B 157/93	Buchholz 442.16 § 15b StVZO Nr. 23 = DAR 1994, 372 = VRS 88, 156 = zfs 1994, 432
18.05.1994	11 C 49/92	BVerwGE 96, 59 = Buchholz 442.10 § 2a StVG Nr. 3 = DAR 1994, 507 (L)= DÖV 1994, 1051 = DVBl 1994, 1196 = NJW 1995, 69 = NVwZ 1995, 165 (L) = NZV 1994, 412 = VD 1994, 279 = VerkMitt 1995, Nr. 17 = VersR 1995, 429 (L) = VRS 88, 150 = zfs 1994, 429
18.05.1994	11 C 51/92	Buchholz 442.10 § 2a StVG Nr. 4 = NJ 1994, 544 (L) = NJW 1995, 71 = NVwZ 1995, 165 (L) = NZV 1994, 413 = VerkMitt 1995, Nr. 18 = VRS 88, 147 = zfs 1994, 472 (L)
22.06.1994	11 B 82/94	VD 1995, 47
06.07.1994	11 B 56/94	VD 1995, 46
16.08.1994	11 B 26/94	DAR 1995, 36 = VD 1994, 286 = VRS 88, 225
19.08.1994	11 B 54/94	VD 1995, 45

739

08.09.1994	11 B 73/94	Buchholz 442.16 § 68 StVZO Nr. 4 = NJW 1995, 346 = NVwZ 1995, 275 (L) = NZV 1995, 86 (LT) = VD 1995, 160 = VerkMitt 1995, Nr. 44 = zfs 1995, 80
19.10.1994	11 B 186/94	juris-Datenbank
16.12.1994	11 B 107/94	juris-Datenbank
25.01.1995	11 C 27/93	NZV 1995, 291 = VD 1995, 146 = VerkMitt 1995, 73 = zfs 1995, 278
22.03.1995	11 C 3/94	DAR 1995, 304 (L) = zfs 1995, 398
17.05.1995	11 C 2/94	DAR 1995, 150 = VD 1995, 181 = zfs 1995, 317
27.09.1995	11 C 34/94	BVerwGE 99, 249-254 = Buchholz 442,16 § 15 b StVZO Nr. 24 = Blutalkohol 33 (1996), 107 = DAR 1996, 70 = DÖV 1996, 378 = DVBl 1996, 165 = NZV 1996, 84 = VD 1996, 2 = VerkMitt 1996, Nr. 89 = VkBl 1996, 212 = VRS 91, 221 = zfs 1996, 77
08.11.1995	11 B 110/95	Buchholz 442.10 § 4 StVG Nr. 96 = DVBl 1996, 167 (L) = NZV 1996, 127 = zfs 1996, 117
28.06.1996	11 B 36/96	juris-Datenbank
23.08.1996	11 B 48/96	Buchholz 442.16 § 15b StVZO Nr. 27 = DAR 1997, 81 (L) = NJW 1997, 269 = NZV 1996, 467 = VerkMitt 1997, Nr. 55 = VkBl 1996, 583 = VRS 93, 231 = zfs 1997, 39
13.11.1997	3 C 1.97	Buchholz 442.16 § 15b StVZO Nr. 28 = VD 1998, 121 (mit Anmerkung *Jagow*) = NZV 1998, 300 (mit Anmerkung *Gehrmann*) = zfs 1998, 237 (mit Anmerkung *Haus*)
14.09.1998	3 B 116.98	NZV 1999, 223 (mit Anmerkung *Bode*)
12.01.1999	3 B 145.98	juris-Datenbank
30.12.1999	3 B 150.99	Blutalkohol 38 (2001), 64 = NZV 2000, 345
15.06.2000	3 C 10.99	Blutalkohol 39 (2002), 131 = Buchholz 442.10 § 2 StVG Nr. 10 = DAR 2000, 489 = DVBl 2000, 1624 = NZV 2000, 437 = NVwZ 2001, 324 = zfs 2000, 417
15.02.2001	3 C 9/00	Buchholz 418.6 TierSG Nr .17 = DÖV 2001, 608 = DVBl 2001, 836 = NJW 2001, 1592
05.07.2001	3 C 13.01	Blutalkohol 39 (2002), 133 = DAR 2001, 522 = VD 2002, 272 = VRS 101, 229
12.07.2001	3 C 14.01	Blutalkohol 39 (2002), 226 = Buchholz 442.10 § 65 StVG Nr. 1 = DAR 2002, 138 = DVBl 2002, 495 (L) = NVwZ-RR 2002, 93 = NZV 2001, 530 = VerkMitt 2002, Nr. 23 = VD 2001, 279 = = zfs 2002, 46

Entscheidungsverzeichnis

18.10.2001	3 B 90/01	juris-Datenbank
24.09.2002	3 C 18/02	Buchholz 442.10 § 3 StVG Nr. 1 = DAR 2003, 42 = NJW 2003, 530 = NZV 2003, 253 = VD 2003, 101 = VerkMitt 2003, Nr. 50 = VRS 104, 397 = zfs 2003, 375

OVG Bautzen
Sächsisches Oberverwaltungsgericht

23.02.1993	3 S 2/93	LKV 1994, 224-225 = NVwZ 1994, 802 (L) = NZV 1994, 496 (L) = zfs 1994, 392 (L)
08.11.2001	3 BS 136/01	Blutalkohol 39 (2002), 372 = DAR 2002, 234 = DÖV 2002, 577 = VD 2002, 121 = VerkMitt 2002, Nr. 47
04.02.2003	3 BS 65/02	Blutalkohol 41, 556 = VD 2003, 221 = VerkMitt 2003, Nr. 76 = zfs 2004, 142

OVG Berlin
Oberverwaltungsgericht Berlin

18.04.1990	1 B 222.88	VerkMitt 1991, Nr. 75
12.07.1991	1 S 6.91	juris-Datenbank

OVG Bremen
Oberverwaltungsgericht der Freien Hansestadt Bremen

29.09.1967	II BA 37/67	VRS 34, 318
15.09.1978	II T 17/78	DÖV 1979, 141 = DAR 1979, 48 = NJW 1979, 75 = VRS 56, 213
09.01.1979	II BA 54/78	DAR 1979, 338 = VRS 56, 219
15.01.1980	2 B 1/80	DÖV 1980, 731 = NJW 1980, 2371 = VRS 58, 296
08.07.1980	2 BA 77/79	DÖV 1981, 233 = VRS 59, 398 = VwRspr 32, 210
14.08.1981	2 B 49/81	VRS 62, 230 = zfs 1981, 323
26.01.1982	2 BA 38/81	VRS 62, 314 = zfs 1982, 123
02.02.1982	1 BA 63/81	VerkMitt 1982, Nr. 50 = VRS 65, 393 = zfs 1982, 256
26.04.1983	1 BA 12/83	VRS 65, 238
19.10.1983	1 B 43/83	VRS 66, 231
01.11.1983	1 B 47/83	VRS 67, 76
19.06.1984	1 BA 23/84	VRS 67, 309 = zfs 1984, 384 (L)

15.01.1985	1 BA 22/82	VRS 68, 395
19.11.1985	1 BA 12/85	VRS 70, 307
15.09.1986	1 B 24+25/86	AnwBl 1987, 50 = NJW 1987, 1843 = NVwZ 1987, 703 (L)
24.03.1987	1 BA 7/87	NJW 1987, 2456 = VerkMitt 1987, 59 = VRS 73, 155
10.03.1988	1 B 7/88	DAR 1988, 318 = zfs 1989, 35
09.01.1990	1 B 108/89	NJW 1990, 2081 = NVwZ 1990, 887 = NZV 1990, 246 = VRS 79, 310 = zfs 1990, 252 [L]
28.07.1992	1 BA 19/92	DAR 1993, 108 = zfs 1993, 180
21.10.1992	1 B 102/92	juris-Datenbank
10.02.1993	1 B 13/93	juris-Datenbank
13.08.1993	1 B 99/93	juris-Datenbank
31.01.1994	1 B 178/93	DAR 1994, 290 = NJW 1994, 3031 = NVwZ 1995, 99 (L) = NZV 1994, 206 = VRS 87, 307 = zfs 1994, 229
8.03.2000	1 B 61/00	Blutalkohol 38 (2001), 65 = DAR 2000, 425 (L) = NJW 2000, 2438 = NVwZ 2000, 1203 (L) = NZV 2000, 477 = VRS 99, 156 = zfs 2000, 470

OVG Frankfurt (Oder)
Oberverwaltungsgericht für das Land Brandenburg

16.07.2003	4 B 145/03	DAR 2004, 46
22.07.2004	4 B 37/04	VRS 107, 397 = zfs 2005, 50

OVG Greifswald
Oberverwaltungsgericht Mecklenburg-Vorpommern

29.07.2002	1 M 79/02	VerkMitt 2003, Nr. 32 = VRS 104, 153 = zfs 2003, 321
19.03.2004	1 M 2/04	VRS 107, 229

OVG Hamburg
Hamburgisches Oberverwaltungsgericht

09.09.1982	Bf II 3/82	VRS 64, 470
09.01.1992	Bs II 1/92	zfs 1992, 358

Entscheidungsverzeichnis

03.03.1994	Bf VII 1/93	DÖV 1994, 741 = DVBl 1994, 1209 (L) =NJW 1994, 2168 = NVwZ 1994, 1036 (L) = NZV 1994, 496 (L) = VRS 87, 384 = zfs 1994, 391 (L)
07.07.1994	Bs VII 93/94	VRS 89, 151 = zfs 1996, 160 (L)
10.11.1994	Bf VII 12/94	juris-Datenbank
10.01.1995	Bs VII 273/94	DAR 1995, 213 (L) = NVwZ-RR 1995, 475 = VRS 89, 158 = zfs 1995, 320 (L)
06.12.1996	Bs VI 104/96	DÖV 1997, 386 = NJW 1997, 3111 = NVwZ 1997, 1238 (L) = NZV 1997, 247 = VRS 93, 157 = zfs 1997, 280 (L)
24.10.1997	Bs VI 55/97	DAR 1998, 115 (L) = DÖV 1998, 254 = NZV 1998, 124 = VRS 94, 376 = zfs 1998, 240 (L)
25.11.1999	3 Bs 393/99	DAR 2000, 228 (L) = DVBl 2000, 1634 (L) = DÖV 2000, 430 = NJW 2000, 1353 = NZV 2000, 267 = VRS 98, 314 = zfs 2000, 469
30.01.2002	3 Bs 4/02	Blutalkohol 40 (2003), 257 = NJW 2002, 2123 = NZV 2002, 531 = VRS 102, 393 = zfs 2002, 256
24.04.2002	3 Bs 19/02	Blutalkohol 41 (2004), 95 = VRS 105, 55
22.05.2002	3 Bs 71/02	Blutalkohol 40 (2003), 460 = VRS 104, 465 = zfs 2003, 262 (mit Anmerkung *Haus*)
04.02.2003	3 Bs 479/02	VRS 105, 466 = zfs 2004, 45

OVG Koblenz
Oberverwaltungsgericht Rheinland-Pfalz

20.02.1980	6 B 115/79	zfs 1980, 319
10.02.1981	6 A 98/79	zfs 1981, 290
16.02.1982	7 A 91/81	zfs 1982, 255
26.03.1982	7 A 102/81	DÖV 1982, 752
03.01.1986	7 B 77/85	NJW 1986, 2390 = NVwZ 1986, 851 (L)
05.07.1988	7 A 25/87	DÖV 1989, 231 = NZV 1989, 126
29.08.1989	7 A 7/89	DAR 1990, 154 = zfs 1990, 180 (L)
29.08.1989	7 A 9/89	DAR 1989, 474 = DÖV 1990, 350 = NJW 1990, 1194 = NVwZ 1990, 585 (L) = NZV 1990, 327 (L) = zfs 1990, 72 (L) und 396 (L)
27.06.1990	7 B 11297/90	DAR 1990, 433 = DÖV 1991, 473 = NJW 1991, 653 = NVwZ 1991, 396 (L) = zfs 1991, 180 (L)
27.03.1992	7 B 10321/92	zfs 1993, 143

16.03.1994	7 B 10161/94	DÖV 1994, 922 = DVBl 1994, 1207 = NJW 1994, 2436 = NVwZ 1994, 1134 (L) = NZV 1995, 42 = zfs 1994, 472 (L)
16.03.1994	7 B 10323/94	zfs 1994, 231
11.12.1996	7 B 13243/96	NJW 1997, 2342 = zfs 1998, 40 (L)
10.08.1999	7 B 11398/99	Blutalkohol 37 (2000), 272 = DAR 1999, 518
11.04.2000	7 A 11670/99	DAR 2000, 377 = NJW 2000, 2442 = zfs 2000, 320
23.05.2000	7 A 12289/99	Blutalkohol 38 (2001), 73 = VRS 99, 238 = zfs 2000, 418
21.11.2000	7 B 11967/00	Blutalkohol 40 (2003), 71 = DAR 2001, 183 = zfs 2001, 141
05.12.2001	7 B 11762/01	Blutalkohol 39 (2002), 385 (mit Anmerkung *Bode*)
12.03.2002	7 A 11244/01	NZV 2002, 528 = zfs 2002, 308
23.05.2002	7 B 10765/02	Blutalkohol 40 (2003), 326 = NJW 2002, 2581 = zfs 2003, 103
18.07.2003	7 B 10921/03	DAR 2003, 576 = zfs 2003, 522
13.01.2004	7 A 10206/03	Blutalkohol 41 (2004), 293 = DAR 2004, 413 = VRS 106, 313 = zfs 2004, 188

OVG Lüneburg
Niedersächsisches Oberverwaltungsgericht

28.11.1980	12 B 97/80	DAR 1981, 30 zfs 1981, 224
23.08.1982	12 A 323/81	DAR 1983, 31 = RuS 1983, 66
08.09.1983	12 A 75/83	DÖV 1984, 441
28.11.1984	12 A 150/84	DAR 1985, 95
28.01.1987	12 A 191/85	NJW 1987, 2457
11.04.1988	12 B 77/87	DAR 1988, 430 = zfs 1989, 34
18.08.1988	12 B 73/88	NZV 1989, 43
12.01.1989	12 A 140/86	SchlHA 1989, 67 = RDV 1989, 241
25.10.1990	12 A 218/88	NZV 1991, 246 = zfs 1991, 252 (L)
28.01.1993	12 L 3173/92	DAR 1993, 308 = zfs 1993, 324 (L)
10.05.1993	12 L 2471/92	OVGE MüLü 43, 446
18.05.1993	12 M 6016/92	juris-Datenbank
16.06.1993	12 M 3291/92	zfs 1993, 323
25.06.1993	12 M 2297/93	zfs 1993, 393
13.12.1993	12 L 7004/91	zfs 1994, 150

16.12.1993	12 M 5608/93	NZV 1994, 295 = zfs 1994, 110
29.12.1993	12 L 2033/93	zfs 1994, 230
08.03.1995	12 O 1359/95	NZV 1995, 294 (mit Anmerkung *Gehrmann*) = zfs 1995, 236
15.08.1995	12 M 5004/95	zfs 1995, 438
26.08.1996	12 M 4875/96	VD 1997, 2 (mit Anmerkung *Jagow*)
09.10.1998	12 M 4206/98	juris-Datenbank = VerkMitt 1999, Nr. 6 (L)
02.12.1999	12 M 4601/99	DAR 2000, 133 = zfs 2000, 129
27.10.2000	12 M 3738/00	Blutalkohol 38 (2001), 389 = DAR 2001, 42 = DVBl 2001, 319 (L) = NdsRpfl 2001, 136 = NJW 2001, 459 = NVwZ 2001, 344 (L) = NZV 2001, 183 = VerkMitt 2001, Nr. 26 = zfs 2001, 44
19.06.2001	12 LA 2108/01	DAR 2001, 471 = zfs 2001, 480
14.08.2002	12 ME 566/02	Blutalkohol 40 (2003), 327 = DAR 2002, 471
15.11.2002	12 ME 700/02	Blutalkohol 40 (2003), 171 = DAR 2003, 45
21.01.2003	12 ME 810/02	DAR 2003, 187 = NJW 2003, 1472
16.06.2003	12 ME 172/03	Blutalkohol 40 (2003), 465 = DAR 2003, 432 = VkBl 2003, 415 = VerkMitt 2003, Nr. 67 = zfs 2003, 476
11.07.2003	12 ME 287/03	Blutalkohol 41 (2004), 183 = DAR 2003, 480 = NVwZ-RR 2003, 899 = VkBl 2003, 660
16.09.2003	12 ME 396/03	VkBl 2003, 819 = zfs 2004, 141
30.03.2004	12 ME 90/04	Blutalkohol 41 (2004), 563
19.11.2004	12 ME 404/04	Blutalkohol 42 (2005), 324 = VkBl 2005, 425 = Verk-Mitt 2005, Nr. 20 = zfs 2005, 48 (mit Anmerkung *Haus*)

OVG Magdeburg
Oberverwaltungsgericht des Landes Sachsen-Anhalt

18.02.1999	A 1 S 123/98	DAR 1999, 282 (L) = NZV 1999, 267 = zfs 1999, 363 (L)
22.03.2002	1 L 18/02	NZV 2002, 431

OVG Münster
Oberverwaltungsgericht für das Land Nordrhein-Westfalen

23.10.1980	12 A 2982/79	NJW 1981, 1398 = VkBl 1981, 221 = VRS 60, 475
15.01.1982	19 A 1918/80	NJW 1983, 643 = VRS 1982, 307 = zfs 1982, 253
26.05.1982	19 A 2596/81	NJW 1982, 2572 = VRS 63, 397
19.11.1982	19 B 922/82	zfs 1983, 156
28.01.1983	19 A 553/82	zfs 1984, 190
09.12.1983	19 A 1110/82	Blutalkohol 21 (1984), 371 = VerkMitt 1984, 79 = VkBl 1984, 300 = VRS 66, 389 = zfs 1984, 189
23.08.1985	19 A 2632/84	VRS 70, 74
18.09.1989	19 B 2550/89	NZV 1990, 127 (mit Anmerkung *Mahlberg*) = zfs 1990, 144 (L)
16.05.1991	19 E 471/91	DÖV 1992, 38 = NZV 1991, 444 = VkBl 1991, 691 = VRS 82, 76 = zfs 1992, 144 (L)
09.08.1991	19 A 2207/90	NZV 1992, 127 = VD 1992, 166 = VkBl 1992, 303 = VRS 82, 477
11.09.1991	19 B 2309/91	NZV 1992, 206 = VkBl 1992, 319 = VRS 82, 397 = zfs 1992, 251
02.06.1992	19 B 358/92	DÖV 1993, 443 (L) = DVBl 1992, 1319 (L) = NZV 1992, 464 = VkBl. 1992, 635 = VRS 83, 398 = zfs 1992, 394
24.06.1992	19 B 1912/92	zfs 1992, 430
27.07.1992	19 A 1661/92	DÖV 1993, 443 (L) = DVBl 1993, 620 (L) = LKV 1993, 133 = VkBl 1993, 43 = NVwZ 1993, 597 (L) = NZV 1993, 167 = VRS 84, 130 = zfs 1993, 34
01.06.1993	19 A 390/92	DÖV 1993, 832 (L) = NZV 1993, 247 = VkBl 1993, 483 = zfs 1993, 396 (L)
14.06.1993	25 A 4164/92	juris-Datenbank
01.09.1993	25 A 894/92	juris-Datenbank
25.11.1994	19 A 1782/94	juris-Datenbank
29.04.1998	25 A 4670/95	DAR 1998, 485 (mit Anmerkung *Meißner* – S. 484)
25.08.1998	19 A 3812/98	NZV 1999, 55 = VRS 96, 150
29.09.1999	19 B 1629/99	Blutalkohol 37 (2000), 202 = Blutalkohol 38 (2001), 387 = DAR 2001, 140 (L) = VkBl 2002, 136 (L) = zfs 2000, 272
02.02.2000	19 B 1886/99	NZV 2000, 219
22.09.2000	8 A 2429/99	DAR 2001, 139 (L) = NZV 2001, 184 = VRS 100, 207 = zfs 2001, 528 (L)

22.01.2001	19 B 1757/00	Blutalkohol 38 (2001), 474 = NJW 2001, 3427 = NZV 2001, 396 = VD 2001, 208 = VerkMitt 2001, Nr. 66 = VRS 100, 394
22.11.2001	19 B 814/01	Blutalkohol 39 (2002), 375 = DAR 2002, 185 = NZV 2002, 427 = VRS 102, 136
21.03.2003	19 B 337/03	DAR 2003, 433 = NVwZ-RR 2003, 681 = VD 2003, 157 = VerkMitt 2003, Nr. 60 = VRS 105, 147
21.07.2004	19 B 862/04	DAR 2004, 721 = NZV 2005, 435

OVG Saarlouis
Oberverwaltungsgericht des Saarlandes

23.03.1981	2 R 111/80	VerkMitt 1982, 14
12.02.1982	2 R 73/81	DÖV 1983, 212
29.10.1982	2 R 80/82	VerkMitt 1983, 88
21.09.1989	1 W 144/89	NZV 1990, 87 = zfs 1990, 108 (L)
13.06.1991	1 W 56/91	zfs 1992, 321
25.01.1993	1 W 78/92	DAR 1993, 441 (L) = NZV 1993, 416 = zfs 1993, 396 (L)
28.04.1993	1 W 32/92	DAR 1993, 403 = NZV 1993, 454 = zfs 1993, 396 (L)
14.07.1993	1 W 74/93	zfs 1994, 392 (L)
22.12.1993	3 W 54/93	zfs 1994, 190
08.06.1994	3 W 15/94	zfs 1994, 350
04.08.1994	3 W 24/94	zfs 1995, 157
11.11.1994	3 W 39/94	zfs 1995, 37
18.09.2000	9 W 5/00	zfs 2001, 92
21.12.2000	9 V 30/00	NZV 2001, 496 = zfs 2001, 286
06.03.2002	9 Q 7/01	Blutalkohol 40 (2003), 253 = zfs 2003, 101
09.07.2002	9 W 16/02	zfs 2002, 552
30.09.2002	9 W 25/02	Blutalkohol 40 (2003), 166 = VD 2002, 377 (L) = zfs 2003, 44
01.10.2002	9 W 31/02	Blutalkohol 40 (2003), 169 = VD 2003, 23 = zfs 2003, 47
18.09.2003	1 W 24/03	Blutalkohol 41 (2004), 367 = NJW 2004, 243 = NZV 2004, 484 = VerkMitt 2004, Nr. 21 = zfs 2004, 47
18.06.2004	1 Q 1/04	zfs 2005, 106
22.06.2004	1 W 23/04	zfs 2004, 539

OVG Schleswig
Schleswig-Holsteinisches Oberverwaltungsgericht

23.08.1991	4 M 115/91	SchlHA 1992, 96 = VD 1992, 213
11.03.1992	4 L 215/91	NZV 1992, 379
07.04.1992	4 L 229/91	Blutalkohol 29 (1992), 285 = DAR 1992, 314 = VRS 83, 392
07.04.1992	4 L 238/91	zfs 1992, 286
16.02.1993	4 L 222/92	DAR 1994, 40 = zfs 1994, 152
07.12.1993	4 L 138/93	zfs 1994, 311

OVG Weimar
Thüringer Oberverwaltungsgericht

30.08.1994	2 EO 84/93	DAR 1995, 80 = zfs 1995, 159
30.04.2002	2 EO 87/02	zfs 2002, 406
30.04.2002	2 EO 87/02	Blutalkohol 40 (2003), 255 = VRS 103, 391 = zfs 2002, 406
28.08.2002	2 EO 421/02	Blutalkohol 40 (2003), 329 = DAR 2003, 91 = VerkMitt 2003, Nr. 83 = VRS 104, 155 = zfs 2003, 264
12.03.2003	2 EO 688/02	DAR 2004, 52 = NJ 2003, 555 = NJW 2003, 2770 = VerkMitt 2004, Nr. 14 = VRS 105, 476
11.11.2003	2 EO 682/03	DÖV 2004, 494 (L) = DVBl 2004, 524 (L) = NJW 2004, 330 (L mit Anmerkung *Müller*) = VRS 106, 315
03.03.2004	2 EO 419/03	Blutalkohol 42 (2005), 181 = DAR 2004, 547 = VD 2004, 248 = VerkMitt 2004, Nr. 60 = VRS 107, 77
11.05.2004	2 EO 190/04	Blutalkohol 42 (2005), 183 = VerkMitt 2004, Nr. 69

VGH Kassel
Hessischer Verwaltungsgerichtshof

26.02.1980	II OE 85/78	zfs 1980, 350
25.03.1980	II OE 106/79	VerkMitt 1980, Nr. 112
25.03.1980	II OE 113/79	VerkMitt 1981, 80
30.05.1980	II TH 17/80	HessVGRspr 1981, 23
19.01.1982	II OE 49/80	VerkMitt 1982, 96
19.02.1982	II TG 6/82	NJW 1982, 2459

29.06.1982	II OE 119/80	ESVGH 33, 70 = HessVGRspr 1983, 1
22.02.1983	2 TH 16/83	HessVGRspr 1983, 70
26.11.1985	2 UE 1481/84	VerkMitt 1986, Nr. 64 = VRS 70, 398
04.06.1985	2 OE 65/83	NJW 1985, 2909 = VRS 70, 228
25.09.1986	2 TH 2233/86	NJW 1987, 797 = NVwZ 1987, 341 (L)
10.11.1987	2 UE 2899/86	VRS 76, 42
07.07.1988	2 TH 1187/88	NZV 1989, 86 = VD 1988, 202
31.01.1989	2 TH 3096/88	zfs 1993, 359
27.06.1989	2 UE 1862/85	VRS 79, 225
12.11.1990	2 TG 2684/90	NZV 1991, 327 = VerkMitt 1991, Nr. 99 = VRS 81, 318
26.08.1992	2 TH 760/92	NZV 1993, 87 = zfs 1993, 216
26.11.1993	2 TH 2033/93	Blutalkohol 31 (1994), 335 = DVBl 1994, 1206 = NJW 1994, 1611 = NVwZ 1994, 802 (L) = NZV 1994, 415 (mit Anmerkung *Weigelt*) = zfs 1994, 391
09.11.2001	2 TG 3571/00	DVBl 2001, 843 (L) = HessVGRspr 2001, 93
14.01.2002	2 TG 3008/01	Blutalkohol 40 (2003), 70 = zfs 2002, 599

VGH Mannheim
Verwaltungsgerichtshof Baden-Württemberg

17.08.1976	X 1665/75	Blutalkohol 14 (1977), 353 = NJW 1977, 774
15.01.1980	X 833/79	Justiz 1980, 213
10.04.1980	10 S 430/80	DÖV 1980, 731 = Justiz 1980, 365 = VRS 58, 476
13.10.1980	10 S 1778/80	Justiz 1981, 293
08.03.1982	10 S 2425/81	zfs 1983, 158
15.06.1982	10 S 845/82	ESVGH 33, 68 = Justiz 1982, 414 = VRS 1982, 311
12.04.1983	10 S 2158/82	VBlBW 1983, 241
11.01.1984	10 S 2773/83	DVBl 1984, 1180 = NJW 1985, 449
17.10.1985	10 S 412/85	DAR 1986, 234 = VRS 70, 311 = NJW 1986, 1370 = NVwZ 1986, 492-492 (L) = VBlBW 1987, 20 = zfs 1986, 256-256 (L)
21.11.1985	10 S 2182/85	NJW 1987, 1037 = NVwZ 1987, 435 = VBlBW 1986, 352
15.09.1986	10 S 1922/86	juris-Datenbank
11.08.1987	10 S 2716/86	DAR 1988, 430 = NJW-RR 1988, 612 = VBlBW 1988, 102 = zfs 1989, 35 (L)

28.02.1989	10 S 2302/87	DAR 1989, 315 = Justiz 1989, 405 = NZV 1989, 487 = VBlBW 1989, 382 = zfs 1989, 358 (L) und 1990, 72 (L)
17.04.1989	10 S 750/89	Justiz 1990, 140 = NVwZ-RR 1990, 164 = NZV 1990, 366 = VBlBW 1989, 425 = zfs 1990, 180 und 396 (L)
14.07.1989	10 S 1595/89	NZV 1990, 126 = VRS 78, 152 = zfs 1990, 144 (L)
19.07.1989	10 S 1622/89	DAR 1990, 35 = Justiz 1989, 32 = VBlBW 1990, 27 = VerkMitt 1990, Nr. 22 = VRS 78, 154 = zfs 1990, 72 (L)
06.09.1988	10 S 2334/87	Blutalkohol 26 (1989), 55 = DÖV 1989, 274 = ESVGH 39, 28 = Justiz 1989, 100 = NJW 1989, 1625 = NZV 1989, 327 (L) = VBlBW 1989, 146 = zfs 1989, 252 und 358 (L)
13.12.1988	10 S 874/88	DAR 1989, 194 = Justiz 1989, 205 = NZV 1989, 206 = VBlBW 1989, 265 = VerkMitt 1989, Nr. 47 = VRS 76, 411 = zfs 1989, 284
16.01.1990	10 S 2703/89	DAR 1990, 435 = VBlBW 1990, 438
15.06.1990	10 S 730/90	DAR 1991, 72 = NZV 1991, 168 = zfs 1991, 180 (L)
27.07.1990	10 S 1428/90	DAR 1991, 114 (L) = NJW 1991, 315 = NVwZ 1991, 284 (L) = NZV 1991, 168 (L) = VBlBW 1991, 111 = zfs 1991, 179 (L)
07.12.1990	10 S 2466/90	VBlBW 1991, 340 = NJW 1992, 526 (L) = NVwZ 1991, 1195 = zfs 1992, 71
08.02.1991	10 S 2674/90	VBlBW 1991, 303 = zfs 1992, 35
21.02.1991	10 S 308/91	DAR 1991, 274 = Justiz 1991, 432 = NZV 1991, 327 (L) = VerkMitt 1991, Nr. 100 (L) = VRS 81, 235 = zfs 1991, 288 (L)
07.03.1991	10 S 440/91	NZV 1991, 287 = VerkMitt 1991, Nr. 111 = VRS 81, 140 = zfs 1991, 288 (L)
24.09.1991	10 S 2323/91	DAR 1992, 74 = NZV 1992, 88 = VerkMitt 1992, Nr. 10 = VRS 82, 69
08.10.1991	10 S 2069/91	DAR 1992, 113 = NVwZ-RR 1992, 514 = NZV 1992, 87
17.12.1991	10 S 2855/91	NZV 1992, 254 = VBlBW 1992, 150 = VerkMitt 1992, Nr. 66 = VRS 82, 383
28.02.1992	10 S 322/92	NZV 1992, 334 = VerkMitt 1992, Nr. 65 = VRS 83, 397
24.03.1992	10 S 2956/91	DAR 1992, 351 = VerkMitt 1992, Nr. 83 = VRS 83, 301
27.05.1992	10 S 1009/92	NJW 1993, 549 = NVwZ 1993, 495 (L) = NZV 1993, 45 = VBlBW 1992, 384 = zfs 1992, 359
03.09.1992	10 S 1884/92	NZV 1992, 502 = VerkMitt 1992, Nr. 109 = VRS 84, 63 = zfs 1993, 108
20.10.1992	10 S 1568/92	zfs 1993, 70

Entscheidungsverzeichnis

01.03.1993	10 S 67/93	VBlBW 1993, 262 = DAR 1993, 309 = NZV 1993, 327 = VBlBW 1993, 262 = VerkMitt 1993, Nr. 98 = zfs 1993, 214
17.08.1993	10 S 1526/93	DAR 1994, 251 (L) = NZV 1993, 495 = VerkMitt 1994, Nr. 12 = VRS 86, 217 = zfs 1994, 151 (L)
30.08.1993	10 S 1827/93	Justiz 1994, 195 = NZV 1994, 47 = VerkMitt 1993, Nr. 122 = VRS 86, 214 = zfs 1993, 431
19.11.1993	10 S 854/93	VBlBW 1994, 319 = zfs 1994, 190 (L)
23.12.1993	10 S 2638/93	Blutalkohol 31 (1994), 267 = DAR 1994, 170 = NZV 1994, 166 = VBlBW 1994, 281 = VerkMitt 1994, Nr. 53 = VRS 87, 67 = zfs 1994, 111
11.01.1994	10 S 2863/93	DAR 1994, 290 = Justiz 1994, 486 = NJW 1994, 2438 (L) = NZV 1994, 248 = VRS 87, 158 = zfs 1994, 351
12.04.1994	10 S 1215/93	DAR 1994, 459 (L) = DÖV 1994, 1055 = Justiz 1995, 26 = NVwZ-RR 1995, 170 = NZV 1994, 454 (LT) = VBlBW 1994, 318 = VerkMitt 1995, Nr. 25 = VRS 88, 159 = zfs 1994, 310
09.08.1994	10 S 1430/94	DVBl 1995, 362 = NZV 1994, 495 = VBlBW 1995, 196 = VerkMitt 1995, Nr. 1 = VRS 88, 312 = zfs 1994, 470
28.09.1995	10 S 2474/95	Blutalkohol 33 (1996), 109 = DAR 1996, 35 = NZV 1996, 46 = VD 1996, 49 (mit Anmerkung *Jagow*) = VerkMitt 1996, 42 = VRS 90, 478 = zfs 1996, 37
04.07.1996	10 S 975/95	VBlBW 1996, 475 = NZV 1997, 136 = VerkMitt 1997, Nr. 31 = VRS 92, 301 = zfs 1996, 400
14.10.1996	10 S 321/96	DÖV 1997, 213 = NZV 1997, 199 = VRS 93, 233 = zfs 1997, 78
06.07.1998	10 S 639/98	Blutalkohol 35 (1998), 391 = DAR 1998, 404 = NZV 1998, 429 = VRS 95, 308 = zfs 1998, 356
16.07.1998	10 S 1461/97	Blutalkohol 36 (1999), 71 = NZV 1998, 519 = VRS 95, 445 = zfs 1998, 405
23.07.1998	10 S 1394/98	Blutalkohol 35 (1998), 460 = DAR 1998, 482 (L) = NZV 1999, 54 = VRS 95, 394 = zfs 1998, 447
13.04.1999	10 S 1188/98	DAR 1999, 425 (L) = VBlBW 1999, 389 = zfs 1999, 360
17.01.2000	10 S 1979/99	Blutalkohol 37 (2000), 264 = DAR 2000, 181 = DÖV 2000, 432 = Justiz 2000, 277 = NZV 2000, 269 = VRS 98, 399 = zfs 2000, 228
22.01.2001	10 S 2032/00	Blutalkohol 38 (2001), 198 = DAR 2001, 233 = DÖV 2001, 430 = Justiz 2001, 555 = NZV 2001, 279 = VerkMitt 2001, Nr. 58 = VRS 100, 232 = zfs 2001, 234
13.03.2001	10 S 490/00	Justiz 2002, 138 = VerkMitt 2002, Nr. 7 = VRS 101, 61 = zfs 2001, 335

25.07.2001	10 S 614/00	Blutalkohol 39 (2002), 229 = DAR 2002, 92 = DVBl 2002, 495 (L) = DÖV 2002, 304 = NZV 2002, 604 = VD 2002, 31 (L) = VerkMitt 2002, Nr. 22 = VRS 102, 73 = zfs 2002, 103
24.09.2001	10 S 182/01	Blutalkohol 39 (2002), 230 = DAR 2002, 141 = DÖV 2002, 216 = Justiz 2002, 382 = NZV 2002, 149 = VD 2002, 26 = VRS 102, 68 = zfs 2001, 100
05.11.2001	10 S 1337/01	Blutalkohol 39 (2002), 141 = DAR 2002, 183 = DÖV 2002, 788 (L) = DVBl 2002, 496 (L) = NZV 2002, 294 = VRS 102, 146 = zfs 2001, 157
14.11.2001	10 S 1016/01	Blutalkohol 39 (2002), 144 = DAR 2002, 185 = DÖV 2002, 306 (L) = NZV 2002, 296 = VerkMitt 2002, Nr. 41 = VRS 102, 144 = zfs 2001, 159
05.12.2001	10 S 572/01	DAR 2002, 183 = DÖV 2002, 306 (L) = NZV 2002, 248 = VRS 102, 143 = zfs 2002, 159
15.05.2002	10 S 2699/01	Blutalkohol 39 (2002), 384 = DAR 2002, 370 = DÖV 2002, 783 = NZV 2003, 56 = VD 2002, 255 (L) = VRS 103, 27 = zfs 2002, 600
24.05.2002	10 S 835/02	Blutalkohol 39 (2002), 379 = DÖV 2002, 788 (L) = NZV 2002, 475 = VD 2002, 216 = VerkMitt 2002, Nr. 61 (L) = VRS 104, 67 = zfs 2002, 408
28.05.2002	10 S 2213/01	Blutalkohol 39 (2002), 382 = NZV 2002, 477 = VD 2002, 220 = zfs 2002, 410
24.06.2002	10 S 985/02	DAR 2002, 523 = DVBl 2002, 1292 (L) = NZV 2002, 580 = VRS 103, 224 = zfs 2002, 504
29.07.2002	10 S 1164/02	DAR 2002, 570 = NZV 2002, 582 = VD 2002, 346 = VRS 103, 553 = zfs 2002, 555
31.10.2002	10 S 1996/02	Blutalkohol 40 (2003), 261 = DAR 2003, 135 VerkMitt 2003, Nr. 37 = VD 2003, 19 = VRS 104, 315 = zfs 2003, 99
07.03.2003	10 S 323/03	Blutalkohol 40 (2003), 335 = DAR 2003, 236 = Justiz 2003, 604 = VRS 105, 52 = zfs 2003, 266
30.05 2003	10 S 1907/02	Blutalkohol 40 (2003), 467 = DAR 2003, 481 = DÖV 2003, 775 = NZV 2004, 213 = VRS 105, 317 = zfs 2003, 474
16.06.2003	10 S 430/03	DAR 2004, 49 = Blutalkohol 41 (2004), 282 = NJW 2003, 3004 = VRS 105, 377 = zfs 2003, 524
04.07. 2003	10 S 2270/02	Blutalkohol 41 (2004), 285 = DAR 2004, 113 = VRS 106, 134 = zfs 2003, 620
29.07.2003	10 S 2316/02	Blutalkohol 41 (2004), 559 = DAR 2003, 577 = VerkMitt 2003, Nr. 81 = VD 2003, 276 (L) = VRS 105, 463 = zfs 2003, 618

Entscheidungsverzeichnis

29.09.2003	10 S 1294/03	Blutalkohol 41 (2004), 185 = DAR 2004, 48 = DÖV 2004, 129 = VD 2003, 332 = VRS 106, 74 = zfs 2004, 43 (mit Anmerkung *Haus*)
30.09.2003	10 S 1917/02	Blutalkohol 41 (2004), 288 = DAR 2004, 471 = Justiz 2004, 308 = VD 2004, 18 = VerkMitt 2004, Nr. 36 = VRS 106, 138 = zfs 2004, 93
26.11 2003	10 S 2048/03	Blutalkohol 41 (2004), 363 = DAR 2004, 170 = VRS 106, 226 = zfs 2004, 189
06.02.2004	10 S 2821/03	Blutalkohol 42 (2005), 80 = DAR 2004, 356 = DÖV 2004, 493 = VRS 106, 398 = zfs 2004, 237
10.05 2004	10 S 427/04	Blutalkohol 42 (2005), 189 = DAR 2004, 604 = NZV 2005, 214 = VerkMitt 2004, Nr. 68 = VD 2004, 305 = VRS 107, 234 = zfs 2004, 484
18.05.2004	10 S 2796/03	NZV 2005, 214 = VerkMitt 2005, Nr. 5 = VRS 107, 222 = zfs 2004, 536
21.06.2004	10 S 308/04	Blutalkohol 42 (2005), 325 = DAR 2004, 606 = = DÖV 2004, 930 = Justiz 2005, 25 = NJW 2004, 3058= NZV 2005, 167 = VerkMitt 2004, Nr. 76 = VD 2004, 243 = VRS 107, 238 = zfs 2004, 482 (mit Anmerkung *Haus*)
14.09.2004	10 S 1283/04	NJW 2005, 234 = VRS 108, 71
12.10.2004	10 S 1346/04	VRS 108, 141 = zfs 2005, 212 (mit Anmerkung *Haus*)
28.10. 2004	10 S 475/04	DAR 2005, 352 = VerkMitt 2005, Nr. 47 = VRS 108, 127 = zfs 2005, 316
15.11.2004	10 S 2194/04	Blutalkohol 42 (2005), 187 = VRS 108, 157 = zfs 2005, 155
22.11.2004	10 S 2182/04	VD 2005, 45-48 = VRS 108, 123 = zfs 2005, 158 (mit Anmerkung *Haus*)
17.02.2005	10 S 2875/04	VRS 108, 454 = zfs 2005, 418

VGH München
Bayerischer Verwaltungsgerichtshof

30.01.1980	71 XI 78	DÖV 1980, 731 = VRS 58, 474
23.04.1980	11.B – 2141/79	DÖV 1981, 233 = VRS 58, 471 = zfs 1981, 63
15.04.1981	11 B 80 A.528	VRS 61, 230
07.12.1981	11 B 80 A.2143	VerkMitt 1982, 69
12.07.1982	11 B 81 A.2204	BayVBl 1982, 694 = DAR 1982, 339 = VerkMitt 1982, 78 = VGHE BY 35, 132 = VRS 63, 398
02.07.1986	11 B 85 A.3241	BayVBl 1987, 119

Entscheidungsverzeichnis

25.10.1983	11 B 83 A.496	BayVBl 1984, 51 = DAR 1984, 95 = DÖV 1984, 433 = NJW 1984, 2845 = NVwZ 1985, 53
13.12.1983	11 B 83 A.936	VerkMitt 1984, 56 = VkBl 1984, 300
20.10.1989	11 B 88.02551	BayVBl 1990, 249 = zfs 1990, 180 (L)
19.10.1990	11 B 89.3808	zfs 1992, 71
22.10.1990	11 B 90.655	DAR 1991, 114 [L] = NJW 1992, 454 = NZV 1991, 207 = VerkMitt 1991, Nr. 45 = zfs 1991, 179 [L]
23.10.1990	11 B 89.2836	DAR 1991, 235 = NZV 1991, 167 = VerkMitt 1991, Nr. 54 = VGHE BY 44, 5 = zfs 1991, 179 (L)
27.11.1990	11 CS 90.3250	DAR 1991, 273 = NZV 1991, 247 = VerkMitt 1991, Nr. 74 = VRS 81, 70 = zfs 1991, 252 (L)
07.12.1990	11 CS 90.2458	DAR 1991, 274 (L) = NZV 1991, 287 = VerkMitt 1991, Nr. 65 = VRS 81, 69 = zfs 1991, 288 (L)
11.12.1990	11 B 90.3048	DAR 1991, 274 = NZV 1992, 46 (L) = VerkMitt 1991, Nr. 88 = VRS 81, 67
18.01.1991	11 CS 90.2218	DAR 1991, 274 = NZV 1991, 288 = VerkMitt 1991, Nr. 98 = VRS 81, 138 = zfs 1991, 288 (L)
15.07.1991	11 B 91.74	NZV 1991, 486 = VerkMitt 1991, Nr. 113 = VRS 82, 78
31.07.1991	11 CE 91.2004	DAR 1992, 34
27.01.1992	11 B 91.2579	DÖV 1993, 442 (L) = VerkMitt 1992, Nr. 55
06.04.1992	11 B 91.3646	BayVBl 1993, 54 = DAR 1993, 34 = DÖV 1993, 442 (L) = NZV 1993, 46 = VerkMitt 1993, Nr. 21 = VRS 84, 77 = zfs 1993, 180
03.05.1993	11 B 91.733	juris-Datenbank
18.10.1993	11 B 93.2730	DAR 1994, 251 (L) = NZV 1994, 127 = VerkMitt 1994, Nr. 42 = VRS 86, 212 = zfs 1994, 191 (L)
26.10.1993	11 B 93.2723	NJW 1994, 604 = NVwZ 1994, 513 (L) = NZV 1994, 207 (L) = VerkMitt 1994, Nr. 63 (L) = VRS 86, 238
08.11.1993	11 B 93.2660	BayVBl 1994, 148 = DAR 1994, 207 = NZV 1994, 168 (L) = VerkMitt 1994, Nr. 62 = VRS 86, 219 = zfs 1994, 352
14.07.1994	11 B 94.362	BayVBl 1995, 23 = NZV 1995, 47 = VRS 88, 239 = zfs 1995, 119
25.07.1994	11 B 94.316	NJW 1995, 72 = NVwZ 1995, 184 (L) = NZV 1994, 454 = zfs 1995, 40
14.11.1994	11 B 94.653	DAR 1995, 79 = VRS 88, 230 = zfs 1995, 159 (L)
14.11.1994	11 B 94.2040	BayVBl 1995, 436 = VRS 88, 316 = zfs 1995, 400
14.12.1994	11 AS 94.3847	BayVBl 1995, 248 = NZV 1995, 167 = VRS 88, 397 = zfs 1995, 239

Entscheidungsverzeichnis

03.07.1995	11 B 95.1072	DAR 1995, 416 = NZV 1995, 502 = VerkMitt 1996, Nr. 6 = zfs 1995, 358
29.07.1996	11 B 96.285	DAR 1996, 509 (L) = DVBl 1996, 1449 (L) = NJW 1997, 1457 = NVwZ 1997, 803 (L) = NZV 1996, 509 = VerkMitt 1997, Nr. 9 = VersR 1997, 983 (L) = VRS 92, 294 = zfs 1996, 435
24.10.1996	11 CS 96.3256	BayVBl 1997, 373 = NZV 1997, 198 = VerkMitt 1997, Nr. 19 = VRS 93, 236 = zfs 1997, 198
12.05.1997	11 B 96.2359	DAR 1997, 364 = MDR 1997, 835 = NZV 1997, 413 = VerkMitt 1998, Nr. 9 = zfs 1997, 317
09.10.1997	11 AE 97.1721	NZV 1998, 125 = VerkMitt 1998, Nr. 50 = zfs 1998, 36
03.02.1998	11 B 95.3578	DAR 1998, 483 (mit Anmerkung *Meißner*)
26.03.1998	11 CS 98.413	NZV 1998, 342 = VRS 95, 75 = zfs 1998, 279
14.07.1998	11 B 96.2862	NZV 1999, 100 = VRS 95, 446 = zfs 1998, 445
29.06.1999	11 B 98.1093	NZV 1999, 525 = VRS 97, 456 = zfs 1999, 496
07.05.2001	11 B 99.2527	Blutalkohol 40 (2003), 73 = DAR 2002, 328 = NJW 2002, 82 = NZV 2001, 494 = VRS 101, 155 = zfs 2001, 523
03.09 2002	11 CS 02.1082	Blutalkohol 41 (2004), 97 = zfs 2003, 429
03.02.2004	11 CS 04.157	juris
17.01.2005	11 CS 04.2955	VRS 108, 298 = zfs 2005, 209
30.03.2005	11 Cs 04.3250	VRS 108, 386 = zfs 2005, 417

Stichwortverzeichnis

Fette Zahlen = §§, magere Zahlen = Randnummern

Abhängigkeit
– von Alkohol **3** 156, **7** 15 f., 174 ff.
– von Drogen **3** 179 ff., **7** 39 ff.
Abkürzung strafgerichtlicher Sperrfrist für die Wiedererteilung der Fahrerlaubnis **12** 102 ff., **15** 99
Abschaffung strafgerichtlicher Sperrfristbestimmung **12** 150
Absehen von Entziehung der Fahrerlaubnis durch Strafgericht **12** 32 ff.
Absehen von Sofortvollzug der Entziehung der Fahrerlaubnis wegen begonnener Rehabilitation **9** 31 ff.
Abstinenz
– von Alkohol **3** 158 ff., 166, **7** 36
– von Drogen **3** 266 ff.
Abweichen
– von Gutachten durch Entscheidungsträger **8** 50 ff.
– von Vorgutachten durch Obergutachter **7** 377 ff.
Achtungspflicht der Fahrerlaubnisbehörde hinsichtlich strafgerichtlicher Sperrfrist **13** 24 f.
Ältere Fahrer
– Mobilitätskonzept **7** 160 ff.
– Nachschulung **15** 67
– Verkehrsverhalten **3** 325 ff., **7** 137 ff.
Ärzte
– für Arbeitsmedizin oder Betriebsmedizin **6** 64
– für Rechtsmedizin **6** 65
– in einer Begutachtungsstelle für Fahreignung **6** 66
– mit verkehrsmedizinischer Qualifikation **6** 62 f.
Ärztliche
– Gutachten **7** 166 ff., 352, **14** 15
– Hilfe **15** 8 ff., 41 f.

– Informationen über Kraftfahreignung an Fahrerlaubnisbehörde **6** 22
– Schweigepflicht **6** 20 ff., **8** 72
Agressionsverhalten **3** 291 ff., **7** 116 f.
Akkreditierung
– der Begutachtungsstellen für Fahreignung **6** 98
– der Prüfstellen **4** 13 ff.
– der Träger von Begutachtungsstellen für Fahreignung **6** 108 ff.
– der Veranstalter von Kursen zur Wiederherstellung der Eignung **15** 90
Aktenanalyse im Rahmen der Fahreignungsbegutachtung **7** 304 ff.
Akteneinsicht
– durch Betroffenen **10** 2
– durch Fahrerlaubnisbehörde **6** 14
Aktenüberlassung
– an Ergänzungs- und Obergutachter **7** 255
– an Gutachter **7** 226 f.
– an Parteigutachter **10** 25 ff.
Akute Veränderungen der Kraftfahreignung **3** 315 ff.
Alkohol **3** 124 ff.
– Abhängigkeit **3** 156, **7** 15 f., 174 ff.
– Abstinenz bei Abhängigkeit **3** 158 ff., **7** 36
– Abstinenz bei Missbrauch **3** 166
– Missbrauch **3** 162 ff., **7** 17
– Tätermerkmale als Symptome der Ungeeignetheit **3** 134 ff.
– Tatmerkmale als Symptome der Ungeeignetheit **3** 132 f.
– Ursachen und Ausmaß der Ungeeignetheit **3** 137 ff.
– Wiederherstellung der Eignung **3** 158 ff., 164 ff.
– Wiederholte Verkehrszuwiderhandlungen unter Alkoholeinfluss **7** 24 ff.

757

Stichwortverzeichnis

– Zusammenhang mit Straßenverkehrsteilnahme **7** 18 ff.
Alkoholauffällige Kraftfahrer
– Prognose der Ungeeignetheit **3** 143 ff.
– Kurse **15** 3 ff.
Alkoholismusmarker **7** 286
Alkoholismustherapie **15** 8 ff.
Allgemeine Fahrerlaubnis **5** 8 ff., 19
Allgemeine Verwaltungsvorschriften **1** 50
Allgemeiner Führerschein **9** 21 ff.
Alter und Verkehrsverhalten **3** 325 ff., **7** 137 ff.
Amtliche Anerkennung
– von Begutachtungsstellen für Fahreignung **6** 92 f.
– von Kursen zur Wiederherstellung der Eignung **15** 81 ff.
– von sachverständigen Personen oder Stellen **6** 58 f.
– von Unterweisungs- und Ausbildungsstellen für Unfallversorgung **5** 31 f.
– von Verkehrspsychologischen Beratern **11** 56 ff.
Amtsarzt **6** 67 ff.
Anderweitige Fahrerlaubnis **2** 79
Anfechtung
– abschließender Entscheidungen im Fahrerlaubnis-Verwaltungsverfahren **10** 36 f.
– von Anordnungen zur Beweiserhebung **10** 3 ff.
Anforderungen an den Kraftfahrer allgemein **1** 26 ff.
Anknüpfungstat bei strafgerichtlicher Entziehung der Fahrerlaubnis **12** 15
Anlage 5 FeV, Begutachtungsgrundsätze **3** 71 ff.
Anlass zur Begutachtung **7** 1 ff.
Anlassbezug der Untersuchung für Begutachtung **7** 259
Anordnung der Beibringung
– eines Gutachtens **6** 138 f., **7** 205 ff.
– weiterer Gutachten **7** 350 ff.
Anschriften
– akkreditierter Träger von Kursen zur Wiederherstellung der Eignung **Anhang** 8
– amtlich anerkannter Begutachtungsstellen für Fahreignung **Anhang** 7
– der Träger von Begutachtungsstellen für Fahreignung **Anhang** 6
– von Veranstaltern evaluierter Verkehrstherapien **Anhang** 9
Anspruch
– auf Aufklärung über lebensbedrohende Gesundheitsgefahr **7** 235
– auf Herausgabe von Aufzeichnungen des Gutachters **7** 232 ff.
– auf mangelfreies Gutachten **7** 230 f.
Art der Begutachtung **7** 165 ff.
Arzneimittel **3** 167 ff.
– Abhängigkeit **3** 173 ff.
– Dauerbehandlung **3** 283 ff.
Arzt – *siehe unter* Ärzte
Atypische Punkteerreichung **11** 113 ff.
Aufbau des Gutachtens **7** 322 ff.
Aufbauseminare
– allgemeine (gewöhnliche) **11** 41 f., 98
– besondere für alkohol- und drogenauffällige Kraftfahrer **11** 43, 99
– Einzelseminare **11** 47 ff., 100
– für Inhaber einer Fahrerlaubnis auf Probe **11** 38 ff.
– nach dem Punktsystem **11** 94 ff.
– unter Geltung früheren Rechts **15** 44 ff.
Auffälligkeiten bei der Fahrerlaubnis-Prüfung **3** 307 f., **7** 111
Auffallens- oder Rückfallwahrscheinlichkeit **3** 42, **8** 17 ff.
Aufforderung zur Beibringung
– eines Gutachtens **6** 138 f., **7** 211 ff.
– weiterer Gutachten **7** 350 ff.
Aufgabe des Sachverständigen **6** 36 ff.

Stichwortverzeichnis

Aufhebung strafgerichtlicher Sperrfrist für die Wiedererteilung der Fahrerlaubnis **12** 102 ff., **15** 99
Aufklärung des Betroffenen
– über lebensbedrohende Gesundheitsgefahr **7** 235
– vor Untersuchung **7** 267 ff.
Auflagen zur Fahrerlaubnis **2** 59, **9** 14 ff., 39
Aufzeichnungen des Gutachters **7** 232 ff., 262
Ausbildung von Fahrerlaubnisbewerbern **4** 3 f.
Auskünfte aus Registern **6** 6 f.
Ausländische Fahrerlaubnis **2** 18 ff.
Ausnahmen
– bei Entziehung der Fahrerlaubnis durch Strafgerichte **12** 32 ff.
– von der Fahrerlaubnispflicht **2** 2 ff.
– von strafgerichtlicher Sperrfrist für die Wiedererteilung der Fahrerlaubnis **12** 90 ff.
Auswahl der diagnostischen
– Instrumente bei einer medizinisch-psychologischen Untersuchung **7** 307
– Vorgehensweise bei einer medizinisch-psychologischen Untersuchung **7** 307
Auswahl des Gutachters **7** 220 ff., 253
Auswertung von Gutachten **8** 44 ff., **12** 140

Bagatellverstöße als Begutachtungsanlass **7** 143 ff.
Beachtung von Tilgungsfristen **11** 122 ff.
Beantwortung der behördlich gestellten Frage durch Gutachter **7** 315 ff.
Bedenken gegen die Befähigung **7** 11
gegen die Eignung
– körperliche oder geistige **7** 12 f.
– wegen Straftaten **7** 112 ff.
– wegen Umgangs mit Alkohol **7** 14 ff.
– wegen Umgangs mit Betäubungs- und Arzneimitteln **7** 38 ff.
– wegen Verstößen gegen verkehrsrechtliche Vorschriften **7** 122 ff.
Bedingte Eignung **3** 46 ff., **7** 333 f., **8** 39 ff., **12** 13 f.
– charakterlich **3** 50, 53
– körperlich oder geistig **3** 49, 52
– nach Alkoholmissbrauch **3** 162 ff.
– Rechtsprechung **3** 59 ff.
– Rechtsvorschriften **3** 47 ff.
Bedürfnisprüfung bei Anerkennung von Begutachtungsstellen für Fahreignung **6** 102 ff.
Befähigung zum Führen von Kraftfahrzeugen **2** 77, **4** 1 ff., **5** 28, **6** 10
– Veränderungen **3** 309 ff.
Befähigungs-Prüfung **4** 5 ff.
Befristete Fahrerlaubnis **2** 50 ff.
– für Lkw-Fahrer **2** 52f.
– für Omnibusfahrer **2** 54
– zur Fahrgastbeförderung **2** 55
Begehung allgemeiner Straftaten **3** 291 ff., **7** 112 ff.
Begleitetes Fahren ab 17 **2** 35 ff.
Begutachtung im Strafverfahren **12** 133
Begutachtung im Fahrerlaubnis-Verwaltungsverfahren **7** 1 ff.
– Anlässe nach dem StVG **7** 5 ff.
– Anlässe nach der FeV **7** 10 ff.
– Anlass **7** 2 ff.
– Umfang **7** 163 ff.
Begutachtungsart **7** 165 ff.
Begutachtungsleitlinien zur Kraftfahrereignung **3** 26 ff., **Anhang** 1
Begutachtungsstelle für Fahreignung **6** 73 ff.
Begutachtungsvertrag **7** 228 ff., 256
Behinderungen des Bewegungsapparats **3** 108 f.
Behördliche Unterstützung bei Wiederbewerbung um eine Fahrerlaubnis nach strafgerichtlicher Entziehung **12** 121 ff., **14** 28 ff.
Beistand und Vertretung im Fahrerlaubnis-Verwaltungsverfahren
– bei der Beweiserhebung **10** 32 ff.

Stichwortverzeichnis

- vor Behörden **10** 30
- vor Verwaltungsgerichten **10** 31

Beiziehung von Krankenunterlagen **6** 136 f.

Belastungen als Eignungseinschränkung **3** 318

Beratung vor Neuerteilung der Fahrerlaubnis nach Entziehung **14** 29

Berücksichtigung von Korrekturmaßnahmen in Straf- und Bußgeldverfahren **15** 95 ff.

Beschaffung weiterer Gutachten **7** 350 ff.

Beschränkung der Fahrerlaubnis **2** 60, **9** 10 ff., 37 f.

Besitz von Betäubungsmitteln **7** 85 ff.

Besitzstandswahrung bei Neuerteilung einer Fahrerlaubnis **14** 10 f.

Besondere Anforderungen für Busfahrer und bei Fahrgastbeförderung **5** 23 ff, **7** 302

Besondere Fahrerlaubnisformen **2** 25 ff.

Besondere Punkteberechnung **11** 112 ff.

Besonderes Aufbauseminar für alkohol- und drogenauffällige Kraftfahrer **11** 43, 99, **15** 72 f.

Betäubungsmittel und mangelnde Eignung **3** 167 ff., **7** 38 ff.
- Abhängigkeit **3** 179 ff., **7** 39 ff.
- Abstinenz **3** 266 ff.
- Besitz **7** 85 ff.
- Einnahme **3** 192 ff., **7** 44 ff.
- Erforderlichkeit medizinisch-psychologischen Gutachtens **3** 212 ff.
- missbräuchliche Einnahme **3** 190 f.
- Missbrauch **3** 177 f.
- Prognose der Ungeeignetheit **3** 171 ff.
- Regel-Annahme **3** 199 ff Wiederherstellung der Eignung **3** 265 ff.

Beurteilungskriterien für die Urteilsbildung in der medizinisch-psychologischen Fahreignungsbegutachtung **3** 31 ff.

Bewegungsbehinderungen **3** 108 f.

Beweisbewertung
- im Fahrerlaubnis-Verwaltungsverfahren **8** 51 ff.
- im Strafverfahren **12** 143 ff.

Beweiserhebung im Strafverfahren **12** 126 ff.

Beweislast für Eignung
- im Fahrerlaubnis-Verwaltungsverfahren **8** 53 ff.
- im Strafverfahren **12** 141 ff.

Beweisverbote **6** 117 ff.

Beweisverwertungsverbote **8** 2 ff.

Beweiswürdigung
- im Fahrerlaubnis-Verwaltungsverfahren **8** 1 ff.
- im Strafverfahren **12** 136 ff.

Bindung der Fahrerlaubnisbehörde an Entscheidung im Straf- oder Bußgeldverfahren
- bei Entscheidung über Entziehung oder Neuerteilung der Fahrerlaubnis **13** 1 ff.
- bei Maßnahmen im Rahmen der Fahrerlaubnis auf Probe **11** 34 ff.
- bei Maßnahmen nach dem Punktsystem **11** 89

Blutanalysen **7** 183 f.

Cannabis und mangelnde Eignung
- einmalige Einnahme **3** 264, **7** 75 ff.
- fehlendes Trennungsvermögen zwischen Einnahme und Verkehrsteilnahme **3** 250 ff.
- gelegentliche Einnahme **3** 240 ff., **7** 56 ff.
- Mischkonsum mit Alkohol und/oder anderen Stoffen **3** 248 ff.
- regelmäßige Einnahme **3** 219 ff., **7** 70 ff.
- Verhaltensänderung **3** 262 ff.
- Wirkungsdauer **3** 254 ff.
- zusätzliche Umstände **3** 224 ff., **7** 57 ff.

Stichwortverzeichnis

Charakterliche Eignung
- nach FeV **3** 15
- nach StVG **3** 6 f.

Computergestützte Testverfahren **7** 300

Darlegungslast für wirtschaftliche Verhältnisse hinsichtlich Gutachtenkosten **8** 69 f.

Darstellung im Gutachten
- der abschließenden Urteilsbildung **7** 331 ff.
- der Befunde **7** 324 ff.

Datenschutz **6** 125 ff.

Dauerbehandlung mit Arzneimitteln **3** 283 ff.

Deliktstruktur und Rückfallhäufigkeit **8** 25

Dienstfahrerlaubnis **2** 17

Dienstführerschein **9** 26

Dokumentation bei Untersuchung **7** 232, 262

Drogen **3** 167 ff.
- Abhängigkeit **3** 179 ff., **7** 39 ff.

Drogen-Screening **7** 183 f.

Dunkelfeld und Rückfallhäufigkeit bei Trunkenheitsfahrten **8** 17 ff.

Effektivität von
- medizinisch-psychologischen Untersuchungen **6** 85 ff.
- Nachschulungen **12** 110, **15** 26 ff., 34, 53
- Verkehrstherapien **15** 13, 42

EG-Fahrerlaubnis **2** 18 ff.

EG-Richtlinien **1** 38 ff.

Eigene Vorsorge für die Verkehrsteilnahme **1** 55

Eigenverantwortung der Fahrerlaubnisbehörde bei Neuerteilung einer Fahrerlaubnis **13** 23

Eignung für die Verkehrsteilnahme allgemein **1** 54

Eignung zum Führen von Kraftfahrzeugen **2** 74 ff., **3** 1 ff., **5** 6 ff.
- Akute Veränderungen der Kraftfahreignung **3** 315 ff.

- Alter **3** 328 f.
- Auffälligkeiten bei der Fahrerlaubnis-Prüfung **3** 307 f.
- Bedingte Eignung **3** 46 ff.
- Belastungen **3** 318
- Elemente **3** 64 ff.
- Erkrankungen nach FeV **3** 96 ff.
- Ermüdung **3** 319
- Jugend **3** 326 ff.
- Krankheiten **3** 320 ff.
- Lebensgeschichtlich bedingte Veränderungen **3** 325 ff.
- Lebenskrisen **3** 333 ff.
- Mängel nach FeV **3** 96 ff.
- Nachweise **5** 6 ff.
- Persönliche Zuverlässigkeit **3** 83 ff.
- Persönlichkeitsfaktoren **3** 78 ff.
- Rauschmittel **3** 323 f.
- Rechtsprechung **3** 34 ff.
- Rechtsvorschriften **3** 3 ff.
- Straftaten **3** 291 ff.
- Stress **3** 317
- Veränderungen **3** 309 ff.
- Verhaltensauffälligkeiten **3** 290 ff.
- Verstöße gegen verkehrsrechtliche Vorschriften **3** 295 ff.
- Voraussetzung für die Erteilung der Fahrerlaubnis **2** 74 f.

Eignungsprüfung
- im Fahrerlaubnis-Verwaltungsverfahren **5** 6 ff., **6** 1 ff.
- im Strafverfahren **12** 125 ff.

Eignungsqualitäten
- intellektuelle **3** 75 ff.
- körperliche **3** 65
- psychophysische **3** 66 ff.

Eignungsurteil im Gutachten **7** 307

Eignungsvoraussetzungen
- Veränderungen **3** 309 ff.

Eingeschränkte Fahrerlaubnis **2** 59 ff., **9** 8 ff., 36 ff.

Einholung weiterer Gutachten **6** 53 ff., **7** 251 ff.

Einmalige Trunkenheitsfahrt mit Fahrrad **7** 29 ff.

761

Stichwortverzeichnis

Einnahme
- von Betäubungsmitteln außer Cannabis **3** 192 ff., **7** 44, 78 ff.
- von Cannabis **3** 219 ff., 240 ff., 264, **7** 56 ff., 70 ff., 75 ff.
- von psychoaktiv wirkenden Stoffen **3** 184 ff., **7** 81 ff.

Einstellung von Strafverfahren mit Rücksicht auf Aufbauseminar **15** 97 f.

Eintragungen im VZR **11** 6 ff.
Eintragungsbestand des VZR **11** 25 f.
Einzelseminar
- für Inhaber einer Fahrerlaubnis auf Probe **11** 47 ff.
- nach dem Punktsystem **11** 100

Elemente der Eignung **3** 64 ff.
Empfängerhorizont für Gutachten **7** 343 ff.
Entbindung des Arztes von der Schweigepflicht **6** 20 ff. **8** 72
Entgiftung von Drogen **3** 267
Entlastungsdiagnostik **7** 210
Entscheidungen über die Fahrerlaubnis im Verwaltungsverfahren **9** 1 ff.
Entwöhnungsbehandlung bei Drogen **3** 266
Entziehung der Fahrerlaubnis
- im Fahrerlaubnis-Verwaltungsverfahren **8** 58 ff., **9** 27 ff.
- im Strafverfahren **12** 1 ff. –
Begutachtung **12** 134 f.
- nach Punktsystem **11** 106 ff.
- wegen Zuwiderhandlungen des Inhabers der Fahrerlaubnis auf Probe **11** 71 ff.

Ergänzungsgutachten **7** 358
Ergänzungsgutachter **6** 55
Ergebnisse der Wirksamkeit
- des niedersächsischen „Integrierten Schulungs- und Beratungsmodells für alkoholauffällige Kraftfahrer" **15** 32 ff.

- von besonderen Nachschulungskursen für Inhaber einer Fahrerlaubnis auf Probe **15** 61
- von Nachschulungskursen für alkoholauffällige Kraftfahrer **15** 26 ff.
- von Nachschulungskursen für wiederholt ohne Alkoholeinfluss auffällig gewordene Kraftfahrer **15** 53

Erhebung von Vorgeschichtsdaten und Befunden bei einer medizinisch-psychologischen Untersuchung **7** 311
Erkenntnisse zur Tätigkeit von Obergutachtern **7** 375 ff.
Erkrankungen und Mängel nach FeV **3** 96 ff.
Erlaubnisfreier Verkehr **1** 57 ff.
Erlaubnisgebundener Verkehr **1** 61
Ermächtigung zum Erlass von Rechtsverordnungen **I** 46 ff.
- Fehlen für einige FeV-Vorschriften **6** 33

Ermüdung **3** 319
Erste Hilfe **5** 29
Erteilung der Fahrerlaubnis **9** 2 ff.
- Ersterteilung **5** 3 ff.
- Neuerteilung nach Entziehung **14** 1 ff.
- Voraussetzungen **2** 62 ff.

Erweiterung der Fahrerlaubnis **9** 23
- Klasse A **4** 9
- Klassen B, C1, D und D1 **4** 10

Exploration bei verkehrspsychologischer Untersuchung **7** 287 ff.

Facharzt mit verkehrsmedizinischer Qualifikation **6** 62 f.
Fahranfängerfortbildung zur Verkürzung der Probezeit **2** 30 f.
Fahrausbildung **2** 76, **5** 27
Fahren mit 17 **2** 35 ff.
Fahrerlaubnis
- allgemeine Voraussetzung sicherer Verkehrsteilnahme **1** 13 ff.
- Arten **2** 9

Stichwortverzeichnis

- auf Probe **2** 26 ff.
- aus EG-Staaten **2** 19 ff.
- ausländische **2** 18 ff.
- befristete **2** 50 ff.
- eingeschränkte **2** 59 ff.
- Erteilungsvoraussetzungen **2** 62 ff.
- für begleitetes Fahren ab 17 **2** 35 ff.
- für Busse **5** 23 ff.
- für Lkw **5** 20 ff.
- Klassen **2** 9
- Verlängerung **5** 33
- zur Fahrgastbeförderung **2** 16
- zur Personenbeförderung **5** 18

Fahrerlaubnisregister **9** 40 ff.
Fahrerlaubnisverordnung **I** 45 ff.
Fahrprobe **7** 281 f.
Fahrradfahrer und Alkohol **7** 29 ff.
Fahrverbote nach § 3 FeV **1** 57 ff.
Fahrverhaltensbeobachtung **7** 283
Fehlen gesetzlicher Ermächtigung für FeV-Vorschriften **6** 33
Fehlerhafte Gutachten **6** 151, **7** 231
Fragebogen bei Eignungsuntersuchung **7** 297 ff.
Fragestellung bei Anordnung der Eignungsbegutachtung **7** 206 ff.
Freiwillige Fortbildung (2. Ausbildungsphase) **2** 30 f.
Führen eines Fahrzeugs unter erheblichem Alkoholeinfluss **7** 27 ff.
Führerschein **9** 20 ff.
- zur Fahrgastbeförderung **9** 25

Führungszeugnis **6** 8 f.
Fußgänger, Voraussetzungen sicherer Verkehrsteilnahme **1** 6 ff.

Gefährdung des Straßenverkehrs (Straftatbestand), Regelvermutung für Ungeeignetheit **3** 23
Gefährlichkeitsbegriff bei Prognose künftiger Kraftfahreignung **3** 338 ff.
- im Fahrerlaubnis-Verwaltungsrecht **3** 349 f.
- im Strafrecht **3** 348

Gefährlichkeitsprognose **3** 337 ff.
- bei Entziehung der Fahrerlaubnis durch Strafgerichte **12** 36 ff.
- bei strafgerichtlicher Sperrfristbemessung **12** 81 ff.

Gefäßkrankheiten **3** 110 ff.
Gefahrenlehre **4** 2
Gehörlosigkeit **3** 106 f.
Geistige Störungen **3** 118 ff.
Gelegentliche Einnahme von Cannabis **3** 240 ff., **7** 56 f.
Gesamtpersönlichkeit, Würdigung bei Eignungsbeurteilung
- im Fahrerlaubnis-Verwaltungsrecht **3** 35 ff., **8** 29 ff.
- im Strafrecht **3** 41 ff.

Gesetzliche Ermächtigung
- Fehlen für einige FeV-Vorschriften **6** 33

Gestaltung des Gutachtens **7** 318 ff.
Gesundheitsfragebogen **6** 15 f., **Anhang** 3
Gewöhnliches Aufbauseminar **11** 41 f., 98, **15** 71
Gliederung des Gutachtens **7** 322 ff.
Gnadenverfahren zur vorzeitigen Aufhebung strafgerichtlicher Sperre für die Wiedererteilung der Fahrerlaubnis **12** 122
Grundrecht auf
- Mobilität **1** 1
- Schutz des Persönlichkeitsrechts **6** 131 ff.
- Verkehrssicherheit **1** 2

Grundvoraussetzungen für die Verkehrsteilnahme **1** 54 ff.
Gutachten
- Abweichen von Gutachten durch Entscheidungsträger **8** 50 ff.
- Abweichen von Vorgutachten durch Obergutachter **7** 377 ff.
- Aufbau und Gliederung **7** 322 ff.
- Auswertung **8** 44 ff., **12** 140
- Einholung weiterer Gutachten **7** 251 ff.

763

Stichwortverzeichnis

- Empfängerhorizont **7** 343 ff.
- Gestaltung **7** 318 ff.
- Heranziehung von Sachverständigen **6** 51 ff.
- Mängel **7** 230 f.
- Nachprüfbarkeit **7** 341 f.
- Nachvollziehbarkeit **7** 337 ff.

Gutachtenbeibringung durch Betroffenen **6** 52, **8** 62 ff.
Gutachteneinholung unmittelbar durch Fahrerlaubnisbehörde **6** 53 ff.
Gutachter, Auswahl **7** 220 ff.

Haaranalysen **7** 183, 286
Harnanalysen **7** 183
Haschisch *siehe* Cannabis
Heranziehung von Sachverständigen **6** 51 ff.
Herausgabe von Aufzeichnungen des Gutachters **7** 232 ff.
Heroinabhängige (Methadon-Substitution) **3** 279 ff.
Herzkrankheiten **3** 110 ff.

ICD-10 **3** 157
Individuelle Veränderung situativer Lebensbedingungen oder personengebundener Bedingungen, Berücksichtigung bei Rückfallwahrscheinlichkeit **8** 21 f.
Informationen zur Kraftfahreignung
- des Befähigungsprüfers **6** 17
- durch die Polizei **6** 18 f.
- von Ärzten **6** 20 ff.
- von Privatpersonen **6** 23 f.

Inlandswohnsitz **5** 4
- Voraussetzung für die Erteilung der Fahrerlaubnis **2** 63 ff.

Integrierte Schulungs- und Beratungsmodelle **14** 32 ff.
- Effektivität **15** 32 f.

Intellektuelle Eignungsqualitäten **3** 75 ff.
Intellektuelle Leistungseinschränkungen **3** 121 ff.

Interaktionistische Betrachtungsweise bei Prognose künftiger Gefährlichkeit **3** 359 ff., **8** 35 ff., **12** 37
Interpretation der Befunde bei einer medizinisch-psychologischen Untersuchung **7**, 313 f.
Intimsphäre, Beachtung bei der psychologischen Untersuchung **6** 131 ff.

Junge Fahrer
- Anlass für Maßnahmen der Fahrerlaubnisbehörde **7** 159
- Risikofaktoren **3** 326 ff.

Körperliche und geistige Eignung **3** 65 ff.
- nach FeV **3** 12 ff., 96 ff.
- nach StVG **3** 5
- Nachweise **5** 19 ff.

Körperliche und geistige Mängel im Allgemeinen als Anlass für Maßnahmen der Fahrerlaubnisbehörde **7** 12, 167 ff., 187

Kombination
- von Alkohol und Medikamenten **3** 323 f.
- von Verkehrsdelikten mit allgemeinen Straftaten als Anlass für Maßnahmen der Fahrerlaubnisbehörde **7** 119

Kommentar zu den Begutachtungs-Leitlinien zur Kraftfahrereignung **3** 30
Kompensation von Eignungsmängeln **3** 368
Kompensationsmöglichkeiten bei Leistungstests **3** 74
Korrektur von Eignungsmängeln durch verhaltensändernde Maßnahmen **15** 1 ff.
- Berücksichtigung in Straf- und Bußgeldverfahren **15** 95 ff.
- Inanspruchnahme ärztlicher oder psychologischer Hilfen **15** 8 ff., 41 ff.
- Integrierte Schulungs- und Beratungsmodelle **15** 29 ff.

Stichwortverzeichnis

– Kurse zur Wiederherstellung der Kraftfahreignung **15** 17 ff., 49 ff., 79 ff.
– Rehabilitationskurse **15** 13 ff., 43 ff.
– Selbsterforschung und Verhaltensänderung **15** 5 ff., 39 f.
– Selbsthilfegruppen **15** 14 ff.
Kosten für Gutachten, Grund für Unterlassung der Beibringung **8** 66 ff.
Kraftfahreignung **3** 1 ff.
– *siehe auch* Eignung zum Führen von Kraftfahrzeugen
Kraftfahrer
– Anforderungen **1** 26 ff.
– Handlungsbedingungen **1** 10 ff.
Kraftfahrerlaubnis **2** 1 ff.
Krankenfahrstühle, motorisierte **2** 4
– Mindestalter **2** 7
Krankenunterlagen, Beiziehung **6** 136 f.
Krankheiten
– Einfluss auf die Fahreignung **3** 320 ff., 364 ff.
– Medikamenteneinnahme **3** 283 ff.
Kumulation von Eignungsmängeln **3** 369 ff.
Kurse
– Anzahl 1998 **15** 68
– für Drogenauffällige **15** 57 f.
– für erstmals alkoholauffällig gewordene Kraftfahrer **15** 22
– für wiederholt alkoholauffällig gewordene Kraftfahrer **15** 23 ff.
– für wiederholt ohne Alkoholeinfluss auffällig gewordene Kraftfahrer **15** 35 ff., 43 ff.
– zur Wiederherstellung der Eignung gem. § 70 FeV **15** 79 ff.
Kurzfristiger Rückfall in das gleiche Delikt als Anlass für Maßnahmen der Fahrerlaubnisbehörde **7** 129 ff.

Labordiagnostik **3** 146, 160
Laborverfahren **7** 285 f.

Land- oder forstwirtschaftliche Zugmaschinen
– Einschränkung der Klasse T für 16- bis 18-Jährige **2** 49
Land- oder forstwirtschaftliche Zwecke (Klasse T und L) **2** 11
Langsam fahrende Kraftfahrzeuge **2** 5
Lebensalter als Anlass für Maßnahmen der Fahrerlaubnisbehörde **7** 158 ff.
Lebensgeschichtlich bedingte Veränderungen der Kraftfahreignung **3** 325 ff.
Lebenskrisen und Kraftfahreignung **3** 333 ff.
Leichtkrafträder (Klasse A1) **2** 48
Leistungstests
– Kompensationsmöglichkeiten **3** 74
– Prozentränge **3** 71 ff.
Leitfaden 2000 zur Begutachtung der Eignung zum Führen von Kraftfahrzeugen in amtlich anerkannten Medizinisch-Psychologischen Untersuchungsstellen **6** 78 f., **Anhang** 5

Mängel und Erkrankungen nach FeV **3** 96 ff.
Mangelfreies Gutachten **7** 230 f.
Mangelndes Sehvermögen **3** 102 ff.
Maßnahmen
– bei Inhabern einer Fahrerlaubnis auf Probe **11** 30 ff.
– nach Punktsystem **11** 61 ff.
Medikamente **3** 169 f.
Medizinisch-psychologische Kraftfahreignungsuntersuchung
– Ablauf **7** 264 ff.
– Anwesenheit Dritter **7** 294 ff.
– Anwesenheit eines Rechtsanwalts **10** 32 ff.
– Anzahl und Ergebnisse 2002-2003 **6** 80 ff.
– Beurteilungsgrundsätze **7** 319, 369 ff.
– Beurteilungskriterien **3** 31 ff.
– Drogenauffälliger **7** 286, 291
– Effektivität **6** 85 ff.

765

Stichwortverzeichnis

- Fahreignungsdiagnostik **7** 303 ff.
- Fragebogen **7** 277, 297 ff.
- Qualitätssicherung **6** 79
- Stationen der Untersuchung **7** 276 ff.
- Urteilsbildung **7** 313 ff.
- Vorbereitung des Betroffenen **7** 266 ff.

Mensch-Maschine-Straße, Systembedingungen des Fahrverhaltens **1** 23 ff.
Methadon-Substitutionsbehandlung **3** 279 ff.
Mindestalter **2** 6, 68 ff., **3** 92 ff., **5** 5
Missbräuchliche Einnahme
- von Betäubungsmitteln **3** 190 f.
- von psychoaktiv wirkenden Arzneimitteln oder anderen psychoaktiv wirkenden Stoffen **3** 184 ff., **7** 81 ff.

Missbrauch von Alkohol **3** 162 f. **7** 17 ff.
Mitteilungen zur Kraftfahreignung
- des Befähigungsprüfers **6** 17
- durch die Polizei **6** 18 f.
- von Ärzten **6** 20 ff.
- von Privatpersonen **6** 23 f.

Mitwirkungslast bei Gutachtenanordnung **8** 61 ff.
Modellversuche zur vorzeitigen Aufhebung der Sperre für die Wiedererteilung der Fahrerlaubnis bei strafgerichtlicher Entziehung der Fahrerlaubnis
- Baden-Württemberg **12** 122 ff.
- Niedersachsen **12** 123 ff.

Möglichkeit der Wiederherstellung der Eignung **7** 335 f., **15** 1 ff.
Mofas **2** 3
Motorisierte Krankenfahrstühle **2** 4
Motorräder (Klasse A) **2** 45 ff.

Nachbesserung des Gutachtens **7** 231
Nachholung des Aufbauseminars **11** 79, 129
Nachprüfbarkeit von Gutachten **7** 341 f.
Nachschulung *siehe unter* Kurse

Nachschulung und Rehabilitation, Berücksichtigung im Strafverfahren bei
- Entziehung der Fahrerlaubnis **12** 47 ff.
- Sperrfristbemessung für die Wiedererteilung der Fahrerlaubnis **12** 72 ff.
- vorzeitiger Aufhebung der Sperre **12** 109 ff.

Nachvollziehbarkeit von Gutachten **7** 337 ff.
Nachweise zu den Voraussetzungen der Fahrerlaubnis **5** 1 ff.
Nervensystem, Krankheiten **3** 116 ff.
Neuerteilung der Fahrerlaubnis nach Entziehung allgemein **14** 1 ff.
- Besitzstandswahrung **14** 10 f.

Neuerteilung einer Fahrerlaubnis
- auf Probe nach Entziehung oder Verzicht **11** 77 ff.
- nach Entziehung im Rahmen des Punktsystems **11** 126 ff.

Nierenerkrankungen **3** 288

Ober-Begutachtungen **7** 359 ff.
- Ergebnisse und Erkenntnisse **7** 375 ff.
- Indikation zur Einholung **6** 55, **7** 359 ff.

Obergutachter, Qualifikation und amtliche Anerkennung **6** 56 f., 116 ff.
Ordentlicher Wohnsitz **2** 64 ff.

Persönliche Zuverlässigkeit **3** 83 ff.
Persönlichkeitsdiagnostik bei Alkoholauffälligen **3** 154
Persönlichkeitsfaktoren für Eignung **3** 78 ff.
Persönlichkeitsmerkmale, Bedeutung bei der Abschätzung der Gefährlichkeit **8** 36
Persönlichkeitsrecht, Beachtung bei psychologischer Untersuchung **6** 131 ff., 140 f.

Stichwortverzeichnis

Persönlichkeitsstörungen bei Alkoholabhängigkeit **3** 157
Persönlichkeitstest-Fragebogen **7** 297 ff.
Personale und situative Bedingungen des Verkehrsverhaltens **3** 359 ff.
Personale Voraussetzungen sicherer Verkehrsteilnahme **1** 5 ff.
Personengebundene Störquellen beim Kraftfahrer **1** 32 ff.
Polizeiinformationen über Kraftfahreignung **6** 18 f.
Praktische Befähigungsprüfung **4** 24 ff.
Preisgabe geschützter Daten **8** 71 ff.
Prognose der Ungeeignetheit
– bei Alkoholauffälligkeit **3** 143 ff.
– bei Drogenauffälligkeit **3** 171 ff.
– bei Verstößen gegen verkehrsrechtliche Vorschriften **3** 300 ff.
Prognose künftiger Gefährlichkeit **3** 337 ff., **7** 12 ff., 315, **8** 12 ff., **12** 37 ff., 106 ff.
– Interaktionistische Betrachtungsweise **3** 359 ff., **8** 35 ff., **12** 37
– Prognosezeitraum **3** 351 ff.
– Strafrecht **3** 352 ff.
– Verwaltungsrecht **3** 355 ff.
Prozenträge bei Leistungstests **3** 71 ff.
Prozessorientierte Steuerung des diagnostischen Vorgehens bei einer medizinisch-psychologischen Untersuchung **7** 309 f.
Prüfer der Befähigung **4** 12
Prüfstellen – Akkreditierung **4** 13
Prüfung der Befähigung **4** 5 ff.
Prüfung der Voraussetzungen der Fahrerlaubnis **6** 1 ff.
Psychische Störungen **3** 118 ff.
Psychoaktiv wirkende Stoffe und mangelnde Eignung **3** 184 ff.
– Einnahme-Zeitpunkt **3** 185
– Missbrauch **3** 186
– Regelmäßigkeit der Einnahme **3** 187
– Zusätzliche Umstände **3** 186 f.

Psychologe als Einzelgutachter **6** 54
Psychologische Tests bei der Untersuchung **6** 140 f.
Psychologisches Gutachten Kraftfahreignung **3** 1, 26
Psychophysische Eignungsqualitäten **3** 66 ff.
Psychotherapeutische Hilfe
– für alkoholauffällige Kraftfahrer **15** 8 ff.
– für wiederholt ohne Alkohol auffällige Kraftfahrer **15** 41 f.
Punktetäter **3** 295 ff., **7** 122 ff., **15** 35 ff.
Punktsystem **11** 81 ff.
– Bepunktung der Verkehrsverstöße **11** 85 ff.
– Punkteerreichung „auf einen Schlag" **11** 114
– Punktelöschung bei Entziehung der Fahrerlaubnis **11** 68
– Punkterabatt wegen Wohlverhaltens **11** 117 ff.

Qualitätssicherung
– für Aufbauseminare **11** 51
– für Begutachtung durch Ärzte **6** 72
– für Begutachtungsstellen für Fahreignung **6** 79, 108
– für Kurse zur Wiederherstellung der Kraftfahreignung **15** 81 ff., 90
– für verkehrspsychologische Beratung **11** 60

Ratenzahlungen für Gutachten-Gebühren **8** 68
Rauschmittelbedingte Veränderungen der Kraftfahreignung **3** 323 f.
Rechte des Betroffenen im Fahrerlaubnis-Verwaltungsverfahren **10** 1 ff.
Rechtliche Einbindung von Korrektur-Maßnahmen **15** 69 ff.
Rechtsmittel gegen Anordnung zur Gutachtenbeibringung **10** 3 ff.

Stichwortverzeichnis

Rechtsprechung
– zu bedingter Eignung **3** 59 ff.
– zur Eignung im Fahrerlaubnis-Verwaltungsrecht **3** 35 ff.
– zur Eignung im Strafrecht **3** 41 f.
Rechtsvorschriften
– zur Eignung **3** 3 ff.
– zur Fahrerlaubnis **1** 37 ff.
Reform
– der strafgerichtlichen Sperrfristbestimmung **12** 147 ff.
– des § 14 FeV (Untersuchungsanlass bei Umgang mit Betäubungsmitteln) **7** 103 ff.
Regelmäßigkeit der Einnahme
– von Cannabis **3** 219, **7** 70 ff.
– von psychoaktiv wirkenden Stoffen **3** 184 ff.
Regelvermutung mangelnder Eignung im Strafrecht **12** 32 ff.
Rückfall in das gleiche Delikt **7** 129 ff.
Rückfallwahrscheinlichkeit
– Einflussfaktoren **8** 17 ff.
– Maßstab der Gefährlichkeit **3** 40

Sachverständige **6** 26 f., 35 ff.
– Anforderungen an die Person des Sachverständigen **6** 41 ff.
Sachverständiger oder Prüfer für den Kraftfahrzeugverkehr **6** 112 f.
Schadensersatz wegen Mängeln eines Gutachtens **7** 231
Scheckkartenformat des Führerscheins **9** 22
Schlüsselzahlen im Führerschein **9** 24
Schüler, Sonderregelungen bei Fahrerlaubniserteilung **2** 66 f.
Schutz des allgemeinen Persönlichkeitsrechts **6** 131 ff.
Schweigepflicht von Ärzten **6** 20 ff., **8** 72
Schwerhörigkeit **3** 106 f.
Sehtestbescheinigung **5** 9 ff.
Sehvermögen **3** 9 ff., 102 ff., **5** 7 ff. –
Dunkelsehen **3** 105

Selbsterforschung und Verhaltensänderung **15** 5 ff., 39 f.
Selbsthilfegruppe für alkoholauffällige Kraftfahrer **15** 14 ff.
– Teilnahme-Empfehlung (nicht Auflage) **15** 16
– Voraussetzungen erfolgreicher Teilnahme **15** 15
Situation und Person als Bedingungen bei der Verkehrsteilnahme **3** 359 ff.
Sofortige Vollstreckbarkeit
– von Anordnungen im Rahmen der Fahrerlaubnis auf Probe **11** 76
– von Anordnungen nach Punktsystem **11** 111
Sofortmaßnahmen am Unfallort **2** 78, **5** 29 ff.
Soziokulturelles System, Einfluss auf das Fahrverhalten **1** 16 ff.
Sperrfrist-Teil-Ausnahme bei strafgerichtlicher Entziehung der Fahrerlaubnis **12** 90 ff.
Sperrfrist für die Wiedererteilung einer Fahrerlaubnis nach Entziehung **13** 22 ff., **14** 12 f.
– der Fahrerlaubnis auf Probe **11** 78
– im Punktsystem **11** 127
– in strafgerichtlicher Entscheidung **12** 57 ff.
– Nachschulung während strafgerichtlicher Sperrfrist **12** 109 ff.
– vorzeitige Aufhebung strafgerichtlicher Sperrfrist **12** 102 ff.
Staatliche Fürsorge nach Entziehung der Fahrerlaubnis **12** 121 ff., **14** 28 ff.
Staatliche Vorsorge zur Verhinderung der Verkehrsteilnahme ungeeigneter Personen **1** 56 ff.
Stationen der Untersuchung in einer Begutachtungsstelle für Fahreignung **7** 276 ff.
Straftaten und Eignung **3** 291 ff., **7** 112 ff.
Strafvorschriften zur Kraftfahreignung **3** 16 ff.

Stichwortverzeichnis

Straßenverkehrsgesetz **I** 44
Stress und Kraftfahreignung **3** 317
Studenten, Sonderregelungen bei Fahrerlaubniserteilung **2** 66 f.
Stufen-Fahrerlaubnis **2** 44 ff.
– für land- oder forstwirtschaftliche Zugmaschinen (Klasse T) **2** 49
– für Leichtkrafträder (Klasse A1) **2** 48
– für Motorräder (Klasse A) **2** 45 ff.
Substitution mit Methadon **3** 279 ff.
Subsystem Straßenverkehr **1** 21 f.
Systembedingungen des Fahrverhaltens **1** 15 ff.

Tätermerkmale als Symptome der Ungeeignetheit bei Alkoholauffälligkeit **3** 134 ff.
Täuschungshandlungen bei Befähigungsprüfung **4** 23
Tatmerkmale als Symptome der Ungeeignetheit bei Alkoholauffälligkeit **3** 132 f.
Teilnahme
– an Aufbauseminar **11** 39 ff., 94 ff., **14** 21
– an einer Selbsthilfegruppe **15** 14 ff.
– an Integrierten Schulungs- und Beratungsmodellen **15** 29 ff.
– an Kurs zur Wiederherstellung der Eignung **14** 20
– an Nachschulungen **15** 17 ff.
– an pädagogischen und rehabilitativen Kursen **15** 43 ff.
– an verkehrspsychologischer Beratung **11** 52 ff., 105
Testverfahren **7** 295 ff.
Textbausteine in Gutachten **7** 231, 329 f.
Theoretische Befähigungsprüfung **4** 19 ff.
Tilgung von Eintragungen im VZR **11** 9 ff.
Tilgungsreife Eintragungen, Verwertungsverbot **6** 121

Tonbandaufzeichnung bei verkehrspsychologischer Exploration **7** 294
Trunkenheit im Verkehr (Straftatbestand), Regelvermutung für Ungeeignetheit **3** 22

Überforderung des Kraftfahrers **3** 317
Übermaßverbot bei Gutachtenanforderung **7** 2 f.
Überwundene Betäubungsmittelproblematik **7** 107
Überwundener Alkoholmißbrauch **3** 164 ff., **7** 37
Umfang der Begutachtung **7** 163 ff.
Umkehr der Beweislast für Eignung
– im Fahrerlaubnis-Verwaltungsverfahren **8** 60
– im Strafverfahren **12** 145 f.
Unbestimmter Rechtsbegriff der Eignung **3** 2
Unerlaubtes Entfernen vom Unfallort (Straftatbestand), Regelvermutung für Ungeeignetheit **3** 24
Unfallbeteiligung als Anlass für Maßnahmen der Fahrerlaubnisbehörde **7** 146 ff.
Unfallflucht als Anlass für Maßnahmen der Fahrerlaubnisbehörde **3** 24, **7** 155 f.
Unfallfolgen als Anlass für Maßnahmen der Fahrerlaubnisbehörde **7** 154
Unfallhergang als Anlass für Maßnahmen der Fahrerlaubnisbehörde **7** 148 ff.
Unfallnachsorge **7** 154
Untersuchung der Kraftfahreignung
– durch Ärzte **6** 60 ff.
– durch Amtsarzt **6** 67 ff.
– durch Begutachtungsstelle für Fahreignung **6** 73 ff., **7** 264 ff.
– durch Obergutachter **6** 116, **7** 359 ff.
Untersuchungsergebnisse von medizinisch-psychologischen Untersuchungsstellen 2003 **6** 83 f.

Stichwortverzeichnis

Untersuchungsgrundsatz im
- Fahrerlaubnis-Verwaltungsverfahren **6** 1
- Strafverfahren **12** 126 ff.

Unverhältnismäßigkeit der Anordnung der Gutachtenbeibringung **7** 26, 34, 43, 66, 74, 80, 82 ff., 177, 180

Urinanalysen **7** 183 f.

Ursachen
- für Ausmaß der Ungeeignetheit bei Alkoholauffälligkeit **3** 137 ff.
- für positive Abweichungen des Obergutachters vom Vorgutachten **7** 378 ff.

Veränderungen von Befähigungs- und Eignungsvoraussetzungen **3** 309 ff.

Verfahren
- der Gutachtenbeiziehung **7** 204 ff.
- zur Testung besonderer Anforderungen nach Anlage 5 Nr. 2 der FeV **7** 302

Verfahrens-Integration **12** 124, **14** 32 ff.

Verfolgungsintensität **8** 18

Verhältnis
- der Fahrerlaubnisbehörde zum Gutachter **7** 248 f.
- des Sachverständigen zum Entscheidungsträger **6** 47 ff.

Verhaltensauffälligkeiten und Eignung **3** 290 ff.

Verkehrsauffälligkeiten als Anlass für Maßnahmen der Fahrerlaubnisbehörde **7** 122 ff.
- bei Unfallbeteiligung **7** 146 ff.

Verkehrsfreiheit – Verkehrssicherheit **1** 1 f.

Verkehrsmedizinische Untersuchung in einer Begutachtungsstelle für Fahreignung **7** 284 ff.

Verkehrspsychologische Beratung **11** 52 ff., 105, **15** 71 ff.
- amtliche Anerkennung **11** 56 ff.
- Anzahl von Beratungen **11** 66 ff.
- bei Inhabern einer Fahrerlaubnis auf Probe **11** 52 f.
- Berater **11** 55
- Durchführung der Beratung **11** 63
- im Punktsystem **11** 105
- Punkterabatt **11** 119
- Qualitätssicherung **11** 60

Verkehrspsychologische Kurse **15** 49 ff.

Verkehrspsychologische Untersuchung in einer Begutachtungsstelle für Fahreignung **7** 287 ff.

Verkehrstherapie **15** 12 ff., 42

Verkehrsunterricht **11** 26 ff.

Verkehrswidrigkeiten im höheren Lebensalter als Anlass für Maßnahmen der Fahrerlaubnisbehörde **7** 137 ff.

Verkehrszentralregister **11** 5 ff.
- Eintragungsbestand 2004 **11** 25

Verkehrszuwiderhandlungen des Inhabers einer Fahrerlaubnis auf Probe als Anlass für Begutachtung der Eignung **7** 6 ff.

Verlängerung einer Fahrerlaubnis **5** 33, **8** 57, **9** 19

Vermutung mangelnder Kraftfahreignung im Strafrecht **3** 21 ff.

Vernichtung alter Unterlagen und Polizeiinformationen **6** 127

Versäumung von Untersuchungsterminen **8** 64

Versagung der Fahrerlaubnis **9** 18

Versorgung Unfallverletzter **2** 76, **5** 29 ff.

Verstöße gegen verkehrsrechtliche Vorschriften
- Eignung **3** 296
- Prognose der Ungeeignetheit **3** 300 ff.
- Tätermerkmale als Symptome der Ungeeignetheit **3** 298
- Tatmerkmale als Symptome der Ungeeignetheit **3** 297

Stichwortverzeichnis

- Ursachen wiederholter oder eignungsrelevanter Verkehrsverstöße **3** 299
- Wiederherstellung der Eignung **3** 305 f.

Vertretung und Beistand im Fahrerlaubnis-Verwaltungsverfahren
- bei der Beweiserhebung **10** 32 ff.
- vor Behörden **10** 30
- vor Verwaltungsgerichten **10** 31

Verwaltungsmaßnahmen bei Führerscheininhabern **11** 1 ff.

Verwaltungsrichtlinien
- der Bundesländer **1** 53
- des Bundesministeriums für Verkehr **1** 52

Verwaltungsvorschriften **I** 50

Verwarnung
- im Rahmen der Fahrerlaubnis auf Probe **11** 52
- nach Punktsystem **11** 93

Verwertung
- fremder Daten **6** 128 ff.
- von Daten der Fahrerlaubnisbehörde **6** 126
- von Sozialdaten **6** 130

Verwertungsverbote **6** 117 ff., **8** 2 ff.

Verzicht
- auf Ausbildung **14** 3
- auf Befähigungsprüfung **14** 4 ff.

Vollrausch (Straftatbestand), Regelvermutung für Ungeeignetheit **3** 25

Voraussetzungen
- für die Erteilung einer Fahrerlaubnis **2** 62
- sicherer Verkehrsteilnahme **1** 5 ff.

Vorbereitung des Betroffenen auf Untersuchung **7** 266 ff.
- durch Ärzte, Psychologen und Rechtsanwälte **7** 267 ff.
- durch die Begutachtungsstelle für Fahreignung **7** 271 ff.

Vorbereitungen des Bewerbers um Neuerteilung einer Fahrerlaubnis **14** 22 ff.

Vorlage des Gutachtens **7** 236 ff.

- im Entziehungsverfahren **7** 245 ff.
- im Erteilungsverfahren **7** 242 ff.

Vorrang des Straf- und Ordnungswidrigkeitenrechts im Fahrerlaubnis-Verwaltungsverfahren **13** 1 ff.

Vorzeitige Aufhebung strafgerichtlicher Sperre für Neuerteilung der Fahrerlaubnis **12** 102 ff.

Wahrscheinlichkeitsmaßstab bei Prognose künftiger Gefährlichkeit eines Kraftfahrers **8** 34 ff.

Wiederherstellung der Eignung
- bei Alkoholabhängigkeit **3** 158 ff.
- bei Alkoholmissbrauch **3** 164 ff.
- bei Betäubungsmittelmissbrauch **3** 265 ff.
- bei Verstößen gegen verkehrsrechtliche Vorschriften **3** 305 f.
- durch ärztliche oder psychotherapeutische Maßnahmen **15** 8, 41 f.
- durch Kurs zur Wiederherstellung der Eignung **15** 79 ff.
- durch Rehabilitation **15** 43 ff.

Wiederholt ohne Alkoholeinfluss verkehrsauffällige Kraftfahrer **15** 35 ff.

Wiederholte
- Entziehung der Fahrerlaubnis **7** 133
- Teilnahme an Aufbauseminar **11** 102 ff.
- Verkehrszuwiderhandlungen **7** 127 ff.
- Verkehrszuwiderhandlungen unter Alkoholeinfluss **7** 24 ff.

Wiederholung nicht bestandener Befähigungsprüfung **4** 29

Wirkprognose bei Bemessung strafrichterlicher Sperrfrist für die Wiedererteilung der Fahrerlaubnis **12** 82 ff.

Wirksamkeit
- des niedersächsischen „Integrierten Schulungs- und Beratungsmodells für alkoholauffällige Kraftfahrer" **15** 32 ff.

Stichwortverzeichnis

- von besonderen Nachschulungskursen für Inhaber einer Fahrerlaubnis auf Probe **15** 61
- von medizinisch-psychologischen Untersuchungen **6** 85 ff.
- von Nachschulungskursen für alkoholauffällige Kraftfahrer **12** 110, **15** 26 ff.
- von Nachschulungskursen für wiederholt ohne Alkoholeinfluss auffällig gewordene Kraftfahrer **15** 53
- von Verkehrstherapien **15** 13, 42

Wirtschaftliche Verhältnisse des Betroffenen und Kosten für Gutachten **8** 67 ff.

Wohnsitz bei Beantragung einer Fahrerlaubnis **2** 63 ff.

Würdigung der Gesamtpersönlichkeit bei Eignungsbeurteilung
- im Fahrerlaubnis-Verwaltungsrecht **3** 35 ff., **8** 29 ff.
- im Strafrecht **3** 41 ff.

Zeugnis oder Gutachten eines Augenarztes **5** 14 ff.

Zuckerkrankheit **3** 115 ff.

Zuverlässigkeit, persönliche **3** 83 ff.

Zweite Ausbildungsphase bei Fahrerlaubnis auf Probe **2** 30 f.